D1735516

BERNER KOMMENTAR

KOMMENTAR ZUM SCHWEIZERISCHEN ZIVILRECHT

BEGRÜNDET VON † PROF. DR. M. GMÜR

UNTER MITWIRKUNG VON

Prof. Dr. E. BECK in Bern; Bundesrichter Dr. P. CORRODI in Lausanne; Prof. Dr. H.-P. FRIEDRICH, in Basel; Dr. G. GAUTSCHI, Rechtsanwalt in Zürich; Prof. Dr. M. GERWIG in Basel; Bundesrichter Dr. S. GIOVANOLI in Lausannne; Dr. E. GÖTZ, Vorsteher des Zivilstandsamtes in Basel; Dr. W. HARTMANN, Advokat in St. Gallen; Dr. C. HEGNAUER, Bezirksrichter in Zürich; † Prof. Dr. Ed. HIS; Prof. Dr. H. HUBER in Bern; Dr. H. HUBER, Notariatsinspektor in Zürich; Prof. Dr. P. JÄGGI, Fribourg; † Dr. A. JANGGEN; Dr. J. KAUFMANN, Rechtsanwalt in Zürich; Prof. Dr. M. KUMMER in Bern; † Prof. Dr. H. LEEMANN; Dr. P. LEMP, Bundesgerichtsschreiber in Lausanne; Prof. Dr. P. LIVER in Bern; Prof. Dr. A. MEIER-HAYOZ in Zürich; Prof. Dr. H. MERZ in Bern; † Prof. Dr. P. MUTZNER; PD Dr. V. PICENONI, Rechtsanwalt in Zürich; a. Bundesrichter Dr. W. STAUFFER in Lausanne; † Prof. Dr. P. TUOR; † Prof. Dr. G. WEISS; Bundesrichter Dr. A. ZIEGLER in Lausanne; † Dr. H. ZIMMERMANN

HERAUSGEGEBEN
VON

Dr. Dr. h. c. H. BECKER

a. HANDELSGERICHTSPRÄSIDENT
IN ST. GALLEN

BAND VI

DAS OBLIGATIONENRECHT

VERLAG STÄMPFLI & CIE, BERN, 1962

SCHWEIZERISCHES ZIVILGESETZBUCH

DAS OBLIGATIONENRECHT

2. ABTEILUNG

DIE EINZELNEN VERTRAGSVERHÄLTNISSE

6. TEILBAND

BESONDERE AUFTRAGS- UND GESCHÄFTSFÜHRUNGSVERHÄLTNISSE SOWIE HINTERLEGUNG

ARTIKEL 425–491 OR

ERLÄUTERT VON

DR. GEORG GAUTSCHI

RECHTSANWALT IN ZÜRICH

ZWEITE, NEU BEARBEITETE AUFLAGE DES VON DR. H. BECKER, HANDELSGERICHTSPRÄSIDENT IN ST. GALLEN, BEGRÜNDETEN KOMMENTARS

VERLAG STÄMPFLI & CIE, BERN, 1962

Unveränderter Nachdruck 1974
der zweiten Auflage von 1962

Gesamtherstellung durch Stämpfli & Cie., Bern

Printed in Switzerland

ISBN 3-7272-0325-0

Fünfzehnter Titel

Die Kommission

VORBEMERKUNGEN

Übersicht

1. Die Kommission, ein qualifizierter fiduziarischer Rechtshandlungsauftrag . . . 1
2. Die Kommission im System des schweizerischen Auftrags- und Geschäftsführungsrechts . . . 3
3. Kommission und kaufmännische Handlungsvollmachten . . . 4
4. Kommission und Trödelvertrag . . . 5
5. Kommission und Agenturvertrag . . . 6
6. Kommission und Alleinvertretungsvertrag . . . 6
7. Kommission und Anweisung . . . 7
8. Kommission und Speditionsvertrag . . . 7
9. Besonderheiten der Wertpapier-, namentlich der Börsenkommission 8
10. Kommission, Börsentermin- und Differenzgeschäfte . . . 9
11. Die Kommission im internationalen Privatrecht . . . 11

1. Die Kommission, ein qualifizierter fiduziarischer Rechtshandlungsauftrag

1 a *a.* Die Kommission ist ein *qualifizierter Auftrag.* Gegenstand der dem Auftrag charakteristischen obligatio faciendi (Art. 394 N. 3) ist hier der Abschluss und die Abwicklung eines *Kaufvertrages* über bewegliche Sachen oder Wertpapiere. Die Kommission ist also ein *Rechtshandlungsauftrag* im Sinne der auf Rechtshandlungen begrenzten Mandatsdefinition von Art. 1703 Codice Civile. Art. 394 N. 4. Die Vielfalt des Auftragsgegenstandes (Art. 394 N. 7) im Rechtshandlungsauftrag ist dem Gegenstand *Kaufvertrag mit der Beschränkung auf bewegliche Sachen oder Wertpapiere* gewichen. *Grundstückskauf* auch im eigenen Namen des Beauf-

tragten kann nicht *Gegenstand* der Kommission, sondern nur eines *einfachen Auftrages* bilden. Prot. Exp. Komm. v. 19. 10. 1908 S. 8. Art. 394 N. 18. Hingegen kann es sich um Gattungs- oder Spezieskäufe und -verkäufe von beweglichen Sachen und Wertpapieren handeln.

b *b.* Vom *Mäkler* (Art. 412 OR), der Gelegenheit zum Abschluss eines Vertrages *nachweist* oder den Abschluss *vermittelt*, unterscheidet sich der Kommissionär dadurch, dass er den Kaufvertrag *abschliesst* und grundsätzlich auch *abwickelt.* Hier besteht die Auftragsausführung im Vertragsabschluss und seiner Abwicklung, dort nur im Nachweis oder in der Vermittlung. Der *Kommissionär* übernimmt oft beträchtliche *eigene Risiken*, der Mäkler nicht. Hier sind es Rechtshandlungen, dort nur die Vorbereitung zu Rechtshandlungen. Art. 394 N. 26b. Die Figur des Börsenmäklers ist in der Schweiz wenig vertreten. Börsentransaktionen werden meist durch die Banken als Kommissionäre durchgeführt.

c *c.* Zur Beschränkung des Gegenstandes tritt bei der Kommission die *Beschränkung in der Ausführungsart.* Art. 394 N. 9. Ein Kaufs- oder Verkaufsauftrag, der mit Vollmacht und im Namen des Auftraggebers ausgeführt wird, d. h. in dessen direkter Stellvertretung, kann nicht Kommission sein, sondern bleibt ein einfacher Auftrag, selbst wenn er den nämlichen Gegenstand hat wie ein Kommissionsauftrag. Semjud 80 (1958) S. 405. Ein Kommissionsauftrag liegt nur dann vor, wenn der Beauftragte als Kommissionär den *Abschluss und die Abwicklung des Kaufvertrages im eigenen Namen*, also fiduziarisch, übernimmt. Oder negativ ausgedrückt: Der Kommissionär gibt sich nicht als direkter Stellvertreter des Kommittenten zu erkennen. Art. 32 II OR. Dass er für Rechnung des Auftraggebers (Kommittenten) handelt, folgt aus dem Auftragsbegriff. Art. 401 OR. Art. 402 N. 12. Wer in eigenem Namen und für eigene Rechnung kontrahiert, besorgt kein fremdes, sondern ein eigenes Geschäft. Dem einfachen wie dem qualifizierten Auftrag ist indessen die Besorgung eines Geschäftes in fremdem Interesse begriffswesentlich. Art. 394 N. 10.

d *d.* Ist die Kommission ein Auftrag, so *trägt der Kommittent die Gefahr der verlustbringenden, erwirbt aber den Nutzen der gewinnbringenden Ausführung.* Art. 400 N. 5, 6. Keine Einkaufskommission liegt vor, wenn eine bestimmte Sache zu einem bestimmten Preis vom Verkäufer gekauft wird, die dieser erst von einem Dritten beschaffen muss. In diesem Fall hat der Verkäufer den Gewinn, er trägt aber auch den Verlust des Deckungskaufes. Zwischen dem Käufer und Verkäufer, der nicht Kommissionär ist, entsteht *keine Ausführungsobligation* als obligatio faciendi.

Es erfolgt keine Abrechnung über Beschaffungskosten, Provision und Auslagen. Der Fall unterscheidet sich von der *Einkaufskommission mit Preislimite* (Art. 428 OR) dadurch, dass hier der Erwerber als Käufer einen bestimmten Preis bezahlt und dagegen einen unbedingten Anspruch auf die Kaufsache erhält, während er bei der limitierten Einkaufskommission nur dann die Sache bekommt, wenn es dem Kommissionär gelingt, höchstens zur Limite einzukaufen. Zudem muss der Kommittent ausser dem limitierten Preis die Auslagen und die Provision (Art. 431/2 OR) bezahlen.

2. Die Kommission im System des schweizerischen Auftrags- und Geschäftsführungsrechts

2 a

a. Durch die Qualifikationsmerkmale würde die Kommission, wenn sie unentgeltlich wäre, zu einem mandatum des klassischen römischen Rechts, das grundsätzlich nur fiduziarisch, in indirekter Stellvertretung des Auftraggebers ausgeführt werden konnte. Art. 396 N. 26, 27. Dort war eine Qualifikation der Einkaufs- oder Verkaufsaufträge nicht erforderlich. Im schweizerischen Auftragsrecht ist der Rechtshandlungsauftrag im Zweifel ein einfacher Vollmachtsauftrag. Art. 396 N. 27. Da im französischen (Art. 1984 Code Civil) und im österreichischen Recht (§ 1002 ABGB) Auftrag und Vollmacht (mandat et procuration) identische Begriffe sind, mit andern Worten, der bürgerliche Rechtshandlungsauftrag nur in direkter Stellvertretung ausführbar ist, bedurfte es einer *Sonderregelung für Kaufs- und Verkaufsaufträge, die fiduziarisch auszuführen sind.* Für Rechtsverhältnisse des kaufmännischen Verkehrs bestimmt, findet sich diese Sonderregelung der Kommission im Code de Commerce von 1807/63 art. 94–100 bzw. im HGB §§ 383–406. *Fiduziarische Aufträge des bürgerlichen Rechts* müssen in diesen Systemen als *Innominatkontrakte* behandelt werden, auf die allerdings die Regeln der handelsrechtlichen Kommission und des bürgerlichen Auftrages weitgehend per analogiam anzuwenden sind. Fiduziarische Aufträge des Handelsrechtes, die den Abschluss anderer Rechtsgeschäfte im eigenen Namen des Beauftragten zum Gegenstand haben als Kaufverträge über bewegliche Sachen oder Wertpapiere, unterstehen nach § 406 HGB dem Kommissionsrecht. In der Schweiz sind sie einfache Aufträge. Nach art. 94 II Code de Commerce ist allgemein derjenige ein Kommissionär «qui agit en son propre nom ou sous un nom social pour le compte d'un commettant».

b *b.* Im System des schweizerischen Auftragsrechts (Rutty in StenBull NatRat 1909 S.709 – Huber ebendort S.715) hätte sich die Qualifikation der Kommission möglicherweise erübrigt. Unser Privatrecht kennt keine grundsätzliche Unterscheidung zwischen Mandaten des bürgerlichen und des Handelsrechtes. Auch der *Nichtkaufmann kann Kommissionsaufträge erteilen* oder übernehmen. Der einfache Rechtshandlungsauftrag des schweizerischen Rechts kann per definitionem sowohl in direkter als auch in indirekter Stellvertretung des Auftraggebers ausgeführt werden und ist üblicherweise entgeltlich. Der Unterschied der Systeme gebietet Zurückhaltung in der Übernahme fremder Rechtsgedanken. Den für die Struktur des schweizerischen Kommissionsrechtes wichtigen Art.401 OR kennt das HGB nicht. Nach der deutschen Doktrin wird der Einkaufskommissionär Eigentümer des gekauften, aber der Verkaufskommissionär nicht fiduziarischer Eigentümer des anvertrauten Kommissionsgutes. Kommentar Ratz (Literatur sub Art.425) zu § 383 Anm.31, 35b. Das deutsche Recht steht indessen auf dem Boden der Abstraktheit der Tradition von beweglichen Sachen. Art.396 N.42a.

c *c.* Dem Auftragsgegenstand (Kaufvertrag) nach ist die *Kommission* der landläufigste Rechtshandlungsauftrag, ein *mandato senza rappresentanza* im Sinne von art.1705 Codice Civile *im Dienste des Güteraustausches.* Wurde trotzdem in Anlehnung an das HGB die Kommission als besonderer Titel in das OR übernommen, andererseits aber das Recht des einfachen Auftrages als subsidiär anwendbar erklärt, so leidet die Übersichtlichkeit des Stoffes. Das Kommissionsrecht des OR enthält Wiederholungen aus dem allgemeinen Auftragsrecht, die eher belanglos sind. Für das Wesen der Kommission entscheidende Bestimmungen hingegen, wie Art.401 OR, sind nur unter dem einfachen Auftrag zu finden. Der *Codice Civile* kann sich mit *wenigen Sonderbestimmungen* für die Kommission (art.1731–1736) begnügen.

3. Kommission und kaufmännische Handlungsvollmachten

3 Die Kommission ist i.d.R. *kein Dauerauftrag*, obschon rechtsdogmatisch nichts im Wege steht, dass beispielsweise ein Fabrikationsunternehmen dauernd einen Teil seiner Produktion durch einen *ständigen Kommissionär* in dessen eigenem Namen vertreibt. Auch werden einzelne in sich abgeschlossene Kommissionsaufträge oft im Rahmen eines Dauerverhältnisses erteilt und übernommen. So beispielsweise Wertpapierkommissionsaufträge im Rahmen eines Kontokorrentverhältnisses oder

eines Depot- und Verwaltungsvertrages. Art. 117 OR. Art. 400 N. 37. **BGE 63 II 242/4, 78 II 253/4.** Obschon der Kommissionär das gleiche tut, Kaufverträge abschliessen, unterscheidet er sich dadurch vom handlungsbevollmächtigten Einkäufer, Ladenverkäufer oder Handelsreisenden i. S. von Art. 462 OR. Es besteht *kein «rapporto continuativo»* zwischen dem Kommittenten und dem Kommissionär zur Besorgung von Kommissionsgeschäften, daher auch kein Konkurrenzverbot i. S. von Art. 464 OR. *Prokurist* und andere kaufmännische *Handlungsbevollmächtigte* handeln im *Namen des Geschäftsherrn* (Auftraggebers), der Kommissionär handelt im eigenen Namen. Er ist *nicht kaufmännische Hilfsperson* eines Geschäftsherrn, zu dem er in keinem Subordinationsverhältnis steht, sondern trotz Unterstellung unter das Weisungsrecht (Art. 397 OR) gleichgestellter Vertragspartner. Art. 394 N. 61.

4. Kommission und Trödelvertrag

4 Der Gegenstand Kaufvertrag ist auch dem *Konditions-*, *Konsignations- oder Trödelvertrag* (contrat de soumission oder contrat de consignation) eigen. Verschieden von der Kommission ist indessen die juristische Struktur des contractus aestimatorius. Als Auftrag ist die *Kommission* ein Dienstleistungs- oder Geschäftsbesorgungs- (Art. 394 I OR) und daher ein *entgeltlicher Arbeitsvertrag* (Art. 394 II und III OR). Als Beauftragter steht der Kommissionär unter der Verpflichtung, getreu und sorgfältig im Interesse des Kommittenten (Art. 398 II OR) zu handeln und den *gesamten Nettonutzen* der Geschäftsbesorgung diesem *abzuliefern*. Art. 400 N. 5, 6. Der Konsignatär hat ein *Wahlrecht* i. S. von Art. 72 OR. OFTINGER, Trödelvertrag S. 63. Er kann die Sache entweder *als Selbstkäufer erwerben* und den bestimmten Kaufpreis (Art. 184 OR) an den «Verträdler» bezahlen, oder er kann die *Sache*, die *bis zur Ausübung des Wahlrechtes nicht sein Eigentum* geworden ist (OFTINGER, Trödelvertrag S. 95), *zurückgeben*. Dieses *Wahlrecht zwischen zwei Sachleistungsobligationen* ist verschieden vom Wahlrecht des selbsteintretenden Kommissionärs. Art. 436 N. 2b. *Veräussert der Konsignatär die Sache weiter, so gehört der Nutzen ihm, aber er trägt auch den Verlust*, denn er hat dem Verträdler den bestimmten Preis zu bezahlen. OFTINGER, Trödelvertrag S. 34. Bezahlt er ihn trotz Veräusserung des Konsignationsgutes nicht, so begeht er eine *Veruntreuung* i. S. von Art. 140 Ziff. 1 Satz 1 StGB (Aneignung anvertrauter fremder beweglicher Sachen). Der Verkaufskommissionär, der entweder das Kommissionsgut oder den Kommissionserlös veruntreut, begeht eine Veruntreuung i. S. von Art. 140 Ziff. 1 Satz 2

StGB (Geld oder anderes anvertrautes Gut, welches Eigentum des Veruntreuenden sein kann). **BGE 71 IV 124/6.** Hingegen gibt es *keine Veruntreuung von Kommissionsgut, das der Einkaufskommissionär vom «Drittkontrahenten» erworben hat und nicht abliefert.* Doch kann darin eine ungetreue *Geschäftsführung* i.S. von Art.159 StGB liegen. Art.398 N.6, 7. *Der Kommittent hat Anspruch auf Ablieferung des Nettonutzens nach Abrechnung. Der Trödler haftet für den Erfolg bei der Erfüllung seiner alternativen Sachleistungsobligation.* Er hat keinen Provisionsanspruch. Der Kommissionär haftet für getreue und sorgfältige, jedoch nicht für erfolgreiche Ausführung seines Einkaufs- oder Verkaufsauftrages. **BGE 47 II 222, 55 II 42/49, 69 II 115/6, 70 II 105/6, 75 IV 13/15.** SJZ 48 (1952) Nr.88 S.226.

5. Kommission und Agenturvertrag

5 Obschon Art.418b OR die Regeln der Kommission subsidiär auf den *Abschlussagenten* anwendbar erklärt, hat der Verkaufsagent mit dem Verkaufskommissionär wenig gemeinsam. Die Agentur ist ein Dauerverhältnis **(BGE 40 II 392),** die Kommission i.d.R. nicht. Die Vermittlungsagentur ist eine Pluralität von Mäkler-, nicht von Kommissionsaufträgen. Eine Agentur, bei welcher der abschlussberechtigte Agent im eigenen Namen handelt und auch die Abwicklung des Kaufvertrages übernimmt, gibt es nicht. Art.418e OR. **BGE 40 II 392, 83 II 35.** Auch der Provisions- und Auslagenersatzanspruch haben bei der Kommission (Art.431/2) und beim Agenturvertrag (Art.418f–418n) eine stark abweichende Regelung gefunden.

6. Kommission und Alleinvertretungsvertrag

6 Der von der Praxis entwickelte Typus des Alleinvertretungsvertrages (AVV) unterscheidet sich vom Agenturvertrag vor allem dadurch, dass der *Alleinvertreter wie der Verkaufskommissionär Kaufverträge mit Dritten im eigenen Namen abschliesst* **(BGE 78 II 37).** Der Alleinvertreter übernimmt indessen die Waren nicht als Kommissionsgut mit der Verpflichtung, sie für Rechnung und im Interesse des Lieferanten zu verkaufen und den Nettoerlös abzuliefern. Vielmehr *übernimmt er die Waren fest,* zumeist unter Vereinbarung einer *Mindestabnahmepflicht,* durch einen *Sukzessivlieferungskauf* mit der Verpflichtung (wie der Trödler), einen *bestimmten Preis dafür zu bezahlen.* Die *Waren* werden als Kaufgegenstand

Eigentum des Alleinvertreters, der im Gegensatz zum Trödler kein Rückgaberecht hat, sondern eine Vertragsverletzung begeht, wenn er die Mindestabnahmepflicht und/oder die Preiszahlungspflicht des Käufers nicht gehörig erfüllt. Der *Weiterverkauf* erfolgt *für Rechnung und Gefahr des Alleinvertreters*, der damit ein grösseres Risiko übernimmt als der Kommissionär. Infolgedessen muss es fraglich erscheinen, ob eine Preisfestsetzung durch den Lieferanten, die das Eigentum des Alleinvertreters beschränkt, gültig vereinbart werden kann. Der Alleinvertretungsvertrag ist ein Dauerschuldverhältnis. Für seine Auflösung kommen die Grundsätze über den Agenturvertrag zur Anwendung. **BGE 60 II 335, 78 II 37.** Internationale Alleinvertretungsverträge unterstehen, wenn sie Dauerschuldverhältnisse sind, mangels gegenteiliger Rechtskürung i.d.R. dem Statut des Landes, in welchem der Alleinvertreter seine vertragliche Tätigkeit ausübt. **BGE 65 II 168, 76 II 48, 78 II 81/2.**

7. Kommission und Anweisung

7 Von der Anweisung (Art. 466 OR) unterscheidet sich die Kommission durch den Gegenstand der Rechtshandlung. Hier ist der Gegenstand Abschluss und Abwicklung eines Kaufvertrages, dort nur die *Erbringung einer einzelnen Leistung von Geld, Gattungssachen oder Wertpapieren* aus einem Vertrags- oder anderen Rechtsverhältnis. Einzelheiten: Vorbem. zum Anweisungstitel und Art. 466 OR.

8. Kommission und Speditionsvertrag

8 Das schweizerische OR widmet unter dem Kommissionstitel dem *Speditionsvertrag* den Art. 439. Mit der Kommission hat der Speditionsvertrag gemeinsam, dass der Spediteur wie der Kommissionär in der Hauptsache *Rechtshandlungen im eigenen Namen, aber für fremde Rechnung* und in fremdem Interesse ausführt. Diese Rechtshandlungen haben nicht den Erwerb oder die Veräusserung von beweglichen Sachen oder Wertpapieren, sondern den Transport von beweglichen Sachen zum Gegenstand und bestehen im *Abschluss und in der Abwicklung von Frachtverträgen* mit öffentlichen «Transportanstalten» (Art. 456 OR) oder privaten Frachtführern (Art. 440 OR). Die schweizerische Auffassung vom Speditionsvertrag ist ein Kompromiss zwischen der des deutschen HGB und des französischen Code de Commerce, der den Spediteur in art. 96 als «commissionnaire pour les transports par terre et par eau» bezeichnet.

Nach schweizerischem Recht ist der Spediteur zwar in der Hauptsache *Rechtshandlungsbeauftragter* im eigenen Namen, gleichzeitig aber *Transportschadensgarant* wie ein Frachtführer. Art. 439, 456, 457 OR. Art. 439 N. 3, 13c.

9. Besonderheiten der Wertpapier-, namentlich der Börsenkommission

9 a *a.* Gegenstand der Kommission ist Einkauf oder Verkauf von beweglichen Sachen oder Wertpapieren. Es kann sich um Spezies- oder Gattungskäufe handeln. Die in Art. 436 OR erwähnte Kommission zum Einkauf oder Verkauf von Wechseln ist selten. Es handelt sich gewöhnlich um einen Spezieskauf. Hingegen nimmt der *Kommissionshandel von Aktien, Obligationen und in neuerer Zeit auch von Investment-Trustzertifikaten* im Bankgeschäft einen immer grösseren Raum ein. Zur Anlage von beweglichem Vermögen bedient sich der Kunde regelmässig der Dienste seiner Bank. Will er börsenkotierte Wertpapiere kaufen oder verkaufen, so muss er der «Ringbank» einen *Börsenkommissionsauftrag* erteilen, weil *an den schweizerischen Börsen die Banken* (in Genf auch «agents de change») *das Ausführungsgeschäft im eigenen Namen* abschliessen. Die im Zürcher Gesetz betreffend den gewerbsmässigen Verkehr mit Wertpapieren vom 22. Dezember 1912 genannten «Börsenagenten» sind in der Praxis nur Banken, die stets im eigenen Namen, aber meist für Rechnung ihrer Kunden die Börsentransaktionen ausführen. Auch die nicht an der Börse kotierten Wertpapiere werden überwiegend durch Banken als Kommissionäre erworben oder veräussert. Die Abrechnung des Kommissionsauftrages erfolgt gewöhnlich durch Belastung bzw. Gutschrift auf einem Kontokorrent, den der Kunde beim Kommissionär unterhält, bisweilen auch über ein Spar- oder Depositenkonto. Das Ausführungsgeschäft ist gewöhnlich ein Gattungskauf.

b *b.* Die Effektenbörsen von Basel, Bern, Genf, Lausanne, Neuenburg, St. Gallen und Zürich sind in der Vereinigung Schweizerischer Effektenbörsen zusammengeschlossen. Diese Vereinigung hat eine für ihre Mitglieder verbindliche «Courtage-Konvention» abgeschlossen, um zu erreichen, dass auf alle Börsenkommissionen an schweizerischen Börsen die nämlichen Kommissionen (Courtagen) angewendet werden, desgleichen für die von den Mitgliedern an ausländischen Börsen ausgeführten Kommissionen. Der Bund hat nach Art. 31bis II BV die Kompetenz zum Erlass eines eidgenössischen Börsengesetzes. Er hat davon bisher keinen

Gebrauch gemacht. Die *kantonalen öffentlichrechtlichen Börsengesetze* sehen eine *anstaltsmässige Börsenselbstverwaltung unter Staatsaufsicht* vor. In Basel bedarf der Wertpapierhandel an der Börse, in Zürich auch ausserhalb der Börse, einer *Konzession.* ZR 30 (1931) Nr. 154 S. 312/6. Das Zürcher Gesetz betreffend den gewerbsmässigen Verkehr mit Wertpapieren vom 22. Dezember 1912 nimmt den Verkehr mit Wechseln, wechselähnlichen Papieren, Schuldbriefen und Gülten von der Konzessionspflicht aus. Im wesentlichen handelt es sich um eine «Marktpolizei». Die Zulassung der Wertpapiere zum Börsenhandel und die einwandfreie Kursbestimmung sind die Hauptanliegen des öffentlichen Börsenrechts. In Zürich übt der Effektenbörsenverein eine beschränkte Selbstverwaltung unter der Oberaufsicht des Regierungsrates aus. Erwin Ruck, Schweizerisches Verwaltungsrecht, 3. Aufl., Zürich 1953 Bd. II S. 280/5.

c

c. Während nach allgemeinem Auftragsrecht das Selbstkontrahieren grundsätzlich unzulässig ist (Art. 395 N. 21, 61. Art. 396 N. 49. Art. 398 N. 6c, 8c), darf der *Kommissionär, der den Auftrag hat, eine Gattungssache für den Kommittenten zu erwerben oder zu veräussern, grundsätzlich als «Eigenhändler», d.h. Selbstkäufer oder Selbstverkäufer in den Kommissionsauftrag eintreten,* wenn der aufgetragene *Gattungskauf* oder -verkauf Sachen zum Gegenstand hat, die einen *Markt- oder Börsenpreis* haben. Art. 436. Das trifft für börsenkotierte Wertpapiere immer zu, aber auch für die an Warenbörsen gehandelten Waren. Hingegen trifft es beispielsweise nicht zu für in Kommission gegebene Kunstgegenstände, die keine Gattungssachen sind. Durch den erlaubten Selbsteintritt des Kommissionärs wandelt sich der Kommissionsauftrag in einen Kaufvertrag zwischen Kommittenten und Kommissionär. Entweder hat der Kommissionär den Tagespreis oder eine aufgegebene Limite abzüglich seinen Vergütungs- und Auslagenersatzanspruch als Käufer dem Kommittenten zu bezahlen oder vom Kommittenten als Verkäufer zu fordern. *Das Selbsteintrittsrecht des Kommissionärs ist die bedeutendste Abweichung des Kommissionsrechtes vom allgemeinen Auftragsrecht.* Art. 398 N. 10. Art. 436 N. 1a.

10. Kommission, Börsentermin- und Differenzgeschäfte

10 a

a. Die Kommission dient als Hilfsgeschäft dem Erwerb und der Veräusserung von beweglichen Sachen (Waren) oder Wertpapieren. Für Erwerb und Veräusserung an der Börse ist sie ein unentbehrliches Hilfsgeschäft. Theoretisch kann ein gewerbsmässiger Kommissionär, insbesondere eine Bank, das nämliche Kommissionsgut für den nämlichen Kommittenten einkaufen und wieder verkaufen und über die Ausführung beider Kommissionsaufträge abrechnen, ohne dass der Kommittent das Kommissionsgut oder den Kommissionserlös jemals zu Gesicht bekommt. Die Abrechnung der actio mandati directa und der actio mandati contraria aus der Einkaufskommission einerseits und der Verkaufskommission andererseits ergibt gewöhnlich eine Saldodifferenz. Hat der Kommittent glücklich spekuliert, so lautet die Saldodifferenz zu seinen Gunsten. Er hat Geld verdient, ohne selbst Arbeit oder Kapital eingesetzt zu haben. Der Kommissionär verdient bei solchen *Börsentermingeschäften* ohne Mehrarbeit die doppelte, und wenn er, was bei Banken häufig ist, für zwei Terminspekulanten arbeitet, die vierfache Provision. Kommentar RATZ (Literatur sub Art. 425) zu § 396 HGB Anm. 9, zu § 400 HGB Anm. 2. Er kann die Ausführungs- bzw. Deckungsgeschäfte «kompensieren». Hat der Kommittent unglücklich spekuliert, so ist der Bank neben den Provisionen die schliessliche Saldodifferenz aus den Ausführungsgeschäften geschuldet.

b *b.* War *dem Kommissionär erkenntlich, dass der Kommittent weder die Lieferung des Kommissionsgutes aus der Einkaufskommission noch die Ablieferung des Kommissionserlöses aus der Verkaufskommission wollte, sondern nur auf einen Gewinnsaldo (Kursdifferenz) aus der Abwicklung beider Kommissionsaufträge spekulierte, so waren diese simuliert und daher ungültig.* **BGE 65 II 30, 78 II 65.** *Dissimuliert* war ein *Spiel* **(BGE 77 II 47)**, aus dem nach Art. 513 OR keine Forderung entsteht. Es kann weder der Kommittent, noch kann der Kommissionär den Gewinnsaldo fordern. Der Kommissionär hat den verlustbringenden Verkauf auf sein eigenes Risiko ausgeführt, dem Kommittenten wird der Anspruch auf den Spielgewinn versagt. Dieser verbleibt dem Kommissionär. Das ist der Sinn von Art. 513 II OR.

c *c.* Der *Beweis der Simulation ist nicht leicht zu führen, die Grenze zwischen ernsthaften (Deckungskauf) und unwirksamen Differenzgeschäften nicht scharf.* Die Würdigung muss aus der Gesamtheit der Umstände erfolgen. Namentlich der Beruf des Kommittenten ist von Bedeutung, ferner der Umstand, ob Lieferung und Abnahme nach den Verhältnissen der Parteien möglich waren. **BGE 39 II 528, 44 II 157, 57 II 407/16, 61 II 118/20, 62 II 114/6, 65 II 25/30, 78 II 65.** OSER/SCHÖNENBERGER ad Art. 513 OR N. 20–35. Die ältere Bundesgerichtspraxis verlangte für den Beweis des Differenzgeschäfts den ausdrücklichen oder stillschweigenden vertraglichen Ausschluss der Effektivlieferung, der in der Praxis kaum vorkommt. Heute genügt der Indizienbeweis, dass Effektivlieferung nach der Gesamtheit der Umstände des Falles nicht ernstlich gewollt sein konnte (verschleiertes Differenzgeschäft). **BGE 65 II 25–30, 78 II 64/5 Erw. 2.** Die Banken, die massenweise und schnell Börsenaufträge auszuführen haben, können diese nicht einzeln auf die Möglichkeit des *Differenzeinwandes* prüfen. Die Erkenntlichkeit des Spielcharakters ist bei *Termingeschäften erhöht.* Erteilt der Kunde den Kommissionsauftrag, Wertpapiere erst nach einer bestimmten Frist zu einem niedrigen Kurs zu liefern, und erteilt er vor Ablauf der Frist den Auftrag, sie zu einem höheren zu verkaufen, so ist wohl der Spielcharakter zu vermuten. *Terminspekulationen* in Wertpapieren sind daher suspekter als Comptant-Geschäfte. Doch ist es privatrechtlich bedeutungslos, wenn § 16 Ziff. 6 des Zürcher Gesetzes betreffend den gewerbsmässigen Verkehr mit Wertpapieren den Börsenagenten den «Abschluss von Termingeschäften, die sich als offensichtliche Spekulationen kennzeichnen», untersagen will. **BGE 57 II 416 Erw. 9.** Weder das Termingeschäft noch die Spekulation können schlechthin untersagt werden. **BGE 78 II 65.** Nur wenn beiden Parteien erkenntlich war, dass keine Ausführung der Kommissionsaufträge gewollt war, sondern nur ein Spiel um eine Kursdifferenz, ist das Geschäft nach Bundesrecht zwar nicht ungültig, aber nicht klagbar. **BGE 77 II 47/8.**

11. Die Kommission im internationalen Privatrecht

11 a

a. Beim fiduziarisch ausgeführten Auftrag besteht keine «Brücke» zwischen dem «Veranlassungsgeschäft», dem Kommissionsauftrag, und dem Ausführungsgeschäft, dem Kaufvertrag. Art. 396 N. 38 a. *Beide Verträge haben andere Vertragsparteien,* während im Vollmachtsauftrag die Wirkungen des Ausführungsgeschäftes unmittelbar in der Person des Auftraggebers eintreten. Art. 396 N. 25 d. Der *Kommissionsauftrag* wird regelmässig vor dem Drittkontrahenten im Ausführungsgeschäft *verborgen.* Art. 394 N. 21. Banken sind auch als Kommissionäre an das Bankgeheimnis gebunden. Art. 47 Bankengesetz. Diese Tatsachen wirken sich international-privatrechtlich aus. *Für den vom Kommissionär in Ausführung der Kommission abgeschlossenen Kaufvertrag gelten die international-privatrechtlichen Regeln des Kaufvertrages.* Mangels Rechtskürung kommt auf ihn das Recht des Wohnsitzes oder Sitzes des Verkäufers zur Anwendung. **BGE 77 II 191, 278, 78 II 83 Erw. 5, 79 II 165/6, 297/8.** Schönenberger/Jäggi, Allg. Einl. zum OR N. 266. Art. 396 N. 25 e. Anders Wilmar Berger, Kommissionsgeschäft S. 24/5 (Literatur sub

Art. 425). Wurde der schweizerischen Bank der Kommissionsauftrag erteilt, amerikanische Wertpapiere an einer amerikanischen Börse einzukaufen, so wird der Kaufvertrag regelmässig dem amerikanischen Recht unterstehen. SCHÖNENBERGER/JÄGGI, Allg. Einl. z. OR N. 264. Dieses Recht wird auch den Maßstab für die richtige Ausführung des Kommissionsauftrages mitbestimmen, so beispielsweise die Frage, ob der Einkauf möglich oder erlaubt war. Doch wird auch in diesem Falle das *Recht des Kommissionärs zum Selbsteintritt dem Recht des Kommissionärs unterstellt werden müssen.*

b *b. Entstehung, gegenseitige Rechte und Pflichten, Beendigung und Auslegung des Kommissionsauftrages* bestimmen sich mangels Rechtskürung nach dem *Recht der Geschäftsniederlassung oder des Wohnsitzes des Kommissionärs.* WILMAR BERGER, Kommissionsgeschäft S. 23. OSER/SCHÖNENBERGER, Allgem. Einl. zum OR N. 130. SCHÖNENBERGER/JÄGGI, Allgem. Einl. zum OR N. 300. ADOLF F. SCHNITZER, Handbuch des internationalen Privatrechts, 4. Aufl. Basel 1958 II S. 740. Es gelten die international-privatrechtlichen Grundsätze des allgemeinen Auftragsrechts. Art. 394 N. 69 d. **BGE 67 II 181, 77 II 92/3.** Art. 430 I verweist für das Delcredere-Stehen des Kommissionärs gegenüber dem Kommittenten subsidiär auf den Handelsgebrauch am Orte der Niederlassung des Kommissionärs. Wird der Kommissionsauftrag ganz oder teilweise substituiert, so gilt für den *Substitutionsauftrag* wiederum *das für den Substituten massgebende Recht.* Die Substitution kommt nicht nur bei der Wertpapierkommission, sondern bei der *Exportkommission* für Waren häufig zur Anwendung. Der Kommissionär mit ausländischen Verbindungen gibt die *Ausführung seines Verkaufsauftrages dem Verbindungsmann im Ausland* weiter. OSER/SCHÖNENBERGER Vorbem. N. 3. Möglichkeit, Erlaubtheit des Auftrages und der Ausführung und die gegenseitigen aus der Ausführung entstehenden Ansprüche, ihre Erfüllung oder anderweitige Beendigung lassen sich nur nach diesem Recht bestimmen.

Art. 425

[1] Einkaufs- oder Verkaufskommissionär ist, wer gegen eine Kommissionsgebühr (Provision) in eigenem Namen für Rechnung eines andern (des Kommittenten) den Einkauf oder Verkauf von beweglichen Sachen oder Wertpapieren zu besorgen übernimmt.

[2] Für das Kommissionsverhältnis kommen die Vorschriften über den Auftrag zur Anwendung, soweit nicht die Bestimmungen dieses Titels etwas anderes enthalten.

A. Einkaufs- und Verkaufskommission
I. Begriff

A. Commission de vente et d'achat

I. Définition

[1] Le commissionnaire en matière de vente ou d'achat est celui qui se charge d'opérer en son propre nom, mais pour le compte du commettant, la vente ou l'achat de choses mobilières ou de papiers-valeurs, moyennant un droit de commission (provision).

[2] Les règles du mandat sont applicables au contrat de commission, sauf les dérogations résultant du présent titre.

A. Commissione per la compra e vendita

I. Definizione

[1] Commissionario in materia di compra e vendita è colui che s'incarica di eseguire in nome proprio per conto di un altro, committente, la compera o la vendita di cose mobili o di cartevalori mediante una mercede (provvigione) a titolo di commissione.

[2] Alla commissione si applicano le regole del mandato, in quanto non siavi derogato dalle disposizioni di questo titolo.

Materialien: Prot. Exp. Kommission vom 19. 10. 1908 S. 7/8. Gesetzesentwurf Bundesrat vom 1. Juni 1909, 42. Titel, Art. 1484–1500. Botschaft Bundesrat BBl. 1905 II S. 42. StenBull NatRat 1909 S. 716, 1910 S. 357, StenBull StRat 1910 S. 226/7, 229.

Rechtsvergleichung: aOR Art. 430, 431. Code de Commerce art. 94. HGB § 383. Codice Civile art. 1731.

Literatur: (Schweiz) Erich A. Barzetti, Die mehrstufige Kommission, Fribourger Diss 1952. Wilmar Berger, Das Kommissionsgeschäft im Rechtsvergleich und Internationalprivatrecht unter Berücksichtigung der Rechtsbeziehungen zu Drittpersonen, Fribourger Diss 1955. Dionigi Curti, Gli obblighi del commissionario nel diritto svizzero, Berner Diss 1941. Max Gutzwiller, Commissione, mediazione, mandato commerciale in diritto internationale privato. Nuova rivista del diritto commerciale. 1950 I p. 241 ff. H. Klameth, Das Kommissionsgeschäft im Buchhandel, Glarus 1930. Charles Knapp, De la soumission et de la commission in JT (1946) I S. 226. Paul Lemp, Das Eigentum am Erlös aus Kommissionsware in ZSR 61 (1942) S. 281. Percival Müller, Kauf und Kommission im internationalen Handelsverkehr. Basler Diss 1945 (Maschinenschrift). Dr. Karl Oftinger, Der Trödelvertrag, Prolegomena zu seiner Lehre, Zürcher Habilitationsschrift. Claude Pache, Le contrat de commission appliqué au commerce des valeurs mobilières. Etude fondée sur les principes qui régissent le droit du mandat, Lausanner Diss 1956. ROGER SECRETAN, Les limites de la contre-partie du commissionnaire dans le commerce des valeurs mobilières. Mélanges François Guisan. Recueil de travaux publié par la faculté de droit de l'Université de Lausanne S. 129. SAMUEL H. TENGER, Die Transaktion in Namensaktien an Schweizer Börsen, Zürcher Diss 1955.

(Ausland) BOUTERON et LACOUR, Précis de droit commercial, Paris 1925. Dr. A. DÜRINGER, Dr. M. HACHENBURG, Kommentar zum HGB, II. Band, Handelsgeschäfte – Die einzelnen Handelsgeschäfte, Mannheim 1905. DÜRINGER/HACHENBURG, Das Handelsgesetzbuch, 3. Aufl. 1932. MINERVINI, Il mandato. La commissione. La spedizione. Torino 1957. G. NASUTI, Contratto di commissione (Rassegna di giurisprudenza 1943–1955) in Il diritto dell'economia, 1956, p. 767 ff. S. PUGLIATTI, Rilevanza del rapporto interno nella rappresentanza indiretta in Rivista trimestriale del diritto civile, 1958, p. 801 ff. Dr. PAUL RATZ, Kommentar zum Handelsgesetzbuch (§§ 383–460), Fünfter Band, 2. Aufl., Berlin 1960 (Neuauflage des Staubschen Kommentars). STAUB's Kommentar zum Handelsgesetzbuch, 12./13. Aufl. Band IV, bearbeitet von Könige, Pinner und Bondi, Berlin und Leipzig 1927. THALLER, Traité élémentaire de droit commercial, 8e éd. par J. PERCEROU, Paris 1931. ARNOLD WEIDMANN, Das Kommissionsgeschäft, Hannover 1908.

SYSTEMATIK DER KOMMENTIERUNG

Art. 425 OR

I. Das allgemeine Auftragsrecht bei der Entstehung des Kommissionsauftrages

1. Die Kommission als qualifizierter fiduziarischer Auftrag 15
2. Entstehung des Kommissionsauftrages durch Erteilung und Annahme 16
3. Entstehung durch Duldung und Genehmigung. Beweislast 17
4. Nichtige und willensmangelhafte Kommissionsaufträge 18

II. Ausführungsobligation und Weisungsrecht bei Kommissionsaufträgen

5. Allgemeines Auftragsrecht und Sonderrecht der Ausführungsobligation im Kommissionsauftrag 19
6. Die Substitution des Kommissionsauftrages 20

III. Die Ansprüche der actio mandati directa des Kommittenten und ihre Sicherung

7. Die Ablieferungspflicht nach Art. 400 OR 21
8. Die Rechenschaftspflicht des Kommissionärs 22
9. Die Sicherung des Ablieferungsanspruches des Kommittenten . . . 23
10. Die ungesicherten Schadenersatzansprüche des Kommittenten . . . 24

IV. Die Ansprüche der actio mandati contraria des Kommissionärs und ihre Sicherung

11. Der Verwendungsregressanspruch und der Befreiungsanspruch des Kommissionärs . . . 26
12. Der Provisionsanspruch des Kommissionärs . . . 27
13. Die Sicherung der Ansprüche des Kommissionärs . . . 27

V. Die Beendigung des Kommissionsauftrages

14. Die Beendigungsgründe für die Ausführungsobligation und ihre Wirkung . . . 28
15. Erlöschen der Sachleistungsobligationen aus der actio mandati directa und contraria . . . 30

Art. 425 OR

I. DAS ALLGEMEINE AUFTRAGSRECHT BEI DER ENTSTEHUNG DES KOMMISSIONSAUFTRAGES

1. Die Kommission als qualifizierter fiduziarischer Auftrag

1 a *a.* Der Vergleich der Definitionen des Auftrages in Art. 394 OR und der Kommission in Art. 425 OR ergibt, dass die letztere im schweizerischen wie im italienischen System (art. 1731 Codice Civile) ein qualifizierter Auftrag ist. Vorbem. N. 1. Der zweite Absatz von Art. 425 OR, früher den selbständigen Art. 431 aOR bildend, bestätigt es durch eine ausdrückliche Bestimmung. Über die Qualifikationsmerkmale: Vorbem. N. 1 und 2. Über die Abgrenzung des Kommissionsauftrages von anderen Verträgen: Vorbem. 3–7.

b *b.* Das Ausführungsgeschäft ist bei der Kommission immer ein Kaufvertrag über bewegliche Sachen oder Wertpapiere. Ihre Bedeutung als Hilfsgeschäft für den Austausch von Gütern und in Wertpapieren verkörperten Vermögenswerten sichert der Kommission einen wichtigen Platz unter den handelsrechtlichen Verträgen.

c *c.* Die Kommission ist zwar das Schulbeispiel des fiduziarischen Auftrages. Doch trifft die Annahme, andere fiduziarische Aufträge entbehren der gesetzlichen Regelung **(BGE 78 II 451)**, für das schweizerische Recht nicht zu. Sie fallen unter die Definition von Art. 394 OR. Dementsprechend ist *Art. 401 OR*, wie häufig in Anlehnung an die deutsche Lehre angenommen wurde (Art. 392 HGB), *nicht nur auf die Kommission, sondern auf alle fiduziarischen Aufträge*, insbesondere die fiduziarische Vermögensverwaltung, *anwendbar*. Art. 401 N. 5. OSER/SCHÖNENBERGER ad Art. 401 OR N. 11–16, ad Art. 434 OR N. 1, 2.

2. Entstehung des Kommissionsauftrages durch Erteilung und Annahme

2 a *a*. Die Anwendung des allgemeinen Auftragsrechtes gilt zunächst für die Lehre von der Entstehung des Kommissionsauftrages. Auch die Kommission ist ein *formloser Konsensualvertrag*. Der Konsens wird meist nach den allgemeinen Regeln über den Vertragsabschluss durch ausdrückliche Erteilung (Offerte des Kommittenten) und ausdrückliche Annahme (Akzept des Kommissionärs) zustandekommen. Art. 395 N. 2. Die für den Auftragskonsens wichtige *stillschweigende Annahme* wird nach Art. 395 OR dann vermutet, wenn der Kommissionär *gewerbsmässig* Kommissionsaufträge von der Art des erteilten ausführt oder sich für die Ausführung *öffentlich empfohlen* hat. Art. 395 N. 7. Das trifft beispielsweise für die *Wertpapierkommission* bei Banken zu. Erklärt eine Bank nicht ausdrücklich die Ablehnung eines erteilten Auftrages zum Kauf oder Verkauf von Wertpapieren, so wird die Annahme vermutet. Die Folge ist, dass die Bank bei Nichtausführung für Schadenersatz aus Art. 398 OR haften würde, wenn sie den erteilten Kommissionsauftrag nicht sofort abgelehnt oder gekündigt hat. Art. 395 N. 23.

b *b*. Einerseits ist die (fiduziarische) Ausführung im eigenen Namen des Kommissionärs essentielles Begriffsrequisit der Kommission. Andererseits ist nach Art. 396 II OR zu vermuten, dass in der Auftragserteilung eine Vollmachtserteilung inbegriffen und infolgedessen der Auftrag in direkter Stellvertretung des Auftraggebers auszuführen ist. Art. 396 N. 26/7. Die *Ausführungsart* des Rechtshandlungsauftrages muss im *Auftragskonsens* über die «vertragsgemässe» (Art. 394 I OR) Geschäftsbesorgung enthalten sein und kann nicht durch Ausführungsweisung i. S. von Art. 397 einseitig bestimmt werden. Art. 397 N. 11, 12. Das für jeden Kommissionsauftrag erforderliche *pactum fiduciae ist jedoch dann in der Auftragserteilung und in der ausdrücklichen oder stillschweigenden Auftragsannahme i. S. von Art. 395 OR enthalten*, wenn der Beauftragte (Kommissionär) Aufträge der gleichen Art *gewerbsmässig als Kommissionsaufträge* ausführt oder nur kommissionsweise ausführen kann, wie beispielsweise Aufträge für *Börsenkäufe oder -verkäufe von Wertpapieren oder Verkäufe von Kunstgegenständen durch einen Kunsthändler.* Gegenüber solchen Beauftragten muss der Auftrag bei der Erteilung nicht ausdrücklich als Kommissionsauftrag bezeichnet werden. **BGE 41 II 573 Erw. 2.** Soll dort, wo die Ausführung eines Einkaufs- oder Verkaufsauftrages für bewegliche Vermögenswerte in direkter Stellvertretung des Auftraggebers möglich, aber nicht üblich ist, die Ausführung im Namen des Auftraggebers erfolgen, so muss es der Auftraggeber ausdrücklich erklären.

c

c. Besorgt jemand den *Einkauf oder Verkauf von beweglichen Sachen oder Wertpapieren im eigenen Namen, ohne dass er sich dem Drittkontrahenten als direkter Stellvertreter zu erkennen gibt* (Art. 32 II OR), so ist der Kaufvertrag die Ausführung eines Kommissionsauftrages (nicht eines Vollmachtsauftrages), wenn die Ausführung für Rechnung und im Interesse eines Geschäftsherrn (Kommittenten) erfolgte. Semjud 80 (1958) S. 405. Denn der Drittkontrahent darf sich auf die Vermutung stützen, dass der im eigenen Namen Handelnde nur sich selbst berechtigen und verpflichten will. Art. 396 N. 6 d.

3. Entstehung durch Duldung und Genehmigung. Beweislast

3 a

a. Der Kommissionsauftrag wird selten durch *wissentliche Duldung* entstehen wie etwa die kaufmännischen Handlungsvollmachten. Art. 395 N. 11. Art. 458 N. 11. Art. 462 N. 6. Es ist denkbar, dass ein Geschäftsherr einen Geschäftsführer in dessen eigenem Namen einen Kaufvertrag abschliessen lässt, der das Vermögen und die Interessen des Geschäftsherrn betrifft. Hat der Geschäftsherr davon sichere Kenntnis, und erhebt er keine Einsprache, so entsteht ein stillschweigender Mandatskonsens und, wenn der Gegenstand der Geschäftsführung bewegliches Vermögen und die Entgeltlichkeit üblich ist, ein Kommissionskonsens. **DIG. 50.17.60.** Art. 395 N. 9, 12.

b

b. Nicht selten ist die *Entstehung des Kommissionsauftrages durch nachträgliche Genehmigung.* Zwar erwähnt Art. 424 OR nur die Entstehung eines «Auftrages» durch «Billigung» der auftraglosen Geschäftsführung. Bestand jedoch der Gegenstand der Geschäftsführung im Abschluss und der Abwicklung eines Kaufvertrages über bewegliche Sachen oder Wertpapiere, und wurde im eigenen Namen des Geschäftsführers kontrahiert, so führt die Billigung nicht zur Entstehung eines einfachen Auftrages, sondern zur Entstehung eines Kommissionsauftrages, wenn die Entgeltlichkeit üblich war. Das bedeutet, dass nicht nur das allgemeine Auftragsrecht, sondern auch die Sondernormen der Kommission auf die gegenseitigen Ansprüche von Geschäftsherr und Geschäftsführer zur Anwendung gelangen.

c c. Den *Beweis für die Entstehung eines Kommissionskonsens* hat derjenige zu führen, der Rechte daraus ableitet. Art. 8 ZGB. Beansprucht jemand eine Provision und Auslagenersatz aus einem Einkauf oder Verkauf von beweglichen Sachen oder Wertpapieren, so muss der «Kommissionär» das Zustandekommen des Vertrages beweisen, auch wenn er durch Selbsteintritt ausführt. Art. 436 OR. Will der «Kommittent» Kommissionsgut nach Art. 401 OR aussondern (N. 9d unten), so muss er den Beweis der Entstehung des Kommissionsauftrages führen. Art. 401 N. 5d. Teilweise abweichend OSER/SCHÖNENBERGER ad Art. 425 N. 9. Der Beweis wird i. d. R. mit Urkunden: Auftragserteilung, Bestätigungsschreiben, Ausführungsanzeige (Art. 426 OR), Abrechnung, geführt.

4. Nichtige und willensmangelhafte Kommissionsaufträge

4 a *a.* Für die Nichtigkeit und Anfechtbarkeit von Kommissionsaufträgen wegen Willensmängeln gelten die Grundsätze des allgemeinen Auftragsrechts. Art. 395 N. 29–39. Der Kommissionsauftrag zum Einkauf oder Verkauf von Rauschgiften ist regelmässig nichtig. Die *gegenseitigen Ansprüche der actio mandati directa* auf Ablieferung und/oder Schadenersatz wegen nicht gehöriger Ablieferung oder Ausführung sowie die Ansprüche der *actio mandati contraria* auf Provision, Auslagen- und evtl. Schadenersatz gelangen nicht zur Entstehung. Ein *Anspruch auf Nichtigerklärung besteht nicht.* Art. 395 N. 30, 35a. Es genügt, wenn der Vertragsgegner einem Anspruch aus der actio mandati directa oder contraria die Nichtigkeitseinrede entgegenhält.

b *b. Unausgeführte willensmangelhafte Kommissionsaufträge* sind *nicht anfechtbar.* Die in integrum restitutio wird durch *Widerruf oder Kündigung* nach Art. 404 OR erreicht. Art. 395 N. 35c. *Ausgeführte willensmangelhafte Kommissionsaufträge werden im Verhältnis zwischen Kommittent und Kommissionär zur auftraglosen Geschäftsführung.* Der Geschäftsherr kann sie nach Art. 424 OR *genehmigen.* Art. 395 N. 39. Genehmigt er sie nicht, so entstehen die *gegenseitigen Ansprüche aus der actio negotiorum gestorum nach Art. 420 und 422 OR.* Das bedeutet praktisch, dass der Kommissionär seinen Provisionsanspruch verliert. Der Willensmangel ist von demjenigen zu beweisen, der sich darauf beruft. Art. 8 ZGB. Es wird fast immer der Kommittent sein.

c *c.* Da durch das *Ausführungsgeschäft nur Rechtsbeziehungen zwischen Kommissionär und Drittkontrahent* entstehen, kann es auch nach seiner Abtretung an den Kommittenten *nicht* wegen Willensmängeln in der Person des letzteren *angefochten* werden. **BGE 41 II 574 Erw. 4.**

II. AUSFÜHRUNGSOBLIGATION UND WEISUNGSRECHT BEI KOMMISSIONSAUFTRÄGEN

5. Allgemeines Auftragsrecht und Sonderrecht der Ausführungsobligation im Kommissionsauftrag

5 a *a.* Obschon der Auftragserfolg bei der Kommission darin besteht, dass der Kommittent das Eigentum (Art. 184 OR) an einer gekauften Sache (Einkaufskommission) oder einen Nettokaufpreis (nach Abzug der Provision und der Auslagen des Kommissionärs) erhält, ist die charakteristische *Ausführungsobligation* wie bei jedem Auftrag eine *obligatio faciendi.* Art. 430 N. 1 a. Durch das gegenseitige jederzeitige *unverzichtbare Widerrufs- und Kündigungsrecht* (Art. 404 OR) wird sie von jener Labilität, die sie kaum als echte Obligation erscheinen lässt. Art. 395 N. 23/8. Art. 404 N. 10, 15.

b *b.* Die *Ausführungsobligation* untersteht nicht nur dem *Vertragskonsens* (Art. 394 I OR), sondern dem *Weisungsrecht* (Art. 397 OR) des Kommittenten, das durch Art. 428 OR für die Zwecke des Kommissionsauftrages ausgebaut ist. Die häufigste Ausführungsabrede oder Ausführungsweisung in einem Einkaufs- oder Verkaufsauftrag ist die *Preislimite.* Art. 428 N. 1. Da im fiduziarischen Auftrag keine «Brücke» zwischen Veranlassungs- und Ausführungsgeschäft besteht (Vorbem. N. 11 a), *berührt die Ausführungsabrede oder -weisung die Vertragsrechte des Drittkäufers gegenüber dem Kommissionär selbst dann nicht, wenn sie diesem bekannt ist.* Art. 397 N. 8 b, 9 b, 22. Semjud 74 (1952) S. 11.

c *c.* Das Weisungsrecht des Kommittenten führt auch für den Kommissionsauftrag zum *Ausschluss der Erfolgshaftung* des Kommissionärs und zur Treue- und Sorgfaltshaftung in der Ausführungsobligation nach den in Art. 397/9 enthaltenen Grundsätzen.

d *d.* Die *allgemeine Sorgfaltspflicht* ist durch *besondere Pflichten bei der «Behandlung des Kommissionsgutes»* (Art. 427/435 OR), bei der *«Kreditgewährung an den Drittkontrahenten»* (Art. 429 OR), die allgemeine Treuepflicht durch Sondernormen über die *Verwirkung des Provisionsanspruches* und die ausnahmsweise *Erfolgshaftung für das Ausführungsgeschäft* (Art. 433 OR) ergänzt.

6. Die Substitution des Kommissionsauftrages

6 a *a.* Da die Ausführung von Kommissionsaufträgen nach schweizerischer Auffassung keine besonderen Fähigkeiten voraussetzt wie etwa die Ausführung wissenschaftlicher Berufsaufträge, eignen sie sich zur Substitution. Dem Kommittenten ist normalerweise gleichgültig, wer den Auftragserfolg erreicht. Die Ablieferung von Kommissionsgut oder Kommissionserlös bildet eine unpersönliche Obligation i. S. von Art. 68 OR. Obschon für die Substitution des Kommissionsauftrages die Art. 398 III und 399 OR als allgemeines Auftragsrecht gelten und keine Sondervorschrift besteht, darf die Substitution in Kommissionsaufträge «übungsgemäss als zulässig betrachtet» werden, so dass *i. d. R. eine «befugte Übertragung» i. S. von Art. 399 II OR* vorliegt. Art. 398 N. 42. Art. 399 N. 7–9. Das gilt jedenfalls für Aufträge zur Beschaffung oder Veräusserung von *Gattungssachen.* Hingegen kann es beispielsweise beim Kommissionsauftrag zum Verkauf eines Gemäldes durch einen *Kunsthändler* auf die Persönlichkeit des beauftragten Kommissionärs ankommen und persönliche Erfüllung ausdrückliche oder stillschweigende Vertragsabrede bilden. Art. 398 III OR. Oft wird der Kommittent von einem konkreten Unterauftrag nichts wissen. So wird z. B. die Zürcher Bank den Kommissionsauftrag zum Einkauf oder Verkauf von Wertpapieren, die an Börsenplätzen gehandelt werden, an welchen die Bank keine Zweigniederlassung besitzt, ihrer auswärtigen Korrespondenzbank zur Ausführung übertragen.

b *b.* Der *Unterauftrag* kann vom Kommissionär als *Vollmachtsauftrag* i. S. von Art. 396 II OR erteilt werden, so dass er *vom Stellvertreter des Kommissionärs in dessen Namen* ausgeführt wird. Oft muss er jedoch, namentlich bei der Wertpapierkommission, die an auswärtigen Börsen auszuführen ist, *fiduziarisch* erteilt werden, so dass ein Hauptkommissionär und ein *«Unterkommissionär»* auftreten. Art. 398 N. 46. Greift die Ausführung nicht ins Ausland über, so gilt Art. 399 III OR. Der schweizerische *Hauptkommittent* erwirbt *Direktansprüche* gegen den Kommissionärsubstituten (Unterkommissionär). War der Unterauftrag im Ausland auszuführen, so wird sich die Frage der Direktansprüche des Hauptkommittenten regelmässig nach dem ausländischen Recht des Ausführungsortes richten. Vorbem. N. 11 b. Immerhin wird nach dem Recht der meisten europäischen Länder anzunehmen sein, der *Kommissionärsubstitut* sei im Verhältnis zum Hauptkommittenten wenigstens *vertragloser Geschäftsführer*. Art. 399 N. 3 a.

c

c. Die sogenannte *Exportkommission* wird i. d. R. als *Substitution eines ausländischen Unterkommissionärs* in den Kommissionsauftrag eines schweizerischen Hauptkommissionärs aufzufassen sein. Vorbem. N. 11. Ein Fabrikationsunternehmen ist interessiert, einen Teil seiner Produktion, oder ein Handelsunternehmen ist interessiert, einen Teil seiner Waren im Ausland abzusetzen. Oft ist es schwer, einen geeigneten *Alleinvertreter* im Ausland zu finden, der das Risiko eines Alleinvertretungsvertrages übernimmt. Vorbem. N. 6. Ein inländischer Kommissionär, der das Kommissionsgeschäft für bestimmte Waren gewerbsmässig betreibt, hat Verbindungen zu gleichartigen ausländischen Kommissionären. Er kann die Kommission übernehmen und den ausländischen Korrespondenten in seinen Kommissionsauftrag substituieren. Solche Exportkommissionen sind z. B. im Übersee-Uhrenhandel nicht selten. Der schweizerische Kommittent erhält eine Haftung des schweizerischen Hauptkommissionärs nach Art. 399 I OR für culpa in eligendo et instruendo. Doch kann der Exportkommissionär ohne Substitution unmittelbar mit dem exportinteressierten Handels- oder Fabrikationsunternehmen in einem Dauerverhältnis stehen. Vorbem. N. 3.

III. DIE ANSPRÜCHE DER ACTIO MANDATI DIRECTA DES KOMMITTENTEN UND IHRE SICHERUNG

7. Die Ablieferungspflicht nach Art. 400 OR

7 a

a. Der Erfüllungsanspruch des Kommittenten aus seiner actio mandati directa ist der *Ablieferungsanspruch* nach Art. 400 OR, ein *Sachleistungsanspruch auf das tatsächlich vom Kommittenten erworbene Kommissionsgut* oder den *Nettokommissionserlös*. Art. 400 N. 3, 5. Die Ablieferungsobligation entsteht nur, wenn der Beauftragte Vermögenswerte zur Auftragsausführung erhält oder durch die Auftragsausführung erwirbt. Das ist bei jedem *ausgeführten* Kommissionsauftrag der Fall. Die Kommission ist ein Hilfsgeschäft des Güteraustausches. Daher nimmt die *Ablieferungsobligation* eine Bedeutung an, die sie der charakteristischen Ausführungsobligation des Auftrages so nahe bringt, dass sie *der Kommission essentiell* wird, während sie im einfachen Auftrag ausfallen kann. Bei der *Verkaufskommission* ist die Ablieferungsobligation eine *Gattungs-Geldschuld*, weil der vom Kommissionär für Rechnung des Kommittenten einkassierte Kaufpreis eine Geldleistung (Zahlung) ist. Bei der Einkaufskommission ist die Ablieferungsschuld häufig eine Gattungsschuld. Dann ist i.d.R. der *Selbsteintritt* nach Art.436 OR möglich. Die Konsequenz ist, dass der *Kommissionär als Gattungsschuldner die Gefahr des* (zufälligen) *Unterganges oder der Wertverminderung des tatsächlich erworbenen Kommissionsgutes und des Kommissionserlöses trägt.* Art.400 N.4. Um mit der Terminologie des BGB zu sprechen: Der Kommissionär, der Gattungsschuldner für die Ablieferungsschuld ist, trägt die Gefahr der tatsächlich erhaltenen und erlangten, nur der Gattung nach bestimmten Vermögenswerte, nicht aber das Risiko der Nichterlangbarkeit trotz gehöriger Sorgfalt. § 667 BGB. Art.430 N.1b (1).

b *b.* Anstelle *tatsächlich erlangten*, aber bei Erhebung des Ablieferungsanspruches *fehlenden Ablieferungsvermögens*, soweit es nicht bereits eine Geldschuld ist, tritt eine *Schadenersatz-Geldforderung nach Art.97 OR.* Art.400 N.47. Hier greift das Sonderrecht des Art.430 OR ein. Der Kommissionär kann durch das sogenannte «*Delcredere-Stehen*» *die Erfolgsgarantie für die Erfüllung der Ablieferungsobligation gegenüber dem Kommittenten übernehmen.* Dann haftet er als Garant auch, wenn er unter Aufgebot gehöriger Sorgfalt das Kommissionsgut oder den Kommissionserlös nicht erlangen konnte. Art.395 N.77. Art.400 N.11, 404 N.15c. Art.430 N.3.

c *c.* Da bei der Verkaufskommission der Kommissionär Eigentümer des Kommissionserlöses und bei der Einkaufskommission Eigentümer des Kaufgegenstandes (Kommissionsgutes) wird, ist der *Ablieferungsanspruch nicht nur durch Besitz-, sondern durch Rechtsübertragung zu erfüllen* (Art.396 N.40, 400 N.9, 10).

8. Die Rechenschaftspflicht des Kommissionärs

8 a *a.* Die *Rechenschaftsobligation*, beim einfachen Auftrag eine teils mit der Ausführung, teils mit der Ablieferung verbundene obligatio faciendi

(Art. 400 N. 22b, 27), gewinnt im Kommissionsauftrag in ihren beiden Ausstrahlungen, *Informationspflicht* und *Abrechnungspflicht* (Art. 400 N. 22), erhöhte Bedeutung. Für die Abrechnungs- und Ablieferungspflicht des Kommissionärs bestehen *keine Sonderbestimmungen*. Anders § 384 III HGB. Doch wird sie in Art. 433 I OR als bestehend vorausgesetzt. Massgebend ist daher Art. 400 I OR und die Praxis zu dieser Bestimmung des allgemeinen Auftragsrechts. Die Abrechnungsobligation hat im positiven schweizerischen Recht nur eine summarische Regelung gefunden, obschon sie allen Geschäftsbesorgungsverträgen immanent ist. Art. 400 N. 27–31. Bei der Kommission ist sie von besonderer Bedeutung, weil eine Geschäftsbesorgung für Rechnung eines anderen ohne Abrechnung nicht denkbar ist, und weil die *Abrechnungsobligation ein Unterscheidungsmerkmal von kommissionsähnlichen Verträgen*, z. B. vom Trödelvertrag (Vorbem. N. 4) und vom Alleinvertretungsvertrag (Vorbem. N. 6), bildet.

b *b.* Hingegen hat die Rechenschaftspflicht als *Informationspflicht* im Kommissionsrecht eine Ausgestaltung durch *Sondernormen* gefunden, die im allgemeinen Auftragsrecht fehlen. Der Kommissionär ist allgemein verpflichtet, dem Kommittenten die erforderlichen Nachrichten zu geben, insbesondere die *Ausführung des Auftrages* oder die erkennbare *Mangelhaftigkeit des Kommissionsgutes* sofort anzuzeigen. An die Ausführungsanzeige kann sich die Erfolgshaftung des Kommissionärs knüpfen, die ihn beim Eintritt als Selbstkäufer oder Selbstverkäufer trifft. Art. 437 N. 2. Art. 426 I, 427 I und II, 437 OR. Art. 400 N. 23.

9. Die Sicherung des Ablieferungsanspruches des Kommittenten

9 a *a.* Für die Sicherung des Ablieferungsanspruches des Kommittenten gilt die Bestimmung von Art. 401 des allgemeinen Auftragsrechtes. Sie wurde bisweilen als verirrte Sonderbestimmung des Kommissionsrechtes aufgefasst.

b *b.* Der *Ablieferungsanspruch auf den Kommissionserlös bei der Verkaufskommission ist als Geldanspruch keiner gesetzlichen Sicherstellung zugänglich.* M. a. W. der Kommittent trägt das Solvenzrisiko seines Verkaufskommissionärs. Art. 401 N. 8.

c *c. Voraussetzung* für die gesetzliche Sicherstellung des Ablieferungsanspruches auf das Kommissionsgut, das aus beweglichem Vermögen bestehen muss, ist bei der Einkaufskommission, *dass der Kommittent die Ansprüche des Kommissionärs aus dessen actio mandati contraria* gemäss Art. 394 III, 402, 431/2 OR sichergestellt oder erfüllt hat. Art. 401 N. 22, 26a. Ist die Erfüllung oder Sicherstellung dieser Ansprüche gegenüber dem Kommissionär oder seiner Konkursmasse erfolgt, so gehen die Forderungsrechte aus dem noch nicht erfüllten Kaufvertrag, den der Kommissionär mit dem Drittkontrahenten zu seiner Eindeckung abgeschlossen hatte, durch gesetzliche *Subrogation* nach Art. 401 I OR auf den Kommittenten über. Art. 401 N. 22–24. Art. 392 II HGB. Art. 1707 Codice Civile. Dieser Fall, der dem Kommittenten einen *Direktanspruch auf Übertragung des Eigentums gegen den Drittverkäufer* oder dessen Konkursmasse verschafft, kann nur eintreten, wenn der *Einkaufskommissionär das Eindeckungsgeschäft noch nicht abgewickelt* hatte. War dieses erfüllt, so sind die gegenseitigen kaufvertraglichen Ansprüche zwischen Kommissionär und Drittkontrahent erloschen. Sie können nicht mehr durch gesetzliche Subrogation auf den Kommittenten übergehen.

d *d.* Hatte der *Einkaufskommissionär* das *Kommissionsgut* bereits *erworben*, so fällt es als sein Eigentum in *seine Konkursmasse*. Art. 401. Doch hat der Kommittent unter der nämlichen Voraussetzung der Erfüllung oder Sicherstellung der gesetzlichen Ansprüche des Kommissionärs das *gesetzliche Aussonderungsrecht* nach Art. 401 III OR. Art. 401 N. 25b, 26.

10. Die ungesicherten Schadenersatzansprüche des Kommittenten

10 a *a.* Allgemeines Auftragsrecht gilt für die nicht gehörige Erfüllung der Ausführungsobligation, die sich auch im Kommissionsauftrag ex lege in eine Schadenersatzpflicht wandelt und zur Geldschuld wird. Art. 395 N. 25. Art. 398 N. 1. *Grobe Sorgfaltsverletzung ist die Missachtung einer Ausführungsabrede oder Ausführungsweisung*, namentlich einer *Preislimite* i. S. von Art. 428 OR. Denn die Kommission ist i. d. R. ein kaufmännisches Geschäft, bei dem der Kommittent einen ihm vorteilhaften Kauf oder Verkauf bezweckt. In den meisten Fällen von Weisungsverletzung kann der Kommissionär durch *Übernahme der Differenz auf eigene Rechnung* (Art. 397 II OR) *gehörig erfüllen* und dadurch seine Ansprüche aus der actio mandati contraria retten. N. 11–13 unten. Art. 397 N. 22d. Weisungsverletzung ist auch eine ausdrücklich *untersagte oder sonst unbefugte Substitution.* N. 6a oben.

b. *Allgemeine Sorgfaltsverletzungen* i.S. von Art. 398 OR können, namentlich bei der Einkaufskommission, nicht immer durch Übernahme einer Gelddifferenz durch den Kommissionär ausgeglichen werden. Der gewollte Auftragserfolg, d.h. die gehörige Erfüllung der Ausführungsobligation, lässt sich nicht erreichen, wenn beispielsweise der Einkaufskommissionär *eine andere Sache eingekauft* hat, als vereinbart war. Art. 397 N. 20d. Dann liegt eine objektiv unrichtige Auftragsausführung vor. Art. 402 N. 8, 9. Der Befreiungs-, der Auslagenersatz- und der Provisionsanspruch des Kommissionärs entsteht nicht. Von Tuhr, Actio de in rem verso (sub Art. 402) S. 71. **BGE 51 II 187/8, 59 II 253 Erw. 5, 78 II 51, 369, 86 II 88/9.** Der Kommittent muss das fehlerhafte Ausführungsgeschäft nicht übernehmen. § 385 HGB. Art. 428 N. 4c. Der dem Kommissionär geleistete Vorschuss ist zu erstatten. Die nicht zur Entstehung gelangten Ansprüche aus der actio mandati contraria können nicht durch Verrechnung mit der geleisteten Deckung getilgt werden. Dem Kommissionär ist jedoch Gelegenheit zu nachträglicher richtiger Erfüllung zu geben, wenn eine solche noch rechtzeitig möglich ist. Der Kommittent kann das fehlerhafte Ausführungsgeschäft genehmigen. Art. 424 OR. Er kann die Genehmigung von Bedingungen, z.B. Leistung von Schadenersatz, abhängig machen. Diese dem fiduziarischen Ausführungsgeschäft eigenen Möglichkeiten der Schadloshaltung des Auftraggebers im Falle unrichtiger Auftragsausführung ist für das Kommissionsrecht von besonderer Bedeutung. Kommentar Ratz zu § 385 HGB Anm. 7–10. Zum Zurückweisungsrecht kann unter den Voraussetzungen von Art. 398 OR ein Schadenersatzanspruch hinzutreten, z.B. wenn der Kommittent das durch eine Einkaufskommission zu beschaffende Kommissionsgut bereits fest weiterverkauft hatte. Immerhin muss der Kommittent den Beweis des Kausalzusammenhanges von Vertragsverletzung und Schaden leisten.

c. Ein *Schadenersatzanspruch gemäss Art. 97 OR* erwächst dem Kommittenten ferner für *Ablieferungsvermögen, das tatsächlich erlangt wurde, aber bei Erhebung des Ablieferungsanspruches nicht mehr vorhanden ist.* N. 7b oben. Zumeist handelt es sich um Veruntreuungstatbestände. **BGE 70 IV 71/3, 71 IV 124/6.** Art. 398 N. 7b. Art. 400 N. 3b, 5c. Dann konkurriert der Schadenersatzanspruch gemäss Art. 97 OR mit dem *Schadenersatzanspruch ex delicto* gemäss Art. 41 OR. Art. 398 N. 12.

d. Für *Treueverletzungen* bei der Ausführung von Kommissionsaufträgen gilt zudem als *Sonderrecht* Art. 433 OR. Der Kommissionär *verliert den Provisionsanspruch* und *muss überdies für die Preisdifferenz aufkom-*

men, die bei richtigem Einkauf oder Verkauf dem Kommittenten erspart geblieben oder ihm zugekommen wäre. Es sind noch andere Treueverletzungen denkbar, die zum *Ersatz des negativen Interesses* verpflichten. Art. 398 N. 5 d.

e *e.* Alle *Schadenersatzansprüche* des Kommittenten sind als Geldansprüche *ungesichert.* Im Konkurs des Kommissionärs werden sie eine Korrentforderung 5. Klasse. Die durch Art. 401 gewährte Sicherung besteht nur für die *Ablieferungsforderung*, und auch für diese nur soweit sie keine generische Geldablieferungsschuld des Kommissionärs ist. N. 9 b oben.

IV. DIE ANSPRÜCHE DER ACTIO MANDATI CONTRARIA DES KOMMISSIONÄRS UND IHRE SICHERUNG

11. Der Verwendungsregressanspruch und der Befreiungsanspruch des Kommissionärs

11 a *a.* Jeder vertragliche und sogar der vertraglose Geschäftsführer, der im Interesse des Geschäftsherrn gehandelt hat, besitzt den *Regressanspruch gegen den Geschäftsherrn für Auslagen und Verwendungen.* Art. 402 I, 422 I OR. VON TUHR, Actio de in rem verso S. 24. Die Sonderbestimmung von Art. 431 OR für den Auslagenersatz des Kommissionärs ist dem Grundsatz nach in Art. 402 I OR enthalten, abgesehen von den in Art. 432 II für spezifisch kaufmännische Kommissionsgeschäfte enthaltenen Präzisierungen (Anspruch auf Lagergeld und Transportlohn). Art. 402 N. 10–14.

b *b.* Dennoch kommt der Sondernorm auch eine negative Bedeutung zu. Den *Schadensregress nach Art. 402 II OR aus der Ausführung des Kommissionsauftrages besitzt der Kommissionär nicht.* Die Ausführung eines Kommissionsauftrages ist mit *keinen besonderen Gefahren* verbunden. Art. 402 N. 22 b. Als entgeltlicher Mandatar ist der *Kommissionär an der Ausführung interessiert* (mandatum mea et tua gratia). Die *Voraussetzungen für den mandatrechtlichen Schadensregress nach Art. 402 II OR fehlen.*

c *c.* Nicht erwähnt ist im Kommissionsrecht der *Befreiungsanspruch des Kommissionärs* von den im Interesse und für Rechnung des Kommittenten eingegangenen Verpflichtungen für den Fall, dass der Kommissionsauftrag vor seiner vollständigen Ausführung beendet wird. Art. 402 N. 15–19. Der *Kommissionsauftrag* ist einer der *Hauptanwendungsfälle* für den *Liberationsregress.* Art. 431 N. 3, 4.

d *d.* In der Gewährung des Auslagen- und Verwendungsregresses kommt zum Ausdruck, dass der Kommissionär das *Ausführungsgeschäft für Rechnung des Kommittenten* abschliesst und abwickelt.

12. Der Provisionsanspruch des Kommissionärs

12 Der Provisionsanspruch des Kommissionärs nach Art. 432 OR ist ein *auftragsrechtlicher Vergütungsanspruch* i. S. von Art. 394 III OR. Die entscheidende Abweichung vom allgemeinen Auftragsrecht liegt darin, dass der Kommissionär einen *Vergütungsanspruch auch dann* besitzt, *wenn das Geschäft aus einem in der Person des Kommittenten liegenden Grunde nicht zur Ausführung gekommen* ist. Durch die Sondernorm von Art. 432 fällt Art. 404 II OR für Kommissionsaufträge dahin. Das jederzeitige Widerrufs- und Kündigungsrecht nach Art. 404 I OR bleibt zwar auch für Kommissionsaufträge bestehen. Vgl. Art. 435 I OR. Trotzdem ist dem Kommissionär eine *Vergütung zu leisten, und zwar die volle Provision,* wenn die Beendigung des Kommissionsauftrages, insbesondere durch *Widerruf, grundlos* erfolgt ist. Dann aber kann der Kommissionär nicht überdies Schadenersatz wegen eines grundlosen Widerrufes fordern.

13. Die Sicherung der Ansprüche des Kommissionärs

13 a *a.* Auslagenregress- und Provisionsanspruch des Kommissionärs sind Geldforderungen. Von den Ansprüchen des Kommittenten aus der actio mandati directa ist die Ablieferungsschuld für den *Kommissionserlös* bei der Verkaufskommission eine *Geldschuld.* Bei der *Einkaufskommission* dagegen hat die Ablieferungsforderung das Kommissionsgut, *bewegliche Sachen oder Wertpapiere,* zum Gegenstand.

b *b.* Infolgedessen bedarf der *Verkaufskommissionär, der ausgeführt hat, keines Retentionsrechtes* im sachenrechtlichen Sinne. Er kann nicht nur die Sicherstellung, sondern die *Tilgung seiner Geldansprüche aus der actio mandati contraria durch Verrechnung* bewirken. Auslagenregress und Provision sind fällig, wenn der Verkaufskommissionär den Kommissionserlös in Händen hat. Art. 120 OR. Das *Retentionsrecht* des Verkaufskommissionärs «an dem Verkaufserlöse» (Art. 434 OR) ist das nach den allgemeinen Regeln des OR für gegenseitige gleichartige Sachleistungsobligationen gewährte *Verrechnungsrecht.* Art. 400 N. 17. Art. 402 N. 26 a. Als Retentionsrecht ist dieses *Verrechnungsrecht* bezeichnet, weil ihm insofern «*dingliche*» *Wirkung* zukommt, als es auch gegenüber der Konkursmasse des Kommittenten geltend gemacht werden kann. Art. 400 N. 19. Die *Konkursmasse des Kommittenten kann keine bessere Rechtsstellung* erhalten, als sie der Kommittent selbst einnahm.

c c. Da der *Einkaufskommissionär Eigentümer* des in seinem Namen gekauften *Kommissionsgutes* ist, ist das ihm in Art. 434 OR zugestandene «Retentionsrecht» ein *dingliches Pfandrecht an eigenen beweglichen Sachen.* Sein Inhalt ist nicht die verdinglichte Verrechnungseinrede, sondern eine «*verdinglichte*» *Einrede des nicht erfüllten Vertrages* i. S. von Art. 82 OR. Der Kommissionär muss weder dem Kommittenten noch dessen Konkursmasse das Kommissionsgut abliefern, bis er für seine konkreten Ansprüche aus der actio mandati contraria befriedigt ist. Art. 401 N. 22, 25. Er kann den *Kommittenten auf Faustpfandverwertung betreiben.* Art. 434 N. 8 c.

V. DIE BEENDIGUNG DES KOMMISSIONSAUFTRAGES

14. Die Beendigungsgründe für die Ausführungsobligation und ihre Wirkung

14 a *a.* Das Kommissionsrecht erwähnt keine besonderen Beendigungsgründe für den Kommissionsauftrag. Daher gelten die Art. 404/6 des allgemeinen *Auftragsrechtes* für die Beendigung der Ausführungsobligation des Kommissionärs, die eine *obligatio faciendi* ist, und die Art. 114–142 OR für das Erlöschen der gegenseitigen *Sachleistungspflichten* von Kommittent und Kommissionär. Art. 404 N. 1, 2. Art. 435 I OR setzt das *Widerrufsrecht* nach Art. 404 OR als bestehend voraus.

b. Der normale Beendigungsgrund der Ausführungsobligation ist ihre gehörige *Erfüllung.* Doch kann der Kommittent die Ausführungsobligation jederzeit durch *Widerruf* und der Kommissionär jederzeit durch *Kündigung* mit Wirkung *ex nunc,* d.h. auf denjenigen Zeitpunkt beenden, da die *Erklärung dem Vertragsgegner zur Kenntnis gelangt.* Art. 438 OR. Die Regelung des Provisionsanspruches für nicht ausgeführte Aufträge in Art. 432 OR baut auf dieser Voraussetzung auf. Ausserdem ergibt sich aus dieser Regelung, dass *durch Beendigung der Ausführungsobligation* aus irgendeinem Grund die *gegenseitigen Sachleistungsobligationen* auch im Kommissionsauftrag *nicht* ipso facto *erlöschen.* b

c. Bei den Beendigungsgründen der Ausführungsobligation nach Art. 405 OR muss geprüft werden, ob die «Natur» des Kommissionsgeschäftes den Fortbestand oder das Erlöschen der Ausführungsobligation des Kommissionärs bedingt. *Tod, Verschollenerklärung und Handlungsunfähigkeit des Kommittenten erfordern die ipso iure-Beendigung der Ausführungsobligation des Kommissionärs nicht.* Es darf vermutet werden, dass die *Erben* oder der gesetzliche Vertreter des Kommittenten ein *Interesse* an der gehörigen Erfüllung der Ausführungsobligation haben, zumal der Kommissionär auf Grund von Art. 432 OR bei Beendigung aus einem in der Person des Kommittenten eintretenden Grunde den *vollen Provisionsanspruch* behält. Die *Erben* oder der gesetzliche Vertreter treten in die Rechtsstellung des Kommittenten ein. Scheint ihnen der Kommissionsauftrag nachteilig, so können sie die Ausführungsobligation durch *Widerruf* beenden. c

d. Im Falle des *Konkurses des Kommittenten* fallen die Ansprüche aus der actio mandati directa, also namentlich der *Ablieferungsanspruch* auf das Kommissionsgut oder den Kommissionserlös *in die Konkursmasse.* Die Konkursverwaltung entscheidet, ob ein noch nicht zu Ende geführter Kommissionsauftrag widerrufen oder zu Ende geführt werden soll. Art. 211 II SchKG. Art. 405 N. 14. d

e. Tod, Verschollenerklärung oder Handlungsunfähigkeit des Kommissionärs beenden die Ausführungsobligation dann, wenn durch sie die Möglichkeit zur gehörigen, insbesondere rechtzeitigen Erfüllung der Ausführungsobligation fortfällt. (So z.B. häufig bei der Kunsthandelskommission.) Immerhin ist zu berücksichtigen, dass für die *Erben oder den gesetzlichen Vertreter* eine *begrenzte Fortführungspflicht* besteht, wenn eine Gefährdung der Interessen des Kommittenten gegeben ist. Art. 405 II OR. e f *f.* Im Falle des *Konkurses des Kommissionärs entscheidet die Konkursverwaltung, ob der Kommissionsauftrag zu Ende geführt werden soll oder nicht.* Sie hat *regelmässig* ein *Interesse* an der Fortführung, weil dann die volle Provision, soweit sie noch nicht bezahlt ist, der Konkursmasse zufällt. Aus einer bei Konkursausbruch noch nicht abgewickelten Einkaufskommission geht der Anspruch auf Lieferung des Kommissionsgutes gegen den Drittverkäufer nach Art. 401 I auf den Kommittenten über, sobald die *Gegenansprüche* des Kommissionärs gegenüber der Masse *erfüllt* oder *sichergestellt* sind. *Bereits zur Masse gezogenes Kommissionsgut kann der Kommittent* unter der nämlichen Voraussetzung nach Art. 401 III OR *aussondern.* Hat bei einer Verkaufskommission der Drittkäufer den Preis noch nicht bezahlt, so geht die *Kaufpreisforderung* unter den nämlichen Voraussetzungen ex lege *auf den Kommittenten über.* Hat der Drittkäufer den Preis bereits bezahlt, so hat der Kommittent das Nachsehen. Er kann seine *Geldablieferungsforderung für den Kommissionserlös* nur als *ungesicherte Forderung* 5. Klasse im Konkurs des Kommissionärs geltend machen. N. 9b oben.

15. Erlöschen der Sachleistungsobligation aus der actio mandati directa und contraria

15 a *a.* Die *Beendigung der Ausführungsobligation* bewirkt *nicht das Erlöschen der gegenseitigen Ansprüche von Kommittent und Kommissionär* aus der actio mandati directa und contraria. Mit der *Wirksamkeit des Beendigungsgrundes* können sich jedoch die *gegenseitigen Sachleistungsobligationen nicht mehr verändern.* Art. 404 N. 1–9.

b *b. Bei Tod des Kommittenten* oder des Kommissionärs gehen sie durch *Universalsukzession* als Forderung bzw. als Schuld auf die Erben des Verstorbenen über. Im Konkursfall von Kommittent oder Kommissionär werden sie ein *Masseaktivum* oder eine *Masseschuld.* Art. 405 N. 14, 17. Unter den in Art. 401 OR umschriebenen Voraussetzungen kann jedoch der Kommittent *Realerfüllung auch gegen den Willen der Konkursverwaltung* des Kommissionärs bewirken, während andererseits die *Masse die Retentionsrechte* in der nämlichen Art und Weise *ausüben* kann, wie es der Kommissionär konnte. *Kein Beendigungsgrund für die Ausführungsobligation bringt bereits entstandene Sachleistungsobligationen aus dem Kommissionsauftrag zum Erlöschen.* Diese erlöschen vielmehr erst, wenn ein *gesetzlicher Erlöschungsgrund für Sachleistungsobligationen* eintritt, normalerweise durch *Erfüllung.*

Art. 426

[1] Der Kommissionär hat dem Kommittenten die erforderlichen Nachrichten zu geben und insbesondere von der Ausführung des Auftrages sofort Anzeige zu machen.

[2] Er ist zur Versicherung des Kommissionsgutes nur verpflichtet, wenn er vom Kommittenten Auftrag dazu erhalten hat.

II. Pflichten des Kommissionärs
1. Anzeigepflicht, Versicherung

II. Obligations du commissionnaire

1. Avis obligatoire et assurance

[1] Le commissionnaire doit tenir le commettant au courant de ses actes et, notamment, l'informer sans délai de l'exécution de la commission.

[2] Il n'a l'obligation d'assurer les choses formant l'objet du contrat que si le commettant lui en a donné l'ordre.

II. Obblighi del commissionario

1. Avviso ed assicurazione

[1] Il commissionario deve dare le necessarie informazioni al committente e in specie avvisarlo tosto dell'esecuzione del mandato.

[2] Egli non è tenuto ad assicurare le merci in commissione, qualora il committente non glielo abbia ordinato.

Materialien: Vgl. sub Art. 425.

Rechtsvergleichung: aOR Art. 432. ABGB § 1012. HGB § 384 II, 390 II. BGB § 666. Codice Civile Art. 1710 II, 1712.

Literatur: Vgl. sub Art. 425.

SYSTEMATIK DER KOMMENTIERUNG

Art. 426 OR

I. Informationspflicht. Art. 426 I OR

1. Informationspflicht nach allgemeinem Auftragsrecht. Art. 400 I OR . 32
2. Inhalt und Umfang der Informationspflicht in Kommissionsaufträgen 33

II. Versicherung von Kommissionsgut. Art. 426 II OR

3. Die Gefahrtragung bei der Einkaufskommission 34
4. Die Gefahrtragung bei der Verkaufskommission 36

III. Die Schadensfolgen bei Verletzung der Informations- oder Versicherungspflicht

5. Bei der Einkaufskommission 37
6. Bei der Verkaufskommission 39

Art. 426 OR

I. INFORMATIONSPFLICHT. ART. 426 I OR

1. Informationspflicht nach allgemeinem Auftragsrecht. Art. 400 I OR

1 a *a.* Wie sich aus den entsprechenden §§ 384 II und 390 II HGB ergibt, behandelt der zusammengefasste Art. 426 OR unter den «Pflichten des Kommissionärs» zwei *verschiedenartige Sorgfaltspflichten.* Der erste Absatz betrifft die Informationspflicht, die im allgemeinen Auftragsrecht in der Rechenschaftspflicht nach Art. 400 I OR enthalten ist. Auch in der Systematik des Codice Civile figuriert sie unter dem allgemeinen Mandatsrecht, art. 1712 I, und ist unter den Sonderbestimmungen über die Kommission nicht wiederholt. In BGB § 666 ist die Verpflichtung, «die erforderlichen Nachrichten zu geben», als allgemeine Mandatspflicht ausdrücklich erwähnt.

b *b.* Sie gilt auch in der Schweiz für jedes Auftragsverhältnis. Da die Kommission ein Hilfsgeschäft für den *Güteraustausch* und *Wertpapierhandel* ist, das den Zwecken des Kommittenten dient und seinen Dispositionen untersteht, kommt der *raschen Information* besondere Bedeutung zu. Das gilt in erhöhtem Masse für die *Börsenkommission.* Die dort kommissionsweise behandelten Wertpapiere sind von Tag zu Tag *Kursschwankungen* ausgesetzt. Nur bei rascher Information kann der Kommittent sein Weisungs- und Widerrufsrecht sinnvoll ausüben, z. B. eine Preislimite abändern, durch die Weisung «bestmöglich» ersetzen u. a. m. Art. 400 N. 23c.

2. Inhalt und Umfang der Informationspflicht in Kommissionsaufträgen

2 a

a. Die *Information* muss *vollständig, wahrheitsgemäss* und *rechtzeitig* sein. Art. 400 N. 23 a. Erforderlich sind allgemein Informationen über solche die Ausführung oder die Ausführbarkeit des Kommissionsgeschäftes betreffende Tatsachen, die eine *Willensänderung* beim Kommittenten als dem Geschäftsherrn, insbesondere eine *Weisung, eine Weisungsänderung oder den Widerruf des Kommissionsauftrages* herbeiführen könnten. Art. 1710 II Codice Civile. Der Kommissionär, regelmässig fachkundig im Ausführungsgeschäft, hat davon auszugehen, dass der *Kommittent* durch das Ausführungsgeschäft einen *Nutzen erzielen*, keinen Schaden erleiden will. Da er im Interesse des Kommittenten handelt, gebietet die Treue- und Sorgfaltspflicht, diesen vor Schaden zu bewahren. Ist ein Kommissionsauftrag mit Preislimite erteilt, so ist eine Information über veränderte Verhältnisse seltener erforderlich, wie wenn «bestmögliche» Ausführung vereinbart war. Doch *kann der Kommissionär in der Information weit gehen, weil er im Falle eines Widerrufes des Kommissionsauftrages durch den Kommittenten nach Art. 432 I OR dennoch die volle Provision beanspruchen kann.* Diese im Vergleich zum gewöhnlichen Mandatar *bessere Rechtsstellung* (Art. 404 N. 10 e, 12 c) *rechtfertigt die Auferlegung erhöhter Sorgfaltspflichten auch in der Information.*

b

b. Im übrigen wird sich der *Umfang der erforderlichen Information* nach den konkreten Ausführungsabreden, Ausführungsweisungen und nach den Umständen richten. Bei einer Einkaufskommission sind regelmässig andere Informationen erforderlich als bei einer Verkaufskommission. So muss der *Einkaufskommissionär* das vom Dritten gelieferte *Kommissionsgut* prüfen und festgestellte *Mängel* nicht nur dem Drittverkäufer (Art. 201 OR), sondern auch dem *Kommittenten mitteilen*, damit dieser eine Weisung erteilen kann, wie die *Rechte gegenüber dem Drittverkäufer* gewahrt werden sollen. Andernfalls liegt *keine richtige Ausführung* (Art. 402 I OR) des Kommissionsauftrages vor. Der Kommissionär hat nicht im Interesse des Kommittenten gehandelt und verliert seinen Auslagenersatz und Provisionsanspruch. Art. 431/2 OR. Für einige Spezialfälle bestimmt das Gesetz ausdrücklich, dass die Information erfolgen muss, so dass der Kommissionär nicht mehr zu prüfen hat, ob sie erforderlich ist oder nicht. Bei allen Kommissionsaufträgen ist die *Ausführung sofort anzuzeigen.* Art. 426 I OR. Bei der *Verkaufskommission ist ein erkennbar mangelhafter Zustand des dem Kommissionär zugesandten Kommissionsgutes sofort dem Kommittenten mitzuteilen.* Art. 427 OR. Ebenfalls bei der Verkaufskommission ist die *Unverkäuflichkeit des Kommissionsgutes* dem Kommittenten anzuzeigen. Art. 435 I OR. **DIG. 17.1.22.11 i.f.** Einer *Versteigerung von Kommissionsgut* hat sogar eine *amtliche Mitteilung* vorauszugehen, die *vom Kommissionär zu veranlassen* ist, es sei denn, das Kommissionsgut sei einer so raschen Entwertung ausgesetzt, dass das Abwarten einer Weisung den Schaden des Kommittenten vergrössern würde. Art. 435 III OR.

c *c.* Die durch Art. 426 I vorgeschriebene *sofortige Ausführungsanzeige* soll bei der Einkaufskommission die *Angabe des Verkäufers* und bei der Verkaufskommission die *Angabe des Käufers des Kommissionsgutes* enthalten. Diese Information gehört zur allgemeinen Rechenschaftspflicht des Kommissionärs. Sie kann nur bei denjenigen Kommissionsaufträgen unterbleiben, bei denen der Kommissionär von Gesetzes wegen als Eigenhändler, Käufer oder Verkäufer, in das Ausführungsgeschäft eintreten kann. *Unterbleibt* sie in diesen Fällen, so wird der Kommissionär *kraft gesetzlicher Vermutung als Selbstkäufer oder -verkäufer* des Kommissionsgutes für die Erfüllung des Ausführungsgeschäftes haftbar. Damit tritt eine von der gemeinrechtlichen Schadenshaftung abweichende *Rechtsfolge* der *unvollständigen Information* ein. Art. 437 OR.

d *d.* Wem als Kommissionär *Lose* zum Verkauf übergeben wurden, hat *nach der Ziehung kein Selbsteintrittsrecht.* **BGE 71 IV 125.** Sonst würde er die gewinnenden Lose selbst erwerben. Er ist verpflichtet, dem Kommittenten zwar nicht die Käufer der Lose bekanntzugeben, wohl aber die *Nummern der verkauften Lose mitzuteilen.* Das gehört bei der Loskommission zu der nach Art. 426 I vorgeschriebenen Ausführungsanzeige. Art. 436 N. 2c.

II. VERSICHERUNG VON KOMMISSIONSGUT. ART. 426 II OR

3. Die Gefahrtragung bei der Einkaufskommission

3 a *a.* Die im zweiten Absatz von Art. 426 geregelte Versicherungspflicht für das Kommissionsgut muss im Lichte der Gefahrtragung betrachtet werden. Die Gefahrtragung hängt einmal davon ab, ob es sich um eine *Einkaufs-* oder eine *Verkaufskommission* handelt, und sodann davon, ob

der Gegenstand des Kommissionseinkaufes eine *Spezies- oder Gattungssache* ist.

b. Bei der Einkaufskommission für eine Speziessache, beispielsweise ein Kunstwerk, erwirbt der Einkaufskommissionär das Eigentum von einem Drittkäufer auf Grund eines Kaufvertrages mit der Besitzübergabe durch den Drittverkäufer. Art. 184 OR. Nach der allgemeinen Regel *trägt der Eigentümer die Gefahr des zufälligen Unterganges oder der zufälligen Wertverminderung.* Casum sentit dominus. Nach Auftragsrecht trägt indessen der Auftraggeber (Kommittent) i.d.R. die Gefahr der Auftragsausführung, gleichgültig ob der Rechtshandlungsauftrag als Vollmachtsauftrag oder fiduziarisch auszuführen ist. VON TUHR, Actio de in rem verso, S.72/3. Tritt daher die *Wertverminderung oder der Verlust des Kommissionsgutes, das eine Speziessache ist, während der Zeit ein, während welcher der Kommissionär den Eigentumsbesitz ausübt und bevor er mit seiner Ablieferungsobligation nach Art.400 OR in Verzug gekommen ist, ohne dass dem Kommissionär eine schuldhafte Sorgfaltsverletzung bei der Verwahrung vorgeworfen werden kann, so trägt der Kommittent den Schaden.* Art. 400 N. 45c. § 390 I HGB. Bei einer *Einkaufskommission für eine Speziessache erstreckt sich der Zeitraum, während welchem der Kommittent die Gefahr des Kommissionsgutes trägt, von dem Zeitpunkt, da die Gefahr nach Kaufsrecht auf den Käufer übergeht (Art.185 OR), bis zu dem Zeitpunkt, da der Kommissionär mit seiner Ablieferungsschuld in Verzug gerät.* Will der Kommittent, dass der Kommissionär eine Gefahr versichert, die der Kommittent zu tragen hat, so muss er eine *ausdrückliche Weisung* (nicht einen «Auftrag») erteilen. Hat der Kommissionär die *Versicherungsprämie* bezahlt, so kann er sie als *Auslage* nach Art. 431 I OR vom Kommittenten ersetzt verlangen.

b

c. Ist der *Kommissionsauftrag zur Beschaffung einer Gattungssache,* z. B. zehn Inhaberaktien einer bestimmten Gesellschaft, erteilt, so ist die *Ablieferungsschuld* des Einkaufskommissionärs *zunächst eine Gattungsschuld* i. S. von Art. 71 OR. Art. 400 N. 4b, c, d. Tritt der Verlust oder die Wertverminderung *zufällig* ein, bevor der Einkaufskommissionär den Eigentumsbesitz an der gekauften Gattung erworben hat, *muss aber der Einkaufskommissionär dem Dritten den Kaufpreis dennoch bezahlen* (periculum est emptoris – Art. 185 OR), so muss der Kommittent diesen Kaufpreis dem Kommissionär nach Art. 431 I OR als Auslage ersetzen, obschon er das Kommissionsgut nicht erhält. Art. 402 N. 4c. *Anders* **BGE 59 II 255** für einen Verlust, der durch höhere Gewalt (Währungsabwertung) auf einer Deviseneindeckung entstanden ist, die der Einkaufskommissionär vor der Währungsabwertung beschafft und bevorschusst hatte.

c

Art. 431 N. 2 a. Tritt aber der zufällige Verlust oder die Wertverminderung der Gattungssache, z. B. durch einen Lagerbrand, ein, nachdem der Kommissionär den Eigentumsbesitz am Kommissionsgut bereits tatsächlich erworben hatte, so wird er von seiner *Gattungsschuld nicht befreit*. Denn er *trägt als Gattungsschuldner die Gefahr der abzuliefernden Sache bis zu deren Spezifikation*. Werden einer Bank kommissionsweise gekaufte Wertpapiere vor der Spezifikation durch einen Kassenraub oder eine Veruntreuung abgenommen, so bleibt sie *als Gattungsschuldnerin dennoch haftbar*. Art. 400 N. 4 d. Weil der Kommissionär nicht Verkäufer, sondern Ablieferungsschuldner ist, trägt er die Gefahr bis zur Versendung oder Besitzübergabe der Gattungssache an den Kommittenten. VON TUHR/ SIEGWART I S. 51/3. Die Ausscheidung genügt i. d. R. nicht zur Spezifikation. Über den Gefahrübergang beim Selbsteintritt: Art. 436 N. 1.

d *d*. Will der *Kommittent, dass die ihm obliegende Gefahr vom Einkauf bis zur Besitzergreifung durch den Einkaufskommissionär* oder will er, dass die *Gefahr bis zur Ablieferung an ihn durch den Kommissionär versichert* wird, so muss er wiederum eine ausdrückliche Weisung erteilen. Er kann ein Interesse haben, dass auch *eine dem Einkaufskommissionär von Gesetzes wegen obliegende Gefahr versichert* wird, z. B. wenn es sich um ein wertvolles Gattungskommissionsgut handelt (z. B. Gold: **BGE 59 II 245**) und wenn ihm die Solvenz seines Einkaufskommissionärs nicht über alle Zweifel erhaben erscheint.

e *e*. Hat der Kommissionär das Kommissionsgut *ohne Weisung* des Kommittenten *versichert*, so sind ihm dennoch die aufgewendeten Prämien regelmässig als *nützliche Aufwendungen* nach Art. 431 OR zu ersetzen.

4. Die Gefahrstragung bei der Verkaufskommission

4 a *a*. Bei der Verkaufskommission gelangt das Kommissionsgut in den *Eigentumsbesitz des Kommissionärs*, sobald es diesem vom Kommittenten *anvertraut* wurde. Der *Rechtsgrund* des Eigentumserwerbes des Kommissionärs ist der *Kommissionsauftrag*. Art. 396 N. 42. Dennoch trägt der *Kommittent die Gefahr des zur Auftragsausführung anvertrauten Kommissionsgutes. Der Kommissionär haftet nur für durch schuldhaft unsorgfältige Verwahrung entstandene Wertverminderung oder Verluste*. § 390 I HGB. Der Kommissionär hat den Exkulpationsbeweis nach Art. 97 II OR zu führen. Infolgedessen hat der Kommittent ein besonderes Interesse an der *Versicherung des anvertrauten Kommissionsgutes*, sei es eine Spezies-

oder Gattungssache. Hat der Kommissionär den Kaufvertrag mit dem Drittkäufer abgeschlossen bzw. das Kommissionsgut zum Versand gebracht, so geht die *Gefahr auf den Drittkäufer über.* Art. 185 OR. Will der Kommittent die Gefahr, die er selbst trägt, oder auch die Gefahr, die auf einen (möglicherweise nicht solventen) Drittkäufer übergegangen ist, versichern, so muss er es entweder selbst tun oder dem Verkaufskommissionär eine ausdrückliche Weisung erteilen, dass er es «für Rechnung des Kommittenten» tue.

b

b. Der *Kommissionserlös wird Eigentum des Kommissionärs.* Er hat nicht das erhaltene Geld, sondern die gleiche Geldsumme nach Art. 400 OR an den Kommittenten abzuliefern und kann damit seine Gegenansprüche aus der actio mandati contraria (Art. 430/1 OR) verrechnen. Art. 120 OR. Aber er ist *Gattungsschuldner.* Er wird von der Ablieferungspflicht für erhaltenes Geld nicht befreit, wenn ihm dieses unverschuldet durch Diebstahl, Raub, Betrug oder Veruntreuung abgenommen wird. Art. 400 N. 4d, e. Deshalb behandelt das Gesetz eine Versicherung des Kommissionserlöses nicht. Versicherung gegen die Risiken der Geldentwendung ist Sache des Kommissionärs. Aber auch in diesem Fall kann der Kommittent ein Interesse haben, den *Kommissionserlös zu versichern*, sei es, dass er den Kommissionär nicht als solvent betrachtet, sei es, dass er Auseinandersetzungen darüber vermeiden will, wer für einen möglichen Verlust aufzukommen habe. Will der Kommittent eine derartige Versicherung des Kommissionserlöses, die nicht üblich, aber möglich ist, so muss er eine Weisung erteilen und für ihre Kosten aufkommen.

III. DIE SCHADENSFOLGEN BEI VERLETZUNG DER INFORMATIONS- ODER VERSICHERUNGSPFLICHT

5. Bei der Einkaufskommission

5 a

a. Ist eine vom Gesetz ausdrücklich vorgeschriebene oder durch die Umstände gebotene *Informationspflicht nicht erfüllt* oder hat der Kommissionär trotz Weisung des Kommittenten das *Kommissionsgut nicht versichert*, so geht die *Gefahr der Auftragsausführung*, soweit sie bisher vom Kommittenten zu tragen war, *auf den Kommissionär* über, der seine Sorgfaltspflicht verletzt hat. Der Schaden gilt nicht als zufällig, sondern durch Verschulden des Kommissionärs eingetreten. **BGE 59 II 249 Erw. 2, 253 Erw. 5.** VON TUHR, Actio de in rem verso S. 72/3. Wäre pflichtgemäss versichert worden, so wäre er nicht eingetreten.

b *b.* Wurde bei der Einkaufskommission die *Mangelhaftigkeit des Kommissionsgutes nicht angezeigt, so muss es vom Kommittenten nicht abgenommen werden.* Der *Kommissionär* kann es behalten, er kann es auch für seine Rechnung weiterverkaufen. Er trägt den *Schaden an seinem Eigentum* und verliert wegen unrichtiger Ausführung seinen Auslagenersatz- und Provisionsanspruch. Art. 425 N. 10 b. Es ist seine Sache, Massnahmen zu treffen, um seinen eigenen Schaden zu vermindern. *Den nicht abnahmepflichtigen Kommittenten berührt nicht, ob der Kommissionär dem Drittverkäufer gegenüber nur den Minderungs-, den Wandelungsanspruch* (Art. 205 OR) *oder bei einem Gattungseinkauf den Ersatzleistungsanspruch* (Art. 206 OR) *besitzt.* Ein vom Kommittenten allenfalls geleisteter *Vorschuss* muss *erstattet* werden. Damit trägt der Kommissionär weder die Gewährspflicht eines Selbstverkäufers noch eine Erfolgshaftung. Vielmehr hat er für die Nachteile aufzukommen, die durch Nichterfüllung der Informationspflicht entstehen. Diese Nachteile können in der Verwirkung der Gewährleistungsansprüche gegenüber dem Drittverkäufer bestehen.

c *c.* Ist dagegen die Informationspflicht gehörig erfüllt, so dass der *Kommittent Weisungen für die Rechtswahrung erteilen konnte*, und wurden die Weisungen vom Kommissionär befolgt, so geht der Schaden, für den der Drittverkäufer nicht aufzukommen hat oder nicht aufkommen kann, *zu Lasten des Kommittenten*, der die Gefahr der Ausführung trägt. Provisions- und Auslagenersatzanspruch bleiben dem Kommissionär erhalten. Der *Kommittent kann Abtretung aller Ansprüche einschliesslich der Gewährleistungsansprüche aus dem Kaufvertrag* (Ausführungsgeschäft) *verlangen.* § 392 I HGB. Ihm kommt der Nutzen des Ausführungsgeschäftes zu. Art. 400 N. 5, 6. Er trägt aber auch den ohne Verschulden des Kommissionärs eintretenden Verlust.

d *d.* Hat der Einkaufskommissionär die eingekaufte Speziessache, z. B. ein wertvolles Gemälde, trotz Weisung des Kommittenten *nicht versichert*, und geht sie unter, so *trägt der Kommissionär den Schaden selbst.* Er hat dem Kommittenten einen erhaltenen «Vorschuss» zu erstatten und kann keinen Auslagenersatz und keine Provision beanspruchen.

Denn er hat durch Weisungsverletzung *den Schaden verschuldet, für den sonst die Versicherung aufgekommen wäre.*

e

e. Wurde bei der Einkaufskommission die *rechtzeitige Ausführungsanzeige unterlassen,* und handelt es sich um Kommissionsgut, das dem Selbsteintritt nach Art. 436 OR zugänglich ist, so *haftet der Einkaufskommissionär wie ein Selbstverkäufer.* Tritt die Wandelung des Kommissionsauftrages in einen Kauf ein, wenn der Einkaufskommissionär keinen Drittverkäufer nennt, so tritt sie a fortiori dann ein, wenn er die Ausführung so verspätet anzeigt, dass die *Geltendmachung der Gewährleistungsansprüche gegenüber dem Drittverkäufer erschwert oder verunmöglicht* ist. *Diesen Nachteil muss der Kommissionär selbst tragen.* Die erworbenen Rechte gegen den Drittverkäufer verbleiben ihm.

6. Bei der Verkaufskommission

6 a

a. Wurde trotz Weisung des Kommittenten *das zum Verkauf übergebene Kommissionsgut nicht versichert,* und wird es beim Kommissionär trotz sorgfältiger Verwahrung von einem Teil- oder Totalschaden betroffen (N. 4 a oben), so hat der *Kommissionär wegen seiner Sorgfaltsverletzung für den Verlust aufzukommen, der sonst vom Kommittenten zu tragen wäre.* Sein Verschulden ist die Unterlassung der Versicherung.

b

b. Wurde der erkennbar mangelhafte Zustand des vom Kommittenten *zugesandten Kommissionsgutes oder dessen Unverkäuflichkeit nicht angezeigt* (N. 2 b oben), und kann in der Folge nur ein geringerer Verkaufs- oder Versteigerungserlös erzielt werden, so *haftet der Kommissionär für den Ausfall, der nicht vom Frachtführer oder der Transportanstalt hereingebracht werden kann.* Art. 427 N. 4 b. Das Verschulden liegt wiederum in der Nichterfüllung einer gesetzlich festgelegten Informationspflicht.

Art. 427

2. Behandlung des des Kommissionsgutes

[1] Wenn das zum Verkaufe zugesandte Kommissionsgut sich in einem erkennbar mangelhaften Zustande befindet, so hat der Kommissionär die Rechte gegen den Frachtführer zu wahren, für den Beweis des mangelhaften Zustandes und soweit möglich für Erhaltung des Gutes zu sorgen und dem Kommittenten ohne Verzug Nachricht zu geben.

[1] Versäumt der Kommissionär diese Pflichten, so ist er für den aus der Versäumnis entstandenen Schaden haftbar.

[3] Zeigt sich Gefahr, dass das zum Verkaufe zugesandte Kommissionsgut schnell in Verderbnis gerate, so ist der Kommissionär berechtigt und, soweit die Interessen des Kommittenten es erfordern, auch verpflichtet, die Sache unter Mitwirkung der zuständigen Amtsstelle des Ortes, wo sie sich befindet, verkaufen zu lassen.

2. Soins à donner aux marchandises

[1] Lorsque les marchandises expédiées en commission pour être vendues se trouvent dans un état visiblement défectueux, le commissionnaire doit sauvegarder les droits de recours contre le voiturier, faire constater les avaries, pourvoir de son mieux à la conservation de la chose et avertir sans retard le commettant.

[2] Sinon, il répond du préjudice causé par sa négligence.

[3] Lorsqu'il y a lieu de craindre que les marchandises expédiées en commission pour être vendues ne se détériorent promptement, le commissionnaire a le droit et même, si l'intérêt du commettant l'exige, l'obligation de les faire vendre avec l'assistance de l'autorité compétente du lieu où elles se trouvent.

2. Cure per la merce

[1] Se la merce spedita al commissionario per essere venduta si trovi in uno stato difettoso riconoscibile, il commissionario deve riservare le azioni in confronto del vetturale, provvedere alla prova dello stato difettoso e possibilmente alla conservazione della merce ed informarne tosto il committente.

[2] Mancando a tali obblighi, il commissionario è responsabile del danno derivato dalla sua negligenza.

[3] Se vi ha pericolo che la merce spedita al commissionario per essere venduta deteriori rapidamente, il commissionario può, e, quando l'interesse del committente lo richieda, deve farla vendere coll'intervento dell'autorità competente del luogo in cui essa si trova.

Materialien: Vgl. sub Art. 425.

Rechtsvergleichung: aOR Art. 433/4. HGB § 388. Codice Civile art. 1710.

Literatur: Vgl. sub Art. 425.

SYSTEMATIK DER KOMMENTIERUNG

Art. 427 OR

1. Sonderbestimmung für zugesandtes Kommissionsgut 41
2. Sondernorm für bestimmte Sorgfaltspflichten 42
3. Die Rechtswahrungspflicht gegenüber dem Frachtführer und/oder der öffentlichen Transportanstalt. Art. 427 I OR 43
4. Die Schadenshaftung des Kommissionärs bei Verletzung der Sorgfaltspflichten. Art. 427 II OR 45
5. Pflicht zur Schadensminderung bei verderblichem Kommissionsgut. Selbsthilfeverkauf. Art. 427 III OR 46

Art. 427 OR

1. Sonderbestimmung für zugesandtes Kommissionsgut

1 a

a. Trotz des allgemeinen Randtitels «Behandlung des Kommissionsgutes» gelten die Bestimmungen von Art. 427 OR in der Hauptsache für die Verkaufskommission. Bei der Einkaufskommission, namentlich von Gattungssachen, kann der Kommittent die Ablieferung erkennbar mangelhaften Kommissionsgutes zurückweisen. Er ist nicht in gleicher Weise auf die Rechtswahrung durch den Kommissionär angewiesen. (Das Zurückweisungsrecht des Kommissionärs wird von der deutschen Praxis zu § 389 HGB abgelehnt. Kommentar Ratz zu § 389 Anm. 6.) Art. 427 OR erfasst nicht alle Fälle der Verkaufskommission, sondern nur diejenigen, in welchen das *Kommissionsgut dem Kommissionär oder dessen direktem Stellvertreter zugesandt* wurde. (Durch die Zusendung an einen direkten Stellvertreter des Verkaufskommissionärs entsteht keine Rechtsbeziehung zwischen dem Kommittenten und dem Vertreter des Kommissionärs: Semjud 74 [1952] S. 11.) Ähnlich wie beim «Versendungskauf» (Art. 185 II OR) könnte man von einer «*Distanzkommission*» sprechen. Die *Sache*, die vom Kommissionär im eigenen Namen, aber für *Rechnung des Kommittenten verkauft werden soll, befindet sich an einem anderen Ort als demjenigen, an welchem der Kommissionär sie übernehmen soll.* Es kann jedoch das Kommissionsgut, z. B. ein Gemälde, dem Verkaufskommissionär nicht zugesandt, sondern vom Kommittenten mit der Abmachung übergeben werden, es dürfe überall, z. B. auch in den USA, verkauft werden. Dann liegt kein Anwendungsfall von Art. 427 OR vor. In diesem Falle hat der *Kommissionär auf eigene Verantwortung für sorgfältige Spedition zu sorgen, wenn er an einem anderen Ort als dem Übergabeort verkauft.* Die Speditions- und allfälligen Versicherungskosten sind indessen ersatzpflichtige Auslagen i. S. von Art. 431 OR. Solche unechten «*Exportkommissionen*» sind namentlich im Überseegeschäft häufig. Wilmar Berger, Kommissionsgeschäft S. 18, 20. Art. 425 N. 6c.

b *b.* Art. 427 OR ist zwar vornehmlich auf *kaufmännische Kommissionsaufträge von Gattungssachen* zugeschnitten. Er findet indessen auch auf nichtkaufmännische Verkaufskommissionen und auch auf Kommissionsaufträge Anwendung, bei denen das Kommissionsgut in einer oder mehreren Speziessachen besteht, z. B. Kunstgegenständen, Möbeln, Motorfahrzeugen u. a. m.

c *c.* Art. 427 OR findet keine Anwendung auf Kommissionen, die als Platzgeschäfte qualifiziert werden können. Das ist der Fall, wenn das Kommissionsgut dem Kommissionär *nicht durch Vermittlung eines Frachtführers, Spediteurs oder einer öffentlichen Transportanstalt zugesandt*, sondern vom Kommittenten selbst oder dessen direktem Stellvertreter übergeben wurde. Dann erschöpft sich die Sorgfaltspflicht des Verkaufskommissionärs bei erkennbar mangelhaftem Zustand des Kommissionsgutes oder Gefahr seiner Verderbnis auf die *Information des leicht erreichbaren Kommittenten oder seines direkten Vertreters.* Das ermöglicht dem die Gefahr tragenden Kommittenten, selbst die zur «Behandlung des Kommissionsgutes» geeigneten Massnahmen anzuordnen oder zu treffen.

2. Sondernorm für bestimmte Sorgfaltspflichten

2 a *a.* Art. 427 OR begründet besondere Sorgfaltspflichten des Kommissionärs, wenn ihm das Kommissionsgut von auswärts zugesandt wird. Es ist davon auszugehen, dass grundsätzlich der Kommittent die Gefahr des Kommissionsgutes trägt. Art. 426 N. 4a. Er würde Schaden erleiden, wenn das Kommissionsgut in «erkennbar mangelhaftem Zustand» beim Kommissionär eintrifft oder «schnell in Verderbnis gerät». Die Wahrung des Kommittenteninteresses gebietet dem Kommissionär, die *Schadensbedrohung abzuwenden*, die er erkannt hat. Das Gesetz bestimmt, was der Kommissionär in diesem Falle zur Beseitigung oder Verminderung der Gefahr zu tun hat.

b *b.* Zwar ergeben sich die in Art. 427 OR dem Verkaufskommissionär auferlegten Pflichten schon aus der allgemeinen auftragsrechtlichen Sorgfaltspflicht nach Art. 398 OR. Weder durch Gesetz noch durch Vertrag kann die Sorgfaltspflicht abschliessend umschrieben werden. Sie richtet sich nach konkreten Umständen, die von Fall zu Fall verschieden gelagert sein können. Hat daher der Kommissionär die in Art. 427 OR ausdrücklich aufgezählten Sorgfaltspflichten in der «Behandlung des Kommissionsgutes» erfüllt, so ist damit nicht gesagt, dass er alle ihm nach Art. 398/328 OR obliegende Sorgfalt aufgewendet habe. Der Kommissionär oder seine Hilfspersonen können beispielsweise zerbrechliches Kommissionsgut *unvorsichtig ausgepackt*, verderbliches Kommissionsgut *unzweckmässig gelagert* haben u. v. a. Dafür haftet der Kommissionär auch dann, wenn er alle in Art. 427 OR spezifizierten Sorgfaltspflichten erfüllt hat. Art. 426 N. 4 a.

3. Die Rechtswahrungspflicht gegenüber dem Frachtführer und/oder der öffentlichen Transportanstalt. Art. 427 I OR

3 a

a. Nach Art. 447/8 OR *haftet der Frachtführer für Transportschäden am Frachtgut:* Verlust, Zerstörung, Beschädigung, wenn er nicht beweist, dass der Schaden durch die natürliche Beschaffenheit des Gutes, durch eine Weisung oder ein Verschulden des Absenders oder des Empfängers verursacht wurde, oder wenn der Schaden trotz Beobachtung der dem Frachtführer obliegenden Sorgfalt eingetreten ist. Art. 447 N. 4–7. Durch *vorbehaltlose Annahme des Frachtgutes* wird der Anspruch *verwirkt*, «die Fälle von absichtlicher Täuschung und grober Fahrlässigkeit ausgenommen». Art. 452 I OR. Über den Zustand des Frachtgutes ist «in allen Streitfällen» ein *amtlicher Befund* aufzunehmen. Die Amtsstelle kann *Hinterlegung* des Frachtgutes oder den *Verkauf* anordnen. Art. 445, 453 OR. Alle *Haftpflichtansprüche gegen den Frachtführer verjähren innerhalb eines Jahres.* Art. 454 OR.

b

b. Konzessionierte *öffentliche Transportanstalten* dürfen die erwähnten privatrechtlichen *Haftungsgrundsätze für Transportschäden* für die von ihnen ausgeführten Transporte *nicht abschwächen.* Art. 455 N. 3. Es finden sich daher ähnliche Regelungen für die *Haftpflichtansprüche aus Verlust oder Beschädigung des Transportgutes* in

Eisenbahntransportgesetz vom 11. März 1948 (ETranspG): Art. 15–22, 48–50,

Reglement über den Transport auf Eisenbahnen und Schiffen (Transportreglement) vom 24. Juni 1949 (ETR) Art. 174–186,

Internationales Abkommen über den Eisenbahnfrachtverkehr vom 25. Oktober 1952 (CIM): Art. 26–46,
Postverkehrsgesetz vom 2. Oktober 1924 (PVG): Art. 49–55,
Vollziehungsverordnung I zum PVG vom 23. Dezember 1955 (PO): Art. 138–147,
BG über die Seeschiffahrt unter der Schweizerflagge (Seeschiffahrtsgesetz) vom 23. September 1953 (SSG): Art. 49, 50, 87, 103–117,
VO zum SSG (Seeschiffahrtsverordnung) vom 20. Nov. 1956 (SSV): Art. 45–72,
BG über die Luftfahrt vom 21. Dezember 1948 (LFG): Art. 75–79,
Lufttransportreglement vom 3. Oktober 1952 (LTR): Art. 3, 8–12, 19–22,
Warschauer Luftverkehrsabkommen vom 12. Oktober 1929 (LVA): Art. 17–31,

Vgl. die Übersicht unter Vorbem. zu den Transportverträgen vor Art. 439 N. 1 c.

c *c.* Art. 427 OR behandelt nicht den Fall von Totalschäden, sondern nur den Fall von *Teilschäden* (Verlust oder Beschädigung) des von auswärts zum Verkaufe zugesandten Kommissionsgutes. Art. 447 N. 5. Art. 448 N. 1. Voraussetzung für die besondere Sorgfaltspflicht ist der *«erkennbar mangelhafte Zustand» des Kommissionsgutes.* Nach Frachtvertragsrecht ist der *Empfänger* als *Drittbegünstigter* nicht verpflichtet, Rechte aus dem Frachtvertrag im Hinblick auf die Wahrung der Haftpflichtansprüche aus Transportschäden geltend zu machen. Er kann die *Annahme beschädigten Frachtgutes* verweigern. Art. 444 OR. *Ist der Empfänger aber Kommissionär*, und wird ihm das Kommissionsgut durch einen Frachtführer oder eine öffentliche Transportanstalt abgeliefert, so besteht die *Vermutung*, dass eine feststellbare *Beschädigung durch den Transport* verursacht ist und dass der Frachtführer oder die Transportanstalt dafür aufkommen müssen (Art. 447 OR N. 6 c), sofern der Verkaufskommissionär das Gut nicht vorbehaltlos annimmt (Art. 452 OR), sondern die *befristeten Rechtsvorkehren des Transportrechtes wahrt.* Bei erkennbar mangelhaftem Zustand des zugesandten Kommissionsgutes erwächst dem *Kommissionär* nicht nur ein Recht, sondern eine *Pflicht zur Wahrung der frachtrechtlichen Haftpflichtansprüche* gegenüber dem Frachtführer oder der Transportanstalt. Der Verkaufskommissionär darf das zugesandte *Kommissionsgut nicht einfach zurückweisen* (Art. 444 I OR), wenn es ihm erkennbar beschädigt abgeliefert wird. Art. 452 N. 3 b.

d *d.* Die erste Obliegenheit des Kommissionärs ist die *Beweissicherung*, wie sie im Frachtvertrags- oder öffentlichen Transportrecht vorgesehen ist. Art. 444 II/445, 453 OR. Denn die Beweissicherung dient der Rechtswahrung gegen den Frachtführer oder gegen die öffentliche Transportanstalt. Der Sinn dieser Obliegenheiten ist, den eingetretenen *Sachschaden vom Kommittenten abzuwälzen und ihn dem Frachtführer oder der öffentlichen Transportanstalt zu überwälzen*, wenn dies möglich ist. Damit kein weiterer Schaden entsteht, für den Frachtführer oder Transportanstalt nicht aufzukommen hätten, ist als dritte Obliegenheit die *Sorge für die Erhaltung des Kommissionsgutes* gefordert. Dessen Schicksal soll nicht mehr vom Frachtführer allein (Art. 444 OR), sondern vom Kommissionär abhängen, der im Frachtvertrag i. d. R. als Empfänger figuriert. Die Einschränkung «*soweit möglich*» ist eine Anpassung an die konkreten Umstände. Es kann am Zustand des Kommissionsgutes oder an den Möglichkeiten des Kommissionärs liegen, dass eine Sorge für die Erhaltung nicht mehr aufgebracht werden kann oder zwecklos wäre, d. h. den Schaden nicht vermindern würde. Art. 445 OR.

e

e. Die bereits in Art. 426 I enthaltene *Informationspflicht* ist in Art. 427 I OR ausdrücklich wiederholt. Art. 426 N. 2 b. Die Information liegt nicht nur im Interesse des Kommittenten, sondern auch im Interesse des Kommissionärs. Jener soll in die Lage versetzt werden, dem Kommissionär Weisungen zu erteilen. Soweit eine *Weisung hinsichtlich der Behandlung des mangelhaften Kommissionsgutes* erteilt ist, tritt ihre Befolgung anstelle der allgemeinen Sorgfaltspflicht. Art. 397 N. 7. Durch Weisungen kann der Kommittent auf bestimmte Sorgfaltspflichten verzichten. Hingegen kann er dem Kommissionär gegen dessen Willen *keine weiteren Sorgfaltsmassnahmen* hinsichtlich der Behandlung des zugesandten Kommissionsgutes auferlegen als die in Art. 427 I OR genannten. So muss der Kommissionär *nicht den Transportschadensprozess* für den Kommittenten führen. Würde der Kommissionär das zugesandte Kommissionsgut zurückweisen, so obläge die Informationspflicht nach Art. 444 I OR dem Frachtführer. Aber der *Verkaufskommissionär, der das Kommissionsgut zurückweist, begeht eine Vertragsverletzung, aus der er nach Art. 427 II OR schadenersatzpflichtig wird*, wenn ein ursächlicher Schaden eintritt.

4. Die Schadenshaftung des Kommissionärs bei Verletzung der Sorgfaltspflichten. Art. 427 II OR

4 a

a. Ist das Kommissionsgut mangelhaft, so besteht der *Schaden* im *Mindererlös*, der durch seinen Verkauf erzielt werden kann. Dieser Mindererlös ist durch den Kommissionär verschuldet, wenn er eine der ihm nach Art. 427 I OR obliegenden Sorgfaltsmassnahmen versäumt hat.

Sind durch vorbehaltlose Annahme des Kommissionsgutes trotz erkennbarer Mangelhaftigkeit oder durch Unterlassung der amtlichen Befundsaufnahme die *Regressansprüche gegen* den *Frachtführer* oder die öffentliche Transportanstalt *verwirkt*, oder würde das Kommissionsgut einfach zurückgewiesen, so muss der Kommissionär *selbst für den Mindererlös aufkommen, wie wenn er eine Weisung missachtet hätte.* Art. 397 II OR. Es *braucht und kann nicht mehr untersucht* werden, *ob der Schaden tatsächlich auf dem Transport eingetreten ist* und ob der Frachtführer oder die Transportanstalt dafür hätte aufkommen müssen. Vgl. Art. 457 OR. Nur der *Beweis, dass der Schaden schon bei der Versendung des Kommissionsgutes vorhanden* und/oder dem *Kommittenten bekannt* war, würde den *Kommissionär entlasten.*

b *b.* Hat der Kommissionär den *Beweis gesichert* und die *Rechte gegenüber Frachtführer oder Transportanstalt gewahrt*, jedoch die *Information versäumt*, so ist der Schaden geringer, weil die Ansprüche, für die Frachtführer, Spediteur und/oder Transportanstalt aufkommen müssen, u. U. den Mindererlös ganz oder teilweise decken. Dem Kommissionär muss auch dann der *Beweis* zugestanden werden, dass der *Schaden nicht durch den Transport eingetreten* ist oder dem Kommittenten bekannt war. In diesem Fall fehlt der Kausalzusammenhang zwischen versäumter Information und Schaden. Der Kommittent kann nicht einen Schaden ersetzt verlangen, der bereits vorhanden war, und er kann keine Information über eine Tatsache fordern, die er bereits kannte.

5. Pflicht zur Schadensminderung bei verderblichem Kommissionsgut. Selbsthilfeverkauf. Art. 427 III OR

5 a *a.* Wenn Art. 427 III OR dem Kommissionär ein Recht einräumt und ihm u. U. die Pflicht auferlegt, das zugesandte *verderbliche Kommissionsgut unter amtlicher Mitwirkung zu verkaufen oder verkaufen zu lassen*, so ist darin keine weitere besondere Sorgfaltspflicht zu erblicken. Im Vordergrund steht das *Recht des Kommissionärs zum sogenannten Selbsthilfeverkauf.* Eine Pflicht besteht, «soweit die Interessen des Kommittenten es erfordern», d. h. wenn ein passives Verhalten des Kommissionärs eine Verletzung seiner allgemeinen Treue- und Sorgfaltspflicht i. S. von Art. 398 OR wäre. Das Recht des Verkaufskommissionärs zum Notverkauf konkurriert scheinbar mit dem nämlichen Recht des Frachtführers gemäss Art. 445 OR. Da beide dem *Schutze des Retentionsrechtes* dienen, ist anzunehmen, dass das *Recht erst dann entsteht*, wenn der *Berechtigte*

den unmittelbaren Besitz am Gut erhält, und dass es untergeht, sobald der Berechtigte den Besitz am Gut aufgegeben hat.

b. Die meisten Kantone fordern eine *richterliche Bewilligung* für den Selbsthilfeverkauf. Darin erschöpft sich meist die «*Mitwirkung der zuständigen Amtsstelle*». So § 399 Z. 3 Zürcher ZPO. Zuständig ist der Richter des Ortes, wo sich das Kommissionsgut befindet. Die Bewilligung nach Art. 427 III OR wird für den *freihändigen Verkauf* von Kommissionsgut erteilt, das verderblich, aber noch nicht verdorben ist. Kann indessen angenommen werden, das Kommissionsgut sei freihändig unverkäuflich, so kann nach Art. 435 I OR die *öffentliche Versteigerung* verlangt und bewilligt werden. b

c. Die ratio legis ist, sowohl den Kommittenten vor Schaden zu bewahren als auch das Retentionsrecht des Kommissionärs zu schützen. Die gesetzlich geforderten Sorgfaltsmassnahmen sind dem Kommissionär zuzumuten, weil er selbst *alle durch die Mangelhaftigkeit des Kommissionsgutes verursachten Mehrauslagen ersetzt erhält und auch seinen Provisionsanspruch nicht einbüsst.* Art. 430/1. Er behält am geminderten Erlös sein *Retentionsrecht.* Art. 434 OR. Entsteht durch Unterlassung des Selbsthilfeverkaufes oder der Versteigerung ein Schaden, so ist er vom säumigen Kommissionär zu ersetzen. Zwar trägt der *Kommittent* die *Gefahr* des Kommissionsgutes, jedoch *nur solange der Kommissionär seine Sorgfaltspflichten gehörig erfüllt.* c

Art. 428

3. Preisansatz des Kommittenten

[1] Hat der Verkaufskommissionär unter dem ihm gesetzten Mindestbetrag verkauft, so muss er dem Kommittenten den Preisunterschied vergüten, sofern er nicht beweist, dass durch den Verkauf von dem Kommittenten Schaden abgewendet worden ist und eine Anfrage bei dem Kommittenten nicht mehr tunlich war.

[2] Ausserdem hat er ihm im Falle seines Verschuldens allen weitern aus der Vertragsverletzung entstehenden Schaden zu ersetzen.

[3] Hat der Kommissionär wohlfeiler gekauft, als der Kommittent vorausgesetzt, oder teurer verkauft, als er ihm vorgeschrieben hatte, so darf er den Gewinn nicht für sich behalten, sondern muss ihn dem Kommittenten anrechnen.

3. Prix fixé par le commettant

[1] Le commissionnaire qui a vendu au-dessous du minimum fixé par le commettant est tenu envers lui de la différence, s'il ne prouve qu'en vendant il a préservé le commettant d'un dommage et que les circonstances ne lui ont plus permis de prendre ses ordres.

[2] S'il est en faute, il doit réparer en outre tout le dommage causé par l'inobservation du contrat.

[3] Le commissionnaire qui achète à plus bas prix ou qui vend plus cher que ne le portaient les ordres du commettant ne peut bénéficier de la différence et doit en tenir compte à ce dernier.

3. Prezzo fissato dal committente

[1] Il commissionario che ha venduto ad un prezzo inferiore al minimo fissatogli dal committente, deve abbuonargli la differenza di prezzo, ove non provi che colla vendita gli ha evitato un danno e che inoltre non gli era più possibile d'interpellarlo.

[2] Se vi fu colpa da parte sua egli deve inoltre risarcirgli ogni maggior danno derivante dalla violazione del contratto.

[3] Se il commissionario ha comprato a prezzo più basso di quello previsto, o venduto a prezzo più elevato di quello indicatogli dal committente, non può ritenere per sè il guadagno, ma deve porlo a credito del committente.

Materialien: Vgl. sub Art. 425, insbes. Prot. Exp. Komm. vom 19. 10. 1908 S. 7.

Rechtsvergleichung: aOR Art. 435/6. HGB §§ 385/6. Codice Civile art. 1711, 1712 II.

Literatur: Vgl. sub Art. 425.

SYSTEMATIK DER KOMMENTIERUNG

Art. 428 OR

1. Limitierte und bestmöglich auszuführende Kommissionsaufträge . . 49
2. Bedeutung der Limite für den Selbsteintritt und die Abrechnung . . . 50
3. Gehörige Erfüllung durch Vergütung des Preisunterschiedes. Art. 428 I/397 II OR 51
4. Erlaubte Abweichung von der Verkaufslimite. Art. 428 I/397 I OR . . 52
5. Der Ersatz des «weiteren Schadens». Art. 428 II OR 53
6. Der Kommissionär soll aus der Ausführung des Kommissionsauftrages, vorbehältlich seines Provisionsanspruches, nicht bereichert sein. Art. 428 III OR 55

Art. 428 OR

1. Limitierte und bestmöglich auszuführende Kommissionsaufträge

1 a

a. Der «Preisansatz» oder die «Preislimite» ist eine vom Kommittenten dem Kommissionär erteilte *Ausführungsweisung.* Art. 397 N. 3d. Als solche untersteht sie der in Art. 397 OR enthaltenen Regelung des Weisungsrechtes für alle Auftragsverhältnisse.

b

b. Die allgemeine Sorgfalts- und Treuepflicht gebietet, dass der Einkaufskommissionär zu einem möglichst *niedrigen Preise einkauft*, der Verkaufskommissionär hingegen zu einem möglichst *hohen Preise verkauft.* Im ersten Falle wird der dem Einkaufskommissionär als Auslage nach Art. 431 I OR geschuldete Betrag geringer, im zweiten Falle der nach Art. 400 OR abzuliefernde Netto-Kommissionserlös grösser. Beides vermehrt den vom Kommittenten erstrebten Gewinn.

c

c. Ist der Kommissionsauftrag nicht limitiert, so ist gemäss der allgemeinen Treue- und Sorgfaltspflicht «*bestmöglich*» einzukaufen oder zu verkaufen. «Bestmöglich» ist keine Ausführungsweisung, sondern ihre Negation. Die Pflicht zu bestmöglicher Auftragsausführung besteht auch dann, wenn weder eine Ausführungsabrede noch eine Ausführungsweisung die allgemeine Sorgfalts- und Treuepflicht ersetzt. Art. 397 N. 7b. N. 6 unten. Werden Wertpapiere einer Bank «bestmöglich» zum

Einkauf oder Verkauf aufgegeben, so bedeutet das, dass die Bank an *keine Preislimite* gebunden ist, aber dennoch das *Interesse des Kommittenten an einem niederen Beschaffungspreis oder einem hohen Kommissionserlös* zu wahren hat. Sie kann nicht zu einem beliebigen Preis den Selbsteintritt erklären, sondern nur zu dem «*zur Zeit der Ausführung geltenden Markt- oder Börsenpreis*». Art. 436 I OR. Die Bank darf *nicht bereichert* aus der Auftragsausführung hervorgehen. Art. 400 N. 6. Was ihr verbleiben darf, ist ein Entgelt für ihre Arbeit und beschränkt sich auf die *Provision* nach Art. 432 OR. N. 6 unten.

2. Bedeutung der Limite für den Selbsteintritt und die Abrechnung

2 a *a.* Die vom Kommittenten einseitig erteilbare, *abänderliche und widerrufliche Preislimite* (Art. 397 N. 6) verleiht dem *Umfang* (Art. 396 OR) und damit auch der *Ausführbarkeit des Auftrages eine ausdrückliche Begrenzung.* **INST. 3.26.8.** Art. 396 N. 1, 2. Die *Ausführungsobligation* wird *bedingt.* Der Kommissionär *soll* den Kommissionsauftrag nur ausführen, wenn er zum festgesetzten Preis einkaufen oder verkaufen kann. Dann aber *muss* er ausführen. Tut er es nicht, so begeht er eine «Vertragsverletzung». Art. 428 II OR.

b *b.* Namentlich im gewerbsmässigen Kommissionsgeschäft, beispielsweise bei *Börsenkommissionsaufträgen,* wirkt sich die Preislimite als *Fixierung des bedeutendsten Abrechnungspostens* aus. Bei der nach Art. 400 OR vom Kommissionär zu erstellenden *Abrechnung* (Art. 400 N. 27, Art. 425 N. 8a) muss unter dem Posten «Auslage» für Beschaffung des Kommissionsgutes (Einkaufskommission) oder unter dem Posten Kommissionserlös (Verkaufskommission) *nur die vom Kommittenten festgesetzte Limite* figurieren. Das ist von besonderer Bedeutung für diejenigen Kommissionen, für welche der *Selbsteintritt* vom Kommissionär als Selbstverkäufer oder Selbstkäufer erklärt werden kann oder vermutet wird. Art. 436/7 OR. Der Kommissionär hat bei der Einkaufskommission das Recht erworben, das Kommissionsgut zur festgesetzten Limite als *Selbstverkäufer zu liefern,* und bei der Verkaufskommission das Recht, das *Kommissionsgut zur festgesetzten Limite als Selbstkäufer zu erwerben.* Nicht der «zur Zeit der Ausführung des Auftrages geltende Börsen- oder Marktpreis ist in Rechnung zu bringen» (Art. 436 II OR), sondern der *durch die Limite bestimmte Preis.*

3. Gehörige Erfüllung durch Vergütung des Preisunterschiedes. Art. 428 I/397 II OR

3 a

a. Gegenstand des Kommissionsauftrages ist immer Abschluss und Abwicklung eines Kaufvertrages. Eine Limite bezieht sich auf den *Kaufpreis im Ausführungsgeschäft*, der eine Geldforderung bzw. eine Geldschuld ist. Die *Nichtbeachtung der Limite* ist eine *Weisungsverletzung*, die sich *quantitativ* auswirkt. Übernimmt der Verkaufskommissionär den «Preisunterschied» oder stellt der Einkaufskommissionär als Auslage nur den festgesetzten Preis in Rechnung, obschon er teurer eingekauft hat, so entsteht dem Kommittenten kein Schaden. Der *Kommissionär erfüllt durch Vergütung des Preisunterschiedes den Kommissionsauftrag* richtig und wahrt sich insbesondere seinen *Provisionsanspruch* nach Art. 432 OR. Art. 397 II OR. Art. 397 N. 20.

b

b. Die Pflicht des *Verkaufskommissionärs*, der «unter dem ihm gesetzten Mindestbetrag verkauft hat», dem Kommittenten den *Preisunterschied zu vergüten*, ist eine Bestätigung des im allgemeinen Auftragsrecht, Art. 397 II OR, ausgesprochenen Grundsatzes. Art. 397 N. 20a, 22d. Für das schweizerische Auftragsrecht ist ergänzend beizufügen, dass der den Preisunterschied vergütende Verkaufskommissionär den *Auftrag richtig erfüllt*, nicht Schadenersatz leistet. Art. 436 N. 3 b. Diese in Art. 397 II OR enthaltene Regel ist nicht nur von theoretischer Bedeutung. Der vom Verkaufskommissionär mit dem Drittkäufer *unter der Verkaufslimite abgeschlossene Kaufvertrag ist selbst dann gültig, wenn der Drittkäufer weiss, dass es sich um einen Verkauf von Kommissionsgut handelt und der Verkaufskommissionär unter der Limite verkauft hat.* Art. 397 N. 22 a.

c

c. Besteht das Selbsteintrittsrecht des Verkaufskommissionärs nach Art. 434/5 OR, so ergibt sich das *Recht des Kommissionärs auf Erfüllung durch Übernahme des Preisunterschiedes schon aus dem Selbsteintritt.* Art. 428 I OR in Verbindung mit Art. 397 II OR gewinnt Bedeutung für die Verkaufskommissionen, bei welchen kein Selbsteintrittsrecht besteht, weil das Kommissionsgut keinen Markt- oder Börsenpreis besitzt. Ist indessen eine *Limite gegeben, so übernimmt diese die Funktion des Markt- und Börsenpreises.* Denn es wäre unlogisch, den Selbsteintritt zu gewähren, wenn ein bestimm*barer* Börsen- oder Marktpreis für das Kommissionsgut gegeben ist, ihn dagegen zu versagen, wenn der Preis ausdrücklich *bestimmt* wurde. Die Regelung von Art. 428 I/397 II OR bedeutet praktisch die *Ausdehnung des Selbsteintrittsrechtes* auf alle Fälle, in welchen eine Preislimite gegeben wurde. **DIG. 17.1.5.3.** Art. 397

N.20a. Oder negativ ausgedrückt: Das *Selbsteintrittsrecht des Kommissionärs besteht dann nicht, wenn der Kommittent keine Preislimite gegeben, das Kommissionsgut keinen Markt- oder Börsenpreis hat*, oder wenn der *Selbsteintritt ausdrücklich ausgeschlossen* ist. In allen anderen Fällen hat der Kommissionär ein *Wahlrecht*, entweder den Auftrag auszuführen oder die Verpflichtungen eines Selbstkäufers oder -verkäufers zu erfüllen. Er kann die «Ausführung» für eigene Rechnung übernehmen, wenn er nur dem Kommittenten das Kommissionsgut zum limitierten Preis zuzüglich Provision, oder wenn er den vereinbarten Kommissionserlös abzüglich Provision abliefert. Will der Kommittent, der eine Limite gegeben hat, dieses Wahlrecht ausschliessen, so muss er es ausdrücklich bestimmen. Art.436 I OR.

4. Erlaubte Abweichung von der Verkaufslimite. Art.428 I/397 I OR

4 a *a.* Namentlich bei der Verkaufskommission gibt es Fälle, in welchen die *Abweichung von der Preislimite* erlaubt ist. Das trifft nach allgemeinem Auftragsrecht, das nach Art.425 II OR auch auf Kommissionsaufträge anzuwenden ist, dann zu, «wenn nach den Umständen die *Einholung einer Erlaubnis nicht tunlich* und überdies anzunehmen ist, der *Auftraggeber würde sie bei Kenntnis der Sachlage erteilt haben*». Art.397 I OR. Dann gebietet die allgemeine Treue- und Sorgfaltspflicht dem Verkaufskommissionär, von der Verkaufslimite abzuweichen und unter dem Mindestansatz zu verkaufen, um den Kommittenten vor Schaden zu bewahren. Art.397 N.18. Sinngemäss ist die allgemeine Weisungsabweichung nach Art.397 I OR und die erlaubte Abweichung von der Preislimite nach Art.428 I OR an die nämlichen Voraussetzungen geknüpft.

b *b.* Besondere Fälle erlaubter Weisungsabweichung nennt das Kommissionsrecht in Art.427 III OR: *Selbsthilfeverkauf des zugesandten Kommissionsgutes* (Art.427 N.5), *Versteigerung* unverkäuflichen Kommissionsgutes (Art.435 OR), beides Massnahmen, die ihrem Wesen nach eine *Abweichung von der erteilten Preislimite bedingen*, zu denen aber der Kommissionär nicht nur berechtigt, sondern u.U. sogar *verpflichtet* ist. Die modernen Kommunikationsmittel, Telefon und Telegraf, beschränken die Fälle, in welchen die vorgängige *Informationspflicht* nicht rechtzeitig erfüllt und eine abgeänderte Weisung nicht eingeholt werden könnte. Art.397 N.19. Man wird daher allgemein sagen können, der *Kommissionär dürfe nur dann ohne Verpflichtung zur Selbstübernahme des Preisunter-*

schiedes von einer Verkaufslimite abweichen, wenn er erfolglos versucht hat, den Kommittenten rechtzeitig zu informieren und eine abgeänderte Weisung einzuholen. Art. 435 I OR. Der gewerbsmässige Kommissionär wird diese Vorsichtsmassnahme nicht versäumen. Sie dient seinen Interessen. Er will von der grundsätzlichen Pflicht zur Vergütung des Preisunterschiedes befreit werden. Das Gesetz auferlegt ihm den *Beweis, dass die Weisungsabweichung zur Schadensabwendung geboten «und eine Anfrage bei dem Kommittenten nicht mehr tunlich war».*

c

c. § 385 HGB erwähnt ausdrücklich, der *Kommittent brauche das in Verletzung einer Weisung (Preislimite) abgeschlossene Ausführungsgeschäft nicht als für seine Rechnung gelten zu lassen.* Das gilt grundsätzlich auch für das schweizerische Recht. Der Auslagenersatz-, Befreiungs- und Provisionsanspruch nach Art. 394 III, 402 I, 431/2 OR ist an die Voraussetzung der richtigen Auftragsausführung geknüpft. Art. 402 N. 6–9. Doch muss der Kommittent als *richtige Ausführung* anerkennen,

(1) *wenn der Kommissionär den Preisunterschied übernimmt,*

(2) *wenn die Abweichung von der Limite erlaubt war* und

(3) *wenn der Kommittent die Abweichung ausdrücklich oder stillschweigend genehmigt.*

Nach § 386 I HGB muss der Kommittent «*unverzüglich*» *nach Erhalt der Ausführungsanzeige gegen die Limitenabweichung remonstrieren, ansonst diese als genehmigt und der Auftrag als richtig ausgeführt gilt.* Dasselbe ergibt sich für das schweizerische Recht aus dem allgemeinen Geschäftsführungsrecht. Nicht nur die *Unterlassung einer Reklamation gegen die Ausführungsanzeige,* sondern *gegen jede Information über die Nichteinhaltung oder Nichteinhaltbarkeit der Preislimite muss als Genehmigung der Weisungsverletzung gelten.* Art. 1711 I Codice Civile.

5. Der Ersatz des «weiteren Schadens». Art. 428 II OR

5 a

a. Die Formulierung des zweiten Absatzes von Art. 428 OR ermangelt der Präzision. Den *Verkaufskommissionär,* der die Verkaufslimite ohne gesetzliche Ermächtigung oder Genehmigung des Kommittenten unterschreitet und den Preisunterschied nicht vergütet (Art. 428 I OR), trifft *immer ein Verschulden.* Er hat die ihm obliegende Sorgfaltspflicht verletzt. *Übernimmt er aber die Preisdifferenz* zu seinen eigenen Lasten, so *erwächst dem Kommittenten i. d. R. kein Schaden,* sei es dass man annimmt, der Kommissionär habe den Kommissionsauftrag richtig erfüllt oder den ex lege an Stelle der unrichtigen Erfüllung geschuldeten Schadenersatz aus der actio mandati directa geleistet. Art. 397 N. 22 d.

b *b.* Art. 428 II OR bestimmt, der *unter der Verkaufslimite verkaufende Verkaufskommissionär* habe bei Verschulden nicht nur den Preisunterschied zu vergüten, «sondern *allen weiteren aus der Vertragsverletzung entstehenden Schaden zu ersetzen*». **DIG. 17.1.5.3.** Besteht überhaupt ein weiterer Schaden, wenn dem Kommittenten das zugekommen ist, was er bei richtiger Erfüllung des limitierten Auftrages erhalten hätte? Der Kommittent kann durch *schuldhaft unrichtige oder verspätete Information* zur Erteilung eines limitierten Kommissionsauftrages veranlasst worden sein. Dann ist er durch Vergütung des Preisunterschiedes nicht entschädigt. Der Kommissionär kann sich einer *Unredlichkeit* schuldig gemacht haben. Dann muss er nicht nur den Preisunterschied vergüten, sondern verliert den Provisionsanspruch und haftet wie ein Eigenhändler. Art. 433 N. 1, 3, 4. Der Kommittent kann einem *Preiskartell* angehören. Der Verkauf unter der Preislimite auch durch einen Verkaufskommissionär kann ihn *konventionalstraffällig* machen. Art. 397 N. 20 a. Der Kommittent benötigte *auf einen bestimmten Termin* Fr. 5000, um eine verfallene Mietzinsschuld zu bezahlen. Infolge der unbegründeten Weigerung des Kommissionärs, den Preisunterschied zu übernehmen, verfügt der Kommittent nicht rechtzeitig über die Fr. 5000 und wird exmittiert. Trifft den Kommissionär ein Verschulden, beispielsweise indem er die Preisbindung des Kommittenten kannte, so hat er den «*weiteren» Schaden* zu ersetzen, der über das Erfüllungsinteresse hinaus entstanden ist. Weitere Beispiele: Kommentar Ratz ad § 385 HGB Anm. 8. Der Schadenersatzanspruch bei Verschulden besteht auch dann, wenn der Kommittent die Übernahme des Geschäftes wegen der Weigerung, die Preisdifferenz zu ersetzen, zurückweist. Die *Beweislast für ein zusätzliches Verschulden des Kommissionärs obliegt dem Kommittenten.* A. M. Oser/Schönenberger ad Art. 428 N. 3. Der Kommittent muss ferner i. d. R. beweisen, dass trotz Erteilung der Verkaufslimite das *Wahlrecht des Kommissionärs, das Geschäft auf eigene Rechnung zu übernehmen und zu erfüllen*, ausgeschlossen war. In der Praxis wird dieser Beweis dem Kommittenten selten gelingen. Art. 428 II OR ist eine überflüssige Bestimmung. Soweit sie jemals zur Anwendung kommt, ergibt sie sich aus dem allgemeinen Schadenersatzrecht und dem allgemeinen Auftragsrecht. Sie war im entsprechenden Art. 435 aOR nicht enthalten. Sie ist eine nicht ganz geglückte Verschmelzung von Art. 435 aOR mit § 385 HGB, wo die Weisungsverletzung im allgemeinen, nicht nur die Nichtbeachtung der Preislimite, behandelt ist. ,Prot. Expertenkommission vom 19. 10. 1908 S.7.

6. Der Kommissionär soll aus der Ausführung des Kommissionsauftrages, vorbehältlich seines Provisionsanspruches, nicht bereichert sein. Art.428 III OR

6 a

a. Art.428 I und II setzen voraus, dass der *Verkaufskommissionär tatsächlich unter der gesetzten Limite* verkauft hat und auferlegen ihm die Pflicht zur Leistung der Preisdifferenz. Art.428 III geht vom umgekehrten Fall aus, dass tatsächlich besser als die Limite eingekauft oder verkauft werden konnte. Es ist für den Spezialfall des limitierten Kommissionsauftrages das grundlegende auftragsrechtliche Prinzip wiederholt, dass der Kommissionär sich an der Ausführung seines Auftrages nicht bereichern darf, vorbehältlich seines Provisionsanspruches nach Art.432 OR. Art.400 N.6. *Hat der Einkaufskommissionär tatsächlich unter der Limite eingekauft oder der Verkaufskommissionär tatsächlich über der Limite verkauft, so gehört der Nutzen dem Kommittenten, nicht dem Kommissionär.* Der Kommittent trägt das Risiko einer verlustbringenden Auftragsausführung, deshalb soll ihm auch die Chance einer gewinnbringenden Auftragsausführung gewahrt bleiben. Voraussetzung des Anspruches des Kommittenten auf den «Übergewinn» aus der limitierten Auftragsausführung ist allerdings, dass der *Kommissionär nicht vor der Auftragsausführung den Selbsteintritt zur aufgegebenen Preislimite erklärt hat* (Art.436 N.2c, Art.438 N.2), *oder dass der Selbsteintritt ausdrücklich wegbedungen war, m.a.W. dass der Kommissionär kein Recht hatte, das Ausführungsgeschäft für eigene Rechnung und Gefahr zu übernehmen.* Art.426 N.3, 4. Art.436 N.2c.

b

b. Art.428 III OR bildet nachgiebiges Recht. Es kann zum voraus vereinbart sein, dass *der erzielte Übergewinn über die Limite* sowohl bei der Einkaufs- als auch bei der Verkaufskommission als *zusätzliche Erfolgsvergütung dem Kommissionär verbleiben* soll. **BGE 70 IV 71.** Ferner kann der Kommittent nachträglich *auf den Übergewinn verzichten.* Fehlt jedoch eine solche Vereinbarung oder ein Verzicht, so *handelt der Kommissionär, der die Limite in Rechnung stellt,* während er *tatsächlich besser eingekauft oder verkauft hat, unredlich,* verwirkt seinen Provisionsanspruch und haftet wie ein Eigenhändler. Art.433 OR.

Art. 429

4. Vorschuss- und Kreditgewährung an Dritte

[1] Der Kommissionär, der ohne Einwilligung des Kommittenten einem Dritten Vorschüsse macht oder Kredit gewährt, tut dieses auf eigene Gefahr.

[2] Soweit jedoch der Handelsgebrauch am Orte des Geschäftes das Kreditieren des Kaufpreises mit sich brirgt, ist in Ermangelung einer andern Bestimmung des Kommittenten auch der Kommissionär dazu berechtigt.

4. Avances de fonds et crédits

[1] Le commissionnaire agit à ses risques et périls si, sans le consentement du commettant, il fait crédit ou avance des fonds à un tiers.

[2] Il peut toutefois vendre à crédit, si tel est l'usage du commerce dans le lieu de la vente et si le commettant ne lui a pas donné d'instructions contraires.

4. Anticipazioni e credito a terzi

[1] Il commissionario che, senza il consenso del committente, fa anticipazioni o credito ad un terzo, lo fa a tutto suo rischio e pericolo.

[2] Però, in difetto di istruzioni in contrario per parte del committente, il commissionario può vendere a credito, ove tale sia l'uso commerciale del luogo della vendita.

Materialien: Vgl. sub Art. 425.

Rechtsvergleichung: aOR Art. 437. HGB § 393. Codice Civile art. 1732.

Literatur: Vgl. sub Art. 425.

SYSTEMATIK DER KOMMENTIERUNG

Art. 429 OR

1. Der Ausführungskauf oder -verkauf soll ein Bargeschäft sein. Art. 429 I OR 57
2. Befugte Kreditgewährung durch den Verkaufskommissionär an den Drittkäufer des Kommissionsgutes. Art. 429 II OR 57
3. Sicherung kreditierter Kaufpreisforderungen durch Eigentumsvorbehalt 58

Art. 429 OR

1. Der Ausführungskauf oder -verkauf soll ein Bargeschäft sein. Art. 429 I OR

a. Art. 429 I OR enthält die gesetzliche Vermutung, dass der Kommissionär das *Ausführungsgeschäft* mit dem Drittkäufer oder Drittverkäufer nur als Zug um Zug zu erfüllenden *Barkauf* i. S. von Art. 184 II OR abschliessen darf. Nach Kaufrecht bedarf sowohl der Einkauf mit einer *Vorleistung des Kaufpreises* (Vorschuss) als auch der Verkauf mit *Kreditierung des Kaufpreises* einer *ausdrücklichen Vereinbarung.* Der Kommissionär darf sie mit dem Drittverkäufer oder dem Drittkäufer des Kommissionsgutes nur dann treffen, wenn er seinerseits durch eine entsprechende *ausdrückliche Ausführungsabrede oder Ausführungsweisung* des Kommittenten gedeckt ist. 1 a

b. Weicht er von der gesetzlichen Ausführungsregel ab, so besorgt er das Geschäft nicht vertragsgemäss (i. S. von Art. 394 I OR) oder nicht weisungsgemäss (i. S. von Art. 397 OR) und haftet, sofern aus dieser Abweichung dem Kommittenten Schaden erwächst. Während grundsätzlich die Ausführung des Kommissionsauftrages auf die Gefahr des Kommittenten erfolgt, tritt eine *Änderung der Gefahrstragung ein, sobald der Kommissionär eine Sorgfaltspflicht verletzt.* Art. 426 N. 3, 4. *Vorschuss- oder Kreditgewährung* ohne ausdrückliche Abrede oder Weisung erfolgt «*auf eigene Gefahr*» des Kommissionärs. Wird der *Drittverkäufer* des Kommissionsgutes, dem ein Preisvorschuss geleistet war, *insolvent,* so muss der *Einkaufskommissionär den Verlust selbst tragen.* Desgleichen der Verkaufskommissionär, wenn er später den *kreditierten Kaufpreis beim Drittkäufer des Kommissionsgutes nicht hereinbringen kann.* Er muss dem Kommittenten dennoch den *ganzen Kaufpreis als Kommissionserlös abliefern, wie wenn er i. S. von Art. 430 OR das Delkredere* übernommen hätte, und zwar hat der Verkaufskommissionär in diesem Falle *keinen Anspruch* auf die besondere *Delkredere-Provision.* Art. 1732 II Codice Civile. b

2. Befugte Kreditgewährung durch den Verkaufskommissionär an den Drittkäufer des Kommissionsgutes. Art. 429 II OR

a. Die gesetzliche Vermutung, der Kommissionskauf sei als Barkauf abzuschliessen und abzuwickeln, erfährt eine Umkehrung, wenn «der 2 a

Handelsgebrauch am Orte des Geschäftes das Kreditieren des Kaufpreises mit sich bringt». Die Umkehrung gilt also *nur* für die *Verkaufskommission*, weil der Einkaufskommissionär als Kaufpreisschuldner den Kaufpreis nicht kreditieren kann. In der Praxis dürfte es weniger von einem Ortsgebrauch als von der *Art des Kommissionsgutes* abhängen, ob eine Kreditierung des Kaufpreises üblich ist. Die Einführung des Eigentumsvorbehaltes im ZGB von 1911, Art. 716, und die immer weitere Verbreitung der Abzahlungsgeschäfte, Art. 226/8 OR, haben den *Kreditverkauf* für bestimmte *Massenfabrikate* zur Regel gemacht: Möbel, Haushaltmaschinen, Radioapparate u. v. a.

b *b.* Solche Massengüter werden zwar i. d. R. nicht kommissionsweise, sondern durch Handelsreisende in direkter Stellvertretung des *Geschäftsherrn* verkauft. Immerhin ist der Verkauf auch durch Verkaufskommissionäre möglich. Vorbem. N. 3. Für solche Güter darf der *Verkaufskommissionär den Kaufpreis kreditieren*, es sei denn, es läge eine ausdrückliche *Verbotsweisung* des Kommittenten oder eine die Kreditierung *verbietende Ausführungsabrede* vor. Ist dies der Fall, so kreditiert der Verkaufskommissionär gemäss der Regel von Art. 429 I OR auf eigenes Risiko. Die Kreditgewährung wird «unbefugt» i. S. von Art. 430 I OR.

3. Sicherung kreditierter Kaufpreisforderungen durch Eigentumsvorbehalt

3 a *a.* Man könnte sich fragen, ob in den Fällen, in welchen der Verkaufskommissionär befugterweise den Kaufpreis kreditiert, ohne das Delkredere zu übernehmen, wo also die Kreditgewährung auf das Risiko des Kommittenten erfolgt, der Verkaufskommissionär nicht verpflichtet ist, unter Eigentumsvorbehalt zu verkaufen. Das ist zu bejahen. Die Kreditgewährungsbefugnis des Verkaufskommissionärs ist einschränkend auszulegen. Ist sie gegeben, so gebietet die allgemeine Sorgfaltspflicht dem Verkaufskommissionär, das *Risiko des Ausführungsgeschäftes*, das der Kommittent tragen soll, obschon der Kommissionär das riskante Geschäft abschliesst und abwickelt, *nach Möglichkeit zu vermindern.*

b *b.* Der *Eigentumsvorbehalt ist zugunsten des Kommissionärs* zu begründen, der die kreditierte Kaufpreisforderung im eigenen Namen erwirbt. Mit dem *Ablieferungsanspruch* kann der Kommittent *Abtretung der kreditierten Kaufpreisforderung* einschliesslich des sie sichernden Eigentumsvorbehaltes verlangen. Art. 178 OR. Mit einer gesicherten Forderung steht der Kommittent besser als mit einer ungesicherten.

c. Auch dort, wo die Kreditgewährung dem Kommissionär grundsätzlich gestattet ist, gebietet die Sorgfaltspflicht Zurückhaltung. Der Verkaufskommissionär darf *nicht an notorisch zahlungsunfähige Drittkäufer verkaufen*, selbst wenn er die kreditierte Kaufpreisforderung durch den Eigentumsvorbehalt am Kommissionsgut sichern kann. Auch ein gültiger Eigentumsvorbehalt bewahrt den Kommittenten nicht immer vor Schaden.

c

Art. 430

5. Delcredere-Stehen

[1] Abgesehen von dem Falle, wo der Kommissionär unbefugterweise Kredit gewährt, hat er für die Zahlung oder anderweitige Erfüllung der Verbindlichkeiten des Schuldners nur dann einzustehen, wenn er sich hiezu verpflichtet hat, oder wenn das am Orte seiner Niederlassung Handelsgebrauch ist.

[2] Der Kommissionär, der für den Schuldner einsteht, ist zu einer Vergütung (del-credere-Provision) berechtigt.

5. Ducroire

[1] Sauf le cas dans lequel il fait crédit sans en avoir le droit, le commissionnaire ne répond du paiement, ou de l'exécution des autres obligations incombant à ceux avec lesquels il a traité, que s'il s'en est porté garant ou si tel est l'usage du commerce dans le lieu où il est établi.

[2] Le commissionnaire qui se porte garant de celui avec lequel il traite a droit à une provision spéciale (ducroire).

5. Del credere

[1] Salvo il caso in cui il commissionario faccia credito indebitamente, egli è responsabile del pagamento e dell'adempimento delle altre obbligazioni per parte di colui, col quale ha contratto, soltanto ove l'abbia promesso o tale sia l'uso commerciale del suo domicilio.

[2] Il commissionario, che si fa garante di colui col quale ha contrattato, ha diritto ad un compenso (star del credere).

Materialien: Vgl. sub Art. 425.

Rechtsvergleichung: aOR Art. 438. HGB § 394. Codice Civile art. 1732, 1736.

Literatur: Vgl. sub Art. 425.

SYSTEMATIK DER KOMMENTIERUNG

Art. 430 OR

1. Keine Erfolgshaftung des Kommissionärs 61
2. Befugte und unbefugte Kreditgewährung und ihre Folgen 61
3. Delkredere-Stehen, ein Garantieversprechen im Sinne von Art. 111 OR 62
4. Die Delkredere-Provision. Art. 430 II OR 64

Art. 430 OR

1. Keine Erfolgshaftung des Kommissionärs

1 a

a. Art. 430 I OR bestätigt für die Kommission den allgemeinen Grundsatz des Geschäftsführungsrechtes, dass der Kommissionär nicht für den *Erfolg* haftet. Art. 420 II OR. Art. 398 N. 21. Der Erfolg ist bei der Einkaufskommission die Erlangung des Kommissionsgutes *zum bestmöglichen oder limitierten Preis*, bei der Verkaufskommission die *Erlangung des bestmöglichen oder limitierten Kommissionserlöses*, jeweils unter Abzug der begründeten Ansprüche des Kommissionärs aus seiner actio mandati contraria. Art. 431/2 OR. Art. 400 N. 5.

b

b. Die Negation der Erfolgshaftung des Kommissionärs bedeutet zweierlei:

(1) Die *Ablieferungspflicht* nach Art. 400 OR des Kommissionärs beschränkt sich auf das, was der Kommissionär *tatsächlich erhalten und erlangt hat*, «alles, was ihm aus seiner Geschäftsbesorgung zugekommen ist». Was er nicht erlangen konnte, muss er nicht abliefern. Art. 400 N. 3–6, 21 a. § 384 II HGB. Soweit und solange jedoch der Kommissionär *Gattungsschuldner* ist – die Ablieferungspflicht des Kommissionärs für den tatsächlich erlangten Kommissionserlös ist immer eine Gattungsschuld –, haftet er *vom Zeitpunkt der tatsächlichen Erlangung der Gattungssache auch dann, wenn sie sich ohne sein Verschulden vermindert oder untergeht.* Art. 420 N. 4, 426 N. 3 c, 4 b. *Rechtsgrund der Ablieferungspflicht* ist der *Kommissionsauftrag.* Kommentar Ratz zu § 384 HGB Anm. 28, zu § 390 Anm. 2.

(2) Für das Kommissionsgut oder den Kommissionserlös, den der Kommissionär *ohne schuldhafte Sorgfaltsverletzung*, also insbesondere ohne Verletzung der ihm nach Art. 426, 427, 428 und 429 OR obliegenden Sorgfaltspflichten *nicht erlangen konnte, haftet der Kommissionär nicht.* Er hat Schadenersatz nach Art. 397 II/399 OR nur dann zu leisten, wenn ihm eine *Vertrags- oder Weisungsverletzung als objektive Sorgfaltsverletzung* nachgewiesen ist, und wenn er sich von der objektiven Sorgfaltsverletzung *nicht exkulpieren* kann (was z. B. bei Verletzung einer ausdrücklichen Weisung kaum möglich ist).

2. Befugte und unbefugte Kreditgewährung und ihre Folgen

2 a

a. Art. 430 OR schliesst an die Regel des Art. 429 OR an. Der Kommissionär darf dem Dritten keinen Kredit gewähren, d. h. der Einkaufskommissionär darf das zu erwerbende *Kommissionsgut nicht bevorschussen*, der Verkaufskommissionär darf den *Kaufpreis nicht kreditieren*. Er darf den Kaufpreis nur dann kreditieren, wenn es dem *Handelsgebrauch* entspricht oder wenn er eine *Einwilligung des Kommittenten* besitzt. Dann handelt es sich um eine befugte Kredit- oder Vorschussgewährung. In allen anderen Fällen ist sie unbefugt. Sie ist Sorgfalts- und damit Vertragsverletzung. Der *Kommissionär handelte auf eigene Gefahr*. Er hat den entstehenden Schaden zu tragen. Er muss den unbefugterweise *kreditierten Kaufpreis dem Kommittenten ersetzen, wenn er sich als uneinbringlich erweist*. Das Ausführungsgeschäft ist *unrichtig ausgeführt*. Art. 402 I OR.

b *b.* Hat der Kommissionär *befugterweise Kredit* oder *Vorschuss gewährt*, d.h. also nach Handelsgebrauch oder mit Einwilligung des Kommittenten, so haftet er für den aus der Kreditgewährung entstehenden Verlust nicht, weil der *Kommittent die Gefahr der richtigen Auftragsausführung* trägt.

3. Delkredere-Stehen, ein Garantieversprechen im Sinne von Art. 111 OR

3 a *a.* Der Handelsverkehr hat jedoch namentlich im *Distanzgeschäft* seine besonderen Bedürfnisse. Der Kommissionär, in dessen Namen das Ausführungsgeschäft abgeschlossen wird, hat die Möglichkeit, die *Kreditwürdigkeit des Drittkäufers oder Drittverkäufers des Kommissionsgutes zu prüfen*. Der Kommittent hat sie regelmässig nicht, weil er im Ausführungsgeschäft nicht in Erscheinung tritt und daher zumeist nicht weiss, von wem gekauft oder wem verkauft wird. Die Übernahme einer Erfolgsgarantie durch den Chirurgen für eine komplizierte Operation, des Anwaltes für eine schwierige Prozessführung, wäre eine unmögliche Verpflichtung. Art. 395 N. 77. Die Übernahme einer *Erfolgsgarantie für die Beschaffung von Kommissionsgut oder eines bestimmten Kommissionserlöses ist möglich*. Art. 111 OR.

b *b.* Der Drittkäufer oder Drittverkäufer hat eine *Sachleistungspflicht* zu erfüllen. Dafür kann von einem anderen eingestanden werden. § 394 HGB erklärt, der Kommissionär, der das Delkredere übernommen hat, habe *für die Erfüllung* einzustehen. Ähnlich art. 1736 Codice Civile. Da nach schweizerischem Recht die Bürgschaft besonderen Formvorschriften untersteht (Art. 393 OR), das Garantieversprechen jedoch formlos erfolgen kann, ist die *Delkredere-Klausel eher als Garantieversprechen i. S. von Art. 111 OR zu qualifizieren.* Die Verpflichtung des Kommissionärs, für die Kaufpreiszahlung durch den Drittkäufer einzustehen, ist *nicht akzessorisch.* Vielmehr hat der Kommissionär nach dem Vertragsabschluss mit dem Drittkontrahenten den Kaufpreis abzuliefern, auch wenn der Drittkontrahent solvent ist. Er übernimmt ein *Risiko, das normalerweise dem Kommittenten* obläge. Er muss den Kommittenten deshalb schadlos halten, weil er für den *Erfolg des Ausführungsgeschäftes* haftet. Er übernimmt die Gewähr für die Güte des von ihm abgeschlossenen Geschäftes. Das Delkredere hat Ähnlichkeit etwa mit einer Garantie, die vom Aussteller oder Indossanten eines Ordrepapiers übernommen wird. Der Einkaufskommissionär hat dem Kommittenten nicht das Kommissionsgut zu liefern, was bei einer Speziessache, z. B. einem Gemälde, unmöglich wäre, sondern er hat *Schadenersatz* zu leisten. Bei der Verkaufskommission ist der Schaden gleich dem Kommissionserlös abzüglich Auslagen und Provisionen. Teilweise anders: OSER/SCHÖNENBERGER ad Art. 430 N. 5, BECKER ad Art. 430 N. 2.

c

c. Zur Begründung der Delkredere-Haftung ist der Abschluss eines *besonderen pactum, eines Garantieversprechens,* erforderlich, das der Kommissionär dem Kommittenten geben muss. Die Erfolgsgarantie heisst in der Handelssprache «Delkredere» oder französisch «Ducroire». Das Garantieversprechen («se porter garant») muss abgegeben werden, es sei denn, das «Delkredere-Stehen» entspreche am Orte der Geschäftsniederlassung des Kommissionärs dem Handelsgebrauch. *Eine Vereinbarung ist in der Praxis immer dann anzunehmen, wenn der Kommissionär die besondere Delkredere-Kommission nach Art. 430 II OR vorgängig dem Ausführungsgeschäft beansprucht hat.* Der Handelsgebrauch innerhalb der Schweiz dürfte weniger nach dem Ort der Niederlassung des Kommissionärs als nach der *Art des Kommissionsgutes* variieren. Bei der *Wertpapierbörsenkommission* ist anzunehmen, dass der *Bankkommissionär das Delkredere übernimmt,* zumal es praktisch risikolos übernommen werden kann. Denn da die Ausführungsgeschäfte an den Börsen nur unter Bankkommissionären abgewickelt werden, die für die Erfüllung gut sind und eine «Börsenkaution» hinterlegt haben, kann die Bank ihrem Kunden gegenüber das Delkredere übernehmen. Die Provisionsansprüche nach Art. 432 und 430 II OR werden indessen bei Börsengeschäften regelmässig zusammengerechnet. Die *Delkredere-Provision* ist gerechtfertigt, weil die Banken im Interesse aller Börsenkunden *Börsenkautionen* hinterlegen.

4. Die Delkredere-Provision. Art. 430 II OR

4 a *a.* Die besondere Delkredere-Provision, auf die der Kommissionär nach Art. 430 II OR Anspruch hat, ist die *vertragliche Gegenleistung für die Übernahme eines sonst dem Kommittenten obliegenden Risikos.* Im Gegensatz zu gewissen deutschen Lehrmeinungen besteht der *Anspruch nur dann, wenn der Kommissionär erlaubterweise und tatsächlich einen Kreditkauf abgeschlossen hat.* Das ergibt sich aus der Formulierung von Art. 430 I OR, die eine Kreditgewährung voraussetzt. § 394 HGB ist anders gefasst. Schliesst der Einkaufskommissionär oder Verkaufskommissionär den Ausführungskauf Zug um Zug ab, so übernimmt er kein Risiko. Erfüllt der Drittverkäufer (Einkaufskommission) den Vertrag nicht, so bezahlt der Kommissionär das Kommissionsgut nicht. Es entsteht keine Auslage, für die der Kommittent nach Art. 431 OR aufzukommen hätte. Erfüllt der Drittkäufer (Verkaufskommission) den Vertrag nicht, so verbleibt das Kommissionsgut dem Kommissionär, und dieser ist nicht in die Lage versetzt, dem Kommittenten einen Kommissionserlös abliefern zu müssen.

b *b.* Über die Höhe der Delkredere-Provision schweigt das Gesetz. Sie kann in der Praxis nicht von dem tatsächlich übernommenen Risiko, d.h. von der Kreditwürdigkeit des Drittschuldners abhängig gemacht werden. Sie wird regelmässig als *Prozent- oder Promillesatz der garantierten Beträge* vereinbart.

c *c.* Der Anspruch auf die Delkredere-Provision ist nicht zwingenden Rechts. Er *kann wegbedungen werden* und wird es häufig dort, wo die Kreditgewährung kein bedeutendes Risiko mit sich bringt, beispielsweise, wenn sich der *Kommissionär durch einen Eigentumsvorbehalt sichern* kann. Bestehen andere Sicherheiten, so reduziert sich die Schadenshaftung des Kommissionärs, der das Delkredere übernommen hat, ohnehin auf den Betrag, der nach Verwertung der Sicherheiten nicht hereingebracht werden kann.

d *d.* Der Kommittent kann sich der *Pflicht zur Entrichtung der Delkredere-Provision nicht dadurch entziehen, dass er die Abtretung der Rechte gegen den Drittkäufer oder den Drittverkäufer verlangt.* Die Delkredere-Provision ist auch dann *geschuldet, wenn der Kommissionär tatsächlich aus seinem Garantieversprechen nichts leisten musste.* Sie ist eine *Risikoprämie.*

Art. 431

[1] **Der Kommissionär ist berechtigt, für alle im Interesse des Kommittenten gemachten Vorschüsse, Auslagen und andere Verwendungen Ersatz zu fordern und von diesen Beträgen Zinse zu berechnen.**

[2] **Er kann auch die Vergütung für die benutzten Lagerräume und Transportmittel, nicht aber den Lohn seiner Angestellten in Rechnung bringen.**

III. Rechte des Kommissionärs
1. Ersatz für Vorschüsse und Auslagen

III. Droits du commissionnaire

1. Remboursement des avances et frais

[1] **Le commissionnaire a droit au remboursement, avec intérêts, de tous les frais, avances et débours faits dans l'intérêt du commettant.**

[2] **Il peut aussi porter en compte une indemnité pour les frais de magasinage et de transport, mais non pour le salaire de ses employés.**

III. Diritti del commissionario

1. Rimborso delle anticipazioni e spese

[1] **Il commissionario ha diritto alla rifusione, coi relativi interessi delle anticipazioni, delle spese e degli altri sborsi incontrati nell'interesse del committente.**

[2] **Egli può chiedere un compenso anche per l'uso dei magazzini e dei mezzi di trasporto, ma non pel salario dei suoi dipendenti.**

Materialien: Vgl. sub Art. 425 OR, insbes. Prot. Expertenkommission vom 19. 10. 1908 S. 7/8 und StenBull NatRat 1909 S. 716.

Rechtsvergleichung: aOR Art. 439. Code de Commerce art. 95. HGB §§ 354, 396 II. BGB §§ 670, 675. Codice Civile art. 1720 I.

Literatur: Vgl. sub Art. 425.

SYSTEMATIK DER KOMMENTIERUNG

Art. 431 OR

1. Actio mandati directa und actio mandati contraria im Kommissionsauftrag . . . 66
2. Verwendungsregress im Kommissionsauftrag . . . 66
3. Der Befreiungsanspruch im Kommissionsauftrag . . . 67
4. Der Befreiungsanspruch als Deckungsanspruch . . . 68
5. Verrechnung und Verzinsung der Ansprüche aus der actio mandati contraria . . . 69
6. Besondere Vergütungsansprüche des Kommissionärs. Art. 431 II OR 69

Art. 431 OR

1. Actio mandati directa und actio mandati contraria im Kommissionsauftrag

1 a *a.* Für den *Rechenschafts- und Ablieferungsanspruch* des Kommittenten und die Sicherung dieser Ansprüche gilt die in Art. 425 II enthaltene Verweisung auf das allgemeine *Auftragsrecht*, Art. 400 und 401 OR, ohne dass Sonderregelungen Platz greifen. Art. 425 N. 7, 8, 9. Der *Schadenersatzanspruch* des Kommittenten aus dessen actio mandati directa untersteht zwar ebenfalls den Art. 398 II und 99 OR. Doch enthalten die in Art. 426/30 OR besonders erwähnten, mit der Auftragsausführung und Information zusammenhängenden «Pflichten des Kommissionärs» teilweise besonderes vertragliches Haftpflichtrecht, das nur für den Kommissionsauftrag gilt. Art. 425 N. 10.

b *b.* Die Art. 431/34 umfassen die actio mandati contraria, die «*Rechte des Kommissionärs*» und ihre Sicherung. Art. 425 N. 11, 12, 13. Hier ist das Verhältnis zum allgemeinen Auftragsrecht, Art. 394 III, 401 und 402 OR, etwas anders gelagert. Die Kommission ist von Gesetzes wegen ein entgeltlicher Auftrag. Art. 425, 432. Art. 394 N. 79c. Im Gegensatz zu Art. 402 II OR besitzt der Kommissionär *keinen Anspruch auf Ersatz des Schadens, der aus der Auftragsausführung ohne sein Verschulden entstanden ist.* Die Ausführung von Kommissionsaufträgen ist nicht mit besonderen Gefahren verbunden, die es rechtfertigen würden, dass der Kommittent auch dieses Risiko trägt. Der Auftrag zum Abschluss und zur Abwicklung von Kaufverträgen ist ein *ungefährlicher Auftrag.* Art. 431 OR. Art. 402 N. 22b. *Sonderrecht ist die Verwirkung des Provisionsanspruches (Art. 433 I OR) und die Haftung des unredlichen Kommissionärs als Eigenhändler (Art. 433 II OR).*

2. Verwendungsregress im Kommissionsauftrag

2 a *a.* Gegenstand des Ersatzanspruches des Auftraggebers sind im einfachen Auftrag nach Art. 402 I OR «die Auslagen und Verwendungen, die dieser in richtiger Ausführung des Auftrages gemacht hat». *Gegenstand* des Ersatzanspruches des Kommittenten sind nach Art. 431 I OR «*alle im Interesse des Kommittenten gemachten Vorschüsse, Auslagen und anderen Verwendungen*». Bei der Umschreibung des Verwendungsregresses des auftraglosen Geschäftsführers wird ebenfalls auf das «Inter-

esse des Geschäftsherrn» und die *objektive Notwendigkeit oder Nützlichkeit der Verwendung* abgestellt. Art. 422 I OR. Es gehört zu den Eigenheiten des OR, dasselbe oft in abweichenden Wendungen zu umschreiben. Auslagen- und Verwendungsregress beim einfachen Auftrag und bei der Kommission sind an die nämlichen Voraussetzungen geknüpft. So art. 1720 I Codice Civile. Über den in Art. 431 I OR nicht hervorgehobenen Unterschied von Auslagen und Verwendungen: Art. 402 N. 11. *Vorschüsse des Einkaufskommissionärs auf das Kommissionsgut sind Verwendungen für die Auftragsausführung.* Ihre spezielle Erwähnung in Art. 429 I und 431 I OR hängt damit zusammen, dass der Kommissionär im kaufmännischen Rechtsverkehr öfter in Vorschuss tritt als andere Mandatare. Er kann die Vorschüsse als solche namentlich dann *ersetzt* verlangen, oder wenn er *Gelddeckung* besitzt, *verrechnen*, wenn der Kommittent den Kommissionsauftrag vor seiner Abwicklung widerruft und Abtretung der Ansprüche gegen den Drittverkäufer des Kommissionsgutes verlangt, oder wenn die Ausführung nachträglich durch höhere Gewalt unmöglich wird. **BGE 59 II 253/9 Erw. 5 und 6** (ein Entscheid, der im Ergebnis allerdings den Kommissionär die Gefahr der Geschäftsbesorgung tragen lässt). Art. 426 N. 3 c.

b *b.* Die *Anspruchsvoraussetzung der objektiv richtigen Auftragsausführung* (Art. 402 N. 6–9) folgt auch aus der Umschreibung von Art. 431 I. Erforderlich ist, dass die Vorschüsse, Auslagen und Verwendungen «*im Interesse des Kommittenten*» gemacht sind. Im Interesse des Kommittenten liegt die Ausführung des Kommissionsauftrages dann, wenn fehlerlose Erfüllung durch Leistung an die berechtigte Person (Art. 402 N. 7) ohne Vertrags- oder Weisungsverletzung (Art. 402 N. 8) und unter Beobachtung der allgemeinen und besonderen Treue- und Sorgfaltspflichten (Art. 402 N. 9) gegeben ist. VON TUHR, Actio de in rem verso S. 72/3. *Das fehlerhafte Ausführungsgeschäft muss der Kommittent nicht auf seine Rechnung übernehmen.* Die für fehlerhafte Ausführung gemachten Auslagen und Verwendungen müssen nicht ersetzt werden, es sei denn, der Kommittent habe das Geschäft genehmigt oder das fehlerhafte Ausführungsgeschäft sei «durch das Interesse des Geschäftsherrn geboten» gewesen. Art. 422 OR. Art. 402 N. 6 a. Art. 425 N. 10 b. Art. 428 N. 4.

3. Der Befreiungsanspruch im Kommissionsauftrag

3 a *a.* Die Erfüllung des *Ablieferungsanspruches* des Kommittenten erfordert *Rechtsübertragungen.* Art. 400 N. 9, 11, 12. Der *Kommissionsauftrag* ist jederzeit *widerruflich.* Art. 404 OR. Da aber der Kommissionär beim

Einkauf keine Vorschüsse und beim Verkauf des Kommissionsgutes keinen Kredit gewähren darf (Art. 429 I OR), sollte *normalerweise der Kommissionär bei einem Widerruf des Kommissionsauftrages nicht mit unerfüllten Verpflichtungen aus dem Ausführungsgeschäft belastet sein, die er dem Drittverkäufer oder dem Drittkäufer gegenüber übernommen hat.* Der Verkaufskommissionär sollte entweder das *Kommissionsgut* noch *besitzen*, oder, wenn er es nicht mehr besitzt, den *Kommissionserlös erlangt* haben. Die andere Situation kann eintreten, wenn der Kommissionär befugterweise, mit Einwilligung des Kommittenten (Art. 430 I OR) oder auf Grund eines Handelsgebrauches (Art. 430 II OR), *Vorschüsse* auf das einzukaufende oder *Kredit für das verkaufte Kommissionsgut* gewährt hat, ohne das Delkredere für die Erfüllung des Kreditkaufes ausdrücklich zu übernehmen.

b *b.* Wird dann der *Kommissionsauftrag* durch einen auftragsrechtlichen Beendigungsgrund, Widerruf, Kündigung, Tod, Handlungsunfähigkeit, Konkurs, *beendet*, so muss der *Kommissionär von den im eigenen Namen, aber im Interesse und für Rechnung des Kommittenten eingegangenen, noch unerfüllten Verpflichtungen aus dem Kaufvertrag mit dem Drittverkäufer oder dem Drittkäufer befreit werden, während er andererseits die aus dem Ausführungsgeschäft erworbenen Rechte abtreten muss.* **DIG. 17.1.45 pr.** Art. 400 N. 12b. Zwar erwähnt Art. 431 I OR den Befreiungsanspruch nicht ausdrücklich, offenbar weil er weder im HGB noch im BGB genannt ist. Doch ist der «*Liberationsregress*» *ein Bestandteil der actio mandati (Art. 402 I OR) und der actio negotiorum gestorum contraria (Art. 422 I OR) bei jeder in fremdem Namen ausgeführten Rechtsgeschäftsbesorgung.* Art. 402 N. 11c.

4. Der Befreiungsanspruch als Deckungsanspruch

4 a *a.* Die schweizerische Praxis hat in Anlehnung an die deutsche den Liberationsregress des Mandatars dem Auslagenregress angeglichen und ihn als *Deckungsregress* in einen *Geldanspruch* mit jenem zusammengefasst. Er entsteht, sobald eine Verpflichtung in richtiger Auftragsausführung vom Kommissionär im eigenen Namen tatsächlich eingegangen bzw. entstanden ist. **BGE 59 II 253, 78 II 51.**

b *b.* Art. 32 III OR gewährt dem Kommittenten die Möglichkeit, den *Kommissionär durch private Schuldübernahme zu befreien*, die indessen der Übereinkunft mit dem Drittgläubiger im Ausführungsgeschäft bedarf. Art. 402 N. 18c. Der *Kommittent hat zwar die Wahl*, ob er die *Be-*

freiung des Kommissionärs durch Leistung der Gelddeckung an den Kommissionär oder durch Schuldübernahme gegenüber dem Drittgläubiger herbeiführen will. Art.402 N.18d. Er wird i.d.R. den ersten, für ihn einfacheren Weg wählen, der ihm die Auseinandersetzung mit dem Drittgläubiger erspart. Da der Drittgläubiger ihm gegenüber keinen Anspruch hat, *bewirkt der Kommittent durch die Deckung des Kommissionärs rascher den Rechtsübergang nach Art.401 OR, den der Drittgläubiger nicht verhindern kann.* Art.402 N.19.

5. Verrechnung und Verzinsung der Ansprüche aus der actio mandati contraria

5 a

a. Im Gegensatz zu § 669 BGB gewährt das schweizerische Recht dem *Kommissionär keinen Anspruch auf einen Vorschuss für die voraussichtlich zur Ausführung erforderlichen Auslagen und Verwendungen.* Art.402 N.3. Andererseits muss der Kommissionär für die notwendigen und nützlichen Auslagen und Verwendungen regelmässig nicht in Vorschuss treten, sondern *kann* Deckung verlangen. Er wird es namentlich bei der Einkaufskommission tun. Die *Wertpapierkommissionsaufträge* ausführende Bank wird die *Deckung* regelmässig auf dem *Kontokorrent* des Kommittenten besitzen. Dann werden die aus der Ausführung des Kommissionsauftrages entstandenen gegenseitigen Ansprüche der actio mandati directa und contraria durch *Verrechnung über Kontokorrent* getilgt. Art.400 N.37; 402 N.26.

b

b. Die *Regressansprüche des Kommissionärs entstehen mit der tatsächlichen Vornahme der Verwendung, der Liberationsregress mit der tatsächlichen Eingehung der Verpflichtung für fremde Rechnung, und werden mit ihrer Erhebung fällig.* Ist der Zeitpunkt des Eintrittes der (freiwilligen) Vermögensverminderung beim Kommissionär massgebend, so entsteht auch der in Art.402 I und 431 I OR erwähnte *Zinsanspruch* in diesem Zeitpunkt. *Bei vorhandener Deckung tritt die Tilgung durch Verrechnung rückwirkend auf den Zeitpunkt ein, in welchem sich die Forderungen aus der actio mandati directa und contraria verrechenbar gegenüberstanden.* Art.124 II OR.

6. Besondere Vergütungsansprüche des Kommissionärs. Art.431 II OR

6 a

a. Art.431 II OR geht von dem Grundsatz aus, dass der gewerbsmässige Kommissionär die Generalunkosten seines Geschäftsbetriebes nicht anteilmässig dem Kommittenten in Rechnung stellen darf. Zu diesen *nicht verrechenbaren Generalunkosten zählen insbesondere die Aufwendungen für Geschäftslokalitäten und die Löhne der eigenen Angestellten des Kommissionärs*, d.h. desjenigen Personals, das zu ihm in einem Dauerarbeitsverhältnis steht. Die Löhne sind in Art. 431 II OR ausdrücklich als nicht regressfähige Auslagen und Verwendungen bezeichnet. Daraus darf e contrario geschlossen werden, dass andererseits die *Vergütungen und Auslagen, die vom Kommissionär für eine befugte Substitution des Kommissionsauftrages geleistet werden* müssen, *anrechenbar* sind. Art. 402 N. 11 a. So verrechnen die Banken bei Kommissionsaufträgen zum Einkauf oder Verkauf von Wertpapieren an ausländischen Börsen regelmässig als «fremde Spesen» die Provision und die Auslagen, die sie der substituierten ausländischen Korrespondenzbank entrichten. Art. 2 Courtage-Konvention der Vereinigung Schweizerischer Effektenbörsen.

b *b.* Der Kommissionär ist an sich weder Lagerhalter noch Frachtführer. Erfordert es die Ausführung des konkreten Kommissionsauftrages, so kann er das *Kommissionsgut durch einen Frachtführer, Spediteur oder eine öffentliche Transportanstalt transportieren lassen* (Art. 427 N. 1 a) und/oder das Kommissionsgut bis zur Übertragung an den Drittkäufer (Verkaufskommission) oder bis zur Ablieferung an den Kommissionär (Einkaufskommission) bei einem Lagerhalter *einlagern.* Art. 482 OR. Den ausgelegten *Frachtlohn* (Art. 440 OR) oder das ausgelegte *Lagergeld* (Art. 485 OR) kann er dem Kommittenten *in Rechnung stellen.* Verfügt der Kommissionär über *eigene Lagerräume und/oder Transportmittel,* so kann er den *angemessenen Frachtlohn und das angemessene Lagergeld als «Vergütung» neben seiner Provision aus dem Kommissionsauftrag in Rechnung stellen.* Andererseits übernimmt er dann die *nämliche Verantwortung für die Ausführung des Transportes wie ein Frachtführer und für die Lagerung wie ein Lagerhalter.* Es ist dogmatisch richtiger, Vergütungen, die der Kommissionär qua Lagerhalter oder Frachtführer selbst bezieht, nicht als regressfähige Auslagen oder Verwendungen zu behandeln. Es sind *Gegenleistungen für zusätzliche Leistungen, die der Kommissionär als Frachtführer und/oder Lagerhalter übernimmt.* Es entsteht tacito consensu neben dem Kommissionsauftrag ein Frachtvertrag oder ein Hinterlegungsvertrag.

Art. 432

2. Provision
a. Anspruch

[1] Der Kommissionär ist zur Forderung der Provision berechtigt, wenn das Geschäft zur Ausführung gekommen oder aus einem in der Person des Kommittenten liegenden Grunde nicht ausgeführt worden ist.

[2] Für Geschäfte, die aus einem andern Grunde nicht zur Ausführung gekommen sind, hat der Kommissionär nur den ortsüblichen Anspruch auf Vergütung für seine Bemühungen.

2. Provision

a. Droit de la réclamer

[1] La provision est due au commissionnaire si l'opération dont il était chargé a reçu son exécution, ou si l'exécution a été empêchée par une cause imputable au commettant.

[2] Quant aux affaires qui n'ont pu être faites pour d'autres causes, le commissionnaire peut seulement réclamer, pour ses démarches, l'indemnité qui est due selon l'usage de la place.

2. Provvigione

a. Diritto

[1] La provvigione è dovuta al commissionario, allorchè l'affare sia stato eseguito o non lo sia stato per un motivo dipendente dalla persona del committente.

[2] Per gli affari che non si poterono eseguire per un altro motivo, il commissionario ha diritto soltanto ad un compenso per l'opera prestata, giusta gli usi del luogo.

Materialien: Vgl. sub Art. 425, insbes. Prot. Expertenkommission vom 19. 10. 1908 S. 7/8 und StenBull NatRat 1909 S. 716.

Rechtsvergleichung: aOR Art. 440. Code de Commerce art. 95 III. HGB § 396. Codice Civile art. 1733, 1734.

Literatur: Vgl. sub Art. 425.

SYSTEMATIK DER KOMMENTIERUNG

Art. 432 OR

1. Die Provision als auftragsrechtliche Vergütung 72
2. Die Höhe der Provision nach Übung und nach Vereinbarung 72
3. Die Entstehung des Provisionsanspruches 73
4. Das Verhältnis von Art. 404 OR und Art. 432 OR 75
5. Die Höhe der Vergütung nach Art. 432 II OR. Teilprovision 76

Art. 432 OR

1. Die Provision als auftragsrechtliche Vergütung

1 a *a.* Der Provisionsanspruch des Kommissionärs, zweiter Bestandteil der kommissionsrechtlichen actio mandati contraria, ist der auftragsrechtliche *Vergütungsanspruch* i. S. von Art. 394 III OR in spezialrechtlicher Ausgestaltung. Der *Provisionsanspruch* des Kommissionärs ist ein Essentiale des Kommissionsauftrages. **BGE 47 II 220.**

b *b.* Die Provision ist die Gegenleistung für die vom Kommissionär im Interesse des Kommittenten geleistete Arbeit. Sie ist eine Vergütung, deren *Höhe sich i. d. R. nach dem Preis* richtet, für den das Kommissionsgut beschafft oder verkauft wurde. Art. 394 N. 76. In Art. 432 I OR ist von der «Provision» des Kommissionärs, in Art. 432 II OR von der «Vergütung für seine Bemühungen» die Rede. Die Provision ist eine *Erfolgsvergütung*, die grundsätzlich nur für die richtige *Ausführung* des Kommissionsauftrages geschuldet ist. Prot. ExpKom vom 19. 10. 1908 S. 8. N. 3 a unten. Art. 396 N. 87.

2. Die Höhe der Provision nach Übung und nach Vereinbarung

2 a *a.* Die *Übung am Ort der Ausführung* des Kommissionsauftrages ist nicht für die Entstehung, aber für die *Höhe der Provision* massgebend. Art. 1733 Codice Civile. Art. 394 N. 75, 82 c. Bestimmend ist ferner die Art des Kommissionsgutes. Bei der Verkaufskommission im *Kunsthandel* sind Provisionssätze von 15 % oder mehr üblich. Bei *Börsenkommissionen* beträgt die Provision für Kauf oder Verkauf von Wertpapieren ca. $^1/_4$ — $^1/_2$ % vom Kurswert.

b *b.* Auch in Kommissionsaufträgen kommt der *vereinbarten Provision der Vorrang vor der üblichen Provision* zu. Art. 394 N. 82 g. Die Vereinbarung kann bestimmen, dass die Provision nicht für jeden einzelnen Kommissionsauftrag gesondert zu berechnen sei, sondern nach der Quantität der tatsächlich eingekauften oder verkauften Waren. **BGE 40 II 393.** Durch Vereinbarung kann der Grundsatz der Prozentvergütung beseitigt und durch eine *Pauschal-, Zeit- oder reine Erfolgsvergütung* ersetzt werden. Art. 394 N. 76 e. Die Maßstäbe lassen sich mischen. Oft wird eine *Mindestsumme der Provision garantiert.* ZR 23 (1924) Nr. 8 S. 13.

ZBJV 58 S.78/9. Dem Verkaufskommissionär kann für einen Verkauf über einer bestimmten Limite eine *Superprovision* zugesichert sein. Im Gegensatz zu anderen, beispielsweise Anwaltsaufträgen, ist auch *Teilung des ganzen durch den Kommissionsauftrag dem Kommittenten zukommenden Nutzens oder eines Übergewinnes oder ihre Überlassung an den Kommissionär zulässig.* Art.394 N.76f. Art.395 N.87. **BGE 70 IV 71, 73 IV 171 Z.2.** Doch darf die Provisionsvereinbarung nicht gegen die guten Sitten verstossen oder zu einer unerlaubten Übervorteilung des Kommittenten führen. Art.20, 21 OR. Art.394 N.76a. Eine richterliche *Herabsetzung auf ein «angemessenes» Mass* wie bei der Mäklerprovision (Art.417 OR) oder beim Honorar des Willensvollstreckers (Art.517 III ZGB) ist bei Provisionen aus Kommissionsaufträgen *nicht möglich.* Denn das Gesetz stellt nicht auf die Angemessenheit ab. Art.394 N.75. Prot. ExpKom 19. 10. 1908 S.7/8. Für die Festsetzung der Provision der Kommissionäre garantiert das Bundesrecht die *Vertragsfreiheit.* Ein *kantonaler Maximaltarif ist unzulässig.* **BGE 70 I 236/7.** Doch haben sich die Mitglieder der Vereinigung Schweizerischer Effektenbörsen unter Konventionalstrafe zur Einhaltung des Tarifs der Courtage-Konvention verpflichtet.

3. Die Entstehung des Provisionsanspruches

3 a

a. Art.432 I OR macht die Entstehung des Provisionsanspruches von zwei Voraussetzungen abhängig. Entweder muss der Kommissionsauftrag *vollständig ausgeführt* sein. Unter Ausführung ist bei der *Einkaufskommission* die *Lieferung des Kommissionsgutes* an den Kommissionär **(BGE 40 II 393)** und bei der *Verkaufskommission die Zahlung des Preises* an den Kommissionär zu verstehen, hingegen *nicht die Ablieferung von Kommissionsgut oder Kommissionserlös an den Kommittenten.* Die *Ablieferung nach Art.400 OR ist nicht mehr Ausführung.* Art.400 N.1b. Das Retentionsrecht nach Art.434 OR setzt voraus, dass die gesicherten Forderungen des Kommissionärs aus der actio mandati contraria entstanden sind. **BGE 40 II 392/3.** SJZ 19 (1923) Nr.8 S.91. OSER/SCHÖNENBERGER ad Art.432 OR N.2. BECKER ad Art.432 OR N.3. Das entspricht den Grundsätzen des allgemeinen Auftragsrechtes für die *Erfolgsvergütung.* Art.394 N.76d. Oder der *Kommissionsauftrag ist aus einem Grunde nicht ausgeführt worden, der in der Person des Kommittenten* liegt. Auch dann ist der *volle Provisionsanspruch entstanden.* Darin liegt eine wichtige *Abweichung vom allgemeinen Auftragsrecht,* insbesondere von Art.404 OR. Art.425 N.12. Art.440 I aOR liess den vollen Provisionsanspruch nur bei vollständiger Ausführung entstehen. Der Zusatz ist in Anlehnung an § 396 I HGB bei der Revision von 1911 eingefügt worden. Prot. ExpKom v. 19. 10. 1908 S.7/8. StenBull NatRat 1909 S.716. Er entspricht der richtigen Überlegung, dass namentlich der gewerbsmässige Kommissionär aus den *Provisionseinnahmen* die zu seinen Lasten gehenden *Generalunkosten* decken muss. Art.431 N.6a. Der Kommittent soll den Verdienst des Kommissionärs nicht willkürlich vereiteln können.

b *b.* Der *Grund der Nichtausführung liegt hauptsächlich dann in der Person des Kommittenten*, wenn er den Kommissionsauftrag *grundlos widerruft.* Er liegt nicht in der Person des Kommittenten, wenn der Widerruf mit sachlich vertretbaren Gründen erfolgt ist. Art.404 N.17c. Es sind die nämlichen Kriterien, die den Widerruf als zur «Unzeit» erfolgt erscheinen lassen. Art.404 N.17.

c *c.* Die (seltene) *Kündigung durch den Kommissionär* (Art.404 N.14, 15) ist ein Beendigungsgrund, der nicht in der Person des Kommittenten eintritt. Der Provisionsanspruch nach Art.432 I OR entsteht nicht, sondern nur der *Anspruch auf Teilvergütung nach Art.432 II OR*, auch wenn die Kündigung sachlich gerechtfertigt war. Art.404 N.18a. *Tod, Handlungsunfähigkeit und Konkurs des Kommissionärs* (Art.405 OR) sind ebenfalls Beendigungsgründe, die nicht in der Person des Kommittenten eintreten. Der Kommissionär muss sich, sofern der Kommissionsauftrag nicht fortgesetzt wird, mit der «Vergütung» nach Art.432 II OR begnügen. Treten dagegen die *nämlichen Beendigungsgründe in der Person des Kommittenten ein, so hat der Kommissionär den vollen Provisionsanspruch nach Art.432 I OR erworben.*

d *d.* Die Bestimmungen über die Entstehung des Provisions- oder Vergütungsanspruches bilden *dispositives Recht.* Durch Vereinbarung kann unter *Begünstigung des Kommittenten* die Entstehung des Provisionsanspruches *ausschliesslich vom Erfolg*, z.B. von der Ablieferung des Kommissionsgutes oder Kommissionserlöses an den Kommittenten, abhängig gemacht werden, so dass Leistung und Gegenleistung aus der actio mandati directa und contraria Zug um Zug zu erfolgen haben. Das wird dann häufig der Fall sein, wenn der Kommissionär gegen eine zusätzliche Provision das *Delkredere* i.S. von Art.430 OR übernommen hat. Eine eigentliche «*Auslieferungsprovision*» i.S. von Art.396 I HGB ist dem gesetzlichen schweizerischen Kommissionsrecht nicht bekannt, kann aber *vereinbart* werden. N.2b oben. Ferner kann unter Begünstigung des Kommissionärs vereinbart werden, dass die *volle Provision* nach Art.432 I OR auch dann *geschuldet* ist, *wenn nach Gesetz nur die «Vergütung» i. S. von Art. 432 II OR* geschuldet wäre, z. B. beim Tode des Kommissionärs. Hingegen ist eine Vereinbarung, die dem Kommissionär eine *Provision oder Vergütung auch dann zugesteht, wenn er das Ausführungsgeschäft nicht abschliesst, nichtig.* Denn die Provision bleibt insofern auftragsrechtliche Vergütung, als sie die *Gegenleistung für eine Arbeit des Kommissionärs* bildet.

4. Das Verhältnis von Art. 404 OR und Art. 432 OR

4 a

a. Die *Entgeltlichkeit* und damit die *Gegenseitigkeit* ist bei der *Kommission* als vorwiegend kaufmännischem Mandatsverhältnis *ausgeprägter* als beim einfachen Auftrag. Art. 394 N. 73. Sofern der Kommissionär nicht wegen Treue- oder Sorgfaltsverletzung seine actio mandati contraria überhaupt verwirkt hat (Art. 433 OR), hat er entweder einen *Anspruch auf die volle Provision* oder wenigstens auf eine *Vergütung für seine Bemühungen.*

b

b. Art. 432 OR schafft *Sonderrecht gegenüber Art. 404 OR.* Besteht im einfachen Auftrag kraft zwingenden Rechts nur ein Schadenersatzanspruch für culpa in contrahendo (Art. 404 II OR) im Falle eines ohne sachlichen Grund erfolgenden Widerrufs, so bleibt dem Kommissionär der volle Provisionsanspruch als Erfüllungsanspruch der actio mandati contraria gewahrt. Art. 404 N. 10e. Dann aber kann er *keinen Schadenersatz wegen unzeitigen Widerrufs* beanspruchen. Dasselbe gilt bei *Tod, Handlungsunfähigkeit oder Konkurs des Kommittenten.* Der volle Provisionsanspruch besteht auch *gegenüber den Erben oder der Konkursmasse des Kommittenten* mit Sicherung durch das «Retentionsrecht» gemäss Art. 434 OR.

c

c. Die verbleibenden Fälle richten sich nach allgemeinem Auftragsrecht. *Kündigt der Kommissionär den Kommissionsauftrag zur Unzeit,* so kann er nach Art. 404 II OR schadenersatzpflichtig werden. Art. 404 N. 18. In allen anderen Fällen hat er, seine Erben oder seine Konkursmasse den *Anspruch auf Vergütung der Bemühungen, die bis zum Eintritt des Beendigungsgrundes erwachsen sind.*

d

d. Als Provisionsanspruch nach Art. 432 I OR oder als Vergütungsanspruch nach Art. 432 II OR bildet die begründete Forderung des Kommissionärs einen *Bestandteil seiner actio mandati contraria,* was für das «Retentionsrecht» nach Art. 434 OR von Bedeutung ist. Art. 434 N. 7b.

5. Die Höhe der Vergütung nach Art. 432 II OR. Teilprovision

5 a *a.* Art. 432 II OR macht die Höhe der Vergütung für nicht oder nicht vollständig ausgeführte Kommissionsaufträge von der *Ortsüblichkeit* abhängig. Ein Ortsgebrauch besteht zwar häufig für die Höhe der Provision in ausgeführten Kommissionsaufträgen, selten aber für die Vergütung in nicht ausgeführten Kommissionsaufträgen.

b *b.* Massgebend für die Höhe der Vergütung ist einmal, *in welchem Zeitpunkt der Ausführung der Beendigungsgrund wirksam* wird. Je weiter die richtige Ausführung fortgeschritten war, umso mehr ist der Vergütungsanspruch der vollen vereinbarten oder üblichen Provision anzugleichen. *Widerruft der Kommittent* die Verkaufskommission *unmittelbar vor einem günstigen Abschluss*, in der Absicht, eine Superprovision einzusparen, so wird man auch in Fällen, in welchen der Widerruf nicht als grundlos bezeichnet werden kann, dem Kommissionär i. d. R. die ganze Provision sowie die Superprovision unter dem Titel der Vergütung nach Art. 432 II OR zuerkennen. Art. 1734 Codice Civile.

c *c.* Maßstab für die Höhe der Vergütung nach Art. 432 II OR ist sodann die *vereinbarte oder übliche bei vollständiger Ausführung geschuldete Provision.* Art. 404 N. 12 c. Sie ist umso mehr zu kürzen, je weiter der Kommissionsauftrag beim Eintritt des Beendigungsgrundes von seiner vollständigen Ausführung entfernt und je triftigere sachliche Gründe für seine Beendigung gegeben waren. Bei Handlungsunfähigkeit oder Konkurs des Kommissionärs ist grössere Zurückhaltung geboten als bei seinem Tode. In diesem Sinne kann von einer *Teilprovision* gesprochen werden («una parte della provvigione» – Art. 1734 Codice Civile). Dabei *kommt es nicht in erster Linie darauf an, ob das beschaffte oder verkaufte Kommissionsgut eine teilbare Gattungssache* ist und die Provision nach der beschafften oder verkauften Menge geteilt werden kann. Art. 432 II stellt auf das Ausmass der Bemühungen des Kommissionärs ab. Diese können für die Beschaffung oder den Verkauf einer kleineren Menge annähernd gleich gross sein wie für Beschaffung und Verkauf einer grösseren. Anders Becker ad Art. 432 N. 4.

Art. 433

b. Verwirkung und Umwandlung in Eigengeschäft

[1] Der Anspruch auf die Provision fällt dahin, wenn sich der Kommissionär einer unredlichen Handlungsweise gegenüber dem Kommittenten schuldig gemacht, insbesondere wenn er einen zu hohen Einkaufs- oder einen zu niedrigen Verkaufspreis in Rechnung gebracht hat.

[2] Überdies steht dem Kommittenten in den beiden letzterwähnten Fällen die Befugnis zu, den Kommissionär selbst als Verkäufer oder als Käufer in Anspruch zu nehmen.

b. Déchéance; commissionnaire tenu pour acheteur ou vendeur

[1] Le commissionnaire perd tout droit à la provision s'il s'est rendu coupable d'actes de mauvaise foi envers le commettant, notamment s'il a porté en compte un prix supérieur à celui de l'achat ou inférieur à celui de la vente.

[2] En outre, dans ces deux derniers cas, le commettant a le droit de tenir le commissionnaire lui-même pour acheteur ou vendeur.

b. Decadenza e conversione dell'affare in proprio

[1] Il commissionario perde il diritto alla provvigione, ove commetta degli atti di mala fede verso il committente, e specialmente ove abbia messo inconto un prezzo superiore a quello pagato per la compera, o inferiore a quello riscosso per la vendita.

[2] In questi due ultimi casi il committente ha anche il diritto di procedere contro il commissionario considerandolo quale venditore o compratore in proprio.

Materialien: Vgl. sub Art. 425.

Rechtsvergleichung: aOR Art. 441.

Literatur: Vgl. sub Art. 425.

SYSTEMATIK DER KOMMENTIERUNG

Art. 433 OR

1. Die Treueverletzung im Kommissionsauftrag 78
2. Die «Verwirkung» des Provisionsanspruches bei Treueverletzung . . 79
3. Vertrags- und Deliktsanspruch bei Treueverletzung 80
4. Die zusätzliche Haftung des unredlichen Kommissionärs als Eigenhändler. Art. 433 II OR 81

Art. 433 OR

1. Die Treueverletzung im Kommissionsauftrag

1 a *a.* Art. 433 OR regelt die Rechtsfolgen bei Verletzung der Treuepflicht (Art. 398 II OR) durch den Kommissionär im allgemeinen sowie bei Verletzung der Abrechnungs- und Ablieferungspflicht (Art. 400 OR) im besonderen. Art. 425 N. 7, 8, 10 d. Selbst im limitierten Kommissionsauftrag muss der Kommissionär den ganzen *tatsächlich erzielten Gewinn abrechnen und abliefern*, es sei denn, dass ihm dieser kraft Abrede als *Superprovision zukommt*, oder dass er *rechtzeitig den Selbsteintritt erklärt* hat und wirksam erklären konnte. Art. 428 III OR. Art. 428 OR N. 6, Art. 432 N. 2 b, Art. 436 N. 2 c, 3. Art. 437. Die in Art. 433 OR umschriebenen Rechtsfolgen der Treueverletzung ergeben sich aus dem Recht der Deliktsobligationen und dem allgemeinen Vertrags- und Auftragsrecht. Andere Rechtsordnungen verzichten auf die Sonderbestimmung im Kommissionsrecht. Sie kann die Rechtsfolgen der Treueverletzung nicht abschliessend umschreiben.

b *b.* Eine *Treueverletzung*, oder wie das Gesetz sich in diesem Zusammenhang ausdrückt, eine «unredliche Handlungsweise gegenüber dem Kommittenten» (actes de mauvaise foi, atti di mala fede), liegt insbesondere vor, wenn der Kommissionär

(1) einen *höheren Einkaufs- oder einen niedrigeren Verkaufspreis in Rechnung stellt als den tatsächlich erzielten* und dadurch den Gegenstand seiner Ablieferungsobligation nach Art. 400 OR vermindert (Art. 433 I OR),

(2) *Rabatte, Skonti, Schmiergelder* oder irgendwelche andere Zuwendungen, die ihm infolge des konkreten Kommissionsauftrages zugekommen sind (Art. 400 OR), dem Kommittenten in der Abrechnung nicht gutschreibt und dadurch den *Ablieferungssaldo vermindert* (Art. 400, 428 III OR),

(3) *höhere als die tatsächlich gemachten Vorschüsse, Auslagen und Verwendungen* (Art. 431 I OR) oder andere Vergütungen (Art. 431 II OR) in Rechnung stellt als diejenigen, für die er nach Gesetz oder Vereinbarung den Verwendungsregress besitzt,

(4) *unter täuschenden Angaben eine höhere oder andere Provision* (Art. 432 I OR) oder Arbeitsvergütung (Art. 432 II OR) in Rechnung stellt als ihm nach Gesetz oder gültiger Vereinbarung zusteht.

c. Eine Treueverletzung bildet die «*Doppelvertretung*» in indirekter Stellvertretung jedenfalls dann *nicht*, wenn der Kommissionär den *Selbsteintritt* nach Art. 436 OR erklären könnte. Bei der Wertpapierkommission kommt es regelmässig vor, dass die Bank die nämlichen Papiere von ihrem Kunden A «einkauft», die sie ihrem Kunden B verkauft. Sind Verkaufs- und Einkaufsauftrag limitiert erteilt, oder kann die Bank, was der Regel entspricht, den Selbsteintritt nach Art. 436 OR erklären (Art. 428 N. 2b), so tritt keine Schädigung beider Kommittenten ein, wenn der *Kommissionär für beide tätig ist*. Eine Interessenkollision kann in Fällen eintreten, in welchen beide Kommissionsaufträge zu bestmöglicher Ausführung erteilt sind und ein Selbsteintritt des Kommissionärs nicht besteht. **BGE 35 II 66.** Art. 398 N. 10. ZR 21 Nr. 24 S. 33. c

2. Die «Verwirkung» des Provisionsanspruches bei Treueverletzung

Art. 433 OR erfasst nur diejenigen Treueverletzungen, die trotz richtiger, d. h. insbesondere trotz erfolgreicher oder wenigstens sorgfältiger Ausführung des Kommissionsauftrages bestehen und sich letzten Endes auf eine «*unredliche*» *Verminderung des abzuliefernden Kommissionsgutes oder -erlöses* beziehen. Kumuliert sich die Treueverletzung mit einer Sorgfaltsverletzung in der Auftragsausführung (Art. 397 II, 398 II, 426 bis 429 OR), so treten noch andere als die in Art. 433 OR genannten Rechtsfolgen ein. VON TUHR, Actio de in rem verso S. 72/3. Insbesondere kann *nicht nur der Provisions-, sondern auch der Anspruch auf Ersatz der Vorschüsse, Auslagen und Verwendungen «verwirkt» sein.* Art. 402 N. 9. Die zivilrechtlich unter Art. 433 OR fallenden Tatbestände sind strafrechtlich meist eine *Veruntreuung* (Art. 140 StGB), eine *ungetreue Geschäftsführung* (Art. 159 StGB) oder ein *Betrug* (Art. 148 StGB). 2

BGE 70 IV 71: Veruntreuung des Kommissionserlöses für ein anvertrautes Gemälde, wobei die Provision des Kommissionärs im Übererlös über eine bestimmte Limite bestand.

BGE 71 IV 124: Veruntreuung von Kommissionsgut (Lotterielose) und des Kommissionserlöses.

BGE 74 IV 88: Veruntreuung einer vom Kommittenten (?) als Vorschuss zum Einkauf von Uhren übergebenen Geldsumme.

BGE 76 IV 96: Betrug durch Absetzen von Wertpapieren mit falschen «Affidavits».

BGE 76 IV 103: Betrug durch Beschaffung einer Buchauflage und Verrechnung eines um 50 % über dem wirklichen Einkaufspreis liegenden Preises.

BGE 81 IV 278/80: Ungetreue Geschäftsführung liegt vor, wenn jemand als Geschäftsführer für fremde Vermögensinteressen zu sorgen hat. Das trifft auf den Kommissionär zu.

3. Vertrags- und Deliktsanspruch bei Treueverletzung

3 a *a.* Der Vertragsanspruch aus Art. 400 OR auf Ablieferung von allem, was dem Kommissionär infolge des Kommissionsauftrages aus irgendeinem Grunde zugekommen ist, unter Wahrung des Verrechnungs- und Retentionsrechtes für die begründeten Gegenansprüche des Kommissionärs aus seiner actio mandati contraria **(BGE 81 IV 28 Erw. 2)**, ist i. d. R. identisch mit dem *Deliktsanspruch des Kommittenten*, der bei Treueverletzung das *negative Interesse* zum Gegenstand hat. **BGE 76 IV 106.** Art. 398 N. 5, Art. 400 N. 3 b, 17, 19. Der Schaden besteht aus der *Differenz* zwischen dem, was nach Gesetz oder Vereinbarung *abzuliefern war*, und dem, was tatsächlich *abgeliefert wurde.* Dem entspricht, dass der unredliche Kommissionär schon nach allgemeinen Rechtsgrundsätzen seinen Provisionsanspruch verliert. Nemo ex suo delicto meliorem suam condicionem facere potest. **DIG. 50.17.134.1.** Es ist ungenau, von einer «Verwirkung» des Provisionsanspruches zu sprechen. Der Provisionsanspruch *entsteht überhaupt nicht* als Bestandteil der actio mandati contraria des Kommissionärs. Eine *vorausbezahlte Provision kann zurückgefordert werden.* VON TUHR, Actio de in rem verso S. 71/2. Doch *verliert der Kommissionär aus der Treueverletzung allein nicht den Anspruch auf Ersatz der tatsächlich gemachten Vorschüsse, Auslagen und Verwendungen.* Denn für diese hätte der Kommittent auch bei korrekter Ausführung des Kommissionsauftrages und insbesondere bei korrekter Ablieferung des Kommissionsgutes oder Kommissionserlöses aufkommen müssen.

b *b.* Abgesehen vom Verlust des Provisionsanspruches hat der unredliche Kommissionär dem Kommittenten den Vertrauensschaden zu ersetzen bzw. *das abzuliefern oder zu erstatten, was er dem Kommittenten zu Unrecht vorenthalten hat.* **DIG. 17.1.55. CODEX 4.35.16.** Sowohl bei der Einkaufs- wie bei der Verkaufskommission handelt es sich um eine *Gelddifferenz.* Art. 398 N. 5 d.

4. Die zusätzliche Haftung des unredlichen Kommissionärs als Eigenhändler. Art. 433 II OR

4 a

a. Zu diesem Schadenersatzanspruch hinzu («Überdies») *tritt die Haftung des Kommissionärs als Eigenhändler.* Während nach Art. 436 OR der *Kommissionär den Selbsteintritt* erklären kann, wenn es ihm zum Vorteil gereicht, *macht hier der Kommittent den unredlichen Kommissionär zum Eigenhändler,* indem er eine *zusätzliche Haftung* beansprucht, die dem Kommissionär aus dem Kommissionsauftrag nicht obliegen würde. Das Recht besteht allerdings nur, wenn der Kommissionär zum Nachteil des Kommittenten einen unrichtigen Preis für das Kommissionsgut in Rechnung gestellt hat. Das trifft nicht zu, wenn der Kommissionär in einer vorläufigen Spesenrechnung eine Auslage geringfügig zu hoch eingesetzt hat. *Massgebend ist die Korrektheit der Schlussabrechnung.* Anders ZR 21 Nr. 24 S. 33. **BGE 59 II 252/3.** Der Kommittent übt kein Wahlrecht für den Selbsteintritt des Kommissionärs aus, sondern er beansprucht eine zusätzliche Haftung aus unredlicher Auftragsausführung.

b

b. Der *Einkaufskommissionär,* der *unredlich* einen zu hohen Einkaufspreis in Rechnung gestellt hat, haftet *nicht nur für die Erstattung des Preisunterschiedes* (Art. 428 N. 3, 6b), sondern er hat überdies wie ein Verkäufer die *Gewähr für das beschaffte Kommissionsgut* zu übernehmen. Art. 197–210 OR. Er ist der *Wandelungs- oder Minderungsklage des Kommittenten ausgesetzt.* Art. 205–209 OR. Doch hat der Kommittent das beschaffte Kommissionsgut zu prüfen und *rechtzeitig Mängelrüge* zu erheben. Der Kommittent kann *zudem Abtretung der Gewährleistungsansprüche gegen den Drittverkäufer* verlangen. Art. 400 N. 12b. In diesem Falle liegt *unechte Solidarität der Gewährspflicht des unredlichen Kommissionärs und des Drittverkäufers des Kommissionsgutes vor.* Die Verjährung beider Gewährspflichten richtet sich nach Art. 210, insbesondere 210 III OR.

c

c. Der *Verkaufskommissionär,* der unredlich einen zu niederen Verkaufspreis in Rechnung gestellt hat, haftet für die *Preisdifferenz.* Macht der Drittkäufer gegenüber dem unredlichen Verkaufskommissionär *Gewährleistungsansprüche* geltend, so *besteht für den Kommittenten keine Verpflichtung, den unredlichen Kommissionär zu befreien.* Dieser hat die *Haftung des Verkäufers an sich zu tragen, ohne den Liberationsregress gegen seinen Kommittenten zu besitzen.*

Art. 434

3. Retentionsrecht

Der Kommissionär hat an dem Kommissionsgute sowie an dem Verkaufserlöse ein Retentionsrecht.

3. Droit de rétention

Le commissionnaire a un droit de rétention sur les choses formant l'objet du contrat, ou sur le prix qui a été réalisé.

3. Diritto di ritenzione

Il commissario ha un diritto di ritenzione sulle merci, nonchè sul prezzo che ne fu ricavato.

Materialien: Vgl. sub Art. 425.

Rechtsvergleichung: aOR Art. 442. Code de Commerce art. 92, 95. HGB §§ 397/9. Codice Civile art. 1721, 2761 II, 2796/8.

Literatur: Vgl. sub Art. 425, 401, sowie OSKAR BRANDER, Das Retentionsrecht nach schweizerischem Zivilrecht, Zürcher Diss 1933. EDOUARD DESSAUGES, De la réalisation privée du gage, Lausanner Diss 1934. ANDRE JACOB, Le droit de rétention, Genfer Diss 1933.

SYSTEMATIK DER KOMMENTIERUNG

Art. 434 OR

I. Die dinglichen Rechtsverhältnisse am Kommissionsgut und am Kommissionserlös

1. Bei der Einkaufskommission 83
2. Bei der Verkaufskommission 84

II. Der Ablieferungsanspruch des Kommittenten nach Art. 400 OR und seine Sicherung durch Forderungssubrogation und Aussonderungsrecht nach Art. 401 OR

3. Zeitpunkt, Gegenstand und Wirkung der Forderungssubrogation nach Art. 401 I OR bei der Einkaufskommission 86
4. Forderungssubrogation und Aussonderungsrecht im Konkurs des Einkaufskommissionärs sowie bei Pfändung und Arrestierung . . . 87
5. Zeitpunkt, Gegenstand und Wirkungen der Forderungssubrogation nach Art. 401 I OR bei der Verkaufskommission 88
6. Forderungssubrogation und Aussonderungsrecht im Konkurs des Verkaufskommissionärs sowie bei Pfändungen und Arrestierungen 89

III. Die actio mandati contraria des Kommissionärs und ihre Sicherung durch das Retentionsrecht nach Art. 401 III und 434 OR

7. Das «Retentionsrecht» und die gesicherten Ansprüche des Kommissionärs . . . 90
8. Entstehung, Wirkungen und Beendigung des «Retentionsrechtes» ausserhalb der Zwangsvollstreckung . . . 92
9. Das Retentionsrecht bei Zwangsvollstreckungen und im Konkurs des Kommittenten . . . 93
10. Das Retentionsrecht bei Zwangsvollstreckungen und im Konkurs des Kommissionärs . . . 94

Art. 434 OR

I. DIE DINGLICHEN RECHTSVERHÄLTNISSE AM KOMMISSIONSGUT UND AM KOMMISSIONSERLÖS

1. Bei der Einkaufskommission

1 a

a. Der *Einkaufskommissionär* erwirbt das *Eigentum* am Kommissionsgut durch *Kauf vom Drittverkäufer*. Art. 184 OR. Art. 396 N. 39. Dass der Einkaufskommissionär Eigentümer des Kommissionsgutes wird, ist heute in der Theorie unbestritten. Wilmar Berger, Kommissionsgeschäft S. 32/4. Art. 401 N. 14, 15. Ist der Kauf ungültig, d. h. absolut nichtig oder innert Frist erfolgreich wegen eines Willensmangels angefochten, so ist das Eigentumsrecht nicht übergegangen. Hat jedoch der Einkaufskommissionär das Kommissionsgut dem *Kommittenten abgeliefert* (Art. 400 OR), so erwirbt dieser das *Eigentum, sofern er gutgläubig ist* (Art. 933 ZGB), *selbst wenn der Erwerbsgrund des Kommissionärs mangelhaft war.* Da zwischen dem Kommittenten und dem Drittverkäufer keine Rechtsbeziehung besteht, *muss sich der Kommittent das Wissen des Kommissionärs um die Mangelhaftigkeit des Erwerbes vom Drittverkäufer ebensowenig zurechnen lassen, wie sich der Drittverkäufer die Kenntnis einer Weisung des Kommittenten zurechnen lassen muss.* Art. 396 N. 38, Art. 397 N. 8b. Wilmar Berger S. 47, 49.

b *b.* Der *dingliche Rechtserwerb des Kommittenten spielt sich ausschliesslich zwischen diesem und dem Kommissionär ab.* Sein *Rechtsgrund* ist nicht der Kauf vom Drittverkäufer, sondern die *Ablieferungspflicht* aus Art. 400 OR. Art. 396 N. 39, 41, 42. *Die Besitzübergabe ist unerlässlich.* Art. 396 N. 40. Der *Kommissionär* erwirbt durch den Kauf vom Drittverkäufer das Eigentum, *nicht als Besitzstellvertreter* (Art. 923 ZGB) für den Kommittenten, sondern *für sich selbst.* Muss der *Kommittent das Geschäft* wegen eines Ausführungsmangels beim Kommissionär nicht *übernehmen* (Art. 428 N. 4c), so *verbleibt das Eigentum am «Kommissionsgut» dem Kommissionär* auf Grund des Kaufes vom Drittverkäufer.

2. Bei der Verkaufskommission

2 a *a.* Der *Kommittent vertraut dem Verkaufskommissionär das Kommissionsgut zum Verkauf* an, indem er es ihm übergibt oder zusendet. Art. 427 N. 1. *Der Verkaufskommissionär erwirbt das Eigentum am Kommissionsgut vom Kommittenten ex mandato.* Art. 396 N. 42. Verwendet er es zu eigenen Zwecken, ohne zum Selbsteintritt berechtigt zu sein, und liefert er einen Kommissionserlös nicht ab, so veruntreut er. **BGE 70 IV 71, 71 IV 124.** Die Frage, ob namentlich der Verkaufskommissionär Eigentum am anvertrauten Kommissionsgut erwirbt, ist in der Theorie *umstritten.* Vgl. WILMAR BERGER S. 25/7, 34. Für das *schweizerische Recht* ist sie zu *bejahen.* Der Fiduziar soll das Treugut verwahren, verwalten und *mit vollem eigenem Recht darüber verfügen können.* Der Verkaufskommissionär soll durch Verkauf *dem Drittkäufer das Eigentum am Kommissionsgut verschaffen.* Art. 184 OR. Der Kommissionär verschafft dem Drittkäufer nicht das Eigentum an einer fremden, sondern an einer eigenen Sache. Vgl. WILMAR BERGER S. 41. Der *Kommissionär ist der unmittelbare «Vormann» des Drittkäufers im Eigentum am Kommissionsgut.* Der Erwerb des Drittkäufers ist gutgläubig, wenn er an das Eigentumsrecht des Kommissionärs glauben durfte. Art. 933 ZGB. Eine *Prüfung des Eigentums des Kommittenten* ist *dem Drittkäufer namentlich in internationalen Rechtsverhältnissen unmöglich.* Oft weiss der Drittkäufer nicht, wer Kommittent ist, nicht einmal, ob der Kommissionär ein eigenes oder fremdes Geschäft ausführt, namentlich wenn das Selbsteintrittsrecht besteht. Man kann *nicht auf den Parteiwillen zwischen Kommittent und Verkaufskommissionär abstellen,* weil das zu einer Erschwerung der Rechtsstellung Dritter führen würde. Dritte müssen sich um das «Innenverhältnis» nicht kümmern. Sie müssen sich darauf verlassen können, dass der Verkäufer Eigentümer ist. Die *objektive causa des Kommissionsauftrages ver-*

schafft dem Verkaufskommissionär das Eigentum. Anvertrautes wie erworbenes Kommissionsgut untersteht einem einheitlichen sachenrechtlichen Status, der durch die Art. 401 und 434 OR bestimmt ist. Eine sinnvolle Anwendung dieser Ordnung wäre unmöglich, wäre der Verkaufskommissionär nicht Eigentümer des anvertrauten Kommissionsgutes. Art. 401 N. 20. Diese Ordnung, nicht das Eigentumsrecht, *gewährt dem Kommittenten den vom Gesetzgeber gewollten Schutz* seiner Vermögensinteressen mit einer *Privilegierung vor anderen Gläubigern des Kommissionärs*, aber nur gegen Ablösung der «Retentionsrechte» des Kommissionärs. Alle andern Konstruktionen führen auch internationalprivatrechtlich zu einer unlösbaren Rechtsverwirrung. Vgl. WILMAR BERGER S. 42/3.

b

b. Verkauft der Kommissionär das anvertraute Kommissionsgut dem *Drittkäufer*, so *erwirbt dieser das Eigentum durch Kauf vom Kommissionär*, nicht vom Kommittenten, sobald die *Besitzübertragung* hinzutritt, und zwar auch dann, wenn der Kommissionär in *Verletzung einer Weisung* des Kommittenten oder einer Abrede verkauft, die der *Drittkäufer kennt*. Die Auseinandersetzung über die richtige oder unrichtige Ausführung des Kommissionsauftrages bleibt eine Angelegenheit, die sich ausschliesslich zwischen Kommittent und Kommissionär abspielt. Erklärt der Verkaufskommissionär befugterweise nach Art. 436 OR oder zu einer bestimmten Limite (Art. 428 OR) den *Selbsteintritt*, so *bleibt er Eigentümer des anvertrauten Kommissionsgutes, wobei sich lediglich der Rechtsgrund seines Erwerbes vom mandatsrechtlichen Anvertrauen in einen Kauf wandelt*. Hier unterliegt das römischrechtliche Axiom «nemo sibi ipse causam possessionis mutare potest» **(DIG. 41.2.191.1.)** im schweizerischen Recht einer Ausnahme (§ 400 V und 401 HGB suchen das römischrechtliche Axiom zu retten). Andernfalls müsste angenommen werden, die Ausübung eines Gestaltungsrechtes (Wahlrechtes: Art. 436 N. 2b, c) sei Eigentumserwerbsgrund, der unselbständige Besitz des Verkaufskommissionärs wandle sich durch wirksame Ausübung seines Wahlrechts in selbständigen Eigentumsbesitz. Im Falle des Konkurses des Kommissionärs kann der Kommittent das anvertraute *Kommissionsgut nicht vindizieren, aber nach Art. 401 OR aussondern*. Art. 401 N. 20b.

c

c. Hat der Verkaufskommissionär das Kommissionsgut verkauft, und ist ihm der *Kommissionserlös* «zugekommen» (Art. 400 OR), so wird er dessen *Eigentümer* mit der Verpflichtung, ihn als Gattungs-Geldschuldner (Art. 400 N. 4) abzuliefern. Verwendet der Kommissionär den Kommissionserlös für sich, so veruntreut er eigenes Geld i. S. von Art. 140 II

StGB. **BGE 70 IV 71, 71 IV 124.** Ist der Kommissionserlös ihm tatsächlich zugekommen, so haftet er für die Ablieferung als *Gattungsschuldner. Geht das Geld auch ohne Verschulden des Kommissionärs verloren, z. B. durch Betrug, Veruntreuung oder Diebstahl, so wird der ablieferungspflichtige Kommissionär nicht befreit.*

II. DER ABLIEFERUNGSANSPRUCH DES KOMMITTENTEN NACH ART. 400 OR UND SEINE SICHERUNG DURCH FORDERUNGSSUBROGATION UND AUSSONDERUNGSRECHT NACH ART. 401 OR

3. Zeitpunkt, Gegenstand und Wirkung der Forderungssubrogation nach Art. 401 I OR bei der Einkaufskommission

3 a *a.* Der *Zweck des Einkaufskommissionsauftrages* ist, dass der *Kommittent das Eigentum am vereinbarten Kommissionsgut zu den gesetzlich oder vertraglich festgelegten Bedingungen erwirbt.* Diesem Zweck dient der Ablieferungsanspruch nach Art. 400 I OR. Sein Gegenstand ist nur das *tatsächlich* vom Kommissionär *erworbene Kommissionsgut.* Art. 400 N. 3 a, 11 c, Art. 401 N. 6 a. Erfüllt der Kommissionär den Ablieferungsanspruch für das eingekaufte Kommissionsgut nicht, so bleibt dem Kommittenten kein anderer Rechtsbehelf als die *persönliche Ablieferungsklage; denn er* hat *keine dinglichen Rechte am Kommissionsgut erworben.* Der Ablieferungsanspruch wird mit seiner Erhebung fällig. Der Einkaufskommissionär kommt vorbehältlich seines «Retentionsrechtes» ohne weitere Mahnung in Verzug. Art. 400 N. 45 c.

b *b.* Da der Kommissionär dem Drittverkäufer nur ausnahmsweise Kredit für die Lieferung des Kommissionsgutes gewähren darf, tritt die Situation verhältnismässig selten ein, dass der *Kommissionär* bei der Beendigung des Kommissionsauftrages, z. B. durch Widerruf, *noch eine Forderung auf Lieferung des Kommissionsgutes gegenüber dem Drittverkäufer besitzt.* Sie beschränkt sich auf die Fälle befugter Bevorschussung oder befugter Gewährung von Lieferungsfristen durch den Einkaufskommissionär an den Drittverkäufer. Art. 430 N. 2. Befugt wird die Kreditgewährung auch dann, wenn sie erst nachträglich vom Kommittenten genehmigt wird. Art. 1711 I Codice Civile. Wird in solchen Fällen der Kommissionsauftrag vor seiner vollständigen Ausführung (Art. 432 N. 3 a) beendet, und wird der *Ablieferungsanspruch* vom Kommittenten erhoben, so ist dessen *Gegenstand* nicht das noch nicht im Eigentumsbesitz des Einkaufskommissionärs befindliche Kommissionsgut, sondern *die Forderung aus Kaufvertrag gegen den Drittverkäufer auf dessen Lieferung, d.h. Verschaffung des Eigentums i. S. von Art. 184 OR.* Art. 400 N. 12. Die Subrogation erfasst aber auch die *Gewährleistungs- und Schadenersatzansprüche gegen den Drittverkäufer*, die vor ihrem Eintritt nur dem Kommissionär zustanden. Es ist möglich, dass verborgene Mängel erst vom Kommittenten entdeckt werden, nachdem der Kommissionsauftrag ordnungsgemäss abgewickelt ist. Dann hat nur der *Kommittent die Rüge- und Klagelegitimation.* WILMAR BERGER S. 62/3.

c

c. Der Kommittent kann *Abtretung der Rechte* aus dem mit dem Drittverkäufer abgeschlossenen Kaufvertrag *verlangen* und bei ungerechtfertigter Weigerung mit der *actio mandati directa auf Abtretung* klagen. **BGE 41 II 573 Erw. 2.** Kommentar RATZ zu § 392 HGB Anm. 2. Damit ist er jedoch gegen eine vom Kommissionär vorgenommene ungerechtfertigte Abtretung nicht geschützt. Hat der Kommittent indessen alle begründeten Ansprüche des Einkaufskommissionärs erfüllt oder einen umstrittenen Betrag hinterlegt, so *tritt im Zeitpunkt der Erfüllung und/oder Hinterlegung die gesetzliche Subrogation der Forderungsrechte aus dem Kaufvertrag gegenüber dem Drittverkäufer* nach Art. 401 I OR ein. Durch diese Legalzession tritt der *Drittverkäufer ohne oder gegen seinen Willen in unmittelbare Rechtsbeziehungen zum Kommittenten.* Art. 401 N. 22, 23. Art. 442 II aOR bestimmte ausdrücklich: «Für die auf Rechnung des Kommittenten erworbenen Forderungen kommt Artikel 399 Absatz 1 zur Anwendung» (jetzt Art. 401 I OR). WILMAR BERGER S. 55/6. Die Regelung des BGB und HGB ist wegen des Fehlens einer Art. 401 OR entsprechenden Bestimmung eine andere und kann auch nicht vergleichsweise herangezogen werden. Zudem ist das Publizitätsprinzip im schweizerischen Mobiliarsachenrecht strikter durchgeführt.

4. Forderungssubrogation und Aussonderungsrecht im Konkurs des Einkaufskommissionärs sowie bei Pfändung und Arrestierung

4 a

a. Der *gesetzlichen Forderungssubrogation* nach Art. 401 I OR kommt insofern *dingliche Wirkung* zu, als der die actio mandati contraria des

Einkaufskommissionärs erfüllende (oder hinterlegende) *Kommittent die Subrogation auch dann geltend machen kann, wenn die Forderung auf Lieferung des Kommissionsgutes beim Einkaufskommissionär von Drittgläubigern gepfändet oder arrestiert wurde.* In diesem Falle kann der *Kommittent die Forderung im betreibungsrechtlichen Widerspruchsverfahren nach Art. 107 SchKG an sich ziehen.* **BGE 47 II 218/20.** Art. 401 N. 27 c. Sie ist ihm zuzusprechen, wenn der Richter feststellt, dass die Bedingung ihres Erwerbes, die *Erfüllung der actio mandati contraria des Kommissionärs* entweder durch Leistung an den Kommissionär oder an das Betreibungsamt zur *Ablösung der Pfändungspfandrechte*, erfüllt ist.

b *b.* Die gesetzliche Forderungssubrogation kann vom Kommittenten auch dann bewirkt werden, wenn der *Einkaufskommissionär in Konkurs* gefallen ist. Zwar bildet die Forderung des Einkaufskommissionärs gegen den Drittverkäufer auf Lieferung des Kommissionsgutes ein *Konkursaktivum; denn sie steht nur dem Kommissionär zu.* Aber der *Kommittent kann ihre Aussonderung aus der Masse nach Art. 401 II OR verlangen,* wenn er die auf die Masse übergegangene *actio mandati contraria des Einkaufskommissionärs erfüllt,* soweit die Erfüllung gegenüber dem konkursiten Einkaufskommissionär nicht schon erfolgt war. Die *Leistungen des Kommittenten fallen in die Masse.* Art. 401 N. 25. Art. 442 II aOR.

c *c.* Wird der *Konkurs über den Kommissionär* eröffnet, nachdem dieser das Kommissionsgut vom Drittverkäufer erworben, aber bevor er es dem Kommittenten abgeliefert hat, so kann der Kommittent nicht mehr die (erfüllte) Forderung auf Lieferung nach Art. 401 II OR, aber er *kann das Kommissionsgut nach Art. 401 III OR aussondern.* Art. 401 N. 26. Bei Pfändung oder Arrestlegung gegen den Kommissionär kann er das Kommissionsgut durch das *betreibungsrechtliche Widerspruchsverfahren* erlangen. Art. 401 N. 27. Rechtsbedingung der Aussonderung ist auch in diesen Fällen *Erfüllung (oder Hinterlegung) der Ansprüche aus der actio mandati contraria des Kommissionärs,* gegebenenfalls gegenüber dessen Konkursmasse.

5. Zeitpunkt, Gegenstand und Wirkungen der Forderungssubrogation nach Art. 401 I OR bei der Verkaufskommission

5 a *a.* Der *Zweck der Verkaufskommission* ist, *dem Kommittenten den Kommissionserlös zukommen zu lassen.* Hat der Verkaufskommissionär das

Kommissionsgut im Zeitpunkt der Beendigung des Kommissionsauftrages noch nicht verkauft, so *fordert es der Kommittent mit dem Ablieferungsanspruch nach Art. 400 I OR zurück.*

b. Hat der Verkaufskommissionär das Kommissionsgut im Zeitpunkt der Beendigung des Kommissionsauftrages bereits verkauft, aber für die Kaufpreisforderung dem Drittkäufer befugter- oder unbefugterweise Kredit gewährt, so *kann der Kommittent mit dem Ablieferungsanspruch Abtretung der Kaufpreisforderung und der übrigen Rechte aus dem Kaufvertrag mit dem Drittkäufer verlangen.* b

c. Hat der Kommittent alle begründeten Ansprüche des Verkaufskommissionärs aus der actio mandati contraria erfüllt oder einen bestrittenen Betrag hinterlegt, so *gehen die ablieferungspflichtigen Forderungsrechte im Zeitpunkt der Erfüllung oder Hinterlegung durch gesetzliche Subrogation nach Art. 401 I OR auf den Kommittenten über.* c

d. Keine Forderungssubrogation kann eintreten, wenn der Drittkäufer den Kaufpreis dem Verkaufskommissionär bereits bezahlt hat. Dann ist die Kaufpreisforderung durch Erfüllung erloschen. Der Kommissionär hat den Kommissionserlös in den Händen. Der *Kommittent kann nur von ihm die Ablieferung nach Art. 400 I OR verlangen.* d

6. Forderungssubrogation und Aussonderungsrecht im Konkurs des Verkaufskommissionärs sowie bei Pfändungen und Arrestierungen

a. Die *Reihenfolge von Aussonderung und Subrogation ist bei der Verkaufskommission umgekehrt* als bei der Einkaufskommission. Ist der Kommissionsauftrag nicht vollständig ausgeführt, so kann beim Kommissionär entweder *das zum Verkauf anvertraute Kommissionsgut* oder die dem Drittkäufer kreditierte Kaufpreisforderung gepfändet oder arrestiert werden. Beides kann der Kommittent mit der *betreibungsrechtlichen Widerspruchsklage* nach Art. 107 SCHKG *ansprechen, muss aber die unerfüllten Ansprüche des Kommissionärs aus dessen actio mandati contraria erfüllen oder einen bestrittenen Betrag hinterlegen.* Analog N. 4 a, c oben. Im *Konkurs des Verkaufskommissionärs kann der Kommittent das zum Verkauf anvertraute, aber zur Masse gezogene Kommissionsgut oder die zur Masse gezogene Kaufpreisforderung gegenüber dem Drittkäufer aussondern, soweit dieser noch nicht erfüllt hat.* Analog N. 4 b, c oben. 6 a b *b. Keine Subrogation und kein Aussonderungsrecht* kann bestehen für den vom Kommissionär einkassierten, aber noch nicht abgelieferten *Kommissionserlös*. Für diesen ist der Verkaufskommissionär *Gattungs-Geldschuldner*. Wird über den Einkaufskommissionär der Konkurs eröffnet, nachdem er den Kommissionserlös eingezogen hat, so kann der Kommittent nur die *Ablieferungsforderung aus Art.400 I OR als Konkursforderung 5.Klasse gegen die Konkursmasse des Verkaufskommissionärs* erheben. Art.401 N.8. *Für diese besitzt er ebensowenig eine Sicherheit wie für allfällige Schadenersatzansprüche gegen den Gemeinschuldner.*

III. DIE ACTIO MANDATI CONTRARIA DES KOMMISSIONÄRS UND IHRE SICHERUNG DURCH DAS RETENTIONSRECHT NACH ART. 401 III UND 434 OR

7. Das «Retentionsrecht» und die gesicherten Ansprüche des Kommissionärs

7 a *a.* Immer ist die *Erfüllung des konkreten Ablieferungsanspruches* nach Art.400 OR durch den Kommissionär, die gesetzliche Subrogation nach Art.401 I und II und die Aussonderung nach Art.401 III *von der Zug-um-Zug-Erfüllung der konkreten actio mandati contraria des Kommissionärs durch den Kommittenten abhängig*. Art.402 N.25–27. Dieses *Synallagma von actio mandati directa und contraria* ist für jeden Rechtshandlungsauftrag und insbesondere auch den Kommissionsauftrag charakteristisch. Der *Einkaufskommissionär* muss das *eingekaufte Kommissionsgut an den Kommittenten erst dann abliefern oder Forderungen gegen den Drittverkäufer erst dann abtreten, wenn er für seine Gegenansprüche aus dem Kommissionsauftrag auf Provision sowie Ersatz von Auslagen, Verwendungen und Vorschüssen befriedigt oder wenn ein bestrittener Betrag gerichtlich hinterlegt ist.* Der *Verkaufskommissionär* muss erst dann den Kommissionserlös an den Kommittenten abliefern oder Forderungen an den Drittkäufer des Kommissionsgutes abtreten, wenn seine Gegenansprüche erfüllt oder ein streitiger Betrag hinterlegt ist. Die *Formulierung des Gesetzes, das einfach von einem Retentionsrecht des Kommissionärs am Kommissionsgut oder Kommissionserlös spricht, ist zu summarisch, um*

ohne Heranziehung der Art. 400 und 401 OR aus dem allgemeinen Auftragsrecht verständlich zu sein. Die in Art. 442 II aOR enthaltene Verweisung auf die Forderungssubrogation gemäss Art. 401 I OR (399 I aOR) war durchaus sinnvoll.

b

b. Die *durch das «Retentionsrecht»* des Kommissionärs *gesicherten Ansprüche* sind die Ansprüche aus der kommissionsrechtlichen actio mandati contraria auf

(1) *Vorschuss-, Auslagen- und Verwendungsersatz* (Art. 431 I OR).
(2) *Vergütung eines Lagergeldes oder Frachtlohnes,* wenn der Kommissionär eigene Lagerräume oder Transportmittel für das Kommissionsgut zur Verfügung gestellt hat (Art. 431 II OR).
(3) *Vereinbarte oder übliche Provision* (Art. 432 I OR) oder *Arbeitsvergütung* (Art. 432 II OR).
(4) *Besondere Delkredere-Provision* (Art. 430 II OR) in den Fällen, in welchen diese verdient ist.
(5) *Anspruch auf Befreiung von den im eigenen Namen, aber für Rechnung des Kommittenten eingegangenen Verbindlichkeiten* (Art. 402 I/422 I OR), wenn die Ausführungsobligation im Kommissionsauftrag vor vollständiger Ausführung beendet wird. Art. 431 N. 3, 4.

Welche dieser Ansprüche entstanden sind, hängt vom konkreten Kommissionsauftrag ab. Die Entstehung des Retentionsrechtes setzt voraus, dass der Kommissionär *Besitz am Kommissionsgut oder Kommissionserlös* erworben hat. Art. 92/95 Code de Commerce. Es kann insofern als *akzessorisch* bezeichnet werden, als seine spezifischen Wirkungen sich nur dann und so lange entfalten, als *unerfüllte Ansprüche aus der konkreten actio mandati contraria des Kommissionärs* bestehen. Es fällt dahin, sobald alle begründeten Ansprüche aus der actio mandati contraria des Kommissionärs erfüllt sind. Art. 401 OR.

c

c. Das *Retentionsrecht des Kommissionärs* ist in art. 92/95 Code de Commerce eingehend als «privilège ... par préférence aux créanciers du commettant» umschrieben und ausgestaltet. Für den Pfandbesitz des Kommissionärs genügt, wenn das Kommissionsgut «dans ses magasins ou navires, à la Douane ou dans un dépot public» *zu seiner Verfügung steht, oder wenn er durch ein Konnossement, einen Frachtbrief, einen Lager- oder Ladeschein darüber verfügen kann.* Ein ähnliches Besitzrequisit enthält das HGB in § 397, um in § 399 festzustellen, der Kommissionär könne sich für seine actio mandati contraria «*vor dem Kommittenten und dessen Gläubigern befriedigen*». Am einfachsten ist die Regelung in art. 1721 Codice Civile mit Wirkung für das gesamte Mandatsrecht (vgl. Art. 401 III OR) umschrieben: «Il mandatario ha diritto di soddisfarsi sui crediti pecuniari sorti dagli affari che ha conclusi, con precedenza sul mandato e sui creditori di questo.» Alle diese Regeln können auch für das schweizerische Recht übernommen werden. Ihr Zweck ist nach der ausdrücklichen Bestimmung in jenen Gesetzgebungen, dem Kommissionär ein *Vorrecht auf Befriedigung vor dem Kommittenten und dessen Gläubigern zu verschaffen.* Das dürfte die Verdeutlichung sein, die der Gesetzesredaktor EUGEN HUBER bei der Fassung von Art. 401 OR gewünscht hat. StenBull NatRat 1909 S. 715.

8. Entstehung, Wirkungen und Beendigung des «Retentionsrechtes» ausserhalb der Zwangsvollstreckung

8 a *a.* Am *Kommissionsgut* besteht das *Retentionsrecht* bei der *Einkaufskommission,* wenn der *Kommissionär es vom Drittverkäufer erworben, aber dem Kommittenten noch nicht abgeliefert* hat, bei der Verkaufskommission, wenn es dem Kommissionär anvertraut, aber von diesem dem Drittkäufer noch nicht übertragen war. Wird in diesem Stadium der Kommissionsauftrag beendet, so ist das *anvertraute (bei der Verkaufskommission) oder erworbene Kommissionsgut Eigentum des Kommissionärs.* Sein Retentionsrecht wäre ein *Retentionsrecht an eigener Sache.* Es wirkt im Verhältnis zum Kommittenten als *Einrede des nichterfüllten Vertrages i. S. von Art. 82 OR.* Der *Kommissionär* kann die *Ablieferung* (bei der Einkaufskommission) oder die Erstattung des Kommissionsgutes an den Kommittenten (bei der Verkaufskommission) *so lange verweigern, bis er für alle Ansprüche aus seiner konkreten actio mandati contraria befriedigt oder sichergestellt ist.* Art. 400 N. 16, 19. **BGE 67 II 229/30.**

b *b.* Am *Kommissionserlös* besteht das «Retentionsrecht» *nur bei der Verkaufskommission,* wenn und soweit der Verkaufskommissionär vom Drittkäufer den Kaufpreis einkassiert hat. Dieses Retentionsrecht wirkt sich in erster Linie als *Verrechnungsrecht* aus. Art. 400 N. 17, 19 a. Da regelmässig alle Ansprüche des Kommissionärs aus dessen konkreter actio mandati contraria Geldforderungen sind, ist ihre vollständige *Tilgung durch Verrechnung mit dem ablieferungspflichtigen Kommissionserlös* möglich. Art. 95 IV Code de Commerce: «Le commissionnaire se rembourse.» Hat der Drittkäufer rechtzeitig gegenüber dem Verkaufskommissionär *Mängelrüge* erhoben, so ist der *Kommissionär überdies von seiner Gewährspflicht nach Art. 197 ff. OR zu befreien.* Bevor die Befreiung, sei es durch *Deckung* des Kommissionärs, sei es durch privative Schuldübernahme gegenüber dem Drittkäufer, erfolgt ist, muss der Netto-Kommissionserlös nicht abgeliefert werden. Art. 400 N. 19 b.

c

c. Der Kommissionär kann indessen sein *Retentionsrecht* auch *offensiv* durch *Betreibung des Kommittenten auf Faustpfandverwertung* geltend machen (Art. 41, 151/8 SchKG), obschon das Pfandobjekt sein Eigentum ist. Art. 400 N. 19 c, Art. 425 N. 13 c. Anders OFTINGER, Kommentar Art. 895 ZGB N. 40. Dies kommt *nur dann in Betracht, wenn der Kommissionär nicht verrechnen kann.* Das durch Art. 401 und 434 OR bestätigte «Retentionsrecht» an eigener Sache weicht vom allgemeinen Retentionsrecht des Art. 896 ZGB insofern ab, als das Retentionsobjekt nicht dem Schuldner gehört («appartenir» im französischen Text von Art. 896). Ob man es daher als eigentliches dingliches Retentionsrecht oder *verdinglichte exceptio non adimpleti contractus* auffassen will, hat mehr theoretische Bedeutung. Verrechnungsrecht mit abzulieferndem Geld und Retentionsrecht an Kommissionsgut haben beide den gleichen Zweck, dem *Kommissionär die Befriedigung für seine Ansprüche der actio mandati contraria zu sichern.* Dieser darf *nur soviel vom Kommissionsgut «retinieren», als zu seiner Befriedigung erforderlich* ist. Alles andere muss er auf Verlangen jederzeit abliefern. **BGE 46 II 389, 78 II 144.** Art. 400 N. 18, 19 c.

9. Das Retentionsrecht bei Zwangsvollstreckungen und im Konkurs des Kommittenten

9 a

a. Der *Anspruch auf Ablieferung des Kommissionsgutes oder des Kommissionserlöses bildet ein Vermögensaktivum* des *Kommittenten.* Er kann *von Gläubigern des Kommittenten gepfändet oder arrestiert* werden. **BGE 47 II 218/9.** In diesem Falle muss der Kommissionär sein den Pfändungspfandrechten der Gläubiger des Kommissionärs vorgehendes *«Retentionsrecht» als Faustpfandrecht am Kommissionsgut oder Verrechnungsrecht am Kommissionserlös gegebenenfalls im betreibungsrechtlichen Widerspruchsverfahren nach Art. 107 SchKG geltend machen.* Das ist der Sinn des Privilegs vor den Gläubigern des Kommittenten. Art. 95 IV Code de Commerce, § 399 HGB, art. 1721 Codice Civile. Art. 401 N. 27.

b

b. Ist der *Kommittent in Konkurs* gefallen, so wird der *Ablieferungsanspruch* auf Kommissionsgut oder Kommissionserlös ein *Masseaktivum.* Die dingliche Wirkung des «Retentionsrechtes» des Kommissionärs äussert sich darin, dass die *Einrede des nicht erfüllten Vertrages oder der*

Verrechnung (Art. 213 SchKG) auch gegenüber der Konkursmasse des Kommittenten wirkt. Der Kommissionär muss das *Kommissionsgut oder den Kommissionserlös auch der Masse nur dann und insoweit abliefern, als er für die Ansprüche aus seiner konkreten actio mandati contraria vollständig befriedigt oder durch Hinterlegung gesichert ist.* Art. 402 N. 27e.

10. Das Retentionsrecht bei Zwangsvollstreckungen und im Konkurs des Kommissionärs

10 a *a.* Die durch das Retentionsrecht gesicherten *Ansprüche* des *Kommissionärs aus dessen actio mandati contraria können von dessen Gläubigern gepfändet oder arrestiert werden.* Alsdann entstehen keine besonderen Schwierigkeiten. Der Kommittent hat, soweit die Ansprüche noch unerfüllt sind, unter der Androhung der Doppelzahlung *an das Betreibungsamt zu erfüllen.*

b *b. Gepfändet oder arrestiert werden können aber auch das Kommissionsgut oder der Kommissionserlös*, die noch *Eigentum des Kommissionärs* sind. Dann kann der Kommittent sein «*Aussonderungsrecht*» *am gepfändeten oder arrestierten Kommissionsgut* nach Art. 401 III OR **(BGE 47 II 217/8)** nur geltend machen, wenn er *alle unerfüllten Ansprüche des Kommissionärs aus dessen konkreter actio mandati contraria vorgängig erfüllt oder sicherstellt.* Art. 400 N. 22, 26. N. 6 oben. Die Geltendmachung des «Aussonderungsrechts» erfolgt eventuell im *betreibungsrechtlichen Widerspruchsverfahren.*

c *c. Kein Aussonderungsrecht besteht für unausgeschiedenen Kommissionserlös.* Nur wenn der Kommissionserlös auf einem *separaten Konto* einbezahlt wurde, kann der Kommittent die Saldoforderung gegen den Kontoführer aussondern. **BGE 21 S. 813/4.** Art. 401 N. 8.

d *d.* Im *Konkurs des Kommissionärs* werden die gesicherte *actio mandati contraria*, aber auch das noch dem Kommissionär gehörende Kommissionsgut oder ein noch vorhandener Kommissionserlös *Masseaktiva.* Die *Ablieferungsforderung für den Kommissionserlös* wird eine *Konkursforderung 5. Klasse, wenn nicht die Rückgabeforderung gegen einen Kontoinhaber ausgesondert werden kann.* **BGE 21 S. 813/4.** *Das in die Masse gefallene Kommissionsgut kann der Kommittent nach Art. 401 III OR aussondern, aber nur wenn und insoweit er die noch unerfüllten Ansprüche der actio mandati contraria des Kommissionärs gegenüber der Konkursmasse erfüllt.* Art. 402 N. 27c.

Art. 435

4. Versteigerung des Kommissionsgutes

[1] Wenn bei Unverkäuflichkeit des Kommissionsgutes oder bei Widerruf des Auftrages der Kommittent mit der Zurücknahme des Gutes oder mit der Verfügung darüber ungebührlich zögert, so ist der Kommissionär berechtigt, bei der zuständigen Amtsstelle des Ortes, wo die Sache sich befindet, die Versteigerung zu verlangen.

[2] Die Versteigerung kann, wenn am Orte der gelegenen Sache weder der Kommittent noch ein Stellvertreter desselben anwesend ist, ohne Anhören der Gegenpartei angeordnet werden.

[3] Der Versteigerung muss aber eine amtliche Mitteilung an den Kommittenten vorausgehen, sofern das Gut nicht einer schnellen Entwertung ausgesetzt ist.

4. Vente aux enchères des marchandises

[1] Si les marchandises n'ont pu se vendre, ou si l'ordre de vente a été révoqué par le commettant et que celui-ci tarde outre mesure à les reprendre ou à en disposer, le commissionnaire peut en poursuivre la vente aux enchères devant l'autorité compétente du lieu où elles se trouvent.

[2] Lorsque le commettant n'est ni présent ni représenté sur la place, la vente peut être ordonnée sans qu'il ait été entendu.

[3] Un avis officiel doit lui être préalablement adressé, à moins qu'il ne s'agisse de choses exposées à une prompte dépréciation.

4. Vendita all'incanto della merce

[1] Quando la merce sia rimasta invenduta, o sia stato revocato il mandato di venderla, e il committente tardi soverchiamente a riprenderla o a disporne, il commissionario può chiederne la vendita all'incanto all'autorità competente del luogo ove la merce si trova.

[2] Se nel luogo, dove la merce si trova, non siavi nè il committente, nè un rappresentante di lui, questa vendita potrà essere ordinata anche senza sentire la parte contraria.

[3] La vendita deve però essere preceduta da una ufficiale notificazione al committente, a meno che la merce non sia soggetta a rapido deprezzamento.

Materialien: Vgl. sub Art. 425.

Rechtsvergleichung: aOR Art. 443. Code de Commerce art. 93. HGB §§ 373, 388, 389. Codice Civile art. 1721, 2761 II, 2796/8.

Literatur: Vgl. sub Art. 425.

SYSTEMATIK DER KOMMENTIERUNG

Art. 435 OR

1. Wirkung des Retentionsrechtes in besonderen Fällen: Unverkäuflichkeit des Kommissionsgutes und Widerruf des Kommissionsauftrages 96
2. Amtliche Bewilligung und amtliche Assistenz bei der Verwertung von Kommissionsgut 97

Art. 435 OR

1. Wirkung des Retentionsrechtes in besonderen Fällen: Unverkäuflichkeit des Kommissionsgutes und Widerruf des Kommissionsauftrages

1 a *a.* Art. 435 I OR bestätigt die *jederzeitige Widerruflichkeit des Kommissionsauftrages* als zwingendes Axiom des allgemeinen Auftragsrechts. Art. 404 I OR. Art. 425 N. 14 a. Art. 432 N. 4. Die kommissionsrechtliche Sonderregelung besteht darin, dass bei unzeitigem, d.h. *sachlich unbegründetem Widerruf* (Art. 404 N. 17 c) nicht Art. 404 II OR zur Anwendung gelangt, sondern *Art. 432 I OR.* Statt Schadenersatz für culpa in contrahendo hat der *Kommittent die volle Provision zu leisten.* Dazu kommen nach allgemeinem Auftragsrecht wie nach Kommissionsrecht der Ersatz der *bis zur Mitteilung des Widerrufs* (Art. 406 OR) *gemachten Vorschüsse, Auslagen* und Verwendungen des Kommissionärs (Art. 402 I, 432 I OR) sowie gegebenenfalls die *besonderen Vergütungen,* Frachtlohn und Lagergeld (Art. 432 II OR), auf die der Kommissionär Anspruch hat, *bisweilen* auch die *Delkredere-Provision.* Art. 430 II OR, Art. 430 N. 4.

b *b.* Diese Ansprüche des Kommissionärs sind durch das *Retentionsrecht nach Art. 434 OR gesichert.* Art. 434 N. 7. Das Kommissionsgut ist bei der Einkaufskommission Gegenstand des Retentionsrechtes, wenn es vom Kommissionär käuflich erworben, aber dem Kommittenten noch nicht abgeliefert ist. Art. 434 OR. Das Kommissionsgut ist bei der Verkaufskommission Gegenstand des Retentionsrechts, wenn es dem Kommissionär vom Kommittenten anvertraut, aber dem Drittkäufer noch nicht verkauft ist. Art. 434 N. 8 a. Wie das Fahrnispfand ist auch das *Retentionsrecht ein Verwertungsrecht unter amtlicher Kontrolle.* Es soll dem Kommissionär zur raschen Erfüllung seiner Ansprüche verhelfen. Art. 400 N. 19 c.

c *c.* Dennoch muss der Kommissionär normalerweise den Weg der *Faustpfandbetreibung* einschlagen, wenn er sich zwangsweise aus dem Kommissionsgut befriedigen will. Art. 41, 151/8 SchKG. Das gilt jedenfalls dann, wenn er sich nicht mit dem Kommittenten über das *Recht zur freihändigen Verwertung* des Kommissionsgutes verständigt hat. OFTINGER ad Art. 898 ZGB N. 24, ad Art. 891 ZGB N. 48–63. **BGE 54 III 245.** Eine solche Verständigung wird i. d. R. gehörige und rechtzeitige Information des Kommittenten voransetzen. Art. 426 N. 2 a. Auch die Faustpfandverwertung ist an verhältnismässig lange Fristen gebunden. Sie kann durch Rechtsvorschlag und die Geltendmachung von Gegenforderungen des Kommittenten noch weiter verzögert werden. Ist eine freihändige Verwertung nicht vereinbart, so *hilft Art. 435 OR dem Kommittenten in drei besonderen Fällen gegen die vollständige Entwertung seines Retentionsrechtes:*

(1) Wenn sich das *Kommissionsgut* als *unverkäuflich* erweist, so dass es der Verkaufskommissionär nicht vertragsgemäss verkaufen oder der Einkaufskommissionär zur Deckung seiner Ansprüche nicht freihändig verwerten kann, selbst wenn ihm dieses Recht vertraglich zugesichert wäre.

(2) Wenn der *Kommittent durch Widerruf den Verkaufsauftrag beendet, aber mit der Zurücknahme des erstattungspflichtigen Kommissionsgutes ungebührlich zögert.*

(3) Wenn der Kommittent durch *Widerruf den Einkaufsauftrag beendet, aber mit der Verfügung über das beim Kommissionär befindliche abzuliefernde Kommissionsgut ungebührlich zögert.*

Die beiden den *Widerruf des Kommissionsauftrages voraussetzenden Fälle* können als *Anwendungsfälle von Art. 92/3 OR betrachtet werden.* Durch den Widerruf sieht sich der Kommissionär der Ablieferungspflicht (Art. 400 OR) für das Kommissionsgut gegenübergestellt. Der *Kommittent gerät in Annahmeverzug, wenn er mit der Abnahme des Kommissionsgutes zögert,* die andererseits die Befriedigung des Kommissionärs für alle Ansprüche der actio mandati contraria voraussetzt. Eine *Hinterlegung* nach Art. 92 OR kommt für Retentionsobjekte nicht in Frage, sondern nur das in Art. 93 OR vorgesehene *Recht zum sogenannten Selbsthilfeverkauf,* weil es dem Kommissionär die Ausübung seines Retentionsrechtes ermöglicht. In diesem Sinne bildet Art. 435 OR lex specialis von Art. 93 OR.

2. Amtliche Bewilligung und amtliche Assistenz bei der Verwertung von Kommissionsgut

2 a

a. In den drei vom Gesetz abschliessend aufgezählten Fällen drohender Entwertung des Retentionsrechtes kann die *Verwertung des Kommis-*

sionsgutes ohne Betreibungsverfahren oder vorgängig dem Betreibungsverfahren auf Pfandverwertung durch *öffentliche Versteigerung* stattfinden. Der Versteigerungserlös tritt alsdann wie der *Kommissionserlös* nach Art.434 OR *an Stelle* des *Kommissionsgutes*, und der Kommissionär kann seine retentionsgesicherten Ansprüche durch *Verrechnung* soweit möglich decken. Art.434 N.8b. Der *Kommittent*, der die *Gefahr der Auftragsausführung* trägt, muss auch die *Konsequenzen* auf sich nehmen, die sich aus der *Unverkäuflichkeit und der unzweckmässigen Ausübung von Vertragsrechten* (culpa in contrahendo) ergeben. Das Retentionsrecht des Kommissionärs soll durch vertragswidriges Verhalten des Kommittenten nicht beeinträchtigt werden können.

b *b.* Um die *Interessen des Kommittenten* nach Möglichkeit zu schützen, umgibt Art.435 OR die *Versteigerung ohne vorgängige Betreibung auf Pfandverwertung* ähnlich wie den Selbsthilfeverkauf verderblichen Kommissionsgutes nach Art.427 III OR mit *besonderen Kautelen.*

(1) Die Versteigerung bedarf einer *vorgängigen Bewilligung der «zuständigen Amtsstelle des Ortes, wo sich die Sache befindet»*. Art.435 I OR. BJM 1955 S.328. (Im Kanton Zürich ist die zuständige Amtsstelle der Einzelrichter für nichtstreitige Rechtssachen: § 399 Ziff. 3 ZPO.)

(2) Die Amtsstelle muss *den am Ort der gelegenen Sache anwesenden Kommittenten oder dessen Stellvertreter vor der Anordnung der Versteigerung anhören.* Art.435 II OR.

(3) In allen anderen Fällen muss die *Amtsstelle* den *Kommittenten* vorgängig der Anordnung der Versteigerung wenigstens *benachrichtigen.* Auf die Mitteilung darf nur dann verzichtet werden, wenn das Kommissionsgut einer «schnellen Entwertung» ausgesetzt ist, weil dann die Benachrichtigung zwecklos ist. Sonst soll der *Kommittent in die Lage* versetzt sein, das *Kommissionsgut im letzten Augenblick durch Bezahlung oder Hinterlegung des geschuldeten Geldbetrages auszulösen.* Art.435 III OR.

Die *Obliegenheiten der Amtsstelle sind zivilprozessualer Natur*. Die nähere Ausgestaltung ist Sache des kantonalen Prozessrechtes. Der Bundesgesetzgeber betrachtet jedoch die in Art.435 OR enthaltenen Verfahrensvorschriften als dasjenige Minimum, das zur einheitlichen Durchsetzung des materiellen Kommissionsrechts in der ganzen Schweiz erforderlich ist. Daraus ergibt sich auch die Zuständigkeit des Bundesgesetzgebers zum Erlass von Verfahrensvorschriften.

Art. 436

5. Eintritt als Eigenhändler
a. Preisberechnung und Provision

[1] Bei Kommissionen zum Einkauf oder zum Verkauf von Waren, Wechseln und andern Wertpapieren, die einen Börsenpreis oder Marktpreis haben, ist der Kommissionär, wenn der Kommittent nicht etwas anderes bestimmt hat, befugt, das Gut, das er einkaufen soll, als Verkäufer selbst zu liefern, oder das Gut, das er zu verkaufen beauftragt ist, als Käufer für sich zu behalten.

[2] In diesen Fällen ist der Kommissionär verpflichtet, den zur Zeit der Ausführung des Auftrages geltenden Börsen- oder Marktpreis in Rechnung zu bringen, und kann sowohl die gewöhnliche Provision als die bei Kommissionsgeschäften sonst regelmässig vorkommenden Unkosten berechnen.

[3] Im übrigen ist das Geschäft als Kaufvertrag zu behandeln.

5. Commissionnaire se portant acheteur ou vendeur

a. Prix et provision

[1] Le commissionnaire chargé d'acheter ou de vendre des marchandises, des effets de change ou d'autres papiers-valeurs cotés à la bourse ou sur le marché, peut, à moins d'ordres contraires du commettant, livrer lui-même comme vendeur la chose qu'il devait acheter, ou conserver comme acheteur celle qu'il devait vendre.

[2] Dans ces cas, le commissionnaire doit compte du prix d'après le cours de la bourse ou du marché au temps de l'exécution du mandat et il a droit tant à la provision ordinaire qu'aux frais d'usage en matière de commission.

[3] Pour le surplus, l'opération est assimilée à une vente.

5. Commissionario venditore o compratore in proprio

a. Calcolo del prezzo e provvigione

[1] Il commissionario incaricato di comprare o di vendere merci, cambiali od altri valori, che hanno un prezzo di borsa o di mercato, può, salvo contrarie disposizioni del committente, somministrare egli stesso, come venditore, la cosa che deve comperare, o ritenere, come compratore, quella che è incaricato di vendere.

[2] In questi casi il commissionario deve mettere in conto al committente il prezzo corrente di borsa o di mercato al momento dell'esecuzione del mandato e ha diritto tanto alla provvigione ordinaria quanto alle spese d'uso negli affari di commissione.

[3] Nel rimanente questo contratto è considerato come una compra e vendita.

Materialien: Vgl. sub Art. 425, insbes. StenBull NatRat 1910 S. 357.

Rechtsvergleichung: aOR Art. 444/5. HGB §§ 400/04. Codice Civile art. 1735.

Literatur: Vgl. sub Art. 425 sowie HEINRICH BLUMER, Der Selbsteintritt des Effektenkommissionärs, Berner Diss. 1927. BÜCHI, Schweizer Wertpapierbörsen, 1930. A. HONOLD, Die schweizerischen Effektenbörsen. H. KURZ, Die schweizerischen Effektenbörsen, 1931.

SYSTEMATIK DER KOMMENTIERUNG

Art. 436 OR

1. Der Sinn des Selbsteintrittes des Kommissionärs im Kommissionsauftrag . . . 100
2. Der Selbsteintritt, ein Wahlrecht des Kommissionärs . . . 101
3. Die Wirkung des Selbsteintrittes. Art. 436 III OR . . . 103
4. Die Bestimmung des Kaufpreises beim Selbsteintritt. Art. 436 II OR 104

Art. 436 OR

1. Der Sinn des Selbsteintrittes des Kommissionärs im Kommissionsauftrag

1 a *a.* Wie in jedem Auftragsverhältnis ist auch im Kommissionsauftrag die charakteristische Ausführungsobligation eine obligatio faciendi. Der Kommissionär haftet nicht für den Erfolg seiner Tätigkeit im Interesse des Kommittenten, aber für getreue und sorgfältige Ausführung des übernommenen Kaufs- oder Verkaufsauftrages. Art. 426 N. 3, 4. Einen ohne Verschulden des Kommissionärs eintretenden Verlust trägt der Kommittent. Andererseits hat der Kommissionär den ganzen tatsächlich erzielten Nutzen seiner Geschäftsführung abzuliefern. Er darf sich nur für die vom Gesetz gewährten Ansprüche seiner actio mandati contraria befriedigen, soll aber im übrigen ohne Bereicherung aus der Geschäftsführung hervorgehen. Art. 400 N. 5, 6. Vorbem. N. 1 d. Art. 428 N. 6. Immerhin bleibt der Zweck der Einkaufskommission, dem Kommittenten das Kommissionsgut, und der Zweck der Verkaufskommission, dem Kommittenten den Kommissionserlös zu verschaffen. Der Kommissionsauftrag vermittelt den Güteraustausch. Vorbem. N. 2 c. Seine *normale Abwicklung führt letzten Endes zu einer Ablieferung von beweglichen Sachen oder Wertpapieren oder ihrem Verkaufserlös an den Kommittenten.* Was der Kommittent will, kann regelmässig auch erreicht werden, wenn der *Kommissionär, statt einen Drittkäufer oder Drittverkäufer zu suchen und mit diesen zu kontrahieren, selbst als Käufer oder Verkäufer auftritt.* MUNZINGER, Motive zum Entwurf eines schweizerischen Handelsrechts 1865 S. 266/7. Doch ist dieses *Selbstkontrahieren* im Auftragsrecht verpönt und darf *ausserhalb des Kommissionsauftrages* ohne Zustimmung

des Auftraggebers *nicht zugelassen* werden. **BGE 39 II 566.** Art. 398 N. 10. Der Käufer oder Verkäufer wahrt eigene Interessen, der Beauftragte soll fremde Interessen wahren. Die Gefahr einer *Bereicherung des Kommissionärs* wird gross. Er muss *nicht mehr nach Art. 400 I OR abrechnen*, sondern kann einen *Übergewinn* aus seiner Geschäftsführung *für sich behalten*. Es hat daher schon früh nicht an Stimmen gefehlt, die das Selbsteintrittsrecht des Kommissionärs überhaupt beseitigen wollten, obschon es im HGB mit weitergehenden Kautelen (insbes. §§ 401 und 405 HGB) ausgestattet ist als im OR. DÜRINGER/HACHENBURG S. 347. Art. 437 N. 1 b. Das *französische Recht* gestattet den *Selbsteintritt nur bei Zustimmung des Kommittenten*. Es kennt kein gesetzliches Selbsteintrittsrecht. THALLER/PERCEROU, Traité élémentaire de Droit commercial, Bd. I S. 711 Nr. 1126.

b

b. Nach der Ausführung der Verkaufskommission ist die *Ablieferungsschuld des Verkaufskommissionärs* für den erzielten Kommissionserlös immer eine *Gattungs-Geldschuld*. Allein auch die Ablieferungsschuld des Einkaufskommissionärs ist häufig eine *Gattungsschuld*, namentlich bei kaufmännischen Kommissionsaufträgen, die *Wertpapiere mit einem Börsenkurs oder Waren mit einem Marktpreis* zum Gegenstand haben. Hat der Kommittent eine *Preislimite* bestimmt, oder ist diese durch einen Markt- oder Börsenwert bestimmbar, so bleibt das Interesse und der Wille des Kommittenten gewahrt, ob nun ein Drittkäufer oder Drittverkäufer zu jenen Bedingungen gefunden wird, oder der Kommissionär selbst als Käufer oder Verkäufer eintritt. Art. 428 N. 2 b. Der Kommittent erhält in beiden Fällen gleich viel. Der *Kommissionär allerdings wird das Geschäft für sich selbst nur machen, wenn er sich dadurch einen grösseren Gewinn verspricht, als ihn die gesetzlichen Provisionsansprüche bieten können*. Das Selbsteintrittsrecht eröffnet daher dem Kommissionär die Möglichkeit zur Spekulation im eigenen Interesse, bewirkt damit aber auch eine Änderung der mandatrechtlichen Risikoverteilung. Das *Motiv des Selbsteintrittes ist gleichgültig, wenn das Recht besteht und ordnungsgemäss ausgeübt* wird.

2. Der Selbsteintritt, ein Wahlrecht des Kommissionärs

2 a

a. Als wichtige Abweichung vom allgemeinen Auftragsrecht ist dem Kommissionär daher das Selbstkontrahieren in den vom Gesetz umschriebenen Fällen erlaubt, davon ausgehend, dass Wille und Interesse des Kommittenten gewahrt bleiben. Denn das *Fehlen eines Interessen-*

konfliktes nimmt schon nach allgemeinem Auftragsrecht dem Selbstkontrahieren den Charakter der Treueverletzung. Art. 396 N. 10 d, g.

b *b.* Rechtsdogmatisch ist das *Selbsteintrittsrecht* des Kommissionärs ein *Wahlrecht* i. S. von Art. 72 OR. Der *Kommissionär, der Gattungsschuldner für Kommissionsgut oder für einen bestimmten oder bestimmbaren Kommissionserlös ist, erhält von Gesetzes wegen die Wahl,*

(1) entweder die *auftragsrechtliche obligatio faciendi* mit Treue- und Sorgfaltshaftung, aber ohne eigenes Verlustrisiko durch Beschaffung des Kommissionsgutes oder Kommissionserlöses von Dritten zu erfüllen, oder

(2) die *Sachleistungsobligationen* des Verkäufers (Einkaufskommission) oder des Käufers (Verkaufskommission) *mit der Haftung für den Erfolg als Selbstschuldner zu übernehmen.*

Aus dem Wortlaut von Art. 436 I OR müsste geschlossen werden, dass sich das Selbsteintrittsrecht des Kommissionärs auf die Kommissionsaufträge beschränkt, in welchen das Kommissionsgut aus markt- oder börsengängigen Gattungssachen oder Wertpapieren gebildet wird. Der Kommittent kann jedoch das Selbsteintrittsrecht auch dann gewähren, wenn diese Voraussetzungen nicht gegeben sind, d. h. wenn das Kommissionsgut weder eine Gattungssache noch markt- oder börsengängig ist. **BGE 26 II 37.** Der Hauptfall des vom Kommittenten *implicite gewährten Selbsteintrittsrechtes* ist die *Erteilung einer Preislimite.* Z. B. **BGE 70 IV 71.** Nach Art. 428 I/397 II OR erfüllt der Kommissionär richtig, wenn er dem Kommittenten die festgesetzte Preislimite oder das Kommissionsgut zum festgesetzten Preis jeweils abzüglich seiner gesetzlichen Ansprüche verschafft. Art. 428 N. 3. Wieviel er dabei aus seinem eigenen Vermögen aufwendet, ist gleichgültig. Daher muss *vermutungsweise in der Erteilung einer Preislimite die Gewährung des Selbsteintrittsrechtes enthalten* sein. *Will es der Kommittent im limitierten Kommissionsauftrag nicht gewähren, so muss er es ausdrücklich ausschliessen.* Art. 428 N. 2 b, 3 c. Andererseits begeht auch der *selbsteintrittsberechtigte Kommissionär* eine *Veruntreuung,* wenn er den *Kommissionsauftrag tatsächlich ausgeführt* hat, den *Kommissionserlös aber nicht abliefert und nicht abliefern kann.* **BGE 70 IV 73.**

c *c.* Die *Ausübung des Wahlrechtes* muss vom Kommissionär i. d. R. *ausdrücklich und rechtzeitig erklärt* werden. **BGE 71 IV 125/6.** Wilmar Ber-

GER, Kommissionsgeschäft S. 18. Nur in den durch Art. 437 OR erfassten Fällen wird die *Wahl des Selbsteintrittes vermutet.* **BGE 59 II 250 Erw. 3.** Der Kommissionär von *Lotterielosen* kann sich *nicht erst nach der Ziehung auf das Selbsteintrittsrecht* berufen. Nach der Ziehung sind die Lose keine Gattungssache mehr. Die gewinnenden Lose haben einen verschiedenen, die verlierenden überhaupt keinen Wert. Vor der Ziehung hingegen wird man dem Lotteriekommissär das Recht einräumen müssen, die Lose gegen sofortige Barzahlung selbst zu erwerben. **BGE 71 IV 125.** Hat sich der wahlberechtigte Kommissionär *für die Ausführung des Kommissionsauftrages entschieden, insbesondere dadurch, dass er das konkrete Kommissionsgut tatsächlich von einem Dritten eingekauft oder an einen Dritten verkauft hat, bevor er den Selbsteintritt erklärte, so fällt das Selbsteintrittsrecht fort.* Die Verpflichtungen des Kommissionärs *konzentrieren* sich dann auf die *Mandatsobligationen*, und seine Rechte beschränken sich auf die actio mandati contraria des Kommissionärs. Das ergibt sich u. a. aus Art. 428 III OR. Der Kommissionär, der *günstiger einkaufen oder besser verkaufen* konnte als zur *Preislimite*, zum Markt- oder Börsenpreis, hat den Übergewinn dem Kommittenten abzuliefern. Art. 428 N. 6. § 401 HGB. Er kann sich *nicht mehr auf das Selbsteintrittsrecht* berufen. Umgekehrt kann der *Kommissionär, der den Selbsteintritt erklärt hat, nicht darauf zurückkommen, wenn sich seine Erwartung auf einen Übergewinn nicht erfüllt.* Er hat sein *Wahlrecht unwiderruflich ausgeübt.* VON TUHR/SIEGWART I S. 71. Die Kontrolle über die ordnungsgemässe Ausübung des Selbsteintrittes ist namentlich bei Börsenkommissionsgeschäften schwierig. Wurde ein Kommittent zum ungünstigen Verkauf eines guten Wertpapiers animiert, nur damit es der Kommissionär auf Grund seiner besseren Sachkenntnis selbst zu niederem Kurs erwerben konnte, so wird *möglicherweise eine Haftung für unsachgemässe Beratung* geltend gemacht werden können. **BGE 68 II 302 Erw. 5.** Art. 394 N. 45.

3. Die Wirkung des Selbsteintrittes. Art. 436 III OR

3 a

a. In ihrer Wirkung ist die Erklärung des Selbsteintritts nichts anderes als die *Ausübung einer Option.* Der *Kommissionsauftrag wird contrario consensu aufgehoben* (Art. 115 OR). *An seine Stelle tritt ein Kaufvertrag*, in welchem der Einkaufskommissionär die Rechtsstellung des Verkäufers mit der Verpflichtung übernimmt, dem Kommittenten das Eigentum an der bezeichneten Kaufsache zu übertragen, oder in welchem der Verkaufskommissionär die Rechtsstellung des Käufers übernimmt, mit der Verpflichtung, dem Kommittenten den bestimmten oder *bestimmbaren Preis* zu bezahlen. Art. 184 OR. Es ist *nicht erforderlich, dass der den Selbsteintritt erklärende Einkaufskommissionär die Sache bereits besitzt, die er dem Kommittenten als Selbstverkäufer liefern muss.* Er kann auf sein eigenes Risiko einen Deckungskauf vornehmen. Kommentar RATZ § 400 Anm. 7.

b *b.* Der eintretende *Einkaufskommissionär übernimmt* die *Gewährspflicht* nach Art. 197 ff. OR ad personam. *Willensmängel*, die den Abschluss des Kaufvertrages betreffen (vgl. **BGE 41 II 573 Erw. 2**), kann der Kommittent *unmittelbar gegenüber dem eingetretenen Kommissionär geltend machen.* **BGE 81 II 217 Erw. 1, 82 II 420 Erw. 6, 83 II 21 Erw. 1.** Darin liegt insofern ein Vorteil für den Kommittenten, als er nicht erst die Ansprüche des Kommissionärs befriedigen muss, um die *Abtretung oder gesetzliche Subrogation* (Art. 400, 401 OR) der *Gewährleistungsansprüche* zu bewirken. Allerdings wird der als Selbstverkäufer *eintretende Einkaufskommissionär* regelmässig vom Kommittenten *Barzahlung des ihm zukommenden Kaufpreises* verlangen oder bereits *gedeckt* sein, so dass das Verkaufsgeschäft mit dem Kommittenten Zug um Zug oder durch Verrechnung des Kaufpreises abgewickelt wird. Es werden einfachere Rechtsverhältnisse geschaffen, weil der Drittverkäufer, mit dem der Kommissionär im eigenen Namen kontrahiert hätte, ausfällt.

c *c.* Der *eintretende Verkaufskommissionär* übernimmt als Käufer die *Preiszahlungspflicht* (Art. 211 OR) und alle anderen nach Kaufrecht dem Käufer obliegenden Verpflichtungen. Andererseits hat der *Kommittent* für die Kaufsache die *Gewährspflicht* zu tragen. Meist wird es sich um ein Geschäft unter Kaufleuten handeln. Für den *Verzug* des selbsteintretenden Verkaufskommissionärs mit der *Preiszahlung* gilt Art. 214 OR und für die *Schadensberechnung* Art. 215 OR.

4. Die Bestimmung des Kaufpreises beim Selbsteintritt. Art. 436 II OR

4 a *a.* Wird der Kommissionsauftrag durch den Selbsteintritt zu einem Kaufvertrag, so muss als dessen Essentiale *Bestimmtheit oder Bestimmbarkeit des Kaufpreises* vorliegen. Art. 184 III OR. Hat der Kommittent eine *Limite* erteilt, so ist der *Preis bestimmt.* Hat das Kommissionsgut einen *Börsen- oder Marktpreis*, so ist er bestimmbar. Massgebend ist nach Art. 436 II OR der «*zur Zeit der Ausführung des Auftrages geltende Börsen- oder Marktpreis*». Das ist der *Preis am Tage der Selbsteintrittserklärung.*

Die *Anrechnung eines anderen Preises ist eine unredliche Handlungsweise i. S. von Art. 433 I OR und führt zur Verwirkung des Provisionsanspruches.*

b. Bringt der selbsteintretende Kommissionär den «richtigen» Preis in Ansatz, so darf er die *gewöhnliche Provision* (Art. 432 OR), d. h. keine Delkredere-Provision (Art. 430), sowie die «*regelmässig vorkommenden Unkosten*» anrechnen. Um diese Posten ist der dem verkaufenden Einkaufskommissionär zu bezahlende Preis höher und der vom kaufenden Verkaufskommissionär dem Kommittenten zu bezahlende Preis niedriger. Der Kommittent steht in keinem Fall besser, als wenn der Kommissionsauftrag ordnungsgemäss als solcher abgewickelt worden wäre. Er kann weder die Provision noch die gewöhnlichen Auslagen sparen. Unter den «regelmässig vorkommenden Unkosten» sind vor allem zu verstehen *Frachtlohn und Lagergeld*, das der Kommissionär nach Art. 431 II OR *bis zum Tage der Selbsteintrittserklärung* beanspruchen kann. Art. 431 N. 6. Wo er zulässig ist, kann der Kommissionär den *Selbsteintritt bis zum Eintreffen einer Widerrufserklärung des Kommittenten erklären.* Art. 438 OR. Hat er sich vor Erklärung des Selbsteintrittes gutgläubig um den Einkauf und Verkauf bemüht und dafür effektiv *Vorschüsse, Auslagen und andere Verwendungen* gemacht (Art. 431 I OR), so hat er dafür den *Regress gegen den Kommittenten.* Art. 431 N. 2. Grundsätzlich können nur tatsächlich gemachte und belegte Auslagen und Verwendungen in Anrechnung gebracht werden. Der Ausdruck «regelmässig vorkommende Unkosten» bedeutet nicht, dass der Kommissionär Ersatz für etwas verlangen könnte, was nicht aufgewendet wurde. Er bedeutet auch nicht, dass ein Teil der Generalunkosten dem Kommittenten belastet werden könnten. Art. 431 N. 6 a. Doch kann der selbsteintretende Wertschriftenkommissionär z. B. *Stempelgebühren und fremde Kommissionen, z. B. bei Beschaffung ausländischer Wertschriften, auch dann anrechnen, wenn die Lieferung aus sogenannten Nostro-Beständen erfolgte*, weil angenommen wird, der selbsteintretende Kommissionär habe diese *Unkosten früher* einmal tatsächlich *aufgewendet.* Kommentar Ratz zu § 403 HGB Anm. 3.

Art. 437

b. Vermutung des Eintrittes

Meldet der Kommissionär in den Fällen, wo der Eintritt als Eigenhändler zugestanden ist, die Ausführung des Auftrages, ohne eine andere Person als Käufer oder Verkäufer namhaft zu machen, so ist anzunehmen, dass er selbst die Verpflichtungen eines Käufers oder Verkäufers auf sich genommen habe.

b. Acceptation présumée du commissionnaire

Lorsque le commissionnaire peut se porter personnellement acheteur ou vendeur et qu'il annonce au commettant l'exécution du mandat sans lui désigner un contractant, il est réputé avoir assumé lui-même les obligations qui incomberaient à ce dernier.

b. Assunzione in proprio presunta

Se il commissionario, nei casi in cui può comperare o vendere in proprio, annunzia l'esecuzione del mandato, senza nominare la persona del compratore o del venditore, si reputa avere assunto a suo carico le obbligazioni del compratore o del venditore.

Materialien: Vgl. sub Art. 425.

Rechtsvergleichung: aOR Art. 446. HGB § 405.

Literatur: Vgl. sub Art. 425.

SYSTEMATIK DER KOMMENTIERUNG

Art. 437 OR

1. Vermutung für die Ausübung des Selbsteintrittsrechts 106
2. Wirkung der gesetzlichen Vermutung 107

Art. 437 OR

1. Vermutung für die Ausübung des Selbsteintrittsrechts

1 a *a.* Das Selbsteintrittsrecht beruht auf *Gesetz* oder *Vereinbarung zwischen Kommittent und Kommissionär.* Art. 436 N. 2b. Die Erteilung einer Preislimite durch den Kommittenten begründet die Vermutung für die Einräumung des Selbsteintrittsrechtes. Die Ausübung des Selbsteintrittsrechtes muss dem Kommittenten erklärt werden, damit sie wirksam

wird. **BGE 59 II 250 Erw. 3** und **4**. Zudem muss die Erklärung vor Beendigung der Ausführungsobligation erfolgen. *Mit der Ausführungsobligation erlischt auch das Wahlrecht des Kommissionärs, als Selbstkontrahent einzutreten.* Art. 438 OR.

b *b.* Durch Art. 426 I OR ist dem Kommittenten die sofortige *Anzeige von der Ausführung des Auftrages* vorgeschrieben. Art. 426 N. 1, 2. Hat der Kommissionär durch Gesetz oder Vertrag das Selbsteintrittsrecht, und *zeigt er die Ausführung des Kommissionsauftrages ohne Nennung eines Käufers oder Verkäufers an, so ist seine Erklärung der Ausführung gleichzeitig als Erklärung des Selbsteintrittes wirksam.* Es handelt sich indessen um eine *widerlegbare Vermutung.* Das Wahlrecht gilt unwiderruflich als für den Selbsteintritt ausgeübt. Art. 426 N. 2c, 436 N. 2c. § *405 HGB* enthält die umgekehrte Vermutung und *verunmöglicht den Selbsteintritt nach der Absendung der Ausführungsanzeige.* Dadurch ist ein wirksamerer Schutz des Kommittenten gegen eigensüchtige Spekulationen des Kommissionärs geschaffen. Auch im schweizerischen Recht sollte angenommen werden, der vermutete Selbsteintritt durch Zusendung einer anonymen Ausführungsanzeige sei unwirksam, wenn der Kommissionär vor der Zusendung das *Kommissionsgut tatsächlich eingekauft oder verkauft* hat. Art. 436 N. 2c. Die Regelung von Art. 428 III OR, die den Kommissionär grundsätzlich verpflichtet, den *Übergewinn abzuliefern,* wäre nicht verständlich, wenn sie durch die nachträgliche Absendung einer *formalen Ausführungsanzeige im weiten Sektor der Kommissionen mit Selbsteintrittsrecht illusorisch* gemacht werden könnte. Wurde der Kommissionsauftrag *tatsächlich ausgeführt,* so ist das *Selbsteintrittsrecht unwiderruflich konsumiert.* Becker ad Art. 437 OR N. 2. Der Kommissionär muss über das *tatsächlich vorgenommene Ausführungsgeschäft belegt abrechnen und auch den Namen des Drittkäufers oder -verkäufers nennen.* Bei der Bankkommission können sich wegen des Bankgeheimnisses Schwierigkeiten ergeben. Doch kann eine ungerechtfertigte Weigerung des Kommissionärs, den Drittkontrahenten zu nennen, *gegen den Willen des Kommittenten* nicht zum Wiederaufleben eines konsumierten Selbsteintrittsrechts führen (wie der Entscheid in ZR 42 [1943] Nr. 77 S. 232 anzunehmen scheint).

2. Wirkung der gesetzlichen Vermutung

2 Durch *Ausführungsanzeige ohne Namensnennung* eines Drittkäufers oder Drittverkäufers wird der Verkaufskommissionär Selbstkäufer und

der Einkaufskommissionär Selbstverkäufer mit den nämlichen Konsequenzen, wie wenn er den Selbsteintritt ausdrücklich erklärt hätte. Art. 436 N. 3. *Der Kommittent kann den Kommissionär, der ihm eine Ausführungsanzeige ohne Namensnennung zugestellt hat, beim Selbsteintritt behaften.* Er kann aber den *Nachweis führen, dass der Kommissionär bei der Absendung der anonymen Ausführungsanzeige den Kommissionsauftrag bereits für Rechnung des Kommittenten günstiger ausgeführt hatte,* so dass das Selbsteintrittsrecht dahingefallen war. Bei Börsen- und anderen Wertpapierkommissionen wird es allerdings schwer halten, einen solchen Nachweis zu führen. Vorbem. N. 9.

Art. 438

Wenn der Kommittent den Auftrag widerruft und der Widerruf bei dem Kommissionär eintrifft, bevor dieser die Anzeige der Ausführung abgesandt hat, so ist der Kommissionär nicht mehr befugt, selbst als Käufer oder Verkäufer einzutreten.

c. Wegfall des Eintrittsrechtes

c. Déchéance

Le commissionnaire n'est plus admis à se porter personnellement acheteur ou vendeur, si le commettant a révoqué son ordre et que la révocation soit parvenue au commissionnaire avant que celui-ci ait expédié l'avis de l'exécution du mandat.

c. Decadenza dell'assunzione in proprio

Se il committente revoca il mandato, e la revoca giunge prima che questi abbia spedito l'avviso dell'adempimento, il commissionario non può più farsi egli stesso compratore o venditore.

Materialien: Vgl. sub Art. 425. Prot. Expertenkommission vom 19. 10. 1908 S. 8.

Rechtsvergleichung: aOR Art. 447. HGB § 405 III.

Literatur: Vgl. sub Art. 425.

SYSTEMATIK DER KOMMENTIERUNG

Art. 438 OR

1. Erlöschen des Selbsteintrittsrechtes mit der wirksamen Beendigung der Ausführungsobligation 109
2. Zeitpunkt der Beendigung des Selbsteintrittsrechtes 110

Art. 438 OR

1. Erlöschen des Selbsteintrittsrechtes mit der wirksamen Beendigung der Ausführungsobligation

1 a

a. Nach dem Randtitel behandelt Art. 438 OR den «*Wegfall des Eintrittsrechtes*». Im Text ist jedoch nur *ein* Beendigungsgrund des Kommissionsauftrages, der *Widerruf des Kommittenten* (Art. 404 OR), als Erlöschungsgrund für das Eintrittsrecht bezeichnet. Ist der Selbsteintritt ein Wahlrecht des Kommissionärs zwischen Auftragsausführung und Selbstkauf oder Selbstverkauf, so fällt es dann fort, wenn die Ausführungsobligation beendet ist. Art. 438 OR ist zu entnehmen, dass der *Fortfall der mandatrechtlichen Ausführungsobligation das Wahlrecht beseitigt.* Es tritt keine Konzentration auf die Alternative des Selbstkaufes oder Selbstverkaufes ein. Mit der Beendigung der Ausführungsobligation tritt der Kommissionsauftrag ins Liquidationsstadium. Abzuwickeln sind nur noch die gegenseitigen Sachleistungsobligationen der konkreten actio mandati directa des Kommittenten und der konkreten actio mandati contraria des Kommissionärs. Art. 400, 401, 402, 430, 431, 432 OR.

b *b.* Nach Art. 425 II OR gilt die allgemeine Lehre von der *Auftragsbeendigung auch für den Kommissionsauftrag.* Das betrifft die Beendigungsgründe: Widerruf und Kündigung (Art. 404 OR), Tod, Verschollenerklärung, Erlöschen einer juristischen Person, Handlungsunfähigkeit oder Konkurs (Art. 405 OR). Als unmittelbare Beendigungsgründe kommen die in Art. 405 OR genannten besonders dann in Frage, wenn sie in der *Person des Kommissionärs* eintreten, weil sie dann *regelmässig die Weiterführung des Kommissionsauftrages verunmöglichen.* Art. 425 N. 14.

c *c.* Der eingetretene Beendigungsgrund, insbesondere der *Widerruf des Kommittenten,* wird indessen nach Art. 406 OR nicht nur ex nunc, sondern erst dann wirksam, wenn er *dem Kommissionär zur Kenntnis gelangt ist.* Art. 406 N. 1. Die mandatrechtliche Lehre von der Beendigung der Ausführungsobligation auf den Kommissionsauftrag angewendet, ergibt daher, dass das *Selbsteintrittsrecht fortfällt, sobald der Kommissionär vom Beendigungsgrund der Ausführungsobligation Kenntnis erhält.*

2. Zeitpunkt der Beendigung des Selbsteintrittsrechtes

2 a *a.* Art. 438 OR behandelt einen Anwendungsfall der Lehre von der Mandatsbeendigung. Hat der Kommissionär den *Selbsteintritt erklärt, bevor die Widerrufserklärung des Kommittenten ihm zugegangen ist, so ist das Wahlrecht wirksam ausgeübt.* Der Kaufvertragsnexus zwischen Kommittent und Kommissionär i. S. von Art. 436 II und III ist entstanden, die *Auftragsausführungsobligation fortgefallen.* Der Widerruf durch den Kommittenten äussert keine Rechtswirkungen mehr.

b. Art. 438 spricht zwar nur von der gesetzlich vermuteten *Erklärung des Selbsteintrittes durch Absendung der Ausführungsanzeige ohne Nennung des Drittkäufers* oder Drittverkäufers. Doch muss der Gedanke verallgemeinert werden. *Auch die ausdrückliche Erklärung des Selbsteintrittes unter Anwesenden oder Abwesenden muss wirksam sein, wenn sie abgegeben wurde, bevor der Kommissionär Kenntnis des Widerrufes oder eines anderen Beendigungsgrundes erlangte.* Das Wahlrecht des Kommissionärs besteht solange, als seine Ausführungsobligation besteht. b

c. Keinen Schutz bietet dem Kommissionär die gutgläubige Unkenntnis von der Beendigungswirkung eines ihm bekannt gewordenen konkreten Beendigungsgrundes. Nimmt er beispielsweise an, die bekannt gewordene Handlungsunfähigkeit des Kommittenten beende den Kommissionsauftrag nicht, und erklärt er den Selbsteintritt, so ist die Erklärung unwirksam, wenn sie nicht vom gesetzlichen Vertreter des Kommittenten zustimmend entgegengenommen wird. Geschützt ist der Kommissionär immerhin durch Art. 432 II OR. Da der Beendigungsgrund nicht in seiner Person eingetreten ist, hat er *Anspruch auf die volle Provision* und Ersatz der tatsächlich gemachten Auslagen und Verwendungen nach Art. 431 OR. Er hat dafür das *Retentionsrecht* nach Art. 433 OR. c

VORBEMERKUNGEN ZU DEN PRIVATRECHTLICHEN TRANSPORTVERTRÄGEN

Literatur: COQUOZ, Le droit privé international aérien, Freiburger Diss 1938. RAPHAEL COTTIER, Die Weiterentwicklung des internationalen Eisenbahnfrachtrechtes. Wien 1956. SA. aus dem Kommentar von BELA VON NANASSY: Das internationale Eisenbahnfrachtrecht nach dem internationalen Abkommen über den Eisenbahnfrachtverkehr vom 25. Oktober 1952. JEAN LOUIS DELACHAUX, Die Anknüpfung der Obligationen aus Delikt und Quasidelikt im internationalen Privatrecht, Zürich 1960. JOHN FAVRE/JOSEF WICK, Das schweizerische Transportrecht für Eisenbahnen und Schiffe, Kommentar zum Transportreglement vom 24. Juni 1949. WERNER GULDIMANN, Das Bundesgesetz über die Luftfahrt vom 21. Dezember 1948 in ZSR 1951 S. 1 ff.; Das Lufttransportreglement vom 3. Oktober 1952 in SJZ 1953 S. 85. KARL OFTINGER, Schweizerisches Haftpflichtrecht, 2. Aufl., Zürich 1958/1960. ERWIN RUCK, Schweizerisches Verwaltungsrecht, 3. Aufl., Zürich 1951/1953. ADOLF F. SCHNITZER, Handbuch des internationalen Privatrechts, 4. Aufl., Basel 1958, = SCHNITZER. BENJAMIN TAPERNOUX, Le statut juridique des transports routiers internationaux in SJZ 45 (1949) S. 339. P. M. TAPERNOUX, Notre marine marchande et son sort après la guerre, Lausanne 1945. ROLF TRUFFER, La loi applicable au contrat de transport international de marchandise selon la règle suisse de conflits, Lausanner Diss 1958.

Übersicht

1. Privatrechtliche und öffentlichrechtliche Transportverträge 112
2. Privatrechtlicher Personentransport 116
3. Qualifikation privatrechtlicher Personentransportverträge 117
4. Frachtvertrag als Tathandlungs-, Speditionsvertrag als Rechtshandlungsauftrag 118
5. Frachtvertrag als Auftrag zugunsten eines Dritten. Zwischenfrachtführer und Zwischenspediteur 119
6. Die dinglichen Rechte am Frachtgut 121
7. Die dinglichen Rechte am Frachtgut bei Ausstellung von Warenpapieren 122
8. Internationales Privatrecht des Speditionsvertrages 124
9. Internationales Privatrecht des Frachtvertrages 125

1. Privatrechtliche und öffentlichrechtliche Transportverträge

1 a *a.* Die Transportverträge sind *Arbeitsverträge.* Die Arbeitsleistung besteht im Transport von Personen und deren Gepäck oder beweglichen Sachen. Für den *Personentransport* hat das *OR keinen besonderen Vertragstypus* ausgebildet. Der Personentransport über längere Strecken wird heute überwiegend durch *öffentliche Verkehrsmittel: Eisenbahnen,*

Postautomobile, Flugzeuge bewältigt. Daneben nimmt der öffentliche Schiffsverkehr auf den Binnengewässern eher einen bescheidenen Platz ein. Hinzugetreten ist allerdings die *Seeschiffahrt unter der Schweizerflagge.* Das Motorfahrzeug hat viele Landtransporte, namentlich von Personen, «reprivatisiert». Ein grosser Teil der Bevölkerung besitzt eigene Motorfahrzeuge. Wer das eigene Motorfahrzeug zum Reisen benützt, muss keine Transportverträge abschliessen. Das Privatflugzeug ist selten. Eine ähnliche Verbreitung wie beim privaten Motorfahrzeug ist kaum zu erwarten.

b

b. Personen- und Gütertransporte mit den öffentlichen Verkehrsmitteln der Eisenbahn, der Post, mit Schiffen, Motorfahrzeugen, Trolleybussen und Seilbahnen sind dem gemeinen Privatrecht des OR weitgehend entzogen. Art. 455 N. 3. Art. 455 III OR. Der regelmässige Personen- und Gütertransport mit diesen öffentlichen Verkehrsmitteln ist entweder ein *Staatsmonopol* oder bedarf einer staatlichen *Konzession.* Art. 36 BV. Art. 455 I/III OR. Zwar wird aus historischen Gründen angenommen, die Benützung der öffentlichen Transportanstalten erfolge auch bei den verstaatlichten Schweizerischen Bundesbahnen auf Grund eines *privaten « Beförderungsvertrages».* ETranspG Art. 15/22. Tatsächlich sind *Rechtsstreitigkeiten zwischen den Benützern und der Transportanstalt* als *Zivilprozesse vor den Zivilgerichten* zu führen. **BGE 60 II 426.** ERWIN RUCK, Schweizerisches Verwaltungsrecht, 3. Aufl. II S. 292, 305/6. Eine *Ausnahme* bildet die *Personenbeförderung mit posteigenen Fahrzeugen.* Sachlich erscheinen die «Beförderungs- oder Frachtverträge» mit den öffentlichen staatseigenen oder konzessionierten Transportanstalten kaum mehr als privatrechtliche Verträge. Als Korrelat des Monopols oder der Konzession besteht eine «*Beförderungspflicht*», d. h. ein «*Kontrahierungszwang*» mit jedermann, der die tarifierten «*Gebühren*» entrichtet und gewissen allgemeinverbindlichen «*Beförderungsbedingungen*» nachkommt. Art. 7 ETranspG, Art. 4 PVG, Art. 3 CIP, Art. 5 CIM. § 453 HGB. Ob man dabei die Fahr- und Frachttaxen der Privat- und Bundesbahnen als *privatrechtliche Vergütung,* die Posttaxen hingegen als echte öffentlichrechtliche *Gebühren* auffasst, hat mehr theoretische Bedeutung. Sie sind durch öffentlichrechtliche «*Zwangstarife*» oder «*Konzessionsbedingungen*» bestimmt. Art. 394 N. 78. ETranspG Art. 10, PVG Art. 9–37. BRB über die *Tarifbildung der schweizerischen Eisenbahnunternehmungen* vom 16. August 1950 (AS 1950 S. 1504). Somit ist nicht nur der privatrechtliche Grundsatz der Vertragsfreiheit aufgehoben. Über den Unterschied von «Fracht» und «Tarif»: **BGE 60 II 429 Erw. 4.** Vielmehr vollzieht sich die *Benützung der staatseigenen und konzessionierten Transportmittel sowohl für den Per-*

sonen- als auch für den Güterverkehr auf Grund eines Transportrechtes, das ausserhalb des OR steht. Art. 455 III OR. **BGE 38 II 173,** Art. 455 N. 3. Die Beförderungspflicht schliesst ein Widerrufs- oder Kündigungsrecht des Transporteurs aus. Im Recht der «öffentlichen Dienste» steht das gemeinschaftliche Interesse aller Benützer im Vordergrund. Im privatrechtlichen Vertrag wahren die Parteien ihre individuellen Interessen, die sie durch freien Konsens auf einen Nenner zu bringen suchen. Das Frachtvertragsrecht des OR ist daher elastischer und in erheblichem Masse der *Parteiautonomie* zugänglich (Art. 19 OR), die im Recht der öffentlichen Transportanstalten einen nur bescheidenen Platz einnimmt.

c c. Die *Haftung der öffentlichen und konzessionierten Verkehrsbetriebe wird allerdings noch durchgehend als privatrechtlich behandelt.* Für den Gütertransport der konzessionierten Verkehrsbetriebe wahrt Art. 455 I OR die *Geltung der privatrechtlichen «Bestimmungen über die Verantwortlichkeit des Frachtführers».* Die beliebige *Beschränkbarkeit der Haftung* nach Art. 100 und 101 OR *fällt im privaten und öffentlichen Transportrecht dahin.* Im übrigen ist das Transportrecht und namentlich das *Haftpflichtrecht für Personen- und Gütertransporte weniger nach privatem und öffentlichem Recht als nach dem benützten Verkehrsmittel differenziert.* Dazu in allen Einzelheiten Karl Oftinger, Schweizerisches Haftpflichtrecht, 2. Aufl. II/1 S. 292/303.

Die zur Zeit geltenden *wichtigsten* **Erlasse zum Transportrecht im allgemeinen und zum Transport-Haftpflichtrecht im besonderen** sind:

BS 7 S. 754	BG betreffend den Postverkehr vom 2. Oktober 1924 (Postverkehrsgesetz) = **PVG**
AS 1956 S. 1	Vollziehungsverordnung I zum PVG vom 23. Dezember 1955 (Postordnung) = **PO**
AS 1960 S. 29	Vollziehungsverordnung II zum PVG vom 4. Januar 1960 (Automobilkonzessionsverordnung)
AS 1953 S. 233	BRB über die Genehmigung des am 13. Weltpostkongress in Brüssel abgeschlossenen Weltpostvertrages und der dazugehörenden Abkommen
AS 1953 S. 235	Weltpostvertrag vom 11. Juli 1952
AS 1953 S. 293	Wertbrief- und Wertschachtelabkommen vom 11. Juli 1952
AS 1953 S. 304	Poststückabkommen vom 11. Juli 1952

BS 2 S.810 BG betreffend die Haftpflicht der Eisenbahn- und Dampfschiffahrtsunternehmungen und der Post vom 28. März 1905 = **EHG**

AS 1949 S.563 BG über den Transport auf Eisenbahnen und Schiffen vom 11. März 1948 = **ETranspG**

AS 1949 S.581, 1956 S.521 Reglement über den Transport auf Eisenbahnen und Schiffen vom 24. Juni 1949 (Transportreglement) = **ETR**

AS 1956 S.157 Internationales Übereinkommen über den Eisenbahn-, Personen- und Gepäckverkehr = **CIP**

AS 1956 S.200 Internationales Abkommen über den Eisenbahnfrachtverkehr vom 25. Oktober 1952 = **CIM**

AS 1956 S.1305 BG über die Seeschiffahrt unter der Schweizerflagge (Seeschiffahrtsgesetz) vom 23. September 1953 = **SSG**

AS 1956 S.1369 VO zum SSG vom 20. November 1956 (Seeschiffahrtsverordnung) = **SSV**

AS 1959 S.679 BG über den Strassenverkehr vom 19. Dezember 1958 = **SVG**

AS 1959 S.1271 VO über Haftpflicht und Versicherungen im Strassenverkehr vom 20. November 1959 = **SVO**

AS 1951 S.665 BG über die Trolleybusunternehmungen vom 29. März 1950

AS 1951 S.671 VO zum BG über die Trolleybusunternehmungen vom 6. Juli 1951 (Trolleybusverordnung)

AS 1950 S.471 BG über die Luftfahrt vom 21. Dezember 1948 (Luftfahrtgesetz) = **LFG**

AS 1950 S.497 VO zum Luftfahrtgesetz vom 5. Juni 1950

AS 1952 S.1059 Lufttransportreglement vom 3. Oktober 1952 = **LTR**

BS 13 S.653 Abkommen zur Vereinheitlichung von Regeln über die Beförderung im internationalen Luftverkehr = Warschauer Luftverkehrsabkommen vom 12. Oktober 1929 = **LVA**

AS 1954 S.758 Internationales Übereinkommen zur einheitlichen Feststellung einzelner Regeln über die Konnossemente vom 25. August 1924

AS 1954 S.768 Internationales Übereinkommen zur Feststellung einzelner Regeln über den Zusammenstoss von Schiffen vom 23. September 1910

d *d. Standseilbahnen* für regelmässige Personen- und Gütertransporte bedürfen einer *Eisenbahnkonzession* und unterstehen überhaupt der *Eisenbahngesetzgebung.* OFTINGER, Haftpflichtrecht, II/1 S.298. *Luftseilbahnen, Gondelbahnen, Sesselbahnen, Schlittenseilbahnen* und *Aufzüge* haben sich in neuerer Zeit zu Massentransportmitteln namentlich für den Personentransport (Skisport) entwickelt. Werden durch sie regelmässige Transporte ausgeführt, so bedarf der Betrieb einer *Postkonzession.* Art.3 PVG. Art.7 VO betreffend die Konzessionierung und Kontrolle der Automobilunternehmungen, Aufzüge und Luftseilbahnen vom 18. September 1906 (BS 7 S.277). *Haftpflichtrechtlich* unterstehen sie dem *EHG*, das jedoch die Haftung nur für Personenschäden und Sachschäden an Reisegepäck, nicht auch die Haftung für reine Gütertransporte regelt. OFTINGER, Haftpflichtrecht, II/1 S.300/1. Es besteht bei *Luftseilbahnen* eine *Versicherungspflicht* zugunsten der Reisenden. Art.30 VO. Der *Gütertransport* durch solche Verkehrsmittel untersteht im allgemeinen dem *privaten Frachtvertragsrecht des OR. Skilifts* werden als *Werk* i.S. von Art.58 OR behandelt und bedürfen bis anhin keiner Konzession. Die Haftpflicht des Eigentümers ist eine Werteigentümerhaftung in Verbindung mit einer Vertragshaftung. OFTINGER, Haftpflichtrecht II/1 S.62, 302/3. ZBJV 83 S.447.

2. Privatrechtlicher Personentransport

2 a *a.* Privatrechtlich ist der Personentransport hauptsächlich im *Lokalverkehr* dort geblieben, wo keine öffentlichen Transportmittel oder wo neben öffentlichen Transportmitteln *private Transportmittel* zur Verfügung des Publikums stehen. Früher waren es *Pferdefuhrwerke.* Heute sind es fast ausschliesslich *Motorfahrzeuge.* Es besteht auch noch ein beschränkter *privater Schiffsverkehr.* Das private Transportgewerbe hat von den Eisenbahnen einen Teil des Überland-Personenverkehrs zurückerobern können. Nicht nur Touristen- und Sportverkehr, sondern sogar der internationale Reiseverkehr wickelt sich zu einem Teil wieder auf der Strasse ab. In der Schweiz sind es noch vorwiegend sogenannte «Gesellschaftsreisen» in Autocars. Im Ausland bestehen z.T. Fernverbindungen mit Linienverkehr, die dem Reisenden die Wahl zwischen Strassen- und Schienentransport ermöglichen. Darauf nimmt art.1679 Codice Civile

(«publici servizi di linea») Rücksicht. Für die *Haftung aller Motorfahrzeuge, auch derjenigen der Post, die das schweizerische Strassennetz benützen, gilt das SVG.* Art. 1, 58/89 SVG. Art. 138 PO. Vgl. aber Art. 59 IV b SVG. Art. 455 N. 2 f. *Gewerbsmässige und regelmässige internationale Rundfahrten* mit Ausgangs- und Endpunkt in der Schweiz und mit Gelegenheit zum Unterbruch im Ausland bedürfen einer *Postkonzession.* Art. 1–3 AutomobilkonzessionsVO. **BGE 85 I 267 Erw. 3, 4.** Der Unternehmer kann sich nicht auf die international gewährleistete Freiheit des Strassenverkehrs (AS 1951 S. 525, 1954 S. 1040) berufen.

b *b.* Der private Personentransport durch *Taxameter* dient vorwiegend dem Lokalverkehr und hat dort die anderen privaten Transportmittel nahezu verdrängt. Er untersteht nicht dem postalischen «Personenbeförderungsregal». Art. 6 AutomobilkonzessionsVO. Als Überlandverkehr ist er in der Schweiz zulässig, aber selten. Privatrechtlich ist auch die *Miete* eines *Motorfahrzeugs zum Selbstlenken.* Dann liegt kein Transportvertrag vor. Der Vermieter übernimmt keine Verpflichtung zum Transport. Über den privaten Personentransport mit *Skilifts:* N. 1 d oben.

3. Qualifikation privatrechtlicher Personentransportverträge

3 a *a.* Besteht die privatrechtliche Dienstleistung ausschliesslich oder vorwiegend im entgeltlichen oder unentgeltlichen Personentransport, so erhebt sich die Frage nach der Qualifikation des privatrechtlichen «Beförderungsvertrages». Die Bewirkung einer Ortsveränderung setzt je nach dem Transportmittel eine bestimmte körperliche und geistige Betätigung des «Führers» voraus. Doch handelt es sich nach schweizerischer Auffassung nicht um die Herstellung oder Bearbeitung einer körperlichen Sache wie beim Werkvertrag. Art. 394 N. 63. Der *Transport von körperlichen Sachen* untersteht in der Schweiz dem *Auftragsrecht. Frachtvertrag und Speditionsvertrag sind qualifizierte Aufträge.* Art. 440 N. 5–10.

b *b.* Infolgedessen erscheint es folgerichtig, auch die *privatrechtliche Dienstleistung des Personentransportes durch einen Transporteur dem Auftragsrecht zu unterstellen.* Kann man den Vertrag, der den Personentransport zum Gegenstand hat, nicht als Werkvertrag qualifizieren, so ist die *Qualifikation als entgeltlicher oder unentgeltlicher einfacher Auftrag durch die Vorschrift von Art. 394 II OR geboten.* Der *Code Civil* fasst den Personen- und Gütertransport zusammen und qualifiziert ihn als besondere Art des *Werkvertrages.* Art. 1779, 1782/6. Der *Codice Civile* kennt den

«Contratto del trasporto» als privatrechtlichen Vertrag mit der Verpflichtung des Transporteurs «a trasferire persone o cose da un luogo a un altro». Art. 1678. Das *deutsche BGB* hat keinen besonderen Vertragstyp ausgebildet, sondern qualifiziert «Beförderungsverträge» allgemein als *Werkverträge.* PALANDT zu § 631 BGB N. 4.

c *c.* Die Qualifikation hat haftpflichtrechtliche Bedeutung. Aus dem Beförderungsvertrag entsteht nach OR keine Erfolgs-, sondern die vertragliche *Sorgfaltshaftung nach Art. 398 OR.* Erfolgt die private Personenbeförderung mit dem *Motorfahrzeug,* so besteht indessen *neben der Vertragshaftung die ausservertragliche Haftung des obligatorisch haftpflichtversicherten Motorfahrzeughalters,* der meist mit dem Beauftragten identisch ist, auch gegenüber dem Reisenden, nach Art. 1 I, 58, 59 SVG. Sie ist grundsätzlich eine Kausalhaftung. Der vom «Unternehmer» angestellte *Taxichauffeur* ist nicht Substitut i. S. von Art. 398 III/399 OR, sondern *Hilfsperson* i. S. von Art. 101 OR. Art. 398 N. 40 c–f. Seine Arbeit ist unpersönlich. Man erwartet nicht, dass der Eigentümer der Taxameter-Unternehmung den Transport persönlich ausführt.

d *d.* Für *Personentransporte mit privaten Fuhrwerken, Schiffen und Flugzeugen, die weder staatseigen noch konzessioniert* sind, gilt Ähnliches. Doch besteht i. d. R. keine spezialgesetzliche ausservertragliche Haftung wie im Strassenverkehr. LFG, LTR und LVA sehen die im Warschauer Abkommen geregelte *Haftpflicht des Luftfrachtführers* gegenüber dem Reisenden und für die Beförderung von Gütern für alle Transporte durch *Luftfahrtunternehmungen* vor, sonst nur, wenn der Transport *entgeltlich* erfolgt. Immerhin sind *Bestimmungen des Beförderungsvertrages, die die Haftung des Luftfrachtführers nach LVA beschränken, nichtig.* Art. 23 LVA, Art. 3 LTR. Der Transporteur haftet aus Beförderungsvertrag nach Art. 97/101 OR und, wenn er oder seine Hilfsperson eine unerlaubte Handlung oder Unterlassung begeht, ausserdem nach Art. 41/55 OR.

4. Frachtvertrag als Tathandlungs-, Speditionsvertrag als Rechtshandlungsauftrag

4 a *a.* Entgeltlicher «*Transport von Sachen*» oder entgeltliche «*Versendung oder Weitersendung von Gütern*» bilden nach schweizerischem Privatrecht den Gegenstand qualifizierter Aufträge. Art. 425, 439, 440, 457 OR. Der *Frachtvertrag* ist im wesentlichen ein *Tathandlungsauftrag.* Der Transport von Sachen ist keine Rechtshandlung. Art. 394 N. 26. Hingegen ist der

Speditionsvertrag ein *Rechtshandlungsauftrag*. Die Besorgung namentlich internationaler Gütertransporte erfordert praktische Erfahrung und Kenntnis des internationalen Transportrechtes. Bis ins Zeitalter der Eisenbahnen gab es private Frachtführer, die auch die internationalen Transporte mit eigenen Verkehrsmitteln ausführten. Der Absender vertraute ihnen die unmittelbare Ausführung des Transportes an.

b *b.* Die Ausweitung des internationalen und überseeischen Handelsverkehrs und die Schaffung verschiedenartiger leistungsfähiger *Massentransportmittel für Personen und Güter* hat dem privaten Frachtführer den Wirkungsbereich im Fernverkehr weitgehend entzogen. Im Überseeverkehr wird neuerdings der Erdöltransport in grossen Massen wieder teilweise von privaten «Frachtführern» besorgt, soweit die Petroleumgesellschaften keine eigenen Tankschiffe verwenden. Anstelle des Frachtführergewerbes ist das *Speditionsgewerbe* getreten. Der Spediteur besorgt entgeltlich den Abschluss und die Abwicklung («Ausführung»: Art. 457 OR) von Frachtverträgen «für Rechnung des Versenders, aber in eigenem Namen» (Art. 439 OR, ZR 43 [1944] Nr. 215 S. 296 Erw. 5) mit Dritten, zu denen der Auftraggeber in keine unmittelbare Rechtsbeziehung tritt. Er schliesst diese *Verträge* seltener mit *privaten Frachtführern* als mit *öffentlichen Transportanstalten* ab (Art. 457 OR), d.h. solchen Transportunternehmungen, die dem Publikum allgemein zugänglich sind: Eisenbahnen, Schiffe, Flugzeuge, Postfahrzeuge. Art. 455 OR.

c *c.* Der *Zweck des Frachtvertrages und des Speditionsauftrages ist der nämliche.* Bestimmte Sachen oder Güter sollen nach dem Willen des Auftraggebers von einem Ort an einen anderen verbracht werden. Der Frachtführer führt den Transport unmittelbar aus. Der Spediteur schliesst mit privaten Frachtführern und/oder öffentlichen Transportanstalten die Verträge, deren Ausführung durch jene Dritten den Transport bewirkt. Wie der Kommissionär Mittler des Güteraustausches, so ist der Spediteur Mittler des Gütertransportes. Wie der Kommissionär ist er (fiduziarischer) *Beauftragter für eine Rechtsgeschäftsbesorgung*, nicht Dienstleistungsbeauftragter. Der Spediteur ist indessen nicht nur Vermittler von Verträgen wie der Mäkler, sondern er besorgt wie der Kommissionär deren *Abschluss und Ausführung.*

5. Frachtvertrag als Auftrag zugunsten eines Dritten. Zwischenfrachtführer und Zwischenspediteur

5 a *a.* Trotz der Verschiedenheit des Auftragsgegenstandes weisen Speditionsvertrag und Frachtvertrag *gemeinsame auftragsrechtliche Merkmale*

auf. Der *Frachtvertrag* ist ein *mandatum aliena gratia*, ein Auftrag zugunsten eines Dritten i. S. von Art. 112 OR. Art. 394 N. 46. Neben dem Auftraggeber (Absender) und dem Beauftragten (Frachtführer) tritt in ihrem nexus ein Dritter, der *Empfänger*, auf, der *eigene Vertragsrechte* erwirbt. Nur ausnahmsweise können Absender und Empfänger die nämliche Person sein, so dass der privatrechtliche nexus nicht mehr ein Vertrag zugunsten eines Dritten ist. OSER/SCHÖNENBERGER ad Art. 443 OR N. 16. Im Speditionsvertrag entsteht *keine unmittelbare Rechtsbeziehung zwischen Spediteur und «Empfänger»*. Der Spediteur ist auch nicht direkter Stellvertreter des Versenders. ZR 43 (1944) Nr. 215 S. 296 Erw. 5. Aus dem vom Spediteur im eigenen Namen abgeschlossenen Frachtvertrag erwirbt der *Empfänger Rechte gegenüber dem Frachtführer*, jedoch *nicht gegenüber dem Spediteur*. Art. 443 OR. Es fehlt aber nicht an Stimmen, die den Empfänger als Drittbegünstigten auch im Speditionsvertrag auffassen. Dr. WERNER HECHT, Der Speditionsvertrag als Vertrag zugunsten Dritter, Berner Diss 1939.

b *b.* Die *Vertragshaftung von Frachtführer und Spediteur* hat sich zunehmend als *Sorgfaltshaftung* entwickelt, wobei allerdings für Transportschäden aus praktischen Rücksichten eine Umkehrung der Beweislast eintritt. Art. 447 N. 4. Sie ist wie die Sorgfaltshaftung des Kommissionärs den Besonderheiten der Dienstleistung oder Geschäftsbesorgung entsprechend *spezialrechtlich ausgestaltet*.

c *c.* Namentlich in internationalen Transportverträgen ist die *auftragsrechtliche Substitution* nach Art. 398 II/399 OR häufig. Man nennt den Substituten im Transportrecht, der die charakteristische obligatio faciendi anstelle des Frachtführers oder Spediteurs ganz oder teilweise erfüllt, den *Zwischenspediteur* oder den *Zwischenfrachtführer*. Zulässigkeit oder Unzulässigkeit ihres Beizuges richtet sich grundsätzlich nach Art. 398 III OR. Doch wird die *Zulässigkeit* beim Frachtführer in Ermangelung eines ausdrücklichen Verbotes bzw. einer ausdrücklichen Vorschrift des Absenders auch nach allgemeinem Auftragsrecht *bejaht* werden. Art. 398 N. 41–43. Nach gemeinem Frachtvertragsrecht, Art. 449 OR, *haftet der Frachtführer für das Verhalten des Zwischenfrachtführers wie für eine Hilfsperson* i. S. von Art. 101 OR, nicht nur für culpa in eligendo et custodiendo i. S. von Art. 399 I OR. Bedient sich der Frachtführer jedoch einer öffentlichen Transportanstalt, so haftet auch der *private Frachtführer nach dem für die Transportanstalt geltenden Spezial-Transportrecht*. Art. 456 OR. Art. 440 N. 3.

d. Hingegen ist der *Zwischenspediteur echter Substitut in einem Rechtshandlungsauftrag.* Aus seinem Verhalten haftet der Hauptspediteur nach Art. 399 II OR, wenn der Beizug befugt war, nur für *culpa in eligendo et instruendo.* Nur wenn der Beizug unbefugt war, besteht die Haftung nach Art. 399 I/101 OR. Diese Regelung entspricht dem allgemeinen Auftragsrecht. Der Zwischenfrachtführer ist Hilfsperson in unpersönlichen tatsächlichen Diensten, der Zwischenspediteur Substitut in einem Rechtshandlungsauftrag. **BGE 77 II 159.** d

6. Die dinglichen Rechte am Frachtgut

a. Weder im Frachtvertrag noch im Speditionsvertrag ist mit der Übergabe des Frachtgutes durch den Absender an den Frachtführer oder Spediteur ein *Eigentumsübergang* verbunden. Im Gegensatz zur Kommission (oder zur fiduziarischen Vermögensverwaltung), die den Abschluss von Kaufverträgen, also einen Eigentumswechsel an Sachen, per definitionem zum Gegenstand hat (Art. 184 OR), bedarf es zur richtigen Erfüllung des Transportvertrages keiner Eigentumsübertragungen. Hingegen werden *Frachtführer und Spediteur unselbständige Besitzer der ihnen zum Transport übergebenen Sachen.* HOMBERGER ad Art. 920 ZGB N. 14. Sie können sich *auf das Eigentum ihres Auftraggebers berufen* (Art. 931/2 ZGB) und sind zu den *Besitzesschutzklagen* legitimiert. Art. 926/9 ZGB. Der *Frachtführer* (vielleicht mit Ausnahme des Gepäckträgers) *kann nicht als blosser Besitzdiener* aufgefasst werden. Denn sein *Retentionsbesitz* (Art. 451 OR) ist nicht nur Besitz zu einem persönlichen, sondern auch *zu einem beschränkten dinglichen Recht.* Art. 920 OR. Man kann eigene Sachen, z. B. Umzugsgut, einem Frachtführer oder Spediteur zum Transport übergeben. Es tritt durch den Transportvertrag, der nur die Ortsveränderung, nicht die Veräusserung bezweckt, keine Änderung im Eigentumsrecht am Frachtgut ein. Vgl. art. 100 Code de Commerce. Insofern ist der bei der Revision von 1911 erst im Parlament beigefügte Zusatz in Art. 439 OR, der Spediteur sei «als Kommissionär zu betrachten», keine restlos glückliche Redaktion. Die Verweisung auf den einfachen Auftrag hätte angesichts der Erweiterung des allgemeinen Auftragsrechts durch Art. 394 II OR genügt. 6 a

b. Der Fracht- oder Speditionsvertrag ist allerdings häufig ein *Hilfsgeschäft zur Erfüllung eines Versendungskaufes* i. S. von Art. 185 II, 189, 204 OR. Der Absender oder Speditionskommittent ist regelmässig der Verkäufer, der Empfänger der Käufer des Frachtgutes. Der *Rechtsgrund* b *der Eigentumsübertragung ist der Kaufvertrag*, nicht der Frachtvertrag oder der Speditionsvertrag. Beide sind kein tauglicher Eigentumserwerbsgrund. Frachtführer und Spediteur sind, solange sich das Frachtgut in ihrem Besitz befindet, *unselbständige Besitzesstellvertreter ihres Auftraggebers.* **BGE 38 II 167.** Homberger ad Art. 923 ZGB N. 16. Becker ad Art. 443 OR N. 4. Der *Eigentumsübergang* auf den Empfänger findet erst statt mit der *Besitzergreifung des Frachtgutes durch den Empfänger* oder dessen Stellvertreter, sofern der Empfänger «Erwerber» in einem Veräusserungsvertrag (Kauf, Tausch, Schenkung) ist. Art. 923 OR. **BGE 59 III 101.** Art. 396 N. 33b. Ist das Frachtgut noch beim *«Adressspediteur» des Verkäufers*, so hat der Erwerber das Eigentum nicht erworben. Ist es jedoch einem *Besitzstellvertreter des Käufers* ausgeliefert, beispielsweise dem *vom Käufer beauftragten Spediteur oder Frachtführer*, so ist der Eigentumsübergang nach Art. 923 ZGB erfolgt. Vgl. aber N. 7d unten bei Ausstellung von Warenpapieren.

c *c. Zwischenfrachtführer und Zwischenspediteur* sind *Besitzstellvertreter* desjenigen, der den Hauptauftrag erteilt hat, also regelmässig *des Verkäufers*, der Absender oder Speditionskommittent sein wird. Denn im Versendungskauf liegt dem *Verkäufer die Pflicht zur Versendung* ob, auch wenn der Käufer nach Art. 189 OR die Fracht- bzw. Speditionskosten zu tragen hat. Infolgedessen ist das Retentionsrecht des Frachtführers (Art. 451 OR) und das aus Art. 434 ableitbare Retentionsrecht des Spediteurs am Frachtgut ein *echtes Retentionsrecht an fremder Sache.* Art. 400 N. 18. In diesem Punkte weicht der Speditionsvertrag von der Kommission ab. Art. 434 N. 7–10.

d *d.* Der *Speditionskommittent hat kein Aussonderungsrecht i. S. von Art. 401 III OR* am Frachtgut, sondern er kann es *als Eigentümer vindizieren.* Art. 400 N. 14, 15. Hingegen kann die *Forderung des Spediteurs* aus dem Frachtvertrag *gegen den Frachtführer* oder die Transportanstalt auf Auslieferung des Kommissionsgutes unter den in Art. 401 I und II genannten Voraussetzungen *ausgesondert* werden. Das kommt namentlich dann in Frage, wenn der Spediteur vor der vollständigen Erfüllung des Kommissionsvertrages in Konkurs fällt. Art. 401 II OR.

7. Die dinglichen Rechte am Frachtgut bei Ausstellung von Warenpapieren

7 a *a.* Nach Art. 1153 OR kann der *Lagerhalter* durch behördliche Bewilligung generell ermächtigt sein (Art. 482 OR), für bestimmtes *Lagergut*

Warenpapiere als *Wertpapiere* auszustellen. Der *Frachtführer kann für Frachtgut Warenpapiere ausstellen, ohne einer behördlichen Konzession zu bedürfen.* (Auch die vom nichtkonzessionierten Lagerhalter nach den Erfordernissen des Art.1153 OR ausgestellten Warenpapiere sind Wertpapiere. Art.1155 II OR.)

b. Die beim *Landtransport vom Frachtführer* ausgegebenen Warenpapiere nennt man *Ladescheine*, die beim *Schiffs- oder Lufttransport* ausgegebenen *Warenpapiere Konnossemente.* Art.112/7 SSG. Sie können *auf den Namen, an Ordre oder auf den Inhaber ausgestellt sein.* Art.1153 Z.8 OR. Ihre Übertragung richtet sich nach den entsprechenden wertpapierrechtlichen Regeln. Sie *ermöglichen dem Berechtigten, über rollendes, schwimmendes oder fliegendes Frachtgut dinglich zu verfügen.* Als Wertpapier verkörpert das Warenpapier das dingliche Recht an der Ware. Dem durch das Warenpapier *ordnungsgemäss legitimierten gutgläubigen Berechtigten können nur Einreden gegen die Gültigkeit der Urkunde oder Einreden entgegengehalten werden, die sich aus der Urkunde selbst ergeben.* Art.979, 1146 OR. b

c. Die Übergabe und gegebenenfalls Indossierung (oder separate schriftliche Zession) des den gesetzlichen Erfordernissen entsprechenden Ladescheins oder Konnossements ersetzt die Besitzübergabe und macht den gutgläubigen Erwerber der Urkunde zum *Eigentümer* (Art.925 ZGB, Art.116 SSG) *oder Faustpfandgläubiger der darin verkörperten Waren. Zur Verpfändung der Waren muss jedoch i.d.R. die Bezeichnung als Pfandschein (Warrant) auf dem Warenpapier beigefügt sein.* Art.1154 OR. Art.902 ZGB. c

d. Sachenrechtlich handelt es sich um eine sogenannte *traditio longa manu* der wertpapiermässig verkörperten Waren durch Übergabe des Mittels, das dem Empfänger die Gewalt über die Sachen verschafft. Art.922 I, 925 ZGB. Ein *gutgläubiger Erwerber der Sache selbst geht jedoch dem gutgläubigen Erwerber des Warenpapiers vor.* Art.925 II ZGB. Beim Versendungskauf wird damit der *Eigentumsübergang an der Kaufsache*, der sonst erst mit dem Eintreffen der Ware beim Empfänger oder dessen direktem Stellvertreter eintreten würde, auf den Zeitpunkt der Übergabe des Warenpapiers *antizipiert.* Das kann von Bedeutung werden, wenn der Käufer vor dem Eintreffen der Ware in Konkurs fallen sollte. Der Verkäufer verliert das konkursrechtliche Rücknahmerecht. Art.203 II SchKG. **BGE 59 III 102.** Der *gutgläubige Erwerber* des Warenpapiers kann als Eigentümer der Ware diese aus der Konkursmasse *vindizieren*, wenn d er das *Warenpapier vor der Konkurseröffnung erworben* hat. Über das *Retentionsrecht des Frachtführers oder Spediteurs bei Ausgabe von Warenpapieren* vgl. Art.451.

e *e. Frachtbriefe, Empfangscheine, Gepäckscheine* u.a., welche die in Art.1153 OR bzw. Art.115 SSG enthaltenen Erfordernisse nicht aufweisen, sind keine Wertpapiere, sondern *schlichte Beweisurkunden.* **BGE 54 II 182.** Art.1155 I OR. Der *Luftfrachtbrief* nach Warschauer Abkommen weist eine gewisse *Annäherung an das Konnossement* auf (Art.8/12 LVA), muss aber auch als schlichte Beweisurkunde qualifiziert werden. Art.11 I LVA. Einzelheiten: Art.443 N.21–26.

8. Internationales Privatrecht des Speditionsvertrages

8 a *a.* Die internationalprivatrechtlichen Grundsätze des allgemeinen Auftragsrechtes führen dazu, den *Speditionsvertrag* (wie die Kommission) mangels Rechtskürung dem *Recht des Spediteurs* zu unterstellen. Mit dem Recht der Geschäftsniederlassung oder des Wohnsitzes des Spediteurs weist der Vertrag den engsten räumlichen Zusammenhang auf. Art.394 N.69d. Vorbem. zur Kommission N.11b. SCHÖNENBERGER/JÄGGI, Allgemeine Einl. zum OR N.301. SCHNITZER, Handbuch des internationalen Privatrechts II S.743. So schon **BGE 36 II 363, 44 II 282, 48 II 260,** ferner **BGE in IR 10 (1953) S.350.** Die Substitution des *Zwischenspediteurs* kann nur dem *Recht des letzteren unterstehen.* In **BGE 52 II 86** wird der schweizerische *Zwischenspediteur* stillschweigend dem schweizerischen Recht unterstellt. Doch wird man die *Wirkungen des dinglichen Retentionsrechtes* am Fracht- oder Speditionsgut jeweils nach dem Statut der gelegenen Sache beurteilen müssen. **BGE 36 II 6, 38 II 138.**

b *b.* Die vom Spediteur oder Zwischenspediteur im eigenen Namen *abgeschlossenen Transportverträge* unterstehen dem *schweizerischen Transportrecht im weitesten Sinne*:

(1) wenn es sich um einen *Transport innerhalb der Schweiz* handelt, den eine öffentliche schweizerische Transportanstalt oder ein privater in der Schweiz niedergelassener Frachtführer ausführt. Es kommt entweder das *gemeine Frachtvertragsrecht* des OR oder gemäss Art.455 III OR das *Sondertransportrecht* der Spezialerlasse (PVG, ETranspG, ETR, LTR) zur Anwendung;

(2) wenn es sich um *einen internationalen Transport* handelt, der von einer Transportanstalt, der Post oder einem Luftfahrtunternehmen unter einem internationalen Abkommen ausgeführt wird, dem die Schweiz beigetreten ist (CIM, Weltpostvertrag, LVA) oder um einen Transport mit einem Seeschiff unter Schweizerflagge (SSG). N.1c oben. Für die Vertragshaftung bei internationalen Strassentransporten: BENJAMIN TAPERNOUX in SJZ 45 (1949) S.339.

c

c. Überseetransporte auf ausländischen Seeschiffen unterstehen i.d.R. dem *Recht der Flagge.* Zu diesem Grundsatz bekennt sich das SSG. OSER/SCHÖNENBERGER, Allg. Einl. z. OR N.132. Anders SCHNITZER II S.725. Auch SCHÖNENBERGER/JÄGGI, Allgem. Einl. z. OR N.307, treten für die Anwendung des Rechtes ein, das am *Sitz des Seefrachtführers* gilt. Frachtverträge, die der Spediteur oder Zwischenspediteur mit einem ausländischen privaten Frachtführer, z.B. einem Camionneur, abschliesst, werden regelmässig nach dem Recht des ausländischen Frachtführers zu beurteilen sein.

d

d. Die *ausservertragliche Haftung für Gütertransporte* mit Motorfahrzeugen durch einen privaten Frachtführer richtet sich nach dem *Recht des Ortes, an dem der Schaden eingetreten* ist. SVG Art.1 I. SCHNITZER II S.678, 724. OFTINGER, Haftpflichtrecht I S.450. **BGE 661 II 202, 6 II 167 Erw.1.**

9. Internationales Privatrecht des Frachtvertrages

9 a

a. Auch der Frachtvertrag des OR weist den engsten räumlichen Zusammenhang mit dem Recht der *Geschäftsniederlassung oder des Wohnsitzes des Frachtführers* auf. Dieses Recht kommt mangels Rechtskürung zur Anwendung. SCHÖNENBERGER/JÄGGI, Allg. Einl. z. OR N.303. SCHNITZER II S.720/1. TRUFFER S.17, 87 f. **BGE 74 II 85 Erw.1.** Das entspricht den allgemeinen auftragsrechtlichen Grundsätzen. Art.394 N.69d.

b

b. Da der Frachtvertrag kein Rechtshandlungsauftrag ist, besteht keine Trennung zwischen dem Auftrag und dem Ausführungsgeschäft wie bei der Kommission und dem Speditionsvertrag. N.7b oben. Vorbem. zur Kommission N.11. Gleichgültig ist i.d.R., ob es sich um einen innerschweizerischen oder einen internationalen Transport handelt. Doch kann ein schweizerischer Reeder und Seefrachtführer ein fremdes Recht prorogieren, was namentlich vor dem Erlass des schweizerischen SSG häufig der Fall war. **BGE 74 II S.85/6.** Mangels Rechtskürung muss für die *ausservertragliche Haftung* aus privaten Gütertransporten mit Motorfahrzeugen auf der Strasse das *Recht des Ortes* vorbehalten bleiben, *wo der Schaden eingetreten ist.* N. 8 d oben. JEAN LOUIS DELACHAUX, Die Anknüpfung der Obligationen aus Delikt und Quasidelikt im internationalen Privatrecht, Zürich 1960, S. 83/6. SCHNITZER II S. 678, 724.

c *c.* Für die nicht dem gemeinen Frachtvertragsrecht des OR unterstehenden *Gütertransporte mit Eisenbahnen, Postfahrzeugen, Schiffen und Flugzeugen* gelten die einschlägigen *Spezialerlasse* und, wenn es sich um internationale Gütertransporte handelt, die *internationalen Abkommen.* N. 7 b oben. SCHNITZER S. 721/9. Art. 455 N. 3 g.

d *d.* Die *dinglichen Rechte und der Besitz am Frachtgut,* auch soweit sie durch Warenpapiere vermittelt werden, richten sich nach dem Recht des Ortes, an welchem sich die Sache befindet. HOMBERGER zu Art. 925 N. 8. **BGE 36 II 6, 38 II 138.**

Art. 439

Wer gegen Vergütung die Versendung oder Weitersendung von Gütern für Rechnung des Versenders, aber in eigenem Namen, zu besorgen übernimmt (Spediteur), ist als Kommissionär zu betrachten, steht aber in bezug auf den Transport der Güter unter den Bestimmungen über den Frachtvertrag.

B. Speditionsvertrag

B. Du commissionnaire-expéditeur

Le commissionnaire-expéditeur ou agent de transport qui, moyennant salaire et en son propre nom, se charge d'expédier ou de réexpédier des marchandises pour le compte de son commettant, est assimilé au commissionnaire, mais n'en est pas moins soumis, en ce qui concerne le transport des marchandises, aux dispositions qui régissent le voiturier.

B. Contratto di spedizione

Chi, mediante mercede, s'incarica di spedire delle merci o di continuare la spedizione per conto del mittente ma in proprio nome (spedizioniere) è considerato come un commissionario, ma a riguardo del trasporto delle merci soggiace alle disposizioni sul contratto di trasporto.

Materialien: Vgl. sub Art. 425 und Art. 440 OR.

Rechtsvergleichung: Code de Commerce art. 96–102. HGB §§ 407–415. Codice Civile art. 1737–1741.

Literatur: ALLGEMEINE BEDINGUNGEN, festgestellt vom Schweizerischen Spediteur-Verband am 30. März 1922, revidiert am 29. Januar 1932 = AB/SSV. ARNOLD AEBLI, Die Nachnahmesendung im Speditions- und Frachtgeschäft, Zürcher Diss 1950. MARC DUMONT, Haftung des Spediteurs auf Grundlage des europäischen Speditionsgewerbes, Berner Diss 1939. WALTER HÄNGGI, Haftung des Spediteurs für Erfüllungsgehilfen und Drittpersonen, Basler Diss 1940. WERNER HECHT, Der Speditionsvertrag als Vertrag zugunsten Dritter. Berner Diss 1939. WALTER LEUMANN, Die Rechtsstellung des schweizerischen Sammelladungsspediteurs, Berner Diss 1950. NORWIN MEYER, Der Speditionsvertrag nach schweizerischem Recht, Berner Diss 1931. JOHN OCHSÉ, Der Speditionsvertrag, Zürcher Diss 1933. DIETRICH ZOELLY, Bankgeschäfte durch Speditionsunternehmer, Zürcher Diss 1954. GEORGES ZIMMERMANN, La responsabilité du commissionnaire-expéditeur, Lausanner Diss 1955.

SYSTEMATIK DER KOMMENTIERUNG

Art. 439 OR

I. Begriff und Struktur des Speditionsauftrages

1. Rechtsvergleichender Überblick 128
2. Die Entwicklung der schweizerischen Regelung 129

3. Gegenstand des Speditionsvertrages: Rechtshandlungsauftrag, auszuführen im eigenen Namen des Spediteurs. Nebenverpflichtungen 130
4. Spediteur und Frachtführer oder öffentliche Transportanstalt. Haftungsverhältnisse insbesondere bei Transportschäden 131
5. Spediteur und Substituten, insbesondere Zwischenspediteur. Haftungsverhältnisse 133
6. Weisungsrecht und Weisungsabweichung im Speditionsvertrag . . 133

II. Der Selbsteintritt des Spediteurs

7. Seltenheit des gewöhnlichen Selbsteintrittes 135
8. Sammelladungsspedition 136

III. Die Ansprüche des Spediteurs und ihre Sicherung

9. Der Vergütungsanspruch 137
10. Der Auslagenersatzanspruch des Spediteurs 138
11. Das Retentionsrecht des Spediteurs 139

IV. Die Ansprüche des Versenders aus dem Speditionsvertrag

12. Der Ausführungsanspruch und der Schadenersatzanspruch wegen nicht gehöriger Erfüllung der Ausführungsobligation 141
13. Der Ablieferungsanspruch auf das Speditionsgut 144
14. Die Abrechnungspflicht des Spediteurs 145
15. Anwendung von Art. 401 OR auf die Spedition 145

V. Beendigungsgründe und Beendigungswirkungen des Speditionsauftrages

16. Beendigungsgründe 146
17. Beendigungswirkungen 146

Art. 439 OR

I. BEGRIFF UND STRUKTUR DES SPEDITIONSAUFTRAGES

1. Rechtsvergleichender Überblick

1 a *a.* Das HGB widmet dem Speditionsgeschäft in §§ 407/15 eine Sonderregelung. Der Spediteur übernimmt es gewerbsmässig, Güterversendun-

gen durch Frachtführer oder durch Verfrachter von Seeschiffen für Rechnung des Versenders, aber in eigenem Namen zu besorgen. Die Konzeption des Rechtshandlungsauftrages ist konsequent durchgeführt. Für die Empfangnahme, die Aufbewahrung und Versicherung des Speditionsgutes steht der Spediteur in der Rechtsstellung eines Kommissionärs.

b *b.* Nach Code de Commerce ist der Spediteur commissionnaire expéditeur. Er gehört zu den «commissionnaires en général» (art. 94), d. h. er handelt im eigenen Namen für Rechnung des Kommittenten. Der «commissionnaire pour les transports par terre et par eau» befasst sich mit dem Gütertransport, jedoch als Kommissionär, d. h. im Rechtshandlungsauftrag. Statt Einkauf oder Verkauf von beweglichen Sachen besorgt er deren Transport. Aber er trägt die Gewähr für rechtzeitiges Eintreffen des Speditionsgutes am Bestimmungsort und für Transportschäden wie ein Frachtführer. Art. 97/8, 103/4 Code de Commerce. Der Spediteur haftet für den Zwischenspediteur unbeschränkt und unbedingt. Art. 99 Code de Commerce.

c *c.* Art. 1737 Codice Civile definiert den Speditionsvertrag (contratto di spedizione) als Auftrag, durch welchen der Spediteur die Pflicht übernimmt, im eigenen Namen, aber für Rechnung des Auftraggebers einen Frachtvertrag abzuschliessen und die damit verbundenen Verrichtungen zu erfüllen. Sobald er den Transport mit eigenen oder fremden Transportmitteln ganz oder teilweise selbst ausführt, tritt er in die Rechte und Pflichten eines Frachtführers. Art. 1741 Codice Civile.

2. Die Entwicklung der schweizerischen Regelung

2 a *a.* Art. 448 aOR steht zwar im 16. Titel über die *Kommission.* Doch wird bündig erklärt, der *Spediteur oder Transportkommissionär gelte als Frachtführer* und unterstehe den Bestimmungen des 17. Titels. Art. 467 und 468 aOR regelten die *Haftung* des Frachtführers und des Spediteurs *bei Mitwirkung einer öffentlichen Transportanstalt,* damals nur der Eisenbahn.

b *b.* Obschon die Definition der Spedition in Art. 439 OR eine Umbildung erfahren hat, sind die beiden Haftungsbestimmungen als Art. 456 und 457 am Schluss des Frachtvertrages ziemlich unverändert anlässlich der Revision von 1911 übernommen worden. Auf den ersten Blick scheint damit die schweizerische Konzeption der Spedition von der französischen Konzeption beherrscht. Andererseits sind *Kommission und Frachtvertrag sowohl nach Code de Commerce als auch nach HGB nicht gleichartig konzipiert wie im schweizerischen OR.* Namentlich der *Frachtvertrag* ist dort eine Unterart des Werkvertrages, hier ein *Auftrag.* Art. 440 II OR. Die Einkaufs- und Verkaufskommission muss sich den Eigenarten des schweizerischen Kaufvertragsrechtes anpassen, die Spedition den Eigenarten des schweizerischen Transportrechtes. Daraus ergibt sich namentlich eine abweichende *Haftungsregelung.* Im Vordergrund steht die *auftragsrechtliche Sorgfaltshaftung,* wie sie sich aus den Art. 397/9 und 328 OR ergibt. Das Recht der Spedition ist zudem kein kaufmännisches Sonderrecht. Sie kann auch nicht gewerbsmässig übernommen werden.

3. Gegenstand des Speditionsvertrages: Rechtshandlungsauftrag, auszuführen im eigenen Namen des Spediteurs. Nebenverpflichtungen

3 a *a.* Der Speditionsvertrag ist ein *Auftrag,* und zwar essentiell wie die Kommission ein (fiduziarischer) *Rechtshandlungsauftrag.* Der Spediteur schliesst mit Dritten *Frachtverträge im eigenen Namen,* aber *für Rechnung* seines Kommittenten ab, welcher im HGB als «*Versender*» bezeichnet ist. Der spezifische Gegenstand der dem Spediteur aufgetragenen Rechtshandlungen ist Abschluss und Abwicklung eines Transportvertrages. Beim Kommissionär sind es der Abschluss und die Abwicklung eines Kaufvertrages (Einkauf oder Verkauf). Die Gleichartigkeit besteht also zunächst nur darin, dass beide, Kommissionär und Spediteur, im eigenen Namen, aber für fremde Rechnung kontrahieren, und dass beide es *entgeltlich, gegen Provision* (Art. 425 I) *oder Vergütung* (Art. 439, 394 III OR), tun. Zur Hauptverpflichtung des Spediteurs können *Nebenverpflichtungen* treten: *Zufuhr* des Speditionsgutes auf die Versandstation oder zum Schiff, Zufuhr an den bezeichneten Empfänger von der Bestimmungsstation (Zwischenspediteur, Adreßspediteur), *Verpackung, Verzollung,* Inkasso einer *Kosten- oder Wertnachnahme.* Art. 443 N. 6f. Soweit der Spediteur zur Ausführung der Nebenverpflichtungen den *unmittelbaren Besitz am Speditionsgut* ausübt, wird er rechtlich, namentlich haftpflichtrechtlich, wie ein *Frachtführer* behandelt. Nebenverpflichtung kann auch die nicht nur ganz vorübergehende *Einlagerung* oder *Aufbewahrung* des Speditionsgutes sein. Dafür besteht Verschuldenshaftung bzw. *Sorgfaltshaftung* nach den *Grundsätzen des allgemeinen Auftragsrechtes, des Kommissionsrechtes und des Hinterlegungsvertrages.* N. 11a unten. ZR 52 (1953) Nr. 40 S. 70. **BGE 36 II 369** will die Frachtführerhaftung des Spediteurs überhaupt erst nach Abschluss des Frachtvertrages eintreten lassen.

b. Die Interzession des Spediteurs gestaltet sich komplizierter als diejenige des Kaufs- oder Verkaufskommissionärs. Er hat nicht eine beschaffte Sache oder den Erlös einer anvertrauten Sache dem Auftraggeber abzuliefern. Er hat *dafür zu sorgen, dass Frachtgut von einem Ort an einen anderen gelangt und am Bestimmungsort einem Empfänger abgeliefert wird.* Er hat es nicht durch eigene Tathandlung, sondern durch Abschluss eines Frachtvertrages mit einem Drittfrachtführer zu tun. Dieser Drittfrachtführer hat i.d.R. den gewollten Erfolg, die Ablieferung des Speditionsgutes an den Empfänger, herbeizuführen. Nach schweizerischer Auffassung kann in einem derartigen Rechtshandlungsauftrag der Spediteur grundsätzlich nicht für den Erfolg seiner «Interzessionstätigkeit» haften, sondern nur für *Sorgfalt bei allen Ausführungshandlungen.* Dazu gehört jedoch bei Transportschäden die *Wahrung der Rechte gegenüber dem verantwortlichen Frachtführer* und/oder der benützten Transportanstalt. Art. 447/56 OR. Verschuldet der Spediteur den *Verlust der Transportschadensansprüche,* so hat er selbst für diese einzustehen. Art. 457 OR. Neben dem sorgfältigen Abschluss der Frachtverträge in der Absenderrolle ist die hauptsächliche Sorgfaltspflicht die *Auswahl und die Instruktion des beigezogenen Frachtführers* oder der beigezogenen Transportanstalt und die wirksame *Wahrung der Rechte gegenüber diesen «Drittkontrahenten».* Der vom Spediteur im eigenen Namen beigezogene Frachtführer ist nicht Substitut des Spediteurs. Er ist nicht Gehilfe in der Erfüllung der auftragsrechtlichen Ausführungsobligation. *Substitut* ist jedoch der *Zwischenspediteur.* b

4. Spediteur und Frachtführer oder öffentliche Transportanstalt. Haftungsverhältnisse insbesondere bei Transportschäden

Der vom Spediteur vertragsgemäss (Art. 394 I OR) beigezogene Frachtführer oder die von ihm beigezogene öffentliche Transportanstalt sind nicht Zwischenfrachtführer, sondern Hauptfrachtführer. *Der Spediteur haftet für das Verhalten des Frachtführers oder der Transportanstalt nicht nach Art. 449 OR, wie wenn er den Transport selbst ausgeführt hätte.* Die allgemeine Sorgfaltspflicht gebietet ihm: 4

(1) Den *Frachtführer oder die Transportanstalt* sorgfältig zu *wählen,* wenn der erhaltene Speditionsauftrag überhaupt eine Wahl zulässt. Z.B. Art. 2 Z. 4 AB/SSV.

(2) Das *Frachtgut richtig zu übernehmen, die Versenderinstruktionen zu beachten und die Absenderpflichten gegenüber dem Frachtführer oder der*

Transportanstalt sorgfältig zu erfüllen, namentlich die notwendigen *Absenderangaben* bei der Aufgabe des Speditionsgutes genau und vollständig zu machen. Art. 441 OR. Art. 3 Z. 2 AB/SSV. Dabei sind nach Art. 398/328 OR an den Spediteur als *Fachmann* des Versendungsgeschäftes hohe Anforderungen zu stellen. Eine *Beschränkung der Haftung auf grobes Verschulden* (Art. 3 Z. 1 AB/SSV) erscheint *nicht zulässig*, obschon sie in der Praxis immer wieder versucht wird. Art. 395 N. 73, 74. **BGE 74 II 86 Erw. 3.** Zu einer *Nachzählung des vom Versender übergebenen Stückgutes, zur Kontrolle auf äusserlich nicht erkennbare Beschädigung ist der Spediteur jedoch i.d.R. nicht verpflichtet.* Er darf sich auf die Angaben des Versenders verlassen. SJZ 54 (1958) N. 174 S. 313. Anders nur, wenn eine *ausdrückliche Abrede oder Weisung besteht.* Art. 2 Z. 1 AB/SSV. **BGE 46 II 386.** Der Spediteur haftet für Verwechslungen, die durch *unsorgfältige Ausfüllung von Transportpapieren* entstehen. **BGE 52 II 88/91.** Die *Sorgfaltspflicht ist erhöht, wenn der Spediteur Waren nicht vom Versender, sondern von einem Dritten, z. B. einem Verkäufer, entgegennimmt.*

(3) Die Sorgfaltspflicht gebietet dem Spediteur sodann, die *Absender- und Empfängerrechte* (Adreßspediteur: N. 5 unten) *namentlich bei Transport- oder Verspätungsschäden als Fachmann im Interesse des Versenders wirksam zu wahren.* Art. 457 OR. Art. 3 Z. 8 AB/SSV. Der Spediteur haftet für rechtzeitige und unversehrte Ankunft des Frachtgutes am Bestimmungsort als *Garant soweit, als der von ihm vertragsgemäss beigezogene Frachtführer und/oder die beigezogene Transportanstalt ihm als nominellem Absender haftet* (Art. 439/456 OR), es sei denn, dass er eine *eigene Sorgfaltsverletzung*, namentlich bei der Wahrung der Empfängerrechte, zu vertreten hat. N. 3 oben. Art. 457 OR. Becker ad Art. 439 N. 12 nimmt an, der Spediteur übernehme das «Delkredere» für den Frachtführer (analog art. 97/8 Code de Commerce). Ähnlich auch Oser/Schönenberger ad Art. 439 N. 5. In der Praxis wird dieses Delkredere-Stehen als solches von den Spediteuren abgelehnt. Art. 3 Z. 2 AB/SSV sieht vor, der Spediteur sei lediglich zur *Abtretung seiner Ansprüche «gegen allfällig verantwortliche Dritte»* verpflichtet. N. 12 c unten. Eine so weitgehende Ablehnung der Transportschadensgarantie dürfte deshalb unzulässig sein, weil der Versender seinen *Spediteur für Transportschäden belangen* kann, bevor er den Hauptverantwortlichen, Frachtführer oder Transportunternehmung, belangt. **BGE 48 II 260 Erw. 2.** Art. 447 N. 10 g, 16 d. SJZ 18 (1921/22) Nr. 281 S. 358.

5. Spediteur und Substituten, insbes. Zwischenspediteur. Haftungsverhältnisse

5 a

a. Substitut ist der vom Spediteur beigezogene *Zwischenspediteur.* Auch er soll das Speditionsgut nicht selbst transportieren, sondern einzelne (oder alle) dem Spediteur als nominellem Absender obliegende Rechts- oder Tathandlungen vornehmen, z.B. die Verzollung, die Verladung auf ein Schiff. Anders ZIMMERMANN, La responsabilité du commissionnaire-expéditeur S.63/4. Zwischenspediteur ist i.d.R. auch der *Adreßspediteur.* Er wird vom Versender oder vom Hauptspediteur gleichsam als indirekter Stellvertreter des tatsächlich begünstigten Empfängers eingesetzt. Er hat die *Empfängerrechte gegen Frachtführer oder Transportanstalt* im Interesse des Versenders und des Adressaten auszuüben und für die *richtige Ablieferung an den letzteren zu sorgen.* **BGE 59 III 101.** ZIMMERMANN a.a.O. S.75/6. Kommentar RATZ zu § 407 HGB Anm. 4a. Er hat allfällige auf dem Gut haftende *Kosten- oder Wertnachnahmen* einzukassieren. Art.7 AB/SSV. Die in der deutschen Praxis angetroffene subtile Unterscheidung von Zwischenspediteur und Unterspediteur dürfte sich für schweizerische Verhältnisse erübrigen (obschon in den AB/SSV vom «Unterspediteur» statt vom Zwischenspediteur die Rede ist).

b

b. Ob der Spediteur zur Substitution eines Zwischenspediteurs befugt ist oder den ganzen Speditionsauftrag persönlich auszuführen hat, bestimmt sich nach Art.398 III OR. Namentlich in internationalen Speditionsaufträgen wird die Substitution als üblich zu betrachten sein. *In allen Fällen befugter Substitution haftet der Spediteur dem Versender nur für culpa in eligendo aut instruendo des Zwischenspediteurs.* Art.399 I OR. **BGE 77 II 159.** Anders art.99 Code de Commerce. Hingegen *haftet der Zwischenspediteur selbst dem Versender unmittelbar für alle Sorgfaltsverletzungen, die er bei den ihm übertragenen Verrichtungen begeht.* Art.399 III OR. Erfolgte der *Beizug des Zwischenspediteurs unbefugterweise, so haftet der Hauptspediteur für diesen wie für eine gewöhnliche Hilfsperson.* N.13f unten. Die generelle Haftungsbeschränkung des Hauptspediteurs auf culpa in eligendo aut instruendo (Art.3 Z.2 AB/SSV) wirkt nicht im Falle der unbefugten Substitution. Denn eine *unbefugte Substitution* ist *grobes Verschulden,* für welches die Haftung nicht beschränkt werden kann. Art.100 I OR. Art.449 N.7.

6. Weisungsrecht und Weisungsabweichung im Speditionsvertrag

6 a

a. Der Versender wird dem Spediteur in ähnlicher Weise Weisungen erteilen wie der Absender dem Frachtführer im Frachtvertrag. Es sind zunächst die Gruppe von Weisungen, die sich auf die *Behandlung des Frachtgutes* beziehen. Da das Kommissionsrecht analog anzuwenden ist, besteht nach Art. 426 II OR eine *Pflicht des Spediteurs*, das Speditionsgut zu *versichern*, nur dann, wenn eine *ausdrückliche Weisung* erteilt ist. Art. 2 Z. 2 AB/SSV. Komm. RATZ zu § 408 HGB Anm. 11. **BGE 77 II 160 Erw. 6.**

b *b.* I. d. R. wird das *Speditionsgut dem Spediteur* oder seinen Hilfspersonen übergeben, von diesen übernommen und vom Spediteur *dem beigezogenen Frachtführer* oder der Transportanstalt *zugeführt. Dieser Transport*, eine Nebenverpflichtung des Spediteurs, steht unter den Bestimmungen über den *Frachtvertrag.* (Das wird von einigen Autoren abgelehnt, muss aber dem Wortlaut und dem Sinn der Art. 439, 456 und 457 entnommen werden.) Der *Versender hat dem Spediteur die in Art. 441 OR oder in den Spezialerlassen geforderten Angaben zu machen* und, wo erforderlich, den *Frachtbrief und andere Frachturkunden auszufertigen.* Auf die Richtigkeit der Versenderangaben kann sich der Spediteur grundsätzlich verlassen. Er kann sie auf Verantwortung des Versenders an den Frachtführer oder die Transportanstalt weitergeben. Art. 441 II OR. N. 4 (2) oben. Doch gebietet die Sorgfaltspflicht namentlich dem gewerbsmässigen Spediteur, die *fehlenden Angaben und Weisungen vom Versender zu verlangen*, die zum ordnungsgemässen Abschluss des Frachtvertrages mit dem Frachtführer oder der Transportanstalt gehören. Sonst haftet der Spediteur für die dem Versender erwachsenden Nachteile, für die Frachtführer oder Transportanstalt nicht aufzukommen haben. **BGE 52 II 88/91.** Hat der *Spediteur die Verpackung übernommen*, so haftet er dafür, dass diese für den vorgesehenen Transport *gehörig*, z. B. *seetüchtig*, erfolgt. Für *Transportschäden auf dem von ihm selbst ausgeführten Nebentransport* haftet der *Spediteur oder Zwischenspediteur wie ein Frachtführer* gemäss Art. 447/8 OR. Die Regelung hat für den Spediteur nicht nur Nachteile, sondern wegen der *Haftungsbeschränkung auf den Sachwert* auch Vorteile. Art. 3 Z. 3 AB/SSV. Art. 447 N. 9. Art. 448 N. 3, 4. SJZ 54 (1958) Nr. 174 S. 313. Die Beschränkung der Sorgfaltshaftungen auf Fälle groben Verschuldens (Art. 3 Z. 1 AB/SSV) dürfte nicht generell zulässig sein. OSER/SCHÖNENBERGER ad Art. 439 N. 13 («nicht abdingbare Sorgfaltspflicht»). Die *Verletzung einer ausdrücklichen Weisung oder Ausführungsabrede* muss jedenfalls als *grobes Verschulden* betrachtet werden. ZBJV 86 (1950) S. 416 (weisungswidrige Entgegennahme von Schwarzblech statt Weissblech zur Spedition).

c *c.* Das *Recht des Spediteurs zur Weisungsabweichung* richtet sich nach *Art. 397 I OR.* Es ist womöglich eine abgeänderte Weisung einzuholen. Konnte das vernünftigerweise nicht geschehen, so muss das getan werden, was dem *mutmasslichen Willen und dem Interesse des Versenders* entspricht. Art. 397 N. 17–19. ZR 53 (1954) Nr. 8 S. 22. Sonst haftet der Spediteur für den durch die Weisungsabweichung verursachten Schaden. Art. 397 N. 20. Zur *Weisungserteilung legitimiert ist nur der Versender, nicht der Empfänger des Speditionsgutes.* BECKER ad Art. 439 OR N. 10. Das spricht gegen die Qualifikation des Speditionsvertrages als Vertrag zugunsten Dritter. ZIMMERMANN a. a. O. S. 71/4. Werden *unzweckmässige Weisungen* erteilt, so gebietet die Sorgfaltspflicht dem Spediteur als Fachmann, den Versender aufzuklären. Art. 397 N. 18.

II. DER SELBSTEINTRITT DES SPEDITEURS

7. Seltenheit des gewöhnlichen Selbsteintrittes

7 Durch die Unterstellung des Speditionsvertrages unter das Kommissionsrecht soll grundsätzlich die auftragsrechtliche *Sorgfaltshaftung anstelle der Frachtführerhaftung* treten, die trotz ihrer Abschwächung in der Revision von 1911 wegen der Umkehrung der Beweislast noch häufig als eine Kausalhaftung aufgefasst wird. Art. 447 N. 1, 2, 4. Das dem Kommissionär zugestandene *Selbsteintrittsrecht* muss, auf den Spediteur angewendet, den *Verschiedenheiten der Ausführungsgeschäfte* angepasst werden. Während es dem Kommissionär i. d. R. möglich ist, das Kommissionsgeschäft durch einen Deckungskauf oder einen Verkauf aus eigenen Beständen in ein Eigengeschäft umzuwandeln, *kann der Spediteur die meisten Transportaufträge, See-, Luft- oder Eisenbahntransporte, nicht selbst ausführen.* Verfügt er über eigene Motorfahrzeuge, so kann ein Selbsteintritt unter analogen Voraussetzungen wie bei der Kommission stattfinden. Ist er nicht ausdrücklich ausgeschlossen, so kann er erfolgen, *wenn für den Frachtlohn bestimmte Tarife bestehen* (analog dem Markt- oder Börsenpreis des Kommissionsgutes). Führt der Spediteur einen Transport tatsächlich selbst aus, so *haftet er wie ein Frachtführer.* Die Transportschadenshaftung richtet sich nach Art. 447/8 OR. Der Unterschied ist allerdings unbedeutend, weil der *Spediteur für Transportschäden ebenfalls als Garant nach Art. 447/8 OR haftet.* N. 3b, 4 oben.

8. Sammelladungsspedition

8 a *a.* Als Phänomen, das einem Selbsteintritt des Spediteurs gleichsteht, erscheint die Sammelladungsspedition. ZIMMERMANN a.a.O. S.68. Der Spediteur *chartert für eigene Rechnung Schiffsraum, übernimmt von der Eisenbahn Güterwagen oder mietet Camions.* Er sammelt Speditionsaufträge von mehreren Versendern für Güter, die den *gleichen Transportweg oder gleiche Teilstrecken* zurücklegen sollen und sich zur Verladung im nämlichen Schiffsraum, Güterwagen oder Camion eignen. Im Vergleich zur Stückgutfracht entsteht dadurch eine erhebliche Ersparnis an Frachtkosten. Fasst man die Sammelladungsspedition als *Selbsteintritt* des Spediteurs auf, so kommt die *ganze Ersparnis dem Spediteur* zu, der aber auch einen *Verlust durch ungenügende Ausnützung des gecharterten Frachtraums zu tragen* hat. So BECKER ad Art.439 N.4. Nach allgemeinem Auftragsrecht hingegen müsste sie den einzelnen Versendern zukommen. In Anlehnung an die deutsche Praxis erfolgt meistens eine *Teilung der Ersparnis zwischen Spediteur und den einzelnen Auftraggebern.* GUHL OR S.393/4. Meist wird der *Sammelladungstransport zu festen Sätzen* ausgeführt, die zwischen Spediteur und Auftraggebern vorgängig vereinbart sind. In diesen Sätzen sind *Provision, Auslagenersatz und Entschädigung des Sammelladungsspediteurs für seine Arbeit eingeschlossen.* Der Anreiz bleibt für die Auftraggeber eine dennoch beträchtliche Frachtersparnis gegenüber der Stückgutspedition und für den Spediteur ein Mehrverdienst, weil die Frachtkostendifferenz meist erheblich ist. WALTER LEUMANN, Die Rechtsstellung des schweizerischen Sammelladungsspediteurs S.33/6. Nach dem Sinn von Art.439 OR und dem Wesen des Selbsteintrittes *haftet der Sammelladungsspediteur für Transportschäden wie ein Frachtführer nach Art.447/8 OR.* Eine andere Regelung scheint praktisch kaum durchführbar. Das Speditionsgut eines Auftraggebers geht gänzlich zugrunde. Für diesen Auftraggeber tritt Totalverlust ein, während der Frachtführer oder die Transportanstalt nur für Teilverlust haftet. OSER/SCHÖNENBERGER ad Art.439 OR N.34. Anders LEUMANN a.a.O. S.37/9.

b *b.* Von der Sammelladungsspedition sind zu unterscheiden *Sammeltransporte*, die nicht als Spediteur, sondern *als Frachtführer* übernommen und i.d.R. *mit eigenen Fahrzeugen*, namentlich Motorfahrzeugen, ausgeführt werden. Dazu ist wohl die *private Camionnage, Zu- und Abfuhr von Gütern zu und von Versendestationen der öffentlichen Transportanstalten* zu zählen. Hinsichtlich der Transportschadenshaftung dürfte kein wesentlicher Unterschied von der Sammelladungsspedition bestehen. Doch ist im ersteren Falle ein *Frachtlohn*, im zweiten Falle eine « *Ver-*

gütung» geschuldet, die sich nach einer Frachtkostenersparnis bemisst. Private Sammeltransporte mit Motorlastwagen sind im interurbanen Verkehr ein häufiges Phänomen geworden.

III. DIE ANSPRÜCHE DES SPEDITEURS UND IHRE SICHERUNG

9. Der Vergütungsanspruch

9 a

a. Nach § 408 II HGB ist es dem Spediteur untersagt, eine höhere Fracht als die mit dem Frachtführer oder Verfrachter bedungene in Rechnung zu stellen. Nach § 409 HGB hat der Spediteur einen Provisionsanspruch. Das ist die konsequente auftragsrechtliche Regelung. Nach Art. 439 OR hat der Anspruch des Spediteurs allgemein eine «Vergütung» zum Gegenstand. Damit ist die Entgeltlichkeit in gleicher Weise umschrieben wie beim Werkvertrag (Art. 363, 372/3 OR) und beim einfachen Auftrag (Art. 394 III OR). Es darf daraus geschlossen werden, dass *Art und Mass der Vergütung der freien Parteivereinbarung vorbehalten* bleiben sollte. Art. 394 N. 75, 76. Hinsichtlich der *Art des Entgeltes weicht der Speditionsvertrag des revOR vom Kommissionsrecht* (Art. 425 OR: «Provision») ab. Darin ist eine Reminiszenz an aOR Art. 448 zu erblicken, weil früher der Spediteur gleich dem Frachtführer einen «Frachtlohn» bezog, in welchen er seine «Provision» regelmässig einkalkulierte. Dabei ist die schweizerische Praxis auch geblieben. Art. 4 und 5 AB/SSV spricht von «*Übernahmen*» *und* «*Übernahmesätzen*».

b

b. Nachdem die AB/SSV, nach welchen sich die meisten Speditionsgeschäfte der schweizerischen Spediteure abwickeln, von der Gerichtspraxis als allgemeine, bisweilen sogar als stillschweigend vereinbarte Vertragsgrundlage anerkannt wurden (**BGE 77 II 154**, ZR 48 [1949] Nr. 153 S. 294, ZBJV 86 [1950] S. 126, 89 [1953] S. 340), wird man auch die Festsetzung des Entgelts nach «Übernahmen» und «Übernahmesätzen» im schweizerischen Speditionsgeschäft zulassen müssen. Dann wird man in Abweichung von der deutschen Regelung die *Spedition gegen eine Pauschalvergütung* (Spedition à forfait) *nicht als Selbsteintritt* des Spediteurs unter Übernahme der Frachtführerhaftung qualifizieren. Anders Becker ad Art. 439 OR N. 4 und Oser/Schönenberger ad Art. 439 OR N. 33.

Zustimmend ZIMMERMANN a.a.O. S.25/6. Es bleibt grundsätzlich bei der *auftragsrechtlichen Sorgfaltshaftung des Spediteurs als Geschäftsführer*. Der Ausdruck «Übernahmesatz» in den AB/SSV ist gleichbedeutend mit «Übernahmsofferte» im Rechtssinne, an welche der Spediteur gebunden ist. ZR 48 (1949) Nr.153 S.296.

c *c.* Die Übernahmsofferte schliesst als «Vergütung» i.S. von Art.439 OR die *Frachtkosten*, bisweilen auch die *Entschädigung für Nebenleistungen und die «Provision» des Spediteurs in eine Gesamtposition zusammen*, obschon die Frachtkosten in Wirklichkeit «Auslagen» i.S. von Art.402 OR sind. Damit wird es gleichsam Berufsaufgabe und *Berufsrisiko des Spediteurs, die Frachtsätze richtig zu berechnen und ein angemessenes Entgelt für seine Arbeitsleistungen hinzuzuschlagen*. Das führt zu einer vereinfachten Abrechnung i.S. von Art.400 OR.

d *d. Andere Vereinbarungen über Art und Mass der Vergütung sind zulässig, aber in der schweizerischen Praxis selten.* Die «Vergütung» kann in einem prozentualen Zuschlag zu den in Rechnung gestellten tatsächlichen Frachtsätzen bestehen. Denkbar ist auch ein Prozentzuschlag nach dem Wert des Speditionsgutes. Oder aber es wird die Vergütung nur nach Arbeitszeit und Arbeitsaufwand des Spediteurs bemessen. Auch Kombinationen dieser Bemessungsgrundlagen sind möglich. Art.394 N.76. Oft wird die Vergütung für die Nebenleistungen des Spediteurs: Lagerung, Transport zur Abgangsstation oder an Bord eines Schiffes, Verpackung, Verladung, nach anderen Grundsätzen und Maßstäben berechnet als die Hauptleistung, die Geschäftsführung des Spediteurs.

e *e. Wird der Speditionsvertrag aus einem in der Person des Versenders liegenden Grunde widerrufen, so besteht der Anspruch auf die volle vereinbarte oder übliche Vergütung.* Art.432 I OR. Kommt der Speditionsvertrag *aus einem anderen Grunde nicht oder nicht vollständig zur Ausführung*, so hat der *Spediteur Anspruch auf Ersatz aller tatsächlich gemachten Auslagen sowie auf eine seiner Arbeit und Verantwortung entsprechende Teilvergütung*, die nach den nämlichen Grundsätzen zu bemessen ist, die bei Abwicklung des ganzen Geschäftes zur Anwendung kämen. Art.432 II OR.

10. Der Auslagenersatzanspruch des Spediteurs

10 a *a.* Ist die Vergütung nicht mit den Frachtkosten in einem Gesamtposten zusammengefasst, so sind die *Frachtkosten die hauptsächliche Auslagenposition*, gleich wie der Kaufpreis bei der Einkaufskommission. Für

alle anderen Auslagenpositionen gilt mutatis mutandis die in Art. 431/402 OR getroffene Regelung. Art. 5 I AB/SSV enthält folgenden Katalog:

«Wenn nichts Gegenteiliges vereinbart ist, so sind in Übernahmesätzen nicht eingeschlossen, sondern gelangen neben ihnen zur Verrechnung: Nebengebühren für Telegramm-, Telephon- und Legalisationsspesen, Auslagen für Porti, Frachtbriefstempel, Abladen, Wiegen, Zoll, Monopolgebühren, sonstige Abgaben, Verzollung, Überwachung, Versicherung, Untersuchungen, Expertisen, Atteste, Fuhrlohn, Konnossement und Stempel, Ankauf und Aufmachung der Konsularfakturen, Deckenmiete, Krangebühren, Vorlageprovision für Barvorschüsse, Lagergelder, Stationsgebühren, Währungszuschläge, bahnamtliche Vereinigungs- und Verteilungsgebühren, statistische Gebühren, Reparaturen, Beschaffung von Packmaterial, Stroh, Unterschlägen und dergleichen».

Art. 431 II OR.

Von besonderer Bedeutung sind die auch im Kommissionsrecht ausdrücklich erwähnten *Lagergelder und Frachtlöhne für die vom Spediteur selbst zur Verfügung gestellten Lagerräume und Transportmittel.* Obschon sie keine Auslagen sind, kann der Spediteur die angemessenen und üblichen Sätze in gleicher Weise in Rechnung bringen wie die an Dritte verauslagten Lagergelder und Frachtlöhne. Grössere Speditionsfirmen besorgen regelmässig die *Zu- oder Abfuhr des Speditionsgutes mit eigenen Motorfahrzeugen.* Dürfen sie besondere Lagergelder und Frachtlöhne berechnen, so ist es billig, dass sie auch *wie ein Lagerhalter oder Frachtführer für das anvertraute Gut haften.* N. 3a oben.

b

b. Nach allgemeinem Auftragsrecht muss der Spediteur für Auslagen nicht in Vorschuss treten, sondern kann *Vorausdeckung* verlangen. Art. 6 AB/SSV. Art. 402 N. 3–5. Vom Spediteur *vorgeschossene Auslagen* sind nach Art. 402 I und 431 I OR vom Tage der Auslage an zu *verzinsen.* Art. 431 N. 5.

c

c. Keinen Ersatz kann der Spediteur verlangen für seine *Generalunkosten*, namentlich *Löhne* seiner Angestellten. Art. 431 N. 6a, Art. 402 N. 11a. Hingegen bilden die an *Zwischenspediteure und Frachtführer entrichteten Gebühren und Auslagen* ersatzpflichtige *Auslagen des Spediteurs*, wenn sie nicht bereits in den *Übernahmesätzen einkalkuliert* sind.

11. Das Retentionsrecht des Spediteurs

11 a

a. Als Grundlage des Retentionsrechtes des Spediteurs genügt Art. 895 ZGB. Voraussetzung ist, dass der Spediteur wenigstens den *mittelbaren*

Besitz am Speditionsgut hat. Art. 92, 95 Code de Commerce. *Frachtführer oder Zwischenspediteure* können den *unmittelbaren Besitz* für ihn ausüben, weil der Spediteur im eigenen Namen mit ihnen kontrahiert hat. Das Retentionsrecht ist im Gegensatz zu demjenigen des Kommissionärs nach Art. 434 OR ein *echtes dingliches Retentionsrecht an fremden Sachen.* Es steht dem Retentionsrecht des Frachtführers nach Art. 451 OR näher als demjenigen des Kommissionärs, obschon die Forderungen des einen und des anderen nicht gleichartig sind. Art. 10 AB/SSV spricht offenbar in Anlehnung an § 410 HGB von einem «*Faustpfand*» *für den jeweiligen Saldo* aus dem gesamten Geschäftsverkehr mit dem Auftraggeber. Für das schweizerische Recht dürfte die Qualifikation als *Retentionsrecht* i. S. von Art. 895 richtiger und ausreichend sein.

b *b.* Voraussetzung des Retentionsrechtes ist, dass sich aus der Abwicklung des konkreten Speditionsvertrages ein *Saldo aus der Abrechnung aller gegenseitigen Ansprüche von actio mandati directa und actio mandati contraria zugunsten des Spediteurs ergibt.* Art. 400 N. 5 c. Neben dem *Besitz* am Retentionsobjekt setzt das Retentionsrecht eine bestehende *Forderung* voraus. Soweit Vergütung und Auslagen des Spediteurs *vorausbezahlt* oder *vorausgedeckt* sind, ist für das Retentionsrecht kein Raum. Es wird durch das *Verrechnungsrecht* ersetzt. Eine weitere Voraussetzung des Retentionsrechtes ist der gute Glaube des Spediteurs hinsichtlich der Verfügungsberechtigung des Versenders. **BGE 38 II 174, 202/3.**

c *c.* Um das Retentionsrecht ausüben zu können, muss der *Spediteur die Retentions- oder Pfandrechte der von ihm beigezogenen Frachtführer, Schiffsreeder, Transportanstalten oder Zwischenspediteure ablösen.* Die für die Ablösung verauslagten Beträge werden aber *seine retentionsgesicherten Auslagen.* Den Anlass für die Ausübung des Retentionsrechtes bildet regelmässig Zahlungs- oder Annahmeverweigerung durch den dem Spediteur bezeichneten Empfänger. Von einem derartigen *Ablieferungshindernis* ist der *Spediteur* nach Frachtvertragsrecht zu *benachrichtigen* und hat die *Information unverzüglich an den Versender weiterzugeben.*

d *d.* Der Empfänger oder Versender kann das *Retentionsrecht ablösen,* wenn er einen allenfalls streitigen *Forderungsbetrag hinterlegt.* Art. 898 I ZGB, Art. 431 OR. Art. 400 N. 18 a. Andererseits darf der Spediteur das Retentionsrecht nicht unangemessen beanspruchen. Erweist sich die Forderung, für die es beansprucht wird, als unbegründet, so haftet er für den durch die verspätete Ablieferung entstandenen Schaden. Art. 400 N. 18 c.

e

e. Kann der *Spediteur* nach amtlicher Feststellung des Zustandes den Richter am Ort der gelegenen Sache um einen *Notverkauf* angehen, wenn das *Speditionsgut verderblich oder so wenig wert ist, dass sein Erlös die Ansprüche des Spediteurs voraussichtlich nicht deckt?* Ein praktisches Bedürfnis besteht in gleicher Weise wie im Frachtvertrag. Art. 444/5, 453 OR. Doch sehen beispielsweise die AB/SSV ein Notverkaufsrecht nicht vor, und die kantonalen Prozessordnungen beschränken es ebenfalls auf Frachtverträge. Der *Spediteur wird daher den von ihm beigezogenen Frachtführer in solchen Fällen zur Ausübung seines Notverkaufsrechtes veranlassen müssen.* Ein allfälliger *Überschuss über die retentionsgesicherten Forderungen des Frachtführers ist ihm als formellem Absender auszuliefern.* Anders SJZ 18 (1921/22) Nr. 280 S. 358.

IV. DIE ANSPRÜCHE DES VERSENDERS AUS DEM SPEDITIONSVERTRAG

12. Der Ausführungsanspruch und der Schadenersatzanspruch wegen nicht gehöriger Erfüllung der Ausführungsobligation

12 a

a. Die unklagbare und unvollstreckbare Ausführungsobligation (Art. 398 N. 1) umfasst stets den essentiellen fiduziarischen *Rechtshandlungsauftrag* und, je nach den Umständen, *Tathandlungen*, die als *Nebenverpflichtungen* hinzutreten und das Speditionsgut zum Gegenstand haben: Verpackung, Zufuhr, Abfuhr, Lagerung. Dazu kann als weitere Rechtshandlungsobligation, wie bei einem Frachtführer, der Inkasso einer Kosten- oder Wertnachnahme treten. N. 3a oben. Der konkrete Speditionsauftrag kann *mit weiteren Verträgen, namentlich Aufträgen, koordiniert sein.* Der Käufer und Empfänger einer Ware kann den Verkäufer und Versender bei seinem Spediteur für den Kaufpreis *akkreditieren, und der Spediteur die Verpflichtung übernehmen, dem Versender den Kaufpreis gegen Vorlegung bestimmter Dokumente vorauszubezahlen.* Art. 407 OR. Der Spediteur kann auf das *Speditionsgut Darlehen gewähren* und sich dieses *verpfänden* lassen. Dietrich Zoelly, Bankgeschäfte durch Speditionsunternehmer, S. 26, 54. **BGE 84 II 173.** Solche durch den Speditionsauftrag mittelbar veranlasste «Nebengeschäfte» beurteilen sich nach den für sie (Akkreditiv, Faustpfanddarlehen) geltenden Regeln, auch wenn sie zum gewöhnlichen Geschäftsbereich eines Spediteurs gehören. Die Praxis ist in der Ausdehnung dieses Geschäftsbereiches des Spediteurs weit gegangen, als sie erklärte, *Abschluss und Abwicklung von internationalen Käufen und Verkäufen* (Kommissionsgeschäfte) durch den Spediteur im eigenen Namen, aber für fremde Rechnung, sei durch den Geschäftszweck nicht ausgeschlossen. **BGE 84 II 172/3.**

b *b.* Alle *auftragsrechtlichen Ausführungsobligationen* des Spediteurs, ob sie Rechts- oder Tathandlungen zum Gegenstand haben, sind *unklagbar und unvollstreckbar.* Art. 395 N. 25, Art. 398 N. 1. Soweit jedoch die Ausführungsobligation des Spediteurs in *Rechtshandlungen* besteht, liegt *nicht gehörige Erfüllung nur bei Sorgfaltsverletzung* des Spediteurs, evtl. Zwischenspediteurs vor. **BGE 36 II 368, 48 II 332 Erw. 1** (Ausstellung des Frachtbriefes), **52 II 88/91** (Unterlassung notwendiger Inhaltsprüfung, ungenügende Kennzeichnung). Art. 398 N. 21. *Die Sorgfaltsverletzung ist als Haftungsvoraussetzung vom Auftraggeber (Versender) zu beweisen, desgleichen der Schaden.* Art. 398 N. 23, 26/8. Oft kann es nur ein *Verspätungsschaden* (Aufgabe als gewöhnliches Frachtgut statt Eilgut) oder eine *Frachtdifferenz* bei Abschluss zu einem *teuren Frachtsatz* sein. Keine Sorgfaltsverletzung liegt vor, wenn die *verlangte raschestmögliche Spedition nur durch eine besondere Transportart* (Luftfracht) möglich war. ZR 53 (1954) N. 8 S. 22. Eine besondere Sorgfaltsverletzung ist die *Verwirkung der Haftpflichtansprüche gegen den Frachtführer oder die Transportanstalt.* Art. 452, 457 OR. Dann *haftet der Spediteur dem Versender für Transportschäden wie ein Frachtführer oder eine Transportanstalt, obschon er selbst keinen Rückgriff mehr auf jene nehmen kann.* Lit. c unten. Beim *Nachnahmeinkasso* haftet der Spediteur nur für den durch *nachgewiesene Sorgfaltsverletzung* verursachten Schaden. Der Schaden kann höchstens im nicht einkassierten Nachnahmebetrag bestehen. ARNOLD AEBLI, Die Nachnahmesendung im Speditions- und Frachtgeschäft, S. 51.

c *c.* In Abweichung vom HGB und Anlehnung an den Code de Commerce *haftet der Spediteur dem Versender unmittelbar als Garant für den Transport und die Ablieferung der Güter, jedoch nur dann und in dem Umfange, als der beigezogene Frachtführer oder die beigezogene Transportanstalt dem Spediteur für Transportschäden haftbar ist.* **BGE 48 II 260 Erw. 2.** ZIMMERMANN, La responsabilité du commissionnaire-expéditeur, p. 40. Art. 439, 456 OR. Massgebend bei dieser Garantie sind die *Bestimmungen von Art. 447/53 OR bzw. der Spezialerlasse (Art. 456 OR) für die Haftungsvoraussetzungen und -beschränkungen (Art. 447/9 OR), die Verjährung (Art. 454 OR) und das Verfahren (Art. 453).* Art. 447 N. 15d, 16d. N. 13b unten. Art. 456 N. 3. Der Spediteur, der die *Rechte gegenüber dem Frachtführer oder*

der Transportanstalt nicht wirksam wahrt, begeht eine *grobe Fahrlässigkeit* und kann sich gegenüber dem Versender *nicht auf die kurzen Verwirkungsfristen von Art. 452 OR berufen*. Art. 452 I, 456 OR. Dafür kann die Haftung nicht wegbedungen werden. Kontrovers ist, ob vereinbart werden kann, dass *die Garantiepflicht des Spediteurs lediglich durch Abtretung der Ansprüche gegen den Frachtführer oder die Transportanstalt zu erfüllen ist.* Art. 3 Z. 2 AB/SSV. Art. 456 II OR. N. 4 oben. Art. 447 N. 15 d.

d *d.* Für *Tathandlungen des Spediteurs, die den Transport* (Ortsveränderung) *des Speditionsgutes*, nicht seine Aufbewahrung oder Lagerung, bezwecken, gelten die besonderen frachtvertraglichen *Haftungsregeln für Transportschäden, Art. 447/8 OR.* Der *Spediteur* hat zu beweisen, *dass er und seine Hilfspersonen keine schadenskausale Sorgfaltsverletzung begangen haben.* Art. 447 N. 4 c. *Kann dem Spediteur keine grobe Fahrlässigkeit nachgewiesen werden, so ist das Mass seiner Haftung auf den Sachwert beschränkt.* Das nämliche gilt in allen Fällen des *Selbsteintrittes des Spediteurs, namentlich der Sammelladungsspedition.* N. 8 oben. Eine nach Art. 398 III OR *unbefugte Substitution* wird regelmässig als *grobes Verschulden* zu bewerten sein, so dass die Haftungsbeschränkung auf den Sachwert dahinfällt.

e *e.* Für die *Einlagerung in eigenen Lagerräumen haftet der Spediteur wie ein Lagerhalter.* Bei nicht gehöriger Erfüllung hat er den Exkulpationsbeweis nach Art. 97 OR zu leisten. Verbringt er weisungsgemäss das Speditionsgut in ein *fremdes Lagerhaus*, so haftet er nach auftragsrechtlichen Grundsätzen nur, *wenn er selbst eine Sorgfaltsverletzung zu vertreten hat.* ZR 52 (1953) Nr. 40 S. 73 Erw. 5. Art. 9 Z. 1 AB/SSV. Der Versender kann *Abtretung allfälliger Haftpflichtansprüche* gegen den Lagerhalter verlangen. Art. 3 Z. 2 AB/SSV. *Die Transportschadensgarantie des Spediteurs beginnt mit der Übergabe des Gutes an den Frachtführer* oder die Transportanstalt **(BGE 36 II 369)** und *endet mit der gehörigen Ablieferung des Speditionsgutes am Bestimmungsort*, wobei es sich häufig um die Ablieferung in einem Lagerhaus handeln kann. Auch die *zollamtliche Beschlagnahme* des Speditionsgutes kann die *Transportschadensgarantie des Spediteurs* beendigen. SJZ 18 (1921/22) Nr. 241 S. 307, Nr. 280 S. 358, SJZ 22 (1925/26) Nr. 201 S. 233, ZR 52 (1953) Nr. 40 S. 70 Erw. 2. Aus Art. 456 OR ergibt sich, dass eine *Belangung des Spediteurs aus dieser Garantie möglich ist, bevor dieser Rückgriff auf Frachtführer oder die Transportanstalt genommen hat.* SJZ 18 (1921/22) Nr. 281 S. 358.

f *f.* Der vom Spediteur beigezogene *Zwischenspediteur* haftet dem Versender *für die von ihm auszuführende Tätigkeit* in allen Teilen *wie ein*

Hauptspediteur. Art. 399 III OR. War er nach Art. 398 III OR *befugterweise* beigezogen, so haftet der *Hauptspediteur* für das Verhalten des Zwischenspediteurs als solidarischer Garant *nur bei unsorgfältiger Auswahl oder Instruktion, sonst unbeschränkt wie für eine Erfüllungshilfsperson* i. S. von Art. 101 OR. N. 5b oben. Für den vom Spediteur oder Zwischenspediteur beigezogenen *Frachtführer* oder den *Zwischenfrachtführer* (Art. 499 OR) oder die Transportanstalt *haften Spediteur oder Zwischenspediteur als Transportschadensgaranten*. Lit. c oben.

g *g*. Es gilt die allgemeine *10jährige Verjährungsfrist für Schadenersatzansprüche gegenüber dem Spediteur mit Ausnahme der Ansprüche aus seiner Transportschadensgarantie, die der einjährigen Verjährung nach Art. 454/456 OR untersteht*. Damit der Versender *einredeweise Transportschäden* geltend machen kann, müssen dem Spediteur binnen Jahresfrist die *Verantwortlichkeitsansprüche notifiziert* worden sein. Art. 454 II OR. **BGE 48 II 334.**

13. Der Ablieferungsanspruch auf das Speditionsgut

13 a *a*. I. d. R. verpflichtet sich der Spediteur nicht selbst, dem Adressaten das Speditionsgut abzuliefern, sondern er verpflichtet sich, alles zu tun, damit der beigezogene Frachtführer oder die beigezogene Transportanstalt das Speditionsgut dem Adressaten abliefert. N. 3b oben. *Drittbegünstigter Empfänger ist der Adressat nicht gegenüber dem Spediteur, sondern gegenüber dem vom Spediteur beigezogenen Frachtführer oder der Transportanstalt*. Der Speditionsvertrag ist erfüllt, wenn der Frachtführer oder die Transportanstalt die gehörige Ablieferung am Bestimmungsort, gegebenenfalls durch Zufuhr an das Domizil des Adressaten, vorgenommen haben. Nur wenn der Versendungsspediteur gleichzeitig *Adreßspediteur* ist, oder wenn ein Adreßspediteur als Zwischenspediteur beigezogen wurde, ist *Zufuhr ans Domizil des Adressaten* (oder an den von diesem bezeichneten Ort) eine Nebenverpflichtung des Spediteurs (Adreßspediteurs oder Zwischenspediteurs). Jedenfalls *hat der Adressat keinen unmittelbaren Ablieferungsanspruch gegenüber dem Spediteur des Versenders*. Art. 8 AB/SSV. Deshalb dürfte der *Speditionsauftrag kein echter Auftrag zugunsten eines Dritten sein*.

b *b*. Es kann *Pflicht des Spediteurs* sein, *dass er dem Adressaten ein Frachtbriefdoppel, ein Konnossement, einen Empfangsschein übergibt*, damit dieser gegenüber dem Frachtführer (Transportanstalt oder Reeder) über das Speditionsgut verfügen kann. Art. 443 OR.

14. Die Abrechnungspflicht des Spediteurs

14 a

a. Die Abrechnungspflicht des Spediteurs folgt aus Art. 400 OR. *Wie abzurechnen ist, richtet sich nach den Ansprüchen, die dem Spediteur aus dem konkreten Speditionsvertrag erwachsen sind.* N. 9–11 oben. Da in der Schweiz die meisten Speditionsaufträge auf Grund *fester Übernahmeofferten* ausgeführt werden, ist die *Abrechnung für das Entgelt und die Frachtkosten vereinfacht.* Hinsichtlich der übrigen Auslagen kann der Versender eine belegte Abrechnung verlangen. Art. 400 N. 28, 29.

b

b. Für die *Genehmigung der Abrechnung, die Entlastung* des Spediteurs von Verantwortlichkeitsansprüchen gilt das *allgemeine Auftragsrecht.* Art. 400 N. 33–35.

15. Anwendung von Art. 401 OR auf die Spedition

15 a

a. Durch den Speditionsvertrag und Übergabe des Speditionsgutes an den Spediteur wird das *Speditionsgut nicht Eigentum des Spediteurs.* Es wird daher im Konkurse einer Speditionsfirma egelmässig nicht zur Konkursmasse des Spediteurs gezogen. Geschieht dies dennoch, so kann es vom Eigentümer, der regelmässig der Versender ist, *vindiziert* werden.

b

b. Wurde *auf den Namen des Spediteurs ein Frachtbrief*, ein Ladeschein oder ein Konnossement ausgestellt, oder lautet ein Konnossement auf den Inhaber und befindet sich ein solches Papier bei der Konkurseröffnung im Besitz des Spediteurs, so kann das Gut *vom Versender u. E. ausgesondert werden*, vorausgesetzt, dass der Versender der Masse gegenüber die unerfüllten Ansprüche des Spediteurs erfüllt. Art. 401 N. 17. Vorbem. zu den Transportverträgen N. 7.

c

c. Bei Beendigung des Speditionsauftrages kann der Versender vom Spediteur *Abtretung aller für seine Rechnung erworbenen Forderungen, namentlich gegen den Frachtführer oder die öffentliche Transportanstalt, verlangen.* AB/SSV Art. 3 Z. 2. Es muss indessen angenommen werden, dass diese Rechte durch *Subrogation von Gesetzes wegen auf den Versender übergehen*, sobald dieser alle Ansprüche des Spediteurs erfüllt oder dessen Retentionsrecht durch Hinterlegung eines streitigen Betrages abgelöst hat. Der Rechtsübergang würde auch im Falle des Konkurses eines schweizerischen Spediteurs eintreten. Art. 401 N. 5a, 22–25.

V. BEENDIGUNGSGRÜNDE UND BEENDIGUNGSWIRKUNGEN DES SPEDITIONSAUFTRAGES

16. Beendigungsgründe

16 a *a.* Die Beendigungsgründe richten sich grundsätzlich nach *Art. 404/5 OR*. Ein grundloser Widerruf durch den Versender dürfte selten, eine Kündigung durch den Spediteur noch seltener sein, weil keine Partei dadurch viel gewinnt. Hat der Spediteur den Frachtvertrag abgeschlossen, und befindet sich das Speditionsgut auf dem Transport, so *bewirkt die Beendigung des Speditionsauftrages nicht auch die Beendigung des abgeschlossenen Frachtvertrages.* Letzterer muss vom Spediteur nach den Regeln über die Beendigung des Frachtvertrages widerrufen werden. Art. 440 N. 10. Der *Widerruf ist dann nicht mehr wirksam, wenn der Empfänger bereits nach Art. 443 OR das alleinige Verfügungsrecht über das Speditionsgut erworben hat.*

b *b.* Dasselbe gilt mutatis mutandis von den Beendigungsgründen *Tod, Handlungsunfähigkeit und Konkurs.* Sie berühren den vom Spediteur abgeschlossenen Frachtvertrag nicht unmittelbar. Da Speditionsunternehmungen meist im Handelsregister eingetragene Firmen sind, werden zudem die Beendigungsgründe Tod und Handlungsunfähigkeit nur selten eintreten. Der Konkurs des Spediteurs bietet nicht die nämlichen Schwierigkeiten wie der Konkurs eines Kommissionärs oder Fiduziars. *Der Eigentümer des Speditionsgutes kann allenfalls zur Konkursmasse gezogenes Speditionsgut vindizieren. Der Konkursmasse gegenüber sind die Ansprüche des Spediteurs zu erfüllen, die diesem zustehen, und die noch unerfüllt sind.* Andererseits ist der Spediteur selbst oder seine Konkursmasse durch das *Retentionsrecht* am Speditionsgut gesichert, was namentlich *auch im Falle des Konkurses des Versenders von Bedeutung ist.* Art. 405 N. 1–17.

17. Beendigungswirkungen

17 Die Wirkung der Beendigungsgründe richtet sich analog nach Art. 432 OR. Ein *grundloser Widerruf durch den Versender befreit nicht von der Pflicht zur Leistung der vollen Vergütung.* Bei Auflösung aus einem Grunde in der Person des Versenders ist ebenfalls die volle Vergütung zu entrichten, bei Auflösung aus einem Grunde in der Person des Spediteurs

eine nach den konkreten Maßstäben zu bemessende *Teilvergütung.* Art. 432 OR. In jedem Falle sind dem Spediteur die *effektiv gemachten Auslagen bis zum Zeitpunkt zu vergüten, da der Auflösungsgrund nach Art. 406 OR wirksam wird.* Von ungedeckten Verpflichtungen, die der Spediteur in richtiger Ausführung seines Auftrages gegenüber Frachtführern, Zwischenfrachtführern, Transportanstalten und anderen Dritten eingegangen ist, ist er zu befreien. Art. 402 N. 15–19. *Die Beendigungsgründe wirken nur auf die Ausführungsobligation. Die tatsächlich entstandenen Ansprüche aus der actio mandati directa und contraria müssen erfüllt oder verrechnet werden, damit sie erlöschen.*

Sechzehnter Titel

Der Frachtvertrag

Art. 440

A. Begriff

[1] Frachtführer ist, wer gegen Vergütung (Frachtlohn) den Transport von Sachen auszuführen übernimmt.

[2] Für den Frachtvertrag kommen die Vorschriften über den Auftrag zur Anwendung, soweit nicht die Bestimmungen dieses Titels etwas anderes enthalten.

A. Définition

[1] Le voiturier est celui qui se charge d'effectuer le transport des choses moyennant salaire.

[2] Les règles du mandat sont applicables au contrat de transport, sauf les dérogations résultant du présent titre.

A. Definizione

[1] Vetturale è colui che s'incarica di eseguire il trasporto di cose mediante mercede (prezzo di trasporto).

[2] Al contratto di trasporto sono applicabili le regole del mandato, in quanto non stabiliscano diversamente le disposizioni di questo titolo.

Materialien: Gesetzesentwurf Bundesrat vom 1. Juni 1909, 43. Titel, Art. 1502 bis 1519. Botschaft Bundesrat, Bundesblatt 1905 II S. 42. Protokoll der III. Expertenkommission vom 19. Oktober 1908 S. 8/9. StenBull NatRat 1909 S. 716, 1910 S. 357. StenBull StRat 1910 S. 227.

Rechtsvergleichung: aOR Ar. 449/50. Code Civil art. 1779, 1782. Code de Commerce art. 103. HGB § 425. BGB § 631. Codice Civile art. 1678.

Literatur: Sub Vorbem. vor Art. 439 sowie sub Art. 439, ferner: Allgemeine Umzugsbedingungen des Central-Verbandes Schweiz. Möbeltransporteure = AB/CVSM. PAUL RATZ, Kommentar zum HGB, 2. Aufl., Berlin 1960, §§ 425 ff. S. 390 ff.; 16. Aufl. des Kommentars von STAUB. HANS E. VOGT, Der Rheinfrachtführer, seine Verträge und seine Haftung, Zürich 1952.

SYSTEMATIK DER KOMMENTIERUNG

Art. 440 OR

I. Der Anwendungsbereich des Frachtvertragsrechtes des OR

1. Frachtvertragsrecht des OR und Spezialgesetzgebung für Gütertransporte . . . 149
2. Der Frachtvertrag, ein entgeltlicher Auftrag . . . 153
3. Frachtvertrag, einfacher Auftrag und Speditionsvertrag im Transportgeschäft . . . 155
4. Frachtvertrag und Werkvertrag . . . 156

II. Die Anwendung des allgemeinen Auftragsrechts. Art. 440 II OR

5. Der Frachtvertrag, ein Konsensualvertrag zugunsten eines Dritten 157
6. Der Auftragsumfang . . . 159
7. Allgemeines und besonderes Weisungsrecht im Frachtvertrag . . . 159
8. Actio mandati directa und contraria im Frachtvertrag. Retentionsrecht . . . 160
9. Haftung für die Ausführung . . . 160
10. Beendigung des Frachtvertrages durch Widerruf oder Kündigung . 161
11. Tod, Verschollenerklärung, Handlungsunfähigkeit und Konkurs des Absenders beenden den Frachtvertrag nicht . . . 163
12. Tod, Verschollenerklärung und Handlungsunfähigkeit des Frachtführers beenden den Frachtvertrag regelmässig nicht . . . 163
13. Konkurs des Frachtführers oder freiwillige Liquidation seiner Firma 164
14. Wirkung der Beendigungsgründe . . . 164
15. Mehrere Absender, Empfänger oder Frachtführer . . . 164

Art. 440 OR

I. DER ANWENDUNGSBEREICH DES FRACHTVERTRAGSRECHTES DES OR

1. Frachtvertragsrecht des OR und Spezialgesetzgebung für Gütertransporte

a. Das allgemeine Frachtvertragsrecht des OR stammt aus einer Zeit, als die Massenverkehrsmittel noch nicht so entwickelt und verbreitet 1 a waren. Der Code Napoléon kennt nur den «*voiturier par terre et par eau*». Art. 1779. Immerhin gab es vor 1881 schon einen *öffentlichen Post-, Eisenbahn- und Schiffsverkehr*. Er war aus dem allgemeinen Frachtvertragsrecht des OR ausgenommen. Art. 466 aOR. Art. 455 III revOR. Inzwischen hat der *öffentliche Post-, Eisenbahn-, Luft- und Motorfahrzeugverkehr* den weit überwiegenden Teil der Transporte übernommen. Der Vorbehalt der Spezialgesetzgebung ist zur Regel geworden. Das *allgemeine Frachtvertragsrecht des OR ist nur noch auf verhältnismässig wenige Transportarten anwendbar*. Der Überblick über das Labyrinth des Transportrechtes ist leichter zu gewinnen, wenn festgestellt wird, *welche Transporte noch dem gemeinen Frachtvertragsrecht des OR unterstehen.*

b *b.* Im Gegensatz zum Code Civil art. 1779 und Codice Civile art. 1678 hat das *OR den Personen- und Gütertransport nicht zusammengefasst*. Nur für den Gütertransport wurde im Frachtvertrag ein besonderer Vertragstyp entwickelt. Im Gegensatz zur Konzeption des BGB § 661 ist der *Frachtvertrag kein Werkvertrag, sondern ein qualifizierter Auftrag*. Art. 440 II OR; Art. 394 N. 63. Die *private entgeltliche Dienstleistung des Frachtführers* hat also *nur den «Transport von Sachen»* zum Gegenstand. Art. 440 I OR. Der nicht dem speziellen Transportrecht unterstehende private *entgeltliche oder unentgeltliche Personentransport ist ein einfacher Auftrag*. Vorbem. N. 3b.

c *c. Aus dem privaten Frachtvertragsrecht des OR ausgenommen und durch spezielles Transportrecht geregelt sind:*

(1) Alle *Gütertransporte mit der Eisenbahn und mit Schiffen der Schiffahrtsunternehmungen* (Art. 455 III OR), die der *Eisenbahngesetzgebung* unterstehen, einschliesslich des *Zu- und Abtransportes der Güter* durch die *offizielle Camionnage* (Art. 125, 167 ETR). ETranspG Art. 1, 30 bis 52. ETR Art. 1–4, 65–188. CIM Art. 1, 2. (Für die Abkürzungen vgl. Vorbem. vor Art. 439 N. 1c.) Werden *Transporte von der Eisenbahnunternehmung* nicht auf dem Schienenweg, sondern mit *Motorfahrzeugen* ausgeführt, so richtet sich die Haftung dennoch nach Art. 1 III ETranspG. Das muss auch gelten, wenn die Eisenbahn Motorfahrzeuge als Transportmittel verwendet. Anders JT 106 (1958) I S. 446. Art. 455 N. 3e, f.

(2) Alle *Gütertransporte durch die Post* (Art. 455 III OR), gleichgültig ob die Post für die betreffenden Sendungen ein Transportmonopol besitzt oder nicht. PVG Art. 1, 2, Weltpostvertrag Art. 47 ff. Art. 455 N. 3e, 4c.

(3) Alle *Gütertransporte durch Seeschiffe unter schweizerischer oder fremder Flagge.* SSG Art. 4. Vor dem Inkrafttreten des SSG von 1953 kam für den Chartervertrag (Art. 94–100 SSG) für Seeschiffe unter Schweizerflagge ausschliesslich das gemeine Frachtvertragsrecht des OR zur Anwendung, jetzt nur noch als subsidiäres Gütertransportrecht. Art. 87 I, 101 II SSG. SJZ 43 (1947) Nr. 100 S. 220. Art. 455 N. 3 d, 5.

(4) Alle *Gütertransporte im Luftfrachtverkehr*, soweit sie *entgeltlich durch Luftfahrtunternehmen und andere oder unentgeltlich durch Luftfahrtunternehmen* ausgeführt werden. LFG Art. 75, LVA Art. 1, LTR Art. 2, 3. Art. 455 N. 4 d. Vor dem Inkrafttreten des LFG und LTR galt für *Gütertransporte im innerschweizerischen Luftverkehr das Frachtvertragsrecht* des OR. OSER/SCHÖNENBERGER Vorbem. zu Art. 440 457 N. 9. Für internationale Luftfrachttransporte galt bereits das *Warschauer Abkommen* vom 12. Oktober 1929 (LVA). Jetzt ist das *Luftfrachtrecht auf der Basis des Warschauer Abkommens für innerschweizerische und internationale Luftfrachttransporte weitgehend vereinheitlicht.* Vorbem. N. 3 d.

(5) Für *Gütertransporte mit Motorfahrzeugen im Strassenverkehr tritt die ausservertragliche Haftung des Motorfahrzeughalters aus der Motorfahrzeuggesetzgebung neben die einschlägige Haftung aus Spezialtransportrecht oder aus Frachtvertragsrecht des OR.* Für reine Gütertransporte mit der *Automobilpost* hat jedoch Art. 59 IV b SVG die Post- und Eisenbahngesetzgebung vorbehalten. Für die Post selbst gilt die Haftung nach PVG. Für *reine Gütertransporte* durch konzessionierte Automobilunternehmungen gilt das Frachtvertragsrecht des OR, insbesondere Art. 447/8 OR. OFTINGER, Haftpflichtrecht II 1 S. 387, 393/5. Art. 455 N. 4 c.

d

d. Dem *gemeinen privaten Frachtvertragsrecht des OR bleiben also noch unterstellt:*

Alle *Gütertransporte, die mit oder ohne Fahrzeuge oder Flugzeuge ausgeführt werden und keiner Spezialgesetzgebung* unterstehen. Es sind dies namentlich:

(1) *Entgeltliche Gütertransporte mit Zug- oder Tragtieren* oder (in der Schweiz selten) durch *Lastträger* (z. B. im Gebirge).

(2) *Entgeltliche Gütertransporte durch Luftseilbahnen, Gondelbahnen, Sesselbahnen, Schlittenseilbahnen, Aufzüge und Skilifts*, die nicht posteigen sind, aber meist einer Postkonzession bedürfen. Vorbem. N. 1 d.

(3) *Entgeltliche Gütertransporte mit Schiffen von Schiffahrtsunternehmungen oder Privaten, die nicht der Spezialgesetzgebung über Schiffstransporte unterstellt sind. Die Binnenschiffahrt* ist heute, soweit sie nicht auf einer Bundeskonzession beruht, teilweise durch das *SSG von 1953* geregelt. Art. 48–50, 125/6 SSG. Art. 455 N. 4. Der in der Schweiz seltene *Holztransport durch Flössen* auf Wasserwegen wäre dem Frachtvertragsrecht des OR zu unterstellen.

(4) *Entgeltliche Gütertransporte mit Motorfahrzeugen, die nicht posteigen sind*, besonders auch reine Gütertransporte, die von konzessionierten Frachtführern gewerbsmässig ausgeführt werden. Art. 455 N. 3c. Hierzu gehören insbesondere die *Transporte von Umzugsgut im Lokal- und Überlandverkehr* sowie die *private Camionnage*, d. h. der Zu- und Abtransport von Gütern, die mit einem öffentlichen, der Spezialgesetzgebung unterstehenden, Verkehrsmittel transportiert werden. Dass eine Eisenbahnunternehmung nicht nach EHG, ETranspG oder ETR haftet, wenn sie die Transporte nicht auf dem Schienenweg, sondern durch *Motorfahrzeuge* ausführt (JT 106 (1958) I S. 446), erscheint angesichts Art. 1 III ETranspG nicht zutreffend. Lit. c (1) oben. Für die *Gütertransporte mit Motorfahrzeugen besteht neben der Vertragshaftung die unabdingbare ausservertragliche Haftung aus der Strassenverkehrsgesetzgebung, soweit diese Haftung reicht.* Sie wird sich oft mit der Haftung aus Frachtvertrag überschneiden. Lit. c (5) oben.

(5) *Entgeltliche Gütertransporte mit Trolleybussen*, soweit solche in Frage kommen, wobei für die *Haftung die Grundsätze über den Transport mit Motorfahrzeugen* (evtl. des BG über die Schwach- und Starkstromanlagen vom 24. Juni 1902, BS 4 S. 766) anzuwenden sind. BG über die Trolleybusunternehmungen vom 29. März 1950, Art. 1, 15.

(6) Zusammenfassend lässt sich sagen, dass ohne Rücksicht auf das verwendete Transportmittel jeder *entgeltliche Gütertransport* dem Frachtvertragsrecht des OR untersteht, *soweit er nicht der Spezialgesetzgebung unterworfen wurde.* Da dies jedoch für die meisten praktisch noch verwendeten Transportarten zutrifft, ist *die indirekte Anwendung* des Frachtvertragsrechtes des OR auf die *Transportschadenshaftung des Spediteurs* beinahe häufiger als die unmittelbare Anwendung. Art. 439 N. 4 (3). Weil aber an der Ausführung des Speditionsauftrages meist eine «öffentliche Transportanstalt» bzw. eine der Spezialgesetzgebung unterstehende Transportunternehmung beteiligt ist, kommt für die Haftung des Spediteurs nach Art. 456 OR in letzter Linie wiederum das Verantwortlichkeitsrecht des betreffen-

den Spezialerlasses zur Anwendung. N. 3b unten. Eine Eigentümlichkeit des schweizerischen Gütertransportrechtes ist, dass *die Transportschadenshaftung für das von einem Reisenden mitgeführte Reisegepäck* eine andere, und zwar i. d. R. eine strengere ist als für «*aufgegebene*» *Transportgüter.* Art. 11 I EHG. Art. 59 IVb SVG.

e. Unerheblich für die Anwendung des Frachtvertragsrechts des OR ist die Länge der Transportstrecke. Es kann sich um *Ferntransporte, Lokaltransporte* oder nur um *Ortsveränderungen innerhalb eines Hauses* oder einer Wohnung handeln, z. B. Umstellung von Mobiliar innerhalb eines Hauses. Auch der Reisegepäcktransport durch Gepäckträger innerhalb eines Bahnhofes untersteht grundsätzlich dem Frachtvertragsrecht. Da jedoch der Gepäckträger wegen der Kürze seiner Besitzesdauer lediglich *Besitzdiener* ist, kommen die Vorschriften über das Retentionsrecht und den Retentionsbesitz (Art. 451 OR) auf ihn praktisch nicht zur Anwendung. e

2. Der Frachtvertrag, ein entgeltlicher Auftrag

a. Dem Frachtvertragsrecht sind die oben unter N. 1d umschriebenen Transporte nur dann unterstellt, wenn sie *entgeltlich sind.* Art. 440 I OR. Erfolgen sie *unentgeltlich,* so unterstehen sie dem *Recht des einfachen Auftrages.* Art. 394 OR. Das wirkt sich vor allem darin aus, dass die *Haftung* des unentgeltlichen Transporteurs nach Art. 398/328, 99 OR *milder* ist als diejenige des Frachtführers nach Art. 447/8 OR. Für *unentgeltliche Gütertransporte mit Motorfahrzeugen* kann die ausservertragliche Haftung aus SVG nicht wegbedungen werden. Sie kann jedoch nach richterlichem Ermessen milder beurteilt oder ganz aufgehoben werden. Art. 59 III SVG. Bei reinen Gütertransporten gilt Verschuldenshaftung nach Art. 41 OR. Art. 59 IV SVG. 2 a

b. Die Vergütung i. S. von Art. 394 III OR, im Frachtvertragsrecht als *Frachtlohn* bezeichnet, kann nach *Art und Höhe frei vereinbart* werden. Z. I 3 AB/CVSM. Darin liegt ein wichtiges Unterscheidungsmerkmal von den *spezialgesetzlichen Transportverträgen,* die durch einen unmittelbaren (gesetzlichen) oder mittelbaren (Konzessionsbedingungen) *Tarifzwang* gekennzeichnet sind. **BGE 54 II 181 Erw. 1 al. 2.** Dem allgemeinen Auftragsrecht entsprechend gilt im Frachtvertragsrecht der *Vorrang der vereinbarten Vergütung,* die einen Bestandteil des Vertragskonsens zwischen Absender und Frachtführer bildet. Art. 394 N. 74, 75, 82. ZR 48 (1949) Nr. 153 S. 294. Ein richterliches Prüfungsrecht über die Angemessenheit eines vereinbarten Frachtlohnes besteht nicht. Die Grenzen der bundes- b rechtlichen Vertragsfreiheit werden nur durch die *guten Sitten* und die *unerlaubte Übervorteilung* gebildet.

c *c.* Ein Frachtlohn kann als *Pauschalvergütung*, aber auch nach anderen Maßstäben wie *Transportdistanz*, *Gewicht* des Frachtgutes, *Zeitaufwand* oder nach dem Beispiel des seerechtlichen oder luftfahrtrechtlichen *Chartervertrages* nach dem beanspruchten *Transportraum* (Z.I 5 AB/CVSM) vereinbart werden. Die *Maßstäbe* können in der Vereinbarung auch *kombiniert* zur Anwendung gelangen. Art.394 N.76. Theoretisch kann die Vergütung durch die Vereinbarung auch vom *Erfolg abhängig* gemacht werden. Dann ist die Vergütung nur geschuldet, wenn beispielsweise *zerbrechliches Transportgut unbeschädigt an den Bestimmungsort gelangt ist.*

d *d.* Wie der Kommissions- und Speditionsauftrag unterscheidet sich auch der *Frachtvertrag des OR* vom Frachtgeschäft des HGB (§ 425) dadurch, dass er *nicht gewerbsmässig ausgeführt werden muss.* Jedermann kann entgeltliche Gütertransporte übernehmen, soweit sie noch dem Frachtvertragsrecht des OR unterstehen. Doch hat der gewerbsmässige Betrieb, der auch in der Schweiz das privatrechtliche Frachtgeschäft de facto monopolisiert, die juristische Bedeutung, dass der gewerbsmässige *Frachtführer den üblichen Frachtlohn* (Art.394 III OR) auch dann fordern kann, wenn weder de principio noch de quantitate eine Frachtlohnvereinbarung getroffen ist. Der gewerbsmässige Betrieb des Frachtgeschäftes begründet die Vermutung der Entgeltlichkeit geleisteter Dienste, um so mehr als der Frachtvertrag per definitionem ein entgeltlicher Auftrag ist. Mangels Vereinbarung gelten dann für das Mass des Frachtlohnes die (privaten) *Tarife des betreffenden Gewerbeverbandes als Ausdruck des Üblichen.* Art.394 N.77. So bestehen für den Möbeltransport Tarife des CVSM. Z.I 3 AB/CVSM. Ein *tarifmässiger Frachtsatz bindet den Frachtführer wie den Spediteur, wenn keine Abweichung vereinbart ist.* ZR 48 (1949) Nr.153 S.296/7 (für den Speditionsvertrag).

e *e.* Wurde der Gütertransport *nicht von einem « Transportunternehmer »* übernommen, so muss im *Zweifel* nach Art.394 III OR gegen den entgeltlichen Frachtvertrag und *für einen unentgeltlichen einfachen Auftrag* entschieden werden. Art.394 N.74c. Die Konsequenz ist eine *mildere Schadenshaftung des Transporteurs* nach Art.398/328/99 OR und eine *verstärkte Schadenshaftung des Auftraggebers* nach Art.402 II OR aus der Ausführung des unentgeltlichen Transportes, vorbehältlich der *unentgeltlichen Transporte mit Motorfahrzeugen*, für welche die ausservertragliche Haftung nach Art.59 SVG zur Anwendung kommt. Vgl. *a* oben. Art.402 N.23.

3. Frachtvertrag, einfacher Auftrag und Speditionsvertrag im Transportgeschäft

3 a

a. Die Entwicklung der verschiedenen modernen Massentransportmittel hat zu einer Verkehrsteilung sowohl für den Personen- als auch für den Gütertransport im Fernverkehr geführt. In der Schweiz sind die Meinungen hauptsächlich über die rationelle Verkehrsteilung zwischen Schiene und Strasse geteilt. Nach dem Ausbau des Nationalstrassennetzes wird das Problem unter anderen Gesichtspunkten zu betrachten sein. Je nach Art des auszuführenden Transportes und nach den Umständen erweist es sich als rationeller, wenn der Frachtführer oder Spediteur eine öffentliche Transportanstalt – Eisenbahn, Schiffahrtsunternehmung oder Luftfahrtsunternehmung – gleichsam als Zwischenfrachtführer beizieht.

b

b. Gleichgültig, ob der «Beförderungsvertrag» mit der öffentlichen Transportanstalt im eigenen Namen des Frachtführers oder im Namen des Absenders oder im Namen des Spediteurs (Art. 439 OR) abgeschlossen wurde, die *öffentliche Transportanstalt haftet für den ihr übertragenen Teil der Ausführung nur nach dem für sie geltenden Spezialtransportrecht.* N. 1 c oben. Der Frachtführer würde für einen privaten, dem gemeinen Frachtvertragsrecht des OR unterstehenden Zwischenfrachtführer nach Art. 449 OR in Abweichung vom allgemeinen Auftragsrecht (Art. 399 II OR) haften, wie wenn er den Transport selbst bis zu Ende besorgt hätte. *Für den von einer öffentlichen Transportanstalt ausgeführten Teil des Transportes haftet er indessen dem Absender als Hauptauftraggeber nur soweit, als die Transportanstalt ihm selbst gegenüber nach Spezialtransportrecht haftbar ist.* Das gilt auch für den Spediteur, der sich zur Ausführung eines übernommenen Transports einer öffentlichen Transportanstalt bedient. Art. 456 OR.

c

c. Der *Frachtführer, der einen Zwischenfrachtführer beizieht, wird dafür Rechtshandlungsbeauftragter des Absenders.* Ob der Beizug befugt oder unbefugt ist, bestimmt sich nach allgemeinem Auftragsrecht, Art. 398 III OR. Es kann beispielsweise der Beizug der Eisenbahn befugt, der Beizug eines Luftfahrtunternehmens hingegen unbefugt sein. Für einen *unbefugt* beigezogenen Zwischenfrachtführer haftet der Hauptfrachtführer nach Art. 101 OR/399 I OR/449 OR, *auch wenn eine öffentliche Transportanstalt* beigezogen wurde. Vorbem. N. 5 c.

4. Frachtvertrag und Werkvertrag

4 a *a.* In der Qualifikation des Frachtvertrages als Auftrag kommt u.a. zum Ausdruck, dass grundsätzlich der *Absender das Risiko des Transportes* trägt. Den Frachtführer trifft jedoch für Transportschäden eine verschärfte Haftung nach Art.447/8 OR. Das Frachtvertragsrecht enthält sodann eine Verteilung von besonderen Sorgfaltspflichten zwischen Absender und Empfänger. Vorbem. N.3c. Im römischen und gemeinen Recht konnte der Frachtvertrag wegen der Entgeltlichkeit nicht Mandat sein, sondern locatio conductio operis, wenn der Transport von einem Freien besorgt wurde. DERNBURG Pandekten II S.312. Wurden, was die Regel bildete, Transporte durch Sklaven besorgt, so bestand ein Rechtsverhältnis nur, wenn es fremde Sklaven waren. Die operae servorum **(DIG. 7.7)** waren dann einem nutzniessungsähnlichen Rechtsverhältnis mit dem Eigentümer des Sklaven unterstellt. An der *Werkvertragsqualifikation* der Personen- und Sachtransporte haben die meisten europäischen Rechtsordnungen festgehalten. Das *schweizerische Recht* konnte mit seinem umfassenden Mandatsbegriff andere Wege gehen und *andere Abgrenzungen der Arbeitsverträge* vornehmen.

b *b.* Verpflichtet sich ein Fabrikant, eine Maschine herzustellen und diese Maschine in den Lokalitäten des Bestellers zu montieren, verpflichtet sich ein Unternehmer, Steine zu brechen und am Bauplatz eines «Bauherrn» abzuliefern, Holz zu fällen und dem Käufer selbst *an seinem Domizil abzuliefern*, so *erfolgt auch der Transport auf das Risiko des betreffenden Unternehmers*. Es liegt innerhalb des Werkvertrages kein besonderer Frachtvertrag vor. Vielmehr ist *das Werk vereinbarungsgemäss an einem bestimmten Ort abzuliefern* (Art.74 OR), ohne dass für den Transport eine besondere Vergütung geschuldet wäre, gleichgültig ob der Unternehmer den Transport selbst besorgt, einer öffentlichen Transportanstalt oder einem privaten Frachtführer überlässt. Der Transport ist nur eine *Nebenleistung*. OSER/SCHÖNENBERGER ad Art.440 OR N.10. *Der Unternehmer trägt das Risiko des Transportes.* Wird die Sache auf dem Transport beschädigt oder geht sie unter, so kann er den Werkvertrag am vereinbarten Erfüllungsort nicht gehörig erfüllen. Der Unternehmer hat den Schaden zu tragen, ob ihn ein Verschulden trifft oder nicht. Er trägt eine Erfolgshaftung. **BGE 44 II 281.** Es können allerdings *abweichende Vereinbarungen* getroffen werden. Doch ist die Abrede, der Besteller habe die Frachtkosten zu bezahlen, weder im Kauf- noch im Werkvertrag als besonderer Fracht- oder Speditionsvertrag auszulegen. Art.189 OR. Nach HGB und Code Civil sowie Code de Commerce ergibt sich nicht die nämliche Problematik, weil dort der Frachtvertrag eine Unterart des Werkvertrages bildet.

c. Die Verschiedenheit der Qualifikation des Frachtvertrages als Werkvertrag im deutschen und französischen Recht und als Auftrag im schweizerischen Recht gebietet Zurückhaltung in der Übernahme von Rechtsgedanken und Praxis aus jenen Rechtsgebieten. Die Werkvertrags- und die Auftragsstruktur sind, wie sich schon im allgemeinen Auftragsrecht gezeigt hat (Art. 394 N. 63), wesentlich verschieden. Wo die Regelung des Frachtvertragsrechtes im OR lückenhaft erscheint, können eher die Spezialerlasse des Eisenbahn-, See- und Luftfrachtrechtes herangezogen werden, die positives schweizerisches Recht geworden sind. Sie entsprechen den Bedürfnissen des modernen Verkehrs eher als die Lösungen des französischen Code de Commerce und des deutschen HGB, zumal sie jüngeren Datums sind und die im Transportrecht besonders stark in Erscheinung tretende technische Entwicklung (Eisenbahn, Motorfahrzeug, Flugzeug), die das Frachtrecht beeinflussen musste, berücksichtigen. c

II. DIE ANWENDUNG DES ALLGEMEINEN AUFTRAGSRECHTS. ART. 440 II OR

5. Der Frachtvertrag, ein Konsensualvertrag zugunsten eines Dritten

a. Art. 440 II OR schreibt die *subsidiäre Anwendung des Auftragsrechtes* auf den Frachtvertrag mit den nämlichen Worten vor wie Art. 425 II für das Kommissionsverhältnis. Das Schwergewicht liegt im grundsätzlichen Ausschluss der Erfolgshaftung des Frachtführers. N. 4b oben. Die Anwendung des allgemeinen Auftragsrechtes auf den «Tathandlungsauftrag» zum Gütertransport kann nicht in der nämlichen Weise erfolgen wie beim «Rechtshandlungsauftrag» der Kommission. Die werkvertragsähnliche Struktur des Frachtvertrages macht sich auch im schweizerischen Recht bemerkbar. 5 a

b. Die Entstehung des Vertragskonsens durch wissentliche Duldung eines in Ausführung begriffenen oder nachträgliche Billigung (Art. 424 OR) eines bereits ausgeführten Transportes kommt praktisch kaum in Frage. Wenn auch nicht alle in Art. 441 OR vom Absender geforderten b

Angaben essentielle Erfordernisse des Frachtvertragskonsens bilden, so sind doch die *Einigung über die zu transportierenden Sachen, die Person des Empfängers, den Ort der Ablieferung und wenigstens das Prinzip der Vergütung essentiell.* Sonst liegt kein spezifischer Frachtvertragskonsens vor. Der Frachtvertrag ist ein Vertrag zugunsten eines Dritten, der daraus Rechte erwirbt. Der *Empfänger* muss *bestimmt* sein. Doch entsteht durch den Frachtvertrag *keine vertragliche Rechtsbeziehung zwischen dem Frachtführer und einem allfälligen Dritteigentümer des Frachtgutes.* Immerhin kann der Frachtführer, solange er das Frachtgut besitzt (Art. 920 ZGB), einer *Vindikation* (Art. 641 ZGB) des Dritteigentümers ausgesetzt sein. Das *gutgläubig erworbene Retentionsrecht des Frachtführers* (Art. 451 OR) geht jedoch dem Eigentumsrecht des Ansprechers vor. Das gilt, obschon Art. 446 OR die Interessen des «Eigentümers» erwähnt. Die Wirkung der wissentlichen Duldung oder Genehmigung kann sich nur auf die vertrags- oder weisungswidrige Ausführung eines vereinbarten Transportes beziehen. Sie nimmt ihr den Charakter der Vertragsverletzung, aber sie vermag den Vertragskonsens nicht zustandezubringen. Immerhin findet Art. 395 OR insoweit Anwendung, als beim *gewerbsmässigen Frachtführer* die *Annahme einer hinreichend bestimmten Transportofferte des Absenders vermutet wird,* wenn er sie nicht sofort ablehnt. Die Offerte des Absenders muss zudem den Frachtlohn nicht bestimmen, weil die Entgeltlichkeit üblich ist (N. 2d oben) und ohne quantitative Frachtlohnvereinbarung *private Tarife* zur Bestimmung herangezogen werden können. Ähnlich für das deutsche Frachtvertragsrecht Kommentar Ratz zu § 425 HGB Anm. 11.

c *c.* Doch ist der Frachtvertrag des OR ein formloser *Konsensualvertrag.* Das muss auch für den Gütertransport im *Luftfrachtverkehr* angenommen werden. Das *Fehlen des Luftfrachtbriefes* ist unerheblich. Art. 5 LVA. Die Einigung genügt. Die Annahme zur Luftbeförderung ohne formrichtigen Luftfrachtbrief bewirkt eine Einredebeschränkung des Luftfrachtführers, aber der *Vertrag kommt nicht erst durch die Annahme des Gutes zur Entstehung.* Art. 8, 9 LVA. Art. 3, 5 LTR. Hingegen ist der Frachtvertrag mit der *Eisenbahn- oder Schiffahrtsunternehmung* nach Art. 41 ETranspG und Art. 8 § 1 CIM ein *schriftlicher Realkontrakt,* der erst perfekt ist, wenn die Versandstation das *Transportgut mit dem Frachtbrief zur Beförderung angenommen* hat. **BGE 54 II 180 Erw. 1 al. 1.** Art. 447 N. 6a.

d *d.* In der Praxis werden auch die dem OR unterstehenden Frachtverträge für grössere Transporte *schriftlich abgeschlossen.* Z. I 1 der Allg. Umzugsbedingungen des CVSM fordert einen *schriftlichen Auftrag des*

Absenders oder einen *gegenseitig unterzeichneten Transportvertrag*. Für unbedeutende *Lokaltransporte* bildet indessen die *mündliche Vereinbarung* die Regel. Die Formlosigkeit erklärt sich aus der Einbeziehung der Kleintransporte in das private Frachtvertragsrecht des OR. N.1e oben. Art.441 N.1a.

6. Der Auftragsumfang

6 a

a. Muss die *bestimmte Bezeichnung des Empfängers und des Ablieferungsortes* als Essentiale des Frachtvertragskonsens betrachtet werden (Art.441 N.4), so sind die in Art.441 weiter geforderten *Bezeichnungen von Verpackung, Inhalt, Gewicht der Frachtstücke, Lieferungszeit und Transportweg keine Essentialia des Vertragskonsens*. Soweit eine ausdrückliche Bezeichnung fehlt, bestimmt sich der Umfang und Inhalt des Frachtvertrages nach der «Natur» des zu besorgenden Transportes. Art.396 I OR.

b

b. Immerhin muss aus der allgemeinen *Sorgfaltspflicht* des Frachtführers abgeleitet werden, dass er *je nach den Umständen ergänzende Angaben einzuholen* hat. Er darf nicht willkürlich die teuerste Transportart, beispielsweise die Luftfracht, wählen. Die Natur des Lokaltransportes ist eine andere als die des Ferntransportes oder des Überseetransportes. Die Sorgfaltspflicht des Frachtführers richtet sich nach den konkreten Umständen.

c

c. Über Einzelheiten von Umfang und Inhalt vgl. Art.441 OR sowie Art.447 N.6.

7. Allgemeines und besonderes Weisungsrecht im Frachtvertrag

7 a

a. Ausführungsweisungen i.S. von Art.397 OR werden im Frachtvertrag zu *Verfügungen über das Frachtgut* (Art.443 OR). Das Prinzip des mandatrechtlichen Weisungsrechtes ist im Frachtvertragsrecht bestätigt. Es besteht *unabhängig vom Eigentumsrecht am Frachtgut*. Da es sich indessen um einen Auftrag zugunsten eines Dritten handelt und der *Empfänger eigene Vertragsrechte* erwirbt, tritt unter *gewissen Voraussetzungen und in einem bestimmten Stadium der Ausführung des Transportauftrages ein Übergang des Weisungsrechtes vom Absender auf den Empfänger ein.*

b

b. Einzelheiten vgl. Art.443 N.3, 16–19.

8. Actio mandati directa und contraria im Frachtvertrag. Retentionsrecht

8 a *a.* Wie der Beauftragte am erhaltenen und erlangten Ablieferungsvermögen, so erwirbt der Frachtführer bestimmte *Rechte am Frachtgut.* Der Schwerpunkt dieser Rechte ist das dingliche Retentionsrecht. Art. 451. Vorbem. N. 6c. Es dient dem *Schutz der Ansprüche des Frachtführers aus dessen actio mandati contraria auf Vergütung, Auslagenersatz und Ersatz des aus der Ausführung des Frachtvertrages erwachsenen Schadens.* Art. 394 III, 402, 440 OR. ZR 51 (1952) Nr. 180 S. 328 Erw. 3. Ähnlich wie der Kommissionär nach Art. 425 und 437 OR kann der Frachtführer, wenn durch den Zustand des Frachtgutes, das Verhalten des Empfängers oder andere (nicht vom Frachtführer verschuldete) *Ablieferungshindernisse* die Sicherheit für seine Ansprüche gefährdet wird, bestimmte Rechte am Frachtgut ausüben, namentlich den sogenannten *Selbsthilfeverkauf.* Art. 444–446 OR. Art. 444 N. 9–11.

b *b.* Der *Erfüllungsanspruch auf Ablieferung des erhaltenen Frachtgutes* (Art. 400 OR) ist im Frachtvertragsrecht nur indirekt erwähnt (z. B. Art. 441 I, 443 Z. 4, 444, 452 OR). Er richtet sich mit der gegenständlichen Beschränkung auf das angenommene Frachtgut nach Art. 400 OR. Da der Frachtführer keine Vermögensrechte für den Absender oder Empfänger erwirbt, besteht die *Erfüllung in der Besitzübertragung an den Berechtigten.* Art. 400 N. 14c. Eine spezielle frachtvertragliche *Informationspflicht* ist die sofortige *Anzeige von der Ankunft des Frachtgutes am Bestimmungsort an den Empfänger.* Art. 450 OR. Es gilt aber auch für den Frachtführer die *allgemeine auftragsrechtliche Informationspflicht* gegenüber dem Absender. Art. 400 N. 23. Ferner untersteht der Frachtführer bei Transporten, die nicht zu einem pauschalen Frachtlohn unter Einschluss der Auslagen vereinbart sind, der *Abrechnungspflicht* nach Art. 400 OR. Art. 400 N. 27, 28.

9. Haftung für die Ausführung

9 a *a.* Die restlichen materiellen Bestimmungen des Frachtvertragsrechtes sind vorwiegend den auftragsrechtlichen Sorgfaltspflichten i. S. der Art. 398/9 OR gewidmet. *Spezialrecht besteht für Verlust und Beschädigung des Transportgutes sowie für die verspätete Ablieferung.* Art. 447/8. Die frachtvertragsrechtlichen Schadenersatzansprüche können durch *Genehmigung und Entlastung des Frachtführers* untergehen. Art. 400 N. 34.

Die konkludente Genehmigung durch *vorbehaltlose Annahme des Frachtgutes und Bezahlung der Fracht* ist von besonderer Bedeutung. Art. 452 OR. Ebenso die *einjährige Verjährung* der Transportschadensansprüche, während ohne Spezialrecht für Schadenersatzansprüche aus Art. 398 OR die zehnjährige Verjährung gelten würde. Art. 454 OR. Doch gibt es weitere *Sorgfaltsverletzungen im Frachtvertrag, für die auf die allgemeine Mandatshaftung aus Art. 397/8 zurückgegriffen werden muss.* SJZ 37 (1940/41) Nr. 42 S. 207.

b *b.* Über die *Haftung für den Zwischenfrachtführer* (Art. 449, 456 OR) vgl. N. 3 oben.

10. Beendigung des Frachtvertrages durch Widerruf oder Kündigung

10 a *a.* Da das *Frachtvertragsrecht kein Sonderrecht für die Beendigungsgründe der Ausführungsobligation* des Frachtführers und nur wenig Sonderrecht über deren Wirkung enthält, gilt nach Art. 440 II OR das allgemeine Auftragsrecht. Der Absender kann den *Transportauftrag jederzeit widerrufen* vorbehältlich der vom *Empfänger in einem bestimmten Stadium der Ausführung erworbenen eigenen Vertragsrechte, die dem Widerrufsrecht des Absenders vorgehen.* Art. 404 I, 443 II OR. Art. 404 N. 7. Hat der *Empfänger sein eigenes Recht auf Ablieferung des Frachtgutes bereits erworben, so ist der Widerruf des Absenders wirkungslos.*

b *b.* Erfolgt der Widerruf, *bevor das Frachtgut dem Frachtführer übergeben* wurde, so gilt *Art. 404 OR* integral. Die Bestimmung von Z. I 7 AB/CVSM, die bei «Rückgängigmachung eines Auftrages durch den Auftraggeber» die Pflichtleistung von $^1/_3$ des «vereinbarten Transportpreises» vorsieht, hat keinen Bestand, soweit Art. 404 OR auf den Widerruf zur Anwendung gelangt. Art. 404 N. 10. Ist der *Widerruf sachlich unbegründet*, so ist dem Frachtführer nicht das positive Vertragsinteresse zu ersetzen, sondern die *Auslagen und Verwendungen, die im Hinblick auf die Ausführung des übernommenen Auftrages gemacht wurden.* **BGE 55 II 183/4.** Art. 404 N. 17d. Dabei braucht es sich nicht um Auslagen und Verwendungen zu handeln, die für die richtige Ausführung des Transportes, beispielsweise zur Abholung des Transportgutes mit einem Camion, gemacht wurden. Denn diese bis zum Widerruf erwachsenen Auslagen sind nach Art. 402 OR ohnehin zu ersetzen.

c *c. Erfolgt der Widerruf, solange der Frachtführer im Besitze des Frachtgutes ist, so gilt das Sonderrecht des Art. 443 OR.* Art. 443 N. 2. Ist der Widerruf des Absenders noch wirksam, so sind *nach Art. 443 I OR* dem Frachtführer die tatsächlich entstandenen «Auslagen oder Nachteile, die aus der Zurückziehung erwachsen», zu ersetzen. Art. 443 I OR. Man wird dem Frachtführer eine Teilvergütung zugestehen müssen, die sich nach ähnlichen Maßstäben richtet wie der vereinbarte oder übliche (tarifierte) Frachtlohn. Art. 404 N. 10c, 12c. Vgl. auch Kommentar Ratz ad § 428 HGB Anm. 6. **BGE 55 II 183.** *Hat der Empfänger bereits das alleinige Verfügungsrecht erlangt, so ist der Widerruf des Absenders unwirksam. Der Frachtführer hat nicht Anspruch auf Schadenersatz, sondern auf Erfüllung, d.h. Frachtlohn plus Auslagenersatz.*

d *d.* Noch problematischer als das Recht des Absenders zum jederzeitigen Widerruf erweist sich *das Recht des Frachtführers zu jederzeitiger Kündigung.* Die Werkvertragsqualifikation des Frachtvertrages im deutschen und französischen Recht führt nicht zur nämlichen Problematik. Auch hier sind drei Stadien zu unterscheiden.

(1) *Das Frachtgut ist dem Frachtführer noch nicht übergeben.* Erklärt der Frachtführer die Kündigung, die zu ihrer Wirksamkeit beim Absender eintreffen muss, so wird nur selten eine Treuepflichtverletzung anzunehmen sein, die den Frachtführer zum Ersatz des negativen Interesses verpflichtet. Art. 404 N. 18. Art. 442 N. 3b.

(2) *Der Frachtführer ist im Besitze des Frachtgutes, aber der Absender hat nach Art. 443 OR noch das Verfügungsrecht über dasselbe.* Art. 443 N. 8. Die dem Absender zugegangene *Kündigung ist wirksam und beendet die Ausführungs- (Transport-)Obligation des Frachtführers, nicht aber die Ablieferungsobligation.* Handelt es sich nicht um bedeutende Ferntransporte, so wird die Vertragserfüllung durch Auslieferung des Frachtgutes an den Empfänger für den Frachtführer i. d. R. vorteilhafter sein als die Restitution des Frachtgutes an den Absender. *Kann der Frachtführer die Kündigung nicht auf einen wichtigen Grund stützen, so hat er dem Absender den Vertrauensschaden nach Art. 404 II OR zu ersetzen.* Art. 404 N. 18b, 19a. Ein wichtiger Grund, der die Kündigung rechtfertigt, kann beispielsweise die Entdeckung sein, dass es sich bei einem Transport über die Grenzen um Schmuggelware handelt, dass der Transport besonders gefährlich oder sogar verboten ist. BJM 1954 S. 245. Der Frachtführer muss in diesen Fällen nicht einen eigenen Schaden riskieren, der ihm vielleicht nach Art. 402 II OR vom Absender zu ersetzen wäre. Er kann den *Transportauftrag kündigen, ohne schadenersatzpflichtig zu werden, und*

hat Anspruch auf Ersatz der tatsächlich bis zur Kündigung gemachten Auslagen sowie auf eine entsprechende Teilvergütung. Art. 404 N. 14b, 15d. Es wäre nicht einzusehen, warum der Frachtführer, der aus einem wichtigen Grunde kündigt, schlechter gestellt sein sollte als der Frachtführer, dessen Auftrag grundlos widerrufen wird.

(3) *Das Frachtgut befindet sich im Besitz des Frachtführers, aber der Empfänger hat nach Art. 443 II OR das alleinige Verfügungsrecht über dasselbe erworben.* Die *Kündigung des Frachtführers ist wirkungslos.* Ähnlich wie bei der angenommenen Anweisung kann sie das *Recht des Drittbegünstigten nicht tangieren.* Der Ablieferungsanspruch kann nur noch gegenüber dem Empfänger erfüllt werden, ob man annimmt, die Ausführungsobligation sei beendet oder nicht. Der Frachtführer, der gekündet hat, *haftet, vorbehältlich des Retentionsrechtes am Frachtgut, für die gehörige Erfüllung der Ablieferungsobligation* gegenüber dem Empfänger. Art. 404 N. 15c.

11. Tod, Verschollenerklärung, Handlungsunfähigkeit und Konkurs des Absenders beenden den Frachtvertrag nicht

11

Tritt nach Abschluss des Frachtvertrages der Tod, die Verschollenerklärung, die Handlungsunfähigkeit oder der Konkurs des Absenders ein, so erlischt der Frachtvertrag deshalb nicht, weil er im wesentlichen ein Tathandlungsauftrag ist. Die *Absenderrechte gehen auf die Gesamtrechtsnachfolger oder die Konkursmasse des Absenders* über, soweit sie noch bestehen. Die noch unerfüllten Ansprüche des Frachtführers aus der actio mandati contraria sind durch das *Retentionsrecht* gemäss Art. 451 OR geschützt, das *auch den Gesamtrechtsnachfolgern oder der Konkursmasse des Absenders gegenüber wirksam ist.* Art. 405 N. 12, 13.

12. Tod, Verschollenerklärung und Handlungsunfähigkeit des Frachtführers beenden den Frachtvertrag regelmässig nicht

12

Tod, Verschollenerklärung und Handlungsunfähigkeit des Frachtführers bewirken ebenfalls keine Beendigung des Frachtvertrages. Art. 405 N. 8, 18. Die Vertragsrechte und -pflichten des Frachtführers gehen auf *dessen Gesamtrechtsnachfolger über. U. U. trifft den gesetzlichen Vertreter eine Ausführungspflicht.* Art. 405 II OR. Können diese den Auftrag nicht zu Ende führen, so haben sie ihn zu kündigen. Dann ist zu entscheiden, ob der Beendigungsgrund der Kündigung gerechtfertigt ist oder nicht. Das *Retentionsrecht* des Frachtführers kann auch durch die *Gesamtrechtsnachfolger* oder den *gesetzlichen Vertreter ausgeübt* werden. Art. 406 N. 3.

13. Konkurs des Frachtführers oder freiwillige Liquidation seiner Firma

13 a *a.* Fällt der Frachtführer vor Beendigung der Ausführung eines Frachtvertrages in Konkurs, so fällt das *Frachtgut* nicht in die Konkursmasse, bzw. es kann vom *Eigentümer vindiziert* werden. Der Konkursmasse steht es frei, den Auftrag zu Ende zu führen. In die noch *unerfüllten begründeten Ansprüche des konkursiten Frachtführers und in das Retentionsrecht tritt die Konkursmasse ein.* Art. 405 N. 15, 16b.

b *b.* Erfolgt keine konkursrechtliche, sondern eine *freiwillige Liquidation der Firma des Frachtführers*, so sind die konkursrechtlichen Grundsätze analog anzuwenden. Die *Liquidatoren haben die noch pendenten Frachtverträge zu erfüllen oder zu kündigen, können aber andererseits die Erfüllung der begründeten Ansprüche der actio mandati contraria verlangen und dafür das Retentionsrecht ausüben.*

14. Wirkung der Beendigungsgründe

14 Alle *Beendigungsgründe entfalten ihre Wirksamkeit erst, wenn sie der Gegenseite zur Kenntnis gelangt sind.* Die vorher ausgeführten Handlungen sind nicht auftraglose Geschäftsführung, sondern Vertragserfüllung. Art. 406 OR. N. 1, 4.

15. Mehrere Absender, Empfänger oder Frachtführer

15 a *a.* Stehen auf der Seite des Absenders, des Empfängers oder des Frachtführers eine juristische Person oder eine Handelsgesellschaft, *so handeln sie bei der Begründung oder Ausübung der Rechte oder der Erfüllung der Pflichten aus dem Frachtvertrag durch ihre Organe, durch die vertretungsberechtigten Geschäftsführer oder durch Hilfspersonen.* Massgebend für die Befugnis zur Vornahme von Rechtshandlungen ist das Statut, der Gesellschaftsvertrag und namentlich der Handelsregistereintrag. Die

Pflichten aus dem Frachtvertrag sind regelmässig durch gewöhnliche Hilfspersonen unter Verantwortlichkeit ihres Geschäftsherrn erfüllbar. Art.101 OR.

b. Durch *Universalsukzession* kann eine der im Frachtvertrag vorkommenden Rechtsstellungen auf eine *Erbengemeinschaft* übergehen. Der Gütertransportauftrag kann von einer *einfachen Gesellschaft erteilt oder übernommen* werden, gleichgültig ob es sich um eine einfache Gesellschaft mit einem umfassenderen Zweck oder um eine einfache Gesellschaft ad hoc handelt, die nur den Transportauftrag erteilt oder übernimmt. Dann gelten für die *gemeinschaftliche Ausübung der Vertragsrechte, die alternative oder kollektive Erfüllung der Vertragspflichten und die solidarische Verantwortlichkeit ex contractu die Grundsätze von Art.403 OR.* Art.403 N.7–9, 11–13. Die gemeinschaftliche Ausübung der Vertragsrechte ist entweder durch *Handeln aller* oder durch *direkte Stellvertretung aller* möglich. Wie die *Ausführung* durch mehrere gesellschaftlich verbundene Frachtführer erfolgen soll, *bestimmt in erster Linie der Absender durch ausdrückliche Ausführungsweisung oder Ausführungsabrede.* Fehlen sie, so ist eine Arbeitsteilung von den Frachtführern im Rahmen ihrer allgemeinen Sorgfaltspflicht vorzunehmen. b

c. Vom mehreren Frachtführern gemeinschaftlich erteilten einheitlichen Transportauftrag zu unterscheiden sind getrennte Frachtaufträge, die verschiedenen Frachtführern für bestimmte Teilstrecken erteilt werden und vielleicht mit verschiedenen Transportmitteln ausgeführt werden sollen (z.B. eine Teilstrecke per Camion, eine andere per Schiff, eine andere per Eisenbahn). Dann liegt kein gemeinschaftlicher Auftrag vor, und es tritt keine Solidarhaftung mehrerer Beauftragter ein, es sei denn, ein Spediteur oder Frachtführer habe ausdrücklich die Garantie für alle übernommen. c

d. Auch im Frachtvertragsrecht ist ein (bedingter) *Ersatzauftrag* möglich. Die Übernahme eines Gütertransportes durch eine *Frachtführergesellschaft ad hoc dürfte selten sein.* Ist eine Teilung der Ausführungsarbeit erforderlich, so wird regelmässig ein *Hauptfrachtführer oder ein Spediteur den Transport übernehmen* und einen *Zwischenfrachtführer substituieren*, zumal die Haftung die nämliche wird, wie wenn eine einfache Gesellschaft von Frachtführern ad hoc gebildet wäre. d

Art. 441

B. Wirkungen
I. Stellung des Absenders
1. Notwendige Angaben

[1] Der Absender hat dem Frachtführer die Adresse des Empfängers und den Ort der Ablieferung, die Anzahl, die Verpackung, den Inhalt und das Gewicht der Frachtstücke, die Lieferungszeit und den Transportweg, sowie bei wertvollen Gegenständen auch deren Wert genau zu bezeichnen.

[2] Die aus Unterlassung oder Ungenauigkeit einer solchen Angabe entstehenden Nachteile fallen zu Lasten des Absenders.

B. Effets du contrat
I. Obligations de l'expéditeur
1. Indications nécessaires

[1] L'expéditeur doit indiquer exactement au voiturier l'adresse du destinataire et le lieu de la livraison, le nombre, le mode d'emballage, le poids et le contenu des colis, le délai de livraison et la voie à suivre pour le transport, ainsi que la valeur des objets de prix.

[2] Le dommage qui résulte de l'absence ou de l'inexactitude de ces indications est à la charge de l'expéditeur.

B. Effetti
I. Posizione del mittente
1. Indicazioni necessarie

[1] Il mittente deve indicare esattamente al vetturale l'indirizzo del destinatario e il luogo della consegna, il numero, l'imballaggio, il contenuto e il peso dei colli, il valore degli oggetti preziosi, il termine della consegna e la via da seguire.

[2] I danni derivanti dall'omissione o dalla inesattezza di tali indicazioni stanno a carico del mittente.

Materialien: Vgl. sub Art. 440.

Rechtsvergleichung: aOR Art. 451. HGB § 426/8. Code de Commerce art. 97, 101/2. Codice Civile art. 1683/4. *ETranspG Art. 35–38. ETR Art. 128–149. LVA Art. 5–11. LTR Art. 3, 5–7. SSG Art. 101, 106. CIM Art. 6–11.

* Abkürzungen vgl. N. 1c der Vorbemerkungen zu den Transportverträgen.

Literatur: Vgl. sub Art. 440.

SYSTEMATIK DER KOMMENTIERUNG

Art. 441 OR

I. Sinn und Rechtsnatur der «notwendigen» Absenderangaben

1. Weder Frachtbrief noch Übergabe des Frachtgutes an den Frachtführer sind Erfordernisse des Frachtvertragskonsens 167
2. Die Instruktionspflicht des Absenders als Vertragswirkung 168

3. Die Ausführungs- und die Ablieferungsobligation des Frachtführers sind Speziesschulden 170

II. Die einzelnen Absenderangaben

4. Adresse des Empfängers und Ort der Ablieferung 171
5. Anzahl, Verpackung, Inhalt und Gewicht der Frachtstücke 172
6. Wertangabe und Versicherung des Transportgutes 173
7. Lieferungszeit 174
8. Transportweg 175

III. Rechtsfolgen bei Unterlassung oder Ungenauigkeit der Absenderangaben. Art. 441 II OR

9. Fehlender Frachtvertragskonsens 176
10. Mangelnde Individualisierung des Frachtgutes 176
11. Unterlassung notwendiger Ausführungsweisungen über Transportweg und/oder Ablieferungsfrist 178

Art. 441 OR

I. SINN UND RECHTSNATUR DER «NOTWENDIGEN» ABSENDERANGABEN

1. Weder Frachtbrief noch Übergabe des Frachtgutes an den Frachtführer sind Erfordernisse des Frachtvertragskonsens

1 a

a. Als Auftrag ist der Frachtvertrag des OR ein formloser *Konsensualvertrag*, für den nur die *bestimmte Bezeichnung der zu transportierenden Sachen, des Empfängers und Ablieferungsortes begriffswesentlich* ist. Soweit sein Umfang vom Absender nicht ausdrücklich bezeichnet wurde, richtet er sich gemäss Art. 396 I OR nach der Natur des auszuführenden Transportes. Art. 440 N. 5 c, 6. Das bedeutet zunächst, dass zur Erteilung des Transportauftrages nach OR *kein vom Absender ausgestellter Frachtbrief erforderlich* ist, der die in Art. 441 OR geforderten Angaben verurkundet. M. a. W. die *Erteilung des Frachtvertrages* bedarf *nicht der Schriftform.* Darin weicht das private Frachtvertragsrecht des OR vom *Frachtrecht der öffentlichen Eisenbahn- und Schiffahrtsunternehmungen* ab. Dort ist die Ausstellung des Frachtbriefes, der ungefähr die nämlichen Angaben enthalten muss wie die in Art. 441 OR vorgesehenen, Gültigkeitserfordernis. Es besteht ein grundsätzlicher «*Frachtbriefzwang*». Art. 35 ETranspG. Art. 128–132 ETR. CIM Art. 6, 7 §§ 1–5. Der Frachtbrief ist eine vom Absender ausgestellte Frachturkunde. Sie enthält, juristisch gesehen, den Inhalt des vom Absender erteilten Transportauftrages. Nach § 426 HGB und art. 1684 Codice Civile kann der Frachtführer die *Ausstellung eines Frachtbriefes als Beweisurkunde verlangen.* Kommentar RATZ zu § 426 HGB Anm. 1–3. Hingegen bildet nach Code de Commerce die «*lettre de voiture*» *den Vertrag* zwischen Absender und Frachtführer oder zwischen Versender, Spediteur und Frachtführer. Die «lettre de voiture» wurde aber in der Praxis weitgehend durch den «*récépissé*» des voiturier ersetzt. Art. 101/2 Code de Commerce. Man kann sich fragen, ob die *Formlosigkeit* des gemeinen Frachtvertragsrechtes des OR für den Bereich der *Ferntransporte* eine adäquate Lösung ist. Es können für die Vertragsparteien Beweisschwierigkeiten auftreten, welche die Durchsetzung des materiellen Frachtvertragsrechts erschweren. Der Frachtführer sollte wenigstens eine Beweisurkunde verlangen können. Art. I 1 AB/CVSM fordert als lex contractus die Schriftlichkeit aller frachtvertraglichen Vereinbarungen. Grund für die Formlosigkeit des Frachtvertragsrechtes im OR dürfte die Einbeziehung der kleinen Lokaltransporte (Gepäckträger, Lastträger u. a.) sein.

b *b.* Zur Herstellung des formlosen Vertragskonsens ist im Frachtvertragsrecht des OR auch *nicht erforderlich, dass das Frachtgut dem Frachtführer übergeben* wurde. Art. 440 N. 10d (1). Im Gegensatz zum Frachtrecht der öffentlichen Eisenbahn- und Schiffahrtsunternehmungen ist der private Frachtvertrag des OR *kein Realkontrakt.* **BGE 54 II 180.** Art. 440 N. 5c. Art. 41 ETranspG, Art. 143 ETR und Art. 8 § 1 CIM. Das private Frachtvertragsrecht des OR stimmt in dieser Beziehung mit dem *Luftfrachtrecht* überein. Art. 5, 8, 9 LVA. Art. 3, 5 LTR. Für das *Seefrachtrecht* ist ausdrücklich auf das *Frachtvertragsrecht des OR* verwiesen. Art. 101, 106 SSG (Seefrachtvertrag).

c *c.* Auch der *Frachtführer muss keinen Empfangsschein für das Frachtgut* ausstellen, wird es aber bei Fehlen eines Frachtbriefes zu seinem eigenen Vorteil tun.

2. Die Instruktionspflicht des Absenders als Vertragswirkung

2 a *a.* Wie sich aus dem Randtitel und dem 2. Absatz von Art. 441 OR («Wirkungen») ergibt, bilden die «notwendigen Angaben» des Absenders

grundsätzlich nicht eine Voraussetzung des Vertragskonsens. Notwendig zum spezifischen *Frachtvertragskonsens* ist nur die *Einigung über die zu transportierenden Sachen, den Empfänger und den Ablieferungsort.* Durch diesen Vertragskonsens erwirbt der Frachtführer ein vertragliches Recht, und *dem Absender erwächst die vertragliche Pflicht zu folgenden weiteren Angaben:*

Anzahl der Frachtstücke (bei Stückgut)

Verpackung der Frachtstücke (bei verpackten Sendungen)

Inhalt der Sendung

Gewicht der Sendung

Lieferungszeit (bei der Eisenbahn: Expressgut, Eilgut, Frachtgut)

Transportweg

Wertangabe bei Wertsendungen.

Die Auswahl der Transportmittel, die heute zum Transport von Gütern zur Verfügung steht, macht eine *Weisung über das zu verwendende Transportmittel oder die Transportart* erwünscht, z. B.: *per Post, per Camion, per Luftfracht.* I. d. R. gelangt jedoch der Absender, der sich nicht der Vermittlung eines Spediteurs bedient, von sich aus unmittelbar an den Frachtführer oder die Transportanstalt, die nur über ein bestimmtes Transportmittel verfügen. Dann ergibt sich ein stillschweigender Konsens über das Transportmittel.

b

b. Das Gesetz geht davon aus, dass die genannten *Angaben* oder Weisungen des Absenders *zur gehörigen Erfüllung der Ausführungs- und der Ablieferungsobligation,* die dem Frachtführer gegenüber dem Empfänger erwachsen, *notwendig* sind. Art. 443/5 OR. Wie jeder Beauftragte hat der Frachtführer ein Recht, u. U. sogar eine Pflicht, verbindliche Ausführungsweisungen vom Auftraggeber einzuholen mit der *Wirkung, dass bei Unterlassung der Weisungserteilung der Frachtführer nur der allgemeinen Treue- und Sorgfaltspflicht nach Art. 398 OR unterstellt bleibt.* Art. 440 N. 6b. Art. 397 N. 7. Die Vorschriften des Absenders über Lieferungszeit, Transportweg, evtl. Transportart, sind Ausführungsweisungen. N. 7, 8 unten. Sie sind *für den Frachtführer verbindlich,* ohne dass er sie ausdrücklich oder stillschweigend annehmen müsste. Art. 397 N. 2b, 23c. Will er sie nicht ausführen, so kann er nur den *Frachtvertrag kündigen.* Sonst muss er sie befolgen und darf nur unter den Voraussetzungen von Art. 397 I OR davon *abweichen.* Art. 397 N. 17–19. Die *unbefugte Wei-*

sungsabweichung macht den Frachtführer nach Art. 397 II und 398 OR *schadenersatzpflichtig*. Art. 397 N. 23.

c *c*. Juristisch ist die Absenderweisung wie jede Auftraggeberweisung eine *Begrenzung des Auftragsumfanges*. Anstelle der Begrenzung der Ausführungsobligation nur durch die allgemeine Treue- und Sorgfaltspflicht tritt die *engere objektive Begrenzung durch bestimmte Vorschriften*. Art. 397 N. 3 b. Der Frachtführer, dem ein Transportweg vorgeschrieben ist, darf nicht mehr im Rahmen der allgemeinen Sorgfaltspflicht den Transportweg wählen.

3. Die Ausführungs- und die Ablieferungsobligation des Frachtführers sind Speziesschulden

3 a *a*. Wie jede obligatio faciendi ist die *Ausführungsobligation des Frachtführers eine Speziesschuld*. Ihre Erfüllung besteht in einer *bestimmten Ortsveränderung für bestimmte bewegliche Sachen*. Aber auch die *Ablieferungsschuld* des Frachtführers *gegenüber dem Empfänger* als begünstigtem Dritten oder gegenüber dem Absender (bei Identität von Absender und Empfänger oder bei Auftragsauflösung vor Erfüllung der Ablieferungsobligation) ist immer eine *Speziesschuld*. Ein bestimmt *individualisiertes Frachtgut soll abgeliefert werden*. In zahlreichen einfachen Aufträgen sowie bei der Einkaufskommission kann die Ablieferungsschuld ganz oder zum Teil eine Gattungs-, insbesondere eine Geldschuld, sein. Art. 400 N. 4. Art. 427 N. 3 c. Die *Erfüllung der Ausführungs- und Ablieferungsobligation im Frachtvertrag erfordert «notwendigerweise» ihre möglichst genaue Spezifikation*. Dem dienen die in Art. 441 OR vorgeschriebenen Angaben über Anzahl, Verpackung, Inhalt und Gewicht der Sendung. N. 5 unten.

b *b*. Das Gesetz auferlegt infolgedessen dem Absender eine *Instruktionspflicht*, die im allgemeinen Auftragsrecht jedenfalls nicht im nämlichen Umfang besteht. Der Transportauftrag ist kein Fachauftrag, dessen Ausführung besondere wissenschaftliche oder künstlerische Fähigkeiten voraussetzt, die eine Instruktion durch den nichtfachmännischen Auftraggeber problematisch machen. Der *Wille des Absenders dominiert* den Frachtvertrag in hohem Masse. Er kann und soll bestimmen, ob der Transport eilig oder möglichst billig, ob er sicher oder weniger sicher, ob er zu Lande, zur See oder per Flugzeug ausgeführt werden soll. Um die Entscheidung, die in der Ausführungsweisung zum Ausdruck kommt, en connaissance de cause treffen zu können, kann er sich i.d.R. *vor der Auftragserteilung beim Frachtführer oder bei Dritten die erforderlichen Informationen oder verbindliche Offerten einholen.* ZR 48 (1949) Nr.153 S.294 (für die Offerte des Spediteurs). AB/CVSM Z.I 3.

II. DIE EINZELNEN ABSENDERANGABEN

4. Adresse des Empfängers und Ort der Ablieferung

4 a

a. Die übereinstimmende Willensäusserung darüber, welche Sachen von einem Ort an einen anderen Ort zu transportieren sind (Speziesobligation), gehört zu den *Essentialia des Frachtvertragskonsens.* Art.1, 440 OR. Ebenso die *Person des Empfängers*, die mit dem Absender identisch sein kann. Doch muss feststehen, welche Personen die in Art.443 OR umschriebenen Verfügungen über das Frachtgut ausüben und *wem gegenüber die Ablieferungsobligation zu erfüllen* ist. **BGE 47 II 330 Erw.2.**

b

b. Wenn daher Angaben, die sich aus den allgemeinen Regeln über den Vertragskonsens ergeben, unter den Angaben wiederkehren, die der *Absender zur Vermeidung von Rechtsnachteilen* machen soll, so liegt an sich ein Pleonasmus vor. Es gibt *Angaben, deren Fehlen den Vertragskonsens berühren, und solche, deren Fehlen nur Rechtsnachteile für den Absender innerhalb des bestehenden Vertragsnexus zur Folge haben.*

c

c. Der *Empfänger* braucht nicht die Person zu sein, der beispielsweise bei einem Versendungskauf das *Eigentum am Frachtgut übertragen* werden soll. Es kann ein *Adreßspediteur* oder ein *anderer direkter oder indirekter Stellvertreter der Person sein, die das Frachtgut erwerben soll.* Die Ablieferungsobligation ist erfüllt, wenn an die als Empfänger bezeichnete Person abgeliefert wurde, gleichgültig ob diese ein dingliches Recht am Frachtgut besitzt oder erwerben soll. **BGE 59 III 101.** Vorbem. zu den Transportverträgen N.6. Die *vom Absender als Empfänger bezeichnete Person kann die in Art.443 OR vorgesehenen Verfügungen über das Frachtgut treffen*, gleichgültig ob sie dingliche Rechte an diesem besitzt oder nicht. Ist die *Bezeichnung des Empfängers* aus irgendeinem Grunde (z.B. Irrtum des Absenders) *unrichtig*, so *trägt der Absender alle sich daraus ergebenden Nachteile.* Art.444 N.7, 8b.

5. Anzahl, Verpackung, Inhalt und Gewicht der Frachtstücke

5 a *a.* Die Angabe von Anzahl, Verpackung, Inhalt und Gewicht des Frachtgutes ist namentlich für den gewerbsmässigen Frachtführer, der viele gleichartige und ungleichartige Transporte (oft als Sammeltransporte) besorgt, *notwendig, um die Speziesobligationen auf Ausführung und Ablieferung des konkreten Frachtgutes richtig erfüllen zu können.* Sie dienen der Individualisierung des Frachtgutes und sind tatsächliche Angaben, die erforderlich sind, um die charakteristische Leistung des Frachtführers, Transport und Ablieferung, zu spezifizieren.

b *b.* Die Art der *Bezeichnung* oder besser der *Kennzeichnung des Frachtgutes* hängt von den konkreten Umständen ab. Stückgüter in gleichartigen Behältern, z.B. Kisten oder Säcken, werden mit Vorteil durch *besondere Kennzeichen,* Initialen, Zahlen oder der Empfängeradresse, versehen. Art.39 III ETranspG. Art.131–136 ETR. Art.6 § 6f, 12 § 6 CIM. Bildet nicht Stückgut den Transportgegenstand, so erübrigt sich eine Angabe der Anzahl. Flüssige Stoffe werden unverpackt, z.B. in sogenannten Tankwagen, transportiert (Mineralöl, Benzin usw.). Der *Sammelladungsspediteur* (Art.439 N.8), der einen Eisenbahnwagen oder Schiffsraum gechartert hat, braucht der Transportunternehmung i.d.R. die Angaben über Anzahl, Verpackung, Inhalt und Gewicht nicht zu machen. Hingegen benötigt er selbst genaue Angaben von seinen «Versendern», um *Verwechslungen* am Bestimmungsort *zu vermeiden.* **BGE 52 II 89.** Die *Angabe des Inhaltes der Sendung* dient neben der Ausschaltung der Verwechslungsgefahr auch der sorgfältigen und zweckmässigen Behandlung auf dem Transport und ist namentlich dann geboten, wenn es sich um *zerbrechliches, verderbliches oder anderen Gefahren ausgesetztes Frachtgut* handelt. Sie liegt vor allem im Interesse des Absenders, der bei *Verlust oder Beschädigung den Schaden beziffern und beweisen muss.* Art.136 ETR. Art.447 N.8, 9. Art.448 N.4.

c *c.* Die Spezifikation der Sendung nach Anzahl der Frachtstücke, Inhalt, Gewicht und Wert ist namentlich dann unumgänglich, wenn der Frachtführer oder Spediteur die *Verzollung* des Gutes als Nebenverpflichtung zur Transport- und Ablieferungsobligation übernommen hat. Denn die meisten Zollgesetze erheben Inhalt, Gewicht und/oder Wert der Sendung zur Bemessungsgrundlage der Zölle und anderen Abgaben, die beim Grenzübertritt auf dem Gut erhoben werden. Der Frachtführer muss die vollständigen und richtigen Angaben vom Absender erhalten. Sonst kann er die Verzollungspflicht nicht richtig erfüllen. Art.443 N.9. Z.I 6 AB/CVSM.

d

d. Besondere Bedeutung gewinnt die Spezifikation der Sendung bei den Warenpapieren des Frachtverkehrs, insbes. beim *Konnossement.* Es erhebt sich die Frage, ob und wieweit eine wertpapierrechtliche Haftung des Frachtführers gegenüber den Inhabern des Konnossements für die Richtigkeit und Vollständigkeit der Warenbezeichnung besteht. Art. 423 N. 24b (4). Art. 114 lit. *c* SSG. Internat. Übereink. über Konnossemente (AS 1956 S. 758 ff.) Art. 3 § 5.

6. Wertangabe und Versicherung des Transportgutes

6 a

a. Die Wertangabe hat einen doppelten Sinn. Sie kann immer erfolgen, auch wenn es sich nicht um *Wertsachen* im engeren Sinne wie Geld, Wertpapiere, Schmuckstücke oder Ähnliches handelt. **BGE 53 II 66/7.** Sie soll den Frachtführer zu besonderer Sorgfalt mahnen, indem sie die *Höhe des Schadens festlegt, der bei Verlust oder Beschädigung zu ersetzen wäre.* Z. II 11 AB/CVSM lautet:

«Für Kostbarkeiten, Gold- und Silberwaren, Juwelen, Schmuck, Dokumente, Kunstgegenstände, Antiquitäten, Sammlungsobjekte und andere Gegenstände von besonderem Wert haftet der Transportunternehmer nur dann, wenn ihm hierüber ein besonderes Verzeichnis mit detaillierter Wertangabe übergeben und eine diesbezügliche Transportversicherung abgeschlossen worden ist.»

Art. 447 N. 7.

b

b. Der Kommissionär und Spediteur sind nach Art. 426 II OR zur Versicherung des Kommissions- oder Speditionsgutes nur auf *ausdrückliche Weisung* des Kommittenten gehalten. Art. 439 N. 6a. Art. 447 N. 13b. § 22 VTB (sub Art. 443). Obschon im Frachtvertragsrecht die ausdrückliche Vorschrift fehlt, gilt das gleiche. Z. II 11, Z. III 19 AB/CVSM. Art. 447 N. 13b. *Der Frachtführer kann, aber er muss das Frachtgut gegen Transportschadensrisiken nicht versichern.* Der Frachtführer kann die von ihm bezahlte Transportversicherungsprämie dem Absender oder Empfänger auch dann als Auslage i. S. von Art. 402 I OR belasten, wenn eine ausdrückliche Weisung fehlt, die *Versicherung* aber *geboten* war.

c

c. Die Transportschadensversicherung ist Schadensversicherung. Ein gewerbsmässiger Frachtführer wird in der Schweiz i. d. R. *haftpflichtversichert* sein. Da die Transportschadenshaftung streng ist, bietet die Haftpflichtversicherung des Frachtführers dem Berechtigten oft eine hinreichende Gewähr für die Deckung allfälliger Transportschäden. Erfolgte der Transport mit *Motorfahrzeugen*, so besteht der Haftpflichtanspruch für Schäden, die durch den Betrieb des Motorfahrzeugs eintreten, nach Art. 58/62 SVG auch als *Direktanspruch gegen den Versicherer*. Art. 65 SVG. Art. 47 N. 13a.

d *d. Wertangaben bewirken im Schadensfalle eine Umkehrung der Beweislast.* Der geschädigte Empfänger oder Absender hat dem Frachtführer oder der Versicherung nicht mehr die Höhe des Schadens zu beweisen. Die *Richtigkeit der Wertdeklaration wird vermutet.* Wird sie bestritten, so muss der Ersatzpflichtige beweisen, dass die Deklaration nicht dem wirklichen Wert entsprach. Art. 447 N. 6. Für Frachtgut von besonders hohem Wert bewirkt die *Unterlassung der Deklaration* den *gänzlichen Verlust* des Anspruches gegen den Frachtführer, wenn ein *Transportschaden* eintritt.

7. Lieferungszeit

7 a *a.* Im Frachtrecht der öffentlichen Transportanstalten wird hinsichtlich der Transportschnelligkeit bei der Berechnung der Frachtsätze ein Unterschied gemacht. Nach Transportschnelligkeit werden unterschieden: Frachtgut, Eilgut, Expressgut (Art. 34 ETranspG, Art. 92 ETR). In Art. 98, 117 (lebende Tiere) und 146/9 ETR sind *Höchstfristen* für die *Abfertigung und Beförderung* von Expressgut-, Eilgut- und Frachtgutsendungen festgesetzt. Der Absender trifft die Wahl. Wegen der *Verschiedenheit der notwendigen Frachtdokumente* (Art. 440 N. 5c) entstehen keine Anstände über die gewählte Beförderungsart.

b *b.* Im *Frachtvertragsrecht des OR* ist die Bestimmung der Lieferungszeit eine konkrete *Ausführungsweisung* i. S. von Art. 397 OR. Wird sie nicht erteilt, so gilt nur die allgemeine Sorgfaltspflicht des Frachtführers. Gewerbsmässige Frachtführer oder Spediteure organisieren oft sogenannte *Sammeltransporte*, die mit eigenen Motorfahrzeugen ausgeführt werden. Dann wird in Ermangelung einer gegenteiligen Ausführungsweisung anzunehmen sein, der Frachtführer könne die übernommenen Transportaufträge im Rahmen des nächsten Sammeltransportes ausführen. Die Absender haben ein ähnliches Interesse an der Verbilligung der Frachtkosten wie bei der Sammelladungsspedition. Art. 439 N. 8. Im übrigen wird sich i. d. R. aus dem Vertragskonsens ergeben, welche Transportart und Transportschnelligkeit gewollt war. Im Zweifel ist für die billigere Transportart mit geringerer Transportschnelligkeit («gewöhnliche Fracht») zu entscheiden. Beispiele: **BGE 54 II 178, 60 II 421** (Eisenbahntransporte). ZR 53 (1954) Nr.8 S.22 (Lufttransport). Für das Recht zur Abweichung von einer vorgeschriebenen Beförderungsart gilt Art.397 I OR.

c *c.* Nach § 428 I HGB wird die *Zeit*, innerhalb deren die Beförderung erfolgen soll, durch *Vereinbarung (oder Weisung)*, subsidiär durch den Ortsgebrauch am Abgangsort, bestimmt. In Streitfällen entscheidet der Richter über die angemessene Frist. Kommentar RATZ zu § 428 HGB Anm.1. Nach § 428 II HGB kann der Absender bei Säumnis mit dem Beginn der Beförderung vom Frachtvertrag zurücktreten, muss aber einen schuldlosen Frachtführer entschädigen. Die Auftragsstruktur des schweizerischen Frachtvertrages führt zu anderen Lösungen. Der *Absender kann den Frachtvertrag nur ex nunc ohne Grundangabe wirksam widerrufen, bis der Empfänger nach Art. 443 OR das alleinige Verfügungsrecht über das Frachtgut erhalten hat.* Art.440 N.10. Nach den Grundsätzen des allgemeinen Auftragsrechtes hat er die Auslagen und Aufwendungen, die dem Frachtführer bis zum Eintreffen der Widerrufserklärung erwachsen sind, zu ersetzen. **BGE 55 II 183/4.** Desgleichen hat der *Frachtführer Anspruch auf einen der Arbeitsleistung entsprechenden Teil des vereinbarten oder üblichen Frachtlohns.* Voraussetzung ist jedoch, dass der Frachtführer schuldlos ist, d.h. seinerseits keine Sorgfalts- oder Weisungsverletzung begangen hat. Art.402 N.8, 9. Infolge des Widerrufsrechtes des Absenders ex nunc wird in der Schweiz kaum streitig werden, ob der Frachtvertrag wirksam beendigt wurde, sondern *welche Leistungen aus der actio mandati contraria der wirksam widerrufende Absender dem schuldlosen Frachtführer* zu erbringen hat.

8. Transportweg

8 a *a.* Unter Bezeichnung des Transportweges kann zweierlei verstanden werden: *Landweg*, *Wasserweg* («voiturier par terre et par eau») und neuerdings auch *Luftweg*, oder die Bezeichnung einer bestimmten *Route*, z.B. von Zürich nach Genf via Olten–Biel–Neuenburg–Lausanne. Auch die Vorschrift des Transportweges ist eine *Ausführungsweisung* (oder Ausführungsvereinbarung). *Der Absender kann sowohl die Art des Transportes als auch eine bestimmte Route vorschreiben.* ZR 53 (1954) Nr.8 S.22 (Luftpost oder Luftfracht). Das Recht zur Abweichung von der vorgeschriebenen Transportart oder von der Route richtet sich nach Art.397 I OR. Art.444 N.3.

b *b. Fehlt eine ausdrückliche Vorschrift*, so gilt Ähnliches wie beim Fehlen einer Vorschrift über die Lieferfrist. Der Frachtführer hat als Schuldner die Wahl des Beförderungsweges (vgl. Art. 72 OR). Im Zweifel gebietet das Interesse des Absenders, den *kürzesten und billigsten Transportweg* zu wählen. Ist ein *pauschaler Frachtlohn* vereinbart, so wird der Frachtführer diejenige Transportart und Transportroute wählen, die ihm die vertrags- und weisungsgemässe Ausführung des Transportes mit den geringsten Kosten gestattet. Für das *Eisenbahntransportrecht* vgl. Art. 145 ETR. (Auch wenn die Eisenbahn die Wahl hat, kann sie nur den Frachttarif für den kürzesten und billigsten Transportweg zur Anwendung bringen.)

c *c.* Ein Transportweg kann auch *bedingt* vorgeschrieben sein, z.B. für den Fall, dass ein Beförderungshindernis eintreten sollte. Art. 171 IV ETR, Art. 24 § 3 CIM. Art. 444 N. 3b.

III. RECHTSFOLGEN BEI UNTERLASSUNG ODER UNGENAUIGKEIT DER ABSENDERANGABEN. ART. 441 II OR

9. Fehlender Frachtvertragskonsens

9 a *a.* Das Gesetz bestimmt, die aus der Unterlassung oder Ungenauigkeit einer «notwendigen» Angabe entstehenden *Nachteile «fallen zu Lasten des Absenders»*. Es handelt sich um eine *Vertragsverletzung des Absenders.* Trotzdem sind die Rechtsfolgen der Unterlassung oder Ungenauigkeit der Angaben verschieden, je nachdem welche Rechtsnatur den Angaben zukommt.

b *b.* Fehlen Angaben, welche die *Bestimmung des Frachtgutes, der Adresse des Empfängers oder des Ablieferungsortes ermöglichen*, so liegt *kein wirksamer Frachtvertragskonsens* vor. N. 4 oben. Weder der Absender noch der Frachtführer noch ein Empfänger haben Vertragsrechte erworben.

10. Mangelnde Individualisierung des Frachtgutes

10 a *a. Fehlt bei Stückgütern die Angabe der Anzahl* oder erscheint diese ungenau, so ist der Frachtführer kraft seiner Sorgfaltspflicht nur dann

zur Verifikation gehalten, wenn diese ohne erheblichen Arbeitsaufwand erfolgen kann. *Keine Verifikationspflicht* besteht beispielsweise für einen umfangreichen Holztransport auf dem See- oder Flusswege. SJZ 37 (1940/41) Nr.42 S.207, 54 (1958) Nr.174 S.313. Der Absender oder der Empfänger hat das *Manko* zu tragen, das vom Frachtführer bei der Übernahme des Frachtgutes nicht ohne erhebliche Kontrollarbeit festgestellt werden konnte. Ist der Frachtführer nach Abrede oder nach den Umständen zur Verifikation gehalten, so wird er notwendige Angaben in erster Linie durch eine *Rückfrage beim Absender* einholen. Ist das nicht möglich, so wird *auch der Absender den ihm obliegenden Beweis für Total- oder Teilschaden nicht erbringen können und der Frachtführer dementsprechend für einen Verlust nicht haften.* Art.448 N.1a.

b

b. Fehlen oder Ungenauigkeit der Angaben von Verpackung, Inhalt und Gewicht, die der Individualisierung des Frachtgutes dienen, erhöhen die *Verwechslungs-, Beschädigungs- oder Verlustgefahr.* Art.141 ETR. **BGE 52 II 89.** Die Sorgfaltspflicht gebietet dem Frachtführer, dem eine solche Gefahrserhöhung erkennbar wird, die *fehlenden Angaben beim Absender einzuholen,* zumal die Vermutung besteht, vorbehaltlos übernommenes Frachtgut sei gehörig verpackt und unbeschädigt übergeben worden. Art.442 OR. Werden notwendige Angaben dem Frachtführer nicht gemacht, und tritt *wegen dieser Unterlassung* oder Ungenauigkeit ein Verlust oder eine Beschädigung des Frachtgutes ein, so *haftet der Frachtführer nicht für den entstandenen Schaden.* Art.106 SSG. Infolge des Frachtbriefzwanges und der Kontrolle bei der Güterannahme bedarf es im *Eisenbahnfrachtrecht* keiner analogen Regelung für die Unterlassung oder Ungenauigkeit notwendiger Angaben zur Individualisierung der Sendung. Im *Luftfrachtrecht* wirkt sich die Unterlassung der Ausstellung die Unvollständigkeit oder Ungenauigkeit des Luftfrachtbriefes in einer *Verschärfung der Haftung des Luftfrachtführers* aus, der sich auf keine quantitativen Haftungsbeschränkungen berufen kann. Art.9 LVA. Art.3, 7 II LTR. Wie weit die Individualisierung nach Verpackung, Inhalt und Gewicht zu gehen hat, bestimmt sich nach den Umständen, insbesondere nach der Natur des vereinbarten Transportes. Der «Nachteil» aus der Versäumnis notwendiger Angaben besteht darin, dass der *Schadenersatzkläger bei Verlust, Zerstörung, Beschädigung oder Verwechslung den ihm obliegenden Schadensbeweis de principio und de quantitate nicht oder nur unvollständig führen kann.* Art.447 N.6c. Wird kein genauer Frachtbrief ausgestellt, so tut der Absender gut, sich vom Frachtführer wenigstens einen «*Empfangsschein*» für das zum Transport übernommene Frachtgut ausstellen zu lassen. N.1a oben. Art.443 N.9, 10. U.U.

haftet der Absender dem Frachtführer (oder Spediteur) für die Folgen mangelhafter Individualisierung, wenn dem *Frachtführer aus einem unbewusst ausgeführten unerlaubten Transport* (Schmuggelware) *Schaden erwächst.* Dann verbindet sich die *Schadenshaftung des Absenders aus Art.402 II OR mit derjenigen aus Art.441 II OR.* ZR 51 (1952) Nr.180 S.327. BJM 1954 S.245.

c *c. Fehlende Wertangabe* bei besonders wertvollem Frachtgut führt zum *gänzlichen Verlust des Ersatzanspruches aus Transportschaden.* Art.447 N.7.

11. Unterlassung notwendiger Ausführungsweisungen über Transportweg und/oder Ablieferungsfrist

11 a *a.* Sind Ausführungsweisungen über *Transportzeit* und *Transportweg* nicht erteilt, so steht dem Frachtführer im Rahmen seiner allgemeinen Sorgfaltspflicht die Wahl i.S. von Art.72 OR zu. N.7, 8 oben. Der dem Absender erwachsende Nachteil besteht im *Verlust der Ansprüche wegen Lieferungsverspätung.* Art.448 N.5.

b *b.* Immerhin werden beispielsweise verderbliche Südfrüchte auch ohne Weisung anders und *rascher zu transportieren* sein als beispielsweise Holz, Maschinen oder Metalle. Je nach den Umständen kann die Angabe des Inhaltes der Sendung genügen, um besondere *Sorgfaltspflichten* des Frachtführers *bei Übernahme* des Frachtgutes zu begründen.

Art. 442

2. Verpackung

[1] Für gehörige Verpackung des Gutes hat der Absender zu sorgen.

[2] Er haftet für die Folgen von äusserlich nicht erkennbaren Mängeln der Verpackung.

[3] Dagegen trägt der Frachtführer die Folgen solcher Mängel, die äusserlich erkennbar waren, wenn er das Gut ohne Vorbehalt angenommen hat.

2. Emballage

[1] L'expéditeur veille à ce que la marchandise soit convenablement emballée.

[2] Il répond des avaries provenant de défauts d'emballage non apparents.

[3] Le voiturier, de son côté, est responsable des avaries provenant de défauts d'emballage apparents, s'il a accepté la marchandise sans réserves.

2. Imballaggio

[1] Il mittente deve consegnare la merce in buono stato d'imballaggio.

[2] Egli è responsabile delle conseguenze derivanti da difetti d'imballaggio non riconoscibili esteriormente.

[3] Al contrario il vetturale è responsabile delle conseguenze dei difetti esteriormente riconoscibili, ove abbia accettato la merce senza riserva.

Materialien: Vgl. sub Art. 440.

Rechtsvergleichung: aOR Art. 452. HGB § 454. Code de Commerce art. 98, 103 II. Codice Civile art. 1693 II. ETranspG Art. 39/40. ETR Art. 141/2. CIM Art. 12, 27 § 3a. PVG Art. 26. SSG Art. 103 lit. *i*. LTR Art. 8. LVA Art. 8 lit. *i*, 11.

SYSTEMATIK DER KOMMENTIERUNG

Art. 442 OR

1. Verpackungspflicht und Haftung für Verpackungsmängel als dispositives Recht 180
2. Gehörige Verpackung. Kennzeichen. Art. 442 I OR 181
3. Prüfungspflicht des Frachtführers. Haftung. Art. 442 II und III OR 182
4. Beweislast bei Verpackungsmängeln 183

Art. 442 OR

1. Verpackungspflicht und Haftung für Verpackungsmängel als dispositives Recht

1 a *a.* Unter dem Randtitel «Verpackung» behandelt Art. 442 im Anschluss an die Deklarations- und Weisungspflicht des Absenders die *Pflicht zu «gehöriger» Verpackung* des Frachtgutes. Die Pflicht zu gehöriger Verpackung ist mangels gegenteiliger Abrede eine *Vertragspflicht des Absenders.* Die Unterlassung ist *vertragliches Verschulden.* Für den daraus *erwachsenden Schaden* hat grundsätzlich der Frachtführer nicht aufzukommen. Art. 447 N. 6c, 12a. Art. 178 lit. *b* ETR. Art. 103 lit. *i* SSG. Art. 27 § 3a CIM. Der Absender bzw. der *Eigentümer des Frachtgutes hat ihn selbst zu tragen.* In den meisten Transporterlassen wird daher die *nicht erkennbar mangelhafte Verpackung als ein Haftungsausschliessungsgrund* behandelt und im Zusammenhang mit der *Haftung des Frachtführers* behandelt. Durch mangelhafte «Verpackung» kann auch dem mittransportierten Eigentum *Dritter Schaden zugefügt* werden, für den der Frachtführer nach Art. 447/8 aufkommen muss (z. B. Ausrinnen ätzender Flüssigkeiten). Dann hat er einen *Regress gegen den Absender*, der seine Verpackungspflicht nicht erfüllt hat. Art. 39, 40 ETranspG.

b *b.* Die Verpackungspflicht des Absenders ist *dispositives Recht.* Z. I 4 II AB/CVSM bestimmt, der Frachtführer stelle «Kisten, Körbe, Säcke usw.» mietweise zur Verfügung. Es wird überhaupt die Regel bilden, dass bei *Frachtgut, das einer fachmännischen Verpackung und Verladung bedarf, der Frachtführer die Pflicht zur Verpackung und Verladung und damit auch die Haftung für die Verpackung übernimmt* (Möbel, Maschinen usw.). Art. 26 AB/CVSM. Alsdann besteht kein besonderer Werkvertrag für die Verpackung und Verladung und kein besonderer Mietvertrag für das Verpackungsmaterial, sondern eine frachtvertragliche, Art. 442 I OR abändernde Abrede. Sie ist namentlich anzunehmen, wenn es sich um *wertvollere Verpackungsmaterialien* (Weinfässer, Möbelverschläge u. a.) handelt, die vertragsgemäss vom Frachtführer zu stellen und diesem zu erstatten sind. Will der Absender, der nicht Fachmann ist, wertvolles Frachtgut nicht selbst verpacken, so bedient er sich oft eines *Spediteurs*, der dann auch in seinem Namen die Frachtverträge abschliesst. Doch kann auch der Frachtführer die Verpackung übernehmen. Im Speditionsvertrag ist die *Verpackung oft eine Nebenverpflichtung des Spediteurs.* Art. 439 N. 3a.

2. Gehörige Verpackung. Kennzeichen. Art. 442 I OR

2 a

a. Das OR sieht eine Pflicht zu «*gehöriger*» Verpackung vor. Was *gehörig* ist, richtet sich nach der *Natur des Frachtgutes* und nach der Erfahrung. Art. 178 lit. *b* ETR. Art. 27 § 2 lit. *b* CIM. Der Sinn der gehörigen Verpackung ist die Verminderung des Beschädigungsrisikos. Art. 447 N. 6c. Zahlreiche Frachtgüter bedürfen keiner Verpackung (Metalle, Schrott, Bauholz u.v.a.), weil diese keinen Einfluss auf das Beschädigungsrisiko hat. Art. 12 §§ 2, 5, Art. 27 § 2b CIM. Sie werden «unverpackt» transportiert. Hingegen ist Stückgut fast immer zu verpacken. Umzugsgut im Möbelwagen wird nach besonderen Bedürfnissen verpackt. Die Art der «Verpackung» richtet sich vor allem nach der *physikalischen und chemischen Beschaffenheit des Frachtgutes.* Der Transport von *festen Körpern* bildet die Regel. Für Flüssigkeiten bilden *Flaschen, Behälter, Kannen, Fässer, Tanks* die «Verpackung». Rohstoffe sind anders zu verpacken als Fabrikate, Lebensmittel anders als Textilien oder Maschinen. Glasflaschen sind zerbrechlich und daher gegen Bruch zu schützen. Die Aufstellung fester Regeln ist nicht möglich. Gehörige Verpackung ist diejenige, die erfahrungsgemäss die *Gefahr des Verlustes oder der Beschädigung des Frachtgutes sowie Körper- und Sachschäden bei Dritten reduziert.* Art. 39 II ETranspG. Art. 12 § 2 CIM stellt die Sicherheit in den Vordergrund.

b

b. Doch ist unter gehöriger Verpackung nicht nur eine Umhüllung des Frachtgutes durch geeignetes Material aus Holz, Papier, Textilien, Metall, Glas usw. zu verstehen, sondern u. U. auch eine *gehörige Kennzeichnung*, namentlich bei Stückgütern. Es soll nicht nur dem Beschädigungs-, sondern auch dem *Verwechslungsrisiko* begegnet werden. Art. 103 lit. *i* SSG. Es ist die *Kennzeichnung auf oder an der Verpackung* anzubringen, die mit den nach Art. 441 OR dem Frachtführer gemachten Angaben genau übereinstimmt. Art. 441 N. 5b. Art. 141 IV ETR, Art. 12 § 6 CIM. Hat der Frachtführer (oder Spediteur) die Verpackung übernommen, so obliegt ihm die Kennzeichnungspflicht. **BGE 52 II 89.** Hat der Frachtführer die Verpackung nicht übernommen, so *trägt der Absender den Schaden, der entsteht, wenn die nach Art. 441 OR angegebenen* (oder in einem Frachtbrief verurkundeten) Kennzeichen (Nummern, Initialen) nicht mit den auf der *Verpackung befindlichen übereinstimmen.* Art. 142 ETR.

3. Prüfungspflicht des Frachtführers. Haftung. Art.442 II und III OR

3 a *a.* Andererseits gebietet die allgemeine Sorgfaltspflicht dem Frachtführer, der die Verpackung des Frachtgutes nicht übernommen hat, wenigstens eine *äusserliche Prüfung der gehörigen Verpackung und Kennzeichnung.* Als Fachmann kann er besser beurteilen, welcher Art die gehörige Verpackung für den vorgesehenen Transport mit den vorgesehenen Transportmitteln sein muss. Die Prüfung muss jedoch nur eine äusserliche sein. Waren dabei *keine Mängel der Verpackung erkennbar, und entsteht nachher ein Schaden am Frachtgut wegen mangelhafter Verpackung* (Verlust, Verwechslung, Zerstörung oder Beschädigung), *so hat der Frachtführer dafür nicht aufzukommen.* Art.442 II OR. Art.178 lit.*b* ETR. Art.27 § 3 lit.*b* CIM. Art.447 N.6c.

b *b.* Sind *Verpackungsmängel äusserlich erkennbar,* und hat der Frachtführer die Verpackung nicht übernommen, so hat der Frachtführer gehörige Verpackung durch den Absender zu verlangen. Kommt der Absender dem Begehren nicht nach, so *kann der Frachtführer den Frachtvertrag fristlos kündigen* (Art.404 OR), d.h. die Ausführung des Transportes verweigern. Art.440 N.10d. Art.39 II ETranspG. Art.26 PVG. Art.141 I ETR. Art.12 § 3 CIM. Es kann aber auch vereinbart werden, dass gegen eine *erhöhte Vergütung* der Frachtführer die Verpackung selbst in gehörigen Stand versetzt. *Nimmt der Frachtführer erkennbar mangelhaft verpacktes Frachtgut vorbehaltlos an, so haftet er für Schäden, die aus Verlust, Verwechslung oder Beschädigung des Frachtgutes (Transportschäden) entstehen, nach Art.447/8 OR gegenüber dem Absender oder Empfänger.* Art.442 III OR. Art.447 N.6c. Er hat das erhöhte Transportschadensrisiko übernommen. Die Spezialerlasse bauen den Haftausschliessungsgrund der mangelhaften Verpackung aus. Art.39/40 ETranspG. Art.141/2 ETR. Art.12 §§ 3/4 CIM. Der Frachtführer, der erkennbar mangelhaft verpacktes Frachtgut vorbehaltlos annimmt, haftet aber auch für *Schäden, die Dritten infolge Verpackungsmängeln zugefügt wurden.* N.1a oben. Das besagt die weitgefasste Formulierung von Art.442 OR («haftet für die Folgen ... trägt die Folgen»). Der private Frachtführer wird bisweilen Transporte ausführen, welche die öffentlichen Transportanstalten nur ohne Verantwortung oder gar nicht übernehmen. Art.126 Z.3, 4 ETR. Dafür wird er einen höheren Frachtlohn entsprechend seinem höheren Risiko verlangen oder einen *Vorbehalt anbringen.*

4. Beweislast bei Verpackungsmängeln

a. Fehlt ein Vorbehalt des Frachtführers, so wird *vermutet, das Frachtgut,* das einer Verpackung bedarf, *sei ihm gehörig verpackt übergeben.* Art. 1693 II Codice Civile. Lag die gehörige Verpackung gemäss der gesetzlichen Regel und in Ermangelung einer abweichenden Vereinbarung dem Absender ob, und wird das Gut in der Folge beschädigt abgeliefert, so kann sich der Frachtführer von seiner Transportschadenshaftung nach Art. 447/8 OR nur entlasten, wenn er den *doppelten Beweis* erbringt, 4 a

(1) dass ein *Verpackungsmangel die Ursache der Beschädigung* war, und

(2) dass der *Verpackungsmangel nicht äusserlich erkennbar* war.

Art. 447 N. 6c.

Im Frachtrecht der Spezialerlasse sind das Beweisthema und die Beweislast ähnlich geregelt. Art. 40 II ETranspG. Art. 12 § 4 CIM. Art. 1 LVA. *Praktisch kann der Frachtführer den Entlastungsbeweis nur führen, wenn ein Vorbehalt verurkundet wurde.* Nach Art. 50 II PVG besteht bei *zerbrechlichen und verderblichen Postsendungen* eine Vermutung, die Ursache eines Transportschadens sei die natürliche Beschaffenheit des Gutes, es sei denn, dass deshalb ein *Taxzuschlag* erhoben wurde. Dementsprechend ist die Postverwaltung auch der Beweispflicht für Verpackungsmängel solcher Sendungen enthoben. Der Taxzuschlag bildet wirtschaftlich eine *Versicherungsprämie.* Das Risiko der Beschädigung wertvollen Frachtgutes wegen seiner natürlichen Beschaffenheit oder auch wegen Verpackungsmängeln wird im Frachtvertrag nach OR am besten durch eine *Transportschadensversicherung* gedeckt. Art. 441 N. 6, Z. III 19, 20 AB/CVSM. Eine *Haftpflichtversicherung des Frachtführers* deckt nur das Risiko der Insolvenz des letzteren, nicht aber Schäden, von denen der Frachtführer sich entlasten kann.

b. Keine Entlastungsmöglichkeit hat der Frachtführer, der das Verpackungsmaterial selbst (i. d. R. gegen eine zusätzliche Vergütung) *gestellt und die Verpackung und Kennzeichnung selbst besorgt hat.* b

Art. 443

3. Verfügung über das reisende Gut

[1] Solange das Frachtgut noch in Händen des Frachtführers ist, hat der Absender das Recht, dasselbe gegen Entschädigung des Frachtführers für Auslagen oder für Nachteile, die aus der Rückziehung erwachsen, zurückzunehmen, ausgenommen:

1. wenn ein Frachtbrief vom Absender ausgestellt und vom Frachtführer an den Empfänger übergeben worden ist,
2. wenn der Absender sich vom Frachtführer einen Empfangschein hat geben lassen und diesen nicht zurückgeben kann,
3. wenn der Frachtführer an den Empfänger eine schriftliche Anzeige von der Ankunft des Gutes zum Zwecke der Abholung abgesandt hat,
4. wenn der Empfänger nach Ankunft des Gutes am Bestimmungsorte die Ablieferung verlangt hat.

[2] In diesen Fällen hat der Frachtführer ausschliesslich die Anweisungen des Empfängers zu befolgen, ist jedoch hiezu, falls sich der Absender einen Empfangschein hat geben lassen und das Gut noch nicht am Bestimmungsorte angekommen ist, nur dann verpflichtet, wenn dem Empfänger dieser Empfangschein zugestellt worden ist.

3. Droit de disposer des objets expédiés

[1] L'expéditeur a le droit de retirer la marchandise tant qu'elle est entre les mains du voiturier, en indemnisant celui-ci de ses débours et du préjudice causé par le retrait; toutefois, ce droit ne peut être exercé:

1. lorsqu'une lettre de voiture a été créée par l'expéditeur et remise au destinataire par le voiturier;
2. lorsque l'expéditeur s'est fait délivrer un récépissé par le voiturier et qu'il ne peut le restituer;
3. lorsque le voiturier a expédié au destinataire un avis écrit de l'arrivée de la marchandise, afin qu'il eût à la retirer;
4. lorsque le destinataire, après l'arrivée de la marchandise dans le lieu de destination, en a demandé la livraison.

[2] Dans ces cas, le voiturier est tenu de se conformer uniquement aux instructions du destinataire; toutefois,

3. Disposizione sugli oggetti trasportati

[1] Finchè la merce da trasportare si trovi nelle mani del vetturale, il mittente ha diritto di ritirarla, rimborsando il vetturale delle spese e del danno, che fosse per derivargli dal contrordine, salvi i seguenti casi, cioè:

1. quando siasi emessa dal mittente una lettera di vettura e consegnata dal vetturale al destinatario;
2. quando il mittente siasi fatto rilasciare dal vetturale uno scontrino di ricevuta e non posso restituirlo;
3. quando il vetturale pel ritiro della merce abbia mandato al destinatario un avviso scritto dell'arrivo della medesima;
4. quando, dopo l'arrivo della merce al luogo di destinazione, il destinatario ne abbia chiesto la consegna.

[2] In questi casi il vetturale è tenuto ad uniformarsi unicamente alle istruzioni del destinatario, ma nel caso in cui il mittente siasi fatto rilasciare uno

lorsqu'il s'est fait délivrer un récépissé, il n'est lié par ces instructions, avant l'arrivée de la marchandise dans le lieu de destination, que si le récépissé a été remis au destinataire.

scontrino di ricevuta e la merce non sia ancora arrivata al luogo di destinazione, solo quando lo scontrino di ricevuta sia già stato rimesso al destinatario.

Materialien: Vgl. sub Art. 440.

Rechtsvergleichung: aOR Art. 453. HGB §§ 433/6, §§ 448/50, §§ 643/63. Codice Civile art. 1685, 1689. ETranspG Art. 42, 44, 45/6. ETR Art. 159, 161, 169/70. CIM Art. 15, 19, 21/23. PVG Art. 28. LTR Art. 17, 19. LVA Art. 12/5. SSG Art. 101 II, 112–117, 125. Internationales Übereinkommen zur einheitlichen Feststellung einzelner Regeln über die Konnossemente, AS 1954 S. 758 ff.

Literatur: ARNOLD AEBLI, Die Nachnahmesendung im Speditions- und Frachtgeschäft, Zürcher Diss. 1950. JOSEF BRÄNDLE, Die Überseekaufklauseln cif und fob unter Berücksichtigung der deutschen, englischen und französischen Rechtsprechung. Berner Diss. 1936. EDWIN HÄSLI, Das Konnossement, Arten und Funktionen. Basler Diss. 1943 (Maschinenschrift). ANTON HEINI, Das Durchkonnossement (Through bill of lading). Freiburg 1957. HERMANN KLEIN, Der Übergang der Rechte vom Absender auf den Empfänger (mittels Verwendung des Konnossements). Basler Diss. 1947 (Maschinenschrift). ANDRÉ PERRINJAQUET, Le droit de disposition de l'expéditeur, Lausanner Diss. 1924. VICTOR RECHSTEINER, Das Verfügungsrecht des Absenders und Empfängers im Frachtvertrag nach schweizerischem Recht. Berner Diss. 1929. GEORGES-OLIVIER ROBERT-TISSOT, Le connaissement direct. Titre de transports combinés. Genfer Diss. 1957. ALEXANDRE VINCENT, Les transports successifs par terre et par mer et le connaissement direct. Thèse Paris 1928. HANS-JOACHIM WEIBGEN, Das Durchkonnossement und seine besonderen Klauseln, Leipzig 1930. PH. ZÜGER, Die Haager Regeln über Konnossemente und das rechtliche Schicksal der Ware während des Seetransportes. Freiburger Diss. 1953. VERLADE- UND TRANSPORT-BEDINGUNGEN (Konnossementsbedingungen) der Rheinreeder = VTB.

SYSTEMATIK DER KOMMENTIERUNG

Art. 443 OR

I. Die Bedeutung des Weisungsrechtes im Frachtvertrag und der Inhalt einzelner Weisungen

1. Der Frachtvertrag als Auftrag zugunsten eines Dritten 187
2. Das Weisungsrecht im Frachtvertragsrecht 188
3. Alternative Aktivlegitimation zur Ausübung des Weisungs- und Verfügungsrechtes im Frachtvertrag: Absender oder Empfänger . . 188
4. Inhalt und Form der Weisungen 189

5. Rückgabe am Versandort. Anhalten, Abladen, Einlagerung während des Transportes. Aussetzen der Ablieferung. Ablieferung an einen anderen Empfänger 191
6. Verlängerung des Transportweges durch Änderung des Bestimmungsortes oder Rücktransport an den Absender 192
7. Nachnahmesendung. Erhöhung, Herabsetzung, Aufhebung der Nachnahme 195
8. CIF, FOB, FAS 196
9. Verzollung von internationalen Transporten 197

II. Beginn, Beendigung, Begrenzung und Ausschluss des Weisungsrechtes des Absenders

10. Beginn und Beendigung 199
11. Übergabe eines vom Absender ausgestellten Frachtbriefes an den Empfänger durch den Frachtführer 199
12. Empfangsschein (récépissé) 200
13. Schriftliche Ausführungsanzeige an den Empfänger nach Eintreffen des Gutes am Bestimmungsort 202
14. Erhebung des Ablieferungsanspruches durch den Empfänger nach Eintreffen des Gutes am Bestimmungsort 203
15. Wiederaufleben des Absenderweisungsrechtes bei Ablieferungshindernissen, namentlich Annahme- oder Zahlungsverweigerung durch den Empfänger 203

III. Das Verfügungsrecht des Empfängers

16. Keine Empfängerweisungen bei Identität von Absender und Empfänger. Übergang des Verfügungsrechtes 204
17. Kein Weisungsrecht des Empfängers auf Rücktransport oder Weitertransport 204
18. Empfängerweisungen auf Anhalten, Aussetzen der Ablieferung, Ablieferung an einen anderen Empfänger am nämlichen Bestimmungsort 205
19. Keine Empfängerweisungen, welche die Erfüllung der Ausführungs- und Ablieferungsobligation verunmöglichen 205

IV. Die besonderen Pflichten des weisungserteilenden Absenders oder Empfängers und die Schadenersatzpflicht des weisungsverletzenden Frachtführers

20. «Entschädigung» des Frachtführers für Auslagen oder Nachteile . 206
21. Schadenersatzpflicht des Frachtführers aus Weisungsverletzung. Aktivlegitimation 210

V. Das Verfügungsrecht über das reisende Gut bei Ausstellung von Warenpapieren

22. Übertragung des Warenpapiers ersetzt Besitzübergabe des Frachtgutes 211
23. Frachtvertragliche und dingliche Wirkung des Warenpapiers . . . 212

24. Formerfordernisse und wertpapierrechtliche Wirkungen 213
25. Geringe Verbreitung der Warenpapiere in der Schweiz 215
26. Rheinkonnossement und Seekonnossement 216
27. Waren-Frachtpapiere im internationalen Privatrecht 217
28. Das Durchkonnossement (through bill of lading) insbesondere . . . 217

Art. 443 OR

I. DIE BEDEUTUNG DES WEISUNGSRECHTES IM FRACHTVERTRAG UND DER INHALT EINZELNER WEISUNGEN

1. Der Frachtvertrag als Auftrag zugunsten eines Dritten

1 Art. 443 OR regelt die Aufteilung der Rechte auf «Verfügung über das reisende Gut» zwischen dem Absender als Auftraggeber und dem Empfänger als begünstigtem Dritten. Der Frachtvertrag ist dann ein echter *Auftrag zugunsten eines Dritten*, wenn Absender und Empfänger verschiedene Personen sind, was der Regel entspricht. Vorbem. N. 5a. Art. 14 LVA (auch § 435 HGB) betont ausdrücklich, der *Empfänger* mache die ihm zustehenden Verfügungsrechte *im eigenen Namen* geltend. Das gilt auch für das Frachtvertragsrecht des OR. Der *Empfänger ist nicht Stellvertreter des Absenders.* Da der Empfänger beim Abschluss des Frachtvertrages nicht mitwirkt, ist er nur *Drittbegünstigter.* Er kann, aber er muss die ihm erwachsenden Rechte aus dem Frachtvertrag nicht ausüben. Eine andere Frage ist, ob der Empfänger aus einem Vertrag mit dem Absender, z. B. einem Kauf, in *Annahmeverzug* gerät, wenn er seine Rechte aus dem Frachtvertrag nicht ausübt. Hier handelt es sich nur um die Parteistellung des Empfängers im Frachtvertragsnexus. Will der Empfänger seine Rechte ausüben, so muss er u. U. *gewisse Leistungen*, z. B. Zahlung einer Nachnahme oder der auf der Sendung haftenden Kosten, übernehmen. ZR 48 (1949) Nr. 153 S. 295 oben. § 436 HGB. Art. 1689 II Codice Civile. Art. 45 ETranspG. Als Drittbegünstigtem mit eigenen Rechten *kann der Frachtführer dem Empfänger keine Einreden aus seinem Rechtsverhältnis mit dem Absender entgegenhalten*, ausgenommen sein eigenes, durch Retention «verdinglichtes» Recht auf Bezahlung der Frachtkosten.

2. Das Weisungsrecht im Frachtvertragsrecht

2 Juristisch sind die *Verfügungen über das Frachtgut Ausführungsweisungen i. S. von Art. 397 OR* und unterstehen der dort getroffenen Regelung. Sie bewirken eine *Änderung des Vertragsinhaltes*, die der Weisungsberechtigte einseitig «verfügen» kann. Art. 169 ETR. Art. 22 CIM. Art. 443 OR bestätigt für das Frachtvertragsrecht den auftragsrechtlichen Grundsatz, dass die beim Abschluss des Frachtvertrages getroffenen Ausführungsabreden oder die nachträglich gemäss Art. 441 erteilten einseitigen Ausführungsweisungen über *Beförderungsweg* und *Beförderungsfrist* vom Absender als Auftraggeber jederzeit einseitig *abgeändert* oder widerrufen werden können, *solange nicht der Empfänger das alleinige Verfügungsrecht über das Frachtgut erworben* hat. Art. 397 N. 6. Art. 440 N. 10b, e. Rechtsdogmatisch bildet Art. 443 OR die frachtvertragliche Abwandlung der Lehre über den Vertrag zugunsten eines Dritten (Art. 112 OR) in der Anwendung auf den Auftrag im allgemeinen (Art. 440 II OR) und das Weisungsrecht im besonderen. Art. 394 N. 46. Aus diesem Zusammenhang erklären sich die gesetzlichen Bestimmungen. Die *Ausgestaltung des Weisungsrechtes rechtfertigt die Auftragsqualifikation des Frachtvertrages.* Unter diesem Gesichtspunkt steht der Frachtvertrag dem Auftrag in der Tat näher als dem Werkvertrag. Art. 440 N. 4.

3. Alternative Aktivlegitimation zur Ausübung des Weisungs- und Verfügungsrechtes im Frachtvertrag: Absender oder Empfänger

3 a a. *Aktivlegitimiert* zur Ausübung des Weisungsrechtes sind aus dem Frachtvertrag nur der *Absender* (oder dessen direkter Stellvertreter im Namen des Absenders) oder der *Empfänger* (oder dessen direkter Stellvertreter im Namen des Empfängers). Art. 397 N. 4. Da widersprechende Weisungen dem Frachtführer die Vertragserfüllung verunmöglichen würden, muss das Gesetz die Voraussetzungen für den Übergang des Weisungsrechtes vom Absender (Auftraggeber) auf den Empfänger (Begünstigter) umschreiben.

b b. *Kein frachtvertragliches Weisungsrecht besitzt der allfällige Dritteigentümer des Frachtgutes.* Doch kann der Frachtführer als unmittelbarer Besitzer des Frachtgutes u. U. der *Vindikation eines Dritteigentümers* des Frachtgutes ausgesetzt sein. Meier-Hayoz zu Art. 641 N. 40/3. Dann darf der Frachtführer die *Befolgung der Weisungen der frachtvertraglich legitimierten Personen, Absender und Empfänger, nur verweigern, wenn eine vorsorgliche Massnahme des zuständigen Richters ihn daran hindert.* Doch kann eine solche gerichtliche Verfügung nicht als Ablieferungshindernis im Sinne der Art. 444/5 OR und der Spezialerlasse (Art. 172 ETR, Art. 25 CIM) aufgefasst werden. Das vom Frachtführer *gutgläubig erworbene Retentionsrecht für Frachtkosten geht dem Eigentumsrecht eines Dritteigentümers vor.* Art. 440 N. 8.

c. Die *Legitimation zur Verfügung über das Frachtgut* wird formalisiert, wenn sich der Absender vom Frachtführer einen Empfangsschein hat geben lassen. Dann besteht die gesetzliche Vermutung, das *Verfügungsrecht* über die Sendung könne nur von dem Absender oder Empfänger ausgeübt werden, der sich durch Vorweisung des Empfangsscheins legitimieren kann. N. 12 unten. c

d. Art. 46 I ETranspG gesteht das Weisungsrecht i. S. eines Rechtes auf Vertragsänderung dem «*Absender allein*» zu. Der Empfänger kann nur Ablieferung am Bestimmungsort verlangen. Art. 45 ETranspG. Art. 21 CIM. Ähnlich ist die Regelung im Luftfrachtrecht. Art. 12/3 LVA. Art. 22 CIM hingegen kennt ein den Erfordernissen des internationalen Eisenbahnfrachtverkehrs angepasstes *Weisungsrecht des Empfängers*, das jedoch erst wirksam wird, wenn die Sendung das Zollgebiet des Empfängers erreicht hat. d

4. Inhalt und Form der Weisungen

a. Die einseitigen Ausführungsweisungen, die der Frachtführer befolgen muss, haben sich *im Rahmen des abgeschlossenen Frachtvertrages* zu halten. Die Weisungen sind Ausführungsweisungen und können sich grundsätzlich nur auf eine veränderte *Erfüllung der Ausführungs- und Ablieferungsobligation* des Frachtführers beziehen, die im Frachtvertrag gleichsam zu einer einzigen Obligation verschmelzen. *Beschwerende Weisungen*, die z. B. eine Verkürzung der Lieferfrist (N. 2 oben) oder Verlängerung des Transportweges (N. 6 unten) zur Folge hätten und die *Arbeitsleistung und das Risiko des Frachtführers erheblich ausdehnen, muss er gegen seinen Willen nicht ausführen.* Art. 397 N. 3 a. N. 6 c unten. Führt er sie tatsächlich aus, so ist darüber ein neuer formloser Auftragskonsens i. S. von Art. 395 OR zustande gekommen. In jedem Fall hat der *Absender oder Empfänger die dem Frachtführer erwachsenden Mehrauslagen der Vertragsänderung* zu ersetzen und die entsprechende *Mehrvergütung* zu leisten, auch wenn eine Pauschalvergütung vereinbart war. Das ergibt 4 a sich schon aus dem allgemeinen Auftragsrecht. N.19 unten. ZR 29 (1930) S.197 Nr.80. Die *Mehrforderungen haften auf dem Frachtgut und sind durch das Retentionsrecht nach Art. 451 OR geschützt.* Art.47 ETranspG. Art.173 ETR.

b *b.* Über den Inhalt der am häufigsten vorkommenden Weisungen vgl. N.5 und 6 unten. Die Weisung kann *bedingt* erteilt werden. Der Berechtigte wird sie nicht selten von den ihm erwachsenden *Kosten abhängig* machen. Z.B.: *Abladen und Einlagerung* an einem bestimmten Ort des Transportweges, wenn die Kosten des Rücktransportes einen bestimmten Betrag übersteigen. *Übergabe an eine öffentliche Transportanstalt zur Rückbeförderung u.a.* Da der Frachtvertrag häufig der Erfüllung anderer Verträge, z.B. eines Versendungskaufes, dient, wird der Inhalt einer konkreten Weisung im Frachtvertrag von der Abwicklung jenes Vertrages abhängen. Der Absender wird die Ablieferung an einen Käufer zu verhindern suchen, an dessen Zahlungsfähigkeit er zweifelt. Beispiel: **BGE 59 III 99/102.**

c *c.* Nach dem Frachtvertragsrecht des OR bedarf die Weisungserteilung *keiner Form.* Da der Weisungsberechtigte zumeist ein Interesse an der raschen Ausführung seiner Weisungen hat, wird die *telegrafische*, oft die *telefonische Weisungsübermittlung* die Regel bilden.

d *d.* Im *Eisenbahnfrachtrecht* muss sich der Absender *der Versandstation* bedienen, die gegen Vergütung der Kosten die telegrafische oder telefonische Übermittlung der zulässigen Weisungen vornimmt. Im *Eisenbahnfrachtrecht* sind die zulässigen *Weisungen formgebunden* und müssen auf dem Frachtbrief und/oder besonderen Formularen als Inhalt des Frachtvertrages verurkundet sein. Art.169 ETR. Art.22 CIM. Als zulässige «Verfügungen» (Weisungen) bezeichnet Art.169 ETR:

(1) Rückgabe auf der Versandstation

(2) Anhalten

(3) Aussetzen der Ablieferung

(4) Ablieferung an einen anderen Empfänger

(5) Ablieferung an einer anderen Bestimmungsstation

(6) Rücksendung an die Versandstation

(7) Belastung, Erhöhung, Herabsetzung, Aufhebung einer Nachnahme

(8) Fracht- und gebührenfreie Ablieferung.

Es ist indessen zu berücksichtigen, dass die Möglichkeiten der dem Beförderungszwang unterstehenden Eisenbahnen namentlich für den

Rücktransport oder die Beförderung an einen anderen Bestimmungsort andere sind als diejenigen eines privaten Frachtführers.

5. Rückgabe am Versandort. Anhalten, Abladen, Einlagerung während des Transportes. Aussetzen der Ablieferung. Ablieferung an einen anderen Empfänger

5 a

a. Das Recht des Absenders auf *Rückgabe am Versandort, solange das Frachtgut den Transport noch nicht angetreten hat, folgt aus dem Widerrufsrecht des Absenders.* Art. 440 N. 10 c. *Teilrückzüge,* im Eisenbahnfrachtrecht ausgeschlossen (Art. 169 ETR – Art. 21 § 1, 22 § 1 CIM), sind im Frachtvertragsrecht des OR für teilbare Sendungen (Stückgüter) grundsätzlich *zuzulassen.* Die «Weisungsfreiheit» im Auftragsrecht bildet einen Bestandteil der privatrechtlichen Vertragsfreiheit. Eine dem Teilwiderruf gleichkommende Weisung ist *nicht beschwerend.* Nach auftragsrechtlichen Grundsätzen hat der Frachtführer Anspruch auf *Ersatz aller Mehrauslagen,* jedoch keinen Anspruch auf den vollen Frachtlohn, auch wenn dieser pauschal vereinbart war. Praktisch werden indessen *Mehrauslagen und Entschädigung für Nachteile* i. S. von Art. 443 I OR häufig nur wenig vom ursprünglich geschuldeten *Frachtlohn und Auslagenersatz* differieren.

b

b. Dass die «*Rückziehung*» des Gutes, das die Reise bereits angetreten hat, grundsätzlich möglich sein muss, ergibt sich aus dem Randtitel «*Verfügung über das reisende Gut*». Ist das Weisungsrecht indessen auf den Empfänger übergegangen, so kann kaum von einer «Rückziehung» gesprochen werden. Die Weisung auf *Anhalten der Sendung* (§ 433 HGB) geht *weniger weit als die «Rückziehung».* Sie bedeutet eine *Verkürzung* des ursprünglich vereinbarten *Transportweges.* Für die Eisenbahn ist sie kaum beschwerend und kann auch von der Abgangsstation i. d. R. leicht übermittelt werden. Im privaten Frachtverkehr hängt es von den Umständen ab, ob eine Sendung vor dem Eintreffen am Bestimmungsort angehalten werden kann. Gelingt die Übermittlung, so wird das Anhalten eines nur von einem Absender beanspruchten Möbelcamions i. d. R. möglich sein. *Das Anhalten einer bestimmten Sendung aus einem Sammeltransport kann mit unverhältnismässigen Nachteilen für den Frachtführer verbunden sein,* für welche er entschädigt werden muss. Will der Absender die Ablieferung an den Empfänger verhindern, so wird er je nach den Umständen besser tun, die Sendung bis an den Bestimmungsort gehen zu lassen und nur das *Aussetzen der Ablieferung anordnen.* Lit. c unten.

Mit der Weisung auf Anhalten vor dem Bestimmungsort wird i.d.R. als Verfügung über das reisende Gut eine *Weisung auf Abladen und/oder Einlagerung oder Übergabe an einen anderen Frachtführer oder eine öffentliche Transportanstalt zur Rücksendung verbunden sein.* Solche Weisungen sind Verfügungen über das reisende Gut. Sie müssen am Bestimmungsort und, wenn es möglich ist, auch auf der Strecke ausgeführt werden, *selbst wenn sie eine Beschwerung des Frachtführers mit sich bringen.* Sie bewirken andererseits eine *frühere Beendigung der Ausführungs- und Ablieferungsobligation des Frachtführers und eine frühere Entlastung von seiner Transportschadenshaftung* nach Art. 447/8 OR. Zudem hat der Frachtführer Anspruch auf Ersatz aller Mehrauslagen und auf Entschädigung für andere Nachteile, z.B. Haftung für Lieferungsverspätungen gegenüber anderen Auftraggebern. Besitzt der Frachtführer für solche Ansprüche keine Vorausdeckung, so kann er die Ausführung der Weisung von der *Sicherstellung der Mehrkosten und Entschädigungen* abhängig machen, für die das Retentionsrecht nach Art. 451 OR besteht. Es sind «auf dem Frachtgut haftende Forderungen». Der Frachtführer muss nicht in Vorschuss treten. Art. 402 N. 3a. Die dem Beförderungs- und Tarifzwang unterstehende *Eisenbahn* kann die *Ausführung nur verweigern, wenn der Wert des Gutes die erwachsenden Mehrkosten nicht mehr deckt.* Art. 170 I lit. *d* ETR. Art. 23 § 1 lit. *d* CIM.

c *c.* Die Absenderweisung auf *Aussetzen der Ablieferung an den Empfänger* nach Eintreffen des Gutes am Bestimmungsort ist kaum eine Beschwerung des Frachtführers. Damit sie ausführbar wird, muss i.d.R. ein *anderer Empfänger bezeichnet* werden, der ein *Lagerhalter* sein kann. § 433 HGB. Handelt es sich nur um eine *Verlängerung der Ablieferungsfrist,* die dem Frachtführer nach den Umständen zugemutet werden kann und kein Abladen erfordert, so können die Nachteile, die zu ersetzen sind, dennoch erheblich sein.

d *d. Die Ablieferung an einen anderen Empfänger am nämlichen Bestimmungsort* (§ 433 HGB) ist keine beschwerende Weisung und *muss ausgeführt werden.* **BGE 47 II 330.**

6. Verlängerung des Transportweges durch Änderung des Bestimmungsortes oder Rücktransport an den Absender

6 a *a.* Zwar sieht § 433 HGB die Weisung auf *Rückgabe an den Absender* vor, während Art. 443 OR von einer «*Rückziehung*» spricht. Damit erhebt

sich die Frage: Muss der private Frachtführer wie die dem Beförderungszwang unterstehenden Eisenbahnen die *beschwerenden Weisungen auf Rücktransport* an den Absender oder auf *Weitertransport an einen anderen Bestimmungsort* auch gegen seinen Willen ausführen, wenn er für alle Nachteile schadlos gehalten wird?

b *b.* Zieht der Absender aus irgendwelchen Gründen, beispielsweise wegen Annahme- oder Zahlungsverweigerung des Empfängers (Art. 444 OR), die Rücksendung oder die Weiterleitung des Frachtgutes an einen anderen Bestimmungsort in Betracht, so wird er sich mit dem Frachtführer darüber verständigen, bevor das Gut die Reise angetreten hat. Er wird diesem für die eine oder andere Verfügung über das Frachtgut einen *bedingten Ersatzauftrag* (oder, wenn man will, eine bedingte Ersatzweisung) erteilen (Art. 398 N. 44c), der anstelle der unerfüllten Ablieferungspflicht aus dem Hauptauftrag tritt. *Im Brief- und Paketpostverkehr* verfügt der Absender häufig die Rücksendung an ihn, wenn die Sendung nicht bestellt werden kann. Im Briefpostverkehr ist die Rücksendung oder Weiterleitung an einen anderen Empfänger für den Fall der Unzustellbarkeit der Sendung gegen eine *bestimmte Gebühr* vorgesehen. Art. 28 I PVG.

c *c.* Hat der Absender dem Frachtführer keinen bedingten Ersatzauftrag auf Rücksendung oder Weiterleitung an einen anderen Empfänger oder Bestimmungsort erteilt, und wurde ein solcher Ersatzauftrag vom Frachtführer nicht angenommen, so kann die *Verpflichtung zur Ausführung eines wesentlich verlängerten Transportes selbst dann nicht bestehen, wenn dem Frachtführer alle Mehrauslagen und Nachteile* der *Umdisposition ersetzt werden.* OSER/SCHÖNENBERGER ad Art. 443 N. 9, 29. Kommentar RATZ zu § 433 HGB Anm. 1. Noch zweifelnd ANDRÉ PERRINJAQUET, Le droit de disposition de l'expéditeur, p. 50 svts. *Der Frachtführer kann gegen seinen Willen einer längeren als der vereinbarten Transportschadenshaftung nicht unterstellt werden.* Der ein Essentiale des Frachtvertrages bildende Erfüllungsort für die Ablieferungsobligation, d.h. der Bestimmungsort der Sendung (Art. 440 N. 5b, 441 N. 4a) kann nicht durch einseitige Ausführungsweisung verändert werden. Der Frachtführer hat vielleicht zeitlich und räumlich über seine Transportmittel anderweitig disponiert. Er *untersteht nicht, wie die Eisenbahn, einem Kontrahierungszwang* für einen neuen Transportauftrag. Er muss zur Begründung der erweiterten Ausführungs- und der veränderten Ablieferungsobligation den *neuen Auftrag* (oder die beschwerende Weisung) des Absenders (oder Empfängers) *nach den Regeln über die Auftragentstehung* (Art. 440 N. 5) *an-*

nehmen, was allerdings häufig stillschweigend geschehen wird. Dann erwirbt der Frachtführer *neben dem selbstverständlichen Anspruch auf Ersatz der effektiven Mehrauslagen einen erhöhten Frachtlohnanspruch* (keinen Entschädigungsanspruch nach Art. 443 I OR), *der nach den gleichen Maßstäben zu bemessen ist wie der Anspruch aus dem ursprünglichen Frachtvertrag*, wenn keine *ausdrückliche Vergütungsvereinbarung* getroffen ist. Auch diese Ansprüche sind nach Art. 451 OR *retentionsgesicherte Forderungen, die auf der Sendung haften.*

d *d.* Dass kein Weisungsrecht für den beschwerenden Rück- und Weitertransport und kein Kontrahierungszwang des privaten Frachtführers für diese belastenden Verfügungen über das reisende Gut besteht, ändert nichts daran, dass der Frachtführer den Verfügungsberechtigten von der Nichterfüllung der Ablieferungsobligation zu *informieren und dessen Weisungen zu gewärtigen* hat, selbst wenn sie beschwerend sein könnten. Art. 440 N. 8b, 444 N. 9b (2).

e *e.* In der Praxis wird eine nachträgliche Verfügung über das reisende Frachtgut auf Rücktransport oder Weiterleitung an einen anderen Bestimmungsort und Empfänger i. d. R. so getroffen, dass der verfügungsberechtigte Absender oder Empfänger, *wenn eine Verständigung mit dem ursprünglichen Frachtführer nicht erreicht wird, die Ersatzanweisung erteilt, das Frachtgut an der nächsten Station einer öffentlichen Transportanstalt*, die dem Beförderungszwang untersteht, abzuliefern. Der Verfügungsberechtigte kann auch ersatzweise für den *Rück- oder Weitertransport einen anderen Frachtführer beiziehen* oder einen *Spediteur* beauftragen, den Rück- oder Weitertransport zu besorgen. Dann erschöpft sich die Weisung an den ursprünglichen Frachtführer auf *Ablieferung an einen anderen Empfänger am ursprünglichen Bestimmungsort, die befolgt werden muss.* Weder der Verfügungsberechtigte noch der Frachtführer haben i. d. R. genügend Zeit, sich darüber auseinanderzusetzen, ob eine bestimmte Verfügung über den gesetzlichen Rahmen des Verfügungsrechtes über das reisende Gut hinausgeht oder nicht. Die Konkurrenz, namentlich durch die öffentlichen Transportanstalten, wird den Frachtführer i. d. R. zum Dienst am Kunden bewegen und von unvernünftigen Forderungen abhalten, wenn er es mit seinen Dispositionen vereinbaren kann. Die Durchführbarkeit von Umdispositionen ist namentlich bei schwimmendem Gut erschwert, weil das Schiff nur wenige Stationen anläuft und das *Anhalten einer Sendung auf dem Wasser kaum möglich* ist.

7. Nachnahmesendung. Erhöhung, Herabsetzung, Aufhebung der Nachnahme

7 a

a. Bei der Nachnahmesendung erteilt der Absender dem Frachtführer oder häufiger noch einem Spediteur neben dem Transport- und Ablieferungsauftrag den *zusätzlichen einfachen Auftrag, beim Empfänger eine bestimmte Geldsumme für Rechnung und im Interesse des Absenders einzukassieren.* Dieser Inkassoauftrag ist keine eigentliche frachtvertragliche Ausführungsweisung. Sie berührt die Transportobligation nicht. Man kann sie eher als einen dem Fracht- oder Speditionsvertrag koordinierten *besonderen Inkassoauftrag betrachten.* Art. 394 N. 65. Doch liegt eine enge *Verbindung mit der Ablieferungsobligation des Frachtführers* vor. Diese wird *bedingt.* Der *Frachtführer oder Spediteur darf dem Empfänger das Frachtgut nur gegen Bezahlung der Nachnahme ausliefern.* Lit. c unten.

b

b. Man unterscheidet die *Kosten- und die Wertnachnahme.* Beim Versendungskauf trägt nach der gesetzlichen Regel der *Käufer die Transportkosten.* Art. 189 I OR. In dem zur Ausführung des Versendungskaufes abgeschlossenen Frachtvertrag wird der Käufer meist die Empfängerrolle einnehmen. Es ist daher naheliegend, dass der Verkäufer als Absender nicht franko Frachtkosten liefert, sondern die *Transportkosten durch den Frachtführer oder Spediteur nachnehmen* lässt, namentlich wenn er am Zahlungswillen oder an der Zahlungsfähigkeit des Käufers zweifelt. *Zahlungsverweigerung nachzunehmender Frachtkosten* seitens des Empfängers bildet das hauptsächliche in Art. 444 behandelte *Ablieferungshindernis.* Bei internationalen Transporten werden auch die Zollkosten häufig in die Kostennachnahme eingeschlossen. Art. 189 III OR.

c

c. Mit der *Wertnachnahme* will sich der Absender regelmässig für den *Kaufpreis des Frachtgutes* bezahlt machen und die Zug-um-Zug-Abwicklung des Kaufvertrages i. S. von Art. 184 II OR herbeiführen, wozu er i. d. R. berechtigt ist. Im *Eisenbahnfrachtrecht* soll die *Nachnahme den Wert des Frachtgutes nicht übersteigen.* Art. 44 ETranspG. Art. 161 ETR. Art. 19 § 1 CIM. Die öffentlichen Transportanstalten machen sich nicht zu privaten Inkassomandataren für beliebige Beträge. Das *Frachtvertragsrecht des OR* sieht keine Begrenzung vor. Infolge der *Vertragsfreiheit* kann der private Frachtführer oder Spediteur die Zusatzverpflichtung zum Inkasso beliebiger Geldsummen übernehmen und die *Erfüllung der frachtvertraglichen Ablieferungsobligation vom Erfolg des Inkassoauftrages abhängig machen* lassen.

d *d.* Soweit die *Nachnahme die Fracht- und Zollkosten übersteigt*, hat der Frachtführer *kein eigenes Interesse am Auftragserfolg*. Es liegt ein reines *mandatum tua gratia* (des Absenders) vor, für dessen *sorgfältige und getreue Ausführung der Frachtführer nach Art. 398 OR haftet*. Der Frachtführer oder Spediteur führt den Inkassoauftrag *im Namen des Absenders* aus. Immerhin wird er regelmässig *Eigentümer des einkassierten Geldes, das nicht aussonderungsfähig ist und der gesetzlichen Subrogation nach Art. 401 OR nicht unterliegt*. Art. 400 N. 4. Art. 401 N. 8. *Eisenbahn und Post haften dem Empfänger für den Betrag einer Nachnahme, wenn sie das nachnahmebelastete Gut dem Empfänger ohne Bezahlung ausgeliefert haben*. Art. 161 IV ETR. Art. 19 § 3 CIM. Art. 54 III PVG. *Dasselbe gilt für den privaten Frachtführer oder Spediteur*. ARNOLD AEBLI, Die Nachnahmesendung im Speditions- und Frachtgeschäft S. 16/7, 52/5. Es handelt sich *nicht* um die *Transportschadenshaftung* nach Art. 447/8 OR, sondern um die *Haftung aus einfachem Auftrag*. Eisenbahn und Post erheben für die Ausführung von Nachnahmeaufträgen eine besondere tarifierte Gebühr. Im *privaten Fracht- und Speditionsvertrag unterliegt die Vergütung der Vereinbarung*. Fehlt sie, so ist die übliche, nach Art. 7 II AB/SSV eine *angemessene «Inkassoprovision»* neben dem Frachtlohn zu entrichten.

e *e.* Keine Verfügung über das reisende Gut, aber eine Weisung, die die Ausführungsobligation im Inkassoauftrag betrifft, ist die *Erhöhung, Herabsetzung oder Aufhebung einer Nachnahme*. Art. 169 lit. *g* ETR. Art. 21 § 1 lit. *f* CIM. Auch die Erhöhung ist keine unzumutbare Beschwerung des Frachtführers oder Spediteurs. *Die Weisungen müssen befolgt werden*. Der Frachtführer oder Spediteur erwerben dementsprechend einen erhöhten Anspruch auf die besondere Inkassoprovision, einen reduzierten Anspruch, oder sie büssen ihn ganz ein. Der *Verzicht des Absenders auf die Nachnahme kann auch die Frachtkosten betreffen*. Er ist jederzeit möglich, bis der Inkassoauftrag durch Erfüllung beendet ist. Oft einigen sich Käufer und Verkäufer nachträglich auf Frankolieferung. Art. 189 II OR. Die *nachträgliche Absenderweisung* auf fracht- und gebührenfreie Ablieferung (Art. 169 I lit. *h* ETR) ist ein Verzicht des Absenders auf die Kostennachnahme.

8. CIF, FOB, FAS

8 a *a.* Im *Seefrachtrecht* kommt den formelhaften Weisungen oder Kaufvertragsklauseln *CIF* (cost, insurance, freight) und *FOB* (free on board) erhebliche Bedeutung zu. Die erstere bedeutet, *der Absender, Spediteur*

oder Verkäufer übernehme die Verladungs-, Versicherungs- und Frachtkosten bis zu einem bestimmten Ort, meist einem Seehafen. Der Seefrachtführer hat sich dann nur mit dem Transport und dessen Kosten von diesem Ort zu befassen.

b *b.* Die zweite Weisung FOB bedeutet, der *Absender* (Spediteur oder Verkäufer) trage *die Kosten des Landtransportes bis zur Einladung an Bord des Schiffes.* während die Seefracht oft vom Empfänger nachzunehmen ist. Die Klauseln bilden meist Bestandteil eines internationalen Versendungskaufes. Art. 189 OR. Die Weisung *FAS* (free alongside ship) bedeutet, *der Absender oder Spediteur trage alle Kosten bis zum Verladungshafen bzw. bis zu dem Ort, wo das Schiff ankert.* Der eigentliche Seetransport erfolgt dann häufig mittels Seekonnossement. N. 22–27 unten. GUHL, OR S. 274, BECKER Art. 189 OR N. 7.

9. Verzollung von internationalen Transporten

9 a *a.* Nach Art. 38 ETranspG, Art. 140 ETR und Art. 13 § 1 CIM ist der *Absender verpflichtet, dem von ihm auszustellenden Frachtbrief die «Begleitpapiere beizugeben,* die *zur Erfüllung der zoll- und sonstigen verwaltungsbehördlichen Vorschriften vor Ablieferung des Gutes an den Empfänger erforderlich sind».* Wurde ein dem OR unterstehender internationaler Transport über die Zollgrenzen vereinbart, so trifft den *Absender (oder Spediteur) die nämliche Pflicht als Vertragspflicht.* Die Begleitpapiere müssen hinsichtlich Art, Vollständigkeit und Genauigkeit der Angaben den *Anforderungen des zollerhebenden Landes* entsprechen. «Der *Absender haftet* (der Eisenbahn) *für alle Schäden, die aus dem Fehlen, der Unzulänglichkeit oder Unrichtigkeit dieser Papiere entstehen, sofern die Eisenbahn kein Verschulden trifft.»* Art. 13 § 2 II CIM. Das *gleiche gilt im privaten Frachtvertragsrecht des OR für die Haftung gegenüber dem Frachtführer.* Z. IV 24 AB/CVSM. BJM 1954 S. 245 (Spediteur).

b *b.* Die blosse *Übergabe der Verzollungspapiere an den Frachtführer oder ihre Zustellung an das Zollamt* (Art. 13 § 1 II CIM) enthält keine *ausdrückliche Weisung, der Frachtführer habe die Kontrollformalitäten zu erledigen und den Zoll zu bezahlen.* Beides kann entweder durch den Absender, den Frachtführer oder den Empfänger besorgt werden. Was gewollt ist, bestimmt sich nach den *Umständen des Vertragskonsens.* Bei einem gewerbsmässig internationale Transporte ausführenden Frachtführer (oder Spediteur) wird i. d. R. als *Abrede oder Weisung anzunehmen sein, der Frachtführer solle die Kontrollformalitäten besorgen und/oder den Zoll entrichten.* Die *Eisenbahn* ist nach Art. 42 ETranspG und Art. 159 ETR *verpflichtet,* die Zoll-, Polizei- und sonstigen Verwaltungsformalitäten «gegen die tarifmässigen Gebühren» *als «Kommissionär» zu besorgen oder durch einen Dritten besorgen zu lassen.* Ähnlich Art. 15 CIM. Die Zahlung des Zolls muss der Frachtführer nur dann vornehmen, wenn er *vom Absender Deckung erhalten* hat. Art. 402 N. 3a. Art. 6 Z. 3 AB/SSV. Es sind *Kosten, die auf der Sendung haften.* Daher wird der Frachtführer sich oft durch sein *Retentionsrecht* gesichert fühlen. Häufig ist die Absenderweisung auf *Ablieferung des Frachtgutes an den Empfänger nur gegen Bezahlung von Fracht und Zoll oder eines von beidem.* Dabei handelt es sich um eine *Nachnahmeweisung.* N. 7 oben. Es kann aber auch die *Weisung «Franko Zoll»* erteilt sein, die bedeutet, der Absender komme für den Zoll auf. Art. 189 III OR. Art. 159 IV ETR.

c

c. Handelt es sich um komplizierte zoll- und andere verwaltungsbehördliche *Formalitäten,* so wird der sachunkundige Versender die Transportaufgabe mit allen Pflichten und Verantwortlichkeiten mit Vorteil einem *gewerbsmässigen Spediteur* übertragen. Führt dieser die Verzollung nicht selbst durch, so übernimmt er gegenüber Frachtführern und Zwischenspediteuren dennoch die *Absenderpflichten und -verantwortlichkeiten einschliesslich der mit der Verzollung verbundenen.* Art. 6 Z. 1–5 AB/SSV.

d

d. Kann dem gewerbsmässigen Frachtführer oder Spediteur die Besorgung der Verzollung, die als Rechtshandlung qualifiziert werden muss, i. d. R. durch *einseitige Absenderweisung* auferlegt werden, so erst recht die mit der Verzollung verbundenen *Tathandlungen* wie *Abwägen, Umladen, Auspacken und Wiederverpacken des Frachtgutes.* Diese Tathandlungen können dem Frachtführer auch aus anderen Gründen als denjenigen der Zollkontrolle *einseitig,* jedoch gegen *volle Entschädigung,* auferlegt werden. N. 5b oben.

II. BEGINN, BEENDIGUNG, BEGRENZUNG UND AUSSCHLUSS DES WEISUNGSRECHTES DES ABSENDERS

10. Beginn und Beendigung

10 a

a. Das *Absenderweisungsrecht entsteht als vertragliches Gestaltungsrecht mit dem Zustandekommen des frachtvertraglichen Konsens.* Art. 397 N. 1b. Soweit die zulässigen Absenderweisungen «Verfügungen über das reisende Gut» sind, setzen sie logischerweise voraus, dass der Frachtführer (Zwischenfrachtführer, Spediteur oder Zwischenspediteur) den *unmittelbaren unselbständigen Besitz* über das Frachtgut ausüben oder sich verschaffen kann. Nicht erforderlich ist, dass das Frachtgut schon die Reise angetreten hat.

b

b. Art. 443 I OR enumeriert *vier alternative gesetzliche Gründe für den Ausschluss oder die Begrenzung des Absenderweisungsrechtes als Verfügungsrecht über das Frachtgut.* Es sind spezielle frachtvertragsrechtliche Ausschliessungs- oder Beendigungsgründe. *Daneben bestehen* die *Beendigungsgründe des allgemeinen Auftragsrechtes.* Als *akzessorisches Recht* muss das Weisungsrecht *mit jedem Erlöschen der Ausführungs- und Ablieferungsobligation des Frachtführers enden.* Art. 397 N. 2 c. Allein auch frachtvertragsrechtlich ist die Enumeration der Ausschliessungsgründe für das Absenderweisungsrecht in Art. 443 nicht vollständig. Es sind nur die Fälle behandelt, in welchen das Verfügungsrecht des Empfängers (Art. 443 II OR) anstelle des Weisungsrechtes des Absenders tritt. *Nicht behandelt sind in Art. 443 OR die Fälle, in welchen Wertpapiere über das reisende Gut,* Ladescheine, Warrants, Konnossemente, *ausgestellt wurden.* Art. 1153/5 OR. Vorbem. zu den Transportverträgen N. 7. N. 22–27 unten.

11. Übergabe eines vom Absender ausgestellten Frachtbriefes an den Empfänger durch den Frachtführer

11 a

a. Zwar ist der *Frachtbrief eine schlichte Beweisurkunde,* und seine Ausstellung durch den Absender bildet kein Formerfordernis für den Abschluss des gemeinrechtlichen Frachtvertrages. Vorbem. zu den Frachtverträgen N. 7 e. Art. 440 N. 5 c. Wird er aber vom Absender ausgestellt, und ist er dem *Empfänger vom Frachtführer übergeben* (oft zugesandt), so liegt darin eine *Erweiterung der Begünstigung des Empfängers.* Das Gesetz fordert ausdrücklich die Übergabe *vom Frachtführer* an den Empfänger. Die Übergabe eines Frachtbriefdoppels *vom Absender* an den Empfänger ist *wirkungslos*. Der *Empfänger* soll nach der gesetzlich präsumierten Parteimeinung (Art. 112 OR) *unabhängig vom Eintreffen des Frachtgutes am Bestimmungsort* (N. 12 unten) *schon vom Empfang des Frachtbriefes an über das Frachtgut verfügen können.* BECKER ad Art. 443 N. 5, 8. §§ 433/5 HGB. *Besitz und gegebenenfalls das Eigentum am Frachtgut erwirbt der Empfänger trotzdem erst mit der Übergabe des Frachtgutes.* **BGE 38 II 199, 59 III 101.** Vorbem. zu den Transportverträgen N. 6 b. N. 7 a oben. Kommentar RATZ zu § 433 HGB Anm. 6. *Nur die Waren-Wertpapiere haben dinglichen Transporteffekt.* Das ist von wesentlicher Bedeutung, wenn der Empfänger in Konkurs fällt. Das *Verfolgungsrecht nach Art. 203 SchKG steht, selbst wenn der Frachtbrief dem Empfänger vom Frachtführer übergeben war, dem Absender so lange zu, bis der Empfänger oder dessen Stellvertreter den Besitz erlangt hat.*

b *b.* Doch schränkt Art. 443 II OR die Wirkung der *Frachtbriefübergabe an den Empfänger* dann ein, wenn der *Absender* ebenfalls über eine Beweisurkunde, nämlich einen *Empfangsschein für das Frachtgut*, verfügt und das Gut noch nicht am Bestimmungsort angekommen ist. Dann sind *trotz Aushändigung des Frachtbriefes* an den Empfänger die *Absender-, nicht die Empfängerweisungen auszuführen.* Denn der Absender hat durch Zurückbehaltung des Empfangsscheines nach der gesetzlichen Vermutung zum Ausdruck gebracht, dass er sich das *Verfügungsrecht bis zur Ankunft des Gutes am Bestimmungsort vorbehalten* hat. Nach § 433 HGB bewirkt die Frachtbriefübergabe den Übergang des Weisungsrechts an den Empfänger nur, wenn sie *nach Eintreffen des Frachtgutes am Bestimmungsort erfolgt ist.* Nach art. 1685 II Codice Civile kann der Absender, dem vom Frachtführer ein *Frachtbriefduplikat* oder ein Empfangsschein überlassen war, nur noch gegen dessen Rückgabe über das Frachtgut verfügen.

12. Empfangsschein (récépissé)

12 a *a.* Während der Frachtbrief vom Absender ausgestellt wird (Art. 440 N. 5 c. Art. 441 N. 1 a. N. 11 a oben), ist der Empfangsschein eine vom Frachtführer ausgestellte Urkunde. Art. 443 Z. 1, 2. Die Übergabe des Frachtgutes an den Frachtführer ist eine zur Erfüllung des Frachtvertrages notwendige Vorleistung des Absenders. Infolgedessen ist der vom Frachtführer ausgestellte Empfangsschein einerseits eine Quittung über

die vom Absender erbrachte Vorleistung i. S. von Art. 88 I OR und andererseits ein Schuldschein über den Gegenstand der konkreten Ablieferungsobligation des Frachtführers. Aus Art. 88 I OR muss geschlossen werden, dass der Absender einen Empfangsschein über die Aushändigung des Frachtgutes fordern kann. Aber er muss es nicht. Art. 443 Z. 2. Der Empfangsschein ist kein Wertpapier, ohne das die Rechte aus dem Frachtvertrag nicht geltend gemacht werden könnten. Lit. e unten. VON TUHR/SIEGWART II S. 470/2. Dem Empfangsschein nahe steht das Konnossement in der Begriffsdefinition von Art. 112 SSG. Es ist ein vom Seefrachtführer ausgestelltes Wertpapier über Empfang, Beförderungs- und Ablieferungspflicht bestimmter an Bord eines Schiffes genommener Güter. Nur der berechtigte Inhaber der Urkunde kann Ablieferung der Güter verlangen. N. 25 b unten. VTB § 2 al. 1.

b

b. Doch entfaltet der Frachtführer-Empfangsschein besondere Wirkungen. Als Parteimeinung wird von Gesetzes wegen präsumiert, nur der Absender oder Empfänger solle zur Verfügung über das Frachtgut legitimiert sein, der den Empfangsschein vorlegt. Art. 1685 II Codice Civile. Denn nach Art. 88 I OR kann der Frachtführer bei Erfüllung seiner Ablieferungsobligation die Rückgabe des von ihm ausgestellten Schuldscheins oder dessen Entkräftung fordern. Durch die mit dem Besitz des Empfangsscheins verbundene Legitimationswirkung vereinfacht sich auch für den Frachtführer die Prüfung der Frage, ob der Absender oder der Empfänger über das reisende Gut verfügungsberechtigt sei. Hat der Absender den Empfangsschein behalten, so behält er allein das Verfügungsrecht, bis der Empfänger nach Ankunft des Gutes am Bestimmungsort die Ablieferung verlangt hat. Art. 443 Z. 4.

c

c. Kann der Absender den Empfangsschein nicht zurückgeben, so wird zunächst vermutet, die Verfügungslegitimation sei mit dem Empfangsschein auf den Empfänger übergegangen. Art. 443 Z. 2 und 443 II.

d

d. Weist der Empfänger den vom Frachtführer ausgestellten Empfangsschein vor, so kann er über die Sendung verfügen, bevor diese am Bestimmungsort eingetroffen ist. Art. 443 II OR. Der Frachtführer muss die zulässigen «Anweisungen» des Empfängers befolgen.

e

e. Kann sich weder der Absender noch der Empfänger durch Vorlegung des Empfangsscheines legitimieren, so ist die Verfügungslegitimation so zu behandeln, wie wenn kein Empfangsschein ausgestellt worden wäre. Sie verbleibt beim Absender bis zum Eintreffen des Frachtgutes am Bestimmungsort. Art. 443 Z. 4. Bis dahin darf der Frachtführer eine vom Empfänger angeordnete Abänderung des ursprünglichen Frachtvertrages nicht befolgen. Art. 443 II OR. Nach Eintreffen am Bestimmungsort jedoch kann der identifizierte Empfänger, selbst wenn er den vom Frachtführer ausgestellten Empfangsschein nicht vorlegen kann, die Ablieferung verlangen (oder eine andere zulässige Verfügung über das Gut treffen). Durch das Ablieferungsbegehren beendet der Empfänger das Weisungsrecht des Absenders. Eine gegenteilige Verfügung des letzteren ist nicht mehr wirksam.

f f. Im Eisenbahnfrachtrecht heisst der vom Frachtführer dem Absender ausgehändigte Empfangsschein für aufgegebenes Reisegepäck Gepäckschein oder Gepäckempfangsschein. Art. 70, 75 ETR. Im Flugverkehr heisst der Gepäckempfangsschein Fluggepäckschein. Art. 4 LVA.

13. Schriftliche Ausführungsanzeige an den Empfänger nach Eintreffen des Gutes am Bestimmungsort

13 Durch Übergabe des Frachtbriefes, des Empfangsscheines oder beider Urkunden erhält der Empfänger oft erst genaue Kenntnis von seinen eigenen Vertragsrechten und Vertragspflichten. Die Rechte aus der Begünstigung können ihm dann nicht mehr einseitig entzogen werden. Das nämliche ist der Fall, wenn der Frachtführer dem Empfänger pflichtgemäss (Art. 450 OR) eine schriftliche Anzeige von der Ankunft des Frachtgutes am Bestimmungsort zum Zwecke der Abholung gemacht hat. Diese Mitteilungen enthalten gleichzeitig eine Spezifikation der *Sendung, die es dem Empfänger ermöglicht, den Ablieferungsanspruch als Speziesforderung zu erheben.* Damit der Ablieferungsanspruch des Empfängers nicht mehr widerruflich oder durch Absenderweisung abänderlich ist, muss die schriftliche Ausführungsanzeige des Frachtführers an den Empfänger «*zum Zwecke der Abholung abgesandt*» worden sein. Es ist nicht erforderlich, dass sie dem Empfänger zugegangen sei. Unwiderruflichkeit und Unabänderlichkeit ergeben sich nicht aus einer gesetzlichen Vermutung über den konkludenten Parteiwillen, sondern aus dem Grundsatz, dass *wohlerworbene Rechte eines Drittbegünstigten nicht mehr einseitig aufgehoben werden können.* Art. 112 III OR. Art. 164 I/169 VII ETR. Wurde vom Frachtführer ein Empfangsschein ausgestellt, so wird er mit der *Ausführungsanzeige an den Empfänger die Mitteilung verbinden, dass das Frachtgut nur gegen Aushändigung des Empfangsscheines abgeliefert wird.* N. 12 b oben.

14. Erhebung des Ablieferungsanspruches durch den Empfänger nach Eintreffen des Gutes am Bestimmungsort

a. Ist das *Frachtgut am Bestimmungsort angekommen*, so folgt aus dem Frachtvertragskonsens, der als Essentialia die Einigung über den Bestimmungsort und die Person des Empfängers umfassen muss, dass der *Empfänger sein eigenes Recht auf Ablieferung auch gegen den Willen des Absenders ausüben kann.* § 435 HGB. Art. 1689 I Codice Civile. Die Ausführungsobligation gegenüber dem Absender ist durch Erfüllung *beendet.* Es *besteht nur noch die Ablieferungsobligation gegenüber dem Empfänger.* Art. 164, 169 VII ETR. Art. 16 § 1 CIM. Art. 28 PVG. 14 a

b. Der *Ablieferungsanspruch des Empfängers ist vor dem Eintreffen des Gutes am Bestimmungsort «unwiderruflich»* geworden, wenn diesem vorher ein *Frachtbrief oder ein Empfangsschein oder beides übergeben war.* In allen diesen Fällen *kann der Empfänger seinen unwiderruflichen Ablieferungsanspruch erheben, aber er muss es nicht.* Kommentar RATZ zu § 435 HGB Anm. 11. Macht er sein Recht tatsächlich geltend, was durch *formlose Erklärung an den Frachtführer geschehen kann* (Art. 112 III OR. Art. 1411 II Codice Civile), so *kann der Absender die Erfüllung der Ablieferungsobligation an den Empfänger nicht mehr verhindern.* (Es ist nicht wie nach § 433 II HGB Klageerhebung gegen den Frachtführer erforderlich.) b

c. Doch geht das *Retentionsrecht des Frachtführers* nach Art. 451 OR auch *dem Verfügungsrecht des Empfängers vor.* Der Frachtführer muss nur unter der Bedingung seine Ablieferungspflicht erfüllen, dass der Empfänger die auf der Sendung haftenden ungedeckten Forderungen *bezahlt* oder den streitigen Betrag *hinterlegt.* Art. 444 I, 451 OR. Art. 162 ETR. Art. 17 CIM. ZR 48 (1949) Nr. 153 S. 295 oben. c

15. Wiederaufleben des Absenderweisungsrechtes bei Ablieferungshindernissen, namentlich Annahme- oder Zahlungsverweigerung durch den Empfänger

Dass das *Verfügungsrecht des Absenders bei Ablieferungshindernissen, namentlich Annahme- oder Zahlungsverweigerung durch den Empfänger, wieder vollumfänglich auflebt*, ergibt sich aus Art. 444 II OR. Art. 172 V ETR. Art. 12 IV LVA. Einzelheiten darüber Art. 444 N. 8a, Art. 445 N. 2a (2). RATZ, Kommentar zu § 433 HGB Anm. 6. 15

III. DAS VERFÜGUNGSRECHT DES EMPFÄNGERS

16. Keine Empfängerweisungen bei Identität von Absender und Empfänger. Übergang des Verfügungsrechtes

16 a *a.* Sind *Absender und Empfänger die nämliche Person,* so liegt *kein Vertrag zugunsten eines Dritten* vor. Eine zeitliche und sachliche *Aufteilung des Weisungsrechtes zwischen Empfänger und Absender ist gegenstandslos.* Vorbem. zu den Transportverträgen N.5. N.1 oben.

b *b.* Doch macht im übrigen das Frachtvertragsrecht keinen Unterschied zwischen dem Frachtvertrag zugunsten eines Drittempfängers (Regelfall) und dem Frachtvertrag, in welchem Absender und Empfänger identisch sind. Daraus kann abgeleitet werden, dass der Empfänger im Frachtvertrag zugunsten eines Dritten, sobald sein Verfügungsrecht über das Frachtgut unwiderruflich und unabänderlich geworden ist (Art. 169 VII ETR), *dem Frachtführer grundsätzlich die nämlichen einseitigen Weisungen verbindlich erteilen kann,* die der Absender erteilen könnte. N.3, 4 oben. Das folgt aus dem Wortlaut («Anweisungen») von Art. 443 II OR. Vgl. ferner Art. 25 § 3 CIM. Wesentlicher ist jedoch die *negative Folge des Übergangs des Weisungsrechtes* vom Absender auf den Empfänger. Der *Absender besitzt kein Weisungsrecht mehr.* Zur Weisungserteilung legitimiert ist nur noch der Empfänger. Art. 169 VII ETR. Der Absender kann nicht mehr einseitig die Erfüllung des Frachtauftrages verhindern.

c *c.* Mit dem *Verfügungsrecht* geht auch die *Aktivlegitimation zur Erhebung von Transportschadensansprüchen* auf den Empfänger über. Art. 447 N.15b. BGE 47 II 330.

17. Kein Weisungsrecht des Empfängers auf Rücktransport oder Weitertransport

17 a *a.* Doch ergeben sich aus der Interessenlage und der Natur der Dinge *Abweichungen,* die zu beachten sind. Zwar sagt das Gesetz im Text, es seien «die *Anweisungen des Empfängers* zu befolgen», spricht aber im Randtitel nur von «*Verfügungen über das reisende Gut*». Die Absenderweisungen auf Rücktransport oder Weitertransport an einen anderen Empfänger sind beschwerende Weisungen, die gegen den Willen des

Frachtführers nicht ausgeführt werden müssen. N.6 oben. Erforderlich ist ein neuer Frachtvertragskonsens, in welchem der bisherige Empfänger die Absenderrolle einnimmt. Dieser neue Frachtvertrag ist unabhängig vom ersten. Im Rahmen des ersten Frachtvertrages ist die Empfängerweisung auf Rücktransport an den Absender oder Weitertransport an einen anderen Empfänger de facto Annahme- und Zahlungsverweigerung und gewährt dem Frachtführer die in Art. 444/5 umschriebenen Rechte, auf die jedoch einverständlich verzichtet werden kann.

b

b. Nimmt dagegen der Empfänger das Frachtgut vorbehaltlos an und bezahlt die darauf haftenden Forderungen, so ist die *Ausführungs- und Ablieferungsobligation des Frachtführers erfüllt* und für ein Empfängerweisungsrecht kein Raum mehr. N. 10b oben. Auch dann kann der Rücktransport an den Absender oder der Weitertransport nur *Gegenstand eines neuen Frachtvertrages* bilden, in welchem der *Empfänger die Absenderstellung einnimmt.* Art. 25 § 3 CIM.

18. Empfängerweisungen auf Anhalten, Aussetzen der Ablieferung, Ablieferung an einen anderen Empfänger am nämlichen Bestimmungsort

18

Die Empfängerweisungen auf Anhalten der Sendung, Aussetzen der Ablieferung oder Auslieferung an einen anderen Empfänger am nämlichen Bestimmungsort sind zwar zu befolgen, *sofern der Empfänger zu ihrer Erteilung befugt* ist. *Führen sie aber innert angemessener, vom Frachtführer anzusetzender Frist nicht zur Ablieferung*, weil der ursprüngliche oder der neue Empfänger die Sendung nicht abnimmt oder die darauf haftenden Forderungen nicht bezahlt, so liegt ein «*Ablieferungshindernis*» vor, das dem Frachtführer die in Art. 444/5 OR umschriebenen Rechte gewährt. Art. 25 § 3 CIM. Art. 444 N. 4a.

19. Keine Empfängerweisungen, welche die Erfüllung der Ausführungs- und Ablieferungsobligation verunmöglichen

19 a

a. Zusammenfassend ergibt sich, dass der *Empfänger nur solche verbindliche Weisungen einseitig erteilen kann*, die sich als *Ausführung des vom Frachtführer mit dem Absender abgeschlossenen Frachtvertrages qualifizieren lassen* und zu dessen *Erfüllung durch Ablieferung an den ersten Empfänger oder einen anderen Empfänger* führen. Andernfalls liegt keine verbindliche Weisung, sondern es liegt ein *Ablieferungshindernis* vor, aus welchem dem Frachtführer die in Art. 444/5 OR besonders umschriebenen Rechte erwachsen. Die normale «Empfängerweisung» ist das *Verlangen der Ablieferung am Bestimmungsort an den Empfänger selbst* (oder seinen direkten Stellvertreter), *auch wenn der nicht mehr legitimierte Absender eine gegenteilige Weisung gibt.* Grundsätzlich soll der Empfänger nicht mehr bewirken können als die Erfüllung des Frachtvertrages, die *gegen Entrichtung der auf der Sendung haftenden Kosten zum unmittelbaren Besitz am Frachtgut führt.* Art. 169 I ETR.

b *b.* Dem *Empfänger erwächst kein Weisungsrecht* aus dem Vorliegen von *Beförderungshindernissen.* Art. 171 ETR. Art. 24 CIM. Er erwirbt im Normalfall einen durch das Eintreffen am Bestimmungsort und die Bezahlung der auf der Sendung haftenden Forderungen *bedingten Ablieferungsanspruch,* während der Beförderungsanspruch nur dem Absender als Auftraggeber zusteht. Nur ausnahmsweise kann der Empfänger schon vor Eintreffen der Sendung am Bestimmungsort über diese «*verfügen*», d.h. *Weisungen erteilen.* N. 16 oben. Doch dürfen diese Weisungen *weder eine Beschwerung des Frachtführers noch eine latente Annahmeverweigerung* enthalten. Die Rechtsstellung des privaten Frachtführers weicht von derjenigen der öffentlichen Transportanstalt deshalb ab, weil der *Beförderungszwang auch beschwerende Weisungen sowohl des Absenders als auch des Empfängers ermöglicht.* Art. 22 § 1, 25 § 3 CIM.

IV. DIE BESONDEREN PFLICHTEN DES WEISUNGSERTEILENDEN ABSENDERS ODER EMPFÄNGERS UND DIE SCHADENERSATZPFLICHT DES WEISUNGSVERLETZENDEN FRACHTFÜHRERS

20. «Entschädigung» des Frachtführers für Auslagen oder Nachteile

20 a *a.* Die Pflichten, die dem weisungserteilenden Auftraggeber (Absender) oder Empfänger erwachsen (Art. 397 N. 4), ergeben sich zunächst aus dem allgemeinen Auftragsrecht. Art. 440 II OR. Da die Auftragsausführung, ob sie auf dem ursprünglichen Vertragskonsens oder nachträglichen

Weisungen des Weisungsberechtigten beruht, für Rechnung des Auftraggebers oder des begünstigten Dritten erfolgt, muss der Weisungsberechtigte alle mit der Ausführung der Weisungen verbundenen Auslagen tragen. Art. 402 I OR. Art. 402 N. 12. Es handelt sich um den Auslagenersatzanspruch der actio mandati contraria, nicht um Schadenersatz («Entschädigung»). Art. 402 N. 10, 11.

b. Nicht alle Weisungen erfordern eine Mehrarbeit des Frachtführers oder seiner Leute. Die Rückgabe am Versandort, meist auch das Anhalten, sogar das Abladen oder die Einlagerung auf der Transportstrecke oder die Auslieferung an einen anderen Empfänger am nämlichen Bestimmungsort verursachen, verglichen mit der ursprünglichen Transport- und Ablieferungsobligation des Frachtführers, keine oder nur unwesentliche Mehrarbeit. Dann erwächst dem Frachtführer, der die Weisung pflichtgemäss und richtig ausführt, kein oder nur ein unbedeutender Anspruch auf eine Erhöhung des vereinbarten oder üblichen Frachtlohns. Für die Bemessung der Erhöhung sind die nämlichen Maßstäbe zugrunde zu legen wie für die Bestimmung des ursprünglich geschuldeten Frachtlohns. Art. 404 N. 12c. Eine beschwerende Weisung auf Rück- oder Weitertransport an einen anderen Bestimmungsort muss der Frachtführer nicht ausführen. N. 6c, 17 oben. Führt er sie jedoch aus, so ist gleichgültig, ob man einen neuen Auftrag oder einen einverständlich erweiterten ursprünglichen Auftrag annimmt. Der Frachtführer hat Anspruch auf Ersatz der Mehrauslagen und den der verlängerten Transportstrecke entsprechenden zusätzlichen Frachtlohn. Wiederum sind die nämlichen Maßstäbe zugrunde zu legen wie für die Bemessung des ursprünglichen Frachtlohns. Der Rücktransport wird i. d. R. zu einer Verdoppelung des Frachtlohnes führen. Im Eisenbahnrecht gelten die tarifierten Frachtsätze. Die Rückfracht entspricht der Hinfracht, wenn die nämliche Transportart gewählt wird. Für Rücktransporte per Eilgut sind die entsprechend erhöhten Frachtsätze zu entrichten. Das ergibt sich aus dem Tarif- und Beförderungszwang der öffentlichen Transportanstalten. Art. 170 IV ETR. Art. 23 § 2 CIM. Art. 28 I PVG. Art. 19 LTR. Art. 12 I LVA. Im privaten Frachtvertragsrecht wird es der Verfügungsberechtigte von einer vorgängigen Verständigung über die Mehrkosten häufig abhängig machen, welche Weisung er erteilt, namentlich wenn er die Möglichkeit besitzt, die Ablieferung an eine öffentliche Transportanstalt anzuordnen. N. 6e oben.

b

c. Im Ersatz der durch die Ausführung der nachträglichen Weisung verursachten Mehrauslagen und tarifierten Frachtkosten erschöpft sich

c

der Anspruch der öffentlichen Transportanstalten, die dem Beförderungszwang zu tarifierten Frachtsätzen unterstehen. Die Stellung des privaten Frachtführers nach OR ist eine andere. Nach Art. 12 I LVA kann der Absender das vertragsändernde Weisungsrecht nur insoweit ausüben, «als dadurch der Luftfrachtführer oder die anderen Absender nicht geschädigt werden». Der Luftfrachtführer wird, da er, entgegen der in Art. 443 I OR vorgesehenen Regelung, keinen besonderen Entschädigungsanspruch erwirbt, keine Weisungen ausführen, die ihn oder andere Absender schädigen könnten. Der private Frachtführer muss nach OR die Weisung auf Anhalten, Ausladen oder Einlagerung oder Übergabe der Sendung an einen anderen Empfänger auf der Transportstrecke vor oder an dem Bestimmungsort ausführen. Er kann auch die beschwerende Weisung auf Rück- oder Weitertransport ausführen. Namentlich bei Sammeltransporten kann daraus dem Frachtführer Schaden erwachsen. In der Hauptsache wird es sich um Lieferungsverspätungen handeln, für die der Frachtführer den anderen Absendern nach Art. 448 OR haftbar wird. Die anderen Absender haben keinen Direktanspruch gegen den die schädigende Weisung erteilenden Absender oder Empfänger. Aber sie haben einen dem Transportschaden gleichstehenden Anspruch auf Entschädigung für Lieferungsverspätung gegen den Frachtführer. Art. 448 N. 2. Dafür muss der Frachtführer von dem die schädigende Weisung erteilenden Absender oder Empfänger schadlos gehalten werden. Es können dem Frachtführer noch weitere Schäden erwachsen, z. B. wenn er zeitlich und räumlich über den Einsatz seiner Transportmittel disponiert hat und diese Disposition durch die Ausführung der vertragsändernden Weisung über den Haufen geworfen wird. Andere Kunden widerrufen vielleicht bereits erteilte Frachtaufträge, wodurch dem Frachtführer Frachtlöhne entgehen. Diesen Schaden muss der die schädigende Weisung erteilende Absender oder (begünstigte) Empfänger dem Frachtführer ersetzen. Es ist weder Schadenersatz aus Vertragsbruch nach Art. 97 ff. noch Schadenersatz ex delicto nach Art. 41 ff. OR. Denn durch die befugte Ausübung des vom Gesetz zugestandenen Weisungsrechtes begeht der Berechtigte weder einen Vertragsbruch, noch begeht er eine unerlaubte Handlung, auch nicht im Sinne einer culpa in contrahendo. Doch übernimmt der mit der Weisungsausführung beauftragte Frachtführer eine bei Erteilung und Annahme des ursprünglichen Frachtauftrages nicht vorausgesehene Gefahr und u. U. (namentlich bei Weiter- und Rücktransport) eine verlängerte Transportschadenshaftung nach Art. 447/8 OR. Die zusätzliche Auftragsausführung erfolgt nicht nur für Rechnung, sondern auch auf die Gefahr des weisungserteilenden Absenders oder Empfängers. Art. 402 N. 12b. Erwächst daraus dem Frachtführer Schaden, so hat der «Auftraggeber» nach Art. 402 II OR dafür aufzukommen. ZR 51 (1952) Nr. 180 S. 328 Erw. 3. Art. 402 N. 20 d. Der Schadensbeweis obliegt allerdings dem Frachtführer. BECKER ad Art. 443 N. 3, OSER/SCHÖNENBERGER ad Art. 443 N. 29. Der Schadenersatz umfasst das negative Vertragsinteresse. Der Frachtführer ist so zu stellen, wie wenn die schädliche Weisung nicht erteilt worden wäre. Doch erscheint diese Betrachtungsweise nicht erschöpfend. Der Schadenersatzanspruch des Frachtführers aus Art. 443 I/402 II OR wird zu einem retentionsgesicherten Bestandteil der actio mandati contraria des Frachtführers. Die schädliche Weisung muss dem Berechtigten gegenüber richtig, insbesondere auch sorgfältig ausgeführt sein. Art. 402 N. 21 b. Wird durch unsorgfältiges Abladen am Frachtgut ein Bruchschaden verursacht, so hat der Frachtführer keinen Entschädigungsanspruch aus Art. 443 I OR, sondern muss seinerseits u. U. dem Weisungsberechtigten den Transportschaden nach Art. 447/8 OR ersetzen. Wurde eine Absenderweisung ausgeführt, während das Weisungsrecht bereits dem Empfänger zustand, so kann der Frachtführer keinen Schadenersatz aus Art. 443 I/402 II OR verlangen. Art. 402 N. 7, 21 b. Doch wird man dem Weisungsberechtigten den für den entgeltlichen Auftrag allgemein vorgesehenen Exkulpationsbeweis (dessen dogmatische Richtigkeit übrigens umstritten ist – Art. 402 N. 20, 21 b) nach der kategorischen Fassung von Art. 443 I versagen. Hier weicht das Frachtrecht vom allgemeinen Auftragsrecht ab. Der Haftungsgrund liegt nicht im Verschulden, sondern in der Interessen- und der Gefahrverteilung, die das klassische Mandatsrecht charakterisiert.

d

d. Hat der Frachtführer einen Befreiungsanspruch nach Art. 402 II, wenn beispielsweise ein Schadenersatzanspruch anderer Absender wegen Lieferungsverspätung (Art. 448 OR) gegen den Frachtführer streitig ist? Die kurze Verwirkungsfrist von Art. 452 III OR verhütet, dass eine lange Unsicherheit über Absenderschäden besteht, für die der Weisungsberechtigte nach Art. 443 I letzten Endes aufkommen muss. Werden innerhalb der Verwirkungsfrist von 8 Tagen Ansprüche anderer Absender dem Frachtführer notifiziert, so muss er kraft seiner Informationspflicht dem Weisungsberechtigten seinerseits Mitteilung machen. Er darf die Ansprüche nicht einfach anerkennen, sonst kann er den Schadens- oder Liberationsregress gegen den Weisungsberechtigten einbüssen. Entsteht ein Prozess, so muss ihn der Weisungsberechtigte übernehmen. Obschon der Frachtvertrag kein fiduziarischer Auftrag ist, entsteht eine ähnliche Situation. Durch die Weisungsausführung geht der Frachtführer Verpflichtungen aus Transportschadenshaftung ein, die nur ihn persönlich treffen. Aber er tut es im Interesse, für Rechnung und auf die Gefahr des Weisungsberechtigten. Er hat Anspruch, von diesen Verbindlichkeiten befreit zu werden. Bis dies geschehen ist, kann er sich auf sein «Retentionsrecht» am Frachtgut berufen. Die Befreiung hat entweder durch privative Schuldübernahme oder durch Deckung zu erfolgen. Art. 402 N. 18d, 19b. Erfolgt sie durch Deckung des Frachtführers, so ist eine nachträgliche Abrechnung über die tatsächliche Verwendung der Deckung erforderlich und ein allfälliger Saldo dem Berechtigten zu erstatten.

21. Schadenersatzpflicht des Frachtführers aus Weisungsverletzung. Aktivlegitimation

21 a *a.* Die *Weisungsverletzung ist entweder die nicht gehörige Ausführung einer vom Legitimierten erteilten verbindlichen Weisung oder die Ausführung einer vom nicht Legitimierten erteilten Weisung.* Geschädigt ist derjenige, der nach Gesetz zur Weisungserteilung befugt war. Der Schadenersatzanspruch erwächst *entweder dem Absender oder dem Empfänger*, nicht beiden gemeinschaftlich. Geschädigt durch Weisungsverletzung kann nur derjenige sein, der Anspruch auf Ausführung seiner Weisung oder Anspruch auf Nichtausführung einer Weisung des anderen hatte. Art. 397 N. 8a. Art. 21 LTR: «*Für alle Ansprüche gegen den Luftfrachtführer aus Verlust, Beschädigung oder verspäteter Ablieferung ist nur klageberechtigt, wer über das Frachtgut verfügen kann. Nach der Ablieferung des Gutes ist nur noch der Empfänger klageberechtigt.*» Art. 169 VII ETR.

b *b.* Ob ein *Recht des Frachtführers auf Nichtausführung einer vom Berechtigten erteilten Weisung* bestand, bestimmt sich nach Art. 397 I, N. 2 oben. Die sinngemässe Anwendung dieser Bestimmung auf das Frachtvertragsrecht kann zum Schluss führen, dass die *Nichtausführung einer an sich berechtigten Absenderweisung und die Ausführung einer an sich unberechtigten Empfängerweisung befugt war.*

c *c.* Der Schaden ist entweder ein *Sachschaden am Frachtgut* (insbesondere Verlust oder Beschädigung – Art. 447 N. 5a) oder ein *Verspätungsschaden* – **BGE 47 II 330** –, der durch *Nichtablieferung* oder nicht *rechtzeitige oder nicht vollständige Ablieferung* des Frachtgutes an den Verfügungsberechtigten oder einen von ihm bezeichneten anderen Empfänger entstanden ist. *Ersetzt der Frachtführer dem Berechtigten diesen Schaden, und liefert er das Frachtgut in der Folge dem berechtigten Absender* *oder dem bezeichneten Empfänger* am Bestimmungsort dennoch ab, so gilt die *Ausführungs- und Ablieferungsobligation nach Art. 397 II OR dennoch als erfüllt.* Art. 397 N. 23 b. Kann der Frachtführer aber das Frachtgut *nicht oder nicht vollständig an den Berechtigten oder bezeichneten Empfänger abliefern, so richtet sich die Schadenersatzpflicht, auch wenn eine Weisungs-, verletzung vorliegt, nach Art. 447/9 OR.* Bei *kleineren Verspätungsschäden* wird sich die Abwicklung oft so vollziehen, dass der *Frachtführer die Verrechnung mit den auf dem Frachtgut haftenden Forderungen akzeptiert.* Bei Meinungsverschiedenheiten über das Verrechnungsrecht (Art. 120 II OR) kann die *Ablieferung des Frachtgutes nur gegen Hinterlegung des streitigen Betrages* erfolgen. Art. 451 I OR. Art. 1689 II Codice Civile. Art. 400 N. 17 b.

V. DAS VERFÜGUNGSRECHT ÜBER DAS REISENDE GUT BEI AUSSTELLUNG VON WARENPAPIEREN

22. Übertragung des Warenpapiers ersetzt Besitzübergabe des Frachtgutes

22 a

a. Im internationalen, namentlich im Überseehandel, besteht ein Bedürfnis, *Waren verkaufen oder verpfänden* zu können, die sich noch *auf dem Transport* befinden. Es handelt sich meist um *Gattungssachen mit einem Markt- oder Börsenpreis.* Der Verkäufer solcher Waren hat seine Vertragspflicht erfüllt, wenn die Ware einem Frachtführer zum Transport übergeben wurde. Art. 185 II OR. Geht die Ware unter, so muss der Käufer den Kaufpreis dennoch bezahlen. Periculum est emptoris. Der *Käufer* trägt i. d. R. die *Transportkosten.* Art. 189 I OR. *Frankolieferung* bedarf *ausdrücklicher Vereinbarung.* Art. 189 II OR. Im Zweifel wird der *Kaufpreis auch im Versendungskauf erst mit der Besitzübergabe an den Käufer fällig.* Art. 184 II, 211, 214 OR. Der *Verkäufer hat daher im Versendungskauf ein Interesse, die Besitzübergabe zu antizipieren.* Lässt er sich vom Frachtführer einen *Empfangsschein* ausstellen und *übersendet ihn dem Käufer als Empfänger* (Art. 443 I Z. 2 II, 1155 OR), so kann zwar nur noch dieser *über die Sendung verfügen;* aber der Besitz der Ware, der zur Fälligkeit des Kaufpreises führt, geht erst durch die Tradition über. N. 12 d oben. Daher *wird der Verkäufer dem Käufer einen Frachtführer-Empfangsschein i. d. R. nur gegen Bezahlung des Kaufpreises aushändigen.*

b *b.* Handelswaren werden oft nur gekauft, um mit Zwischengewinn weiterverkauft zu werden. OSER/SCHÖNENBERGER ad Art. 184 OR N. 39. *Während sich die Ware noch auf dem Transport befindet, können mehrere Weiterverkäufe erfolgen, wenn vom umständlichen Erfordernis der wiederholten körperlichen Tradition des Frachtgutes abgesehen und diese durch die Übertragung eines Wertpapieres ersetzt werden kann, welches das Eigentumsrecht oder Pfandrecht an der Ware wertpapiermässig verkörpert.* Vorbem. zu den Transportverträgen N. 7. Dazu muss der Frachtführer nicht nur einen Empfangsschein, sondern *ein Warenpapier: Ladeschein, Konnossement oder Warrant* auf den Namen des Empfängers an Ordre oder auf den Inhaber ausstellen, das wie andere Wertpapiere begeben werden kann. Die aus dem sachenrechtlichen Vertrauensprinzip folgende Beschränkung ist allerdings die, dass der *gutgläubige Besitzer der Ware das bessere Recht erwirbt als der gutgläubige Besitzer des Warenpapiers.* Art. 925 II ZGB. Man hat daher im Warenpapier nur eine *Schuldurkunde erblickt,* «*durch die ein Lagerhalter oder Frachtführer die Pflicht anerkennt, Waren herauszugeben, die er zur Aufbewahrung oder Beförderung übernommen* hat». JÄGGI, Vorbem. zu den Warenpapieren N. 5, 7, 52. Sie wären somit, ähnlich wie das Trustzertifikat (Art. 394 N. 19 b), ein *Wertpapier über einen Ablieferungsanspruch.*

23. Frachtvertragliche und dingliche Wirkung des Warenpapiers

23 a *a.* Die *frachtvertragliche Wirkung* der Ausstellung des Warenpapiers ist zunächst die, dass das *Verfügungsrecht über das reisende Gut vom Zeitpunkt der Ausstellung des Warenpapiers weder vom Absender noch vom Empfänger als solchem ausgeübt werden kann, sondern nur von demjenigen, der sich durch den Besitz, gegebenenfalls bei Namen- und Ordrepapieren durch schriftliche Zessionen oder Indossamente, als Erwerber des Papiers und damit der Ware legitimiert.* § 648 HGB. Die in einem Konnossement verurkundete Sendung muss nur gegen Rückgabe des Konnossements ausgeliefert werden. § 653/4 HGB. JÄGGI, Vorbem. zu den Warenpapieren N. 61. G.-O. ROBERT-TISSOT, Le connaissement direct p. 120/1. Die Aufteilung des Verfügungsrechts zwischen Absender und Empfänger wird gegenstandslos. Das *Weisungsrecht* gegenüber dem Frachtführer hat nur noch der *legitimierte Besitzer des Warenpapiers.* Art. 444 N. 3 c. Er wird nach Art. 930 ZGB als berechtigter Eigentümer des Papiers und damit der verurkundeten Güter vermutet. Art. 394 N. 16 b. Er kann bei Inhaber- oder Ordre-Warenpapieren eine nicht namentlich bezeichnete Person sein. Sonst bleibt für das Verhältnis zwischen *Absender* (Ablader) und

Frachtführer (Verfrachter) das Frachtvertragsrecht bzw. das Seefrachtrecht massgebend. § 656 III HGB.

b *b.* Das Rechtsverhältnis zwischen *Empfänger* und *Frachtführer* richtet sich nach *Wertpapier-, nicht nach Frachtvertragsrecht.* Art. 115 I SSG. § 656 I HGB. Doch besteht hinsichtlich des verurkundeten Zustandes der Waren nur eine widerlegbare Vermutung.

c *c.* Die *dingliche Wirkung* des Warenpapiers kann aus Art. 925 ZGB und Art. 203 II SchKG abgeleitet werden. Der Erwerber erwirbt das *Eigentum oder Pfandrecht an der Ware durch Übergabe der Urkunde auch ohne besondere Benachrichtigung des Frachtführers* i. S. von Art. 924 II ZGB. Jäggi, Vorbem. zu den Warenpapieren N. 64. § 650 HGB. Wurde die Ware *einem Dritten als unmittelbarer unselbständiger Besitz* zu einem persönlichen Recht *übergeben* (Art. 920 I ZGB), *und fällt der Dritte oder der Frachtführer selbst in Konkurs, so kann der gutgläubige Warenpapierbesitzer die Sache als sein Eigentum vindizieren.* Nur wenn der Konkursit selbst die Ware gutgläubig zu Eigentum erworben hatte, ist die Vindikation auch durch den gutgläubigen Inhaber des Warenpapiers ausgeschlossen.

24. Formerfordernisse und wertpapierrechtliche Wirkungen

24 a *a.* Das Warenpapier führt einerseits zur *erleichterten Negotiabilität* markt- und börsengängiger Waren und ermöglicht andererseits dem Verkäufer, *Kredite auf die Ware aufzunehmen, bevor diese verkauft ist, ohne das Traditionserfordernis für die Ware erfüllen zu müssen.* § 650 HGB. Damit das Warenpapier die Ware wertpapiermässig verkörpern kann, sind gewisse *Minimalangaben* erforderlich, die der *Individualisierung und dem Schutz des gutgläubigen Erwerbers des Papiers dienen.* Der Frachtführer haftet grundsätzlich für alle Sorgfalt bei der Ausstellung von Warenpapieren. Er kann als Schuldner der Ablieferungsobligation gegenüber dem gutgläubigen Erwerber des Papiers nur solche *Einreden geltend machen, die sich aus der Urkunde ergeben.* Art. 979, 1146 OR. Vorbem. N. 7b. Es sind ausgeschlossen Einreden gegen die Gültigkeit des in einem Konnossement verurkundeten Frachtvertrages oder Einreden aus Veräusserungsverträgen, welche die im Konnossement bezeichneten Waren zum Gegenstand haben. Die massgebenden schweizerischen Erlasse *beschränken* jedoch die *Skripturhaftung des Frachtführers für die Waren-*

beschreibung auf ein Mindestmass. Art. 115 SSG für das Konnossement. JÄGGI, Vorbem. zu den Warenpapieren N. 59, 62.

b *b.* Die *Minimalangaben*, die ein *Ladeschein*, ein *Konnossement* oder ein *Warrant* enthalten müssen, sind nach Art. 1153 OR, wobei *für das Konnossement heute Art. 114 SSG vorgeht:*

(1) *Ort und Tag der Ausstellung* und *Unterschrift* des *ausstellenden Frachtführers*, der damit die Haftung für die Angaben übernimmt. (Art. 114 lit. *a*, *g* SSG: Unterschrift nicht erforderlich.)

(2) *Namen und Wohnort* (gewerbliche Niederlassung) des ausstellenden *Frachtführers* zur genauen Individualisierung des haftbaren Rechtssubjekts. (Art. 114 lit. *a* SSG.)

(3) *Namen und Wohnort des Absenders* (Abladers), auf den der ausstellende Frachtführer gegebenenfalls wegen unrichtiger Warenbeschreibung Regress nehmen kann. Der *Absender* (Ablader) *kann ein Spediteur sein.* (Art. 114 lit. *a* SSG.)

(4) *Bezeichnung der aufgegebenen* (d.h. durch das Warenpapier verkörperten) *Waren* nach Beschaffenheit, Menge und Merkzeichen (Stückzahl, Menge, Gewicht, evtl. Wert), d.h. die nämlichen Angaben, die der Absender dem Frachtführer zur *Individualisierung des Frachtgutes* gemäss Art. 441 OR machen muss. Art. 441 N. 5. Die *Warenpapierschuld ist immer eine Speziesschuld.* JÄGGI, Vorbem. zu den Warenpapieren, N. 9. Art. 441 N. 3. Die *Wertangabe* ist nicht obligatorisch, ebensowenig eine *Transportschadenversicherung* des Gutes. § 22 VTB. Der für die verkörperten Waren erzielte Preis hängt von der freien Vereinbarung ab. Nach Art. 114 lit. *e* SSG erfolgt die *Beschreibung der Güter im Konnossement «auf Grund der Erklärungen des Abladers».* Deshalb ist die skripturrechtliche Haftung des Frachtführers für die Richtigkeit der Warenbezeichnung beschränkt. Lit. a oben. Vgl. auch §§ 4, 16 lit. *k*, *l* VTB. Ferner internat. Abk. über Konnossemente (AS 1954 S. 758 ff. – N. 27b unten) Art. 1 § 5; §§ 645, 646, 656 HGB.

(5) *Gebühren und Löhne, die zu entrichten sind oder die vorausbezahlt wurden: Frachtlohn, Auslagen, Zölle, Versicherungskosten usw.* Das Warenpapier kann eine *Frankolieferung* verkörpern (Art. 189 II OR), oder aber es sind die vermutungsweise vom Erwerber zu leistenden Transportkosten, für welche dem *Frachtführer das Retentionsrecht* nach Art. 451 OR erhalten bleibt, anzugeben. Der Erwerber des Warenpapiers muss ersehen, welchen Betrag an Fracht, Zoll und

anderen auf der Sendung haftenden Kosten er entrichten muss, um die Ware *auszulösen*. Art. 114 lit. *f* SSG erwähnt nur «die Bestimmung der Fracht». § 643 Z. 7 HGB.

(6) Besondere *Vereinbarungen* (auch verbindliche Absenderweisungen), *die zwischen Absender und Frachtführer über die Behandlung des Frachtgutes getroffen wurden*. Sie sind namentlich bei verderblichem oder zerbrechlichem oder hochwertigem Frachtgut von Bedeutung. Der Erwerber des Warenpapiers wird nicht nur Eigentümer der Ware, sondern er erhält die *Empfängerrechte aus dem zwischen Absender (Verlader) und Frachtführer abgeschlossenen Frachtvertrag*. Art. 444 N. 3a. Er kann die *Haftpflichtansprüche* gemäss Art. 447/54 OR *gegen den Frachtführer geltend* machen. Dafür sind die dem Frachtführer erteilten Weisungen über die Behandlung des Frachtgutes von Bedeutung, zumal verurkundete Weisungen vom Berechtigten zweifelsfrei bewiesen werden können. Nach Art. 114 SSG bilden Abreden oder Weisungen über die Behandlung des Frachtgutes keinen essentiellen Konnossementsinhalt.

(7) *Die Zahl der Ausfertigungen des Warenpapiers, von* denen nur eine im Falle der Verpfändung als *Pfandschein (Warrant)* ausdrücklich bezeichnet werden muss, während die *anderen Ausfertigungen die Ausstellung eines Warrants vermerken müssen*. Art. 1154 OR. In diesem Falle darf die *Ware vom Frachtführer nur gegen Rückgabe des Warrants und aller anderen Ausfertigungen ausgehändigt werden*. Art. 114 lit. *h* SSG. § 654 HGB.

(8) *Die Angabe des Verfügungsberechtigten mit Namen oder an Ordre oder als Inhaber*, durch welche die *Negotiabilität* und die *Legitimation des Besitzers* bestimmt werden. Es ist derjenige, der gegen Vorweisung des Papiers über das Frachtgut verfügen kann. Ist das Warenpapier ein *Namenpapier*, so ist die *ausdrückliche Beifügung der Wertpapierklausel* erforderlich. Jäggi ad Art. 1153 OR N. 3. *Fehlt eine dieser Angaben*, ausgenommen besondere Vereinbarungen und Weisungen über die Behandlung der Ware (Z. 6), so liegt *kein Wertpapier vor, sondern eine schlichte Beweisurkunde*. Art. 1155 I OR. Der Minimalinhalt des Konnossements wird heute durch Art. 114 SSG bestimmt.

25. Geringe Verbreitung der Warenpapiere in der Schweiz

25 *Lagerscheine mit Wertpapiercharakter sind in der Schweiz wenig verbreitet*. Jäggi, Vorbem. zu den Warenpapieren N. 2, 13. *Die im Post- und*

Eisenbahnverkehr gebräuchlichen Frachturkunden, namentlich die Frachtbriefe, Frachtbriefdoppel, aber auch die Empfangsscheine (Gepäckscheine, Gepäckempfangsscheine) sind keine Wertpapiere. N. 11 a, 12 a oben. Der *Gütertransporte im Strassenverkehr mit Motorfahrzeugen durchführende Frachtführer* könnte «*Ladescheine*» *als Wertpapiere* (§§ 446/50 HGB) ausstellen. Sie kommen indessen kaum vor, weil bei den kurzen Transportdistanzen in der Schweiz *kein Bedürfnis* vorliegt, rollendes Frachtgut *schon während des Transportes zu* veräussern oder zu verpfänden. Der private Frachtführer will seine Haftung i. d. R. nicht skripturrechtlich verschärfen.

26. Rheinkonnossement und Seekonnossement

26 a *a.* Von Gesetzes wegen sind nur das im SSG von 1953 geregelte *Rheinkonnossement* und das *Seekonnossement* Wertpapiere des Frachtverkehrs. Art. 112/7, 125 SSG. Damit kommen praktisch die allgemeinen Bestimmungen von Art. 1153/5 OR über die Warenpapiere auf Frachtpapiere kaum zur Anwendung. Nach der Definition in Art. 112 SSG ist das Rhein- und Seekonnossement «eine Urkunde, in welcher der *Seefrachtführer anerkennt, bestimmte Güter an Bord eines Seeschiffes empfangen zu haben, und sich gleichzeitig verpflichtet, diese Güter an den vereinbarten Bestimmungsort zu befördern und daselbst dem berechtigten Inhaber der Urkunde auszuliefern*».

b *b.* Art. 113 SSG (vgl. auch § 642 HGB) unterscheidet zwischen dem nach Einladung der Güter ausgestellten *Bordkonnossement* und dem vorher ausgestellten *Übernahmekonnossement* und dem für die aufeinanderfolgende Beförderung durch mehrere Seefrachtführer «sowie für die Beförderung über Meer, verbunden mit einer Beförderung zu Land, auf Binnengewässern oder in der Luft» ausgestellten «*Durchkonnossement*».

c *c.* Art. 114 SSG enthält die auf den Schiffstransport zugeschnittenen, teilweise von Art. 1153 OR abweichenden Angaben, die das Konnossement aufweisen muss. «*Das Konnossement ist für das Rechtsverhältnis zwischen dem Seefrachtführer und dem Empfänger* (mit Namen, an Ordre oder als Inhaber zu bezeichnen) *massgebend.*» Art. 115 I. § 656 I HGB. Der *Warenpapiercharakter und die* «*dingliche Wirkung*» i. S. von Art. 925 ZGB sind in Art. 116 SSG bestätigt.

27. Waren-Frachtpapiere im internationalen Privatrecht

27 a

a. Massgebend für das auf Waren-Frachtpapiere anzuwendende Recht ist nach schweizerischem Kollisionsrecht, und wohl auch demjenigen der meisten anderen Länder, der *Ausstellungsort.* JÄGGI ad Art. 1152 OR N. 20, Vorbem. zu den Warenpapieren N. 69. *Schweizerisches Recht kommt nur dann zur Anwendung, wenn der das Konnossement oder den Ladeschein ausstellende Frachtführer Geschäftsniederlassung oder Wohnsitz in der Schweiz hat* (Vorbem. zu den Transportverträgen N. 9) oder wenn es sich um einen *Transport mit einem schweizerischen Rheinschiff oder Seeschiff* i. S. von Art. 1/4 SSG handelt. SCHÖNENBERGER/JÄGGI Allgem. Einl. z. OR N. 307.

b

b. Das *Internationale Übereinkommen zur einheitlichen Feststellung einzelner Regeln über die Konnossemente,* dem die Schweiz mit Wirkung ab 28. November 1954 beigetreten ist (AS 1954 S. 758 ff.), enthält *einheitliche Regeln, namentlich über die Haftpflicht des Seefrachtführers.* Der *Seefrachtführer* wird i. d. R. am *Ort seiner gewerblichen Niederlassung* und nach dem dort geltenden Recht belangt werden müssen.

28. Das Durchkonnossement (through bill of lading) insbesondere

28 a

a. Das *Durchkonnossement* (N. 26 b oben) ist eine *wertpapiermässige Frachturkunde über den Transport der nämlichen Ware von einem Verladungsort an einen Bestimmungsort durch mehrere aufeinanderfolgende Frachtführer mit gleichartigen oder ungleichartigen («gemischte Transporte») Transportmitteln über Meer, zu Land, auf Binnengewässern oder in der Luft.* Art. 113 III SSG. Nach geltendem schweizerischem Recht muss es von einem *See- oder Rheinfrachtführer als erstem Frachtführer* ausgestellt sein. Ein Durchkonnossement für einen Transport, der mit einem Eisenbahntransport beginnt, kann nach schweizerischem Recht nicht ausgestellt werden. *Konnossemente des schweizerischen Rechts* werden für Frachtgüter von einem schweizerischen Reeder für Verladungen auf einem schweizerischen Seeschiff FOB oder FAS ausgestellt. N. 8 oben. Doch gibt es *ausländische Durchkonnossemente, die auch den Land- oder Lufttransport bis zum Schiff umfassen.* Ein «*Avant-Projet de Convention Internationale concernant certaines règles relatives au contrat de transport combiné de marchandises*» sieht nicht vor, dass der erste Frachtführer ein Seefrachtführer sein muss. Die europäischen Eisenbahnen stellen indessen bis heute für internationale Transporte keine Konnossemente aus, sondern nur die *in CIM erwähnten Frachturkunden*, denen Wertpapiercharakter nicht zukommt.

b *b.* Vertragsparteien sind der *Ablader* (zumeist als Spediteur eines Verkäufers), der *erste Seefrachtführer* und der mit Namen durch die *(praktisch seltene) Inhaber- oder die (häufigere) Ordreklausel bezeichnete Empfänger*. Die nachfolgenden See-, Luft-, Landfrachtführer oder öffentlichen Transportanstalten werden als *Zwischenfrachtführer* i. S. von Art. 449 OR betrachtet. SJZ 37 (1940/41) Nr. 3 S. 17/8. Für sie übernimmt der das Konnossement ausstellende *erste Frachtführer die Verantwortung* (Art. 112, 117 SSG), die jedoch meist i. S. von Art. 456 OR *summenmässig limitiert ist* (Art. 105 SSG) und *nicht weiter geht als der Regress, den der erste Frachtführer auf seine Zwischenfrachtführer nehmen kann.* Bei *gemischten Transporten* ist das *Warschauer Abkommen* (summenmässige Haftungsbeschränkung) beispielsweise nur für die Luftstrecke *anwendbar*. Art. 22 II, 31 LVA. Für die Eisenbahnstrecke gelten die Haftungsbeschränkungen von Art. 31/8 CIM. Es ist ein *gemeinschaftliches Durchkonnossement* möglich, bei welchem die *mehreren aufeinanderfolgenden Seefrachtführer* eine *solidarisch haftende Beauftragtengesellschaft* i. S. von Art. 403 II OR bilden. Art. 403 N. 4–6. Gegenüber dem «Empfänger» passiv legitimiert für Ansprüche aus Verlust-, Beschädigungs- und Verspätungsschäden ist jedoch i. d. R. nur der erste das Durchkonnossement ausstellende Frachtführer. Der erwähnte internationale Vorentwurf sieht nach dem Vorbild von Art. 43 § 3 CIM und Art. 30 III LVA die *Passivlegitimation des ersten, des letzten oder desjenigen Frachtführers vor, auf dessen Strecke der Schaden eingetreten ist.* Die Haftung des ersten das Konnossement ausstellenden Frachtführers ergibt sich nicht nur aus den skripturrechtlichen, sondern auch aus den frachtrechtlichen Grundsätzen. Der erste Frachtführer nimmt das Frachtgut vom Verlader entgegen und kann seine Individualisierung und Verpackung überprüfen. Vorbehalten bleiben die *Rückgriffsrechte unter den mehreren Frachtführern oder Transportanstalten nach Massgabe der ihre Haftung begründenden Tatsachen und Erlasse.* Nach schweizerischem Recht sind der Haftungsbeschränkung von Seefrachtführern, Transportanstalten und Landfrachtführern Grenzen gezogen. Art. 117 SSG; Art. 447 III, 455 I OR.

c *c.* Wertvolles mit einem Durchkonnossement transportiertes Frachtgut wird i. d. R. gegen Transportschäden versichert. Art. 441 N. 6. VTB § 22. Eine sogenannte «*fliegende Police*» oder eine «*Abonnementspolice*» (gewerbsmässige Spediteure) kann *zugunsten des legitimierten Konnosse-*

mentsinhabers gestellt werden. Immerhin ergeben sich versicherungsrechtliche Probleme, deren Lösung auf internationaler Basis versucht, aber noch nicht durchgeführt ist. Die *internationale Transportversicherung* ist noch in Entwicklung begriffen.

d. Essentieller Inhalt des Durchkonnossements ist die *Angabe aller auf der Sendung haftenden Kosten* entweder *mit einem Pauschalbetrag oder durch Verweisung auf bekannte Tarife* (Art. 114 lit. *f* SSG), wenn sie vom legitimierten Konnossementsinhaber bei Empfangnahme am Bestimmungsort zu bezahlen sind. Je genauer diese Angaben sind, um so grösser ist die *Negotiabilität* des Konnossements. Das gilt a fortiori, wenn *alle Transportkosten vom Verlader vorausbezahlt* sind. Der Erwerber einer durch ein Konnossement verkörperten Sendung will wissen, wieviel er franko Bestimmungsort zu bezahlen hat. Das *Erfordernis der Bestimmtheit oder Bestimmbarkeit des Kaufpreises gilt auch beim Kauf einer durch Konnossement vertretenen Sache.* d

Art. 444

II. Stellung des Frachtführers
1. Behandlung des Frachtgutes
a. Verfahren bei Ablieferungshindernissen

[1] Wenn das Frachtgut nicht angenommen oder die Zahlung der auf demselben haftenden Forderungen nicht geleistet wird oder wenn der Empfänger nicht ermittelt werden kann, so hat der Frachtführer den Absender hievon zu benachrichtigen und inzwischen das Frachtgut auf Gefahr und Kosten des Absenders aufzubewahren oder bei einem Dritten zu hinterlegen.

[2] Wird in einer den Umständen angemessenen Zeit weder vom Absender noch vom Empfänger über das Frachtgut verfügt, so kann der Frachtführer unter Mitwirkung der am Orte der gelegenen Sache zuständigen Amtsstelle das Frachtgut zugunsten des Berechtigten wie ein Kommissionär verkaufen lassen.

II. Obligations du voiturier
1. Soins à donner aux marchandises
a. Procédure en cas d'empêchement de livrer

[1] Lorsque la marchandise est refusée, ou que les frais et autres réclamations dont elle est grevée ne sont pas payés, ou lorsque le destinataire ne peut être atteint, le voiturier doit aviser l'expéditeur et garder provisoirement la chose en dépôt ou la déposer chez un tiers, aux frais et risques de l'expéditeur.

[2] Si l'expéditeur ou le destinataire ne dispose pas de la marchandise dans un délai convenable, le voiturier peut, de la même manière qu'un commissionnaire, la faire vendre pour le compte de qui de droit, avec l'assistance de l'autorité compétente du lieu où la chose se trouve.

II. Posizione del vetturale
1. Cure per la merce
a. In caso di impedimenti alla consegna

[1] Se la merce non venga accettata o non venga effettuato il pagamento dei crediti di cui fosse gravata, o non si trovi il destinatario, il vetturale deve avvertirne il mittente, e frattanto tenere in deposito la merce trasportata o depositarla presso un terzo a rischio e spese del mittente.

[2] Se poi nè il mittente nè il destinatario dispongono della merce stessa entro un termine adeguato alle circostanze, il vetturale può farla vendere per conto di chi di ragione, coll'intervento dell'autorità competente del luogo in cui si trova, come fosse un commissionario.

Materialien: Vgl. sub Art. 440.

Rechtsvergleichung: aOR Art. 454. HGB § 437. Code de Commerce art. 106. Codice Civile art. 1686, 1690. ETR Art. 171/2. CIM Art. 24/5. PVG Art. 29. LTR Art. 19/20. LVA Art. 12 II, 21. SSG Art. 101 II.

Literatur: Sub Vorbem. vor Art. 439 sowie Art. 439 und 440.

SYSTEMATIK DER KOMMENTIERUNG

Art. 444 OR

I. Beförderungshindernisse und Ablieferungshindernisse

1. Rechtsvergleichender Überblick 222
2. Beförderungshindernisse 222
3. Anwendung von Art. 397 OR bei Vorliegen von Beförderungshindernissen. Bestimmte Ersatzweisung 223
4. Enumeration und juristische Qualifikation der Ablieferungshindernisse 226

II. Der Annahmeverzug des Empfängers als Ablieferungshindernis

5. Zahlungs- oder Hinterlegungsverweigerung des Empfängers, seiner Universalsukzessoren oder seiner Konkursmasse. Rechte und Pflichten des Frachtführers 227
6. Annahmeverweigerung des Empfängers, seiner Universalsukzessoren oder seiner Konkursmasse. Massgebend sind Tatsachen, nicht Erklärungen 229

III. Unmöglichkeit der Ermittlung des Empfängers als relative Erfüllungsmöglichkeit

7. Irrtümliche Empfängerbezeichnung oder Verwechslung einer Sendung durch den Absender 230
8. Die Tatsache der Ermittlungsmöglichkeit begründet die Rechte und Pflichten des Frachtführers 231

IV. Das Recht des Frachtführers zum Selbsthilfeverkauf. Art. 444 II OR

9. Voraussetzungen des Selbsthilfeverkaufsrechtes 232
10. Das Verfahren des Selbsthilfeverkaufes 234
11. Seefracht, Eisenbahnfracht, Luftfracht, Postfracht. 234

Art. 444 OR

I. BEFÖRDERUNGSHINDERNISSE UND ABLIEFERUNGSHINDERNISSE

1. Rechtsvergleichender Überblick

1 a *a.* Nach den Randtiteln behandelt Art. 440 OR den *Begriff*, Art. 441 bis 444 OR die *Wirkungen* des Frachtvertrages, während die Art. 444 bis 454 OR unter «*Stellung des Frachtführers*» zunächst bestimmte Rechte und Pflichten bei der «*Behandlung des Frachtgutes*» (Art. 444/6) ähnlich wie bei der Kommission (Art. 427) und sodann die *Haftung des Frachtführers* (Art. 447/54) und sein *Retentionsrecht* (Art. 451) regeln. Art. 444 und 445 OR regeln die Rechte und Pflichten, die dem Frachtführer aus sogenannten «*Ablieferungshindernissen*» erwachsen. Der Gesetzestext ist die unveränderte Übernahme der Art. 454/5 aOR. Obschon inhaltlich weitgehend mit § 437 HGB übereinstimmend, ist die schweizerische Regelung eher präziser. Art. 1690 Codice Civile ist praktisch mit dem OR identisch, namentlich wenn der vorausgehende Art. 1689 II in die Betrachtung einbezogen wird. Art. 106 Code de Commerce hat den Begriff des Ablieferungshindernisses nicht besonders ausgebildet, sondern behandelt dieses als allgemeines *Erfüllungshindernis*.

b *b.* Im *Eisenbahn-, Post- und Luftfrachtrecht* ist der Grundsatz der nämliche wie im privaten Frachtvertragsrecht. Im Eisenbahnfrachtrecht sind die *Tatbestände, die Ablieferungshindernisse bilden*, in Anpassung an die spezifischen Bedürfnisse des Eisenbahntransportes genauer umschrieben. So gilt z. B. schon die Nichteinlösung des Frachtbriefes innert der Abnahmefrist (24 Stunden nach Ankunftsanzeige – Art. 168 III ETR) oder innerhalb weniger Tage nach Ablauf der Abnahmefrist (je nach der Art des Gutes) als Ablieferungshindernis. Art. 172 I lit. *c–f* ETR. N. 11 b unten.

2. Beförderungshindernisse

2 a *a.* Art. 1686 Codice Civile, Art. 171 ETR, Art. 24 CIM enthalten transportrechtliche *Sonderbestimmungen* für den Fall, dass *Beförderungshindernisse* eintreten. Obschon Art. 1686 I Codice Civile erwähnt, Trans-

porthindernisse (oder Transportverzögerungen) müssen aus Gründen eingetreten sein, für die der Frachtführer nicht einzustehen hat, ist die überall vorgesehene *Pflicht zur Benachrichtigung und Weisungseinholung beim Absender* unabhängig vom Verschulden des Frachtführers gegeben. Vgl. Art. 24 § 2 CIM. Art. 19/20 LTR. Art. 171 II ETR.

b

b. Das *Frachtvertragsrecht des OR verzichtet auf eine Sonderregelung der Beförderungshindernisse.* Beförderungshindernisse betreffen die *gehörige Erfüllung der Ausführungsobligation* (obligatio faciendi), *Ablieferungshindernisse die gehörige Erfüllung der Ablieferungsobligation* (obligatio dandi), die allerdings im Frachtvertrag enger zusammenhängen als in anderen Auftragsverhältnissen. Die Beförderungspflicht (Ausführungsobligation) ist als obligatio faciendi eine *Speziesobligation.* Doch auch die Ablieferungspflicht ist im Frachtvertrag *Speziesobligation.* Es ist eine individualisierte Sendung zu *befördern und abzuliefern.* Art. 441 N. 3. Art. 443 N. 24b (4). Würde allgemeines OR gelten, so würde nach *Art. 119 I OR* die *Beförderungsobligation* dann *erlöschen*, wenn nach Abschluss des Frachtvertrages ein *vom Frachtführer* (als Schuldner der Beförderungsobligation) *nicht zu verantwortendes Beförderungs- oder Ablieferungshindernis* eintritt.

c

c. Auf eine Sonderregelung der *Beförderungshindernisse* konnte im Frachtvertragsrecht des OR auch deshalb verzichtet werden, weil dafür subsidiär nach Art. 440 II OR die *Grundsätze des allgemeinen Auftragsrechts* massgebend sind. Danach sind bei Nichtausführbarkeit eines erteilten und angenommenen Auftrages *Weisungen einzuholen.* Der Auftraggeber kann den Beförderungsauftrag jederzeit nach Art. 404 OR *widerrufen*, und der Frachtführer kann ihn *kündigen.*

3. Anwendung von Art. 397 OR bei Vorliegen von Beförderungshindernissen. Bestimmte Ersatzweisung

3 a

a. Nach dem auf den Frachtvertrag subsidiär anzuwendenden allgemeinen Auftragsrecht ergeben sich somit *andere Lösungen bei nachträglicher Erfüllungsunmöglichkeit der konkreten Transportobligation.* Erteilt der Absender einen Transportauftrag *ohne Vorschrift des Transportweges*, des Transportmittels oder der Ablieferungsfrist (Art. 441 N. 7, 8), so ergibt sich aus Art. 396 I/72 OR *weitgehende Freiheit des Frachtführers bei der Erfüllung der Ausführungsobligation.* Es wird vermutet, *Wille und Interesse des Absenders* schliessen bei nachträglicher Unmöglichkeit einer

Ausführungsalternative die *verbleibenden Ausführungsmöglichkeiten* ein. Das gilt auch dann, wenn Ausführungsabreden oder Weisungen den Umfang des Transportauftrages «bestimmt» gemacht haben. Auch dann bleibt die *Vermutung, der Absender wolle subsidiär die mögliche, wenn auch von den gegebenen Vorschriften abweichende, Ausführung.* Art. 397 I OR. Art. 396 N. 2 d, Art. 397 N. 3 b, 6, 7 a. Vgl. auch Art. 171 I und II ETR, etwas abweichend Art. 24 § 1 CIM. Bei verschuldeter oder unverschuldeter Unmöglichkeit der Erfüllung der *vorgeschriebenen* Ausführungsobligation des beauftragten Frachtführers erlischt diese nicht nach Art. 119 I OR, es sei denn, dass überhaupt *von mehreren Erfüllungsmöglichkeiten alle dahingefallen* sind (z. B. Kriegsausbruch, Ausfuhr- oder Einfuhrsperren, absolutes Transportverbot u. v. a.). Besteht noch *eine Erfüllungsmöglichkeit,* so hat der Frachtführer die «Erlaubnis» für die *Abweichung von der ursprünglichen Ausführungsabrede* oder -weisung, d. h. eine abgeänderte Vorschrift, einzuholen. Von der Weisungseinholung kann nur abgesehen werden, wenn sie nach den Umständen nicht «tunlich» und überdies anzunehmen ist, der Absender würde die Weisung zu abgeänderter Ausführung bei Kenntnis der Sachlage erteilt haben. Art. 397 N. 18 b.

b

b. Die nach allgemeinem Auftragsrecht für den Frachtvertrag des OR geltende Regelung der Beförderungshindernisse entspricht weitgehend den ausführlichen *Sonderregelungen von Art. 171 ETR und Art. 24 CIM,* wenn von gewissen durch die Erfordernisse des Eisenbahntransportes bedingten Verschiedenheiten abgesehen wird. Dort ist von der Beförderung auf einem «*Hilfsweg*» die Rede. Auch im privaten Frachtvertrag des OR kann der *Absender eine Ersatzweisung zum voraus erteilen,* für den Fall, dass eine erste Weisung unausführbar wird. Art. 171 IV ETR, Art. 24 § 3 CIM. Die Beförderungspflicht auf dem Hilfsweg gemäss der Ersatzweisung wird dann zur *bedingten Ausführungsobligation.* Die Ersatzweisung kann für den Fall des Eintretens eines *Beförderungs-* oder eines *Ablieferungshindernisses* oder für beide Fälle erteilt sein. N. 9 c unten. Art. 172 II ETR.

c

c. Es erhebt sich die Frage, ob stets der Absender als Kontrahent, oder ob der *Empfänger dann zu benachrichtigen und zur Weisungserteilung legitimiert* ist, wenn das *Verfügungsrecht über die Sendung auf ihn übergegangen ist.* Art. 443 N. 3, 18, 19. ETranspG Art. 46 I sieht das ausschliessliche Weisungsrecht des Absenders vor. Auch Art. 24/5 CIM liegt die Auffassung zugrunde, der Empfänger könne keine Weisungen für die Ausführung der *Beförderungsobligation,* sondern nur für die Ausführung der *Ablieferungsobligation* erteilen. Beförderungshindernisse berühren nur den Absender, Ablieferungshindernisse hingegen primär den Empfänger und erst sekundär den Absender. Nach Art. 450 OR hat der Frachtführer den Empfänger von der *Ankunft der Sendung am Bestimmungsort* zu benachrichtigen. Art. 440 N. 8b. Art. 450 N. 1a. Daraus kann geschlossen werden, dass *grundsätzlich der Empfänger keine Weisungen für die Beförderung des Gutes erteilen kann.* Doch sind drei Fälle denkbar, in welchen das Verfügungs- und damit das *Weisungsrecht vor Eintreffen der Sendung am Bestimmungsort auf den Empfänger oder andere Personen übergegangen ist:*

(1) Der Frachtführer selbst hat dem Empfänger den vom Absender ausgestellten Frachtbrief übermittelt. Art. 443 Ziff. 1. Art. 443 N. 11.

(2) Der Frachtführer hat einen Empfangsschein ausgestellt. Art. 443 N. 12.

(3) Der Frachtführer hat einen Ladeschein oder ein Konnossement ausgestellt. Art. 443 N. 23.

Nach Art. 443 II OR ist im ersten und zweiten Falle das *Weisungsrecht* wenigstens *vermutungsweise auf den Empfänger übergegangen.* Dementsprechend ist der *Empfänger vom Eintreten eines Beförderungshindernisses zu benachrichtigen*, und es sind seine Weisungen einzuholen. Da es jedoch möglich ist, dass der Absender den *Empfangsschein noch besitzt* und er infolgedessen zur Weisungserteilung legitimiert ist, sind beim Vorliegen von Beförderungshindernissen in den genannten Fällen richtigerweise *sowohl der Empfänger wie der Absender zu benachrichtigen* und zur Weisungserteilung aufzufordern. Der Frachtführer hat dann die Weisungen desjenigen zu befolgen, der ihm mit der Weisungserteilung einen genügenden *Ausweis über den rechtmässigen Besitz des Empfangsscheines, des Ladescheines oder des Konnossements, am besten durch deren Vorlegung, erbringt.* Beim Ladeschein oder Konnossement kann es eine vom Absender oder vom namentlich bezeichneten Berechtigten verschiedene Person sein. Die dem Frachtvertragsrecht des OR eigene Möglichkeit, dass das Verfügungsrecht über das reisende Gut vor Eintreffen am Bestimmungsort nicht mehr dem Absender zusteht, kann zu Erschwerungen und Verzögerungen in der Erfüllung der Transportobligation, namentlich beim Vorliegen sogenannter Beförderungshindernisse, führen. Aus diesem Grund sind im Eisenbahnfrachtrecht klare Lösungen getroffen und möglicherweise auch die Einführung von Ladescheinen abgelehnt. Auch § 433 HGB kennt kein Verfügungsrecht des Empfängers vor Eintreffen der Sendung am Bestimmungsort.

4. Enumeration und juristische Qualifikation der Ablieferungshindernisse

4 a *a.* Im Gegensatz zu den Beförderungshindernissen, welche die vertrags- oder vorschriftsgemässe Erfüllung der Transportobligation (Ausführungsobligation) betreffen, sind Ablieferungshindernisse Umstände, welche die gehörige *Erfüllung der Ablieferungsobligation* gegenüber dem Empfänger (im üblichen Frachtvertrag zugunsten Dritter) *verunmöglichen.* Sie treten erst ein, nachdem die Ausführungsobligation erfüllt ist. Sie *stehen nicht dem Transport, sondern der Ablieferung des Frachtgutes entgegen.* Infolgedessen muss das Frachtgut an dem mit dem Absender vereinbarten *Bestimmungsort angekommen* sein. Hat der *erste Empfänger* über das Frachtgut im Sinne einer Weisung auf Ablieferung an einen anderen Empfänger bereits befugtermassen *verfügt* gehabt und tritt das *Ablieferungshindernis* in der Person des *zweiten Empfängers* ein, so gilt der *erste verfügende Empfänger als Absender.* Art. 25 § 3 CIM.

b *b.* Die *Enumeration der Ablieferungshindernisse,* die dem Frachtführer die in Art. 444 II und 445 OR umschriebenen Rechte gewähren, ist *abschliessend.* Es sind alternativ:

(1) *Annahmeverzug des Empfängers* (entsprechend der Nichtabnahme – Art. 168, 172 I lit. *a* ETR).

(2) *Zahlungs- oder Hinterlegungsverweigerung des Empfängers.* Art. 451 OR (entsprechend der «Nichteinlösung» des Frachtbriefes – Art. 172 I ETR).

(3) *Unmöglichkeit der Ermittlung des Empfängers.* Art. 172 I lit. *b* ETR.

c *c.* Man kann, wie es in Codice Civile art. 1689 II/1690 geschieht, den *Annahmeverzug und die Zahlungsverweigerung* des Empfängers *zusammenfassen.* Auch im Frachtvertragsrecht des OR ist der *Ablieferungsanspruch des Empfängers bedingt durch die Zahlung der auf dem Frachtgut haftenden Kosten.* Es handelt sich um das Synallagma von actio mandati directa und contraria, wie es allgemein durch die Art. 400 und 401 OR ausgebildet ist. Es dient dem Schutz des Frachtführers. *Dem Ablieferungsanspruch (actio mandati directa) des Empfängers steht die Einrede des unerfüllten Vertrages so lange entgegen, als die actio mandati contraria des Frachtführers nicht erfüllt oder sichergestellt ist.* Art. 400 N. 16, 18. Art. 401 N. 22/3. Der Empfänger, der seinen gesetzlich bedingten Ablieferungsanspruch ausüben kann, aber nicht ausüben muss, gerät durch die Verweigerung der Zahlung der auf der Sendung haftenden Kosten nicht in Schuldnerverzug, sondern in Gläubigerverzug. Die Zahlung oder Hinterlegung der Kosten ist *eine dem Empfänger als Gläubiger des Ablieferungsanspruches von Gesetzes wegen obliegende Vorbereitungshandlung* i.S. von Art.91 OR. VON TUHR/SIEGWART II S.510. Unterlässt sie der Empfänger, so gerät er in gleicher Weise in *Annahmeverzug*, wie wenn er einfach die Annahme der gehörig angebotenen Ablieferungsleistung des Frachtführers verweigert. Auch die *Rechtsfolgen* sind in beiden Fällen diejenigen des *Gläubigerverzuges*. Art.93, 444 II/445 OR.

II. DER ANNAHMEVERZUG DES EMPFÄNGERS ALS ABLIEFERUNGSHINDERNIS

5. Zahlungs- oder Hinterlegungsverweigerung des Empfängers, seiner Universalsukzessoren oder seiner Konkursmasse. Rechte und Pflichten des Frachtführers

5 a

a. Verweigert der Empfänger die Zahlung oder Hinterlegung (Art.451 I OR) der auf der Sendung haftenden *Frachtkosten und Nachnahmen*, so *tritt die Bedingung nicht ein, der die Ablieferungspflicht des Frachtführers unterworfen ist.* Liefert der Frachtführer an den Zahlung oder Hinterlegung verweigernden Empfänger dennoch ab, so tut er es auf sein eigenes Risiko. Art.161 IV ETR. Denn er hatte pflichtgemäss *die auf der Sendung haftenden Kosten und/oder Nachnahmen beim Empfänger einzukassieren und diesem das Frachtgut nur Zug um Zug gegen deren Zahlung auszuhändigen.* Art.443 N.7. Die mandatrechtliche Situation ist eine ähnliche, wie wenn der Verkaufskommissionär ohne Einwilligung des Kommittenten dem Drittkäufer des Kommissionsgutes *Kredit gewährt.* Er tut es «auf eigene Gefahr». Art.429 I OR. Es liegt eine *Verletzung gesetzlicher und vertraglicher Sorgfaltspflicht des Frachtführers* vor. Art.427 N.1.

b

b. Infolgedessen sieht sich der Frachtführer bei Zahlungs- oder Hinterlegungsverweigerung des Empfängers tatsächlich einem *Hindernis in der Erfüllung seiner Ablieferungsobligation* gegenübergestellt, bzw. *es tritt die Bedingung zu ihrer gehörigen Erfüllung nicht ein.* Stirbt der Empfänger vor der Ablieferung oder fällt er in Konkurs, so geht der *Ablieferungsanspruch tale quale auf die Universalsukzessoren des Empfängers* über, oder er wird ein *Aktivum der Konkursmasse.* Die Universalsukzessoren des Empfängers können aus irgendeinem Grunde kein Interesse an der Sendung haben, desgleichen die Konkursverwaltung, wenn es sich beispielsweise nur um eine vom Erblasser oder Konkursiten bestellte Ansichtssendung handelt. Lag der Sendung ein *Kaufvertrag* zugrunde, so werden Universalsukzessoren i.d.R. die ihnen zur Last fallenden *Transportkosten* (Art. 189 I OR) *bezahlen, weil sie durch eine Weigerung nicht nur in frachtvertraglichen, sondern in kaufvertraglichen Annahmeverzug mit allen daraus resultierenden Rechtsfolgen* geraten. Die *Konkursmasse* eines Empfängers wird (vorbehältlich des Verfolgungsrechtes des Verkäufers nach Art. 203 SchKG) eine *gekaufte Sendung i.d.R.* gegen Entrichtung der darauf haftenden Forderungen des Frachtführers *annehmen*, es sei denn, es hafte eine den mutmasslichen Erlös der Sendung übersteigende Nachnahme auf ihr. Art. 443 N. 7b. Die Konkursverwaltung kann gegen Zahlung der Transportkosten und des Kaufpreises (Kosten- und Wertnachnahme) das Frachtgut auch dann zur Masse ziehen, wenn dem Verkäufer das Verfolgungsrecht zusteht. Art. 203 I, 211 II, 212 SchKG. Haften *nur Transportkosten* auf der Sendung (Art. 189 I OR), so wird die Konkursmasse die Sendung regelmässig dann gegen Zahlung dieser Transportkosten annehmen, wenn entweder das Rücknahmerecht des Verkäufers nach Art. 203 SchKG ausgeschlossen ist oder nicht geltend gemacht wird. **BGE 59 III 101/2.**

c *c.* In allen Fällen der *Zahlungs- oder Hinterlegungsverweigerung* durch den Empfänger (seine Universalsukzessoren oder Konkursmasse) *darf der Frachtführer nicht abliefern.* Vielmehr hat er *den Absender sofort zu benachrichtigen* und seine *Weisung abzuwarten.* Verlangt der *Absender* nach Art. 443 I OR *Rücktransport* oder erteilt er eine *andere Weisung*, so hat er für die *Mehrvergütung*, die *Mehrauslagen und für Nachteile aufzukommen.* Art. 19 III LTR. Denn *das Risiko des Transportes einschliesslich der Annahmeverweigerung des Empfängers trägt der Absender.* Kommentar Ratz zu § 437 HGB Anm. 2. Art. 443 N. 20.

d *d.* Inzwischen hat der Frachtführer «*auf Gefahr und Kosten des Absenders» das Frachtgut entweder selbst zu verwahren oder bei einem Dritten zu hinterlegen.* Art. 472, 482 OR. Art. 172 IV ETR. Art. 25 § 2 CIM. *Erst wenn innert angemessener Frist der Empfänger weder die auf dem Frachtgut haftenden Forderungen bezahlt noch dieses angenommen hat, noch der Absender eine ausführbare Weisung erteilt und (auf Verlangen) die Kosten ihrer Ausführung vorausgedeckt hat*, oder wenn das *Frachtgut wertlos oder schnellem Verderb ausgesetzt ist, hat der Frachtführer das Recht zum so-*

genannten Selbsthilfeverkauf (N. 8 b, c unten). *Die frachtvertraglichen Sondervorschriften gehen den allgemeinen Vorschriften von Art. 92/3 OR über den Gläubigerverzug vor. Der Frachtführer kann das Gut beispielsweise nicht «auf Gefahr und Kosten des Gläubigers» (Empfängers) nach Art. 92 I OR mit befreiender Wirkung sofort hinterlegen.*

6. Annahmeverweigerung des Empfängers, seiner Universalsukzessoren oder seiner Konkursmasse. Massgebend sind Tatsachen, nicht Erklärungen

6 a

a. Zahlungs-, Hinterlegungs- und Annahmeverweigerung des Empfängers können und müssen ebensowenig auseinandergehalten werden wie das Gegenteil: «Vorbehaltlose Annahme des Gutes und Bezahlung der Fracht» nach Art. 452 I OR. Dass der Empfänger die ihm zur Last fallenden Zahlungen leistet, die Annahme des Frachtgutes aber dennoch verweigert, kommt in der Praxis kaum vor. Der Empfänger, seine Gesamtrechtsnachfolger oder seine Konkursmasse werden regelmässig ihre Erklärung nicht differenzieren, und der Frachtführer wird diese Differenzierung nicht verlangen.

b

b. Die *Tatsache,* dass die Sendung zurückgewiesen und/oder die Zahlung der auf ihr haftenden Forderungen nicht erfolgt ist, genügt. Aus einer leicht feststellbaren Tatsache erwachsen dem Frachtführer die in Art. 444 erwähnten Rechte und Pflichten. Vgl. Art. 172 I lit. *c–f* ETR (Nichteinlösung des Frachtbriefes). Art. 19 LTR (Unterlassung der Übernahme). Entscheidet sich der Empfänger für die *Hinterlegung* der Kosten nach Art. 452 OR, so wird und muss der *Frachtführer erst abliefern, wenn die Hinterlegung tatsächlich erfolgt ist.* ZR 48 (1949) Nr. 153 S. 295 oben.

III. UNMÖGLICHKEIT DER ERMITTLUNG DES EMPFÄNGERS ALS RELATIVE ERFÜLLUNGSMÖGLICHKEIT

7. Irrtümliche Empfängerbezeichnung oder Verwechslung einer Sendung durch den Absender

7 a *a.* Wird der Frachtvertrag als Vertrag zugunsten eines Dritten abgeschlossen, was regelmässig der Fall ist, wenn ein *Versendungskauf* (oder ein am Wohnsitz des Bestellers abzulieferndes Werk) den Anlass zu seinem Abschluss bildet, dann bildet die *Einigung über die Person des Empfängers ein Essentiale des Frachtvertrages.* Art. 441 N. 4 a. (Aus diesem Grunde ist ein Inhaber-Konnossement, das theoretisch möglich ist, praktisch kaum denkbar. Art. 443 N. 26 c, 27 b.) Die Gründe der Unmöglichkeit, den begünstigten Empfänger zu ermitteln, können verschiedener Art sein.

b *b.* Der praktisch häufigste Fall ist ein *Irrtum des Absenders über die Person* des Empfängers. Oder der Absender wollte dem *richtig bezeichneten Empfänger eine andere Sendung zukommen lassen* als *die tatsächlich dem Frachtführer* übergebene. Art. 24 I Z. 2 OR. Der im Grundverhältnis zwischen Absender und Empfänger erhebliche Irrtum berührt die Gültigkeit des Frachtvertrages nicht. Vgl. den Tatbestand in **BGE 52 II 86** (Verwechslung einer Sendung). Der *Absender, der sich in der Bezeichnung des Empfängers oder in der Identität des aufgegebenen Frachtgutes geirrt hat, kann sich dem Frachtführer gegenüber nicht auf einen Willensmangel berufen und den Frachtvertrag anfechten.* Vgl. Art. 15 LVA. Nach der Sondernorm des Art. 441 II OR *gehen derartige Irrtümer zu Lasten des Absenders.* Der Absender muss den *Frachtlohn und Auslagenersatz dem Frachtführer* dennoch *bezahlen* und auch für die *Kosten der Rücksendung* oder einer anderen Absenderweisung aufkommen. Art. 441 N. 10. Art. 443 N. 20.

c *c.* Ist der irrende Absender Verkäufer, so kann er u. U. den Kaufvertrag mit dem Empfänger anfechten, wenn dieser eine ihm irrtümlich zugestellte Sendung annimmt und nicht zurückgibt. Durch einen willensmangelhaften Kaufvertrag konnte der Empfänger als Käufer das Eigentum am Frachtgut nicht erwerben. Der irrende Absender wird jedoch bei rechtzeitiger Entdeckung des Irrtums in erster Linie versuchen, durch eine abgeänderte Verfügung i. S. von Art. 443 OR die Ablieferung an einen irrtümlich bezeichneten Empfänger oder die Ablieferung einer verwechselten Sendung zu verhindern, vorausgesetzt, dass ihm das Verfügungsrecht noch zusteht und die entsprechende Weisung dem Frachtführer (oder seinen Leuten) noch rechtzeitig übermittelt werden kann. Art. 443 N. 10.

8. Die Tatsache der Ermittlungsmöglichkeit begründet die Rechte und Pflichten des Frachtführers

8 a

a. Als Auftragsrecht führt das Frachtvertragsrecht zu anderen Lösungen. Der *irrende Absender kann den Frachtauftrag mit Wirkung ex nunc widerrufen* oder abändern, solange ihm das *Verfügungsrecht* über das Frachtgut zusteht. Art. 395 N. 35/6. Art. 443 N. 10. Aber er muss dem Frachtführer den vollen oder einen der *geleisteten Arbeit entsprechenden Frachtlohn bezahlen und die effektiven Auslagen sowie allfällige mit einer Abänderung verbundene Nachteile ersetzen.* Art. 404 N. 9, 12c. Art. 443 N. 20.

b

b. Nach dem frachtvertraglichen Sonderrecht des OR ist es gleichgültig, ob der bezeichnete Empfänger wegen eines Willensmangels des Absenders oder aus anderen Gründen nicht ermittelt werden kann, oder ob der bezeichnete Empfänger die Annahme der Sendung oder die Zahlung oder Hinterlegung der auf der Sendung haftenden Kosten mit oder ohne Grund verweigert. Immer erwächst dem *Frachtführer* aus der blossen Tatsache, dass die Ablieferung nicht *vertragsgemäss erfolgen kann, die Pflicht zur Benachrichtigung des Absenders, zur Weisungseinholung* und *zur einstweiligen Verwahrung oder Einlagerung des Frachtgutes.* N. 3, 5d oben. Erst wenn der Frachtführer diese Pflichten erfüllt und erfolglos versucht hat, eine Absenderweisung zu erhalten (Art. 441 N. 15), *entsteht das Recht* zum Selbsthilfeverkauf.

c

c. Nur in den durch Art. 445 geregelten *Spezialfällen* der *Wertlosigkeit oder Verderblichkeit des Frachtgutes* erwächst dem Frachtführer das Recht zum Selbsthilfeverkauf auch ohne Vorliegen eines Ablieferungshindernisses. Art. 445 N. 1d.

d

d. Man kann die in Art. 444 II vorgesehene Regelung auch so auffassen, dass der Frachtführer die *Leistung der Ablieferungsobligation erst dann «gehörig angeboten»* hat (Art. 92 OR), wenn er *seine durch Eintritt des Ablieferungshindernisses entstandenen Sorgfaltspflichten* (Benachrichtigung und Weisungseinholung) *als ihm obliegende Vorleistungen erfüllt hat.*

e *e.* Die Unmöglichkeit der Empfängerermittlung kann sich ausser mangelhafter Bezeichnung durch den Absender aus mannigfachen Gründen ergeben. Der Empfänger kann vorübergehend verreist, er kann ohne Adressenhinterlassung seinen Wohnsitz verlassen haben. Er kann gestorben sein, ohne dass seine Rechtsnachfolger feststehen. Der Frachtführer kann nicht abwarten, bis den Erben eine Erbbescheinung ausgestellt oder die Ausschlagungsfrist abgelaufen ist. In allen diesen Fällen ist es nicht Sache des Frachtführers, sondern *Sache des benachrichtigten Absenders, nach Mitteln und Wegen zu suchen, ob und wie das Frachtgut abgeliefert werden kann, oder eine andere Verfügung zu treffen.* Der Frachtführer ist nicht verpflichtet, Nachforschungen *anzustellen,* namentlich nicht ausserhalb des vom Absender bezeichneten Ablieferungsortes (Art. 441 I OR). Der Absender, der gewöhnlich in einem Vertragsverhältnis zum Empfänger steht, ist mit den Verhältnissen besser vertraut. Die gehörige Erfüllung der Ablieferungsobligation liegt in seinem Interesse und höchstens sekundär in demjenigen des Frachtführers. Für den Frachtführer ist die *Bezeichnung des Empfängers eine zwar essentielle,* aber doch nur eine « *Weisung* » *des Absenders,* der das Risiko ihrer Richtigkeit und Ausführbarkeit trägt. Art. 441 N. 4 c.

IV. DAS RECHT DES FRACHTFÜHRERS ZUM SELBSTHILFEVERKAUF. ART. 444 II OR

9. Voraussetzungen des Selbsthilfeverkaufsrechtes

9 a *a.* Das Recht zum Selbsthilfeverkauf dient dem Schutz der Interessen des Frachtführers auf Frachtlohn und Auslagenersatz gegen die Interessen des Absenders und/oder des drittbegünstigten Empfängers. Es ist eine *Emanation des Retentionsrechts des Frachtführers* am Frachtgut. Art. 451 N. 4 b. Die Art. 444/5 OR gehören insofern in den Zusammenhang des Retentionsrechtes, als sie dessen erleichterte Ausübung durch *Selbsthilfeverkauf* bei Vorliegen von Ablieferungshindernissen und durch *Notverkauf* verderblichen oder wertlosen Frachtgutes auch ohne Vorliegen

von Ablieferungshindernissen regeln. Nach Art. 446 OR hat der Frachtführer beim Vorliegen von Ablieferungshindernissen die *Interessen des «Eigentümers» bestmöglich zu wahren und haftet bei Verschulden für Schadenersatz.* Das Recht des Frachtführers zum Selbsthilfeverkauf ist daher ähnlich wie das gleichartige Recht des Kommissionärs (Art. 427, 435 OR) *von den im Gesetz abschliessend umschriebenen Voraussetzungen abhängig* und mit den nämlichen *Kautelen zur Wahrung der Interessen des «Eigentümers»* ausgestattet. Die «Mitwirkung der am Ort der gelegenen Sache *zuständigen Amtsstelle*» besteht u.a. darin, dass diese das *Vorliegen der gesetzlichen Voraussetzungen zu prüfen* hat. Dadurch tritt eine gewisse *Entlastung des Frachtführers* von der in Art. 446 umschriebenen Verantwortlichkeit ein. (So Zürich-ZPO § 399 Z. 4: Einzelrichterliche Bewilligung mit Rekursmöglichkeit.)

b

b. Die *Voraussetzungen des Selbsthilfeverkaufs sind vom Frachtführer zu beweisen oder wenigstens glaubhaft zu machen.* Es sind:

(1) *Annahme-, Zahlungs- oder Hinterlegungsverweigerung* durch den vom *Absender* bezeichneten Empfänger oder *Unmöglichkeit von dessen Ermittlung* (Tatsache des Ablieferungshindernisses).

(2) *Benachrichtigung des Absenders* mit der Aufforderung, über das Frachtgut zu verfügen bzw. Weisungen für dessen «Behandlung» zu erteilen, unter *Androhung des Selbsthilfeverkaufes.* Art. 93 I OR (Erfüllung der Frachtführerpflichten).

c

c. Hingegen ist eine *bestimmte Fristansetzung nicht erforderlich.* Doch hat der den Selbsthilfeverkauf bewilligende Richter pflichtgemäss zu prüfen, ob *«eine den Umständen angemessene Zeit» seit der Benachrichtigung des Absenders abgelaufen ist, ohne dass der Absender eine Weisung erteilt oder der bezeichnete Empfänger (Art. 443 II OR) über die Sendung im Rahmen seines Rechtes verfügt hat.* Das *Verfügungsrecht des Empfängers* wird *bei Unmöglichkeit von dessen Ermittlung unbeachtlich.* Art. 443 N. 15.

d

d. Bei *Annahmeverzug des Empfängers* ist zu prüfen, *ob der Empfänger die auf der Sendung haftenden Kosten bezahlt oder hinterlegt* hat. Tut er dies erst im Bewilligungsverfahren, so kann er den *Selbsthilfeverkauf* durch den Frachtführer in extremis *abwenden.* Art. 444 II OR. Art. 451 N. 4. Der Empfänger *kann sich zur Annahme des Frachtgutes und Bezahlung der Fracht- und anderen auf der Sendung haftenden Kosten entschliessen, bis das Frachtgut verkauft ist.* Ähnlich Art. 172 IV, VI, IX ETR. Art. 25 § 1 III CIM.

e *e.* Hat der Absender für den Fall des Eintrittes eines Ablieferungshindernisses eine *Ersatzweisung* (z.B. auf Rücksendung) erteilt, so erwächst dem Frachtführer das Recht zum Selbsthilfeverkauf erst dann, wenn auch die Ablieferung entsprechend der Ersatzweisung nicht erfolgen kann. Art.172 II ETR. Art.25 § 1 V CIM. Im Eisenbahnfrachtrecht ist als Ersatzweisung beim Eintreten von Ablieferungshindernissen nur *Rücksendung an den Absender* vorgesehen. Der Richter am ursprünglichen Bestimmungsort wird die *Bewilligung des Selbsthilfeverkaufs verweigern*, wenn er feststellt, dass eine vom Frachtführer angenommene *Ersatzweisung auf Rücksendung* vorliegt, vorbehältlich die Fälle verderblichen und wertlosen Frachtgutes.

10. Das Verfahren des Selbsthilfeverkaufes

10 a *a.* Die in Art.435 II OR für die Kommission erwähnte Pflicht der Amtsstelle, *den am Ort der gelegenen Sache anwesenden* Kommittenten oder dessen Stellvertreter *anzuhören*, gilt entsprechend auch für das Frachtvertragsrecht («... wie ein Kommissionär verkaufen zu lassen»). Sie kann aus Art.445 II OR abgeleitet werden. *Vorzuladen sind* «die Beteiligten», d.h. stets der *Absender*, gleichgültig, ob er am Ort der gelegenen Sache anwesend ist oder einen Vertreter bestellt hat, und, im Falle des Annahmeverzuges des bezeichneten Empfängers, dieser *Empfänger*. Art.435 N.2. Art.172 VII ETR.

b *b.* Im übrigen richtet sich das *Verfahren nach dem kantonalen Prozessrecht.*

11. Seefracht. Eisenbahnfracht. Luftfracht. Postfracht

11 a *a.* Für das *Seefrachtrecht* gelten die *Bestimmungen von Art. 444/6 OR über Ablieferungshindernisse ohne Beschränkung.* Art.101 II SSG.

b *b.* Im *Eisenbahnfrachtrecht* sind die inhaltlich analogen *Pflichten des Frachtführers* und die *Voraussetzungen des Selbsthilfeverkaufes eingehender geregelt* und die «*angemessene Zeit*», *die vor dem amtlichen Verkauf abzuwarten ist, nach Tagen fest umschrieben.* N.1 oben. Art.172 ETR. Dabei spielt auch die sogenannte *bahnamtliche Tatbestandsaufnahme* eine Rolle. Art.172 VII ETR. Art.25 § 2 CIM.

c. Art. 19 lit. *b* LTR verweist für Ablieferungshindernisse bei *Lufttransporten* ausdrücklich auf Art. 444 II OR. c

d. Die *Post* hat nach Art. 29 PVG das Recht, *unbestellbare Sendungen «freihändig» zu verkaufen*, muss aber *den Erlös während fünf Jahren zur Verfügung «des Berechtigten»* halten. Nach Art. 15 lit. *c* Wertbrief- und Wertschachtelabkommen in Verb. mit Art. 58 Weltpostvertrag sind unzustellbare Postsendungen nach dem Aufgabeland zurückzusenden. Auch Art. 21 Z. 4 Poststückabkommen sieht Rücksendung an die Aufgabestelle, Art. 22 Verkauf oder Vernichtung verderblicher Gegenstände vor. d

Art. 445

b. Verkauf

[1] Sind Frachtgüter schnellem Verderben ausgesetzt, oder deckt ihr vermutlicher Wert nicht die darauf haftenden Kosten, so hat der Frachtführer den Tatbestand ohne Verzug amtlich feststellen zu lassen und kann das Frachtgut in gleicher Weise wie bei Ablieferungshindernissen verkaufen lassen.

[2] Von der Anordnung des Verkaufes sind, soweit möglich, die Beteiligten zu benachrichtigen.

b. Vente nécessaire

[1] Si la marchandise est exposée à une prompte détérioration ou si sa valeur présumable ne couvre pas les frais dont elle est grevée, le voiturier doit sans délai le faire constater officiellement et peut procéder à la vente de la marchandise comme dans les cas d'empêchement de la livrer.

[2] Les intéressés seront, autant que possible, informés de la mise en vente.

b. Vendita

[1] Ove si tratti di merci soggette a rapido deterioramento, o il cui valore presumibile non copra le spese di cui sono gravate, il vetturale deve farne tosto accertare officialmente lo stato e può in seguito farle vendere nel modo previsto per il caso di impedimento nella consegna.

[2] Dell'ordine di vendita dovranno, in quanto ciò sia possibile, essere avvisati gl'interessati.

Materialien: Vgl. sub Art. 440.

Rechtsvergleichung: aOR Art. 455. HGB §§ 437 II, 373 II, III, IV. Codice Civile art. 1515, 1690 II. Code de Commerce art. 106. ETR Art. 172 VI. CIM Art. 25 § 2. SSG Art. 101 II. LTR Art. 20.

Literatur: Vgl. sub Vorbem. vor Art. 439 sowie Art. 439 und 440.

SYSTEMATIK DER KOMMENTIERUNG

Art. 445 OR

1. Notverkauf auch ohne Ablieferungshindernisse 237
2. Verfahren, insbesondere die Tatbestandsfeststellung 238

Art. 445 OR

1. Notverkauf auch ohne Ablieferungshindernisse

a. Art. 445 OR ist das frachtrechtliche Korrelat zu Art. 435 OR. Ist Kommissions- oder Frachtgut *wertlos oder schneller Verderbnis* ausgesetzt, so dass *Gefahr besteht, das Retentionsrecht decke die gesicherten Ansprüche der actio mandati contraria von Kommissionär oder Frachtführer nicht, so kann eine Verwertung ohne vorgängige Faustpfandbetreibung* (Art. 435 N. 1 c), *ohne vorgängige Benachrichtigung und ohne Weisungseinholung bei dem nach Art. 443 OR verfügungsberechtigten Absender oder Empfänger erfolgen.* Art. 444 N. 9 a. Die Voraussetzung der Wertlosigkeit besitzt relativen Charakter. Der «*vermutliche Wert*» der Sendung «deckt die darauf haftenden Kosten nicht». Der Frachtführer wäre bei der Geltendmachung seines Retentionsrechtes von einem Verlust bedroht, der ihm nicht zuzumuten ist. Das Gesetz verleiht ihm die Möglichkeit zur beschleunigten offensiven Ausübung seines Retentionsrechtes. Es handelt sich um ein *gesetzliches Recht auf Verkauf*, allerdings unter *amtlicher Mitwirkung.* 1 a

b. Ein *Recht auf freihändigen Verkauf* ohne amtliche Mitwirkung muss *ausdrücklich vereinbart* werden. Alsdann hat der *Frachtführer über das Ergebnis dem Absender abzurechnen.* Art. 172 VIII ETR. Art. 25 § 2 II CIM. b

c. Das *Eisenbahnfrachtrecht* sieht vor, dass verderbliche und wertlose Güter von der *Eisenbahn freihändig* zu verkaufen seien, es sei denn, dass der *Absender auf der Versteigerung* durch das Betreibungsamt *besteht.* Art. 172 VI ETR. Im *Seefrachtrecht* gilt für den Notverkauf verderblichen und wertlosen Frachtgutes Art. 445 durch die in Art. 101 II SSG enthaltene allgemeine Verweisung. Im *Luftfrachtrecht*, Art. 20 LTR, findet sich die spezielle Verweisung auf Art. 445. c

d. Aus dem Wortlaut von Art. 445 OR («in gleicher Weise wie bei Ablieferungshindernissen») folgt, dass das Recht des Frachtführers auf Verwertung des Frachtgutes aus der *Tatsache der Entwertung seines Retentionsrechtes* infolge Wertlosigkeit oder Verderblichkeit des Frachtgutes entsteht, *ohne* dass ein *Ablieferungshindernis* vorliegen muss. Das Recht *kann während des Transportes entstehen.* Der Frachtführer kann dann den Transport unterbrechen und die Hilfe der Amtsstelle am Ort des Verkaufes in Anspruch nehmen. Der Hauptanwendungsfall des Notverkaufs d verderblichen oder wertlosen Frachtgutes ergibt sich allerdings im *Zusammenhang mit Ablieferungshindernissen.* Art. 172 VI ETR. § 437 II HGB und art. 1690 II Codice Civile gewähren dem Frachtführer das Notverkaufsrecht von verderblichem Gut nur im Falle eines Ablieferungshindernisses unter Dispens von der einstweiligen Einlagerungs- oder Hinterlegungspflicht. Art. 444 N. 3, 5 d, 8 b. Art. 106 Code de Commerce (Novelle von 1927) sieht eine amtliche Mitwirkung stets vor; doch kann der Richter von der Einhaltung weiterer Formalitäten in Notfällen dispensieren. Der Notverkauf setzt das Vorliegen eines Ablieferungshindernisses nicht voraus.

2. Verfahren, insbesondere die Tatbestandsfeststellung

2 a *a.* Auch für Art. 445 OR gilt subsidiär die in Art. 444 II OR enthaltene *Verweisung auf das Kommissionsrecht*, Art. 435. Die Durchführung des Notverkaufs ist von der Erfüllung bestimmter Sorgfaltspflichten durch den Frachtführer abhängig, bei deren Nichterfüllung die Haftung aus Art. 446 OR eintritt.

(1) Der Frachtführer hat den *Tatbestand* (Zustand oder Wert des Frachtgutes) ohne Verzug durch die zuständige *Amtsstelle des Ortes der gelegenen Sache feststellen* zu lassen (Art. 453 N. 2) und eine vorgängige *amtliche Bewilligung zum Verkauf einzuholen.* Je nach dem kantonalen Recht kann beispielsweise eine Verwaltungsbehörde zur Tatbestandsaufnahme und eine richterliche Behörde zur Bewilligung des Notverkaufs zuständig sein. (So Zürich, §§ 399 Z. 4, 448, 449 ZPO.) Nach § 437 II HGB bedarf es keiner amtlichen Bewilligung zum Notverkauf, wohl aber der *Benachrichtigung von Absender und Empfänger* durch den Frachtführer. Komm. Ratz zu § 437 HGB Anm. 4.

(2) Die *Amtsstelle* hat, womöglich vorgängig der Durchführung der Verwertung, die «*Beteiligten*», d. h. Absender und Empfänger *zu benachrichtigen* und, *womöglich vor der Anordnung des Verkaufes, vorzuladen und anzuhören.* Art. 172 VII ETR. Dadurch soll verhütet werden, dass derjenige, der die Gefahr des Frachtgutes trägt, seine Interessen nicht durch Auslösung des Frachtgutes durch Bezahlung oder Hinterlegung der Frachtkosten, durch Teilnahme an der Versteigerung (vgl. §§ 373 IV/437 II HGB) oder auf andere Weise, z. B. Erteilung von Weisungen, wahren kann. Art. 435 N. 2. Art. 453 N. 4.

(3) Der *Verkauf ist unter amtlicher Mitwirkung* als Versteigerung durchzuführen. N. 1 a oben. (So ergibt sich im Kanton Zürich die Mit-

wirkung von drei verschiedenen Behörden für Tatbestandsfeststellung, Verkaufsbewilligung und Durchführung, was einer Beschleunigung nicht besonders dienlich ist.)

b

b. Die *Verfahrensvorschriften* für den Notverkauf sind *nicht zwingenden Rechtes.* Es kann vereinbart sein, der Frachtführer dürfe verderbliches oder wertloses Gut auch ohne amtliche Tatbestandsfeststellung freihändig verwerten. Doch muss der Frachtführer in diesem Falle die Voraussetzungen des Notverkaufsrechtes durch andere Beweismittel dartun und über das Ergebnis *abrechnen.* Art. 172 VIII ETR. Es wird ihm schwerfallen, sich gegen Haftpflichtansprüche aus Art. 446 OR zu verteidigen. §§ 373 II/437 II HGB gewähren dem Frachtführer das Recht zu *freihändigem Verkauf* durch einen *öffentlich ermächtigten Handelsmäkler* auch ohne vorgängige Vereinbarung.

c

c. Die kantonalen Verfahrensvorschriften tragen der Notwendigkeit zu raschem Handeln nicht immer Rechnung. Daher kann nach Eisenbahnfrachtrecht die *Eisenbahn verderbliches oder wertloses Frachtgut selbst verkaufen, es sei denn, dass der Absender ausdrücklich den amtlichen Verkauf verlangt.* Art. 172 VI ETR. N. 1d oben. Muss wegen Verderblichkeit des Frachtgutes eine rasche Verwertung erfolgen, die auch im Interesse des «Eigentümers» liegt, so können die *Formerfordernisse bisweilen nicht rechtzeitig oder nicht vollständig erfüllt* werden. Art. 106 II Code de Commerce. Durch Raschheit können bisweilen die Interessen des Eigentümers besser gewahrt sein als durch die Wahrung der Formvorschriften. Die *Benachrichtigung des Verfügungsberechtigten darf nicht unterbleiben* (Art. 445 II OR, Art. 172 VII ETR), *sei es vorgängig oder anschliessend an den Notverkauf.*

d

d. Wurde durch *schuldhafte Verletzung der Formvorschriften* dem «Eigentümer» Schaden verursacht, so haftet der Frachtführer nach Art. 446 OR. Art. 446 N. 2c. Er kann aber *alle haftungsmindernden oder haftungsaufhebenden Einreden* geltend machen, insbesondere die frachtvertragsrechtlichen aus Art. 441/2. Risiken, die sich aus der *Beschaffenheit des Frachtgutes* und dessen Verpackung ergeben, trägt nach mandatrechtlichen Grundsätzen nicht der Frachtführer, sondern der *«Eigentümer»*, solange die allgemeinen und speziellen dem Frachtführer obliegenden Sorgfalts- und Interessenwahrungspflichten erfüllt sind. Findet der Notverkauf «freihändig» statt (weil es so vereinbart war), so wird der Frachtführer sich mit Vorteil den Beweis für seine korrekte Durchführung sichern. Art. 172 VII Satz 2 ETR. Lit. b oben.

Art. 446

c. Verantwortlichkeit

Der Frachtführer hat bei Ausübung der ihm in bezug auf die Behandlung des Frachtgutes eingeräumten Befugnisse die Interessen des Eigentümers bestmöglich zu wahren und haftet bei Verschulden für Schadenersatz.

c. Garantie

Le voiturier, en exerçant les droits qui dérivent pour lui des soins à donner à la marchandise, sauvegarde de son mieux les intérêts du propriétaire; en cas de faute, il est passible de dommages-intérêts.

c. Tutela degli interessi del proprietario

Il vetturale, valendosi delle facoltà accordategli sulla merce in trasporto, deve tutelare nel modo migliore gli interessi del proprietario ed è responsabile dei danni nel caso di colpa.

Materialien: Vgl. sub Art. 440.

Rechtsvergleichung: aOR Art. 456.

Literatur: Vgl. sub Vorbem. vor Art. 439, Art. 439, 440, 443.

SYSTEMATIK DER KOMMENTIERUNG

Art. 446 OR

1. Ausdruck eines auftragsrechtlichen Grundsatzes 240
2. Pflicht zu schonender Ausübung des Retentionsrechtes 242
3. Legitimation zur Schadenersatzklage 243
4. Beweislast 243
5. Kasuistik 244

Art. 446 OR

1. Ausdruck eines auftragsrechtlichen Grundsatzes

1 a *a.* Art. 446 OR enthält den allgemeinen auftragsrechtlichen Grundsatz der *Interessenwahrungspflicht des Frachtführers «bei Ausübung der ihm in bezug auf die Behandlung des Frachtgutes eingeräumten Befugnisse».*

Diese Befugnisse in bezug auf die Behandlung des Frachtgutes sind der *Selbsthilfeverkauf* bei Vorliegen von Ablieferungshindernissen gemäss Art. 444 OR und der *Notverkauf* verderblichen oder wertlosen Frachtgutes auch ohne Vorliegen von Ablieferungshindernissen gemäss Art. 445 OR. Der nämliche Gedanke ist mit anderen Wendungen in Art. 398 I und II OR ausgesprochen.

b. Bezeichnenderweise fehlt die entsprechende Norm in den Gesetzgebungen, die den Frachtvertrag als Werkvertrag qualifizieren. Der Frachtvertrag ist zwar als entgeltlicher Auftrag ein mandatum mea et tua gratia. Art. 394 N. 45, 73. Doch *beschränkt sich das Interesse des Frachtführers auf die begründeten Ansprüche aus seiner actio mandati contraria*, d.h. auf Frachtlohn und Auslagenersatz, bisweilen Schadenersatz aus der Ausführung des Transportauftrages i. S. von Art. 402 II/443 I OR (Art. 443 N. 20), denen das Gesetz durch das *Retentionsrecht* erhöhten Schutz gewährt. Sind diese begründeten Ansprüche des Frachtführers nicht oder nicht mehr gefährdet, z. B. weil die Frachtkosten vorausgedeckt oder später vom Verpflichteten (Empfänger oder Absender) hinterlegt waren, so fällt das Recht zum Selbsthilfe- oder Notverkauf dahin. Dem beschränkten Interesse des Frachtführers steht das primäre *Auftraggeberinteresse* an der Erreichung des Auftragszweckes gegenüber, der letzten Endes in der *Ablieferung des Frachtgutes in unversehrtem Zustand an den bezeichneten Empfänger* besteht. b

c. In der Mehrzahl der Fälle besteht *für den Absender eine Vertragspflicht*, dem Empfänger das Frachtgut zu liefern, nicht aus Frachtvertrag, aber aus Kaufvertrag oder Werkvertrag. Durch den Selbsthilfe- oder Notverkauf des Frachtgutes bleibt diese Vertragspflicht unerfüllt, und es entsteht dem «Eigentümer» bzw. demjenigen, der die *Gefahr der Versendung* trägt (Art. 185 OR), *Schaden.* Daher soll der Frachtführer seine grundsätzlich dem Eigentum vorgehenden, eine Emanation des Retentionsrechtes bildenden Befugnisse *nicht nur nicht missbräuchlich* (Art. 2 II ZGB), sondern kraft seiner Interessenwahrungspflicht mit äusserster *Schonung* ausüben. So wird man dem Frachtführer, wenn nur ein minimaler Betrag an Frachtkosten aussteht, den Selbsthilfeverkauf einer wertvollen Sendung kaum zugestehen, selbst wenn dessen Voraussetzungen sonst gegeben wären. c

d. Es dürfte allerdings in erster Linie Aufgabe der *Bewilligungsbehörde* für Selbsthilfe- oder Notverkauf sein, die Interessen der Beteiligten gebührend abzuwägen. Hat der Frachtführer die Bewilligung nament- d lich im Anschluss an eine amtliche Tatbestandsaufnahme erhalten (Art. 444 N. 9, 445 N. 2 a), so wird anschliessend kaum ein Schadenersatzanspruch gegen ihn erhoben werden können. War hingegen ein Recht zu freihändiger Verwertung stipuliert, so wird man strengere Anforderungen an die Verantwortlichkeit des Frachtführers stellen.

2. Pflicht zu schonender Ausübung des Retentionsrechtes

2 a *a.* Während das Eisenbahnfrachtrecht die Voraussetzungen und die Art und Weise der Ausübung des Retentionsrechtes des Frachtführers, um die es sich letzten Endes handelt, an präzise Kriterien bindet, hat das Frachtvertragsrecht des OR die *Verschiedenheit der Transportarten und der Transportmittel* zu berücksichtigen. Dem entspricht die besondere Betonung der allgemeinen Sorgfalts- und Treuepflicht des Frachtführers bei der Ausübung seines Retentionsrechtes.

b *b.* Das Retentionsrecht ist stets *«schonend» und nur soweit auszuüben, als es die berechtigten Interessen des Frachtführers tatsächlich gebieten.* Art. 400 N. 18 c. Diese Pflicht verletzt der Frachtführer, wenn er ungerechtfertigterweise das Retentionsrecht für übersetzte Ansprüche ausübt und damit die *Hinterlegung eines zu hohen streitigen Betrages erwirkt.* Art. 451 OR. ZR 48 (1949) Nr. 153 S. 295. Er verletzt sie aber auch, wenn er das Retentionsrecht durch *Erwirkung eines Notverkaufs von erheblich mehr oder erheblich wertvollerem Frachtgut* ausübt als zur Deckung seiner begründeten Ansprüche erforderlich ist. **BGE 46 II 388, 78 II 144.** Doch kann nicht angenommen werden, jeder Notverkauf, der einen Überschuss über die Ansprüche des Frachtführers ergibt, sei eine vertragswidrige Verletzung der berechtigten Interessen des «Eigentümers». Art. 172 III ETR. Sonst würde Art. 446 OR praktisch zur Aufhebung der Rechte führen, die dem Frachtführer durch Art. 451, 444 und 445 OR eingeräumt sind.

c *c.* Eine Verletzung der Eigentümerinteressen kann auch in der Nichterfüllung der dem Frachtführer obliegenden Pflichten zur Benachrichtigung und Weisungseinholung oder in der *schuldhaften Verletzung der Formvorschriften* (amtliche Tatbestandsaufnahme, Erwirkung der Bewilligung, amtliche Mitwirkung) liegen, an die ein Selbsthilfe- oder Notverkauf von Gesetzes wegen gebunden ist. Art. 444 N. 9. Art. 445 N. 2. Ist im Rahmen eines Rechtsstreites nach Art. 453 eine *einstweilige Verfügung zum Verkauf des Frachtgutes* vom Richter erlassen, so ist der Frachtführer von der Verantwortlichkeit dafür entlastet.

d *d.* Obschon der Frachtführer keine besonderen Nachforschungen nach einem unvollständig bezeichneten *Empfänger* anstellen muss (Art. 444 N. 8e), hat er dennoch offensichtliche *Sorgfaltsverletzungen bei dessen Ermittlung* zu vertreten, welche von der Bewilligungsbehörde i. d. R. nicht hinreichend geprüft werden können. Der Frachtführer kann eine zu *hohe Kosten- und/oder Wertnachnahme* erheben und damit eine Annahmeverweigerung durch den Empfänger und einen Selbsthilfeverkauf provozieren, weil er unsorgfältigerweise die nachträgliche Reduktion oder Aufhebung der Nachnahme nicht beachtet hat. Art. 443 N. 7. Oder der Frachtführer hat nur den Absender benachrichtigt und dessen Weisungen verlangt, während nach Art. 443 OR der Empfänger zur Verfügung über das Frachtgut berechtigt war. Art. 169 VII ETR. Art. 443 N. 21.

3. Legitimation zur Schadenersatzklage

3 Mit Recht stellt Art. 446 OR auf die Interessen des *Eigentümers*, nicht des Absenders oder Empfängers ab. Ist der Absender nicht Eigentümer, wie beispielsweise der Spediteur, so trifft der Schaden aus einer unbefugten Verwertung des Frachtgutes nicht den Absender oder Empfänger, sondern i. d. R. den Eigentümer (vgl. **BGE 78 II 144**), oder aber denjenigen, der die Gefahr der Versendung trägt. N. 1c oben. Trotzdem ist zur Schadenersatzklage ex contractu nach Art. 446 OR *nur der aus dem Frachtvertrag nach Massgabe von Art. 443 OR verfügungsberechtigte Absender oder Empfänger aktiv legitimiert.* Nur bei Ausstellung von *Ladescheinen* oder Konnossementen muss angenommen werden, der berechtigte Inhaber des Warenpapiers sei auch zur Klage aus Art. 446 OR legitimiert. Die Aktivlegitimation zur Verantwortlichkeitsklage gegen den Frachtführer aus Art. 446 OR sollte von der *Aktivlegitimation zur Transportschadensklage aus Art. 447/8* nicht abweichen. Komm. RATZ zu § 429 HGB Anm. 3. Art. 447 N. 15.

4. Beweislast

4 a *a.* Ein behaupteter *Sorgfaltsmangel* in der *Ausübung der Frachtführerrechte ist vom Schadenersatzkläger zu beweisen.* Art. 398 N. 23a, 26b. Denn nur der Sorgfaltsmangel bildet eine Vertragsverletzung. Andererseits ist vom Frachtführer zu beweisen, dass die *Voraussetzungen für die Ausübung seines Rechtes zum Selbsthilfe- oder Notverkauf vorlagen.* Art. 444 N. 9b. Art. 445 N. 2a.

Daher fordert Art. 445 nicht nur im Interesse des «Eigentümers», sondern auch des Frachtführers eine *amtliche Feststellung des Tatbestandes.* Wird sie vom Frachtführer unterlassen, so muss er auf andere Weise den Beweis führen, dass das Frachtgut verdorben oder wertlos war, z.B. durch den Steigerungserwerber als Zeugen.

b *b.* Der Schadenersatzkläger muss ferner den *Wahrscheinlichkeitsbeweis für den adäquaten Kausalzusammenhang zwischen der behaupteten Sorgfaltsverletzung und dem Schaden* führen, was oft schwierig sein wird. Art. 398 N. 27. Das gilt um so mehr, als der *Absender* (oder «Eigentümer») für eine *zufällige Entwertung des Frachtgutes* auch während des Transportes *aufkommen* muss. *Entwertung während des Transportes tritt zumeist wegen Umständen ein, für die der Absender einzustehen hat* (ungenügende Individualisierung – Art. 441 I, Verpackung – Art. 442, natürliche Beschaffenheit des Gutes – Art. 447 I OR). Es wird daher der *Beweis nur selten gelingen, dass verderbliches Frachtgut wegen unsorgfältiger Behandlung durch den Transport verdorben ist und dass ein höherer Erlös als durch den Notverkauf hätte erzielt werden können.* Auch das Mass des Schadens ist vom Kläger zu beweisen.

c *c.* Obschon die Bestimmung von Art. 446 OR sinngemäss in Art. 172 X ETR wiederkehrt, ergibt sie sich aus dem allgemeinen Auftragsrecht. Ihr *praktischer Anwendungsbereich* dürfte *gering* sein. Hat der Frachtführer bewiesen, dass eines der gesetzlichen *Ablieferungshindernisse vorlag*, oder hat er durch *amtlichen Befund die relative Wertlosigkeit* (Art. 445 N. 1a) *oder schnelle Verderblichkeit des Frachtgutes feststellen* lassen, so kann von einer unsorgfältigen Rechtsausübung kaum gesprochen werden.

5. Kasuistik

5 a *a.* Als besonderer Fall von Art. 446 OR ist auch die *Unterlassung der Anzeige an den Empfänger vom Eintreffen des Frachtgutes am Bestimmungsort* zu betrachten. Art. 450 N. 1d.

b *b.* Wurde der Absender von einem Selbsthilfeverkauf *nicht rechtzeitig benachrichtigt*, so wird er zwar behaupten, er hätte durch Bezahlung der auf der Sendung haftenden Kosten den amtlichen Verkauf abgewendet. Doch ist damit der Beweis eines adäquat kausalen Vermögensschadens noch nicht geleistet. Denn dass der Empfänger für wertloses, verderbliches oder bereits verdorbenes Gut beispielsweise einen vereinbarten höheren Kaufpreis tatsächlich geleistet hätte oder hätte leisten müssen, ist unwahrscheinlich.

c. Kritischer wird der Fall für den *Frachtführer*, wenn *er zu Unrecht eine übersetzte Forderung* erhebt, das *Retentionsrecht dafür beansprucht und einen Notverkauf gemäss Art. 445 OR erwirkt.* Im amtlichen Bewilligungsverfahren kann nicht abschliessend geprüft werden, welche Ansprüche des Frachtführers begründet sind. Stellt sich im ordentlichen Prozess heraus, dass der *Notverkauf für eine teilweise unbegründete Forderung* durchgeführt wurde und/oder dass er wegen des Zeitpunktes oder aus anderen Gründen zu einem ungewöhnlich schlechten Resultat führte, so muss der Frachtführer für den Schaden aufkommen. N. 1c, 2b oben. Es besteht eine gewisse Analogie zu dem durch einen *ungerechtfertigten Arrest* verursachten Schaden. Art. 273 SchKG. Es liegt ein Eingriff in das Eigentumsrecht vor, der sich nachträglich als ungerechtfertigt herausstellt. Der Frachtführer muss für die Folgen aufkommen.

c

Art. 447

2. Haftung des Frachtführers
a. Verlust und Untergang des Gutes

[1] **Wenn ein Frachtgut verloren oder zugrunde gegangen ist, so hat der Frachtführer den vollen Wert zu ersetzen, sofern er nicht beweist, dass der Verlust oder Untergang durch die natürliche Beschaffenheit des Gutes oder durch ein Verschulden oder eine Anweisung des Absenders oder des Empfängers verursacht sei oder auf Umständen beruhe, die durch die Sorgfalt eines ordentlichen Frachtführers nicht abgewendet werden konnten.**

[2] **Als ein Verschulden des Absenders ist es zu betrachten, wenn er den Frachtführer von dem besonders hohen Wert des Frachtgutes nicht unterrichtet hat.**

[3] **Verabredungen, wonach ein den vollen Wert übersteigendes Interesse oder weniger als der volle Wert zu ersetzen ist, bleiben vorbehalten.**

2. Responsabilité du voiturier
a. Perte de la marchandise

[1] **Si la marchandise périt ou se perd, le voiturier en doit la valeur intégrale, à moins qu'il ne prouve que la perte ou la destruction résulte soit de la nature même de la chose, soit d'une faute imputable à l'expéditeur ou au destinataire ou des instructions données par l'un d'eux, soit de circonstances que les précautions prises par un voiturier diligent n'auraient pu prévenir.**

[2] **Est considéré comme une faute de l'expéditeur le fait qu'il a négligé d'informer le voiturier de la valeur particulièrement élevée de la marchandise.**

[3] **Sont réservées toutes conventions fixant des dommages-intérêts supérieurs ou inférieurs à la valeur intégrale de la marchandise.**

2. Responsabilità del vetturale
a. Perdita e distruzione della merce

[1] **Nel caso di perdita o distruzione della merce da trasportare, il vetturale deve risarcirne l'intero valore, ove non provi che ciò sia derivato da vizio naturale della merce o da colpa o dalle istruzioni del mittente o del destinatario oppure da circostanze che non avrebbero potuto essere evitate da un vetturale diligente.**

[2] **Si considera come colpa del mittente il non avere egli avvertito il vetturale del valore particolarmente considerevole della merce.**

[3] **Sono riservati i patti, pei quali debba corrispondersi una indennità superiore od inferiore all'intero valore.**

Materialien: Vgl. sub Art. 440. Prot. Expertenkommission vom 19. 10. 1908 S. 8/9. StenBull NatRat 1909 S. 716, 1910 S. 357.

Rechtsvergleichung: aOR Art. 457. Code Civil art. 1784. Code de Commerce art. 103. HGB §§ 429, 430. Codice Civile art. 1693/6. ETranspG Art. 4, 6, 48/50. ETR Art. 4, 167, 174/86. CIM Art. 27–37, 42, 43, 45. SSG Art. 49/50, 102/5. LTR Art. 8/11. LVA Art. 17–30. PVG Art. 44, 50/4. Weltpostvertrag 1952 Art. 70/1. Wertbrief- und Wertschachtelabkommen 1952 Art. 10/13. Poststückabkommen Art. 25, 31/4.

Literatur: DENISE BERTHOUD, L'assurance des marchandises contre les risques de transport, Thèse Neuchâtel 1942. ULISSE BIANCHI, La responsabilità del vetturale nel Codice svizzero delle obbligazioni, Berner Diss 1941. SILVIO GIOVANOLI, Force majeure et cas fortuit, Genfer Diss 1933. CLAUDE HOSNER, La responsabilité du transporteur maritime, Thèse Lausanne 1956. ARMIN SCHWEICKHARDT, Die Haftung des Luftfrachtführers für Transportschäden im schweizerischen Recht in ZSR 65 (1946) S. 255. ALBERT WEHRLI, Die Haftung des Frachtführers nach schweizerischem OR, Berner Diss 1920.

SYSTEMATIK DER KOMMENTIERUNG

Art. 447 OR

I. Die Haftung für Transportschäden als auftragsrechtliche Sorgfaltshaftung

1. Der Haftungsgrundsatz im aOR 248
2. Anpassung an die auftragsrechtliche Qualifikation des Frachtvertrages 249
3. Rechtsvergleichender Überblick 250

II. Haftungsvoraussetzungen und Entlastungsgründe

4. Transportschäden. Erfolgs- oder Sorgfaltshaftung für Ausführung von Transporten. Beweislast. Entlastungsgründe 253
5. Haftungsvoraussetzung des Transportschadens. Begriffe: Verlust, Untergang, Zerstörung, Beschädigung (perte, destruction, avarie) . 255
6. Haftungsvoraussetzung des Transportschadens. Begriff des Transportes. Vermutungen für den Zustand von Frachtgut und Verpackung 257
7. Keine oder ungenügende Wertangabe bei wertvollem Frachtgut. Art. 447 II OR 259

III. Das Mass des Schadenersatzes

8. Absichtliche und grobfahrlässige Verursachung eines Transportschadens. Beweislast. Voller Schadenersatz 260
9. Die Begrenzung des Schadenersatzes auf den Sachwert. Deklarierter Wert. Beweislast 262
10. Verabredung eines höheren oder geringeren Ersatzwertes. Zwingendes und nachgiebiges Recht bei der Transportschadenhaftung. Art. 447 III OR 264
11. Frachtlohn, Auslagenersatz und compensatio lucri cum damno bei Vorliegen von Transportschäden. 269
12. Konkurrenz rechtserheblicher Schadensursachen, insbesondere Absender- oder Empfängerverschulden und -weisungen 270

13. Transportschaden und Versicherung 273
14. Wiederauffinden verlorenen Frachtgutes 275

IV. Legitimationen

15. Aktivlegitimation 276
16. Passivlegitimation 278

Art. 447 OR

I. DIE HAFTUNG FÜR TRANSPORTSCHÄDEN ALS AUFTRAGSRECHTLICHE SORGFALTSHAFTUNG

1. Der Haftungsgrundsatz im aOR

1 a *a.* Zwar ist schon in Art. 450 aOR subsidiär das Auftragsrecht auf das Frachtvertragsrecht anwendbar erklärt. Doch war eine wichtige Konsequenz der Auftragsqualifikation: *Auftragsrechtliche Sorgfaltshaftung des Frachtführers statt werkvertraglicher Erfolgshaftung* für Transportschäden, nicht gezogen. Von der Erfolgshaftung für Transportschäden konnte sich der Frachtführer nur entlasten, wenn er den Beweis leistete, dass der Schaden verursacht war

(1) durch die *natürliche Beschaffenheit des Gutes* (oder)

(2) durch *höhere Gewalt* (oder)

(3) durch *Verschulden des Absenders oder des Empfängers* (Selbstverschulden) (oder)

(4) durch eine *Weisung* des zur Weisungserteilung legitimierten *Absenders oder Empfängers.*

Man konnte von einer *durch Entlastungsgründe gemilderten Kausalhaftung* des Frachtführers für Transportschäden sprechen. Aus der beschränkten Entlastungsmöglichkeit ergab sich auch die *Haftung des Frachtführers für die von ihm beigezogenen Gehilfen*, auch wenn diese eigentliche Zwischenfrachtführer waren. Art. 459 aOR, 449 OR.

b *b.* Wurde, wie im gemeinen, deutschen und französischen Recht, der Frachtvertrag als *Werkvertrag* qualifiziert, so ergab sich die strenge Haftung des Frachtführers (Unternehmers) aus der werkvertraglichen

Gewährspflicht. Der Frachtführer haftet nicht nur für ein auch von subjektiven Faktoren abhängiges Mass von Sorgfalt (Art. 398/328 OR), sondern er hatte, *wie bei der Sachgewähr, für den objektiven Erfolg des Transportes einzustehen.* «Le voiturier est garant de la perte, des objets à transporter, hors les cas de force majeure. Il est également garant des avaries autres que celles qui proviennent de vices propre de la chose ou de la force majeure.» Art. 103 Code de Commerce. Es bestand nicht nur ein *Anspruch, dass das spezifizierte Frachtgut abgeliefert, sondern dass es in dem Zustand abgeliefert wird, in welchem es zum Transport übergeben war.* Das ist mit der auftragsrechtlichen Konzeption, nach welcher der Auftraggeber die Gefahr der Auftragsausführung trägt, nicht vereinbar.

2. Anpassung an die auftragsrechtliche Qualifikation des Frachtvertrages

2 a

a. Anlässlich der *Revision von 1911* wurde eine bedeutsame *Erweiterung der Entlastungsgründe* eingeführt. Der verhältnismässig enge Entlastungsbereich der höheren Gewalt wurde auf den Rahmen der «Sorgfalt eines ordentlichen Frachtführers» ausgedehnt. Die § 429 HGB entnommene Formulierung passt nicht in das System des OR. Im Bereich des HGB muss der Frachtführer ein Kaufmann und als solcher ein Fachmann sein, im Bereich des schweizerischen OR nicht. Daher gilt allgemein im Arbeitsrecht ein *elastischeres Sorgfaltsmass*, das auf die subjektiven Momente: *Bildungsgrad, Fachkenntnisse, Fähigkeiten und Eigenschaften des «Arbeitnehmers» abgestimmt* ist. Art. 398/328 OR. Art. 398 N. 24, 25. Das muss auch für das Frachtvertragsrecht gelten. Von einem *gelegentlichen Lastträger*, der gegen relativ bescheidenes Entgelt einen Transport übernimmt, kann nicht die nämliche Sorgfalt wie von einem *gewerbsmässigen Transportunternehmer* gefordert werden. Art. 99 II/III OR. Er muss bei Transportschäden den Entlastungsbeweis leichter führen können als ein gewerbsmässiger Transportunternehmer.

b

b. Im Bereich des schweizerischen OR bedeutet die Neufassung trotz der Erklärungen des Kommissionsreferenten in StenBull NatRat 1910 S. 357 *Ersetzung der Erfolgshaftung des Frachtführers durch die Sorgfaltshaftung auch für Transportschäden.* (Eugen Huber legte die vom Ständerat eingeführte Entlastungsmöglichkeit durch den Sorgfaltsbeweis des Frachtführers als eine Umschreibung des Entlastungsgrundes der höheren Gewalt aus.) Es ist die *Durchsetzung der auftragsrechtlichen gegenüber der werkvertraglichen Konzeption.* Unterstellte die Revision von 1911 im

Zweifel *jeden Arbeitsvertrag dem Auftragsrecht*, so war eine Anpassung der Haftung für Transportschäden im Frachtvertrag, der ausdrücklich als Auftrag qualifiziert ist, a fortiori gerechtfertigt. Art. 394 N. 56. Als Fremdkörper erscheint die Sorgfaltshaftung eher im HGB, das an der werkvertraglichen Konzeption des gemeinen Rechts festhält. Auch Art. 48 I ETranspG spricht von Umständen, welche die Eisenbahn «nicht abwenden und denen sie auch nicht abzuhelfen vermochte». Nach Art. 27 § 3/28 § 2 CIM tritt Haftungsbefreiung der Eisenbahn ein, wenn der Transportschaden durch bestimmt umschriebene besondere Gefahren verursacht wurde. Die Rechtsentwicklung scheint zu dem *auftragsrechtlichen Grundsatz* zu tendieren, dass der *Frachtführer zwar alle Sorgfalt zu prästieren* habe, dass aber die trotzdem verbleibenden *Gefahren des Transportes nicht zu seinen Lasten* gehen. Aus diesem Zusammenhang sind auch die besonderen Entlastungsgründe: Mangelhafte *Absenderangaben* (Art. 441 OR), *Verpackungsmängel* (Art. 442 OR), Gefahr der *Absender- oder Empfängerweisungen* (Art. 443, 447 I OR) verständlicher. Vgl. Art. 103 SSG.

c *c.* Immerhin ist die Revision von 1911 nicht so weit gegangen, auch die *Beweislastverteilung* den Grundsätzen des allgemeinen Auftragsrechtes anzupassen. Art. 398 N. 26. Nicht der Schadenersatzkläger hat zu beweisen, dass der Frachtführer unsorgfältig war, sondern *der Frachtführer muss sich durch den Beweis entlasten, dass der Schaden trotz Aufwendung der Sorgfalt eingetreten ist, zu der er verpflichtet ist, oder dass eine Sorgfaltsverletzung nicht Schadensursache war.* Dieser Beweis schliesst den *Beweis für die tatsächliche Abwicklung des konkreten Transportes in sich.*

3. Rechtsvergleichender Überblick

3 a *a.* Obschon die Aufzählung besonderer Entlastungsgründe fehlt, *entspricht die Regelung von § 429 HGB* namentlich auch hinsichtlich der Beweislastverteilung *derjenigen des revOR.* Eugen Huber in StenBull NatRat 1910 S. 357. Ähnlich ist auch die *Begrenzung des Ersatzes* in § 430 HGB auf den «gemeinen Handelswert» der Sache, sofern nicht Vorsatz oder grobe Fahrlässigkeit vorliegt.

b *b.* Dagegen bezeichnet art. 103 Code de Commerce den Frachtführer als «*garant de la perte et de l'avarie*», lässt bei Verlust nur die Entlastung durch höhere Gewalt und bei Beschädigung nur durch Mängel der Sache und höhere Gewalt zu. Vgl. auch art. 1784 Code Civil. Nach art. 103 III

(Rev. v. 1905) sind *alle Freistellungsklauseln, die gegen dieses Haftungsprinzip verstossen, nichtig.*

c. Art. 1693 Codice Civile steht zwar dogmatisch eher auf dem Boden des Code de Commerce insofern, als die Entlastung dem Frachtführer nur bei Schadensverursachung durch «*Zufall*» (caso fortuito) *wegen der Beschaffenheit oder wegen Mängeln des Frachtgutes oder der Verpackung oder wegen des Verhaltens des Absenders oder des Empfängers* (Weisungen, Handlungen, Unterlassungen) möglich sein soll. Der *Sorgfaltsbeweis genügt nicht.* Doch lässt art. 1694 gewisse Vermutungen als «Zufälle» gelten, wenn entsprechende Abmachungen getroffen wurden. Damit lässt sich ein ähnliches Ergebnis wie im Bereich des OR und HGB wenigstens durch Parteiabrede erzielen. Art. 1696 Codice Civile erklärt den «*prezzo corrente delle cose trasportate nel luogo e nel tempo della riconsegna*» für die Schadensberechnung «in caso di perdita o di avaria» als massgebend. c

d. Art. 48 ETranspG von 1948 hat den Haftungsgrundsatz und die Entlastungsgründe denjenigen von Art. 447 OR angenähert, wenn auch die Formulierungen mehr auf das spezifische Transportmittel *Eisenbahn* zugeschnitten sind. N. 2b oben. Art. 27 CIM begrenzt den «Umfang der Haftung» durch den Ausschluss bestimmter «besonderer Gefahren», und Art. 28 CIM gewährt der beweispflichtigen Eisenbahn zusätzliche *Beweiserleichterungen.* Die Höhe der Entschädigung wird «nach dem *gemeinen Wert* berechnet, den Güter derselben Art und Beschaffenheit *am Versandort* im Zeitpunkt der Annahme zur Beförderung hatten. Jedoch darf die *Entschädigung Fr. 100 für jedes fehlende Kilogramm des Rohgewichtes* nicht übersteigen». Art. 180/2 ETR. Bei *Vorsatz oder grober Fahrlässigkeit* der Eisenbahn oder ihrer Leute ist der *nachgewiesene volle Schaden* zu ersetzen. Art. 50 ETranspG. Ähnlich Art. 31, 33 CIM mit besonderen *Begrenzungen für Lieferungsverspätung* in Art. 34 CIM. Bei Vorsatz oder grober Fahrlässigkeit der Eisenbahn oder ihrer Leute ist nach Art. 37 CIM der *volle Schaden, jedoch maximal der doppelte Höchstbetrag,* zu ersetzen. d

e. Art. 103 SSG enthält einen Katalog der Entlastungsgründe im *Seefrachtrecht.* Es sind namentlich Fälle höherer Gewalt und Zufälle, wie sie sich zur See ereignen: lit. *a–e.* Dazu kommen *fehlerhafte Navigation,* sogenanntes nautisches Verschulden (lit. *f*), *Seenot* (lit. *g*) und die allgemeinen frachtrechtlichen Entlastungsgründe, wie namentlich *Handlungen oder Unterlassungen des Abladers oder Empfängers* (lit. *h*), *Sach- und Verpackungsmängel* (lit. *i*). Sodann kann der Seefrachtführer den *allgemeinen vertragsrechtlichen Exkulpationsbeweis für sich und seine Leute führen.* Im e

Ergebnis dürfte es auf dasselbe herauskommen, ob die «Sorgfalt eines ordentlichen Frachtführers» (positiv) oder das Fehlen eines objektivierten Verschuldens zu beweisen ist. Für das Mass des Ersatzes hat Art. 105 SSG einen *Höchstbetrag von Fr. 2000 je Stück oder Frachteinheit festgesetzt,* sofern nicht *ein höherer Wert deklariert* ist und weder *Arglist noch grobe Fahrlässigkeit* des Seefrachtführers oder seiner Leute vorliegen. *Ausserdem ist die Gesamthaftung* des Reeders oder Seefrachtführers für Transportschäden nach Art. 49/50 SSG auf *Fr. 500 je Bruttoregistertonne eines Seeschiffes* beschränkt. (Für Binnenschiffe: Fr. 100 je Tonne Tragfähigkeit plus Fr. 250 je Pferdestärke Antriebskraft. Art. 126 SSG.)

f *f.* Nach Art. 9 LTR ist die *Haftung des Luftfrachtführers* auf *Fr. 72.50 je kg Frachtgut* begrenzt. Nach Art. 11 III LTR sind für die *Bemessung des Schadenersatzes* die *Bestimmungen des OR über den Frachtvertrag* massgebend. Das bedeutet offenbar, dass für Transportschäden im Luftverkehr die *nämlichen Entlastungsgründe* gelten wie nach Art. 447 OR. Art. 20/21 LVA führen für internationale Lufttransporte zum nämlichen Ergebnis. Der Luftfrachtführer kann den Sorgfaltsbeweis für sich und seine Leute führen. Andererseits bildet, wie im Seefrachtrecht, *fehlerhafte Navigation* einen *zusätzlichen Entlastungsgrund.* Die Haftung im internationalen Luftverkehr ist auf *ffrs. 250 je kg Frachtgut* begrenzt, wobei der *ffr. zum «Werte von 65 ½ Milligramm Gold von je* $^{900}/_{1000}$ *Feingehalt»* zu berechnen ist. Art. 22 LVA. Für *vorsätzliche oder grobfahrlässig* vom Luftfrachtführer oder seinen Leuten *verursachte Schäden haftet dieser unbeschränkt,* ebenso wenn er es unterliess, einen vollständigen Luftfrachtbrief auszustellen. Art. 10 LTR, 25 LVA. Art. 7 II LTR, 9 LVA. WERNER GULDIMANN in SJZ 49 S. 86/7.

g *g. Die Haftpflicht der Postverwaltung* für Transportschäden *innerhalb des schweizerischen Postgebietes* (Art. 44 II PVG) ist *kausal.* Für *Verlust uneingeschriebener Kleinsendungen besteht sie nicht.* Art. 51 II PVG. Für Verlust *eingeschriebener Kleinsendungen ohne Wertdeklaration ist sie auf Fr. 50 beschränkt* (Art. 51 II PVG), für den *Verlust eines Poststückes oder Frachtstückes auf Fr. 25 je kg.* Art. 51 III PVG. Bei Beschädigung oder Beraubung ist der nachgewiesene Schaden, höchstens sind aber die erwähnten Verlustlimiten zu ersetzen, *bei Wertdeklaration der nachgewiesene Schaden bis zum deklarierten Wert.* Art. 52 PVG. Der *Höchstbetrag des Ersatzes für Verspätungsschäden beträgt Fr. 25.* Ähnliche Haftungsgrundsätze, jedoch mit Entlastungsmöglichkeiten, enthalten:
Art. 70/1 Weltpostvertrag von 1952 (AS 1953 S. 233 ff.),
Art. 10/11/12 Wertbrief- und Wertschachtelabkommen von 1952,
Art. 25, 31/4 Poststückabkommen von 1952.

II. HAFTUNGSVORAUSSETZUNGEN UND ENTLASTUNGSGRÜNDE

4. Transportschäden. Erfolgs- oder Sorgfaltshaftung für Ausführung von Transporten. Beweislast. Entlastungsgründe

4 a

a. Die in Art. 447/8 OR getroffene Regelung umfasst *nicht alle Schäden, für die der Frachtführer haftbar ist.* Die Haftung aus *Verletzung einer Ausführungsweisung oder einer Ausführungsabrede* ergibt sich aus Art. 441/443 in Verbindung mit Art. 397 OR. Die Haftung des Frachtführers für eine *unangemessene Ausübung des Retentions- und Verwertungsrechtes* ist in den Art. 451 sowie 444/6 OR geregelt. Art. 446 N. 2, 5. Vgl. ferner N. 6b unten. OSER/SCHÖNENBERGER ad Art. 447 OR N. 4.

Doch ist der Schaden in diesen Fällen regelmässig auch ein Verspätungsschaden oder ein Sachschaden am Frachtgut. Art. 441 N. 10, Art. 443 N. 21 b. Bei Verwechslungen, die durch mangelhafte Absenderangaben oder Kennzeichnung verursacht sind, ist der Schaden weder ein Verspätungs- noch ein Transportschaden. **BGE 52 II 87.**

b

b. Sieht man von dem in Art. 448 I OR miterfassten *Verspätungsschaden* ab, der im Eisenbahnfrachtrecht eine Sonderregelung erfährt (Art. 182 ETR, Art. 34 CIM), so erfassen die Art. 447/8 die *Transportschäden am Frachtgut* («perte ou avarie»). Es sind *Sachschäden.* In der auftragsrechtlichen Konzeption entspricht die Haftung des (beauftragten) Frachtführers für die *Ausführung* der charakteristischen obligatio faciendi, d. h. der *Transportobligation* (Art. 440 I OR, art. 1678 Codice Civile), der *Sorgfaltshaftung* aus Art. 398/328 OR. In der *werkvertraglichen Konzeption* hingegen haftet der Frachtführer als «*garant de la perte ou de l'avarie*» für den *Erfolg.* Das französische Wort «perte» hat übrigens den Vorteil, dass es totalen und teilweisen Verlust sowie totale oder teilweise Zerstörung umfassen kann.

c

c. Dem deutschen HGB folgend, beruht die schweizerische Lösung der *Transportschadenshaftung* im Ergebnis auf einem *Kompromiss,* der sich fast überall auch im Eisenbahnfrachtrecht, Seefrachtrecht und Luftfrachtrecht durchgesetzt hat, mögen auch die verwendeten Begriffe und Umschreibungen verschieden sein. Im modernen Transportrecht besteht ein ausgesprochenes Bedürfnis nach gleichartigen Lösungen in der praktisch wichtigen Frage der *Transportschadenshaftung.* Vgl. StenBull

NatRat 1910 S. 357. Danach soll der *Frachtführer grundsätzlich dann haften, wenn er die ihm obliegenden Sorgfaltspflichten verletzt hat.* Während aber nach allgemeinem Auftragsrecht der Haftpflichtkläger die *Sorgfaltsverletzung* als den haftungsbegründenden und schadenskausalen *Vertragsbruch beweisen* muss (Art. 398 N. 23, 27, 28), haben praktische Notwendigkeiten im Frachtvertragsrecht zu einer *Umkehrung der Beweislast* geführt. Die etwas umständlich gewordene Formulierung von Art. 447 I OR muss im Ergebnis dazu führen, dass der *Frachtführer entlastet* ist:

(1) Wenn er beweist, dass er und seine Leute *jene Sorgfalt aufgewendet haben, zu der er nach Art. 398/328 OR und nach den besonderen frachtvertraglichen Bestimmungen verpflichtet* ist. Nicht nur von Transportschäden, die durch Weisungen oder Selbstverschulden von Absender oder Empfänger, durch die natürliche Beschaffenheit des Frachtgutes, durch Zufall oder durch höhere Gewalt verursacht wurden, ist der Frachtführer entlastet. Er *haftet nicht mehr schlechthin für den Erfolg.* Aber es besteht eine *gesetzliche Vermutung, der Transportschaden sei durch irgendeinen Sorgfaltsmangel* verursacht. Der Frachtführer kann die Vermutung durch den Beweis entkräften, dass er alle ihm obliegende Sorgfalt aufgewendet, m. a. W. die Transportobligation gehörig erfüllt hat.

(2) Das Gesetz erwähnt den Sorgfaltsbeweis nicht ausdrücklich. Wenn aber eine Sorgfaltsverletzung, die nicht schadenskausal ist, zur Entlastung genügt, so muss a fortiori der *Beweis zur Entlastung führen, dass überhaupt keine Sorgfaltsverletzung vorliegt.* Art. 103 SSG in fine.

Der Frachtführer wird also i. d. R. den *positiven Sorgfaltsbeweis und eventualiter den Beweis antreten, die erwiesene Sorgfaltsverletzung sei nicht schadenskausal.* Sein Entlastungsbeweis entspricht dem des Geschäftsherrn nach Art. 55 I OR insofern, als auch dort entweder der *positive Sorgfaltsbeweis* zu leisten *oder der Mangel des adäquaten Kausalzusammenhanges* zwischen Sorgfaltsverletzung und Schaden darzutun ist. Der «negative» *Beweis des mangelnden Kausalzusammenhanges* schliesst die positiven Beweise ein, dass der Schaden verursacht wurde

entweder durch die *natürliche Beschaffenheit*, insbesondere *Mängel des Frachtgutes oder der Verpackung* oder durch *Selbstverschulden von Absender oder Empfänger* oder durch *verbindliche Weisungen von Absender oder Empfänger* (N. 12 unten),

oder durch *höhere Gewalt.*

Aber der Beweis des mangelnden Kausalzusammenhanges erschöpft sich nicht mehr in diesen positiven Beweisen. OSER/SCHÖNENBERGER ad Art. 447 OR N. 12. Auch wenn Umstände schadenskausal waren, die zusammenfassend als «Zufall» bezeichnet werden (art. 1693 I Codice Civile), ist eine *zusätzliche Sorgfaltsverletzung nicht schadenskausal*, und der *Frachtführer* ist *entlastet*. Die einfachere Formulierung von § 429 I HGB gibt daher den nämlichen Rechtszustand klarer wieder als diejenige von Art. 447 I OR. Sie trägt der Tatsache Rechnung, dass der Beweis des mangelnden Kausalzusammenhanges zwischen Sorgfaltsverletzung und Transportschaden alle Entlastungsgründe erfasst. Kommentar Ratz zu § 429 HGB Anm. 12–16. Der Grund der umständlich gewordenen Formulierung von Art. 447 I revOR ist, dass man am Wortlaut von Art. 457 aOR möglichst wenig ändern wollte, obschon der Bereich des *Entlastungsbeweises sachlich so erweitert ist, dass in Tat und Wahrheit das Prinzip der Erfolgshaftung (Garantie) weitgehend durch das Prinzip der Sorgfaltshaftung ersetzt* wurde. Der dem Frachtführer obliegende Beweis erfordert, dass er den *tatsächlichen Verlauf des Transportes darlegen kann*. Gerät er damit in einen Beweisnotstand, so muss er für den Schaden aufkommen, weil eine *Sorgfaltsverletzung und ihre Kausalität für den Schaden vermutet* wird. Gemäss Z. 8 AB/CVSM soll die Haftung des Transportunternehmers für Transportschäden vom Nachweis eines Verschuldens durch den Auftraggeber abhängen. Vgl. dazu N. 10a unten. Nur bei Verlust oder Beraubung von Wertsendungen ist nach Art. 447 II OR dem Frachtführer kein anderer Entlastungsbeweis auferlegt als das Fehlen der Wertangabe.

5. Haftungsvoraussetzung des Transportschadens. Begriffe: Verlust, Untergang, Zerstörung, Beschädigung (perte, destruction, avarie)

5 a

a. Wird der in Art. 448 OR der Beschädigung und dem teilweisen Untergang des Gutes gleichgeordnete Verspätungsschaden ausgeschlossen, so lassen sich als *Sachschäden* am Frachtgut *mehrere Arten* unterscheiden. Code de Commerce art. 103 und Codice Civile art. 1693 unterscheiden nur *perte et avarie, perdita o avaria*. Beide Begriffe können einen Total- oder Teilschaden am Frachtgut betreffen («avarie grosse» des Seerechts). In der Terminologie von Art. 447 OR ist *Verlust* (perte, perdita) *der Totalschaden*, der dadurch eintritt, dass die *Ablieferungsobligation des Frachtführers überhaupt nicht erfüllt* werden kann. Als Haftungsvoraussetzung ist der Eintritt des *Totalschadens vom Schadenersatzkläger zu beweisen*. Der Beweis ist jedoch erbracht, *sobald der Frachtführer nicht mehr in der*

Lage ist, das Gut dem Berechtigten zur Verfügung zu halten, d.h. sobald er den unmittelbaren Besitz nicht nur vorübergehend verloren hat. Art. 923 ZGB. **BGE 47 II 330.** Semjud 68 (1946) S. 513. Verlust liegt auch dann vor, wenn der Frachtführer das Gut dem ursprünglich bezeichneten Empfänger abgeliefert hat, obschon der nach Art. 443 I OR noch verfügungsberechtigte Absender die ursprüngliche Empfängerbezeichnung *gültig abgeändert* und eine andere gültige Weisung, z.B. auf Anhalten, Rücksendung, Einlagerung, Ablieferung an einen anderen Empfänger, erteilt hatte, wenn der Frachtführer (oder Spediteur) das Gut nicht wieder verfügbar machen kann. **BGE 47 II 330, 52 II 87.** Art. 443 N. 5, 6, 21. Art. 175 ETR und Art. 30 § 1 CIM enthalten die Vermutung des Totalverlustes, wenn das *Frachtgut nicht binnen 30 Tagen nach Ablauf der Lieferfrist* dem Empfänger abgeliefert oder zur Verfügung gestellt ist. Eine *besondere Mahnung ist nicht Voraussetzung des Ersatzanspruches.*

b *b.* Ein Totalschaden ist auch dann eingetreten, wenn das ganze *Frachtgut nicht mehr bestimmungsgemäss gebraucht oder verbraucht werden kann.* «Zerbrochen» oder «verdorben» sind nur Erscheinungsformen für den Zustand des Frachtgutes, den der deutsche Text als *Untergang*, der französische als *destruction*, der italienische als *distruzione* bezeichnet, was eher dem deutschen Wort «Zerstörung» entsprechen würde. Juristisch massgebender Unterschied zwischen Zerstörung und Verlust ist die *vom Schadenersatzkläger zu beweisende Untauglichkeit des ablieferungsbereiten Frachtgutes zum bestimmungsgemässen Gebrauch.* Den Beweis kann sich der Verfügungsberechtigte sichern, wenn er nicht «vorbehaltlos» annimmt (Art. 452 I OR) und am besten eine *amtliche Feststellung des Zustandes des Frachtgutes* (Art. 453 I OR) erwirkt. Im Einverständnis beider Teile kann bei Annahme unter Vorbehalt der amtliche Befund durch ein privates *Sachverständigengutachten* ersetzt werden. Die «*bahnamtliche*» *Tatbestandsaufnahme* nach Art. 174 ETR ist an sich ein «Parteibefund».

c *c. Teilweiser Untergang* (destruction partielle, distruzione parziale) ist der Teilschaden, der sowohl den *gänzlichen Verlust* als auch die *gänzliche Zerstörung eines Teiles des Frachtgutes* umfasst, während der *andere Teil gehörig abgeliefert* werden kann. Auch hier erfordert der dem Kläger obliegende Schadensbeweis die *Anbringung eines Vorbehaltes bei der Annahme und die rasche Feststellung, wieviel Frachtgut intakt vorhanden und wieviel verloren oder gänzlich zerstört ist.*

d *d. Beschädigung* (avarie, deperimento) ist der Teilschaden, der durch eine *geminderte Gebrauchsfähigkeit des gesamten oder eines Teiles des*

Frachtgutes gekennzeichnet ist, so dass ein *Minderwert* eingetreten ist (Art. 205 III OR). Es kann ein Teil des Frachtgutes beschädigt, der andere intakt, verloren oder zerstört sein. Auch hier muss der beweispflichtige Kläger den *Schadensbeweis durch Annahmevorbehalt und Feststellung des Schadens nach Art und Umfang sichern.* Art. 448 N. 4b.

6. Haftungsvoraussetzung des Transportschadens. Begriff des Transportes. Vermutungen für den Zustand von Frachtgut und Verpackung

6 a

a. Die Art. 398 OR entsprechende Ausführungsobligation des Frachtführers ist die Transportobligation. Art. 440 OR. Art. 1678 Codice Civile. Die *Sorgfaltspflicht reicht zeitlich, sachlich und «räumlich» so weit als die obligatio faciendi des Frachtführers.* OSER/SCHÖNENBERGER ad Art. 447. N. 9. Es kann nicht allgemein gesagt werden, der Frachtführer hafte beispielsweise auch für *sorgfältiges Aufladen und Abladen des Frachtgutes.* SJZ 47 (1951) Nr. 100 S. 296. Das hängt von den Ausführungsabreden und verbindlichen Ausführungsweisungen ab. Nach Art. 27 § 3 lit. *c* CIM haftet die Eisenbahn grundsätzlich nicht für Transportschäden an Gütern, die *vom Absender selbst verladen* wurden. Für diejenigen Verrichtungen, die der *Frachtführer jedoch tatsächlich besorgt, trägt er die Sorgfaltshaftung.* Denn es ist anzunehmen, dass über sie wenigstens ein stillschweigender *Auftragskonsens* zustande gekommen ist. Art. 395 N. 10. Im Eisenbahnfrachtrecht, wo der Frachtvertrag eine Skriptur- und Realobligation bildet (Art. 440 N. 5b), sind hingegen Abweichungen von der gesetzlichen Haftungsverteilung, soweit sie überhaupt möglich sind, zu ihrer Verbindlichkeit zu verurkunden. Art. 442 N. 4a. Im elastischeren Frachtvertragsrecht des OR sind die zeitlichen und sachlichen Begrenzungen der konkreten Transportobligation weniger starr. Die *Art des Transportes* (z. B. Wohnungsumzug), *das Transportmittel* (z. B. Motorfahrzeug) können die Transportobligation ebenso modifizieren wie die *Ausführungsabreden* und Weisungen. Art. 396 N. 3, 4. So haftet der Frachtführer für Transportschäden, die durch *Verpackungsmängel* verursacht wurden, ohne Entlastungsmöglichkeit, wenn er die *Verpackung als Bestandteil seiner Ausführungsobligation tatsächlich selbst vorgenommen hat.* Art. 442 N. 4b. Auch wenn der Frachtführer *nach einer Lieferungsverspätung oder nach einer Annahmeverweigerung vertragsgemäss ablädt* oder das Frachtgut weisungsgemäss *an den Absender zurücktransportiert, haftet er für Sorgfalt* beim *Transport oder beim Rücktransport.* **BGE 47 II 330.** Art. 443 N. 20c. Denn alle diese Schäden resultieren aus seiner *Aus-*

führungsobligation, deren Umfang sich verändern kann. Die Eisenbahn haftet nach Eisenbahntransportrecht, wenn sie durch die *offizielle Camionnage* dem Empfänger das Frachtgut in sein Domizil zuführt, auch für den Transport von der Bestimmungsstation zum Domizil des Empfängers. Art. 167 I ETR.

b *b.* Transportschaden i. S. von Art. 447/8 OR kann nur *Sachschaden am Frachtgut* sein. Beschädigt der Frachtführer bei einem übernommenen Schwertransport *fremdes Eigentum*, beispielsweise Wände oder Treppen eines Mietshauses, so liegt kein Transportschaden vor. Der Hauseigentümer kann sich i. d. R. an den Mieter halten. Er hat den vertraglichen Erfüllungsanspruch auf Rückgabe der Mietsache in unbeschädigtem Zustand. Art. 271 OR. Trifft den Frachtführer oder seine Leute ein Verschulden, so kann er vom Hauseigentümer direkt oder vom verantwortlichen Mieter im Regressweg nach Art. 51 OR in Anspruch genommen werden. Aber es handelt sich nicht um eine Haftung aus Art. 447/8 OR, obschon der Schaden während des Transportes verursacht wurde.

c *c.* Grundsätzlich erstreckt sich die Ausführungsobligation vom Augenblick, *in welchem der Frachtführer das Frachtgut in Besitz nimmt, bis zum Augenblick, in welchem er es dem Empfänger abliefert.* Art. 1693 I Codice Civile. Den ihm obliegenden Beweis, dass der Schaden während des so umschriebenen Zeitraumes des Transportes eingetreten ist (vgl. Art. 45 § 2 d [2] CIM), könnte der Kläger kaum führen, wenn ihm nicht Vermutungen zu Hilfe kämen. Denn es ist der *Zeitraum der unmittelbaren Besitzdauer des Frachtführers*, und der Absender begleitet nicht wie der mittelalterliche Kaufherr seine Waren. So begründet *vorbehaltlose Annahme des Frachtgutes durch den Frachtführer die Vermutung, sie sei gehörig verpackt übergeben.* Sie schneidet dem Frachtführer die entsprechende Entlastungseinrede ab, wenn sich nachher Verpackungsmängel ergeben, die *äusserlich erkennbar* sind. Art. 442 III OR. Art. 1693 II Codice Civile. Art. 442 N. 3 b, 4 a. Art. 452 N. 4. Obschon der *Absender* i. d. R. *für Schäden infolge Verpackungsmängeln aufkommen muss*, obliegt dem *Frachtführer* eine *Prüfungspflicht* als Emanation seiner Sorgfaltspflicht. Hat er diese nicht gehörig erfüllt, so soll ihm der Entlastungsbeweis verwehrt sein, wenn mangelhafte Verpackung als Schadensursache erwiesen ist. Nicht nur beim *Sukzessivtransport durch mehrere Frachtführer*, sondern bei jedem Transport muss vermutet werden, das Frachtgut sei unbeschädigt übergeben. Art. 1701 Codice Civile. Im *Eisenbahnfrachtrecht* gilt diese Vermutung dann, wenn «offensichtliche Spuren von Beschädigungen» *nicht im Frachtbrief und im Frachtbriefdoppel vermerkt* sind. Art.141 I, 176 II ETR. Art.12 §§ 1, 4 CIM.

d *d.* Da der Kläger im Rahmen des Schadensbeweises den Wert des Frachtgutes beweisen muss und keine Vermutung besteht, das *Frachtgut sei neuwertig* gewesen, ist es wichtig, dass der Absender *Inhalt und Wert der Frachtstücke* (Art.441 I, 447 II OR) möglichst genau (neu oder gebraucht) bezeichnet, wenn der *Zustand äusserlich nicht erkennbar* ist (verpacktes Frachtgut). Sonst hat der Verfügungsberechtigte den *Beweisnotstand* als *Nachteil zu tragen, der aus ungenügenden oder ungenauen Angaben* resultiert. Immerhin wird man den Berechtigten zum Beweis (z.B. mit Fakturen oder Kontrakten) über die Neuheit des Frachtgutes zulassen, wenn der Zustand nicht äusserlich erkennbar war oder nach dem Eintritt des Schadens nicht mehr erkennbar ist. Art.441 N.6a, 10b.

7. Keine oder ungenügende Wertangabe bei wertvollem Frachtgut. Art.447 II OR

7 a *a.* Art.441 I OR schreibt dem Absender u.a. die *genaue Bezeichnung des Wertes wertvollen Frachtgutes* vor, und Art.441 II OR bestimmt, dass Nachteile aus Unterlassung oder Ungenauigkeit der Angabe zu Lasten des Absenders gehen. Der Nachteil ist die *Beweiserschwerung* bei Eintritt von Transportschäden. N.6d oben.

b *b.* Hat jedoch das Frachtgut einen «*besonders hohen Wert*» (namentlich Wertsachen, Schmucksachen, Gemälde, Antiquitäten u.v.a. «Kostbarkeiten»), und hat der Absender die geforderte *Wertangabe vor oder bei der Übergabe des Frachtgutes* (Komm. RATZ zu § 429 HGB Anm.21) unterlassen, so gilt das als «ein Verschulden des Absenders». Eine Deklaration nach erfolgter Übergabe ist nur wirksam, wenn der Frachtführer sich ausdrücklich oder stillschweigend einverstanden erklärt. Man kann über die dogmatische Richtigkeit der gesetzlichen Formulierung streiten. Sie bedeutet, dass der «Nachteil», den die Berechtigten im Schadensfall zu tragen haben, nicht nur in der Beweiserschwerung besteht, sondern dass die *Unterlassung der Wertangabe den Frachtführer von seiner Haftung für Transportschäden an besonders wertvollem Frachtgut* gänzlich entlastet. N.4c oben.

c *c.* § 429 II HGB bestimmt: «Für den Verlust oder die Beschädigung von Kostbarkeiten, Kunstgegenständen, Geld und Wertpapieren haftet der Frachtführer nur, wenn ihm diese *Beschaffenheit oder der Wert des*

Gutes bei der Übergabe zur Beförderung angegeben worden ist.» Der Absender hat die Wahl, ob er die Art oder den Wert des Frachtgutes deklarieren will. Kommentar RATZ zu § 429 HGB Anm. 20–29.

d *d.* Die AB/CVSM *schliessen* im Rahmen von Möbeltransporten in Ziff. 13 den *Transport von Bargeld und Werttiteln überhaupt aus* und fordern in Ziff. 11 für *Gegenstände von besonderem Wert ein besonderes Verzeichnis mit Wertangabe und den Abschluss einer Transportversicherung.* Sonst hafte der Transportunternehmer nicht. Vgl. dazu N. 9c, 13b unten. Im Gegensatz zu § 429 HGB verzichtet Art. 447 II OR auf eine *Spezifikation des Frachtgutes nach seiner Art* und stellt ausschliesslich auf den besonders hohen Wert ab. Anders für das Eisenbahnfrachtrecht nach den früher geltenden Vorschriften: **BGE 48 II 86, 49 II 105, 53 II 66/7.** Nach Art. 447 II OR genügt es i. d. R. nicht, dass der Absender lediglich erwähnt, es handle sich um wertvolles Frachtgut. Der Absender muss zur *Bezeichnung des Gutes* den besonders hohen Wert angeben. Art. 441 N. 6. Nach HGB ist der Frachtführer ein Kaufmann, nach OR kann es jemand sein, dem die erforderlichen Sachkenntnisse abgehen, um aus der Sachbezeichnung allein auf den besonders hohen Wert eines Gutes zu schliessen (Kunstwerke, Sammlungen). Der Frachtführer ist zu «unterrichten» («informer, avvertire») vom *besonders* hohen Wert des Frachtgutes, d. h. über erhebliche Differenzen vom vollen Sachwert i. S. von Art. 447 II OR. *Im Eisenbahnfrachtrecht* (Art. 184 III ETR, Art. 20, 36 CIM) ist die *Interessendeklaration* eine Abrede auf Ersatz des Erfüllungsinteresses (anstelle des blossen Sachwertes des Gutes) bis zur Höhe des deklarierten Betrages. N. 9d unten.

e *e.* Art. 447 II OR ist eine Neuerung gegenüber aOR Art. 457. Prot. ExpKomm vom 19. 10. 1908 S. 8. StenBull NatRat 1909 S. 716.

III. DAS MASS DES SCHADENERSATZES

8. Absichtliche und grobfahrlässige Verursachung eines Transportschadens. Beweislast. Voller Schadenersatz

8 a *a.* Das HGB widmet dem Mass des Schadenersatzes bei Transportschäden den besonderen § 430. Dessen Abs. 3 bestimmt: «Ist der Schaden

durch Vorsatz oder grobe Fahrlässigkeit des Frachtführers herbeigeführt, so kann *Ersatz des vollen Schadens* gefordert werden.» Dasselbe ergibt sich für den Frachtvertrag des OR. Die Wegbedingung der Haftung «für rechtswidrige Absicht oder grobe Fahrlässigkeit ist ausgeschlossen». Art. 100 I OR. Vorsätzliche Verursachung von Schaden an fremdem Eigentum ist i.d.R. Sachbeschädigung i.S. von Art. 145 StGB, wenn nicht andere Delikte (Raub – Art. 139 StGB, Veruntreuung – Art. 140 StGB, Sachentziehung – Art. 143, Betrug – Art. 148, boshafte Vermögensschädigung – Art. 149 StGB) vorliegen. Die *mit der Vertragshaftung kumulierte Deliktshaftung ist zwingenden Rechts.* Komm. RATZ Anm. 4. Sie kann *weder wegbedungen noch* modifiziert werden. **BGE 47 II 331/2 Erw. 3.** Aber auch die *grobfahrlässige Vermögensschädigung* durch denjenigen, dem eine vertragliche Sorgfaltspflicht obliegt, ist häufig eine unerlaubte Handlung i.S. von Art. 41 ff. OR. Art. 398 N. 30. Der Motorfahrzeugführer, der *grobfahrlässig* zwar keine Tötung oder Körperverletzung, aber *Sachschaden an fremdem Eigentum* verursacht, begeht eine *unerlaubte* Handlung. Infolgedessen kann auch die *gesetzliche Begrenzung des Schadenersatzes* auf den vollen Wert des Frachtgutes bei Transportschäden die *Fälle der vorsätzlichen oder grobfahrlässigen Verursachung des Schadens durch den Frachtführer, seine Hilfspersonen* (Zwischenfrachtführer) *und «seine Leute» nicht erfassen.* Im Ergebnis zustimmend OSER/SCHÖNENBERGER ad Art. 447 N. 5.

b *b.* So wurde im *Eisenbahnfrachtrecht,* im *Seefrachtrecht* und im *Luftfrachtrecht,* wo Höchstbeträge des Schadenersatzes gesetzlich festgelegt sind, die *Begrenzung bei Vorsatz oder grober Fahrlässigkeit ausgeschlossen,* weil sie offenbar auf Grund von Art. 455 I OR als unzulässig betrachtet wird. Art. 50 ETranspG. Art. 186 ETR. Art. 105 SSG. Art. 25 LVA. Nur *Art. 37 CIM* sieht bei absichtlich oder grobfahrlässig verursachten Transportschäden *eine Höchstlimite des Ersatzes,* das *Doppelte der gewöhnlichen* Limite, vor.

c *c.* Dem klassischen Haftungsgrund des Verschuldens kommt im System des schweizerischen Privatrechts immer noch primäre Bedeutung zu. Art. 51 OR. Als Anspruchsvoraussetzung für vollen Schadenersatz ist indessen *Vorsatz oder grobe Fahrlässigkeit des Frachtführers oder seiner Leute vom Schadenersatzkläger zu beweisen.* Dieser beruft sich nicht mehr auf eine durch bestimmte Entlastungsmöglichkeiten gemilderte Sorgfaltshaftung des Frachtführers, sondern auf *eine der Deliktshaftung mindestens nahestehende Verschuldenshaftung.* Allerdings genügt der *Beweis einer hohen Wahrscheinlichkeit* von Vorsatz oder grobem Verschulden. Kommentar RATZ ad § 430 HGB Anm. 11.

d *d.* Voller Schadenersatz bedeutet einen Schadensbetrag, der *den nach dem vollen Wert des Frachtgutes bemessenen Sachschaden übersteigt.* Doch dürfte die Identifizierung des reinen Sachschadens mit dem Begriff des «unmittelbaren» und jeden übersteigenden Schadens mit dem Begriff des «mittelbaren» Schadens nicht immer zur richtigen Lösung führen. Auch der absichtlich oder grobfahrlässig zugefügte Schaden muss ein Schaden sein, der dem aus *dem Frachtvertrage anspruchsberechtigten Kläger zugefügt* ist. Wurde ein dem schwerkranken Empfänger geschicktes Medikament von Leuten des Frachtführers entwendet, und stirbt der Empfänger aus diesem Grunde, so muss der grobfahrlässige Frachtführer u. U. für den Tötungsschaden aufkommen. Wurde das Medikament einem Arzt geschickt, so wird man den Frachtführer selbst bei Vorsatz oder grober Fahrlässigkeit wegen der *Inadäquanz des Kausalzusammenhanges* und Fehlens eines direkten Schadens beim Anspruchsberechtigten nicht für jeden von den Patienten erlittenen Körperschaden haftbar erklären können. Kaum zutreffend dürfte der in Semjud 68 (1946) S. 513 publizierte Entscheid sein, der bei leichtem Verschulden den Frachtführer über den Wert des Frachtgutes für den «mittelbaren Schaden» haftbar erklärt. *Die Fahrlässigkeit* ist nach der berühmt gewordenen Definition in **BGE 54 II 403** eine grobe, «*wenn unter Verletzung der elementarsten Vorsichtsgebote nicht beachtet wurde, was jedem verständigen Menschen in gleicher Lage und unter gleichen Umständen hätte einleuchten müssen*». Doch wird man weitergehend die *Missachtung einer ausdrücklichen Absender- oder Empfängerweisung fast immer als grobes Verschulden* qualifizieren müssen. Z.B. Landtransport anstatt Lufttransport.

9. Die Begrenzung des Schadenersatzes auf den Sachwert. Deklarierter Wert. Beweislast

9 a *a.* Art. 447 I OR bestimmt, der Frachtführer, der sich nicht entlasten könne, habe den vollen Sachwert zu ersetzen. Weil der volle Sachwert grösser sein kann als der entstandene Schaden (Vermögensminderung), meist aber geringer ist, sind die Begriffe *voller Wert* des Frachtgutes und *voller Schadenersatz* auseinanderzuhalten. Die Begrenzung des Schadenersatzes auf den vollen Sachwert ist *eine vom allgemeinen Vertragsrecht* (Art. 97 ff.) *abweichende Begrenzung des Schadenersatzes.* **BGE 47 II 330.**

In der werkvertraglichen Konzeption des Frachtvertrages hat der Frachtführer die *Sachgewähr* (garant) für die unversehrte Ablieferung des Frachtgutes zu übernehmen. Der *Gewährleistungsanspruch ist kein Schadenersatz-, sondern ein Erfüllungsanspruch.* Daraus ergibt sich die Begrenzung auf den Sachwertersatz bei Verlust oder Zerstörung von Frachtgut zwanglos. In der auftragsrechtlichen Konzeption kann argumentiert werden, die «Sorgfaltsgewähr» des Frachtführers sei auf die Behandlung des Frachtgutes limitiert. Wozu die Sache dem Berechtigten dienen, oder wozu sie gebraucht werden solle, wisse er nicht und müsse sich nicht darum bekümmern, solange er nur die Verpflichtung zu ihrem Transport übernommen hat, es sei denn, dass der Frachtführer vom besonders hohen Wert einer Sache unterrichtet war. N.7 oben.

b

b. § 430 HGB stellt auf den «gemeinen Wert» oder «*gemeinen Handelswert» am Ort der Ablieferung* ab, desgleichen art. 1696 Codice Civile. Dem folgt **BGE 47 II 331 Erw. 3** für das Frachtvertragsrecht des OR. Nach Art. 51 IV PVG, Art. 180 ETR und Art. 31 § 1 CIM ist der Börsen- oder Marktpreis oder der gemeine Wert am *Versandort* im Zeitpunkt der Annahme zur Beförderung zu ersetzen. Das bedeutet, dass beispielsweise der Verkäufer seinen Verkaufsgewinn nicht ohne weiteres auf den Wert der Sache schlagen kann, es sei denn, diese besitze einen Markt- oder Börsenpreis. Art. 31 § 1 CIM. Man wird den *Sachwert* am Ablieferungsort *(Erfüllungsort)* und zur Zeit, da die gehörige Ablieferung erfolgen sollte *(Erfüllungszeit)* für das Frachtvertragsrecht des OR als massgebend betrachten müssen. Art. 74, 77 III OR. OFTINGER, Haftpflichtrecht S. 224/8. Art. 398 N. 28b.

c

c. Der «*volle Wert*» des verlorenen oder zerstörten Frachtgutes ist vom *Schadenersatzkläger zu beweisen.* Hat er ihn *nicht angegeben,* so trägt er den *Nachteil des Beweisnotstandes* (Art. 441 N. 6d) oder *verliert für Frachtgut von besonders hohem Wert den Ersatzanspruch,* sofern nicht Vorsatz oder grobe Fahrlässigkeit nachgewiesen werden kann. N. 6 oben. Hat er ihn angegeben, so *wird die Richtigkeit der Wertangabe vermutet.* Vgl. auch Art. 51 IV PVG. *Mehr als der angegebene Wert muss nicht ersetzt werden.* Aber der *Frachtführer kann den Beweis antreten und führen, dass der deklarierte Wert den zu ersetzenden vollen Sachwert übersteigt.* Kommentar RATZ ad § 429 HGB Anm. 27. Wurde «*in betrügerischer Absicht*» *ein zu hoher Wert angegeben,* so verliert der Absender den Ersatzanspruch und riskiert überdies Strafverfolgung wegen Betruges. Art. 51 V PVG. Ein *Nachnahmebetrag gilt nicht als Wertangabe.* Art. 443 N. 7c. Er kann aber u. U. zusammen mit anderen Beweismitteln zum *Beweis des Sachwertes* dienen. N.6d oben.

d *d.* Eine andere Funktion als die Wertdeklaration hat die im Eisenbahnfrachtrecht übliche *Interessendeklaration.* Die Wertdeklaration lässt den Frachtführer zum Gegenbeweis zu, dass der deklarierte Wert den vollen Sachwert übersteigt. Die Interessendeklaration ist eine *Abrede* i. S. von Art. 447 III, der *Frachtführer habe den weiteren Schaden*, der den *vollen Sachwert* übersteigt (positives Vertragsinteresse), *jedoch höchstens den deklarierten Betrag zu ersetzen.* (Für diese zusätzliche Garantie entrichtet er eine der Versicherungsprämie vergleichbare «Gebühr»). Art. 184 III ETR. Art. 36 CIM. Eine solche Abrede ist nach Frachtvertragsrecht des OR zulässig, wobei es u. U. nicht einfach sein wird, zu beurteilen, ob eine Wert- oder eine Interessendeklaration vorliegt.

10. Verabredung eines höheren oder geringeren Ersatzwertes. Zwingendes und nachgiebiges Recht bei der Transportschadenhaftung. Art. 447 III OR

10 a *a.* Während nach Art. 100 OR Verabredungen unwirksam sind, die den Ersatz des vollen Schadens (Erfüllungsinteresse) bei Vorsatz oder grober Fahrlässigkeit wegbedingen, sind nach Art. 447 III OR *Verabredungen zulässig, die die Höhe des Schadenersatzes über oder unter dem vollen Sachwert festlegen.* Begrenzt das Gesetz die *Parteiautonomie* auf die Höhe des Ersatzes, so folgt daraus e contrario, dass sie *nicht besteht:*
(1) *für die gesetzlichen Voraussetzungen des Ersatzanspruches*,
(2) *für die gesetzlichen Entlastungsgründe*,
(3) *für die gesetzliche Beweislastverteilung.*

b *b.* Die *Beweislastverteilung* geht ohnehin *ins öffentliche Prozessrecht* über, das der Parteiautonomie entzogen ist, auch wenn es sich um *Prozedurvorschriften des Bundesrechtes*, z. B. zur Tatbestandsfeststellung oder zur Durchführung vorsorglicher Massnahmen (Art. 453 OR) handelt. Ziel der gesetzlichen Regelung ist, eine praktisch durchführbare, rasche und einfache, vom allgemeinen Schadenersatzrecht ex contractu abweichende Regelung zu schaffen. **BGE 47 II 330/1.** Es wird weniger durch eine (nach Art. 447 III OR) abänderliche Fixierung der Schadenshöhe auf den Sachwert erreicht als durch einen *numerus clausus von gesetzlichen Entlastungsgründen*, dessen *Abänderung der Parteiautonomie entzogen* ist.

Es muss gleichgültig sein, ob der Transportschaden durch ein praktisch vom abwesenden Berechtigten fast immer unbeweisbares Verschulden (oder Verhalten) des Frachtführers, seiner Gehilfen oder Zwischenfrachtführer (Art. 449) verursacht wurde. Es besteht eine *gesetzliche Vermutung*, der Transportschaden sei durch eine Sorgfaltsverletzung verursacht. Der gesetzliche *Begriff des Transportschadens* kann nicht der Parteiwillkür anheimgestellt sein. Das tatsächliche und rechtliche Fundament der Transportschadensklage kann nicht geändert werden.

c

c. So kann dem Berechtigten nicht der Beweis für ein *Verschulden des Frachtführers oder seiner Leute* auferlegt werden (Z. II 8 AB/CVSM). Die Ausgestaltung der *Reederhaftung* durch §§ 16–18 VTB weicht von der Struktur der Transportschadensklage aus Art. 103 SSG so wesentlich ab, dass das mittelbare oder unmittelbare Ziel, die gesetzliche Haftung des Seefrachtführers für Verlust und Beschädigung aufzuheben oder zu beschränken, oder die Beweislast für die Haftung umzukehren, offenbar wird. Soweit dies der Fall ist, sind die *Abreden nicht* nur dann *nichtig, wenn sie in einem Konnossement* (Art. 117 SSG), sondern auch, wenn sie anderweitig, z. B. in einem Rheinfrachtbrief, figurieren. Art. 117 SSG kann für den *Seefrachtvertrag* nicht die Bedeutung haben, dass Ausschluss oder Abschwächung der Transportschadenshaftung dann beliebig möglich seien, wenn sie nicht in einem Konnossement verurkundet sind. Das gilt nur für den seerechtlichen Chartervertrag nach Art. 94/100 SSG, Art. 117 III SSG. Für den nicht in einem Konnossement verurkundeten Seefrachtvertrag gilt *subsidiär das Frachtvertragsrecht* des OR. Art. 102 II SSG. Nach Art. 447 III OR sind nur *gesetzesändernde Abreden über das Quantitativ des Transportschadenersatzes* zugelassen. Darin ist ein *Leitgedanke des schweizerischen Transportrechtes* zu erblicken. Vgl. auch art. 103 III Code de Commerce.

d

d. Die *Eisenbahngesetzgebung*, die sowohl für die SBB als auch für Privatbahnen gilt, verbietet die Wegbedingung oder Abschwächung der gesetzlichen Transportschadenshaftung ausdrücklich. Art. 4 II, 6 ETranspG, Art. 4 ETR. *Die Haftung der Post ist zwingendes öffentliches Recht.* Die *Luftfahrtsunternehmungen* können die Transportschadenshaftung nach Art. 17–22 LVA nicht modifizieren. Im Gegenteil: Wurde *kein vollständiger Luftfrachtbrief* ausgestellt, so *entfallen* sogar die *quantitativen Haftungsbeschränkungen.* Art. 9 LVA. Soweit für Frachtverträge konzessionierter Transportanstalten noch das Frachtvertragsrecht des OR zur Anwendung kommt (Art. 440 N. 1), darf *keine andere grundsätz-*

liche Regelung der Transportschadenshaftung zur Anwendung kommen als die in Art. 447/8 vorgesehene. Es geht also nicht nur darum, dass «obrigkeitlich konzessionierte Gewerbe» ihre Monopolstellung nicht missbrauchen sollen. Art. 100 II OR. Es geht vielmehr darum, eine praktisch durchführbare und vernünftige Ordnung der Transportschadenshaftung allgemein durchzusetzen. Ist schon dem Berechtigten durch ausserordentlich kurze Verwirkungs- und Verjährungsfristen sowie durch genaue Verfahrensvorschriften die Durchsetzung seiner Vertragsrechte erschwert (Art. 452/4 OR), so soll er nicht durch beliebige Stipulationen um diese Vertragsrechte gebracht werden können. Das Wesen der Obligation im allgemeinen und der Transportobligation im besonderen darf nicht denaturiert werden. Abweichend OSER/SCHÖNENBERGER ad Art. 447 N. 3. Der Hauptgrund für den zwingenden Charakter der Transport- und Verspätungsschadenshaftung wenigstens de principio ist folgender: Der Frachtvertrag ist in der Hauptsache ein *Mittel zur Abwicklung von Versendungskäufen* und Werkverträgen mit einem *auswärtigen Ablieferungsort.* Nach dem Grundsatz periculum est emptoris muss der Käufer den Kaufpreis bezahlen, wenn die Ware ohne Verschulden des Verkäufers auf dem Transport beschädigt wird oder verlorengeht. Kann er sich auch nicht beim unsorgfältigen Frachtführer schadlos halten, so würde jeder Versendungskauf zu einem überaus riskanten Rechtsgeschäft. Die Wirtschaft eines Landes mit grossem Export- und Importvolumen wie die schweizerische kann jedoch auf eine vernünftige Regelung des Versendungskaufes nicht verzichten, zu welcher auch die Verteilung der Verantwortlichkeiten unter die Personen gehört, die daran verdienen wollen. Zu diesen gehört auch der Frachtführer und der Spediteur.

d *d.* Könnte der Frachtführer die Haftung auch für leichtes Verschulden direkt oder auf Umwegen de principio beschränken (Art. 117 I SSG), so würde er *entgeltliche Arbeit ohne Verantwortung* verrichten. Er hätte *kein Interesse an sorgfältiger Ausführung des Transportes.* Nur sein Verdienstinteresse wäre rechtlich geschützt. Ein derartiges *mandatum mea gratia* ist auftragsrechtlich ungültig. Art. 395 N. 71–74. Es ist mit dem Frachtvertrag, der ein Auftrag ist (Art. 440 II OR), nicht vereinbar. **BGE 74 II 86 Erw. 3.** Das führt zum Schluss, dass auch eine *quantitative Ersatzvereinbarung i. S. von Art. 447 III OR unwirksam wird, wenn im Effekt eine nur symbolische Ersatzleistung stipuliert ist.* Hingegen wird man eine Stipulation, der «Auftraggeber» habe einen «*Selbstbehalt*» von Fr. 10 an den Schaden zu übernehmen, als zulässig erachten. Z. II 16 AB/CVSM.

e. In **BGE 74 II 85 Erw. 1** wurde die Prorogation eines ausländischen Binnenschiffahrtsrechts durch eine schweizerische Reederei als zulässig und mit Art. 455 und 456 OR vereinbar erklärt. Ob das noch nach dem Inkrafttreten des SSG von 1953 gelten kann, muss bezweifelt werden. Art. 1–7 SSG. e

f. Die wichtigste Anwendungsmöglichkeit von Art. 447 III OR ist die *Verabredung, gesetzliche oder reglementarische Festlegung* (Art. 455 I OR) *eines Höchstbetrages der Transportsachschadenshaftung.* Sie ist sowohl nach Frachtvertragsrecht des OR als auch nach dem Transportrecht der Spezialerlasse zulässig, i. d. R. jedoch vorbehältlich der Haftung für das volle Erfüllungsinteresse bei absichtlicher oder grobfahrlässiger Schadensverursachung. f

Beispiele für Höchstlimiten:

(1) *Haftung der Eisenbahn:*

a) Fr. 100 für jedes fehlende Kilogramm des Rohgewichtes	Art. 180/2 ETR Art. 31/33 CIM Art. 182 II ETR (nur bei mangelndem Schadensnachweis)
b) Lieferungsverspätung: Bis zur Höhe der Fracht	Art. 34 CIM
c) Interessendeklaration: Erfüllungsinteresse bis zur Höhe der Deklaration . .	Art. 184 III ETR Art. 36 CIM
d) Absichtliche oder grobfahrlässige Verursachung: Unbegrenzt	Art. 50 ETranspG Art. 186 ETR
Verdoppelung der Höchstlimiten. . .	Art. 37 CIM

(2) *Haftung der Post:*

a) Verlust eingeschriebener Kleinsendungen ohne Wertangabe: Fr. 50	Art. 51 II PVG
Fr. 25	Art. 70 Z. 2 Weltpostvertrag

b) Beschädigung oder Beraubung eines Poststückes oder Frachtstückes Fr. 25 je kg	Art. 51 III, 52 I PVG
Besondere Gewichtskala	Art. 34 Z. 2*b* Poststückabkommen
c) Bei Wertdeklaration: Deklarierter Wert, wenn Postverwaltung nicht geringeren Wert der Sendung beweisen kann	Art. 51 IV, 52 II PVG
Ähnlich	Art. 13 I Wertbrief- und Wertschachtelabkommen Art. 34 Poststückabkommen

(3) *Haftung des Luftfrachtführers:*

a) Verlust, Beschädigung: Fr. 72.50 je kg	Art. 9*b* LTR
ffrs. 250 zum Werte von 65 ½ Milligramm Gold von je 200/1000 Feingehalt	Art. 22 LVA
b) Unlimitiert bei Fehlen oder Unvollständigkeit des Luftfrachtbriefes sowie absichtlicher und grobfahrlässiger Verursachung	Art. 10 LTR Art. 9 und 25 LVA Art. 7 II LTR

(4) *Haftung des Seefrachtführers und Reeders:*

a) Fr. 500 je Bruttoregistertonne des Seeschiffes	Art. 49/50 SSG
b) Fr. 100 je Tonne Tragfähigkeit des Binnenschiffes plus Fr. 250 je Pferdestärke Antriebskraft	Art. 126 SSG
c) Fr. 2000 je Stück oder Frachteinheit . vorbehältlich höherer Wertdeklaration sowie Arglist und grobe Fahrlässigkeit.	Art. 105 SSG

g

g. Für die *Transportschadensgarantie des Spediteurs* (Art. 439 N. 4 [3]) sollten die nämlichen «Voraussetzungen und Vorbehalte» (Art. 448 OR) als *zwingendes und als nachgiebiges Recht* betrachtet werden wie für die Transportschadenshaftung des Frachtführers. Dafür spricht der Wortlaut von Art. 439 OR. Der Spediteur kann für einen Transportschaden vor dem Frachtführer oder der Transportanstalt belangt werden. **BGE 36 II 271.** N. 16 d unten. Diese Möglichkeit würde dahinfallen, könnte die Transportschadenshaftung des Spediteurs de principio wegbedungen werden. Die Transportschadenshaftung des Spediteurs muss als Essentiale des Speditionsvertrages betrachtet werden.

11. Frachtlohn, Auslagenersatz und compensatio lucri cum damno bei Vorliegen von Transportschäden

11 a

a. Im Eisenbahnfrachtrecht findet sich eine ausdrückliche Regelung für die *Erstattung der Frachtkosten bei gänzlichem oder teilweisem Verlust von Frachtgut.* Zum maximal limitierten Sachwertersatz sind zu «erstatten» (nicht zu ersetzen) «die Fracht, die Zölle und sonstige aus Anlass der Beförderung des verlorenen Gutes bezahlte Beträge». Art. 180 II ETR. Art. 31 § 1 III CIM. Eine ausdrückliche Regelung ist erforderlich, wenn, wie im Eisenbahnfrachtrecht, für den Transportschadenersatz auf den *Sachwert am Versandort* abgestellt wird. N. 9 b oben. Da nach Frachtvertragsrecht des OR grundsätzlich der Sachwertersatz am Ablieferungsort als Erfüllungsort der Transport- und Ablieferungsobligation geschuldet und der Frachtvertrag ein qualifizierter Auftrag ist, ergeben sich hier teilweise andere Überlegungen.

b

b. Ersetzt bei *Total- oder Teilbeschädigung* der Frachtführer die Sachwertminderung, wie sie am Ablieferungsort besteht, so ist es doch zu einer Erfüllung der Transport- und Ablieferungsobligation am Erfüllungsort gekommen. Der aus dem Frachtvertrag Berechtigte hat das Gut und, soweit es beschädigt war, Geldersatz erhalten. Sein Vermögen ist nicht gemindert. Der *Frachtführer hat die Wertdifferenz übernommen.* Nach dem in Art. 397 II enthaltenen auftragsrechtlichen Grundsatz kann die Ausführungsobligation als erfüllt gelten. Art. 397 N. 23. Die *Ansprüche aus der actio mandati contraria des Frachtführers sind entstanden.* War er für Frachtkosten, Zölle und andere mit der Beförderung verbundene Auslagen gedeckt, so hat er nichts zu erstatten. War er nicht gedeckt, so kann er seine Ansprüche mit dem geschuldeten Minderwertersatz *verrechnen* (Art. 400 N. 17) und *Bezahlung eines allenfalls zu seinen Gunsten verbleibenden Saldos* fordern. Art. 400 N. 5. § 430 II HGB bestimmt, vom geschuldeten Minderwertersatz komme in Abzug, was infolge der Beschädigung an Zöllen und sonstigen Kosten erspart ist. Diese compensatio lucri cum damno dürfte nur selten praktische Bedeutung gewinnen.

c *c.* Hat der Frachtführer für einen *Totalverlust* einzustehen, so liegt *keine richtige Auftragsausführung* vor. Art. 402 N. 7–9. Die *actio mandati contraria des Frachtführers ist vernichtet.* VON TUHR, Actio de in rem verso S. 72. Die vom Absender bezahlten *Fracht-, Zoll- und anderen mit der Beförderung verbundenen Kosten* bilden für diesen eine *Vermögensminderung.* Der Empfänger wird ihre Zahlung verweigern. Der *Frachtführer hat weder Anspruch auf Frachtlohn noch auf Auslagenersatz.* Empfangenes ist zu *erstatten.* Für das Aufgewendete kann *keine Ersatzforderung gestellt werden.* Berücksichtigt der Richter die Gegenansprüche aus actio mandati contraria des Frachtführers nicht bei der *Festsetzung des Sachwertes am Ablieferungsort,* so muss er sie bei der Schadensbemessung zum Sachwertersatz hinzuschlagen und, falls Frachtlohn und Auslagenersatz vorausbezahlt oder gedeckt waren, Erstattung durch den Frachtführer verfügen. Bestehen *Höchstlimiten* (gesetzliche, vertragliche, reglementarische, Wertdeklaration, Interessendeklaration), so ist allerdings im Zweifel anzunehmen, dass *Sachwertersatz plus Kostenerstattung den Höchstbetrag nicht übersteigen dürfen.* Es handelt sich um eine Frage der Auslegung der Limitierungsbestimmungen. Doch sollten in der *Festsetzung des Sachwertes am Ablieferungsort* die Transportkosten regelmässig berücksichtigt sein.

d *d.* Hat der Frachtführer für einen *Teilverlust* einzustehen, so liegt für den verlorenen Teil unrichtige Auftragsausführung vor. Die *proportional auf den verlorenen Teil entfallenden Fracht- und anderen Kosten sind nicht geschuldet.* Im übrigen gelten die entsprechenden Überlegungen wie beim Totalverlust. Im Seefrachtrecht können die Frachtkosten erhebliche Beträge ausmachen. Daher findet sich eine ausdrückliche Regelung für die Fälle, in welchen die Fracht geschuldet oder nicht geschuldet ist, in Art. 109 SSG. Die Regelung entspricht den für das Frachtvertragsrecht des OR geltenden Grundsätzen.

12. Konkurrenz rechtserheblicher Schadensursachen, insbes. Absender- oder Empfängerverschulden und -weisungen

12 a *a.* Transportschäden sind solche *Sachschäden am Frachtgut,* die eintreten, während sich dieses *im Besitze des Frachtführers oder seiner Leute* oder Zwischenfrachtführer befindet. Der Frachtführer ist zu sorgfältiger und sachgemässer Behandlung des ihm anvertrauten fremden Eigentums verpflichtet und haftet de principio für Sorgfaltsverletzungen, die für den *Schadenseintritt kausal* sind. Ihr Vorliegen wird vermutet. N. 4 c oben.

Die Einwirkungsmöglichkeiten des Absenders oder Empfängers auf die Entstehung des Schadens sind beschränkt. Das Gesetz auferlegt indessen auch dem *Absender gewisse Verpflichtungen* (Art. 441/2), deren Verletzung *Mitursache eines Transportschadens* sein kann: *Verpackungsmängel*, *mangelnde Spezifikation* des Frachtgutes, die den Frachtführer besondere Gefahren nicht erkennen liessen, die sich aus der *Beschaffenheit des Frachtgutes* ergaben: *Schwund, Fäulnis, Zerbrechlichkeit, Explosivität* u. a. *mangelhafte Kennzeichnung*, welche zu Verwechslungen führt. **BGE 52 II 89.** Auch der verfügungsberechtigte Empfänger (Art. 443 OR) kann die Ursache oder Mitursache zum Transportschaden gesetzt haben: Nichtabholung oder nicht rechtzeitige Abholung schnell verderblichen Frachtgutes oder von Tieren (Art. 120 ETR).

b

b. Die vom Absender oder Empfänger gesetzten rechtserheblichen Mitursachen *brauchen nicht ein Verschulden im rechtstechnischen Sinne* zu sein. War eine unzweckmässige *Weisung* einzige Ursache oder Mitursache des Transportschadens, so kann die Ausübung des Weisungsrechtes nicht als Verschulden gelten. Dennoch kann die *Weisung rechtserhebliche Mitursache des Transportschadens* sein. Art. 447 I erwähnt «Verschulden oder Anweisung des Absenders oder Empfängers» als Entlastungsgründe von der Transportschadenshaftung des *Frachtführers*. Es kommt indessen nach dem Gesetzeswortlaut darauf an, *ob ein bestimmtes Verhalten von Empfänger oder Absender* («fatto del mittente o da quello del destinatario» – art. 1696 Codice Civile) den Schaden verursacht oder mitverursacht hat, wobei es sich nicht nur um ein Verschulden oder eine Weisung im rechtstechnischen Sinne handeln kann. So ist die *Absenderweisung* auf Anhalten und Einlagern von Frachtgut i. d. R. nicht Ursache oder Mitursache eines Transportschadens, wohl aber u. U. wenn es sich um rasch verderbliches Gut oder lebende Tiere handelt. Die Wirkung *konkurrierender Ursachen*, für die *der Frachtführer nicht einzustehen hat* (Art. 99 III/44 OR), ist verschieden.

c

c. Die unterlassene (oder unrichtige) Wertdeklaration von besonders wertvollem Gut wird vom Gesetz als so schwerwiegende Mitursache gewertet (Art. 447 II OR), dass der *Frachtführer auch dann für den Verlust der Wertsachen nicht haftet, wenn er eine schuldhafte Sorgfaltsverletzung zu vertreten hat.* Denn der Transport von Wertsachen erfordert mehr als die normale Sorgfalt. Die Unterlassung der Deklaration hat nach der praesumptio legis bewirkt, dass die erhöhte Sorgfalt nicht aufgewendet wurde. N. 7 oben.

d *d.* I.d.R. ist Unterlassung oder Ungenauigkeit einer *Absenderangabe* (Art.441 OR) keine haftungsausschliessende Mitursache für einen Transportschaden, bewirkt aber eine *Verschlechterung der Beweisposition des Ersatzklägers.* Dieser kann in einen *Beweisnotstand* versetzt sein, der zwar den Anspruch auf Ersatz des Transportschadens nicht materiell vernichtet, wohl aber dessen *Durchsetzung im Prozess verunmöglicht.* Art.442 N.10.

e *e.* Hat die *Erteilung oder die Unterlassung einer Weisung,* z.B. über Transportweg, Transportmittel, Transportschnelligkeit u.a., den *Eintritt des Transportschadens mitverursacht,* so wird die Intensität der vom Gesetz als rechtserheblich qualifizierten Schadensursachen abzuwägen sein. Gegenüber einer absichtlichen oder *grobfahrlässigen Schadensverursachung durch den Frachtführer, seine Leute oder Zwischenfrachtführer, für die er einzustehen hat, wird auch die unzweckmässige, den Schaden mitverursachende Weisung unerheblich.* Der Frachtführer haftet für das volle *Erfüllungsinteresse.* Auch die Wirksamkeit vertraglicher (Höchstlimiten) und gesetzlicher (voller Sachwert) Haftungsbeschränkungen fällt dahin. Art.99 III/44 I, 100 I OR.

Wie verhält es sich, wenn der *legitimierte Absender oder Empfänger eine nach Art.443 OR zulässige Weisung* erteilt hat, welche die ursprüngliche *Transport- und Ablieferungsobligation des Frachtführers verändert,* beispielsweise eine Weisung auf *Ablieferung an einen anderen Empfänger* oder *Rücktransport an den Absender?* Art.443 N.5, 6. Ist der *Transportschaden auf dem Weiter- oder Rücktransport eingetreten,* so war die Weisung an und für sich für den Schadenseintritt kausal. Würde sie zur Entlastung des Frachtführers führen, so würde der Frachtführer den Weiter- oder Rücktransport, mit dem er sich einverstanden erklärt hat und für den er zusätzlichen Frachtlohn und Auslagenersatz verlangen kann, ohne Transportschadensverantwortlichkeit ausführen. Diese Auslegung von Art.443 I und 447 I OR ist abzulehnen. **BGE 47 II 330.** Die *grundsätzliche Transportschadenshaftung besteht auch für den vom legitimierten Absender oder Empfänger verfügten Weiter- oder Rücktransport.* Art.443 N.6c. Der Frachtführer kann sich nur dann entlasten, wenn er nachweist, dass er die *Sorgfalt auch für die Ausführung der erweiterten Transportobligation* aufgewendet hat, die nach dem gesetzlich umschriebenen Sorgfaltsmass von ihm gefordert werden muss, oder wenn die *Sorgfaltsverletzung nicht schadenskausal* war. N.4c oben. Zwar werden Weisungen «für Rechnung und auf die Gefahr» des Erteilenden ausgeführt. Aber *Gefahrstragung* der Weisungsausführung bedeutet *nicht Dispensation* des (beauftragten)

Frachtführers von der essentiellen Sorgfaltspflicht, sondern nur Übernahme derjenigen Schäden, die *trotz aller Sorgfalt* des die Weisung Ausführenden eintreten. *Gegenüber einer effektiven oder präsumierten Sorgfaltsverletzung des Frachtführers verliert die vom Verfügungsberechtigten erteilte befugte Weisung ihre Bedeutung* als rechtserhebliche Schadensursache. Die Ausführung der vom *unbefugten Absender oder Empfänger erteilten Weisung* ist unproblematisch. Sie ist eine *Sorgfaltsverletzung, die den Entlastungsbeweis des Frachtführers gänzlich paralysiert.* Tritt hingegen ein Transportschaden *infolge befugter Weisungsabweichung* ein, ohne dass dem Frachtführer (oder Spediteur) sonst eine Sorgfaltsverletzung zur Last fällt, so ist er entlastet, weil der Auftraggeber die Gefahr der richtigen Auftragsausführung trägt. ZR 53 (1954) Nr. 8 S. 22 (für die analoge Transportschadenshaftung des Spediteurs).

f

f. Wie verhält es sich, wenn neben dem Verhalten des Frachtführers oder seiner Leute (Treue- und/oder Sorgfaltsverletzung), des Absenders (Weisung oder ungenaue Deklaration) oder des *Empfängers* (Weisung) *Drittverschulden den Transportschaden mitverursacht* hat? Wertvolles Frachtgut wurde während des Transportes gestohlen oder geraubt. Das *Drittverschulden spielt für die Frage*, wer für den Transportschaden aufzukommen habe, *eventuell, ob und wie der Transportschaden zwischen Frachtführer einerseits, Absender oder Empfänger andererseits zu verteilen ist, keine Rolle.* Zur *Sorgfaltspflicht* des besitzenden Frachtführers gehört grundsätzlich auch der *Schutz des Frachtgutes gegen widerrechtliche Aneignung, Beraubung oder Beschädigung durch Dritte.* Der Frachtführer ist zu den Besitzesschutzklagen nach Art. 927/9 ZGB legitimiert. Er wird sein zur Ausführung von Transportaufträgen verwendetes Fahrzeug abschliessen oder sonst sichern müssen. Ein deklarierter Geldtransport bedarf besonderer Überwachung. *Gegen den ex delicto haftenden Drittschädiger können der Frachtführer, Absender oder Empfänger, soweit sie den Schaden zu tragen haben, direkt oder im Regressweg nach Art. 50/51 OR vorgehen.*

13. Transportschaden und Versicherung

13 a

a. Ein *gewerbsmässiger Frachtführer* besitzt heute i. d. R. eine *Haftpflichtversicherung.* Sie *wirkt sich nur dann zugunsten des geschädigten Absenders oder Empfängers* aus, *wenn der Frachtführer nach Art. 447/8 OR für den entstandenen Transportschaden aufkommen müsste.* Eine genügende Haftpflichtversicherung des Frachtführers deckt nur das *Risiko der*

Insolvenz des Ersatzschuldners. Ein *Direktanspruch gegen die Haftpflichtversicherung* (Art. 65 SSG) *besteht nur dann, wenn der Transportschaden durch den Betrieb eines vom Frachtführer gehaltenen Motorfahrzeuges verursacht wurde und der Frachtführer auch nach Art. 58 SVG, nicht nur nach Art. 447/8 OR, für den Transportschaden am Frachtgut aufzukommen hätte.*

b *b.* Es hat sich daher namentlich *für bedeutende See- und Lufttransporte das Bedürfnis nach einer eigentlichen Transportschadensversicherung* (i. S. von Art. 48 VVG) ergeben, die den Berechtigten *gegen alle Transportrisiken* deckt, sowohl gegen *diejenigen, für die der Frachtführer nach Frachtrecht aufzukommen hat, als auch insbesondere diejenigen, die der Berechtigte nach Frachtrecht selbst tragen muss,* z. B. Kriegsereignisse. Denise Berthoud, L'assurance des marchandises contre les risques de transport, n°. 14, 413. *Ob und wie eine Transportschadensversicherung abgeschlossen* werden soll, *verfügt der Absender*, entweder durch Stipulation im Rahmen des *Frachtvertragskonsens* oder durch *Weisung.* In Z. 11 AB/CVSM ist eine «besondere Transportversicherung» für den *Transport von Wertsachen* gefordert. In Z. III 19 AB/CVSM finden sich gewisse Haftungsbeschränkungen. Im Eisenbahn- und Postfrachtverkehr bildet die *Wert- oder Interessendeklaration* gegen *Entrichtung besonderer Gebühren oder Frachtzuschläge* ein beschränktes Surrogat für eine Transportschadensversicherung. N. 9 d, 10 f oben. Beide decken jedoch nicht die Risiken, von denen Frachtführer, Spediteur oder Transportunternehmen sich entlasten können.

c *c. Zahlt* der schweizerische Transportschadenversicherer auf Grund einer dem schweizerischen Recht unterstehenden Transportschadensversicherung dem Versicherten einen Transportschaden, so kann er *nach Art. 72 VVG auf den Frachtführer nur dann Regress nehmen, wenn der Frachtführer selbst eine unerlaubte Handlung begangen hat.* **BGE 74 II 88/9.** In den Fällen, in welchen der Frachtführer nach Art. 447/8 OR nur für den Sachwert haftete, wäre der *Regress* des Transportschadenversicherers gegen den Frachtführer nach Art. 72 VVG *i. d. R. ausgeschlossen.* Der Versicherer, der eine Regressforderung nach ausländischem Recht erworben hat (z. B. art. 438 I Codice Civile) kann besser gestellt sein als der Versicherer, der nur nach Massgabe von Art. 72 VVG rückgriffsberechtigt würde. Hingegen kann der zahlende Transportschadenversicherer gegen *Gehilfen des Frachtführers oder Dritte, die den Transportschaden durch unerlaubte Handlung verursacht haben,* nach Art. 72 VVG Regress nehmen. N. 8 a oben, 16 b unten.

14. Wiederauffinden verlorenen Frachtgutes

14 a

a. Muss der *haftbare Frachtführer* für Total- oder Teilverluste des Frachtgutes aufkommen, wenn er das Frachtgut nicht innert angemessener Frist nach Ablauf der Ablieferungsfrist dem Berechtigten *zur Verfügung halten* kann (N. 5 a oben), so ist das *Gut, dessen Wert er ersetzt, nicht immer tatsächlich verloren.* Wird es wieder aufgefunden, und kann der Frachtführer es nachträglich dem Berechtigten zur Verfügung stellen, so ist *zunächst derjenige, der den Ersatz bezogen hat (Empfänger, Absender, evtl. Spediteur), zu benachrichtigen.* Das folgt aus der allgemeinen auftragsrechtlichen *Informationspflicht* und aus Art. 450 OR. Art. 185 I ETR.

b

b. Der Empfänger der Entschädigung ist in diesem Falle i. S. von Art. 62 II OR ungerechtfertigt bereichert. Die *Bereicherung besteht in der Differenz zwischen dem für Verlust erhaltenen und dem für Lieferungsverspätung* (Art. 448 OR) *geschuldeten Schadenersatz. Eventuell ist ausser dem Verspätungsschaden ein nach Art. 448 OR berechneter Beschädigungsschaden ebenfalls abzuziehen. Dem nachliefernden Frachtführer kommt dann auch die ganze Fracht oder eine Teilfracht zu.* N. 11 oben. Art. 185 II ETR.

c

c. Der *Bereicherungsanspruch des Frachtführers* verjährt nach Art. 67 OR mit *Ablauf eines Jahres seit Kenntnis des Berechtigten,* d. h. seit dem Wiederauffinden des «verlorenen» Frachtgutes. Nach Art. 185 III ETR und CIM Art. 30 § 4 kann die *Eisenbahn* den Anspruch nur *innerhalb eines Jahres seit Zahlung der Verlustentschädigung* erheben und wird bei späterem Wiederauffinden Eigentümerin des Gutes. An der privatrechtlichen Gültigkeit dieses Eigentumserwerbes könnte gezweifelt werden. Art. 894 ZGB. Art. 30 § 4 CIM erklärt, es «kann die Eisenbahn nach den Gesetzen oder Vorschriften ihres Staates darüber verfügen».

d

d. Im privaten Frachtvertragsrecht des OR wird man dem *Frachtführer das Retentionsrecht für den Betrag seiner Bereicherungsforderung zugestehen müssen.* Er kann das wiederaufgefundene Gut zur Verwertung bringen, hat aber einen allfälligen *Überschuss über den Betrag seiner Bereicherungsforderung dem Berechtigten abzuliefern.* Er kann nicht «frei darüber verfügen». Eine Verständigung zwischen Frachtführer und Entschädigungsempfänger in diesem Sinne kann durch Abrede getroffen werden, zumal sie den beidseitigen berechtigten Interessen bei späterer Wiederauffindung von «verlorenem» Frachtgut häufig am besten entsprechen dürfte.

e *e.* Im nämlichen Rahmen wird man dem *zahlenden Transportschadenversicherer einen Bereicherungsanspruch* zugestehen müssen, der jedoch nicht durch ein Retentionsrecht geschützt ist. Es handelt sich nicht um einen Rückgriff, sondern um eine *condictio causa data sed non secuta.*

IV. LEGITIMATIONEN

15. Aktivlegitimation

15 a *a.* Der Anspruch auf *Ersatz des Transportschadens tritt an Stelle des Erfüllungsanspruchs auf Ablieferung* des Frachtgutes. Es ist der *Schadenersatzanspruch ex contractu wegen nicht gehöriger Erfüllung der Ablieferungsobligation.* Art. 97 OR. **BGE 47 II 330.** Vgl. auch Art. 454 I OR. Zur Erhebung des Transportschadensanspruches, gegebenenfalls im Wege der Klage, ist daher *aktiv legitimiert, wem nach dem Stand des konkreten Frachtvertrages im Zeitpunkt der Ablieferung beschädigtes Frachtgut befugterweise tatsächlich abgeliefert wurde oder verlorenes oder zerstörtes Frachtgut «vertragsgemäss»* (Art. 394 OR) *hätte abgeliefert werden sollen.*

b *b.* Das ist regelmässig *der vom Absender bezeichnete Empfänger.* Seine Begünstigung aus dem Frachtvertrag besteht darin, dass er *neben dem Erfüllungsanspruch auf Ablieferung auch den Anspruch auf Ersatz des Transportschadens aus Art. 447/8 erwirbt.* Art. 164/6, 174 («der Berechtigte») ETR. Art. 42 CIM. Art. 13, 30 IV LVA. Art. 110, 111 SSG. Das *Verhalten des Empfängers* beeinflusst die *Entstehung und den Untergang des Transportschadenersatzanspruches.* Durch *vorbehaltlose Annahme* des Gutes und Bezahlung der auf diesem haftenden Kosten manifestiert der Empfänger, dass er den *Ablieferungsanspruch* als *gehörig erfüllt* betrachtet. Art. 26 I LVA. Der stellvertretende Anspruch auf Ersatz *eines Transportschadens kommt nicht zur Entstehung.* Art. 452 I OR. Versäumt der Empfänger, der das Gut nicht oder mit Vorbehalt abgenommen hat, eine *Transportschadensreklamation* gegenüber dem Frachtführer *binnen kürzester Frist,* so besteht die praesumptio legis, es sei *auf den Ersatzanspruch verzichtet* worden. Dieser ist verwirkt. Art. 452 II OR. Nur bei arglistig verheimlichten Transportschäden tritt die Verzichtsvermutung und die entsprechende Verwirkungsfolge nicht ein. Art. 452 I OR. Art. 26 LVA. *Wartet der Empfänger* mit der Klageerhebung für einen streitigen Transportschadenersatzanspruch ungebührlich lange, so wird *nachträglicher Verzicht* angenommen. Der Anspruch ist *verjährt.* Art. 454 I OR. Art. 29 LVA.

c *c.* Eine personelle Vertragsänderung kann eintreten, wenn der nach *Art. 443 OR verfügungsberechtigte Absender* oder der von diesem bezeichnete ursprüngliche Empfänger eine *Weisung* erteilt, die im Effekt einen Widerruf der *Begünstigung des ursprünglich bezeichneten Empfängers* enthält: Ablieferungsverbot, Einlagerung, Ablieferung an einen anderen Empfänger. Art. 443 N. 5, 6. Durch eine solche Vertragsänderung geht die *Ablieferungs- und Transportschadenersatz-Legitimation des ursprünglich bezeichneten Empfängers unter bzw. mit dem Verfügungsrecht i. S. von Art. 443 OR auf den mittelbar oder unmittelbar bezeichneten neuen Empfänger über.* Aus einer befugten und/oder angenommenen Weisung auf *Rücktransport* an den *Absender* erwirbt dieser auch die *Empfängerrechte.* **BGE 47 II 330/1.** Es kann also zusammenfassend Art. 21 LTR für das Frachtvertragsrecht des OR übernommen werden: «Für alle Ansprüche gegen den Luftfrachtführer aus Verlust, Beschädigung oder verspäteter Ablieferung ist nur klageberechtigt, wer über das Frachtgut verfügen kann. Nach der Ablieferung des Gutes ist nur noch der Empfänger klageberechtigt.» Das *Klagerecht ist eine Emanation der in Art. 443 OR geregelten Verfügungsberechtigung.*

d *d.* Liegt ein *Speditionsvertrag* vor, so ist nur der vom Spediteur qua Absender ursprünglich oder durch befugte Vertragsänderung nachträglich bezeichnete *Empfänger zur Transportschadenersatzklage gegen den Frachtführer* legitimiert. Der *Versender* (Speditionskommittent) *kann den Transportschadenersatzanspruch gegen seinen Spediteur erheben, jedoch nur, wenn und in dem Umfang als der Spediteur gegen den Frachtführer oder das öffentliche Transportunternehmen Regress nehmen kann.* Art. 439/456 OR. Art. 439 N. 12 b, 13 c. Ob der Spediteur Regress auf diese nehmen kann, *hängt wesentlich vom Verhalten des Empfängers ab.* Lit. b oben. Hat der Empfänger das Gut nicht vorbehaltlos angenommen, so ist es i. d. R. Pflicht des Spediteurs, die *Transportschadensreklamation in Vertretung des Empfängers rechtzeitig beim passiv legitimierten Frachtführer* (oder dem öffentlichen Transportunternehmen) anzubringen und die *begründeten Ersatzansprüche zu wahren.* Hat der Spediteur das unterlassen, und sind dadurch die *Transportschadenersatzansprüche gegen den Frachtführer* oder die Transportanstalt verwirkt, so haftet der Spediteur dem Versender (Speditionskommittenten) für den Transportschaden, wie wenn er selbst als Frachtführer die Ablieferungsobligation hätte erfüllen sollen. Art. 439/457 OR. Art. 439 N. 4, 12 c.

e *e.* Wurde ein *Konnossement* als Warenpapier ausgestellt, so ist nur der *legitimierte Konnossementsinhaber* zur Erhebung von *Transportschadensansprüchen gegen den Seefrachtführer bzw. Reeder* legitimiert. Art. 115 I, 116 II SSG.

16. Passivlegitimation

16 a *a.* Gegenüber einem Transportschadenersatzanspruch *passiv legitimiert ist jeder, der aus dem konkreten Frachtvertrag die Ablieferungsobligation zu erfüllen* hatte. Es ist einmal *der Frachtführer, mit welchem der Absender den Frachtvertrag abgeschlossen* hat.

b *b. Kein Transportschadenersatzanspruch besteht gegen die Gehilfen* des Frachtführers, sondern gegebenenfalls ein *Deliktschadenersatzanspruch* gemäss Art. 41 OR, namentlich wenn Gehilfen den Schaden *arglistig oder grobfahrlässig verursacht* haben. N. 8a oben. Andererseits kann sich der *Frachtführer wegen des schadenverursachenden Verhaltens seiner Gehilfen weder durch den Nachweis exkulpieren, dass diese kein Verschulden trifft (Art. 101 OR* – VON TUHR/SIEGWART *S. 570), noch durch den Sorgfaltsbeweis nach Art. 55 OR, sondern nur durch den in Art. 447 OR abschliessend umschriebenen Entlastungsbeweis.*

c *c.* Hat der Frachtführer für die Erfüllung der Ablieferungsobligation *befugter- oder unbefugterweise Zwischenfrachtführer* beigezogen (Art. 449 OR), so ist sowohl der Hauptfrachtführer als auch der *letzte die Ablieferung besorgende Zwischenfrachtführer passiv legitimiert.* Art. 449. Art. 440 II/399 III OR. Art. 399 N. 8, 10. Art. 449 N. 4b, 5, 6. *Aus der Transportschadenshaftung des Hauptfrachtführers* und des letzten Zwischenfrachtführers folgt ihre *alternative Passivlegitimation gegenüber dem Transportschadensanspruch des aktiv legitimierten Berechtigten.* Ist der letzte «Zwischenfrachtführer» ein öffentliches Transportunternehmen, so haftet dieses und auch der Hauptfrachtführer, der kein grobes Verschulden vertreten muss, nur nach *Massgabe des für das Transportunternehmen geltenden Spezialhaftungsrechts:* Art. 48–50 ETranspG. Art. 174–186 ETR. Art. 8–12 LTR. Art. 17–30 LVA. Art. 48–50, 101–107, 109, 125/6 SSG. Art. 456 OR.

Bei *mehreren Eisenbahnen* besteht nach Art. 43 § 3 CIM die alternative Passivlegitimation der *Versandbahn*, der *Empfangsbahn* oder der *Bahn, auf deren Strecke der Transportschaden eingetreten* ist. Das Wahlrecht des

Klägers erlischt durch Klageeinreichung gegen eine der alternativ legitimierten Eisenbahnen. Der *Regress unter den in Anspruch genommenen Eisenbahnen ist* in Art. 48 CIM *besonders geregelt. Bei mehreren aufeinanderfolgenden Luftfrachtführern* ist der erste gegenüber dem Absender, der letzte gegenüber dem ablieferungsberechtigten Empfänger und der Luftfrachtführer, auf dessen Strecke der Transportschaden eingetreten ist, *gegenüber beiden solidarisch nach LVA haftbar.* Art. 30 III LVA.

d

d. Der *Spediteur* und/oder der die *Ablieferung besorgende Zwischenspediteur* (Adreßspediteur) *ist passiv legitimiert nur gegenüber der Transportschadensklage des Speditionskommittenten* (Versenders). N. 15 d oben. Der *Empfänger* kann nicht den Spediteur oder Adreßspediteur, *sondern nur den die Ablieferung besorgenden letzten Frachtführer einklagen.* Ist der letzte Frachtführer *ein nach Spezialerlass haftendes Transportunternehmen, so haftet auch der Spediteur oder Adreßspediteur nur nach Massgabe des betreffenden Spezialerlasses.* Art. 456 OR. Diese Haftung des Spediteurs besteht auch, wenn der Spediteur oder Adreßspediteur *Regressrechte* gegen den von ihm beigezogenen Frachtführer (oder das öffentliche Transportunternehmen) schuldhaft *verwirkt haben sollte.* Der Spediteur kann für Transportschäden vor dem ebenfalls haftbaren Frachtführer oder Transportunternehmen belangt werden. **BGE 48 II 260.** Art. 439 N. 4 (3), 12 c.

Art. 448

b. Verspätung, Beschädigung, teilweiser Untergang

[1] Unter den gleichen Voraussetzungen und Vorbehalten wie beim Verlust des Gutes haftet der Frachtführer für allen Schaden, der aus Verspätung in der Ablieferung oder aus Beschädigung oder aus teilweisem Untergange des Gutes entstanden ist.

[2] Ohne besondere Verabredung kann ein höherer Schadenersatz als für gänzlichen Verlust nicht begehrt werden.

b. Retard, avarie, destruction partielle

[1] Le voiturier est responsable, comme en cas de perte et sous les mêmes réserves, de tout dommage résultant de la livraison tardive, de l'avarie, ou de la destruction partielle de la marchandise.

[2] Faute de convention spéciale, l'indemnité ne peut excéder celle qui serait accordée en cas de perte totale.

b. Ritardo, deperimento e distruzione parziale

[1] Sotto le stesse riserve e condizioni come per la perdita della cosa, il vetturale è responsabile d'ogni danno che sia derivato da ritardo nella consegna, da deperimento o distruzione parziale della merce.

[2] Salvo speciale convenzione, non si può chiedere indennità maggiore di quella dovuta per la perdita totale.

Materialien: Sub Art. 440 und 447.

Rechtsvergleichung: aOR Art. 458. Code Civil art. 1784. Code de Commerce art. 97, 103/4. HGB §§ 429/30. Codice Civile art. 1686/7, 1693/6. ETranspG Art. 48/50. ETR Art. 174/86. CIM Art. 27/37. SSG Art. 49/50, 102/5, 107. LTR Art. 8/11. LVA Art. 17/30. PVG Art. 44, 50/4. Wertbrief- und Wertschachtelabkommen 1952 Art. 10/13. Poststückabkommen 1952 Art. 31/4.

Literatur: Sub Art. 447.

SYSTEMATIK DER KOMMENTIERUNG

Art. 448 OR

1. Haftungsvoraussetzungen, Entlastungsgründe und Beweislast . . . 281
2. Gleichbehandlung von Teilsachschäden und Verspätungsschäden . . 281
3. Das Mass des Sachwertersatzes bei Teilverlust 283
4. Das Mass des Sachwertersatzes bei Beschädigung 283
5. Das Mass des Schadenersatzes bei Verspätungsschaden und Kumulation von Verspätungs- und Sachschäden 285

Art. 448 OR

1. Haftungsvoraussetzungen, Entlastungsgründe und Beweislast

1 a

a. Ist ein Transportschaden als Teilsachschaden, *Beschädigung oder Teilverlust*, entstanden, oder wurde das Frachtgut dem Empfänger vertragswidrig *zu spät abgeliefert*, so sind die *Haftungsvoraussetzungen die nämlichen wie beim totalen Sachschaden*, Verlust oder Zerstörung des Frachtgutes. Art. 447 N. 4. Der Frachtführer muss zu seiner Entlastung beweisen, *dass er die ihm obliegende Sorgfalt aufgewendet hat, oder dass eine nachgewiesene Sorgfaltsverletzung nicht schadenskausal* war.

b

b. Gelingt der in Art. 447 I vorgesehene *allgemeine oder einer der speziellen Entlastungsbeweise* (Absender- oder Empfängerweisung oder -verschulden, natürliche Beschaffenheit des Gutes: Art. 447 N. 12) *nicht*, so haftet der Frachtführer auch bei Beschädigung oder Teilverlust für den Schaden mit *Höchstbegrenzung durch den vollen Wert des beschädigten, verlorenen oder zerstörten Teiles des Frachtgutes.* Art. 447 N. 9. Den *Beweis des Wertes* hat der *Schadenersatzkläger* zu leisten. Hat er ihn *deklariert*, so muss der Frachtführer beweisen, dass die Wertangabe zu hoch ist, falls er einen niedereren Ersatzwert behauptet. Art. 447 N. 9c, d. Der *Schaden muss während des Transportes* eingetreten sein, der meist mit der Besitzdauer des Frachtführers oder seiner Leute zeitlich zusammenfällt. Art. 447 N. 6.

c

c. In diesem Sinne ist die im Gesetz betonte Gleichheit der «Voraussetzungen und Vorbehalte» zu verstehen.

2. Gleichbehandlung von Teilsachschäden und Verspätungsschäden

2 a

a. Die gesetzliche Lösung ist für *teilweise Sachschäden* (Transportschäden) am Frachtgut ohne weiteres verständlich. Fast in allen Gesetzgebungen sind «perte et avarie» gleichbehandelt. Die Gleichbehandlung ist *nicht selbstverständlich für Verspätungsschäden.* Die *Höchstbegrenzung des Schadenersatzes durch den vollen Sachwert für einen Schaden, der kein Sachschaden ist, leuchtet nicht ohne weiteres ein.* Immerhin kann nach Art. 447 III OR eine *abweichende Verabredung über das Quantitativ des Verspätungsschadens* getroffen werden, *nicht* jedoch über die gesetzlichen

Haftungsvoraussetzungen, die Entlastungsgründe und die Beweislast. Art.447 N.10. Davon machen Art.182 ETR und Art.34 CIM Gebrauch (Art.455 II und III OR), indem der *Verspätungsschaden ohne besonderen Schadensnachweis nach Bruchteilen der Frachtkosten* zu bemessen ist, mit *Höchstbegrenzung durch die vollen Frachtkosten.* Art.447 N.3d. Es wäre auch vom auftragsrechtlichen Gesichtspunkt nicht unlogisch gewesen, den Frachtführer bei Lieferungsverspätungen höchstens seinen Frachtlohn einbüssen zu lassen. So Art.34 § 2 CIM. Art.398 N.28, 29. Art.402 N.7–9. Art.447 N.11. Code de Commerce (art.97, 104), HGB (§ 428) und Codice Civile (§ 1687) sehen von der Gleichbehandlung der Lieferungsverspätung mit «perte et avarie» ab.

b *b.* Der *Verspätungsschaden* ist gegebenenfalls *neben einem Teil-Sachschaden* zu entrichten, wenn sich der Frachtführer nicht entlasten kann. So Art.182 IV und V ETR. «*Bei gänzlichem Verlust des Gutes kann keine besondere Entschädigung für das Überschreiten der Lieferfrist verlangt werden.*» Art.182 III ETR. Art.34 § 2 und § 3 CIM. Das gilt auch für das Frachtvertragsrecht des OR. Mangels abweichender Abrede darf die *Gesamtentschädigung für Beschädigung oder Teilverlust und Lieferungsverspätung nicht höher sein als der volle Wert des beschädigten oder verlorenen Frachtgutes.* Art.448 II OR. Art.182 VI ETR.

c *c.* Ist der *Teil-Sachschaden und/oder die Lieferungsverspätung auf Vorsatz oder grobe Fahrlässigkeit des Frachtführers oder seiner Leute* zurückzuführen, was vom Schadenersatzkläger zu beweisen ist, so ist *voller Schadenersatz* zu leisten. Sowohl die gesetzlichen (voller Sachwert, Höchstbeträge) als auch die vertraglichen (Abrede nach Art.447 III OR) Schadenslimiten fallen dahin. Art.100 I OR. Art.448 N.8. Limiten wie jene in Art.37 CIM bei absichtlicher oder grobfahrlässiger Schadensverursachung können für den Frachtvertrag des OR nicht vereinbart werden. Art.447 N.8.

d *d.* Aus der Gleichbehandlung von Transportschäden am Frachtgut und *Verspätungsschäden* folgt, dass zur Erhebung eines Verspätungsschadenersatzanspruches *keine Mahnung* i. S. von Art.102 OR erforderlich ist. *Die Tatsache*, dass die «*Lieferungszeit*» (Art.441 I OR) überschritten wurde, genügt als Anspruchsvoraussetzung. Doch muss nach Frachtvertragsrecht des OR der *Anspruchsberechtigte* den *Schadensbeweis* erbringen. Art.447 N.6d, 7a. Eine Entschädigung für nicht nachgewiesenen Verspätungsschaden wie im Eisenbahnfrachtrecht (Art.182 II ETR, Art.34 § I CIM) bedürfte im Frachtvertragsrecht des OR einer ausdrücklichen Vereinbarung. Einer solchen Entschädigung kommt *Konventionalstrafcharakter* zu. Art. 161 I OR.

3. Das Mass des Sachwertersatzes bei Teilverlust

3 a

a. Die Methode der Ersatzbemessung erfährt keine Veränderung, ob ein Total- oder ein Teilschaden (Teilverlust, Teilzerstörung) ersetzt werden muss. Massgebend ist der gemeine Sachwert am Ablieferungsort zur Zeit, da die Ablieferung vertragsgemäss hätte erfolgen sollen. Art. 447 N. 9 b, 11. Eine richtige *Wertdeklaration* erleichtert auch bei *Teilverlust* den dem Ersatzkläger obliegenden Schadensbeweis. Entrichtet der Frachtführer den *Sachwert des verlorenen Teiles plus gegebenenfalls den Verspätungsschaden auf dem abgelieferten Teil*, so gilt die Transportobligation nach Art. 397 II OR als gehörig erfüllt. Der *ganze Frachtlohn bleibt geschuldet*. Art. 447 N. 11 b. Anders Art. 180 II ETR.

b

b. Bei *Konkurrenz von Teilverlust mit Teilbeschädigung oder von beidem mit Lieferungsverspätung* sind auf jeden Teil die *Grundsätze der Sachwertberechnung* anzuwenden, die für diesen Teil gelten. Doch darf mangels anderer Abrede die *Gesamtentschädigung für alle Teilschäden* und die Lieferungsverspätung den *vollen Wert des gesamten Frachtgutes nicht übersteigen*. Art. 448 II OR. Art. 182 VI ETR. Art. 34 § 3 CIM.

4. Das Mass des Sachwertersatzes bei Beschädigung

4 a

a. Der Schadenersatzkläger hat den Schaden de principio und de quantitate zu beweisen. Ist das ganze oder sind Teile des Frachtgutes beschädigt, und wird über die Tatsache, den Umfang und Wirkung der Beschädigung keine Übereinstimmung zwischen Schadenersatzkläger und beklagtem Frachtführer erzielt, so besteht ein *Anspruch auf amtliche Feststellung des «Zustandes»*. Art. 447 N. 5 b. Art. 453 N. 2. Über das Verfahren vgl. Art. 445 N. 2 a (1). Es kann kantonal verschieden geregelt sein. Ein *bahnamtlicher Befund* ist *keine amtliche Tatbestandsfeststellung*. Der Berechtigte kann *bei Nichtanerkennung des bahnamtlichen Befundes immer noch Feststellung durch die zuständige Amtsstelle* verlangen. Art. 174 V ETR.

b

b. Erfolgt auf Grund der amtlichen Feststellungen *keine Verständigung über Art und Höhe oder nur über die Höhe des Schadens*, so entscheidet der ordentliche Richter. Sind keine verbindlichen Bemessungsabreden nach Art. 447 III OR zu berücksichtigen, so sind zunächst die *Reparaturkosten* zu ersetzen, falls die beschädigte Sache noch *reparaturfähig* ist. *Andernfalls* liegt keine Beschädigung (Teil-Sachschaden), sondern «*Zerstörung*» (Verlust) vor, die das ganze oder einen Teil des Frachtgutes umfassen kann. *Für derart zerstörtes Frachtgut ist der volle Sachwert zu entrichten.* Art. 447 N. 5 c, 9. Sind schon die *Reparaturkosten höher als der volle Sachwert*, so ist nur dieser zu ersetzen. Für eine Frachtkostenerstattung bleibt kein Raum mehr. Art. 447 N. 11 b. Sind die Reparaturkosten nicht so beträchtlich, so ist auch ein *Minderwert der beschädigten Sache* zu ersetzen, sofern ein solcher besteht. OFTINGER, Haftpflichtrecht I S. 227. Z. 8 AB/CVSM schliesst die Haftung für Wertverminderung oder Affektionswert aus und will sie auf die *Reparaturkosten beschränken.* Diese Klausel kann jedoch nicht verhüten, dass der *volle Sachwert* zu ersetzen ist, *wenn das beschädigte Frachtgut nicht reparaturfähig* ist. Übersteigen *Reparaturkosten plus Minderwert den vollen Sachwert, so ist nur dieser zu entrichten.* Art. 448 II OR.

c *c.* Nach *Eisenbahnfrachtrecht* ist nur die «*Wertverminderung*», *höchstens aber die Entschädigung zu entrichten, die dem vollen Sachwert des zerstörten Teils entspricht.* Art. 181 ETR. Art. 33 CIM. Ob der Minderwert auf den Neuwert oder einen «Zustandswert» des Frachtgutes zu berechnen ist, ist Tatfrage. Die nämliche Beschädigung verursacht nicht den nämlichen Minderwert bei einem neuen oder gebrauchten Automobil.

d *d.* In der Automobil-Kasko- und Automobilhaftpflichtversicherung haben sich für *Minderwertberechnungen Usancen* ausgebildet, *die im allgemeinen auch auf Transportschäden angewendet* werden können. Wurde eine als *richtig vermutete Wertdeklaration* gemacht (Art. 447 N. 9 c), so ist der *Minderwert auch bei Beschädigung grundsätzlich auf den deklarierten Wert* zu berechnen. Anders bei der Interessendeklaration im Eisenbahnfrachtrecht: Art. 184 III ETR, Art. 36 CIM. Je nach den Umständen kann durch Reparatur einer Maschine, z. B. Einsetzen neuer Ersatzteile, ein *Mehrwert* entstehen. Dieser Mehrwert ist grundsätzlich von den zu ersetzenden Reparaturkosten *in Abzug zu bringen.*

5. Das Mass des Schadenersatzes bei Verspätungsschaden und Kumulation von Verspätungs- und Sachschäden

5 a

a. Erschöpft sich der Schaden in einem Verspätungsschaden, so hat die Begrenzung nach dem Sachwert etwas Willkürliches an sich. N. 2a oben. Der blosse *Verspätungsschaden sollte i.d.R. kleiner, er kann aber auch grösser sein als der Sachwert.* Daher sind vom Sachwert abweichende vertragliche oder reglementarische Begrenzungen der Ersatzpflicht für den Verspätungsschaden häufig. N. 2a oben. Die verspätete Ablieferung eines Medikamentes (Art. 447 N. 8c) kann einen den Sachwert weit übersteigenden Schaden verursachen, ebenso die verspätete Ablieferung einer Maschine, die auf einen bestimmten Zeitpunkt eine Produktion aufnehmen sollte. Oder es führt das verspätete Eintreffen verderblicher Lebensmittel am Bestimmungsort zur Annahmeverweigerung und zum Rücktritt vom Kaufvertrag durch den Empfänger, in deren Folge ein *Notverkauf gemäss Art. 445/453 OR* durchgeführt wird, der einen *minimalen Erlös ergibt.* In derartigen Fällen gewinnt die *Begrenzung des Verspätungsschadens auf den Sachwert* des verspätet abgelieferten Frachtgutes praktische Bedeutung. Sie schliesst die Diskussion über die schwierigen Fragen des mittelbaren und unmittelbaren Schadens und der Adaequanz des Kausalzusammenhanges aus.

b

b. Noch günstiger für den Frachtführer wirkt sich die gesetzliche *Sachwertbegrenzung bei Kumulation von Verspätungsschaden und Sachschaden* (Verlust, Zerstörung, Teilverlust, Teilzerstörung, Beschädigung) aus. Die *Gesamthaftung des Frachtführers für die kumulierten Schäden ist auf den vollen Sachwert des Frachtgutes beschränkt.* Art. 448 II OR. N. 3b oben.

c

c. Zulässige Quantitativabreden können darin bestehen, dass für alle Schäden Limiten nach besonderen Gesichtspunkten angesetzt werden, die *auch dann zu entrichten sind, wenn der Gesamtbetrag der Limiten bei Schadenkumulationen den vollen Sachwert des Frachtgutes übersteigt. Häufiger* sind Stipulationen, die eine *detailliertere Limitierung als die gesetzliche vorsehen: Höchstbeträge für Verspätungsschäden, Höchstbeträge für Sachschäden unabhängig vom effektiven oder deklarierten Wert des Frachtgutes, Höchstbetrag für kumulierte Sach- und Verspätungsschäden.* So im *Eisenbahnfrachtrecht:* Art. 180, 181, 182 ETR. Art. 31–37 CIM; im *Seefrachtrecht:* Art. 49/50, 105 SSG; im *Luftfrachtrecht:* Art. 8–11 LTR, Art. 18–26 LVA; im *Postrecht:* Art. 52/3 PVG, Wertbrief- und Wertschachtelabkommen 1952 Art. 10/2, Poststückabkommen Art. 25, 28, 31/4. Art. 447 N. 10 f.

d *d.* Bei *Vorsatz oder grober Fahrlässigkeit* des Frachtführers oder seiner Leute *fallen im Frachtvertragsrecht des OR alle Limiten der Ersatzpflicht* dahin. Doch bleibt auch dann die Frage zu prüfen, *welche Schäden noch als adäquate Folge des schweren Verschuldens* betrachtet werden können. Art. 447 N. 8 c.

Art. 449

Der Frachtführer haftet für alle Unfälle und Fehler, die auf dem übernommenen Transporte vorkommen, gleichviel, ob er den Transport bis zu Ende selbst besorgt oder durch einen anderen Frachtführer ausführen lässt, unter Vorbehalt des Rückgriffes gegen den Frachtführer, dem er das Gut übergeben hat.

c. Haftung für Zwischenfrachtführer

c. Responsabilité pour les intermédiaires

Le voiturier répond de tous accidents survenus et de toutes fautes commises pendant le transport, soit qu'il l'ait effectué lui-même jusqu'à destination, soit qu'il en ait chargé un autre voiturier; sous réserve, dans ce dernier cas, de son recours contre celui auquel il a remis la marchandise.

c. Responsabilità per il vetturale intermedio

Il vetturale è responsabile di tutti i casi e gli sbagli verificatisi nel trasporto, sia che l'abbia eseguito egli stesso sino alla fine, sia che l'abbia affidato ad altro vetturale, salvo il regresso contro il vetturale, al quale egli abbia consegnato la merce.

Rechtsvergleichung: aOR Art. 459. Code de Commerce art. 99. HGB §§ 431/2. Codice Civile art. 1699/1702. ETranspG Art. 20/2. ETR Art. 22, 29/35. CIM Art. 26, 43, 48/9. PVG Art. 44 II. SSG Art. 101 II. LVA Art. 30/1. LTR Art. 22. Weltpostvertrag 1952 Art. 72/5. Wertbrief- und Wertschachtelabkommen 1952 Art. 14. Poststückabkommen 1952 Art. 35, 38.

Literatur: Couchepin, Haftung und Regress der mehreren Frachtführer nach schweizerischem, deutschem und französischem Recht, Basler Diss 1933 (Maschinenschrift).

SYSTEMATIK DER KOMMENTIERUNG

Art. 449 OR

1. Abgrenzungen. Mitwirkung einer Transportanstalt oder eines Transportunternehmens. Gemeinschaftliche Gesamttransporte. Aufeinanderfolgende Teilstreckentransporte 288
2. Abgrenzung von der Spedition 291
3. Der Zwischenfrachtführer als Substitut des Frachtführers 292
4. Haftung für unselbständige Hilfspersonen und für «Substituten» des Frachtführers 293
5. Beizug des «Substituten» durch den Frachtführer im Namen des Absenders. Ersatzfrachtführer 295

6. Befugter und unbefugter Beizug eines Zwischenfrachtführers. Voller Schadenersatz 296
7. Zwischenfrachtführer und Zwischenspediteur 298
8. Transportschadenshaftung des Zwischenfrachtführers 299
9. Der Rückgriff des Hauptfrachtführers auf den Zwischenfrachtführer 299
10. Haftung und Rückgriff unter mehreren Eisenbahnen 300
11. Haftung und Rückgriff unter Luftfrachtführern bei gemischten und bei Posttransporten 301

Art. 449 OR

1. Abgrenzungen. Mitwirkung einer Transportanstalt oder eines Transportunternehmens. Gemeinschaftliche Gesamttransporte. Aufeinanderfolgende Teilstreckentransporte

1 a *a.* Art. 449 OR, textlich unverändert Art. 459 aOR entsprechend, ist eine *Haftungsnorm.* Sie steht unter dem Randtitel: «Haftung des Frachtführers». Die vorausgegangenen Art. 447 und 448 OR bestimmen, für welche «Unfälle und Fehler, die auf dem übernommenen Transport vorkommen» (Transport- und Verspätungsschäden), der Frachtführer haftet, und wie er sich entlasten kann. Art. 449 OR bringt zum Ausdruck, dass der *Frachtführer auch dann haftbar* bleibt, *wenn er «den übernommenen Transport» nicht «bis zu Ende selbst besorgt»*, sondern *«durch einen anderen Frachtführer ausführen lässt.»*

b *b.* Im OR von 1881 finden sich noch keine Randtitel. Der Text von rev Art. 449 OR enthält den Begriff des *Zwischenfrachtführers* nicht. Der anlässlich der Revision von 1911 beigefügte Randtitel: «Haftung für Zwischenfrachtführer» deckt *nicht alle Fälle der «Mitwirkung» eines anderen bei der Ausführung eines übernommenen Transportes und der sich daraus ergebenden Haftungsverhältnisse.*

c *c.* (1) Der häufigste Fall der «*Mitwirkung einer öffentlichen Transportanstalt*» an dem von einem Frachtführer (oder Spediteur) übernommenen Transport ist in Art. 456 besonders geregelt. Sind die *Mitwirkenden* die *Post, Eisenbahnen* oder *Dampfschiffe* (Art. 1 I ETranspG Art. 125 I SSG), so richtet sich nicht nur die *Transportschadenshaftung* dieser Mitwirkenden, sondern auch diejenige des *privaten Frachtführers*, der sie zur Ausführung eines übernommenen Transportes beizieht, nach der in Art. 455

III OR vorbehaltenen Spezialgesetzgebung. Das gilt heute nicht nur, wenn der Frachtführer befugterweise für einen übernommenen Transport eine öffentliche Transportanstalt im engeren Sinne, sondern auch wenn er zur Ausführung eines übernommenen Transportes eine *Transportunternehmung* beizieht bzw. ein Transportmittel benützt, *das der Spezialgesetzgebung untersteht.* Ist es ein Flugzeug, so haftet der *private Frachtführer* für den auf der *Flugstrecke* eingetretenen Transportschaden i. d. R. *nach LTR und LVA.* Ist es ein See- oder Binnenschiff, das dem SSG untersteht, so haftet der *private Frachtführer für den auf der See- oder Flußstrecke eingetretenen Transportschaden* nach SSG. N.11b unten. Der leitende Gedanke ist, dass der beauftragte *private Frachtführer alles, aber auch nur dasjenige dem Anspruchsberechtigten* (begünstigten Empfänger oder auftragerteilenden Absender) *abliefern soll, was er selbst durch sorgfältige und getreue Auftragsausführung von der Transportanstalt oder von der Transportunternehmung erlangen* kann. Art.400 OR. Zur richtigen Ausführung des Transportauftrages gehört auch die *Wahrung der Transport- und Verspätungsschadensansprüche gegenüber den unmittelbar dafür Verantwortlichen.* Art.457 OR.

(2) Die zweite Kategorie von Fällen, die nicht durch Art.449 OR geregelt sind, bilden die *Transporte von einem Versendungsort an einen Ablieferungsort* (Art.441 I OR), *die durch einen einzigen Frachtvertrag mit dem Absender von mehreren Frachtführern gemeinschaftlich übernommen* werden. Das ist dann der Fall, wenn der Absender einen einzigen durchgehenden Frachtbrief für die gesamte Transportstrecke ausgestellt und dem ersten Frachtführer übergeben hat. § 432 I und II HGB. Es ist *nicht ein einziger Frachtführer*, der einen Teil des übernommenen Transportes «durch einen anderen Frachtführer ausführen *lässt*». Es liegt nach der schweizerischen Mandatskonzeption (Art.440 II OR) *ein einziger Frachtauftrag des Absenders* vor, *den mehrere unmittelbar vom Absender* beauftragte Frachtführer i. S. von Art.403 II OR «*gemeinschaftlich übernommen* haben». Art.403 N.11, 13. Die *gemeinschaftliche* «*Übernahme*» *begründet ihre solidarische Verpflichtung für die richtige Ausführung* und Ablieferung und dementsprechend die *Haftung für Transport- und Verspätungsschäden* i.S. von Art.447/8 OR nicht auf Grund von Art.449 OR, sondern *auf Grund von Art.403 II OR.* In der Praxis *besorgt jeder der gemeinschaftlichen «Gesamtfrachtführer» den Transport auf einer Teilstrecke zwischen dem Versendungs- und dem Bestimmungsort. Die einzelnen Teilstrecken können durch Ausführungsabreden oder Weisungen vom Absender* zugeteilt sein. Dieser kann aber auch die *Organisation der Zusammenarbeit den gemeinschaftlich beauftragten Frachtführern über-*

lassen, ohne dass eine Änderung an ihrer Solidarhaftung eintritt. Art. 1700 Codice Civile widmet dem «*Trasporto cumulativo*», der von mehreren aufeinanderfolgenden Frachtführern (da più vettori successivi) durch einen einzigen Vertrag (con unico contratto) gemeinschaftlich (cumulativamente) übernommen wird, besondere Bestimmungen, von welchen die *Solidarhaftung für die Ausführung vom Versendungsort* (dal luogo originario di partenza) *bis zum Bestimmungsort* (fino al luogo di destinazione) die wichtigste ist. Ähnlich § 432 HGB. Eine Besonderheit ergibt sich für das schweizerische Recht, *wenn einer der gemeinschaftlich beauftragten privaten Frachtführer seinerseits eine der Spezialgesetzgebung unterstellte Transportanstalt oder Transportunternehmung beizieht*, weil auch er dann *für Transportschäden grundsätzlich nach der Spezialgesetzgebung* haftet. Art. 456 OR. Z. (1) oben. Dann kann für diesen «Gesamtfrachtführer» *keine echte Solidarhaftung* angenommen werden.

(3) Von der gemeinschaftlichen Übernahme eines einzigen *Gesamttransportes* durch mehrere aufeinanderfolgende gleichgeordnete Frachtführer ist zu unterscheiden der *Transport, der auf Grund mehrerer Frachtverträge mit dem nämlichen Absender von mehreren Frachtführern je für eine bestimmte Teilstrecke* übernommen wird. Ob ein einziger Gesamtfrachtvertrag vorliegt oder mehrere Teilfrachtverträge mit dem nämlichen Absender, lässt sich bei Fehlen eines Frachtbriefes in erster Linie nach der *Bezeichnung des Versendungs- und des Bestimmungsortes* beurteilen, die für den Abschluss des Frachtvertrages essentiell sind. Art. 440 N. 5 b. Mittelbar lässt es sich auch beurteilen nach dem vereinbarten oder dem geforderten üblichen Frachtlohn, eventuell nach *Ausführungsabreden oder Weisungen* z. B. über den *Transportweg*, das *Transportmittel*, die *Transportschnelligkeit* u. a. Sowohl für Transporte innerhalb der Schweiz als auch für internationale Transporte dürfte der *Gesamtfrachtvertrag* in der Praxis die *Ausnahme* bilden. Ein privater Frachtführer (im Gegensatz zum Spediteur) will nicht die Transportschadenshaftung für die von anderen ausgeführten Transporte übernehmen. Die Transportschadenshaftung kompliziert sich schon innerhalb der Schweiz, wenn eine öffentliche Transportanstalt oder eine der Spezialgesetzgebung unterstehende Transportunternehmung mitwirkt. Sie wird schwer überblickbar bei *gemischten Transporten*, die z. B. durch private Frachtführer, Eisenbahn, Post, Flugzeug, Dampfschiff, Binnenschiff, Seeschiff in beliebiger Kombination ausgeführt werden, weil dann *für jede Teilstrecke ein anderes Transportrecht*, häufig auch ausländisches, zur Anwendung kommt. N. 11 b unten. Der selbständige *Teilfrachtvertrag, aus welchem jeder Frachtführer nur für Transportschäden haftet, die auf seiner*

Teilstrecke eingetreten sind, wird häufig im Namen des Absenders vom ersten Frachtführer mit einem zweiten selbständigen Frachtführer abgeschlossen. Dann ist der *erste Frachtführer für diesen Abschluss nicht mehr Frachtführer, sondern bevollmächtigter Rechtshandlungsbeauftragter des Absenders.* Die *Wirkungen des zweiten* mit einem privaten Frachtführer, einer Transportanstalt oder einem Transportunternehmen abgeschlossenen Frachtvertrages treten *in der Person des ersten Absenders* ein. Eine *Transportschadenshaftung des ersten Frachtführers aus diesem zweiten Frachtvertrag entsteht nicht.* Eine solche *Mehrheit von Teilstrekkenfrachtverträgen ist durch die Haftungsnorm von Art. 449 OR nicht erfasst.*

2. Abgrenzung von der Spedition

2 a

a. Mitwirkung eines anderen Frachtführers liegt ferner vor, wenn derjenige, der den Transport übernommen hat, «die *Versendung oder Weitersendung*» (Art. 439) *des Frachtgutes* in eigenem Namen durch jenen anderen Frachtführer, eine öffentliche Transportanstalt oder eine der Spezialgesetzgebung unterstehende Transportunternehmung «*besorgen lässt*». Übernimmt dabei der Frachtführer, der mit dem Absender kontrahiert hat, selbst keinen wesentlichen Teil an der Ausführung des Transportes, sondern nur etwa die Zufuhr und Verladung des Frachtgutes (Art. 439 N. 3 a), so wird er zum *Spediteur* i. S. von Art. 439 OR. Das bestimmt art. 1699 Codice Civile ausdrücklich für den Fall, dass der Frachtführer *ohne Frachtbrief des Absenders bis zum endgültigen Bestimmungsort* (N. 1 c (2) oben) das Frachtgut durch aufeinanderfolgende Frachtführer *über* die eigenen Strecken hinaus (oltre le proprie linee) durch einen anderen Frachtführer *weitertransportieren* lässt.

b

b. Die *gleiche Annahme kann auch für das schweizerische Frachtvertragsrecht* gelten, zumal sie mit einer juristisch logischen Konstruktion zu den vom Gesetz gewollten Resultaten führt. *Soweit jemand im eigenen Namen einem anderen die Ausführung eines Transportes oder Weitertransportes überträgt, handelt er wie ein Spediteur und trägt die Transportschadenshaftung gemäss Art. 447/8 OR oder Art. 456 OR nicht qua Frachtführer, sondern qua Spediteur.* Art. 439 N. 12 c. Art. 447 N. 16 d. Die *Transport- und Verspätungsschadenshaftung ist keine andere, ob man den die Ausführung nicht selbst besorgenden, sondern im eigenen Namen einen anderen substituierenden « Transporteur» als «Frachtführer» i. S. von Art. 449/456 OR oder als Spediteur i. S. von Art. 439/456 auffasst.* Der Wortlaut von

Art. 439, 456 OR und insbesondere von Art. 449 OR scheint eher für die Qualifikation eines solchen «Transporteurs» als Spediteur zu sprechen. Nach Art. 449 OR bleibt *nur derjenige ein «Frachtführer», der zwar nicht «den Transport bis zu Ende selbst besorgt»*, aber doch wenigstens einen Teil des Transportes tatsächlich *als Frachtführer selbst ausführt.*

3. Der Zwischenfrachtführer als Substitut des Frachtführers

3 a *a.* Nach diesen Abgrenzungen *deckt die Haftungsnorm von Art. 449 OR nur*

(1) *die Fälle der auftragsrechtlichen Substitution eines Zwischenfrachtführers* i. S. von Art. 398 III/399 OR. D. h. der vom Absender beauftragte *Frachtführer* muss *selbst in einem von ihm abgeschlossenen Substitutions-Frachtvertrag den «Zwischenfrachtführer» beigezogen* haben. Art. 398 N. 40c. Vorbem. vor Art. 439 N. 5c;

(2) die Fälle, in welchen der *Frachtführer* selbst einen *«Zwischenfrachtführer» in einem Substitutions-Frachtvertrag* beizieht, den er *als direkter Stellvertreter im Namen des Absenders (Hauptauftraggebers) abschliesst.*

(3) Hingegen *gilt das in Art. 449 OR ausgesprochene Haftungsprinzip für Transportschäden auch dann, wenn der private Frachtführer nicht einen anderen privaten Frachtführer in dieser Weise substituiert*, sondern eine der Spezialgesetzgebung unterstellte *öffentliche Transportanstalt oder eine Transportunternehmung*, mit welcher er im Namen des Absenders (seines Auftraggebers) kontrahiert. Nur richtet sich dann die *Transportschadens- und Transportverspätungshaftung des privaten «Hauptfrachtführers» für Unfälle und Fehler, die auf der Transportstrecke des «Substituten» eintreten, nicht nach Art. 447/8 OR, sondern nach der Spezialgesetzgebung.* Art. 455 III, 465 I OR.

b *b.* Der dem schweizerischen Recht eigene *Begriff des «Zwischenfrachtführers»*, die *Transportschadenshaftung für diesen*, und die sich ergebenden Abgrenzungen können mit ausländischen Lösungen, namentlich denjenigen des Code de Commerce und des HGB, kaum verglichen werden. Die Beziehungen *zwischen dem Frachtrecht der Spezialerlasse und dem privaten Frachtvertragsrecht des OR sind auf typisch schweizerische Verhältnisse zugeschnitten und im Ausland nicht die nämlichen.* Strukturell ist das *Frachtvertragsrecht des OR Auftragsrecht* (Art. 440 II OR), während das deutsche und französische Transportrecht *Werkvertragsrecht* ist. Art. 440 N. 1–4. Es dient daher kaum der Klarheit, wenn die durch die deutsche Doktrin ausgebildeten Begriffe wie *Samtfrachtführer*, *Teilfrachtführer*, *Unterfrachtführer* und ihre teils subtilen Abgrenzungen übernommen werden, weil sie sich jedenfalls *nicht tale quale in das System des schweizerischen Frachtrechts eingliedern lassen.* Kommentar RATZ zu § 432 HGB Anm. 1. Zudem sind nach dem Frachtvertragsrecht des HGB Transporte ohne Frachtbrief selten. § 432 II HGB regelt den Eintritt eines nachfolgenden Frachtführers in einen Gesamtfrachtvertrag durch *Annahme des Gutes «mit dem ursprünglichen Frachtbrief».* Das Frachtvertragsrecht des OR hingegen muss in allen Teilen auch auf Klein- und Lokaltransporte ohne Frachtbrief angewendet werden können. Anders Art. 29 II ETR und Art. 26 § 2 CIM wegen des Frachtbriefzwanges für Eisenbahntransporte.

c *c.* Der *Zwischenfrachtführer* untersteht dem unmittelbaren *Weisungs- und Verfügungsrecht* des Absenders oder Empfängers i. S. von Art. 443 OR. Art. 399 III OR. Art. 399 N. 10b.

4. Haftung für unselbständige Hilfspersonen und für «Substituten» des Frachtführers

4 a *a.* Die charakteristische *Transport- und Ablieferungsobligation des Frachtführers ist als Ganzes unpersönlich* i. S. von Art. 68 OR. Art. 398 N. 40 c. Die gewerbsmässig betriebenen und namentlich die körperschaftlich organisierten Transportunternehmungen können übernommene Transportobligationen *nur durch Gehilfen erfüllen.* Meist sind es unselbständige Arbeiter und Angestellte, die in einem *dauernden Subordinationsverhältnis* (Dienstvertrag) *zum Frachtführer stehen,* und *für deren Mitwirkung bei der Vertragserfüllung der Frachtführer nach Art. 101 OR, für deren deliktische Schadenszufügung er nach Art. 55 OR haftet.* In Anlehnung an die in Deutschland gebräuchliche und von Art. 12 ETR (Randtitel) übernommene Terminologie kann man von den «*Leuten des Frachtführers*» sprechen. Diese *Leute des Frachtführers* sind nicht «*andere Frachtführer*» i. S. von Art. 449. In Abweichung von § 431 HGB *haftet der Frachtführer nach OR nicht nur für Transport- und Verspätungsschäden, die von seinen Leuten verschuldet sind.* Für die Haftung des Frachtführers nach Art. 447/8 OR *genügt die positive Tatsache des Vorliegens eines Transportschadens und die negative Tatsache, dass der Frachtführer keinen der abschliessend aufgezählten Entlastungsgründe beweisen*

kann. Kein gesetzlicher Entlastungsgrund bezieht sich unmittelbar auf das Verhalten der Leute des Frachtführers. In Übereinstimmung mit dem Transportrecht der meisten Spezialerlasse *haftet der Frachtführer schlechthin für die von seinen Leuten verursachten Transport- und Verspätungsschäden*, von denen er sich nicht entlasten kann. Art. 447 N. 8a, 16b.

b *b.* Von den unselbständigen Erfüllungsgehilfen, den Leuten des Frachtführers, zu unterscheiden ist der bei der Erfüllung mitwirkende, *vom Frachtführer beigezogene «andere Frachtführer».* Auch er beteiligt sich an der Erfüllung einer vom Frachtführer übernommenen Transport- und Ablieferungsobligation, aber als *selbständiger Gehilfe*, der *in keinem Subordinationsverhältnis zum «Hauptfrachtführer»* steht. Art. 398 N. 40. Er kann nach der auftragsrechtlichen Konzeption des OR als *«Substitut» des Frachtführers* i. S. von Art. 398 III/399 OR aufgefasst werden. Dass der Frachtführer für die vom «Zwischenfrachtführer» (oder dessen Leuten) verursachten Transportschäden so haftet, *wie wenn er den Transport selbst ausgeführt hätte*, wäre dann nach Art. 399 II/440 II OR *nicht selbstverständlich.* Die Substitution eines Zwischenfrachtführers in die unpersönlichen Verrichtungen der Transport- und Ablieferungsobligation ist nach Art. 68/398 III OR fast ausnahmslos eine *befugte Substitution. Ohne die Sonderbestimmung von Art. 449 würde der Frachtführer für das Verhalten seines befugterweise beigezogenen «Substituten» nur haften, wenn er eine culpa in eligendo aut in instruendo zu vertreten hätte.* Art. 399 N. 7. **BGE 47 II 329.**

c *c.* Das HGB, auf der *werkvertraglichen Konzeption* fussend (Kommentar Ratz ad § 425 Anm. 1), kennt die *Unterscheidung zwischen unselbständigen Erfüllungsgehilfen und* qualifizierten *selbständigen Hilfspersonen* (Substituten) *nicht.* Die Haftung für Gehilfen nach OR und nach BGB ist nicht völlig identisch geregelt. § 431 HBG sieht eine *Frachtführerhaftung nur für das Verschulden* selbständiger oder unselbständiger Hilfspersonen vor. Nach OR genügt ein objektivierter Sorgfaltsmangel des Frachtführers oder seiner Leute. § 432 HGB regelt die Haftung des Hauptfrachtführers für den *«Unterfrachtführer»* (Kommentar Ratz ad § 432 Einl.), der *nur gewerbsmässig tätig* sein (§ 425 HGB), während nach OR jedermann als der «andere Frachtführer» funktionieren kann. Becker ad Art. 449 N. 2. Die *Verschiedenheit der Konzeptionen bedingt verschiedenartige Lösungen.*

5. Beizug des «Substituten» durch den Frachtführer im Namen des Absenders. Ersatzfrachtführer

5 a

a. Aus dem Wortlaut von Art. 449 OR muss geschlossen werden, dass der im Randtitel als «Zwischenfrachtführer» qualifizierte «andere Frachtführer» vom «Hauptfrachtführer» in direkter Stellvertretung des Absenders durch Abschluss eines neuen Frachtvertrages beigezogen wird. Er, der Hauptfrachtführer, «lässt» den Transport teilweise «*durch einen anderen Frachtführer ausführen*». N. 3 a oben. Nach Art. 32 II OR genügt, wenn der Zwischenfrachtführer «*aus den Umständen auf das Vertretungsverhältnis schliessen musste*». Das darf als Regelfall angenommen werden, wenn der Hauptfrachtführer dem Zwischenfrachtführer den Namen des Absenders nicht nennt und dieser nicht aus der Kennzeichnung des Gutes, aus dem Frachtbrief oder anderen Frachtdokumenten hervorgeht. Das Normale ist, dass ein «Frachtführer» gewerbsmässig Transporte für fremde Rechnung und in fremdem Interesse ausführt. Dem Zwischenfrachtführer ist es regelmässig auch *gleichgültig, mit wem er den Vertrag* abschliesst. Er gewährt keinen ungedeckten Kredit, bei dem es auf die Person des Vertragsschuldners ankommt, sondern er ist für seine Vertragsansprüche durch das *dingliche Retentionsrecht am Frachtgut mit erleichterter Verwertungsmöglichkeit gedeckt.* Art. 451, 444/5 OR. Art. 396 N. 18 d, 19 c, d.

b

b. Kann unter diesen Voraussetzungen ausnahmsweise *kein Vertragsabschluss durch den Hauptfrachtführer mit dem Zwischenfrachtführer in direkter Stellvertretung des Absenders* angenommen werden, sondern hat der Hauptfrachtführer im eigenen Namen mit dem Zwischenfrachtführer kontrahiert, so ist auf die Haftungsverhältnisse nicht Art. 449 OR anzuwenden. Der *Hauptfrachtführer* hat als *Spediteur* gehandelt und unterliegt der *Transportschadenshaftung des Spediteurs.* N. 2 oben.

c

c. Der Zwischenfrachtführer muss ein nach dem freien *Willen des Hauptfrachtführers von diesem gewählter «Substitut» sein.* Hat der *Absender* dem Hauptfrachtführer durch Ausführungsabrede oder Weisung *vorgeschrieben,* welchen anderen Frachtführer er für eine bestimmte Teilstrecke des Transportes beiziehen muss, so trägt *der Absender die Gefahr der* von ihm angeordneten *Auftragsausführung.* Art. 447 N. 12 e. Eine derartige Weisung kann auch in der Vorschrift eines bestimmten Transportmittels für eine bestimmte Strecke liegen: z. B. bis Bern mit dem Motorfahrzeug des Frachtführers, von Bern bis Zürich mit der Eisenbahn, von Zürich bis London per Flugzeug. Solche Aufträge werden allerdings *häufiger einem Spediteur* als einem Frachtführer erteilt. Im Gegensatz zum Frachtführer übernimmt der im eigenen Namen kontrahierende Spediteur die *Transportschadenshaftung für den ganzen Transport.* Doch auch der vom Hauptfrachtführer mit dem anderen Frachtführer abgeschlossene Frachtvertrag ist *kein* «*Unterfrachtvertrag*», sondern ein *in direkter Stellvertretung des Absenders* mit einer bestimmten von diesem bezeichneten Person abgeschlossener *selbständiger Frachtvertrag.* Ist dem Hauptfrachtführer vorgeschrieben, nur unter bestimmten *Bedingungen* mit einem bestimmten anderen Frachtführer namens des Absenders zu kontrahieren, so kann man von einem *Ersatzfrachtvertrag* sprechen, der kein Unterauftrag (Substitutionsauftrag) i. S. von Art. 449 OR ist. Art. 398 N. 44c. Es wäre unbillig, den Frachtführer für das Verhalten desjenigen haften zu lassen, mit dem er kontrahieren musste, d. h. eine cura in eligendo gar nicht aufwenden konnte. Er kann den *Entlastungsbeweis* unter Berufung auf die *Absenderweisung* antreten. Art. 447 N. 4c, 12b. Seine *Transportobligation* ist mit der Ablieferung des Frachtgutes an den vorgeschriebenen «anderen Frachtführer» *beendet.* Für den *vom Absender verbindlich vorgeschriebenen* anderen Frachtführer oder den *Ersatzfrachtführer trägt der Hauptfrachtführer keine Transportschadenshaftung.* Dieser haftet dem berechtigten *Absender oder Empfänger nur selbst für den auf seiner Strecke eingetretenen Transport- oder Verspätungsschaden* nach Art. 447/8 oder Art. 456 OR. So selbst die französische Praxis zu art. 99 Code de Commerce, wo die unbedingte Transportschadenshaftung des *Hauptspediteurs* für seinen *Zwischenspediteur* vorgesehen ist.

6. Befugter und unbefugter Beizug eines Zwischenfrachtführers. Voller Schadenersatz

6a *a.* Ist die charakteristische Transport- und Ablieferungsobligation des Frachtführers eine unpersönliche Verpflichtung, so ist der *Beizug* eines von diesem *gewählten Zwischenfrachtführers befugt, wenn er vom Absender nicht ausdrücklich oder sinngemäss* (z. B. Weisung auf Flugzeugtransport auf einer bestimmten Strecke) *untersagt* wurde. Es braucht nicht auf die in Art. 398 III OR umschriebenen Kriterien der befugten und unbefugten Substitution abgestellt zu werden. *Unbefugt* wird der Beizug eines Zwischenfrachtführers *nur durch ausdrückliches oder konkludentes Verbot des Absenders.* Vgl. Art. 420 III (entgegen dem ausgesprochenen oder sonst erkennbaren Willen des Geschäftsherrn). Selbst dann wird die verbotene Substitution *befugt*, wenn sie *vom Absender* wissentlich ohne Widerspruch *geduldet* oder *genehmigt* wurde. Art. 395 N. 17. Art. 424 OR.

b. Für die verbleibenden Fälle des *unbefugten Beizuges* eines Zwischenfrachtführers erhebt sich die Frage, ob der *Hauptfrachtführer* die *Transportschadenshaftung nach Art. 399 I/447/8 OR oder ob er die Transportschadenshaftung trägt, welcher der unbefugt beigezogene Zwischenfrachtführer untersteht,* z. B. nach ETR oder LVA. Art. 456 OR. Erfolgt der *Beizug eines Zwischenfrachtführers durch den Hauptfrachtführer gegen ein ausdrückliches oder sonst unmissverständliches Verbot des Absenders* (Auftraggebers), so führt der Hauptfrachtführer das ihm übertragene Geschäft *nicht «vertragsgemäss»* aus. Art. 394 I OR. Er *überschreitet die Grenzen des ihm erteilten Auftrages* durch *Verletzung einer Ausführungsabrede oder Weisung* und wird zum *auftraglosen Geschäftsführer.* Art. 397 N. 9, 21, 23. Gleichgültig, ob darin eine *grobfahrlässige Vertragsverletzung* (Art. 100 OR) oder eine « Geschäftsführung entgegen dem ausgesprochenen oder sonst erkennbaren Willen des Geschäftsherrn » i. S. von Art. 420 III OR erblickt wird, der *Hauptfrachtführer haftet für den vollen Ersatz eines Transportschadens, der auf dem unbefugterweise übertragenen Transport eingetreten* ist unter *Fortfall* allfälliger *vertraglicher, gesetzlicher oder reglementarischer Limiten.* Art. 447 N. 8.

b

c. Dazu folgendes *Beispiel aus der Praxis:* Ein Frachtführer (oder Spediteur) übernimmt den Transport eines wertvollen, jedoch zerbrechlichen Kunstwerkes (Bas-Relief). Um gefährliche Erschütterungen zu vermeiden, schreibt der Absender *Lufttransport* in besonders angefertigter Verpackung für die ganze interkontinentale Transportstrecke vor. Entgegen dieser Vorschrift lässt der Frachtführer (oder Spediteur) auf einem Teil der Landstrecke den Transport durch die *Eisenbahn* ausführen. Bei der Ablieferung durch den Luftfrachtführer am Bestimmungsort zeigt sich, dass das Kunstwerk zerbrochen ist, was unter den gegebenen Umständen einem *totalen Sachschaden* gleichkommt. Der die *Absenderweisung auf Lufttransport* verletzende Frachtführer (oder Spediteur) haftet nicht nur nach Eisenbahnfrachtrecht (Art. 456 OR), sondern er ist dem berechtigten *Empfänger für den Ersatz des Erfüllungsinteresses haftbar* und kann sich *weder auf die Limiten des Eisenbahn- noch des Luftfrachtrechts* berufen, zumal wenn nicht mit Sicherheit feststeht, ob der Schaden auf dem Eisenbahn- oder Lufttransport eingetreten ist.

c

7. Zwischenfrachtführer und Zwischenspediteur

7 a *a.* Während der *Zwischenfrachtführer der zur Teilausführung der Transport- und Ablieferungsobligation des Hauptfrachtführers beigezogene* «Substitut» (selbständige Hilfsperson) ist, ist der *Zwischenspediteur der vom Hauptspediteur zur Teilausführung seines Rechtshandlungsauftrages* (mit Nebenverpflichtungen tatsächlicher Natur) *beigezogene Substitut* i.S. von Art. 398 III OR. Ob der Beizug eines Zwischenspediteurs *befugt oder unbefugt* ist, bestimmt sich *nach den in Art. 398 III OR für die Auftragssubstitution aufgestellten Kriterien:* Ermächtigung des Speditionskommittenten, Nötigung durch die Umstände, Üblichkeit.

b *b.* Bei *befugter Substitution eines Zwischenspediteurs* haftet der Spediteur *für den Transportschaden, der sich auf der vom Zwischenspediteur besorgten Transportstrecke ereignet,* nach Art. 399 I OR nur dann, wenn ihn selbst eine *culpa in eligendo aut instruendo* trifft. **BGE 77 II 155, 159.** Dasselbe gilt als Grundsatz auch für die *Schadenshaftung des Hauptspediteurs* hinsichtlich der Rechts- und Tathandlungen des von ihm selbst beigezogenen Zwischenspediteurs, die sich nicht auf den Transport der Güter beziehen, z.B. Zufuhr und Abfuhr, Besorgung der Verzollung, Nachnahmeinkasso durch den Zwischenspediteur. Abweichend art. 99 Code de Commerce, der die unbedingte Transportschadensgarantie des Spediteurs statuiert für die «faits du commissionnaire intermédiaire auquel il adresse les marchandises». Hingegen haftet der *Zwischenspediteur selbst dem Speditionskommittenten* (Versender) *für die von ihm tatsächlich vorgenommenen Ausführungshandlungen.* Soweit sich diese auf den *Transport der Güter* beziehen, *trägt der Zwischenspediteur die Transportschadenshaftung nach Art. 447/8 OR oder nach Spezialtransportrecht gemäss Art. 456 OR. Art. 439 N. 5 b.*

c *c.* Der *unbefugte Beizug* eines Zwischenspediteurs muss aus den nämlichen Gründen wie der unbefugte Beizug eines Zwischenfrachtführers als *grobes Verschulden des Hauptspediteurs* betrachtet werden, das zur unabdingbaren *vollen Schadenshaftung* führt. Art. 100, 397 II, 399 II und III, 420 III OR. N. 6 b oben. Der unbefugt substituierende Spediteur trägt nicht nur die gesetzlich oder vertraglich limitierte Transportschadenshaftung für die Ausführungshandlungen des Zwischenspediteurs, sondern die volle Schadenshaftung. Art. 447 N. 8. Der unbefugt substituierte *Zwischenspediteur selbst* trägt *gegenüber dem Speditionskommittenten hinsichtlich des von ihm besorgten Transportes die Transportschadenshaftung wie jeder Spediteur* nach Art. 439, 447/8, 456 OR. Trifft ihn ein *grobes Verschulden*, was namentlich anzunehmen ist, wenn er die *Unzulässigkeit seiner Substitution kannte*, so wird seine *Transportschadenshaftung unlimitiert.*

8. Transportschadenshaftung des Zwischenfrachtführers

8 a

a. Während der Berechtigte (Art. 447 N. 15) nur die einen Transportschaden verursachenden *Leute seines Frachtführers* (N. 4 oben) belangen kann, die ein *deliktisches Verschulden* i. S. von Art. 41 OR zu vertreten haben (Art. 447 N. 16 b), richtet sich die *Verantwortlichkeit des befugter- oder unbefugterweise beigezogenen Zwischenfrachtführers nach Art. 399 III OR.* Der Berechtigte, d. h. der im Zeitpunkt der Ablieferung am endgültigen Bestimmungsort verbindlich bezeichnete Empfänger (bei Rücktransport wird der Absender ablieferungsberechtigter «Empfänger»), kann und wird sogar i. d. R. den *Transportschadenersatzanspruch vorerst gegen den die Ablieferung besorgenden letzten Zwischenfrachtführer erheben*, gleichgültig, ob dieser befugter- oder unbefugterweise beigezogen war.

b

b. Da gegen den letzten Zwischenfrachtführer der *Ablieferungsanspruch* besteht, besteht nach Art. 399 OR auch der an seine Stelle tretende *Transport- oder Verspätungsschadenersatzanspruch bei fehlerhafter Ablieferung.* Art. 399 III OR. Art. 447 N. 15 a, 16 c. Hat der *Zwischenfrachtführer ein eigenes grobes Verschulden* oder ein solches seiner Leute zu vertreten, was namentlich bei Kenntnis der Unzulässigkeit seiner Substitution anzunehmen ist, so wird *seine Transportschadenshaftung unlimitiert*, auch wenn sie gesetzlich oder vertraglich beschränkt war. N. 7 c oben.

9. Der Rückgriff des Hauptfrachtführers auf den Zwischenfrachtführer

9 a

a. Art. 449 OR behält dem Hauptfrachtführer, der für den von seinem Zwischenfrachtführer ausgeführten Transport haftbar wird, den *Rückgriff gegen den Frachtführer vor, dem der Hauptfrachtführer «das Gut übergeben hat».* Voraussetzungen des Rückgriffsrechtes sind:

(1) Tatsächliche *Übergabe des Gutes an den anderen Frachtführer,*
(2) *Eintritt eines Transportschadens auf der vom anderen Frachtführer übernommenen Transportstrecke,*
(3) Bezahlung eines Transport- oder Verspätungsschadens an den legitimierten Kläger.

Kein Rückgriffsrecht hat der Frachtführer gegen denjenigen Zwischenfrachtführer, dem er selbst oder seine Leute das Gut nicht übergeben haben. Kein Rückgriffsrecht hat der Frachtführer gegen einen Zwischenfrachtführer, wenn der Transportschaden *nicht auf der von diesem Zwischenfrachtführer übernommenen Transportstrecke eingetreten* ist.

b *b.* Das Rückgriffsrecht gegen den Zwischenfrachtführer ist ein Anwendungsfall der in *Art. 50/51 OR* enthaltenen *Regressordnung.* Der Hauptfrachtführer, «*der, ohne eigene Schuld*» und *ohne seine vertraglichen Verpflichtungen zu verletzen* (erlaubte Substitution), «nach Gesetzesvorschrift» (Art. 449 OR) *für seinen Zwischenfrachtführer haftbar* wird, soll den Schaden in letzter Linie tragen. Vor ihm trägt ihn der Zwischenfrachtführer selbst, der für ein präsumiertes eigenes Verschulden oder ein solches seiner Leute *bei der ihm unmittelbar obliegenden Vertragserfüllung einstehen muss.* Trifft sowohl den Haupt- als auch den Zwischenfrachtführer oder ihre Leute ein *Verschulden,* was namentlich in den Fällen *unbefugter Substitution anzunehmen ist, so ist der Umfang des Rückgriffes nach richterlichem Ermessen zu bestimmen.* Sonst geht die Haftung desjenigen vor, der ein Verschulden zu vertreten hat. Art. 50 II/51 OR.

10. Haftung und Rückgriff unter mehreren Eisenbahnen

10 a *a.* Ein Art. 449 OR entsprechendes *Substitutionsverhältnis besteht unter Eisenbahnen weder im nationalen noch im internationalen Eisenbahnfrachtrecht.* Sind *mehrere Eisenbahnunternehmungen* an der Ausführung eines durch *einen einheitlichen durchgehenden Frachtbrief charakterisierten Transportes* von einer Abgangs- zu einer Bestimmungsstation beteiligt, so besteht unter ihnen eine *Haftungsgemeinschaft.* N. 1 c (2) oben. Art. 20 ETranspG. Art. 29 ETR. Art. 26 § 2 CIM. Der zur Transportschadenersatzklage aktiv legitimierte «Berechtigte» (Art. 447 N. 15 b–Art. 164/6, 174 ETR. Art. 42 CIM) kann die *Versandbahn,* die *Empfangsbahn* oder die *Bahn, auf deren Strecke der Transportschaden eingetreten ist, nach seiner Wahl belangen.* Art. 22 ETR. Art. 43 § 3 CIM. Mit der Belangung einer der passiv legitimierten Bahnen erlischt das Wahlrecht.

b *b.* Das Rückgriffsrecht richtet sich nach *Vereinbarungen,* falls solche bestehen. Art. 21/2 ETranspG. Art. 31 II ETR. Sonst trägt den Schaden in *erster Linie die Bahn, die ihn verursacht hat,* bei Verursachung durch mehrere Bahnen die *mehreren Bahnen nach Frachtanteilen,* bei nicht nachgewiesener Verursachung alle Bahnen nach Frachtanteilen. Art. 32

ETR. Ähnlich Art. 48 CIM. Für den Rückgriff aus Verspätungsschäden bestehen besondere Verteilungsschlüssel nach technischen Gesichtspunkten des Eisenbahnfrachtverkehrs. Art. 33ETR. Art. 49 CIM.

11. Haftung und Rückgriff unter Luftfrachtführern bei gemischten und bei Posttransporten

11 a

a. Mehrere aufeinanderfolgende Luftfrachtführer, die an einem einheitlichen Lufttransport beteiligt sind, bilden eine *Frachtführergemeinschaft* (Art. 1 III LVA), unter den Voraussetzungen, im Rahmen und mit den Entlastungsmöglichkeiten des Luftfrachtrechts. Art. 30 III LVA. Die *Passivlegitimation zur Transportschadensklage entspricht derjenigen* des Eisenbahnfrachtrechts nicht vollständig. Ist der *Absender klageberechtigt, so kann er nur den ersten, ist der Empfänger klageberechtigt, so kann er nur den letzten, beide aber können wahlweise den Luftfrachtführer in Anspruch nehmen, auf dessen Strecke der Transportschaden oder die Lieferungsverspätung eingetreten ist.* Die *wahlweise passiv legitimierten Luftfrachtführer* haften als *Solidarschuldner*. Die Rückgriffsrechte unter den Solidarschuldnern dürften sich nach dem Recht des Landes richten, das nach Art. 28 LVA die Transportschadensklage beurteilt, soweit keine generellen oder speziellen Regressvereinbarungen massgebend sind.

b

b. «Bei *gemischten Transporten, die zum Teil durch Luftfahrzeuge, zum Teil durch andere Verkehrsmittel ausgeführt* werden, gelten die Bestimmungen» des *LVA nur für die Luftstrecke*. Art. 31 LVA. Art. 22 LTR. Hier ist die Bildung einer solidarisch haftenden Gemeinschaft der Transporteure wegen der qualitativen und quantitativen Verschiedenheit der Transportschadenshaftungen nicht möglich. Es kann *nur der Frachtführer in Anspruch genommen werden, auf dessen Strecke der Transportschaden oder die Lieferungsverspätung eingetreten ist, und nur nach den für die betreffende Transportart geltenden Normen.* Die Position des Klägers ist nicht nur hinsichtlich der Beweislast erschwert. Für gemischte Transporte empfiehlt sich der Abschluss einer *Transportschadensversicherung* noch mehr als für Einheitstransporte.

c

c. Nach *Weltpostvertrag* 1952, Art. 72/75, besteht eine Haftungs- und Regressordnung unter mehreren an einem Posttransport beteiligten Postverwaltungen. Desgleichen nach Art. 14 *Wertbrief- und Wertschachtelabkommen* 1952 sowie Art. 35, 38 *Poststückabkommen* 1952. Vgl. auch Art. 44 II PVG.

Art. 450

3. Anzeigepflicht

Der Frachtführer hat sofort nach Ankunft des Gutes dem Empfänger Anzeige zu machen.

3. Avis obligatoire

Le voiturier est tenu d'aviser le destinataire aussitôt après l'arrivée de la marchandise.

3. Obbligo dell'avviso

Il vetturale deve, non appena arrivate le merci, darne notizia al destinatario.

Rechtsvergleichung: aOR Art. 460. Codice Civile art. 1687 II, 1691 II. ETranspG Art. 45 II. ETR Art. 166/7. CIM Art. 16 § 2. LTR Art. 18. LVA Art. 13 II. SSG Art. 101 II.

SYSTEMATIK DER KOMMENTIERUNG

Art. 450 OR

1. Rechtliche Bedeutung der Anzeige vom Eintreffen des Frachtgutes am Bestimmungsort 302
2. Fortfallen der Anzeigepflicht 303

Art. 450 OR

1. Rechtliche Bedeutung der Anzeige vom Eintreffen des Frachtgutes am Bestimmungsort

1 a *a.* Während nach allgemeinem Auftragsrecht eine Pflicht des Beauftragten zur Ausführungsanzeige nur im Rahmen der *allgemeinen Informationspflicht* (Art. 400 OR N. 23) besteht, sind der *Kommissionär* nach Art. 426 I OR und der *Frachtführer* (Zwischenfrachtführer, letzter Teilfrachtführer oder letzter Gesamtfrachtführer) nach Art. 450 OR *zur «Ausführungsanzeige» verpflichtet.* Dieselbe Pflicht trifft nach Art. 439 in Verbindung mit Art. 426 I/450 OR den *Spediteur*, namentlich den letzten *Zwischenspediteur* oder den besonders beigezogenen *Adressspediteur*. Da der Frachtvertrag i.d.R. *ein Auftrag zugunsten eines Dritten* ist (Art. 443 N. 1), kommt der Ausführungsanzeige eine besondere Bedeutung zu. Häufig erhält der *Empfänger erst durch die Anzeige Kennt-*

nis von der Ankunft des Frachtgutes und von den ihm aus dem Frachtvertrag erwachsenen Rechten. Dann wird der Empfänger erst durch die Anzeige in die Lage versetzt, seine Verfügungsrechte i.S. von Art.443 OR auszuüben. *Durch die Anzeige wird das Frachtgut dem Empfänger am Erfüllungsort zur Verfügung* gestellt.

b

b. Mit dem Eintreffen des Frachtgutes am Bestimmungsort ist die *Transportobligation* des oder der Frachtführer *im engeren Sinne erfüllt.* Nach Art.443 OR *entsteht mit dem Eintreffen am Bestimmungsort grundsätzlich der Ablieferungsanspruch des Empfängers*, der jetzt das *Verfügungsrecht über das Frachtgut u.U. sogar gegen den Willen des Absenders erlangt.* Art.443 Z.3 und Z.4. Art.443 II OR. Vgl. Art.45 II ETranspG. § 435 HGB. Art.443 N.16.

c

c. Adressat der Anzeige vom Eintreffen des Gutes am Bestimmungsort ist der vom Absender anlässlich des Vertragsabschlusses (Auftragserteilung Art.441 OR) oder später (z.B. durch Weisungsänderung nach Art.443 OR) endgültig bezeichnete *Empfänger.* Wo, wie im Eisenbahnfrachtrecht, der Frachtbrief konstitutiv ist, ist es der im *Frachtbrief schriftlich mit Namen und Adresse bezeichnete Empfänger.* Wird, wie im Luftfrachtrecht, als *Regel ein Luftfrachtbrief* ausgestellt, so ist Empfänger ebenfalls die im *Luftfrachtbrief* als solche *bezeichnete Person.*

d

d. Die Anzeige ist eine demjenigen Frachtführer im Rahmen der allgemeinen Sorgfaltspflicht (Art.398 OR) auferlegte *besondere Sorgfaltspflicht, der den Transport auf der Endstrecke bis zum Bestimmungsort tatsächlich ausführt.* Dieser «letzte» Frachtführer kann selbständiger *Teilfrachtführer*, *Gesamtfrachtführer* in einer Frachtführergemeinschaft oder substituierter Zwischenfrachtführer sein. Wo die Anzeigepflicht besteht, ist die *Unterlassung der Anzeige grobes Verschulden*, für dessen Schadensfolgen unbeschränkt gehaftet wird, und zwar nach den für die konkrete Transportobligation geltenden Haftungsnormen. (Nach Art 37 CIM mit Limitierung auf das Doppelte der Höchstbeiträge. Art.447 N.8a.)

2. Fortfallen der Anzeigepflicht

2 a

a. Eine besondere Anzeige vom Eintreffen des Frachtgutes am Bestimmungsort ist *nicht erforderlich*, wenn *mit dem Absender vereinbart* wurde oder sich aus der *Natur des konkreten Frachtvertrages* ergibt, dass die Ablieferung *an einem Ort erfolgen soll, an welchem der bezeichnete Empfänger den unmittelbaren körperlichen Besitz am Frachtgut erlangt,* also meist am *Domizil* (Adresse) des Empfängers. Ist beispielsweise bei einem Möbeltransport per Motorfahrzeug die *Ausladung am Empfängerdomizil als Bestimmungsort in der Transportobligation des Frachtführers* inbegriffen, und reicht die vereinbarte Transportstrecke von Haus zu Haus, so *muss der Frachtführer dem Empfänger keine besondere Anzeige machen, wenn er oder seine Leute mit dem Frachtgut vor dem Haus des Empfängers eingetroffen sind.* Der Empfänger oder seine Stellvertreter erhalten die erforderliche *Kenntnis*, welche die Empfängerrechte «unwiderruflich» zur Entstehung bringt, *ipso facto.*

b *b.* Nach Art. 166 ETR ist der *Empfänger von der Ankunft des Gutes zu benachrichtigen.* Hat aber der Absender im Frachtbrief «*Zufuhr in das Domizil des Empfängers*» vorgeschrieben, so erfolgt diese *durch die offizielle Camionnage ohne besondere Anzeige an den Empfänger unter eisenbahntransportrechtlicher Verantwortung der Eisenbahn.* Art. 167 ETR. Art. 16 § 2 CIM. Art. 13 II LVA sieht den *Fortfall der Anzeigepflicht des Luftfrachtführers an den Empfänger nur bei «abweichender Vereinbarung»* vor. Nach LTR Art. 18 kann mit dem Luftfrachtführer *Zubringerdienst zum Wohnort des Empfängers* vereinbart werden.

c *c.* Nach Art. 443 OR kann der Absender unter bestimmten Bedingungen und innerhalb einer bestimmten Phase der Transportausführung die Begünstigung des Empfängers wirksam abändern oder widerrufen bzw. anderweitig über das reisende Gut verfügen. Damit *fällt die Anzeigepflicht an einen nicht mehr berechtigten Empfänger fort.* Je nach der verbindlichen Weisung kann an ihre Stelle die Anzeigepflicht an einen anderen Empfänger treten. Das gilt auch nach Eisenbahnfrachtrecht. N. 1c oben.

d *d.* Sind *Absender und Empfänger die nämliche Person* (oder führt der Frachtführer einen Rücktransport an den Absender tatsächlich aus), so ist der Frachtvertrag kein Vertrag zugunsten eines Dritten, oder er ist es infolge Widerrufs der Begünstigung nicht mehr. Art. 440 N. 5. Es tritt kein Wechsel des Verfügungsrechtes ein. Trotzdem ist, wenn nichts Gegenteiliges vereinbart wurde oder sich aus der Natur des Frachtvertrages ergibt, der *Absender/Empfänger vom Eintreffen des Frachtgutes am Bestimmungsort* zu benachrichtigen, *damit er dort seine Verfügungsrechte ausüben, d.h. rechtzeitig in den unmittelbaren Besitz des Frachtgutes gelangen kann.*

Art. 451

[1] Bestreitet der Empfänger die auf dem Frachtgut haftende Forderung, so kann er die Ablieferung nur verlangen, wenn er den streitigen Betrag amtlich hinterlegt.

[2] Dieser Betrag tritt in bezug auf das Retentionsrecht des Frachtführers an die Stelle des Frachtgutes.

4. Retentionsrecht

4. Droit de rétention

[1] Lorsque le destinataire conteste les réclamations dont la marchandise est grevée, il ne peut exiger la livraison que s'il consigne en justice le montant contesté.

[2] La somme consignée remplace la marchandise quant au droit de rétention appartenant au voiturier.

4. Diritto di ritenzione

[1] Se il destinatario contesta i crediti, di cui è gravata la merce trasportata, non può essergliene rifiutata la consegna, qualora depositi giudizialmente la somma contestata.

[2] La somma depositata tien luogo della merce per ciò che riguarda il diritto di ritenzione del vetturale.

Rechtsvergleichung: aOR Art. 461. Code de Commerce art. 92, 95. HGB §§ 369, 440/3. BGB § 273. Codice Civile art. 2761. ETranspG Art. 47. ETR Art. 172/3. CIM Art. 53. PVG Art. 29. LVA Art. 13 I. LTR Art. 3, 19. SSG Art. 101 II, 110.

Literatur: BINZ, Das Retentionsrecht des Frachtführers. Basler Diss 1928 (Maschinenschrift). BRANDER, Das Retentionsrecht nach Schweizer Zivilrecht. LÜTZELSCHWAB, Über Pfand- und Retentionsrechte im Frachtvertrag, Basler Diss 1932.

SYSTEMATIK DER KOMMENTIERUNG

Art. 451 OR

1. Akzessorisches dingliches Retentionsrecht und retentionsgesicherte Forderung. Wertnachnahme insbesondere 306
2. Rechtsvergleichender Überblick. Guter Glaube des Frachtführers . . 309
3. Die defensive Ausübung des Retentionsrechtes 310
4. Die offensive Ausübung des Retentionsrechtes 312
5. Das Hinterlegungsrecht. Art. 451 I OR 313
6. Pflicht des letzten Frachtführers zur Ausübung des Retentionsrechtes im Interesse vorhergehender Frachtführer. Subrogation von Frachtführerforderung und Retentionsrecht 315

Art. 451 OR

1. Akzessorisches dingliches Retentionsrecht und retentionsgesicherte Forderung. Wertnachnahme insbesondere

1 a *a.* Art. 451 OR (wörtlich Art. 461 aOR entsprechend) ist mit dem Randtitel «Retentionsrecht» versehen. Dass ein *Retentionsrecht «am Frachtgut»* besteht, ergibt sich zunächst *nur mittelbar aus der Formulierung von Art. 451 II OR.* Es ergibt sich indessen unmittelbar aus der *allgemeinen Regelung des Retentionsrechtes durch Art. 895 ff. ZGB* sowie aus dem *allgemeinen Auftragsrecht.* Art. 440 II. Art. 400 N. 18a. Vorbemerkung vor Art. 439 N. 6a. Dem Retentionsrecht des Beauftragten unterworfen ist zunächst alles Vermögen, das der Beauftragte (Frachtführer) *zur Ausführung seines Transportauftrages erhalten* hat. Vgl. art. 2761 Codice Civile. Im Transportauftrag bildet somit «*das Frachtgut*» *Retentionsobjekt.*

b *b.* Frachtführer (Gesamtfrachtführer, Teilfrachtführer, Zwischenfrachtführer) werden nicht Eigentümer, aber *unselbständige Besitzer des ihnen zum Transport übergebenen Frachtgutes.* Ihr unselbständiger Besitz beruht auf einem *persönlichen Recht,* dem Frachtvertrag, und auf einem *beschränkten dinglichen Recht, dem Retentionsrecht.* Art. 920 I ZGB. Vorbemerkung vor Art. 439 N. 6a. Nach Art. 888 ZGB *geht das Retentionsrecht am Frachtgut unter, sobald der Frachtführer dieses nicht mehr besitzt und von dritten Besitzern nicht zurückverlangen kann.* Art. 92 Code de Commerce. § 440 II HGB. § 2760 I Codice Civile. Wurde ein *Konnossement* ausgestellt, so besteht der *Retentionsbesitz* des Frachtführers, solange er *mittels des Konnossements über die Ladung verfügen* kann. Art. 443 N. 23. Eine § 440 II/442 HGB entsprechende Bestimmung, dass das «Pfandrecht» noch 3 Tage nach Ablieferung des Frachtgutes an den Empfänger bestehen bleibt, sofern der Frachtführer binnen dieser Frist seine Forderungen einklagt, kennt das OR nicht. Hingegen geht der Retentionsbesitz und damit das *Retentionsrecht des Frachtführers am Frachtgut nicht unter,* wenn der Richter als vorsorgliche Massnahme i. S. von Art. 453 OR «*Hinterlegung des Frachtgutes in dritte Hand*» anordnet. Der Sequester übt dann den Pfandbesitz für den berechtigten Frachtführer aus. Art. 480 OR.

c *c.* Das Retentionsrecht ist *akzessorisch.* Es setzt eine «*auf dem Frachtgut haftende Forderung*» des Frachtführers aus dem Frachtvertrag voraus. Die durch das Retentionsrecht gesicherte *Forderung kann somit nur aus eigenen Ansprüchen des Frachtführers aus seiner actio mandati contraria bestehen.* Es sind die Ansprüche auf *Vergütung* (Art. 440 I, 394 III OR) und *Auslagenersatz* (Art. 402 I), eventuell *Schadenersatz aus* bzw. trotz *richtiger Ausführung* des Frachtvertrages (Art. 402 II, 443 I OR. Art. 443 N. 20 c. ZR 51 [1952] Nr. 180 S. 328 Erw. 3). Art. 95 I, III Code de Commerce. § 440 I HGB. Ist zwischen Absender und Empfänger *Frankolieferung vereinbart*, und ist der *Frachtführer tatsächlich für alle Frachtkosten vorausgedeckt, so besteht mangels einer Forderung weder ein Retentionsrecht am Frachtgut* noch an dem nach Art. 453 II vom Empfänger *hinterlegten Wertnachnahmebetrag.* Der Frachtführer kann seine Ansprüche aus der actio mandati contraria mit der erhaltenen Gelddeckung *verrechnen.* Art. 402 N. 4 c. *Erlischt oder reduziert sich die Forderung* (z. B. infolge einer verbindlichen Weisung auf Rückgabe am Versandort, Anhalten auf der Strecke, Ablieferungsverbot: Art. 443 N. 5) *des Frachtführers, so erlischt oder reduziert sich das Retentionsrecht entsprechend.* Das kann auch eintreten, wenn der Frachtführer *wegen eines Transportschadens*, für den er einzustehen hat, *seinen Anspruch auf die Frachtkosten* und Auslagenersatz ganz oder teilweise einbüsst (Art. 447 N. 11), oder wenn sich die *Frachtkostenforderung wegen eines Verspätungsschadens reduziert.* Art. 448 N. 2 a. Ist das Frachtgut verloren oder zerstört, so geht das *Retentionsrecht aus zwei Gründen unter*, einmal, weil der *Retentionsbesitz untergegangen ist, und sodann, weil zumeist keine actio mandati contraria des Frachtführers* besteht, wenn der Frachtführer für einen Transportschaden aufkommen muss.

d

d. Keine auf dem Frachtgut haftende eigene Forderung des Frachtführers ist die vom Absender erhobene *Wertnachnahme* bzw. jeder auf die Sendung gelegte Nachnahmebetrag, der die *Frachtführeransprüche aus der konkreten actio mandati contraria übersteigt.* Kommentar RATZ zu § 440 HGB Anm. 1. Art. 443 N. 7 c, d. Die Wertnachnahme ist eine «angebliche» *Absenderforderung* (Art. 453 II OR), die der *Frachtführer ohne Erfolgshaftung* weisungsgemäss beim Empfänger für Rechnung des Absenders *einkassieren* soll. Anders OSER/SCHÖNENBERGER ad Art. 451 N. 6 und BECKER ad Art. 451 N. 4 und offenbar **BGE 40 II S. 208.** Hingegen sind *retentionsgesicherte Forderungen die von einem früheren Haupt- oder Teil- oder Gesamtfrachtführer bezahlten und beim Empfänger «nachzunehmenden» Frachtlöhne, Auslagen und Kosten (Kostennachnahme).* N. 6 c unten. Allerdings darf der Frachtführer das Gut nur gegen Bezahlung der auf die Sendung gelegten Kosten- und/oder Wertnachnahme dem Empfänger abliefern. Art. 162 III ETR. Die erfolgreiche Ausführung des Auftrages bzw. der «Weisung» zur Erhebung der Nachnahme beim Empfänger ist eine *Bedingung für die Ablieferung des Gutes*. Art. 443 N. 7. Aber die *Wertnachnahme*, deren Höhe im Frachtvertrag des OR beliebig sein kann (Art. 443 N. 7 c), ist *keine sich aus dem Frachtvertrag ergebende eigene Forderung des Frachtführers*. Art. 895 II und III ZGB. Art. 47 ETranspG. Art. 173 ETR. Es ist nicht der Wille des den Wert einer Sendung nachnehmenden Absenders, dass sein Frachtführer das Gut sofort verwerten solle oder verwerten dürfe, *wenn der Empfänger die Nachnahme nicht einlöst*. Der Frachtführer ist am Erfolg seines Inkassoauftrages nicht interessiert, sondern nur an der *Sicherung seiner eigenen Ansprüche aus dem Frachtvertrag. Verweigert der Empfänger die Zahlung* einer *Wertnachnahme*, so liegt zwar ein *Ablieferungshindernis* vor. Art. 444 N. 5. Übt der Frachtführer sein *Retentionsrecht* nach Massgabe von Art. 451/444 III/445 OR aus und *bewirkt einen Selbsthilfe- oder Notverkauf*, so kann er *aus dem Verwertungserlös nur seine Forderungen, einschliesslich der Verwertungskosten, decken und muss den Überschuss dem Absender abliefern*. Art. 172 VIII ETR. *Löst ein Teil- oder Zwischenfrachtführer die auf der Sendung haftende Wertnachnahme ein, so tut er es i. d. R. auf sein Risiko*. Als *Verwendung* i. S. von Art. 402 I/422 I OR kann er sie nur auf das Frachtgut legen, wenn er sich entweder auf eine nachträgliche Weisung des Absenders oder dessen Genehmigung stützen kann oder wenn die Einlösung *für den Absender objektiv nützlich* war. Sonst erfolgt die Einlösung auf eigenes Risiko des kreditgewährenden Frachtführers, der für die Wiedererlangung des Nachnahmebetrages vom Empfänger selbst zu sorgen hat. Analog Art. 429 OR.

e *e*. Dass der Empfänger, um die *Ablieferung des Frachtgutes* zu bewirken, nach Art. 451 II auch den *Betrag einer von ihm nicht anerkannten Wertnachnahme hinterlegen* muss, macht diese nicht zu einer retentionsgesicherten Frachtführerforderung. Vielmehr ist die Hinterlegung «aller *angeblich* auf dem Gute haftenden Forderungen» nach Art. 453 II OR erforderlich, um den Verkauf des Gutes abzuwenden. ZR 48 (1949) Nr. 153 S. 295. Zwar ist auch die *Wertnachnahme eine «auf dem Frachtgut haftende Forderung»* i. S. von Art. 444 I, 451 I und 453 II OR. Aber sie ist eine «*angebliche*» *Forderung*, hat ihren *Rechtsgrund nicht im Frachtvertrag* und ist keine *retentionsgesicherte Forderung des Frachtführers*. N. 5 b unten. Dass ein vom Empfänger *hinterlegter Kosten- und/oder Wertnachnahmebetrag «an der Stelle» des Frachtgutes Retentionsgegenstand wird*, besagt nicht, dass die Wertnachnahme retentionsgesichert ist. Vielmehr ist es die *Folge der allgemeinen Ordnung des Retentionsrechtes*, die sich schon aus *Art. 898 I ZGB* ergibt. Der *hinterlegte Wertnachnahme-*

betrag wird nur so weit und in dem Umfange Retentionsobjekt, als die unbezahlten eigenen Forderungen des Frachtführers reichen. Art. 451 II OR bezieht sich nicht auf die retentionsgesicherte *Forderung*, sondern nur auf den Wechsel («tritt an die Stelle») des *Retentionsgegenstandes.* Hat der Beauftragte (Frachtführer) seinen Auftrag richtig ausgeführt, so bildet Retentionsgegenstand nicht mehr das bewegliche Vermögen, das er zur Auftragsausführung erhalten (Frachtgut), sondern das bewegliche *Vermögen*, das er *durch die Auftragsausführung für Rechnung des Auftraggebers erworben hat.* Art. 400 N. 18 a.

2. Rechtsvergleichender Überblick. Guter Glaube des Frachtführers

2 a

a. Das *akzessorische dingliche «Retentionsrecht»* besteht auch
im *Eisenbahntransportrecht:* ETranspG Art. 47 (wo es in Anlehnung an § 440 HGB und Art. 53 CIM als «Faustpfandrecht» bezeichnet ist),
ETR Art. 173,
Vgl. CIM Art. 53;
im *Postrecht* als «Verkaufsrecht» mit Verfall des Erlöses nach fünf Jahren
Art. 29 PVG;
im *Luftfrachtrecht:* Art. 13 I LVA,
Art. 3, 19 LTR;
im *Seefrachtrecht:* Art. 101 II, 110 SSG.

CIM, LVA und SSG enthalten mittelbare oder unmittelbare Verweisungen auf das Landesrecht, weil offenbar von dem international-privatrechtlichen Grundsatz ausgegangen wird, dass sich der *Erwerb, der Inhalt und der Umfang dinglicher Rechte* (Pfandrecht, Retentionsrecht) *sowie des Besitzes nach dem Statut des Landes richtet, auf dessen Gebiet sich die Sache befindet.*

b

b. Art. 95 Code de Commerce gewährt das «*droit de gage*» *jedem Kommissionär*, zu welchen auch der *Spediteur* und der *voiturier* (Frachtführer) gehören, betont jedoch ausdrücklich, dass es *auf die Besitzdauer beschränkt* sei. §§ 440/3 HGB enthalten eine eingehende *Regelung des «Pfandrechts» des Frachtführers.* Die Literatur bejaht daneben überwiegend das *bürgerliche «Zurückbehaltungsrecht»* nach § 237 BGB und das *kaufmännische* nach § 369 HGB. Kommentar RATZ ad § 440 Anm. 13. Art. 2761 *Codice Civile* enthält eine *Sammelnorm*, die das *Retentionsrecht* des *Frachtführers, des Mandatars, des Depositars und des Sequesters* an denjenigen Sachen festhält, die diese Personen zur Ausführung und aus der Ausführung ihrer «Aufträge» besitzen. Es wird betont, dass dieses *Retentionsrecht den Forderungen von Drittgläubigern des Frachtführers vorgehe*, was im Wesen des «dinglichen» Rechtes begründet liegt.

c *c.* Die Enstehung des Frachtführerretentionsrechts in der Schweiz hängt nicht vom *guten Glauben des Frachtführers* in dem Sinne ab, dass dieser ein dingliches *Recht des Absenders am Frachtgut* annehmen müsste. Art. 895 III ZGB. **BGE 38 II 174, 202/3.** Ist ein Spediteur Absender, so besteht sogar eine Vermutung gegen dessen Eigentum. Eine Erkundigungspflicht nach Eigentumsverhältnissen am übergebenen Frachtgut besteht für den Frachtführer nicht. Nur wenn er weiss, dass es sich um *deliktisch erlangtes Gut* handelt, ist der Transportauftrag rechtswidrig oder unsittlich und daher nichtig. Es entsteht *keine gültige Forderung des Frachtführers und somit auch kein Retentionsrecht.* Art. 395 N. 29, 31. Sonst aber ist *gleichgültig, wer das Frachtgut übergeben oder wer den an seine Stelle tretenden Betrag hinterlegt* hat. Das Frachtführerretentionsrecht ist in seiner Defensivwirkung eine *dinglich verstärkte exceptio non adimpleti contractus.* Art. 400 N. 16. Auch gestohlenes Frachtgut kann der *Eigentümer vom «gutgläubigen» Frachtführer nur gegen Bezahlung oder Hinterlegung der Forderungsbeträge aus der konkreten actio mandati contraria vindizieren.* Homberger ad Art. 934 ZGB N. 31. **BGE 36 II 351/2.** Teilweise anders, aber im Ergebnis ähnlich Oser/Schönenberger ad Art. 451 OR N. 10.

3. Die defensive Ausübung des Retentionsrechtes

3 a *a.* Der *letzte Frachtführer* muss das Frachtgut nach den Bestimmungen des konkreten Frachtvertrages dem Empfänger am Bestimmungsort abliefern, jedoch darf er es nur dann, wenn der *Empfänger seinerseits die Ansprüche des Frachtführers aus der actio mandati contraria Zug um Zug erfüllt.* Art. 162 ETR, N. 6a unten. Der *Ablieferungsanspruch des Empfängers und der Frachtkostenanspruch des Frachtführers sind gegenseitig.* Da die gegenseitigen Obligationen jedoch *ungleichartig* sind (die Ablieferungsobligation ist eine *Speciesschuld*, Art. 441 N. 3), können sie *nicht durch Verrechnung* (Art. 400 N. 17) getilgt werden. Doch wirkt das *Retentionsrecht des Frachtführers defensiv wie die Einrede des nicht erfüllten Vertrages* nach Art. 82 OR. Art. 400 N. 16, N. 2c oben. Verlangt der Empfänger die Ablieferung, so kann er sie nur gegen Bezahlung oder Hinterlegung der tatsächlichen und/oder angeblichen Forderungen be-

wirken, die im Zeitpunkt der Ablieferung noch auf dem Frachtgut haften. N. 1e oben.

b. Ist das Frachtgut teilbar (z. B. Stückgüter), *so darf der Frachtführer nur soviel zurückbehalten, als zur Deckung der retentionsgesicherten Forderung des Frachtführers erforderlich ist.* Massgebend ist der *mutmassliche Verwertungserlös.* Art. 445 N. 1a. Darin liegt der Hauptunterschied zwischen Fahrnispfand und Retentionsrecht. Das Pfandrecht erfasst eine bestimmte Sache, das Retentionsrecht u. U. unbestimmt viele Sachen. **BGE 46 II 389, 78 II 144.** Retiniert der Frachtführer *mehr als zu seiner Sicherung erforderlich war, so haftet er dem Berechtigten für den Schaden, der diesem durch die Vorenthaltung oder verspätete Ablieferung der zuviel retinierten Werte erwachsen ist.* Art. 446 N. 2b. b

c. Als dingliches Recht *wirkt das Retentionsrecht nicht nur gegenüber dem Empfänger, sondern gegenüber jedem Dritten, sei er Eigentümer des Frachtgutes oder sonst dinglich daran berechtigt.* Es geht in diesem Sinne *im Rang anderen dinglichen Rechten,* so auch dem Retentionsrecht des Spediteurs oder Kommissionärs, vor. N. 2c oben. § 443 HGB enthält eine eigentliche *Rangordnung für konkurrierende «Pfandrechte»* von Kommissionär, Lagerhalter, Spediteur und mehreren Frachtführern. Das Retentionsrecht wirkt jedoch insbesondere *gegenüber dem Absender.* Wurde vom verfügungsberechtigten Absender bei oder auch ohne Vorliegen eines Ablieferungshindernisses i. S. von Art. 444 I OR *Rücktransport verlangt* und vom Frachtführer *ausgeführt,* so ist das zurückbeförderte Frachtgut *dem Absender nur gegen Zahlung oder Hinterlegung aller auf dem Frachtgut haftenden* Frachtlöhne, Frachtkosten und Auslagen (auch der Rückfracht) zurückzugeben. Art. 443 N. 20. Hingegen muss der *Absender zur Auslösung* des Frachtgutes den *Betrag einer Wertnachnahme weder bezahlen noch hinterlegen.* c

d. Wird das im Besitz des Frachtführers befindliche Frachtgut *gepfändet oder zu einer Konkursmasse gezogen,* was insbesondere dann der Fall sein kann, wenn es weder dem nominellen Absender (Spediteur) noch dem nominellen Empfänger (Adreßspediteur) gehört, so kann der Frachtführer es entweder *im Widerspruchsverfahren als Pfand ansprechen* (Art. 109 SchKG) oder *Befriedigung aus der konkursamtlichen Verwertung des Pfandes* vor konkurrierenden Pfandgläubigern und vor allen nicht pfandgesicherten Gläubigern verlangen. Art. 219 I SchKG. d

4. Die offensive Ausübung des Retentionsrechtes

4 a *a.* Das Retentionsrecht ist ein Sicherungsrecht, um dem *Frachtführer vor anderen Gläubigern des Eigentümers Befriedigung für seine Ansprüche aus dem Frachtvertrag zu verschaffen.* Es kann in der Schweiz offensiv ausgeübt werden durch *Betreibung auf Faustpfandverwertung* am Orte, wo sich das Frachtgut befindet. Art. 38, 51, 151 SchKG. *Betreibungsschuldner* ist fast immer der Absender (N. 3c oben), der Empfänger nur dann, wenn er selbst nach Ankunft des Gutes am Bestimmungsort die Ablieferung verlangt hat (Art. 443 Z. 4) und die Haftungsansprüche nach Art. 452 OR verwirkt sind, während das Gut vom verfügungsberechtigten Empfänger nicht abgeholt wurde, so dass der Frachtführer noch den Besitz hat. So ausdrücklich Art. 110 SSG: «Wer die *Auslieferung der Güter verlangt*, wird *Schuldner* der Fracht und der übrigen auf dem Gute haftenden Forderungen». Das *Retentionsrecht muss durch Rechtsvorschlag bestritten werden*, sonst gilt es für die betreffende Retentionsbetreibung als anerkannt. **BGE 83 III 35/6.**

b *b.* Die nach Art. 38 SchKG theoretisch mögliche offensive Ausübung des Frachtführerretentionsrechtes «*auf dem Wege der Schuldbetreibung*» *kommt praktisch kaum zur Anwendung.* Da die Fristen, namentlich die *Verwertungsfrist* von Art. 154 SchKG, bei einer Fauspfandbetreibung für die Bedürfnisse des Frachtrechts zu lang sind, hat das *Bundesrecht* durch die Art. 444, 445, 451 und 453 OR *besondere Verfahrensvorschriften für die offensive Ausübung des Retentionsrechtes durch den Frachtführer aufgestellt.* Werden «alle angeblich auf dem Frachtgut haftenden Forderungen» vom Empfänger nicht bezahlt oder hinterlegt (Art. 444 I, 453 II OR), so liegt ein *Ablieferungshindernis* vor. Dann muss der ablieferungsbereite und ablieferungsfähige Frachtführer keinen Zahlungsbefehl an den oder die Frachtschuldner zustellen lassen. Er muss «eine den Umständen angemessene Zeit» abwarten. Art. 444 II OR. Wird während dieser vom Verfügungsberechtigten (Art. 443 OR) nicht *gegen Bezahlung oder Hinterlegung* «*aller angeblich auf dem Frachtgut haftenden Forderungen*» über das Frachtgut verfügt, so kann der Frachtführer den «*Selbsthilfeverkauf*» (oder den «Notverkauf») «unter Mitwirkung der am Ort der gelegenen Sache zuständigen Amtsstelle» bewirken. Art. 444 N. 9, 10. Art. 445 N. 1, 2. *Der aus dem Selbsthilfe- oder Notverkauf erzielte Erlös wird dann Retentionsobjekt* «*an der Stelle des Frachtgutes*», *wie wenn der Betrag i. S. von Art. 453 II OR bei der Amtsstelle hinterlegt worden wäre.* N. 1e oben.

c *c. Eine sogenannte bahnamtliche Verwertung nach Art.172 ETR kann nicht gegen den Willen des Absenders durchgeführt werden.* Ein *Recht des Frachtführers zu freihändiger Verwertung ohne Mitwirkung der Amtsstelle bedarf vorgängiger Vereinbarung. Dann hat der die Interessen des Berechtigten wahrende Frachtführer (Art.446 OR) diesem nach Massgabe von Art.400 OR abzurechnen. Vgl. Art.172 VIII ETR.*

5. Das Hinterlegungsrecht. Art.451 I OR

5 a *a.* Der *Empfänger, der nicht im eigenen Namen die Ablieferung des Gutes nach Eintreffen am Bestimmungsort verlangt* (N.4a oben) und nicht mit dem Verfügungsrecht die Aktivlegitimation zur Transportschadensklage erworben (Art.447 N.15b) hat, ist als Begünstigter *aus dem Frachtvertrag nur berechtigt, nicht auch verpflichtet.* Verweigert er die Zahlung oder Hinterlegung der auf dem Frachtgut haftenden Kosten, so mag er *gegenüber dem Absender eine Vertragsverletzung* begehen und in Annahmeverzug geraten. Art.189 I OR. Gegenüber dem Frachtführer begeht er keine Vertragsverletzung. Wenn daher Art.451 OR von einer «*Bestreitung*» *der Forderung des Frachtführers* durch den Empfänger spricht, so handelt es sich dabei i.d.R. um die Erhebung einer *exceptio de iure tertii.* Der Empfänger wird die Forderung des Frachtführers dann bestreiten, wenn beispielsweise mit dem Absender *Frankolieferung vereinbart* war. Der terminus «Bestreitung» ist auch nicht wörtlich aufzufassen. *Es genügt, dass der Empfänger das Frachtgut tatsächlich nicht* annimmt und tatsächlich nicht bezahlt, weil er einfach *allfällige Gegenansprüche* des Berechtigten *gegen den Frachtführer nicht präjudizieren* will. Die in Art.451 I OR vorausgesetzte Situation tritt immer dann ein, wenn der Empfänger, aus welchem Grunde auch immer, das Frachtgut tatsächlich nicht vorbehaltlos annimmt und die darauf haftenden Forderungen weder bezahlt noch hinterlegt, so dass *tatsächlich ein Ablieferungshindernis i.S. von Art.444 vorliegt.* Art.444 N.6.

b *b. Trotz Illiquidität* («Streitigkeit» Art.452 N.1b) *der gegenseitigen Ansprüche aus dem Frachtvertrag kann der Empfänger ein Interesse daran haben, in den Besitz des Frachtgutes zu gelangen.* Er will beispielsweise die Folgen eines Annahmeverzuges gegenüber dem Absender nicht riskieren. Gegen den Willen des Frachtführers kann er den Besitz und das Eigentum am Frachtgut nur dann erlangen, wenn er den streitigen *Betrag der auf dem Frachtgut haftenden Forderungen hinterlegt.* N.3a oben. ZR 48 (1949) Nr.153 S.295. Bei Wertnachnahme muss er auch den Nachnahmebetrag hinterlegen, obschon dieser keine Forderung des Frachtführers bildet und dementsprechend nicht retentionsgesichert sein kann. N. 1 d oben. Über den Betrag einer *bestrittenen Wertnachnahme haben sich Empfänger und Absender auseinanderzusetzen.* Die «Bestreitung» betrifft eine Forderung des Absenders, nicht des Frachtführers. Wird sie vom Empfänger hinterlegt, so muss der *Absender auf Herausgabe des Depots klagen.* Anders für die vom Empfänger hinterlegten *Frachtkosten.* Für diese hat der *Frachtführer auf Herausgabe zu klagen.*

c

c. Auch der *Absender kann ein Interesse daran haben,* dass der Empfänger *trotz Bestreitung der Frachtkosten in den Besitz des Frachtgutes gelangt.* Vielleicht will er die Folgen eines Schuldnerverzuges nicht riskieren, der für ihn eintritt, wenn sein Frachtführer nicht termingemäss abliefert. Er kann die Frachtkosten, die der Empfänger nicht bezahlen will, entweder *selbst bezahlen oder hinterlegen.* Das folgt aus Art. 453 II OR und Art. 898 I ZGB. Er kann weniger weit gehen und beispielsweise eine *Wertnachnahme aufheben* (Art. 443 N. 7 c) oder nur *den vom Empfänger bestrittenen Betrag selbst bezahlen oder hinterlegen.* Kann der *Verkauf* des Frachtgutes durch Hinterlegung der auf dem Frachtgut haftenden Beträge *abgewendet* werden, so auch die *Ausübung des Retentionsrechtes* am Frachtgut, bevor ein Verkauf amtlich angeordnet ist. Dann fällt das Retentionrecht des Frachtführers am Frachtgut dahin und wird nach Art. 451 II durch das Retentionrecht an der Hinterlage ersetzt. Der Frachtführer muss gegen die Person, die hinterlegt hat oder in deren Namen hinterlegt wurde, auf Herausgabe des Depots bis zur Höhe seiner eigenen Ansprüche klagen. Dazu *wird der Richter eine peremptorische Frist* ansetzen. Bei welcher Gerichts- oder Amtsstelle die Hinterlegung zu erfolgen hat, bestimmt das kantonale Prozessrecht. Art. 451 I OR erwähnt nur die Hinterlegung durch den Empfänger. Es steht jedoch u. E. nichts im Wege, dass eine andere Person im eigenen Namen gleichsam als Drittverpfänder das Retentionsobjekt zur Verfügung stellt, das an die Stelle des Frachtgutes tritt, z. B. der «Eigentümer» selbst. Vgl. Art. 446 OR.

d

d. War eine Betreibung auf Faustpfandverwertung eingeleitet, so hat eine *Hinterlegung beim Betreibungsamt* zu erfolgen. Trotzdem muss der Schuldner das Retentionsrecht mit Rechtsvorschlag bestreiten. N. 4 a oben. Der Richter entscheidet alsdann *im ordentlichen Prozess* (seltener im Rechtsöffnungsverfahren), *welche Forderung des Frachtführers begründet ist* und wie weit infolgedessen quantitativ das Frachtführerretentionsrecht besteht. *Den rechtskräftig abgewiesenen Betrag hat das Betreibungsamt demjenigen herauszugeben, der ihn hinterlegt hat.*

6. Pflicht des letzten Frachtführers zur Ausübung des Retentionsrechtes im Interesse vorhergehender Frachtführer. Subrogation von Frachtführerforderung und Retentionsrecht

6 a

a. Sind *mehrere Frachtführer als Gesamtfrachtführer* (Art. 449 N. 1c [2]), *Teilfrachtführer* (Art. 449 N. 1c [3]) *oder Zwischenfrachtführer* (Art. 449 N. 3) *an einem Transport beteiligt,* so *fällt dem letzten Frachtführer die Ablieferung des Frachtgutes am Bestimmungsort an den Empfänger zu.* Liefert der letzte Frachtführer das Frachtgut ohne Bezahlung aller auf dem Frachtgut haftenden Forderungen dem Empfänger ab, so *geht das Retentionsrecht unter.* Die Ansprüche aller Frachtführer werden ungesichert. Durch seine Unterlassung hat der letzte Frachtführer nicht nur seine eigenen Interessen, sondern auch die *Interessen der am Transport mitbeteiligten Frachtführer beeinträchtigt, wenn die Vormänner noch ungedeckte Forderungen auf dem Frachtgut haben.*

b

b. § 442 HGB enthält eine ausdrückliche gesetzliche Regelung. Der letzte Frachtführer, der das «Pfandrecht» am Frachtgut nicht innert drei Tagen seit der Ablieferung geltend macht, *wird den Vormännern* (Frachtführern oder Spediteuren) *verantwortlich und verliert seinen eigenen Rückgriff gegen diese.* Die schweizerische Regelung, die weniger starr ist, kann dem allgemeinen Auftragsrecht entnommen werden. Es wird regelmässig dem Inhalt des Gesamtfrachtvertrages, des Teilfrachtvertrages oder des dem letzten Zwischenfrachtführer erteilten «Substitutionsauftrages» entsprechen, dass das *Frachtgut dem Empfänger nur gegen Bezahlung aller angeblich auf der Sendung haftenden Forderungen* (Frachtlöhne, Kosten, Auslagen) *abgeliefert werden darf. Daran sind sowohl der Absender wie die Vormänner des letzten Frachtführers interessiert.* Wird die Zahlung vom Empfänger nicht geleistet, so hat der letzte Frachtführer nach Art. 444 OR *den Absender, u. U. den Vormann zu benachrichtigen und deren Weisungen zu gewärtigen.* Er kann *nicht unverzüglich zur gerichtlichen Geltendmachung des Retentionsrechtes schreiten, sondern nur unter den in Art. 444 II und 445 OR umschriebenen Voraussetzungen.* Andernfalls haftet er nach Art. 446 OR für den dem Absender erwachsenden Schaden. Vorhergehenden Frachtführern haftet er, wenn er ihr Retentionsrecht nicht oder nicht wirksam gewahrt hat, für den Schaden aus unsorgfältiger Ausführung seines Substitutionsauftrages (Zwischenfrachtführer) oder aus Verletzung gemeinschaftlicher Gesellschafterinteressen. Er wird ihnen den Verlust ersetzen müssen, der aus der «Verwirkung» des Retentionsrechtes entsteht, und verliert allfällige Rückgriffsrechte auf mithaftende Vormänner.

c *c.* § 441 II HGB enthält die ausdrückliche Bestimmung: «*Wird der vorgehende Frachtführer von dem nachfolgenden befriedigt, so gehen seine Forderung und sein Pfandrecht auf den letzteren über.*» Dasselbe ergibt sich für mehrere aufeinanderfolgende Frachtführer nach OR. Zahlt der nachfolgende Frachtführer die auf dem Gut haftenden Forderungen des vorhergehenden Frachtführers bei oder nach der Übernahme des Frachtgutes von diesem, so *löst er eine für fremde Schuld dinglich verhaftete Sache ein, an welcher ihm ein beschränktes dingliches Recht, nämlich das eigene Retentionsrecht, zusteht.* Nach Art. 110 Z. 1 OR geht damit die Forderung des vorhergehenden Frachtführers und das diese sichernde Retentionsrecht von Gesetzes wegen *auf den zahlenden nachfolgenden Frachtführer über.* Unter auftragsrechtlichen Gesichtspunkten betrachtet, ist die Zahlung an den vorhergehenden Frachtführer eine *Auslage des zahlenden Frachtführers* im Interesse und für Rechnung des Verfügungsberechtigten, die nach Art. 402 I OR zu erstatten ist. Die Erstattungsforderung wird eine *eigene retentionsgesicherte Forderung des Frachtführers, die auf dem abzuliefernden Frachtgut haftet.*

d *d.* Auch wenn ein *Spediteur, ein Zwischenspediteur oder Adreßspediteur ein Frachtführerretentionsrecht durch Zahlung an den Frachtführer ablöst,* so wächst die für die Ablösung erforderliche Auslage *seinem eigenen Auslagenersatzanspruch* zu und vergrössert den Umfang seiner eigenen Forderung *und seines eigenen Retentionsrechtes.*

Art. 452

5. Verwirkung der Haftungsansprüche

[1] **Durch vorbehaltlose Annahme des Gutes und Bezahlung der Fracht erlöschen alle Ansprüche gegen den Frachtführer, die Fälle von absichtlicher Täuschung und grober Fahrlässigkeit ausgenommen.**

[2] **Ausserdem bleibt der Frachtführer haftbar für äusserlich nicht erkennbaren Schaden, falls der Empfänger solchen innerhalb der Zeit, in der ihm nach den Umständen die Prüfung möglich oder zuzumuten war, entdeckt und den Frachtführer sofort nach der Entdeckung davon benachrichtigt hat.**

[3] **Diese Benachrichtigung muss jedoch spätestens acht Tage nach der Ablieferung stattgefunden haben.**

5. Fin de l'action en responsabilité

[1] **L'acceptation sans réserves de la marchandise et le paiement du prix de transport éteignent toute action contre le voiturier, sauf dans les cas de dol ou de faute grave.**

[2] **En outre, le voiturier reste tenu des avaries non apparentes si le destinataire les constate dans le délai où, d'après les circonstances, la vérification pouvait ou devait se faire et s'il avise le voiturier aussitôt après les avoir constatées.**

[3] **Cet avis doit néanmoins être donné au plus tard dans les huit jours qui suivent la livraison.**

5. Decadenza dell'azione di responsabilità

[1] **Il ricevimento senza riserva della merce e il pagamento del prezzo di trasporto estinguono ogni azione contro il vetturale, salvo il caso di dolo o colpa grave.**

[2] **Il vetturale continua inoltre ad essere responsabile dei danni non riconoscibili esteriormente, se il destinatario li constata nel termine in cui, giusta le circostanze, la verificazione era possibile, o doveva essere fatta, e notifica ciò al vetturale subito dopo la constatazione.**

[3] **Questa notificazione però deve farsi al più tardi entro otto giorni dalla consegna.**

Rechtsvergleichung: aOR Art. 462. Code de Commerce art. 105. HGB § 438. Codice Civile art. 1693 II, 1698. ETranspG Art. 17. ETR Art. 25. CIM Art. 45. PVG Art. 29, 45, 50 III, IV. LVA Art. 26. LFG Art. 75. LTR Art. 21 II. SSG Art. 111.

SYSTEMATIK DER KOMMENTIERUNG

Art. 452 OR

1. Systematik des Gesetzes 318
2. Stillschweigende Genehmigung im allgemeinen 319
3. Die Empfängergenehmigung im Frachtvertrag 319
4. Die Prüfungsfrist bei äusserlich nicht erkennbarem Schaden. Art. 452 II und III OR. Eisenbahnfrachtrecht, Postrecht, Luftfrachtrecht, Seefrachtrecht 321
5. Keine Verwirkung bei absichtlicher Täuschung und grobfahrlässiger Schadensverursachung durch den Frachtführer 323
6. Zwingender Charakter der Verwirkungsgründe und Verwirkungsfristen 324

Art. 452 OR

1. Systematik des Gesetzes

1 a *a.* Die Systematik des Gesetzes ist in den letzten Artikeln des Frachtvertragsrechts nicht restlos geglückt. Art. 450 bis Art. 454 OR weisen gleichgeordnete Randtitel auf: 3. Anzeigepflicht. 4. Retentionsrecht. 5. Verwirkung der Haftungsansprüche. 6. Verfahren. 7. Verjährung der Ersatzklagen.

b *b.* Art. 452 «*Verwirkung der Haftungsansprüche*» und Art. 454 «*Verjährung der Ersatzklagen*» gehören zur *Transport- und Verspätungsschadenshaftung* des Frachtführers, die unter Abschnitt II,2 die Art. 447 bis 449 OR umfasst, sowie zur Schadenshaftung des Frachtführers gemäss Art. 446 OR bei unbefugter oder unsorgfältiger Ausübung der Rechte zum Selbsthilfeverkauf (Art. 444 OR) und zum Notverkauf (Art. 445 OR). Denn die besonderen Verwirkungs- und Verjährungsvorschriften betreffen nur «*alle Ansprüche*» bzw. «die Ersatzklagen *gegen den Frachtführer*». Das in Art. 453 OR geordnete «*Verfahren*» hingegen greift «*in allen Streitfällen*» Platz, sei nun ihr Gegenstand ein Transport- oder Verspätungsschadensanspruch gegen den Frachtführer oder gegen den Zwischenfrachtführer persönlich, sei es ein «Streitfall» über ein Ablieferungshindernis und das daraus resultierende Selbstverkaufsrecht (Art. 444 OR) oder das Notverkaufsrecht (Art. 445) des Frachtführers, über Bestand und Umfang des Retentionsrechtes und der retentionsgesicherten Forderung des Frachtführers, insbesondere auch über seinen «Entschädigungsanspruch» (Art. 443 I OR) aus nachträglicher Abänderung des Frachtvertrages durch den Verfügungsberechtigten, über den Umfang des Hinterlegungsrechtes und der Hinterlegungspflicht (Art. 451 OR) des Empfängers, aber auch nur *über rechtserhebliche streitige Tatfragen*, wie beispielsweise Zustand und Wert des Frachtgutes, Verderblichkeit, Wertlosigkeit (Art. 445 OR), Zustand der Verpackung (Art. 444–449 OR) u.a.m.

2. Stillschweigende Genehmigung im allgemeinen

a. Der Gedanke, dass *vorbehaltlose Annahme einer vertraglichen Leistung und Erbringung der Gegenleistung* als *stillschweigende Anerkennung* gehöriger Erfüllung auszulegen ist, findet sich nicht nur im Frachtvertragsrecht. Das *Kauf- und Werkvertragsrecht* gewährt dem Käufer oder Besteller *kurze Fristen zur Prüfung* der gelieferten Sache. Wird die Leistung innerhalb dieser Fristen *nicht bemängelt, so sind die Gewährleistungsansprüche für erkennbare Mängel verwirkt.* Art. 201, 370 OR. Im *französischen und deutschen Recht* ist die Transportschadenshaftung des Frachtführers eine *werkvertragliche Gewährspflicht.* 2 a

b. Im Auftragsrecht wird *Stillschweigen* auf eine dem Beauftragten vorgelegte *Abrechnung, widerspruchslose Annahme der Ablieferungsleistung und/oder Erfüllung der Ansprüche aus der actio mandati contraria* als *Genehmigung der Geschäftsführung und Entlastung des Beauftragten* ausgelegt. Art. 400 N. 32 b, 33, 34/5. Die vorbehaltlose Annahme des Frachtgutes und die Bezahlung der Fracht enthält *juristisch einen stillschweigenden Verzicht auf mögliche Haftpflichtansprüche* für Transport-, Verspätungs- und andere Schäden gegen den Frachtführer *aus nicht gehöriger Erfüllung der Ausführungs- und Ablieferungsobligation. Stillschweigen einerseits und Zahlung der Fracht andererseits schaffen eine praesumptio legis et de lege, dass die Ablieferungspflicht als letzte Phase der Auftragsausführung durch den Frachtführer gehörig erfüllt ist.* Art. 1698 Codice Civile. Vgl. auch Art. 111 II SSG. b

3. Die Empfängergenehmigung im Frachtvertrag

a. Im Frachtvertrag ist der *Empfänger* Begünstigter. Aus dem Frachtvertrag *erwächst ihm keine Prüfungspflicht*, wohl aber ein Prüfungsrecht. Doch kann der Empfänger, z. B. wenn er Käufer oder Besteller des Frachtgutes ist, der kauf- oder werkvertraglichen Prüfungspflicht unter- 3 a worfen sein. Art. 201, 367 OR. Der Empfänger kann als solcher die Annahme des Frachtgutes oder die Zahlung der Fracht ohne Grundangabe gegenüber dem die Ablieferung besorgenden Frachtführer verweigern. Art. 444 N. 5. Ob er dadurch gegenüber dem Absender oder anderen Personen in *Annahmeverzug* gerät (Art. 451 N. 5 c), ist *keine Frage des Frachtvertragsrechtes.*

b *b.* Anders verhält es sich, wenn der *Empfänger* Kommissionär ist. Art. 427 N. 3 c. Als Kommissionär obliegt ihm im Rahmen der allgemeinen Interessenwahrungspflicht für den Kommittenten die besondere Pflicht, *das zugesandte Kommissionsgut auf erkennbare Mängel zu prüfen und,* falls Transport- oder Verspätungsschäden vorliegen, *die Rechte gegenüber dem Frachtführer zu wahren.* Er kann nicht einfach die Annahme des Frachtgutes verweigern. Ob er es behalten muss, wenn es unverkäuflich ist, ist eine andere Frage. Er muss jedoch die Interessen seines Kommittenten wahren.

c *c.* Der *Absender* hat oft ein *besonderes Interesse an der Wahrung der Rechte gegenüber dem Frachtführer*, nicht nur, wenn der Empfänger Kommissionär ist. Trifft *gekaufte* Ware in mangelhaftem Zustande am Bestimmungsort ein, so *riskiert der Verkäufer* (Absender) die *Annahmeverweigerung* durch den Käufer (Empfänger) auch dann, wenn die *Mängel durch einen Transportschaden verursacht* wurden, *für welchen der Frachtführer aufzukommen hat.* Immerhin trägt i. d. R. der Käufer das Risiko des Transportes; periculum est emptoris. Der Empfänger will aber oft die Mühe und das Risiko einer Auseinandersetzung mit dem Frachtführer nicht auf sich nehmen und ist als solcher nicht dazu verpflichtet. Daher wird namentlich bei internationalen Transporten der *Absender bisweilen* einen sogenannten *Adreßspediteur* oder «Empfangsspediteur» **(BGE 59 III 101)** als *formellen Empfänger* beiziehen, der kraft eines besonderen Auftrages verpflichtet ist, die *Absenderinteressen am Bestimmungsort nicht nur gegenüber dem Empfänger, sondern auch gegenüber dem Frachtführer zu wahren.* Kommentar RATZ zu § 407 HGB Anm. 4 a. Der internationale Handelsverkehr hat Unternehmungen hervorgebracht, die mit eigenen Fachleuten die *gehörige Versendung und/oder Ablieferung wertvollen Frachtgutes* durch Spediteure und Frachtführer an Ort und Stelle im Interesse ihres Auftraggebers überprüfen.

d *d.* Zumeist ist der *Empfänger Käufer oder Besteller des Frachtgutes.* Dann wird er in seinem eigenen Interesse die Annahme und Zahlung oder Hinterlegung für fehlerloses Frachtgut ebensowenig verweigern, wie er die Annahme und Zahlung fehlerhaften Frachtgutes zur Rechtswahrung gegenüber dem Frachtführer ablehnen wird. Als Käufer trägt er i.d.R. die Gefahr des Transportes. Statt zu zahlen, kann der Empfänger nach Art. 451 OR *hinterlegen* und damit die *Ablieferung des Frachtgutes in seinem tatsächlichen Zustand ohne Rechtsverwirkung gegenüber dem Frachtführer* (oder Spediteur) erzwingen. ZR 48 (1949) Nr. 153 S. 295. *Durch vorbehaltlose Annahme verwirkt er nicht nur die Rechte gegenüber dem Frachtführer, sondern oft auch die Gewährleistungsansprüche gegenüber dem Verkäufer oder Unternehmer gemäss Art. 201 oder 370 OR.* Er wird also einen erkennbar mangelhaften Zustand des Frachtgutes mindestens nach Art. 453 I OR *amtlich feststellen* lassen. Schon dadurch *vermeidet er die «vorbehaltlose» Annahme.* Vgl. Art. 25 lit. *e* Ziff. 1 ETR.

e

e. Das *eigene Interesse des Empfängers an der Wahrung der Rechte gegenüber dem Frachtführer ist verstärkt, wenn der Empfänger als Käufer oder Besteller das Frachtgut* (z.B. auf Grund eines Dokumentenakkreditivs) *vorausbezahlt* hat, was i.d.R. bei der Versendung oder Verladung auf ein Schiff (Zahlung gegen Verladedokumente) geschieht. Nach Art. 185 II OR ist die *Gefahr des Transportes i.d.R. ohnehin vom Käufer zu tragen.* Lagen gewährspflichtige Mängel schon bei der Versendung vor, so muss bei Vorauszahlung des Preises die *Wandelung oder Minderung klageweise meist im Ausland angestrebt werden.* Die Beweislast für den Käufer gemäss Kaufsrecht wird drückend. Die *Geltendmachung der Transportschadensansprüche aus Art. 447/8 gegenüber dem Frachtführer mit der Beweisaufnahme am «Ort der gelegenen Sache»* (Art. 453) ist selbst dann leichter, wenn man die Beschränkungen in der Höhe des Schadenersatzes berücksichtigt. Art. 447 N. 6c, 9, 10f. Immerhin bleibt bei wertvollen Transporten der Abschluss einer *Transportschadensversicherung* empfehlenswert, namentlich wenn das Frachtgut vorausbezahlt wurde. Art. 447 N. 13. Bei Akkreditivzahlung ist der *Nachweis des Abschlusses einer Transportschadensversicherung oft eine Bedingung für die Auszahlung des Akkreditivbetrages.*

4. Die Prüfungsfrist bei äusserlich nicht erkennbarem Schaden. Art. 452 II und III OR. Eisenbahnfrachtrecht, Postrecht, Luftfrachtrecht, Seefrachtrecht

4 a

a. Art. 452 OR macht (ebenso wie Art. 427 OR für die Behandlung zugesandten Kommissionsgutes) einen Unterschied zwischen *äusserlich erkennbarem und äusserlich nicht erkennbarem Schaden am Frachtgut.*

Art. 427 N. 3 c. Äusserlich erkennbar ist der Schaden, wenn er bei einer *visuellen Prüfung bei gehöriger Sorgfalt wahrgenommen werden kann.* Das betrifft vor allem *unverpacktes Frachtgut.* Schaden an *verpacktem Frachtgut,* z. B. Bruchschaden, ist i. d. R. *äusserlich nicht sofort erkennbar.* Doch sind schwerere *Verpackungsschäden* (Bruch von Kisten, Zerreissen von Säcken) äusserlich *erkennbar* und schaffen eine Vermutung für das Bestehen eines Transportschadens am Frachtgut. Art. 1693 II Codice Civile e contrario. Die stillschweigende Genehmigung der Ablieferung und Entlastung des Frachtführers (N. 2 oben) können nur angenommen werden, wenn der Empfänger die seiner präsumierten Willensäusserung zugrunde liegenden *Tatsachen kennt.* Art. 400 N. 35 b. Kann der Empfänger einen Schaden erst erkennen, wenn er z. B. die Kisten am Domizil geöffnet hat, so ist durch vorbehaltlose Annahme des *Frachtgutes und Bezahlung der Fracht keine Genehmigung* erfolgt und *keine Entlastung des Frachtführers eingetreten.* Vgl. das Beispiel unter Art. 449 N. 6 c. Dass Transportschäden am Frachtgut nicht äusserlich erkennbar waren, ist vom Ansprecher (meist vom Empfänger) zu beweisen. Er wird zur Beweisführung gemäss Art. 453 OR den Zustand des Frachtgutes feststellen lassen. Die Natur der festgestellten Schäden lässt i. d. R. Schlüsse auf ihre äusserliche Erkennbarkeit zu.

b *b.* Der Empfänger muss indessen die *Prüfung auf äusserlich nicht erkennbare Schäden* des Frachtgutes nach der Ablieferung innerhalb der Zeit, in der ihm nach den Umständen die Prüfung möglich oder zuzumuten war, vornehmen und den *Frachtführer «sofort nach der Entdeckung» benachrichtigen.* Art. 452 II OR. Ist *innert spätestens acht Tagen nach der Ablieferung* keine Benachrichtigung erfolgt (Art. 452 III OR), *so sind die Haftpflichtansprüche gegenüber dem Frachtführer verwirkt,* es sei denn, der Frachtführer, seine Leute oder der die Ablieferung besorgende Zwischenfrachtführer, für dessen Verhalten er nach Art. 449 einstehen muss, hätten sich einer *absichtlichen Täuschung oder groben Fahrlässigkeit schuldig gemacht.* Art. 452 I OR. Die Verwirkungsfrist bei äusserlich nicht erkennbaren Transportschäden ist somit eine *relative:* «sofort nach der Entdeckung» und eine *absolute:* «spätestens *acht Tage* nach der Ablieferung». Nach art. 105 Code de Commerce sind alle Schäden, äusserlich erkennbare oder andere, *spätestens am 3. Werktag nach Abnahme und Zahlung* dem Frachtführer unter Verwirkungsfolge «*par acte extrajudiciaire*» *oder* «*par lettre recommandée*» begründet zu notifizieren («notifier sa protestation motivée»). Unter Benachrichtigung muss auch nach OR eine qualitative und quantitative «Substanzierung» der Transportschäden (Verlust, Zerstörung, Beschädigung,

Teilverlust) verstanden werden. Der Frachtführer muss erkennen, für welche Schäden und für wieviel seine Haftung in Anspruch genommen wird. Komm. RATZ ad § 438 HGB Anm. 13. Da alle Ansprüche gegen den Frachtführer der Verwirkung unterliegen, kann der Berechtigte, der nur wegen eines Verspätungsschadens reklamiert hat, nicht nachträglich einen Transportschaden (Sachschaden) relevieren, der in der rechtzeitigen Beanstandung nicht erwähnt war. Die Regelung der Verwirkung in § 438 HGB weicht in wichtigen Punkten von Art. 452 OR ab. So besteht ein Zwang zur amtlichen Feststellung der erst nach der Ablieferung entdeckten Mängel. Hingegen ist art. 1698 Codice Civile die sinngemässe Wiedergabe von Art. 452 OR in kürzerer und präziserer Formulierung.

c

c. Art. 17 ETranspG, Art. 25 ETR und Art. 45 CIM enthalten für das *Eisenbahnfrachtrecht* ähnliche Verwirkungsgründe und *Verwirkungsfristen* für Transportschadens- und Verspätungsansprüche wie Art. 452 OR für das gemeine Frachtvertragsrecht. Doch ist die Regelung präziser und auf die technischen Gegebenheiten des Eisenbahnfrachtrechtverkehrs ausgerichtet. Die nach Art. 44 PVG beschränkten *Haftpflichtansprüche* gegen die Post *verjähren* innerhalb eines Jahres. Art. 45 PVG. Eine Verwirkungsfrist besteht nicht. Vgl. auch Art. 66/71 Z. 1d Weltpostvertrag; Art. 11 lit. *g* Wertbrief- und Wertschachtelabkommen; Art. 32 lit. *g* Poststückabkommen. Auch im *Luftfrachtrecht* gelten ähnliche *Verwirkungsgründe und Verwirkungsfristen* für Transport- und Verspätungsschadensansprüche wie im gemeinen Frachtvertragsrecht und im Eisenbahnfrachtrecht. Art. 26 LVA. Art. 75 LFG. Im *Seefrachtrecht* besteht nach Art. 111 SSG eine ähnliche *Verwirkungsordnung* wie die des gemeinen Frachtvertragsrechtes. Die *Vermutung des Anspruchsverzichtes durch konkludentes Verhalten eines Berechtigten entspricht einem allgemeinen Rechtsgedanken.* N. 1 oben.

5. Keine Verwirkung bei absichtlicher Täuschung und grobfahrlässiger Schadensverursachung durch den Frachtführer

5 a

a. Andererseits entspricht es ebenfalls einem allgemeinen Rechtsgedanken, dass dem *Haftungsgrund des schweren Verschuldens, Arglist oder grobe Fahrlässigkeit, das Primat vor allen anderen Haftungsgründen* zukommt. Die Haftung für grobes Verschulden kann vertraglich weder de pricipio noch de quantitate beschränkt werden. Art. 100 OR. Die *gesetzlichen Beschränkungen des Schadenersatzes* nach gemeinem Frachtvertragsrecht *fallen fort*, wenn der Frachtführer oder seine Hilfspersonen den Schaden absichtlich oder grobfahrlässig verursacht haben. Art. 447 N. 8.

b *b.* Aber auch *zeitlich* tritt bei absichtlicher Täuschung des *Käufers keine Verwirkung der Gewährleistungsansprüche* wegen versäumter Anzeige ein. Art. 201 OR. Diese *verjähren* erst in zehn Jahren seit Ablieferung der Sache an den Käufer. Art. 210 II OR. Dasselbe gilt für *arglistig verschwiegene Mängel eines Werkes.* Art. 371 OR. Der Gewährspflicht des Verkäufers und Unternehmers entspricht die *Transportschadenshaftung des Frachtführers.* Bei absichtlicher Täuschung und grober Fahrlässigkeit soll sich der *Frachtführer nicht auf den Schutz der verhältnismässig kurzen Verwirkungs- und Verjährungsfristen berufen können.* Art. 452 I, 454 III OR. ZR 48 (1949) Nr. 116 S. 200. Liegt eine *strafbare Handlung des Frachtführers*, seiner Leute oder des Zwischenfrachtführers vor, so soll die *Einheit von strafrechtlicher Verfolgungsverjährung und zivilrechtlichem Deliktsschadenersatzanspruch gewahrt* bleiben. Art. 60 OR. Wenn daher ein Deliktsanspruch mit dem Schadenersatzanspruch ex contractu konkurriert, *besteht kein Grund, eine Verwirkung des Vertragsanspruches eintreten zu lassen, die für den Deliktsanspruch nicht besteht.* **BGE 77 II 319.**

c *c. Absichtliche Täuschung* im Rahmen eines Frachtvertrages ist dann anzunehmen, wenn der *Frachtführer die scheinbare stillschweigende Genehmigung seiner Erfüllung und die Bezahlung der Fracht unter Umständen erwirkt hat, deren Kenntnis den Empfänger vernünftigerweise zu einer anderen Haltung bestimmt* hätte. So wenn der Frachtführer einen äusserlich nicht erkennbaren, ihm aber bekannten Schaden verheimlicht oder gar zu beseitigen versucht hat. SJZ 47 (1951) Nr. 100 S. 296. Beispiel: Eine zerbrochene Plastik wurde vom Frachtführer zusammengeflickt, damit der Empfänger den Schaden nicht bemerke. *Grobe Fahrlässigkeit* liegt dann vor, wenn sich der Frachtführer, sein Hilfspersonal oder der Zwischenfrachtführer der Verletzung *elementarer* Vorsichtsgebote oder einer *unmissverständlichen Weisung* schuldig gemacht hat. Art. 450 N. 6b, c, 7c, 8b.

6. Zwingender Charakter der Verwirkungsgründe und Verwirkungsfristen

6a *a.* Nach art. 103 III *Code de Commerce* ist die Parteiabrede, welche die gesetzliche Transportschadenshaftung des Frachtführers beschränkt oder ausschliesst, absolut nichtig. Nach Art. 105 II Code de Commerce sind mit Ausnahme internationaler Transporte (für welche zumeist Konventionsrecht gilt) die zugunsten des Frachtführers bestehenden *Verwirkungsbestimmungen zwingenden Rechtes.*

b. Art. 452 enthält gesetzliche Vermutungen aus einem bestimmten Verhalten des Empfängers, gesetzliche Verwirkungsfristen und gesetzliche Verwirkungsfolgen. Komm. Ratz zu § 438 HGB Anm. 7. Gesetzliche Bestimmungen solcher Art sind ihrer Natur nach *der Parteiautonomie entzogen.* Der Absender und der Frachtführer können nicht zum voraus abmachen, *wie ein bestimmtes Verhalten des Empfängers auszulegen ist.* Nach Art. 129 OR sind die gesetzlichen *Verjährungsfristen* unabänderlich, und nach Art. 141 OR kann auf die *Verjährung nicht zum voraus verzichtet* werden. Das gilt auch für die *Verwirkung* und die *Verwirkungsfristen.* **BGE 61 II 155/6, 74 II 100.** Doch kann der Frachtführer in einem hängigen Transportschadensprozess auf die Verwirkungseinrede verzichten. b

c. Die *kurzen Verwirkungsfristen* des Frachtvertragsrechtes entsprechen einer *praktischen Notwendigkeit.* Die rechtserheblichen Tatsachen, namentlich quantitative oder qualitative Schäden am Frachtgut sowie der Kausalzusammenhang mit dem Transport, werden *unbeweisbar,* wenn der Frachtführer den Besitz nicht mehr hat, wenn der Empfänger abgeliefertes Frachtgut mit Sachen gleicher Art vermischt, es rasch weiterveräussert oder in der Lage ist, den *Zustand des Frachtgutes zu verändern.* § 438 II HGB lässt daher die Verwirkung stets eintreten, wenn eine amtliche Feststellung des Transportschadens unterblieben ist. Weitere prozessrechtliche Erwägungen kommen dazu. Es ist dem erkennenden Richter nicht zuzumuten, den Zustand des Frachtgutes oder der Verpackung ernstlich zu prüfen, wenn ein Zeitraum verstrichen ist, der beliebige Veränderungen ermöglichte. Die Führung des Entlastungsbeweises nach Art. 447 I OR ist dem Frachtführer nur bei unverzüglicher Feststellung des Zustandes des Frachtgutes möglich. Die *Anordnung vorsorglicher Massnahmen* nach Art. 453 OR kann vom Transportschadenskläger *nicht mehr verlangt werden,* wenn die *gesetzlichen Verwirkungsfristen für seine Ansprüche abgelaufen sind.* Das Bedürfnis nach rascher Herstellung der Rechtssicherheit ist im Transportrecht besonders ausgesprochen. Die gesetzliche Ordnung der Transport- und Verspätungsschadenshaftung muss als Ganzes betrachtet werden. Sie verliert ihren Sinn, wenn sie *grundsätzlich abgeändert werden könnte. Art. 447 N. 10.* Sie wirkt zu Gunsten und zu Ungunsten der Berechtigten und Verpflich- c teten. § 103 III, 105 II Code de Commerce. Kann nicht verabredet werden, trotz Arglist und grober Fahrlässigkeit des Frachtführers trete die Verwirkung der Transportschadensansprüche innert kurzer Fristen ein, so kann auch nicht verabredet werden, sie trete trotz Genehmigung der Ablieferung nicht ein. Die generelle Begrenzung der *Reklamationsfrist auf 48 Stunden seit Ablieferung* des Gutes in Z. 18 AB/CVSM dürfte nicht mit den zwingenden Bestimmungen von Art. 452 OR vereinbar sein. Umgekehrt kann die gesetzlich umschriebene Verwirkungsfrist auch nicht durch Parteiabrede ausgedehnt werden. Hüllt sich der Empfänger länger in Stillschweigen, als das Gesetz gestattet, oder erklärt er nicht, worauf sich seine Reklamation bezieht, so muss sein Verhalten ex lege als *Genehmigung im Sinne eines Rechtsverzichtes ausgelegt werden* (praesumptio legis et de lege).

Art. 453

6. Verfahren

[1] In allen Streitfällen kann die am Orte der gelegenen Sache zuständige Amtsstelle auf Begehren eines der beiden Teile Hinterlegung des Frachtgutes in dritte Hand oder nötigenfalls nach Feststellung des Zustandes den Verkauf anordnen.

[2] Der Verkauf kann durch Bezahlung oder Hinterlegung des Betrages aller angeblich auf dem Gute haftenden Forderungen abgewendet werden.

6. Procédure

[1] Toutes les fois qu'il y a litige, l'autorité compétente du lieu où se trouve la marchandise peut, à la demande de l'une des parties, ordonner le dépôt de la chose en main tierce ou, au besoin, la vente, après avoir, dans ce dernier cas, fait constater l'état de la marchandise.

[2] La vente peut être prévenue par le paiement de toutes les créances dont la marchandise est prétendument grevée, ou par la consignation de leur montant.

6. Procedura

[1] In ogni caso di contestazione l'autorità competente del luogo in cui si trova la merce trasportata, può, sulla domanda d'una delle parti, ordinarne il deposito nelle mani d'un terzo, oppure, in caso di bisogno, previa constatazione dello stato della merce stessa, ordinarne la vendita.

[2] La vendita può essere evitata mediante il pagamento o deposito dell'importo di tutti i pretesi crediti gravanti la merce.

Rechtsvergleichung: aOR Art. 463. Code de Commerce art. 106. HGB § 438. Codice Civile art. 1690 II, 1697. ETR Art. 164 III, 172, 174. CIM Art. 44. SSG Art. 101 II, 111. LVA Art. 28 II. LTR Art. 3.

SYSTEMATIK DER KOMMENTIERUNG

Art. 453 OR

1. Bundesrechtliche und kantonalrechtliche Beweissicherung und einstweilige Verfügungen. Inhalt. Zuständigkeit am Ort der gelegenen Sache . . . 328
2. Amtliche Feststellung des Zustandes des Frachtgutes. Wirkung als «Vorbehalt». Basis der Transportschadensliquidation. Voraussetzung des «Notverkaufs» . . . 331
3. Hinterlegung des Frachtgutes in dritte Hand (Sequestration). Ablösbarkeit durch Hinterlegung der auf dem Frachtgut haftenden Forderungen . . . 333
4. Notverkauf des Frachtgutes. Recht zu nachträglicher Hinterlegung. Art. 453 II OR . . . 335

Art. 453 OR

1. Bundesrechtliche und kantonalrechtliche Beweissicherung und einstweilige Verfügungen. Inhalt. Zuständigkeit am Ort der gelegenen Sache

1 a *a.* Wie sich aus dem Randtitel ergibt, enthält Art. 453 Verfahrensvorschriften, deren Erlass *grundsätzlich dem kantonalen Gesetzgeber* vorbehalten ist, die aber vom *Bundesgesetzgeber* verbindlich aufgestellt werden können, wenn es *zur einheitlichen Durchsetzung von materiellem Bundesrecht* erforderlich ist. Art. 6 ZGB. Gegenstand der Verfahrensvorschriften sind Beweiserhebung und *einstweilige Verfügungen* (vorsorgliche Massnahmen) *über das Frachtgut.* Sie können «*in allen Streitfällen*» von der «*zuständigen Amtsstelle am Orte der gelegenen Sache auf Begehren eines der beiden Teile*» angeordnet werden. Es wären behauptete *Transport- und Verspätungsschadensansprüche gegen den Frachtführer, die Ansprüche des Frachtführers aus seiner konkreten actio mandati contraria, das Retentions-, Selbstverkaufs- und Notverkaufsrecht, aber auch die Entlastung des Frachtführers in Transport- und Verspätungsschadenersatzklagen gefährdet:*

(1) Wenn der *Zustand des Frachtgutes* nicht rechtzeitig, d.h. vor möglichen Veränderungen, festgestellt werden könnte: *Beweissicherung*-Art. 447 N. 5b. Art. 445 I OR. § 127 Z. 3 der Zürcher ZPO verbietet die Veränderung des Streitgegenstandes nach Anhängigmachung eines Rechtsstreites und § 297 ZPO sieht den Erlass einstweiliger Verfügungen schon vor Anhängigmachung eines Rechtsstreites vor. Es kann jedoch auch das Verfahren nach § 311 ZPO zur «Sicherstellung gefährdeter Beweise» eingeschlagen werden.

(2) Wenn das *Frachtgut im unmittelbaren körperlichen Besitz einer der Prozessparteien* bliebe: Sicherung vor Veränderungen durch Hinterlegung «in dritte Hand». Art. 444 I OR. Hier handelt es sich um eine amtliche (richterliche) Verfügung über das Frachtgut, die nicht in einer blossen Beweissicherung besteht.

(3) Wenn *verderbliches* oder die auf dem Gut haftenden Forderungen voraussichtlich *nicht deckendes Frachtgut nicht* unverzüglich *verkauft* werden könnte. Art. 445 OR. Art. 451 N. 4b. (Schutz des Retentionsrechtes des Frachtführers durch «Notverkauf».) Hier handelt es sich ebenfalls um eine amtliche (richterliche) *Verfügung über das Frachtgut.*

Die Amtsstelle kann die *Beweissicherung* mit der Anordnung der Sequestration oder mit der Anordnung des «Notverkaufs» *verbinden* oder die einstweilige Verfügung über das Frachtgut vom Ergebnis des Beweisverfahrens über seinen Zustand abhängig machen.

b

b. Die *bundesrechtlich vorgeschriebenen einstweiligen* amtlichen Anordnungen *muss das kantonale Prozessrecht «in allen Streitfällen» zulassen; es kann jedoch noch weitere Massnahmen vorsehen.* So könnte im Kanton Zürich der Richter als vorsorgliche Massnahme die *Belassung des Frachtgutes beim Empfänger* anordnen, diesem aber eine Verfügung darüber unter Strafandrohung untersagen. Das kann beispielsweise bei *schwer transportablem Frachtgut* (Maschinen, die der Wartung bedürfen) zweckmässig sein. Doch darf diese Massnahme kraft Bundesrechts zur Erhaltung des Retentionsrechts des Frachtführers nur gegen Sicherstellung (§ 297 Zürcher ZPO) angeordnet werden. Die *Sequestration beeinträchtigt das Retentionsrecht nicht.* Art. 451 N. 1b. Belässt der kantonale Richter das Frachtgut beim Empfänger, so muss er sinngemäss die *Anordnung von der Hinterlegung «aller angeblich auf dem Gut haftenden Forderungen» abhängig machen.* Art. 453 II OR. Dann *tritt* die *Hinterlage* als *Retentionsobjekt* nach Art. 451 OR «an die Stelle des Frachtgutes». Art. 451 N. 1e. Bei der Sequestration hingegen bleibt das *Frachtgut Retentionsobjekt.* Umgekehrt darf aus Art. 444 I geschlossen werden, dass der Richter die Hinterlegung des Frachtgutes während der Dauer eines Rechtsstreites *beim Frachtführer selbst anordnen kann, wenn der Frachtführer über geeignete Lagerräume verfügt.* Art. 444 N. 5d. Art. 172 V ETR. In diesem Falle ist dem Frachtführer gleichzeitig die *Verfügung bis zur Erledigung* des «*Streitfalles*» zu untersagen. Immerhin kann der *verfügungsberechtigte Empfänger oder Absender* auch dann die *Ablieferung* jederzeit *durch Hinterlegung* des Betrages aller angeblich auf dem Gut haftenden Forderungen *erzwingen.* Art. 451 I OR.

c

c. Die *zuständige Amtsstelle am Ort der gelegenen Sache,* meist eine richterliche Behörde, kann die einstweiligen Verfügungen treffen, *selbst wenn das kantonale Prozessrecht kein besonderes Verfahren dafür vorsehen sollte.* Die *Einzelheiten des Verfahrens* einschliesslich der sachlichen Zuständigkeit richten sich nach dem *kantonalen Prozessrecht.* GULDENER, Grundzüge der freiwilligen Gerichtsbarkeit S. 17. Das kantonale Prozessrecht kann das Verfahren der frachtvertraglichen Rechtsbehelfe separat oder im Rahmen allgemeiner Verfahrensnormen (z. B. des sogenannten Befehlsverfahrens oder des Beweisverfahrens oder beider) regeln. Die örtliche Zuständigkeit ist durch das Bundesrecht zwingend vorgeschrieben. Auch diejenigen Kantone, die kein Verfahren zum Erlass einstweiliger Verfügungen vor der Anhängigkeit eines Rechtsstreites vorsehen, müssen zur Verwirklichung des in den Art. 444/9, 451 und 453 OR enthaltenen materiellen Frachtvertragsrechts ein den bundesrechtlichen Minimalanforderungen genügendes Verfahren zulassen. Es ist oft *unübersichtlich* geordnet. So in Zürich: ZPO § 399 Z.4 für die *Anordnung des Notverkaufs*, §§ 448/9 für die amtliche Feststellung des Zustandes des Frachtgutes, §§ 311/3 für die «*Sicherstellung gefährdeter Beweise*», §§ 131, 296/8 für die «*Hinterlegung in dritte Hand*» als vorsorgliche Massnahme. Über weitere prozessuale Einzelheiten vgl. GULDENER, Schweizerisches Zivilprozessrecht S. 381. Grundzüge der freiwilligen Gerichtsbarkeit der Schweiz S. 9, 16, 25, 95, 99.

d *d.* Beweissicherung über den Zustand des Frachtgutes und einstweilige amtliche Verfügungen über das Frachtgut sind nach OR «*in allen Streitfällen*» *auf Begehren einer Partei* anzuordnen. Womöglich soll es jedoch nur und erst nach *Anhörung der anderen Partei geschehen.* Art. 445 N. 2a. «In allen Streitfällen» bedeutet immer dann, wenn die *Erfüllung der Transport- und Ablieferungsobligation nicht durch Annahme des Frachtgutes und Bezahlung der darauf haftenden Forderungen als gehörig anerkannt und der Frachtvertrag nicht durch Erfüllung aller gegenseitigen Obligationen erloschen ist.* Einen Hauptanwendungsfall bilden die in Art. 444 OR geregelten *Ablieferungshindernisse ohne rechtzeitige Verfügung des Berechtigten über das Frachtgut* (Art. 443, 444 II OR), die auch gegen dessen Willen zum Selbsthilfe- oder Notverkauf unter Mitwirkung der Amtsstelle führen können. Art. 444/5, 453 OR. Anstelle der Verfügung des Berechtigten tritt dann die Verfügung der Amtsstelle. Der zweite Hauptanwendungsfall liegt immer dann vor, wenn der Berechtigte *das Frachtgut zwar abnimmt, aber die darauf haftenden Forderungen nicht bezahlt, sondern ihren Betrag hinterlegt. Dann geht der Streit entweder um die Höhe der Frachtführeransprüche oder um deren Erlöschen sowie um die Haftung des Frachtführers für Transport- und Verspätungsschäden.* Namentlich die amtliche Feststellung des Zustandes des Frachtgutes (Beweissicherung) dient der *Prozessökonomie.* Ist sie erfolgt, so können beide Parteien die Aussichten für die gerichtliche Durchsetzung eines Transportschadenersatzanspruches, eines Notverkaufes nach Art. 445 OR oder für die Entlastung von der Transportschadenshaftung sicherer beurteilen und danach ihre Entschlüsse en connaissance des risques fassen. Für einen unberechtigten Notverkauf würde der Frachtführer u. U. nach *Art. 446 OR* haftbar werden (Art. 446 N. 5 c), soweit nicht die Bewilligungsstelle die Verantwortung dafür zu übernehmen hat.

e. *Im HGB und im Codice Civile* sind Beweissicherung und amtliche Verfügung über das Frachtgut im engeren Zusammenhang der *Ablieferungshindernisse* geordnet. Doch ist die amtliche Feststellung des Zustandes des Frachtgutes nach § 438 II HGB nicht mehr dem Belieben der Parteien anheimgestellt, sondern sie bildet Voraussetzung für die Einreichung einer Transportschadenersatzklage. e

2. Amtliche Feststellung des Zustandes des Frachtgutes. Wirkung als «Vorbehalt». Basis der Transportschadensliquidation. Voraussetzung des «Notverkaufs»

a. Die «amtliche Feststellung des Tatbestandes», zu welcher der *Frachtführer* zur *Erwirkung des Notverkaufes* unter amtlicher Mitwirkung nach Art. 445 I OR *verpflichtet* ist (Art. 445 N. 2), und «Feststellung des Zustandes des Frachtgutes» i. S. von Art. 453 OR, die in allen Streitfällen *von jedem Berechtigten* (Frachtführer, Absender, Empfänger) *verlangt* werden kann, ist dasselbe. Man fasst sie verfahrensrechtlich als «*Sachbeurkundung*» auf. GULDENER, Grundzüge der freiwilligen Gerichtsbarkeit S. 95. Die amtliche Feststellung des Tatbestandes kann *immer dann verlangt* werden, wenn der *Empfänger die auf dem Gut haftenden Forderungen nur unter Vorbehalt zahlt* oder nach Art. 451 OR *hinterlegt.* Nach § 438 II HGB bildet das Begehren um amtliche «*Feststellung des Tatbestandes*» überhaupt den üblichen «*Vorbehalt*», der die *Verwirkung der Transport- und Verspätungsschadenansprüche trotz Zahlung* der auf dem Frachtgut haftenden Forderungen *verhindert.* Art. 452 I OR. So ausdrücklich: Art. 17 lit. *e* Z. 1. ETranspG, Art. 164 III ETR, Art. 44, 45 § 2 lit. *d* CIM. Der *Empfänger* muss die amtliche Feststellung des Tatbestandes im eigenen Interesse dann verlangen, wenn er sich den *wichtigen ihm obliegenden Beweis des Vorliegens eines Transportschadens für eine künftige Ersatzklage gegen den Frachtführer* sichern will. Der *Frachtführer* braucht sie zur *Führung des Entlastungsbeweises* nach Art. 447 I OR. Daher kann die Beweissicherung *auf Begehren einer der beiden* voraussichtlichen Prozessparteien oder (in der Praxis häufig) *beider Parteien angeordnet* werden. Die Möglichkeit zur amtlichen Befundsaufnahme am Ort der gelegenen Sache muss nicht nur nach gemeinem Frachtvertragsrecht bestehen, sondern vernünftigerweise überall dort, wo eine Transportschadenshaftung mit Entlastungs- 2 a möglichkeiten entwickelt ist, so im

Eisenbahnfrachtrecht	Art. 164 III, 172 V, VI, 174 ETR
	Art. 44 CIM
Seefrachtrecht	Art. 101, 111 SSG
Luftfrachtrecht	Art. 28 II LVA
	Art. 3 LTR

Die *bahnamtliche Befundsaufnahme ist keine amtliche «Sachbeurkundung»* i. S. von Art. 445/453 OR, weil sie von einer Partei des Transportvertrages vorgenommen wird. Daher sehen die einschlägigen Erlasse vor, der Berechtigte, meist der Empfänger, könne auf einer *«gerichtlichen Feststellung des Schadens» bestehen*, womit die amtliche Feststellung des Tatbestandes i. S. von Art. 453 OR gemeint ist.

b *b.* Es dürfte praktisch selten vorkommen, dass bei Vorliegen eines Transportschadens vor der amtlichen Feststellung die Parteien über Art, Ausmass und Kausalität des Schadens so weit einig sind, dass keine erheblichen Differenzen über diese Tatfragen bestehen. Bei *Totalverlust* greifen zwar *gesetzliche Vermutungen* ein, namentlich wenn eine *Wertdeklaration* (Art. 447 N. 9c) vorliegt. Eine amtliche Feststellung des Zustandes des verlorenen Frachtgutes ist nicht möglich, wohl aber eine «Sachbeurkundung» des Total- oder Teilverlustes. Häufig wird bei *Zerstörung* des Frachtgutes Streit darüber entstehen, ob eine gänzliche Zerstörung *(Totalschaden)* oder eine Beschädigung *(Teilschaden)* vorliegt. Die zumeist von Sachverständigen im Auftrage des Richters zu treffende Tatsachenfeststellung ist dann für die *Höhe des Schadenersatzes* von erheblicher Bedeutung. Die *rasche und genaue Tatsachenfeststellung* entscheidet prima facie darüber, ob ein Schadensfall nach Art. 448 oder Art. 447 OR vorliegt, wie hoch der nach dem konkreten Frachtvertrag zu entrichtende Ersatz sein könnte, oder ob sich der Frachtführer wegen der Beschaffenheit des Gutes gänzlich entlasten kann. Bei Beschädigung des ganzen oder eines Teiles des Frachtgutes wird es sich um die Ermittlung des Minderwertes handeln. Art. 447 N. 5.

c *c.* Die Feststellung des Zustandes des Frachtgutes ist eine amtliche Tatsachenfeststellung (Sachbeurkundung), welche die *Basis* (tatsächliches Klage- oder Einredefundament) der *richterlichen Rechtsfindung* bildet. Der Zustand des Frachtgutes allein besagt jedoch nichts darüber, ob die weiteren gesetzlichen *Voraussetzungen* für eine Transportschadenshaftung des Frachtführers oder ob und welche *Entlastungsgründe* gegeben sind. Darüber muss der entscheidende Richter i. d. R. weitere

Beweiserhebungen durchführen. Immerhin wird die Amtsstelle das Beweissicherungs- und Massnahmeverfahren im konkreten Falle so anordnen, dass alle streitigen und rechtserheblichen Tatsachen eine vorläufige Beantwortung erhalten. Das ist der Sinn des bundesrechtlich vorgesehenen amtlichen Vorverfahrens. Es lassen sich durch *rasche* und *zuverlässige amtliche Feststellung des Tatbestandes* Transportschadenersatzprozesse weitgehend vermeiden. Ist das Gut *transportschadenversichert*, so bildet die amtliche (oft auch nur die bahnamtliche) *Feststellung des Zustandes des versicherten Gutes* die Basis für die Schadensliquidation durch den Versicherer.

3. Hinterlegung des Frachtgutes in dritte Hand (Sequestration). Ablösbarkeit durch Hinterlegung der auf dem Frachtgut haftenden Forderungen

3 a

a. Beschränkt sich der Streit auf die Frage, *ob oder wieviel an Frachtkosten geschuldet* ist (Art. 447 N. 11), so wird die Anordnung einer Hinterlegung in dritte Hand nur selten vorkommen. *Verweigert der Empfänger nicht die Annahme und Zahlung* (Art. 444 OR), so wird er «den streitigen Betrag» nach Art. 451/453 II OR *hinterlegen*, so dass der *Frachtführer die Ablieferung nicht verweigern* kann. Art. 451 N. 5b.

b

b. Sind jedoch *verrechenbare Transportschadensansprüche* (actio mandati directa) einerseits und *Frachtkostenansprüche* andererseits (actio mandati contraria) *streitig*, und will der *Empfänger* (der vielleicht das Frachtgut vorausbezahlt hat – Art. 452 N. 3e) die *Annahme nicht verweigern*, aber auch den streitigen Saldo *nicht hinterlegen*, so kann ihm der *körperliche Besitz* des Frachtgutes i. d. R. *nicht überlassen* werden, weil dadurch das möglicherweise begründete *Retentionsrecht des Frachtführers unterginge.* Art. 451 N. 1b. N. 1b oben. In solchen Fällen wird der Richter die Sequestrierung des Frachtgutes um so eher anordnen können, als diese jederzeit durch Hinterlegung *des streitigen Betrages* (Art. 451 II, 453 II OR) *aufgehoben werden kann.* Das sollte in jeder amtlichen (richterlichen) Anordnung der Sequestration von Frachtgut ausdrücklich gesagt sein. Denn jedes schutzwürdige Interesse des Frachtführers an der Nichtauslieferung des Frachtgutes fällt dahin, sobald alle darauf haftenden retentionsgesicherten Forderungen durch Geldhinterlage sichergestellt sind. Durch diese Hinterlegung kann das Retentionsrecht des Frachtführers am *Frachtgut jederzeit* abgelöst werden. Praktisch wird es daher *selten zur tatsächlichen Hinterlegung in dritte Hand* kommen. Denn ein Empfänger, der ernstlich gewillt ist, einen Transportschadens- oder anderen Prozess zu riskieren, muss auch in der Lage sein, den Betrag aller angeblich auf dem Gute haftenden Forderungen zu hinterlegen. Art.451 N.1c, d. Die Sequestration des Frachtgutes im engeren Sinne figuriert denn auch nirgends in den transportrechtlichen Spezialerlassen.

c *c.* Die Hinterlegung in dritte Hand nach Art.453 I OR in Streitfällen kann nur auf Grund eines *Hinterlegungsvertrages mit einem Sequester* i.S. von Art.480 OR erfolgen. Vgl. art.106 II Code de Commerce. Kein Dritter kann dazu gezwungen werden. Der *Sequester wird Besitzstellvertreter* (Besitztreuhänder) *des Frachtführers* (Retentionsbesitz) und *des Verfügungsberechtigten* i.S. von Art.443 OR. Er darf das Frachtgut «*nur mit Zustimmung der Beteiligten oder auf Geheiss des Richters herausgeben.*» Die *Hinterlegung* erfolgt für *Rechnung und auf Gefahr derjenigen Partei, deren Ansprüche sich schliesslich als unbegründet erweisen.* Analog art.1697 II Codice Civile. Das *Eisenbahnfrachtrecht* sieht *Einlagerung in einem öffentlichen Lagerhaus oder bei einem Spediteur* vor. Auch diese Depositare haben in Streitfällen gleichsam die Funktionen des Sequesters zu übernehmen. Art.172 V ETR. Lässt das Volumen des Frachtgutes eine *gerichtliche Hinterlegung* zu, so kann der Richter, um den erwähnten Schwierigkeiten auszuweichen, u.E. auch die gerichtliche Hinterlegung des Frachtgutes verfügen. Auch sie ist eine Hinterlegung «in dritte Hand». In maiore minus.

d *d.* Eine *Hinterlegung oder Sequestration des Frachtgutes kommt dann nicht mehr in Frage,* wenn der Empfänger (oder Absender) das Retentionsrecht des Frachtführers durch Zahlung der Frachtkosten unter Vorbehalt (N.2a oben) oder *durch Hinterlegung* endgültig *abgelöst* hat. Art.451 OR. *Dadurch ist der rechtsbedingte Ablieferungsanspruch des Empfängers unbedingt geworden.* Wurden die auf dem Gute haftenden Forderungen nur hinterlegt statt bezahlt, so ist es Sache des Frachtführers, sich den Beweis für die richtige Ablieferung durch ein Begehren auf amtliche Feststellung des Zustandes des Frachtgutes zu sichern. Die Amtsstelle kann nicht durch einstweilige Verfügung eine Änderung des Besitzstandes *am Frachtgut* herbeiführen und das Retentionsrecht am Frachtgut wiederherstellen. Retentionsgegenstand ist nach Art.451 II OR *endgültig* die Hinterlage geworden. Anders offenbar OSER/SCHÖNENBERGER ad Art.453 OR N.1b.

4. Notverkauf des Frachtgutes. Recht zu nachträglicher Hinterlegung. Art. 453 II OR

4 a

a. Die *Anordnung des Notverkaufes* des Frachtgutes ist an die in Art. 445 OR enthaltenen *objektiven Voraussetzungen geknüpft:* Es muss sich um *verderbliches* oder um relativ so *geringwertiges Frachtgut* handeln, dass die retentionsgesicherten Ansprüche des Frachtführers voraussichtlich nicht gedeckt würden. Vgl. auch Art. 172 VI ETR. Sind diese Voraussetzungen nicht erfüllt, so darf der Richter *im Wege der einstweiligen Verfügung nicht einen so schwerwiegenden Eingriff in das Eigentumsrecht anordnen, wie es die Veräusserung einer Sache ist*, die eine spätere Erfüllung der Frachtführerobligationen verunmöglicht. Der Notverkauf darf nur angeordnet werden, wenn eine *Feststellung des Zustandes* (N. 2 a oben) *vorausgegangen ist*, die dann eine amtliche sein muss, wenn die Parteien sich nicht über eine andere Art der Feststellung (z. B. durch Privatexpertise) geeinigt haben. Hier bezweckt die Feststellung des Zustandes des Frachtgutes nicht die «Sachbeurkundung» von behaupteten Transportschäden, sondern die *Sachbeurkundung der Verderblichkeit und/oder relativen Wertlosigkeit des Frachtgutes.*

b

b. Von der *Anordnung eines Notverkaufes* sind «*die Beteiligten*», d. h. *auch der Absender*, womöglich zu *benachrichtigen*. Art. 445 II OR. Art. 445 N. 2 a (2). Art. 172 VII ETR. I. d. R. wird die Benachrichtigung durch Vorladung der Berechtigten zur Verhandlung erfolgen, in welcher der Notverkauf angeordnet werden soll.

c

c. Hauptzweck der Benachrichtigung aller Berechtigten, insbesondere auch des Absenders ist, die *Ausübung des Rechts auf nachträgliche Bezahlung oder Hinterlegung der Frachtkosten zu ermöglichen*. Vgl. art. 106 Code de Commerce. Vorgängig einem Notverkauf muss der Absender auch die Möglichkeit haben, eine *andere Absenderweisung* zu erteilen. Art. 444 N. 5, 6. Durch nachträgliche Zahlung oder Hinterlegung der Frachtkosten *geht das Retentionsrecht des Frachtführers unter*, so dass im Rahmen des Frachtvertrages *keine Pfandverwertung mehr durchgeführt* werden darf. Dasselbe gilt, wenn die auf dem Gut haftenden Retentionsforderungen schon *vorher vorausbezahlt oder vorausgedeckt, unter Vorbehalt bezahlt, oder wenn sie hinterlegt wurden*. N. 3 d oben.

d

d. Die *Durchführung des Verkaufs* hat regelmässig in der Form der *öffentlichen Versteigerung gemäss Art. 229 II OR* zu erfolgen. Das *Verfahren des «Verkaufs» kann von den Kantonen näher umschrieben werden.*

(In Zürich besteht eine Regierungsrats-Verordnung über das Verfahren bei amtlichen Versteigerungen vom 10. August 1893/24. März 1898.) **BGE 42 II 230.** OSER/SCHÖNENBERGER ad Art. 93 OR N. 6. Es ist das *nämliche Verfahren*, das nach Art. 93 OR *bei Annahmeverzug des Gläubigers* zu beobachten ist, obschon nicht gesagt werden kann, die Annahmeverweigerung oder die Unauffindbarkeit des Empfängers sei einem Gläubigerverzug gleichzusetzen. *Gleich ist nur das Verfahren des frachtvertragsrechtlichen Selbsthilfe- oder Notverkaufs*, nicht auch die Rechtslage, die diese veranlasst hat.

Art. 454

7. Verjährung der Ersatzklagen

[1] **Die Ersatzklagen gegen Frachtführer verjähren mit Ablauf eines Jahres, und zwar im Falle des Unterganges, des Verlustes oder der Verspätung von dem Tage hinweg, an dem die Ablieferung hätte geschehen ollen, im Falle der Beschädigung von dem Tage an, wo das Gut dem Adressaten übergeben worden ist.**

[2] **Im Wege der Einrede können der Empfänger oder der Absender ihre Ansprüche immer geltend machen, sofern sie innerhalb Jahresfrist reklamiert haben und der Anspruch nicht infolge Annahme des Gutes verwirkt ist.**

[3] **Vorbehalten bleiben die Fälle von Arglist und grober Fahrlässigkeit des Frachtführers.**

7. Prescription de l'action en dommages-intérêts

[1] **Les actions en dommages-intérêts contre le voiturier se prescrivent par une année à compter, en cas de destruction, de perte ou de retard, du jour où la livraison aurait dû avoir lieu, et, en cas d'avarie, du jour où la marchandise a été livrée au destinataire.**

[2] **Le destinataire et l'expéditeur peuvent toujours faire valoir, par voie d'exception, leurs droits contre le voiturier, pourvu que la réclamation soit formée dans l'année et que l'action ne soit pas éteinte par l'acceptation de la marchandise.**

[3] **Sont réservés les cas de dol ou de faute grave du voiturier.**

7. Prescrizione delle azioni di risarcimento

[1] **Le azioni di risarcimento contro il vetturale si prescrivono nel termine d'un anno, che decorre, nel caso di distruzione, perdita o ritardo, dal giorno in cui la consegna avrebbe dovuto aver luogo, e, nel caso di deperimento, dal giorno in cui la merce fu consegnata al destinatario.**

[2] **Il destinatario o il mittente possono sempre opporre in via di eccezione i loro diritti, qualora abbiano reclamato entro il termine di un anno e i diritti medesimi non siano già estinti in seguito ad accettazione della merce.**

[3] **Sono eccettuati i casi di dolo e colpa grave del vetturale.**

Rechtsvergleichung: aOR Art. 464. Code de Commerce art. 108. HGB §§ 414, 439. ETranspG Art. 18, 19. ETR Art. 26/7. CIM Art. 46. PVG Art. 45. Weltpostvertrag 1952 Art. 66 Z. 4 und 5, Art. 71 Z. 1 d. Wertbrief- und Wertschachtelabkommen von 1952 Art. 11 lit. g. Poststückabkommen 1952 Art. 32 lit. g. SSG Art. 101 II. LVA Art. 29. LVG Art. 75/6. LTR Art. 8.

SYSTEMATIK DER KOMMENTIERUNG

Art. 454 OR

1. Sinn und Gegenstand der besonderen Verjährungsregelung 338
2. Verjährungsfrist, Verjährungsbeginn, Verjährungsunterbrechung bei klageweiser Geltendmachung von Transport- und Verspätungsschadensansprüchen gegen den Frachtführer 339
3. Keine besondere Verjährungsfrist für die einredeweise Geltendmachung von unverwirkten Ersatzansprüchen gegen den Frachtführer. Art. 454 II OR. 340
4. Eisenbahnfrachtrecht, Postrecht, Seefrachtrecht, Luftfrachtrecht. . 341

Art. 454 OR

1. Sinn und Gegenstand der besonderen Verjährungsregelung

1 a *a.* Art. 454 OR sieht *besondere*, von Art. 127 ff. abweichende *Verjährungsfristen* für «Ersatzklagen gegen den Frachtführer» vor, d.h. für die *klageweise* Geltendmachung (Art. 454 I) einerseits und die *einredeweise* Geltendmachung (Art. 454 II) andererseits von *Transport- und Verspätungsschadenersatzklagen* (Art. 447/8 OR) sowie *Schadenersatzklagen* gemäss Art. 446 OR wegen *unbefugter Ausübung des Rechts zum Selbsthilfeverkauf* (Art. 444 OR) *oder zum Notverkauf* (Art. 445 OR). Die *Analogie zur Verjährung der Gewährleistungsansprüche des Kaufsrechts* (Art. 210 OR) *und Werkvertragsrechts* (Art. 371 OR) ist unverkennbar. Auch die Gründe für Einführung einer kurzen Verjährungsfrist sind ähnliche. Namentlich für Transportschadensansprüche ist von einem *Zustand des Frachtgutes und von Umständen auszugehen, die sich durch Zeitablauf rasch verändern und durch eine allzu späte Beweiserhebung nur schwer rekonstruiert werden können.* Dem Ziel einer raschen Rechtswahrung in Transportschadens- und Verspätungsprozessen dienen in erster Linie die in Art. 452 OR geregelten *Verwirkungsfristen.* Wurden sie nicht gewahrt, so sind «alle Ansprüche» gegen den Frachtführer «erloschen» und können weder klage- noch einredeweise geltend gemacht werden. Art. 452 II OR. Die Regelung wäre jedoch unvollständig, wenn zwar die Rechtsvorkehren zur Abwendung der Verwirkung getroffen sind, der *Kläger aber unverhältnismässig lange mit der Geltendmachung seines Anspruches zuwarten könnte.*

b *b.* Die besondere Regelung der Verjährungsfristen hat vor allem die Transport- und Verspätungsschadensklagen, aber auch die (seltenen)

Ersatzklagen wegen unbefugter Ausübung des Retentionsrechtes (Art. 444/6 OR) aus der Haftung des *Frachtführers* zum Gegenstand, wie sie sich aus Art. 446/9 OR ergibt. Nur für diese Ansprüche, die den Frachtführer vor die Notwendigkeit stellen, einen oft *schwierigen Entlastungsbeweis* zu führen, drängt sich die besondere Regelung zum *Schutz der legitimen Frachtführerinteressen* auf. Gegenstand der Verjährung bilden «die Ersatzklagen gegen Frachtführer». Sondervorschriften sind einschränkend auszulegen und anzuwenden. Nach Art. 440 II OR darf von den Grundsätzen des allgemeinen Auftragsrechtes nur insoweit abgewichen werden, als das Frachtvertragsrecht abweichende Normen enthält. Übereinstimmend Oser/Schönenberger ad Art. 454 N. 2. Art. 108 II Code de Commerce hat seit 1942 noch weitergehend eine einheitliche *Verjährungsfrist von einem Jahr für alle Ansprüche aus dem Frachtvertrag eingeführt.* Nach OR verjähren die *Vertragsansprüche des Frachtführers*, d.h. dessen actio mandati contraria (Art. 440 I, evtl. Art. 441/2, 443 I, subsidiär Art. 394 III, 402 OR), *erst in zehn Jahren* (Art. 127 OR), von der Fälligkeit an gerechnet.

c

c. Nach der ausdrücklichen Vorschrift von Art. 454 III OR finden die besonderen Verjährungsfristen auch auf Ersatzklagen gegen den Frachtführer keine Anwendung, wenn er selbst, seine Leute oder Zwischenfrachtführer für *Arglist oder grobe Fahrlässigkeit* einzustehen haben. Desgleichen art. 108 I Code de Commerce. In diesen Fällen ist die *Haftung des Frachtführers unbeschränkt im Mass des Schadenersatzes* (Art. 447 N. 8), *im Fortfall der Verwirkungsfristen* (Art. 452 N. 5) und im Fortfall *besonderer frachtvertraglicher Verjährungsfristen.* Es gilt die allgemeine *zehnjährige Verjährungsfrist* für *Schadenersatzansprüche ex contractu* (ZR 48 [1949] Nr. 116 S. 200) und die *relative einjährige Verjährungsfrist* seit Kenntnis der schädigenden Handlung für den *Deliktsanspruch*, gegebenenfalls die *Verjährungsfrist*, die *für die Verfolgung einer strafbaren Handlung* gilt. Art. 60 OR. Art. 452 N. 5b. Art. 108 I Code de Commerce, § 414 IV/439 HGB.

2. Verjährungsfrist, Verjährungsbeginn, Verjährungsunterbrechung bei klageweiser Geltendmachung von Transport- und Verspätungsschadensansprüchen gegen den Frachtführer

2 a

a. Die Verjährung der Gewährleistungsansprüche im Kauf- und Werkvertragsrecht beginnt mit der *Ablieferung* des Kaufgegenstandes oder des Werkes an den Käufer oder Besteller. Erst von diesem Zeitpunkt an kann vom Empfänger der Leistung geprüft und festgestellt werden, ob gehörig erfüllt wurde oder nicht. Dieselbe Überlegung gilt für das *Frachtvertragsrecht.* Doch kommt es nur dann zur Ablieferung, wenn nicht das ganze Frachtgut verloren oder untergegangen ist. Art. 448 N. 5. Besteht der Transportschaden in einem *Teilverlust oder einer Beschädigung, so beginnt die Verjährung am Tage der tatsächlichen Ablieferung des beschädigten oder noch vorhandenen Frachtgutes an den Empfänger* (oder bei Rücksendung an den Absender) *zu laufen.* Bei allen anderen Transport- und Verspätungsschäden *(Totaluntergang und Totalverlust)* beginnt sie mit dem Tag zu laufen, *an welchem die Ablieferung vertragsgemäss hätte erfolgen sollen.* **BGE 48 II 334.** Art. 108 III Code de Commerce.

b *b.* Die gesetzliche *Verjährungsfrist* für Ersatzklagen gegen den Frachtführer *beträgt ein Jahr.* Nach herrschender Meinung kann zwar auf die Verjährung als solche nicht zum voraus verzichtet werden. Art. 141 I OR. Aber ähnlich wie im Gewährleistungsrecht des Kaufes und Werkvertrages ist eine *Verkürzung oder Verlängerung der gesetzlichen «Garantiefrist» durch Parteiabrede möglich.* § 414 I Satz 2/439 HGB gestattet nur die Verlängerung der Verjährungsfrist.

c *c.* Für *Stillstand und Unterbrechung der Verjährung gelten die Vorschriften des allgemeinen Teils des OR,* Art. 134–140 OR. Dabei entspricht allerdings die allgemeine Möglichkeit der wiederholten *Verjährungsunterbrechung durch Schuldbetreibung* gemäss Art. 135 Z. 2 OR den spezifischen Bedürfnissen des Transportrechtes nicht. Art. 18 III ETranspG sieht denn auch vor, durch Schuldbetreibung könne die Verjährung *nur einmal unterbrochen* werden.

3. Keine besondere Verjährungsfrist für die einredeweise Geltendmachung von unverwirkten Ersatzansprüchen gegen den Frachtführer. Art. 454 II OR

3 a *a.* Die kurze Verjährungsfrist der Transport- und Verspätungsschadensansprüche soll *nicht zum Ergebnis* führen, dass der *Empfänger oder Absender zur Einleitung von Prozessen gezwungen ist.* Die Geltendmachung von Transport- und Verspätungsschadensansprüchen, die bei klageweiser (offensiver) Geltendmachung binnen Jahresfrist verjähren würden, *bleiben Empfänger und Absender im Wege der Einrede gewahrt,* wenn sie wenigstens innert Jahresfrist «reklamiert», d. h. den *Frachtführer von ihren gehörig substanziierten Ersatzansprüchen rechtzeitig*

«*benachrichtigt*» (Art. 452 II, III OR) haben. Art. 452 N. 4. Anders Art. 19 ETranspG.

b. Die rechtzeitige Reklamation innert Jahresfrist bewirkt lediglich, dass die *defensive Relevierung der Ansprüche noch möglich bleibt, die offensive dagegen nicht.* Auch diese Regelung entspricht dem Gewährleistungsrecht im Kauf- und Werkvertrag. Einer *Klage des Frachtführers* auf Herausgabe der dafür erfolgten Hinterlage, auf Schadenersatz wegen Verletzung von Absenderpflichten (Art. 441/2 OR) kann der nichtverwirkte Ersatzanspruch des Beklagten gegen den Frachtführer *zur Verrechnung* entgegengestellt werden, selbst wenn er bestritten ist. Art. 120 II OR. Etwas abweichend § 414 III/439 HGB. Unter «Reklamation» ist die in Art. 452 II/III OR geforderte «*Benachrichtigung*» *des Frachtführers über die Entdeckung von Schäden* am Frachtgut zu verstehen, d.h. eine *unmissverständliche Erklärung, dass der Empfänger (oder Absender) konkrete Ansprüche aus Transport-, Verspätungs- oder anderen Schäden erhebt oder wenigstens vorbehält.* **BGE 48 II 334.** b

4. Eisenbahnfrachtrecht, Postrecht, Seefrachtrecht, Luftfrachtrecht

4

ETranspG Art. 18, 19 ETR Art. 26/7	Verjährungsfrist 1 Jahr, Unterbrechung durch Reklamation, Klage oder Betreibung, durch letztere jedoch nur einmal möglich. Ähnlicher Fristbeginn wie im gemeinen Frachtvertragsrecht. Jedoch ist nach Ablauf der Verjährungsfrist auch die einredeweise Geltendmachung ausgeschlossen.
CIM Art. 46	Frist im allgemeinen ein Jahr, zahlreiche Sonderregelungen (drei Jahre) für verschiedene Ansprüche aus dem Frachtvertrag.
PVG Art. 45	Frist im allgemeinen ein Jahr von der Postaufgabe an.
Weltpostvertrag 1952 Art. 66 Z. 4 und 5 Art. 71 Z. 1 d	«Nachfragefrist» für den Absender von 1 Jahr.
Wertbrief- und Wertschachtelabkommen von 1952 Art. 11 lit. g	wie Weltpostvertrag.

Poststückabkommen 1952 Art. 32 lit. *g*	wie Weltpostvertrag.
SSG Art. 101 II	Verweisung auf gemeines Frachtvertragsrecht.
LVA Art. 29	Peremptorische Frist von zwei Jahren.
LVG Art. 75/6 LTR Art. 8	Verweisung auf LVA.

Art. 455

[1] Transportanstalten, zu deren Betrieb es einer staatlichen Genehmigung bedarf, sind nicht befugt, die Anwendung der gesetzlichen Bestimmungen über die Verantwortlichkeit des Frachtführers zu ihrem Vorteile durch besondere Übereinkunft oder durch Reglemente im voraus auszuschliessen oder zu beschränken.

[2] Jedoch bleiben abweichende Vertragsbestimmungen, die in diesem Titel als zulässig vorgesehen sind, vorbehalten.

[3] Die besonderen Vorschriften für die Frachtverträge der Post, der Eisenbahnen und Dampfschiffe bleiben vorbehalten.

C. Staatlich genehmigte und staatliche Transportanstalten

C. Entreprises de transport de l'Etat ou autorisées par lui

[1] Les entreprises de transport dont l'exploitation est subordonnée à l'autorisation de l'Etat, ne peuvent, par des règlements ou par des conventions particulières, se soustraire d'avance en tout ou en partie, à l'application des dispositions légales concernant la responsabilité des voituriers.

[2] Toutefois, les parties peuvent convenir de déroger à ces règles dans la mesure permise par le présent titre.

[3] Sont réservées les prescriptions spéciales concernant les transports par la poste, les chemins de fer et les bateaux à vapeur.

C. Imprese di trasporto concesse od esercitate dallo Stato

[1] Le imprese di trasporto soggette a concessione dello Stato non possono, mediante particolari convenzioni o regolamenti, preventivamente escludere o limitare a loro profitto l'applicazione delle disposizioni di legge sulla responsabilità del vetturale.

[2] Sono eccettuate le clausole derogatorie dichiarate ammissibili nel presente titolo.

[3] Sono riservate le disposizioni speciali sui contratti di trasporto con la posta, con le ferrovie e coi battelli a vapore.

Materialien: Vgl. sub Art. 440. Prot. Expertenkommission vom 19. 10. 1908 S. 9.

Rechtsvergleichung: aOR Art. 465, 466. HGB §§ 452/9. Code Civil art. 1786. Code de Commerce art. 107. Codice Civile art. 1679/80.

Literatur: CHARLES ACKERMANN, Répertoire de jurisprudence en matière de transports. JACOB BUSER, Das schweizerische Postverkehrsgesetz nebst den wichtigsten Bestimmungen der Postordnung, 2. Aufl. Zürich 1930. BEAT DUMONT, Ausgewählte Kapitel aus dem schweizerischen Seeschiffahrtsrecht, Bern 1944. CLAUDE HOSNER, La responsabilité du transporteur maritime, Thèse Lausanne 1956. HANSHEIRY HÜRZELER, Probleme des Chartervertrages nach Luftrecht, Zürcher Diss 1948. HENRI MAGNENAT, Essai sur la nature juridique du contrat d'affrètement. Contribution à une étude de droit comparé. Lausanner Diss 1948. MAX REBER, Beitrag zur Frage der Miet- und Charterverträge im Luftrecht. Lausanner Diss 1957. WERNER SCHERRER, Die Einführung der summenmässig beschränkten Haftung im schweizerischen Binnenschifffahrtsrecht in Festgabe zum 70. Geburtstag von Erwin Ruck. HANS E. VOGT, Der Rheinfrachtführer, seine Verträge und seine Haftung, Zürcher Diss 1952.

SYSTEMATIK DER KOMMENTIERUNG

Art. 455 OR

1. Art. 455, 456 und 457 OR als «Beziehungsnormen» 344
2. Rechtsvergleichender Überblick 345
3. Unabhängigkeit des Frachtrechtes der «staatlichen Transportanstalten», der See- und Binnenschiffahrt vom gemeinen Frachtvertragsrecht des OR 346
4. Beziehung des Frachtrechts der «staatlich genehmigten Transportanstalten» zum gemeinen Frachtvertragsrecht des OR 349
5. Haftung des Reeders und Binnenreeders. Chartervertrag. Schiffszusammenstoss und Havarie grosse 351

Art. 455 OR

1. Art. 455, 456 und 457 OR als «Beziehungsnormen»

1 a *a.* Die Abschnitte C und D des Frachtvertragsrechts: «*Staatlich genehmigte und staatliche Transportanstalten*» sowie «*Mitwirkung einer Transportanstalt*», Art. 455 und 456 OR, entsprechend den Art. 465, 466 und 467 aOR, regeln einmal die Beziehungen zwischen dem *Transportrecht*, insbesondere dem *Transporthaftpflichtrecht der Spezialerlasse und dem privaten Frachtvertragsrecht des OR.* Sodann enthält Art. 455 I eine *haftpflichtrechtliche Sonderbestimmung* nicht für staatliche, aber für solche Transportunternehmungen, die zu ihrem Betrieb einer *staatlichen Konzession* bedürfen, ob sie für ihre Frachtverträge nur der Spezialgesetzgebung oder dem Frachtvertragsrecht des OR unterstehen. Der Ausdruck «Beziehungsnorm» wird gewählt, weil es sich nicht nur um eine Abgrenzung der Anwendungsbereiche handelt (wie beispielsweise in art. 1680 Codice Civile), sondern um Wechselbeziehungen zwischen

dem Transportrecht der Spezialerlasse und dem Frachtvertragsrecht des OR, die sich nicht in einer blossen Abgrenzung der Anwendungsbereiche erschöpfen.

b. Durch die wenigen Bestimmungen der Art. 455 und 456 OR sind die *Beziehungen zwischen dem Gütertransportrecht der Spezialerlasse bzw. zwischen der Haftpflicht der staatlich konzessionierten Transportunternehmungen* einerseits und dem privaten *Frachtvertragsrecht des OR* andererseits nicht erschöpfend geregelt. Es handelt sich um *Rahmenvorschriften*, die Grundsätze enthalten, die dem Gesetzgeber besonders wichtig erschienen. Mit der technischen Evolution der Transportmittel vollzieht sich auch eine *ständige Evolution des Transportrechtes der Spezialerlasse*. Sie führt zu Lösungen, die der Gesetzgeber von 1881 und 1911 nicht voraussehen und legislatorisch erfassen konnte. Für die *Luftfahrt*, die *Seeschiffahrt* und die *Binnenschiffahrt* ist ein *neues Transportrecht* entstanden. *Gemischte Transporte* sind häufiger geworden. Die in Art. 455 und 456 getroffene Ausmarchung berücksichtigt noch nicht die neuen Transportmittel, die Möglichkeit ihres kombinierten Einsatzes und die neuen Abgrenzungen, die durch diese *Erweiterung* erforderlich wurden. b

c. Die *Tendenz*, die der transporttechnischen und dementsprechend der transportrechtlichen Evolution innewohnt, führt zur langsamen *Verdrängung des privaten Frachtführers* aus angestammten Bereichen. Das private Frachtführergewerbe hat an Terrain verloren. Vorbem. vor Art. 439 N. 4b. Hingegen ist die Figur des *Spediteurs*, des indirekten Stellvertreters bei der Abwicklung transportrechtlicher Belange, mit der Weitschichtigkeit des Transportrechts mehr in den Vordergrund getreten. Auf seine fachmännischen Dienste ist der nichtfachmännische Produzent von Gütern oder der Kaufmann angewiesen, wenn er *Exportgeschäfte* betreibt, d.h. Güter auf auswärtige Märkte verbringen und dort absetzen möchte. Für den *Spediteur* enthält *Art. 457* eine Regel, die *sein Verhalten zu den Transporteuren und dessen haftpflichtrechtliche Rückwirkung auf den Speditionsvertrag betrifft*. Darin ist in weiterem Sinne ebenfalls eine «Beziehungsnorm» zu erblicken. c

2. Rechtsvergleichender Überblick

a. Schon der *Code Napoléon* hatte die damaligen *öffentlichen Transportunternehmungen* zu Wasser und zu Lande einem vom *Privatrecht abweichenden öffentlichen Recht* unterstellt. Art. 1786. Doch war diese Unter- 2 a stellung keine vollständige. Die im *Code de Commerce* art. 103/8 für den Frachtführer (voiturier) geregelte *Transportschadenshaftung wurde auch für die öffentlichen Transportunternehmungen als anwendbar erklärt.* Art. 107. Das ist eine einfache und klare Abgrenzung von Geltungsbereichen.

b *b.* § 452 des neuen *HGB nimmt die Post vom privaten Frachtvertragsrecht vollständig aus.* §§ 453/9 enthalten Rahmenvorschriften für die *Güterbeförderung mit Eisenbahnen*, wie die Kontrahierungspflicht (§ 432), die Transport- und Verspätungsschadenshaftung der Eisenbahnen (§§ 454/5), die Haftung der Eisenbahn für ihre Leute (§ 456), das gesetzliche «Pfandrecht» (§ 457), Normen, die durch die Eisenbahngesetzgebung, namentlich die *Eisenbahnverkehrsordnung* (§ 458), ausgeführt und ergänzt sind.

c *c.* Art. 1679 *Codice Civile* unterstellt die konzessionierten *öffentlichen Liniendienste einem Kontrahierungszwang* und verlangt *Bekanntgabe der allgemeinen Beförderungsbedingungen an das Publikum.* Ist dieses Erfordernis nicht erfüllt, und sind Abweichungen vom gemeinen Transportrecht nicht durch *besondere Konzessionsbedingungen* gedeckt, so kommt das *gemeine Transportrecht* zur Anwendung. Art. 1680 Codice Civile erklärt das *gemeine Transportrecht* auch für *Transporte zu Wasser, in der Luft, durch die Post oder die Eisenbahn subsidiär* anwendbar, *soweit die Spezialgesetzgebung keine abweichenden Normen* enthält. Auch das ist eine relativ einfache Abgrenzung der Geltungsbereiche.

d *d.* Die *schweizerische Regelung* musste den besonderen Verhältnissen des Landes Rechnung tragen. *Art. 466 aOR* enthielt die lapidare Bestimmung: «*Für die Frachtverträge der Post und der Eisenbahn gelten die besonderen Gesetze.*» Diese Bestimmung ist in etwas geänderter Fassung als Abs. 3 dem rev. Art. 455 angefügt worden. Für die «staatlich genehmigten Transportanstalten» (Randtitel) wurden die beiden ersten Absätze von rev. Art. 455 unverändert aOR Art. 465 entnommen.

3. Unabhängigkeit des Frachtrechtes der «staatlichen Transportanstalten», der See- und Binnenschiffahrt vom gemeinen Frachtvertragsrecht des OR

3 a *a.* Im geltenden *schweizerischen Frachtrecht* sind *drei Hauptgruppen* zu unterscheiden:

(1) Das *Frachtrecht der «staatlichen Transportanstalten»* (Randtitel). Art. 455 III OR.
(2) Das *Frachtrecht der staatlich konzessionierten Transportunternehmungen.*
(3) Das *gemeine Frachtvertragsrecht des OR.*

Vgl. im übrigen Art. 440 N. 1c.

b *b.* Die Bezeichnung *«staatliche Transportanstalten»* im Randtitel ist *nicht mehr genau.* Nach Art. 26 BV ist die *Gesetzgebung über den Bau und Betrieb der Eisenbahnen* und nach Art. 24ter BV die Gesetzgebung über die *Schiffahrt Bundessache.* Der Vorbehalt in Art. 455 III OR betrifft daher nicht nur die Frachtverträge der «Dampfschiffe». Der *Vorbehalt* betrifft sodann nicht nur die *Frachtverträge* der «staatlichen» Bundesbahnen, sondern *aller «auf Schweizergebiet gelegenen Eisenbahnen».*

c *c.* Die gesamte *Eisenbahn- und Schiffahrtsgesetzgebung* ist *überwiegend öffentliches Recht des Bundes.* Die *Personen- und Güterbeförderungsverträge* mit Eisenbahn- und Schiffahrtsunternehmungen werden jedoch noch als *privatrechtliche Verträge* aufgefasst. Vorbem. N. 1b. Daher ist das geltende BG über den Transport mit Eisenbahnen und Schiffen vom 11. März 1948 auch auf die Gesetzgebungshoheit des Bundes auf dem Gebiete des Zivilrechts gestützt. Art. 64 BV. Nach Art. 1 gilt es *«für den Verkehr (auch Güterverkehr) der auf Schweizergebiet gelegenen Eisenbahnen sowie sinngemäss für den Verkehr der konzessionierten Schiffahrtsunternehmungen.»* Die im ETranspG und ETR getroffene Regelung der «Frachtverträge» der Eisenbahnen und konzessionierten Schiffahrtsunternehmungen *fällt unter den Vorbehalt von Art. 455 III OR.* Das Eisenbahnfrachtrecht kann somit *beliebige Abweichungen,* nicht nur solche hinsichtlich der Verantwortlichkeit für Transport- und Verspätungsschäden, *vom Frachtvertragsrecht des OR enthalten.* Beispiel: Frachtbriefzwang – Art. 441 N. 1a. Doch ist tatsächlich die *Verantwortlichkeit für Transport- und Verspätungsschäden im Eisenbahnfrachtrecht für die Benützer nicht ungünstiger geregelt, als es der Fall wäre, wenn sie dem gemeinen Frachtvertragsrecht unterstünde.* Vgl. § 454 HGB. Art. 447 N. 10f (1). Zudem ist die *eisenbahnrechtliche Verantwortlichkeitsregelung* in Art. 6 ETranspG ausdrücklich für die ihr unterstellten Transportunternehmungen als *zwingendes Recht* erklärt.

d *d.* Eine eigenartige Ordnung enthält das Bundesgesetz über die *Seeschiffahrt* vom 23. September 1953 (SSG). Zur *Zulassung zur Seeschiffahrt* bedarf es für jedes Schiff einer *Bewilligung* des Schweizerischen Seeschiffahrtsamtes. Art. 30 SSG. Doch kann darin keine «Konzession» i. S. von Art. 455 I OR erblickt werden. Lit. g unten. Die Reederei ist keine Transportanstalt, zu deren Betrieb es einer staatlichen Genehmigung bedarf i. S. von Art. 455 I OR, sondern sie untersteht «besonderen Vorschriften» i. S. des erweiterten Vorbehaltes in Art. 455 III OR. Zwar wird in Art. 101 II SSG das *Frachtvertragsrecht des OR als subsidiär anwendbar* auf den Seefrachtvertrag erklärt. Aber die *Transportschadenshaftung des Reeders ist so abweichend von* denjenigen des gemeinen Frachtvertragsrechts geordnet, dass *Charter- und Seefrachtverträge mit Reedern als unter den Vorbehalt von Art. 455 III OR fallend betrachtet werden müssen.* N. 4 unten.

e *e.* Das *Postverkehrsrecht* beruht auf dem *Postregal* (Art. 36 BV) und bildet in seinem ganzen Umfang *öffentliches Recht des Bundes.* Die Güterbeförderung durch die Post – man kann nicht von «Frachtverträgen» der Post sprechen – fällt daher ebenfalls unter den Vorbehalt von Art. 455 III OR. Die Post ist eine «*staatliche Transportanstalt*» i. S. des Randtitels. Massgebend sind hier das Postverkehrsgesetz vom 2. Oktober 1924 (PVG) und die Postordnung vom 23. Dezember 1955. Das PVG enthält in Art. 44–55 auch die *Bestimmungen über die «Transportschadenshaftung» der Post.* Art. 50/3 PVG. Im *Postcheckverkehr* haftet die Post nach Art. 54 V PVG für den durch Postcheckfälschungen verursachten Schaden *nur bei grobem Verschulden der Postbeamten.* Erblickt man darin eine Haftung für *Geldtransporte,* so ist die Privilegierung der Post nach Art. 455 III OR möglich. Erblickt man darin eine *Beamtenhaftpflicht,* so kann diese Privilegierung gegenüber den Kantonalbanken, die gleichartige Dienste versehen, auf Art. 61 II OR gestützt werden, da das *Postrecht* Bundesrecht bildet.

f *f.* Die *Haftpflicht der Eisenbahn- und der konzessionierten Linienschiffahrtsunternehmungen* für *Transportschäden* an *mitgeführtem Handgepäck* ist in Art. 11 des *EHG vom 28. März 1905* geordnet. Sonst richtet sich die Verantwortlichkeit der Eisenbahnen und Linienschiffahrtsunternehmungen für aufgegebenes Reisegepäck nach Art. 30/3 ETranspG. *Soweit die Post* posteigene Motorfahrzeuge benützt, haftet sie ausservertraglich nicht nach SVG, sondern nach PVG Art. 49 ff., mit Ausnahme der Haftung für taxfreies Handgepäck. OFTINGER, Haftpflichtrecht II/1 S. 392/3, insbesondere Anm. 336.

g *g.* Der umfassende Vorbehalt von Art. 455 III OR sollte der Schweiz als Transitverkehrsland u. a. auch ermöglichen, den *internationalen*

Abkommen über den Frachtverkehr mit Eisenbahnen und durch die Post beizutreten, ohne durch zwingende Vorschriften des schweizerischen Privatrechts gehemmt zu sein. CIM und Weltpostverträge bilden z.T. positives schweizerisches Gütertransportrecht für internationale Transporte. Im Eisenbahnfrachtrecht zeigt sich die *Tendenz, das nationale Gütertransportrecht dem internationalen der CIM anzupassen*, damit alle Gütertransporte mit der Eisenbahn auf dem Gebiet der Schweiz einem möglichst einheitlichen Regime unterstellt sind. Art. 2, 3, 59 ETranspG. Vgl. die Revision des ETR von 1949 durch die Abänderungen in AS 1956, S. 521 ff. Ein Überblick über die wichtigsten *Spezialerlasse* des Frachtrechts findet sich unter N. 1c der Vorbem. zu den Transportverträgen (vor Art. 439).

4. Beziehung des Frachtrechts der «staatlich genehmigten Transportanstalten» zum gemeinen Frachtvertragsrecht des OR

4 a

a. Während das *Frachtrecht der Eisenbahnen, der Schiffahrtsunternehmungen* (Linienbinnenschiffahrt und Seeschiffahrt) und wohl auch der Luftfahrtsunternehmungen (Art. 37ter BV) als *vom gemeinen Frachtvertragsrecht des OR gänzlich unabhängig* zu betrachten ist, besteht diese *Unabhängigkeit für die übrigen konzessionierten Transportunternehmungen* theoretisch nach Art. 455 I und II OR *nicht*. Diese dürfen die Transportschadenshaftung, der ein Frachtführer unterworfen ist, nur soweit zu ihrem Vorteil ausschliessen oder abändern, als es ein privater Frachtführer nach gemeinem Frachtvertragsrecht des OR tun könnte.

b

b. «Transportanstalten, zu deren Betrieb es einer staatlichen Bewilligung bedarf», i. S. von Art. 455 I OR sind mit Ausnahme der unter Art. 455 III OR fallenden Schiffahrtsunternehmungen alle *Transportunternehmungen, die einer Konzession des Bundes, des Kantons oder der Gemeinde bedürfen.* Dazu würde die gewerbsmässige Beförderung von Personen und Sachen auf regelmässig beflogenen Luftverkehrslinien gehören. In- und ausländische *Luftfahrtsunternehmungen*, die Luftverkehrslinien auf Schweizer Gebiet bedienen, *bedürfen einer Bundeskonzession.* Art. 27–35 LFG. Die *Transportschadenshaftung richtet sich nach LVA* (Warschauer Abkommen) Art. 17–30 und LTR Art. 8–12. Es besteht die *Höchstgrenze für das Mass des Ersatzes* von Fr. 72.50 pro Kilogramm Reisegepäck oder Luftfrachtgut. Art. 447 N. 10f. Solche Begrenzungen sind auch nach dem gemeinen Frachtvertragsrecht des OR zulässig. Art. 447 III/455 II OR. Auch sonst enthalten die massgebenden Art. 17–30 LVA keine Haftungsbestimmungen, die für den Benützer ungünstiger wären als das gemeine Frachtvertragsrecht des OR. Ob man daher die konzessionierten Luftfahrtsunternehmungen als unter Art. 455 III oder unter Art. 455 I und II OR fallend betrachtet, ist ohne praktische Bedeutung.

c *c.* Nach Art. 3 PVG kann die gewerbsmässige *Reisendenbeförderung* mit regelmässigen Fahrten, für die das *Postregal* noch besteht (Art. 1a PVG), konzessionierten Privatunternehmungen übertragen werden. Dann ist nicht nur der Transport von taxfreiem Handgepäck, sondern auch der Gütertransport in die Konzession eingeschlossen, bzw. er bedarf keiner besonderen Konzession. OFTINGER, Haftpflichtrecht II/1 S. 395. Während die *Haftung der Postverwaltung für Postfrachten* (Güter und aufgegebenes Reisegepäck) durch Art. 50/53 PVG *ohne Beziehung zum gemeinen Frachtvertragsrecht* geregelt ist (N. 2e, f oben), *haftet der konzessionierte Postfrachtführer* für die von ihm ausgeführten Postfrachten nach Frachtvertrag, *der hinsichtlich seiner Verantwortlichkeit den Anforderungen von Art. 455 I und II OR genügen muss.* Auch bei *Autopostbetrieb* haftet die *konzessionierte Unternehmung* für Postfracht gemäss Art. 59 IVb SVG nach gemeinem *Frachtvertragsrecht.* OFTINGER, Haftpflichtrecht II/1 S. 395.

d *d.* Soweit Strassenbahnen, Standseilbahnen, Luftseilbahnen, Trolleybusse, Gondelbahnen, Schlittenseilbahnen und Aufzüge einer *Eisenbahn- oder Postkonzession* bedürfen und gewerbsmässig auch reine Gütertransporte ausführen, muss ihre *Transportschadenshaftung* den Anforderungen von Art. 455 I und II OR genügen. Das *EHG* (Art. 11), *dem sie zwar haftpflichtrechtlich* (Art. 3 II PVG) *unterstehen* (mit Ausnahme der Trolleybusse), *regelt nicht die Haftpflicht für aufgegebenes Reisegepäck und reine Gütertransporte.* OFTINGER, Haftpflichtrecht II/1 S. 389.

e *e.* Gewöhnlich sind die *Haftungsgrundsätze in den Konzessionsbedingungen* festgelegt, soweit sie sich nicht unmittelbar aus Gesetz oder Verordnung ergeben. Die konzessionierten Transportunternehmungen schliessen ihre Beförderungsverträge auf Grund allgemeiner Beförderungsbedingungen, Reglemente u. a. mit allen Benützern i. d. R. gleichartig (art. 1679 III Codice Civile) ab, seltener als individuelle Frachtverträge. Stets handelt es sich um eine *Vertragshaftung.* Art. 455 I OR wiederholt einen in Art. 100 OR ausgesprochenen Gedanken. *Obrigkeitlich konzessionierte Unternehmungen können weder durch allgemeine* (Reglemente) *noch durch individuelle Abreden* (besondere Übereinkünfte) *die Haftung aus den mit ihnen abgeschlossenen Verträgen beschränken, weil ihre Monopolstellung den Benützern de facto einen Kontrahierungszwang auferlegt.* Im Frachtvertragsrecht bilden *die in Art. 447/54 niedergelegten Grundsätze über die Transportschadenshaftung zwingendes Recht.* Art. 447 N. 10. Ihre Abänderung zu Ungunsten des Benützers ist nach Art. 19 II/20 II OR absolut nichtig. *Anstelle der nichtigen Abrede tritt die Regelung des gemeinen Frachtvertragsrechtes.* Doch sind *Abänderungen, die nach gemeinem Frachtvertragsrecht zugelassen sind* (Art. 447 III, 455 II OR), auch *für konzessionierte Unternehmungen zugelassen.* Das bedeutet insbesondere: Die in Art. 447 I OR abschliessend umschriebenen *Haftungsvoraussetzungen* dürfen nicht zu Ungunsten des Benützers enger umschrieben werden. Art. 447 N. 4–7. Sind sie gegeben, so hat die Transportunternehmung den *Entlastungsbeweis* zu führen. Art. 447 N. 4c. Kann der Benützer *absichtliche oder grobfahrlässige Schadensverursachung nachweisen, so ist das Mass der Haftung nicht beschränkbar.* Art. 447 N. 8. (Eine Beschränkung des Masses auf das Doppelte des Sachwertes, wie nach Art. 37 CIM, ist für konzessionierte schweizerische Transportunternehmungen nicht zulässig.) Es können *keine kürzeren Verwirkungs- und Verjährungsfristen vereinbart werden als die in Art. 452 und 454 OR umschriebenen.*

f

f. Die nach Art. 455 II OR für die konzessionierten Transportunternehmungen zugelassenen *Freizeichnungsklauseln dürfen nicht die gesetzlichen Voraussetzungen der Haftung, die gesetzlichen Entlastungsgründe und die gesetzliche Beweislastverteilung* tangieren. Zulässig sind Begrenzungen des Masses des Schadenersatzes nicht nach dem Sachwert, sondern z. B. nach Gewicht des Frachtgutes. Art. 447 N. 10. Der Benützer kann sich durch eine *Wertdeklaration* schützen, die vermutungsweise das Mass des Schadenersatzes bestimmt, eventuell durch eine *Transportschadensversicherung.* Art. 447 N. 13.

5. Haftung des Reeders und Binnenreeders. Chartervertrag. Schiffszusammenstoss und Havarie grosse

5 a

a. Die Transportschadenshaftung der *konzessionierten Schiffahrtsunternehmungen* (N. 1d oben) richtet sich nach ETranspG und ETR. Art. 1 ETranspG. Art. 125 III SSG. «*Reeder* ist, wer ein *Seeschiff* als Eigentümer, Nutzniesser oder Mieter in seinem Besitz hat und damit den Betrieb der Seeschiffahrt ausübt.» Art. 45 I SSG. «Die mit Binnenschiffen betriebene *Schiffahrt auf dem Rhein*, seinen *Nebenflüssen* und

Seitenkanälen, sowie auf anderen schiffbaren Gewässern, die die Schweiz mit dem Meer verbinden, ist der *Seeschiffahrt*» in mancher Beziehung gleichgestellt. Art. 125 I SSG. «*Binnenreeder* ist, wer ein *Binnenschiff* als Eigentümer, Nutzniesser oder Mieter in seinem Besitz hat und damit den *Betrieb der Binnenschiffahrt* ausübt.» Art. 126 I SSG.

b *b.* Für die *Haftung des Reeders und Binnenreeders* hat das SSG von 1953 seerechtliche Grundsätze übernommen, die bisher dem schweizerischen Recht unbekannt waren. Das SSG hat neben dem Seefrachtvertrag den *Chartervertrag* ausgebildet. Es ist die *Vermietung des Raumgehaltes eines Seeschiffes* für eine bestimmte Zeit *(Zeitcharter)* oder für eine bestimmte Seereise *(Reisecharter)*. Art. 94 SSG. Der Reeder (als Verfrachter) haftet dem Befrachter «*für den Schaden, der aus einem Mangel des Seeschiffes entsteht, sofern er nicht nachweist, dass dieser Mangel trotz sorgfältiger Prüfung bis zum Antritt der Seereise nicht zu entdecken war.*» Art. 95 II SSG. Dieser Schaden ist *Transportschaden an den geladenen Gütern.* Der *Seefrachtvertrag* weist strukturell keine grossen Unterschiede vom gemeinrechtlichen Frachtvertrag auf. Art. 101 II SSG. Der *Chartervertrag* ist auch im *Luftverkehr* gebräuchlich, wobei angenommen werden darf, die Haftpflichtgrundsätze der Schiffscharter seien analog auf die *Flugzeugcharter* anzuwenden: Haftung des Vermieters für die Lufttüchtigkeit des gecharterten Flugzeugs.

c *c.* «Unfälle und besondere Ereignisse der Seeschiffahrt» sind der *Schiffszusammenstoss* (Art. 121 SSG) und die *Havarie-Grosse.* Art. 122 SSG. Für die Schadenstragung bei Zusammenstoss von Seeschiffen oder Seeschiffen und Binnenschiffen gilt das *Brüsseler Übereinkommen* vom 23. September 1910. AS 1954 S. 768. Ist der Zusammenstoss durch *Zufall oder höhere Gewalt* verursacht, oder besteht *Ungewissheit über seine Ursachen*, so ist der *Transportschaden von den Eigentümern der geladenen Güter selbst zu tragen.* Art. 2. Sonst gilt *Prävalenz der Verschuldenshaftung, bei gemeinsamem Verschulden im Verhältnis zu dessen Schwere.* Art. 3 und 4. Schadenersatzansprüche *verjähren in zwei Jahren vom Zusammenstoss, Rückgriffsansprüche innert eines Jahres von der Zahlung an.* Art. 4, 7. Die *Haftungsbeschränkungen* richten sich *nach der Landesgesetzgebung.* Das bedeutet, dass die Schadenshaftung des Reeders für alle vertraglichen und ausservertraglichen Ansprüche aus dem gleichen Zusammenstoss auf *fünfhundert Franken je Bruttoregistertonne des Seeschiffes begrenzt ist.* Art. 49/50 SSG.

d. «*Havarie-Grosse* liegt vor, wenn ein *ausserordentlicher Schaden* dadurch entstanden ist, dass vorsätzlich und in vernünftiger Weise *zur Rettung von Schiff und Ladung Opfer gebracht oder Kosten aufgewendet worden sind, um die einer gemeinsamen Seegefahr ausgesetzten Werte zu bewahren.*» Art. 122 I SSG. Der Ursprung der Regelung ist die lex Rhodia de iactu. **DIG.14.2.1:** Lege Rhodia cavetur, ut, si levandae navis gratia iactus mercium factus est, omnium contributione sarciatur quod pro omnibus datum est. Es gelten heute die York-Antwerpener Regeln von 1950. AS 1956 S. 1359. Der Grundsatz ist, dass *Schäden am Seeschiff*, an der *Ladung*, sowie *Aufwendungen, die zur Rettung gemacht wurden*, durch Beiträge (contributiones) des *Reeders* und der *Ladungseigentümer im Verhältnis des Wertes des geretteten Eigentums zu vergüten sind.* Der *Beitrag des Seereeders* ist jedoch auf maximal Fr. 500.— je Bruttoregistertonne *begrenzt.* Art. 48/50 SSG. Bei *Transportschiffen* des *Binnenreeders* ist die Haftung auf Fr. 100.— für jede Tonne Tragfähigkeit, vermehrt um je Fr. 250.— pro Pferdestärke Antriebskraft, bei *Schleppern des Binnenreeders auf Fr. 250.— pro Pferdestärke der Maschinenleistung beschränkt.* Damit haben Reeder und Binnenreeder *eine von Art. 447/8 abweichende Transportschadenshaftung* erreicht, welche *anstelle der Haftung nach gemeinem Frachtvertragsrecht tritt.*

d

Art. 456

D. Mitwirkung einer öffentlichen Transportanstalt

[1] Ein Frachtführer oder Spediteur, der sich zur Ausführung des von ihm übernommenen Transportes einer öffentlichen Transportanstalt bedient oder zur Ausführung des von einer solchen übernommenen Transportes mitwirkt, unterliegt den für diese geltenden besonderen Bestimmungen über den Frachtverkehr.

[2] Abweichende Vereinbarungen zwischen dem Frachtführer oder Spediteur und dem Auftraggeber bleiben jedoch vorbehalten.

[3] Dieser Artikel findet keine Anwendung auf Camionneure.

D. Emploi d'une entreprise publique de transport

[1] Le voiturier ou le commissionnaire-expéditeur qui recourt à une entreprise publique pour effectuer le transport dont il s'est chargé, ou qui coopère à l'exécution d'un transport par elle accepté, est soumis aux dispositions spéciales qui régissent cette entreprise.

[2] Sont réservées toutes conventions contraires entre le voiturier ou le commissionnaire-expéditeur et le commettant.

[3] Le présent article n'est pas applicable aux camionneurs.

D. Cooperazione di una pubblica impresa di trasporto

[1] Il vetturale o spedizioniere che si serve di una pubblica impresa per effettuare il trasporto di cui si è incaricato o che coopera all'esecuzione del trasporto di cui si è incaricata l'impresa pubblica, è soggetto alle disposizioni speciali che valgono per la stessa.

[2] Sono riservate le convenzioni in contrario tra il vetturale o spedizioniere ed il committente.

[3] Questo articolo non è applicabile agli impresari dei trasporti a domicilio (camionneurs).

Materialien: Vgl. sub Art. 440. Prot. Expertenkommission vom 19. 10. 1908 S. 9.

Rechtsvergleichung: aOR Art. 467.

SYSTEMATIK DER KOMMENTIERUNG

Art. 456 OR

1. Transportschadenshaftung des Frachtführers bei befugtem und unbefugtem Beizug einer öffentlichen Transportunternehmung 355
2. Begriff der öffentlichen Transportanstalt 356
3. Transportschadensgarantie des Spediteurs bei Ausführung des Transports durch eine öffentliche Transportanstalt 356
4. Art. 456 I OR ist nachgiebiges Recht. Art. 456 II 357
5. Gemischte Transporte 357
6. Camionnage. Art. 456 III 357

Art. 456 OR

1. Transportschadenshaftung des Frachtführers bei befugtem und unbefugtem Beizug einer öffentlichen Transportunternehmung

1 a

a. Nach Art. 455 III OR *haften Post, Eisenbahn, Schiffahrtsunternehmungen* sowie *Luftfahrtsunternehmungen* für Transportschäden nicht nach gemeinem Frachtvertragsrecht, sondern nach den *einschlägigen Spezialgesetzen.* Nach Art. 455 I und II OR können konzessionierte Transportunternehmungen das *Mass des Schadenersatzes* für Transportschäden *anders bestimmen als nach dem vollen Sachwert des Frachtgutes,* der nach der Regelung in Art. 447/8 OR den Schadenersatz des Frachtführers begrenzt.

b

b. Bedient sich der *Frachtführer erlaubterweise* (Art. 398 III OR) einer *staatlichen oder konzessionierten « Transportanstalt »,* so wird diese gleichsam «Zwischenfrachtführer». Nach Art. 449 OR würde der Frachtführer für das Verhalten der Transportanstalt haften, wie wenn er den Transport selbst ausgeführt hätte. Für Transportschäden würde sich diese Haftung nach Art. 447/8 OR richten. Sie könnte strenger oder milder sein als die Haftung der Transportanstalt. Im ersten Falle könnte der Frachtführer von der Transportanstalt weniger verlangen, als er selbst dem Absender oder Empfänger ersetzen muss. Im zweiten Falle erhielte er u. U. mehr, als er dem Absender oder Empfänger abliefern muss. Beides wäre mit dem auftragsrechtlichen Grundsatz, dass der Beauftragte aus der richtigen Auftragsausführung weder bereichert sein noch Schaden erleiden soll, nicht vereinbar. Art. 400 N. 6.

c

c. Daher bestimmt Art. 456 I OR als Ausnahme von Art. 449 OR, der *Frachtführer hafte für Transportschäden dem Absender oder Empfänger im Falle des Beizuges einer öffentlichen Transportanstalt zur Erfüllung der Ausführungsobligation ebenso wie die öffentliche Transportanstalt dem Frachtführer gegenüber haftbar wird.* Das spezielle nach Art. 455 OR *für die Transportanstalt gültige Haftpflichtrecht gilt auch für die Haftpflicht des privaten Frachtführers* gegenüber Absender und Empfänger. Der Frachtführer hat also einerseits den *Regress auf die Transportanstalt und kann andererseits, vorbehältlich seiner Ansprüche auf Frachtlohn, nicht bereichert sein.* Haftet die Transportanstalt *strenger* als es nach gemeinem Frachtvertragsrecht der Fall wäre, so muss der Frachtführer das *bessere Resultat dem Absender oder Empfänger abliefern.* **BGE 38 II 172, 47 II 206, 48 II 260 Erw.2.**

d *d.* Voraussetzung, dass auf Grund von Art. 456 I OR u. U. eine Milderung der Transportschadenshaftung des Frachtführers eintreten kann, ist, dass der *Beizug der Transportanstalt nach Art. 398 III OR befugt war.* Das wird angesichts der Bedeutung, welche die öffentlichen Verkehrsmittel heute im Gütertransport einnehmen, regelmässig der Fall sein. War aber beispielsweise für eine wertvolle Plastik Lufttransport unmissverständlich verabredet, und transportiert der Frachtführer (oder Spediteur) mit der Eisenbahn, so ist eine grobfahrlässige Vertragsverletzung anzunehmen. Der Frachtführer haftet dem Absender oder Empfänger für vollen Schadenersatz (Art. 447 N. 8), auch wenn er gegen die Eisenbahn nur für einen nach Gewicht bestimmten Maximalbetrag Regress nehmen kann. Art. 449 N. 6 c.

2. Begriff der öffentlichen Transportanstalt

2 *Öffentliche Transportanstalt* i. S. von Art. 456 OR sind alle *staatlichen oder konzessionierten und nichtkonzessionierten Transportunternehmungen, die dem Publikum zur Verfügung stehen und für deren Transportschadenshaftung Spezialrecht gilt oder als lex contractus gültig vereinbart werden kann:* Post, Eisenbahn, Schiffahrtsunternehmungen, Luftfahrtsunternehmungen, konzessionierte Posthalter, Strassenbahnen, Standseilbahnen, Luftseilbahnen, Trolleybusse, Gondelbahnen, Schlittenseilbahnen, Aufzüge. Art. 455 N. 2, 3. **BGE 48 II 281.** SJZ 19 N. 207 S. 250.

3. Transportschadensgarantie des Spediteurs bei Ausführung des Transports durch eine öffentliche Transportanstalt

3 Der Spediteur ist Transportschadensgarant. Art. 439 N. 4, 13 c. Er haftet dem Versender für Transportschäden in gleicher Weise wie der Frachtführer nach Art. 447/8 OR. Er zieht keinen Zwischenfrachtführer bei, sondern schliesst in Ausführung des Speditionsauftrages Frachtverträge im eigenen Namen ab. Art. 439 N. 3 b. Dabei bildet die *Regel, dass er mit einer öffentlichen Transportanstalt, nicht mit einem privaten Frachtführer, kontrahiert.* Art. 3 Z. 2 AB/SSV. Ist dies der Fall, so richtet sich die *Transportschadensgarantie des Spediteurs nicht nach* Art. 447/8 OR, *sondern nach dem für die Transportanstalt geltenden Haftpflichtrecht*

der Spezialerlasse oder der nach Art. 455 I und II OR *gültigen Reglemente oder Übereinkünfte*. Führt der Spediteur seinen Auftrag richtig aus, so wird er daher *nur dann und in dem Umfange haftpflichtig, als er Regress auf die Transportunternehmung nehmen kann*. **BGE 47 II 206.** Er soll aus der richtigen Auftragsausführung ebensowenig wie der Frachtführer bereichert oder geschädigt werden. Dasselbe gilt, wenn ein *Zwischenspediteur* mit einer öffentlichen Transportanstalt kontrahiert. Er haftet dem Hauptauftraggeber und dem Hauptspediteur *nur nach Massgabe des für die Transportanstalt geltenden Haftpflichtrechts*. Der Hauptspediteur haftet dem Versender für das Verhalten des Zwischenspediteurs nur dann, *wenn dessen Beizug unbefugt war* (Art. 399 I OR), sonst nur bei culpa in eligendo et custodiendo. Art. 399 II OR.

4. Art. 456 I OR ist nachgiebiges Recht. Art. 456 II

4 *Weder für den Frachtführer noch für den Spediteur bildet die grundsätzliche Regelung von Art. 456 OR zwingendes Recht. Beide können mit ihren Auftraggebern eine strengere oder weniger strenge Transportschadenshaftung vereinbaren.* **BGE 32 II 215.** So sieht Art. 3 Z. 2 AB/SSV vor, der Spediteur habe überhaupt nur die ihm gegen Dritte (inbesondere öffentliche Transportanstalten) zustehenden Ansprüche abzutreten. Die unmittelbare Transport- und Verspätungsschadensgarantie ist ein Essentiale des Speditionsvertrages. Art. 439 OR. Sie kann nicht gültig wegbedungen und durch eine blosse Abtretungspflicht von Ansprüchen gegen Dritthaftpflichtige ersetzt werden. Art. 439 N. 4 (3).

5. Gemischte Transporte

5 Bei gemischten Transporten zu Land, zu Wasser, in der Luft *richtet sich die Transportschadenshaftung für jede Teilstrecke stets nach dem für die Teilstrecke geltenden Recht, es sei denn, ein Frachtführer oder Spediteur habe eine bestimmte Transportschadensgarantie für die ganze Strecke übernommen*. Art. 31 LVA.

6. Camionnage. Art. 456 III

6 a *a.* Unter Camionnage versteht das OR die Zu- und Abfuhr des Frachtgutes zur Versand- und von der Bestimmungsstation. Der *offizielle Camionneur* einschliesslich der Schweizerischen Express AG *(SESA)*

ist nicht Frachtführer i. S. des OR, sondern *Erfüllungsgehilfe der Eisenbahn.* Diese haftet für sein Verhalten, wenn er einen Transportschaden verursacht, nach *Eisenbahntransportrecht.* ETranspG Art. 9, ETR Art. 167 I. Art. 447 N. 6 a.

b *b.* Für den *privaten Camionneur* haftet die Eisenbahn nicht. Er ist *gewöhnlicher Frachtführer* und haftet für Transportschäden, die während der von ihm besorgten Zu- oder Abfuhr eintreten, nach Art. 447/8 OR. Eine Anregung in der Expertenkommission, den Ausdruck «Camionneure» im deutschen Text durch «Frachtfuhrleute» zu ersetzen, blieb unberücksichtigt. Prot. Exp. Komm. vom 9. 10. 1908.

Art. 457

Der Spediteur, der sich zur Ausführung des Vertrages einer öffentlichen Transportanstalt bedient, kann seine Verantwortlichkeit nicht wegen mangelnden Rückgriffes ablehnen, wenn er selbst den Verlust des Rückgriffes verschuldet hat.

E. Haftung des des Spediteurs

E. Responsabilité du commissionnaire-expéditeur

Le commissionnaire-expéditeur qui utilise une entreprise publique de transport pour exécuter son contrat, ne peut décliner sa responsabilité en alléguant qu'il n'a pas de recours contre l'entreprise, si c'est par sa propre faute que le recours est perdu.

E. Responsabilità dello spedizioniere

Lo spedizioniere, che ricorre ad una pubblica impresa di trasporto per eseguire il contratto, non può sottrarsi alla sua responsabilità allegando il difetto di regresso, se la perdita di tale regresso è imputabile a lui.

Materialien: Vgl. sub Art. 440.

Rechtsvergleichung: aOR Art. 468.

Literatur: Sub Vorbem. vor Art. 439 und sub Art. 439.

SYSTEMATIK DER KOMMENTIERUNG

Art. 457 OR

1. Haftung des Spediteurs bei Verlust des Rückgriffes. Beweislast . . . 360
2. Haftung bei schuldhaftem Regressverlust und Haftung bei vertragswidrigem Beizug eines Frachtführers oder Transportunternehmens . . 361

Art. 457 OR

1. Haftung des Spediteurs bei Verlust des Rückgriffes. Beweislast

1 a *a.* Art. 457 OR regelt eine *Spezialfrage des Speditionsrechtes im Zusammenhang mit Transporten durch öffentliche Transportanstalten.* Durch Art. 456 OR wird erreicht, dass der Spediteur für Transportschäden bei der Mitwirkung öffentlicher Transportanstalten nur soweit haftbar wird, als er selbst Regress auf diese nehmen kann. Unmittelbare Transportschadensansprüche gegen private Frachtführer und öffentliche Transportunternehmungen unterliegen *kurzen Verwirkungs- und/oder Verjährungsfristen.* Art. 452, 454 OR. Art. 454 N. 4. Dem fachkundigen *Spediteur* ist auch bei *internationalen Transporten zuzumuten*, dass er das massgebende Frachtrecht soweit kennt, dass *er Transportschadensansprüche gegenüber öffentlichen Transportanstalten auch im Ausland wirksam wahren kann.* Der *Verlust dieser Ansprüche* beruht regelmässig auf einem *Verschulden des Spediteurs, das meist als grobes zu qualifizieren ist.* Art. 439 N. 4 (3). Vgl. auch Art. 427 OR. Die Verwirkung der Transportschadensansprüche ist i. d. R. *keine «vertragsgemässe» Geschäftsbesorgung* i. S. von Art. 394 I OR. Art. 3 Z. 1 AB/SSV.

b *b.* Infolgedessen haftet der Spediteur, der schuldhaft den *Verlust von Rückgriffsrechten gegen öffentliche Transportanstalten* verursacht hat, für den Transportschaden selbst nach Art. 447/8 OR. **BGE 48 II 283.** ZR 21 Nr. 58 Erw. 2 S. 148. Das ist eine *Auswirkung seiner Transportschadensgarantie.* Das Verschulden des Spediteurs wird meist in einer *Versäumung der massgebenden Verwirkungs- oder Verjährungsfristen liegen.* Beim Adreßspediteur kann es aber beispielsweise auch die *mangelhafte Prüfung des Speditionsgutes am Bestimmungsort sein, das zu einer vorbehaltlosen Annahme und Zahlung der Fracht geführt hat.* Art. 452 I OR.

c *c.* Hat aber der *richtig bezeichnete Empfänger selbst das Speditionsgut vorbehaltlos angenommen, die Fracht bezahlt und die vorgeschriebene Benachrichtigung der Transportanstalt* (Art. 452 III OR) *oder die Reklamation oder die Klage innert Jahresfrist (Art. 454 OR) versäumt,* so *beruht der Verlust des Rückgriffes nicht auf einem Verschulden des Spediteurs.* Dieser kann seine Transportschadenshaftung ablehnen.

d *d.* Es ist nicht ersichtlich, weshalb Art. 457 nur den Verlust des Rückgriffs auf öffentliche Transportanstalten erwähnt. *Beim Verlust des Rückgriffs auf einen privaten Frachtführer gelten die nämlichen Grundsätze.* Art. 457 OR bildet *zwingendes Recht. Der Exkulpationsbeweis ist vom Spediteur zu führen.* Art. 97 OR. Die Folge der gesetzlichen Regelung ist, dass der *Spediteur,* wenn ein *Transport- oder Verspätungsschaden* vorliegt, *vom Speditionskommittenten in Anspruch genommen werden kann, ohne Rücksicht auf die Legitimationen zur Transportschadensklage, wie sie sich aus Art. 447 und Art. 443 OR oder aus den Spezialerlassen ergibt.* Art. 447 N. 15. SJZ 18 (1922) Nr. 281 S. 358. Der Speditionskommittent braucht sich nicht darum zu kümmern, ob sein *Spediteur* Regress nehmen kann oder nicht. Der Spediteur hat vielmehr zu *beweisen, dass sein Transportschadensregress ohne sein oder seiner Leute Verschulden verwirkt ist.* Dieser *Entlastungsgrund* besteht übrigens nach Art. 447 I OR und nach den meisten Spezialerlassen gegenüber jeder Transportschadensklage: *Verschulden oder Weisung des Absenders* (Speditionskommittenten) *oder des Empfängers,* wobei es sich nicht um ein Verschulden, sondern lediglich um ein «Verhalten» handeln muss, das zur Verwirkung der Transportschadensansprüche führt, z. B. die vorbehaltlose Annahme des Gutes und die Bezahlung der darauf haftenden Forderungen: Art. 452 I OR. Nach der zwingenden gesetzlichen Regelung hat der Spediteur i. d. R. *die Pflicht, die Transportschadensansprüche* zu wahren, und *trägt das Risiko ihres Verlustes.* Davon kann er sich durch eine Klausel wie jene in Art. 3 Z. 8 AB/SSV nicht befreien.

2. Haftung bei schuldhaftem Regressverlust und Haftung bei vertragswidrigem Beizug eines Frachtführers oder Transportunternehmens

2 a *a.* Besteht *das Verschulden des Spediteurs nur in der Verwirkung der Ersatzansprüche gegen den befugterweise beigezogenen Transporteur,* so tritt die *nämliche Transportschadenshaftung des Spediteurs gegenüber dem Speditionskommittenten ein, welche der Transporteur zu prästieren hätte,* also beispielsweise die Transportschadenshaftung nach Eisenbahnfrachtrecht, nach Luftfrachtrecht, Seefrachtrecht oder nach Frachtvertragsrecht (Art. 447/9 OR) des OR. Art. 456/7 OR. **BGE 32 II 319 Erw. 6, 46 II 386.**

b *b.* Besteht hingegen das *Verschulden des Spediteurs nicht nur in der Verwirkung der Rückgriffsrechte gegenüber dem Transporteur, sondern darüber hinaus darin, dass der betreffende Transporteur vertrags- oder weisungswidrig zur Besorgung des übernommenen Transportes beigezogen war* (z.B. Eisenbahntransport statt Lufttransport), so liegt ein *grobes Verschulden des Spediteurs* vor. Er *haftet für den eingetretenen Transportschaden dem Transportkommittenten de principio und de quantitate sowie auch zeitlich innerhalb der zehnjährigen Verjährungsfrist unbeschränkt.* Vgl. Art. 449 N. 2, 6c.

Siebzehnter Titel

Die Prokura und andere Handlungsvollmachten

VORBEMERKUNGEN ZUR KAUFMÄNNISCHEN GESCHÄFTSFÜHRUNG

Übersicht

1. Rechtsgeschäftsbesorgung in direkter Stellvertretung 363
2. Vollmacht und Arbeitsvertrag 364
3. Anwendung des Auftragsrechts 364
4. Grundlagen der schweizerischen Regelung 365
5. Die charakteristischen Besonderheiten der kaufmännischen Geschäftsführung 366
6. Kaufmännische Vollmachten im internationalen Privatrecht 367

1. Rechtsgeschäftsbesorgung in direkter Stellvertretung

1 Gegenstand des 17. Titels des OR, Art. 458–465, bildet die *Rechtsgeschäftsbesorgung in direkter Stellvertretung* für den Inhaber eines meist *kaufmännisch geführten* und daher im Handelsregister eingetragenen *Gewerbebetriebes*. Der Gegenstand deckt sich mit demjenigen des in direkter Stellvertretung auszuführenden Rechtshandlungsauftrages. Vorbem. zum Auftragstitel N. 1–4. Art. 394 N. 4–12. Systematisch gehört das Recht der kaufmännischen Vollmachten oder besser der *kaufmännischen Geschäftsführung* zum *Geschäftsführungsrecht* im weiteren und zum Recht der *direkten Stellvertretung* im engeren Sinne. Es ist im geltenden OR unter dem ersten Abschnitt des ersten Titels über die Entstehung von Vertragsobligationen in den Art. 32–40 OR als direkte Stellvertretung und in den Art. 394–406 als einfacher Auftrag zu finden. Vom Auftragsrecht können namentlich Art. 396 II und III als *allgemeine Normen für die Rechtsgeschäftsbesorgung in direkter Stellvertretung* gelten.

2. Vollmacht und Arbeitsvertrag

2 Unter dem Einfluss der deutschen Lehre wurden auch die *kaufmännischen Vollmachten* meist als ein Phänomen betrachtet, das sich *abstrakt* ohne Rücksicht auf ein Vertragsverhältnis zwischen Vollmachtgeber und Bevollmächtigtem erfassen lässt. Die Abstraktion ist jedoch im positiven schweizerischen Recht nicht durchgeführt. Art. 396 N. 9c, 11, 24c. Auch die kaufmännischen Vollmachten beruhen auf einem *Arbeitsvertrag zwischen dem «Geschäftsherrn»* (Art. 463 OR) *und dem Geschäftsführer*. Der italienische *Codice Civile* behandelt die *Vertretung der Handelsunternehmungen* im sogenannten *Codice del Lavoro*, art. 2203–2213. *Innerhalb des Arbeitsvertrages* sind die kaufmännischen Vollmachten eine *Ausführungsabrede*, die Rechtsgeschäftsbesorgung in *direkter Stellvertretung* des Geschäftsherrn vorzunehmen. Art. 396 N. 12. Gegenüber Dritten wirken sie als *Offerte*, die innerhalb des Vollmachtsumfanges liegenden Rechtsgeschäfte mit dem Bevollmächtigten so abzuschliessen, dass ihre *Wirkungen unmittelbar in der Person des Geschäftsherrn* eintreten. Art. 396 N. 13. Bei dieser Offerte muss sich der Geschäftsherr behaften lassen, solange ihr Dahinfallen Dritten nicht zur Kenntnis gelangt ist. Art. 406 N. 4. So lange ist der Dritte *gutgläubig*. Die Trennung von Innen- und Aussenwirkung der Vollmacht lässt sich nicht auf einer klaren Linie durchführen. Das *Innenverhältnis*, das Art. 465 OR im Zusammenhang mit dem *Erlöschen der kaufmännischen Vollmachten* berührt, muss in die Betrachtung einbezogen werden. Das in Art. 464 OR enthaltene gesetzliche *Konkurrenzverbot* ist für bestimmte Handlungsvollmachten von der Art des Innenverhältnisses abhängig und wirkt als persönliche Obligation nur im *Verhältnis zwischen Geschäftsherrn und Geschäftsführer*. Im übrigen befassen sich die positiven gesetzlichen Vorschriften fast ausschliesslich mit der *Aussenwirkung der Vollmacht*. Das Innenverhältnis, der *Arbeitsvertrag*, wirkt jedoch in bestimmten Grenzen auch *gegenüber Dritten die Kenntnis davon haben*. Art. 459, 460 OR. Vgl. art. 2206 Codice Civile.

3. Anwendung des Auftragsrechts

3 Aus Art. 465 OR muss geschlossen werden, dass das Innen- oder *Grundverhältnis* «Dienstvertrag, Gesellschaftsvertrag, Auftrag oder dergleichen» sein kann. Art. 394 N. 10, 61. Nach der positiven Norm von Art. 394 II OR ist es dann ein Auftrag, wenn der Rechtsgeschäftsbesorgungsvertrag zwischen Geschäftsherrn und Geschäftsführer nicht unter einen anderen gesetzlichen Arbeitsvertragstypus subsumiert werden kann. Art. 394 N. 56. So beruht die *Prokuraerteilung* an den gesellschafts-

rechtlich nicht geschäftsführungsberechtigten *Kommanditär* (Art. 600 OR) jedenfalls dann auf einem *Auftrag*, wenn mit diesem kein *Dienstvertrag* abgeschlossen wurde. In der Praxis wird die dauernde kaufmännische Geschäftsführung für einen Gewerbebetrieb meist Personen anvertraut, die in einem *Dienstverhältnis* zum Geschäftsherrn stehen. Art. 464 I OR. Das Dienstvertragsrecht enthält keine positiven Normen über die Rechtsgeschäftsbesorgung für fremde Rechnung und in fremdem Interesse. Für die *Geschäftsführung des Gesellschafters* zieht Art. 540 OR ausdrücklich das Recht des Auftrages und der auftraglosen Geschäftsführung heran. Dieses *allgemeine Geschäftsführungsrecht* (VON TUHR, Actio de in rem verso S. 20/25) gilt auch für die Geschäftsführung auf Grund *kaufmännischer Vollmachten*. Gleichgültig, ob man einen besonderen Rechtsgeschäftsbesorgungsauftrag allein oder neben einem Dienst- oder Gesellschaftsverhältnis annimmt oder nicht (Art. 396 N. 30 a), das *allgemeine Auftrags- und Geschäftsführungsrecht* gelangt weitgehend zur Anwendung, obschon es für die kaufmännische Geschäftsführung nicht ausdrücklich gesagt ist wie für die Kommission in Art. 425 und den Frachtvertrag in Art. 440 OR. Auftragsrecht ist anzuwenden auf die Lehre von der *Entstehung* und, wie Art. 461 und 465 OR zu entnehmen ist, von den *Beendigungsgründen des Mandats*. Art. 365 N. 1, 2. Art. 404/6. Es gilt aber auch für die Auseinandersetzung zwischen Geschäftsherrn und Geschäftsführer im Synallagma der gegenseitigen Obligationen von *actio mandati directa und actio mandati contraria:* Rechenschafts- und Ablieferungspflicht des Geschäftsführers (Art. 400 OR) einerseits, Auslagen-, Verwendungs-, evtl. Schadenersatz (Art. 402 OR) andererseits. VON TUHR, Actio de in rem verso S. 24. Insbesondere finden aber auch Anwendung die in Art. 396 OR enthaltenen Grundsätze über den *Umfang von Vollmacht und Auftrag*, soweit der 17. Titel keine ausdrücklichen Sondernormen enthält. Endlich scheint es richtiger, die *Treue- und Sorgfaltshaftung für jede Rechtsgeschäftsbesorgung* den in Art. 397/9 und 420 enthaltenen Grundsätzen zu unterstellen. Im Dienstvertragsrecht fehlen ausdrückliche Normen über die *Treueverletzung* im allgemeinen, die *Weisungsverletzung* und die unbefugte *Substitution* im besonderen. Auch bei der Geschäftsführung auf Grund kaufmännischer Vollmachten wird der Schadenersatzanspruch aus *Treue- oder Sorgfaltsverletzung ein Bestandteil der actio directa des Geschäftsherrn gegen den Geschäftsführer*. Art. 395 N. 25. Art. 398 N. 1 b.

4. Grundlagen der schweizerischen Regelung

4 a

a. Das Vorbild des geltenden schweizerischen Rechts bildete die Regelung der *kaufmännischen Vollmachten im deutschen HGB* §§ 48 ff., das in seiner älteren Fassung auch für Österreich gilt. Trotzdem kann die deutsche Lehre nicht tale quale in der Schweiz angewendet werden. Ein Sonderrecht des Handelsstandes ist uns fremd. Unser Handelsrecht gliedert sich in das allgemeine Privatrechtssystem ein. Das Verhältnis von lex generalis und lex specialis wird ein anderes. Unser Recht der Handlungsvollmachten muss aus dem allgemeinen Auftrags- und Geschäftsführungsrecht der Schweiz aufgebaut und darauf bezogen werden. Dieses ruht z.T. auf *anderen begrifflichen Grundlagen* und hat auch anderen Bedürfnissen zu dienen. Das deutsche Handelsregister- und Stellvertretungsrecht ist straffer und systematischer als das schweizerische. Die *stillschweigende Bestellung eines Prokuristen* ist im Bereich des HGB nicht möglich.

b *b. Code Civil und Code de Commerce* kennen *keine Spezialregelung der kaufmännischen Vollmachten.* Der Begriff der «procuration» ist dort identisch mit dem Begriff des «mandat». Art. 1984 Code Civil. Es ist der *Auftrag zur Rechtsgeschäftsbesorgung in direkter Stellvertretung.*

c *c.* Die moderne *italienische Regelung*, art. 2203–2213 Codice Civile, ist in mancher Beziehung aufschlussreich. Dort sind, der Realität des modernen Geschäftslebens entsprechend, *andere Abgrenzungen* der kaufmännischen Handlungsbevollmächtigten vorgenommen worden. *Institori* = Leitende Geschäftsführer mit regelmässig umfassenden Vollmachten. *Procuratori* = Andere Geschäftsführer im Dauerarbeitsverhältnis mit den nämlichen Vollmachten. *Commessi del imprenditore* = Handlungsbevollmächtigte.

5. Die charakteristischen Besonderheiten der kaufmännischen Geschäftsführung

5 Vom umfassenden Gegenstand des Auftrages, Geschäftsbesorgung, Dienst- oder überhaupt Arbeitsleistung (Art. 394 I und II OR), unterscheidet sich der Gegenstand der *kaufmännischen Geschäftsführung* quantitativ durch die Beschränkung der *Rechtsgeschäftsbesorgung* auf diejenige *in direkter Stellvertretung des Geschäftsherrn.* Art. 394 N. 10, 22. Das weite Gebiet der Rechtsgeschäftsbesorgung in indirekter Stellvertretung bzw. der fiduziarischen Aufträge scheidet aus. *Durch die kaufmännische Geschäftsführung wird der Geschäftsherr unmittelbar berechtigt und verpflichtet.* Die *Ablieferungspflicht* des Geschäftsführers ist höchstens eine *Besitz-, nicht eine Rechtsübertragungspflicht.* Art. 394 N. 24, 25. Art. 400 N. 14, 15.

Zeitlich liegen den kaufmännischen Vollmachten *Aufträge auf unbestimmte Dauer* zugrunde, schon weil sie *jederzeit widerrufen* werden können. Art. 465 OR. Art. 396 N. 30. Sie entfalten ihre unmittelbare *Vertretungswirkung* so lange, bis ein *auftrags- und vollmachtsrechtlicher Beendigungsgrund eingetreten und wirksam geworden* ist. Art. 404/6, 34/7 OR.

Besondere Bedeutung kommt dem *Umfang der Geschäftsführungs- und Vertretungsbefugnis* zu. Er weicht vom Umfang des einfachen Rechtshandlungsauftrages (Art. 396 OR) in doppelter Hinsicht ab. Er ist im Vergleich zu Art. 396 II für alle kaufmännischen Vollmachten präziser und im Gesetz selbst bezeichnet. Obschon Prokura und Handlungsvollmacht insofern *Generalvollmachten* sind, als sie die Besorgung einer *Vielzahl* von ungleichartigen («alle Arten von Rechtsgeschäften» – «alle Rechtshandlungen»: Art. 459 I, 462 I OR) *Rechtsgeschäftsbesorgungen* mit einer Vielzahl von Dritten zum Gegenstand haben, ist die *Begrenzung des sachlichen Umfanges eine andere* als bei den gewöhnlichen rechtsgeschäftlichen Generalvollmachten nach Art. 396 III OR. **BGE 76 I 352.** Der Umfang der kaufmännischen Vollmachten ist nach *Art und Zweck des Gewerbebetriebes* typisiert. **BGE 84 II 170 Erw. 1** (Speditionsfirma). Eine *Beschränkung* über die gesetzlichen Grenzen ist *gutgläubigen Dritten* mit Ausnahme der *Kollektiv- und der Filialprokura* nicht wirksam. Art. 460 OR. Art. 396 N. 14c. **BGE 86 I 111.** «Zumal der kaufmännische Verkehr setzt einfache und übersichtliche Verhältnisse voraus, da nur so die erforderliche *Rechtssicherheit* gewährleistet wird.» **BGE 74 II 151.** Anders art. 2206 II Codice Civile. Der Umfang der Vertretungsbefugnis bildet den Schwerpunkt des Sonderrechts der kaufmännischen Vollmachten und die Problematik der meisten Gerichtsentscheide.

6. Kaufmännische Vollmachten im internationalen Privatrecht

6 a

a. Das *Grundverhältnis* der kaufmännischen Vollmachten, der Arbeitsvertrag zwischen Geschäftsherrn und Geschäftsführer richtet sich in Ermangelung einer Rechtskürung nach dem *Recht des Sitzes der Geschäftsniederlassung*, für welche der Geschäftsführer tätig ist. Dort wird sich die Tätigkeit des Bevollmächtigten in der Hauptsache abspielen, so dass eine gewisse Übereinstimmung mit den für das allgemeine Auftragsrecht geltenden internationalprivatrechtlichen Grundsätzen entsteht. Art. 394 N. 69d. Auch das Arbeitsverhältnis des *Filialprokuristen* einer ausländischen Unternehmung in der Schweiz hat seinen *engsten räumlichen Zusammenhang* mit der Schweiz. Gewöhnlich erschöpft sich die Arbeit des Bevollmächtigten nicht in der Rechtsgeschäftsbesorgung. Es wäre praktisch kaum möglich, die Rechtsgeschäftsbesorgung einem anderen Recht zu unterstellen als die tatsächlichen Dienstleistungen des Bevollmächtigten. Die Frage der Haftung des Prokuristen einer schweizerischen Unternehmung oder Filiale für seine Geschäftsführung wird daher nach den Grundsätzen von Art. 397/9 OR zu entscheiden sein. Das allenthalben in die privaten Arbeitsverträge eingreifende öffentliche Arbeitsrecht: Schutzpflicht, Sozialversicherung, Fremdenpolizeirecht, Normalarbeitsverträge, Tarifrecht hat territoriale Geltung. Es findet auf alle Arbeitsverhältnisse schweizerischer Gewerbebetriebe oder schweizerischer Filialen ausländischer Gewerbebetriebe Anwendung, wenn die *Tätigkeit wenigstens zur Hauptsache in der Schweiz* erfolgt. Der schweizerische Richter wird daher kaum jemals in die Lage kommen, im Zusammenhang mit der kaufmännischen Geschäftsführung ausländisches Arbeitsrecht anzuwenden.

b *b.* Wesentlich schwerer ist die zweite Frage zu entscheiden, nach welchem Recht sich die *Vertretungswirkung der kaufmännischen Vollmachten* beim Abschluss internationaler Ausführungsgeschäfte richtet. Art. 396 N. 25 a. Im Vordergrund steht der Schutz des gutgläubigen Drittkontrahenten. In einem Falle internationaler Geschäftsführung durch den Handlungsbevollmächtigten einer schweizerischen Unternehmung auf Grund stillschweigender Bevollmächtigung durch wissentliche Duldung hat das Bundesgericht *auf die für den ausländischen Drittkontrahenten massgebende Verkehrsanschauung* abgestellt, im übrigen aber schweizerisches Recht angewendet. **BGE 76 I 351.** Der *Schutz des gutgläubigen Drittkontrahenten* ist im *schweizerischen Stellvertretungsrecht*, wie übrigens auch im Sachenrecht, in einem Masse verwirklicht, das kaum erweitert werden kann. Infolgedessen dürfte die Anwendung des schweizerischen Rechtes durch den schweizerischen Richter bei der Beurteilung der Vertretungswirkung der von einer schweizerischen Unternehmung oder Filiale «erteilten» kaufmännischen Vollmachten kaum zu unbefriedigenden Ergebnissen führen. So auch Becker, Vorbem. zu Art. 458–465 N. 2, gestützt auf **BGE 46 II 494 Erw. 5.** Bei der Prokura integriert zudem das *schweizerische Firmen- und Handelsregisterrecht.* Entstehung, Vertretungswirkung und Beendigung der im schweizerischen Handelsregister eingetragenen und im schweizerischen Handelsamtsblatt publizierten Vollmachten können nicht nach ausländischem Recht beurteilt werden. **BGE 35 II 612/3 Erw. 5.** Der überwiegende Teil der kaufmännischen Dauergeschäftsführungen wird für ein schweizerisches Unternehmen oder eine schweizerische Filiale innerhalb der Schweiz abgewickelt. Art. 71/75 HV. Es ist daher kaum möglich, für die internationalen Geschäfte eine andere Vertretungswirkung anzunehmen als für die nationalen. Umgekehrt muss die Filiale eines schweizerischen Unternehmens im Ausland die Vertretungswirkung der Geschäftsführung des Filialprokuristen dem ausländischen Recht unterstellen lassen. Die Lösung hat den Nachteil, dass für den Abschluss eines internationalen Rechtsgeschäftes, z. B. eines Kaufes, in direkter Stellvertretung des schweizerischen Geschäftsherrn ein anderes Recht angewendet wird als für die Wirkungen des Ausführungsgeschäftes. Art. 396 N. 25 d. Wenn auch diese *Zerreissung der Rechtsverhältnisse* beim gelegentlichen internationalen Vollmachtsauftrag abgelehnt werden sollte, ist sie *für die kaufmännischen Dauergeschäftsführungen nicht zu umgehen.* Hier ist dem *ausländischen Drittkontrahenten* eher *zuzumuten*, dass er sich nach *Umfang und Wirkungen der nach schweizerischem Recht typisierten und meist publizierten Dauervollmachten erkundigt.* Dann ist es kaum denkbar, dass ihm das heimische Recht einen weitergehenden Schutz verschafft als das schweizerische. BECKER, Vorbem. zu Art. 458–465 N. 2 und 3. Für die Beurteilung der Vertretungswirkung der kaufmännischen Vollmachten, schlechthin auf das Statut des Vertreters bzw. Geschäftsführers (**BGE 42 II 650/1**) oder des Vertretenen bzw. Geschäftsherrn oder des Ortes des Vertragsabschlusses (**BGE 46 II 494 Erw. 5**) abzustellen, dürfte zu keinen befriedigenden Ergebnissen führen und mit der neueren Entwicklung des internationalen Obligationenrechts kaum mehr vereinbar sein. *Eine nach schweizerischem Recht nach ihrem Umfang und insbesondere ihren Wirkungen gegenüber gutgläubigen Dritten typisierte Vollmacht lässt sich nur nach schweizerischem Recht beurteilen*, zumal wenn ihre Wirkungen auch von den spezifisch schweizerischen *Publikationsmitteln des schweizerischen Handelsregisters* und des schweizerischen Handelsamtsblattes abhängen. Für die Beurteilung der *Vertretungswirkung der kaufmännischen Vollmachten muss daher das Statut des Sitzes der Unternehmung oder ihrer selbständigen Zweigniederlassung* gelten, für welche der Geschäftsführer Rechtsgeschäfte besorgt. Ähnlich SCHÖNENBERGER/JÄGGI, Allg. Einl. N. 152, 165. Das ist ein auch für den Drittkontrahenten augenfälliger und einfach zu ermittelnder Anknüpfungspunkt. Es ist das *Statut der Person, in deren Namen der Vertrag abgeschlossen wird, und bei der die Rechtswirkungen eintreten sollen.* Kann die Geschäftsführung der *Verwaltung und der Direktion einer Aktiengesellschaft* nur dem *Sitzrecht* unterstellt werden, so wäre eine Abweichung für die Geschäftsführung eines Prokuristen der nämlichen Aktiengesellschaft unlogisch. Die im schweizerischen Handelsregister eingetragene Beschränkung der Prokura durch die Kollektivklausel ist auch gegenüber dem ausländischen Drittkontrahenten nach den Grundsätzen des schweizerischen Rechtes zu beurteilen. **BGE 43 II 300 Erw. 3, 50 II 184 Erw. 6.** Auch die *Tragweite der Kollektivklausel und Filialklausel* beurteilt sich nach *schweizerischem Recht.*

Art. 458

A. Prokura
I. Begriff und Bestellung

[1] Wer von dem Inhaber eines Handels-, Fabrikations- oder eines anderen nach kaufmännischer Art geführten Gewerbes ausdrücklich oder stillschweigend ermächtigt ist, für ihn das Gewerbe zu betreiben und «per procura» die Firma zu zeichnen, ist Prokurist.

[2] Der Geschäftsherr hat die Erteilung der Prokura zur Eintragung in das Handelsregister anzumelden, wird jedoch schon vor der Eintragung durch die Handlungen des Prokuristen verpflichtet.

[3] Zur Betreibung anderer Gewerbe oder Geschäfte kann ein Prokurist nur durch Eintragung in das Handelsregister bestellt werden.

A. Fondé de procuration

I. Définition; constitution des pouvoirs

[1] Le fondé de procuration est la personne qui a reçu du chef d'une maison de commerce, d'une fabrique ou de quelque autre établissement exploité en la forme commerciale, l'autorisation expresse ou tacite de gérer ses affaires et de signer par procuration en se servant de la signature de la maison.

[2] Le chef de la maison doit pourvoir à l'inscription de la procuration au registre du commerce; il est néanmoins lié, dès avant l'inscription, par les actes de son représentant.

[3] Lorsqu'il s'agit d'autres espèces d'établissements ou d'affaires, le fondé de procuration ne peut être constitué que par une inscription au registre du commerce.

A. Procura

I. Definizione e conferimento

[1] Procuratore è colui, che dal proprietario (principale) di un negozio, di una fabbrica, o di altro stabilimento commerciale, viene espressamente o col fatto autorizzato ad esercitare per esso il commercio e a firmare «per procura».

[2] Il principale deve fare inscrivere il conferimento della procura nel registro di commercio; è però responsabile degli atti del procuratore anche prima dell'inscrizione.

[3] Il procuratore non può essere preposto ad altri stabilimenti od affari se non mediante inscrizione nel registro di commercio.

Materialien: Gesetzesentwurf Bundesrat vom 1. Juni 1909, Art. 1519*a*–1519*h*. Nachtragsbotschaft Bundesrat vom 1. Juni 1909, BBl 1909 III S. 754. Protokoll der III. Expertenkommission vom 19. Oktober 1908 S. 6/7. StenBull NatRat 1909 S. 709, 716.

Rechtsvergleichung: aOR Art. 422. Code Civil art. 1984, 1987. HGB (Stand vom 20. Mai 1960) §§ 48, 53. Codice Civile art. 2203/4, 2206, 2209.

Literatur: Hans Peter Knoepfel, Die Prokura nach schweizerischem Recht, Zürcher Diss 1954. F. von Steiger, Verwaltungsrat und Prokurist in einer Person? in SAG 17 (1944/45) S. 165. Jakob Vogel, Die Prokura nach deutschem, schweizerischem und französischem Recht, Berner Diss 1903. Karl Wieland,

Handelsrecht 2. Bd., München und Leipzig 1931. E. ZIMMERMANN, Grundfragen der Stellung der Verwaltungsratsmitglieder, Direktoren und Prokuristen der AG, Zürich 1946.

SYSTEMATIK DER KOMMENTIERUNG

Art. 458 OR

I. Die Prokura als dauernder Geschäftsführungsauftrag mit Generalvollmacht

1. Terminologie der Prokura und Stellung im System des OR 372
2. Der unveränderte Gegenstand der Prokura vor und nach der Revision des OR von 1911 373
3. Der Prokurist in modernen Geschäftsführungshierarchien 374
4. Zeitlicher und sachlicher Umfang der Geschäftsführung des Prokuristen 375
5. Die Prokura ist vertragliche Geschäftsführung. 377
6. Arbeitsvertragliche Qualifikation der Prokura 379
7. Die Bedeutung des Weisungsrechtes des Geschäftsherrn 379
8. Keine Geschäftsführung des Prokuristen für eigene Rechnung . . 380
9. Mängel im Grundverhältnis der Prokura 381

II. Die Entstehung der Prokura

10. Anwendung der Lehre von der Auftragsentstehung auf die kaufmännische Prokura. Wirkung des Handelsregistereintrages 381
11. Stillschweigende Begründung und Erweiterung der Prokura insbesondere. 383
12. Die ausdrückliche Erteilung der Prokura. Die Form der Zeichnung 385
13. Die Prokurationsfähigkeit der Einzelfirma. Der Bereich der nichtkaufmännischen Prokura 386
14. Keine Prokurationsfähigkeit der einfachen, aber Prokurationsfähigkeit der Handelsgesellschaften. 389
15. Die Prokurationsfähigkeit der im Handelsregister eingetragenen juristischen Personen 390
16. Die Prokurafähigkeit kommt nur handlungsfähigen natürlichen Personen zu 391
17. Der Geschäftsherr selbst oder alleinvertretungsberechtigte Geschäftsführungsorgane des Geschäftsherrn können nicht Prokuristen sein. Zulässigkeit der sogenannten halbseitigen Prokura 392

III. Die Abgrenzung der Prokura von der kaufmännischen Handlungsvollmacht und der Generalvollmacht nach Art. 396 OR

18. Abgrenzung von der kaufmännischen Handlungsvollmacht 394
19. Abgrenzung von der «bürgerlichen» Generalvollmacht 395

Art. 458 OR

I. DIE PROKURA ALS DAUERNDER GESCHÄFTSFÜHRUNGSAUFTRAG MIT GENERALVOLLMACHT

1. Terminologie der Prokura und Stellung im System des OR

1 a *a.* Schon der in den Randtiteln und im Gesetzestext verwendete Ausdruck «Prokura» (procuration, procura) deutet auf das aus der römischrechtlichen procuratio abgeleitete Institut der Geschäftsbesorgung in direkter Stellvertretung des Geschäftsherrn (dominus negotii). Art. 396 N. 6–13. In den Quellen ist procurator häufig synonym mit mandatarius verwendet, ja der letztere Ausdruck ist selten zur Bezeichnung des Beauftragten. So **DIG. 17. 1. 6. 6 – 17. 1. 8 pr./17. 1. 10. 3 und 8. CODEX 4. 35. 4 – 4. 35. 9 – 4. 35. 11 und 12 und 13.** Im *kaufmännischen Verkehr* war das Bedürfnis, die klassische fiduziarische Geschäftsbesorgung mit der anschliessenden umständlichen Rechtsübertragung vom Geschäftsführer auf den Geschäftsherrn durch eine *unmittelbare, schon aus dem Ausführungsgeschäft fliessende Rechts- und Verpflichtungsträgerschaft* des Geschäftsherrn zu ersetzen, besonders ausgesprochen. Art. 394 N. 12b, 24. Art. 396 N. 13. Art. 400 N. 15, 16. Das französische (art. 1984 Code Civil) und das österreichische Recht (§§ 1002 ABGB) haben, die *fiduziarische Rechtsgeschäftsbesorgung* aus dem positiven *bürgerlichen* Recht verdrängend, die *Rechtsgeschäftsbesorgung «im Namen des Anderen»* zum allgemeinen *Begriffsmerkmal des bürgerlichen Mandats* gemacht. «*Procuration*» wird in art. 1984 Code Civil als ein mit «*mandat*» identischer Begriff erklärt. Art. 396 N. 10. Daher bestand jedenfalls in Frankreicht kein Bedürfnis nach einer Sonderregelung der «kaufmännischen Vollmachten» im allgemeinen und der «Prokura» im besonderen.

b *b.* Im schweizerischen Recht dagegen kann der Auftrag zur Rechtsgeschäftsbesorgung entweder nach dem klassisch römisch-rechtlichen Muster fiduziarisch im Namen des Geschäftsführers (so die Kommission nach Art. 425, die im aOR von 1881 den kaufmännischen Vollmachten unmittelbar voranging) oder «prokuratorisch» im Namen des Geschäftsherrn ausgeführt werden. Art. 394 N. 6–25. Art. 396 N. 26, 27. Im System des schweizerischen Auftrags- und Geschäftsführungsrechtes bildet die Geschäftsführung auf Grund kaufmännischer Vollmachten im allgemeinen und der Prokura im besonderen das *Recht der dauernden Ge-*

schäftsführung in direkter Stellvertretung des «Kaufmannes». Da ein Sonderrecht für Kaufleute dem schweizerischen Privatrecht fremd ist, ist auch das Recht der Prokura (und der anderen Handlungsvollmachten) kein aus dem Obligationenrecht herauszulösendes Sonderrecht. Das allgemeine vertragliche Auftrags- und Geschäftsführungsrecht (Art. 394 ff. OR) und das Recht der direkten Stellvertretung (Art. 32–40 OR) finden Anwendung auch auf die kaufmännische Geschäftsführung in direkter Stellvertretung. Das Recht der kaufmännischen Geschäftsführung ist ein *«Ergänzungsrecht» innerhalb des allgemeinen Geschäftsführungsrechtes in direkter Stellvertretung eines «Geschäftsherrn»*. Die Notwendigkeit dieses Ergänzungsrechtes in der Schweiz ergab sich namentlich aus der Übernahme der Institution des *Handelsregisters*, durch das die Dritte berührenden kaufmännischen Verhältnisse, also namentlich Geschäftsführungs- und Vertretungsverhältnisse, schematisiert publik gemacht werden sollten. Inhaltlich ist daher das Ergänzungsrecht der kaufmännischen Geschäftsführung eine *Auseinandersetzung zwischen den Prinzipien der Vertragsfreiheit*, das für die Beziehungen zwischen Geschäftsherr und vertraglichem Geschäftsführer gilt, einerseits, und dem *Schutz des gutgläubigen Drittkontrahenten*, der sich auf ein öffentliches Register mit positiver und negativer *Publizitätswirkung* verlassen und nur mit einem *numerus clausus* bestimmter *kaufmännischer Vertretungsarten* rechnen muss.

c

c. Der kaufmännische Verkehr ist auf den gegenseitigen Kredit angewiesen. Durch die Geschäftsführung in indirekter Stellvertretung wird nicht wie im klassischen römischen Recht der Kredit des Geschäftsführers, sondern der *Kredit des Geschäftsherrn* eingesetzt. Darauf muss sich der Drittkontrahent grundsätzlich verlassen können. Vorbem. N. 6b.

2. Der unveränderte Gegenstand der Prokura vor und nach der Revision des OR von 1911

2 a

a. Wie dem Randtitel zu Art. 458 OR zu entnehmen ist, beginnt das Gesetz im ersten Absatz mit einer *Begriffsdefinition*. Sie ist unverändert Art. 422 I aOR entnommen. Im aOR stand der 15. Titel über «Prokuristen, Handlungsbevollmächtigte, Handelsreisende» zwischen dem «Auftrag (Mandat)» als 14. Titel und dem kaufmännischen mandatum qualificatum der «Kommission» als 17. Titel. Nachdem die Systematik des Auftrags- und Geschäftsführungsrechts in der Revision von 1911 nicht zu ihrem Vorteil etwas aus dem Leim geraten ist, wird dieses wichtige *Qualifikationsindiz* in der neueren schweizerischen Doktrin häufig übersehen. Die Prokura und die anderen kaufmännischen Vollmachten sind auch heute nichts anderes als sie unter dem aOR von 1881 waren und als was sie sich im kaufmännischen Verkehr des Landes eingelebt hatten.

b *b.* Die *deutsche Lehre von der Abstraktheit der Vollmacht*, die heute auch in Deutschland nicht mehr als «herrschend» bezeichnet werden kann, hat zwar das Rechtsdenken einiger an der Revision von 1911 massgebend beteiligter Experten beeinflusst und ist in der schweizerischen Fachliteratur bis heute meist übernommen worden. So OSER/SCHÖNENBERGER ad Art. 32 OR N. 26, 27. BECKER ad Art. 458 OR N. 3. KNOEPFEL, Prokura S. 11. Tatsache ist, dass die abstrakte Vollmacht im schweizerischen Recht auch bei der Revision von 1911 nicht verwirklicht wurde. Art. 396 N. 9, 11, 24c. Vorbem. N. 2. Das hätte den überlieferten Anschauungen namentlich in den französisch- und italienischsprechenden Landesteilen nicht entsprochen. Dort ist die Prokura nach der Titelüberschrift im geltenden Recht noch immer ein *mandat commercial*, *mandato commerciale*, und der Prokurist ein *mandataire commercial*. Der französische Kommissionsreferent RUTTY behandelt sie vor dem Nationalrat stillschweigend als Geschäftsbesorgungsauftrag in einem Atemzug mit der Kommission und dem Frachtvertrag, die im Gesetz ausdrücklich als dem Auftragsrecht unterstehend gekennzeichnet sind. StenBull NatRat 1909 S. 709. Der *Einfluss der Doktrin*, die rascherem Wandel unterworfen ist, auf die positive Rechtsentwicklung, darf namentlich, wenn sie ausländischen Ursprunges ist, *nicht* auf Kosten der eigenen Rechtsgeschichte *überwertet* werden. Vorbem. z. Auftragstitel N. 16, 17. Als Quelle der Rechtsfindung kommt sie nur für die Ausfüllung echter Gesetzeslücken in Frage und rangiert hinter dem Gewohnheitsrecht. Art. 1 II ZGB. **BGE 60 I 393.** Weder ist noch war die Abstraktheit der Vollmacht schweizerisches Gewohnheitsrecht. Das schweizerische allgemeine und kaufmännische Geschäftsführungsrecht lässt sich, wie das französische und österreichische, ohne die Zuflucht in die Abstraktion der Vollmacht wesensentsprechend erklären.

3. Der Prokurist in modernen Geschäftsführungshierarchien

3 a *a.* Art. 458 I OR definiert den Prokuristen als den *Geschäftsführer eines «Kaufmanns»*, der das *«Gewerbe» für den Geschäftsherrn betreibt und «per procura» die Firma zeichnet.* Man hat den Prokuristen als «das *alter ego*» *des Geschäftsherrn* bezeichnet. HEINRICH THOEL, Das Handelsrecht Bd. I, Leipzig 1918, S. 181. KNOEPFEL, Die Prokura nach schweizerischem Recht S. 11. BECKER ad Art. 459 N. 1. Er soll und darf das Gewerbe grund-

sätzlich in derselben Weise leiten wie der Geschäftsherr selbst. Sein abgeleitetes Verfügungsrecht über das Gewerbe kommt dem Eigentumsrecht des Geschäftsherrn nahe. Art. 641 I OR. Der Prokurist ist als *Geschäftsführer in leitender Funktion* gedacht, der das Schicksal und den wirtschaftlichen Erfolg des Unternehmens mitbestimmt. Als die Willens- und Nachrichtenübermittlung über grosse Distanzen noch schwierig war, war der Prokurist derjenige, der bei *Abwesenheit* **(BGE 81 II 61)** oder Arbeitsunfähigkeit des Geschäftsherrn den Gewerbe- oder Geschäftsbetrieb an dessen Stelle leitete.

b

b. Heute hat sich in grossen kaufmännischen Unternehmungen eine *Hierarchie für die Geschäftsführung* entwickelt. An der Spitze einer grossen Aktiengesellschaft steht als *Geschäftsführungsorgan der Verwaltungsrat.* Art. 55 ZGB. Art. 717 OR. Dann folgen ihm und einander untergeordnet *Generaldirektoren, Vizegeneraldirektoren, Direktoren, Vizedirektoren. Prokuristen und Handlungsbevollmächtigte stehen auf der untersten Stufe* der Geschäftsführungskompetenzen. Der moderne Codice del Lavoro bezeichnet daher den Geschäftsführer, der, wie nach unserer Gesetzesdefinition der Prokurist, an die Spitze einer Handelsunternehmung gestellt ist, in Erinnerung an den *institor* des römischen Rechts, der ein Geschäftsführer in direkter Stellvertretung des Geschäftsherrn war **(DIG. 14. 3. 2 und 3)**, als «institore» (art. 2203 Codice Civile). «Procuratore» ist dort derjenige, der für den Unternehmer die Handlungen vornehmen darf, die zum Betrieb des Unternehmens gehören, ohne an dessen Spitze zu stehen. Art. 2209 Codice Civile. Wo eine Hierarchie für die Geschäftsführung besteht, trifft jene Definition auch das Wesen der schweizerischen Prokura besser. Nur in kleineren Unternehmungen, namentlich Einzelfirmen, ist heute der Prokurist noch das «alter ego» des Geschäftsherrn. In grösseren ist er, um einen Vergleich aus dem Völkerrecht herbeizuziehen, ein «chargé d'affaires». Immerhin gilt im modernen Recht wie schon im römischen, dass der Geschäftsherr durch die Rechtshandlungen sowohl des institor, der an die Spitze des Unternehmens gestellt wurde, als auch des generalbevollmächtigten procurator («si omnium rerum procurator est») aus der actio institoria verpflichtet wird. **DIG. 14. 3. 6.** In unserem Sprachgebrauch würde man den institor vielleicht eher als «Direktor» bezeichnen.

4. Zeitlicher und sachlicher Umfang der Geschäftsführung des Prokuristen

4 a

a. Art. 2209 Codice Civile bezeichnet das Grundverhältnis der Geschäftsführung sowohl des institore als auch des procuratore als ein

Dauerverhältnis («in base a un rapporto continuativo»), Für das schweizerische Recht ergibt sich dasselbe aus der Wertung der positiven Normen. Die Prokura wird meist einem *Geschäftsführer* erteilt, der in einem auf *unbestimmte Dauer abgeschlossenen Dienstvertrag* zum Geschäftsherrn steht. Art. 346 OR. Der Betrieb eines Gewerbes oder Geschäftes für einen anderen erfordert seiner Natur nach *eine auf Dauer angelegte Tätigkeit des Geschäftsführers* mit der sukzessiven Ausführung einer Vielzahl gleichartiger und ungleichartiger Einzelgeschäfte. Vorbem. N. 5. Auch wenn sie auf Grund eines Auftrages erteilt ist, bleibt die Geschäftsführung wie diejenige anderer *Generalbevollmächtigter* eine solche auf unbestimmte Dauer auf Grund einer *Dauervollmacht.* Art. 396 N. 30a. Von der Geschäftsführung aus gesehen, entspricht sie im Verhältnis zwischen Geschäftsherrn und Geschäftsführer der römischen *administratio omnium negotiorum*, die ausdrücklich als der actio mandati unterstehend gekennzeichnet ist. Dem Dritten gewährt sie die *actio institoria unmittelbar gegen den Geschäftsherrn.* **DIG. 14. 3. 5 und 6, 17. 1. 6. 6.** Anders offenbar F. von Steiger, Das Recht der Aktiengesellschaft in der Schweiz, 2. Aufl. S. 249 unten. Übereinstimmend Oser/Schönenberger ad Art. 459 N. 2. Becker ad Art. 459 N. 2. Da ein Auftrag *nicht auf bestimmte Dauer erteilt werden* kann, sondern nach zwingendem Recht jederzeit *widerruflich und kündbar ist* (Art. 404 N. 10, 465 OR), besteht jede Prokura auf *unbestimmte Dauer* oder, wenn man will, potestativ bedingt, indem es dem *Geschäftsherrn jederzeit freisteht, sie durch einseitige Willenserklärung zu beenden.* Art. 395 N. 23–28.

b *b.* Wenn die *Arbeitsleistung des Prokuristen* im Betrieb eines Gewerbes oder Geschäftes für den Geschäftsherrn besteht, so *beschränkt sie sich nicht auf die Besorgung von Rechtsgeschäften mit Dritten.* Nur der zweite Teil der gesetzlichen Umschreibung des Gegenstandes in Art. 458 I OR, «per procura» die Firma zu zeichnen, bezieht sich auf die Rechtsgeschäftsbesorgung. Zwar ist der *sachliche Umfang der Rechtsgeschäftsbesorgung* des Prokuristen durch Art. 459 und u. U. 460 I OR auf diejenigen Rechtshandlungen begrenzt, die der Zweck oder Betrieb eines konkreten Gewerbes mit sich bringen kann. Art. 459 I, 460 I OR. *Innerhalb dieses abstrakten gesetzlichen* (von Tuhr/Siegwart I S. 314) *Rahmens ist aber der Umfang der Geschäftsführung unbestimmt* und kann nach Art. 396 I OR nur «nach der Natur des zu besorgenden Geschäftes» *konkret bestimmt* werden. Oser/Schönenberger ad Art. 459 OR N. 3. Die *Natur des zu besorgenden Geschäftes* **(BGE 84 II 170: Speditionsfirma)** ist aber nicht nur für die «Ermächtigung» zur Vornahme von Rechtshandlungen bestimmend, was sich schon aus Art. 396 II OR ergibt, sondern auch für die *tatsächliche Arbeit*, die zum Betrieb eines Gewerbes oder Geschäfts in leitender Stellung erforderlich ist. Art. 396 I OR. *Der Aufgabenkreis des Bankprokuristen ist ein anderer als der des Prokuristen eines Kleingewerbebetriebes.*

c

c. Nur innerhalb des durch das Gesetz abstrakt und durch die Natur des Gewerbes oder Geschäftes konkret begrenzten Rahmens seiner Aufgabe ist der Prokurist «Generalbevollmächtigter» zu «allen Arten von Rechtshandlungen». Art. 459 I OR. Der Umfang seiner qualifizierten Generalvollmacht ist einerseits enger als der einer gewöhnlichen Auftragsvollmacht. Er darf nur die Rechtshandlungen vornehmen, die wenigstens in einem losen Zusammenhang mit dem Zweck des Gewerbes oder Geschäftes stehen, während die Auftrags-Generalvollmacht eine Begrenzung nach dem Geschäftszweck nicht aufweist. Innerhalb dieser Begrenzung durch den Zweck des Gewerbes oder Geschäftes als Ganzem darf der *Prokurist auf Grund seiner gesetzlichen Generalvollmacht mit Ausnahme der Veräusserung und Belastung von Grundstücken* (Art. 459 II OR) *auch die Rechtsgeschäfte abschliessen, für die der gewöhnliche Beauftragte einer Spezialvollmacht bedarf.* Er kann also grundsätzlich auch *Prozesse anheben, Schiedsgerichte annehmen, wechselrechtliche Verbindlichkeiten eingehen und Schenkungen machen.* Art. 396 N.46a. **BGE 74 II 151, 76 I 353, 84 II 170/3.**

d

d. Ist der *Prokurist auch zu der tatsächlichen Arbeit* berufen, die die Erfüllung seiner Aufgabe erfordert, so ist der in Art. 458 I OR verwendete Begriff der «Ermächtigung» auch beim untechnischen Sprachgebrauch des OR missverständlich. Auch in Art. 396 II OR wird er bewusst nur auf Rechtshandlungen bezogen. In Art. 32 ff. figuriert er als terminus technicus gleichbedeutend mit Vollmacht. Beide können sich nur auf Rechtshandlungen beziehen. VON TUHR/SIEGWART I S. 307. Aus der missverständlichen Verwendung eines terminus technicus kann nichts für die Natur eines Rechtsinstitutes abgeleitet werden.

5. Die Prokura ist vertragliche Geschäftsführung

5 a

a. Es gibt keine Geschäftsführung und namentlich *keine Rechtsgeschäftsbesorgung ohne Verantwortung des Geschäftsführers.* Auch der vertraglose Geschäftsführer haftet dem Geschäftsherrn nach Art. 420/1 OR. Die *zur Geschäftsführung berufenen Organe haften der juristischen Person*, soweit nicht, wie bei der Aktiengesellschaft oder Genossenschaft, spezielle Verantwortungsnormen bestehen (Art. 722, 754, 827, 916 OR), *nach Auftragsrecht*, Art. 397/9 OR. **BGE 53 II 415.** Wer als Gesellschafter zur Geschäftsführung berufen ist (Einfache Gesellschaft: Art. 535 OR. Kollektivgesellschaft: Art. 557, 563 OR. Kommanditgesellschaft: Art. 599 OR. GmbH: Art. 811–816 OR. **BGE 81 II 546**), haftet den *Mitgesellschaftern oder der juristischen Person* (GmbH) bzw. der «Gesamthand» *nach auftragsrechtlichen Grundsätzen.* Art. 396 N. 11 b. Art. 540 OR erklärt auf die Geschäftsführung des Gesellschafters ausdrücklich das Recht des Auftrages und der auftraglosen Geschäftsführung für anwendbar. Eine *Abweichung* besteht nicht hinsichtlich der auftragsrechtlichen Haftungsgrundsätze, sondern nur des Masses der Haftung (Diligentia quam in suis: Art. 538 OR. Dienstvertragliches Sorgfaltsmass: Art. 328/398 OR). Art. 398 N. 24.

b *b.* Genügt, wie das Beispiel der vertraglosen Geschäftsführung zeigt, die *tatsächliche Geschäftsführung* ohne oder sogar gegen den Willen des Geschäftsherrn zur *Haftungsbegründung*, und knüpft bei allen Geschäftsführungen mit Willen des Geschäftsherrn die Haftung im wesentlichen ebenfalls an die tatsächliche Geschäftsführung an (Art. 395 N. 28), so *begründet die tatsächliche Ausübung der Prokuristenfunktionen ein Haftungsverhältnis zwischen Geschäftsherrn und Geschäftsführer auch dann, wenn kein anderer Arbeitsvertrag besteht.* Sie ist eine *vertragliche Mandatshaftung* nach Art. 397/9 OR, wenn und soweit der Prokurist mit dem Willen des Geschäftsherrn handelt, der sich auch *stillschweigend* (Art. 458 I) oder *konkludent* (**BGE 33 II 612, 74 II 151, 76 I 351.** ZR 7 Nr. 55 S. 112. Art. 395 N. 11 a, 14 b, c) äussern kann. Sie wird eine *auftraglose Geschäftsführung*, wenn und soweit der Prokurist *ohne oder gegen den verbindlich geäusserten Willen des Geschäftsherrn* handelt. Art. 420 OR. Der gegen den Willen des Geschäftsherrn *untätige Prokurist*, der nicht gekündigt hat, begeht eine haftungsbegründende *Vertragsverletzung.* **DIG. 17. 1. 21. 11.** Die Untätigkeit eines auftraglosen Geschäftsführers hingegen kann keine haftungsbegründende Vertragsverletzung bilden.

c *c.* Da der *Prokurist* der Einzelfirma dieselbe Rechtsstellung besitzt wie derjenige einer juristischen Person oder einer Kollektiv- oder einer Kommanditgesellschaft, kann er als solcher *weder ein Geschäftsführungsorgan, noch kann er kraft Gesellschaftsrechts zur Geschäftsführung berufen* sein. Als Rechtsgrund seiner Geschäftsführung bleibt nur der *Geschäftsführungsauftrag.* Die mit dem Willen des Geschäftsherrn ausgeführte Geschäftsbesorgung des Prokuristen kann somit ebensowenig wie die eines anderen Beauftragten (§§ 1035, 1040 ABGB) auf einer blossen Ermächtigung (autorisation) beruhen, die nicht *haftungsbegründend* wirken kann. Art. 396 N. 29. *Die Prokura ist nach schweizerischem Recht ein arbeitsvertragliches* Rechtsverhältnis, das u. a. wegen des Gegenstandes (auch Rechtsgeschäftsbesorgung) *dem Auftragsrecht zu unterstellen* ist. Art. 394 II, 396 OR. Damit entsteht übrigens eine gewisse Übereinstimmung mit dem Code Civil, der keinen Unterschied zwischen «bürgerlichen» und kaufmännischen Mandaten kennt.

6. Arbeitsvertragliche Qualifikation der Prokura

6 a *a.* Will man den Arbeitsvertrag qualifizieren, der den Prokuristen mit dem Geschäftsherrn verbindet (art. 2203, 2209 Codice Civile. Art. 394 II OR), so kommen ohnehin nur Dienstvertrag oder Auftrag in Frage. Für den Dienstvertrag spricht nach der herrschenden Auffassung der *Dauercharakter*, der rapporto continuativo (N. 4a oben) und die regelmässige *Entgeltlichkeit*. Beide Kriterien können indessen auch im Auftrag bestehen. Art. 394 N. 62b.

b *b.* Für den *Auftrag* spricht, dass die Prokura beispielsweise von einem guten Freund des Geschäftsherrn auch *unentgeltlich* übernommen werden kann. Das Mandat, der klassische Arbeitsvertrag für die *Rechtsgeschäftsbesorgung*, enthält die Normen, die dem Dienstvertragsrecht fehlen, und das allgemeine auch auf die Prokura anwendbare *Geschäftsführungsrecht* bilden. Vorbem. N. 3. N. 5 oben. Die Lehre von der *Entstehung*, den *Beendigungsgründen* und der *Beendigungswirkung* der Prokura ist *mandatrechtlich*, nicht dienstvertragsrechtlich. Vorbem. N. 3. An der herrschenden Auffassung der Prokura als abstrakter Ermächtigung ist so viel richtig, dass wegen der jederzeitigen Widerruflichkeit und Kündbarkeit der Prokura als solcher *keine echte und erzwingbare Ausführungsobligation des Prokuristen* besteht. Art. 395 N. 23, 28. Art. 398 N. 1. Infolgedessen ist es am richtigsten, den Prokuristen auch dann als *Rechtshandlungsbeauftragten* zu qualifizieren, wenn die Prokura einem Dienstpflichtigen des Geschäftsherrn zukommt. Der Vorbehalt der Ansprüche aus «Dienstvertrag, Auftrag, Gesellschaft und dergleichen» nach Art. 465 OR spricht nicht gegen diese Betrachtungsweise. Art. 465 N. 3.

7. Die Bedeutung des Weisungsrechtes des Geschäftsherrn

7 a *a.* Die vertragliche *Geschäftsführung* des Prokuristen erfolgt nicht wie die des geschäftsführenden Gesellschafters im gemeinschaftlichen Interesse, sondern nach dem Schema des klassischen mandatum mea tantum gratia **(DIG. 17. 1. 2 pr.)**, *im Interesse* («für») *des Geschäftsherrn. Diesem kommt der Nutzen der richtigen Geschäftsführung zu, er trägt aber auch ihr Risiko und den aus ihr resultierenden Verlust.* Wie im Auftragsrecht sind *Wille und Interesse des Geschäftsherrn* die Dominanten, die ihren

unmittelbarsten Ausdruck im *Weisungsrecht* des Auftraggebers finden. Art. 397 OR. **BGE 84 II 382/3.** Sie begründen auch gegenüber dem (ausnahmsweise) unentgeltlich tätigen Prokuristen das *Subordinationsverhältnis*, die Rechtsbeziehung, die den *Prokuristen zur Hilfsperson* (GUHL, OR S. 135) *seines Geschäftsherrn* macht. **BGE 61 II 342, 70 II 220.** OFTINGER, Haftpflichtrecht 2. Aufl. II/1 S. 132/5. PETER PORTMANN, Organ und Hilfsperson im Haftpflichtrecht S. 47, 63. *Verursacht der Prokurist Dritten durch nicht gehörige Erfüllung der in den Rahmen seiner Geschäftsführung fallenden Verträge Schaden, so haftet der Geschäftsherr nach Art. 101 OR.* VON TUHR/SIEGWART II S. 564/72. Schädigt er Dritte im nämlichen Rahmen durch eine *unerlaubte Handlung, so haftet der Geschäftsherr nach Art. 55 OR.* **BGE 84 II 382/3.** VON TUHR/SIEGWART I S. 380. Die *Geschäftsherrenhaftung gegenüber Dritten* für das Verhalten des Prokuristen wäre auf Grund einer *blossen Ermächtigung* des letzteren zur Geschäftsführung *undenkbar.*

b *b. Verletzt der Prokurist eine Ausführungsweisung* des Geschäftsherrn nur quantitativ, indem er beispielsweise über der *Preislimite* einkauft oder unter ihr verkauft, so ist ihm wie jedem Geschäftsführer das *Recht zu gehöriger Erfüllung* gegenüber dem Geschäftsherrn *durch selbstschuldnerische Übernahme und Leistung der Differenz* einzuräumen. Art. 397 N. 20. Art. 428 N. 3. Das ist deshalb von praktischer Bedeutung, weil dadurch dem Prokuristen sein Anspruch auf *Auslagen-, Verwendungs- und evtl. Schadenersatz, der nur aus richtiger Erfüllung der Ausführungsobligation entsteht, erhalten* bleibt. Art. 402 N. 8b. Im übrigen *haftet der Prokurist dem Geschäftsherrn für den aus Weisungsverletzungen entstehenden Schaden* nach Art. 397/9 OR. Durch Weisung kann namentlich der Umfang der Vollmacht unter das gesetzlich umschriebene Mass herabgesetzt werden. GUHL, OR S. 136. Art. 459 N. 7–9, 460 N. 3b.

8. Keine Geschäftsführung des Prokuristen für eigene Rechnung

8 a *a.* Abzulehnen ist in der Schweiz die von der deutschen Praxis offenbar zugelassene *Geschäftsführung des Prokuristen für eigene Rechnung*, eine absurde Konsequenz der Doktrin von der Abstraktheit der Vollmacht. Anders BECKER ad Art. 458 OR N. 4 und VOGEL, Prokura S. 17. *Für* einen anderen ein Gewerbe betreiben, bedeutet nicht nur in fremdem Interesse, sondern auch *für fremde Rechnung* arbeiten, Art. 419, 458 I OR. Ein Vorausverzicht auf den dem Geschäftsführungsauftrag begriffsessentiellen Auslagen- und Verwendungsersatzanspruch ist ungültig.

Art. 402 N. 12, 13. Das schweizerische Recht kennt innerhalb des numerus clausus der Arbeitsverträge (Art. 394 II OR) keinen, der den Arbeitspflichtigen die mit seiner Arbeit verbundenen Auslagen und Verwendungen selbst tragen liesse. Sogar der *auftraglose Geschäftsführer*, der die Interessen des Geschäftsherrn gewahrt hat, besitzt den Auslagenersatzanspruch. Art. 422 OR. Die vertragliche Rechtsgeschäftsbesorgung kann im schweizerischen Recht nur entweder *fiduziarisch* im eigenen Namen des Geschäftsführers oder *prokuratorisch* im Namen des Geschäftsherrn erfolgen. Art. 396 N. 26. In *beiden Fällen aber muss sie für Rechnung des Geschäftsherrn* erfolgen. Art. 401, 425 OR.

b *b.* Möglich ist, dass der *Prokurist* ausnahmsweise ein Geschäft für den von ihm betreuten Betrieb *im eigenen Namen* abschliesst und abwickelt. Doch handelt er dann nicht auf Grund seiner Dauervollmacht mit unmittelbarer Berechtigungs- und Verpflichtungswirkung für den Geschäftsherrn, sondern als Fiduziar in einem *fiduziarischen Auftragsverhältnis* gemäss Art. 394/401 OR. Grundsätzlich sind *Geschäfte für eigene Rechnung dem Prokuristen verboten.* Art. 464 OR.

9. Mängel im Grundverhältnis der Prokura

9 Auch eine Prokura, deren Grundverhältnis ganz oder teilweise *nichtig oder anfechtbar* ist, wird im Handelsregister eingetragen und *entfaltet gutgläubigen Dritten gegenüber ihre Vertretungswirkung.* Art. 396 N. 24. Vorbem. N. 6b. **BGE 86 I 110.** Der *Arbeitsvertrag* zwischen Prokuristen und Geschäftsherrn berührt die *Rechte und Interessen des gutgläubigen Drittkontrahenten* nicht. Mit *Ausnahme der dem Dritten bekannten Weisungen* entfaltet er diesem gegenüber keine Wirkung. GUHL, OR S. 136. Doch kann sich der Geschäftsherr, beispielsweise bei der Abrechnung der Ansprüche und Gegenansprüche *mit dem Prokuristen* (Art. 400 OR) nicht darauf berufen, dieser habe auf den Auslagen- und Verwendungsersatz gültig zum voraus verzichtet.

II. DIE ENTSTEHUNG DER PROKURA

10. Anwendung der Lehre von der Auftragsentstehung auf die kaufmännische Prokura. Wirkung des Handelsregistereintrages

10 a *a.* Ist die Prokura eine vertragliche Geschäftsführung, ein Geschäftsbesorgungsauftrag, so ist für ihre Entstehung der nämliche *formlose Konsens* (Art. 1 OR) erforderlich, der für die Mandatsentstehung charakteristisch ist. Art. 458 I OR lässt die «stillschweigende Ermächtigung»

zu. Die *Formlosigkeit* besteht indessen nur für die in Art. 458 I OR umschriebene Prokura, die von einem im Handelsregister *eingetragenen Gewerbe* oder Geschäft eingeräumt wird. Für die Entstehung der durch Art. 458 III OR zugelassenen sogenannten «*nichtkaufmännischen Prokura*» *ist die Eintragung in das Handelsregister Konstitutiverfordernis.* N. 13 unten. Doch wirkt die *nichteingetragene, aber tatsächlich begründete nichtkaufmännische Prokura i. d. R. wie eine Handlungsvollmacht* i. S. von Art. 462 OR. ZR 47 (1948), N 66 S. 139. OSER/SCHÖNENBERGER ad Art. 458 N. 23. BECKER ad Art. 458 OR N. 6. Art. 422 III aOR enthielt folgenden Zusatz: «Vor derselben (d. h. der nichtkaufmännischen Prokura) kommen lediglich die allgemeinen Bestimmungen über Stellvertretung zur Anwendung». Nach dem Kommissionsreferenten HUBER (StenBull NatRat 1909 S. 716) bedeutete der Zusatz, dass eine *nicht im Handelsregister eingetragene nichtkaufmännische Prokura immer als gewöhnliche «bürgerliche» Vollmacht galt.* Die Streichung erfolgte mit Recht. Denn «es kommt auf den einzelnen Fall an, ob dieser mangels Eintragung ins Register C gar keine Vollmacht oder nur eine gewöhnliche Vollmacht hat.

b *b.* Man kann sich fragen, ob es glücklich war, in Abweichung vom HGB eine «*nichtkaufmännische Prokura*» einzuführen und diese im Gegensatz zur kaufmännischen Prokura einem *Formzwang* zu unterstellen. Die Abstimmung auf das Handelsregisterrecht wäre logischer und die Rechtssicherheit grösser **(BGE 74 II 151)**, hätte man nur die kaufmännische Prokura zugelassen und ihre Entstehung dem Registerzwang unterstellt. Der notwendige Schutz Dritter wäre nahezu gleichwertig und rechtsdogmatisch befriedigender verwirklicht, würde man die *stillschweigend, konkludent und formlos entstandenen Geschäftsführungsaufträge entweder als kaufmännische Handlungsvollmachten i. S. von Art. 462 OR oder als bürgerliche Generalvollmachten i. S. von Art. 396 OR*, nicht aber als Prokura bewerten. Aus der wissentlichen Duldung oder stillschweigenden Genehmigung einzelner Geschäftsführungshandlungen den Schluss zu ziehen, der Geschäftsherr habe dem Geschäftsführer die umfassendste der kaufmännischen Vollmachten zu allen mit dem Gewerbe verbundenen Rechtshandlungen einräumen wollen **(BGE 76 I 351)**, übersteigert die Fiktion. Der *Schutz des gutgläubigen Dritten muss unter Kaufleuten nicht über die positive und negative Publizitätswirkung des Handelsregisters hinaus ausgedehnt werden.* Art. 933 OR. Art. 459 N. 8. Nach §§ 54/48 *HGB* ist für das deutsche Recht anzunehmen, dass die *stillschweigend erteilte kaufmännische Vollmacht keine Prokura, sondern eine Handlungsvollmacht ist.*

c *c.* Nach geltendem schweizerischem Recht muss indessen davon ausgegangen werden, dass für die Entstehung der kaufmännischen Prokura dem Handelsregistereintrag nicht nur insofern *deklaratorische Bedeutung* zukommt, dass eine tatsächlich eingetragene Prokura ihre Vertretungswirkung *zeitlich rückwirkend* auf die Entstehung des Konsens zwischen Geschäftsherrn und Geschäftsführer entfaltet. Art. 458 II, 461 I OR. Vielmehr kann eine «*stillschweigend*» *begründete kaufmännische Prokura* wie eine Handlungsvollmacht *dauernd neben dem Handelsregister* bestehen. Art. 462 OR. **BGE 60 I 394, 81 II 62/3.** Die *Mitteilung der Vollmacht des kaufmännischen Prokuristen* an Dritte braucht nicht durch das Handelsregister, sondern «sie *kann in beliebiger Weise durch anderweitige Kommunikationen erfolgen*». Das *Eintragungsrequisit* ist «*lediglich Ordnungsvorschrift*». Die Sorgfaltspflicht des Dritten ist auf ein Minimum herabgesetzt, die Sorgfaltspflicht des Geschäftsherrn übersteigert. «Es ist infolgedessen für die Frage der stillschweigenden Bevollmächtigung nicht so entscheidend, ob der Kaufmann die rechtsgeschäftliche Tätigkeit seines Vertreters kennt und billigt, als vielmehr, *wie die mit seinem Vertreter kontrahierenden Dritten sein Verhalten, das er gegenüber dessen Tätigkeit bekundet, auffassen müssen*». **BGE 74 II 151/2, 76 I 351, 81 II 62/3.** (Der letztgenannte Entscheid betrifft eher eine Handlungsvollmacht nach Art. 462 OR, ist indessen auch auf die «stillschweigend» begründete Prokura anwendbar.) *Genügt zur Begründung der Prokura ein Verhalten des Geschäftsherrn*, das Dritten als Zustimmung zu einer tatsächlich in dessen Namen ausgeführten Geschäftsbesorgung erscheint, so ist eine *Mitteilung der Prokura an Dritte* durch den Geschäftsherrn, sei es durch Handelsregistereintrag, sei es durch andere «Kommunikationsmittel» *nicht erforderlich*. Die schweizerische kaufmännische Prokura braucht nicht eine vom Kaufmann selbst beliebigen Dritten mitgeteilte Vollmacht zu sein. Art. 396 N. 14. Sie kann eine dem Drittkontrahenten vom Geschäftsführer mitgeteilte oder *aus den Umständen resultierende Vollmacht* sein. Art. 396 N. 16. Diese Praxis ist die logische *Anwendung des allgemeinen Stellvertretungsrechtes auch auf die kaufmännischen Vollmachten*. Nach Art. 32 II OR ist in der Tat massgebend, ob der Dritte *nach den Umständen auf ein Vertretungsverhältnis schliessen* musste. Art. 396 N. 16d. Vgl. auch **BGE 85 II 30** (für eine Wechselunterschrift in direkter Stellvertretung).

11. Stillschweigende Begründung und Erweiterung der Prokura insbesondere

11 a

a. Auseinanderzuhalten sind die «stillschweigende» Begründung der nichteingetragenen und die stillschweigende Erweiterung einer bestehenden Prokura. Duldet der Geschäftsherr wissentlich, dass der eingetragene *Filialprokurist Geschäfte des Hauptsitzes* bearbeitet und mit Dritten kontrahiert oder dass der eingetragene *Kollektivprokurist allein* eine Verpflichtung für die Firma eingeht, so darf daraus mit einer gewissen Berechtigung auf den Willen geschlossen werden, die den *Prokuraumfang begrenzende allgemeine Weisung sei widerrufen*, oder der objektiv *fehlerhafte Vertretungsakt des Prokuristen sei stillschweigend genehmigt.* Art. 396 N. 18c, d, e. Art. 397 N. 9.

b *b.* Zwar fand das Bundesgericht vor der Revision von 1911 (Art. 424 aOR), die Rechtshandlungen eines einzelnen Kollektivprokuristen binden den Geschäftsherrn nicht, ein rein *passives Verhalten des anderen Kollektivprokuristen sei keine rechtsgenügende Zustimmung.* **BGE 35 II 612/4 Erw. 3.** Später wurde indessen sogar die dem Geschäftsherrn unbekannte *Duldung der Einzelzeichnung* durch den Kollektivprokuristen als «*fahrlässige*» *Duldung* ausgelegt, und der *Geschäftsherr* als *gebunden* erklärt. **BGE 50 II 139, 184.** Im nämlichen Sinne wurde allgemein entschieden, *bei nur kollektiver Zeichnungsberechtigung genüge die vorgängige formlose Zustimmung* und konsequenterweise die *nachträgliche Genehmigung* (Art. 395 N. 17) *des anderen Kollektivvertreters auch ohne seine Unterschrift.* **BGE 58 II 160/1.** Vgl. auch **BGE 85 II 29/30.** Weil *vorgängige Zustimmung und nachträgliche Genehmigung dem Drittkontrahenten zumeist verborgen und nur aus Indizien ableitbar* sind, wird der durch die (auch im Handelsregister eingetragene) Kollektivklausel bezweckte *Schutz des Geschäftsherrn weitgehend vereitelt* und diesem eine in grösseren Betrieben kaum mögliche Überwachung zur Pflicht gemacht. *Ist die Kollektivklausel als vollmachtsbegrenzende Weisung im Handelsregister publiziert, so sollte der Dritte daran gebunden sein.* Art. 933 OR. Art. 396 N. 14, 18c, d. Art. 397 N. 9, 20d. Art. 403 N. 11c.

c *c.* Will man trotz einer im Handelsregister publizierten (oder in einer Vollmachtsurkunde enthaltenen) ausdrücklichen Vollmachtsbeschränkung einen Widerruf derselben und eine *Erweiterung der Vollmacht* **(BGE 50 II 139)** annehmen, so wäre jedenfalls dem *Dritten der Beweis für eine schlüssige dahingehende Willensäusserung des Geschäftsherrn aufzuerlegen.* Man kann nicht schematisch auf die Beweislastregel von Art. 3 I ZGB abstellen, wonach stets der Geschäftsherr den bösen Glauben des Dritten zu beweisen habe. Ein *entgegengesetzter Handelsregistereintrag entkräftet die Vermutung der Gutgläubigkeit.* **BGE 86 I 111 Erw. 3b.** Art. 933 I OR ist in dieser Beziehung lex specialis zu Art. 3 ZGB. Denn nach Art. 9 ZGB schafft der Registereintrag zunächst «vollen Beweis». Ein bloss passives Verhalten des Geschäftsherrn sollte im Sinne der früheren Praxis nicht als Widerruf einer Weisung oder als Genehmigung einer Weisungsverletzung ausgelegt werden. Ebensowenig darf ein passives Verhalten des einen Kollektivzeichnungsberechtigten *als Zustimmung gelten.* Jedenfalls dann nicht, wenn es sich um schriftliche Willenserklärungen handelt. Die Einzelunterschrift eines Kollektivprokuristen ist keine Firmenunterschrift i. S. von Art. 13/4 OR. **BGE 35 II 614.** SJZ 45 (1949) N. 50 S. 123. Ist, wie im schweizerischen Recht, die stillschweigende Bestellung eines Einzelprokuristen möglich, und können *Kollektivprokuristen u. U. einen einzelnen Dritten substituieren* (Art. 403 II OR, Art. 459 N. 5. Art. 460 N. 9b.), so wird jedoch auch ein passives Verhalten des nichtmitwirkenden Kollektivprokuristen vom Dritten als *stillschweigende Substitution* angesehen werden. Können Kollektivbeauftragte einen einzelnen Dritten substituieren (Art. 459 N. 5g), so muss auch ein *Kollektivprokurist für einzelne Geschäfte einzeln substituiert* werden können. OSER/SCHÖNENBERGER ad Art. 460 N. 7, 10–12. Damit wird die Wirksamkeit auch der im Handelsregister eingetragenen *Vollmachtsbeschränkung durch die Kollektivklausel praktisch auf ein Minimum reduziert.* Art. 460 N. 9.

d

d. Ist nach dem Buchstaben des Gesetzes, wie für jeden Geschäftsführungsauftrag, so auch für die Prokura die stillschweigende *Begründung ohne Rücksicht auf den Registereintrag* möglich **(BGE 60 I 393/4),** so *können an ihre nachträgliche Erweiterung kaum höhere Anforderungen gestellt werden.* Die Begründung der Prokura kann «formlos erfolgen, und zwar insbesondere durch konkludentes Verhalten, d. h. ein Verhalten, aus welchem nach den vorliegenden Umständen (Art. 396 N. 14d) und unter Berücksichtigung der Verkehrssitte geschlossen werden kann, dass der *Vertretene den Willen hatte, den Vertreter zu bevollmächtigen*». **BGE 76 I 351.** Dieses rechtlich relevante Verhalten des Geschäftsherrn wurde in Übereinstimmung mit dem römischen Recht in der wissentlichen *Duldung* und der (auch stillschweigenden) *Genehmigung* erblickt. **DIG. 14. 3. 7 pr., 50. 17. 60.** Art. 395 N. 9, 11, 14, 16. Darin liegt der *rechtsgenügende (vertragliche) Mandatskonsens* zwischen Geschäftsherrn und Geschäftsführer, der den Entstehungsgrund auch der kaufmännischen Prokura bildet. Art. 460 N. 9. Damit ist im kaufmännischen Verkehr der *Schutz des gutgläubigen Drittkontrahenten auf die Spitze getrieben.*

12. Die ausdrückliche Erteilung der Prokura. Die Form der Zeichnung

12 a

a. Erfolgt eine ausdrückliche Erteilung der Prokura, so ist in Erweiterung des in Art. 395 OR ausgesprochenen Prinzips die *Annahme durch den Geschäftsführer zu vermuten, wenn keine ausdrückliche Ablehnung erfolgt* und insbesondere wenn der *Prokurist seine Funktionen tatsächlich ausübt.* Art. 395 N. 2, 8b. Eine stillschweigende Annahme liegt beispielsweise vor, wenn der zum Eintrag im Handelsregister angemeldete Prokurist seine *Unterschrift* nach Art. 26 HV *beim Handelsregisteramt hinterlegt.* Vgl. § 53 II HGB.

b *b.* Art. 458 I OR schreibt vor, der Prokurist habe im schriftlichen Rechtsverkehr die *Firma «per procura»* (par procuration), zu deutsch *«in Vertretung»* zu zeichnen. Vgl. § 51 HGB. Nach Art. 40/105 HV hat der Prokurist bei der Eintragung im Handelsregister seinem Namenszug *«einen die Prokura andeutenden Zusatz beizufügen»*. Es handelt sich um eine Ordnungsvorschrift. Kann die Prokura formlos, namentlich durch geduldete oder stillschweigend genehmigte Ausübung der Prokuristenfunktionen entstehen und bestehen, so können auch für die *Vertretung im schriftlichen Rechtsverkehr keine strengen Formerfordernisse* aufgestellt werden. Ein vom Prokuristen im Rahmen seiner Vollmacht abgeschlossenes formbedürftiges Rechtsgeschäft bindet den Geschäftsherrn auch dann, wenn der Prokurist *ohne ausdrückliche Beifügung der Prokuraklausel* gezeichnet hat. Kann der mit geringeren Kompetenzen ausgestattete Handlungsbevollmächtigte nach Art. 462 OR ohne Vertretungsklausel zeichnen, so wäre es unlogisch, die Prokurazeichnung zum Konstitutiverfordernis zu erheben. Deutete einst die Prokuraklausel auf eine umfassende Vollmacht, so ist sie heute im Vergleich zur Unterschrift eines Verwaltungsrates oder Direktors eher ein *beschränkender Zusatz.* N. 17b unten. Die Ausgangssituation, die der Gesetzgeber im Auge hatte, hat sich verschoben. Vgl. dazu OSER/SCHÖNENBERGER ad Art. 458 OR N. 28, 29 und BECKER ad Art. 458 OR N. 9 und 10. Der Prokurist kann nach schweizerischem Recht sogar *ohne Beifügung der Firma zeichnen, wenn sich die Vertretung aus den Umständen ergibt.* Art. 32 II OR. Art. 396 N. 16, 17.

13. Die Prokurationsfähigkeit der Einzelfirma. Der Bereich der nichtkaufmännischen Prokura

13 a *a.* Die Prokura ist eine *kaufmännische* Vollmacht, un *mandat commercial.* N. 2b oben. Nach der Definition von Art. 458 I OR kann sie nur für ein Geschäft oder ein Gewerbe bestehen, das eine «Firma» hat. Art. 934 I OR. Art. 26 HV. Nicht alle Handels-, Fabrikations- oder anderen nach kaufmännischer Art geführten «Gewerbe» oder «Geschäfte» sind als Firmen im Handelsregister eingetragen. Einmal enthält der *Katalog in*

Art.53 HV keine abschliessende Aufzählung. Sodann sind nach Art.54 HV *kleinere kaufmännische Betriebe nicht eintragungspflichtig*, wenn ihre jährliche Roheinnahme Fr. 50 000 nicht übersteigt. Auch die nicht eintragungspflichtigen und tatsächlich nicht eingetragenen *kleineren kaufmännischen Handels- und Fabrikationsgewerbe* sind nach Art.458 III OR *prokurationsfähig.* **BGE 75 I 78/9.** Doch können sie keine Prokura formlos, sondern nur durch die *konstitutive Eintragung im Handelsregister* begründen. N.10b oben. Man begegnet einer ähnlichen spezifisch schweizerischen Regelung für die *nichtkaufmännische Kollektivgesellschaft* (Art.553 OR). Art.595 OR.

b *b. Nicht prokurationsfähig ist die natürliche Einzelperson, die nicht unter einer Firma ein Handels-, Fabrikations- oder anderes nach kaufmännischer Art betriebenes Gewerbe oder Geschäft* innehat. Hierher gehören einmal die *Angehörigen der freien Berufe:* Medizinalpersonen, Anwälte, Notare (nicht jedoch «Treuhänder» und «Sachwalter»: Art.53 Ziff. 6 HV), Reklameberater (nicht jedoch Auskunfteien und Nachrichtenvermittler im weitesten Sinne: Art.53 Ziff.5 HV), Privatlehrer aller Art u. v. a. Sie werden, da nur ausnahmsweise im Handelsregister eingetragen, als *Nichtkaufleute* betrachtet und sind auch dann *nicht prokurationsfähig*, wenn sie ihren «Beruf» oder ihr «Gewerbe» dauernd gegen Entgelt und mit der Absicht auf Gewinn betreiben. Art.52 III HV. **BGE 84 I 189 Erw. 2.** Hingegen sind *Banken* auch dann prokurationsfähig, wenn sie in der *Hauptsache Auftragsdienste* leisten. Eine *Anwaltspraxis* wird zwar unter einer «Firma» betrieben. Doch kann der Inhaber, wenn er *nicht im Handelsregister eingetragen* ist (was der Regel entspricht), *keinen Prokuristen* bestellen. Die Einzelperson, die nach dieser Abgrenzung nicht «*Kaufmann*» ist, hat keine Geschäftsfirma i. S. von Art.944 ff. OR. HIS ad Art.944 OR N.6. Sie kann zwar auch eine dauernde *Generalvollmacht*, aber nur eine «*bürgerliche*» erteilen, deren *Umfang in Art.396, nicht in Art. 459 OR, bestimmt ist.* Der gesetzliche Umfang der *kaufmännischen Generalvollmachten* bestimmt sich nach dem *Zwecke des kaufmännischen Gewerbes* (Art.459, 462 OR), das der Nichtkaufmann nicht betreibt. Der gesetzliche Umfang der *bürgerlichen Generalvollmacht* bestimmt sich nicht nach den Rücksichten des kaufmännischen Verkehrs, sondern wird von einem gesetzlichen *Schutz des Auftraggebers* diktiert, der im «bürgerlichen» Rechtsverkehr weitergehen kann als im kaufmännischen. N.4b, c oben. Art.396 N.48.

c c. Dass *nur kaufmännische Unternehmungen mit Firma* i. S. von Art.944 OR, «Inhaber eines Handels-, Fabrikations- oder eines anderen nach kaufmännischer Art geführten Gewerbes», *einen Prokuristen haben* können, ergibt sich *aus der gesetzlichen Definition der Prokura.* Auch die sogenannte nichtkaufmännische Prokura des Art. 458 III OR bleibt eine Geschäftsführung zum Betriebe eines Gewerbes in leitender Funktion, das alle Rechtshandlungen umfasst, die mit dem Zweck «des Gewerbes oder Geschäftes» (Art. 459 I) in Zusammenhang stehen. Die *Prokura* setzt somit ebenso wie die Handlungsvollmacht nach Art. 462 OR den *Betrieb eines Gewerbes oder Geschäftes* voraus. Durch Art. 458 III wollte man die Bestellung eines Prokuristen auch den Inhabern nichteintragungspflichtiger und nichteingetragener kaufmännischer Kleinbetriebe ermöglichen, die nach Art. 934 II OR *eintragungsfähig, aber nicht eintragungspflichtig* sind. Das Handelsregister bleibt ein auf kaufmännische Rechts-, insbesondere Haftungsverhältnisse beschränktes öffentliches Register (Art. 927 ff. OR. **BGE 75 I 78, 80 I 274, 84 I 191**) und auch die «nichtkaufmännische» Prokura ist ein «mandat commercial», dessen Umfang sich nach Art. 459 OR bestimmt. Art. 105 I HV lautet: «Wer, ohne ein Geschäft oder Gewerbe zu betreiben, einen Prokuristen bestellen will, hat die Vollmachtserteilung beim Handelsregister anzumelden.» Art. 458 III OR hingegen lautet: «Zur Betreibung anderer Gewerbe oder Geschäfte kann ein Prokurist nur durch Eintrag im Handelsregister bestellt werden.» Es ergibt sich schon aus dem Wortlaut, dass der *Verordnungstext gesetzwidrig* ist. Das Gesetz geht von anderen Gewerben oder Geschäften aus, die Verordnung von einer Einzelperson, die kein Gewerbe oder Geschäft betreibt. Wäre der Verordnungstext gesetzmässig, so gäbe es in der Schweiz *Prokura als Generalvollmachten für nicht geschäftliche, sondern persönliche Angelegenheiten*, z. B. zur Führung eines Haushaltes. Die Schlüsselgewalt der Ehefrau wäre eine «nichtkaufmännische Prokura». So auch OSER/SCHÖNENBERGER zu Art. 458 OR N. 7. Den unverständlichen Widerspruch, dass der Nichtkaufmann keine Handlungsvollmacht nach Art. 462 OR, wohl aber die umfassendere Prokura nach Art. 458 OR erteilen kann, enthält das Gesetz nicht. *Art. 48 HGB*, welcher das Vorbild der schweizerischen Regelung liefert, beschränkt die *Prokurationsfähigkeit* ausdrücklich auf den «*Inhaber eines Handelsgeschäftes oder seinen gesetzlichen Vertreter*». Die nichtkaufmännische Prokura, wie sie Art. 105 HV auffasst, ist ein Widerspruch in sich selbst. Die gegenüber dem HGB freiere Ausgestaltung des schweizerischen Handelsrechts darf nicht zu der Konsequenz führen, dass der *Nichtkaufmann des erhöhten Schutzes verlustig geht, den das bürgerliche Recht durch die Abgrenzung des Umfanges der Generalvollmacht gewährt.* Art. 396 III OR.

d *d.* Da nach schweizerischem Recht auch ein *Minderjähriger* oder *Bevormundeter* mit Bewilligung der Vormundschaftsbehörde ein eintragungspflichtiges Gewerbe oder Geschäft betreiben kann (Art. 412 ZGB. **BGE 72 I 49/51**), ist die *Prokurationsfähigkeit des Geschäftsherrn*, der eine natürliche Person ist, *nicht von seiner Handlungsfähigkeit abhängig*. Das ergibt sich indirekt auch aus Art. 465 II OR. Der *Verlust der Handlungsfähigkeit des Geschäftsherrn bewirkt nicht das Erlöschen der einmal erteilten Prokura*. Art. 461 N. 5 c. Da die Bewilligung der Vormundschaftsbehörde «alle Geschäfte» umfasst, «die zum regelmässigen Betriebe gehören», ist *dem autorisierten Bevormundeten oder Minderjährigen auch die Bestellung eines Prokuristen nicht verwehrt*. Auch die *Ehefrau*, die nach Art. 167 ZGB mit Bewilligung des Ehemannes zum selbständigen Betrieb eines Gewerbes oder Geschäftes befugt ist, *kann Prokuristen bestellen*. OSER/SCHÖNENBERGER ad Art. 458 OR N. 9. *Liegen diese Bewilligungen nicht vor, so bedarf die Bestellung eines Prokuristen der Zustimmung des gesetzlichen Vertreters des handlungsunfähigen Firmeninhabers*. § 48 HGB. Fehlt das eine oder das andere, so liegt ein Mangel im Grundverhältnis vor (N. 9 oben). Er ist gutgläubigen Dritten gegenüber unwirksam. Dem Geschäftsherrn gegenüber ist die Geschäftsführung vertraglos. Art. 422 OR.

14. Keine Prokurationsfähigkeit der einfachen, aber Prokurationsfähigkeit der Handelsgesellschaften

14 a

a. Die Beschränkung der Prokurationsfähigkeit auf die im Handelsregister eingetragenen oder nichteingetragenen kaufmännischen Firmen ergibt sich aus dem Recht der einfachen Gesellschaft. Auch wenn diese, wie beispielsweise ein Baukonsortium, Handels- und Fabrikationsgeschäfte in bedeutendstem Umfange betreibt, kann sie nach Art. 535 III OR *nur einen «Generalbevollmächtigten» nach Art. 396 OR, nicht nach Art. 458/9 oder 462 OR bestellen*. Anders SIEGWART ad Art. 535 OR N. 19. Denn auch die Handlungsvollmacht nach Art. 462 OR kann nur für ein eintragungsfähiges (wenn auch nicht eintragungspflichtiges) kaufmännisches Unternehmen bestehen. KARL WAGNER, Die Handlungsvollmachten nach Art. 462 des Obligationenrechts, Zürcher Diss 1945 S. 24/5. Der *Umfang der Generalvollmacht des vertraglichen Geschäftsführers, der nicht Gesellschafter ist, bestimmt sich nach Art. 535 III und Art. 396 III OR*. Das folgt auch aus der ausdrücklichen Bestimmung von Art. 540 OR. Der Generalbevollmächtigte einer einfachen Gesellschaft hat nicht mehr Recht als der geschäftsführende Gesellschafter. Art. 396 N. 46 b. Sollte die Praxis gestützt auf Art. 105 HV die Eintragung von «Prokuristen einer einfachen Gesellschaft» zulassen, so verstösst diese Praxis gegen den Wortlaut und den Sinn des Gesetzes.

b *b.* Da auch die nichtkaufmännische (Art. 553 OR) Kollektivgesellschaft ihr Geschäft unter einer Firma betreibt (Art. 552 OR), kann *jede* (auch die nichtkaufmännische: Art. 553 OR) *Kollektivgesellschaft Prokuristen bestellen.* Doch bedarf die ausdrückliche Bestellung der *Einwilligung aller geschäftsführenden Gesellschafter.* Art. 566 OR. Das gleiche gilt für die *Kommanditgesellschaft,* Art. 594, 595, 603. Hier kann u. U. mit Recht von einer «nichtkaufmännischen» Prokura gesprochen werden, weil sie von einem «Nichtkaufmann» erteilt wird. Insbesondere kann der nach Gesellschaftsrecht *nichtgeschäftsführungsberechtigte Kommanditär* (Art. 600 I OR) *zum Prokuristen bestellt* werden. Vorbem. N. 3. Da die Eintragung der Prokura im Handelsregister für die kaufmännische Kollektiv- und Kommanditgesellschaft nur deklaratorische Wirkung besitzt, ist anzunehmen, dass auch *die vor dem Eintrag erfolgte Bestellung eines Prokuristen intern und extern gültig erfolgen kann.* Die Prokura für eine Kollektivgesellschaft oder Kommanditgesellschaft kann *nur mit Einwilligung aller zur Vertretung befugten Gesellschafter erteilt* werden. Art. 566, 598 II OR. Doch können Mängel der Prokuraerteilung gutgläubigen Dritten nicht entgegengehalten werden. N. 13 d oben.

15. Die Prokurationsfähigkeit der im Handelsregister eingetragenen juristischen Personen

15 a *a.* Könnte die sogenannte nichtkaufmännische Prokura von jedermann erteilt werden, der rechts- und handlungsfähig ist, so wären auch der *nichteingetragene Verein, die kirchliche und die Familienstiftung* sowie die *Körperschaften und Anstalten des öffentlichen Rechtes,* die gleichzeitig juristische Personen des Privatrechts bilden **(BGE 53 II 411),** befähigt, Prokuristen zu bestellen. Art. 52 II OR. Prokurationsfähig sind nur die unter einer Firma tatsächlich im Handelsregister eingetragenen juristischen Personen nach dem Katalog von Art. 10 HV. Der nichteingetragene Verein, die kirchliche und die Familienstiftung sowie die Körperschaften und Anstalten des öffentlichen Rechtes, denen die private Rechts- und Handlungsfähigkeit zukommt, können durch ihre Organe (Art. 55 OR) zwar auch *vertragliche Generalbevollmächtigte, aber keine Prokuristen oder Handlungsbevollmächtigte nach Art. 462 OR bestellen.* Jedenfalls gilt der «Prokurist» solcher Nichtkaufleute als Generalbevollmächtigter nach Art. 396 OR.

b *b.* Das zur Bestellung von Prokuristen einer *Aktiengesellschaft* zuständige Organ ist die *Verwaltung.* Doch können die Statuten der Prokuraerteilung der *Generalversammlung* vorbehalten. Art. 721 III OR. **BGE**

86 I 109 Erw. 2c. Die Bestellung von Prokuristen in den Statuten selbst ist für das schweizerische Recht abzulehnen. In den Statuten erscheinen keine Verträge mit Dritten. Die Bestimmung eines Organs für die Prokuraerteilung hat deshalb geringe praktische Bedeutung, weil die Begründung einer Prokura auch für eine Aktiengesellschaft stillschweigend durch Duldung oder Genehmigung seitens der Verwaltung erfolgen kann. N. 10, 11 oben. Immerhin sollte keine vom unzuständigen Organ erteilte Prokura ins Handelsregister eingetragen werden.

c

c. Auch die Vorschrift, dass ein Prokurist für die *GmbH* nur durch *Gesellschaftsbeschluss* bestellt werden kann (Art. 816 OR), ist angesichts der Praxis, welche die Entstehung der kaufmännischen Vollmachten von der Erscheinung gegenüber gutgläubigen Dritten abhängig macht **(BGE 74 II 151, 76 I 351)**, von geringer praktischer Bedeutung. N. 10, 11 oben.

d

d. Für die *Genossenschaft* wird ein Prokurist durch die *Verwaltung* bestellt, sofern nicht die Statuten die Kompetenz einem *Verwaltungsausschuss* (Art. 897 OR) oder der *Generalversammlung* (Art. 898) übertragen haben.

e

e. Dass *Liquidatoren keine Prokuristen bestellen* können, ergibt sich aus der Natur ihres «Auftrages». Der *Betrieb* eines Geschäftes oder eines Gewerbes ist das Gegenteil von dessen *Liquidation.* Becker ad Art. 459 N. 2 und 3.

16. Die Prokurafähigkeit kommt nur handlungsfähigen natürlichen Personen zu

16 a

a. Art. 41 HV bestimmt ausdrücklich, dass *juristische Personen sowie Kollektiv- und Kommanditgesellschaften* nicht zu zeichnungsberechtigten Vertretern bestellt werden können. Sie können zwar Rechtshandlungsbeauftragte, sogar *Generalbevollmächtigte des bürgerlichen Rechts* sein. Art. 403 N. 2. Aber sie können nicht *Prokuristen* sein. Der Geschäftsherr ermächtigt eine Person seines Vertrauens zum Betrieb des gesamten Gewerbes. Diese hat die übernommene Geschäftsführung *persönlich* zu besorgen. Art. 398 III OR. Die Ausführung der übertragenen Aufgabe durch die jeweiligen Geschäftsführungsorgane oder gar die vertraglichen Vertreter einer juristischen Person ist mit dem Wesen der *nicht nach dem Willen des Prokuristen delegierbaren Prokura* unvereinbar und kann nicht als vernünftiger Wille des Geschäftsherrn vermutet werden. Auch formell kann eine Firma nicht per procura für eine andere Firma zeichnen.

Art. 40/105 HV verlangen zum Registereintrag einen «Namenszug» und bestimmte Personalangaben, die nur auf natürliche Personen zutreffen können.

b *b.* Die subsidiäre Anwendung des allgemeinen Auftrags- und Vollmachtsrechts ergibt, dass die *Prokura erlischt, wenn der Prokurist seine Handlungsfähigkeit verliert.* Art. 35, 405/6 OR. Art. 465 II OR e contrario. A fortiori kann *eine nicht handlungsfähige natürliche Person nicht gültig zum Prokuristen bestellt* werden. Der nicht Handlungsfähige könnte die Verantwortung nach Art. 397/9 OR nicht ohne Zustimmung seines gesetzlichen Vertreters übernehmen. Art. 19 ZGB. Art. 422 OR. Doch kann die *mangelnde Handlungsfähigkeit* namentlich eines im Handelsregister eingetragenen Prokuristen *Dritten nicht entgegengehalten werden, wenn diese sie nicht kannten* oder nach den Umständen erkennen mussten. Art. 396 N. 21, 24. Da der Geschäftsherr unmittelbar verpflichtet wurde, während der institor nicht haftete, konnte nach römischem Recht auch ein Sklave oder ein Unmündiger institor sein. **DIG. 14. 3. 7. 1 und 2.** Vgl. Art. 462 N. 4.

17. Der Geschäftsherr selbst oder alleinvertretungsberechtigte Geschäftsführungsorgane des Geschäftsherrn können nicht Prokuristen sein. Zulässigkeit der sogenannten halbseitigen Prokura

17 a *a.* Ist die Prokura ein gegenseitiger Geschäftsbesorgungsvertrag, der nur durch den Mandatskonsens (Art. 1 ff. OR) begründet werden kann und ein Subordinationsverhältnis zwischen Geschäftsherrn und Hilfsperson voraussetzt (N. 5, 10, 11 oben), so ergibt sich, dass der *Inhaber einer Einzelfirma nicht sein eigener Prokurist* sein kann. Die unbegrenzte «dingliche» Verfügungs- und Vertretungsmacht des Eigentümers (N. 3 oben) kann nicht durch die begrenzte eines Prokuristen ersetzt werden. **BGE 67 I 349, 86 I 108 Erw. 2 a.** Darin läge ein nach Art. 27 II ZGB ungültiger Teilverzicht auf die Rechts- und Handlungsfähigkeit.

b *b.* Bei den *juristischen Personen* erfolgt die *Begründung, Ausübung und die Verfügung über dingliche und persönliche Rechte* und Verbindlichkeiten originär durch die *Organe.* Art. 55 ZGB. Trotz der Begrenzung der Vertretungsbefugnis durch den Zweck der *Aktiengesellschaft* (ähnlich wie beim Prokuristen nach Art. 459 OR) *reicht diese Dritten gegenüber so weit wie die Handlungsfähigkeit.* Art. 718 I und II. SCHUCANY, Kommentar zum Schweizerischen Aktienrecht, 2. Aufl. zu Art. 718 N. 2 und 3. **BGE 44 II 136, 52 II 360.** Das schweizerische Aktienrecht lehnt die französische und angelsächsische ultra vires-Doktrin ab, die es dem Dritten zur Pflicht macht, zu prüfen, ob ein Geschäftsführungsorgan im Rahmen seiner Befugnisse gehandelt hat. Die *Zwecküberschreitung* macht aber den Verwaltungsrat u. U. nach Art. 754 OR *der Gesellschaft* (den Aktionären oder den Gläubigern) *haftbar*. **BGE 85 II 116.** Ist das Geschäftsführungsorgan eine einzige natürliche Person, z. B. einziger Verwaltungsrat einer Aktiengesellschaft, so gelten die nämlichen Überlegungen wie für die Einzelfirma. Hat eine Aktiengesellschaft *keine unbegrenzt handlungsfähige Verwaltung*, so ist sie von Amtes wegen aufzulösen. Art. 625 II, 711 IV OR. Die Selbstbeschränkung des unbegrenzt handlungsfähigen Organs auf die immerhin begrenzte Vertretungsbefugnis des Prokuristen wäre ein ungültiger Teilverzicht auf die Handlungsfähigkeit. Er ist nach Art. 27 ZGB nichtig. **BGE 67 I 349/50.** F. von Steiger, Verwaltungsrat und Prokurist in einer Person in SAG 17 (1944/45) S. 165.

c

c. Aus dem nämlichen Grunde kann *ein nur kollektiv zeichnungsberechtigter Verwaltungsrat einer Aktiengesellschaft nicht Kollektiv-, wohl aber Einzelprokurist werden.* **BGE 86 I 106/13.** SAG 33 (1961) S. 201. Im ersten Fall träte eine unwirksame Beschränkung der unbeschränkbaren verwaltungsrätlichen Vertretungsbefugnis (Art. 718 II OR) ein. Im zweiten Falle dagegen erhält der nur kollektiv zeichnungsberechtigte *Verwaltungsrat den beträchtlichen Vertretungsbereich des Prokuristen zugewiesen, innerhalb welchem er allein zeichnungsberechtigt wird.* **BGE 86 I 112 Erw. 3b.** A fortiori kann ein *nichtzeichnungsberechtigtes Verwaltungsratsmitglied zum Einzel- oder Kollektivprokuristen bestellt* werden, ebenso wie der nichtgeschäftsführungs- und vertretungsberechtigte Kommanditär Prokurist einer Kommanditgesellschaft sein kann. **BGE 67 I 350, 86 I 108.** *Einem Verwaltungsratsmitglied einer Aktiengesellschaft kann die Kollektivzeichnungsberechtigung entweder gemeinsam mit einem anderen Verwaltungsratsmitglied* (717 I, 718 II OR), *mit einem Direktor* (717 II, 718 II OR), *mit einem Kollektiv- oder auch mit einem Einzelprokuristen* (659/60) zukommen. **BGE 60 I 58.** Die vom Bundesgericht offengelassene Frage, ob bei kollektiver Vertretungsbefugnis von verschiedenem Umfang der grössere oder kleinere Umfang die Kollektivvertretung beherrsche (F. von Steiger, Das Recht der Aktiengesellschaft in der Schweiz, 2. Aufl. S. 249), muss wohl nach den allgemeinen Grundsätzen der direkten Stellvertretung entschieden werden.

d

d. Bei der sogenannten *halbseitigen Prokura*, bei welcher ein *Kollektivprokurist mit einem alleinzeichnungsberechtigten Verwaltungsrat* (oder Direktor) zeichnet, ist anzunehmen, dass *Dritten gegenüber der unbeschränkte Umfang der Vertretungsmacht* gilt. **BGE 60 I 386, 395.** *Zeichnet ein Kollek-*

tivprokurist mit einem nur kollektivzeichnungsberechtigten Verwaltungsrat oder Direktor, so reicht die Vertretungswirkung nur bis an die Grenzen der Prokura, die allerdings durch Duldung oder Genehmigung erweitert werden können.

e *e.* Im *inneren Verhältnis* der Aktiengesellschaft gelten die durch *Gesetz, Statuten, Vereinbarung oder Weisung* festgelegten Grenzen sowohl für den Verwaltungsrat **(BGE 85 II 116)** als auch für den Prokuristen. **BGE 86 I 109/10.** Ihre *Überschreitung macht den einen, den andern oder beide solidarisch schadenersatzpflichtig, wenn die Aktiengesellschaft Dritten gegenüber durch den fehlerhaften Vertretungsakt gültig verpflichtet* wurde. Jedoch richtet sich die *Haftung des Prokuristen gegenüber der Gesellschaft* oft nicht nach Art. 722/754 OR, sondern grundsätzlich *nach Art. 379/9, 420, evtl. 403 OR.* Kommen dem *Prokuristen einer Aktiengesellschaft allerdings selbständig entscheidende Kompetenzen in der Geschäftsführung* zu (was besonders bei Filialprokuristen zutreffen mag), so richtet sich auch die Prokuristenhaftung nach Art. 754 OR. **BGE 65 II 6.** Schucany, Kommentar zum schweizerischen Aktienrecht, 2. Aufl. ad Art. 754 Bem. I.

f *f.* Besitzt ein *Kollektivgesellschafter keine Geschäftsführungsbefugnis* (Art. 563 OR), so kann er *Einzel- oder Kollektivprokura* führen; besitzt er als Gesellschafter nur *Kollektivzeichnungsberechtigung,* so kann er *Einzelprokura* erhalten. Dem *Kommanditär,* der gesellschaftsrechtlich von der Geschäftsführung ausgeschlossen ist (Art. 600 I OR), kann *Einzel- oder Kollektivprokura* für die Kommanditgesellschaft zukommen.

g *g. Mehrere Einzelprokuristen* der nämlichen Firma sind *Alternativbeauftragte.* Bearbeiten sie ein identisches Geschäft *tatsächlich gemeinschaftlich,* so *haften* sie dem Geschäftsherrn *für fehlerhafte Ausführung solidarisch.* Art. 403 N. 11 c.

III. DIE ABGRENZUNG DER PROKURA VON DER KAUFMÄNNISCHEN HANDLUNGSVOLLMACHT UND DER GENERALVOLLMACHT NACH ART. 396 OR

18. Abgrenzung von der kaufmännischen Handlungsvollmacht

18 Die Prokura ist die *umfassendste der auf Dauer angelegten kaufmännischen Generalvollmachten.* Ihr gutgläubigen Dritten gegenüber nur durch die Kollektiv- und die Filialklausel (Art. 460) beschränkbarer Gegenstand

ist der *Betrieb des ganzen kaufmännischen Gewerbes oder Geschäftes* für den Geschäftsherrn und infolgedessen die *Vornahme fast aller mit dem konkreten Geschäftszweck zusammenhängenden Rechtshandlungen in direkter Stellvertretung des Geschäftsherrn.* Die kaufmännische Handlungsvollmacht kann, die Prokura muss den Betrieb des ganzen Gewerbes (oder der ganzen Filiale) zum Gegenstand haben. Auch der Umfang der gewöhnlichen Handlungsvollmacht zum Betrieb des ganzen Gewerbes ist enger als derjenige der Prokura. Doch können nur kaufmännische Firmen einen Prokuristen oder einen kaufmännischen Handlungsbevollmächtigten bestellen. Die Bestellung kann in beiden Fällen formlos, stillschweigend und insbesondere durch konkludentes Verhalten des Geschäftsherrn erfolgen. Massgebend sind dabei die Umstände, aus denen der gutgläubige Dritte auf die Ermächtigung schliessen darf. Nur die Erteilung einer sogenannten nichtkaufmännischen Prokura bedarf des Handelsregistereintrages als Konstitutiverfordernis. Doch kann auch die nichtkaufmännische Prokura nur zum Betrieb eines kaufmännischen Gewerbes oder Geschäftes und daher nur von eintragungsfähigen, wenn auch nicht eintragungspflichtigen Firmen erteilt werden.

19. Abgrenzung von der «bürgerlichen» Generalvollmacht

19

Inhaber von Geschäften, die nicht unter einer Firma kaufmännisch betrieben werden und weder eintragungspflichtig noch eintragungsfähig sind, einfache Gesellschaften und nicht im Handelsregister eingetragene juristische Personen des Privatrechts (Vereine, kirchliche und Familienstiftungen) können weder eine Prokura noch eine kaufmännische Handlungsvollmacht erteilen. Doch kann für sie auch formlos, stillschweigend oder konkludent ein Generalbevollmächtigter bestellt sein. Der Umfang einer solchen Vollmacht richtet sich jedoch nach Art. 396 OR, weder nach Art. 459 noch nach Art. 462 OR, weil die Begrenzung der kaufmännischen Vollmachten ein kaufmännisch betriebenes Geschäft oder Gewerbe voraussetzt und dem Vollmachtgeber nicht denjenigen Schutz gewährt, dessen der Nichtkaufmann bedarf.

Art. 459

II. Umfang der Vollmacht

[1] Der Prokurist gilt gutgläubigen Dritten gegenüber als ermächtigt, den Geschäftsherrn durch Wechselzeichnungen zu verpflichten und in dessen Namen alle Arten von Rechtshandlungen vorzunehmen, die der Zweck des Gewerbes oder Geschäftes des Geschäftsherrn mit sich bringen kann.

[2] Zur Veräusserung und Belastung von Grundstücken ist der Prokurist nur ermächtigt, wenn ihm diese Befugnis ausdrücklich erteilt worden ist.

II. Etendue de la procuration

[1] Le fondé de procuration est réputé, à l'égard des tiers de bonne foi, avoir la faculté de souscrire des engagements de change pour le chef de la maison et de faire, au nom de celui-ci, tous les actes que comporte le but du commerce ou de l'entreprise.

[2] Le fondé de procuration ne peut aliéner ou grever des immeubles, s'il n'en a reçu le pouvoir exprès.

II. Estensione della procura

[1] Di fronte ai terzi di buona fede il procuratore è a ritenersi autorizzato ad obbligare il principale mediante cambiali e a compiere in suo nome tutti gli atti consentanei allo scopo dello stabilimento o dell'azienda del principale.

[2] Il procuratore non può alienare o vincolare proprietà fondiaria, se non gli sia stata espressamente conferita questa facoltà.

Materialien: Vgl. sub Art. 458 OR.

Rechtsvergleichung: aOR Art. 423. Code Civil art. 1987/9, 1998. HGB (Stand vom 10. Mai 1960) § 49. Codice Civile art. 2204, 2206/9.

Literatur: Vgl. sub Art. 458 OR.

SYSTEMATIK DER KOMMENTIERUNG

Art. 459 OR

I. Die positive und negative sachliche Begrenzung der Generalvollmacht des Prokuristen

1. Begrenzung auf den Betrieb und durch den Zweck des Unternehmens . . . 397
2. Keine Begrenzung nach der Art der Rechtshandlungen. Wechselzeichnung . . . 399
3. Bürgschaften zu Lasten des Geschäftsherrn . . . 400
4. Keine Veräusserung und Belastung von Grundstücken. Art. 459 II OR . . . 401
5. Begrenzung durch das allgemeine Geschäftsführungs- und Auftragsrecht. Die Substitution . . . 403
6. Selbstkontrahieren und Doppelvertretung durch den Prokuristen . . . 405

II. Die Wirkung von Vollmachtsüberschreitungen

7. Die Wirkung von Vollmachtsüberschreitungen im Verhältnis zwischen Prokuristen und Geschäftsherrn 406
8. Die Wirkung von Vollmachtsüberschreitungen im Verhältnis zwischen Geschäftsherrn und bösgläubigen Dritten 408
9. Keine Wirkung der Vollmachtsüberschreitung im Verhältnis zwischen Geschäftsherrn und gutgläubigen Dritten 410

Art. 459 OR

I. DIE POSITIVE UND NEGATIVE SACHLICHE BEGRENZUNG DER GENERALVOLLMACHT DES PROKURISTEN

1. Begrenzung auf den Betrieb und durch den Zweck des Unternehmens

1 a

a. Durch den in Art. 458 umschriebenen «Begriff» ist die Prokura qualitativ als Vollmacht des Geschäftsführers zum Betrieb der Unternehmung (Firma) des Geschäftsherrn definiert. Art. 459 I umschreibt positiv und Art. 459 II OR negativ den *Umfang der Vollmacht des Prokuristen.* Durch die Begriffsumschreibung und ihre juristische Qualifikation als Geschäftsführungsauftrag (Art. 458 N. 4–9) ist der Rahmen für die Arbeit des Prokuristen abgesteckt. Er soll und darf das tun, was zum Betrieb eines konkreten Unternehmens «gehört». Art. 396 II OR. Daraus folgt, dass er das *Unternehmen nicht liquidieren oder veräussern* darf. Art. 458 N. 15 e. BECKER ad Art. 459 N. 2 und 3. OSER/SCHÖNENBERGER ad Art. 459 N. 10. Art. 459 OR ist gegenüber Art. 396 OR die *lex specialis* für den Umfang der kaufmännischen Geschäftsführung des Prokuristen. Insbesondere besteht das Verhältnis von lex specialis und lex generalis für den Umfang der «bürgerlichen» und der kaufmännischen Generalvollmacht. **BGE 74 II 151, 76 I 353, 81 II 62/5.** Die kaufmännische Generalvollmacht des Prokuristen ist einerseits umfangreicher und andererseits begrenzter als die des bürgerlichen Generalbevollmächtigten. Art. 458 N. 4 c. Ihr Umfang entspricht den Bedürfnissen des kaufmännischen Verkehrs. Art. 458 N. 1 a.

b

b. Die Dauer-Generalvollmacht des Prokuristen (OSER/SCHÖNENBERGER ad Art. 459 OR N. 2. BECKER ad Art. 459 N. 1) zur *Besorgung aller*

Rechtsgeschäfte des Geschäftsherrn (Art. 458 N. 4 a) ist jedoch *sachlich nicht unbeschränkt* wie beispielsweise die des vertretungsberechtigten Verwaltungsrats. Art. 458 N. 17 b. Während der Dritte die Vollmacht eines geschäftsführenden Organs und insbesondere die Vollmacht der vertretungsberechtigten Verwaltung einer Aktiengesellschaft überhaupt nicht nach ihrem Umfang prüfen muss, weil sie bis an die Grenzen der Handlungsfähigkeit der juristischen Person (Art. 55 ZGB) reicht (Art. 458 N. 17 b), ist die *Vollmacht des Prokuristen auch gegenüber dem gutgläubigen Dritten durch den Zweck des konkreten Unternehmens beschränkt*, das er vertritt. **BGE 84 II 170 Erw. 1.** Das galt schon für die Generalvollmacht des römischen institor **(DIG. 14. 3. 5. 11)**, der an der Spitze eines Handelsunternehmens (meist einer Schenke oder eines Kaufladens) stand. **DIG. 14. 3. 18.**

c *c.* Die auch für den gutgläubigen Dritten verbindliche *Zweckgrenze* ist indessen für die Prokura weitergesteckt als für die Handlungsvollmacht nach Art. 462 OR. Alle Rechtshandlungen, die der Geschäftszweck «*mit sich bringen kann*», sind erheblich mehr als alle Rechtshandlungen, «die der Betrieb eines derartigen Gewerbes oder die Ausführung derartiger Geschäfte *gewöhnlich mit sich bringt*». Die Praxis hat die Abgrenzung für die Prokura negativ umschrieben. Damit eine Rechtshandlung nicht durch sie gedeckt ist, müsste sie durch den Geschäftszweck «*geradezu ausgeschlossen*» sein. **BGE 38 II 105.** Diese Praxis führt zur Angleichung von Art. 459 OR an Art. 49 HGB, wo die Dritten oft schwer erkennbare Zweckgrenze überhaupt fehlt. Der Abschluss und *die Durchführung von Treuhandgeschäften* im Namen der *Speditionsfirma*, aber für Rechnung eines Kunden derselben durch den Prokuristen, sind durch den Geschäftszweck nicht ausgeschlossen. **BGE 84 II 170/3.** Kann schon der stillschweigend bevollmächtigte Handlungsbevollmächtigte nach Art. 462 internationale Kaufverträge für den Geschäftsherrn abschliessen und eine *Schiedsgerichtsvereinbarung* annehmen, so kann es der Prokurist erst recht. **BGE 76 I 353/4.** Das Spezialvollmachtsrequisit für die Annahme eines Schiedsvertrages nach Art. 396 II OR gilt für ihn nicht. Vgl. auch ZBJV 75 (1939) S. 583. ZR 49 (1950) Nr. 24 S. 46. Wird vom Geschäftsherrn wissentlich geduldet, dass ein Büroangestellter und Verkäufer in seinem Namen einen Kaufvertrag bestätigt und darf angenommen werden, der Verkäufer und Büroangestellte sei allgemein zum Abschluss solcher Verträge ermächtigt, so kann er auch einen *Schuldübernahmevertrag für die Kaufpreisschuld* abschliessen. **BGE 74 II 150/5.** Reicht eine stillschweigende Handlungsvollmacht so weit, dann erst recht eine Prokura. Die *formlos und stillschweigend eingeräumte* Einzelprokura hat den *nämlichen Umfang* zur Vornahme aller Rechtshandlungen, die durch den Geschäftszweck nicht geradezu ausgeschlossen sind, *wie die im Handelsregister eingetragene Prokura.* **BGE 50 II 135.**

d

d. Der *Prokurist eines Hotels* kann einem Architekten für den Geschäftsherrn verbindlich den Auftrag zur *Ausarbeitung von Bauplänen* für dieses Hotel erteilen. ZBJV 57 (1921) S. 91/2. Hingegen kann auch der Prokurist eines Einzelkaufmannes *nicht* dessen *persönliche Angelegenheiten* erledigen, z. B. den missratenen Sohn des Geschäftsherrn in eine Erziehungsanstalt einweisen. Beispiele bei KNOEPFEL S. 57. Kontrovers war in der Praxis die Frage, ob der Prokurist eine *Personalfürsorgestiftung für das Unternehmen* des Geschäftsherrn errichten dürfe. Ablehnend ZBGR 29 (1948) S. 256, bejahend ZBGR 34 (1952) S. 26. Der Prokurist besitzt eine Generalvollmacht zum Betriebe des Unternehmens. Die Errichtung einer Personalfürsorgestiftung gehört zum Betrieb im weitesten Sinne. Wenn auch die Liquidation oder die Veräusserung des gesamten Betriebsvermögens nicht in einer Vollmacht zum Betriebe eingeschlossen ist, so doch die Ausscheidung von beweglichem Betriebsvermögen für Zwecke des Betriebes. *Nur die Veräusserung und Belastung von unbeweglichem Betriebsvermögen liegen ausserhalb der Generalvollmacht des Prokuristen.* Art. 459 II OR.

2. Keine Begrenzung nach der Art der Rechtshandlungen. Wechselzeichnung

2 a

a. Innerhalb der funktionellen Begrenzung des «Betriebes» und des Zweckes der Unternehmung darf der Prokurist «*alle Arten von Rechtshandlungen*» vornehmen. Er kann *Verträge* aller Art *abschliessen*, die *Vertragsrechte*, insbesondere auch einseitige Gestaltungsrechte wie Kündigung, Widerruf, Rücktritt, Mahnung, Fristansetzung, Erteilung von Ausführungsweisungen, *ausüben* und *Vertragspflichten* mit unmittelbarer Wirkung für den Geschäftsherrn als dessen Hilfsperson *erfüllen*. Art. 458 N. 7. Er kann *Erlöschungsgründe* geltend machen, z. B. die Einrede der *Verjährung* oder *Verrechnung* erheben. Er kann *über dingliche* und *persönliche Rechte* im beweglichen Vermögen mit Wirkung für das Vermögen des Geschäftsherrn *verfügen*, auch unentgeltlich, z. B. durch *Verzicht, Erlass, Schenkung, Tradition, Zession, Annahme und Leistung von Geldzahlungen* etc. Dem Prokuristen können *Betreibungsurkunden* für den Geschäftsherrn gültig *zugestellt* werden, ohne dass es einer ausdrücklichen Spezialvollmacht nach Art. 66 I SchKG bedarf. **BGE 69 III 37.**

b *b.* Das Gesetz erwähnt besonders, der Prokurist sei ermächtigt, «*den Geschäftsherrn durch Wechselzeichnungen zu verpflichten*». Dadurch wird der Charakter der Prokura als kaufmännische Vollmacht (mandat commercial) unterstrichen. Gleichgültig in welcher wechselrechtlichen Eigenschaft, ob als *Akzeptant*, als *Avalist* oder *Girant*, der Prokurist namens des Geschäftsherrn einen Wechsel unterzeichnet, der *Geschäftsherr haftet wechselmässig*. Das bedeutet für einen im Handelsregister eingetragenen Geschäftsherrn die Unterwerfung unter die Wechselbetreibung. Art. 39, 177 SchKG. Es muss angenommen werden, dass der Prokurist die «Firma» auch durch *Checkzeichnungen* wechselmässig verpflichte. Art. 1043 Z. 12, 1044 OR. Art. 177 SchKG. Zwar verlangt der Bankier regelmässig eine schriftliche Spezialvollmacht für die Personen, die neben dem Inhaber über ein Checkkonto verfügen können, aber er muss es nicht. Zudem kann der Prokurist einen Check als Girant für die Firma zeichnen und damit die Solidarhaftung des Geschäftsherrn begründen. Die *Postcheckzeichnung*, die ebenfalls zur Wechselbetreibung der «Firma» führen kann, ist in der Vollmacht des Prokuristen eingeschlossen. **BGE 67 III 98/9.** Auch die Unterschrift eines *stillschweigend bestellten Prokuristen* (oder Handlungsbevollmächtigten) bindet den Geschäftsherrn *wechselmässig*, es sei denn, der Wechselgläubiger (Dritte) habe die fehlende interne Ermächtigung des Prokuristen zur Wechselzeichnung gekannt, oder die Nichtkenntnis beruhe auf grobem Verschulden. **BGE 85 II 30.** N. 8a unten. Haftet der Geschäftsherr infolge der Kenntnis oder grob schuldhafter Nichtkenntnis fehlender Ermächtigung nicht, so haftet der vertretungsweise zeichnende Prokurist selbst wechselrechtlich nach Art. 998 OR, der Art. 39 I OR derogiert.

c *c.* Aus der generellen Erwähnung der «*Wechselzeichnungen*» im Gesetzestext vor der Begrenzung der Rechtshandlungen durch den Geschäftszweck ergibt sich, dass diese selbst dann für den Geschäftsherrn *verbindlich sind, wenn sie nicht durch den Geschäftszweck gedeckt* sind. **BGE 33 II 612 /3 Erw. 4.** Der *Zusammenhang mit dem Geschäftszweck* ist wegen der abstrakten Natur der Wechsel- und Checkverbindlichkeiten und ihrer Funktion im bargeldlosen Zahlungsverkehr dem Dritten *i. d. R. nicht erkenntlich*. Becker ad Art. 459 N. 8. Fällt die Zweckgrenze für Wechselzeichnungen fort, so ist in dieser Hinsicht der Prokurist gleichgestellt wie in § 49 HGB.

3. Bürgschaften zu Lasten des Geschäftsherrn

3 «Der gleichen *Form wie die Bürgschaft* bedürfen auch die Erteilung einer *besonderen Vollmacht* zur Eingehung einer Bürgschaft und das Ver-

sprechen, dem Vertragsgegner oder einem Dritten Bürgschaft zu leisten.» Art. 493 VI OR. Schon nach ihrem Wortlaut gilt die Bestimmung *nicht für die kaufmännischen Generalvollmachten*, Prokura und Handlungsvollmacht. Diese können weiterhin formlos, stillschweigend und/oder konkludent erteilt werden und haben den gesetzlich umschriebenen Umfang. **BGE 81 II 62/5.** Art. 395 N. 53b. Danach kann der *Prokurist einer juristischen Person eine Bürgschaft zu Lasten der Firma durch schriftliche Erklärung* eingehen. Hingegen muss der *Prokurist einer natürlichen Person*, ob diese als Einzelfirma im Handelsregister eingetragen ist oder nicht, *Bürgschaften* zu deren Lasten über Fr. 2000 *öffentlich beurkunden lassen*. Art. 493 II. GIOVANOLI zu Art. 493 OR N. 48–51. BECK ad Art. 493 OR N. 65–69. Die *schriftliche Zustimmung des Ehegatten* des Geschäftsherrn zu einer vom Prokuristen für die «Firma» eingegangenen gewöhnlichen Bürgschaft (KNOEPFEL S. 52) sollte nur erforderlich sein, wenn der Geschäftsherr nicht in einer der in Art. 494 II OR genannten Eigenschaften im Handelsregister eingetragen ist. Das dürfte nur für wenige der nach Art. 105 HV zugelassenen nichtkaufmännischen Prokuren der Fall sein. Art. 458 N. 13c. Die *Wechselbürgschaft* bedarf auch dann *nicht der Zustimmung des Ehegatten*, wenn der Geschäftsherr nicht im Handelsregister eingetragen ist. **BGE 79 II 80 Erw. 1, 83 II 213.** Das für den kaufmännischen Verkehr ungeeignete Formerfordernis würde die ausdrückliche Ermächtigung des Prokuristen zu Wechselzeichnungen für den Geschäftsherrn weitgehend paralysieren.

4. Keine Veräusserung und Belastung von Grundstücken. Art. 459 II OR

4a

a. Während innerhalb des Betriebes und des Zweckes des Unternehmens die Generalvollmacht des Prokuristen *alle Rechtshandlungen einschliesst, die bewegliches Vermögen zum Gegenstand haben*, ist die *Veräusserung und Belastung von Grundstücken ausgeschlossen.* Dazu bedarf der Prokurist einer ausdrücklichen Ermächtigung. Art. 459 II OR. Wird sie *generell* erteilt, was namentlich bei Prokuristen von Firmen der Fall sein dürfte, die sich mit dem *Grundstückhandel* befassen, so wird sie regelmässig mit dem Handelsregistereintrag der Prokura verbunden. In diesem Fall kann man von einer *Erweiterung der Generalvollmacht des Prokuristen* sprechen. KNOEPFEL S. 56. Doch ist auch für die generelle Erweiterung die *Eintragung im Handelsregister nicht Konstitutiverfordernis.* Die ausdrückliche Erklärung, z. B. durch Ausstellung einer Vollmachtsurkunde zugunsten des Prokuristen, genügt. Nach dem Gesetzeswortlaut würde sogar eine ausdrückliche *mündliche Erklärung* des Geschäftsherrn genügen. Doch müsste eine solche *vom Drittkontrahenten bewiesen* werden (Art. 458 N. 11 b), was i. d. R. nicht gelingen dürfte. Will der Geschäftsherr die Prokura generell erweitern und kann er es nur durch eine ausdrückliche Erklärung, so wird er diese im *Handelsregister* publizieren, zumal auch die generelle Erweiterung allein jederzeit widerrufen (Art. 465 OR) und im Handelsregister gelöscht werden kann. Art. 461 OR. N. 8 a unten.

b *b.* Von der generellen Erweiterung der Prokura durch Einschluss von Grundstückveräusserungen und -belastungen zu unterscheiden ist der *Auftrag zur Vornahme einer bestimmten konkreten Liegenschaftsveräusserung* und/oder Belastung in Vertretung des Geschäftsherrn. Darin ist ein von der Prokura *gesonderter Auftrag* i. S. von Art. 394 OR zu erblicken. Damit ihn der Prokurist als gewöhnlicher Beauftragter zu Lasten des Geschäftsherrn ausführen kann, bedarf er einer schriftlichen, nicht aber einer beurkundeten Vollmacht. Art. 16 GV. Art. 395 N. 49.

c *c.* Der Sinn des Ausschlusses von Grundstückveräusserungen und -belastungen aus der Generalvollmacht des Prokuristen dürfte darin zu erblicken sein, dass es sich dabei regelmässig um die *Entäusserung wesentlicher Betriebsmittel* handelt (N. 1 a oben), wenn der Liegenschaftenhandel nicht zum Zweck des Unternehmens gehört. Ist letzteres der Fall, so ist die generelle Erweiterung der Prokura und deren Eintragung im Handelsregister eine einfache Formalität.

d *d. Nicht aus der Prokura ausgeschlossen ist der Erwerb von Eigentum und anderen dinglichen Rechten an Grundstücken*, sei es durch Vertrag oder im Wege einer Zwangsvollstreckung. Grundeigentum kann selbst dann vom Prokuristen für den Geschäftsherrn *erworben* werden, wenn es mit Grundpfandrechten, Grunddienstbarkeiten und/oder Grundlasten *belastet* ist. Becker ad Art. 459 OR N. 13. Auch die *Ablösung von dinglichen Rechten*, die das Grundstück des Geschäftsherrn belasten, ist in der Prokura eingeschlossen. Sie bewirken das Gegenteil einer Belastung. Das *Veräusserungs- und Belastungsverbot umfasst alle dinglichen Rechte an Grundstücken:* Eigentum, Grundpfandrechte, Dienstbarkeiten, Kaufs-, Rückkaufs- und Vorkaufsrechte. Miet- und Pachtverträge, die als dingliche Belastungen im Grundbuch vorgemerkt werden können. Art. 959 ZGB. Das Grundbuchamt wird schon die Errichtung von *Eigentümergrundpfandrechten* durch einen Prokuristen ohne Sondervollmacht (Art. 16 GV) nicht zulassen. Ein *Baurecht* des Geschäftsherrn darf der Prokurist ohne Sondervollmacht auch dann nicht übertragen, wenn es nicht als besonderes Grundstück ins Grundbuch aufgenommen ist. Art. 655, 675, 779 ZGB.

e *e.* Aus der Prokura *ausgeschlossen ist nicht nur die grundbuchliche Verfügung, sondern auch der Abschluss des obligatorischen Grundgeschäftes,* das zu den genannten dinglichen Belastungen von Grundstücken führen kann. Denn das Grundgeschäft gibt dem Dritterwerber von Grundeigentum einen Anspruch auf Realexekution. Art. 665 ZGB. *Miet- und Pachtverträge* für Grundstücke des Geschäftsherrn können ohne Sondervollmacht vom Prokuristen abgeschlossen werden. Sie dürfen aber *weder* als solche im *Grundbuch vorgemerkt* werden, *noch* dürfen sie ein das Grundstück des Geschäftsherrn belastendes *Kaufs- oder Vorkaufsrecht* enthalten, auch wenn letztere nicht im Grundbuch vorgemerkt werden. Alle diese Transaktionen bilden *dingliche Belastungen* im weitesten Sinne. Sie binden den Geschäftsherrn auch gegenüber gutgläubigen Dritten nicht.

5. Begrenzung durch das allgemeine Geschäftsführungs- und Auftragsrecht. Die Substitution

5 a *a.* Der Prokurist kann für den Geschäftsherrn *Dienstverträge* mit Arbeitern und Angestellten abschliessen und einzelne *Geschäftsführungsaufträge* aller Art für die Firma erteilen oder annehmen, gleichgültig, ob diese vom Geschäftsherrn *fiduziarisch* oder in direkter Stellvertretung des Auftraggebers (Kunden) auszuführen sind. **BGE 84 II 170,** auch **BGE 85 II 97.** Der Prokurist kann auch für die Firma *Gesellschaftsverträge* abschliessen, z. B. mit anderen Firmen ein Baukonsortium bilden, die Firma zu Beiträgen für den Gesellschaftszweck verpflichten und solche Beiträge leisten, sofern die Beiträge bewegliches Vermögen bilden.

b *b.* Die Frage, ob der Prokurist die ihm übertragene Rechtsgeschäftsbesorgung und *Vollmacht ganz oder teilweise weiterübertragen,* m. a. W. substituieren kann, darf nicht nach ausländischen Vorbildern, sondern muss aus den Zusammenhängen des schweizerischen Geschäftsführungsrechtes gelöst werden. § 52 II HGB erklärt: «Die Prokura ist nicht übertragbar.» Art. 398 III OR regelt die drei alternativen Voraussetzungen, unter denen eine Geschäftsbesorgung, insbesondere eine Rechtsgeschäftsbesorgung (Art. 398 N. 46), einem Dritten übertragen werden darf, ausdrücklich und abschliessend. Art. 399 OR regelt sodann die *Folgen der befugten und der unbefugten Substitution.* Diese Normen gelten für die Geschäftsführung des Prokuristen. Denn das allgemeine Auftrags- und Geschäftsführungsrecht beherrscht sein Arbeitsverhältnis, soweit nicht Sondervorschriften wie z. B. über den Umfang von Auftrag und Vollmacht des Prokuristen bestehen. Vorbem. N.3. (Im Bereich des Code Civil besteht überhaupt kein Unterschied zwischen der «bürgerlichen» und kaufmännischen Geschäftsführung.)

c *c.* Auszugehen ist von der ausdrücklichen Bestimmung, dass der Prokurist die in den Bereich seiner Vollmacht fallenden Rechtsgeschäfte *persönlich zu besorgen* hat. Art. 398 III OR. Art. 398 N. 41 b. Die Übertragung aller durch den Zweck des Unternehmens nicht geradezu ausgeschlossenen Rechtsgeschäfte an den Prokuristen basiert auf einem besonderen *Vertrauensverhältnis.* Die Fähigkeit des Prokuristen wird für das Schicksal des Unternehmens mitbestimmend, unter Umständen allein bestimmend. Infolgedessen gibt es *keine Übung für die ganze oder teilweise Substitution seiner Rechtsgeschäftsbesorgung* auf Dritte, die dem Geschäftsherrn unbekannt sein können. Wer ihn durch seine Rechtshandlungen unmittelbar berechtigen und verpflichten kann und darf, hat der Geschäftsherr selbst zu bestimmen.

d *d.* Doch sind Fälle denkbar, in welchen der Prokurist *durch die Umstände genötigt* und infolge seiner *Treue- und Sorgfaltshaftung* geradezu *verpflichtet* ist, seine Funktionen einem Dritten zu übertragen. Der einzige Verwaltungsrat einer Aktiengesellschaft ist für längere Zeit abwesend. Der Einzel- oder einer von zwei Kollektivprokuristen (Art. 403 II OR) werden arbeitsunfähig. In solchen Fällen kann eine Substitution den einzigen vernünftigen Weg bilden, um das *Unternehmen aktionsfähig* zu erhalten. Sie entspricht dem elementaren Sinn der dem Prokuristen anvertrauten Geschäftsführung. Vgl. mutatis mutandis den Tatbestand von **BGE 81 II 61.**

e *e.* Abgesehen von den seltenen Fällen der Nötigung durch die Umstände ist eine *totale oder teilweise Substitution der Rechtsgeschäftsbesorgung des Prokuristen an einen Dritten nur befugt,* wenn sie vom Geschäftsherrn durch ein ausdrücklich oder auch stillschweigend abgeschlossenes *pactum substitutionis gestattet* ist. Da die Hauptprokura stillschweigend durch ein Verhalten des Geschäftsherrn begründet werden kann, das Dritten als Duldung, Zustimmung oder Genehmigung erscheint (Art. 458 N. 10, 11), kann es auch die *Substitutionsprokura.* Sie erscheint, obschon auf einer Initiative des Hauptprokuristen beruhend, *Dritten als eine vom Geschäftsherrn eingeräumte Prokura* (oder Handlungsvollmacht). Art. 398 N. 41 b. Sie weist gutgläubigen Dritten gegenüber denselben Umfang auf wie die originäre vom Geschäftsherrn selbst erteilte Prokura oder Handlungsvollmacht.

f *f.* Infolge der Möglichkeit der stillschweigenden Prokurabegründung kann der Geschäftsherr selbst einen «*Ersatzprokuristen*» bezeichnen. Dann liegt keine Substitution, sondern ein *bedingter Auftrag* vor, der dadurch rechtswirksam wird, dass der Ersatzprokurist tatsächlich handelt. Art. 398 N. 44c.

g *g.* Der *Substitutionsauftrag* des Prokuristen kann im Verhältnis zwischen diesem und dem Substituten entweder eine *Prokura* (z. B. bei schwerer Erkrankung), eine *Handlungsvollmacht* nach Art. 462 OR (OSER/SCHÖNENBERGER ad Art. 459 OR N. 9, ad 460 OR N. 11) oder ein *bürgerlicher Auftrag* nach Art. 394 ff. OR sein. **BGE 81 II 61/5.** Handelt es sich nicht um einen Dauerauftrag mit Generalvollmacht von grösserem oder kleinerem Umfang, sondern einen begrenzten Einzelauftrag, z. B. einen Prozessführungsauftrag an einen Anwalt im Namen der Firma oder die Anstellung eines Handelsreisenden mit Erteilung der beschränkten Vollmacht nach Art. 463 OR, so ist der Prokurist dazu auch ohne pactum substitutionis berechtigt. Lit. a oben. *Nur Dauervollmachten an Substituten* zur Besorgung vieler Rechtsgeschäfte *bedürfen eines gesetzlichen Rechtfertigungsgrundes.* Dritten gegenüber wird die Geschäftsführung des Substituten i. d. R. als Handlungsvollmacht nach Art. 462 OR erscheinen und den Geschäftsherrn in deren Rahmen binden. **BGE 76 I 351, 81 II 62/3.** Art. 458 N. 10a. In jedem Falle hat der *Geschäftsherr gegenüber dem Substituten alle Rechte eines Auftraggebers nach Art. 399 III OR*, i. d. R. aber auch die *Pflichten aus auftragloser Geschäftsführung.* Art. 399 N. 10, 11. Der *Substitut haftet dem Geschäftsherrn persönlich.* Der *Prokurist haftet bei unbefugter Substitution wie für eine gewöhnliche Hilfsperson* (Art. 399 I OR), *bei befugter* (Gestattung und Nötigung durch die Umstände) *nur für culpa in eligendo et instruendo.* Art. 399 II OR. Art. 399 N. 2, 7.

6. Selbstkontrahieren und Doppelvertretung durch den Prokuristen

6 a *a.* Das den Prokuristen stets treffende ausdrückliche *Konkurrenzverbot* des Art. 464 OR schliesst das für das schweizerische Geschäftsführungsrecht allgemein geltende Verbot des Selbstkontrahierens und der Doppelvertretung ein. Art. 398 N. 10. Darf der Prokurist «weder für eigene Rechnung noch für Rechnung eines Dritten Geschäfte machen, die zu dem Geschäftszweige des Geschäftsherrn gehören», so darf er weder mit sich selbst kontrahieren (denn das wäre ein Geschäft auf eigene Rechnung), noch darf er ein Geschäft als Vertreter des Geschäftsherrn und

gleichzeitig als direkter oder indirekter Vertreter des Dritten abschliessen (denn das wäre ein Geschäft für Rechnung eines Dritten).

b *b.* Da das allgemeine Konkurrenzverbot weiterreicht als das verbotene Selbstkontrahieren oder die verbotene Doppelvertretung, kommt es nicht darauf an, ob es sich um ein Veräusserungsgeschäft handelt, das auch nur teilweise Schenkungscharakter aufweist und daher den einen oder anderen der vertretenen Vertragskontrahenten benachteiligt. Art. 398 N. 10c. Damit *ein vom Prokuristen mit sich selbst oder als Vertreter eines Dritten abgeschlossenes Rechtsgeschäft für den Geschäftsherrn verbindlich ist, bedarf es immer entweder der vorgängigen Einwilligung,* d. h. einer Spezialvollmacht, *oder der nachträglichen Genehmigung* des Geschäftsherrn. Art. 464 I OR. Art. 398 N. 10c. Bei Doppelvertretung durch einen Prokuristen ist der Drittkontrahent regelmässig bösgläubig. Denn es kann ihm nicht entgehen, dass der ihn vertretende Prokurist gleichzeitig den «Geschäftsherrn» vertritt. Die Parteien eines Vertrages müssen feststehen. Art. 396 N. 13d. N. 8a unten. Auch wenn der *Geschäftsherr* das in verbotener Doppelvertretung mit dem Dritten vom Prokuristen abgeschlossene Geschäft «auf eigene Rechnung übernimmt», d. h. nach Art. 38 I OR genehmigt (Art. 464 II OR), *kann* er vom Prokuristen *Schadenersatz verlangen*, sofern ein Schaden entstanden ist. Art. 398 I und II OR. Art. 398 N. 12. Allerdings wird der Geschäftsherr ein Geschäft nicht übernehmen, das ihm Schaden bringt, wenn er es nicht übernehmen muss.

II. DIE WIRKUNG VON VOLLMACHTSÜBERSCHREITUNGEN

7. Die Wirkung von Vollmachtsüberschreitungen im Verhältnis zwischen Prokuristen und Geschäftsherrn

7 a *a.* Nach Art. 34/465 OR kann die *Prokura* vom Geschäftsherrn nicht nur *jederzeit widerrufen*, sondern auch *jederzeit beschränkt* werden. Der Satz ist zwingendes Recht. Art. 34 II OR. Der Umfang der durch die Prokura begründeten Generalvollmacht kann somit durch verbindliche Weisung i. S. von Art. 397 OR jederzeit derart reduziert werden, dass er unter denjenigen einer gewöhnlichen kaufmännischen Handlungsvollmacht oder einer «bürgerlichen» Geschäftsführungsvollmacht sinkt. Eine andere Frage ist die, *welche Beschränkungen gegenüber gutgläubigen*

Dritten rechtswirksam sind. Art. 397 N. 3, 9. Art. 460 OR. Dass die gegenüber dem Prokuristen und bösgläubigen Dritten verbindliche Vollmachtsbeschränkung beliebig sein kann, ergibt sich e contrario aus Art. 460 III OR. Es kann somit das eigenartige Phänomen eintreten, dass ein Rechtsinstitut in seiner Wirkung bestimmten Personen gegenüber etwas anderes wird, als es tatsächlich ist. (So ist die Einmann-Aktiengesellschaft intern keine Gesellschaft, wirkt aber extern so, als ob sie eine Gesellschaft wäre.)

b

b. Überschreitet der Prokurist zwar nicht den gesetzlichen, aber den durch konkrete Abrede oder Weisung des Geschäftsherrn (Art. 396 N. 46 a, 48 a. Art. 397 N. 3 a) intern verbindlich festgesetzten konkreten Auftrags- und *Vollmachtsumfang*, so *haftet* er dem Geschäftsherrn nach Art. 397/9/420 OR für den *Schaden* aus seiner Sorgfaltsverletzung. Art. 397 N. 20 d. Schaden wird allerdings nur dann eintreten, wenn der Prokurist mit einem *gutgläubigen Dritten* kontrahierte, *der die interne Beschränkung nicht kannte.* N. 9 unten. In diesem Falle ist der Geschäftsherr dem Dritten gegenüber gebunden. **BGE 77 II 143/5.**

c

c. Die *Vollmachtsüberschreitung* bzw. Weisungsverletzung ist stets eine *Sorgfaltsverletzung* im objektiven Sinne von Art. 398/420 OR. Als qualifizierte Hilfsperson des Geschäftsherrn beim Abschluss von Rechtsgeschäften wird sich der Prokurist nur selten aus subjektiven Gründen exkulpieren können. Art. 398 N. 22, 23. Er kann eine vollmachtsbeschränkende Weisung z. B. bei telefonischer Übermittlung aus entschuldbaren Gründen falsch aufgefasst haben. Im allgemeinen sind an den *Exkulpationsbeweis des Prokuristen strenge Anforderungen* zu stellen. Doch wird man vom Grossbankprokuristen mehr verlangen als vom Prokuristen eines Kleingewerbebetriebes. Art. 398 N. 24.

d

d. Wirkt sich die *Vollmachtsüberschreitung* nur *quantitativ* aus, indem beispielsweise eine Preislimite verletzt ist, und übernimmt der *Prokurist* die *Differenz zu eigenen Lasten*, so hat er gehörig und richtig *erfüllt.* Trotz der Sorgfaltsverletzung entsteht kein Schadenersatzanspruch des Geschäftsherrn. Art. 397 III OR. Art. 397 N. 20. Art. 428 N. 3. Art. 458 N. 7 b. In allen anderen Fällen führt die schadenverursachende, nichtexkulpierte *Sorgfaltsverletzung zum Verlust der actio mandati contraria.* Es liegt keine richtige Ausführung vor. Art. 402 N. 6–9. Doch kann die *actio negotiorum gestorum contraria* nach Art. 420 OR dennoch (ohne Vergütungsanspruch) zu Recht *bestehen.* Steht der Prokurist nur in einem *Auftragsverhältnis* zum Geschäftsherrn, so ist die Liquidation des fehlerhaften Geschäftes beendet. Für die richtig ausgeführten Geschäfte behält der Prokurist die

Ansprüche aus der actio mandati contraria. Doch kann der Geschäftsherr seine *Schadenersatzansprüche zur Verrechnung* stellen. Steht der Prokurist in einem *Dienstverhältnis*, so gilt für die *Verrechnung der Schadenersatzforderung des Geschäftsherrn mit der Lohnforderung des Prokuristen* die Beschränkung von Art. 340 I OR. Nur in den seltenen Fällen absichtlicher Schädigung des Geschäftsherrn (z. B. bei Kollusion mit dem Dritten) ist die Verrechnung unbeschränkt zulässig. Solche Fälle werden zudem regelmässig zum Widerruf und zur Löschung der Prokura sowie zur Auflösung des Arbeitsvertrages führen.

8. Die Wirkung von Vollmachtsüberschreitungen im Verhältnis zwischen Geschäftsherrn und bösgläubigen Dritten

8 a *a.* Im *Verhältnis zu Dritten* wirkt die Prokura als *Offerte*, als Willensäusserung des Geschäftsherrn **(BGE 74 II 151/2, 76 I 351/2)**, die vom Prokuristen in ihrem Rahmen abgeschlossenen Rechtsgeschäfte als für ihn, den Geschäftsherrn, verbindlich zu übernehmen. Art. 396 N. 13. Vorbem. N. 2. Ist diese Willensäusserung im *Handelsregister* publiziert – der Handelsregistereintrag hat, ausgenommen die sogenannte nichtkaufmännische Prokura, nur Bedeutung im Verhältnis des Geschäftsherrn zu Dritten –, so ist der *Umfang* der konkreten Prokura innerhalb des gesetzlich möglichen Rahmens Dritten gegenüber *verbindlich festgelegt*. Das moderne Arbeitsrecht des Codice Civile ist zu einer Vereinfachung zurückgekehrt. Es sind alle Begrenzungen der Vollmacht möglich, Dritten gegenüber aber nur wirksam, wenn sie im «registro delle imprese» eingetragen sind oder wenn bewiesen ist, dass Dritte sie kannten. Art. 2206. Infolge der positiven Publizitätswirkung des Handelsregisters (Art. 933 OR), der Beweiskraft des Eintrages (Art. 9 ZGB) sowie der Vermutung des guten Glaubens (Art. 3 I ZGB) wird der *Geschäftsherr den Beweis, ein Dritter habe eine Überschreitung der internen Grenzen einer Vollmacht erkannt oder erkennen müssen, kaum leisten können*. Art. 458 N. 11 b. Es wäre unlogisch, den Dritten, der sich auf keinen Handelsregistereintrag stützen kann, hinsichtlich des Beweises für eine stillschweigende Begründung oder Erweiterung der Prokura besserzustellen als den Dritten, der sich auf ein öffentliches Register beruft. Dem *Dritten*, der sich auf einen konkreten *Handelsregistereintrag* stützt, sind *keine weiteren Nachforschungen* darüber zuzumuten, ob die interne Begrenzung der Prokuristenvollmacht eine andere sein könnte. **BGE 33 II 613, 50 II 138/9 Erw. 3, 86 I 111 Erw. 3b.** Seine Sorgfaltspflicht erschöpft sich in der Prüfung des Handelsregisters. *Verlässt er sich auf den Eintrag, so ist*

er regelmässig gutgläubig. Sonst wäre der öffentliche Glaube des Handelsregisters negiert und die Rechtssicherheit im kaufmännischen Verkehr **(BGE 74 II 151)** nicht «gewährleistet». Art. 396 N. 14c, 20d. Der Geschäftsherr muss also den Beweis antreten und leisten, dass der Dritte die Abweichung des internen Vollmachtsumfanges vom Handelsregistereintrag kannte. Der *Beweis des Kennenmüssens genügt nicht.* **BGE 59 III 181.** Vgl. art. 2206 II Codice Civile. Das Nichtkennen muss wie bei den Wechselzeichnungen des Prokuristen auf *einer an dolus grenzenden groben Fahrlässigkeit* des Dritten beruhen, «une faute lourde confinant au dol». **BGE 85 II 30.** Hieher gehört allerdings nicht nur die dolose Kollusion des Prokuristen mit dem Dritten. **BGE 22 S. 596/7, 50 II 140/1 Erw. 4b.** Der Geschäftsherr kann die *Beschränkung dem Dritten selbst mitgeteilt* haben. Aus den Äusserungen des Prokuristen musste zwingend auf eine Beschränkung geschlossen werden. Allerdings wird die Mitteilung einer weiter zurückliegenden Beschränkung der Prokura von der Praxis häufig als widerrufen aufgefasst (Art. 458 N. 11b), wenn *dem Dritten die Überschreitung als geduldet erscheinen* durfte. **BGE 50 II 139.**

b

b. Höhere Anforderungen sind zu stellen, wenn sich der Dritte auf eine *nicht im Handelsregister eingetragene,* sondern durch *konkludentes Verhalten des Geschäftsherrn begründete Prokura* beruft. Dann fällt das qualifizierte Beweismittel (Art. 9 ZGB) des Registereintrages fort. Im «bürgerlichen» Rechtsverkehr besteht die Vermutung, dass jedes Rechtssubjekt im eigenen Namen handelt. Wenn sie auch im kaufmännischen Rechtsverkehr, namentlich mit juristischen Personen und Handelsgesellschaften, viel von ihrer Wirkung einbüsst, muss doch der Umstand, dass der Geschäftsherr die ordnungshalber geforderte *Eintragung im Handelsregister unterlassen* hat, als *Indiz gegen die Erteilung einer umfassenden Generalvollmacht* gewertet werden. Die schweizerische *Praxis* reduziert indessen in diesem Bereich die negative Publizitätswirkung des Handelsregisters auf ein Minimum. His ad Art. 933 OR N. 29. Da die kaufmännische Prokura nicht im Handelsregister eingetragen werden muss, so wird argumentiert, ist das *Fehlen des Eintrages kein schlüssiger Umstand.* Art. 458 N. 11c. Muss sich der Geschäftsherr sogar die «fahrlässige» Duldung des Gebarens eines Angestellten als Prokuraerteilung entgegenhalten lassen **(BGE 50 II 139),** so wird es ihm selten gelingen, den bösen Glauben des Dritten, d. h. die Kenntnis oder das Kennenmüssen des Fehlens oder gar der Beschränkung einer kaufmännischen Vollmacht zu leisten. Art. 458 N. 11b.

c

c. Der Fall, dass der Geschäftsherr wegen Bösgläubigkeit des Dritten durch Rechtshandlungen seines Prokuristen diesem gegenüber nicht verpflichtet wird, ist in der schweizerischen Praxis selbst dann selten, wenn die Prokura nicht im Handelsregister eingetragen wurde.

9. Keine Wirkung der Vollmachtsüberschreitung im Verhältnis zwischen Geschäftsherrn und gutgläubigen Dritten

9 Gutgläubig ist derjenige Dritte, der aus den Umständen, wie sie ihm erscheinen, namentlich aber aus dem Handelsregistereintrag, schliessen darf, die publizierte Vollmacht des Prokuristen weise den publizierten gesetzlichen Umfang auf und unterliege keinen internen Beschränkungen. Art. 32 II OR. Art. 396 N. 14d, 16d. Solchen Dritten gegenüber ist nach dem Wortlaut des Gesetzes der Geschäftsherr auch dann gebunden, wenn er dem Prokuristen gegenüber die Vertretungsbefugnis durch interne Weisung beschränkt haben sollte. Art. 2206 Codice Civile.

Art. 460

III. Beschränkbarkeit

[1] **Die Prokura kann auf den Geschäftskreis einer Zweigniederlassung beschränkt werden.**

[2] **Sie kann mehreren Personen zu gemeinsamer Unterschrift erteilt werden (Kollektiv-Prokura), mit der Wirkung, dass die Unterschrift des Einzelnen ohne die vorgeschriebene Mitwirkung der übrigen nicht verbindlich ist.**

[3] **Andere Beschränkungen der Prokura haben gegenüber gutgläubigen Dritten keine rechtliche Wirkung.**

III. Restrictions

[1] **La procuration peut être restreinte aux affaires d'une succursale.**

[2] **Elle peut être donnée à plusieurs personnes à la fois, sous la condition que la signature de l'une d'entre elles n'oblige le mandant que si les autres concourent à l'acte de la manière prescrite (procuration collective).**

[3] **D'autres restrictions des pouvoirs ne sont pas opposables aux tiers de bonne foi.**

III. Limitazione

[1] **La procura può essere limitata alla cerchia di affari di una succursale (filiale).**

[2] **Può essere conferita a più persone che devono firmare insieme (procura collettiva), non valendo la firma di uno senza il concorso degli altri nel modo prescritto.**

[3] **Ogni altra limitazione della procura non ha effetto giuridico di fronte ai terzi di buona fede.**

Materialien: Vgl. sub Art. 458 OR, insbesondere Nachtragsbotschaft Bundesrat vom 1. Juni 1909, BBl 1909 III S. 754.

Rechtsvergleichung: aOR Art. 424. HGB (Stand vom 20. Mai 1960) §§ 13–13*c*, 48 II, 50 III. Codice Civile art. 2205/7.

Literatur: Vgl. sub Art. 458 OR. Dr. Jos. HÄTTENSCHWILLER, Die rechtliche Natur der Bestätigung bei telephonischen Kaufabschlüssen mit Kollektivprokuristen in SJZ 17 (1920/21) S. 292/4.

SYSTEMATIK DER KOMMENTIERUNG

Art. 460 OR

I. Beschränkungen der Prokura und ihre Wirkung

1. Die Prokura bleibt gegenüber gutgläubigen Dritten eine Generalvollmacht . . . 412
2. Voraussetzungen für die Wirksamkeit beliebiger Beschränkungen . 413

3. Auch die Filial- und/oder Kollektivklausel sind Ausführungsanweisungen des Geschäftsherrn 413

II. Die Filialprokura

4. Der Begriff der Zweigniederlassung 414
5. Bedeutung und Tragweite der Filialprokura 416
6. Filialprokura als Einzelprokura oder als Kollektivprokura 417
7. Schweizerische Zweigniederlassung ausländischer Firmen 418

III. Die Kollektivprokura

8. Die Anwendbarkeit von Art. 403 OR auf das Verhältnis zwischen Kollektivprokuristen und Geschäftsherrn 419
9. Die Wirkung der Kollektivklausel gegenüber Dritten 420
10. Gemeinschaftliches Handeln von mehr als zwei Geschäftsführern . 422

Art. 460 OR

I. BESCHRÄNKUNGEN DER PROKURA UND IHRE WIRKUNG

1. Die Prokura bleibt gegenüber gutgläubigen Dritten eine Generalvollmacht

1 1. Der Kern von Art. 460 OR ist sein dritter Absatz. Er besagt für das Wesen der Prokura mehr als der Randtitel, der nur von der «Beschränkbarkeit» spricht, vermuten liesse. Andere Beschränkungen der Generalvollmacht des Prokuristen als die Filial- und Kollektivklausel haben «gegenüber gutgläubigen Dritten keine rechtliche Wirkung». Aber sie wirken sowohl gegenüber dem Prokuristen als auch *gegenüber bösgläubigen Dritten*, allerdings unter der Voraussetzung, dass sie nicht wegen Widerrechtlichkeit, Unsittlichkeit oder Unmöglichkeit nichtig sind. Art. 459 N. 7 a, 8. Das bedeutet, dass die Prokura in ihrer Wirkung inter partes und gegenüber bösgläubigen Dritten zu einer Vollmacht von unbedeutendem Umfang reduziert werden kann, während sie *gegenüber gutgläubigen Dritten sachlich eine Generalvollmacht* bleiben muss. Art. 458 N. 4 a. Art. 459 N. 1 b. Art. 1987 Code Civil. Art. 2206 II Codice Civile.

2. Voraussetzungen für die Wirksamkeit beliebiger Beschränkungen

2 a

a. Wo ein Handelsregistereintrag besteht, ist seine Kenntnis Voraussetzung des guten Glaubens. Art. 933 I OR. **BGE 86 I 111 Erw. 3b.** Infolgedessen können nach schweizerischem Recht keine anderen Prokurabeschränkungen als Filial- und Kollektivklausel im Handelsregister eingetragen werden. Andererseits wird der Beweis, ein Dritter habe die nichteingetragene Beschränkung einer stillschweigend begründeten oder einer unbeschränkt eingetragenen Prokura gekannt, sei also bösgläubig, dem Geschäftsherrn kaum gelingen. Unterlässt der Geschäftsherr die Eintragung der Beschränkung, so spricht die Vermutung gegen den Beschränkungswillen. Immerhin ist ihm die Möglichkeit gegeben, wo Gefahr in Verzug ist, die Beschränkung der Prokura durch Kollektiv- oder Filialklausel wie jede andere Beschränkung «jederzeit» einem Dritten mitzuteilen und ihn dadurch bösgläubig zu machen. Art. 459 N. 8a. Doch ist der Geschäftsherr nie sicher, ob «andere Kommunikationen» als diejenigen durch das Handelsregister alle Dritten erreichen, mit denen der Prokurist geschäftsverbindlich kontrahieren könnte.

b

b. Kann der Geschäftsherr jede Beschränkung oder die Entziehung der Prokura Dritten gegenüber jederzeit wirksam machen, so fragt es sich, ob die § 50 des HGB entnommene Regelung von Art. 460 OR *innerhalb des veränderten schweizerischen Stellvertretungsrechts* noch sinnvoll ist. Sie zwingt den Geschäftsherrn, seinen Willen bald durch Publikation im Handelsregister, bald durch «andere Kommunikationen» von unsicherer Wirksamkeit zu äussern. **BGE 60 I 394.** Die Lösung von art. 2206 Codice Civile ist einfacher und logischer: Jede Beschränkung kann eingetragen werden; sie muss im Firmenregister eingetragen sein, soll sie gutgläubigen Dritten gegenüber wirksam werden. In Abweichung von § 48 HGB die *stillschweigende Begründung* der Prokura einzuführen, die wenigen möglichen *Beschränkungen aber an ausdrückliche Erklärungen* (Oser/Schönenberger ad Art. 460 N. 17) *zu binden*, ist des Guten zuviel und trägt nicht zur Übersichtlichkeit und Sicherheit des Rechtes der kaufmännischen Geschäftsführung bei.

3. Auch die Filial- und/oder Kollektivklausel sind Ausführungsanweisungen des Geschäftsherrn

3 a

a. Wie jede Vollmacht, so kann auch die *Prokura* nach Art. 34 I OR *jederzeit beschränkt* werden. Es kann also eine unbeschränkte Einzelprokura nachträglich auf eine Filialprokura oder eine Kollektivprokura reduziert werden. In der Praxis ist dieser Fall selten. Schöpft der Geschäftsherr begründeterweise Misstrauen, so wird er die Prokura widerrufen, statt sie nur zu beschränken, zumal ihre Löschung für alle Dritten verbindlich wird. Art. 461, 933 OR. Das Normale ist bei grösseren Unternehmungen der «Aufstieg» vom Kollektiv- zum Einzelprokuristen oder vom Filialprokuristen zum Prokuristen der Gesamtunternehmung.

b *b.* Juristisch ist die Prokurabeschränkung durch *Filial- oder Kollektivklausel, die auch verbunden werden können*, eine *Ausführungsweisung* (oder Ausführungsabrede) i. S. von Art. 397 OR. Art. 397 N. 3. Art. 403 N. 11. N. 6 unten. Ihre Verletzung ist auftragsrechtliche *Vertragsverletzung* mit den in den Art. 397 II, 398 und 420 OR geregelten Rechtsfolgen. Art. 397 N. 20. Art. 458 N. 7–9. Die widerrechtliche, unsittliche oder unmögliche Ausführungsweisung (Beschränkung) ist indessen auch im Verhältnis zwischen Geschäftsherrn und Prokuristen unwirksam. N. 1 oben.

c *c.* Art. 424 aOR enthielt nur die Kollektiv-, nicht auch die Filialklausel und erwähnte die Wirkung der beiden Prokurabeschränkungen nicht ausdrücklich. Doch hatte sich die *Filialprokura* bereits praeter legem eingebürgert. StenBull NatRat 1909 S. 709 und 716.

II. DIE FILIALPROKURA

4. Der Begriff der Zweigniederlassung

4 a *a.* Alle juristischen Personen haben einen «*statutarischen Sitz*», der im Handelsregister eingetragen und der internationalprivatrechtlich für die «Nationalität» der juristischen Person massgebend ist. **BGE 76 I 159.** Art. 43 HV. Bei Einzelfirmen, Kollektiv- und Kommanditgesellschaften ist das *Geschäftslokal oder das Büro* der Geschäftsführung als «Sitz» einzutragen. Art. 42 II HV. Art. 554, 596 OR. Dieser Ort ist die *Hauptniederlassung der Firma.* Art. 934 I OR. **BGE 56 I 375/6.** Aus Art. 934/5 OR ergibt sich, dass die *Zweigniederlassung ein firmenrechtlicher Begriff* ist. Nur die eingetragene Firma, die eine Hauptniederlassung hat (Art. 71 HV), kann Zweigniederlassungen haben. Obschon eine juristische Person einen statutarischen Sitz ohne «Geschäftsbüro» (Art. 43 I HV) haben kann, ist der im Handelsregister einzutragende Ort, wo sich das einzige Geschäftsbüro tatsächlich befindet, keine Zweigniederlassung, weil eine Firma mit einer einzigen Niederlassung nur eine Hauptniederlassung haben kann. **BGE 56 I 374/5.** Dagegen kann der «*tatsächliche*» *Sitz Haupt-*

oder Spezialsteuerdomizil sein. Lit. d unten. Betreibt ein *nicht im Handelsregister eingetragener Einzelkaufmann an verschiedenen Orten sein Gewerbe oder Geschäft*, so hat er *keine Hauptniederlassung und keine Zweigniederlassung. Zweigniederlassungen im Rechtssinne können nur im Handelsregister eingetragene Firmen* haben. Die sogenannte nichtkaufmännische Prokura (Art. 458 III OR) kann keine Filialprokura sein. Eine *Zweigniederlassung muss als solche im Handelsregister eingetragen werden.* Art. 935 OR. Art. 69/71 HV. Für die AG: Art. 642 OR. Für die GmbH: Art. 782 OR. Für die Genossenschaft: Art. 837 OR. Doch hat die *Eintragung* keine konstitutive, sondern nur *deklaratorische Wirkung.*

b *b. Eine Zweigniederlassung ist «ein kaufmännischer Betrieb, der zwar rechtlich Teil eines Hauptunternehmens ist, von dem er abhängt, der aber in eigenen Lokalitäten dauernd eine gleichartige Tätigkeit wie das Hauptunternehmen ausübt und dabei eine gewisse wirtschaftliche und geschäftliche Selbständigkeit geniesst».* **BGE 79 I 71 Erw. 1, 81 I 156 Erw. 1.** Der Ort der Zweigniederlassung begründet sowohl für natürliche als auch für juristische Personen ein *Spezialsteuerdomizil.* Der Kanton der Zweigniederlassung kann nach dem *interkantonalen Doppelbesteuerungsrecht des Bundes* eine Quote des Gesamteinkommens und des gesamten beweglichen Reinvermögens der Unternehmung zur Besteuerung heranziehen. FLEINER/GIACOMETTI, Schweizerisches Bundesstaatsrecht S. 174/6. Da es für die *Steuerhoheit* nicht auf den statutarischen, sondern auf den *tatsächlichen Geschäftssitz* ankommt, kann die tatsächlich bestehende geschäftliche Haupt- oder Zweigniederlassung einer natürlichen Person auch ohne Eintragung im Handelsregister zur Besteuerung herangezogen werden. Die *Auseinandersetzung über die kantonalen Steuerhoheiten wird i. d. R. ergeben, ob eine Zweigniederlassung besteht oder nicht.*

c *c.* Zivilrechtlich ist von Bedeutung, dass die *Eintragung einer Zweigniederlassung* im Rechtssinne für juristische Personen sowie für Kollektiv- und Kommanditgesellschaften einen *besonderen Gerichtsstand* «für Klagen aus ihrem Geschäftsbetrieb» begründet. Art. 642 III (AG), 782 III (GmbH), 837 III (Genossenschaft) OR. **BGE 76 I 161.** Der *Gerichtsstand besteht für den Kläger wahlweise neben demjenigen des Hauptsitzes.* Für *Kollektiv- und Kommanditgesellschaften* ist der Gerichtsstand der Zweigniederlassung im Gesetz nicht ausdrücklich erwähnt, folgt aber aus der Tatsache, dass diese Gesellschaften einen Sitz haben und als «Firma» klagen und verklagt werden können. **BGE 81 I 57/9 Erw. 2.** Art. 552, 562, 596, 602 OR. Der *Gerichtsstand der Zweigniederlassung gilt auch für Vereine,* die im Handelsregister eingetragen sind. **BGE 68 I 110/5.** Er ist von besonderer Bedeutung für die Zweigniederlassungen von *Firmen, deren*

Hauptniederlassung sich im Ausland befindet. Art. 75 HV. **BGE 76 I 162, 81 I 57/60, 154/8.** Auch die schweizerische Zweigniederlassung eines ausländischen Einzelkaufmannes erhält ein *schweizerisches Steuerdomizil* und einen *schweizerischen Gerichtsstand* für Klagen aus ihrem Geschäftsbetrieb. Hingegen kann der schweizerische *Einzelkaufmann* für persönliche Ansprachen, auch aus dem Betrieb einer Zweigniederlassung, solange er zahlungsfähig ist, nach Art. 59 BV *nur an seinem Wohnsitz betrieben* (Art. 46 I SchKG) *oder gerichtlich belangt* werden, sofern er nicht verbindlich darauf verzichtet hat. SJZ 56 (1960) Nr. 42 S. 126. Der *Zweigniederlassung der schweizerischen Einzelfirma kommt somit zwar die Bedeutung eines Spezialsteuerdomizils, aber im interkantonalen und internationalen Verhältnis nicht die Bedeutung eines Spezialgerichtsstandes* zu. Der Gerichtsstand der Geschäfts- oder der Zweigniederlassung einer schweizerischen Einzelfirma wirkt *nur im innerkantonalen Verhältnis.* Beispiel: § 2 Ziff. 6 Zürcher ZPO. FLEINER/GIACOMETTI S. 858. Die *einfache Gesellschaft hat weder Firma noch Sitz.* Sie kann schon aus diesem Grunde *keine Zweigniederlassung* haben. Jeder der solidarisch haftenden Gesellschafter muss nach Art. 59 BV an seinem Wohnsitz belangt werden. **BGE 53 I 47/51.** Kantonale Vorschriften, welche die Belangung von Solidarschuldnern vor einem einzigen Forum vorsehen, haben nur innerkantonale Wirkung. Vorbehalten bleiben bundesrechtliche Spezialvorschriften. So können beispielsweise die *Gründer einer Aktiengesellschaft* nach Art. 761 OR immer am *Sitz der Gesellschaft* belangt werden.

5. Bedeutung und Tragweite der Filialprokura

5 a *a.* «Die *Zweigniederlassung* muss eigenes *Personal* und an dessen Spitze einen *Leiter* haben und muss so organisiert sein, dass ihr *Betrieb* jederzeit ohne eingreifende Neuorganisation *selbständig* weiterbestehen könnte. Ihr *Leiter* muss nach aussen *Rechtsgeschäfte abschliessen* und *ausführen* können und nach innen eine gewisse *Freiheit der Entschliessung* besitzen, und zwar so weit, dass die Durchführung des Betriebes gewährleistet ist, die Betriebsstelle für den Umkreis ihres Betriebes handelnd auftreten kann, *ohne im üblichen Geschäftsverkehr von der Hauptniederlassung abhängig zu sein* oder bis in alle Einzelheiten festgesetzte Regeln befolgen zu müssen.» **BGE 68 I 113.** Wer in diesem Umfange und in diesem Rahmen anstelle des Geschäftsherrn die Zweigniederlassung leitet, ohne auch die Geschäfte der Hauptniederlassung führen zu dürfen, ist Filialprokurist.

b *b.* Infolge des Spezialsteuerdomizils der Zweigniederlassung muss die *Vollmacht des Filialprokuristen* die *Vertretung* der Zweigniederlassung vor den zuständigen *Steuerbehörden* und infolge des Sondergerichtsstandes die *Vertretung* vor den für die Zweigniederlassung zuständigen *Gerichtsbehörden* mitumfassen. Namentlich für die Vertretung der Zweigniederlassung einer ausländischen Firma wäre eine interne Beschränkung dieser Befugnisse des Filialprokuristen auch dann unwirksam, wenn sie den Behörden bekannt ist. Denn wenn die Zweigniederlassung nach aussen nicht selbständig handelnd auftreten kann, verliert sie eines ihrer Begriffsrequisite. Die unmögliche oder widerrechtliche interne Weisung ist auch im Verhältnis zwischen Geschäftsherrn und Prokuristen nichtig und daher wirkungslos. Art. 397 N. 13.

c

c. In den schweizerischen Geschäftsführungshierarchien, namentlich der Banken, existieren der *Filialdirektor* und der *Filialprokurist.* Art. 458 N. 3. Zweigniederlassungen von grösserer Bedeutung haben häufig einen oder mehrere Filialdirektoren und einen oder mehrere Filialprokuristen. *Die Vollmacht des Filialdirektors für die Geschäftsführung der Zweigniederlassung ist sachlich unbegrenzt.* Art. 458 N. 17. Art. 717 II, 718 II OR. Die *Vollmacht des Filialprokuristen* unterliegt den *sachlichen Begrenzungen* von Art. 459 OR, also namentlich dem Verbot der Veräusserung und Belastung von Grundstücken, die der Firma gehören. Art. 459 N. 4.

d

d. Doch ist den gesetzlichen Anforderungen an die Vertretung einer *schweizerischen Zweigniederlassung auch eines ausländischen Unternehmens durch Bestellung eines Einzel- oder mehrerer Kollektivprokuristen als Filialprokuristen Genüge geleistet.* Der «Leiter» braucht nicht auf der Stufe des Direktors zu stehen. Die auf den Verwaltungsrat beschränkten *Nationalitätsvorschriften* von Art. 711 OR gelten *für den vertraglichen Filialleiter einer in- oder ausländischen Firma nicht.* Doch muss der «Bevollmächtigte» einer Zweigniederlassung Wohnsitz in der Schweiz haben. Art. 935 II OR.

6. Filialprokura als Einzelprokura oder als Kollektivprokura

6 a

a. Bei grossen schweizerischen Unternehmungen ist die Kollektivzeichnung sogar für den Verwaltungsrat üblich. Könnte daher beim Prokuristen die Vollmachtsbeschränkung durch die *Filialklausel* nicht mit der Vollmachtsbeschränkung durch die *Kollektivklausel verbunden* werden, so wäre die Vollmacht des Einzelprokuristen trotz ihrer Beschränkung auf eine Zweigniederlassung umfangreicher als die des kollektivzeichnungsberechtigten Verwaltungsrates.

b *b.* Daher kann die Filialprokura grundsätzlich sowohl als Kollektivprokura mit einem anderen Kollektivprokuristen wie auch als sogenannte «*halbseitige*» *Filialprokura* gemeinschaftlich mit einem alleinzeichnungsberechtigten Direktor oder Verwaltungsrat (oder überhaupt einem Organ) oder auch als *Kollektivprokura* mit einem kollektiv zeichnungsberechtigten Verwaltungsrat oder Direktor erteilt werden. Art. 458 N. 17 c.

7. Schweizerische Zweigniederlassung ausländischer Firmen

7 a *a.* Eine Einschränkung ergibt sich jedoch für die Vertretung von Zweigniederlassungen ausländischer Firmen. Ist hier die selbständige Leitung und Vertretung nicht einem in der Schweiz wohnhaften einzelzeichnungsberechtigten Direktor oder Prokuristen anvertraut, so müssen *beide kollektiv zeichnungsberechtigten Personen in der Schweiz Wohnsitz haben.* Diese Anforderung wird jedenfalls zurzeit von den Registerbehörden für die freiwillige Eintragung gestellt. Sie entspricht der ratio von Art. 935 II OR. Die selbständige Leitung einer schweizerischen Zweigniederlassung erfordert, dass eine *Zeichnungsberechtigung* besteht, *deren Gültigkeit nicht von der Zustimmung einer im Ausland wohnhaften Person abhängig ist.* Die interne Weisung, der leitende Filialvertreter müsse für die üblichen Filialgeschäfte die vorgängige Zustimmung eines im Ausland wohnhaften Organs oder Direktors einholen, ist auch im Verhältnis zwischen Geschäftsherrn und Prokuristen unwirksam. N. 1, 3 b, 5 b oben. Art. 397 N. 13. Das bedeutet jedoch nicht, dass der Prokurist verantwortungslos auch gegen das Interesse der Unternehmung handeln könnte. Soweit keine verbindliche Weisung erteilt ist oder erteilt werden kann, untersteht er der *allgemeinen Treue- und Sorgfaltspflicht* nach Art. 398 II OR. Art. 397 N. 7 b.

b *b.* Auch wenn Zweigniederlassungen ausländischer Firmen den Anforderungen an das schweizerische Domizil der Filialleitung nicht nachkommen, andererseits aber einen vertretungsberechtigten Leiter besitzen, der sogar im Ausland wohnen kann, erfolgt die *Eintragung als Zweigniederlassung im schweizerischen Handelsregister.* Dabei ist vor allem das *Interesse der Gläubiger an einem schweizerischen Gerichtsstand* massgebend. **BGE 76 I 156/62, 81 I 157 Erw. 3.** N. 4 c oben.

III. DIE KOLLEKTIVPROKURA

8. Die Anwendbarkeit von Art. 403 OR auf das Verhältnis zwischen Kollektivprokuristen und Geschäftsherrn

8 a

a. Ist die Prokura *vertragliche Geschäftsführung* (Art. 458 N. 5–7) und ist die *Kollektivklausel* eine *Ausführungsweisung* (oder Ausführungsabrede) i. S. von Art. 397 OR (N. 3 oben), so sind mehrere Kollektivprokuristen, die eine identische Aufgabe zur Ausführung übernommen haben, *mehrere Beauftragte* i. S. von Art. 403 II OR. An der hierarchisch organisierten Geschäftsführung grösserer Firmen sind häufig viele Personen beteiligt, die einander koordiniert oder subordiniert sind: der Geschäftsinhaber als Einzelperson, der geschäftsführende Gesellschafter von Kollektiv- oder Kommanditgesellschaften, geschäftsführende Organe juristischer Personen, insbesondere die Verwaltung der Aktiengesellschaft, Direktoren, Prokuristen, Handlungsbevollmächtigte. Obschon sie im Rahmen ihrer gesetzlich und/oder vertraglich abgegrenzten Befugnisse (Art. 458 N. 17 c) alle für den nämlichen Unternehmungszweck arbeiten, bilden sie nicht eine einzige Beauftragtengesellschaft. *Zwischen Verwaltungsrat und Prokuristen fehlt die erforderliche Identität des Auftrages* und der nur bei Koordination der Beauftragten mögliche *Gemeinschaftswille.* Art. 403 N. 6.

b

b. Die in der Praxis *häufigste Kollektivklausel* ist die Weisung des Geschäftsherrn, dass *je zwei zur Geschäftsführung und Vertretung befugte Personen innerhalb der Grenzen ihrer Vollmacht die einzelnen Geschäftsvorfälle nur gemeinschaftlich behandeln* sollen und behandeln dürfen. Wer welche Geschäftsvorfälle behandelt, ist regelmässig eine Frage der internen Organisation der Gesamtgeschäftsführung des Unternehmens, sobald für das Gesamtunternehmen oder den Betrieb einer Zweigniederlassung mehr als zwei Personen zur Geschäftsführung befugt sind. Eine gute Organisation wird darauf bedacht sein, dass ein sachlich *zusammenhängender Geschäftsvorfall von den nämlichen Geschäftsführern* von Anfang bis zu Ende bearbeitet wird. Für den *Rechtsgeschäftsverkehr mit Dritten ist die interne Arbeitsorganisation ohne Bedeutung.* Regelmässig wird der Geschäftsherr unmittelbar verpflichtet, wenn nur je zwei von vielen Vertretungsberechtigten, gleichgültig in welcher Kombination, gemeinschaftlich jede einzelne Rechtshandlung ausgeführt, insbesondere die Firma im schriftlichen Rechtsverkehr gemeinschaftlich gezeichnet haben. Art. 396 N. 13, 14.

c *c.* Gegenüber dem Geschäftsherrn bilden alle kollektiv handlungsberechtigten *Geschäftsführer, die sich tatsächlich am Abschluss und/oder der Abwicklung eines Geschäftes, insbesondere Rechtsgeschäftes, beteiligt haben, eine Beauftragtengesellschaft* (vgl. art. 1716 III Codice Civile). Die tatsächlich beteiligten Geschäftsführer sind dem Geschäftsherrn für dessen Ansprüche aus der actio mandati directa nach Art. 403 II OR *solidarisch verantwortlich.* Sie haften solidarisch für den Schaden aus schuldhaft fehlerhafter Ausführung, für Rechenschaft und Ablieferung beispielsweise der für den Geschäftsherrn empfangenen Gelder und anderen beweglichen Vermögenswerte. Art. 403 N. 13. Dabei ist *gleichgültig, ob sich die Haftung des einen aus der organmässigen Geschäftsführung* (Art. 722/754 OR) *des anderen aus Vertrag* (Art. 328 oder Art. 398 OR) *herleitet. Verschiedene Grade des Verschuldens* (der eine hat beispielsweise nur einen Brief mitunterzeichnet) wirken sich *nur im Regressverhältnis* der Solidarschuldner aus. Art. 403 N. 3b, 13d.

9. Die Wirkung der Kollektivklausel gegenüber Dritten

9 a *a.* Nach Art. 933/460 OR sollte die im Handelsregister eingetragene übliche Kollektivklausel (Zeichnungsberechtigung je zu zweien) gegenüber Dritten im In- und Ausland die Wirkung haben, dass der Geschäftsherr durch Rechtshandlungen, die in seinem Namen nicht von mindestens zwei vertretungsbefugten Geschäftsführern vorgenommen wurden, nicht verpflichtet werden kann. **BGE 35 II 614, 70 II 43, 86 I 111.** Art. 458 N. 11b.

b *b.* Da das Gesetz in Art. 458 I OR die stillschweigende Begründung der Prokura zulässt, musste die Praxis konsequenterweise auch die *stillschweigende Erweiterung der kaufmännischen Geschäftsführungsvollmachten* insbesondere durch den supponierten stillschweigenden Widerruf der Kollektivklausel gestatten. Art. 458 N. 11. Das wurde mit drei auftragsrechtlichen Fiktionen erreicht:

(1) wurde angenommen, *auch im formbedürftigen schriftlichen Rechtsverkehr müsse nur einer der kollektiv Bevollmächtigten die Firma zeichnen,* während es genügt, dass der *andere,* ohne zu zeichnen, vorgängig ausdrücklich oder stillschweigend dem Rechtsakt *zustimmt* oder ihn nachträglich *genehmigt.* **BGE 58 II 160/1, 65 III 74.** Vgl. dagegen Vogel, Prokura S. 26 und Becker ad Art. 460 OR N. 5, für den Fall, dass die Schriftform Gültigkeitserfordernis bildet. Im Entscheid SJZ 57 (1961) Nr. 23

S. 94 wird unter besonderen Umständen die Einrede als rechtsmissbräuchlich zurückgewiesen, die Schuldanerkennung einer AG i. S. von Art. 82 SchKG weise nicht die nach Handelsregistereintrag geforderte Kollektivzeichnung auf;

(2) wurde angenommen, der *Geschäftsherr*, der das Auftreten eines Kollektivprokuristen als Einzelprokurist bei gehöriger Sorgfalt hätte kennen müssen, habe die «*Anmassung*» *der Einzelprokura stillschweigend geduldet oder genehmigt.* **BGE 50 II 139, 184.** Denn nach Art. 32 II OR kommt es darauf an, wie der Dritte die Umstände würdigen durfte. **BGE 74 II 151/2, 76 I 351, 81 II 62/3, 85 II 29/30;**

(3) wurde gestützt auf Art. 403 II OR angenommen, *der eine von zwei kollektiv Bevollmächtigten könne stillschweigend den anderen in seine Kollektivvollmacht substituieren*, da beide zusammen einen Dritten substituieren können. **BGE 43 II 300 Erw. 3, 50 II 138.** OSER/SCHÖNENBERGER ad Art. 460 OR N. 11.

c

c. Eine dieser auftragsrechtlichen Fiktionen lässt sich i. d. R. auf den immer häufiger werdenden *telefonischen Geschäftsabschluss mit Kollektivvertretern* anwenden. Beim Tempo des heutigen Geschäftsverkehrs ist es nicht üblich, dass sich ein Dritter die Erteilung eines telefonischen Bankauftrages von einem zweiten Kollektivvertreter bestätigen lässt, auch wenn er weiss, dass bei Banken überhaupt nur Kollektivvertretungsbefugnisse bestehen. *Der vom Geschäftsherrn geduldete telefonische Geschäftsabschluss durch einen Kollektivvertreter bindet ihn daher.* OSER/SCHÖNENBERGER ad Art. 460 OR N. 7 und 12. Kaum zutreffend ZR 20 (1921) Nr. 116 S. 231. Desgleichen *bindet die Nichtbeantwortung eines Bestätigungsschreibens den Geschäftsherrn auch dann, wenn die gesamte Geschäftsführung unter der Kollektivklausel steht.* Denn der Dritte darf nach Art. 32 II OR voraussetzen, dass ein Bestätigungsschreiben von denjenigen Personen zur Kenntnis genommen wurde, die befugt sind, den Willen des Geschäftsherrn auch stillschweigend rechtsverbindlich zu äussern. Dr. Jos. HÄTTENSCHWILLER in SJZ 17 (1920/21) S. 292/4/8. Lässt man sogar für den formbedürftigen schriftlichen Rechtsverkehr Einzelunterschrift durch einen Kollektivzeichnungsberechtigten mit stillschweigender Zustimmung oder Genehmigung durch den oder die anderen zu, so können für den telefonischen Abschluss und die Vertragsbegründung durch Bestätigungsschreiben keine höheren Anforderungen gestellt werden. Vgl. **BGE 30 II 301, 38 II 587/90 Erw. 3, 40 II 138/9 Erw. 2, 71 II 223/5.**

10. Gemeinschaftliches Handeln von mehr als zwei Geschäftsführern

10 a *a.* In **DIG. 17. 1. 60. 2** ist gesagt, dass zwei Mandatare dem Geschäftsherrn solidarisch aus der actio mandati directa haften. Dass mehr als zwei Geschäftsführer mit der Besorgung des nämlichen Geschäftes beauftragt sein könnten, wurde offenbar als praktisch nicht in Betracht fallend ignoriert.

b *b.* Art. 717 III OR bestimmt ausdrücklich, in Ermangelung einer anderen Ordnung durch Statuten oder Reglement stehe die *Geschäftsführung und Vertretung für die Aktiengesellschaft allen Mitgliedern der Verwaltung gemeinsam* zu. Ähnliches gilt nach Art. 811 I OR für die *Geschäftsführung durch die Gesellschafter der GmbH.* Damit ist die Möglichkeit der kollektiven Geschäftsführung und Vertretung sowie der Firmenzeichnung (Art. 719, 900 OR) auf Kollegien ausgedehnt, die *mehr als zwei Personen* umfassen können, ja sogar als subsidiäre Regelung für Verwaltungen einer Aktiengesellschaft erklärt, die tatsächlich mehr als zwei Mitglieder haben. Anders ist die subsidiäre Regelung der Geschäftsführung und Vertretung durch die *Personalgesellschaften.* Geschäftsführung und Vertretung stehen den geschäftsführenden Gesellschaftern *alternativ einzeln* (im Zweifel jedem unbeschränkt haftenden Gesellschafter) zu. Art. 535 II, 563, 603 OR.

c *c.* Aus dem Wortlaut von Art. 460 II OR muss geschlossen werden, auch die *Kollektivprokura* könne mit Wirkung nach aussen und nach innen so erteilt werden, dass *mehr als zwei Personen* sie nur gemeinschaftlich ausüben dürfen. Gleichgültig ist, ob sich das *Geschäftsführer- und Vertreterkollegium nur aus Prokuristen oder aus Prokuristen, Handlungsbevollmächtigten, Direktoren und Geschäftsführungsorganen zusammensetzt.* Praktisch sind solche Regelungen jedoch selten, jedenfalls sobald Kollektivprokuristen und/oder Kollektivhandlungsbevollmächtigte am Vertreterkollegium beteiligt sind. Sie erschweren den Rechtsverkehr mit Dritten derart, dass der Geschäftsherr selbst kein Interesse hat, sie einzuführen. Doch könnte ihre Eintragung im Handelsregister nicht verweigert werden.

d *d.* Die *Schutzwirkung einer mehr als zwei Personen umfassenden Kollektivklausel ist kaum grösser als der üblichen, zwei Personen umfassenden,* weil auch hier eine stillschweigende Erweiterung der kollektiven Vertretungsbefugnis in eine Einzelvertretungsbefugnis angenommen werden kann, wenn sich ein Kollektivvertreter die Einzelvertretung anmasst. N. 9b (3) oben.

Art. 461

[1] Das Erlöschen der Prokura ist in das Handelsregister einzutragen, auch wenn bei der Erteilung die Eintragung nicht stattgefunden hat.

[2] Solange die Löschung nicht erfolgt und bekannt gemacht worden ist, bleibt die Prokura gegenüber gutgläubigen Dritten in Kraft.

IV. Löschung der Prokura

IV. Retrait

[1] Le retrait de la procuration doit être inscrit au registre du commerce, même s'il n'y a point eu d'inscription quand le fondé de procuration a été constitué.

[2] La procuration subsiste à l'égard des tiers de bonne foi, tant que le retrait n'en a pas été inscrit et publié.

IV. Cancellazione della procura

[1] L'estinzione della procura dev'essere inscritta nel registro di commercio anche nel caso in cui non ne sia stato inscritto il conferimento.

[2] La procura rimane efficace in confronto ai terzi di buona fede, finchè la cancellazione non sia eseguita e pubblicata.

Materialien: Vgl. sub Art. 458 OR.

Rechtsvergleichung: aOR Art. 425. HGB (Stand vom 20. Oktober 1960) §§ 53 III, 15. Codice Civile art. 2207.

SYSTEMATIK DER KOMMENTIERUNG

Art. 461 OR

1. Die Wirkung eines Beendigungsgrundes der Prokura im Verhältnis des Geschäftsherrn zum Prokuristen und zu Dritten 424
2. Trotz formloser Begründung ist Löschung der Prokura im Handelsregister zur Beendigungswirkung gegenüber Dritten erforderlich . . 425
3. Die «Löschung» einer nichteingetragenen Prokura beseitigt die Einrede ihres Nichtbestehens 426
4. Löschung der Prokura und Arbeitsvertrag zwischen Geschäftsherrn und Prokuristen 427
5. Die einzelnen Erlöschungsgründe der Prokura 428
6. Prokurabegründung, Prokurabeendigung und Handelsregisterrecht . 430

Art. 461 OR

1. Die Wirkung eines Beendigungsgrundes der Prokura im Verhältnis des Geschäftsherrn zum Prokuristen und zu Dritten

1 a *a.* Art. 461 OR bringt unter dem Randtitel «*Löschung der Prokura*» Rechtsgedanken zum Ausdruck, die für die Rechtsgeschäftsbesorgung in direkter Stellvertretung schon in den Art. 34 III, 37, 406 und 933 OR in allgemeinerer Form ausgesprochen sind. Zwar kann die Prokura des schweizerischen Rechts eine stillschweigend begründete und namentlich eine aus den Umständen resultierende Geschäftsführungsvollmacht sein. Art. 396 N. 16d. Art. 458 N. 10, 11. Normalerweise ist sie jedoch eine beliebige «Drittkontrahenten» *vom Vollmachtgeber selbst mitgeteilte im Handelsregister öffentlich verurkundete Generalvollmacht.* Art. 396 N. 14c.

b *b.* Im *Verhältnis zwischen Geschäftsherrn und Prokuristen* erlischt die dem Drittkontrahenten vom Geschäftsherrn selbst mitgeteilte bzw. im Handelsregister eingetragene Vollmacht wie jede Vollmacht im *Zeitpunkt, da der Prokurist von einem Erlöschungsgrund Kenntnis erhält.* Art. 406 N. 4. Das gilt nicht nur für die interne Wirkung des Erlöschungsgrundes des Widerrufs (Art. 465 I, 34 III OR), sondern für die interne Wirkung aller Beendigungsgründe der Prokura. Solange der Prokurist keine Kenntnis vom Erlöschen der Prokura erhalten hat, ist seine *Rechtsgeschäftsbesorgung* eine *vertragliche*, nicht eine vertraglose Geschäftsführung. Er besitzt gegenüber dem Geschäftsherrn bis zu diesem Zeitpunkt die Ansprüche aus der *actio mandati contraria* nach Art. 396 III/402 OR, nicht nur die actio negotiorum gestorum contraria nach Art. 422/3 OR. Art. 458 N. 5.

c *c.* Im *Verhältnis des Geschäftsherrn zu Dritten*, die mit dem Prokuristen im Namen des Geschäftsherrn kontrahieren, verliert die Prokura ihre Vertretungswirkung erst, wenn diese *Dritten vom Erlöschungsgrund Kenntnis erhalten haben.* Art. 396 N. 14d, 18b. Art. 406 N. 4. **BGE 59 III 179/80.** Bis zu diesem Zeitpunkt *verpflichten die im Namen des Geschäftsherrn von Prokuristen abgeschlossenen Rechtsgeschäfte diesen auch dann, wenn der Prokurist bereits vom Erlöschungsgrund Kenntnis haben sollte.* Auch das gilt nicht nur für den Beendigungsgrund des Widerrufs (Art. 34 III OR), sondern *für jeden Erlöschungsgrund der Prokura.* Art. 37 OR.

2. Trotz formloser Begründung ist Löschung der Prokura im Handelsregister zur Beendigungswirkung gegenüber Dritten erforderlich

a. Art. 461 OR bestätigt zunächst die deklaratorische Wirkung des Handelsregistereintrages für die kaufmännische Prokura. Art. 458 N. 10b. Das Gesetz bestimmt sodann, dass auch die nichteingetragene Prokura im Handelsregister gelöscht werden muss, damit Drittkontrahenten die Berufung auf den guten Glauben allgemein abgeschnitten ist und die Beendigung der Prokura auch ihnen gegenüber wirkt. Art. 933 II OR. 2 a

b. Dadurch ist einmal die *positive Publizitätswirkung des Handelsregisters* für den kaufmännischen Rechtsverkehr unterstrichen. Wer sich auf eine im Handelsregister eingetragene «Tatsache» verlassen hat, ist in doppelter Weise geschützt: Durch die Vermutung seines guten Glaubens nach Art. 3 I ZGB sowie durch die Beweiskraft des Registers nach Art. 9 ZGB. Der Geschäftsherr, der sich darauf beruft, ein *Drittkontrahent habe trotz einer im Handelsregister noch eingetragenen Prokura sichere Kenntnis von deren Erlöschen* gehabt, der Drittkontrahent sei daher bösgläubig, und die Prokura entfalte keine Vertretungswirkung mehr, sieht sich einer Beweislast gegenübergestellt, der er praktisch nur dann genügen kann, wenn es sich um einen Drittkontrahenten handelt, dem er selbst noch rechtzeitig Mitteilung vom Erlöschen machen konnte. Art. 459 N. 9. **BGE 65 II 88.** § 15 I HGB. b

c. Der Gesetzgeber geht indessen im Schutz des gutgläubigen Drittkontrahenten noch weiter. Der Geschäftsherr, der durch Duldung oder Genehmigung eine Prokura stillschweigend erteilt hat (Art. 458 N. 10, 11), kann sich logischerweise nicht auf den fehlenden Handelsregistereintrag berufen, der keine konstitutive Wirkung besitzt. Nicht selbstverständlich ist indessen, dass der Drittkontrahent trotz fehlenden Eintrages in der nämlichen doppelten Weise geschützt ist, wie wenn der Eintrag erfolgt wäre. Der Drittkontrahent hat nicht nur die allgemeine Vermutung des guten Glaubens nach Art. 3 I ZGB für sich. Vielmehr kann der *Geschäftsherr* sich nicht auf den fehlenden Registereintrag berufen. Er *muss auch die nichteingetragene Prokura «löschen» lassen, damit ihm die positive Publizitätswirkung des Handelsregisters nach Art. 933 I OR zugute kommt.* Er soll aus der Unterlassung der Eintragung (Art. 458 II OR) keinerlei Nutzen ziehen. Er sieht sich derselben erdrückenden Beweislast gegenübergestellt, wie wenn die Eintragung ordnungsgemäss erfolgt wäre. Lit. b oben. c

3. Die «Löschung» einer nichteingetragenen Prokura beseitigt die Einrede ihres Nichtbestehens

3 a *a.* Die durch Art. 461 OR als lex specialis verfügte Abweichung vom allgemeinen Stellvertretungsrecht liegt darin, dass auch die im Handelsregister *nichteingetragene,* insbesondere die nur aus den Umständen resultierende Prokura (Vollmacht) formell *im Handelsregister «gelöscht» werden muss, damit der Geschäftsherr die Beendigung der Vertretungswirkung Dritten gegenüber allgemein geltend machen kann.* **BGE 74 II 150/1, 76 I 351, 81 II 62/63.** Nur die Löschung im Handelsregister hat im Aussenverhältnis zu Dritten eine gleichsam «dingliche» Beendigungswirkung für jede tatsächlich, sei es formell oder stillschweigend, begründete Prokura. Art. 933 I OR. **BGE 86 I 111 Erw. 2 b.** Der Beweis, dass der Dritte durch persönliche Mitteilung des Geschäftsherrn vom Erlöschen Kenntnis erhalten hat, ist praktisch nicht zu erbringen, weil der bösgläubige Prokurist selten mit solchen Dritten kontrahieren wird, die vom Geschäftsherrn noch rechtzeitig von der Beendigung benachrichtigt werden könnten.

b *b.* Wurde die nichteingetragene Prokura formell gelöscht, so ist dem Geschäftsherrn die *Einrede* endgültig *abgeschnitten, die formlose Prokura habe nicht bestanden.* Denn die formelle Löschung schafft eine praesumptio legis et de lege, dass die gelöschte Prokura bestanden hat. So jetzt übereinstimmend BECKER ad Art. 461 OR N. 3 und OSER/SCHÖNENBERGER ad Art. 461 OR N. 3. Die bis zur Publikation der Löschung im Handelsamtsblatt (Art. 932 II OR) unter der Prokura abgeschlossenen Rechtsgeschäfte verpflichten den Geschäftsherrn eines im Register «gelöschten» Prokuristen auf alle Fälle. Der Geschäftsherr sieht sich also bei einer Prokuraanmassung in eine schwierige Situation versetzt. Will er sie in Zukunft nicht dulden, so muss er die angemasste Prokura im Handelsregister löschen lassen und die bis zur Wirksamkeit der Löschung aus dem Kontrahieren des Pseudo-Prokuristen erwachsenen Verpflichtungen Dritten gegenüber übernehmen. In Zweifelsfällen wird er besser daran tun, keinen Registereintrag bzw. keine Löschung zu veranlassen, sondern Dritte womöglich durch «anderweitige Kommunikationen» bösgläubig zu machen. **BGE 60 I 394.**

c *c.* Die in Art. 461 OR vom Gesetzgeber getroffene Lösung ist die logische Folge der Zulassung der nichteingetragenen Prokura. Der gutgläubige Drittkontrahent darf durch sie nicht benachteiligt sein. Der Geschäftsherr, der der Eintragungspflicht nach Art. 458 II OR nachgekommen ist, steht besser als der säumige. Im ersten Fall ist er wenigstens in der Lage, durch die gesetzlich zulässigen Beschränkungen des Art. 460 OR die Vertretungswirkung gegenüber gutgläubigen Dritten zu begrenzen. Im letzteren Fall muss er die Prokura innerhalb des Rahmens von Art. 459 OR unbeschränkt gegen sich gelten lassen.

4. Löschung der Prokura und Arbeitsvertrag zwischen Geschäftsherrn und Prokuristen

4 a

a. In Art. 461 OR ist nur die Wirkung der Beendigungsgründe der Prokura gegenüber Dritten behandelt. Die vom allgemeinen Stellvertretungsrecht abweichenden Beendigungsgründe finden sich negativ umschrieben in Art. 465 II OR. In Art. 465 I OR ist überdies gesagt, das *Erlöschen der Prokura berühre den Arbeitsvertrag zwischen Geschäftsherrn und Prokuristen nicht.* Alle diese Rechtssätze erklären sich zwanglos, wenn man jede Prokura als *Vollmachtsauftrag* auffasst, der für sich allein oder neben einem Dienst- oder Gesellschaftsvertrag besteht. Vorbem. N. 2, 3. Art. 458 N. 2, 5–7.

b

b. Mit der Abstraktheit der Prokura wären das *Weisungsrecht* des Geschäftsherrn für die Rechtsgeschäftsbesorgung in seinem Namen, die *Wirkung der Weisungen gegenüber bösgläubigen Dritten,* die *Grenze zwischen vertraglicher und vertragloser Geschäftsführung* bei der Rechtsgeschäftsbesorgung, und schliesslich die *Rechte des Geschäftsherrn auf Schadenersatz bei fehlerhaftem Gebrauch der Prokura* nicht erklärt. *Die Rechtsgeschäftsbesorgung* des Prokuristen steht unter den *nämlichen Normen,* gleichgültig, ob neben ihr noch ein anderes Arbeitsverhältnis besteht und welcher Art dieses Arbeitsverhältnis ist.

c

c. Art. 461 und 465 OR befassen sich nur mit der *Beendigung der Rechtsgeschäftsbesorgung des Prokuristen,* seiner vertraglichen Vertretungsbefugnis. Ihre *Entstehung, ihre Wirkung und ihre Beendigung ist unabhängig von den übrigen vertraglichen Verpflichtungen des Prokuristen zum Betrieb der Firma.* Der Dienst- oder Gesellschaftsvertrag, der den Prokuristen zumeist mit dem Geschäftsherrn verbindet, erlischt nicht durch den Widerruf und die registerliche Löschung der Prokura, sondern nur aus den besonderen *dienstvertraglichen oder gesellschaftsrechtlichen Erlöschungsgründen.* Dagegen erlischt der Rechtsgeschäftsbesorgungsauftrag sowohl intern wie extern nach den auftragsrechtlichen Regeln. N. 1 oben. Das ergibt sich zweifelsfrei aus der Fassung von Art. 465 II OR. Es gelten die *Beendigungsgründe von Auftrag und Stellvertretung* für die Erlöschungsgründe (Art. 405/35 OR) sowie für *Zeitpunkt und Wirkung*

(Art. 406, 465 II OR) des Erlöschens der Prokura, soweit Art. 465 II OR keine besonderen Bestimmungen enthält.

5. Die einzelnen Erlöschungsgründe der Prokura

5 a *a.* Der häufigste Erlöschungsgrund für die Prokura ist der *einseitige unverzichtbare Widerruf durch den Geschäftsherrn* nach der Grundregel des Art. 404 OR, bestätigt in Art. 34 und 465 I OR. Die Prokura für eine *Kollektiv- oder Kommanditgesellschaft* kann von *jedem einzelnen zur Geschäftsführung befugten Gesellschafter wirksam widerrufen* werden. Art. 566, 598 II OR.

b *b.* Der *Prokurist* kann seinerseits die Prokura jederzeit *kündigen.* Art. 404 OR macht das Kündigungsrecht ebenso unverzichtbar wie den Widerruf. Es ist ein essentiale jedes Rechtsgeschäftsbesorgungsauftrages. Art. 395 N. 26. VON TUHR/SIEGWART I S. 318. Steht der Prokurist in einem Dienstverhältnis, so darf die *Kündigung der Rechtsgeschäftsbesorgung nicht als Arbeitsverweigerung* betrachtet werden. Erfolgt sie jedoch «*zur Unzeit*», so wird der Prokurist nach Art. 404 II OR dem Geschäftsherrn *schadenersatzpflichtig.* Eine weitere Erschwerung der Kündigung ist ungültig. Art. 404 N. 15a. Es trifft nicht zu, dass der Prokuraniederlegung durch den Prokuristen kaum praktische Bedeutung zukomme. So KNOEPFEL, Prokura S. 77. Die deutsche Lehre will sie nicht, das liberalere OR muss sie zulassen. Der Prokurist kann wie jeder andere Beauftragte Weisungen, Zumutungen, Misstrauenskundgebungen des Geschäftsherrn ausgesetzt sein, für die er die Verantwortung oder Mitverantwortung nicht übernehmen will. So beispielsweise in der Vertretung des Geschäftsherrn gegenüber *Steuerbehörden.* Seine Pflicht, verbindliche Weisungen zu befolgen, kann er nur durch Niederlegung der Prokura paralysieren. Art. 404 N. 18a. Macht er von seinem Recht Gebrauch, so darf dadurch sein Lohnanspruch nicht tangiert werden. Widerruf oder Kündigung der Prokura werden meist zur *Auflösung eines Dienstvertrages* mit dem Prokuristen führen. Doch tritt die Auflösung nicht automatisch ein. Der Dienstvertrag muss nach Art. 347/8 OR *gekündigt* und kann nur nach Art. 352 OR *fristlos aufgelöst* werden.

c *c. Tod, Verschollenerklärung und Handlungsunfähigkeit des Geschäftsherrn,* der eine *natürliche Person* ist, nach Art. 34 und 404 OR allgemeine Beendigungsgründe für den Rechtsgeschäftsbesorgungsauftrag, *beenden nach dem Spezialrecht von Art. 465 II OR die Prokura nicht.* Aber es steht den Erben oder einem gesetzlichen Vertreter des verstorbenen, verschollenen oder handlungsunfähig gewordenen Geschäftsherrn frei, die Prokura jederzeit nach Art. 465 I OR zu widerrufen. Art. 405 N. 5. Doch tritt die *Beendigungswirkung gegenüber dem Prokuristen erst mit der Kenntnis des Widerrufs und gegenüber gutgläubigen Dritten erst mit der Löschung im Handelsregister bzw. Publikation der Löschung im Handelsamtsblatt ein.* Art. 406, 461 II, 932 II, 933, 937 OR.

d *d.* Der *Konkurs des Geschäftsherrn,* der eine natürliche Person ist, die *freiwillige oder konkursamtliche Liquidation einer juristischen Person* oder einer *Handelsgesellschaft* (Art. 740 V OR) bringen die Prokura zum Erlöschen. Das folgt nicht nur aus Art. 405/35 OR und e contrario aus Art. 465 II OR, sondern aus dem Wesen der Prokura als *Dauer-Generalvollmacht zum Betrieb eines Geschäftes oder Gewerbes.* Der Prokurist hat *keine Vollmacht zur Liquidation.* Art. 458 N. 15 a. Art. 459 N. 1 a. Über das Massavermögen des konkursiten Gemeinschuldners verfügt die Konkursverwaltung (Art. 204, 240 SchKG), über das Liquidationsvermögen einer juristischen Person oder einer Handelsgesellschaft verfügen die Liquidatoren ausschliesslich. Daneben besteht *kein Raum mehr für eine Vertretungsmacht des Prokuristen* (vgl. auch Art. 740 I OR). Doch kann der *Prokurist,* wo das Gesetz die freie Bestimmung ermöglicht, *zum Liquidator bestimmt* werden, was u. U. nützlich ist, wenn er die Vermögensverhältnisse seiner Firma besser kennt als andere. Die *Konkurseröffnung ist von Amtes wegen im Handelsregister einzutragen.* Art. 939 OR. Art. 64/6 HV. Die *freiwillige Liquidation muss angemeldet* werden. Art. 739 OR. 88, 96 HV. Beide erlangen *erst durch die Eintragung und Publikation Wirksamkeit gegenüber gutgläubigen Dritten.* Art. 933 II OR. **BGE 65 II 87/8.** Die *Löschung der Firma* umfasst implicite die *Löschung der Prokura,* die Eintragung der Liquidation bewirkt von Gesetzes wegen Beschränkungen der Vertretungsbefugnis des Prokuristen (Art. 939 II und 740 V OR), die Dritten gegenüber wirksam sind.

e *e. Tod, Verschollenerklärung, Handlungsunfähigkeit und Konkurs des Prokuristen* sind, wie sich aus Art. 465 II OR ergibt, auftragsrechtliche Beendigungsgründe nach Art. 405/35 OR. Sie wirken *intern* nach Art. 406 OR erst, wenn sie dem *Geschäftsherrn zur Kenntnis* gelangt sind, und gegenüber *gutgläubigen Dritten* nach Art. 461 OR erst, wenn infolge des Beendigungsgrundes die *Löschung der Prokura im Handelsregister* und die Publikation der Löschung im Handelsamtsblatt erfolgt ist.

f *f.* Jede *tatsächliche Löschung der Firma* (Art. 64/8 HRegV) bewirkt gleichzeitig die *Löschung der für diese Firma bestehenden Prokura,* wenn diese nicht schon vorher erloschen ist. Die Löschung der Firma hat interne und externe Beendigungswirkung. Mit der *Aufgabe des Geschäftsbetriebes,* für den ein Prokurist bestellt wurde, tritt ein Beendigungsgrund ein. SJZ 38 (1941/42) Nr. 9 S. 32. War *die Firma* im Handelsregister *eingetragen*, so muss zur Wirksamkeit gegenüber Dritten die *Löschung im Handelsregister* erfolgen. Art. 937/8 OR. Bei der Löschung einer Firma sind alle diese betreffenden Eintragungen einschliesslich einer allfälligen Prokura zu löschen. His ad Art. 938 OR N. 11.

6. Prokurabegründung, Prokurabeendigung und Handelsregisterrecht

6 a *a.* Die Prokura enthält eine Vollmacht, die Dritten durch ein öffentliches Register mitgeteilt wird oder mitgeteilt werden sollte. N. 2c, 3c oben. Sie ist eine Erklärung (Offerte) des Geschäftsherrn, die in seinem Namen vom Prokuristen abgeschlossenen Rechtsgeschäfte als für sich verbindlich anzuerkennen. Art. 394 N. 13. Eintragung und/oder Löschung im Handelsregister sind «Tatsachen». Art. 933 II, 937 OR. Sie *bestehen ohne Rücksicht darauf, ob die Eintragung oder Löschung zu Recht oder zu Unrecht erfolgt sind.* **BGE 65 II 87/8.**

b *b.* Das Handelsregisterrecht macht die Wirkung einer Eintragung (oder Löschung) gegenüber Dritten von der Tatsache abhängig, ob diese besteht oder nicht. Sie macht sie nicht davon abhängig, ob die Eintragung zu Recht oder zu Unrecht erfolgt ist. Art. 932/3 OR. Wie im Sachenrecht die Tatsache des Besitzes oder des Grundbucheintrages, so *verschafft im Handelsrecht der Handelsregistereintrag dem gutgläubigen Dritten subjektive Rechte auch dann, wenn die eingetragene Tatsache nicht zu Recht besteht.* Doch kann auch der Handelsregistereintrag dem gutgläubigen Dritten keine subjektiven Rechte verschaffen, die nach positivem schweizerischem Recht nicht bestehen können.

c *c.* Diese Leitsätze bedeuten auf die Prokura angewendet:

(1) *Einreden, insbesondere Nichtigkeits- oder Willensmängel aus dem internen Rechtsverhältnis zwischen Geschäftsherrn und Prokuristen können dem gutgläubigen Drittkontrahenten nicht entgegengehalten werden.* Der Geschäftsherr muss die durch ihn veranlasste öffentliche Mitteilung als richtig anerkennen, es sei denn, er beweist, dass der Dritte die mangelhafte Rechtsgrundlage der Prokura kannte, also bösgläubig ist. Im Aktien- und Genossenschaftsrecht bedeutet dies, dass gutgläubigen Dritten die Ungültigkeit eines rechtlich möglichen Generalversammlungsbeschlusses, auf Grund dessen eine Eintragung erfolgt ist, nicht entgegengehalten werden kann: **BGE 78 III 44/5 Erw. 9.** Dritte können sich auf die eingetragene Zeichnungsberechtigung der Verwaltung, Di-

rektoren und Prokuristen verlassen, ohne dass ihnen die Anfechtbarkeit von Wahlen oder Beschlüssen der Generalversammlung entgegengehalten werden könnte.

(2) Da die *Prokurabegründung* nach schweizerischem Recht *keine eintragungspflichtige Tatsache* ist (Art. 933 II OR), kann das Fehlen des Eintrages Dritten nicht entgegengehalten werden, die beweisen, dass sie «*aus den Umständen auf das Vertretungsverhältnis schliessen mussten*». Art. 32 II OR. **BGE 74 II 151, 76 I 351, 81 II 53.** Die nichteingetragene Prokura wirkt gegenüber gutgläubigen Dritten im gesetzlichen Umfang von Art. 459 OR unbeschränkt.

(3) Die durch ein *Versehen oder eine Täuschung des Handelsregisterführers eingetragene Prokura ist gegenüber gutgläubigen Dritten wirksam.* **BGE 78 III 44/6.** Doch *haftet der Pseudo-Prokurist dem Geschäftsherrn für Schaden aus Rechtsgeschäften, die diesen binden, zivilrechtlich als falsus procurator, und der Handelsregisterführer bei Verschulden persönlich, subsidiär der Kanton nach Art. 928 OR.* Würde man annehmen, versehentliche Eintragungen seien gutgläubigen Dritten gegenüber unwirksam, so läge eine mit Art. 933 OR unvereinbare Schmälerung der Publizitätswirkung des Handelsregisters vor. Es wäre nicht einzusehen, wofür der Registerführer nach Art. 928 OR haftbar werden könnte. Sind die *Umstände* massgebend, wie sie dem Drittkontrahenten erscheinen (2 oben), und ist die stillschweigende Prokura möglich, so muss sich dieser a fortiori auf jeden, *auch den versehentlichen Handelsregistereintrag verlassen* können. Das gilt namentlich im internationalen Rechtsverkehr. Anders BECKER ad Art. 461 N. 2. HIS ad Art. 933 OR N. 24.

(4) Da die *Beendigung der Prokura*, auch wenn sie nicht eingetragen war, eine *eintragungspflichtige Tatsache* ist, *wirkt erst die Löschung gutgläubigen Dritten gegenüber*, gleichgültig auf welchem Beendigungsgrund sie beruht. OSER/SCHÖNENBERGER ad Art. 462 N. 2, 3. Art. 461 II OR. Anders HIS ad Art. 933 N. 23.

(5) Da der *Handelsregisterführer Eintragungen vornehmen muss, die nicht offensichtlich gegen das positive Recht verstossen, kann sich der Drittkontrahent nicht darauf verlassen, dass die Eintragung ein nach schweizerischem Recht gültiges Rechtsverhältnis wiedergibt.* Ein ungültiges Recht oder Rechtsverhältnis konvalesziert auch durch die Eintragung nicht. **BGE 67 I 345 Erw. 1, 75 I 325 Erw. 1, 81 I 399 Erw. 3.** *Ob ein eintragungsfähiges Recht oder Rechtsverhältnis gültig ist, unterliegt der Kognition des Richters, nicht der Registerbehörden.* Ist ein Rechtsverhältnis nach positivem Recht möglich (unbeschränkte persönliche Haftbarkeit von Genossenschaftern), jedoch auf Grund einer mangelhaften Anmeldung *eingetragen* (kein qualifizierter Mehrheitsbeschluss der Generalversamm

lung nach Art. 889 I OR), so kann der *Mangel im «Rechtsgrund» der Eintragung gutgläubigen Dritten nicht entgegengehalten* werden. N. 6 c (1) oben. **BGE 78 III 43/6 Erw. 9, 86 I 109/10 Erw. 3 b.**

d *d.* Die *Löschung der Prokura wirkt gutgläubigen Dritten gegenüber zeitlich nicht schon mit ihrer Vornahme im Handelsregister, sondern erst am nächsten Werktag, der ihrer Bekanntmachung im Schweizerischen Handelsamtsblatt folgt.* Art. 461 II, 931, 932 II OR.

Art. 462

B. Andere Handlungsvollmachten

[1] Wenn der Inhaber eines Handels-, Fabrikations- oder eines andern nach kaufmännischer Art geführten Gewerbes jemanden ohne Erteilung der Prokura, sei es zum Betriebe des ganzen Gewerbes, sei es zu bestimmten Geschäften in seinem Gewerbe, als Vertreter bestellt, so erstreckt sich die Vollmacht auf alle Rechtshandlungen, die der Betrieb eines derartigen Gewerbes oder die Ausführung derartiger Geschäfte gewöhnlich mit sich bringt.

[2] Jedoch ist der Handlungsbevollmächtigte zum Eingehen von Wechselverbindlichkeiten, zur Aufnahme von Darlehen und zur Prozessführung nur ermächtigt, wenn ihm eine solche Befugnis ausdrücklich erteilt worden ist.

B. Autres mandataires commerciaux

[1] Le mandataire commercial est la personne qui, sans avoir la qualité de fondé de procuration, est chargée de représenter le chef d'une maison de commerce, d'une fabrique ou de quelque autre établissement exploité en la forme commerciale, soit pour toutes les affaires de l'entreprise, soit pour certaines opérations déterminées; ses pouvoirs s'étendent à tous les actes que comportent habituellement cette entreprise ou ces opérations.

[2] Toutefois le mandataire commercial ne peut souscrire des engagements de change, emprunter ni plaider, si ce n'est en vertu de pouvoirs exprès.

B. Altri mandati commerciale

[1] Se il proprietario di un commercio, di una fabbrica o di un altro stabilimento commerciale ha preposto taluno, senza conferimento di procura, all'esercizio di tutto lo stabilimento, o a quello di speciali affari del medesimo, in qualità di rappresentante, il mandato si estende a tutti gli atti giuridici ordinariamente compresi nell'esercizio di tale stabilimento o nella gestione di tali affari.

[2] L'agente di negozio però non può firmare cambiali, contrarre mutui o stare in giudizio, ove non gli sia stata conferita siffatta speciale facoltà.

Materialien: Vgl. sub Art. 458 OR. BG über die Handelsreisenden vom 4. Oktober 1930 = HRG (BS 10 S. 219). VO zum BG vom 4. Oktober 1930 über die Handelsreisenden = VO HRG BG über das Anstellungsverhältnis der Handelsreisenden vom 13. Juni 1941 = HRAG (BS 2 S. 776).

Rechtsvergleichung: aOR Art. 426. HGB (Stand vom 20. Mai 1960) §§ 54–58. Code Civil art. 1987–1989. Codice Civile art. 2209–2213.

Literatur: PAUL CARRY, Voyageur de commerce dépendant ou agent autonome? Genève 1953. KARL WAGNER, Die Handlungsvollmachten nach Art. 462 des Obligationenrechts, Zürcher Diss 1945.

SYSTEMATIK DER KOMMENTIERUNG

Art. 462 OR

A. Art. 462 I OR

I. Abgrenzung der Handlungsvollmacht von der Prokura und der gewöhnlichen Auftragsvollmacht

1. Stellung und Funktion der Handlungsvollmacht im schweizerischen Privatrechtssystem 435
2. Vergleich mit dem deutschen, römischen und italienischen Recht . 436
3. Aktivlegitimation zur Bestellung kaufmännischer Handlungsbevollmächtigter 438
4. Die Fähigkeit, kaufmännischer Handlungsbevollmächtigter zu sein 439
5. Begriffsumschreibung und Abgrenzung 440

II. Entstehung der kaufmännischen Handlungsvollmacht

6. Unbeschränkte Geltung der Lehre von der Auftragsentstehung . . 440
7. Auftragsrecht im Innenverhältnis zwischen Geschäftsherrn und Handlungsbevollmächtigtem 441

III. Der Umfang der kaufmännischen Handlungsvollmachten

8. Handlungsvollmacht zum gewöhnlichen Betrieb des ganzen Gewerbes 442
9. Beschränkung der Handlungsvollmacht zum Betrieb des ganzen Gewerbes und ihre Wirkung im Innen- und Aussenverhältnis 444
10. Gesetzlich mögliche Beschränkungen der Handlungsvollmacht auf einen Betriebszweig und ihre Wirkung gegenüber Dritten. Ladenpersonal. Einkäufer, Kassier. Handelsreisende. Versicherungsagent. Hotelpersonal 446

B. Art. 462 II OR

11. Die negative gesetzliche Begrenzung aller Handlungsvollmachten . 451
12. Zusammenfassende Bemerkung über gesetzliche und vertragliche Beschränkungen der Handlungsvollmachten und ihre Wirkung im Innen- und Aussenverhältnis 453

Art. 462 OR

A. Art. 462 I OR

I. ABGRENZUNG DER HANDLUNGSVOLLMACHT VON DER PROKURA UND DER GEWÖHNLICHEN AUFTRAGSVOLLMACHT

1. Stellung und Funktion der Handlungsvollmacht im schweizerischen Privatrechtssystem

a. Die in Art. 462 revOR geregelten «anderen Handlungsvollmachten» sind nach der Titelüberschrift wie die Prokura «mandati commerciali». Nach dem Wortlaut des Gesetzes können sie *nur vom Inhaber eines Handels-, Fabrikations- oder anderen nach kaufmännischer Art geführten Gewerbes erteilt* werden. Art. 426 I aOR sprach vom «Inhaber eines Gewerbes der in Artikel 422 Absatz 1 bezeichneten Art». Dort war die Aktivlegitimation zur Prokuraerteilung geregelt. Art. 458 N. 13. Der Zusatz, ein Handlungsbevollmächtigter werde «ohne Erteilung der Prokura» bestellt, macht vollends deutlich, dass nur der Geschäftsinhaber eine Handlungsvollmacht erteilen kann, der auch eine Prokura erteilen könnte. Nach der Umschreibung des französischen Textes ist der Handlungsbevollmächtigte ein «mandataire commercial sans avoir la qualité de fondé de procuration». 1 a

b. Die schweizerische Doktrin und Praxis haben sowohl die sogenannte nichtkaufmännische Prokura nach Art. 458 III OR, deren Bezeichnung schon einen Widerspruch in sich selbst bedeutet (Art. 458 N. 13b, c), als auch die kaufmännische Handlungsvollmacht in ihrem Wesen zu denaturieren versucht, indem sie *auch für Gewerbe und Geschäfte zugelassen werden sollte, die nicht kaufmännisch geführt werden.* Dadurch entsteht Unsicherheit über den Umfang von Handlungsvollmachten und eine unüberblickbare Kasuistik statt «einfacher und übersichtlicher Verhältnisse». **BGE 78 II 151.** Es ist bei vielen neuartigen, nicht kaufmännisch betriebenen Gewerben kaum zu erkennen, was zu ihrem gewöhnlichen Betrieb oder was zur gewöhnlichen «Ausführung derartiger Geschäfte» gehört. b

c. Das allgemeine schweizerische Auftrags- und Geschäftsführungsrecht, das auch die Struktur der «kaufmännischen Mandate» (mandats commerciaux) bestimmt (Vorbem. N. 3 Art. 458 N. 2, 5–9), führt trotz der Ähnlichkeit der Formulierungen zu anderen Konzeptionen als das c

Sonderrecht des Kaufmannstandes im HGB. Bei der Revision des OR von 1911 wurde dem Recht des einfachen Auftrages als Absatz 2 von Art. 397 der bedeutsame Zusatz beigefügt:

«Insbesondere ist in dem Auftrage auch die Ermächtigung zu den Rechtshandlungen enthalten, die zu dessen Ausführung gehören.»

In Abweichung vom BGB und HGB werden die meisten Vollmachtserteilungen in der Schweiz auch zwischen Vollmachtgeber und Bevollmächtigtem nicht erwähnt. Sie bilden einen Bestandteil des Mandatskonsens, ob dieser ausdrücklich oder stillschweigend zustande kommt. Vorbem. N. 3. Art. 395 N. 1, 2, 5–11, 16–20. Art. 396 N. 27. Erteilt der *Nichtkaufmann* einen Rechtsgeschäftsbesorgungsauftrag, sei es auf Dauer, sei es vorübergehend, sei es zur Besorgung einer Vielzahl gleichartiger oder aller ungleichartigen Rechtsgeschäfte, die zum gewöhnlichen Betrieb eines nichtkaufmännischen «Unternehmens» gehören, so ist es ein *einfacher Auftrag* i. S. von Art. 394 ff. OR. Art. 396 N. 27. Der Umfang der Vollmacht richtet sich nach Art. 396 OR. Es ist zu prüfen, *welche Rechtshandlungen (erfahrungsgemäss) zur Erfüllung der vom Geschäftsherrn übertragenen Aufgabe*, nicht welche Rechtshandlungen zum gewöhnlichen Betrieb seines Geschäftes gehören.

d *d.* Bei der Revision von 1911 wurde ferner in bewusster Abweichung vom deutschen, französischen und italienischen Recht die zwingende Qualifikationsregel von Art. 394 II OR eingeführt. Art. 394 N. 56, 57. «Verträge über Arbeitsleistung, die keiner besonderen Vertragsart dieses Gesetzes unterstellt sind, stehen unter den Vorschriften über den Auftrag.» Die gesetzliche *Qualifikationsregel ermöglicht die eindeutige Abgrenzung zwischen «mandato commerciale»* (17. Titel des OR) *und «mandato propriamente detto»* (11. Titel 1. Abschnitt des OR). Wird ein *Rechtsgeschäftsbesorgungsauftrag «in base a un rapporto continuativo»* (art. 2209 Codice Civile) *von einem Kaufmann begründet, so ist er «un mandato commerciale», wird er von einem Nichtkaufmann begründet, so ist er ein einfacher Auftrag*. Das *Qualifikationskriterium* ist ausschliesslich die *Kaufmannseigenschaft des Auftraggebers*. Ähnlich Becker ad Art. 462 OR N. 2. Wagner, Handlungsvollmachten S. 18/25. Anders offenbar Oser/Schönenberger ad Art. 462 OR N. 4 a. E.

2. Vergleich mit dem deutschen, römischen und italienischen Recht

2 a *a.* Obschon im schweizerischen Recht die kaufmännischen Vollmachten im allgemeinen und die Handlungsvollmachten nach Art. 462 OR im

besonderen nach dem Vorbild des HGB ausgestaltet sind und sich die Begriffsumschreibungen z.T. wörtlich decken, ergeben sich aus der Verschiedenheit der Privatrechtssysteme beträchtliche Abweichungen. Immerhin besteht kein Zweifel, dass die *Handlungsvollmachten nach* § 54 HGB *nur von einem Kaufmann* und nur zur Vornahme von Handelsgeschäften erteilt werden können. Im Gegensatz zur Prokura (§48 I HGB) kann die *Handlungsvollmacht* des HGB (wie alle kaufmännischen Vollmachten des OR) *stillschweigend begründet* werden. Umfang und Wirkungen von Prokura einerseits und anderen Handlungsvollmachten andererseits sind nach HGB und OR gleichartig abgegrenzt und ausgestaltet.

b

b. Das *französische System* kennt kein Sonderrecht für verschiedene Arten der mandats commerciaux. Letztere sind nach französischer Auffassung keine qualifizierten Mandate. Die Regeln des *mandat ou procuration des Code Civil* (art.1984) gelten auch für *Handelsgeschäfte in direkter Stellvertretung eines Geschäftsherrn.* Die Unterscheidung von mandat général, das nur zu Verwaltungs-, nicht zu Verfügungsgeschäften berechtigt, und mandat spécial (art.1987/9) sowie die Handelsgewohnheiten haben immerhin im Handelsverkehr zur *Ausbildung stereotyper Vertretungsverhältnisse* geführt, die im Resultat der Prokura und den anderen kaufmännischen Handlungsvollmachten entsprechen.

c

c. Die Unterscheidung zwischen prokuraähnlicher kaufmännischer *Generalhandlungsvollmacht zum Betriebe des ganzen Gewerbes und Handlungsvollmacht zu bestimmten Geschäften* in seinem Betrieb findet sich bereits in **DIG. 14. 3. 11–16.** Schlüssige Tatsachen begründeten wie heutzutage *Präsumptionen für die Vertretung* und dementsprechend die *Haftung des Geschäftsherrn.* Für die Gewährung der actio institoria gegen den Geschäftsherrn kam es darauf an, ob dieser den institor *tatsächlich mit der Leitung eines Betriebes* oder Betriebszweiges betraut hatte (praeposuit). «Institor est, qui tabernae locove ad emendum vendendumve praeponitur quique sine loco ad eundem actum praeponitur.» **DIG. 14. 3. 18.**

d

d. Der «*procuratore*» des art.2209 Codice Civile entspricht unserem *kaufmännischen Generalhandlungsbevollmächtigen* und unterscheidet sich vom «*institore*» des art.2203 Codice Civile (der unserem Prokuristen entspricht) durch das *Fehlen leitender Funktionen.* Die nur *bestimmte Rechtsgeschäfte eines Gewerbes* besorgenden Handlungsbevollmächtigten (z.B. Ladenverkäufer und Handelsreisende) sind die in art. 2210–2213 behandelten «*commessi del imprenditore*». Da die Vollmacht der letzteren ebensowenig wie in der Schweiz registriert werden kann und regelmässig aus den Umständen resultiert (vgl. Art. 32 II OR), sind eine Reihe von *Präsumptionen für den Umfang ihrer Vollmacht* (poteri) aufgestellt, während für den institore und procuratore *durch Registrierung jeder beliebige Vollmachtsumfang jedem Dritten gegenüber verbindlich gemacht werden kann.* In der Schweiz kann der Umfang der Prokura und der kaufmännischen Handlungsvollmacht durch Registrierung nicht beliebig begrenzt werden. Für die Prokura ergibt sich die jedem Dritten gegenüber wirksame *Begrenzbarkeit aus dem Gesetz.* Für andere Handlungsvollmachten, die nicht registriert werden können, ist *Dritten gegenüber der gesetzliche Umfang massgebend, es sei denn, sie hatten Kenntnis von ihrer Beschränkung oder müssen aus den Umständen darauf schliessen.* N. 12 unten.

3. Aktivlegitimation zur Bestellung kaufmännischer Handlungsbevollmächtigter

3 a *a.* Aus dem Wortlaut des Gesetzes folgt, dass die *Aktivlegitimation zur Bestellung eines Prokuristen und eines Handlungsbevollmächtigten identisch* sein muss. Sie kommt *allen im Handelsregister eingetragenen Einzelfirmen zu, von den nichteingetragenen jedoch nur denjenigen, die eintragungsfähig* sind. Einen *Handelsreisenden* kann nach Art. 4 I HRG nur eine *Firma* haben, die tatsächlich im Handelsregister *eingetragen* ist. Kann die *Prokura* von *kaufmännisch geführten Kleinbetrieben* erteilt werden, so a fortiori die kaufmännische *Handlungsvollmacht.* Dagegen kann ein nicht kaufmännisch betriebenes Gewerbe oder «Geschäft», ein Arzt, ein Anwalt, ein nicht eintragungspflichtiger Kleinhandwerker **(BGE 75 I 79/82)** keinen kaufmännischen Handlungsbevollmächtigten bestellen. Mit der Kaufmannseigenschaft *fehlt der Grund und das Bedürfnis nach Ausdehnung* (grösserer Umfang der kaufmännischen Vollmachten) *und Verschärfung* (Konkursbetreibung) *der Unternehmerhaftung.* Nichtkaufleute sollen des erhöhten Schutzes der gewöhnlichen Auftragsvollmacht (Art. 394 III OR) teilhaftig werden. Art. 458 N. 13. *Unmündige oder Bevormundete können Handlungsbevollmächtigte nur bestellen, wenn die Vormundschaftsbehörde, Ehefrauen nur, wenn der Ehemann, die Bewilligung zum selbständigen Gewerbe- oder Geschäftsbetrieb erteilt hat und wenn sie eine eintragungsfähige Firma führen.*

b *b. Handlungsbevollmächtigte* bestellen können ferner alle im Handelsregister *eingetragenen* Personengesellschaften und *juristischen Personen. Keine kaufmännische Handlungsvollmacht erteilen kann die einfache Gesellschaft.* Art. 458 N. 14, 15.

c *c.* Abweichend von der herrschenden Meinung kann nach schweizerischem Recht ein *Handlungsbevollmächtigter grundsätzlich nur vom Geschäftsherrn, von den geschäftsführenden Gesellschaftern der Kollektiv- oder Kommanditgesellschaft oder von den Geschäftsführungsorganen der juristischen Person bestellt werden.* Über die Handlungsfähigkeit der juristischen Person verfügen nach Art. 55 ZGB nur die Organe. *Personengesellschaften* handeln durch die vom Gesetz und Gesellschaftsvertrag berufenen *geschäftsführenden Gesellschafter.* Den Organen bzw. den geschäftsführenden Gesellschaftern subordinierte vertragliche Vertreter (Direktoren, Prokuristen) haben nach Art. 398 III OR namentlich die *Rechtsgeschäftsbesorgung persönlich* auszuführen und sind zur *totalen oder teilweisen Substitution nur mit Zustimmung oder nachträglicher* (auch stillschweigender) *Genehmigung des Geschäftsherrn,* bei *Üblichkeit* oder bei *Nötigung durch die Umstände* befugt. Substituiert ein Direktor oder Prokurist einen Handlungsbevollmächtigten nach Art. 462 OR, so wird man zwar kaum Üblichkeit (jedenfalls nicht in kleineren Betrieben), doch regelmässig *Genehmigung oder Duldung durch den Geschäftsherrn* annehmen können. Art. 459 N. 5. Im *Innenverhältnis* zwischen Geschäftsherrn, Prokuristen (Direktor) und substituiertem Handlungsbevollmächtigtem kommt der Frage Bedeutung zu. Die *internen Haftungsverhältnisse variieren, je nachdem die Substitution befugt oder unbefugt war.* Art. 399 OR. Eine Bank wird normalerweise nicht zulassen, dass ein Prokurist eine Handlungsvollmacht erteilt. Im Verhältnis des Geschäftsherrn zu Dritten hingegen ist sie ohne Bedeutung, weil die Tatsache, wer den Handlungsbevollmächtigten bestellt hat, nach aussen nicht in Erscheinung tritt und der Dritte sich auf den äusseren Schein verlassen kann. **BGE 74 II 151, 78 I 351, 81 II 53.**

4. Die Fähigkeit, kaufmännischer Handlungsbevollmächtigter zu sein

4 Für die Fähigkeit, kaufmännischer Handlungsbevollmächtigter zu sein, gelten die *nämlichen Grundsätze wie für die Prokurafähigkeit.* Sie kommt nur *handlungsfähigen natürlichen Personen* zu. Hat der Eintritt der Handlungsunfähigkeit das Erlöschen der kaufmännischen Handlungsvollmachten zur Folge (Art. 35, 405/6, 465 II OR), so bildet sie erst recht Voraussetzung für eine vertragliche Rechtsgeschäftsbesorgung der kaufmännischen Bevollmächtigten. Art. 395 N. 41. Doch kann *fehlende Handlungsfähigkeit des Handlungsbevollmächtigten gutgläubigen Dritten nicht entgegengehalten werden.* Art. 396 N. 21, 24. Anders WAGNER, Handlungsvollmachten S. 10. (Diese Auffassung übersieht, dass die vertrag-

liche Rechtsgeschäftsbesorgung für fremde Rechnung Vertragsfähigkeit auch des Vertreters voraussetzt, der intern eine vertragliche Sorgfaltshaftung übernimmt.) Der vertragsunfähige Handlungsbevollmächtigte ist im Verhältnis zum Geschäftsherrn vertragloser Geschäftsführer i. S. von Art. 420 OR und haftet im Innenverhältnis als solcher.

5. Begriffsumschreibung und Abgrenzung

5 Auf Grund der Stellung im System sowie der gesetzlichen Begriffsbestimmungen und Abgrenzungen lässt sich die *kaufmännische Handlungsvollmacht des schweizerischen Rechts* ungefähr folgendermassen umschreiben:

Die *nicht ins Handelsregister eintragbare* kaufmännische Handlungsvollmacht ist der *von einem kaufmännischen Gewerbe oder Geschäft mit einer natürlichen handlungsfähigen Person begründete Rechtsgeschäftsbesorgungsauftrag in gesetzlich begrenztem Umfange zu direkter Stellvertretung des Geschäftsherrn, sei es als Dauer-Generalvollmacht zum Betriebe des ganzen, sei es als Dauer-Spezialvollmacht zum Betriebe einzelner Zweige eines kaufmännisch geführten und daher im Handelsregister eintragbaren Geschäftes.* Sie unterscheidet sich von der Prokura durch die Nichteintragbarkeit im Handelsregister und den *begrenzteren Umfang.* So ist der Prokurist zur Entgegennahme von *Betreibungsurkunden* für den Geschäftshern ermächtigt, der Handlungsbevollmächtigte bedarf einer ausdrücklichen Zustellungsvollmacht i. S. von Art. 66 I SchKG. **BGE 68 III 153, 69 III 35/7.** Die kaufmännische Handlungsvollmacht unterscheidet sich von der *Auftragsvollmacht* des Art. 396 OR dadurch, dass sie nur von einer im Handelsregister eingetragenen oder eintragbaren Firma erteilt werden kann und einen *nach anderen Gesichtspunkten umschriebenen Umfang* aufweist als jene.

II. ENTSTEHUNG DER KAUFMÄNNISCHEN HANDLUNGSVOLLMACHT

6. Unbeschränkte Geltung der Lehre von der Auftragsentstehung

6 a *a.* Sowohl die Handlungsvollmacht zum Betriebe des ganzen Gewerbes als auch die Handlungsvollmachten zur Rechtsgeschäftsbesorgung für einzelne Betriebszweige oder Betriebsstätten entstehen durch den nämlichen *formlosen, oft stillschweigenden und konkludenten Konsens,* der

nach schweizerischem Recht für die Entstehung des einfachen Auftrages wie der kaufmännischen Prokura charakteristisch ist. Art. 395 N. 11. Art. 458 N. 10. Die Entstehung durch *konkludentes Verhalten des Geschäftsherrn* kann sogar als der *Regelfall*, die ausdrückliche Erteilung einer Handlungsvollmacht als die Ausnahme betrachtet werden. ZBJV 78 (1942) S. 368. Selbst wenn ein Dritter den handlungsbevollmächtigten Geschäftsführer eines Handelsgeschäfts (Motorradhandlung) für den Geschäftsherrn hält, ändert der *Irrtum über den Vertreter und Vertretenen* nichts an der *Verbindlichkeit der im Rahmen der üblichen Geschäftstätigkeit abgeschlossenen Verträge.* Semjud 80 (1958) S. 213. Ein Einfluss des Handelsregisterrechtes auf Entstehung und Wirkung von kaufmännischen Handlungsvollmachten, die nicht Prokuren sind, fällt aus. Der *gute Glaube Dritter wirkt in gleicher Weise vollmachtsbegründend und vollmachtsheilend wie bei der gewöhnlichen «bürgerlichen» Auftragsvollmacht.* Art. 396 N. 16d, 18. Art. 397 N. 9.

b

b. Infolgedessen wird die Vollmachtsanmassung durch einen Angestellten des Geschäftsherrn, wenn ein Handelsregistereintrag fehlt, regelmässig als *Anmassung der kaufmännischen Handlungsvollmacht nach Art. 462 OR*, sei es zum Betriebe des ganzen Gewerbes, sei es zum Betriebe einzelner Zweige desselben, zu betrachten sein. **BGE 74 II 151, 76 I 351, 81 II 62/3.** Auf eine Prokuraanmassung zu schliessen, wenn kein Handelsregistereintrag vorliegt, würde zu weit gehen. Der *Unterschied* äussert sich im *Umfang der Vollmacht.* Der *gutgläubige Dritte* darf in Ermangelung eines Handelsregistereintrages nach Art. 32 II OR schliessen, der kaufmännische Vertreter sei *zu allen Rechtshandlungen bevollmächtigt, die das Gewerbe oder der Betriebszweig gewöhnlich mit sich bringt.* Er darf nicht darauf schliessen, der Vertreter habe die Prokura, d.h. Vollmacht zu allen Rechtshandlungen, die durch den Geschäftszweck nicht überhaupt ausgeschlossen sind. Art. 459 N. 1b. N. 8a unten. **BGE 38 II 105.** Dieser Sinn kommt den einschränkenden Worten «ohne Erteilung der Prokura» zu.

7. Auftragsrecht im Innenverhältnis zwischen Geschäftsherrn und Handlungsbevollmächtigtem

7 a

a. Findet die Lehre von der *Auftragsentstehung* namentlich durch stillschweigende Duldung oder Genehmigung des Geschäftsherrn (Art. 395, 424 OR) auf die *kaufmännischen Vollmachten allgemein Anwendung*, so gilt für diese auch die *Vermutung der Vollmachtserteilung* nach Art. 394 II OR, zumal die mandats commerciaux nie fiduziarisch, sondern nur in direkter Stellvertretung des Geschäftsherrn ausführbar sind. Auch für die *Beendigung der kaufmännischen Handlungsvollmachten gilt grundsätzlich das allgemeine Auftrags- und Geschäftsführungsrecht.* Art. 465 OR. Art. 461 N. 5, 6.

b *b.* Da auf die *Haftung des Bevollmächtigten* gegenüber dem Geschäftsherrn aus allgemeiner *Treue- und Sorgfaltsverletzung* (Art. 398 OR), aus *Weisungsverletzung* (Art. 397 OR) sowie für *befugte und unbefugte Substitution* (Art. 399 OR, anders § 58 HGB) auf die *Ablieferungs- und Rechenschaftspflicht* (Art. 400 OR) sowie auf den Auslagen-, Verwendungs- und Schadenersatzanspruch des Handlungsbevollmächtigten (actio mandati directa und contraria) das *Recht des einfachen Auftrages* angewendet werden muss (Vorbem. N. 3), ist die Rechtsgeschäftsbesorgung durch den Handlungsbevollmächtigten auch dann als koordinierten Auftrag zu qualifizieren, wenn das Rechtsverhältnis zum Geschäftsherrn ein anderer Arbeitsvertrag (Dienstvertrag oder Gesellschaft: Art. 465 I OR) sein sollte. Art. 458 N. 5–9.

c *c.* Damit unterscheidet sich die kaufmännische Handlungsvollmacht von der «bürgerlichen» Auftragsvollmacht des Art. 396 OR *nur durch die Verschiedenheit des Umfanges.* Dieser ist dort nach den *Bedürfnissen des Handelsverkehrs, hier nach einer konkreten dem Beauftragten anvertrauten Aufgabe begrenzt,* wobei der nichtkaufmännische Auftraggeber eines erhöhten Schutzes teilhaftig wird.

III. DER UMFANG DER KAUFMÄNNISCHEN HANDLUNGSVOLLMACHTEN

8. Handlungsvollmacht zum gewöhnlichen Betrieb des ganzen Gewerbes

8 a *a.* Auch der Handlungsbevollmächtigte, dem dauernd der Betrieb des ganzen Gewerbes anvertraut ist, hat eine *begrenztere Vollmacht als der Prokurist.* Schon die *Zweckgrenze* (Art. 459 N. 1) ist für ihn enger gezogen. Aussergewöhnliche Geschäfte, die noch irgendwie durch den Zweck des Gewerbes gedeckt sind, darf der Prokurist besorgen. **BGE 38 II 105.** Der Handlungsbevollmächtigte darf nur die Geschäfte besorgen, die der *Betrieb des Gewerbes «gewöhnlich mit sich bringt».* Während dem *Prokuristen* einer Speditionsfirma auch der *Abschluss nicht branchenüblicher Treuhandgeschäfte* im Namen der Firma gestattet ist **(BGE 84 II 130/3),**

würden sie wegen der *Ungewöhnlichkeit* ausserhalb des Umfanges der Handlungsvollmacht fallen. Als aussergewöhnlich und *nicht unter die gesetzliche Vollmacht fallend* wurde betrachtet: *Kreditgewährung, Bevorschussung, Differenzgeschäfte durch den Geschäftsführer einer Handelsgenossenschaft* **(BGE 25 II 592),** *Einführung neuer Betriebsverfahren, Aufnahme neuer Warenkategorien in ein Handelsgewerbe,* ZR 1 (1901) Nr. 112 S. 152 Erw. 2. SJZ 27 (1930/31) Nr. 19 S. 28, *Verpfändung von Betriebsmaschinen,* ZR 8 (1909) Nr. 1 S. 1.

b

b. Übung (Semjud 80 S. 213) *und Erfahrung bestimmen den gewöhnlichen Rechtsgeschäftsbereich eines Gewerbes.* **BGE 31 II 118/9.** Ein Handelsgeschäft wird gewöhnlich den Einkauf und Verkauf bestimmter Waren oder Warengattungen betreiben. Die Rechtsgeschäftsbesorgung besteht also in der Hauptsache im *Abschluss und in der Abwicklung von Kaufverträgen* im Namen der Firma als Käuferin oder Verkäuferin. So wurde angenommen, der Sohn, der in der Gärtnerei seiner Mutter angestellt ist, sei ermächtigt, *Waren für den Betrieb einzukaufen.* Die Dritten *erkennbare Tatsache seiner Anstellung* im Betrieb (N. 2b oben) genügt. Es muss *nicht der zusätzliche Nachweis erbracht werden, dass der Geschäftsinhaber früher ähnliche Rechtsgeschäftsbesorgungen geduldet habe.* SJZ 37 (1940/41) Nr. 170 S. 249. Handelskäufe sind oft mit *Schiedsklauseln* verbunden. Während der «bürgerliche» Beauftragte nach Art. 396 II OR zu ihrem Abschluss einer ausdrücklichen Spezialvollmacht bedarf, kann auch der *stillschweigend bestellte kaufmännische Handlungsbevollmächtigte* (jedenfalls in einem Import- und Exportgeschäft) ein *Schiedsgericht* für den Geschäftsherrn verbindlich *annehmen.* **BGE 76 I 354.** ZBJV 75 (1939) S. 583. Der nicht im Handelsregister eingetragene *Direktor des von einer Aktiengesellschaft betriebenen Hotels* kann als kaufmännischer Handlungsbevollmächtigter hingegen *nicht* eine die Aktiengesellschaft *bindende Gerichtsstandsvereinbarung* eingehen. ZR 47 (1948) Nr. 66 S. 139. Die *tatsächliche Überlassung des Vertragsabschlusses an einen nicht unterschriftsberechtigten Angestellten begründet eine kaufmännische Handlungsvollmacht.* Der Geschäftsherr muss *Kaufvertrag und Gerichtsstandsklausel* als für sich verbindlich anerkennen. ZR 53 (1954) Nr. 36. Ein Handlungsbevollmächtigter, der für den Geschäftsherrn einen Kaufvertrag abschliesst, kann einen *Teil der Kaufpreisforderung einem Finanzierungsinstitut abtreten,* wenn solche Abtretungen im Geschäftsbetrieb üblich waren BJM 1956 S. 275. Der *Geschäftsführer einer Sparkasse* kann *Kreditverträge* (Darlehen u. a.) *abschliessen, verlängern, erneuern, Forderungen stunden, einkassieren u. a.* **BGE 12 S. 629.** Er darf jedoch *keine Kredite aufnehmen.* N. 11 c unten.

c *c.* In einem *Fabrikationsgewerbe wird der Abschluss von Werkverträgen zum gewöhnlichen Betrieb* des Geschäftes gehören, in einem *Speditionsgeschäft* der *Abschluss von Speditions- und Frachtverträgen*, bei einer *Bank der Abschluss und die Ausführung von Geld-, Wechsel-, Effekten-, Börsen- und Inkassogeschäften.* Vgl. die Liste in Art. 53 HV.

9. Beschränkungen der Handlungsvollmacht zum Betrieb des ganzen Gewerbes und ihre Wirkung im Innen- und Aussenverhältnis

9 a *a.* Nach der zwingenden Regelung in Art. 34/465 OR kann die Handlungsvollmacht nicht nur *jederzeit widerrufen*, sondern auch *jederzeit beschränkt* werden. Art. 459 N. 7. Wie für die Prokura gilt das allgemeine Geschäftsführungs- und Stellvertretungsrecht. *Im Verhältnis zwischen Geschäftsherrn und Geschäftsführer ist jede Beschränkung durch erlaubte und verbindliche Weisung wirksam.* Zwischen Weisung und Widerruf des Rechtsgeschäftsbesorgungsauftrages und der darin enthaltenen Vollmacht besteht nur ein quantitativer Unterschied.

b *b. Wie bei der Prokura* erfolgen die praktisch häufigsten vertraglichen Beschränkungen der Handlungsvollmacht zum Betriebe des ganzen Gewerbes durch die *Filial- und Kollektivklausel.* Art. 460 OR. Der nach bundesgerichtlicher Praxis für die Existenz einer *Zweigniederlassung* geforderte «*Leiter*», der Rechtsgeschäfte abschliessen kann und nach innen eine gewisse Freiheit der Entschliessung besitzt, muss weder Organ einer juristischen Person noch geschäftsführender Gesellschafter einer Personengesellschaft sein, noch muss er als vertraglicher Geschäftsführer im Range eines Direktors oder Prokuristen stehen. Vielmehr kann er, wenn er den genannten Anforderungen an die Leitung einer Zweigniederlassung genügt, *Handlungsbevollmächtigter zum Betriebe der ganzen Zweigniederlassung* sein. **BGE 68 I 113.** Art. 460 N. 4, 5. Ist kein im Handelsregister eingetragener zeichnungsberechtigter Leiter einer Zweigniederlassung vorhanden, so entsteht sogar eine *Vermutung, die tatsächlich mit der Filialleitung betrauten Personen seien Handlungsbevollmächtigte* nach Art. 462 OR.

c *c.* In der nämlichen Weise wie die Prokura kann die Handlungsvollmacht zum Betriebe des ganzen Gewerbes durch *Kollektivklauseln* beschränkt werden. Besteht in grossen Aktiengesellschaften sogar für die Verwaltung nur eine Kollektivzeichnungsberechtigung, so wäre es unlogisch, einem Handlungsbevollmächtigten nach Art. 462 OR Einzelvollmacht zum gewöhnlichen Betrieb des ganzen Gewerbes zu erteilen.

Auch die *Filialleitung kann zwei oder mehreren Handlungsbevollmächtigten kollektiv* anvertraut sein. Handlungsvollmachten und/oder die beschränkenden Kollektiv- oder Filialklauseln werden von Banken bisweilen durch Zirkular mitgeteilt oder in der Presse publiziert, damit man sich Dritten gegenüber auf die Beschränkung berufen kann.

d *d.* Die Beschränkungen, die sich aus der *Zweckgrenze* ergeben, gelten für die Prokura wie für die Handlungsvollmacht zum *Betriebe des ganzen Gewerbes* oder einer *Zweigniederlassung.* Der Handlungsbevollmächtigte, der den Geschäftsherrn im Betriebe des Unternehmens vertritt, darf dieses *weder veräussern noch liquidieren.* Art. 459 N. 1.

e *e.* Daneben sind weitere *beliebige Begrenzungen* innerhalb des rechtlich Erlaubten und Möglichen denkbar. Sie mögen die Dauer-Generalhandlungsvollmacht zum Betrieb eines ganzen Gewerbes oder einer Zweigniederlassung zeitlich oder sachlich sogar auf ein *Mass* reduzieren, das *unter einer sogenannten Spezial- oder Teilhandlungsvollmacht steht.* Die *Beschränkungen der Sustitution sowie das Verbot des Selbstkontrahierens* sind die nämlichen wie bei der Prokura. Art. 459 N. 5, 6.

f *f.* Die *Wirksamkeit* aller vertraglichen Beschränkungen richtet sich nach dem *allgemeinen Geschäftsführungs- und Stellvertretungsrecht.* Im *Verhältnis zum Geschäftsherrn macht die Überschreitung des konkreten Vollmachtsumfanges den Handlungsbevollmächtigten* nach Art. 397/99, 420 OR für den *dem Geschäftsherrn* verursachten Schaden *haftbar.* Schaden tritt indessen nur ein, wenn der *Geschäftsherr gebunden* wird, d. h. wenn er das vom Handlungsbevollmächtigten in Vollmachtsüberschreitung abgeschlossene Geschäft gegen seinen Willen gegen sich gelten lassen muss. Ob dies der Fall ist, *hängt von der Wirkung der konkreten intern verbindlichen Vollmachtsbeschränkung gegenüber Dritten* ab.

g *g.* Weil *kein Handelsregistereintrag* der Handlungsvollmacht erfolgen kann, ist im Vergleich zur Prokura der *Kreis der gutgläubigen Dritten weiter gezogen.* Ein *Drittkontrahent ist gutgläubig, wenn er «aus den Umständen auf das Vertretungsverhältnis schliessen musste».* Art. 32 II OR. **BGE 74 II 151/2, 76 I 351/2.** Vgl. auch Art. 7 III HRAG. Auf das Vertretungsverhältnis schliessen darf er nach dem Muster der actio institoria schon dann, wenn der *Geschäftsherr* die *Intervention* eines anderen in die Rechtsgeschäftsbesorgung für ihn und in seinem Namen *zulässt* **(DIG. 50. 17. 60),** wenn er ihm beispielsweise die Leitung einer Zweigniederlassung *tatsächlich anvertraut* hat. Der Dritte darf annehmen, der Betrieb des Geschäftsherrn sei so organisiert, dass Auswahl, Instruktion und Kontrolle funktionieren, und *keine Hilfsperson als Handlungsbevoll-*

mächtigter auftritt, der es nicht tatsächlich ist. Zwar hat der Dritte im Gegensatz zu einer eingetragenen Prokura nicht die Beweiskraft des öffentlichen Registers für sich (Art. 9 ZGB), wohl aber die Vermutung seines guten Glaubens nach Art. 3 ZGB. Art. 459 N. 8. Um einen Dritten «bösgläubig zu machen», muss der *Geschäftsherr* zwar nicht beweisen, dass der Dritte «sichere Kenntnis» von einer intern erfolgten Vollmachtsbeschränkung oder einem Vollmachtswiderruf hatte **(BGE 65 II 88)**, wohl aber muss er *beweisen, dass die konkreten Umstände den Schluss auf ein die Rechtshandlungen des Geschäftsführers deckendes Vertretungsverhältnis nicht zuliessen.* Art. 32 II OR in Verbindung mit Art. 3 ZGB. Der Beweis wird i. d. R. nur dann gelingen, wenn der *Geschäftsherr selbst dem Dritten rechtzeitig Kenntnis von der Beschränkung und vom Widerruf der Handlungsvollmacht geben konnte.*

h *h.* Infolgedessen ist die *Wirkung von Beschränkungen* und Widerruf der kaufmännischen Handlungsvollmacht Dritten gegenüber noch *begrenzter* als die Wirkung von Prokurabeschränkungen und Prokurawiderruf. Während bei der Prokura wenigstens die Filial- und die Kollektivklausel sowie der Widerruf durch entsprechende Handelsregistereinträge auch Dritten gegenüber wirksam gemacht werden können, fällt diese Möglichkeit bei der kaufmännischen Handlungsvollmacht fort. Obschon Art. 462 keine ausdrückliche Vorschrift über die Wirkung von Beschränkungen der Handlungsvollmacht Dritten gegenüber enthält, gilt nach dem allgemeinen Geschäftsführungs- und Stellvertretungsrecht in der Schweiz der nämliche *Schutz des gutgläubigen Dritten*, den § 54 III HGB ausdrücklich erwähnt. *Vertragliche Beschränkungen* des gesetzlichen Umfanges einer Handlungsvollmacht selbst durch die Filial- und/oder Kollektivklausel haben bei diesem Rechtszustand *gegenüber Dritten regelmässig keine Wirkung.* Der Geschäftsherr, der sich für die Rechtsgeschäftsbesorgung einer Hilfsperson bedient, muss deren Handlungen fast immer gegen sich gelten lassen.

10. Gesetzlich mögliche Beschränkungen der Handlungsvollmacht auf einen Betriebszweig und ihre Wirkung gegenüber Dritten. Ladenpersonal. Einkäufer. Kassier. Handelsreisende. Versicherungsagent. Hotelpersonal

10 a *a.* Der häufigste Fall des Handlungsbevollmächtigten, der nicht für den ganzen Gewerbebetrieb, sondern vom Geschäftsherrn nur «zu bestimmten Geschäften in seinem Gewerbe» bestellt wurde, ist der des *Verkäufers.* Schon **DIG. 14. 3. 18** definiert den institor als denjenigen,

der ein Wirtshaus oder ein Ladengeschäft leitet oder der, ohne ein Ladengeschäft zu leiten, Einkäufe und Verkäufe für den Geschäftsherrn besorgt. Die Unterscheidung hat sich bis heute im *Ladenverkäufer* einerseits und im *Handelsreisenden* (Art. 463 OR) andererseits erhalten und kommt am klarsten in art. 2213 Codice Civile zum Ausdruck. Die *Begrenzung auf bestimmte Geschäfte ist für verschiedene Arten von Gewerben nicht dieselbe.* So besorgt der handlungsbevollmächtigte *Hoteldirektor* oder der Hotelsekretär, der *Handlungsbevollmächtigte des Spediteurs* oder *Frachtführers* nicht die nämlichen Rechtsgeschäfte wie der *Verkäufer in einem Warenhaus oder Detailgeschäft.* Für die Mehrzahl der kaufmännischen Gewerbe steht jedoch der Verkauf von Waren derart im Vordergrund, dass man vom *Verkaufsdienst als einem bestimmten Betriebszweig* sprechen kann.

b. § 56 HGB bestimmt: «Wer in einem Laden oder in einem offenen Warenlager angestellt ist, gilt als ermächtigt, zu Verkäufen und Empfangnahmen, die in einem derartigen Laden oder Warenlager gewöhnlich geschehen.» b

Die *Tatsache der Anstellung* ist auch bei uns ein Umstand, der genügt, dass der Dritte auf eine *Ermächtigung des Ladenpersonals zum Abschluss von Kaufverträgen und ihre Zug um Zug-Abwicklung im Laden*, d.h. zu *Barverkäufen*, schliessen darf. Art. 32 II OR. Ist die Warenausgabe und der *Kassendienst nicht*, wie z.B. in Warenhäusern, deutlich *getrennt*, so ist das *Verkaufspersonal ermächtigt, die Kaufpreiszahlungen entgegenzunehmen.* Sonst steht diese Befugnis nur dem *Kassier* (lit. f unten) zu. Art. 2213 I Codice Civile. Hingegen wird man beim *Verkaufspersonal eines Ladens oder Warenlagers nicht schlechthin auf eine Ermächtigung zum Abschluss und zur Abwicklung von Kreditkäufen* schliessen dürfen. Bei *Barverkäufen* im Namen des Geschäftsherrn ist es für diesen *gleichgültig, mit wem er kontrahiert.* Art. 32 II OR. Art. 396 N. 17 c. Bei *Kreditverkäufen im Laden muss der Geschäftsherr wissen, wem er Kredit gewährt, damit überhaupt ein Kaufvertrag zustande kommt.* Hingegen wird man von einem *handlungsbevollmächtigten Filialleiter* oder vom Leiter eines Ladengeschäftes, das keine Zweigniederlassung (Art. 460 N. 4) bildet, annehmen dürfen, er habe die Befugnis, *bekannten Kunden auf Kredit zu verkaufen.* Der Ladenverkäufer darf nicht nur die Ware aushändigen, sondern auch den Preis einkassieren. Art. 2213 I Codice Civile. Der Begriff des *Verkaufsladens* hat durch das Bundesgesetz über die Handelsreisenden vom 4. Oktober 1930 (HRG) eine besondere Bedeutung erhalten. *Verkaufsladen* ist «*jeder Geschäftsbetrieb, in welchem Ware feilgeboten und an den einkaufenden Kunden abgegeben wird.*» **BGE 72 IV 87.** Ein solcher Geschäftsbetrieb muss dem Publikum zu den *üblichen Öffnungszeiten zugänglich* sein. **BGE 85 IV 201 Erw. 3.** Wer einen «Verkaufsladen» oder eine «Produktionsstätte» **(BGE 85 IV 200 Erw. 2)** besitzt, kann nach Art. 2 IIb HRG das *Gemeindegebiet taxfrei bereisen* oder bereisen lassen. **BGE 70 IV 187.** Wer, ohne einen solchen Verkaufsladen oder eine Produktionsstätte zu besitzen oder zu vertreten, Bestellungen innerhalb des Gemeindegebietes aufsucht, ist « *Platzreisender* ». **BGE 83 IV 103.** Wer *beim Aufsuchen von Bestellungen Waren mit sich führt, ist Hausierer* und untersteht der *kantonalen Gewerbegesetzgebung.* Art. 8, 18 HRG. **BGE 72 IV 143, 86 IV 191.** Als *abschluss- und inkassoberechtigtes Ladenpersonal* für Barkäufe (Ladenverkäufer) können danach beim gegenwärtigen Rechtszustand nur die *Personen* betrachtet werden, die, ohne selbst Geschäftsherr zu sein, *in einem dem Geschäftsherrn gehörenden Betrieb Ware für den Geschäftsherrn feilbieten und an den einkaufenden Kunden abgeben.* Für das Personal anderer Betriebszweige, namentlich den *Warenabsatz ausserhalb der Produktionsstätte oder des Verkaufsladens des Betriebsinhabers gelten andere « Vollmachten ».*

c *c.* «Wer als Inhaber, Angestellter oder Vertreter eines Fabrikations- oder Handelsgeschäftes *Bestellungen* auf Waren *aufsucht, ist Handelsreisender.*» Art. 1 I HRG. Der Handelsreisende unterscheidet sich vom Ladenverkäufer durch das *Aufsuchen von Kunden ausserhalb des Geschäftslokales* im Gegensatz zur Entgegennahme von «Bestellungen». *«Anstoss» zum Vertragsabschluss geht bei Ladenverkäufen gewöhnlich vom Kunden aus, bei Bestellungsaufnahme durch Handelsreisende vom Lieferanten.* Art. 2 II HRG. **BGE 76 IV 42/3, 82 IV 43, 83 IV 103.** Ist der *Geschäftsinhaber selbst* Handelsreisender, so kann er *nicht Handlungsbevollmächtigter* sein. Ist der *Handelsreisende* Angestellter eines Fabrikations- oder Handelsgewerbes, so ist er nach Art. 7 I HRAG *im Zweifel nur Vermittler*, nicht Abschlussvertreter. Die *Verträge*, die der Vermittler im Namen des *Geschäftsherrn* abschliesst, *binden diesen ohne Genehmigung nicht.* Infolgedessen darf ein Dritter *aus der Tätigkeit des Handelsreisenden für einen Geschäftsherrn nicht nach Art. 32 II OR auf ein Vertretungsverhältnis schliessen.* Genehmigt jedoch der Geschäftsherr den vom Vermittler abgeschlossenen Vertrag, so ist auch der Besteller (Dritte) gebunden. Art. 38 OR.

d *d. Handlungsbevollmächtigter zum Abschluss von Kauf- und/oder Werkverträgen* i. S. von Art. 462 ist der Handelsreisende nur dann, wenn er eine *ausdrückliche Vollmacht des Geschäftsherrn* besitzt, die ihn zu dessen «Vertreter» macht. Art. 7 I HRAG fordert für die Gültigkeit im internen Verhältnis zwischen Geschäftsherrn und Handelsreisendem eine *schriftliche*

Vollmacht. Da indessen die formlose und stillschweigende Begründung jeder Prokura und jeder Handlungsvollmacht möglich ist (**BGE 81 II 64**), kann das *Erfordernis der schriftlichen Bevollmächtigung Dritten gegenüber keine Wirkung* entfalten. Hat der *Geschäftsherr wissentlich geduldet, dass sein Handelsreisender Kauf- und/oder Werkverträge* (**BGE 72 IV 143**) *in seinem Namen abschliesst*, so muss er sich *von Dritten die stillschweigende Vollmachtserteilung entgegenhalten lassen*, auch wenn keine schriftliche Ermächtigung des Handelsreisenden erfolgt ist. § 55/54 III HGB. WAGNER, Handlungsvollmachten S.108–113. Art.2211 Codice Civile verbietet dem Handlungsbevollmächtigten im allgemeinen und damit auch dem abschlussberechtigten Handelsreisenden, von den sogenannten *allgemeinen Lieferungsbedingungen des Geschäftsherrn* und insbesondere von gedruckten *Klauseln der Firmenformulare* abzuweichen, wenn er nicht speziell schriftlich dazu ermächtigt wurde. Etwas Ähnliches bestimmt Art.4 III HRAG für den schweizerischen Handelsreisenden. Bei Verletzung dieser Vertragspflicht durch den abschlussberechtigten Handelsreisenden könnte der Geschäftsherr in Italien den Abschluss als für sich unverbindlich zurückweisen. Das allgemeine schweizerische Stellvertretungsrecht lässt eine gleichartige Einrede gegenüber gutgläubigen Dritten nicht zu. Die *Vollmachtsbeschränkung müsste ausdrücklich im Vertragsformular figurieren oder dem Kunden sonst mitgeteilt sein.* N.6, 9f, g oben. Art.7 III HRAG. Durch Art.4 III HRAG konnte nur das *Arbeitsverhältnis zwischen dem Handelsreisenden und dem Geschäftsherrn, nicht aber die Wirkung einer Vollmacht gegenüber gutgläubigen Dritten normiert* werden. Art.463 N.4.

e

e. Der *Versicherungsagent*, der nach Gesetz ein Handlungsbevollmächtigter des privaten Versicherers ist (Art. 34 I VVG), ist «*nicht befugt, von den allgemeinen Versicherungsbedingungen zugunsten oder zuungunsten des Versicherungsnehmers abzuweichen*». Art.34 II VVG. Diese *gesetzliche Vollmachtsbeschränkung* kann vom Versicherer jedem Dritten entgegengehalten werden. (Der Grund der Vollmachtsbeschränkung liegt darin, dass Abweichungen von den allgemeinen Versicherungsbedingungen die versicherungstechnische Prämienkalkulation erschüttern würden, auf der das private Versicherungsgewerbe beruht.)

f

f. Nicht als Handlungsbevollmächtigter i. S. von Art.462 OR kann der dem Handelsreisenden in mancher Beziehung nahestehende *Agent* gelten (der dem HRG unterworfen sein kann: **BGE 82 IV 44/5**), auch wenn er, als sogenannter *Abschlussagent*, dauernd für einen oder mehrere Geschäftsherren «in ihrem Namen und für ihre Rechnung» Rechtsgeschäfte abschliessen darf, also eine *Vollmacht besitzt.* Art.418a I OR. Denn die

Vetretungsbefugnis des Agenten (Art. 418e OR) ist eine enge, die *keineswegs alle Rechtshandlungen* zum Gegenstand hat, welche «*die Ausführung derartiger Geschäfte gewöhnlich mit sich bringt*».

g *g.* Das Gegenstück der *Verkäufer-Vollmachten* (Handelsgewerbe) und der *Unternehmervollmachten* (Fabrikationsgewerbe) bildet die *Handlungsvollmacht des Einkäufers.* In kleineren Betrieben wird sich der Geschäftsherr selbst mit dem Rohstoff- oder Fertigwareneinkauf befassen. Der Figur des handlungsbevollmächtigten *Einkäufers* begegnet man hauptsächlich bei *Warenhausbetrieben.* Immerhin war sie den römischen Quellen bereits bekannt, so beispielsweise der «Getreideaufkäufer». **DIG. 14. 3. 5. 1.** Der Einkäufer ist von Gesetzes wegen zu allen Rechtshandlungen ermächtigt, die der *Abschluss und die Abwicklung von Kaufverträgen in der Käuferrolle* erforderlich sind.

h *h.* Die Vollmacht des *Kassiers* wird auf *Entgegennahme* (Inkasso) und *Auszahlung von Geld für den Geschäftsherrn im Ladenverkehr* beschränkt werden müssen. Art. 2213 I Codice Civile. Der *Speditionsgehilfe ist nicht ermächtigt, Nachnahmen für den Geschäftsherrn einzukassieren.* **BGE 39 II S. 95/6.** Der handlungsbevollmächtigte *Hotelsekretär* (oder Geschäftsführer) hat nicht nur die *Vollmacht des Kassiers*, sondern schliesst die *Beherbergungsverträge für den Hotelbetrieb* ab, *erfüllt sie* und *nimmt alle Rechtshandlungen vor, die damit zusammenhängen*, so beispielsweise die *Gepäckbeförderung* für den Gast einschliesslich der *Nachsendung liegengelassener Effekten.* **BGE 33 II 424/5 Erw. 3.** Der Hotelsekretär, i. d. R. auch der sogenannte «Concierge» gelten als ermächtigt, die besonderen Wertsachendepots der Gäste i. S. von Art. 488 I OR entgegenzunehmen und die entsprechenden Hinterlegungsverträge abzuschliessen. Art. 488 N. 4. Er darf im Namen des Betriebsinhabers verbindlich *Strafantrag* wegen *Zechprellerei* stellen. **BGE 73 IV 70/71.** Ähnliches wird mutatis mutandis für den *handlungsbevollmächtigten Betriebsleiter von Betrieben aller Art, Fabriken* (ZR 24 [1925] Nr. 208 S. 358), *Theater* (ZR 11 [1912] Nr. 201 S. 339), *Kino, Transportunternehmungen* u. s. f. anzunehmen sein. Für Banken vgl. Art. 481 N. 7c.

i *i. Übung und Erfahrung* (N. 8b oben) bestimmen nicht nur den gewöhnlichen Rechtsgeschäftsbereich eines ganzen Gewerbes, sondern *auch einzelner Betriebszweige und/oder einzelner Betriebsstätten* der verschiedenen Gewerbe. Während intern jede erlaubte Beschränkung wirksam ist, kommt es für die gutgläubigen Dritten gegenüber wirksamen gesetzlichen Beschränkungen auf *die nach aussen in Erscheinung tretenden Umstände an.* Die nach aussen in Erscheinung tretende Stellung und Tätigkeit der Hilfsperson im Betrieb ist einer der Hauptfaktoren (**BGE 74 II 151, 76 I 351**), der Schlüsse auf die Handlungsvollmacht sowohl zum Betrieb des ganzen Gewerbes als auch einzelner Betriebszweige und/oder Betriebsstätten zulässt. Aber auch *konkrete Einzelumstände* lassen auf eine Vollmacht schliessen. So ist die *Übergabe einer Quittung des Geschäftsherrn durch eine Hilfsperson* auch als deren *Ermächtigung zur Entgegennahme des quittierten Betrages* auszulegen. Art. 2213 II Codice Civile. Treten dem Dritten gegenüber keine Umstände in Erscheinung, aus denen er auf eine fehlende oder auf gesetzliche Beschränkung der Hilfspersonenvollmacht für eine bestimmte Art von Rechtsgeschäften des betreffenden Gewerbes schliessen muss, so darf er auf eine *allgemeine Handlungsvollmacht zum Betrieb des ganzen Gewerbes* schliessen und auf eine *Bindung des Geschäftsherrn durch alle Rechtshandlungen, die das betreffende Gewerbe gewöhnlich mit sich bringt.* N. 9g oben.

B. Art. 462 II OR

11. Die negative gesetzliche Begrenzung aller Handlungsvollmachten

11 a

a. Während der Prokurist innerhalb einer weitergefassten Zweckgrenze kraft seiner Dauer-Generalvollmacht zur rechtlichen Verfügung über das bewegliche Geschäftsvermögen befugt ist, sind *die dem Handlungsbevollmächtigten ohne ausdrückliche Spezialvollmacht untersagten Rechtshandlungen zahlreicher.* Die Handlungsvollmacht *nähert sich* in ihrer negativen Begrenzung der «*bürgerlichen*» *Generalvollmacht* nach Art. 396 II/III OR. Dritte dürfen auf Grund von Art. 32 II OR nicht immer schliessen, der Handlungsbevollmächtigte zum Betrieb des ganzen Gewerbes, geschweige denn der Teilhandlungsbevollmächtigte sei zur Eingehung von *Wechselverbindlichkeiten*, zur *Darlehensaufnahme* und zur *Prozessführung* für den Geschäftsherrn befugt.

b

b. Der in der gesetzlichen Vermutung zum Ausdruck kommende Wille des Geschäftsherrn ist, dass seine mit der Rechtsgeschäftsbesorgung betrauten Hilfspersonen das *Geschäftsvermögen schützen*, *erhalten* und womöglich *mehren* sollen. **BGE 73 IV 71, 80 IV 248.** Die Eingehung von Wechselverbindlichkeiten ermöglicht dem Drittgläubiger eine beschleunigte Exekution gegen das Geschäftsvermögen. Der Entschluss darüber, ob ein Wechselgeschäft trotzdem im Interesse des Geschäftsherrn liegt, soll diesem selbst, seinen Direktoren oder Prokuristen vorbehalten bleiben.

c *c.* Das *Verbot der Darlehensaufnahme* («contrarre mutui») ist *auf den Abschluss von eigentlichen Darlehens- und ähnlichen Kreditverträgen zu begrenzen.* Hingegen kann ein Handlungsbevollmächtigter für das ganze Gewerbe oder ein Handelsreisender mit Abschlussvollmacht *Kreditlieferungsverträge* (Käufe und Werkverträge) *im Rahmen seiner Handlungsvollmacht* abschliessen. Der Abschluss von *Serienverträgen unter Eigentumsvorbehalt* ist heute eines der praktisch häufigsten Betätigungsgebiete der Handelsreisenden. Art. 463 N. 5 c. Der *Hoteldirektor* wird eine *Hotelrechnung stunden oder sogar erlassen* können. Ferner erstreckt sich das Verbot der Darlehensaufnahme nicht auf die *Beanspruchung von Krediten, die dem Geschäftsherrn beispielsweise von einer Bank zum gewöhnlichen Betrieb des Gewerbes bereits eingeräumt* sind. Doch wird normalerweise vom Kreditgeber eine ausdrückliche schriftliche Spezialvollmacht gefordert werden, soll ein Handlungsbevollmächtigter über einen Geschäftskredit verfügen können.

d *d.* Der *Ausschluss der Prozessführung* («plaider, stare in giudicio») ist auf die eigentliche Prozessvertretung des Geschäftsherrn vor Gericht in der Kläger- oder Beklagtenrolle oder auch als Nebenpartei (Litisdenunziat) zu beschränken. Doch kann der *Handlungsbevollmächtigte regelmässig Schieds- und Gerichtsstandsvereinbarungen* abschliessen, die den Geschäftsherrn binden, und sogar *Strafanträge* für den Geschäftsherrn stellen, wenn es sich um den *Schutz des Geschäftsvermögens* handelt. N. 8 b, 10 f oben. Einen *aussergerichtlichen Vergleich über Geschäfte, die in seinen Vertretungsbereich fallen,* kann der Handlungsbevollmächtigte i. d. R. abschliessen. Vgl. f unten.

e *e.* In Abweichung von § 54 II HGB und von der durch Art. 459 II OR begrenzten Dauer-Generalvollmacht des Prokuristen enthält die Umschreibung der Handlungsvollmacht in Art. 462 OR den *Ausschluss von Grundstücksveräusserung und Grundstücksbelastung nicht ausdrücklich.* Doch ist der Sinn des Gesetzes nicht der, den Umfang der Handlungsvollmacht über den der Prokura auszudehnen. *Grundstücksveräusserung und Grundstücksbelastung gehören nicht zum gewöhnlichen Betrieb der meisten kaufmännischen Gewerbe.* Mit Ausnahme der unter Art. 53 Z. 1 HV fallenden Liegenschaftenhandelsgewerbe schliesst daher die Zweckgrenze sowohl der General- als auch der Teilhandlungsvollmachten Verfügungen über unbewegliches Geschäftsvermögen durch Handlungsbevollmächtigte aus. Aber auch von *Generalhandlungsbevollmächtigten* solcher Gewerbe wird für Liegenschaftenveräusserungen und -belastungen, die den Geschäftsherrn binden sollen, nach Art. 16 GV eine *schriftliche Vollmacht* verlangt werden.

f

f. Schenkungen, überhaupt *unentgeltliche Veräusserungen von und Verzichte auf Geschäftsvermögen* sind im Gegensatz zur «bürgerlichen» Generalvollmacht nach Art. 396 II/III OR aus der kaufmännischen Handlungsvollmacht nicht ausgeschlossen. Doch gehören auch sie regelmässig nicht zum gewöhnlichen Betrieb eines kaufmännischen Gewerbes. So für den Handelsreisenden **BGE 31 II 118.** Eine Ausnahme ist beim Handlungsbevollmächtigten für das ganze Gewerbe beim *unentgeltlichen Verzicht auf bestimmte, namentlich uneinbringliche Forderungen des Geschäftsherrn* zu machen.

12. Zusammenfassende Bemerkung über gesetzliche und vertragliche Beschränkungen der Handlungsvollmachten und ihre Wirkung im Innen- und Aussenverhältnis

12 a

a. Die kaufmännischen Handlungsvollmachten weisen einen *für die Bedürfnisse des Handelsverkehrs typisierten Umfang* auf. Auf dem Willen des Geschäftsherrn beruhend, sind beliebige erlaubte Beschränkungen des im Gesetz positiv und negativ umschriebenen Umfanges möglich. Solche *«vertragliche» Beschränkungen sind jedoch rechtswirksam nur im internen Verhältnis zwischen Geschäftsherrn und Handlungsbevollmächtigten sowie gegenüber bösgläubigen*, d.h. solchen *Dritten*, welche die vertragliche Beschränkung kennen oder aus bestimmten konkreten Umständen auf sie schliessen mussten.

b

b. Die *Beschränkungen, die sich aus dem gesetzlich umschriebenen Umfang ergeben, wirken gegenüber jedermann gleichsam «dinglich»*. Bei den *Teilhandlungsvollmachten*, die sich nicht auf den Betrieb des ganzen Gewerbes beziehen, muss sich jedoch *ein Dritter die gesetzliche Beschränkung auf bestimmte Geschäfte eines Gewerbes nur entgegenhalten lassen, wenn er sie kannte oder aus den Umständen, namentlich aus der nach aussen in Erscheinung tretenden Stellung und Tätigkeit des Handlungsbevollmächtigten auf sie schliessen musste.*

c

c. Vertragliche Beschränkungen, die über die gesetzlichen hinausgehen, muss sich ein Dritter nur entgegenhalten lassen, wenn er sie kannte oder wenn er aus konkreten Umständen auf sie schliessen musste, d.h., wenn er bösgläubig war. Den *Beweis des bösen Glaubens* hat nach Art. 3 ZGB stets der *Geschäftsherr* zu leisten.

Art. 463

C. Vollmacht der Handelsreisenden

[1] Wer als Handelsreisender für einen bestimmten Geschäftsherrn an auswärtigen Orten Geschäfte zu besorgen hat, gilt für ermächtigt, den Kaufpreis aus den von ihm in dessen Namen abgeschlossenen Verkäufen einzuziehen und dafür zu quittieren sowie Zahlungsfristen zu bewilligen.

[2] Eine Beschränkung dieser Befugnis kann gegenüber gutgläubigen Dritten nicht geltend gemacht werden.

C. Pouvoirs des voyageurs de commerce

[1] Les voyageurs de commerce qui font, pour une maison déterminée, des affaires en dehors du lieu où elle a son siège, sont réputés avoir les pouvoirs nécessaires pour toucher le prix des ventes par eux conclues au nom de la maison, pour en donner quittance ou pour accorder des délais au débiteur.

[2] Les restrictions apportées à ces pouvoirs ne sont pas opposables aux tiers de bonne foi.

C. Facoltà dei commessi viaggiatori

[1] I commessi viaggiatori, che fanno affari per un determinato stabilimento fuori del luogo di sua sede, si ritengono autorizzati a riscuotere il prezzo delle vendite da essi fatte in nome del principale, a rilasciarne quitanza e ad accordare dilazioni.

[2] Le limitazioni a siffatta facoltà non sono opponibili ai terzi di buona fede.

Materialien: Vgl. sub Art. 458 OR. Ferner Botschaft und Entwurf des BR BBl 1940 I S. 1317 ff. und S. 1351 ff. (zum Bundesgesetz über das Anstellungsverhältnis der Handelsreisenden vom 13. Juni 1941 = HRAG).

Rechtsvergleichung: aOR Art. 429. HGB (Stand vom 20. Mai 1960) §§ 55, 75g, 75h, 91, 91a. Loi du 18 juillet 1937, instituant le statut légal des voyageurs, représentants et placiers du commerce et de l'industrie. Österreichisches Handelsreisendengesetz. Codice Civile art. 2213 II.

Literatur: PIERRE BIDEAU, Voyageurs, Représentants, Agents .... 1953. ERNST BRUTSCHIN, Die Vollmacht des Handelsreisenden, Zürcher Diss 1933. MAX GAMMETER, Die privatrechtliche Stellung des schweizerischen Handelsreisenden, Berner Diss 1940. ERICH R. HUBER, Die Stellung des Handelsreisenden im schweizerischen Recht, Berner Diss 1934. Dr. GUIDO MEISTER, Die Rechtsstellung des reisenden Kaufmanns in der Schweiz, Zürich 1933; Praktischer Leitfaden zum Bundesgesetz über das Anstellungsverhältnis der Handelsreisenden vom 13. Juni 1941, 3. Aufl. Zürich, 1949. ADOLF SCHLÄPFER, Handelsreisende, Agenten, Vertreter, Zürich 1957. PAUL SCHUMACHER, Bundesgesetz über das Anstellungsverhältnis der Handelsreisenden, Bern 1952.

SYSTEMATIK DER KOMMENTIERUNG

Art. 463 OR

1. Entwicklung der schweizerischen Handelsreisendengesetzgebung . . 455
2. Spezialgesetzliche Regelung des Innenverhältnisses zwischen Geschäftsherrn und Handelsreisendem 457
3. Die Abänderung von Art. 462 und 463 OR durch Art. 7 HRAG . . 459
4. Die Rechtsstellung des Handelsreisenden zwischen HRAG und OR. Konkurrenzverbot 461
5. Inkasso- und Stundungsvollmacht des abschlussbevollmächtigten Handelsreisenden 462
6. Unbeschränkbarkeit des gesetzlichen Vollmachtsumfanges gegenüber gutgläubigen Dritten 465

Art. 463 OR

1. Entwicklung der schweizerischen Handelsreisendengesetzgebung

1 a — *a.* Obschon erst die industrielle Güterproduktion und leistungsfähige Transportmittel dem Kaufmann eine *systematische Ausdehnung seines Kundenkreises auf «auswärtige Orte» ermöglichte*, erscheint der Handelsreisende schon im römischen Recht. Der institor musste nicht Leiter einer Schenke oder eines Verkaufsladens sein. Er konnte sich auch *«sine loco» als Einkäufer* («ad emendum») *oder als Verkäufer* («ad vendendum») betätigen. **DIG. 14. 3. 18.**

b — *b.* § 55 HGB erklärt den «Handelsvertreter» (Handelsreisenden) als Handlungsbevollmächtigten oder Handlungsgehilfen, die «damit betraut sind, ausserhalb des Betriebes des Prinzipals Geschäfte in dessen Namen abzuschliessen», gesteht ihm vermutungsweise keine Inkassovollmacht für Zahlungen, keine Befugnis zur Stundungsgewährung, jedoch passive Vetretungsmacht zur Entgegennahme von Mängelrügen und Wandelungsbegehren zu.

c — *c.* Art. 428 aOR stand hinsichtlich der *aktiven Vertretungsmacht* des Handelsreisenden auf dem Boden einer früheren ähnlichen Fassung von § 55 HGB. Er besitze *Inkasso- und Stundungsvollmacht, die Dritten gegenüber nicht beschränkbar sei, wenn diese die Beschränkung nicht kennen.* Die Unbeschränkbarkeit der Vollmacht gegenüber gutgläubigen Dritten galt im Gebiet des HGB allgemein für jede Handlungsvollmacht (§ 54 III HGB). Sie galt auch in der Schweiz nach Art. 429 aOR. Bei der

Revision von 1911 wurde der Text von Art. 429 aOR nicht verändert mit Ausnahme einer Kürzung im zweiten Satz. («Dritte, die von einer Beschränkung der Befugnis keine Kenntnis haben», sind jetzt einfach als «gutgläubige Dritte» bezeichnet.) Art. 429 aOR stand am Schluss des 15. Titels, der die Überschrift «Prokuristen. Handlungsbevollmächtigte. Handelsreisende.» trug. Der rev. 17. Titel des geltenden OR wurde abgeändert in «Die Prokura und andere Handlungsvollmachten» und in die Abschnitte «A. Prokura», «B. Andere Handlungsvollmachten» und «C. Vollmacht des Handelsreisenden» unterteilt. Art. 429 aOR wurde als Art. 463 revOR vorversetzt. So bestand kein Zweifel, dass auch der *Handelsreisende ein Handlungsbevollmächtigter* i. S. von Art. 462 OR sei, dass nur seine Vollmacht einer besonderen gesetzlichen Umschreibung bedurfte und dass die Schlussabschnitte «D. Konkurrenzverbot» sowie «E. Erlöschen der Prokura und anderen Handlungsvollmachten» auch für die Vollmacht des Handlungsreisenden galten.

d *d.* Die auch den Detailhandel erfassenden wirtschaftlichen Veränderungen nach dem ersten Weltkrieg führten zu einer Bundeskompetenz im Gebiete des öffentlichen Arbeitsrechtes einschliesslich des Gewerbepolizeirechtes. Auf Grund des damaligen Art. 34ter BV entstand das *Bundesgesetz über die Handelsreisenden* vom 4. Oktober 1930 (HRG). Es führt eine einheitliche *behördliche Kontrolle über die Tätigkeit der Handelsreisenden unter der Oberaufsicht des Bundes* (Art. 23 VO zum HRG) ein. Zweck des HRG ist «*der Schutz der einheimischen Geschäftsleute vor der Konkurrenz auswärtiger Firmen und der Schutz des unerfahrenen Publikums vor den Zudringlichkeiten der Reisenden.*» **BGE 66 I 134, 70 IV 39, 76 IV 42/3, 82 IV 44/5, 83 IV 102.** So können «*Kleinreisende*» *keine gültigen Gerichtsstandsvereinbarungen* abschliessen (Art. 11 HRG), während der Handlungsbevollmächtigte nach Art. 462 OR dazu befugt ist. Art. 462 N. 8b. OSER/SCHÖNENBERGER ad Art. 463 OR N. 12. *Kleinreisende sind solche Handelsreisende, die nicht «ausschliesslich mit Geschäftsleuten oder privaten und öffentlichen Unternehmungen, Verwaltungen und Anstalten aller Art in Verkehr treten».* Art. 3 HRG. **BGE 83 IV 104, 85 IV 161 Erw. 2.** Das HRG enthält somit auch *Eingriffe in die privatrechtlichen Beziehungen der Handelsreisenden zu «Dritten».*

e *e.* Während des zweiten Weltkrieges wurde als privatrechtlicher, das OR ergänzender Erlass das *Bundesgesetz über das Anstellungsverhältnis der Handelsreisenden* vom 13. Juni 1941 (HRAG) geschaffen. Die durch Art. 394 II OR ohnehin beschränkte *Vertragsfreiheit* im Arbeitsrecht, durch Art. 465 I OR bestätigt, *fiel für das Arbeitsverhältnis zwischen Geschäftsherrn und Handelsreisenden dahin* und wurde durch einen *Katalog zwingender Bestimmungen* ersetzt. Der Handelsreisende geniesst in der Schweiz einen normalarbeitsvertragsähnlichen Schutz gegenüber dem Geschäftsherrn. Dem Bundesgesetz vom 13. Juni 1941 war der Bundesratsbeschluss vom 7. Juni 1931 über den *Normalarbeitsvertrag der Handelsreisenden* vorausgegangen. Das HRAG enthält als privatrechtlicher Erlass bedeutsamere Eingriffe in das gemeine OR als das HRG. Während nach Art. 462/3 OR der Handelsreisende bevollmächtigter Verkaufsvertreter des Geschäftsherrn war, ist er nach Art. 7 HRAG *vermutungsweise nur Verkaufsvermittler*, m. a. W. er ist *kein Handlungsbevollmächtigter* mehr. Art. 462 N. 10c und d. *Aus seiner nach aussen in Erscheinung tretenden Stellung und Tätigkeit darf nicht mehr auf eine Vollmacht geschlossen werden.* Dadurch wird die Einreihung des Handelsreisenden unter die zur Rechtsgeschäftsbesorgung berufenen kaufmännischen Handlungsbevollmächtigten des OR ein Anachronismus. *Art. 463 OR ist weitgehend überholt.* Was von ihm geblieben ist, ergibt sich auch aus dem allgemeinen Stellvertretungs- und Geschäftsführungsrecht. Art. 462 N. 10d.

2. Spezialgesetzliche Regelung des Innenverhältnisses zwischen Geschäftsherrn und Handelsreisendem

2 a

a. Das Arbeitsverhältnis der Prokuristen und anderen Handlungsbevollmächtigten mit dem Geschäftsherrn muss, soweit es die Rechtsgeschäftsbesorgung zum Gegenstand hat, auch dann den Regeln des allgemeinen Auftrags- und Geschäftsführungsrechts unterstellt werden, wenn im übrigen ein Dienstvertrag oder (seltener) ein Gesellschaftsvertrag als «Grundverhältnis» besteht. Vorbem. N. 2, 3. Durch das HRAG wurde der privatrechtliche Arbeitsvertrag zwischen Geschäftsherrn und Handelsreisendem spezialgesetzlich geregelt.

b

b. Dieser Arbeitsvertrag ist nach Art. 1 und 2 HRAG ein *qualifizierter Dienstvertrag.* Dadurch unterscheidet sich der angestellte Handelsreisende vom *reisenden Agenten* (Art. 418a I – **BGE 82 IV 44**), der in *keinem Dienstverhältnis zum Geschäftsherrn* (Art. 418a I) steht, vom *Mäkler*, der für *viele Auftraggeber* Verträge vermittelt (Art. 412 OR) und vom einfachen *Rechtshandlungsbeauftragten* (Art. 394 II OR), der *nur gelegentlich einzelne Rechtsgeschäfte* für den Auftraggeber abschliesst. Auf sie findet das HRAG keine Anwendung. Art. 1 III HRAG. Damit der Handelsreisende abschlussberechtigter kaufmännischer *Handlungsbevollmächtigter* i. S. von Art. 462/3 OR sein kann, ist jedoch ein «*rapporto continuativo*» (art. 2209 Codice Civile) erforderlich. Er fehlt beim reisenden Agenten, beim Mäkler oder gelegentlichen Rechtshandlungsbeauftragten. Oder aber es weist die Vollmacht nicht den in Art. 462/3 gesetzlich umschriebenen Umfang auf. Daraus kann gefolgert werden, dass jedenfalls *bei jedem Handelsreisenden, der Handlungsbevollmächtigter i. S. von Art. 462/3 OR ist, das Innenverhältnis zwischen ihm und dem Geschäftsherrn dem HRAG untersteht.*

c *c.* Durch das dauernde dienstvertragliche Arbeitsverhältnis unterscheidet sich der Handelsreisende, der nur Vermittler und nicht Vertreter ist, vom Mäkler i. S. des Art. 412 OR. Während der *Mäklervertrag* und einfache Rechtsgeschäftsbesorgungsaufträge nach zwingendem Recht *jederzeit fristlos widerrufen* werden können (Art. 34, 404/412 II, 465 OR), geniesst der *Handelsreisende den Schutz der dienstvertraglichen Kündigungsfristen*, der durch Art. 16 HRAG noch verstärkt ist. Artikel 347/51 OR. Art. 16 HRAG. *Soweit* er jedoch *Handlungsbevollmächtigter* ist, gilt für die ihm übertragene Rechtsgeschäftsbesorgung die Widerruflichkeit nach *Art. 34/465 OR.* Die Rechtsgeschäftsbesorgung kann *jederzeit* vom Geschäftsherrn einseitig *widerrufen* oder *beschränkt* werden, *unbeschadet der Rechte, die dem Handelsreisenden aus seinem Anstellungsverhältnis gegenüber dem Geschäftsherrn zustehen.* Art. 7 III HRAG.

d *d.* Seinem Ursprung als Normalarbeitsvertrag entsprechend, will das HRAG mit Bestimmungen, die nicht zuungunsten des Handelsreisenden abgeändert werden können (Art. 19 HRAG), diesem ein Minimum an *sozialem* Schutz gewähren («but de protection sociale» **BGE 83 II 78**). Der Schwerpunkt der spezialgesetzlichen Regelung liegt im *dienstvertraglichen Anspruch auf Arbeitslohn*, der aus einem «*festen Gehalt*» bestehen soll. In der Praxis bildet jedoch der Anspruch auf «*Provision*», der im HRAG eine eingehende Regelung erfährt, den *Hauptbestandteil* des «Entgelts» für die Arbeit des Handelsreisenden. Besteht das Entgelt ausschliesslich oder vorwiegend in einer Provision, so muss es ein *angemessenes Äquivalent für die Arbeitsleistung* bilden. Die Angemessenheit unterliegt in diesem Falle der *richterlichen Überprüfung.* Art. 9 HRG. **BGE 83 II 78.** Dadurch wird der Möglichkeit, durch blosse symbolische feste Gehälter dem Buchstaben des Gesetzes Genüge zu leisten, ein Riegel geschoben. Durch die *Abhängigkeit vom Arbeitserfolg* einerseits und den Ausbau des *Auslagen- und Verwendungsersatzanspruches* andererseits erscheinen im Anstellungsverhältnis des Handelsreisenden auch *auftragsrechtliche und speziell mäklervertragsrechtliche Elemente.* Art. 9–15 HRAG. Darüber besteht schon eine reiche bundesgerichtliche Praxis: **BGE 74 II 62** (Zusammenfassung von Provision und Auslagenersatz), **75 II 239, 75 III 98** (Ausscheidung von Lohn, Provision und Spesenersatz), **79 II 207/10** (Auslagenersatz für vom Reisenden benutztes

Motorfahrzeug), **80 II 151** (Zusammenfassung von Provision und Auslagenersatz), **81 II 234/9** (Kein Auslagenersatz für entgegen der Weisung des Geschäftsherrn benutztes Motorfahrzeug; notwendige Auslagen sind ziffernmässig auszuscheiden und dürfen nicht in Provisionen oder Lohn eingeschlossen werden), **81 II 627** (Ersatz der notwendigen Reisespesen ist unverzichtbar; Anspruchserhebung ist selbst nach Ausstellung einer Saldoquittung i. d. R. nicht rechtsmissbräuchlich), **83 II 78** (Bereich der Vertragsfreiheit und der richterlichen Überprüfbarkeit des Entgelts), **84 II 53** (Vereinbarungen über Entgelt und Auslagenersatz sind nur nichtig, wenn der Reisende in seinen berechtigten Interessen verkürzt wird), **84 III 38/9** (Lohnpfändung bei öffentlich ungültiger Vereinbarung von Auslagenersatz), **85 III 133 Erw. 2** (Lohnpfändung bei gültiger Vereinbarung von Entgelt und Auslagenersatz), **86 II 100** (Schriftform nach Art. 3 II HRAG bei Abweichung von gesetzlichen Auslagenersatzpositionen für Motorfahrzeuge nach Art. 14 II HRAG. Rechtsmissbrauch ?).

3. Die Abänderung von Art. 462 und 463 OR durch Art. 7 HRAG

3 a

a. Mit der Regelung der «Vollmachten» in Art. 7 greift das HRAG über das interne Arbeitsverhältnis des Geschäftsherrn zum Handelsreisenden in das *Vertretungsverhältnis des Geschäftsherrn zu Dritten ein.* Die juristische Bedeutung von Art. 7 HRAG liegt weniger im Erfordernis einer schriftlichen Bevollmächtigung des Handelsreisenden, soll dieser Rechtsgeschäfte für den Geschäftsherrn abschliessen, statt nur vermitteln können. Vielmehr *verliert durch die in Art. 7 HRAG getroffene Regelung der Handelsreisende auch im Verhältnis zu Dritten vermutungsweise die Qualität eines bevollmächtigten Vertreters* i. S. von Art. 32 II OR, *bzw. eines kaufmännischen Handlungsbevollmächtigten* i. S. von Art. 462/3 OR. Damit entsteht ein privatrechtlicher Status des Handelsreisenden, der seine Qualifikation als «*mandataire* commercial» kaum mehr rechtfertigt. Er wird «Vermittlungsgehilfe» i. S. von § 75g HGB. Doch ist er entgegen § 75g HGB nicht einmal berechtigt, Mängelrügen entgegenzunehmen, wenn er keine Abschlussvollmacht besitzt.

b

b. Der *ohne schriftliche Vollmacht Rechtsgeschäfte für den Geschäftsherrn abschliessende Handelsreisende* ist *falsus procurator.* Die Berechtigungs- und Verpflichtungswirkung des Vertragsabschlusses in der Person des Geschäftsherrn tritt nicht mehr unmittelbar nach Art. 32 I und II, sondern, wie bei Abschlüssen durch jeden anderen falsus procurator, nur durch Genehmigung nach Art. 38 I OR ein. Art. 7 I HRAG.

nach § 75h HGB besteht eine Vermutung für die stillschweigende Genehmigung. Das muss auch im Bereich des HRG angenommen werden. Der mit einem Handelsreisenden kontrahierende Käufer oder Besteller muss dem Geschäftsherrn keine Frist zur Genehmigung (Art. 38 II OR) ansetzen, sondern darf bei dessen Stillschweigen innert nützlicher Frist die Genehmigung voraussetzen.

c *c.* Ist das gemeine OR durch Art. 7 HRAG in dem Sinne abgeändert, dass aus der Stellung und der Tätigkeit des Handelsreisenden nicht mehr auf eine Handlungsvollmacht geschlossen werden darf (anders noch BRUTSCHIN S. 39), so bleibt doch die *gemeinrechtliche Lehre vom Mandatskonsens auch für den Handelsreisenden* bestehen. Nicht nur die *Genehmigung*, sondern auch die *Duldung von Vertragsabschlüssen* des Vermittlungsreisenden *verschafft diesem die fehlende ausdrückliche Vollmacht des Geschäftsherrn.* Art. 462 N. 10 d. Das interne Erfordernis der Schriftlichkeit kann *gutgläubigen Dritten nicht entgegengehalten* werden. Eine Abänderung des allgemeinen, durch seine Formlosigkeit charakterisierten Stellvertretungs- und Geschäftsführungsrechtes durch einen arbeitsrechtlichen Spezialerlass des Bundes war nicht möglich. *Gleichgültig, ob eine Person überhaupt in einem Anstellungsverhältnis zum Geschäftsherrn steht und welche Stellung sie in dessen Betrieb einnimmt, die wissentliche Duldung der Rechtsgeschäftsbesorgung ist ein Umstand, aus dem nach Art. 32 II OR auf eine Vollmacht geschlossen werden muss.* Art. 395 N. 11. Es wäre ein absurder Rechtszustand, wenn eine Prokura formlos und stillschweigend erteilt werden könnte, die Abschlussvollmacht eines Handelsreisenden hingegen zur Wirksamkeit Dritten gegenüber der schriftlichen Form bedürfte. Art. 458 N. 10, 11.

d *d.* Ist der Handelsreisende nur Vermittler, nicht aber Vertreter des Geschäftsherrn, so hat Art. 463 OR seine selbständige Bedeutung verloren. Werden durch die Tätigkeit des Handelsreisenden keine Vertragsrechte und -pflichten unmittelbar in der Person des Geschäftsherrn begründet, so können sie vom Handelsreisenden auch *nicht durch Inkasso des Kaufpreises oder Stundungsgewährung* ausgeübt werden. Nach Art. 7 II und III HRAG «erstreckt sich (für den abschlussberechtigten Handelsreisenden) die *Vollmacht auf alle Rechtshandlungen, welche die Ausführung dieser Geschäfte gewöhnlich mit sich bringt*». Art. 463 OR sowie Art. 34 VVG sind vorbehalten. Art. 34 VVG umschreibt die *Vollmacht des Versicherungsagenten*, der ein Handlungsbevollmächtigter sui generis für das private Versicherungsgewerbe ist. Widerruf und Beschränkungen der Vollmacht sind gutgläubigen Dritten gegenüber unwirksam. Diese nicht das Anstellungsverhältnis, sondern die Beziehungen des Geschäftsherrn zu

Dritten betreffenden Bestimmungen sind an sich überflüssig. Sie bestätigen nur das allgemeine Stellvertretungs- und Geschäftsführungsrecht: Art. 34 III, 396 II OR. Im internen Verhältnis zwischen Geschäftsherrn und Handelsreisendem ist, wie bei allen Vollmachtsverhältnissen, das pactum procurationis, die «Vertragsabrede» für den Vollmachtsumfang massgebend. Art. 396 N. 12. Für das externe Verhältnis zwischen Geschäftsherrn und Dritten ist entscheidend, dass *Stellung und Tätigkeit als Handelsreisender im Betrieb des Geschäftsherrn nicht mehr eine Vermutung für, sondern eine Vermutung gegen die Abschlussvollmacht* begründet. Hinsichtlich der *Rechtsgeschäftsbesorgung steht der Handelsreisende in der Schweiz heute hinter dem Ladenverkäufer zurück.* Die vor dem Inkrafttreten des HRAG ergangene Gerichtspraxis und publizierte Literatur hat daher für den gegenwärtigen Rechtszustand nur noch beschränkte Bedeutung. Ob ein Rechtszustand, der nur durch umständliche Deduktionen ermittelt werden kann, dem Postulat einer guten Gesetzestechnik entspricht, ist eine andere Frage. Bei Erlass des HRAG hätte Art. 463 OR revidiert werden müssen.

4. Die Rechtsstellung des Handelsreisenden zwischen HRAG und OR. Konkurrenzverbot

4 a

a. Man kann sich zudem fragen, ob der Eingriff, der durch Art. 7 in das Recht der kaufmännischen Geschäftsführung und Stellvertretung erfolgt ist, verfassungsmässig war. Als Bundeserlass auf Gesetzesstufe ist er für den Richter bindend. Obschon er den rechtlichen Status des Handelsreisenden ändert, ist er auf dessen «Vollmachten» zu begrenzen. Auch hinsichtlich der Wirkung dieser Vollmachten gegenüber gutgläubigen Dritten bleibt es beim allgemeinen Geschäftsführungs- und Stellvertretungsrecht des OR. Art. 462 N. 10d.

b

b. Auch der Vermittlungsreisende, der in einem Dienstverhältnis zum Geschäftsherrn steht, das heute durch das HRAG spezialgesetzlich normiert ist, bleibt ohne ausdrückliche Vereinbarung dem *Konkurrenzverbot* unterstellt. Vgl. Art. 3b des früheren Normalarbeitsvertrages für Handelsreisende vom 7. Juli 1931. MEISTER S. 158/9. HUBER S. 39/40. GAMMETER S. 71/2. Der Handelsreisende kann *ohne schriftliche Einwilligung aller nicht für mehrere Geschäftsherren tätig werden.* Art. 4 II HRAG geht sogar weiter als Art. 464 OR. Nicht nur Konkurrenzgeschäfte, sondern *alle Geschäfte für eigene Rechnung oder für Rechnung eines Dritten* sollen dem Handelsreisenden «*ohne schriftliche Bewilligung des Dienstherrn» verboten* sein. Der Grund des Konkurrenzverbotes ist «der Einblick in Kundenkreise oder Geschäftsgeheimnisse» (Art. 356 I OR). Der

Handelsreisende erhält den nämlichen Einblick, ob er Vermittler oder Abschlussvertreter ist. Den Schutz des gesetzlichen Konkurrenzverbotes konnte und wollte das HRAG dem Geschäftsherrn nicht nehmen. Obschon es nicht ausdrücklich als solches erwähnt ist, bildet das Konkurrenzverbot eine Emanation der *allgemeinen Treuepflicht* (Art. 4 II HRAG). Art. 398 N. 5b. Aus Art. 5 III HRAG könnte geschlossen werden, ein Konkurrenzverbot bestehe für den Handelsreisenden nur, wenn es entsprechend Art. 356 OR vereinbart ist. Vermutlich wurde bei der Gesetzesredaktion übersehen, dass Art. 464 OR für alle im Dienstverhältnis tätigen Handelsreisenden bereits ein gesetzliches Konkurrenzverbot enthält. Dieser Rechtszustand ist durch das HRAG nicht abgeändert worden. Immerhin kann aus dem Text von Art 4 II HRAG geschlossen werden, dass *auch der Vermittlungsreisende* dem nämlichen oder sogar einem weitergehenden Konkurrenzverbot unterworfen ist, als es in Art. 464 für den Handlungsbevollmächtigten besteht.

c *c.* Für das *Erlöschen* einer dem Handelsreisenden durch schriftliche oder stillschweigende Vertragsabrede oder durch konkludentes Verhalten eingeräumten Handlungsvollmacht gelten weiterhin *die Bestimmungen des allgemeinen Geschäftsführungs- und Stellvertretungsrechtes* (Art. 34, 37, 404/6 OR) mit den in Art. 465 OR für die kaufmännische Rechtsgeschäftsbesorgung angeordneten Besonderheiten. Art. 461 N. 1, 5. Für die *Beendigung des Arbeitsverhältnisses mit dem Geschäftsherrn* hingegen gelten das *Dienstvertragsrecht* des OR und Art. 16/18 HRAG. Ist der Handelsreisende Vermittler, so gelten die Beendigungsbestimmungen des HRAG ausschliesslich. Ist er Vertreter, so gelten sie für die Arbeitsobligationen, die sich nicht auf die Rechtsgeschäftsbesorgung beziehen.

5. Inkasso- und Stundungsvollmacht des abschlussbevollmächtigten Handelsreisenden

5 a *a.* Ist der Handelsreisende handlungsbevollmächtigter *Abschlussvertreter* i. S. von Art. 462 OR, so ergibt sich die Befugnis, den Kaufpreis aus den von ihm abgeschlossenen Verkäufen einzuziehen, dafür im Namen des Geschäftsherrn zu quittieren, sowie Zahlungsfristen zu bewilligen aus Art. 462 I OR. Denn es sind «*Rechtshandlungen, welche die Ausführung derartiger Geschäfte gewöhnlich mit sich bringt*». Art. 7 II HRAG. Die Befugnis, *Mängelrügen und Wandelungsbegehren entgegenzunehmen*, die § 55 II HGB ausdrücklich erwähnt, ist in der Handlungsvollmacht des *Abschlussvertreters* enthalten. Sie steht *auch dem Agenten zu, der keine Inkasso- und Stundungsvollmacht besitzt.* Art. 418e OR. Art. 463 enthält zwei nicht selbstverständliche Beschränkungen. Die

Inkasso- und Stundungsvollmacht des abschlussberechtigten Handlungsreisenden bezieht sich *nur auf die von ihm selbst abgeschlossenen «Verkäufe»*. Sie bezieht sich nur auf Geschäfte, die *an «auswärtigen Orten»*, d.h. mit Kunden an Orten abgeschlossen wurden, an denen der Geschäftsherr keine Geschäftsniederlassung besitzt. § 55 HGB. Obschon das Gesetz nur «Verkäufe» und den «Kaufpreis» erwähnt, ergibt sich eine *analoge Anwendung* auf die vom Handelsreisenden abgeschlossenen *werkvertraglichen Bestellungen* aus Art. 1 HRG. Auch sogenannte *Mietverträge mit Kaufrecht und Vorauszahlungsverträge fallen unter Art. 463 OR.*

b *b.* Zwar ist die Kaufpreisschuld (oder die werkvertragliche Vergütung) als Geldschuld im Zweifel eine *Bringschuld.* Art. 74 I OR. Auch der auswärtige Käufer ist primär verpflichtet, an der Geschäftsniederlassung des Geschäftsherrn zu leisten. Dort wird die Zahlung vom Geschäftsherrn selbst oder vom inkassoberechtigten Ladenpersonal, Verkäufer oder Kassier entgegengenommen. Art. 462 N. 10 a, b. (Art. 2013 II Codice Civile bestimmt ausdrücklich, der Ladenverkäufer oder Kassier könne ausserhalb des Geschäftslokales den Preis nicht fordern.) Würde sich der Zahlungsverkehr mit auswärtigen Kunden in der Handelspraxis nach der gesetzlichen Regel abwickeln, so hätte kein Bedürfnis bestanden, dem Handelsreisenden von Gesetzes wegen eine Inkassovollmacht für die von ihm an auswärtigen Orten abgeschlossenen Geschäfte einzuräumen. Es liegt im Interesse des Geschäftsherrn, dass diejenigen seiner Hilfspersonen, die Verträge mit dem auswärtigen Kunden abgeschlossen haben, auch die Gegenleistung des Kunden als seine Stellvertreter (Art. 923 ZGB) entgegennehmen können. Vor dem Inkrafttreten des HRG wurden damit *Zug um Zug-Verkäufe gegen Barzahlung durch Handelsreisende* ermöglicht. Zwischen dem Handelsreisenden und dem Kunden besteht eine persönlichere Beziehung, die sich auf dessen Zahlungswillen oft günstig auswirkt. Nach Art. 10 III HRAG verliert der Handelsreisende seinen Provisionsanspruch, wenn der Kaufpreis ohne Verschulden des Geschäftsherrn nicht einkassiert werden kann. Er hat daher ein eigenes Interesse am Inkasso. Da der Handelsreisende Eigentümer des von Kunden einkassierten Geldes wird, begeht er eine *Veruntreuung* i. S. von Art. 140 StGB, wenn er es für sich selbst verwendet. **BGE 74 IV 30.** Art. 398 N. 7 c.

c *c.* Heute sind die *vom Handelsreisenden vermittelten oder abgeschlossenen Kauf- und Werkverträge* in der grossen Mehrzahl *Kreditgeschäfte*, oft mit *Eigentumsvorbehalten* zugunsten des Geschäftsherrn, die massenweise und schematisch nach vorgedruckten Firmenformularen abgeschlossen werden. Art. 2211 Codice Civile. Der Inkassodienst wird von speziellem Personal besorgt. Das ist einer der Gründe für die *Beschränkung des Handelsreisenden auf die Acquisition* i. S. von Art. 7 I HRAG.

d *d.* Ist jedoch dem Kunden bekannt, dass der Handelsreisende *abschlussberechtigt* ist, oder darf er aus der Duldung des Geschäftsherrn auf eine Abschlussvollmacht schliessen (Art. 32 II OR, N. 3b oben), so kann ihm eine *Beschränkung der Inkasso-, Quittungs- und Stundungsvollmacht für die vom Handelsreisenden selbst an auswärtigen Orten abgeschlossenen Geschäfte nur entgegengehalten werden, wenn er von der Beschränkung Kenntnis* hat. Ob der Handelsreisende für einen oder mehrere Geschäftsherren tätig ist, hat keinen Einfluss auf seine Abschlussvollmacht, welche alle Befugnisse des Kaufpreisgläubigers in sich schliesst. Es kommt nur noch auf die Tatsache der schriftlichen Erteilung der Abschlussvollmacht oder auf die Tatsache der wissentlichen Duldung von Abschlüssen an. Der Handelsreisende kann *abschlussberechtigter Vertreter des einen, aber nur Vermittler für den anderen Geschäftsherrn* sein. In dieser Beziehung unterscheidet er sich nicht vom Agenten nach Art. 418a OR.

e *e.* In der Praxis spielt die Frage, ob der Handelsreisende *Vermittler oder Vertreter ist, eine geringere Rolle als in der juristischen Theorie.* Bei den heutigen Möglichkeiten der Güterbeschaffung erwächst dem Kunden regelmässig kein ernstlicher Nachteil, wenn der Geschäftsherr einen Abschluss des Handelsreisenden als für sich unverbindlich zurückweist. Oft hatte das Provisionsinteresse den Handelsreisenden zu Kreditverkäufen an kreditunwürdige Kunden verleitet. Früher *musste* der Geschäftsherr solche Abschlüsse verbindlich akzeptieren oder überhaupt auf die Hilfe von Handelsreisenden verzichten. Zwar verlor der Handelsreisende auf uneinbringlichen Abschlüssen schon früher zumeist seinen Provisionsanspruch. Doch war damit dem Geschäftsherrn nur wenig geholfen. Ist der Handelsreisende nur Vermittler, und müssen seine Abschlüsse genehmigt werden, so *bleibt dem Geschäftsherrn ohne Nachteil für den seriösen Kunden ein Prüfungs- oder Genehmigungsrecht.* Ordnungsgemässe Abschlüsse zurückzuweisen, widerspräche seinem ureigensten Geschäftsinteresse. Der durch Art. 7 HRAG geschaffene Status des schweizerischen Handelsreisenden mag daher rechtstheoretisch unbefriedigend sein; aber er entspricht der wirtschaftlichen Realität und schafft einen vernünftigen Ausgleich der schutzwürdigen Interessen und der Risiken unter allen Beteiligten: Geschäftsherrn, Handelsreisendem und Kunden. Die gesetzgebungspolitische Frage war nicht mehr, wieweit die Vollmacht des Handelsreisenden reicht, sondern wie Geschäftsabschlüsse vermieden werden, die schutzwürdige Interessen einer der drei beteiligten Parteien verletzen. Das *Risiko, das dem Geschäftsherrn aus der Beschäftigung von Handelsreisenden erwuchs, ist durch das HRAG vermindert, andererseits sind dem Geschäftsherrn weitgehende soziale Verpflichtungen auferlegt worden.*

6. Unbeschränkbarkeit des gesetzlichen Vollmachtsumfanges gegenüber gutgläubigen Dritten

6 a

a. Ist der Handelsreisende von Gesetzes wegen vermutungsweise als Vermittler erklärt, so ist auch der *gutgläubige Dritte gegen das Fehlen einer Vollmacht nicht geschützt.* Error iuris nocet. Art. 7 I HRAG. Ist der Handelsreisende entgegen der gesetzlichen Vermutung *abschlussberechtigter Vertreter*, d.h. kaufmännischer Handlungsbevollmächtigter, dann muss der *Dritte den konkreten Umfang der Vollmacht nicht mehr prüfen.* Wie bei der Prokura und anderen kaufmännischen Vollmachten darf er voraussetzen, die Vollmacht weise den gesetzlichen Umfang auf und unterliege nur den gesetzlichen oder gesetzlich möglichen (Art. 460 OR) Beschränkungen. Hat der Kunde dem abschlussberechtigten Handelsreisenden den Kaufpreis bezahlt, ohne zu wissen, dass die Inkassovollmacht vom Geschäftsherrn aus dessen Befugnissen ausdrücklich ausgeschlossen war, so ist er von seiner Schuldpflicht *befreit.* Eine vom nämlichen Handelsreisenden gewährte *Stundung* muss der Geschäftherr gegen sich gelten lassen. Eine *Mängelrüge* ist gegenüber dem Geschäftsherrn rechtzeitig erhoben, wenn sie *rechtzeitig dem abschlussberechtigten Handelsreisenden gegenüber erklärt* wurde.

b

b. In der Praxis entstehen aus der möglichen *Divergenz zwischen Innen- und Aussenwirkung der Handelsreisendenvollmacht* kaum Probleme. Will der Geschäftsherr dem Handelsreisenden die Inkasso-, Stundungs- und andere Befugnisse nicht oder nicht mehr gewähren, welche die Rechtsgeschäftsbesorgung des Handelsreisenden gewöhnlich mit sich bringt, so wird er ihm die schriftliche Abschlussvollmacht (Art. 7 I HRAG) nicht erteilen, sie widerrufen oder sogar zur Entlassung des Handelsreisenden schreiten.

c

c. Die nach Art. 32 II OR aus den Umständen, d.h. heute nur aus der wissentlichen Duldung von Abschlüssen des Handelsreisenden, resultierende Vollmacht hat gutgläubigen Dritten gegenüber die nämliche Wirkung wie die schriftliche Bevollmächtigung nach Art. 7 I HRAG. N. 3b oben. Durfte der gutgläubige Dritte aus der Duldung auf eine Abschlussvollmacht des Handelsreisenden schliessen, so ist *in der Abschlussvollmacht von Gesetzes wegen die Inkasso-, Quittungs- und Stundungsvollmacht* i. S. von Art. 463 OR sowie die *Befugnis zur gewöhnlichen Rechtsgeschäftsbesorgung* i. S. von Art. 462 OR inbegriffen. Art. 7 II HRAG.

Art. 464

D. Konkurrenzverbot

[1] Der Prokurist sowie der Handlungsbevollmächtigte, der zum Betriebe des ganzen Gewerbes bestellt ist oder in einem Dienstverhältnis zum Inhaber des Gewerbes steht, darf ohne Einwilligung des Geschäftsherrn weder für eigene Rechnung noch für Rechnung eines Dritten Geschäfte machen, die zu dem Geschäftszweige des Geschäftsherrn gehören.

[2] Bei Übertretung dieser Vorschrift kann der Geschäftsherr Ersatz des verursachten Schadens fordern und die betreffenden Geschäfte auf eigene Rechnung übernehmen.

D. Prohibition de faire concurrence

[1] Le fondé de procuration et le mandataire commercial qui a la direction de toute l'entreprise ou qui est au service du chef de la maison ne peuvent, sans l'autorisation de celui-ci, faire pour leur compte personnel ni pour le compte d'un tiers des opérations rentrant dans le genre d'affaires de l'établissement.

[2] S'ils contreviennent à cette disposition, le chef de la maison a contre eux une action en dommages-intérêts et il peut prendre à son compte les opérations ainsi faites.

D. Divieto di concorrenza

[1] Tanto il procuratore, quanto l'agente di negozio preposto all'esercizio di tutto lo stabilimento o al servizio del principale, non possono fare operazioni, nè per proprio conto, nè per conto di un terzo, nella stessa specie di commercio esercitato dal principale, senza l'autorizzazione di questo.

[2] Nel caso di contravvenzione a questa disposizione, il principale può chiedere il risarcimento del danno e ritenere per conto proprio tali operazioni.

Materialien: Vgl. sub Art. 458 OR.

Rechtsvergleichung: aOR Art. 427. HGB §§ 60/1.

Literatur: Vgl. sub Art. 458. 462, 463 OR.

SYSTEMATIK DER KOMMENTIERUNG

Art. 464 OR

A. Art. 464 I OR

I. Bedeutung und Tragweite des gesetzlichen Konkurrenzverbotes

1. Gesetzliches Konkurrenzverbot und allgemeine Treuepflicht 467
2. Rechtsvergleichung 468

3. Die dem gesetzlichen Konkurrenzverbot unterstellten kaufmännischen Handlungsbevollmächtigten 469
4. Entstehung und Beendigung des gesetzlichen Konkurrenzverbotes . 470
5. Der Umfang des gesetzlichen Konkurrenzverbotes 471
6. Verhältnis des gesetzlichen Konkurrenzverbotes der kaufmännischen Handlungsbevollmächtigten zum dienstvertraglichen und gesellschaftsrechtlichen Konkurrenzverbot 472

B. Art.464 II OR

II. Die Rechtsfolgen der Verletzung des Konkurrenzverbotes

7. Kumulation von Schadenersatzanspruch und actio negotiorum gestorum directa des Geschäftsherrn. 473
8. Übernahme von verbotenen Geschäften durch den Geschäftsherrn auf eigene Rechnung 474
9. Verjährung. Verwirkung. Verzicht auf die gesetzlichen Sanktionen . 476

Art. 464 OR I OR

I. BEDEUTUNG UND TRAGWEITE DES GESETZLICHEN KONKURRENZVERBOTES

1. Gesetzliches Konkurrenzverbot und allgemeine Treuepflicht

1 a

a. Gleichgültig unter welchem Arbeitsvertrag eine Geschäftsführung und insbesondere eine Rechtsgeschäftsbesorgung für einen Geschäftsherrn erfolgt, es besteht *für den Geschäftsführer* stets eine *allgemeine Treuepflicht.* Der Geschäftsführer ist vertraglich verpflichtet, sein Verhalten dem Interesse des Geschäftsherrn unterzuordnen, d.h. das zu tun, was dem Geschäftsherrn nützt, und das zu unterlassen, was ihm schadet. Art.398 N.3–5. *Inhalt und Umfang* der allgemeinen Treuepflicht bestimmen sich nach dem Gegenstand und *Zweck der vereinbarten Geschäftsführung oder Dienstleistung.* Bei der Prozessführung kann der Anwalt nicht gleichzeitig Kläger und Beklagten vertreten. Art.398 N.9. Anwälte und Ärzte haben das *Berufsgeheimnis,* Angestellte von Fabrikations- und Handelsbetrieben das *Geschäftsgeheimnis* zu wahren. Art.162, 321 StGB. Art.398 N.13.

b *b.* Für bestimmte Geschäftsherren oder bestimmte Geschäftsführungen *konkretisiert das Gesetz die allgemeine Treuepflicht.* Es wird eine Vermutung aufgestellt, dass ein näher umschriebenes Verhalten des Geschäftsführers den Interessen des Geschäftsherrn zuwiderläuft und ihm Schaden zufügt. Bei den kaufmännischen Geschäftsführungen besteht diese Vermutung, *wenn der Geschäftsführer nicht ausschliesslich für den Geschäftsherrn, sondern auch für eigene Rechnung und/oder für Rechnung Dritter Geschäfte macht.* Daher werden diejenigen kaufmännischen Geschäftsführer einem gesetzlichen Konkurrenzverbot unterstellt, die entweder in einem betonten Vertrauensverhältnis zum Geschäftsherrn stehen oder durch ihre Tätigkeit für den Geschäftsherrn einen Einblick in «Kundenkreise oder Geschäftsgeheimnisse» (Art. 356 OR) erhalten.

c *c.* Geschäfte für eigene Rechnung oder für Rechnung Dritter entziehen dem Geschäftsherrn einen Gewinn, auf den er vermutungsweise Anspruch hat. Art. 400 N. 5, 6. Der Geschäftsherr kann auf den gesetzlichen Schutz seiner Interessen verzichten. Volenti non fit iniuria. Soweit er *einwilligt, entfällt das gesetzliche Konkurrenzverbot.* Er kann stillschweigend zustimmen, dass sein Prokurist oder Handelsreisender auch für andere arbeitet, selbst wenn die Tätigkeit eine Konkurrenztätigkeit ist. Der Geschäftsherr wird das tun, was seinen Interessen entspricht. Würde er durch eine Konkurrenztätigkeit des Geschäftsführers Schaden erleiden, so wird er sie nicht gestatten. Beansprucht er die ganze Arbeitskraft für sich selbst, so wird er den Geschäftsführer so stellen müssen, dass er daraus leben kann. So konnte Art. 4 II HRAG unter dem Randtitel «Treue- und Sorgfaltspflicht» den Handelsreisenden nur einem weitreichenden *Konkurrenzverbot unterstellen,* wenn gleichzeitig durch *zwingende Vorschriften die Existenzbedingungen der Berufsgruppe verbessert* wurden. Art. 463 N. 4b. Ein vertragliches Konkurrenzverbot *entfällt* von Gesetzes wegen, wenn der Geschäftsherr *kein erhebliches Interesse an seiner Einhaltung* hat. Art. 360 I OR.

2. Rechtsvergleichung

2 a *a.* Das gesetzliche Konkurrenzverbot ist ein Bestandteil des internen Arbeitsvertrages zwischen dem kaufmännischen Handlungsbevollmächtigten und dem Geschäftsherrn *ohne Wirksamkeit im Verhältnis zu Dritten.* Das HGB behandelt im 5. Abschnitt das «Aussenverhältnis» und im 6. Abschnitt ausführlich das «Innenverhältnis» der kaufmännischen Angestellten, «Handlungsgehilfen und Handlungslehrlinge». In §§ 60/1 HGB ist sinngemäss das Art. 427 aOR und Art. 464 revOR entsprechende

Konkurrenzverbot enthalten. Das schweizerische Recht kennt mit *Ausnahme des Bundesgesetzes über das Anstellungsverhältnis* der Handelsreisenden vom 13. Juni 1941 (HRAG) und das Bundesgesetz über den Agenturvertrag (Art. 418a – v OR) *kein Sonderrecht für die kaufmännischen Arbeitsverträge.* Es gilt vorwiegend *das Dientsvertragsrecht* des OR (Art. 464 I OR), *subsidiär* namentlich für die *Rechtsgeschäftsbesorgung Auftragsrecht* (Art. 394 II OR); es kann aber auch *Gesellschaftsrecht* in Frage kommen. Art. 465 I OR. N. 6a unten. Es mussten daher diejenigen Vorschriften zur Regelung des Innenverhältnisses, die nur für kaufmännische Arbeitsverhältnisse gelten, unter die kaufmännischen Handlungsvollmachten aufgenommen werden. Die Revision von 1911 brachte, von einer unbedeutenden redaktionellen Korrektur (Ersetzung des Wortes «Prinzipal» durch «Geschäftsherr») keine Änderungen.

b *b.* Das *französische Recht* enthält keine gesetzlichen Konkurrenzverbote. Auch der italienische Codice del Lavoro kennt sie nicht. Das *vertragliche Konkurrenzverbot* untersteht im italienischen Recht ähnlichen Beschränkungen wie unser dienstvertragliches nach Art. 356/8 OR.

3. Die dem gesetzlichen Konkurrenzverbot unterstellten kaufmännischen Handlungsbevollmächtigten

3 a *a.* «Der *Prokurist* sowie der *Handlungsbevollmächtigte,* der *zum Betriebe des ganzen Gewerbes* bestellt ist», erhalten umfassenden «Einblick in Kundenkreise und Geschäftsgeheimnisse» des Geschäftsherrn. **BGE 81 II 153/5.** Gleichgültig, ob ihr Arbeitsvertrag Dienstvertrag, Gesellschaftsvertrag (N. 6a unten), entgeltlicher oder unentgeltlicher Auftrag ist (Art. 465 I OR), sie unterstehen dem gesetzlichen Konkurrenzverbot. *Massgebend* ist hier der *Umfang der kaufmännischen Handlungsvollmacht.* Bezieht sie sich auf den Betrieb des ganzen Gewerbes, so besteht das Verbot immer. Die gesetzlich möglichen und Dritten gegenüber wirksamen Beschränkungen der Handlungsvollmacht durch die *Kollektiv- oder Filialklausel* (Art. 460 OR) oder andere vertragliche Beschränkungen der Vollmacht des Prokuristen oder des Generalhandlungsbevollmächtigten *berühren das gesetzliche Konkurrenzverbot nicht.*

b *b.* Für *Teilhandlungsbevollmächtigte* besteht des Konkurrenzverbot nur dann, wenn sie in einem *Dienstverhältnis mit dem Geschäftsherrn* stehen. Für nur gelegentliche Rechtsgeschäftsbesorgung, die *keine wirtschaftliche Abhängigkeit* begründet und dem Geschäftsherrn *keine Fürsorgepflichten* auferlegt, rechtfertigt sich ein gesetzliches *Konkurrenzverbot nicht.* Es ist nur dann gerechtfertigt, wenn das Entgelt für die Arbeitsleistung derart bemessen wird, dass der Arbeitnehmer nicht auf anderweitigen Verdienst angewiesen ist.

c c. Auch der *angestellte Handelsreisende*, der nach Art. 7 I HRAG vermutungsweise nur Vermittler und nicht Vertreter des Geschäftsherrn ist, untersteht einem gesetzlichen Konkurrenzverbot. Art. 463 N. 4b. Das dem Handelsreisenden durch Art. 4 II HRAG auferlegte gesetzliche Konkurrenzverbot geht sogar weiter als das in Art. 464 OR umschriebene. Dem Handelsreisenden sind ohne schriftliche Einwilligung des Geschäftsherrn *alle Geschäfte für eigene Rechnung oder für Rechnung von Dritten* untersagt, nicht nur diejenigen, «die zu dem Geschäftszweige des Geschäftsherrn gehören.» Handelt es sich dabei nicht um einen Redaktionsfehler des HRAG (MEISTER S. 159), so muss angenommen werden, der Handelsreisende sei verpflichtet, dem Geschäftsherrn seine *ganze Arbeitskraft* als Gegenleistung für den Anspruch auf ein *angemessenes Entgelt* zur Verfügung zu stellen. Der angestellte Handelsreisende ist Vertreter oder Vermittler in einem *qualifizierten Dienstverhältnis. Keinem gesetzlichen Konkurrenzverbot* untersteht der *Agent* (Art. 418a I, 418d OR), auch wenn er abschlussberechtigt ist. Er darf vermutungsweise für mehrere Geschäftsherren tätig sein. Kommt es für das gesetzliche Konkurrenzverbot beim kaufmännischen Personal nicht unter allen Umständen auf die Abschlussberechtigung, sondern auf die dienstvertragliche Qualifikation des Arbeitsverhältnisses an, so können *nachträgliche interne Vollmachtsbeschränkungen* beispielsweise beim Prokuristen das *Konkurrenzverbot nicht berühren.*

4. Entstehung und Beendigung des gesetzlichen Konkurrenzverbotes

4 a *a.* Ist das Konkurrenzverbot ein auf gesetzlicher Vermutung beruhender Bestandteil des Arbeitsvertrages mit dem Geschäftsherrn («patto di non concorrenza»), so *entsteht es mit dem Vertragskonsens* zwischen Geschäftsherrn und Handlungsbevollmächtigtem. Es ist dem Arbeitsverhältnis auch dann inhaerent, wenn die Stellung und Vollmacht eines Prokuristen, General- oder Teilhandlungsbevollmächtigten stillschweigend oder durch konkludentes Verhalten, insbesondere durch Duldung, eingeräumt wurde. Art. 458 N. 10, 11. Art. 462 N. 6, 7. Art. 463 N. 3b, 5c. Beim *Teilhandlungsbevollmächtigten* entsteht es mit dem *Abschluss eines Dienstvertrages.*

b *b.* Beeinflussen Beschränkung und Widerruf der Handlungsvollmacht das Arbeitsverhältnis zum Geschäftsherrn (Art. 465 I OR) und damit das Konkurrenzverbot nicht, so *endet es erst mit dem Arbeitsverhältnis*, beim Dienstverhältnis mit dessen gültiger Kündigung oder u. U. mit der gültigen fristlosen Auflösung. Art. 465 N. 3a, 4a. Eine Verlängerung des Konkurrenzverbotes über die Auflösung des Arbeitsvertrages hinaus bedarf besonderer schriftlicher Vereinbarung. Art. 356/8 OR. N. 6c unten.

5. Der Umfang des gesetzlichen Konkurrenzverbotes

5 a

a. Art. 464 OR untersagt den unterstellten Handlungsbevollmächtigten Geschäfte für eigene Rechnung oder für Rechnung eines Dritten, «*die zu dem Geschäftszweig des Geschäftsherrn gehören*». Nur solche Geschäfte sind «Konkurrenzgeschäfte». Nur durch sie büsst der Geschäftsherr einen Gewinn ein, den abzuführen der Handlungsbevollmächtigte kraft seiner allgemeinen Treuepflicht gehalten ist. Art. 400 N. 6, 7. Kontrahiert der Handlungsbevollmächtigte im Namen des Geschäftsherrn, so erwirbt dieser den *Anspruch auf die Gegenleistung des Kunden unmittelbar*. Wird sie vom Handlungsbevollmächtigten eingezogen und nicht abgeliefert, so ist die Treuepflichtverletzung regelmässig eine *Veruntreuung*. Art. 140 StGB. **BGE 74 IV 30/3.** Der *bösgläubige Handlungsbevollmächtigte* wird daher eher geneigt sein, *im eigenen Namen und für eigene Rechnung* zu kontrahieren und den Gewinn für sich behalten. Dann ist die *Treueverletzung nur Verletzung eines Konkurrenzverbotes*, die allerdings der *ungetreuen Geschäftsführung* (Art. 159 StGB) *nahe kommen* kann. **BGE 80 IV 247/50.** Art. 398 N. 7, 8.

b

b. Von den Konkurrenzgeschäften für eigene Rechnung sind die Konkurrenzgeschäfte zu unterscheiden, die der Handlungsbevollmächtigte *für Rechnung eines Dritten*, also eines anderen vertraglichen Geschäftsherrn abschliesst. Das den internen Arbeitsvertrag des *Handelsreisenden* regelnde HRAG dehnt in Art. 4 II das Konkurrenzverbot auf Abschluss und Vermittlung irgendwelcher Geschäfte für Rechnung Dritter aus. Art. 463 N. 4b. Der Geschäftsherr des Handelsreisenden, der die im HRAG zwingend vorgesehenen angemessenen Gegenleistungen gewährt, soll einen *Anspruch auf die ganze Arbeitskraft des Handelsreisenden* erhalten. Die kaufmännische Geschäftsführung i. S. des 17. Titels des revOR behandelt nur die Rechtsgeschäftsbesorgung in direkter Stellvertretung des Geschäftsherrn. Vorbem. N. 1. Das gesetzliche Konkurrenzverbot nach Art. 464 OR muss daher auf die *Rechtsgeschäftsbesorgung beschränkt* werden, zumal Tathandlungen «für Rechnung Dritter» nicht wohl denkbar sind. Art. 402 N. 12. In dubio pro libertate. Dann steht das gesetzliche Konkurrenzverbot dem nicht entgegen, dass der *Prokurist beispielsweise die Buchhaltung einer Konkurrenzfirma besorgt*, wenn er nur keine Rechtsgeschäfte für diese abschliesst. Will der Geschäftsherr auch *tatsächliche Dienstleistungen* seines Prokuristen, seines Generalhandlungsbevollmächtigten oder seines angestellten Teilhandlungsbevollmächtigten in das Konkurrenzverbot *einbeziehen, so kann er dies nur durch ausdrückliche schriftliche Vertragsabrede* i. S. von Art. 356/8 OR. Gesetzliche Konkurrenzverbote sind einschränkend auszulegen. Hingegen können *Rechtsgeschäfte «für Rechnung» Dritter vom Handlungsbevollmächtigten sowohl in direkter Stellvertretung eines anderen Geschäftsherrn als auch (fiduziarisch) im eigenen Namen des Handlungsbevollmächtigten abgeschlossen werden.* Beide Arten der Rechtsgeschäftsbesorgung fallen unter das gesetzliche Konkurrenzverbot.

c *c.* Es ist richtig, dass auch durch tatsächliche Dienstleistungen an einen anderen Geschäftsherrn «Kundenkreise und Geschäftsgeheimnisse gefährdet werden können. Art. 464 wollte jedoch nur die Fälle erfassen, durch die dem Geschäftsherrn ein Gewinn aus Rechtsgeschäftsabschlüssen oder Vermittlungen entgeht, die für seine Rechnung und in seinem Namen hätten abgeschlossen werden sollen. Dafür spricht auch die in Art. 464 II OR vorgesehene *Sanktion: Schadenersatz und Übernahme des verbotenen Geschäftes auf eigene Rechnung des Geschäftsherrn.*

6. Verhältnis des gesetzlichen Konkurrenzverbotes der kaufmännischen Handlungsbevollmächtigten zum dienstvertraglichen und gesellschaftsrechtlichen Konkurrenzverbot

6 a *a.* Art. 536 OR, nach Art. 557 II OR auch anwendbar auf Kollektivgesellschafter und nach Art. 598 II auf Kommanditäre und Kommanditisten einer Kommanditgesellschaft, enthält ebenfalls ein gesetzliches Konkurrenzverbot, das *Geschäfte der Gesellschafter für eigene Rechnung* zum Gegenstand hat. Eine einfache Gesellschaft kann keine kaufmännischen Handlungsbevollmächtigten bestellen. Art. 458 N. 14 a. Art. 462 N. 3 a. Doch kann ein nur kollektiv vertretungsberechtigter *Kollektivgesellschafter* (Art. 563 OR) *Einzelprokurist*, ein *Kommanditär Einzel- oder Kollektivprokurist* sein. Art. 458 N. 17 d. Dann *unterstehen sie kumulativ den gesetzlichen Konkurrenzverboten nach Art. 536 und 464 OR*, wobei der Umfang der Konkurrenzenthaltung als Handlungsbevollmächtigter grösser ist als der Umfang der Konkurrenzenthaltung, die sich aus dem Gesellschaftsvertrag ergibt.

b *b.* Der *angestellte abschlussberechtigte Handelsreisende* untersteht *kumulativ den gesetzlichen Konkurrenzverboten von Art. 4 II HRAG und*

Art. 464 OR, wobei der Umfang des ersteren grösser ist als der Umfang des letzteren Konkurrenzverbotes.

c

c. Soweit *Handlungsbevollmächtigte* von Gesetzes wegen *keinem Konkurrenzverbot unterstehen*, z.B. als Teilhandlungsbevollmächtigte ohne Dienstvertrag oder als *Abschlussagenten* (Art. 418d II OR), können sie durch *vertragliche Konkurrenzverbote* gebunden sein. Für Begründung, Umfang, Wirkungen und Rechtsfolgen der Übertretung von vertraglichen Konkurrenzverboten gelten unmittelbar oder mittelbar die Vorschriften von Art. 356/62 OR. Ebenso bedarf der *schriftlichen Vereinbarung ein Konkurrenzverbot, das zeitlich und/oder gegenständlich den Umfang des gesetzlichen Konkurrenzverbotes erweitern, beispielsweise auch nach Auflösung des Arbeitsverhältnisses mit dem Handlungsbevollmächtigten wirksam sein soll.* Das Recht der vertraglichen Konkurrenzverbote bildet im schweizerischen Privatrecht eine Auseinandersetzung mit dem allgemeinen Prinzip der Handlungsfreiheit nach Art. 27 ZGB. *Zeitlich, örtlich und gegenständlich unbegrenzte sowie Bindungen, die keinen vernünftigen Ausgleich der schutzwürdigen Interessen von Geschäftsherrn und Arbeitnehmer herstellen, werden nicht geschützt.* Wo das Gesetz selbst Konkurrenzverbote verfügt, fällt diese Wertung fort.

d

d. Der *schriftlichen Vereinbarung* bedarf auch *eine im Falle der Übertretung verfallende Konventionalstrafe.* Art. 160, 359 II und III OR. Insbesondere fallen Konkurrenzverbote dahin, wenn der Dienstherr kein erhebliches Interesse an der Aufrechterhaltung besitzt, wenn er das Arbeitsverhältnis ohne hinreichenden Grund selbst auflöst. (Art. 404 N. 17 c) oder dem Dienstpflichtigen einen hinreichenden Grund zur Kündigung gegeben hat. **BGE 82 II 143 Erw. 1 und 2.**

B. Art. 464 II OR

II. DIE RECHTSFOLGEN DER VERLETZUNG DES KONKURRENZVERBOTES

7. Kumulation von Schadenersatzanspruch und actio negotiorum gestorum directa des Geschäftsherrn

7 a

a. Verletzt der kaufmännische Geschäftsführer (Prokurist, Handlungsbevollmächtigter, Handelsreisender, N. 3 oben) ein gesetzliches oder vertragliches Konkurrenzverbot, dem er unterworfen ist, so wird seine

Geschäftsbesorgung im Verhältnis zum Geschäftsherrn vertraglos i. S. von Art. 419 ff. OR. Es liegt eine *bösgläubige Intervention* in die Rechtssphäre des Geschäftsherrn vor, *Geschäftsbesorgung gegen das Interesse des Geschäftsherrn*, deren Rechtsfolgen in Art. 423 OR geregelt sind. Art. 464 II OR bringt zum Ausdruck, dass die *Rechtsfolgen der Verletzung des Konkurrenzverbots durch kaufmännische Geschäftsführer die nämlichen sind wie die der bösgläubigen vertraglosen Geschäftsbesorgung im allgemeinen.*

b *b.* Art. 464 II OR gewährt dem Geschäftsherrn *kumulativ* den *Schadenersatzanspruch* und das *Recht, die unerlaubt abgeschlossenen Geschäfte auf eigene Rechnung zu übernehmen.* Der Übernahmeanspruch ist nichts anderes als *die actio negotiorum directa des Geschäftsherrn* gemäss Art. 423 I OR. Gegenstand der actio directa des Geschäftsherrn ist nicht nur der Ersatz des durch die unbefugte Geschäftsbesorgung entstandenen Schadens (Art. 420 III OR), sondern auch die Ablieferung des *tatsächlich erzielten sowie des bei Aufwendung aller Sorgfalt erzielbaren Gewinnes,* d. h. der «Vorteile» i. S. von Art. 423 I OR.

c *c.* Mit dem *Schadenersatzanspruch,* der dem Geschäftsherrn in jedem Falle der Verletzung eines vertraglichen oder gesetzlichen Konkurrenzverbotes zusteht, kann dieser nur das *negative Interesse* ersetzt verlangen. **BGE 51 II 582 Erw. 3a.** Ob man den Schadenersatzanspruch ex delicto oder aus Verletzung einer vertraglichen Treuepflicht ableitet, er hat den *Vertrauensschaden,* das negative Interesse zum Gegenstand. Art. 398 N. 5d. Der Geschäftsherr kann sich mit dem Ersatz des Vertrauensschadens begnügen. An sich ist der *Schadenersatzanspruch in der actio negotiorum gestorum directa des Geschäftsherrn enthalten.* Art. 420 III OR. Aber nichts hindert den Geschäftsherrn, seinen Schadenersatzanspruch nur aus der *Vertragsverletzung* und/oder *unerlaubten Handlung* des Geschäftsführers abzuleiten, der ein Konkurrenzverbot verletzt hat. § 61 I HGB gesteht dem Geschäftsherrn den Schadenersatzanspruch oder die actio negotiorum gestorum directa nur alternativ («statt dessen»), nicht kumulativ zu.

d *d.* Für Einzelheiten sind auf die Kommentierung von Art. 423 verwiesen.

8. Übernahme von verbotenen Geschäften durch den Geschäftsherrn auf eigene Rechnung

8 a *a.* Gleichgültig, ob der Geschäftsführer das verbotene Geschäft für eigene Rechnung (negotiorum gestio improba) oder für Rechnung eines

Dritten abgeschlossen hat, dem in seinen Rechten verletzten Geschäftsherrn erwächst die actio negotiorum gestorum directa auf Ablieferung der Vorteile gemäss Art. 423 I OR. Der berechtigte *Geschäftsherr* kann, *aber er muss nicht das verbotene Geschäft übernehmen* (Art. 423 I, 464 II OR), d.h. die Abwicklung der gegenseitigen Ansprüche von actio directa des Geschäftsherrn und actio contraria des Geschäftsführers durchführen. Die Abwicklung gestaltet sich verschieden, je nachdem das verbotene Geschäft im eigenen Namen des Geschäftsführers abgeschlossen wurde oder im Namen und für Rechnung eines dritten Geschäftsherrn.

b. Wurde es im *eigenen Namen des Geschäftsführers* abgeschlossen, gleichgültig, ob auch für eigene Rechnung des Geschäftsführers oder für Rechnung eines dritten Geschäftsherrn, so kann der in seinen Interessen verletzte Geschäftsherr *Ablieferung aller aus dem verbotenen Geschäft tatsächlich erlangten Vermögenswerte verlangen, d.h. Übertragung von Sachen und dinglichen Rechten sowie Abtretung von Forderungen.* Art. 400 OR. Ablieferungsgegenstand ist «*alles was dem Geschäftsführer infolge der Geschäftsführung zugekommen ist*». VON THUR/SIEGWART I S. 434. Der Geschäftsherr kann aber darüber hinausgehend verlangen Ersatz des Gewinnes, der *bei sorgfältigster Geschäftsführung erlangbar gewesen wäre, aber vom Geschäftsführer nicht erzielt wurde.* **INST. 3.27.1. DIG. 3.5.2.** Unter der Voraussetzung, dass er die Ansprüche des Geschäftsherrn erfüllt, hat der fehlbare Geschäftsführer den Anspruch auf *Auslagen- und Verwendungsersatz* sowie auf Befreiung von den eingegangenen Verbindlichkeiten nach Art. 422 I OR, jedoch *maximal bis zu der dem Geschäftsherrn zugeführten Bereicherung.* Diesen Anspruch kann er mit dem Gewinn verrechnen, den er an den Geschäftsherrn abführt. Art. 423 II OR. Er liefert den Saldo ab. Art. 400 N. 5. Die *Auseinandersetzung mit dem dritten Geschäftsherrn,* für dessen Rechnung gehandelt wurde, bleibt *Sache des fehlbaren Geschäftsführers.*

b

c. Wurde das *verbotene Geschäft in direkter Stellvertretung eines Dritten* abgeschlossen, so sind seine Rechtswirkungen unmittelbar in dessen Person eingetreten. Eine Übernahme durch den in seinen Interessen verletzten Geschäftsherrn ist gegen oder ohne den Willen der Parteien des verbotenen Geschäfts nicht möglich. Doch kann der in seinen Rechten und Interessen verletzte Geschäftsherr mit der actio negotiorum gestorum directa vom fehlbaren Geschäftsführer verlangen

c

(1) *Ablieferung des Gewinnes,* der dem fehlbaren Geschäftsführer zugekommen ist, d.h. *Herausgabe der bezogenen* oder *Abtretung des Anspruchs auf die noch nicht bezogene Vergütung.* § 61 HGB;

(2) *Ersatz des Vertrauensschadens* (negatives Interesse), der dem Geschäftsherrn durch die Ausführung des verbotenen Geschäfts für Rechnung eines Dritten erwachsen ist.

d *d.* Eine *Unterlassungsklage* bei Verletzung des *gesetzlichen* Konkurrenzverbotes des Art. 464 OR ist u.E. deshalb *auszuschliessen*, weil eine gesetzliche Pflicht keiner richterlichen Feststellung und/oder Bestätigung bedarf und weil die Rechtsfolgen der Verletzung in Art. 464 II OR abschliessend geregelt sind. Das gesetzliche Konkurrenzverbot reicht nicht über die Dauer des Arbeitsvertrages zwischen Geschäftsherrn und Geschäftsführer. Seine Verletzung wird regelmässig zur Auflösung des Arbeitsvertrages und damit zum Fortfall des Konkurrenzverbotes führen. Anders BECKER ad Art. 464 N. 4 und OSER/SCHÖNENBERGER ad Art. 464 N. 11 unter Berufung auf **BGE 32 I 662 und 55 II 56.**

9. Verjährung. Verwirkung. Verzicht auf die gesetzlichen Sanktionen

9 a *a.* § 61 II HGB sieht für die Ansprüche, die dem Geschäftsherrn aus der Verletzung des gesetzlichen Konkurrenzverbotes gegen seinen Handlungsbevollmächtigten erwachsen, *kurze Verjährungsfristen, 3 Monate seit Kenntnis der Verletzung und 5 Jahre absolut*, vor. Nach schweizerischem Recht kommt die *allgemeine Verjährungsfrist von 10 Jahren seit Entstehung und Fälligkeit* (Art. 127, 130 OR) *des Schadenersatzanspruches ex contractu* oder quasi ex contractu zur Anwendung.

b *b.* Erhebt jedoch der Geschäftsherr trotz Kenntnis der Verletzung innert nützlicher Frist keinen Anspruch, so wird man u.U. annehmen müssen, er habe stillschweigend in die Verletzung eingewilligt. N.1c oben. OSER/SCHÖNENBERGER ad Art. 464 N. 6. Das wird namentlich dann anzunehmen sein, *wenn dem fehlbaren Geschäftsführer sein vertraglicher Lohn trotz Kenntnis des Gegenanspruches vorbehaltlos ausbezahlt wird.* Die wissentliche Duldung einer einmaligen leichten Übertretung darf jedoch nicht als Einwilligung in wiederholte und schwere Übertretungen ausgelegt werden. Immerhin sollte der Geschäftsherr mit der Erhebung seiner Ansprüche aus Verletzung eines Konkurrenzverbotes nicht zögern, weil der *Beweis der massgebenden Tatsachen durch Zeitablauf erschwert* wird.

c *c.* Da Geschäftsbesorgung in *Verletzung eines gesetzlichen oder vertraglichen Konkurrenzverbotes bösgläubig und schuldhaft* ist, kommt die Führung des Exkulpationsbeweises nach Art. 97 OR auch dann nicht in Frage, wenn sich der fehlbare Geschäftsführer auf Rechtsunkenntnis beruft. Meist wird der Geschäftsführer eine (stillschweigende) *Einwilligung des Geschäftsherrn* behaupten, die nach dem Gesetzeswortlaut den Charakter der Unerlaubtheit der Geschäftsbesorgung beseitigt. Diese Einrede ist vom Geschäftsführer zu beweisen. Ein bewiesenes Verhalten des Geschäftsherrn rechtlich als Einwilligung zu qualifizieren oder nicht, obliegt dem Richter im Rahmen der freien Beweiswürdigung.

Art. 465

E. Erlöschen der Prokura und der andern Handlungsvollmachten

[1] **Die Prokura und die Handlungsvollmacht sind jederzeit widerruflich, unbeschadet der Rechte, die sich aus einem unter den Beteiligten bestehenden Dienstvertrag, Gesellschaftsvertrag, Auftrag oder dergleichen ergeben können.**

[2] **Der Tod des Geschäftsherrn oder der Eintritt seiner Handlungsunfähigkeit hat das Erlöschen der Prokura oder Handlungsvollmacht nicht zur Folge.**

E. Fin de la procuration et des autres mandats commerciaux

[1] **La procuration et le mandat commercial sont révocables en tout temps, sans préjudice des droits qui peuvent résulter du contrat de travail, du contrat de société, du mandat ou des autres relations juridiques existant entre parties.**

[2] **La mort du chef de la maison ou la perte de l'exercice de ses droits civils n'entraîne la fin ni de la procuration, ni du mandat commercial.**

E. Fine della procura e degli altri mandati commerciali

[1] **La procura e il mandato di rappresentanza possono sempre essere revocati, senza pregiudizio dei diritti derivanti fra le parti da rapporti contrattuali di lavoro, di società, di mandato o simili.**

[2] **La morte o la perdita della capacità civile del principale non estingue la procura ed il mandato di rappresentanza.**

Materialien: Vgl. sub Art. 458 OR. Insbesondere Nachtragsbotschaft Bundesrat BBl 1909 III S. 754. StenBull NatRat 1909 S. 709, 716.

Rechtsvergleichung: aOR Art. 428. HGB § 52. Codice Civile art. 2207.

Literatur: Vgl. sub Art. 458, 462, 463 OR.

SYSTEMATIK DER KOMMENTIERUNG

Art. 465 OR

1. Beendigungsgründe und ihre verschiedenartige Wirkung im Innenverhältnis und im Aussenverhältnis zu gutgläubigen Dritten 479
2. Die Bedeutung und Wirkung der Kenntnis des Beendigungsgrundes einer kaufmännischen Handlungsvollmacht 480
3. Keine Wirkung der Beendigung der Handlungsvollmacht auf das Arbeitsverhältnis, das kein Mandat ist. 481
4. Die einzelnen Erlöschungsgründe der Handlungsvollmachten . . . 482

Art. 465 OR

1. Beendigungsgründe und ihre verschiedenartige Wirkung im Innenverhältnis und im Aussenverhältnis zu gutgläubigen Dritten

1 a

a. Unter dem Randtitel: «Erlöschen der Prokura und der andern Handlungsvollmachten» bestätigt Art. 465 I OR die Norm des allgemeinen Geschäftsführungs- und Stellvertretungsrechtes (Art. 404, 34 OR), dass der einseitige und unverzichtbare *Widerruf* durch den Geschäftsherrn mit Wirkung ex nunc (Art. 404 N. 8–13) einen *Beendigungsgrund auch für alle kaufmännischen Vollmachten bildet.* Die dem Widerrufsrecht des Geschäftsherrn entsprechende *Kündigung durch den Prokuristen oder Handlungsbevollmächtigten* (N. 4a unten) wird *nicht erwähnt.* Daraus muss geschlossen werden, dass die *Kündigung durch den Handlungsbevollmächtigten* (Art. 404 N. 14–16, Art. 461 N. 5b) wie die anderen Beendigungsgründe des allgemeinen Geschäftsführungsrechtes grundsätzlich *auch für die kaufmännische Rechtsgeschäftsbesorgung* gelten (Art. 405/6 OR), zumal im 2. Absatz von Art. 465 OR *Tod und Handlungsunfähigkeit des Geschäftsherrn,* die nach Art. 405 OR Beendigungsgründe wären, die *Beendigungswirkung* für die kaufmännischen Handlungsvollmachten *abgesprochen* wird.

b

b. Sodann bestätigt Art. 465 I OR die für das Recht der direkten Stellvertretung charakteristische Erscheinung, dass *Begründung, Umfang und Beendigung der Vollmacht nicht gleichartig, sondern verschiedenartig wirken,* je nachdem es sich um das *interne Rechtsverhältnis* (Arbeitsvertrag) zwischen Geschäftsherrn und Handlungsbevollmächtigten oder um das *externe Rechtsverhältnis* des (vertretenen) Geschäftsherrn zu gutgläubigen Dritten handelt.

c

c. Für das *Erlöschen der Prokura ist* ausser dem allgemeinen Stellvertretungs- und Geschäftsführungsrecht das *Handelsregisterrecht* massgebend. Art. 461 OR enthält eine *Sondervorschrift für die Wirkung der Beendigungsgründe der Prokura gegenüber gutgläubigen Dritten.* Die Wirkung der Beendigung tritt hier gutgläubigen Dritten gegenüber erst ein mit der *Löschung der Prokura* im Handelsregister und deren Publikation. Art. 461 N. 6d.

2. Die Bedeutung und Wirkung der Kenntnis des Beendigungsgrundes einer kaufmännischen Handlungsvollmacht

2 a *a.* Für die Wirkung von Widerruf und anderen Beendigungsgründen der Prokura im *Verhältnis des Geschäftsherrn zum Prokuristen und zu bösgläubigen Dritten* einerseits und im Verhältnis des Geschäftsherrn zu gutgläubigen Dritten andererseits ist auf die Kommentierung von Art. 461 OR zu verweisen. Zum *Widerruf von kaufmännischen Handlungsvollmachten sind i.d.R. diejenigen Geschäftsführer oder Organe legitimiert, die die Bestellung vorgenommen haben.* Art. 726 OR für die AG, Art. 816 OR für die GmbH, Art. 905 OR für die Genossenschaft, aber Art. 566 OR für die Kollektiv- und nach Art. 598 II OR auch für die Kommanditgesellschaft.

b *b.* Die Wirkung der Beendigungsgründe im Verhältnis zwischen dem Geschäftsherrn und allen kaufmännischen Handlungsbevollmächtigten, vom Prokuristen bis zum Handelsreisenden oder Ladenverkäufer, hängt davon ab, *ob und wann der betroffene Handlungsbevollmächtigte Kenntnis vom gesetzlichen Beendigungsgrund erhalten hat.* Art. 406 N. 4. Erst im Zeitpunkt der Kenntnisnahme durch den Handlungsbevollmächtigten *entfaltet der Beendigungsgrund seine Beendigungswirkung ex nunc.* Die vor diesem Zeitpunkt ausgeführten Rechtshandlungen des Handlungsbevollmächtigten berechtigen und verpflichten den Geschäftsherrn, es sei denn, dass der *Dritte* vorher von einem gesetzlichen Beendigungsgrund Kenntnis hatte, also *bösgläubig* war. Art. 37, 34 III OR.

c *c.* Ist der *Dritte* jedoch *gutgläubig*, d.h., hat er vom Beendigungsgrund keine Kenntnis, so wird der Geschäftsherr *durch die von seinem Handlungsbevollmächtigten ausgeführten Rechtshandlungen selbst dann berechtigt und verpflichtet, wenn der Handlungsbevollmächtigte Kenntnis von einem gesetzlichen Beendigungsgrund haben sollte.* Art. 34 III OR. Die vom gutgläubigen Kunden dem Handelsreisenden rechtzeitig erklärte Mängelrüge wirkt gegen den Geschäftsherrn, wenn der Kunde bei Abgabe der Erklärung keine Kenntnis hatte, dass dem Handelsreisenden die Handlungsvollmacht entzogen war. Daraus ergibt sich die *gegenseitige relative Unabhängigkeit von internem Arbeitsverhältnis des Handlungsbevollmächtigten einerseits und externem Vertretungsverhältnis zwischen Geschäftsherrn und gutgläubigen Dritten andererseits*, welche die herrschende Meinung mit der Abstraktion der Vollmacht und ihrer Qualifikation als einseitiger nicht empfangsbedürftiger Rechtsakt zu erklären und zu lösen versucht. **BGE 86 I 109/10.**

3. Keine Wirkung der Beendigung der Handlungsvollmacht auf das Arbeitsverhältnis, das kein Mandat ist

a. Qualifiziert man die obligatio faciendi jeden, also auch des kaufmännischen Geschäftsführers, soweit sie Rechtsgeschäftsbesorgung zum Gegenstand hat, als Auftrag, bzw. als auftragsrechtliche Ausführungsobligation, der neben oder auch ohne ein anderes Arbeitsverhältnis entstehen und bestehen kann, so lässt sich der in Art. 465 I OR ausgesprochene Rechtsgedanke auf eine einfache Formel bringen. Der Widerruf und die anderen auftragsrechtlichen *Beendigungsgründe* (404/5 OR) *wirken nach den auftragsrechtlichen Regeln ex tunc* (Art. 406 OR) *auf die Rechtsgeschäftsbesorgung des Handlungsbevollmächtigten.* Besteht daneben ein anderer Arbeitsvertrag, *Dienstvertrag oder Gesellschaft*, so *bleibt dieser durch die Beendigung der Rechtsgeschäftsbesorgung unberührt und kann insbesondere nur nach den dienstvertraglichen* (HRAG für den angestellten Handelsreisenden) und/oder *gesellschaftsrechtlichen Bestimmungen aufgelöst werden.* **BGE 86 I 109/10.** Wird also dem *Kommanditär*, der nicht in einem Dienstverhältnis zur Kommanditgesellschaft steht, die Prokura für diese Kommanditgesellschaft fristlos entzogen, so bleiben seine *Rechte aus dem Kommanditgesellschaftsvertrag* dadurch unberührt. Der Gesellschaftsvertrag ist nicht aufgelöst und kann nur nach den für ihn geltenden Vorschriften (mangels gegenteiliger Vereinbarung durch Kündigung unter Beobachtung einer sechsmonatigen Kündigungsfrist per Jahresende – Art. 546, 557 II, 598 II OR) aufgelöst werden. Wird dem *angestellten abschlussberechtigten Handelsreisenden die Abschlussvollmacht entzogen, so bleiben dessen Rechte aus dem Anstellungsverhältnis mit dem Geschäftsherrn unberührt.* Dieses kann nur nach den zwingenden Kündigungsvorschriften von Art. 16 HRAG aufgelöst werden. Der Geschäftsherr schuldet Entgelt (Gehalt und Provision) sowie den gesetzlichen Spesenersatz bis zum Kündigungsziel.

3 a

b. Prokuristen, Generalhandlungsbevollmächtigte und die Teilhandlungsbevollmächtigten erhalten für ihre Arbeit meist einen festen Lohn. Ihr Arbeitsverdienst hängt regelmässig nicht von der Quantität oder vom Erfolg ihrer Rechtsgeschäftsbesorgung ab. Dasselbe gilt für die Ausnahmefälle, in welche die Dienste als Prokurist oder Handlungsbevollmächtigter dem Geschäftsherrn unentgeltlich zur Verfügung gestellt wurden. Diesen Handlungsbevollmächtigten entsteht durch Widerruf ihrer Vollmacht zur Rechstgeschäftsbesorgung, d.h. durch Beendigung ihres besonderen Rechtsgeschäftsbesorgungsauftrages, kein weiterer Schaden, wenn ihre Rechte aus einem neben dem Rechtsgeschäftsbesorgungsauftrag bestehenden Arbeitsvertrag vorbehalten bleiben.

b

c *c.* Anders verhält es sich, wenn beispielsweise dem abschlussberechtigten angestellten Handelsreisenden die Abschlussvollmacht fristlos entzogen wird. Dann entgehen ihm u. U. Provisionen bis zum Kündigungsziel seines Arbeitsverhältnisses aus Geschäften, die nur er hätte abschliessen oder vermitteln können. Wurde die Abschluss- und/oder Vermittlungsbefugnis grundlos entzogen, so steht dem Handelsreisenden der Schadenersatzanspruch nach Art. 404 II OR zu. Art. 404 N. 17, 19, 20. Art. 12 I HRAG spricht dem Reisenden, der ohne sein Verschulden an der Ausübung der Reisetätigkeit verhindert ist, u. a. «eine angemessene Entschädigung für den Ausfall der Provision» zu. Ohne sein Verschulden ist der Handelsreisende auch dann verhindert, wenn der Geschäftsherr die Abschluss- oder Vermittlungsbefugnis grundlos widerruft. Ähnliches gilt für andere Handlungsbevollmächtigte, wenn ihre Arbeitsvergütung ganz oder teilweise vom Erfolg abhängig ist.

4. Die einzelnen Erlöschungsgründe der Handlungsvollmachten

4 a *a.* Das Gegenstück zum einseitigen Widerruf ist die *Kündigung der Handlungsvollmacht* durch den Handlungsbevollmächtigten. Dieser Beendigungsgrund gilt nicht nur für die Prokura (Art. 461 N. 5 b), sondern für jede Handlungsvollmacht, die eine Rechtsgeschäftsbesorgung zum Gegenstand hat. Art. 404 OR. Obschon in Art. 465 I nicht ausdrücklich erwähnt, *tangiert auch die Niederlegung der Rechtsgeschäftsbesorgung durch den Handlungsbevollmächtigten ein allenfalls zwischen Geschäftsherrn und Handlungsbevollmächtigtem bestehendes dienst- oder gesellschaftsvertragliches Verhältnis nicht unmittelbar.* Verzichtet der Kommanditär auf seine Prokura oder Handlungsvollmacht, so ist das kein Auflösungsgrund für den Kommanditgesellschaftsvertrag. Bei einem angestellten Handlungsbevollmächtigten *kann die Niederlegung der Rechtsgeschäftsbesorgung eine Arbeitsverweigerung bilden,* die den Geschäftsherrn zur *fristlosen Auflösung des Dienstvertrages nach Art. 352 OR berechtigt.* Erfolgt die Niederlegung unzeitig, d. h. ohne wichtigen Grund, so liegt eine Verletzung der Treuepflicht vor, die den Handlungsbevollmächtigten nach Art. 404 II OR schadenersatzpflichtig macht. Art. 404 N. 18, 19. *Dem dienstpflichtigen Handlungsbevollmächtigten ist i. d. R. zuzumuten, die für das Arbeitsverhältnis geltenden Kündigungsfristen einzuhalten.* Damit endet nicht nur die Rechtsgeschäftsbesorgung, sondern das ganze Arbeitsverhältnis. In der Praxis ist die fristlose Kündigung der Rechtsgeschäftsbesorgung durch den Handlungsbevollmächtigten selten.

b *b. Tod, Verschollenerklärung und Handlungsunfähigkeit des Geschäftsherrn beenden nach der ausdrücklichen Vorschrift des Art. 465 II OR im*

Gegensatz zur Regel von Art. 34 und 404 OR die kaufmännischen Vollmachten nicht ipso facto. Art. 461 N. 5 c. *Das nach Eintritt dieser Tatsachen vom Handlungsbevollmächtigten abgeschlossene Rechtsgeschäft bindet den Geschäftsherrn oder seine Erben.* Die Erben oder der gesetzliche Vertreter des Geschäftsherrn können die *Beendigung durch Ausübung* des ihnen zustehenden *Widerrufsrechtes* herbeiführen. Doch wirkt dieser Widerruf gegenüber gutgläubigen Dritten erst, wenn diese davon Kenntnis erhalten haben, bei der Prokura mit der Löschung im Handelsregister und deren Publikation im Handelsamtsblatt. Der Grund der gesetzlichen Lösung ist die im *Interesse des Geschäftsherrn oder seiner Erben liegende Kontinuität der Geschäftsbesorgung.*

c

c. Der *Konkurs des Geschäftsherrn,* der eine natürliche Person ist, die freiwillige oder konkursamtliche Liquidation einer juristischen Person oder Handelsgesellschaft, überhaupt *jede tatsächliche Löschung der Firma des Geschäftsherrn im Handelsregister, beenden die kaufmännischen Handlungsvollmachten.* Art. 461 N. 5 d, f. Die Wirkung des Erlöschungsgrundes tritt jedoch gegenüber gutgläubigen Dritten erst ein, wenn sie, meist durch Handelsregister und Handelsamtsblatt, vom Erlöschungsgrund Kenntnis erhalten. OSER/SCHÖNENBERGER ad Art. 465 N. 7–10.

d

d. Tod, Verschollenerklärung, Handlungsunfähigkeit und Konkurs des Handlungsbevollmächtigten bringen jede kaufmännische Handlungsvollmacht zum Erlöschen, die nicht schon aus einem anderen Grunde vor dem Eintritt einer dieser Tatsachen erloschen war.

e

e. Tritt ein *Beendigungsgrund in der Person eines Kollektivhandlungsbevollmächtigten ein, so wird dadurch die Vollmacht der anderen nicht berührt.* Art. 405 N. 13. Anders OSER/SCHÖNENBERGER ad Art. 465 OR N. 10. Das gilt namentlich dann, wenn eine kollektive Handlungsbefugnis *je zu zweien einem grösseren Kollegium* zustand. Wären allerdings nur zwei Kollektivhandlungsbevollmächtigte bestellt, so bewirkt die Beendigung der Vollmacht des einen im internen Verhältnis eine in ihrer Wirkung dem Widerruf ähnliche Beschränkung des Vollmachtsumfanges (Weisung). Doch wird dann der Geschäftsherr je nach seinem Interesse für den verbleibenden Kollektivvertreter die Kollektivklausel ausdrücklich oder stillschweigend widerrufen oder auch ihm gegenüber die Beendigung durch Widerruf herbeiführen. Die Vermutung spricht für das grössere *Interesse des Geschäftsherrn an einer kontinuierlichen Fortführung der Geschäfte* und daher für einen Widerruf der Kollektivklausel, namentlich soweit das Verhältnis gegenüber gutgläubigen Dritten in Frage steht. Art. 460 N. 8–10. Bei den gewöhnlichen *General- oder Teilhandlungsvollmachten*, die im Handelsregister nicht eingetragen werden können, *haben Dritte regelmässig weder von der Kollektivklausel noch von ihrer ausdrücklichen oder stillschweigenden Aufhebung Kenntnis.*

Achtzehnter Titel

Die Anweisung

VORBEMERKUNGEN

Übersicht

1. Die Anweisung in der Doktrin. Rechtsvergleichung 485
2. Die Entwicklung der Anweisung im schweizerischen Recht 486
3. Die Anweisung als Vertrag (contrat) 487
4. Abgrenzungen 491
5. Anwendungsgebiet 493
6. Bringschuld oder Holschuld 495
7. Internationales Privatrecht 496

1. Die Anweisung in der Doktrin. Rechtsvergleichung

1 a

a. Die Anweisung (assignation, assegno) zählte in der deutschen Pandektenwissenschaft zu den umstrittensten Rechtsfiguren. *Vertrag* oder blosse *Ermächtigung*, *Doppelmandat* oder *Doppelermächtigung*, *Vertrag zugunsten eines Dritten* sind die wesentlichen Punkte, um welche die Kontroverse kreist. Welche Konstruktion am ehesten zutrifft, ist weniger eine Frage der abstrakten Rechtsdogmatik als der positivrechtlichen Ausgestaltung, die sich nicht in der Begriffsdefinition erschöpft.

b

b. Im *römischen Recht* war die *delegatio* (Anweisung im weitesten Sinne) ein *Mandat.* **DIG. 17. 1. 26. 1 und 2. DIG. 46. 1. 18.** Sie hatte jedoch eine weitergehende Wirkung als in den meisten modernen Rechtsordnungen. *Versprach der delegatus* (Angewiesene) *die Leistung, so war die Forderung gegen den Urschuldner getilgt.* «Verbum „exactae pecuniae“ non solum ad solitionem referendum est, verum etiam ad delegationem». **DIG. 50. 16. 187.** Das gemeine Recht wich vom römischen Vorbild ab und prägte den Satz: «Anweisung ist keine Zahlung». (Titel zu § 788 BGB.) Der gemeinrechtliche Grundsatz ist modernes Recht geworden und scheint viele dogmatische Schwierigkeiten verursacht zu haben.

c *c.* Der Code Napoléon behandelt die «*délégation*» im Abschnitt über die *Novation.* Die «délégation» bewirkt *keine Neuerung* (art. 1275), wenn der Gläubiger nicht ausdrücklich die Entlastung des ursprünglichen Schuldners erklärt (art. 1276), m. a. W. durch Delegation eines anderen wird der Schuldner im Zweifel nicht befreit.

d *d.* ABGB §§ 1440–1403 behandelt die *Anweisung (Assignation)* im Anschluss an die Zession und unter dem Einfluss der gemeinrechtlichen Doktrin als *doppelte Ermächtigung,* obschon das ABGB die abstrakte Ermächtigung nicht kennt, sondern nur den Bevollmächtigungsvertrag. § 1403 I Satz II lautet denn auch: «Besteht *zwischen dem Anweisenden und dem Angewiesenen* kein anderer Rechtsgrund, so gelten zwischen beiden die Vorschriften über den *Bevollmächtigungsvertrag.*» §§ 1002 ff. «Die *Tilgung der Schuld* erfolgt, wenn nichts anderes vereinbart ist, *erst durch die Leistung.*» § 1401 III ABGB.

e *e.* Auch BGB § 783 definiert die Anweisung als *doppelte Ermächtigung,* jedoch mit der Besonderheit, dass der Anweisungsempfänger die *Leistung im eigenen Namen* erhebt. «*Anweisung ist keine Zahlung.*» § 788 BGB.

f *f.* Das italienische Recht regelt die *Bankanweisung* (assegno bancario = chèque) in einem speziellen Ergänzungserlass, dem *Regio Decreto vom 21. Dezember 1933.* Die *gewöhnliche Anweisung* erscheint ähnlich wie im Code Napoléon als *delegazione* in art. 1268–1271 Codice Civile.

2. Die Entwicklung der Anweisung im schweizerischen Recht

2 a *a.* Im aOR schloss der Abschnitt «Anweisung» mit Art. 406–414 unmittelbar an den einfachen Auftrag (Art. 392–405) an. Ihr Gegenstand konnte nur die Zahlung «einer bestimmten Geldsumme» sein (Zahlungsanweisung). Die gesetzliche Begriffsumschreibung und die Stellung im System lassen die Anweisung als *Doppelmandat* erscheinen: *Zahlungsauftrag an den Angewiesenen* (mandatum solvendi), *Empfangsauftrag* (mandatum accipiendi) *des Anweisungsempfängers,* der die Zahlung *im eigenen Namen* erhebt. Der Satz: «Anweisung ist keine Zahlung» ist sinngemäss aus dem gemeinen Recht übernommen. Art. 407 I aOR.

b *b.* Die Revision von 1911 hat in Anlehnung an § 783 BGB **(BGE 73 II 47)** den Gegenstand der Anweisung auf Geld, Wertpapiere und andere vertretbare Sachen ausgedehnt. Anstelle des Wortes «beauftragt», wurde in der Begriffsumschreibung von Art. 466 OR das Wort «*ermächtigt*» gesetzt. Sonst aber blieben die *Bestimmungen unverändert,* abgesehen von einer anderen Einteilung der Artikel, der Einführung der schriftlichen

Inhaberanweisung (Art. 471 I OR) und der Verweisung auf die Spezialbestimmungen über den Check und die wechselähnlichen Anweisungen. Trotz der Ausdehnung des Gegenstandes in Art. 466 OR ist in den Art. 467–469 nur von der «*Zahlung*» *des Angewiesenen* die Rede. Nach seinem materiellen Inhalt und seiner Formlosigkeit gleicht das Anweisungsrecht des OR mehr demjenigen des ABGB als demjenigen des BGB.

c

c. Im ersten Entwurfstext war die Anweisung noch ein Doppelmandat, und in der bundesrätlichen Botschaft heisst es: «An der Konstruktion der Anweisung als Doppelmandat hat die Vorlage festgehalten, obgleich sie der heutigen wissenschaftlichen Auffassung nicht mehr entspricht.» Bundesblatt 1905 II S. 42. In der Expertenkommission wurde auf Anregung von EUGEN HUBER entsprechend der «jetzt herrschenden Doktrin» wie im BGB das Doppelmandat durch die doppelte Ermächtigung ersetzt. Prot. Expertenkommission vom 9. März 1909 S. 11. Vor dem Nationalrat erwähnte der deutschsprachige Referent diese Änderung und sprach von der Anweisung als einem «Ermächtigungsfall besonderer Art.» StenBull NatRat 1909 S. 716.

3. Die Anweisung als Vertrag (contrat)

3 a

a. Im *französischen Gesetzestext* bleibt die Anweisung ein «contrat», ein *Vertrag*, was mit dem Begriff der einseitigen und abstrakten Ermächtigungen i. S. der deutschen Doktrin kaum vereinbar ist. Aus der vorbehaltlos erklärten *Annahme der Anweisung* durch den Angewiesenen erwächst dem Empfänger ein *klagbarer Anspruch* (Art. 468 I OR), den er *im eigenen Namen* geltend macht (Art. 466 OR). Das setzt in der Tat einen *Vertragsnexus* voraus. Art. 468 N. 2. In **BGE 73 II 46** ist von einem «contrat d'assignation» die Rede, der *durch die Annahmeerklärung gegenüber dem Empfänger entsteht* und nach dem Parteiwillen auszulegen ist («réelle et commune intention des parties»). Aus blossen Ermächtigungen können keine klagbaren Verpflichtungen entstehen. Auch im einfachen Auftrag entsteht der vertragliche *Mandatsnexus erst mit der Annahme durch den Beauftragten.* Art. 394 I OR (mandatum suscipere). Von der Annahme gegenüber dem Empfänger zu unterscheiden ist die *Annahme gegenüber dem Anweisenden.* Eine vertragliche *Geschäftsführung für fremde Rechnung* ist eine sinnvolle Begriffsassoziation, eine Ermächtigung für fremde Rechnung dagegen kaum. Der im wesentlichen unveränderte Inhalt der Gesetzesbestimmungen über die Anweisung schliesst die *Auftragsqualifikation*, die in Art. 406 aOR enthalten war, nicht aus. Ein Institut des positiven Rechts ändert seinen Charakter nicht dadurch, dass ein Wort in der Begriffsdefinition der damals herrschenden (deutschen) Doktrin angepasst wird. Die vor der Revision von 1911 ergangene Bundesgerichtspraxis könnte nicht mehr herangezogen werden, hätte die Anweisung durch die Revision ihren Charakter grundlegend geändert. Die Wechsel- und Checkrechtsrevision von 1937 definiert den *Check* in Art. 1100 Z. 2 französisch als «*mandat pur et simple de payer une somme déterminée*» und deutsch als «*unbedingte Anweisung, eine bestimmte Geldsumme zu zahlen*». Ist der Check nach Art. 471 OR eine «Anweisung bei Wertpapieren» (**BGE 51 II 186, 80 II 87**: «une forme qualifié de l'assignation»), so gelangt man indirekt wieder zur *auftragsrechtlichen Qualifikation des aus der Anweisung resultierenden Vertragsnexus zwischen Anweisendem und Angewiesenem.* Auch der Kreditbrief ist nach Art. 407 OR ein *Anweisungsauftrag.* Sind die *qualifizierten Anweisungen Mandate,* so ist die Scheu vor der Mandatsqualifikation bei der gewöhnlichen Anweisung nicht verständlich. Diese erfolgt in **BGE 78 II 49/50** und mittelbar auch in **BGE 87 II 237/43** (auch **49 II 200**) für die in einem *Dokumentenakkreditiv* enthaltene Anweisung. Die abstrakte Ermächtigung ist trotz der neuen Definition von Art. 466 OR in der Ausgestaltung des Anweisungsrechtes durch Art. 467 und 468 OR nicht verwirklicht. Art. 396 N. 9, 11. Anders BECKER ad Art. 466 N. 12. OSER/SCHÖNENBERGER ad Art. 466 N. 15. KLEINER, Girovertrag S. 28/29. Bei der *Anweisung auf Schuld* besteht nach Art. 468 II OR grundsätzlich eine *Leistungspflicht des Angewiesenen an den Empfänger.* Das ist mit der Ermächtigung ebenfalls unvereinbar. OSER/SCHÖNENBERGER ad Art. 468 N. 9. Art. 468 N. 13. *Nach § 787 II BGB hingegen ist die Annahme- und Leistungspflicht des Angewiesenen auch bei der Anweisung auf Schuld ausdrücklich ausgeschlossen.* Nur dann kann von einer abstrakten «Ermächtigung» des Angewiesenen gesprochen werden. PALANDT § 783 BGB Anm. 3.

b *b.* Ähnlich wie beim Frachtvertrag scheint die Auffassung des *Auftrages zugunsten eines Dritten* (mandatum aliena gratia) den Vorzug zu verdienen. Dabei erhalten die Rechtsbeziehungen zwischen den drei Beteiligten ihre besondere Ausprägung. So ist in **BGE 78 II 49** der Verkäufer, der aus einem Dokumentenakkreditiv Zahlung erhalten soll, als «*Begünstigter* (Anweisungsempfänger)» bezeichnet. Der Verkäufer, dem ein «unwiderrufliches» Akkreditiv bestätigt wurde, erhält ein direktes Klagerecht gegen die bestätigende Bank. **BGE 87 II 234/44.** Während *nach § 783 BGB die Anweisungsurkunde dem «ermächtigten» Anweisungsempfänger ausgehändigt werden muss, ist es nach OR gleichgültig, wann und von wem der Anweisungsempfänger Kenntnis vom Recht erhält, die Leistung vom Angewiesenen zu erheben.* Es kann eine *Mitteilung* sein, *die* *der Angewiesene als Bote* gleichzeitig mit der Ausführung der Anweisung macht (Postgirogutschrift), oder auch eine *Mitteilung des Anweisenden* oder eines anderen Boten, auf welche der Anweisungsempfänger durch «*Annahme*» *oder Ablehnung der Leistung von einem Dritten* reagieren kann. Art. 467 II OR. Auch die Vollmacht kann einem Drittkontrahenten vorher mitgeteilt sein als dem Bevollmächtigten selbst. Der Begünstigte aus einem Versicherungsvertrag braucht die Begünstigung nicht vor dem leistungspflichtigen Versicherer zu kennen. Die Konzeption des *mandatum aliena gratia* dürfte der Auffassung des römischen Rechts entsprechen, wie u.a. der Vergleich der Digestenstellen **17. 1. 2. 2** mit **17. 26. 1** ergibt. *Aus der Anweisung erwirbt der Empfänger als Drittbegünstigter ein Recht, aber übernimmt keine Pflicht, die Leistung im eigenen Namen vom Angewiesenen zu fordern.* Art. 112 II OR. Art. 467 III OR. Fasst man dieses Recht als «Ermächtigung» auf, so gilt das für die meisten subjektiven Rechte. Weil aber in den Randtiteln sowie im Text von Art. 33 und 38 OR das Wort «Ermächtigung» synonym mit «Vollmacht» zu direkter Stellvertretung gebraucht ist, wird durch eine singuläre Erweiterung des Ermächtigungsbegriffes die notwendige Unterscheidung von anderen Instituten, z. B. von der Inkassovollmacht, erschwert statt erleichtert. Nach BGB mag eine strenge begriffliche Scheidung von Vollmacht und Ermächtigung geboten sein. MÜLLER-FREIENFELS S. 98–103. Im System des OR bedeutet sie u. E. eine Differenzierung, die aus dem positiven Recht nicht ableitbar ist und zu unnötigen doktrinären Komplikationen führt. *Der Angewiesene wird erst Schuldner aus der Anweisung, wenn er dem Empfänger die Annahme erklärt hat. Dann vermag auch ein Widerruf des Anweisenden die Leistungspflicht des Angewiesenen an den Empfänger nicht mehr zu beseitigen.* Art. 112 III, 468 I, 470 II OR. Art. 394 N. 50 c.

c. Da der *Anweisungsempfänger* die Leistung, sofern er die Anweisung annimmt, *im eigenen Namen* erhebt, wird er Eigentümer der Leistungsgegenstände (Art. 396 N. 39 a), die Geld oder andere Gattungssachen sein müssen. Der Angewiesene ist nicht Stellvertreter, insbesondere nicht Besitzstellvertreter, des Anweisenden. Der vom Angewiesenen angenommene Auftrag enthält das *pactum fiduciae, eine Verpflichtung im eigenen Namen, aber für fremde Rechnung einzugehen und zu erfüllen,* nicht ein pactum procurationis. Art. 396 N. 26. **BGE 40 III 399 Erw. 3.** Der Angewiesene hat für die Leistung, welche für Rechnung des Anweisenden erfolgt ist, den *Verwendungsregress* nach Art. 402 I OR (actio mandati contraria), der i. d. R. durch Verrechnung abgewickelt wird, wenn die Anweisung gedeckt war. Art. 468 N. 11. **BGE 51 II 186, 562;**

c

78 II 50. Art. 402 N. 11, 12. Als *fiduziarischer Zahlungsauftrag zugunsten eines Dritten* lassen sich *qualifizierte Formen der Anweisung:* Gezogener Wechsel, Check und Kreditbrief, leichter erklären als mit der Konstruktion der abstrakten Ermächtigung.

d *d.* Wie mit anderen Aufträgen, so kann der Anweisende mit dem Auftrag zur Leistung an den Anweisungsempfänger die verschiedenartigsten Zwecke verfolgen. Art. 394 N. 7, 15. Art. 467 N. 2. Im sogenannten *Valutaverhältnis* zwischen Anweisendem und Anweisungsempfänger wird mit der Anweisung eine *Zuwendung solvendi causa, credendi causa oder donandi causa* bezweckt. Art. 467 N. 2. Das macht indessen weder die aus der Anweisung resultierenden Verpflichtungen noch die auf ihr beruhende Verfügung abstrakt. Der Auftrag nimmt häufig die Funktion eines *Hilfsvertrages zur Abwicklung anderer Verträge an.* OSER/SCHÖNENBERGER ad Art. 466 OR N. 2. Beispiel: Frachtvertrag zur Erfüllung eines Distanzkaufes (Art. 189 OR) oder zur Übergabe des Kommissionsgutes an den Verkaufskommissionär. Art. 427 OR. Im Rahmen des Valutaverhältnisses ist die Anweisung zumeist ein *Erfüllungsgeschäft* für einen Kauf, eine Schenkung, ein Darlehen, einen Hinterlegungsvertrag, ein fiduziarisches Mandat u. v. a. Obschon der Empfänger die gekaufte Gattungssache *vom Angewiesenen* des *Verkäufers im eigenen Namen* erwirbt, bleibt der *Rechtsgrund seines Erwerbes der Kauf.* Daran ändert die Erfüllung durch einen Dritten, der nicht Stellvertreter des Verkäufers ist, nichts. Ebensowenig bewirkt die Tatsache eine Änderung der causa, dass das *Eigentum vom Angewiesenen auf den Empfänger* übergeht. Art. 184 OR verpflichtet den Verkäufer, dem Käufer das *Eigentum zu «verschaffen»*, aber nicht selbst oder im eigenen Namen zu übertragen. Überhaupt muss der *Gattungsschuldner seine unpersönliche Sachleistung nicht persönlich, sondern kann sie durch irgendeinen Dritten erbringen,* der nicht sein direkter Stellvertreter ist. Art. 68 OR.

e *e.* Fasst man die Anweisung abstrakt auf, so muss statt des geläufigen Begriffes Rechtsgrund (causa) der Begriff *wirtschaftlicher «Bestimmungsgrund»* verwendet werden. So BECKER ad Art. 466 N. 22. Charakteristisch für die Anweisung ist das *Deckungsverhältnis zwischen Anweisendem und Angewiesenem,* das im römischen Recht als mandatum aliena gratia erscheint und den *Rechtsgrund für das Handeln des Angewiesenen und seinen Anspruch auf Auslagenersatz* («für Rechnung des Anweisenden») *bildet.* Der *Angewiesene wird infolge einer Willenserklärung des Anweisenden tätig und führt ein Geschäft des Anweisenden in dessen Interesse aus.* Die herrschende Meinung geht dahin, dass aus der Anweisung allein dem Angewiesenen kein Anspruch auf Ersatz der für Rechnung des Anweisenden erbrachten Leistung erwächst. Dann wäre der Angewiesene schlechter gestellt als der auftraglose Geschäftsführer, der nach Art. 422 OR Regress für seine Auslagen und Verwendungen nehmen kann.

4. Abgrenzungen

4 a

a. Vom einfachen, im Namen des Auftraggebers auszuführenden *Inkassoauftrag* unterscheidet sich die Anweisung dadurch, dass der Anweisungsempfänger die Leistung im eigenen Namen fordert und der Angewiesene sie in eigenem Namen erbringt. Der Inkassomandatar ist ex mandato verpflichtet, die einkassierten Beträge dem Auftraggeber abzuliefern und darüber abzurechnen, der *Angewiesene erfüllt i.d.R. eine Verpflichtung des Anweisenden,* erwirbt kein Vermögen für dessen Rechnung und hat nach richtiger Ausführung seines Auftrages nichts abzuliefern, es sei denn einen Saldo erhaltener Deckung über seine Auslagen. Art. 400 N. 5. Ein *begünstigter Empfänger besteht beim Inkassoauftrag nicht.* Die Anweisung ist in einem gewissen Sinne das Gegenstück zum Inkassoauftrag. Bei der Anweisung soll der Beauftragte (Angewiesene) eine Leistung für den Auftraggeber (Anweisenden) erbringen, beim Inkassoauftrag eine Leistung vom Schuldner seines Auftraggebers für diesen beschaffen.

b

b. Bei der *Inkassozession* tritt der Auftraggeber dem Beauftragten die Valutaforderung ab mit dem Auftrag, sie aus eigenem Recht beim Schuldner zu «erheben» und einzukassieren. Art. 394 N. 15c. Der debitor cessus leistet an den Inkassozessionar aus dem (verschiedenartigen) Rechtsgrund der Valutaforderung. Der Inkassozessionar liefert das Erlangte nach Art. 400 OR dem Zedenten qua Auftraggeber ab. Der *Angewiesene leistet an den Empfänger ohne Rücksicht auf die Valutaforderung aus dem Rechtsgrund einer besonderen selbständigen Verpflichtung* nach Art. 468 OR. Er steht als Leistungsschuldner, nicht als Zweitgläubiger in einem Auftragsverhältnis zum Anweisenden, der Schuldner, nicht Gläubiger der Valutaforderung ist. Er führt also einen Schuldner-, nicht einen Gläubigerauftrag aus. Er erwirbt kein Vermögen für den Anweisenden, hat daher nichts abzuliefern, kann aber Ersatz seiner Auslagen nach Art. 402 OR fordern. Einzelheiten über den *Unterschied zwischen Anweisung und Zession:* Art. 468 N. 10c. Das *Inkassoindossament beim gezogenen Wechsel* (Art. 1008 OR) steht gleichsam zwischen dem Inkassoauftrag (a oben) und der Inkassozession. Es sind die persönlichen Einreden gemäss Art. 1007 OR nicht gegen den Inkassoindossatar, sondern gegen dessen Vormann zu erheben. Art. 1008 II OR. Art. 468 N. 6, 8, 9.

c *c.* Bei der Anweisung ist der *Angewiesene der Beauftragte eines Schuldners.* Auftragsgegenstand und Zweck ist die Erbringung einer Leistung, meist einer Zahlung, an den Anweisungsempfänger im Interesse und für Rechnung des Anweisenden. Die Auftragsausführung umfasst zwei Phasen, die allerdings oft zeitlich zusammenfallen:

(1) *Eingehung einer eigenen Verpflichtung des Angewiesenen* gegenüber dem Anweisungsempfänger nach den Regeln über den Vertragsabschluss (Annahmeerklärung gegenüber dem Anweisungsempfänger). Art. 468 I OR. Art. 468 N. 11.

(2) *Gehörige Erfüllung der selbstschuldnerischen Verpflichtung* durch den Angewiesenen (Leistung), *welche den Anweisenden* (Auftraggeber) *von seiner Schuld im Valutaverhältnis befreit.* Art. 467 OR.

Der *Anweisungsempfänger, im Valutaverhältnis Gläubiger des Anweisenden aus irgendeinem Rechtsgrund,* fordert die Leistung in seinem eigenen Interesse. Das spricht für seine Rechtsstellung als *Drittbegünstigter* und gegen ein mandatum accipiendi. Der Empfänger ist dem Anweisenden (aus dem Anweisungsauftrag) nicht zur Ablieferung und Abrechnung verpflichtet. Er ist nicht Inkassomandatar. Doch hat der *Angewiesene,* der die Leistung für Rechnung des Anweisenden erbringt, dem Anweisenden i. d. R. nach Art. 400 I OR *Rechenschaft abzulegen.* Einen Saldo der Deckung, der die Auslagen übersteigt, muss er nach Art. 400 OR ex mandato abliefern. Im Valutaverhältnis zwischen Anweisendem und Anweisungsempfänger ist die Leistung des Angewiesenen, die Leistung eines Dritten. Art. 68 OR. VON TUHR/SIEGWART II S. 462. Fallen Annahme gegenüber dem Anweisungsempfänger und Leistung durch den Angewiesenen an den Anweisungsempfänger zeitlich auseinander, und ist der Anweisende Schuldner des Anweisungsempfängers, so *erhält der Anweisungsempfänger zwei Schuldner,* bis die Leistung durch einen von beiden tatsächlich erfolgt ist.

d *d.* Die *Besitzanweisung* (Art. 924 ZGB) hat die vertragliche Übertragung des mittelbaren Eigentumsbesitzes ohne Tradition zum Gegenstand, wenn ein Dritter oder der Veräusserer selbst unmittelbarer Besitzer bleibt. Sie ist auch zur Übertragung des Besitzes an Speziessachen möglich, unterscheidet sich also von der obligationenrechtlichen Anweisung einmal durch ihren Gegenstand. Ihre *Gültigkeit ist abhängig von der Gültigkeit ihres Rechtsgrundes.* HOMBERGER ad Art. 924 ZGB N. 5. Die Besitzanweisung ist ein Vertrag zwischen Veräusserer und Erwerber. Der gute Glaube des Erwerbes bezieht sich auf das dingliche Recht des Veräusserers. Die Anzeige an den unmittelbar besitzenden Dritten (der dem Angewiesenen entsprechen würde) ist nur Tatsachenmitteilung, nicht Gültigkeitserfordernis der Eigentumsübertragung. **BGE 46 II 49.** Es kann daher der Besitzstellvertreter u. U. nicht wissen, für welchen Eigentümer er besitzt. Bei der obligationenrechtlichen Anweisung ist die Anzeige Auftragserteilung und bildet den Rechtsgrund für ein Handeln des Angewiesenen. *Bei der obligationenrechtlichen Anweisung erwirbt der Leistungsempfänger das Eigentum vom Angewiesenen, bei der Besitzanweisung vom Anweisenden.*

e *e.* Von der vertraglich bestimmten *Zahlstelle* (solutionis causa adiectus) unterscheidet sich die Anweisung dadurch, dass der als Zahlstelle bezeichnete Dritte im Gegensatz zum Anweisungsempfänger kein Recht erhält, die Leistung von der Zahlstelle zu fordern. Anderseits erhält der Schuldner eine unwiderrufliche Befugnis, sich durch Leistung an die Zahlstelle statt an den Gläubiger zu befreien. VON TUHR/SIEGWART II S. 457. Beim *Domizilwechsel* (Art. 994 OR) ist der *Domiziliat*, meist eine Bank, nicht Anweisungsempfänger, sondern *Zahlstelle.* Im Wechselrecht bewirkt die Domizilierung gleichzeitig die *Begründung eines Betreibungsortes und Gerichtsstandes.* **BGE 86 III 83.** Der *besonders gekreuzte Check* soll nur *an einen Bankier als Zahlstelle* bezahlt werden. Art. 1123 III, 1124 II OR. Die Bezeichnung eines *Postcheck- oder Bankkontos im Briefkopf gibt Geldschuldnern des Briefschreibers i. d. R. eine allgemeine Befugnis, sich durch Einzahlung bei der Post oder Bank von seiner Geldschuld zu befreien.* **BGE 55 II 200/3.** Doch bedeutet die allgemeine Bezeichnung einer Zahlstelle weder eine Anweisung an die Post oder Bank, bestimmte oder bestimmbare Zahlungen (N. 5b unten, Art. 466 N. 7–9) bei Schuldnern des Kontoinhabers zu erheben noch eine Inkassovollmacht. Weise ich meinen Schuldner an, auf ein Konto bei einer bestimmten Bank zu zahlen, so ist die Bank nur Zahlstelle (**BGE 73 II 44**), es sei denn, dass ich auch die Bank beauftrage, eine bestimmte oder bestimmbare Zahlung beim Schuldner zu erheben.

5. Anwendungsgebiet

5 a *a. Gegenständlich ist die Anweisung meist eine Zahlungsanweisung.* Nach aOR war sie es ausschliesslich. Die Anweisung von Wertpapieren oder anderen Gattungssachen ist auch heute selten. Die Zahlungsanweisung vereinfacht die *Erfüllung* von Geldschulden (Bringschulden) u. a., wenn der Gläubiger ein anderes Domizil hat als der Schuldner. Meist werden Banken angewiesen. Haben sie am Erfüllungsort keine Niederlassung, so *können sie eine andere Bank oder die Geldpost in die Ausführungsobligation substituieren.* Art. 466 N. 10, 11. *Postanweisungen* nach Art. 32 PVG sind

nach schweizerischem Recht den Anweisungen i. S. von Art. 466 OR weitgehend gleichzustellen. Anders OSER/SCHÖNENBERGER ad Art. 466 N. 24, wo der Unterschied darin erblickt wird, dass die Anweisung nach Art. 466 OR nur eine Ermächtigung sei, die Postanweisung hingegen Verpflichtung der Post. Als öffentlicher Dienst untersteht die Geldpost wie die Briefpost und die Paketpost dem *Kontrahierungszwang*. Vorbem. vor Art. 439 OR N. 1 b. Doch bedient sie sich zur Erfüllung ihrer Aufgaben weitgehend privatrechtlicher Institutionen. So wurde der *Postcheck* als *Orderpapier* qualifiziert und seine Fälschung als qualifizierte *Urkundenfälschung* i. S. von Art. 251 Z. 2 StGB geahndet. SJZ 57 (1961) Nr. 132 S. 351.

b *b.* Der Angewiesene ist zur Bewirkung einer *bestimmten* oder *objektiv bestimmbaren Leistung* (Art. 396 I OR) beauftragt, die allerdings *befristet* oder *bedingt* (Dokumentenakkreditiv) sein, eine *zukünftige Forderung* oder *einen noch nicht feststehenden Saldo* betreffen kann. OSER/SCHÖNENBERGER Vorbem. vor Art. 466 OR N. 30–32. **BGE 73 II 47/8.** Den Rechtsgrund der Leistung im Valutaverhältnis zwischen Anweisendem und Anweisungsempfänger kennt der Angewiesene i. d. R. nicht. Er weiss aber, dass er *aus Auftrag des Anweisenden* leistet. Durch die Begrenzung des Gegenstandes unterscheidet sich der Anweisungsauftrag vom Kommissions- oder Speditionsauftrag, die Abschluss und Abwicklung ganzer Vertragsverhältnisse zum Gegenstand haben. In diesem Sinne ist der *Anweisungsauftrag ein ausdrücklich begrenzter Auftrag i. S. von Art. 396 I OR*. Der Angewiesene darf nur eine individualisierte Leistung erbringen. Jedes Mehr ist Auftragsüberschreitung. Art. 396 N. 1, 2, 4 OR.

c *c.* Sachleistungen, insbesondere Zahlungen, müssen vom Schuldner nicht persönlich erbracht werden. Art. 68 OR. Der *Gläubiger muss die Zahlung eines Dritten als die den Schuldner befreiende Erfüllung annehmen*. VON TUHR/SIEGWART II S. 462/4. Dieser im OR nicht ausdrücklich ausgesprochene Rechtssatz eröffnet der Anweisung ihr weitreichendes Anwendungsgebiet. *Der Angewiesene ist i. d. R. Erfüllungsgehilfe des Anweisenden*, obschon er im eigenen Namen leistet. VON TUHR/SIEGWART II S. 460/1. *Anweisungen* sind oft in *Verträgen* enthalten, durch welche Zahlungen von erheblichem Umfang stipuliert werden. Wird z. B. erklärt, ein Kaufpreis von Fr. 100 000 solle von der Bank des Kaufpreisschuldners an den Verkäufer für Rechnung des Käufers bezahlt werden, so liegt darin eine Anweisung. Durch vorbehaltlose Mitunterzeichnung des Vertrages würde der Angewiesene die Anweisung annehmen und *dem Verkäufer selbstschuldnerisch verpflichtet*. Darin liegt eine weitere Möglichkeit unter *Umgehung der Bürgschaftsform* einen bürgschaftsähnlichen

Effekt zu erzielen. **BGE 79 II 80, 83 II 213.** Vgl. das Beispiel bei KAPFER zu § 1403 ABGB N.2, auch **BGE 43 II 675.** Händigt statt dessen der Käufer dem Verkäufer einen Check auf dessen Bank aus, so erteilt er eine *qualifizierte Anweisung.* Die Auszahlung wird nur erfolgen, wenn der Check gedeckt ist. Art.468 II, 1103 OR. Bringt der Anweisungsempfänger dem Angewiesenen die in einem Vertrag enthaltene Anweisung zur Kenntnis, so weiss der letztere, wofür er die Zahlung leistet. Will der Anweisungsempfänger das vermeiden, so muss er eine separate Anweisung ausstellen, die den Zweck seiner Zahlung nicht nennt.

d *d.* Zahlungsanweisungen sind enthalten im *gezogenen Wechsel, im Check, im Kreditbrief, im Dokumentenakkreditiv.*

6. Bringschuld oder Holschuld

6 a *a.* Nach der Begriffsumschreibung von § 783 BGB liegt eine Anweisung vor, wenn der *Anweisende dem Empfänger eine Urkunde ausgehändigt* hat, durch die der Empfänger ermächtigt wird, die Leistung vom Angewiesenen zu «erheben». § 785 BGB lautet: «Der Angewiesene ist *nur gegen Aushändigung der Anweisung zur Leistung verpflichtet.*» Dadurch wird die Schuld des Angewiesenen, vorausgesetzt, dass sie entsteht, auch aus einer Zahlungsanweisung eine *Holschuld.*

b *b.* Für die qualifizierten schriftlichen Anweisungen des OR: *Wechsel und Check, wechselähnliche und andere Orderanweisungen* sowie den Kreditbrief und das Dokumentenakkreditiv *gilt grundsätzlich dasselbe.* Art.1029, 1143 Z.8, 1147, 1152 II OR. Schon Art.406 aOR verwendete für das mandatum accipiendi des Empfängers den Ausdruck, «die Zahlung im eigenen Namen *zu erheben*». Daran hat Art.466 revOR nichts geändert. Allein die Wendung «die Leistung erheben» ist im BGB ein terminus technicus, im OR dagegen nicht. Die *gewöhnliche Anweisung des OR setzt nicht nur keine Anweisungsurkunde voraus, sondern sie ist auch hinsichtlich des Erfüllungsortes nach dem formlos geäusserten Parteiwillen auszulegen.* **BGE 73 II 46.** Der Parteiwille, durch Zahlungsanweisung eine *Holschuld* des Angewiesenen zu begründen, ist in der Tat dann zu vermuten, *wenn der Anweisende dem Empfänger eine Anweisungsurkunde übergibt oder zustellt, die dieser dem Angewiesenen zur Zahlung präsentieren soll.* («Zahlen Sie an Herrn X gegen Präsentation dieser Anweisung Fr. 1000.») Es liegt aber auch dann eine Anweisung i. S. von Art.466 OR vor, *wenn der Anweisende dem Angewiesenen unmittelbar den Auftrag erteilt, eine zukünftige Schuld statt an den Anweisenden an den Empfänger zu bezahlen*, wobei es die Meinung hat, die Geldschuld solle auch bei

Leistung an den Empfänger eine *Bringschuld* i. S. von Art. 74 II Z. 1 OR *bleiben.* **BGE 73 II 44/5.** Anders BECKER ad Art. 468 N. 13, wo die Holschuld des Angewiesenen als in der Natur der Anweisung liegend bezeichnet ist, was für die zu präsentierende schriftliche Anweisung des BGB zutrifft.

c *c.* In **BGE 55 II 202** und **62 III 13** hat das Bundesgericht festgehalten, *Einzahlungen auf ein Postcheckkonto des Gläubigers seien Erfüllung einer Bringschuld* i. S. von Art. 74 II Z. 1 OR, die *Erfüllungswirkung* trete *erst mit der Gutschrift auf dem Postcheckkonto* des Gläubigers ein. Dagegen hat sich Widerspruch erhoben. Es ist wohl eher anzunehmen, die *generelle Ermächtigung, Geldzahlungen auf ein Postcheckkonto des Gläubigers zu leisten, sei eine abweichende Parteivereinbarung des Erfüllungsortes, gleichsam eine Domizilierung der Zahlungen.* Dann tritt auch die Erfüllungswirkung mit der *Einzahlung des Betrages* oder dem *Eintreffen des vom Schuldner ausgestellten Girozettels beim betreffenden Postamt ein.* SJZ 57 (1961) Nr. 15 S. 77. N. 4 e oben.

7. Internationales Privatrecht

7 a *a.* Wird die Anweisung als Auftrag qualifiziert, so gilt bei Fehlen einer gültigen Rechtswahl durch die Parteien das Recht des *Wohn- oder Geschäftssitzes des Angewiesenen* als anwendbar. Art. 394 N. 69 d. SCHÖNENBERGER/JÄGGI, Allg. Einl. zum OR N. 309. SCHNITZER, Internationales Privatrecht II S. 716/9. **BGE 87 II 237/8.** Auftragsrechtlich gesehen ist es der Ort, an welchem die der Anweisung charakteristische Obligation zu erfüllen ist. Dieser Grundsatz wurde namentlich für die im *Dokumentenakkreditiv* enthaltene bedingte Zahlungsanweisung wiederholt bestätigt. **BGE 78 II 47, 87 II 237/8.** Er gilt indessen für alle Anweisungen. Das Recht des Wohn- oder Geschäftssitzes des Angewiesenen ist anwendbar sowohl auf das Rechtsverhältnis zwischen Anweisendem und Angewiesenem *(Deckungsverhältnis)* als auch auf das *Verhältnis vom (begünstigten) Anweisungsempfänger zum Angewiesenen.* Art. 468/70 OR. Hingegen ist das Recht des Wohn- oder des Geschäftssitzes des Angewiesenen *nicht* ohne weiteres massgebend für das *Valutaverhältnis zwischen dem Anweisenden und dem Anweisungsempfänger.*

b *b.* Das Bundesgericht hat jedoch die *Rechtswahl* durch die Parteien selbst während des Prozesses in weitem Umfange zugelassen. Art. 394 N. 68. In **BGE 87 II 199/201** wird jedoch ein *bewusster Wille der Parteien zur Rechtswahl* verlangt und damit die früher weitgehend zugelassene stillschweigende Rechtskürzung eingeschränkt. Infolgedessen wird die subsidiäre Unterstellung der Anweisung unter das Recht des Wohn- oder Geschäftssitzes des Angewiesenen die Regel bilden. Die Verpflichtungen, die der Angewiesene durch seine Willenserklärungen übernimmt, sollen sich nach dem Recht beurteilen, das dieser am besten kennt.

c. Im *internationalen Akkreditivverkehr* gelten fast immer die *Einheitlichen Richtlinien und Gebräuche für Dokumentenakkreditive* (RGDA) als *lex contractus*. Ihre Anwendbarkeit beruht nicht auf einer Rechtswahl der Parteien. Untersteht ein Akkreditiv dem schweizerischen Recht, so sind RGDA qua lex contractus *nach dem schweizerischen Recht auszulegen*. **BGE 78 II 47/50 Erw. 2, 3; 87 II 238/43 Erw. 3, 4.** c

Art. 466

A. Begriff

Durch die Anweisung wird der Angewiesene ermächtigt, Geld, Wertpapiere oder andere vertretbare Sachen auf Rechnung des Anweisenden an den Anweisungsempfänger zu leisten, und dieser, die Leistung von jenem in eigenem Namen zu erheben.

A. Définition

L'assignation est un contrat par lequel l'assigné est autorisé à remettre à l'assignataire, pour le compte de l'assignant, une somme d'argent, des papiers-valeurs ou d'autres choses fongibles, que l'assignataire a mandat de percevoir en son propre nom.

A. Definizione

Mediante l'assegno viene autorizzato l'assegnato di rimettere, per conto dell'assegnante, denaro, carte-valori od altre cose fungibili all'assegnatario e questi di ritirare la cosa in proprio nome.

Materialien: Nachtrags-Botschaft Bundesrat BBl 1901 III S. 756. Prot. Exp. Komm. vom 9. März 1909 S. 11. StenBull NatRat 1909 S. 709, 716.

Rechtsvergleichung: aOR Art. 406. Code Civil art. 1275/6. ABGB § 1400. BGB § 783. Codice Civile art. 1268/71.

Literatur: BAUMGARTEN, Bemerkungen zur Lehre von der causa unter besonderer Berücksichtigung der Konstruktion der Anweisung. Festgabe für Karl Wieland (1934) S. 1 ff. RENÉ VON BÜREN, La responsabilité du banquier pour le paiement de chèques faux et falsifiés, Lausanner Diss 1939. G. FRÜH, Das dokumentäre Akkreditiv, Zürich 1945. HANS GAFNER, Das Dokumentenakkreditiv nach schweizerischem Recht und dem internationalen Regulativ von 1933, Berner Diss 1949. GEORG GAUTSCHI, Einige Bemerkungen zur Rechtsnatur des Dokumentenakkreditivs in SJZ 39 (1943) S. 221. RENÉ KELLER, L'accréditif documentaire en droit suisse, Genfer Diss 1941. BEAT KLEINER, Der Girovertrag, Zürich 1960. VERENA LÜDI, Die Pfändung resp. Verarrestierung von Akkreditivguthaben unter Berücksichtigung der neuen Bundesgerichtspraxis in SJZ 48 (1952) S. 313. PAUL MAYER, Die Anweisung auf Schuld, Zürcher Diss 1927. ULRICH MEYER-CORDING, Das Recht der Banküberweisung, Tübingen 1951 = MEYER-CORDING. KARL OBRIST, Das Warenakkreditiv, Zürich 1950. HANS OTT, Das WIR-Geld in SJZ 54 (1958) S. 145. ROLAND SODER, Besitzt der Akkreditierte bei einem bestätigten unwiderruflichen Dokumentenakkreditiv zwei konkurrierende Ansprüche gegen die das Akkreditiv eröffnende Bank und gegen die Auszahlung an den Begünstigten verpflichtete (bestätigende) zweite Bank? in SJZ 49 (1953) S. 7. ANDREAS VON TUHR, Zur Lehre von der Anweisung in Iherings Jahrbuch für Dogmatik 48 (1904) S. 1 ff. ULMER, Akkreditiv und Anweisung im Archiv für civilistische Praxis 126 (1926) S. 129 ff., S. 257 ff. WOLFF, Zur Lehre von der Anweisung in Iherings Jahrbuch für Dogmatik 84 (1934) S. 107 ff. Einheitliche Richtlinien und Gebräuche für Dokumenten-Akkreditive (Revision 1951) herausgegeben von der Internationalen Handelskammer, Paris = RGDA 51.

SYSTEMATIK DER KOMMENTIERUNG

Art. 466 OR

I. Die Erteilung der Anweisung

1. Die Anweisung als bestimmt bezeichneter Rechtshandlungsauftrag zugunsten eines Dritten 500
2. Formlose Willenserklärungen im Anweisungsnexus (im Gegensatz zum deutschen BGB) 501
3. Nichtige und willensmangelhafte Anweisungen 504
4. Die gefälschte oder verfälschte Anweisung 507

II. Gegenstand der Anweisung, Weisungsrecht des Anweisenden und Verfügungsrecht des Anweisungsempfängers

5. Geld, gattungsmässig bezeichnete Wertpapiere und bewegliche Sachen als Begrenzung des Leistungsgegenstandes. Bestimmbarkeit . 510
6. Anweisung zur Gutschrift insbesondere auf Bank- und Postcheckkonten 512
7. Andere Weisungen des Anweisenden. Befristungen. Bedingungen. Titulierte Anweisungen 514

III. Leistung des Angewiesenen im eigenen Namen, aber für Rechnung des Anweisenden

8. Auslagenregress (actio mandati contraria) des Anweisenden gegen den Angewiesenen 516
9. Auftragsausführung im eigenen Namen des Angewiesenen und Forderung im eigenen Namen des Anweisungsempfängers. Die dinglichen Rechtsverhältnisse 518

IV. Substitution der Anweisung

10. Ausführung durch direkten Stellvertreter 519
11. Ausführung durch Zweitangewiesenen 520

V. Die Haftung des Angewiesenen für die Ausführung der Anweisung

12. Unabdingbare gesetzliche Sorgfaltshaftung 521
13. Garantien des Angewiesenen und/oder des Empfängers 522
14. Rechtsfolgen der Haftung des Angewiesenen 523

Art. 466 OR

I. DIE ERTEILUNG DER ANWEISUNG

1. Die Anweisung als bestimmt bezeichneter Rechtshandlungsauftrag zugunsten eines Dritten

1 a *a.* Mit der Anweisung ersucht der Anweisende A den Angewiesenen B dem Empfänger C eine Leistung, meist eine Zahlung, für Rechnung des A zu erbringen. Das Ersuchen um einen Dienst oder eine Geschäftsbesorgung ist *Auftragserteilung* im Sinne einer Offerte des Auftraggebers A an den Beauftragten B, einen Mandatskontrakt von bestimmt begrenztem Umfang abzuschliessen. Art. 395 N. 1 und 2. Die *Leistungspflicht des Angewiesenen kann bei einer gewöhnlichen Anweisung eine zukünftige oder eine bedingte* (während gezogener Wechsel und Check *unbedingte* Zahlungsanweisungen sein müssen – Art. 991 Z. 2, 1100 Z. 2 OR) *sein* (N. 7 unten), aber sie muss einen eindeutig *bestimmbaren Gegenstand* haben, so die Anweisung an eine Bank, den Kontokorrentsaldo per heute oder per Jahresende einer anderen Bank zu «überweisen». Nach Art. 406 aOR konnte nur «eine *bestimmte* Geldsumme» Anweisungsgegenstand bilden. **BGE 24 II 713.** Doch hat die Praxis unter Bestimmtheit lediglich eine *Individualisierung* gefordert, welche zur *objektiven Bestimmbarkeit* führt, beispielsweise *Kommissionserlös* für eine bestimmte Anzahl von Gattungssachen oder der Saldo aus einem bestimmten *Rechnungsverhältnis.* Nach geltendem OR genügt es, wenn der Anweisungsgegenstand objektiv bestimmbar ist; er kann auch Leistungen aus Obligationen umfassen, die erst in Zukunft entstehen. **BGE 73 II 47/8.** Die *Annahme der im Kreditbrief enthaltenen Zahlungsanweisung muss ausdrücklich* und für einen *bestimmten Betrag* erfolgen. Art. 407 II OR. Abweichung für Dokumentenakkreditive vgl. Art. 35 RGDA 51. Die Stellung der Mandatsofferte ist *Rechtshandlung.* Sie kann durch einen *Stellvertreter des Auftraggebers* erfolgen. Juristische Personen stellen sie durch ihre vertretungsberechtigten *Organe,* können es aber auch durch *Prokuristen, Handlungsbevollmächtigte* oder *vertragliche Stellvertreter ad hoc* tun. Anweisungen auf *Bank- oder Postcheckkonten* sind « *Verfügungen* », zu deren Erteilung nur die auf den sogenannten Unterschriftenkarten *genau bezeichneten Personen ermächtigt* sind. Sie brauchen nicht mit den zur Firmenbezeichnung generell befugten Personen identisch zu sein. Auch der Angewiesene ist häufig eine juristische Person (Banken). Er kann die *Annahme durch einen direkten Stellvertreter* erklären. Auch Personengesellschaften (einfache, Kollektiv- und Kom-

manditgesellschaften) und Erbengemeinschaften können durch ihre geschäftsführenden Gesellschafter, vertraglichen Vertreter oder durch gemeinschaftliches Handeln alle Anweisungen erteilen, annehmen oder Anweisungsempfänger sein.

b

b. Wird die *Offerte des Auftraggebers A nicht angenommen*, so kommt *kein Vertrag* zur Entstehung. Für das ABGB vgl. KLANG/WOLFF zu § 1401 Note IV vorl. alinea. Würde man in der weder vom Empfänger noch vom Angewiesenen angenommenen Anweisung etwas anderes als eine Vertragsofferte, z.B. eine besondere Ermächtigung erblicken, so träfe dies für jede Offerte zum Abschluss eines Vertrages zugunsten eines Dritten zu. Bei einer Bank wird die *Annahme einer Anweisung gegenüber dem Anweisenden* nach Art. 395 OR *vermutet.* Ist der Angewiesene *Schuldner* des Anweisenden, z.B. aus einem Kontokorrentverhältnis (gedeckte Anweisung – Art. 468 N. 11–13), so besteht entgegen dem allgemeinen Auftragsrecht (gleichsam als mittelbarer Kontrahierungszwang) die *Pflicht, den Zahlungsauftrag auszuführen*, sofern die Lage des angewiesenen Schuldners durch die Leistung an einen Dritten nicht verschlimmert wird. Art. 468 II OR. Eine Verschlechterung der Schuldnerposition kommt für Zahlungen innerhalb der Schweiz bei den gegenwärtigen Möglichkeiten des Geldverkehrs durch Post und Banken kaum jemals in Frage. Die Pflicht, eine «*Anweisung auf Schuld*» einzulösen, besteht *nur gegenüber dem Anweisenden.* Der *Anweisungsempfänger* erhält auch aus einer Anweisung auf Schuld *kein selbständiges Klagerecht* auf Auftragsausführung. Das gilt auch für den *Check.* Bei Zahlungsverweigerung kann der Checkinhaber «gegen die Indossanten, den Aussteller und die anderen Checkverpflichteten *Rückgriff nehmen*», *nicht aber gegen den Bezogenen klagen*, und zwar auch dann nicht, wenn der Check gedeckt war. Art. 1128 OR. *Jeder Anweisungsempfänger, der eine ihm vom Anweisenden erteilte Anweisung nicht annehmen will, muss unverzüglich die Ablehnung erklären.* Art. 469 N. 2. Tut er dies nicht, so gilt zwar die Anweisung i.d.R. nicht als vom Empfänger angenommen. Aber es steht dem Empfänger, der auf die Valutaforderung gegen den Anweisenden zurückgreifen will, eine Einrede entgegen (Art. 467 N. 7, 469 N. 3) und er haftet u.U. für den Schaden. Art. 467 III OR. Art. 467 N. 5c.

2. Formlose Willenserklärungen im Anweisungsnexus (im Gegensatz zum deutschen BGB)

2 a

a. Die gewöhnliche Anweisung bedarf *nach OR* (wie nach ABGB) *keiner Form.* Ihr *Gegenstand schliesst indessen eine konkludente Erteilung durch*

Duldung oder Genehmigung einer Handlung des Angewiesenen aus. Der *Gegenstand der Leistung*, also i. d. R. die Höhe der Zahlung, und die Person des *begünstigten Leistungsempfängers* müssen *bestimmt* oder *objektiv bestimmbar* sein, bei der schriftlichen Inhaberanweisung (Art. 471 OR) durch den Besitz einer Urkunde. Art. 471 N. 1. In der Praxis erfolgt die Erteilung einer Anweisung *meist schriftlich.* Im Gegensatz zu den als Wertpapiere ausgestalteten qualifizierten Anweisungen: Wechsel, Check und wechselähnliche Anweisungen, ist die gewöhnliche *Anweisungsurkunde* jedoch eine *schlichte Beweisurkunde.* Hans Ott in SJZ 54 (1958) S. 146/7. Art. 471 II OR. Fehlt dem gezogenen Wechsel oder dem Check eines der strengen in Art. 991 oder 1100 aufgezählten Formerfordernisse, so kann eine *wechselähnliche Orderanweisung* (Art. 1147–1149 OR) oder aber eine gewöhnliche Anweisung i. S. von Art. 466 OR vorliegen. Als Folge der Formstrenge von Wechsel und Check ist dann jedoch die Wechselbetreibung ausgeschlossen. Art. 1150 OR. Art. 177 SchKG. **BGE 40 II 408.** Der Ausdruck «*billet à ordre*» ist die französische Bezeichnung für «*Eigenwechsel*» und ermöglicht die Wechselbetreibung. **BGE 70 III 40.**

b *b.* Das *Anweisungsrecht des BGB* ist formstrenger. Die Anweisung ist dort eine Urkunde. § 783 BGB. Insbesondere aber bedarf die *Annahmeerklärung*, welche die Leistungspflicht des Angewiesenen an den Anweisungsempfänger begründet, eines *schriftlichen Vermerkes auf der Anweisungsurkunde selbst.* § 784 II BGB. Durch die Annahme gegenüber einem Zessionar des Empfängers verliert der Angewiesene die Einreden gegen die Vormänner des Zessionars einschliesslich des ersten Empfängers. § 792 III BGB. Die wertpapiermässige Einredebeschränkung tritt bei der gewöhnlichen Anweisung des OR nicht im gleichen Masse ein. Art. 468 N. 8, 9. Art. 471 N. 3. Das schweizerische Recht hält sich an die Grundsätze des allgemeinen Auftragsrechts. Auch die *Annahmeerklärung* gegenüber dem Anweisungsempfänger ist formlos. Art. 468 I OR. Die Annahme kann gegenüber dem Anweisenden und dem Angewiesenen durch *Realakzept* erfolgen, indem der Angewiesene dem Anweisungsempfänger die aufgetragene *Leistung tatsächlich erbringt.* Das folgt aus Art. 468 III OR und bildet im Anweisungsverkehr den Regelfall.

c *c.* Als Vertragsofferte an den Angewiesenen ist die *Anweisungserteilung eine empfangsbedürftige Willenserklärung.* I. d. R. wird die schriftliche Anweisung dem Anweisungsempfänger *ausgehändigt.* § 783 BGB. Der *Anweisungsempfänger* leitet sie (im eigenen Interesse) als Bote, nicht als Stellvertreter, des Anweisenden an den Angewiesenen weiter. Das ist theoretisch auch bei der mündlichen Anweisung möglich. Im Gegensatz zum allgemeinen OR (Art. 4) ist die *Anweisungsofferte, wenn sie nicht befristet ist* (Art. 3 OR), *auf unbestimmte Dauer bindend*, kann aber grundsätzlich *widerrufen* werden, *solange der Angewiesene dem Anweisungsempfänger nicht die Annahme erklärt hat.* Ist letzteres der Fall, so ist die Offerte dadurch erloschen, dass der Vertrag (Auftrag) zustande gekommen ist. Art. 470 II OR.

d

d. Das *BGB kennt nur die Annahmeerklärung durch schriftlichen Vermerk auf der Anweisungsurkunde.* Sie wirkt dort *verpflichtungsbegründend* sowohl gegenüber dem Anweisenden als auch gegenüber dem Anweisungsempfänger. Das OR hält an den Grundsätzen des allgemeinen Auftragsrechts fest. *Eine nur dem Anweisenden erklärte Annahme ist insofern «unverbindlich», als sie nach Art. 404/470 II OR jederzeit widerruflich ist.* Art. 395 N. 23, 26–28. Aus der *Ablehnung* einer Anweisung durch den Angewiesenen entsteht *keine Schadenersatzpflicht* des Angewiesenen, *es sei denn, der Angewiesene sei Schuldner des Anweisenden und seine Lage werde durch die Leistung nicht an den Dritten verschlechtert.* Abweichend vom allgemeinen Auftragsrecht *kann sich jedoch der Angewiesene dem Anweisenden zur Annahme der Anweisung zum voraus gültig verpflichten.* Art. 468 III OR. Erbringt er denn die aufgetragene Leistung nicht, so wird er dem Anweisenden *schadenersatzpflichtig.* Aber auch in diesem Falle wird *kein Erfüllungsanspruch begründet.* Dazu bedarf es der *Annahmeerklärung an den Anweisungsempfänger.* Art. 468 I OR. Diese wirkt *verpflichtungsbegründend sowohl gegenüber dem Anweisungsempfänger als auch gegenüber dem Anweisenden, sobald sie dem Anweisungsempfänger zugegangen* ist. Meist erfolgt sie gleichzeitig mit der Leistung und bildet dann gleichsam das Realakzept des Angewiesenen. Lit. b oben. Art. 468 III OR. Aber sie kann auch vorher erfolgen, z. B. wenn der Leistungstermin vom Anweisenden befristet wurde. N. 7b unten. Der *Auslagenregress des Angewiesenen,* der für Rechnung des Anweisenden leistet, *entsteht erst durch tatsächliche Leistung* an den Anweisungsempfänger, auch wenn der Anweisende noch keine Kenntnis von der Leistung hat. Art. 402 N. 10b. N. 8 unten. Der *Liberationsregress als Befreiungs- und Deckungsanspruch entsteht mit der Annahmeerklärung des Angewiesenen gegenüber dem Anweisungsempfänger oder bei bedingter Anweisung mit dem Eintritt der Bedingung,* welche die Leistungspflicht des Angewiesenen rechtswirksam macht. **BGE 78 II 51 Erw. 4 und 5.**

3. Nichtige und willensmangelhafte Anweisungen

3 a *a. Die von einem Handlungsunfähigen erteilte Anweisung ist nichtig, gleichgültig, ob der Angewiesene oder der Anweisungsempfänger oder der Angewiesene die Handlungsunfähigkeit des Anweisenden kennt oder nicht.* Von TUHR/SIEGWART I S. 202, 210. Art. 395 N. 40. Hat der Angewiesene die ungedeckte Anweisung eines Handlungsunfähigen ausgeführt, so erhält er *keinen Zahlungsregress* gegen den Anweisenden, hat er die gedeckte Anweisung eines Handlungsunfähigen ausgeführt, so kann er seine Auslage *nicht mit der Deckung verrechnen*, weil die Gegenforderung nicht zu Recht besteht. Hat der *Angewiesene* dem Anweisungsempfänger die *Annahme der Anweisung eines Handlungsunfähigen* erklärt, so beruht seine Leistungsverpflichtung i. d. R. auf einem *Willensmangel*, der eine *persönliche Einrede gegen den Empfänger* begründet. Art. 468 N. 6a. Vgl. für den *Wechsel Art. 997 OR*. Andernfalls könnte ein Handlungsunfähiger die zu seinem Schutz aufgestellten Bestimmungen dadurch umgehen, dass er unwirksame Verpflichtungen durch einen Angewiesenen erfüllen lässt. Wurde die Anweisung eines Handlungsunfähigen ausgeführt, so kann *die an den begünstigten Anweisungsempfänger erbrachte Leistung zurückgefordert werden, weil der gültige Rechtsgrund der mittelbaren Zuwendung fehlt*. Der Rückgabeanspruch steht als *Bereicherungsanspruch* nach Art. 62 ff. OR u. E. dem *Angewiesenen* zu, *der ohne gültigen Rechtsgrund an den Anweisungsempfänger geleistet hat und keinen Auslagenregress gegen den handlungsunfähigen Anweisenden geltend machen kann*. ULRICH MEYER-CORDING, Das Recht der Banküberweisung, S. 51. Der *Empfänger* ist aus dem Vermögen des Angewiesenen *grundlos bereichert*. Will man die vom Angewiesenen gutgläubig angenommene und/oder honorierte Anweisung eines Handlungsunfähigen wegen Art. 468 I OR als wirksame Verpflichtung und/oder Leistung betrachten, so muss man dem *Angewiesenen* dennoch den *Bereicherungsanspruch gegen den Anweisungsempfänger* zugestehen, weil der Anweisungsempfänger die mittelbare Zuwendung für Rechnung des Handlungsunfähigen ohne gültigen Rechtsgrund empfangen hat. Art. 467 N. 2. Durch *Genehmigung des gesetzlichen Vertreters konvalesziert die Anweisung sowohl im Verhältnis zum Angewiesenen als auch zum Anweisungsempfänger*.

b *b.* Ist die einem Handlungsunfähigen *erteilte und von diesem angenommene Anweisung* ausgeführt, und hat dieser vom Anweisenden *Auslagenersatz* erhalten, so ist beim Handlungsunfähigen *keine Vermögensverminderung* eingetreten. Es bestehen keine Ansprüche mehr aus der Geschäftsführung des Handlungsunfähigen. *Die von einem Handlungsunfähigen erklärte Annahme der Anweisung ist unwirksam*. Art. 395 N. 41.

Art. 468 N. 6 b. Der Handlungsunfähige kann sich ohne Zustimmung seines gesetzlichen Vertreters durch die Annahme einer Anweisung nicht gültig verpflichten.

c. Wegen ihres Inhaltes kann die Anweisung nicht objektiv nichtig sein. Denn die Leistung von Geld, Wertpapieren oder anderen vertretbaren Sachen ist an sich weder unmöglich noch rechtswidrig, noch unsittlich. Doch kann der *Zweck der angewiesenen Leistung rechtswidrig oder unsittlich* sein. *Kannte der Angewiesene die Nichtigkeit des ihm erteilten Leistungsauftrages und führte er ihn trotzdem aus, so hat er keinen Auslagenregress auf den Anweisenden.* **DIG. 17. 1. 6. 3 – 17. 1. 21. 6.** Art. 395 N. 29 b. So z. B. wenn der Angewiesene weiss, dass er *Bestechungsgelder* an einen Anweisungsempfänger zahlt. Es gilt das Prinzip von Art. 66 OR. Der *gute Glaube des Angewiesenen wird jedoch vermutet.* Eine *Prüfung des Valutaverhältnisses* zwischen Anweisendem und Anweisungsempfänger kann nicht verlangt werden, es sei denn, *der Anweisende habe die Gültigkeit des Valutaverhältnisses zur Bedingung der Anweisung gemacht.* N. 7 c unten. Kannte der Angewiesene, der die Anweisung angenommen hat, den widerrechtlichen oder unsittlichen Zweck der Anweisung, so hat er sich gültig verpflichtet und kann die Einrede der Ungültigkeit nicht erheben. Art. 468 N. 6 a. Der Anweisende kann sich nach Massgabe des Valutaverhältnisses an den begünstigten Anweisungsempfänger halten, wird aber gewöhnlich die Einrede aus Art. 66 OR gewärtigen müssen. Die *nichtige Anweisung kann auch für den bösgläubigen Angewiesenen konvaleszieren und seinen Auslagenregress legitimieren, wenn beispielsweise der Anweisende im Bewusstsein der Nichtigkeit einen Kontoauszug genehmigt, der die nichtige Anweisung der Belastung enthält.* ZR 56 (1957) Nr. 96 S. 176. Daraus wird von der herrschenden Meinung auf die Abstraktheit der Anweisung geschlossen. Die gegenseitige *rechtliche Unabhängigkeit von Veranlassungsgeschäft einerseits (= Valutaverhältnis zwischen Anweisendem und Anweisungsempfänger) und Hilfsgeschäft andererseits (Anweisungsauftrag des Anweisenden an den Angewiesenen) genügt jedoch, um zu den nämlichen Ergebnissen zu gelangen.* Auch bei der *Vollmacht* sind das Grundgeschäft (Auftrag, Gesellschaft u. s.) und das Ausführungsgeschäft zu unterscheiden. Art. 396 N. 20, 21. Auch wenn ein *Versendungskauf* ungültig ist, ist der vom Verkäufer dem Frachtführer zwecks Erfüllung des Kaufes erteilte Frachtauftrag gültig. Der Frachtführer muss sich um das Veranlassungsgeschäft zwischen Absender und Empfänger grundsätzlich nicht kümmern.

c

d. Die *willensmangelhafte Anweisungserteilung kann nicht angefochten, aber bis zur Annahme der Anweisung gegenüber dem Anweisungsempfänger*

d

jederzeit ex nunc widerrufen werden. Art. 470 II OR. Art. 395 N. 35, 36. Ist jedoch die Annahme dem Anweisungsempfänger erklärt und/oder die Leistung an den Anweisungsempfänger vom Angewiesenen erbracht worden, so kommt es darauf an, ob der Angewiesene den Willensmangel kannte. *Kannte der Angewiesene den Willensmangel, so ist die Ausführung des Anweisungsauftrages (Deckungsverhältnis) auftraglose Geschäftsführung.* Art. 420 III OR. Zahlte der Angewiesene dem Anweisungsempfänger eine bestehende Schuld des Anweisenden, so tritt *trotz des mangelhaften Willens des Anweisenden die Tilgungswirkung* im Valutaverhältnis ein. Die Geschäftsführung des Angewiesenen entsprach dem Interesse des Anweisenden, war objektiv nützlich und verleiht ihm den Auslagenregress nach Art. 422 OR. VON TUHR/SIEGWART II S. 462. Der Anweisungsempfänger wird durch den Willensmangel in der Anweisungserteilung grundsätzlich nicht berührt. Anders verhält es sich, wenn der *Anweisungsempfänger in bewusstem Zusammenwirken mit dem Angewiesenen den Anweisenden getäuscht oder gezwungen hat, die Anweisung zu erteilen oder wenn er weiss oder wissen musste, dass die Anweisung durch Täuschung, Drohung oder einen wesentlichen Irrtum vom Anweisenden erlangt war.* Art. 28 II, 29 II OR. Art. 396 N. 20. Dann *haftet der Anweisungsempfänger für die Erstattung der widerrechtlich erlangten Leistung entweder ex delicto* (Art. 50 OR) bei Kollusion *oder aus ungerechtfertigter Bereicherung, wenn er nur bösgläubig war, ohne den Willensmangel mitverursacht zu haben.* Die zugunsten eines Erpressers ausgestellte Bankanweisung darf nicht eingelöst werden, wenn die Bank die Erpressung kennt oder kennen musste, wobei allerdings an die Prüfungspflicht der Bank keine hohen Anforderungen zu stellen sind. Wurde die *vom Empfänger durch ein Delikt oder einen Willensmangel erlangte Anweisung vom Angewiesenen in Unkenntnis dieses Mangels angenommen, so verschafft ihm dieser Mangel, wenn er ihm später zur Kenntnis gelangt, eine persönliche Einrede gegen den Empfänger.* Art. 468 N. 6a. Nimmt jemand eine gefälschte oder deliktisch erlangte Anweisung oder eine Anweisung zu deliktischen Zwecken in Kenntnis solcher Umstände entgegen, so *handelt er bewusst zum Nachteil des Angewiesenen und muss sich die entsprechenden Einreden entgegenhalten lassen.* Art. 979, 1007, 1009 II, 1143 Z. 5, 1146 II OR. War das Valutaverhältnis (z. B. ein Kauf) zwischen Anweisendem und Anweisungsempfänger willensmangelhaft zustande gekommen, so kann es vom Anweisenden gegenüber dem Anweisungsempfänger angefochten werden. *Hat allerdings der Anweisende den Willens- oder Nichtigkeitsmangel des Grundgeschäftes vor der Ausführung der Anweisung gekannt, ohne die Anweisung zu «widerrufen», so hat er sie stillschweigend genehmigt.* Art. 424 OR. Im Falle einer erfolgreichen Anfechtung hat der Anweisungsempfänger das vom Angewiesenen Empfangene nach den Regeln über die ungerechtfertigte Bereicherung i.d.R. an den Anweisenden zu erstatten, für dessen Rechnung geleistet wurde. Auch das ist u.E. keine Folge der Abstraktheit der Anweisung, sondern eine Folge des *Geschäftsführungsverhältnisses* zwischen Anweisendem und Angewiesenem einerseits und des *Veranlassungsverhältnisses* (Valutaverhältnisses) zwischen Anweisendem und Anweisungsempfänger andererseits, die als *getrennte Obligationenkomplexe* auseinanderzuhalten sind. Der Willensmangel in einem Rechtsgeschäft wirkt grundsätzlich nicht im anderen. So kann die einer Bank erteilte und von dieser angenommene Anweisung, eine Rente auszuzahlen, nicht wegen Willensmangels der Rentenverpflichtung angefochten werden. Fraglich ist, ob die angewiesene Bank bei Anfechtung des sie nicht berührenden Valutaverhältnisses zwischen Anweisendem und Anweisungsempfänger die Erfüllung ihrer Verpflichtung aus der angenommenen Anweisung verweigern kann. So Semjud 82 (1960) S. 23. Wohl aber kann der *mangelhafte Wille sich auf beide Rechtsgeschäfte* beziehen, oder er ist der Partei bekannt, die für das eine Rechtsgeschäft als «Dritter» zu betrachten ist. Dann ist *nach allgemeinem Vertragsrecht die Kenntnis des «Dritten» relevant.* Art. 28 II, 29 II OR.

4. Die gefälschte oder verfälschte Anweisung

4 a

a. In der Praxis häufiger als die nichtige oder willensmangelhafte Anweisung ist die gefälschte oder verfälschte schriftliche Anweisung. Der Anweisungsauftrag wird von einem Fälscher erteilt, nicht von einem Kontoinhaber oder dessen Bevollmächtigtem. Die Bank erkennt die Fälschung nicht, löst die gefälschte Anweisung ein und belastet sie dem Konto ihres Kunden. Damit führt sie *keinen Auftrag des Kontoinhabers, sondern einen sogenannten Putativauftrag* aus. *Im Verhältnis zum Kontoinhaber liegt eine auftraglose Geschäftsführung vor.* Der Vertragswille des Kontoinhabers ist nicht nur nichtig oder mangelhaft, sondern fehlt überhaupt (negotium non existens). **DIG. 3. 5. 5 pr.** Die *actio mandati contraria des Beauftragten (Angewiesenen) gegen den Anweisenden auf Ersatz der für dessen Rechnung erbrachten Leistung setzt objektiv richtige Auftragsausführung* voraus. **BGE 51 II 187/8, 59 II 253 Erw. 5, 78 II 51, 86 II 38/9.** Art. 402 N. 6–9. Von Tuhr, Actio de in rem verso, S. 72. Daher erfolgt die Belastung des Kundenkontos ohne gültigen Rechtsgrund. Art. 1132 OR bestimmt ausdrücklich: «Der *aus der Einlösung eines gefälschten oder verfälschten Checks sich ergebende Schaden trifft den Bezogenen*, sofern nicht dem im Check genannten Aussteller ein Verschulden zur Last fällt, wie namentlich eine nachlässige Verwahrung der ihm überlassenen Checkformulare.» Da der Check eine qualifizierte Form der Anweisung bildet **(BGE 80 II 87)**, ist der aus der dogmatischen Analyse gefundene Grundsatz für die *Tragung des Fälschungsrisikos* auch auf die gewöhnliche schriftliche Anweisung zu erstrecken. René von Büren, La responsabilité du banquier pour le paiement de chèques faux et falsifiés, 1939, p. 107. Meyer-Cording S. 52.

b *b.* Umstritten ist in der schweizerischen Praxis und Doktrin die Frage, *ob der Angewiesene den Schaden aus Fälschungen durch Vereinbarung dem Anweisenden überwälzen*, d.h. dessen Konto belasten kann, wenn ihn bei der Nichtentdeckung der Fälschung kein grobes Verschulden trifft. Vereinbarungen dieser Art, die «Freistellungsklauseln» i. S. von Art. 101 OR nahekommen, werden meist *bei Abschluss eines Kontovertrages* stipuliert. Die Banken erklären sinngemäss, dass von Fälschern abgehobene Beträge dem Kundenkonto belastet werden sollen, wenn die Bank an der Nichtentdeckung der Fälschung kein grobes Verschulden trifft. Die ohne den Willen des Anweisenden von einem Dritten (Fälscher) erteilte Anweisung begründet ebensowenig einen von diesem erteilten Auftrag wie die gefälschte Vollmacht. Art. 396 N. 20, 21. Ihre Ausführung ist *im Verhältnis zum Vertragspartner* (z. B. Kontoinhaber einer Bank) *auftragslose Geschäftsführung.* Die *gesetzliche Haftung des vertraglosen Geschäftsführers aus Art. 420 OR kann durch Vertragsabrede ebensowenig abgeändert werden wie die Deliktshaftung aus Art. 41 ff. OR.* Sie beruht auf *Tatsachen, die vom Parteiwillen unabhängig sind*, nicht auf einem Vertrag. Entsteht der Auslagenregress des Beauftragten als Bestandteil der vertraglichen actio mandati contraria (Art. 402 OR) nur aus objektiv richtiger Auftragsausführung (lit. a oben), so kann er gegenüber demjenigen der keinen Auftrag erteilt hat, nur dann entstehen, wenn es sich um eine *Geschäftsführung handelte, die dem Betreffenden objektiv nützlich* war. Art. 422 OR. Art. 402. N. 6a. Von Tuhr/Siegwart II S. 463. **DIG. 3. 5. 5 pr.** N. 3d oben. Es liegt kein Problem der vertraglichen Sorgfaltshaftung bei der Auftragsausführung, sondern ein *Auslagenregressproblem* vor, das *durch vertragliche Freistellungsklauseln nicht beeinflusst* werden kann. Auch die actio mandati contraria ist von Tatsachen, nicht vom Parteiwillen abhängig. Von Tuhr, Actio de in rem verso, S. 26, 72. Art. 402 N. 10b. So jedenfalls die Mehrheit der ausländischen Literatur und Judikatur. Ulrich Meyer-Cording, Das Recht der Banküberweisung, Tübingen 1951, S. 102/8. Eine *Kontokorrentbelastung setzt das Bestehen eines Anspruches der Bank aus der actio mandati oder negotiorum gestorum contraria für eine aufgetragene oder auftraglose Geschäftsführung voraus, die objektiv im Interesse des Kontoinhabers erfolgte.* Durch Fälschungen wird *unmittelbar das Vermögen der Bank vermindert.* Einen Regress auf einen Kontoinhaber aus Art. 402 I (Auslagenregress) oder 402 II OR (Schadenregress) würde nur bestehen, wenn der Kontoinhaber einen entsprechenden Auftrag erteilt hätte. Haben der Kontoinhaber oder die verfügungsberechtigten Personen *weder eine Anweisung erteilt noch selbst über das Kontokorrentguthaben «verfügt»*, so fehlt der Rechtsgrund für eine Belastung, es sei denn, die Auszahlung an den Fälscher sei dem Kunden objektiv nützlich gewesen, indem sie diesen beispielsweise von einer Schuld an den Fälscher befreite. Besteht beim Angewiesenen kein Konto, so ist nicht ersichtlich, wie ein Regressanspruch aus Art. 402 OR gegen eine Person begründet werden soll, die keinen Zahlungsauftrag erteilt hat. Infolgedessen ist auch Art. 54 V PVG problematisch, wo die *Haftung für missbräuchlich von Postcheckkonten abgehobene, angewiesene oder überwiesene Beträge auf grobes Verschulden begrenzt wird.* Die Leistung an einen Unberechtigten hat nur dort Befreiungswirkung, wo der Schuldner diese ausdrücklich vorbehalten kann, so *bei hinkenden Inhaberpapieren* (Art. 976 OR), bei *Versatzscheinen* (Art. 913 ZGB) oder wenn es vom Gesetz bestimmt ist, wie *bei Leistung des gutbläubigen debitor cessus an den Zedenten.* Art. 167 OR. VON TUHR/SIEGWART II S. 459. Die Bundesgerichtspraxis ist schwankend. **BGE 40 II 144, 51 II 187, 61 II 184/8, 77 II 368.** Doch scheint die neuere Strafrechtspraxis, welche die *Postcheckfälschung* als *qualifizierte Urkundenfälschung* i. S. von Art. 251 Z. 2 StGB erfasst (SJZ 57 [1961] Nr. 132 S. 351; SJZ 58 [1962] Nr. 27 S. 26) richtungsweisend. Der bargeldlose Zahlungsverkehr, insbesondere der Postcheckverkehr, soll durch ähnliche Strafsanktionen geschützt sein wie der unmittelbare Verkehr mit gesetzlichen Zahlungsmitteln. Art. 240, 251 StGB. Im Volk macht man sich kaum Gedanken über den Unterschied zwischen direkten und indirekten Zahlungsmitteln. Schutzobjekt ist das *Vertrauen in die «Echtheit» der Zahlungsmittel. Geschädigt ist, wer die vollwertige Gegenleistung gegen wertlose «Zahlungsmittel»* gibt. Könnte er den Schaden durch Vertrag überwälzen, so wäre das strafrechtliche Schutzbedürfnis weniger ausgesprochen. Man kann sich zudem fragen, ob die vertragliche Übernahme künftigen unbestimmten Schadens des Kontoführers durch den Kontoinhaber nicht eine mit Art. 27 ZGB unvereinbare Beschränkung der Rechts- und Handlungsfähigkeit darstellt. VON TUHR/SIEGWART I S. 208/9. Der Kontoinhaber gestattet damit generell zum voraus Belastungen seines Kontos ohne Rechtsgrund.

II. GEGENSTAND DER ANWEISUNG. WEISUNGSRECHT DES ANWEISENDEN UND VERFÜGUNGSMACHT DES ANWEISUNGSEMPFÄNGERS

5. Geld, gattungsmässig bezeichnete Wertpapiere und bewegliche Sachen als Begrenzung des Leistungsgegenstandes. Bestimmbarkeit

5 a *a.* Die charakteristische *obligatio faciendi* im Anweisungsauftrag *ist das Versprechen und oder die Erbringung einer Leistung durch den Angewiesenen an den Anweisungsempfänger.* Der vom Anweisenden erstrebte *Auftragserfolg* ist seine *Befreiung von einer Gattungsschuld, meist einer Geldschuld, an den Empfänger*, die sich aus dem *Valutaverhältnis* ergibt. Mit der Erbringung dieser Leistung ist die Anweisung ausgeführt, die charakteristische Obligation durch Erfüllung erloschen. *Im Valutaverhältnis* vom Anweisungsempfänger aus gesehen ist die *Leistung des Angewiesenen die Leistung eines Dritten.* Der Schuldner im Valutaverhältnis (Anweisender) hat das Recht, unpersönliche Leistungen (Art. 68 OR) durch einen Dritten zu erbringen, und der *Gläubiger* (Anweisungsempfänger) ist *verpflichtet, die unpersönliche Leistung des Dritten (Angewiesenen) als Erfüllung anzunehmen.* VON TUHR/SIEGWART II S. 462/3. Infolgedessen kann die *Anweisung nur die Erbringung unpersönlicher Leistungen* zum Gegenstand haben. Unpersönlich ist vor allem die Erbringung einer *Geldleistung (Zahlung)*, die noch im aOR einzigen Anweisungsgegenstand bildete. *Unpersönlich ist auch die Leistung anderer Gattungssachen, die der Schuldner auswählen* kann. Art. 71 OR. *Nur gattungsmässig bestimmte Wertpapiere* können nach der Erweiterung im revOR Anweisungsgegenstand bilden. Es können auch Namenpapiere sein, wenn es dem Anweisungsempfänger nach dem Valutaverhältnis nicht darauf ankommt, von wem er welche Stücke erhält. So kann ich meine Bank anweisen einem Dritten 10 bestimmte Aktien aus meinem offenen Bankdepot zu übergeben und Fr. 1000 aus meinem Kontokorrent auszuzahlen. Der Verkäufer einer bestimmten Quantität von Santos-Kaffee oder der selbsteintretende Einkaufskommissionär einer bestimmten Anzahl börsenkotierten Aktien ist grundsätzlich berechtigt, die *Ablieferung durch einen Dritten, den Angewiesenen*, ausführen zu lassen. Allerdings sind andere als Zahlungsanweisungen selten. Leistet der Verkäufer einer Gattungssache nicht persönlich, so wird er i.d.R. durch einen *Erfüllungsgehilfen* leisten, der im Namen des Verkäufers handelt. N. 10b unten. Der *Angewiesene handelt jedoch im eigenen Namen.* Das *Eigentum*

an der erbrachten Leistung der Gattungssachen geht unmittelbar vom Angewiesenen auf den Anweisungsempfänger über. Weiss der Anweisungsempfänger oder müsste er es wissen, dass der Angewiesene über den Leistungsgegenstand nicht verfügungsberechtigt war, so erwirbt er das Eigentum nicht. Art. 933 ZGB. Andererseits ist das Valutaverhältnis bei *mangelhafter Leistung des Angewiesenen* nicht durch Erfüllung erloschen. Art. 467 I OR. N. 9b unten.

b. Die charakteristische Leistung ist im Anweisungsauftrag mehrfach begrenzt. Sie kann nur Gattungssachen zum Gegenstand haben und bezieht sich in der Praxis fast ausschliesslich auf Zahlungen. Die *Erbringung einer Leistung ist Rechtshandlung.* Gegenüber einfachen und qualifizierten Rechtshandlungsaufträgen ist der Gegenstand der Anweisung dadurch beschränkt, dass nicht Abschluss und Abwicklung eines ganzen Vertragsverhältnisses durch den Beauftragten, wie bei der Kommission oder der Spedition, sondern nur die *Erfüllung einer einzelnen Obligation* bezweckt wird. Auch eine Schadenersatzforderung ex delicto oder ex contractu kann durch einen Angewiesenen erfüllt werden. **BGE 73 II 44, 46.** *Die Anweisung ist ein fiduziarischer Auftrag im weitesten Sinne. Der Angewiesene leistet an den Anweisungsempfänger im eigenen Namen, aber für Rechnung des Anweisenden.* N. 8, 9 unten. Ein *Anweisungsauftrag ist häufig in anderen Verträgen* enthalten, weil er ein *Hilfsgeschäft für die Erfüllung von Obligationen des Anweisenden* ist. Der Käufer verspricht dem Verkäufer, auf Anrechnung an den Kaufpreis eine Geldschuld des Verkäufers an einen Dritten zu bezahlen. Im Valutaverhältnis handelt es sich um ein Leistungsversprechen, das jedoch nach Art. 467 OR nur erfüllungshalber gegeben ist, es sei denn, dass die Leistung an Erfüllungsstatt im Valutaverhältnis ausdrücklich vereinbart wurde. Art. 1278 Code Civil. Häufig steht der *Anweisende mit dem Angewiesenen* (Deckungsverhältnis) in einem *Geschäftsführungsverhältnis*, durch das der letztere u. U. verpflichtet ist, die Anweisung auszuführen. So, wenn der Anweisende bei einer Bank ein *Kontokorrentguthaben* besitzt. Art. 468 II OR. Art. 468 N. 11b.

b

c. Der Leistungsgegenstand, der nach Art. 406 aOR bestimmt sein sollte, durfte indessen schon nach der älteren Praxis beispielsweise ein Saldo sein, der sich auch aus bestimmten künftigen Geschäftsoperationen ergab. **BGE 17 S. 492/4, 24 II 713.** Für das geltende Recht genügt (analog Art. 184 III OR) Bestimmbarkeit nach objektiven Umständen, die auch in der Zukunft liegen können. **BGE 73 II 47/8.** Vorbem. N. 5b. N. 1a oben. Die Bank wird beispielsweise angewiesen, den Guthabensaldo,

c

der sich aus einem Wertschriftenverkauf ergibt, einer anderen Bank zu überweisen.

6. Anweisung zur Gutschrift insbesondere auf Bank- und Postcheckkonten

6 a *a.* Wie mit der Kreuzung des Checks kann der Anweisende als Auftraggeber auch mit der Zahlungsanweisung die *Weisung* verbinden, die *Leistung des Angewiesenen solle nicht in bar erfolgen*, sondern durch Gutschrift auf einem Konto, das der Anweisungsempfänger bei einer Bank oder bei der Post unterhält. Die Bank oder Post ist im Valutaverhältnis Zahlstelle des Anweisenden. Vorbem. N. 4e. **BGE 73 II 44.** Art. 1123/5 OR. Art. 397 N. 3d. An diese *Weisung ist der gegenüber dem Anweisenden annehmende Angewiesene gebunden und haftet dem Anweisenden nach Art. 397 OR für Schadenersatz bei ihrer Verletzung.* War die Bank nicht nur Zahlstelle, sondern vom Anweisenden zur Erhebung der Zahlung beauftragt, so ist die *Übermittlung der Gutschriftsanzeige durch die angewiesene Bank an den begünstigten Anweisungsempfänger eine vorbehaltlose Annahmeerklärung und/oder Ausführungsanzeige an den Empfänger*, der über die gutgeschriebene Zahlung auf seinem Konto verfügen kann. «Die Gutschrift gilt als Zahlung», *Art. 1125 II OR* (für das Checkrecht). Da nach deutschem BGB die Annahmeerklärung auf die Anweisungsurkunde selbst gesetzt werden muss, kann in der deutschen Doktrin die Gutschrift nicht aus der Rechtsfigur der bürgerlichen Anweisung erklärt werden. MEYER-CORDING S. 40 ff. Für die Schweiz sind die Institutionen des Handelsverkehrs im OR enthalten. Es *steht daher nichts entgegen, den Giroverkehr grundsätzlich auf das Anweisungsrecht zurückzuführen.* Ob ich meine Schuld durch eine Barzahlungsanweisung an die Post oder einen sogenannten Girozettel zur Belastung meines Postcheckkontos und zur Gutschrift auf dem Postcheckkonto meines Gläubigers erfülle, sollte keinen wesentlichen juristischen Unterschied ausmachen. Vgl. in diesem Sinne SJZ 57 (1961) Nr. 15 S. 77. Ein Nachteil erwächst dem Anweisungsempfänger aus der Leistung durch Gutschrift statt der Barzahlung nur dann, wenn sein Bankkonto passiv ist. Dann kann die Bank des Anweisungsempfängers meine Einzahlung mit ihrer Kontokorrentforderung gegen diesen verrechnen. **BGE 44 II 193.** Ich *bin daher nur im Einverständnis mit meinem Gläubiger berechtigt, durch Einzahlung auf dessen Bankkonto zu leisten. Doch ist die Angabe eines Bankkontos im Briefkopf die generelle Bestimmung der Bank als Zahlstelle.* Vorbem. N. 4e. Mein Gläubiger wird im Umfang meiner Leistung, auch wenn er nicht einverstanden ist, dass ich auf sein Bankkonto einzahlte, von seiner

Bankschuld befreit. Hätte die Leistung im Valutaverhältnis keinen Tilgungseffekt, so bewirkt sie eine Bereicherung meines Gläubigers, die mit dessen Schadenersatzforderung aus Weisungsverletzung verrechnet werden könnte. VON TUHR/SIEGWART II S.462/3.

b

b. Anders verhält es sich, wenn der *Empfänger selbst statt der Barzahlung die Gutschrift einer ihm vom Angewiesenen angezeigten Vergütung verlangt.* Damit verfügt er als Gläubiger über die ihm gegenüber dem Angewiesenen (nach der Annahmeerklärung) zustehende Forderung. Unterhält der Empfänger selbst zufällig beim Angewiesenen ein Konto und bestimmt, dass die Gutschrift auf diesem erfolgen soll, so tritt der nämliche Effekt ein, wie wenn der Anweisungsempfänger die Barzahlung erst entgegengenommen und dann auf sein Konto einbezahlt hätte. Die Hin- und Rückgabe des Geldes wird durch eine Belastung und eine Gutschrift ersetzt, wird also zu einer blossen Skripturoperation. Die Wirtschaftsring-Genossenschaft führt als Angewiesene nur Giro-Anweisungen zwischen ihren Mitgliedern als sogenannten *Buchungsauftrag* aus. *Anweisender und Empfänger haben sich auf reinen Giroverkehr verpflichtet.* HANS OTT, Das WIR-Geld in SJZ 54 (1958) S.145/8. Der Empfänger kann aber auch verfügen, der Angewiesene solle die Zahlung einer anderen Bank zur Gutschrift auf einem Konto des Anweisungsempfängers leisten. Damit erteilt der Empfänger (jetzt als Anweisender) eine *zweite Anweisung, die unter Banken regelmässig ohne Bargeldtransferierungen ausgeführt wird.* Die Bank A (welche die Zahlung erhalten hat) weist die Bank B an, die Zahlung dem Konto der Bank A zu belasten und einem Kundenkonto bei der Bank B gutzuschreiben. Oft ist die zweite Bank B allerdings nur eine vom Gläubiger (Empfänger) aufgegebene Zahlstelle.

c

c. Durch eine derartige *Kumulation von Anweisungen und/oder Domizilierungen kann der Bargeldverkehr auf ein Minimum reduziert werden.* Die Massen des Bargeldes bleiben in den Kassen der Banken und der Post. Als Postcheck- oder Bankkontoinhaber weise ich die Post oder meine Bank an, die Zahlung so auszuführen, dass sie meinem Konto belastet und dem Konto meines Gläubigers gutgeschrieben wird, wenn ich weiss, dass auch mein Gläubiger beim Angewiesenen ein Konto unterhält. Wer in seinen *Briefköpfen ein Potscheckkonto verzeichnet* und/oder seinen Schuldnern (mit der Rechnung) *Post-Einzahlungsscheine zustellt,* erklärt sich damit einverstanden, dass die Schuldner die Zahlung durch Postanweisung oder Postgiro leisten, d.h. eine Gutschrift auf dem Postcheckkonto des Inhabers veranlassen. Art. 89 PO v. 23. Dezember 1955. Vorbem. vor Art. 439 N.1c. Vorbem. N.4. Er muss diese Art der Geldleistung anerkennen, zumal ihm daraus kein Nachteil erwachsen kann. **BGE 55 II**

200/3, 62 III 13. SJZ 57 (1961) Nr. 15 S. 77. Der Postcheckkontoinhaber ist nie Schuldner der Post, die auf Postcheckkonten keine Kredite gewährt und ungedeckte Anweisungs- oder Giroaufträge nicht ausführt. Art. 87 PO. Infolgedessen kann die Post kein eigenes Guthaben (mit Ausnahme der geringfügigen Gebühren) auf Postcheckkonto verrechnen. Der Postcheckinhaber kann stets über die Summe der auf seinem Konto erteilten Gutschriften verfügen. Die Postverwaltung kann bestimmte wiederkehrende eigene Forderungen, z. B. Telefonrechnungen, dem Postcheckkonto auf Grund eines Dauerauftrages belasten, d. h. mit dem jeweiligen Postcheckguthaben des Inhabers verrechnen, sofern die Deckung genügend ist. Dem *Postcheckinhaber wird jeweils per 15. und per Monatsultimo der auf dem Konto verfügbare Saldo angezeigt.* Art. 86 PO. Der «Saldozettel» ist eine *Ausführungsanzeige über den Kontoverkehr,* die dem Inhaber eine rechnerische Kontrolle und die Abstimmung seiner Dispositionen ermöglicht. So können durch die Post im Postcheckverkehr und die Banken im Kontokorrentverkehr Bargeldtransferierungen zwischen ihren «Kunden» (Kontoinhabern) ausgeschaltet und lediglich durch Kontobelastungen und -gutschriften ersetzt werden.

7. Andere Weisungen des Anweisenden. Befristungen. Bedingungen. Titulierte Anweisungen

7 a *a.* Wie jeden anderen Auftrag kann der Anweisende die *Ausführung* der Anweisung *von Bedingungen abhängig* machen (Dokumentenakkreditiv), sie *befristen* (Wechsel: Art. 991 Z. 4) oder *Ausführungsvorschriften* erteilen, zumal der *Angewiesene jede ihm nicht zusagende, jedenfalls jede ihn belastende Anweisung ablehnen kann.* **INST. 3. 26. 12. DIG. 17. 1. 1. 5.** Art. 395 N. 86, 89–91. Nimmt er sie an, so ist er an Bedingungen, Befristungen oder andere vom Anweisenden erteilte Vorschriften gebunden und *haftet bei ihrer Verletzung nach Art. 397 OR für Schadenersatz.* Sein Recht zur *Weisungsabweichung richtet* sich nach Art. 397 OR (Art. 397 N. 18), hat aber geringe praktische Bedeutung. Die Begrenzung des Auftragsgegenstandes auf die Erfüllung einer Gattungsschuld unterwirft andere *Ausführungsvorschriften* als Bedingungen und Befristungen bestimmten *Grenzen.* Handelt es sich um die Anweisung anderer Gattungssachen als Geld, so sind etwa *Qualitätsvorschriften oder Bezeichnung eines von der gesetzlichen Regel abweichenden Erfüllungsortes* denkbar. Die Zahlungsanweisung kann wie ein *Wechsel domiziliert* oder es kann eine *Zahlstelle* bezeichnet sein. Art. 1017 OR. Eine Anweisungsurkunde kann die *Präsentationsklausel* enthalten, die nach § 785 BGB von Gesetzes wegen besteht. Der *Wechsel muss* von Gesetzes wegen im Zweifel

sowohl zur *Annahme* (Art. 1012) als in jedem Falle zur *Zahlung* (Art. 1028 OR) *vorgelegt* und nur gegen *Aushändigung* des quittierten Wechsels eingelöst werden. Art. 1029 OR.

b. Viele Zahlungsanweisungen sollen *sofort*, «*bei Sicht*», vom Angewiesenen eingelöst werden. Andere sind auf einen *bestimmten Tag (Verfalltag)* befristet, namentlich wenn der Anweisende mit der Anweisung die Erfüllung einer auf einen Fixtermin fälligen Schuld bezweckt. So Art. 38 RGDA für «unwiderrufliche» Dokumentenakkreditive. *Ist ein Zahlungstag aus der Anweisungsurkunde ersichtlich, so muss sich der Anweisungsempfänger, auch wenn ihm der Angewiesene die Annahme erklärt hat, bis zu jenem Termin gedulden.* Art. 468 I OR. Denn durch die Annahme verpflichtet sich der Angewiesene nur auf die in der Anweisung individualisierte Leistung nach Art, Umfang, Zeit und Ort. b

Es kann auch die Anweisung zu wiederholten, auf bestimmte Termine verfallende Zahlungen erteilt werden, z. B. für Mietzins-, Salär-, Kaufpreisraten- oder Lizenzzahlungen. **BGE 73 II 46.** Hat der Angewiesene eine derartige «Daueranweisung» dem Anweisenden gegenüber angenommen, so ist er ihm so lange zur Ausführung verpflichtet, als er gedeckt ist. Art. 468 II OR. Der Anweisende kann jederzeit widerrufen (Art. 470 II OR), soweit nicht der Angewiesene dem Anweisungsempfänger die Annahme erklärt hat. Eine *Anweisung post mortem* kann *wirksam nur in der Testamentsform als Auftrag an einen Testamentsvollstrecker* erteilt werden. Art. 395 N. 90.

c. Die Ausführung der Anweisung kann *durch den Anweisenden* von verschiedenartigen *Bedingungen abhängig gemacht* werden, die jedoch nach einer Annahmeerklärung des Angewiesenen dem Anweisungsempfänger nur entgegengehalten werden können, wenn sie diesem bekannt sind, d. h. einen Bestandteil des *Anweisungsinhaltes* bilden. Art. 468 I OR. Zu den derart *bedingten Anweisungen* ist auch die *titulierte Anweisung* zu zählen. OSER/SCHÖNENBERGER ad Art. 466 OR N. 32. Für das ABGB KLANG/WOLFF zu § 1402 ABGB Anm. 5, wo die *Titulierung* als Abhängigkeit vom *Deckungsverhältnis* aufgefasst ist. **BGE 17 S. 493/4, 20 S. 990 Erw. 5, 21 S. 1149/50, 26 II 682 Erw. 4, 43 II 675/6, 44 II 193/5.** Der Angewiesene soll beispielsweise nur dann an den Verkäufer zahlen, wenn zwischen diesem und mir ein bestimmter Kaufvertrag über ein Gemälde perfekt wird. Dann wird der die Zahlung fordernde *Anweisungsempfängers* den *Beweis zu leisten haben, dass die Bedingung eingetreten ist.* Beim *Dokumentenakkreditiv* ist die Bedingung die Präsentation bestimmter im Akkreditiv bezeichneter «Dokumente» durch c den Begünstigten, die von Banken sorgfältig zu prüfen sind. Art. 9, 15–34 RGDA 51. **BGE 78 II 54, 87 II 234/5.** Eine Anweisung mit der *Bedingung, dass das Valutaverhältnis zwischen Anweisendem und Anweisungsempfänger gültig ist*, d.h. weder an einem Nichtigkeits- noch an einem Willensmangel leidet, kann zwar erteilt werden. Sie wird aber vom Angewiesenen, der regelmässig nicht in der Lage ist, das Valutaverhältnis zu überprüfen, *selten angenommen* werden. Auch bei der titulierten Anweisung bleibt der *Rechtsgrund für die Leistung des Angewiesenen im Verhältnis zum Anweisenden der Anweisungsauftrag.* Jedoch kann es *Bedingung für die Ausführung* der Anweisung bilden, dass der Angewiesene Schuldner des Anweisenden wird und damit überhaupt eine «Anweisung auf Schuld» zur Entstehung gelangt. Das *Valutaverhältnis* kann aber nicht mehr als eine *Bedingung für die Zahlungsverpflichtung des Angewiesenen* bilden. **BGE 17 S. 493/4, 21 S. 1149.** *Weder Check noch Wechsel können tituliert oder sonst bedingt sein, sondern müssen unbedingte Zahlungsanweisungen enthalten.* Art. 991 Z. 2, 1100 Z. 2. N. 1a oben.

d *d.* Die Anweisung kann vom Anweisenden *so lange durch Bedingungen, Befristungen oder andere Vorschriften begrenzt* werden, *als sie widerrufen werden kann, d.h., bis der Angewiesene dem Anweisungsempfänger die Annahme erklärt hat.* Art. 470 II OR. In maiore minus. Nach OR können Weisungen, die sich als Bedingungen der Leistungspflicht des Angewiesenen auswirken, *formlos* erteilt werden. Im *Dokumentenakkreditiv*, das eine Unterart des Kreditbriefes (Art. 407 OR) bildet, erfolgen sie *schriftlich.* In ihrer präzisen Formulierung liegt die Hauptdirektive für die Abwicklung durch die akkreditierende Bank.

III. LEISTUNG DES ANGEWIESENEN IM EIGENEN NAMEN, ABER FÜR RECHNUNG DES ANWEISENDEN

8. Auslagenregress (actio mandati contraria) des Anweisenden gegen den Angewiesenen

8 a *a.* Leistet der Angewiesene, so erfolgt die Leistung nach dem Wortlaut des Gesetzes «*auf Rechnung des Anweisenden*». Das bedeutet nichts anderes, als dass der Angewiesene gegenüber dem Anweisenden eine *Forderung auf Ersatz für die Vermögensverminderung erhält, welche die Leistung bewirkt.* Art. 402 N. 10, 12. Die Leistung ist für ihn eine im In-

teresse des Anweisenden gemachte *Auslage i. S. von Art. 402 I OR.* Ist die Anweisung ein Geschäftsführungsauftrag, so ist der *Ersatzanspruch als Bestandteil der actio mandati contraria selbstverständlich.* Sein *Rechtsgrund ist die Anweisung selbst, nicht ein anderes zwischen Anweisendem und Angewiesenem bestehendes Geschäftsführungsverhältnis.*

b

b. Eine *Anweisung zur Leistung für eigene Rechnung des Angewiesenen gibt es nicht.* Art. 402 N. 12. **BGE 78 II 49 Erw. 3, 50/5 Erw. 4 und 5.** *Es macht keinen Unterschied aus, zu welchem Zweck der Anweisungsauftrag erteilt wurde und welcher Art das Valutaverhältnis zwischen Anweisendem und Anweisungsempfänger ist. Dem Angewiesenen muss das, was er für die richtige Ausführung der Anweisung aufgewendet hat, ersetzt werden, und zwar grundsätzlich auch dann, wenn die mittelbare Zuwendung an den Empfänger im Valutaverhältnis auf einem mangelhaften Rechtsgrund beruht.* **BGE 51 II 552, 558 Erw. 4.** Ersuche ich den B, dem C eine Geldschenkung zu eigenen Lasten (für eigene Rechnung) des B zu machen, so liegt auch dann keine Anweisung vor, wenn B dem C die Annahme meines Vorschlages vorbehaltlos erklären sollte. Es wäre ein der schriftlichen Form bedürftiges Schenkungsversprechen von B an C, oder, im Falle der Ausführung, eine *Handschenkung* an B an C die mein, des «Anweisenden», Vermögen nicht berührt. Meine Anregung ist ein unverbindlicher Wunsch oder Rat. Ersuche ich den B, dem C Kredit zu gewähren, statt eine bestimmte oder objektiv bestimmbare Geld- oder andere Gattungsleistung zu erbringen, so liegt keine Anweisung, sondern ein *Kreditauftrag* i. S. von Art. 408 OR vor, der der *schriftlichen Form* bedarf. Hingegen kann ich dem B die Anweisung erteilen, dem C schenkungshalber Fr. 1000 für meine Rechnung zu leisten oder als Darlehensvaluta auszuzahlen, wenn ich selbst mit dem C gegenüber bereits gültig verpflichtet hatte, diese Leistungen zu erbringen. **BGE 42 II 59.**

c

c. Die Praxis gesteht dem Angewiesenen den «*Befreiungs- und Dekkungsanspruch*» nach Art. 402 I OR grundsätzlich zu, *sobald die eigene Verpflichtung des Angewiesenen gegenüber dem Anweisungsempfänger durch Annahmeerklärung i. S. von Art. 468 I OR entstanden* ist. **BGE 78 II 51 Erw. 4.** Für das ABGB vgl. KLANG/WOLFF zu § 1401 N. 4. Ist der Anweisungsauftrag bedingt auszuführen, wie beim Dokumentenakkreditiv, so entsteht der *Befreiungs- und Deckungsanspruch jedenfalls mit dem Eintritt der Bedingung, welche die Leistungspflicht des Angewiesenen zur Entstehung bringt.* **BGE 78 II 54 Erw. 5.** Der Angewiesene wird i. d. R. vor der Annahmeerklärung und/oder Leistung an den Anweisungsempfänger Gelddeckung verlangen. Art. 402 N. 3–5. Hat er die Deckung erhalten oder besitzt er sie bereits, so wird oder ist die Anweisung eine

Anweisung auf Schuld und muss ausgeführt werden. Art. 468 II OR. Art. 468 N. 10–13. Ist der Angewiesene Schuldner des Anweisenden *aus irgendeinem Rechtsgrund*, so wird die *Auslagenersatzforderung als solche mit der Leistung des Angewiesenen an den Anweisungsempfänger fällig und fast ausnahmslos durch Verrechnung mit der Schuld des Anweisenden getilgt.* Art. 120 I OR. Sie kann einem *Konto belastet* werden, das der Anweisende beim Anweisungsempfänger unterhält, was ebenfalls zur Tilgung durch *Verrechnung* führt. Wurde eine Anweisung auf Kredit richtig eingelöst, so kann die Auslagenregressforderung sofort gegen den Anweisenden erhoben werden. *Eine Anweisung, die vom Angewiesenen donandi causa ausgeführt würde, ist begrifflich unmöglich.* Oben lit. b. *Doch ist möglich, dass der Angewiesene nachträglich schenkungshalber auf seinen Auslagenregress verzichtet, nachdem er eine Anweisung ausgeführt hat.* Art. 402 N. 13.

9. Auftragsausführung im eigenen Namen des Angewiesenen und Forderung im eigenen Namen des Anweisungsempfängers. Die dinglichen Rechtsverhältnisse

9 a *a.* Das OR spricht von einer «*Annahme*» der Anweisung einmal durch den *Angewiesenen* gegenüber dem *Anweisenden* (Art. 467 II und III OR) und sodann des Angewiesenen gegenüber dem Anweisungsempfänger (Art. 468 I OR). Nur die letztere «*Annahme*» *gegenüber dem Anweisungsempfänger* hat im schweizerischen Recht die *vertragsbegründende Wirkung*, welche nach § 784 II BGB die auf die Anweisung selbst zu setzende Annahmeerklärung oder im formstrengen Wechselrecht das *Wechselakzept* des Bezogenen hat. Art. 1018 OR. Nur durch die *Annahme* gegenüber dem Anweisungsempfänger erwächst diesem ein *Erfüllungsanspruch*. Häufig erfolgt die Annahme sowohl gegenüber dem Anweisenden als auch gegenüber dem Angewiesenen durch *Realakzept*, indem der Angewiesene die ihm aufgetragene Leistung tatsächlich erbringt. N. 2 d oben. Verpflichtung und Erfüllung des Angewiesenen fallen zusammen, bzw. die Verpflichtung erlischt sofort durch Erfüllung, ähnlich wie bei einem Barkauf.

b *b.* Aus dem Wortlaut des Gesetzes könnte geschlossen werden, dass nur der Anweisungsempfänger die Leistung im eigenen Namen fordern kann. Aus Art. 468 I ergibt sich indessen, *dass der Angewiesene auch in eigenem Namen, d. h. aus eigener Schuldpflicht, leistet.* **BGE 40 II 399.** OSER/SCHÖNENBERGER ad Art. 466 OR N. 9 a. E. Bei der Zahlungsanweisung leistet er Geld, das sein Eigentum ist, und erwirbt dafür eine (meist gedeckte) *Regressforderung* gegen den Anweisenden. Art. 400 N. 4, 5, 11. Bilden andere Gattungssachen den Anweisungsgegenstand, so erwirbt der *gutgläubige Anweisungsempfänger mit der Besitzübertragung*, seltener durch *Besitzvertrag* oder *Besitzanweisung* (Art. 922, 924 ZGB), vom Angewiesenen, oder wenn dieser die Anweisung z. B. an eine Bank weitergegeben hat, vom Substituten des Angewiesenen. N. 10 unten. Die Bank B *schreibt eine bei ihr in einem offenen Depot liegende Wertschriftenposition auf den Namen des Anweisungsempfängers um* (vgl. **BGE 57 II 514/7**) oder weist die Bank C an, eine Position aus ihrem Depot auf den Namen des Anweisungsempfängers umzuschreiben, oder sie einigt sich mit dem Anweisungsempfänger, dass die angewiesenen Wertschriften als Faustpfandhinterlage für eine Schuld des Anweisungsempfängers bei ihr deponiert bleiben sollen. *Nur der gutgläubige Anweisungsempfänger erwirbt vom Angewiesenen das Eigentum.* Art. 933 ZGB. Weiss er, oder muss er wissen, dass der Angewiesene oder sein Substitut nicht über den Leistungsgegenstand verfügen darf, so muss er die Leistung zurückweisen. Andererseits *tritt durch die mangelhafte Leistung des Angewiesenen die Tilgung des Anspruches des Anweisungsempfängers gegen den Anweisenden aus dem Valutaverhältnis nach Art. 467 I OR nicht ein.* N. 5 a oben.

c

c. Nur die Eigentumsübertragung von Geld oder anderen Gattungssachen bildet Gegenstand der Anweisung. Andere dingliche Rechte, z. B. ein *Faustpfandrecht* können *nicht* als Leistung i. S. von Art. 466 OR *angewiesen* werden. Hingegen *kann der Pfandbesitz an beweglichen Sachen durch Besitzanweisung i. S. von Art. 924 ZGB übertragen werden.*

IV. SUBSTITUTION DER ANWEISUNG

10. Ausführung durch direkten Stellvertreter

10 a

a. Die Anweisung kann per definitionem nur die *Erbringung unpersönlicher, namentlich Geldleistungen, zum Gegenstand* haben. Dafür ist der *Beizug von Erfüllungsgehilfen* nach Art. 68 OR unbeschränkt zulässig. Die Möglichkeit des Schuldners, durch einen Angewiesenen auch gegen den Willen des Gläubigers die Leistung zu erbringen, ist an sich schon der Beweis für die Zulässigkeit der Substitution. N. 5 a oben. Man könnte sich daher fragen, ob der *Beizug eines anderen durch den Angewiesenen*, der anstelle des Angewiesenen die Leistung an den Anweisungsempfänger erbringen soll, nicht schlechthin als Beizug einer *Hilfsperson* i. S. von Art. 101 OR zu betrachten ist, mit dem Resultat, dass der Angewiesene für die Ausführung so haftet, wie wenn er selbst ausgeführt hätte. Art. 398 N. 40c.

b *b.* Es sind zwei Fälle zu unterscheiden. Die Bank B beauftragt die Bank D, dem Anweisungsempfänger C *im Namen der Bank B* einen Geldbetrag auszuzahlen. Dann ist die *Bank D als direkter Stellvertreter* der Bank B zu betrachten, für dessen Verhalten die Bank B dem Anweisungsempfänger u. E. nach Art. 101 OR haftet, jedenfalls wenn die Bank B dem Anweisungsempfänger nach Art. 468 I OR die *Annahme erklärt* hatte. Art. 398 N. 46.

11. Ausführung durch Zweitangewiesenen

11 a *a. Hat aber die Bank B die Bank D mit dem Auftrag beigezogen, dem Anweisungsempfänger C die Annahme zu erklären* (das Akkreditiv zu bestätigen) und/oder *im eigenen Namen der Bank D die Zahlung zu leisten, so ist der Unterauftrag ein Anweisungsauftrag* i. S. von Art. 466 OR. *Die Gesetzesdefinition selbst macht es möglich, dass der Angewiesene die Erfüllung seiner Leistungspflicht an einen zweiten Angewiesenen weitergibt u. s. f.* Es liegt eine «*Anweisungssubstitution*» vor, die i. S. von Art. 398 III/399 OR befugt ist. Daher *haftet der Erstangewiesene dem Anweisenden nur für culpa in eligendo et instruendo des Zweitangewiesenen.* Art. 399 I OR. **BGE 51 II 560 Erw. 3.** Auch das dem begünstigten Anweisungsempfänger *bestätigte Akkreditiv kann vom Erstangewiesenen zur abermaligen Bestätigung und zur tatsächlichen Leistung der Zahlung an einen Zweitangewiesenen weitergegeben* werden. **BGE 78 II 48/50 Erw. 3.** In diesem Sinne liegen *zwei Anweisungen* vor. Der Anweisungsempfänger *kann jedenfalls bei doppelter Bestätigung den Erstangewiesenen und den Zweitangewiesenen wie Solidarschuldner belangen.* Die Frage ist in der Praxis umstritten. ROLAND SODER in SJZ 49 (1953) S. 7 und Dr. VERENA LÜDI in SJZ 48 (1952) S. 313. Damit eine Forderung des Begünstigten aus dem Akkreditiv entsteht, ist die *Bestätigung an den Begünstigten* erforderlich. Art. 467 I OR. Art. 5 II RGDA 1951. Internationalprivatrechtlich ist auch das *Substitutionsverhältnis* (z. B. zwischen zwei Akkreditivbanken) dem *Statut des Substituten* zu unterstellen. Art. 399 N. 12, 13. **BGE 78 II 42.** Für Einzelheiten vgl. die Kommentierung von Art. 407 OR.

b *b.* Die *Anweisungssubstitution ist besonders häufig im internationalen Zahlungsverkehr.* Weise ich meine Zürcher Bank an, dem C in New York eine US-$-Zahlung zu leisten, so wird diese meinen Anweisungsauftrag zur Vermeidung von Bargeldtransfers über die Landesgrenzen an eine New-Yorker Bank weitergeben. Die Zürcher Bank haftet nur für culpa in eligendo et instruendo der New-Yorker Bank. Ob ich bei Sorgfaltsverletzung durch die New-Yorker Bank einen *Direktanspruch* gegen diese gemäss Art. 399 OR besitze, hängt vom dortigen Recht ab. Ich kann aber *von meiner Bank Abtretung allfälliger Haftpflichtansprüche gegen die New-Yorker Bank* gemäss Art. 400 OR verlangen. Habe ich meiner Zürcher Bank ihre Auslagen ersetzt, so gehen die Haftpflichtansprüche gegen die New-Yorker Bank durch gesetzliche *Subrogation nach Art. 401 OR* auf mich über. Art. 401 N. 9.

V. DIE HAFTUNG DES ANGEWIESENEN FÜR DIE AUSFÜHRUNG DER ANWEISUNG

12. Unabdingbare gesetzliche Sorgfaltshaftung

12 a

a. Die Haftung des Angewiesenen ist ein weiteres Argument für die Vertragsnatur der Anweisung. Sie ist notwendigerweise eine Haftung ex contractu. *Sie besteht auch dann, wenn zwischen Anweisendem und Angewiesenem keine anderen Rechtsbeziehungen bestehen als das Anweisungsverhältnis.* Ist die Anweisung ein Rechtshandlungsauftrag, so haftet der Angewiesene (Beauftragte) dem Anweisenden (Auftraggeber) *von der Annahme gegenüber dem Anweisenden* (Konsens) für die Ausführung nach Art. 398 OR, d.h. grundsätzlich für die Sorgfalt, deren Mass in Art. 328/398 unabdingbar umschrieben ist. Art. 398 N. 21–29. Für Dokumentenakkreditive Art. 9 RGDA. *Eine Abrede, die Bank hafte für die Ausführung von Zahlungsanweisungen nur dann, wenn ihr ein grobes Verschulden nachgewiesen werden könne, ist unwirksam, weil Geschäftsführung ohne Sorgfalt eine contradictio in adiecto ist.* Wenn schon nicht für den Erfolg einer relativ einfachen gewerbsmässig ausgeübten Tätigkeit gehaftet wird, so kann das gesetzliche Sorgfaltsmass nicht weiter reduziert werden. *Es wäre ein mit dem Grundsatz von Art. 99 OR nicht vereinbares Ergebnis, wenn der vertragliche Geschäftsführer, der üblicherweise Vergütungen bezieht, weniger streng haften würde als der altruistische auftraglose Geschäftsführer, der die Haftung nach Art. 420 OR nicht wegbedingen kann.* Es wäre nicht verständlich, warum dem Frachtführer und *Spediteur* eine de principio unabdingbare *Transportschadenshaftung* obliegen sollte (Art. 447 N. 1, 4, 10), während beispielsweise *Banken beliebige Freistellungsklauseln* verabreden könnten. Nach Art. 54 IV und V soll die *Post im Postcheckverkehr nur für grobes Verschulden* der mit der Kassen- und Rechnungsführung betrauten Beamten haften. Die Bestimmung ist öffentliches Recht des Bundes und daher auch unter dem Gesichtspunkt der Beamtenhaftung nach Art. 61 II OR unanfechtbar. Hingegen können *Kantonalbanken die Haftung ihrer Beamten und Angestellten für ihren Überweisungsverkehr infolge der Vorschrift von Art. 61 OR nicht mildern.*

b *b.* Die Frage, ob Verfügungen durch Anweisungen, die von Unbefugten getroffen werden, also namentlich *Fälschungen, einem Kundenkonto belastet* werden können, betrifft *nicht die Sorgfaltshaftung* des Angewiesenen. N. 4 oben. Macht die Bank einer Person, die am Schalter erscheint und sich betrügerischerweise als ihr Kunde ausgibt, eine Auszahlung, so besteht kein Zweifel, dass die Auszahlung nicht einem Kundenkonto belastet werden kann. VON TUHR/SIEGWART II S. 458. Es wäre nicht einzusehen, warum es anders sein sollte, wenn der *Betrüger sich einer gefälschten Anweisung bedient.* Die Bank ist aus dem Kontokorrentverhältnis Gattungs-Geldschuldner des Kunden. Dessen Konto können nur die Beträge belastet werden, die auf der Verfügung (Abhebung, Anweisung, Überweisung) *einer verfügungsberechtigten Person* beruhen, hingegen nicht das Geld, das infolge eines an der Bank verübten Delikts (Betrug, Veruntreuung, Diebstahl) verlorengegangen ist. Art. 400 N. 4.

13. Garantien des Angewiesenen und/oder des Empfängers

13 a *a.* Kann der Angewiesene seine gesetzliche Sorgfaltshaftung nicht wirksam wegbedingen, so kann er andererseits *durch Abrede die Sorgfaltshaftung zur Erfolgshaftung erweitern, eine Erfolgsgarantie übernehmen.* Art. 468 N. 13. Art. 395 N. 77, 78. Der Gegenstand, Leistung von Geld, vertretbaren Sachen oder Wertpapieren, macht die *Anweisung für eine Erfolgsgarantie besonders geeignet.* Der Angewiesene soll eine *Gattungsschuld eingehen* (facere) und diese auch *erfüllen* (dare). Das Eingehen der Verpflichtung kann nicht erzwungen werden. Art. 398 N. 1 OR. Art. 468 III OR. Aber der *Angewiesene* kann in doppelter Weise für den Erfolg der Ausführung garantieren: (1) Durch eine einfache *Erklärung an den Anweisenden in dem Sinne, dass der Angewiesene dem Anweisenden für Schadenersatz haftet, wenn er die Anweisung nicht richtig ausführen sollte.* Oder (2) durch eine *Verpflichtung gegenüber dem Anweisenden,* dem Empfänger *die Annahme zu erklären,* die dann *dem Empfänger einen vollstreckbaren Erfüllungsanspruch* verleiht. Art. 468 I und II. Allein auch diese Verpflichtung kann nicht realiter exequiert werden, falls der Angewiesene sie nicht erfüllt. Aber sie verleiht dem Anweisenden einen *unbedingten, von der Sorgfalt unabhängigen, Schadenersatzanspruch.* Die letztere Art der Erfolgsgarantie ist in der Praxis die häufigere.

b *b.* Sie liegt beispielsweise vor, wenn eine angewiesene Bank dem anweisenden Kunden verspricht, dem C ein «*unwiderrufliches*» *Akkreditiv zu eröffnen und zu bestätigen*. Auch dann kann der Kunde nach Art. 470 II OR bis zur Bestätigung an den Begünstigten widerrufen. Aber die Bank haftet «unwiderruflich», sobald sie mit dem Willen des Kunden *dem Begünstigten das Akkreditiv bestätigt* hat. Art. 5 RGDA.

c *c.* Von der Erfolgsgarantie des Angewiesenen gegenüber dem Anweisenden zu unterscheiden ist die *Garantie, welche der Anweisende* (Aussteller) *gegenüber dem Empfänger übernehmen kann*, dass die Anweisung vom Anweisenden tatsächlich eingelöst wird. **BGE 40 II 408, 80 II 87/8 Erw. 4.** Ohne diese Garantie kann der Anweisungsempfänger, der die Leistung von Angewiesenen nicht erhält, lediglich nach Massgabe des Valutaverhältnisses auf den Anweisenden zurückgreifen, sofern er die Anweisung nicht an Erfüllungsstatt angenommen hat. Art. 467 N. 3, 4. **BGE 56 II 369.** *Beim Wechsel bedeutet jede Wechselunterschrift von Gesetzes wegen eine Garantie für die Einlösung des Wechsels.* Art. 1044/6 OR. *Alle Garantien bedürfen bei der gewöhnlichen Anweisung eines ausdrücklichen Versprechens, ob sie nun der Angewiesene dem Anweisenden oder der Anweisende dem Empfänger oder der Empfänger seinem Zessionar gibt.*

14. Rechtsfolgen der Haftung des Angewiesenen

14 a *a.* Die Hauptfolge der schuldhaft unsorgfältigen oder im Falle der Erfolgsgarantie der erfolglosen Ausführung der Anweisung ist die *Nichtentstehung des Auslagenregresses des Angewiesenen*, soweit die Ausführung fehlerhaft ist. Hat die Bank wegen eines Versehens, von dem sie sich nicht exkulpieren kann, dem Anweisungsempfänger Fr. 10 000 statt, wie aufgetragen, Fr. 1000 ausgezahlt, so verliert sie für Fr. 9000 den Auslagenregress und trägt selbst das *Risiko der Rückforderung vom bereicherten Ausweisungsempfänger*. Nur wenn die auftraglose Leistung der Fr. 9000 dem *Anweisenden objektiv nützlich war, ihn beispielsweise von einer Schuld befreite, hat die Bank den Auslagenregress aus Art. 422 OR.*

b *b.* Wurde ein Anweisungsauftrag *schuldhaft verspätet ausgeführt*, so dass dem *Anweisenden* Rechtsnachteile erwachsen (z. B. Ausweisung aus einer Mietwohnung, Versäumnis einer peremptorischen Prozessfrist u. a.), so *muss der Angewiesene dem Anweisenden den Schaden ersetzen.* Nach dem Prinzip der compensatio lucri cum damno muss sich der Anweisende die Vorteile, die ihm durch die Leistung des Angewiesenen dennoch erwachsen sind, anrechnen lassen. Der Anweisende wird aus fehlerhafter Ausführung einer Anweisung nur dann etwas erhalten, wenn der

Schaden grösser ist als *ein trotz der fehlerhaften Ausführung allenfalls gegebener Auslagenregress* des Angewiesenen aus Art. 422 OR, der dem Angewiesenen dennoch einen Dienst geleistet hat, z. B. durch Schuldbefreiung.

c *c.* Wird trotz der dem Empfänger erklärten Annahme vom Angewiesenen nicht erfüllt. so sind Erfüllungs- und Schadenersatzanspruch des Empfängers i. d. R. identisch. Für den *Wechselregress sind die Ansprüche des Wechselinhabers gesetzlich umschrieben.* Art. 1045 OR.

Art. 467

B. Wirkungen
I. Verhältnis des Anweisenden zum Anweisungsempfänger

[1] Soll mit der Anweisung eine Schuld des Anweisenden an den Empfänger getilgt werden, so erfolgt die Tilgung erst durch die von dem Angewiesenen geleistete Zahlung.

[2] Doch kann der Empfänger, der die Anweisung angenommen hat, seine Forderung gegen den Anweisenden nur dann wieder geltend machen, wenn er die Zahlung vom Angewiesenen gefordert und nach Ablauf der in der Anweisung bestimmten Zeit nicht erhalten hat.

[3] Der Gläubiger, der eine von seinem Schuldner ihm erteilte Anweisung nicht annehmen will, hat diesen bei Vermeidung von Schadenersatz ohne Verzug hievon zu benachrichtigen.

B. Effets du contrat

I. Rapports entre l'assignant et l'assignataire

[1] Lorsque l'assignation a pour objet d'éteindre une dette contractée par l'assignant envers l'assignataire, cette dette n'est éteinte que par le paiement de l'assigné.

[2] Toutefois, le créancier qui a accepté l'assignation ne peut faire valoir de nouveau sa créance contre l'assignant que si, ayant demandé le paiement à l'assigné, il n'a pu l'obtenir à l'expiration du terme fixé dans l'assignation.

[3] Le créancier qui reçoit de son débiteur une assignation doit, s'il entend ne pas l'accepter, prévenir le débiteur sans délai, sous peine de dommages-intérêts.

B. Effetti

I. Rapporti fra l'assegnante e l'assegnatario

[1] Se l'assegno deve servire ad estinguere un debito dell'assegnante verso l'assegnatario, l'estinzione del medesimo si verifica solo quando il pagamento sia stato effettuato dall'assegnato.

[2] L'assegnatario che accettò l'assegno può far valere di nuovo il suo credito in confronte all'assegnante solo quando, dopo aver chiesto il pagamento all'assegnato, sia trascorso il termine fissato nell'assegno senza averlo conseguito.

[3] Il creditore, che non vuole accettare un assegno rilasciatogli dal suo debitore, deve avvisarlo senza indugio, sotto pena del risarcimento dei danni.

Materialien: Vgl. sub Art. 466 OR.

Rechtsvergleichung: aOR Art. 407/8. Code Civil art. 1275/6. ABGB §§ 1401, 1403. BGB §§ 788, 789 Satz 2. Codice Civile art. 1268.

SYSTEMATIK DER KOMMENTIERUNG

Art. 467 OR

I. Die Leistung des Angewiesenen als mittelbare Zuwendung im Valutaverhältnis

1. Die Leistung des Angewiesenen als Zuwendung an den Empfänger . 526
2. Mittelbare Zuwendung donandi, credendi und solvendi causa im Valutaverhältnis. Anweisung auf Kredit. Anweisung auf Schuld . . . 528

II. Anweisung ist keine Zahlung

3. Die mittelbare Zuwendung an den Anweisungsempfänger erfolgt zahlungs- oder erfüllungshalber. 530
4. Anweisung an Erfüllungsstatt. Vergleich mit Gewährleistung bei der Forderungszession 531

III. Keine Verpflichtung des Empfängers zur Anweisungsannahme, aber Verpflichtung zur Annahme der Leistung des Angewiesenen

5. Keine Verpflichtung des Empfängers zur Anweisungsannahme, jedoch Mitteilungspflicht bei Ablehnung. Art. 467 III 533
6. Verpflichtung des Empfängers zur Annahme der Leistung des Angewiesenen 534

IV. Stundung der Valutaforderung bei Annahme der Anweisung durch den Anweisungsempfänger

7. Wirkung der Anweisungsannahme durch den Empfänger auf die Valutaforderung. Stundung. Unechte Solidarität 535

Art. 467 OR

I. DIE LEISTUNG DES ANGEWIESENEN ALS MITTELBARE ZUWENDUNG IM VALUTAVERHÄLTNIS

1. Die Leistung des Angewiesenen als Zuwendung an den Empfänger

1 a *a.* Der Anweisende als Auftraggeber bezweckt mit der Anweisung, *dem Anweisungsempfänger* eine bestimmte oder bestimmbare Sach-

leistung in Geld oder anderen Gattungssachen zukommen zu lassen. Vorbem. N. 5 a. Die Sachleistung ist eine *Zuwendung an den Empfänger*. Weil der Angewiesene nicht direkter Stellvertreter des Anweisenden ist, handelt es sich um eine *mittelbare Zuwendung*. VON TUHR/SIEGWART I S. 190. Als solche beruht sie auf einem *Rechtsgrund* (causa), *meist einem Vertrag zwischen dem die Zuwendung veranlassenden Anweisenden und dem Empfänger*. VON TUHR/SIEGWART I S. 193. Dieses als Rechtsgrund der mittelbaren Zuwendung charakterisierte Rechtsverhältnis zwischen Anweisendem und Anweisungsempfänger wird *Valutaverhältnis* genannt. *Die mittelbare Zuwendung an den Empfänger im Valutaverhältnis ist kausal.*

b

b. Da die Zuwendung des Angewiesenen für Rechnung des Anweisenden erfolgt, auf den der Angewiesene Regress erhält, ist sie *gleichzeitig im Deckungsverhältnis zwischen Anweisendem und Angewiesenem eine unmittelbare Zuwendung credendi causa*. VON TUHR/SIEGWART I S. 190 unten, 192 oben. Die herrschende Lehre fasst die unmittelbare Zuwendung im Deckungsverhältnis der Anweisung als abstrakte Zuwendung auf, die eines Rechtsgrundes nicht bedürfe. VON TUHR/SIEGWART I S. 194/5. Die neuere Lehre und Judikatur hat die *Abstraktheit der auf Verfügungsgeschäften beruhenden Zuwendungen für das schweizerische Recht abgelehnt oder in Frage gestellt*. Die *Übertragung von Liegenschaften ist von Gesetzes wegen kausal*. Art. 665 ZGB. Die *Übertragung von beweglichen Sachen* (Tradition) ist durch den berühmten **BGE 55 II 304** als *kausal* erklärt worden. Art. 396 N. 33 b (1). Der Entscheid hat die Lehre nachhaltig beeinflusst. Neuerdings wird auch die *Abstraktheit des Verfügungsgeschäftes der Forderungsabtretung* angezweifelt. **BGE 84 II 363/4.** Art. 396 N. 35 c. Dann besteht *kein Grund, die Abstraktheit der Vollmacht und der Anweisung im Deckungsverhältnis zwischen Anweisendem und Angewiesenem weiterhin zu bejahen*. Für eine Abstraktheit der Anweisung ist im positiven schweizerischen Recht noch weniger Raum als für die Abstraktheit der Tradition von beweglichen Sachen und der Zession von Forderungen. Art. 396 N. 9, 11.

c

c. Fasst man den Rechtshandlungsauftrag, sei es zu direkter oder indirekter Stellvertretung (procuratio oder mandatum), als *Rechtsgrund von Vollmacht oder Anweisung* (mandatum aliena gratia – Vorbem. N. 3 a) auf, so vereinfacht sich die Analyse der persönlichen und dinglichen Rechtsverhältnisse. Der Anspruch des Auftraggebers auf Ablieferung des vom Beauftragten für Rechnung des Auftraggebers erhaltene und erworbene Vermögen hat zum Rechtsgrund die actio mandati directa (Art. 400 OR). Der Anspruch des Beauftragten auf Erstattung von Auslagen und Verwendungen hat zum Rechtsgrund die actio mandati contraria (Art. 402 I OR). GAUTSCHI, Die Causa fiduziarischer Rechtsübertragungen in SJZ 54 (1958) S. 245, 268. Damit ist der *Rechtsgrund der Zuwendung des Angewiesenen an den Anweisungsempfänger im Deckungsverhältnis zwischen Anweisendem und Angewiesenem ein Mandat, das einem Dritten gegenüber auszuführen ist* (mandatum aliena gratia) und *dem Angewiesenen die actio mandati contraria als Auslagenregress verschafft*. Vgl. auch § 1403 Satz 1 ABGB. Der Vielfalt im Rechtsgrund des Valutaverhältnisses, welche der Zweckverschiedenheit des Auftrages entspricht (Art. 394 N. 15), steht die *Einheit des Deckungsverhältnisses gegenüber, das stets der Anweisungsauftrag* ist. Beide Rechtsverhältnisse sind grundsätzlich auseinanderzuhalten. Der *Angewiesene braucht das Valutaverhältnis nicht zu kennen*. Trotzdem ergeben sich bestimmte *Wechselwirkungen*, deren wichtigste Art. 467 OR behandelt.

2. Mittelbare Zuwendung donandi, credendi und solvendi causa im Valutaverhältnis. Anweisung auf Kredit. Anweisung auf Schuld

2 a *a.* Während im Deckungsverhältnis zwischen Anweisendem und Angewiesenem die Zuwendung an den Anweisungsempfänger credendi causa für Rechnung des Angewiesenen erfolgt, dem es eine Regressforderung verschafft (VON TUHR/SIEGWART I S. 192), ist die nämliche Zuwendung *im Valutaverhältnis* zwischen dem Anweisenden und dem Anweisungsempfänger als *mittelbare Zuwendung donandi, credendi und solvendi causa* möglich.

b *b.* Habe ich ein gültiges *Schenkungsversprechen* (Art. 243 OR) gemacht, oder will ich eine *Handschenkung machen* (Art. 242 OR), deren Gegenstand Geld, Wertpapiere oder andere Gattungssachen bilden, und leistet die von mir angewiesene Bank für meine Rechnung an den Beschenkten, so handelt es sich im *Valutaverhältnis um eine Zuwendung donandi causa*. Doch entsteht aus meinem gültigen Schenkungsversprechen eine *Schuld* an den beschenkten Empfänger. **BGE 42 II 59.** Erfülle ich diese durch mittelbare Zuwendung eines Angewiesenen an den Beschenkten (Empfänger), so ist meine *Schuld aus dem Schenkungsversprechen im Zweifel erst getilgt, wenn der Beschenkte die Zuwendung vom Angewiesenen tatsächlich erhalten* hat. Anders verhält es sich, wenn ich den Schuldner von Anfang an verpflichte, die Schuld nicht an mich, sondern an meinen Beschenkten zu zahlen. Dann ist die Schenkung mit der Verpflichtung des Schuldners gegenüber dem Beschenkten vollzogen. **BGE 69 II 308.** Lasse ich die *Valuta eines zugesicherten Darlehens* (Zuwendung credendi causa im Valutaverhältnis) dem Borger durch eine angewiesene Bank auszahlen, so erlischt der in 6 Monaten verjährende Anspruch auf die Darlehensvaluta (Art. 315 OR) erst mit der tatsächlichen *Aushändigung an den Borger*. OSER/SCHÖNENBERGER ad Art. 467 N. 3. Die Leistung des Angewiesenen credendi causa im Valutaverhältnis ist zu unterscheiden von der Anweisung auf Kredit. Die *Anweisung credendi causa* bezeichnet den *Zweck der Leistung*. Die *Anweisung auf Kredit* bedeutet, dass der *Angewiesene vom Anweisenden nicht vorausgedeckt* ist, so dass er durch Ausführung der Anweisung seinen Auslagenregress kreditieren würde.

c. *Regelmässig* ist die Leistung des Angewiesenen eine mittelbare *Zuwendung solvendi causa an den Empfänger*. Der Angewiesene bezweckt die Erfüllung einer Vertrags-, Delikts- oder aus anderen denkbaren Rechtsgründen resultierenden Geld- oder anderen Gattungsschuld, z.B. einer Kaufpreisschuld oder einer Ablieferungsschuld ex mandato nach Art. 400 OR. Auf mittelbare Zuwendungen solvendi causa ist der Wortlaut des Art. 467 OR zugeschnitten. Art. 467 I und II OR wollen daher den Satz von allgemeiner Tragweite zum Ausdruck bringen, der im Code Civil art. 1275, im ABGB § 1401 III und im BGB in §§ 787/8 enthalten ist. Die Anweisung solvendi causa ist in gleicher Weise von der Anweisung auf Schuld (Art. 468 II OR) zu unterscheiden wie die *Anweisung credendi causa* von der *Anweisung auf Kredit. Die Annahme, jede Anweisung auf Schuld sei eine bedingte Anweisung* **(BGE 43 II 676)**, *ist jedoch missverständlich*. Das trifft nur dann zu, wenn die Entstehung oder das Bestehen einer Schuld im Valutaverhältnis vom Anweisenden zur Bedingung der Leistung des Angewiesenen an den Empfänger erhoben und diese Bedingung dem Empfänger bekannt ist, m.a.W. zum Inhalt der Anweisung erhoben wurde. Beispiel: Anweisung des Verkaufskommissionärs B, den Kommissionserlös, wenn er erzielt werden kann, statt dem Kommittenten (Anweisenden) A dem Empfänger C auszuzahlen. *Anweisung auf Schuld oder Anweisung auf Kredit ist ein Kriterium, das nur das Deckungsverhältnis zwischen Anweisendem und Angewiesenem berührt.* Art. 466 N. 7c. Art. 468 N. 2. *Die Frage, ob und aus welchem Rechtsgrund der Angewiesene Schuldner des Anweisenden ist, bleibt für den Anweisungsnexus eine reine Tatfrage.*

d. Der Begriff «Anweisung auf Schenkung» wäre eine contradicto in adiecto, weil der Angewiesene per definitionem für Rechnung des Anweisenden, d.h. mit Rückgriff auf diesen leistet. Art. 466 N. 8, 9.

II. ANWEISUNG IST KEINE ZAHLUNG

3. Die mittelbare Zuwendung an den Anweisungsempfänger erfolgt zahlungs- oder erfüllungshalber

3 a *a.* Die *Ausführung des Anweisungsauftrages durch den Angewiesenen zerfällt in zwei Phasen: (1) Eingehung einer eigenen Verpflichtung des Angewiesenen (Verpflichtungsgeschäft – Art. 468 I OR) und (2) Erfüllung dieser Verpflichtung (Verfügungsgeschäft – Art. 467 I OR).* Art. 466 N. 5 a. Bei der Zahlungsanweisung auf Sicht fallen beide Phasen regelmässig zeitlich zusammen. Durch Art. 467 I OR, inhaltlich § 788 BGB entsprechend, wird generell bestimmt, erst die Verfügung, nicht bereits die Verpflichtung des Angewiesenen, die in Art. 468 I OR als «Annahme der Anweisung gegenüber dem Empfänger» bezeichnet ist, sei die mittelbare Zuwendung, welche im Valutaverhältnis Befreiung des Anweisenden von seiner Schuld gegenüber dem Anweisungsempfänger bewirkt.

b *b.* Das bedeutet m. a. W.: Auch wenn der *Anweisende dem Empfänger mittelbare Erfüllung durch einen Angewiesenen versprochen* (Art. 467 III), und/oder der *Empfänger sein Einverständnis mit der mittelbaren Leistung durch einen Dritten erklärt* (Art. 467 II), und/oder *dieser Dritte sich dem Empfänger zur Leistung verpflichtet hat* (Art. 468 I OR), *erfolgen diese Leistungsversprechen nur erfüllungshalber, nicht an Erfüllungsstatt. Die Schuld des Anweisenden im Valutaverhältnis besteht weiter und wird erst durch die richtige und vollständige tatsächliche Leistung des Angewiesenen getilgt.* **BGE 56 II 369.** VON TUHR/SIEGWART II S. 449. § 788 BGB. HANS OTT in SJZ 54 (1958) S. 147. Hat der *Empfänger die Anweisung* vom Anweisenden (meist stillschweigend z. B. durch Entgegennahme der Urkunde) *angenommen* (Art. 466 N. 1 b [2], c), so *muss er die Leistung zunächst beim Angewiesenen erheben,* bevor er die Valutaforderung wieder gegen den Anweisenden geltend machen kann. *Inzwischen* steht der Valutaforderung eine aufschiebende *Einrede* entgegen. Art. 467 II OR. VON TUHR/SIEGWART II S. 450 N. 7 unten.

c *c.* Ist die *Leistung des Angewiesenen objektiv mangelhaft,* weil sie entweder dem Empfäger das *Eigentumsrecht* an den gelieferten Gattungssachen *nicht verschafft* (Art. 466 N. 5 a, 9 b) oder weil sie *gewährspflichtige Sachmängel* aufweist, oder entspricht sie aus einem anderen Grunde nicht der Verpflichtung des Anweisenden aus dem Valutaverhältnis, so kann sie *vom Empfänger zurückgewiesen* werden, ohne dass die Schuld des

Anweisenden aus dem Valutaverhältnis erlischt, auch wenn der Empfänger dem Anweisenden die Annahme der Anweisung erklärt hat. Art. 467 II OR. Der *Empfänger muss* auch dann den *Angewiesenen nicht auf gehörige Erfüllung oder Schadenersatz einklagen*, wenn er es infolge der ihm erklärten Annahme der Anweisung durch den Angewiesenen tun könnte. Art. 468 I OR. Bei der mittelbaren Geldzuwendung durch Zahlungsanweisung kann der *Anweisungsempfänger eine Teilzahlung des Angewiesenen annehmen*. Art. 69 OR. Aber er muss es nicht. Nimmt er die Teilzahlung an, so wird die Schuld im Valutaverhältnis *nur in der Höhe der Teilzahlung getilgt*, wie wenn der Anweisende selbst die Teilzahlung geleistet hätte. § 787 I BGB. VON TUHR/SIEGWART II S. 453. Bei Postcheckzahlungen tritt die Befreiungswirkung spätestens im Moment der *Gutschrift auf Postcheckkonto des Gläubigers* ein. **BGE 55 II 200/3, 62 III 13,** aber SJZ 57 (1961) Nr. 15 S. 77. Vorbem. N. 6c. Wird dem Anweisenden vom Anweisungsempfänger für die Übergabe einer gewöhnlichen Anweisung, eines Checks oder eines Wechselakzepts eine *Quittung mit dem Vermerk E. v.* (Eingang vorbehalten) ausgestellt, so ist damit nur die *gesetzliche Regel* bestätigt, dass die *Entgegennahme zahlungshalber* erfolgt.

4. Anweisung an Erfüllungsstatt. Vergleich mit Gewährleistung bei der Forderungszession

4 a

a. Die gesetzliche Regel, dass die Anweisung im Valutaverhältnis nur ein Leistungsversprechen erfüllungshalber ist, kann durch *Parteivereinbarung* abgeändert werden. Diese muss klar und unmissverständlich sein. Sie kann *nicht stillschweigend* getroffen werden. *Art. 467 I OR begründet eine praesumptio legis.* Art. 1276 Code Civil erklärt die Anweisung an Zahlungsstatt für unwirksam, wenn der Angewiesene bei Annahme der Anweisung durch den Empfänger in Konkurs gefallen oder sonst zahlungsunfähig war. § 1401 III ABGB und art. 1268 I Codice Civile erheben ebenfalls die Anweisung zahlungshalber (erfüllungshalber) zum Prinzip, behalten aber anderweitige Parteivereinbarung vor. *Die Vereinbarung ist zwischen Anweisendem und Anweisungsempfänger als den Parteien des Valutaverhältnisses zu treffen und braucht dem Angewiesenen nicht bekannt zu sein.*

b

b. Die *Erfüllungsvereinbarung* im Valutaverhältnis kann einen *verschiedenen Inhalt* haben. Der Empfänger, der vom Anweisenden eine Zahlungsanweisung entgegennimmt, kann dem Anweisenden eine *vorbehaltlose Quittung für die angewiesene Leistung* ausstellen, ohne dass der Angewiesene von der Anweisung Kenntnis, geschweige denn diese angenommen hat. Eine Erfüllungsvereinbarung dieser Art ist bei der gewöhnlichen Anweisung, die dem Empfänger keine unbedingten Regressansprüche gegen Vormänner verschafft, selten. Der Empfänger setzt dabei entweder voraus, dass der Anweisende ihm eine *gedeckte Anweisung* auf Schuld übergibt oder dass die Zahlungsfähigkeit und der Zahlungswille des Angewiesenen gegeben sind. Nicht nur wenn der Anweisende zahlungsunfähig, sondern *wenn die Anweisung infolge eines Willensmangels vom Empfänger an Zahlungsstatt angenommen* wurde, ist die *Erfüllungsvereinbarung im Valutaverhältnis anfechtbar.* Meist wird der Willensmangel in einer *Täuschung* des Empfängers oder einem *Grundlagenirrtum* beim Empfänger bestehen. *Fällt die Erfüllungsvereinbarung dahin, so tritt die gesetzliche Regelung ein.* Die Schuld ist im Valutaverhältnis nicht getilgt, wie wenn die Anweisung zahlungshalber übergeben worden wäre.

c *c.* Es kann jedoch zwischen Anweisendem und Empfänger *vereinbart* sein, die *Schuld im Valutaverhältnis erlösche, wenn der Angewiesene dem Anweisungsempfänger die vorbehaltlose Annahme der Anweisung erklärt hat.* Das ist die Tilgungswirkung, die im römischen Recht die Regel bildete. Vorbem. N. 1b. Die *eigene Schuld des Angewiesenen tritt anstelle der Schuld des Anweisenden.* Es ist die «novation par substitution d'un nouveau débiteur» i. S. des art. 1274/5 Code Civil. Diese Erfüllungsvereinbarung ist häufiger, weil der Empfänger als *Gläubiger ein Interesse haben kann, einen besseren oder leichter belangbaren Schuldner anstelle des Anweisenden zu erhalten* und in der Entlastung des letzteren keinen Nachteil sieht. In der Zulassung der Anfechtung einer solchen Vereinbarung wegen Willensmängeln ist grössere Zurückhaltung am Platz. Erweist sich die Spekulation des Anweisungsempfängers als verfehlt, so liegt deshalb noch kein Willensmangel vor.

d *d.* Im praktischen Ergebnis schafft das Gesetz mutatis mutandis eine *ähnliche Regelung wie bei der Gewährleistung für die abgetretene Forderung nach Art. 171/3 OR.* Vgl. auch **BGE 56 II 369.** Ist die zugunsten eines Empfängers erteilte Anweisung im Valutaverhältnis eine Anweisung donandi causa in Erfüllung eines *Schenkungsversprechens, so übernimmt der Anweisende keine Gewähr für Bestand und Einbringlichkeit der dem Angewiesenen aufgetragenen Leistung.* Art. 248 II OR. In allen anderen Fällen ist eine Erfüllungsvereinbarung im Zweifel so auszulegen, dass erst die vom Angewiesenen gegenüber dem Anweisungsempfänger vorbehaltlos angenommene Anweisung (Gewährleistung für den Bestand)

Tilgungseffekt im Valutaverhältnis entfalten soll. Infolgedessen übernimmt der Anweisende dann eine Gewähr für die dem Angewiesenen aufgetragene Leistung. Der Empfänger soll auf das Valutaverhältnis zurückgreifen können, wenn er die Leistung vom Angewiesenen nicht effektiv erhält. Eine *Ausklagung des Angewiesenen wird durch Annahme der Anweisung möglich, ist aber nicht erforderlich.*

III. KEINE VERPFLICHTUNG DES EMPFÄNGERS ZUR ANWEISUNGSANNAHME, ABER VERPFLICHTUNG ZUR ANNAHME DER LEISTUNG DES ANGEWIESENEN

5. Keine Verpflichtung des Empfängers zur Anweisungsannahme, jedoch Mitteilungspflicht bei Ablehnung. Art. 467 III

5 a

a. Gilt der Satz «Anweisung ist keine Zahlung» bzw. keine Leistung, so kann auch keine *Verpflichtung des Empfängers im Valutaverhältnis gegenüber dem Anweisenden bestehen, die Anweisung anzunehmen*, d.h. den Versuch zu machen, i.S. von Art. 467 II OR die Leistung vom Angewiesenen statt vom Anweisenden zu erlangen. Dieser Satz folgt e contrario aus Art. 467 III OR. Die sinngemässe Auslegung ergibt indessen, dass die zur Erfüllung eines Schenkungsversprechens (donandi causa) erteilte *Anweisung vom Beschenkten nicht abgelehnt* werden kann, ohne auf die Schenkung zu verzichten, wenn der Schenker nicht ausdrücklich die Gewähr übernommen hat, dass der Beschenkte den Schenkungsgegenstand tatsächlich erhält. Art. 248 II OR. Vgl. N. 4d oben. Die Ablehnung der geschenkten Anweisung ist einem Verzicht auf die Schenkung gleichzusetzen.

b

b. Die *Annahme der Anweisung durch den Empfänger* gegenüber dem Anweisenden erfolgt fast immer *stillschweigend* durch *Realakzept.* Art. 468 N. 1b (2). Der *Empfänger macht* von der Anweisung, die ihm vom Anweisenden zugestellt oder mitgeteilt wurde, *Gebrauch* (§ 1401 II ABGB), indem er die Leistung beim Angewiesenen erhebt oder von diesem die Annahme der Anweisung fordert, zumal er dadurch die Forderung aus dem Valutaverhältnis nach Art. 467 I OR nicht verliert. War die Anweisung zunächst dem Angewiesenen mitgeteilt, und *gibt der Angewiesene dem Anweisungsempfänger davon Kenntnis*, so wird er regelmässig damit die Annahme gegenüber dem Anweisungsempfänger erklären und/oder die angewiesene Leistung anbieten. Dann hat der Empfänger noch weniger Anlass, die Anweisung abzulehnen.

c *c.* In jedem Fall muss der die Anweisung ablehnende Empfänger die *Ablehnung unverzüglich dem Anweisenden mitteilen.* Zwar begründet die Unterlassung der unverzüglichen Mitteilung keine Annahmevermutung. Die *Ablehnung kann wirksam erfolgen, solange der Empfänger die Leistung des Angewiesenen nicht tatsächlich angenommen hat.* Doch hat der verspätet ablehnende Anweisungsempfänger dem Anweisenden *Schadenersatz* zu leisten. Es liegt ein Fall von *culpa in contrahendo* vor. Der *Empfänger verliert im Valutaverhältnis allfällige Ansprüche aus Schuldnerverzug des Anweisenden und hat diesem die mit der Anweisung verbundenen Kosten zu bezahlen. Aber er verliert seine Forderung aus dem Valutaverhältnis nicht.* Hat der Empfänger dem Anweisenden seine Ablehnung der Anweisung nicht mitgeteilt, und erklärt anschliessend auch der Angewiesene, dass er die Leistung nicht erbringen will, so erwächst dem Empfänger eine *doppelte Anzeigepflicht*, sowohl aus Art. 467 III als auch aus Art. 469 OR. Art. 469 N. 2. Beide Anzeigepflichten sind in § 1401 II ABGB und § 789 BGB zusammengefasst.

6. Verpflichtung des Empfängers zur Annahme der Leistung des Angewiesenen

6 a *a.* Wenn es auch selten vorkommt, so kann doch der Empfänger die Annahme der *Anweisung selbst dann ablehnen, wenn der Angewiesene ihm gegenüber die Annahme erklärt hat.* Es besteht für ihn kein Kontrahierungszwang. Er *muss den Angewiesenen als zusätzlichen Schuldner nicht annehmen, wenn schon eine solche Ablehnung i. d. R. gegen sein Interesse verstossen wird.* Anders verhält es sich, wenn der Angewiesene nicht nur die Annahme erklärt, sondern *gleichzeitig die gehörige und vollständige Leistung zur Erfüllung des Valutaverhältnisses anbietet.* Da der Schuldner unpersönliche Verpflichtungen nach Art. 68 OR nicht persönlich erfüllen muss und seine Schuld von einem Dritten (wie von einem direkten Stellvertreter) auch gegen den Willen des Schuldners erfüllt werden kann, *gerät der Empfänger in Annahmeverzug, wenn er die vom Angewiesenen angebotene gehörige Erfüllung zurückweist.* VON TUHR/SIEGWART II S. 462.

b *b.* Hingegen muss sich der Empfänger eine *Teilleistung* durch den Angewiesenen genausowenig gefallen lassen wie eine Teilleistung durch den Anweisenden selbst.

IV. STUNDUNG DER VALUTAFORDERUNG BEI ANNAHME DER ANWEISUNG DURCH DEN ANWEISUNGSEMPFÄNGER

7. Wirkung der Anweisungsannahme durch den Empfänger auf die Valutaforderung. Stundung. Unechte Solidarität

7 a

a. Wer eine Anweisung als Empfänger angenommen hat, ist *nicht nur «ermächtigt», die Leistung vom Angewiesenen zu erheben.* Vielmehr kann er die *Valutaforderung so lange nicht mehr geltend machen, bis feststeht, dass der Angewiesene die Leistung innert der in der Anweisung genannten Frist* (oder bei Sichtanweisungen bei Präsentation) *nicht erbracht hat.* Art. 1268 II Codice Civile. Die Valutaforderung erlischt zwar nicht durch die Annahme der Anweisung, sondern erst durch die Erfüllung. N. 3b oben. Aber es *steht ihr eine Einrede entgegen, die im Effekt eine Stundungseinrede ist* (pactum de non petendo, DERNBURG, Pandekten II S. 182). Art. 469 N. 2a. Verlangt der Empfänger einer Anweisung definitive Rechtsöffnung für eine auf rechtskräftigem Urteil beruhende Geldforderung, so kann nach Art. 81 SchKG der Schuldner im Valutaverhältnis (Anweisender) die Einrede erheben und den Urkundenbeweis antreten, dass der Gläubiger eine Anweisung angenommen hat (Stundungseinrede).

b

b. VON TUHR erblickt in der Annahme einer Anweisung erfüllungshalber durch den Empfänger die Begründung eines *mandatum in rem suam.* VON TUHR/SIEGWART II S. 450. Aber die vom Empfänger angenommene Anweisung ist diesem gegenüber unwiderruflich und für den Empfänger unkündbar. Art. 470 I, 467 II OR. Die Annahme auferlegt dem Empfänger zwar eine Handlungspflicht, die zu den Obligationen aus dem Valutaverhältnis hinzutritt. Diese geht aber nicht weiter, wie wenn der Sachleistungsgläubiger eine andere Leistung erfüllungshalber angenommen hat. Wesentlich ist die *Stundungswirkung der angenommenen Anweisung für die Valutaforderung.* Sie übt einen *mittelbaren Zwang auf den Empfänger aus, seine Rechte vorerst gegenüber dem Angewiesenen auszuüben.* Allein damit hat er sich durch Annahme der Anweisung einverstanden erklärt. Verstösst der Empfänger gegen seine Abrede mit dem Anweisenden, so kann der Anweisende keinen Schadenersatz fordern, aber er ist *durch die Stundungseinrede geschützt, die der Einrede des nichterfüllten Vertrages i. S. des Art. 82 OR sehr nahe kommt.*

c

c. Auch wenn der Angewiesene dem Empfänger die vorbehaltlose Annahme der Anweisung erklärt hat (Art. 468 I OR), *muss der Empfänger nicht den Angewiesenen einklagen, falls die gehörige Erfüllung durch diesen ausbleibt.* Er kann *auf die Valutaforderung* gegen den Anweisenden *zurückgreifen*, sobald er die Leistung ohne Erfolg beim Angewiesenen erhoben hat. Art. 469 OR. *Die Stundung der Valutaforderung endet, wenn die Leistung vom Angewiesenen gefordert, aber bis zu dem aus der Anweisung ersichtlichen Verfalltag nicht erbracht war.* Ob der Empfänger den Angewiesenen aus der angenommenen Anweisung oder den Anweisenden aus dem Valutaverhältnis oder beide Schuldner belangt, hängt von konkreten Umständen ab. Der Empfänger wird den Weg einschlagen, von dem er sich am raschesten und billigsten Erfolg verspricht. *Regelmässig ist es das Vorgehen gegen den Angewiesenen, dem nach seiner Annahmeerklärung Einreden aus dem Valutaverhältnis abgeschnitten sind.* Auch was der Empfänger vom Angewiesenen durch Urteil oder Zwangsvollstreckung erlangt, wird dem Anweisenden auf seine Schuld im Valutaverhältnis nur soweit angerechnet, als es dem Empfänger tatsächlich zukommt. Art. 1268 Codice Civile bezeichnet das Verhältnis als «*delegazione cumulativa*». Auch nach schweizerischem Recht kann eine *unechte Solidarschuldnerhaft des Anweisenden und des annehmenden Angewiesenen gegenüber dem Empfänger* angenommen werden. *Der annehmende Angewiesene haftet aus dem Rechtsgrund der Anweisung, der Anweisende aus dem Rechtsgrund des Valutaverhältnisses.*

Art. 468

II. Verpflichtung des Angewiesenen

[1] Der Angewiesene, der dem Anweisungsempfänger die Annahme ohne Vorbehalt erklärt, wird ihm zur Zahlung verpflichtet und kann ihm nur solche Einreden entgegensetzen, die sich aus ihrem persönlichen Verhältnisse oder aus dem Inhalte der Anweisung selbst ergeben, nicht aber solche aus seinem Verhältnisse zum Anweisenden.

[2] Soweit der Angewiesene Schuldner des Anweisenden ist und seine Lage dadurch, dass er an den Anweisungsempfänger Zahlung leisten soll, in keiner Weise verschlimmert wird, ist er zur Zahlung an diesen verpflichtet.

[3] Vor der Zahlung die Annahme zu erklären, ist der Angewiesene selbst in diesem Falle nicht verpflichtet, es sei denn, dass er es mit dem Anweisenden vereinbart hätte.

II. Obligations de l'assigné

[1] L'assigné qui a notifié son acceptation à l'assignataire sans faire de réserves, est tenu de le payer et ne peut lui opposer que les exceptions résultant de leurs rapports personnels ou du contenu de l'assignation, à l'exclusion de celles qui dérivent de ses relations avec l'assignant.

[2] Si l'assigné est débiteur de l'assignant, il est tenu de payer l'assignataire jusqu'à concurrence du montant de sa dette, lorsque ce paiement n'est pas plus onéreux pour lui que celui qu'il ferait à l'assignant.

[3] Même dans ce cas, il n'est pas obligé de déclarer son acceptation antérieurement au paiement, si le contraire n'a pas été convenu entre lui et l'assignant.

II. Obblighi dell'assegnato

[1] L'assegnato, che ha dichierato senza riserva la sua accettazione all'assegnatario, è obbligato verso quest'ultimo al pagamento e può opporgli soltanto le eccezioni derivanti dai loro rapporti personali o dal contenuto dell'assegno, non quelle fondate sui rapporti suoi coll'assegnante.

[2] Ove l'assegnato sia debitore dell'assegnante, è tenuto a pagare all'assegnatario fino a concorrenza del suo debito, semprechè il pagamento non gli riesca in alcuna guisa più oneroso.

[3] Nemmeno in questo caso l'assegnato è tenuto ad accettare l'assegno prima del pagamento, salvo patto contrario coll'assegnante.

Materialien: Vgl. sub Art. 466 OR.

Rechtsvergleichung: aOR Art. 409, 410. Code Civil art. 1278. ABGB §§ 1400 Satz 2, 1401 I Satz 1, 1402. BGB §§ 784, 787, 792. Codice Civile art. 1269, 1271.

Literatur: ROBERT GOLDSCHMIDT, Die Rechte des Wechselnehmers auf die Deckungsforderung im neuen schweizerischen und italienischen Wechselrecht. Ein rechtsvergleichender Beitrag zur Lehre vom Sicherungsgeschäft, Basel 1939. RENÉ JENNI, Die Rückgriffshaftung des Wechselindossanten nach schweizerischem Recht, Bern 1942. OSCAR ROOST, Deckung und Deckungsforderung beim gezogenen Wechsel, Bern 1938.

SYSTEMATIK DER KOMMENTIERUNG

I. Das Verpflichtungsgeschäft des Angewiesenen mit dem Empfänger

1. Bedeutung und Tragweite der Annahme gegenüber dem Empfänger. Anweisungsannahme und Bürgschaft. 539
2. Der Vertrag des Angewiesenen mit dem Empfänger 541
3. Vorbehaltlose Annahme der Anweisung gegenüber dem Empfänger. Einredebeschränkung 543
4. Einreden aus dem Inhalt der Anweisung 544
5. Annahme mit Vorbehalten gegenüber dem Empfänger 545
6. Einreden aus dem persönlichen Verhältnis zwischen Angewiesenem und Empfänger 546

III. Die Abtretung der Forderung gegen den Angewiesenen durch den Empfänger

7. Abtretung der künftigen Forderung gegen den Angewiesenen vor der Annahme der Anweisung durch den Angewiesenen. Substitution eines Zweitangewiesenen 549
8. Einreden und Regress bei Abtretung von Forderungen aus angenommenen Anweisungen 551
9. Einredebeschränkung und Regress bei Übertragung von wertpapiermässigen Anweisungen: gezogener Wechsel, wechselähnliche Orderanweisungen, Orderchecks, Inhaberchecks, Inhaberanweisungen 552

III. Die Anweisung auf Schuld. Art. 468 II und III OR

10. Verhältnis von Ausführungspflicht (obligatio faciendi) gegenüber dem Anweisenden und Sachleistungspflicht (obligatio dandi) gegenüber dem Empfänger. Vergleich mit der Forderungsabtretung . . 553
11. Die gedeckte Anweisung 556
12. Die Verpflichtung des gedeckten Angewiesenen. Verschlechterung der Schuldnerposition. Verrechnungs- und Retentionsrecht 557
13. Folgen der Nichterfüllung der Einlösungspflicht des Angewiesenen . 561

Art. 468 OR

I. DAS VERPFLICHTUNGSGESCHÄFT DES ANGEWIESENEN MIT DEM EMPFÄNGER. ART. 468 I OR

1. Bedeutung und Tragweite der Annahme gegenüber dem Empfänger. Anweisungsannahme und Bürgschaft

1 a

a. Der Randtitel «*Verpflichtung des Angewiesenen*» ist weit gefasst. Art. 468 OR, aus den Art. 409 und 410 aOR zusammengefasst, behandelt mehrere Gegenstände, die sich nicht in der «Verpflichtung des Angewiesenen» erschöpfen: *Annahme der Anweisung* gegenüber dem Empfänger (§ 784 BGB, § 1400 Satz 2 ABGB), *Einredebeschränkung* (§ 1402 ABGB, § 784 I BGB, art. 1271 Codice Civile), *Leistungspflicht bei der Anweisung auf Schuld* (§ 787 BGB, § 1401 I ABGB), *Negation der Annahmepflicht des Angewiesenen* (§ 787 II BGB, art. 1269 II Codice Civile).

b

b. Nach § 784 II BGB ist die *Annahme* der Anweisung eine schriftliche Erklärung auf der Anweisungsurkunde selbst. Nach OR ist sie eine *formlose Willenserklärung* entweder

(1) *des Angewiesenen gegenüber dem Anweisenden*, die der *Auftragsannahme* nach Art. 394 I OR entspricht, oder

(2) *des Empfängers gegenüber dem Anweisenden* (Art. 467 II und III OR), welche die *Zusage* enthält und die Verpflichtung begründet, *die Leistung beim Angewiesenen zu erheben*, oder

3) des *Angewiesenen gegenüber dem Empfänger* (Art. 468 OR), welche keine Auftragsannahme, sondern eine *verpflichtungsbegründende Willenserklärung* nicht gegenüber einem Auftraggeber, sondern gegenüber dem (begünstigten) Empfänger ist.

Im Auftragsverhältnis zwischen Anweisendem und Angewiesenem bildet das Verpflichtungsgeschäft mit dem Empfänger einen Teil der Auftragsausführung.

c

c. Während die erstgenannten beiden «Annahmen» meist *stillschweigend* als *Realakzept* (durch tatsächliche Auftragsausführung oder tatsächliche Erhebung der Leistung beim Angewiesenen) erfolgen, muss *die dem Empfänger erklärte Annahme ausdrücklich* (nach § 784 II BGB schriftlich auf der Anweisungsurkunde), *jedenfalls unmissverständlich sein, weil die Vermutung gegen eine Verpflichtung spricht.* BECKER ad Art. 68 N. 74. Es ist eine *Willenserklärung*, nicht nur eine Willensäusserung (Art. 1 I OR) erforderlich. Eine Abschlagszahlung über das erklärte und erfüllte Teilakzept hinaus (N. 5c unten) ist nur dann als zusätzliche Verpflichtung des Angewiesenen zu interpretieren, wenn sich der *Wille zur Restzahlung aus einer zweifelsfreien Erklärung* ergibt. SJZ 23 (1927) Nr. 232 S. 283. **BGE 20 S. 990, 26 II 683.** BJM 1956 S. 275. Die *Beweislast für eine Annahmeerklärung des Angewiesenen trägt der Empfänger.* Art. 8 ZGB. SJZ 25 (1929) Nr. 11 S. 67 Erw. 4. Eine Blankoannahme dürfte nur bei der Inhaberanweisung zulässig sein. Art. 471 I OR. Die Vertrags*offerte* wird von dem durch den Anweisenden bezeichneten *Empfänger* gestellt. Sie hängt insofern mittelbar mit dem vom Anweisenden erteilten Auftrag zusammen, als der (begünstigte) Empfänger den (beauftragten) *Angewiesenen auffordert, sich ihm, dem Empfänger gegenüber unwiderruflich* (Art. 470 II OR) *zur Erbringung (Erfüllung) der vom Anweisenden aufgetragenen Leistung zu verpflichten.* Die dem Empfänger vorbehaltlos erklärte Annahme bewirkt den Vertragsabschluss nach den Regeln von Art. 1 ff. OR. **BGE 73 II 46.** Die in der deutschen Doktrin wurzelnde Konstruktion, die in der Annahme der Anweisung eine einseitige aber empfangsbedürftige Willenserklärung erblickt (auch OSER/SCHÖNENBERGER ad Art. 468 N. 14 und BECKER ad Art. 468 N. 3), erscheint nach dem OR nicht erforderlich. Es ist nicht nötig, den Begriffen «contrat» im französischen Text von Art. 466 OR und «acceptation» (Annahme) in Art. 467 und 468 andere Inhalte zugrunde zu legen als sie nach Art. 1 ff. haben, und in einseitigen abstrakten Erklärungen eine weitere Quelle der Obligation zu erblicken. Die *Erfüllungsklage aus einer angenommenen Anweisung ist eine echte Vertragsklage.* **BGE 87 II 234/44.** Die Annahme durch den Empfänger begründet eine selbständige Obligation, eine *Sachleistungspflicht des Angewiesenen mit der für sie charakteristischen Erfolgshaftung. Diese Obligation ist vom Valutaverhältnis zwischen Anweisendem und Empfänger grundsätzlich unabhängig.* Art. 1 RGDA. Die *Verpflichtung* ist *nicht akzessorisch.* Sie geht weiter als eine Bürgschaftsverpflichtung. Der Angewiesene, der sich zur Leistung an den Empfänger verpflichtet hat, kann *keine Einreden aus dem Valutaverhältnis* erheben (Art. 468 I OR). Der Bürge hat die Einreden des Hauptschuldners und muss sie sogar geltend machen Art. 502 OR.

d *d.* Nach dem Wortlaut von Art. 468 I OR ist durch die Annahmeerklärung gegenüber dem Empfänger ein *Schuldbeitritt* (kumulative Schuldübernahme) *des Angewiesenen formlos möglich*, obschon er eine stärkere Verpflichtung schafft als diejenige eines Solidarbürgen. Diese *Umgehungsmöglichkeit der Bürgschaftsform*, die zu den Umgehungsmöglichkeiten durch den Kreditauftrag und die Wechselbürgschaft hinzutritt **(BGE 79 II 81/6, 83 II 213)**, wurde offenbar bei der Revision des Bürgschaftsrechtes von 1941 ebenfalls übersehen. Art. 395 N. 52 b. Die Lösung des BGB, die für eine so weittragende Verpflichtung des Angewiesenen eine *schriftliche Erklärung auf der Anweisungsurkunde selbst* verlangt, hat ihren guten Sinn. Anweisungen können in der Schweiz nicht nur von Banken, die keines besonderen Schutzes bedürfen, sondern von jedem Handlungsfähigen «angenommen» werden. Dadurch kann in fremdem Interesse eine *Verpflichtung* begründet werden, die *materiell einer Wechselverpflichtung gleicht.* Die Tatsache, dass man sich *bürgschaftsähnlich als Garant* (Art. 111 OR) sowie durch *kumulative Schuldübernahme* (Art. 175/6 OR) *formlos*, als *Kreditauftraggeber eigenschriftlich* (Art. 408 OR), als *Wechselbürge durch Aval oder Indossierung* (Art. 1020/2, 1044) durch *formlose Annahme einer Anweisung* (Art. 468 OR) verpflichten kann, schafft *Rechtsunsicherheit* und hat den Zweck der Revision des gewöhnlichen Bürgschaftsrechts wenigstens teilweise illusorisch gemacht. Oft zeigt erst die Praxis, wie sehr Partialrevisionen an das System einer Kodifikation rühren.

2. Der Vertrag des Angewiesenen mit dem Empfänger

2 a

a. Die dem Empfänger vom Anweisenden erklärte «Annahme» ist ein Rechtsakt, der sich aus dem Anweisungsnexus herauslöst. Die Anweisung ist zwar der «Anlass». *Ob ich aber jemand infolge einer Anweisung oder aus einem anderen Anlass ein Leistungsversprechen im eigenen Namen abgebe, soll juristisch keinen Unterschied ausmachen. Der Angewiesene verpflichtet sich im eigenen Namen fiduziarisch.* **BGE 40 III 399.** Das *Valutaverhältnis zwischen Anweisendem und Empfänger sowie Weisungen des Anweisenden an den Angewiesenen berühren den «Drittkontrahenten» nicht.* **BGE 49 II 52/3.** *Der Angewiesene setzt durch die vorbehaltlose Annahmeerklärung an den Empfänger seinen eigenen persönlichen Kredit für Interessen des Anweisenden ein.* Art. 394 N. 13, Art. 396 N. 7, Art. 397 N. 8. «Ein Schuldbekenntnis ist gültig auch ohne Angabe eines Verpflichtungsgrundes.» Art. 17 OR. «*Bedingungen*», *die nicht in der Verpflichtungserklärung des Schuldners enthalten sind, muss sich der Gläubiger nicht entgegenhalten lassen.*

b

b. Die europäischen Rechtsordnungen stimmen darin überein, dass der Grund einer Leistungspflicht des Angewiesenen gegenüber dem Empfänger ein selbständiger Vertrag zwischen diesen beiden Parteien, jedenfalls aber eine *ausdrückliche Verpflichtungserklärung* des Angewiesenen sein muss. Art. 1, 3, 5. RGDA. *Die auf einer gewöhnlichen Anweisung angebrachte Bemerkung «Kenntnis genommen» ist keine vorbehaltlose Annahme, weil sie den Verpflichtungswillen nicht genügend zum Ausdruck bringt.* Semjud 72 (1950) S. 422. **BGE 73 II 46.** Art. 1275 Code Civil. Kapfer ABGB § 1402 Anm. 2. Palandt BGB § 784 Anm. 1 a. Art. 1268 Codice Civile. (Die Delegation eines neuen Schuldners mit Befreiung des ursprünglichen im französischen und italienischen Recht muss ihrer Natur nach vom Gläubiger ausdrücklich angenommen werden. Das gleiche gilt zweifelsohne für die Annahme einer Anweisung an Erfüllungs statt durch den Empfänger. Art. 468 N. 4 a.) Die *Doktrin zum BGB* erblickt in der (formellen) Annahme eine *einseitige Willenserklärung, die dem Empfänger zugehen* muss, weil die Vertragsqualifikation für die Anweisung überhaupt abgelehnt wird. Die Konsequenzen der *Selbständigkeit des Verpflichtungsgrundes* des Angewiesenen äussern sich mehrfach. Inhalt und Wirkungen des Verpflichtungsgeschäftes zwischen Angewiesenem und Empfänger sind grundsätzlich *unabhängig vom Inhalt und den Wirkungen des Auftrages, den der Anweisende dem Angewiesenen erteilt hat. Der Angewiesene, der die Anweisung angenommen hat, muss seine Verpflichtung so gegen sich gelten lassen, wie er sie dem Empfänger erklärt hat*, bzw. wie es sich aus der Auslegung seiner Erklärung ergibt. **BGE 73 II 46/7.** Er kann dem Empfänger *nur die Einreden aus dem Valutaverhältnis entgegenhalten, die zum Inhalt oder zur Bedingung seiner Verpflichtungserklärung an den Empfänger erhoben wurden*, sei es, dass sie sich aus dem *Inhalt* der Anweisung selbst ergeben, sei es, dass sie vom Angewiesenen zum Gegenstand eines *Vorbehaltes* in seiner Verpflichtungserklärung gemacht wurden.

c *c.* Die sogenannte *Titulierung der Anweisung*, z.B. ihre *Abhängigmachung vom Rechtsgrund des Valutaverhältnisses*, muss, um dem Empfänger nach der Annahme der Anweisung entgegengehalten werden zu können, entweder *aus dem vom Anweisenden bestimmten Inhalt der Anweisung* oder aus der *Erklärung des Angewiesenen* an den Empfänger hervorgehen. Anders Semjud 82 (1960) S. 23. Die Titulierung kann also entweder vom Anweisenden oder vom Angewiesenen vorgenommen worden sein. Im ersten Fall ist sie eine *weisungsähnliche Bedingung der Auftragsausführung*. Art. 466 N. 7 c. Im zweiten Fall ist die Titulierung eine Vertragsklausel in der Verpflichtung des Angewiesenen gegenüber dem Empfänger.

d *d.* Die *persönliche Verpflichtung des Angewiesenen gegenüber dem Empfänger bleibt wirksam, wenn der Anweisende nach ihrer Entstehung in Konkurs fällt.* **BGE 40 III 400, 49 II 48/53.** Doch kann die Anweisung zugunsten eines Empfängers, der die Vermögenslage des Konkursiten kannte, nach Art. 288 SchKG paulianisch anfechtbar sein. **BGE 40 III 402/3.** Wie bei anderen Verträgen wird die Annahmeerklärung dem Empfänger gegenüber erst wirksam, wenn sie *diesem zugegangen* ist. So auch die *Bestätigung eines Dokumentenakkreditivs an den Begünstigten.* ZBJV 91 (1955) S. 487. Fällt der Empfänger nach dem Zugehen der Annahmeerklärung des Angewiesenen in Konkurs, so wird seine Forderung ein Massaaktivum.

3. Vorbehaltlose Annahme der Anweisung gegenüber dem Empfänger. Einredebeschränkung

3 a

a. Vorbehaltlose Annahme der Anweisung bedeutet die Begründung der Verpflichtung des Angewiesenen gegenüber dem Empfänger, den Anweisungsauftrag im eigenen Namen so auszuführen, wie er vom Anweisenden erteilt wurde. Damit die *«Bedingungen» des Anweisungsauftrages den Empfänger binden, müssen sie ihm bekannt sein.*

b

b. Vom Anweisenden selbst bei der Auftragserteilung angebrachte Bedingungen oder erteilte Weisungen werden dem Empfänger bekannt, wenn ihm der Inhalt der konkreten Anweisung mitgeteilt wurde. Als authentisch muss er sie betrachten, wenn die *Mitteilung durch den Anweisenden selbst*, am besten schriftlich, erfolgt ist, oder wenn der Angewiesene *eine vom Anweisenden unterschriebene eigentliche Anweisungsurkunde präsentiert.* Art. 466 N. 1 und 2. Die Dinge liegen ähnlich wie bei der *Mitteilung der Vollmacht an den Drittkontrahenten durch den Auftraggeber selbst.* Art. 396 N. 14, 15.

c

c. Erklärt der Angewiesene in Kenntnis des Anweisungsinhaltes dem Empfänger die Annahme, ohne selbst Vorbehalte anzubringen, so muss der Empfänger sich vom Angewiesenen nur solche Einreden entgegenhalten lassen, die «aus dem Inhalt der Anweisung selbst» oder aus seinem «persönlichen Verhältnisse» zum Angewiesenen hervorgehen, nicht aber Einreden, die sich aus dem Valutaverhältnis zwischen Anweisendem und Empfänger **(BGE 49 II 53)** *oder aus dem Auftragsverhältnis zwischen Anweisendem und Angewiesenem ergeben*, soweit dieses dem *Empfänger als solches nicht bekannt war.* Obschon mit der Anweisung eine Forderung aus dem Valutaverhältnis erfüllt werden soll, *ist die so begründete Forderung gegen den Angewiesenen eine andere als die Forderung aus dem Valutaverhältnis.* Ihr Rechtsgrund ist die Annahmeerklärung des Angewiesenen gegenüber dem Empfänger. Ihr Inhalt wird durch diese Erklärung bestimmt. **BGE 73 II 46, 87 II 242/3.** Da es sich jedoch um eine «Annahme» eines Auftrages handelt, besteht die Vermutung, der Angewiesene wolle so und nicht anders leisten, wie es sich aus dem (meist schriftlichen) Inhalt der Anweisung ergibt. Will er das nicht, so muss er ausdrücklich *Vorbehalte anbringen* oder die Anweisung nicht annehmen. Die Forderung aus einer angenommenen Anweisung erhält durch die Einredebeschränkung eine im Vergleich zur Valutaforderung erhöhte Negotiabilität.

d *d.* Da ohne Annahmeerklärung gegenüber dem Empfänger keine Leistungspflicht des Angewiesenen besteht, tritt das Problem der Einredebeschränkung erst auf, wenn eine Anweisung angenommen ist. Das kommt im Gesetzeswortlaut zum Ausdruck. Man kann also nicht aus der Einredebeschränkung auf die Abstraktheit der Anweisung schliessen. Vielmehr folgt die Einredebeschränkung aus dem Wesen der Vertragsobligation. Die Einreden, die der Angewiesene nicht erheben kann, qualifizieren sich in seinem Vertragsnexus mit dem Anweisungsempfänger als exceptiones de iure tertii.

4. Einreden aus dem Inhalt der Anweisung

4 a *a.* Einreden, die sich aus dem Inhalt der Anweisung ergeben, können sein: *Befristung auf einen Verfalltag, Bedingungen aller Art* (Dokumentenakkreditiv), namentlich die *Bedingung der Gültigkeit des Valutaverhältnisses* durch Titulierung (Art. 466 N. 7c), eigentliche *Weisungen*, insbesondere Anweisung auf *Gutschrift* statt auf Barauszahlung (Art. 466 N. 6), *Leistung an eine Zahlstelle, z. B. nur auf ein Bank- oder Postcheckkonto des Empfängers* (entsprechend der Kreuzung des Checks) u. v. a. Der *Angewiesene kann somit eine weitgehend verklausulierte Anweisung vorbehaltlos annehmen. Alle Klauseln können dem Empfänger entgegengehalten werden, wenn sie nur in die Anweisung selbst aufgenommen wurden. Doch geht die Annahme zu weit, der Angewiesene könne bei einer titulierten Anweisung alle Einreden aus dem Valutaverhältnis zwischen Anweisendem und Empfänger erheben*, gleichgültig ob sie ausdrücklich zum Inhalt der Anweisung erhoben wurden oder nicht. So **BGE 43 II 676.** Wie weit der Angewiesene diese Einreden erheben kann, muss sich *aus dem Inhalt der Anweisung oder seinem Vorbehalt* ergeben. So kann bei der Anweisung, dem C einen bestimmten Kommissionserlös auszuzahlen, entweder der Anweisende (Kommittent) A oder der Angewiesene (Verkaufskommissionär) B den Vorbehalt anbringen, dass der Kommissionserlös tatsächlich erzielt ist, oder es muss wenigstens aus dem Inhalt der Anweisung hervorgehen, dass der Angewiesene nur einen «Kommissionserlös» für den Anweisenden zahlen soll.

b. Gezogener Wechsel und Check sind von Gesetzes wegen *unbedingt erteilte Zahlungsaufträge für bestimmte Geldbeträge.* Art. 991 Z. 2, 1100 Z. 2 OR. SJZ 47 (1951) Nr. 41 S. 128. Ausser dem *Verfalltag beim Wechsel* (jedoch nicht beim Check) kann der Aussteller keine Befristungen oder Bedingungen anbringen. Nachträgliche *Weisungen* sind beim Wechsel im wesentlichen die *Domizilierung* (Art. 994 OR) und beim Check die *Weisung zur Gutschrift oder Bezahlung an einen Bankier* (Art. 1123/7 OR). Weitere Weisungen können die *Präsentation*, den *Protesterlass* u. a. betreffen. Der Bezogene kann den *Wechsel nur vorbehaltlos annehmen mit Ausnahme des sogenannten Teilakzeptes.* Art. 1016, 1018 OR. Ein Check kann nicht angenommen werden. Art. 1104 OR. Fehlt einem *Check* eines der in Art. 1100 OR aufgezählten Requisite, z. B. die Bezeichnung des Ortes der Ausstellung, so ist er i. d. R. dennoch als *gewöhnliche Anweisung* gültig (Konversion). **BGE 80 II 86 Erw. 3, 4.** Ist der Check nicht auf einen Bankier gezogen, so gilt das nämliche. Art. 1102 II OR. b

5. Annahme mit Vorbehalten gegenüber dem Empfänger

a. Besteht für den Angewiesenen, selbst wenn er Schuldner des Anweisenden ist, keine Pflicht, die Annahme gegenüber dem Empfänger zu erklären, d. h. mit diesem ein Verpflichtungsgeschäft abzuschliessen (Art. 468 III OR), so kann der Angewiesene, wenn er die Annahme dennoch erklärt, *beliebige Vorbehalte gegenüber dem Empfänger anbringen, welche «Einreden aus dem persönlichen Verhältnis» zwischen Angewiesenem und Empfänger begründen.* Art. 468 I OR. In maiore minus. 5 a

b. Obschon der Angewiesene, wenn seine Auslagenregressforderung (Art. 402 I OR) gegen den Anweisenden gedeckt (Art. 466 N. 8e), oder wenn der Anweisende solvent ist, durch die vorbehaltlose Annahme kein eigenes Risiko eingeht, kann er *Vorbehalte* anbringen, die er als *im Interesse des Anweisenden* oder im *eigenen Interesse* gelegen erachtet. Gänzliche Annahmeverweigerung liegt u. U. nicht im Interesse des Anweisenden. Doch mag der Angewiesene u. U. seine Aufnahmeerklärung von der Entstehung oder Gültigkeit des Valutaverhältnisses abhängig machen, wenn er beispielsweise Verdacht schöpft, der Anweisende habe seine Verpflichtung im Valutaverhältnis unter dem Einfluss eines Willensmangels eingegangen. Banken werden i. d. R. auch gewöhnliche Anweisungen nur unter dem Vorbehalt annehmen. dass sie überhaupt oder wenigstens auf den Verfalltag gedeckt sind. b

c. Der Angewiesene kann aber auch im eigenen Interesse die *Annahme nur für eine Teilleistung* erklären, z. B. wenn er nicht voll gedeckt ist. c

Art. 1016 OR. Er kann einen *späteren Verfalltag* für seine Leistung ausbedingen. Er kann die *Präsentation* einer Anweisungsurkunde zur Bedingung seiner Leistung machen. Art. 469 N. 1 b, 4 c. Der *Empfänger wird solche Vorbehalte i. d. R. akzeptieren.* Seine Gläubigerstellung kann sich durch eine noch so verklausulierte Annahme des Angewiesenen nur verbessern, es sei denn, er habe selbst die Anweisung gegenüber dem Anweisenden vorbehaltlos an Zahlungsstatt entgegengenommen. Normalerweise (Anweisung zahlungshalber) kann der Empfänger die Leistung, die er vom Angewiesenen nicht erhält, vom Anweisenden aus dem Valutaverhältnis fordern. Art. 467 I OR. Art. 467 N. 4.

6. Einreden aus dem persönlichen Verhältnis zwischen Angewiesenem und Empfänger

6 a *a.* Bilden die bei der Annahmeerklärung vom Angewiesenen angebrachten *Vorbehalte* die Hauptquelle der Einreden aus dem persönlichen Verhältnis zwischen Angewiesenem und Empfänger, so doch nicht die einzige. Der *Vertragsabschluss zwischen dem Angewiesenen und dem Empfänger oder dessen Zessionar* (dem die Annahme erklärt wurde), ist gemäss Art. 18 OR nach dem übereinstimmenden wirklichen Parteiwillen auszulegen **(BGE 73 II 46)** und unterliegt den *allgemeinen Nichtigkeits- und Anfechtungsmängeln.* Art. 20–31 OR. Als «persönliche» Einreden kann sie der Angewiesene sowohl dem Empfänger, dem er die Annahme erklärt hat, als auch dessen Zessionar (Art. 169 OR) entgegenhalten. N. 7 c, 8 unten. Art. 466 N. 3 a.

b *b.* Der Angewiesene kann sich auf den Nichtigkeitsmangel seiner eigenen *Handlungsunfähigkeit* berufen. Art. 13, 18/9 ZGB. Art. 466 N. 3 b. Hat sich der Angewiesene durch Annahme gegenüber dem Empfänger zu einer *widerrechtlichen oder unsittlichen Leistung* verpflichtet (z. B. Zahlung von Bestechungsgeldern, eines pretium stupri, eines Ehemäklerlohnes, einer Spiel- oder Wettschuld – vgl. Art. 514 I OR), so erwächst ihm daraus eine persönliche Einrede gegen den Empfänger oder dessen Zessionar ohne Rücksicht auf deren Bös- oder Gutgläubigkeit. Art. 20 I OR. Was der Angewiesene *in Kenntnis des rechtswidrigen oder unsittlichen Erfolges* geleistet hat, kann er *weder vom Empfänger zurückfordern* (Art. 66 OR), *noch* kann er den *Auslagenregress gegen den Anweisenden* geltend machen. **DIG. 17. 1. 6. 3 – 17. 1. 21. 6.** Art. 395 N. 29–32. *Verrechnet* jedoch der zu einer rechtswidrigen oder unsittlichen Leistung Angewiesene die erhaltene *Deckung mit seinem Auslagenregress*, so ist dem Anweisenden die *Rückforderung der Deckung* nach Art. 66 OR ebenfalls *versagt.* Gibt eine *Ehefrau in Umgehung der Bürgschaftsform* (Art. 493/4 OR) und/oder des *Interzessionsverbotes* zugunsten des Ehemannes (Art. 177 III ZGB) eine Wechselunterschrift als Akzeptantin, Wechselbürge (Avalist) oder Indossantin, so kann sie gegenüber einem *bösgläubigen Wechselinhaber*, der sie belangt, die Ungültigkeit des Verpflichtungsgeschäfts als persönliche Einrede geltend machen. **BGE 54 II 40/44, 58 II 115.** ZR 33 (1934) Nr. 104 S. 235. Anders **BGE 79 II 81/6 und 83 II 213** unter Berufung auf die Materialien zum rev. Bürgschaftsrecht. Das Bundes gericht erblickt in den Formvorschriften von Art. 493/4 ein auf gewöhnliche akzessorische Bürgschaften begrenztes «Wegverbot», das die Eingehung von Wechselbürgschaften einer Ehefrau nicht verhindern wolle und könne. In **BGE 83 II 213** wurde allerdings die Frage offen gelassen, ob «Spezialtatbestände» die Berufung auf die Nichtigkeit rechtfertigen. Die *exceptio doli* gegen den klagenden Wechselinhaber oder den Empfänger einer gewöhnlichen Anweisung (oder dessen Zessionar) ist eine *persönliche Einrede.* Sie ist selbst *gegen Forderungen aus einem Inhaberpapier* zugelassen. Jäggi ad Art. 979 OR N. 84, 88–95. Sie richtet sich nur mittelbar gegen das Valutaverhältnis, unmittelbar aber gegen den dolus des Leistungsanspruches. In den rev. Art. 979 II, 1107, 1143 Z. 5, 1152 OR wird der *dolus beim Erwerb* (ZR 35 (1936) Nr. 113 S. 240) der Forderung aus einer Wertpapieranweisung zum besonderen Einredegrund erhoben («wenn der *Erwerber* bewusst zum Nachteil des Schuldners gehandelt hat»). Das muss a fortiori bei der gewöhnlichen Anweisung für den dolosen Forderungserwerb des Empfängers aus der Annahmeerklärung des Angewiesenen nach Art. 468 I OR gelten. Es soll ein persönliches Verhalten des Empfängers gegenüber dem Angewiesenen getroffen werden. Art. 2 I ZGB. Jean-Pierre Déverain, Etude comparée de l'endossement p. 108. (Vgl. Literatur zu Art. 471 OR.)

c

c. Die vom Empfänger durch *Täuschung* (Art. 28 OR) oder *Furchterregung* (Art. 29, 30 OR) *bewirkte Annahmeerklärung des Angewiesenen* begründet eine *persönliche Einrede gegen den Empfänger* i. S. von Art. 468 I OR. Der Täuschungstatbestand kann mittelbar auch das Deckungs- oder Valutaverhältnis der Anweisung berühren. Kennt der *Empfänger* die Handlungsunfähigkeit des Anweisenden oder die Widerrechtlichkeit oder Unsittlichkeit der Valutaforderung oder gar die Fälschung der Anweisung und *verschweigt* er sie *dem unwissenden Angewiesenen bei dessen Annahmeerklärung, so wird dieser im Rahmen seines persönlichen Rechtsverhältnisses vom Empfänger getäuscht.* Es besteht namentlich nach der Revision des OR von 1937 kein Anlass, der deutschen Praxis folgend auch die Annahme der gefälschten, von einem Handlungsunfähigen oder zu rechtswidrigen oder unsittlichen Zwecken ausgestellten Anweisungen aus dem Bereich der zulässigen Einreden schlechthin auszuschliessen. PALANDT zu § 784 BGE Anm. 1a. Über die unbefriedigenden Resultate dieser Praxis, die eine Durchbrechung der «Abstraktheit» erforderlich machen, vgl. MEYER-CORDING S. 50–52. Hat sich jedoch der *Angewiesene in Kenntnis der Nichtigkeit der Valutaforderung* dem Empfänger oder dessen Zessionar *zur Leistung verpflichtet* oder z. B. eine Teilzahlung geleistet, so kann er sich einredeweise ebensowenig auf Willensmängel berufen, *wie* der Kontokorrentschuldner, der eine Saldoanerkennung in Kenntnis der Nichtigkeit einer Belastungsposition unterzeichnet hat. Art. 400 N. 35, 37 f. ZR 56 (1957) Nr. 96 S. 176.

d *d. Kennt der Empfänger den Nichtigkeitsmangel* der zu seinen Gunsten ausgestellten Anweisung, insbesondere die Fälschung der Anweisung oder die Handlungsfähigkeit des Angewiesenen *nicht*, so versagt die Täuschungseinrede des Angewiesenen, der sich ihm durch die Annahme verpflichtet hat. Allein nach Art. 24 Z. 4 OR ist die *Gültigkeit der Anweisung eine Grundlage des Vertrages mit dem Empfänger.* Sie ist Voraussetzung des gesetzlichen Auslagen- oder Befreiungsregresses des Angewiesenen gegen den Anweisenden. Art. 466 N. 4, 8. **BGE 78 II 51 Erw. 4.** *Kannte* der *Angewiesene* den Nichtigkeitsmangel oder die Fälschung der Anweisung bei der Annahmeerklärung noch *nicht*, so kann er dem Empfänger dennoch seinen *Grundlagenirrtum* als persönliche Einrede entgegenhalten. *Nach erfolgter Leistung bleibt er auf die Bereicherungsklage angewiesen.* Art. 466 N. 3a. Der alte Satz: «Dolo agit qui petit quod redditurus est» liefert den Rahmen für die persönliche exceptio doli des Angewiesenen gegen einen Empfänger oder Zessionar, der die Mangelhaftigkeit der Valutaforderung oder die Fälschung der Anweisung nicht unter allen Umständen kennen muss.

e *e.* Weitere persönliche Einreden gegen den Empfänger (oder dessen Zessionar) sind die selbst gegen ein rechtskräftiges Urteil zulässigen Einreden der *Tilgung* im weitesten Sinne, der *Stundung* oder *Verjährung.* Art. 81 SchKG. Unter die Tilgungseinrede fallen Erlöschungsgründe wie *Erlass* (Art. 115 OR), *Neuerung* (Art. 116/7) und insbesondere *Verrechnung.* Art. 120/6 OR. Die Bank, die eine *Anweisung zugunsten* einer ihrer *Kontokorrentschuldner* angenommen hat, kann ihre Verpflichtung durch *Verrechnung mit der Kontokorrentschuld des Empfängers tilgen* (ZR 45 [1946] Nr. 118 S. 207), es sei denn, sie habe ausdrücklich darauf *verzichtet* (Art. 126 OR) oder es ergebe sich die *Verpflichtung zur effektiven Bareinlösung* aus dem Inhalt der Anweisung. **BGE 44 II 193/4.** Anweisung zur Gutschrift auf einem Empfängerkonto enthält implicite die Weisung auf Verrechnung oder die Erlaubnis dazu, weil die generelle Verrechnungsmöglichkeit durch Saldierung dem Kontobegriff immanent ist. Art. 117 II OR. § 355 HGB. Die *Verjährungseinrede* dürfte wegen der relativ langen Verjährungsfrist aus der gewöhnlichen Anweisungsannahme von geringer praktischer Bedeutung sein. Beim *Wechselakzept* verjährt die *Forderung gegen den Akzeptanten innert drei Jahren vom Verfalltag.* Art. 1069 OR. Der *Verfalltag* gilt auch für den Beginn der *10jährigen Verjährungsfrist bei gewöhnlichen Anweisungen.*

II. DIE ABTRETUNG DER FORDERUNG GEGEN DEN ANGEWIESENEN DURCH DEN EMPFÄNGER

7. Abtretung der künftigen Forderung gegen den Angewiesenen vor der Annahme der Anweisung durch den Angewiesenen. Substitution eines Zweitangewiesenen

7 a

a. Nach der Lehre sind auch *künftige oder bedingte Forderungen abtretbar.* Art. 164 OR. Der Zessionar erwirbt die künftige oder bedingte Forderung *unter der Voraussetzung, dass sie zur Entstehung gelangt.* VON TUHR-SIEGWART I S. 208, II S. 795/7. Infolgedessen kann der Empfänger schon die ungewisse Forderung, die aus der Annahme des Angewiesenen entstehen könnte, sobald ihm die konkrete Anweisung mitgeteilt war, einem «Zweitempfänger» durch Zession, falls es sich um eine Inhaberanweisung (Art. 471 I OR) handelt durch Übertragung des Papiers, falls es sich um eine Orderanweisung handelt durch Indossierung, übertragen (§ 792 I ABGB). Die Abtretung ist zu unterscheiden von der *Substitution* (Unteranweisung, Zweitanweisung) eines Zweitangewiesenen durch den Erstangewiesenen. Art. 466 N. 11. Die Substitution eines Zweitangewiesenen ist nicht die Abtretung einer Forderung, sondern begründet einen *Schuldbeitritt des annehmenden Zweitangewiesenen.* VON TUHR/SIEGWART II S. 747. Beides ist in der Praxis beim Dokumentenakkreditiv nicht selten. Die zur Akkreditierung eines Begünstigten angewiesene Bank substituiert eine zweite Bank, welche das Akkreditiv bestätigt. **BGE 51 II 551/2, 560; 78 II 49.** Der begünstigte Akkreditierte tritt seine künftige Forderung aus dem Dokumentenakkreditiv ab, bevor das Akkreditiv ihm bestätigt wurde. Nach Art. 49 RGDA muss die «Übertragbarkeit» der Forderung aus dem bestätigten Dokumentenakkreditiv ausdrücklich in der Urkunde vorgesehen sein. Die Übertragung kann nur einmal erfolgen. Die erst durch das Akzept des Bezogenen entstehende *Wechselforderung* kann vor der Akzeptierung durch *Indossament* oder gewöhnliche Abtretung übertragen werden. Art. 1001 OR.

b *b.* Nach OR kann die Forderung des Empfängers gegen den Angewiesenen *formlos begründet aber nur schriftlich abgetreten* werden. Art. 165 OR. Da jedoch in der Zessionsurkunde die abgetretene Forderung individualisiert werden muss, werden in der Praxis gewöhnlich Forderungen aus Anweisungsurkunden übertragen und die Abtretungserklärung auf die Anweisungsurkunde gesetzt. (Nach BGB §§ 783, 792 sind zur *Begründung und Übertragung* der Anweisung *schriftliche Erklärungen* erforderlich.)

c *c.* Der Zessionar erhält namentlich *hinsichtlich der Einreden gegen seine Forderung die Rechtsstellung des Erstempfängers.* Art. 169 OR. N. 6 oben. Anders § 792 III BGB. Ist die *Abtretung dem Angewiesenen* (debitor cessus) vor der Annahme angezeigt (Art. 167 OR), so ist die *Annahme*, welche die abgetretene Forderung zur Entstehung bringt, *dem Zessionar, nicht dem Erstempfänger (Zedenten), zu erklären.* Vgl. analog Art. 471 I OR. Der Wechsel wird vom letzten Inhaber, der den Wechsel in Händen hat, zur Annahme vorgelegt, und diesem wird die Annahme schriftlich auf dem Wechsel erklärt. Art. 1011 OR. Vgl. Art. 471 N. 9.

d *d.* Da der Angewiesene die Anweisung nicht annehmen muss, *hat der vor der Annahme abtretende Empfänger die Gewähr für die Entstehung und/oder Erfüllung der abgetretenen künftigen oder bereits entstandenen Forderung nur zu tragen, wenn er die Garantie i. S. von Art. 111 OR für die Annahme und die Leistung durch den Angewiesenen ausdrücklich übernommen hat.* **BGE 40 II 408, 80 II 87 Erw. 4.** Art. 466 N. 13c. Beim *Wechsel und Check* übernimmt jeder Indossant diese *Garantie von Gesetzes wegen.* Art. 1033, 1044, 1143 Z. 12 OR. *Im Zweifel erfolgt bei der gewöhnlichen Anweisung die Abtretung erfüllungshalber. Art. 172 OR.* Die Valutaforderung gegen den Anweisenden kann der Zessionar des Empfängers nur dann geltend machen, wenn ihm auch diese abgetreten wurde. Das wird bei gewöhnlichen Anweisungen häufiger der Fall sein als bei Wechsel- oder Checkforderungen.

e *e.* § 792 BGB sieht die Übertragung der Anweisung durch den Empfänger vor, auch wenn keine Annahme durch den Angewiesenen erfolgt ist. Sie bedarf der *Schriftform* und der *Übertragung der Anweisungsurkunde* an den Zessionar. Ein vertragliches *Übertragungsverbot* ist nur wirksam, wenn es aus der *Anweisungsurkunde ersichtlich* ist oder dem Angewiesenen vor der Annahme mitgeteilt wurde.

8. Einreden und Regress bei Abtretung von Forderungen aus angenommenen Anweisungen

8 a

a. Verweigert der Angewiesene die Annahmeerklärung, so kann sie vom Zessionar ebensowenig erzwungen werden wie vom Erstempfänger. *Erklärt der Angewiesene* einem Zessionar die *Annahme*, so kann er auch diesem gegenüber beliebige *Vorbehalte* anbringen, die *persönliche Einreden aus seinem Verpflichtungsgeschäft* begründen. N.5 oben. Darüber hinaus kann er *auch gegenüber einem gutgläubigen Zessionar gemäss Art. 169 OR die Einreden erheben, die er als persönliche Einreden dem Erstempfänger gegenüber hätte erheben können: z.B. Täuschung durch den Erstempfänger, der den Nichtigkeitsmangel einer Anweisung kannte, oder Grundlagenirrtum auch bei gutgläubigem Erwerb einer gefälschten, rechtswidrigen oder unsittlichen Erfolg bezweckenden oder von einem Handlungsunfähigen ausgestellten Anweisung.* N.6, 7c oben. VON TUHR/SIEGWART II S.816. *Zu diesen «persönlichen» Einreden treten die Einreden aus dem Inhalt der Anweisung, auch wenn dieser dem Zessionar nicht vollständig bekannt war, und die Einreden aus dem persönlichen Verhältnis des Angewiesenen zum Zessionar.* Art.169 OR. Doch können auch dem Zessionar des Empfängers *keine Einreden* entgegengehalten werden *aus dem Valutaverhältnis zwischen Anweisendem und Erstempfänger oder aus dem Auftragsverhältnis zwischen Anweisendem und Angewiesenem, soweit sie sich nicht aus dem Inhalt der Anweisung selbst ergeben.*

b

b. Gehört zu den Aktiven eines übernommenen Geschäftes oder Vermögens (Art.181 OR) eine noch *nicht angenommene oder eine angenommene Anweisung, so erhält der Übernehmer die nämliche Rechtsstellung wie ein Zessionar des Empfängers.* Wird das Geschäft oder Vermögen eines Angewiesenen übernommen, so erhält der *Übernehmer die Rechtsstellung eines Zweitangewiesenen.* N.7a oben.

c

c. Der Erstempfänger *einer vom Angewiesenen ihm gegenüber angenommenen Anweisung haftet als Zedent für den Bestand der abgetretenen Forderung gegen den Angewiesenen.* Die entgeltliche Abtretung erfolgt im Zweifel zahlungshalber. Art.172 OR. Gegen den *Anweisenden als Valutaschuldner* des Empfängers kann sich der Zessionar nur dann wenden, wenn die *Valutaforderung mitabgetreten ist,* und wenn die *Anweisung nicht an Zahlungsstatt* erteilt und vom Erstempfänger entgegengenommen worden ist. Art.467 N.4.

d

d. Die Regelung des BGB weicht von derjenigen des OR ab. Hat der Angewiesene die Anweisung gegenüber dem Zessionar angenommen, so kann er keine Einreden aus seinem Verhältnis zum Erstempfänger erheben. § 792 III BGB. In Ermangelung einer ausdrücklichen Vorschrift kann diese Regelung nicht auf das OR übertragen werden. Die Anweisung des BGB hat wertpapierrechtlichen Charakter, die gewöhnliche Anweisung des OR nicht.

9. Einredebeschränkung und Regress bei Übertragung von wertpapiermässigen Anweisungen: gezogener Wechsel, wechselähnliche Orderanweisungen, Ordercheck, Inhabercheck, Inhaberanweisungen

9 a *a.* Beim *gezogenen Wechsel*, der eine Zahlungsanweisung an Order ist, übernimmt jeder *Indossant die Gewähr, dass die Wechselforderung besteht und vom Bezogenen erfüllt wird.* Art. 1033, 1044 OR. Dem durch Indossamentenkette legitimierten Inhaber steht das *Regressrecht* gegen alle Vormänner, Avalisten und den Aussteller *schon bei Verweigerung der Annahme* durch den Bezogenen zu. Infolge der unbedingten Gewähr *fallen fort Einreden nicht nur aus dem Valutaverhältnis zwischen Aussteller und erstem Nehmer, aus dem Deckungsverhältnis zwischen Aussteller und Bezogenem, sondern auch alle Einreden aus den unmittelbaren Beziehungen des belangten Verpflichteten zu seinen Vormännern oder dem Aussteller.* Art. 1007 OR. VON TUHR/SIEGWART II S. 788, 816. Ausser den wenigen Einreden, die sich aus dem Wechsel selbst ergeben können (z. B. Domizilierung), sind also nur Einreden möglich, die sich aus dem *persönlichen Verhältnis* zwischen Regressnehmer und Wechselbeklagtem ergeben, z. B. *Tilgung, Stundung, Verjährung* (Art. 1069/71 OR) sowie in beschränktem Masse die *exceptio doli.* N. 6b oben. Hingegen ist *dem gutgläubigen Wechselinhaber gegenüber die Einrede unzulässig, ein Vormann habe den Wechsel durch Diebstahl erworben oder ein Blankoakzept missbraucht.* ZR 38 (1939) Nr. 51 S. 131. Art. 1006 II, 1007 OR. *Verrechnungseinrede* gegen Wechselforderung ZR 45 (1946) Nr. 118 S. 207. An diesem Rechtszustand ändert die Annahme durch den Bezogenen grundsätzlich nichts. Sie verschafft dem Regressnehmer lediglich die Möglichkeit, auch den Akzeptanten wechselmässig zu belangen.

b *b. Wechselähnliche Orderanweisungen* (Art. 471 II OR) sind *nicht zur Annahme zu präsentieren* (Art. 1148 OR), *können* aber wie ein gezogener Wechsel *angenommen werden.* Art. 1149 I OR. Der *Regress* ist grundsätzlich *erst nach Verfall* möglich. Die *Wechselbetreibung* ist *ausgeschlossen* (Art. 1150 OR). Die *Einredebeschränkung* ist die nämliche *wie beim gezogenen Wechsel*, desgleichen die Regressmöglichkeiten. Art. 1007, 1146, 1147 I OR.

c *c.* Beim *Ordercheck* entsprechen die *Einredebeschränkungen* und die Regressmöglichkeiten *denjenigen beim gezogenen Wechsel* (Art. 1143 Z. 5, 1128) mit der Modifikation, dass der Check nicht angenommen werden kann, eine Checkhaftung des «Akzeptanten» also fortfällt. Art. 1104 OR. Beim *Inhabercheck* (Art. 1105 III OR) fallen die Regressmöglichkeiten gegen Vormänner, die nicht indossiert haben, dahin. *Indossieren* sie den *Inhabercheck*, so übernehmen sie die *nämliche Gewähr und Haftung wie ein Indossant auf einem Ordercheck.* Art. 1111 OR.

d *d.* Bei gewöhnlichen oder qualifizierten (Inhabercheck) *Inhaberanweisungen* (z. B. Bankanweisung, *an den Inhaber einer schriftlichen Anweisung zu zahlen)* tritt anstelle der schriftlichen Abtretung vor oder nach der Annahmeerklärung des Angewiesenen die körperliche *Übertragung der Anweisungsurkunde*, die ein *Wertpapier* ist. Art. 471 I OR. Der *jeweilige Inhaber* tritt in die *Rechtsstellung des Anweisungsempfängers.* N. 7, 8 oben. Die *Einredebeschränkungen* für den Angewiesenen, der die Annahme erklärt hat, sind die *nämlichen wie bei der gewöhnlichen Anweisung.* N. 8 oben. Der Angewiesene *kann auch dem Zweitinhaber gegenüber Willensmängel einer dem Vormann abgegebenen Annahmeerklärung relevieren.* In diesem Sinne bildet Art. 471 I OR *derogierendes Spezialrecht gegenüber der allgemeinen Norm von Art. 979 OR.* Auch die *Inhaberanweisung* wird *im Zweifel nur zahlungshalber* übergeben. OSER/SCHÖNENBERGER ad Art. 471 N. 4. Wie der Inhabercheck vom Bezogenen nicht angenommen wird, so *braucht auch die gewöhnliche Inhaberanweisung vom Angewiesenen nicht angenommen zu werden.* Eine *Zahlungspflicht* besteht *nur bei der Inhaberanweisung auf Schuld* nach Massgabe von Art. 468 II OR. *Regressansprüche gegen Vormänner* sind bei der Inhaberanweisung nur möglich, wenn ein Vormann gegenüber allen Inhabern die Gewähr für die Einlösung der Anweisung gleich dem Indossanten eines Inhaberchecks *ausdrücklich übernommen* hat. Einzelheiten Art. 471 N. 1–6.

III. DIE ANWEISUNG AUF SCHULD. ART. 468 II UND III OR

10. Verhältnis von Ausführungspflicht (obligatio faciendi) gegenüber dem Anweisenden und Sachleistungspflicht (obligatio dandi) gegenüber dem Empfänger. Vergleich mit der Forderungsabtretung

10 a *a.* Die grundsätzliche gegenseitige Unabhängigkeit von Ausführungspflicht des Angewiesenen gegenüber dem Anweisenden (als Auftraggeber)

und Verpflichtungsgeschäft zwischen Angewiesenem und Empfänger äussert sich nicht nur im Inhalt und den Wirkungen des Verpflichtungsgeschäftes. *Der Angewiesene hat ohne Vertragsabschluss mit dem Empfänger diesem gegenüber keine Verpflichtung, selbst dann nicht, wenn er im Valutaverhältnis Schuldner des Anweisenden* ist. N. 12 unten. Während der debitor cessus einen Gläubigerwechsel akzeptieren muss, *braucht der Angewiesene, der Schuldner ist, den Empfänger als Gläubiger anstelle des Anweisenden nicht zu akzeptieren, auch wenn er sich durch Vorbehalte alle Einreden wahren kann* (N. 5 oben), die ihm gegenüber dem Anweisenden zustanden und damit eine ähnliche Stellung wie der debitor cessus erwirbt (Art. 169 OR). Die Annahme der Anweisung gegenüber dem Empfänger ist auch insofern ein rechtlich selbständiges Verpflichtungsgeschäft, als *für den Angewiesenen kein Kontrahierungszwang* besteht. Art. 468 III OR. § 787 II BGB. Art. 1269 II Codice Civile. Beim Check gilt das geschriebene Akzept als absolut unwirksam. Art. 1104 OR. Angesichts der gesetzlichen Vermutungen gegen die Annahme muss diese *vom Empfänger oder seinem Rechtsnachfolger bewiesen* werden. N. 1 c oben.

b *b.* Das Fehlen einer echten Verpflichtung, dem Empfänger die Annahme der Anweisung zu erklären, d. h. mit ihm ein unwiderrufliches Verpflichtungsgeschäft abzuschliessen, ergibt sich *folgerichtig aus dem allgemeinen Auftragsrecht.* Die Auftragsannahme begründet nur eine jederzeit widerrufliche und kündbare (Art. 404, 470 II OR) und daher als solche nicht vollstreckbare Ausführungsobligation des Angewiesenen ex mandato. Art. 395 N. 23–28. Art. 398 N. 1. Zwar bilden Verpflichtung und Erfüllung der Verpflichtung gegenüber dem Empfänger (als begünstigtem Drittkontrahenten) den Inhalt der mandatrechtlichen Ausführungsobligation. Art. 466 N. 5 a. Zudem kann der (beauftragte) *Angewiesene sich dem Anweisenden gegenüber ausdrücklich verpflichten, dem Empfänger die Annahme zu erklären* (Art. 468 III OR), was namentlich bei Anweisungen, die auf Dauer oder einen bestimmten Verfalltag ausgestellt sind, praktische Bedeutung gewinnt. Eine derartige Verpflichtung zwischen A und B, mit dem C einen Vertrag abzuschliessen, ist ein *Vorvertrag* (pactum de contrahendo) i. S. von Art. 22 OR. VON TUHR/SIEGWART I S. 252. Allein auch daraus erwächst *weder dem Anweisenden noch dem Empfänger ein unwiderruflicher Erfüllungsanspruch*, sondern nur *dem Anweisenden ein Schadenersatzanspruch gegen den Angewiesenen* aus Art. 398 OR. *Nicht das Mandat* (Deckungsverhältnis), *sondern nur das unmittelbare Erfüllungsversprechen des Angewiesenen an den Empfänger kann den Rechtsgrund für eine Leistungspflicht an den letzteren liefern.*

N. 2 oben. Dieser Rechtsgrund auferlegt dem Angewiesenen nicht eine jederzeit widerrufliche und als solche unvollstreckbare obligatio faciendi, sondern eine unwiderrufliche Sachleistungspflicht.

c. *Forderungsrechte* bilden einen *Bestandteil des beweglichen Vermögens* eines Rechtssubjektes. Obschon das schweizerische Recht das *Eigentum an Forderungsrechten* wie etwa das ABGB (§§ 285, 311, 353) nicht kennt, besteht doch eine eigentumsähnliche Verfügungsmacht des Gläubigers über seine Forderungen. VON TUHR/SIEGWART I S. 204. Sie äussert sich praktisch vor allem darin, dass der Gläubiger sein Forderungsrecht ohne Zustimmung des Schuldners *durch Zession übertragen*, d. h. veräussern kann. Der Schuldner ist dem Zessionar gegenüber in gleicher Weise verpflichtet, wie er es gegenüber dem Erstgläubiger war. Der Rechtsgrund der Forderung und damit *die Einreden gegen die Forderung erfahren keine Änderung*. Infolgedessen bewirkt die *Zession objektiv keine Schlechterstellung des Schuldners*. Höchstens subjektiv mag sich dieser einem Zweitgläubiger gegenübergestellt sehen, der seine Rechte rücksichtsloser ausübt als der Zedent. Durch die *auf Gattungsschulden begrenzte Anweisung soll im Interesse eines raschen und beweglichen Rechtsverkehrs namentlich unter Abwesenden und im internationalen Handel ein Gläubigerwechsel mit einem erheblich weitergehenden Resultat erzielt werden*. Im Gegensatz zum debitor cessus soll der Angewiesene die Leistung dem Zweitgläubiger (Empfänger) möglichst *bedingungs- und einredelos* (vgl. die qualifizierten Anweisungen gezogener Wechsel und Check) erbringen müssen. Dadurch erhält die *Forderung* des Empfängers *den einer beweglichen Sache ähnlichen Charakter eines negotiablen Vermögenswertes*. Doch kennt die zivilistische Dogmatik zur Erreichung dieses Zieles kein anderes Mittel als die *Zustimmung des Schuldners*. Im Erfordernis der Annahme gegenüber dem Zweitgläubiger liegt das Hauptunterscheidungsmerkmal zwischen Anweisung und Zession. Vorbem. N. 4b. In der Wirkung ist die *Anweisungsannahme* gegenüber dem Empfänger in der Hauptsache ein *weitreichender Einredeverzicht*. Ein solcher Einredeverzicht kann auch bei der Zession erzielt werden, und zwar grundsätzlich durch das der Anweisungsannahme analoge Mittel. *Anerkennt der debitor cessus die abgetretene Forderung* gegenüber dem Zessionar *vorbehaltlos*, so tritt der *nämliche Effekt wie bei der angenommenen Anweisung ein*. Der nach der Notifikation der Abtretung die Forderung vorbehaltlos anerkennende Schuldner verzichtet i. d. R. ebenfalls auf die Einreden, die er nach Art. 169 OR dem Zessionar hätte entgegenhalten können. VON TUHR/SIEGWART II S. 816/7. Im schweizerischen Recht, das die Schriftlichkeit als Gültigkeitsform für die Forderungsabtretung, nicht aber für die Anweisung, fordert (Art. 165 OR), kann sich u. U. die Frage erheben, ob die *«formlose Abtretung» einer Forderung nicht als Anweisung zu gelten habe, die den «Zessionar» als Empfänger ermächtigt, die Forderung beim «Angewiesenen»* (als debitor cessus) zu erheben. Es muss sich um eine Geld- oder andere Gattungsschuld handeln, damit eine derartige Konversion möglich ist. Sonst ist die Frage *nach den konkreten Umständen* zu beantworten. BJM 1956 S. 256.

11. Die gedeckte Anweisung

11 a *a.* Während Art. 467 OR die «Wirkungen» der Anweisung im (Valuta-) «Verhältnis des Anweisenden zum Anweisungsempfänger» behandelt, regelt Art. 468 die «Verpflichtungen» des Angewiesenen aus dem Deckungsverhältnis, d.h. aus dem mandatum aliena gratia, das ihm vom Anweisenden erteilt wurde. Art. 467 N. 1 d. Im Deckungsverhältnis erfolgt die Leistung des Angewiesenen per definitionem «auf Rechnung des Anweisenden» (Art. 466 OR) als unmittelbare Zuwendung credendi causa. Art. 467 N. 2 a. *Im Valutaverhältnis ist die Anweisung ein Hilfsgeschäft, i. d. R. eine Erfüllungsvereinbarung.* Dort ist der Anweisende (auch bei der Anweisung donandi causa zur Erfüllung eines Schenkungsversprechens – Art. 467 N. 2 b) der Schuldner des Empfängers. Aus dem Anweisungsauftrag als solchem entsteht *keine Verpflichtung des Angewiesenen, durch Leistung an einen Dritten dem Anweisenden Kredit* zu gewähren. N. 10 b oben. Kein Beauftragter muss ohne Deckung Auslagen und Verwendungen machen. Art. 402 N. 3 a. **BGE 78 II 51.** Eine *Anweisung auf Kredit* (Art. 467 N. 2 a) *wird der Angewiesene nur in Ausnahmefällen einlösen.*

b *b.* Schuldner des Anweisenden i. S. von Art. 468 I OR ist der (beauftragte) Angewiesene, *wenn er Deckung bereits besitzt.* HANS OTT in SJZ 54 (1958) S. 146. Die *Deckung sichert seine Regressforderung aus der actio mandati contraria.* Ist es *Gelddeckung* (z. B. auf Kontokorrent), so hat er die Möglichkeit, seine Schuld an den Anweisenden durch *Verrechnung* mit seiner Regressforderung gegen den Anweisenden zu tilgen. Ist es *Sachdeckung*, so besitzt er ein *Retentionsrecht.* Art. 400 N. 17, 19. Art. 402 N. 26. Es ist *gleichgültig, auf welchem Rechtsgrund die Schuld des Angewiesenen gegenüber dem Anweisenden beruht.* Oft wird es *Mandat, Hinterlegung oder Darlehen* sein. Der Verkäufer kann seinen *Kaufpreisschuldner* anweisen, die Zahlung statt an ihn selbst an seine Bank zu leisten. Art. 466 N. 6. Auch in diesem Falle kann man von einer «Deckung» des Angewiesenen im weitesten Sinne sprechen. *Häufiger aber beruht die Schuld des Angewiesenen auf einem Dauerverhältnis*, und der Angewiesene ist *Dauerschuldner des Anweisenden.* Das Dauerverhältnis wird vom Anweisenden zu dem Zewck begründet und erhalten, regelmässig Zahlungsanweisungen auf eine Bank oder die Post zu «*ziehen*». Der Anweisende errichtet zu diesem Zweck ein Bank- oder Postcheckkonto. Banken und Post werden gewerbsmässige «Vermittler» eines bedeutenden Teiles des Zahlungsverkehrs. Der *Check ist eine qualifizierte Anweisung auf eine Bankschuld.* Er muss durch ein Bankguthaben des Ausstellers gedeckt sein. Art. 1102, 1103 OR. In Italien ist der Ausdruck «Check» nicht gebräuchlich, sondern Check heisst «assegno bancario». Das *Checkkonto wird vom Aussteller* errichtet und muss in der Folge *stets ein Guthaben des Ausstellers in der Höhe aufweisen, dass die darauf gezogenen Checks gedeckt sind.* «Deckungserfordernis» lautet der Randtitel von Art. 1103 OR.

c

c. Doch ist die Annahme, *jede Anweisung auf Schuld sei bedingt* **(BGE 43 II 676)**, unzutreffend. Solange der Angewiesene nicht Schuldner des Anweisenden bzw. nicht gedeckt ist, bildet die Anweisung eine *Anweisung auf Kredit*, die auszuführen der Angewiesene nach Art. 468 II (e contrario) nicht gehalten ist. Hat er sie indessen angenommen, so ist er nach Art. 408 I OR zur Leistung verpflichtet, ob er gedeckt ist oder nicht.

12. Die Verpflichtung des gedeckten Angewiesenen. Verschlechterung der Schuldnerposition. Verrechnungs- und Retentionsrecht

12 a

a. § 787 I BGB lautet unter dem Titel «Anweisung auf Schuld»:

«Im Falle einer Anweisung auf Schuld wird der Angewiesene durch die Leistung in dieser Höhe von der Schuld befreit.»

Der entsprechende Art. 468 II OR hat unter dem Randtitel «Verpflichtung des Angewiesenen» folgenden Wortlaut:

«Soweit der Angewiesene Schuldner des Anweisenden ist und seine Lage dadurch, dass er an den Anweisungsempfänger Zahlung leisten soll, in keiner Weise verschlimmert wird, ist er zur Zahlung an diesen verpflichtet.»

Der französische und italienische Text sind insofern deutlicher, als er von einer Zahlungspflicht «jusqu'à concurrence du montant de sa dette», ... «fino a concorrenza del suo debito» spricht.

Eine Anweisung auf Schuld im engeren Sinne des BGB liegt nur vor, wenn die Valutaschuld des Anweisenden an den Empfänger und die Deckungsschuld des Angewiesenen an den Anweisenden die nämliche Gattung zum Gegenstand hat. Steht *dem Anweisenden im Valutaver-*

hältnis ein Wahlrecht zu, so muss wenigstens eine der Alternativobligationen die nämliche Gattung zum Gegenstand haben wie die angewiesene Leistung. Ist die *Valutaschuld eine Geldschuld*, so kann *durch die Leistung an den Empfänger* die in § 787 I BGB vorgesehene *automatische Befreiung des Angewiesenen von seiner Deckungsschuld* an den Anweisenden eintreten. Es ist eine *automatische Verrechnung, die in Art. 124 OR* abgelehnt ist.

b *b.* Die schweizerische Regelung ist elastischer. Will man den Begriff der Anweisung auf Schuld (als «gedeckte» Anweisung im weitesten Sinne) übernehmen, so *verlangt Art. 468 II OR nur, dass im Deckungsverhältnis der Angewiesene Schuldner des Anweisenden ist.* Es ist *nicht erforderlich, dass die Deckungsschuld des Angewiesenen an den Anweisenden eine Gattungsschuld sei oder gar die nämliche Gattung zum Gegenstand habe* (Art. 120 OR) *wie die dem Angewiesenen aufgetragene Leistung an den Empfänger.* Wegen der Worte «Zahlung leisten» könnte man allerdings annehmen, die aufgetragene Leistung dürfe nur eine Geldleistung an den Empfänger zum Gegenstand haben. Es wurde bei der Revision von 1911 übersehen, den in Art. 466 OR erweiterten Gegenstand (durch Anweisung von Wertpapieren und anderen Gattungssachen) auch im Text der wörtlich aus dem aOR übernommenen Art. 467–469 OR zum Ausdruck zu bringen. Auch die Anweisung von Wertpapieren und anderen Gattungssachen kann eine Anweisung auf Schuld im weiteren Sinne von Art. 468 II und 470 I OR sein.

c *c.* § 787 II BGB lautet:

«Zur Annahme der Anweisung oder zur Leistung an den Anweisungsempfänger ist der Angewiesene dem Anweisenden gegenüber nicht schon deshalb verpflichtet, weil er Schuldner des Anweisenden ist.»

Nach Art. 468 III OR ist zwar kein Angewiesener verpflichtet, vor der Zahlung «die Annahme zu erklären». *Aber der Angewiesene auf Schuld ist «zur Zahlung* (d.h. zur Leistung, zur Erfüllung) *an den Anweisungsempfänger verpflichtet.»* Art. 468 II OR. Voraussetzung ist indessen nicht nur, dass er aus irgendeinem Rechtsgrund Schuldner (Gattungs- oder Speziesschuldner) des Angewiesenen ist, sondern dass sich «*seine Lage*» durch Ausführung des Anweisungsauftrages «*in keiner Weise verschlechtert*». Das OR sieht also eine vom BGB grundsätzlich abweichende Regelung vor, indem es unter zwei Voraussetzungen eine Leistungspflicht des Angewiesenen an den Empfänger statuiert, die nach § 787 BGB nicht besteht. BGB und OR stimmen darin überein, dass eine Erfüllungspflicht des Angewiesenen gegenüber dem Empfänger nur aus der diesem erklärten Annahme entsteht (§ 784 I BGB, Art. 468 I OR), dass aber kein Kontrahierungszwang für den Angewiesenen zum Abschluss des Verpflichtungsgeschäftes gegeben ist. §§ 787 II, 789 BGB. Art. 468 III, 469 OR. § 1401 ABGB *macht die Anweisung auf Schuld bei gleichartigen Leistungen zum «zweiseitig verbindlichen Rechtsgeschäft»*. KAPFER zu § 1401 Anm. 4.

d. Eine Verschlimmerung der Lage des Angewiesenen tritt in der Tat dann nicht ein, wenn der Angewiesene dem Anweisenden (im Deckungsverhältnis) die *gleiche Gattung* schuldet, welche er an den Empfänger (zur Erfüllung der Valutaschuld) *leisten soll*. Der Hauptfall ist die *Zahlungsanweisung* zugunsten des Empfängers und die *Geldschuld* (z. B. Kaufpreisschuld) des Angewiesenen an den Anweisenden. Die dem Empfänger ausgehändigte schriftliche Zahlungsanweisung begründet i. d. R. in Abweichung von Art. 74 Z. 1 OR eine *Holschuld* des Angewiesenen, während seine Geldschuld an den Anweisenden i. d. R. eine *Bringschuld* war. Vorbem. N. 6. Aber auch wenn die angewiesene Leistung eine *Bringschuld* geblieben ist **(BGE 73 II 44, 47)**, kann bei den heutigen Möglichkeiten des Bank- und Postgeldverkehrs nur selten von einer Verschlimmerung der Lage des angewiesenen Schuldners gesprochen werden, wenn er an einen Dritten im Inland leisten soll. Hinsichtlich des *Erfüllungsortes* tritt durch die Ausführung der Anweisung i. d. R. *keine Verschlimmerung* der Lage des angewiesenen Schuldners ein. Ist der Angewiesene Geldschuldner des Anweisenden, so kann er seine aus der Ausführung der Anweisung entstehende Auslagenregressforderung, die eine Geldforderung ist (Art. 402 N. 25) durch Verrechnungserklärung i. S. von Art. 124 OR mit seiner Schuld an den Angewiesenen *verrechnen*. Infolgedessen sind kaum Fälle denkbar, in welchen ein Geldschuldner des Angewiesenen die im Rahmen dieser Geldschuld erhaltene Anweisung nicht durch Zahlung an den Empfänger ausführen muss. Gegen dogmatische Bedenken (§ 784 II BGB, art. 1269 II Codice Civile) ist die Auffassung des schweizerischen Gesetzgebers die, eine *Zahlungsanweisung an den Geldschuldner des Anweisenden sei so wenig beschwerend, dass dem Angewiesenen die Ausführung zuzumuten ist*. Die Bank, die *Deckung* auf einem *Kontokorrent* des Anweisenden hat, muss die im Rahmen der Deckung vom Kontoinhaber erteilten gewöhnlichen Zahlungsanweisungen ausführen. Für die Ziehung von Checks auf ein Bankguthaben verlangt die Praxis eine besondere Verabredung, die dadurch zum Ausdruck kommt, dass die Bank dem Kontoinhaber Checkformulare übergibt, die sorgfältig zu verwahren sind. **BGE 51 II 186.** Art. 1132 OR. Im Rahmen des Kontovertrages, der ein Auftragsverhältnis darstellt (Art. 400 N. 37), ist das Versprechen der Bank, gedeckte (Art. 1103 OR) Checks einzulösen, eine zusätzliche Ausführungsabrede. Gewöhnliche Anweisungen muss die Bank bis zum Betrage des Guthabens («jusqu'à concurrence du montant de sa dette») von Gesetzes wegen (Art. 468 II) einlösen. Der angewiesene Kaufpreisschuldner muss den *unbestrittenen Kaufpreis* bei Fälligkeit an den vom Verkäufer bezeichneten Empfänger leisten, nicht aber dann, wenn die Pflicht zur Kaufpreiszahlung infolge behaupteter Mängel der Kaufsache zweifelhaft ist, d.h. wenn der Forderung des Anweisenden an den Angewiesenen Einreden entgegenstünden. *Denn die Lage des Angewiesenen würde verschlechtert, wenn er seinen Auslagenregress mit einer von ihm bestrittenen Kaufpreisforderung nicht verrechnen könnte, sondern den Auslagenregress vielleicht gegen den Anweisenden an dessen Wohnort einklagen müsste.* Der Angewiesene würde dadurch vielleicht eine Anweisung auf Kredit einlösen, wozu er nicht verpflichtet ist. N. 11 a oben. Von einer einlösungspflichtigen Anweisung auf Schuld kann nur gesprochen werden, wenn die Schuldnereigenschaft des Angewiesenen sicher feststeht, was namentlich auf den Bankkontoverkehr zutrifft. Hingegen dürfte es *zu weit gehen, jede Anweisung auf Schuld schlechthin als eine bedingte Anweisung* (Art. 466 N. 7 c) zu betrachten, wie es in **BGE 43 II 676** geschieht. Ob der Angewiesene Schuldner des Anweisenden ist, ist keine ungewisse Tatsache i. S. von Art. 151 OR, sondern eine *Rechtsfrage*. Will der angewiesene Schuldner sich gegen die Unsicherheit des Bestehens seiner Schuld schützen und trotzdem eine Anweisung auf Schuld pflichtgemäss ausführen, so kann er dem Empfänger die Annahme mit einem entsprechenden Vorbehalt erklären, d. h. die Anweisung von sich aus «titulieren», oder aber er wird sie nicht annehmen. Eine *Verschlimmerung* der Lage des Angewiesenen tritt ferner ein, wenn eine Schuld des Angewiesenen an den Anweisenden aus dem Deckungsverhältnis *später fällig ist als an dem für seine Leistung an den Empfänger vorgeschriebenen Verfalltag.*

e

e. Wie verhält es sich, wenn der *Angewiesene im Valutaverhältnis nicht Geldschuldner des Anweisenden* ist, wohl aber *Deckung durch bewegliche leicht realisierbare Vermögenswerte*, insbesondere Wertschriften, besitzt? Er ist für diese Deckung auch Schuldner des Anweisenden, und zwar Ablieferungsschuldner nach Art. 400 OR oder Art. 475 oder Art. 481 OR. Art. 400 N. 8. Art. 402 N. 4 a. Mit dieser Deckung kann er seinen Auslagenregress *nicht verrechnen*, aber er besitzt daran ein *Retentionsrecht*. Ob der so gedeckte Angewiesene die Zahlungsanweisung ausführen muss, hängt von den konkreten Umständen ab. Die Bank, die sich das *Recht zu freihändiger Verwertung an einem verpfändeten Depot börsenkotierter Wertschriften einräumen liess, muss die Zahlungsanweisung i. d. R. einlösen, wenn zwar das Konto nicht voll gedeckt ist, das Wertschriftendepot jedoch hinreichende Deckung bietet.* Einige Wertschriften aus dem Depot an der

Börse zu verkaufen und den Erlös mit ihrem Auslagenregress zu verrechnen, ist für eine Bank keine unzumutbare Beschwerung. Ebensowenig für einen *fiduziarischen Vermögensverwalter*, zu dessen Vertragspflichten es gehört, die Ausführungsweisungen (Art. 397 OR) wie die durch das Treugut gedeckten *Anweisungen des Fiduzianten* auszuführen. Hingegen wird der *Kommittent den Verkaufskommissionär eines Gemäldes vor dessen Verkauf i. d. R. nicht verpflichten können, eine Zahlungsanweisung auszuführen*, auch wenn der Wert des Gemäldes Deckung nicht nur für den Regress und die Provision als Kommissionär, sondern auch für den Auslagenregress als Angewiesener bieten mag. Umtriebe und Risiko der *Ausübung des Retentionsrechtes sind zumeist eine zusätzliche Beschwerung, die dem Kommissionär gegen seinen Willen nicht zuzumuten ist.*

13. Folgen der Nichterfüllung der Einlösungspflicht des Angewiesenen

13 a

a. Auftragsrechtlich gesehen ist die *Einlösungspflicht des angewiesenen Schuldners eine Erfolgsgarantie, die dem beauftragten Angewiesenen von Gesetzes wegen auferlegt ist.* Art. 395 N. 78. Sie besteht nur *gegenüber dem Anweisenden als dem Auftraggeber*, Nicht gehörige Erfüllung der Einlösungspflicht verschafft dem Anweisenden einen *Schadenersatzanspruch gegen den Angewiesenen*, nicht aber dem Empfänger einen Erfüllungsanspruch oder Schadenersatzanspruch. Gegenüber dem Empfänger fehlt vor dessen Annahmeerklärung ein Vertragsnexus. Der *Angewiesene kann auch bei Anweisungen auf Kredit eine Erfolgsgarantie ausdrücklich übernehmen.* **BGE 40 II 408.**

b

b. Durch die pflichtwidrige Nichteinlösung der Anweisung gerät der Anweisende gegenüber dem Empfänger im Valutaverhältnis regelmässig in *Schuldnerverzug.* Art. 102 OR. Der Schaden des Anweisenden besteht in den *Verzugszinsen* (Art. 104 OR) und insbesondere darin, dass er dem *Empfänger auch für den Zufall haftbar* wird. Wird die gedeckte Bank angewiesen, 1 kg Gold an den Empfänger zu leisten und steigt der Goldpreis nach der ungerechtfertigten Nichtausführung der Anweisung am Verfalltag, so ist sie verpflichtet, dem Anweisenden die Preisdifferenz als Schaden zu ersetzen. Vgl. **BGE 59 II 254.**

c

c. Der *Anweisende hat den Schaden zu beweisen.* Der *Exkulpationsbeweis* des Schuldners wird i. d. R. mit dem Beweis zusammenfallen, dass durch Ausführung der Anweisung eine Verschlimmerung der Lage des Schuldners eingetreten wäre. Ist Gelddeckung für eine Zahlungsanweisung vorhanden, so dürfte der Exkulpationsbeweis nicht gelingen.

Art. 469

III. Anzeigepflicht bei nicht erfolgter Zahlung

Verweigert der Angewiesene die vom Anweisungsempfänger geforderte Zahlung, oder erklärt er zum voraus, an ihn nicht zahlen zu wollen, so ist dieser bei Vermeidung von Schadenersatz verpflichtet, den Anweisenden sofort zu benachrichtigen.

III. Avis à défaut de paiement

Si l'assigné refuse le paiement que lui demande l'assignataire ou s'il déclare d'avance qu'il ne paiera pas, celui-ci doit en aviser sans délai l'assignant, sous peine de dommages-intérêts.

III. Avviso del rifiuto del pagamento

Se l'assegnato rifiuta il pagamento richiestogli dall'assegnatario, o gli dichiara preventivamente di non volerlo effettuare, questi deve tosto avvertirne l'assegnante, sotto pena del risarcimento dei danni.

Materialien: Vgl. sub Art. 466 OR.

Rechtsvergleichung: aOR Art. 411. ABGB § 1401 II. BGB § 789.

Literatur: RÜDEGER BRÜSTLEIN, Die Notifikationspflicht im Wechselrecht, Bern 1933.

SYSTEMATIK DER KOMMENTIERUNG

Art. 469 OR

1. Voraussetzung der Anzeigepflicht des Empfängers: Mitteilung der Anweisung . . . 563
2. Voraussetzung der Anzeigepflicht des Empfängers: Unterlassung der Ablehnungsanzeige nach Art. 467 III OR . . . 564
3. Voraussetzung der Anzeigepflicht des Empfängers: Annahme der Anweisung durch den Empfänger zahlungshalber . . . 565
4. «Verweigerung» der Leistung durch den Angewiesenen bei Verfall . 565
5. Sinn der Anzeigepflicht und Folgen der Unterlassung . . . 566

Art. 469 OR

1. Voraussetzung der Anzeigepflicht des Empfängers: Mitteilung der Anweisung

1 a

a. Obschon die Anweisung des BGB weit eher als eine blosse Ermächtigung zur Erhebung der Leistung beim Angewiesenen aufgefasst werden kann als die Anweisung des OR, enthält § 789 BGB die nämliche «Anzeigepflicht des Anweisungsempfängers» wie Art. 469 revOR, der Art. 411 aOR wörtlich wiedergibt. Sowohl im BGB wie im OR ist die Bestimmung eine *Emanation der älteren Lehre*, welche in der *Anweisung* ein *Doppelmandat* erblickt. Danach übernahm der *Empfänger*, der die Anweisung vom Anweisenden annahm (Art. 467 II OR), ein *mandatum accipiendi.* Art. 468 N. 1 b (2). Nahm er die Anweisung der gesetzlichen Regel entsprechend *erfüllungshalber* entgegen, so war damit die *Verpflichtung* verbunden, die *Leistung beim Angewiesenen zu erheben*, die bisweilen als «mandatum in rem suam» aufgefasst wird, obschon der Empfänger, der bereit ist, die Leistung bei einem Dritten zu erheben, *auch nach dem Willen und im Interesse des Anweisenden handelt (mandatum mea, sua et aliena gratia.* Art. 394 N. 46 d). Art. 467 N. 7 b. Die *Annahme des Empfängers* gegenüber dem Anweisenden erfolgt *meist stillschweigend*, oft *realiter, indem der Empfänger die Anweisungsurkunde widerspruchslos entgegennimmt und/oder die Leistung beim Angewiesenen tatsächlich «erhebt».* Art. 468 N. 1 c.

b

b. Der *Empfänger* kann die Leistung beim Angewiesenen nur dann *erheben*, wenn er die *Anweisung kennt.* Diese Kenntnis besteht bei der Anweisung des BGB per definitionem. Die Anweisung kommt erst durch Aushändigung der Anweisungsurkunde an den Empfänger zustande. § 783 BGB. Bei der formlosen Anweisung des OR wird aber der Anweisungsauftrag *häufig vom Anweisenden zuerst dem Angewiesenen mitgeteilt, und erst der Angewiesene gibt dem Empfänger davon Kenntnis.* **BGE 73 II 44, 46.** Solange der Empfänger von der Anweisung *keine Kenntnis* hat, kann er weder beim Angewiesenen die Leistung erheben, noch kann er dem Anweisenden Mitteilung von der Leistungsverweigerung machen. Damit dem *Empfänger* die in Art. 469 geregelte Mitteilungspflicht erwächst, *muss ihm die Anweisung entweder vom Anweisenden selbst oder vom Angewiesenen als dessen Boten (oder von einem anderen Boten) mitgeteilt sein.* Art. 466 N. 2 a. Meist erfolgt die Mitteilung des Anweisenden an den Empfänger schriftlich. Eine weitere Vereinfachung liegt darin, dass der Anweisende (ähnlich einer Vollmachtsurkunde) eine *Anweisungsurkunde* ausstellt, die er *dem Empfänger aushändigt* (§ 783 BGB), damit sie dieser *als Bote an den Angewiesenen* weiterleitet. Der Anweisende kann damit die Weisung verbinden, der Angewiesene solle *nur gegen Aushändigung der Urkunde leisten (Präsentationsklausel)*. Nach BGB § 785 besteht diese Weisung von Gesetzes wegen. Vorbemerkungen N. 6b. Nach OR besteht sie von Gesetzes wegen *nur für die qualifizierten Anweisungen:* Wechsel, Check, wechselähnliche und schriftliche Inhaberanweisungen, nicht aber für die gewöhnliche Anweisung. Art. 466 N. 7a.

2. Voraussetzung der Anzeigepflicht des Empfängers: Unterlassung der Ablehnungsanzeige nach Art. 467 III OR

2 a *a.* Will der Empfänger die *Anweisung ablehnen*, und hat er diesen Willen pflichtgemäss *dem Anweisenden zur Kenntnis gebracht* (Art. 467 N. 5c), so besteht für ihn *keine weitere Verpflichtung gegenüber dem Anweisenden.* Das kommt in § 1401 II ABGB zum Ausdruck. Der Empfänger muss entweder die Ablehnung der Anweisung oder die Leistungsverweigerung des Angewiesenen «*ohne Verzug*», d. h. sofort, mitteilen. Art. 467 III, 469 OR. Hat er sich indessen *gegenüber dem Anweisenden stillschweigend oder ausdrücklich* (z. B. Nichtrücksendung *der übersandten Anweisungsurkunde oder gar tatsächliche* Erhebung der Leistung vom Angewiesenen) *verpflichtet*, das ihm eingeräumte Recht zur Erhebung der Leistung vom Angewiesenen auszuüben, so ist ein *Vertragsnexus* mit dem Anweisenden *entstanden.*

b *b.* Ob man darin ein mandatum accipiendi erblickt, das mangels Ablehnung als angenommen gilt (**DIG 17.1.22.11** – Art. 395 N. 23–28) oder ein für den Empfänger unkündbares mandatum in rem suam (VON TUHR/SIEGWART II S. 450) hat nur theoretische Bedeutung. Hat ein Drittbegünstigter (Empfänger) dem anweisenden Auftraggeber versprochen, von seinem Recht Gebrauch zu machen, so muss er dieses Versprechen erfüllen. Es ist i. d. R. eine *Erfüllungsvereinbarung* (pactum) *im Rahmen des Valutaverhältnisses.* Der Gläubiger (Anweisungsempfänger) kann dem Schuldner (Anweisenden) versprechen, die Leistung vorerst von einem Dritten zu erheben, bevor er auf die Valutaforderung zurückgreift *(pactum de non petendo = Stundung)*. Dieses Versprechen liegt nach der gesetzlichen Vermutung, die in Art. 467 II OR ausgesprochen ist, der «*Annahme*» der Anweisung durch den Empfänger zugrunde. Art. 467 N. 7. Daraus folgt die *Pflicht, den Schuldner* (Anweisenden) *zu verständigen*, wenn der Angewiesene die Leistung bei Verfall nicht erbringt und deshalb die Stundung der Valutaforderung dahinfällt. Sie kann aus der allgemeinen auftragsrechtlichen Rechenschafts- und Informationspflicht des Art. 400 OR abgeleitet werden.

3. Voraussetzung der Anzeigepflicht des Empfängers: Annahme der Anweisung durch den Empfänger zahlungshalber

3 a

a. Die *Stundung* der Valutaforderung *fällt* bei der zahlungshalber angenommenen Anweisung (Art. 467 I OR) *dahin*, wenn der *Empfänger entweder die Leistung vom Angewiesenen bei Verfall gefordert und nicht erhalten hat* (Art. 467 II OR), oder aber, wenn der *Angewiesene zum voraus erklärt, an den Empfänger nicht leisten zu wollen.* Art. 469 OR. Die Anzeige soll «sofort» erfolgen, damit der *Anweisende Zeit* hat, die *Valutaschuld selbst bei Verfall zu begleichen*, wozu er eventuell die Mittel erst bereitstellen oder beschaffen muss. Zwar fällt die Stundung der Valutaforderung dahin. Aber der *Anweisende kommt mit der Erfüllung der Valutaschuld nicht automatisch in Verzug, sondern erst wenn der Empfänger ihm die Leistungsverweigerung des Angewiesenen mitgeteilt hat.* Einer *Betreibung vor der Mitteilung* könnte der Empfänger mit der *Stundungseinrede* aus Art. 467 OR begegnen.

b

b. Hat hingegen der *Empfänger die Anweisung an Erfüllungsstatt angenommen* (Art. 467 N. 4), so ist die *Valutaschuld* dem Anweisenden nicht nur gestundet, sondern *erlassen* (unbefristetes *pactum de non petendo* – DERNBURG, Pandekten II S. 182). Dann fällt der Grund für eine Anzeigepflicht an den Anweisenden fort. Der Anweisende kann keinen Schaden erleiden. Die *Anzeige der Zahlungsverweigerung des Angewiesenen ist nicht erforderlich.*

4. «Verweigerung» der Leistung durch den Angewiesenen bei Verfall

4 a

a. Zu den Voraussetzungen: Anweisungsannahme zahlungshalber durch den Empfänger und Nichtanzeige der Ablehnung tritt die weitere Voraussetzung:

«Zum voraus», d. h. vor Verfall erklärte oder tatsächlich erfolgte Leistungsverweigerung durch den Angewiesenen.

Der *Angewiesene ist weder zur Erklärung der Annahme noch zur Erklärung der Leistungsverweigerung (Ablehnung) verpflichtet.* Art. 468 III OR. Er soll keine Erklärungen abgeben, sondern am Verfalltag die Leistung erbringen. Art. 468 II OR. § 789 BGB. Gibt er aber vor Verfall eine *Weigerungserklärung* ab, so entsteht die *sofortige Anzeigepflicht des Empfängers*, der die Anweisung *erfüllungshalber* entgegengenommen hat. Beim *Wechsel* ist sowohl die *Tatsache der Annahmeverweigerung als auch* der *Zahlungsverweigerung durch formellen Protest* festzustellen, es sei denn, es liege eine *Weisung auf Protesterlass* («ohne Kosten») vor. Art. 1034, 1042/3 OR. Die Anzeigepflicht besteht in ähnlicher Weise wie bei der gewöhnlichen Anweisung.

b *b.* Auch bei Verfall braucht der Angewiesene keine Erklärung abzugeben. Die Tatsache, dass der Empfänger die *Leistung gefordert und dass er diese vom Angewiesenen bei Verfall «nicht erhalten» hat*, genügt. Art. 467 III OR. Damit *fällt die Stundung der Valutaforderung dahin*, doch muss der Empfänger dem Anweisenden davon *sofort Anzeige machen.*

c *c.* Die Pflicht des Empfängers erschöpft sich in der Anzeige. Die aus § 785 BGB folgende *Präsentationspflicht fällt für formlose Anweisungen fort.* Nach OR besteht sie bei gewöhnlichen schriftlichen Anweisungen nur, wenn sie entweder einer *Ausführungsweisung des Anweisenden* entspricht oder der *Angewiesene* sie zu einem *Vorbehalt seiner Annahmeerklärung* gemacht hat. N. 1 b oben. Art. 468 N. 5. Anders OSER/SCHÖNENBERGER ad Art. 469 N. 4, wo eine Präsentationspflicht angenommen wird, welche für formlose Anweisungen des OR (vgl. **BGE 73 II 44**) nicht zutreffen kann. Damit eine Präsentation erfolgen kann, muss die *Anweisungsurkunde dem Empfänger tatsächlich ausgehändigt* worden sein, was nach OR in Abweichung von § 783 BGB nicht erforderlich ist. Ähnliches gilt für die *Pflicht, die Anweisung* dem leistenden Angewiesenen *gegen Quittung auszuhändigen.*

5. Sinn der Anzeigepflicht und Folgen der Unterlassung

5 a *a.* Grundsätzlich besteht die Anzeigepflicht, gleichgültig, ob die Anweisung vom Angewiesenen i. S. von Art. 468 I OR angenommen oder nicht angenommen war. In beiden Fällen hat der Empfänger die Valutaforderung vorläufig gestundet. War die Anweisung vom Angewiesenen gegenüber dem Empfänger angenommen und erfolgt ihre Einlösung nicht, so kann sich der Empfänger schlüssig werden, *ob er sofort auf die Valutaforderung gegen den Anweisenden zurückgreifen*, ob er den *Angewiesenen aus seiner Annahme* oder ob er *beide Schuldner belangen* will. War die an Erfüllungsstatt entgegengenommene Anweisung vom Angewiesenen angenommen, so bleibt nur die Belangung des Angewiesenen aus seiner Annahme nach Art. 468 I OR.

b. Bei der gewöhnlichen Anweisung *bestehen im Zweifel keine Regressansprüche gegen Vormänner.* Art. 466 N. 13c. Art. 468 N. 7d. War jedoch die seitens des Empfängers nicht angenommene Forderung aus einer Anweisung als künftige Forderung, oder die angenommene Forderung vom Empfänger *abgetreten*, so besteht u. E. die *Anzeigepflicht für den Zessionar sowohl gegenüber dem Anweisenden wie auch gegenüber dem Empfänger* als Zedenten. Analog Art. 1042 OR. Sie *besteht auch bei der gewöhnlichen Anweisung immer dann, wenn gegen einen Zedenten Gewährleistungsansprüche* gemäss Art. 171/3 OR erhoben werden, oder wenn *gegenüber dem Anweisenden auf die Valutaforderung zurückgegriffen* werden könnte. Der Sinn der Anzeigepflicht ist, alle Personen, die wegen des missglückten Erfüllungsversuches durch die Anweisung Ansprüche gewärtigen müssen, auf die *Fälligkeit* ihrer Verpflichtungen aufmerksam zu machen. b

c. Die im Gesetz (Art. 467 III und 469 OR) erwähnte Schadenersatzfolge bei Unterlassung der sofortigen Anzeige hat praktisch nicht allzugrosse Bedeutung. Es kann nicht etwa der Verlust der Valutaforderung oder von Gewährleistungsansprüchen eintreten. *Solange aber Valuta- oder Gewährleistungsschuldner keine Anzeige zugegangen ist, kommt er nicht in Verzug, hat keinen Verzugsschaden zu entrichten und kann sich u. U. leichter exkulpieren, als wenn die Anzeige sofort erfolgt wäre.* c

Art. 470

C. Widerruf

[1] **Der Anweisende kann die Anweisung gegenüber dem Anweisungsempfänger widerrufen, wenn er sie nicht zur Tilgung seiner Schuld oder sonst zum Vorteile des Empfängers erteilt hat.**

[2] **Gegenüber dem Angewiesenen kann der Anweisende widerrufen, solange jener dem Empfänger seine Annahme nicht erklärt hat.**

[3] **Wird über den Anweisenden der Konkurs eröffnet, so gilt die noch nicht angenommene Anweisung als widerrufen.**

C. Révocation

[1] **L'assignant peut toujours révoquer l'assignation à l'égard de l'assignataire, à moins qu'il ne l'ait délivrée dans l'intérêt de ce dernier, et notamment, pour s'acquitter d'une dette envers lui.**

[2] **Il peut la révoquer, à l'égard de l'assigné, tant que celui-ci n'a pas notifié son acceptation à l'assignataire.**

[3] **La faillite de l'assignant emporte révocation de l'assignation qui n'est pas encore acceptée.**

C. Revoca

[1] **L'assegnante può revocare l'assegno in confronto dell'assegnatario, a meno che non glielo abbia rilasciato ad estinzione d'un suo debito od altrimenti nell'interesse di esso assegnatario.**

[2] **In confronto dell'assegnato, l'assegno può essere revocato finchè egli non abbia dichiarato all'assegnatario di accettarlo.**

[3] **Colla dichiarazione di fallimento dell'assegnante si ritiene revocato l'assegno non ancora accettato.**

Rechtsvergleichung: aOR Art. 412. ABGB § 1403. BGB § 790. Codice Civile art. 1270.

SYSTEMATIK DER KOMMENTIERUNG

Art. 470 OR

1. Allgemeines 569

I. Beendigungsgrund des Widerrufes durch den Anweisenden

2. Widerruf der Anweisung durch den Anweisenden vor deren Mitteilung an den Empfänger 570
3. Widerruf der vom Empfänger angenommenen Anweisung durch den Anweisenden 571
4. «Unwiderruflichkeit» nach Annahmeerklärung des Angewiesenen an den Empfänger 573

II. Andere Beendigungsgründe in der Person des Anweisenden

5. Konkurs des Anweisenden. Art. 470 III OR 575
6. Handlungsunfähigkeit, Tod oder Verschollenerklärung des Anweisenden 575

III. Beendigungsgründe in der Person des Angewiesenen

7. Kein Kündigungsrecht des Angewiesenen 576

IV. Beendigungsgründe in der Person des Empfängers

8. Kein einseitiges Rücktrittsrecht des Empfängers 577

Art. 470 OR

1. Allgemeines

1 a

a. Art. 470 OR spricht zwar nur vom «*Widerruf*», behandelt aber in Abs. 3 noch andere Beendigungsgründe der Anweisung. § 790 BGB und § 1403 ABGB sehen einen Widerruf durch den Anweisenden *nur gegenüber dem Angewiesenen* vor. Die Formulierung von Art. 470 revOR, die wörtlich Art. 412 aOR entspricht und auf die Konzeption des Doppelmandates zugeschnitten ist, trägt den Möglichkeiten der Beendigung der Anweisung, die sich aus der Formlosigkeit des schweizerischen Anweisungsrechtes ergeben, nur ungenügend Rechnung.

b

b. Art. 470 I und II OR erwähnen nur das Erlöschen des Anweisungsauftrages durch Widerruf, d. h. einseitige Willenserklärung des Anweisenden. Wem der Widerruf zu erklären ist, damit er wirksam wird, hängt von verschiedenen Umständen ab, die nicht nur aus Art. 470 OR abgeleitet werden können.

c

c. Art. 470 III OR stellt eine Fiktion auf. Der *Erlöschungsgrund des Konkurses* des Anweisenden soll wie der Erlöschungsgrund des Widerrufes durch den Anweisenden behandelt werden, sofern der Angewiesene nicht die Annahme an den Empfänger erklärt hat.

I. BEENDIGUNGSGRUND DES WIDERRUFES DURCH DEN ANWEISENDEN

2. Widerruf der Anweisung durch den Anweisenden vor deren Mitteilung an den Empfänger

2 a

a. Habe ich meine Bank angewiesen, dem C Fr. 1000 auszuzahlen, *ohne dass die Anweisung dem C zur Kenntnis gelangt ist, geschweige denn, dass der Empfänger die Anweisung angenommen hätte* (Art. 467 II OR), so kann ich die *Anweisung einseitig widerrufen.* Das folgt e contrario aus Art. 112 III OR. Der Widerruf muss, um wirksam zu sein, *dem Angewiesenen* i. S. von Art. 470 II OR *erklärt* werden. Die Wirkung tritt erst ein, wenn der Widerruf dem Angewiesenen zur Kenntnis gelangt ist. Art. 406 OR. Art. 406 N. 1 a. Hat der *Angewiesene vor dem Eintreffen der Widerrufserklärung dem Empfänger die Annahme erklärt oder gar die Anweisung ausgeführt,* so bleibt der *Widerruf unwirksam,* weil der Anweisungsauftrag durch Ausführung erloschen ist. Art. 404 N. 9. Einerseits *tritt im Valutaverhältnis zwischen Anweisendem und Empfänger der beabsichtigte Effekt der erbrachten Leistung ein.* Andererseits ist der *Anweisende dem Angewiesenen gegenüber im Deckungsverhältnis aus der actio mandati contraria verpflichtet.* Art. 406 OR. Art. 404 N. 12 d. D. h. der Angewiesene hat den Auslagen- oder den Befreiungsregress gegen den Anweisenden. Der *Auftrag gilt als richtig ausgeführt.* Art. 404 N. 11 b.

b

b. Eine das Anweisungsrecht nicht unmittelbar berührende Frage ist, *wie sich der wirksame Widerruf im Valutaverhältnis zwischen Anweisendem und Empfänger auswirkt.* I. d. R. wird der Anweisende durch einen derartigen Widerruf der Anweisung mit der Erfüllung seiner Valutaschuld gegenüber dem Empfänger in Verzug geraten, so dass *im Valutaverhältnis* die *Verzugsfolgen* nach Art. 102 ff. eintreten. Dafür hat der Anweisende dem Empfänger einzustehen. Er kann die Folgen durch sofortige Selbstleistung abwenden.

c

c. War die erteilte *Anweisung dem Empfänger an Zahlungsstatt versprochen* (Art. 467 N. 4) und das Versprechen vom Empfänger als solches angenommen, so besteht kein Valutaverhältnis, auf das der Empfänger zurückgreifen könnte. Zwar ist der Widerruf der dem Angewiesenen erteilten Anweisung wirksam. Aber der widerrufende *Anweisende haftet dem Empfänger aus der Verletzung seines an Zahlungsstatt abgegebenen Leistungsversprechens für den Schaden.* Von dieser Schadenersatzschuld wird er sich i. d. R. nur durch Selbstleistung an den Empfänger oder durch Erteilung einer anderen Anweisung befreien können.

d

d. War die *Anweisung* indessen dem Empfänger nur *zahlungshalber* versprochen und *dem Angewiesenen tatsächlich erteilt*, so tritt durch den Widerruf des Versprechens eine *ähnliche Situation* ein, *wie wenn der Angewiesene die Leistung verweigert hätte.* Der Empfänger kann auf die *Valutaforderung* zurückgreifen und u. U. *Verspätungsschaden* fordern. Da der Angewiesene dem Empfänger weder die Annahme erklären noch die Leistung erbringen muss, ist im rechtzeitigen Widerruf des Anweisenden implicite die Weisung enthalten, die Anweisung nicht auszuführen. Logischerweise muss die *nämliche Rechtsfolge* eintreten, *wie wenn der Angewiesene die Leistung verweigert hätte.* Auch diese Lösung entspricht der Regel von Art. 112 III OR.

3. Widerruf der vom Empfänger angenommenen Anweisung durch den Anweisenden

3 a

a. War die Erteilung der Anweisung dem Empfänger, sei es durch den Anweisenden, durch den Angewiesenen oder einen anderen Boten mitgeteilt, so ist die Annahme durch den Empfänger zu vermuten. Art. 467 III OR. Dies gilt a fortiori dann, wenn eine stillschweigende Annahme durch die Tatsache erhärtet ist, dass er die *Leistung bereits vom Angewiesenen gefordert* hat. Art. 467 II OR. Art. 467 N. 5b. Art. 112 II und III OR. Hat der Empfänger dem Anweisenden die *Ablehnung der Anweisung sofort mitgeteilt* (Art. 467 N. 5c), so *bedarf es dem Empfänger gegenüber keiner Widerrufserklärung* des Anweisenden. Vgl. § 1401 II ABGB. Will der Anweisende trotz Ablehnung des Empfängers die dem Angewiesenen aufgetragene Leistung verhindern, so wird er diesem *gegenüber* die Anweisung i. S. von Art. 470 II OR *widerrufen.* Sonst bleibt er gemäss Art. 406 OR dem Risiko ausgesetzt, vom Angewiesenen für Auslagen oder Befreiung (actio mandati contraria) beansprucht zu werden.

b

b. Nur der *Empfänger, der die Anweisung angenommen hat, hat als Drittbegünstigter ein Recht erworben, die Leistung vom Angewiesenen zu fordern.* Art. 112 II OR. Ob ihm dieses Recht vom Anweisenden einseitig entzogen werden kann, hängt ausschliesslich vom Valutaverhältnis ab. *War die Anweisung dem Empfänger zwecks Tilgung einer nicht einseitig widerruflichen Schuld des Anweisenden erteilt und vom Gläubiger angenommen, so kann sie vom Schuldner (Anweisenden) dem Gläubiger (Empfänger) gegenüber auch nicht einseitig widerrufen werden.* Das liegt im Wesen der echten Obligation. Eine vom Schuldner dem Gläubiger erteilte nicht einseitig widerrufliche Anweisung ist beispielsweise auch die *Anweisung des Darlehensgebers auf Aushändigung der Darlehensvaluta an den Darlehens-*

nehmer (Art. 315 OR), wenn der Empfänger nicht nach Abschluss des Darlehensvertrages zahlungsunfähig geworden ist (Art. 316 OR), oder die *Anweisung zur Erfüllung eines gültigen schriftlichen Schenkungsversprechens*, wenn keiner der in Art. 249/50 OR abschliessend aufgezählten Widerrufsgründe für die Schenkung vorliegt. Art. 467 N. 3. Hat aber beispielsweise ein *Fiduziant seine Bank angewiesen, einem Fiduziar ein Vermögen zur Verwaltung zu übergeben, so kann er die Anweisung jederzeit wirksam widerrufen*, weil Art. 404 OR ihm dieses Recht auch gegenüber dem Fiduziar verleiht. Der Fiduziar kann sich nicht darauf berufen, ihm wäre durch den Erwerb des Verwaltungshonorars ein Vorteil erwachsen. Art. 404 N. 12.

c *c.* Ein «*Vorteil*» erwächst dem Empfänger, der Gläubiger ist, durch die *Aussicht, im Angewiesenen einen Mitschuldner* zu erhalten, bei allen Anweisungen, die erfüllungshalber erteilt sind. Art. 468 N. 1. Der «Nachteil» besteht lediglich darin, dass die *Valutaforderung bis zur Fälligkeit der Leistung des Angewiesenen gestundet ist.* Art. 467 N. 7. Es kommt darauf an, ob einem Gläubiger durch den einseitigen Entzug seines Rechtes, die Leistung vom Angewiesenen zu fordern, ein *Nachteil* erwächst. Dies ist dann der Fall, wenn die *Leistung des Angewiesenen dem Empfänger an Erfüllungsstatt* versprochen und als solche von diesem angenommen war. N. 2 c. Eine solche Anweisung ist dem Empfänger gegenüber unwiderruflich, *wenn nicht auch die Leistung aus dem Valutaverhältnis widerruflich gewesen wäre.* Art. 5 RGDA. Die wiederholt angeführten Beispiele, eine Anweisung zum Vorteil des Empfängers liege vor, wenn der Empfänger dem Anweisenden keine Abrechnung schulde, beruhen auf einer Verwechslung von Anweisung und Inkassoauftrag. Der *Anweisungsempfänger ist nie Inkassobeauftragter. Die Anweisung besteht immer dann zu seinem Vorteil, wenn er im Angewiesenen einen besseren Schuldner erhält, als es der Anweisende ist.* Denn mit der Erteilung der Anweisung kann auch ein *bürgschaftsähnlicher Sicherungszweck* verbunden sein. Doch kommt es darauf bei erfüllungshalber erteilten Anweisungen nicht an. Massgebend ist, ob die Valutaforderung des Empfängers, die durch die Anweisung erfüllt werden soll, so stark ist, dass sie einen einseitigen Widerruf ausschliesst. Der *Erfüllungsanspruch gegen den Angewiesenen soll nicht stärker sein als die Valutaforderung gegen den Anweisenden.*

d *d.* Auch dem Empfänger gegenüber «unwiderrufliche» Anweisungen sind *so lange widerruflich, als sie nicht durch Ausführung erloschen sind.* Nur muss der Anweisende, der die Leistung des Angewiesenen verhindern will, den Widerruf dem *Angewiesenen erklären, und der Angewiesene muss den ihm rechtzeitig zur Kenntnis gelangenden Widerruf wie eine Weisung befolgen.* Art. 406 OR e contrario. Anweisungsrechtlich tritt damit wiederum die *nämliche Situation ein, wie wenn der Angewiesene die Leistung verweigert hätte.* Der Empfänger kann auf die *Valutaforderung zurückgreifen und gegebenenfalls Verzugs- oder Verspätungsschaden vom Anweisenden fordern.* War jedoch die *Anweisung an Erfüllungsstatt* erteilt, so *haftet der widerrufende Anweisende dem Empfänger für Schadenersatz,* d.h. in der Regel ebenfalls für die angewiesene Leistung plus Verspätungsschaden. Kommt der Angewiesene mit seiner Valutaschuld in Verzug, so haftet er ausserdem für den Zufall, was jedoch angesichts der Leistungsbegrenzung auf Gattungsschulden ohne grosse Bedeutung ist.

e

e. Der *Anweisende kann jederzeit die Valutaforderung, auch wenn diese gestundet ist, durch Selbstleistung erfüllen.* Darin ist ein Widerruf der Anweisung gegenüber dem Empfänger zu erblicken, der aber, um Wirksamkeit zu erlangen, auch dem Angewiesenen mitgeteilt sein muss.

4. «Unwiderruflichkeit» nach Annahmeerklärung des Angewiesenen an den Empfänger

4 a

a. Die *jederzeitige Widerruflichkeit der Anweisung gegenüber dem Angewiesenen* (Beauftragten) ist wie die Widerruflichkeit der Vollmacht nach Art. 34 OR und des Auftrages nach Art. 404 OR *zwingendes Recht.* Art. 394 N. 47c. Art. 404 N. 10. Daran kann *selbst die Annahmeerklärung des Angewiesenen gegenüber dem Empfänger nichts ändern. Leistet der Anweisende selbst, so tritt auch nach der Annahmeerklärung des Angewiesenen die Befreiung beider durch unechte Solidarität verbundenen Schuldner ein. Die Anweisung gilt als widerrufen, sobald die erfolgte Leistung des Anweisenden an den Empfänger dem Angewiesenen zur Kenntnis gelangt ist.* Art. 467 N. 7c.

b

b. Art. 470 II OR ist daher nicht wörtlich aufzufassen. *Hat der Angewiesene sich dem Empfänger gegenüber verpflichtet, so kann ein Widerruf des Anweisenden die Rechte des Empfängers nicht mehr tangieren.* Art. 112 III OR. Der *Angewiesene ist Schuldner des Empfängers* geworden. *In diese Obligation kann der Anweisende nicht mehr durch einseitigen Widerruf wirksam eingreifen.* Doch kann er immer noch die Leistung selbst erbringen und damit beide Schuldner befreien. Zieht es der Empfänger vor, die Leistung vom Angewiesenen zu fordern oder gar den Angewiesenen zu belangen, und erbringt der Angewiesene die zugesicherte Leistung, so tut er es *für Rechnung des Anweisenden* und hat den *Auslagenregress* selbst dann, wenn der Anweisende die Leistung durch Widerruf der Anweisung zu verhindern suchte. Art. 5 RGDA. Anders verhält es sich, wenn der *Anweisende den Widerruf der gegenüber dem Empfänger angenommenen Anweisung mit Mängeln begründet, die als persönliche Einreden vom Angewiesenen dem Empfänger entgegengehalten werden können*, z.B *Fälschung der angenommenen Anweisung.* Art. 468 N. 6b. Dann kann für die belangten Angewiesenen die Verpflichtung entstehen, eine solche Einrede zu erheben, will er nicht seinen Auslagenregress gegen den Anweisenden verlieren.

c *c.* Hat der Angewiesene von sich aus nur ein *Teilakzept* oder die *Annahme unter* von ihm angebrachten *Vorbehalten* erklärt, so ist der *Widerruf des Anweisenden* insoweit wirksam, als der *Angewiesene dem Empfänger nicht mehr zugestehen darf als die Erfüllung seiner selbstschuldnerischen Verpflichtung.* So darf an einer angenommenen titulierten Anweisung oder aus einem bestätigten «unwiderruflichen» Dokumentenakkreditiv nicht geleistet werden, wenn die Bedingungen nicht eingetreten sind, unter welchen sich der Angewiesene verpflichtet hat. In diesem Rahmen bleibt dem Anweisenden das Weisungs- und Widerrufsrecht gewahrt. Doch steht die Prüfung der Bedingungen, von denen seine selbstschuldnerische Verpflichtung abhängig ist, dem Angewiesenen im Rahmen seiner Sorgfaltspflicht selbst zu. Art. 10 RGDA. Der Bank können gefälschte Dokumente vorgelegt werden. Von der sorgfältigen Prüfung der Bedingungen der Anweisung kann der Auslagenregress des Angewiesenen abhängen. Wer für eigene Rechnung leistet, kann i. d. R. vor dem Verfalltag erfüllen. Wer als Angewiesener für Rechnung des Angewiesenen leistet, hat einen vorgeschriebenen *Verfalltag* wie eine andere Weisung des Anweisenden *zu beachten.* Art. 81, 397 OR.

d *d.* Art. 470 II OR und Art. 112 III OR bringen den nämlichen Rechtsgedanken zum Ausdruck. Der Anweisende kann die zwischen dem Empfänger und dem Angewiesenen begründete und zu erfüllende Obligation nicht mehr beeinflussen. Doch kann der Inhalt der Obligation des Angewiesenen mannigfach verklausuliert sein. Wechsel und Check hingegen müssen daher unbedingte Anweisungen über bestimmte Geldbeträge sein, sollen sie die gesetzlichen Zahlungsmittel ersetzen und ihre Funktion im bargeldlosen Zahlungsverkehr erfüllen.

II. ANDERE BEENDIGUNGSGRÜNDE IN DER PERSON DES ANWEISENDEN

5. Konkurs des Anweisenden. Art. 470 III OR

5 a

a. Nach allgemeinem Auftragsrecht, Art. 405 I OR, bildet der Konkurs des Auftraggebers dann einen Beendigungsgrund für die Ausführungsobligation, wenn es aus der Natur des Auftrages gefolgert werden muss. Die Spezialbestimmung von Art. 470 III OR erklärt sich aus der Natur des Auftrages zugunsten eines Dritten. Fällt der Anweisende in Konkurs, so würde die Ausführung der Anweisung i. d. R. zu einer Gläubigerbegünstigung des Empfängers und zu einer Schädigung des ungedeckten Angewiesenen führen, der seinen Auslagenregress nicht verrechnen (Art. 213/4 SchKG), durch Retention sichern, sondern nur eine Konkursforderung 5. Klasse anmelden kann. Um dieses Ergebnis zu verhüten, bestimmt Art. 470 III OR, der *Konkurs des Angewiesenen* sei grundsätzlich ein *Erlöschungsgrund* für die Anweisung. **BGE 44 III 400.** Nach Art. 406 OR wirkt der Konkurs des Anweisenden als Beendigungsgrund gegenüber dem Angewiesenen und dem Empfänger erst, wenn sie davon Kenntnis erhalten haben.

b

b. Das kann *nicht zutreffen, soweit sich der Angewiesene dem Empfänger durch Annahme der Anweisung selbstschuldnerisch verpflichtet* hat. Durch die selbstschuldnerische Verpflichtung hat der ungedeckte Angewiesene selbst das Risiko seiner Auslagenregressforderung gegen den Anweisenden übernommen. Fällt dieser in Konkurs, so ist der *ungedeckte* Angewiesene, der die Anweisung angenommen hat, der Leidtragende. Er kann seinen Auslagenregress nur als Konkursforderung 5. Klasse geltend machen.

6. Handlungsunfähigkeit, Tod oder Verschollenerklärung des Anweisenden

6 a

a. Aus Art. 470 III OR muss e contrario geschlossen werden, dass Eintritt der *Handlungsunfähigkeit oder des Todes des Anweisenden keine selbständigen Beendigungsgründe für die Anweisung* bilden. So ausdrücklich art. 1270 II Codice Civile. Der *gesetzliche Vertreter oder die Erben des Anweisenden treten in dessen Widerrufsrecht* ein. Hat der Angewiesene dem Empfänger die Annahme nicht erklärt, so wird er sich in Kenntnis des Todes, der Handlungsunfähigkeit oder Verschollenheit des Anweisenden i. d. R. nicht durch Annahmeerklärung an den Empfänger binden. Dann fällt die Anweisung mangels Annahme durch den Angewiesenen dahin.

b *b.* Tritt die *Handlungsunfähigkeit oder der Tod des Anweisenden erst nach der Annahmeerklärung gegenüber dem Empfänger* ein, so bleibt die Verpflichtung des Angewiesenen intakt. Ist der Angewiesene nicht gedeckt, so muss er sich für seinen *Auslagenregress an die Erben* des Anweisenden halten. Die Regreßschuld des Anweisenden, der erst nach Annahme der Anweisung gegenüber dem Empfänger handlungsunfähig geworden ist, ist noch vor der Handlungsunfähigkeit entstanden und muss erfüllt werden.

III. BEENDIGUNGSGRÜNDE IN DER PERSON DES ANGEWIESENEN

7. Kein Kündigungsrecht des Angewiesenen

7 a *a.* Die *Anweisung ist kein Dauerverhältnis.* Vor ihrer Annahme gegenüber dem Empfänger besteht keine Verpflichtung des Angewiesenen. Auch wenn sich dieser verpflichtet hat, dem Empfänger die Annahme zu erklären, ist keine Exekution dieses pactum de contrahendo möglich. Infolgedessen besteht *kein Bedürfnis nach* einem dem Widerrufsrecht entsprechenden *Kündigungsrecht* des Angewiesenen. *Stirbt der Angewiesene vor Annahme* gegenüber dem Empfänger, so treten seine *Erben in seine Rechtsstellung* ein. Sie können die Anweisung ausführen. Art. 405 II OR. Ähnliches gilt, wenn der *Angewiesene handlungsunfähig* wird. Dann trifft eine *Ausführungspflicht gegebenenfalls den gesetzlichen Vertreter. Liquidatoren einer juristischen Person haben pendente Anweisungen* i. d. R. *auszuführen*, namentlich wenn es sich um eine *Anweisung auf Schuld* handelt. Art. 468 II OR. Eine Verweigerung der Ausführung ist dem Anweisenden unverzüglich mitzuteilen. Art. 467 III OR.

b *b. Nach Annahme gegenüber dem Empfänger* besteht erst recht *keine Kündigungsmöglichkeit* des Angewiesenen. In diesem Sinne kann von einer «unwiderruflichen» Anweisung gesprochen werden. Die *Verpflichtung aus der angenommenen Anweisung geht auf die Erben des Angewiesenen über.* Der *Konkurs des Angewiesenen bringt sie nicht zum Erlöschen.* War die Anweisung erfüllungshalber erteilt, so wird indessen der Empfänger für das, was er beim Angewiesenen nicht erhältlich machen konnte, auf die Valutaforderung gegen den Anweisenden zurückgreifen. Die *Erben des Angewiesenen treten in dessen Verpflichtungen aus der angenommenen*

Anweisung ein. Wird der Angewiesene *nach der Annahme der Anweisung handlungsunfähig*, so ändert dies an seiner Haftung aus der zur Zeit seiner Handlungsfähigkeit begründeten Obligation nichts.

c *c.* Die *Sachleistungspflicht des Angewiesenen* gegenüber dem Empfänger ist *allen Erlöschungsgründen der Sachleistungsobligationen unterworfen: Erlass, Neuerung, Verrechnung, Verjährung.* Art. 468 N. 6e. Der Angewiesene kann diese Erlöschungsgründe als persönliche Einreden gegen den Empfänger geltend machen.

IV. BEENDIGUNGSGRÜNDE IN DER PERSON DES EMPFÄNGERS

8. Kein einseitiges Rücktrittsrecht des Empfängers

8 a *a.* Der Empfänger hat ein Recht, aber keine Pflicht, die Anweisung anzunehmen, d.h. die Leistung vom Angewiesenen zu fordern. Hat er die *Anweisung an Erfüllungsstatt* angenommen, so liegt es in seinem eigenen Interesse, sein Recht auszuüben, da er *nicht* mehr *auf den Anweisenden aus dem Valutaverhältnis zurückgreifen* kann. Art. 467 N. 4. Hat der Empfänger der gesetzlichen Regel entsprechend die *Anweisung zahlungshalber* entgegengenommen, so *muss er die Leistung vom Angewiesenen fordern.* Solange er dies nicht getan hat, steht der Valutaforderung gegen den Anweisenden die *Stundungseinrede* entgegen. Art. 467 N. 7. *Von der Ausübung seines Rechtes gegen den Angewiesenen kann daher der Empfänger nicht einseitig abstehen*, sofern er die Valutaforderung nicht ebenfalls verlieren will.

b *b.* Gerät der *Empfänger in Konkurs, so tritt die Masse, stirbt er*, so treten seine *Erben in seine Rechtsstellung* ein. Auch sie müssen i. d. R. die Leistung vorerst vom Angewiesenen fordern, bevor sie auf die Valutaforderung zurückgreifen können. Wird der *Empfänger handlungsunfähig*, so *übt der gesetzliche Vertreter seine Rechte aus* der Anweisung aus. Soll eine erteilte Anweisung auf Empfängerseite nicht angenommen werden, so trifft die Mitteilungspflicht aus Art. 467 III OR den Empfänger, seine Erben oder seinen gesetzlichen Vertreter. Art. 469 N. 2. Art. 405 II OR.

Art. 471

D. Anweisung bei Wertpapieren

[1] Schriftliche Anweisungen zur Zahlung an den jeweiligen Inhaber der Urkunde werden nach den Vorschriften dieses Titels beurteilt, in dem Sinne, dass dem Angewiesenen gegenüber jeder Inhaber als Anweisungsempfänger gilt, die Rechte zwischen dem Anweisenden und dem Empfänger dagegen nur für den jeweiligen Übergeber und Abnehmer begründet werden.

[2] Vorbehalten bleiben die besondern Bestimmungen über den Check und die wechselähnlichen Anweisungen.

D. Assignation en matière de papiers-valeurs

[1] L'assignation qui a été libellée au porteur est régie par les dispositions du présent titre, tout porteur ayant à l'égard de l'assigné la qualité d'assignataire, et les droits qui naissent entre l'assignant et l'assignataire ne s'établissant qu'entre chaque cédant et son cessionnaire.

[2] Sont réservées les dispositions spéciales concernant le chèque et les assignations analogues aux effets de change.

D. Assegno nelle carte-valori

[1] Gli assegni scritti al portatore sono regolati dalle disposizioni del presente titolo, considerandosi quale assegnatario in confronto dell'assegnato ogni portatore, mentre i diritti fra assegnante e assegnatario nascono soltanto dalle singole cessioni.

[2] Rimangono ferme le disposizioni speciali sugli chèques e sugli assegni affini alle cambiali.

Rechtsvergleichung: aOR Art. 413. BGB §§ 783, 792 III. HGB §§ 363/5.

Literatur: Robert Amsler, Die Sicherungshinterlegung im schweizerischen Recht, Berner Diss 1951. Jean-Pierre Déverin, Etude camparée de l'indossement et de la cession civile des titres à ordre, Lausanne 1936. Guy Flattet, Essai sur la nature juridique des titres nominatifs. Contribution à l'étude des titres de preuve et des papiers-valeurs. Etude de droit suisse, Lausanne 1945. Albert Oetterli, Die wechselähnliche Orderanweisung, Aarau 1944. Walter Jürg Saxer, Die gewillkürten Orderpapiere, Zürcher Diss 1945.

SYSTEMATIK DER KOMMENTIERUNG

Art. 471 OR

I. Inhaberanweisungen

1. Wertpapiercharakter 579
2. Das verkörperte Recht vor und nach der Annahmeerklärung des Angewiesenen 580

II. Das Rechtsverhältnis zwischen Angewiesenem und Inhaber

3. Keine allgemeine wertpapierrechtliche Einredebeschränkung 581
4. Sogenannte hinkende Inhaber-Anweisungen 583

III. Das Rechtsverhältnis aufeinanderfolgender Inhaber untereinander und zum Anweisenden

5. Summarische Gesetzesredaktion 583

IV. Orderanweisungen

6. Wertpapiercharakter, Einredebeschränkungen und Rückgriff 584

V. Vorbehalt des Checkrechts

7. Checkrecht als lex specialis 585

VI. Rektaklausel bei Anweisungsurkunden

8. Anwendbarkeit des Anweisungsrechtes 585

Art. 471 OR

I. INHABERANWEISUNGEN

1. Wertpapiercharakter

1 a *a.* Eine Inhaberanweisung liegt vor, wenn ich beispielsweise meine Bank beauftrage, nicht einer namentlich bezeichneten Person, sondern dem *Inhaber der Anweisungsurkunde* (z.B. dem Überbringer des Anweisungsbriefes) eine bestimmte Geldsumme für meine Rechnung auszuzahlen. Im Gegensatz zur Anweisung mit Namensbezeichnung des Empfängers muss die *Inhaberanweisung* auch nach OR *schriftlich* ausgestellt sein. Nach § 783 BGB bedarf auch die Namensanweisung einer Urkunde. Minimalanforderungen der schriftlichen Inhaberanweisung sind: *Unterschrift des Anweisenden* (Ausstellers) nach Art. 12–15 OR, *namentliche Bezeichnung des Angewiesenen, bestimmte oder objektiv bestimmbare Bezeichnung der Leistung, die der Inhaber erheben darf.* Art. 466 OR. Art. 471 I OR erwähnt nur die *Zahlungsanweisung* auf den Inhaber. Es ist jedoch anzunehmen, dass alle Leistungen *von Geld, Wertpapieren oder anderen vertretbaren Sachen*, die nach Art. 466 OR Anweisungsgegenstand bilden (Art. 466 N. 5), auch zum Gegenstand einer Inhaberanweisung

gemacht werden können. Vermutlich wurde bei der textlichen Bereinigung anlässlich der Revision von 1911 wie in Art. 467, 468 und 469 so auch in Art. 471 OR übersehen, das Wort «Zahlung» entsprechend dem erweiterten Gegenstand der Anweisung durch «Leistung» zu ersetzen. Wenn *Konossemente und Lagerscheine* auf den Inhaber gestellt werden können (Art. 1153 Ziff. 8, 482 III OR), so besteht kein Grund, nur die Zahlungsanweisung auf den Inhaber zuzulassen. Immerhin ist die Inhaberanweisung *kein Warenpapier*, auch wenn sie die Leistung gattungsmässig bestimmter Waren zum Gegenstand hat. Aus dem Charakter der Anweisung folgt, dass das Eigentum am Anweisungsgegenstand nicht durch Übertragung der Urkunde (Art. 925 ZGB), sondern nur durch effektive Besitzübergabe am Leistungsgegenstand übertragen wird. Art. 466 N. 9. Dass eine *Anweisung* vorliegt, braucht nicht aus dem Wortlaut, sondern kann *aus dem Sinn des Auftrages an den Angewiesenen* hervorgehen.

b *b.* Nach der in Art. 965 OR enthaltenen Definition ist die *Inhaberanweisung* ein *Wertpapier.* Vgl. den Randtitel zu Art. 471. Der Inhaber erhält das Recht, die verurkundete Leistung vom namentlich bezeichneten Angewiesenen zu erheben. (Der *Wertpapiercharakter der nichtakzeptierten Inhaberanweisung* wird oft bestritten. So ALBERT OETTERLI, die wechselähnliche Orderanweisung S. 93.) *Ohne die Anweisungsurkunde kann er dieses Recht weder geltend machen noch übertragen. Der Angewiesene muss nur gegen Aushändigung der quittierten Anweisungsurkunde leisten.* Als Inhaberpapier i. S. von Art. 978 OR hat die Inhaberanweisung den Vorteil der *leichten Übertragbarkeit und daher der Negotiabilität.* Andererseits nimmt der Anweisende den Nachteil in Kauf, dass der Angewiesene die Berechtigung des Empfängers nicht prüfen muss. Der Angewiesene kann daher *an einen Unberechtigten* leisten, wenn er *nicht weiss oder wissen musste, dass die Anweisungsurkunde vom Inhaber unrechtmässig erworben war.* VON TUHR/SIEGWART II S. 459. Andererseits kann die Inhaberanweisung wie andere Inhaberpapiere *kraftlos erklärt* werden. Art. 981 I OR. Ein *richterliches Zahlungsverbot* an den Angewiesenen ist möglich. Art. 978 II, 982 OR.

2. Das verkörperte Recht vor und nach der Annahmeerklärung des Angewiesenen

2 a *a.* Infolge des Rechtes, die Leistung beim Angewiesenen zu erheben, ist die Inhaberanweisung ein *Wertpapier, auch wenn der Angewiesene ihre Annahme nicht erklärt hat,* also keine Forderung daraus entstanden ist.

Doch ist die Negotiabilität einer nicht von einem guten Schuldner angenommenen Inhaberanweisung geringer. Es besteht nicht nur keine Sicherheit, ob sie angenommen und dadurch eine Forderung gegen den Angewiesenen begründet wird. Vielmehr kann sich der *Inhaber ohne ausdrückliches Garantieversprechen nicht an seinen Vormann halten*, während der Indossant eines gezogenen Wechsels eine Garantie für die Akzeptierung und die Einlösung und der Indossant eines Checks die Garantie für dessen Einlösung übernimmt.

b

b. Die Forderung gegen den Angewiesenen, die dem Inhaber statt einer Befugnis ein *exequierbares Forderungsrecht* verleiht, entsteht *durch die Annahmeerklärung* i. S. von Art. 468 I OR. Art. 471 I OR will mit einer etwas umständlichen Formulierung einmal zum Ausdruck bringen, dass die *Annahme jedem Inhaber gegenüber erklärt werden kann*, d. h. jeder Person, die sich durch *Präsentation der Urkunde als deren Besitzer legitimiert.* Art. 468 N. 7c. Die *Annahmeerklärung des Angewiesenen muss nicht verurkundet werden.* I. d. R. wird die Verurkundung vom Inhaber verlangt werden, um den Beweis für die Entstehung der Forderung zu sichern. Nach der Annahme wird durch Übertragung der Inhaberanweisung nicht nur die Befugnis übertragen, die Leistung zu fordern, sondern das exequierbare Forderungsrecht. Ein späterer Erwerber der Anweisung wird wissen wollen, ob er nur eine Befugnis oder ein exequierbares Forderungsrecht erwirbt. Die auf einem *Inhabercheck* verurkundete *Annahmeerklärung* des Bezogenen ist *unwirksam.* Art. 471 II, 1104, 1105 III, 1111 OR.

II. DAS RECHTSVERHÄLTNIS ZWISCHEN ANGEWIESENEM UND INHABER

3. Keine allgemeine wertpapierrechtliche Einredebeschränkung

3 a

a. Die Rechte zwischen dem jeweiligen Inhaber und dem Angewiesenen werden durch Art. 467/8 OR bestimmt. Das bedeutet zunächst negativ, dass der *Inhaber keinen Anspruch hat, dass der Angewiesene die Annahme erklärt.* Art. 468 III OR. Wird Annahme und Leistung vom Empfänger verweigert, so ist der Versuch, die Leistung vom Angewiesenen zu erlangen für den Inhaber erfolglos geblieben. Ob der Inhaber auf den Übergeber (Vormann) zurückgreifen kann, ist eine Frage des Verhältnisses zwischen «Übergeber» und «Abnehmer». N. 5b unten.

b

b. Wurde die *Annahme vom Angewiesenen mit oder ohne Vorbehalte erklärt*, so ist die Forderung im Rahmen des Inhaltes der Anweisung und der Vorbehalte des Angewiesenen entstanden. Art. 468 N. 2–6. Damit erhebt sich die Frage, welche Einreden der Angewiesene dem jeweiligen Inhaber entgegensetzen kann. Würden die allgemeinen Regeln über Inhaberpapiere gelten, so wären es ausser den Einreden gegen die Gültigkeit und aus dem Inhalt der Anweisungsurkunde nur persönliche Einreden gegen den Inhaber, der die Forderung tatsächlich geltend macht, nicht aber Einreden gegen die Vormänner, vorbehältlich der exceptio doli. Art. 979 OR. Art. 468 N. 8, 9 d. Das würde der Regelung entsprechen, die nach § 792 III für alle Anweisungen des BGB gilt. Mit der Verweisung auf das allgemeine Anweisungsrecht will Art. 471 I OR zum Ausdruck bringen, dass die defensive Rechtsstellung des Angewiesenen nicht verschlechtert werden soll, wenn der Anweisende die Form der Inhaberanweisung gewählt und ein erster Empfänger von der erleichterten Übertragbarkeit Gebrauch gemacht hat. Die Situation ist eine andere, wie wenn sich ein Schuldner von vorneherein jedem Inhaber gegenüber zu einer bestimmten Leistung verpflichtet hat. *Wie gegenüber einem gewöhnlichen Zessionar kann der Angewiesene gegen den die Forderung geltend machenden Inhaber auch alle Einreden erheben, die ihm gegen irgendeinen Vormann zustanden.* Art. 468 N. 8 a. Vgl. auch Hans Ott in SJZ 54 (1958) S. 147/8. Oser/Schönenberger ad Art. 471 OR N. 4. Diese vom BGB grundsätzlich abweichende Regelung selbst der Inhaberanweisung mit Wertpapiercharakter scheint für das OR die Annahme einer «abstrakten» Anweisung vollends auszuschliessen.

c

c. Gegen die vom Anweisenden *angenommene Inhaberanweisung* sind also zulässig

(1) *Einreden gegen die Gültigkeit der Anweisung* (Handlungsunfähigkeit des Ausstellers, widerrechtlicher oder unsittlicher Zweck, Fälschung), und zwar *auch dann, wenn der die Forderung erhebende Inhaber und seine Vormänner den Mangel nicht gekannt haben.*

(2) *Einreden, die sich aus dem Inhalt der Anweisungsurkunde* ergeben.

(3) *Einreden aus Annahmevorbehalten des Angewiesenen, gleichgültig, ob solche Vorbehalte verurkundet und ob sie dem die Forderung erhebenden Inhaber oder einem Vormann erklärt* waren. Nur muss der *Angewiesene die Einredetatsachen beweisen.*

(4) *Einreden aus dem persönlichen Verhältnis des Angewiesenen zu dem die Forderung erhebenden Inhaber.*

(5) *Einreden, welche dem Angewiesenen gegen den Inhaber zustanden, dem die Annahme erklärt war, aber auch solche Einreden, die jedem nachfolgenden Inhaber gegenüber entstanden sind.*

Ausgeschlossen sind:

(6) *Einreden aus dem Deckungsverhältnis* zwischen dem Anweisenden und dem Angewiesenen.

(7) *Einreden aus dem Valutaverhältnis zwischen Anweisendem und erstem Inhaber sowie aus den Rechtsverhältnissen der nachfolgenden Inhaber untereinander*, soweit es nicht Einreden gegen die Gültigkeit der Anweisungsurkunde sind.

4. Sogenannte hinkende Inhaberanweisungen

4 Der Angewiesene kann sich in Inhaberanweisungen, die er selbst (meist formularmässig) ausstellt, in welche aber vom Anweisenden ein bestimmter Name eingesetzt wird, *das Recht vorbehalten, an jeden Inhaber zu leisten.* Art. 976 OR. Dann ist er *berechtigt, aber nicht verpflichtet die Gläubigerlegitimation des Inhabers zu prüfen und wird von seiner Leistungspflicht befreit, wenn er gutgläubig an einen Inhaber leistet.* Alsdann besitzt er auch den Auslagenregress gegen den Anweisenden, obschon die Leistung an einen Unrichtigen erfolgt sein kann. HANS OTT in SJZ 54 (1958) S. 146.

III. DAS RECHTSVERHÄLTNIS AUFEINANDERFOLGENDER INHABER UNTEREINANDER UND ZUM ANWEISENDEN

5. Summarische Gesetzesredaktion

5 a *a.* Das Gesetz sagt sinngemäss, die Bestimmungen des Anweisungsrechtes über das Verhältnis zwischen Empfänger und Anweisenden *(Valutaverhältnis) sollen «nur» für das Verhältnis zwischen jeweiligem Übergeber und jeweiligem Abnehmer Geltung haben.*

b *b.* Ist der Angewiesene im Deckungsverhältnis Schuldner des Inhabers oder einer seiner Vormänner, so tritt die Tilgung seiner Schuld erst ein, wenn er effektiv an einen Inhaber geleistet hat. M. a. W. es *wird vermutet, jeder Inhaber erwerbe die Inhaberanweisung vom Übergeber erfüllungshalber.* Eine *Übernahme an Erfüllungsstatt muss zwischen Übergeber und Abnehmer ausdrücklich vereinbart* sein. Bei der Übernahme erfüllungshalber ist die *Valutaforderung zwischen Übergeber und Abnehmer der Inhaberanweisung so lange gestundet, als der Abnehmer die Leistung nicht erfolglos vom Angewiesenen gefordert hat.* Art. 467 II OR. Der die Zahlung fordernde Inhaber ist verpflichtet, *seinen Vormann sofort von einer Leistungsverweigerung des Angewiesenen zu benachrichtigen.* Art. 469 OR. Einen formellen *Protest* muss er *nicht erheben*, da er ohne ausdrückliches Garantieversprechen aus der Anweisung *keine Regressrechte* gegen den Übergeber oder dessen Vormänner erwirbt. ALBERT OETTERLI, die wechselähnliche Orderanweisung, S. 99. Ist die Anweisung dem Abnehmer nicht an Erfüllungsstatt übergeben, so kann der Abnehmer auf seine Valutaforderung gegen den Übergeber (z. B. Kaufpreis) zurückgreifen. Die *Inhaberanweisung kann vom Anweisenden gegenüber jedem Inhaber widerrufen werden, solange der Angewiesene nicht einem Inhaber gegenüber die Annahme erklärt hat.* Art. 470 II OR.

IV. ORDERANWEISUNGEN

6. Wertpapiercharakter, Einredebeschränkungen und Rückgriff

6 a *a.* Durch den Vorbehalt in Art. 471 II OR gilt für *Orderanweisungen, die keine Checks sind, das gemeine Anweisungsrecht nur soweit die Art. 1145–1150 OR nichts anderes bestimmen.* Orderanweisungen können *auf Sicht* oder auf einen *bestimmten Verfalltag* lauten. Die Anweisung ist eine Orderanweisung und damit ein Orderpapier, wenn sie *ausdrücklich an Order* lautet. Art. 1145, 1147 OR. Dadurch wird sie *mittels Indossament übertragbar.* Lautet sie *ohne Beifügung der Orderklausel* auf einen Empfängernamen, so ist sie *eine nur durch gewöhnliche Abtretung übertragbare Rektaanweisung.* N. 8 unten. Nur der *Wechsel* ist *von Gesetzes wegen eine Orderanweisung.* Art. 991 Ziff. 6, 1001 I OR.

b *b.* Da für Orderanweisungen *keine Annahmepflicht* besteht, kann der legitimierte Inhaber einer übertragenen Orderanweisung *mangels Annahme keinen Rückgriff* auf die Vormänner nehmen. Art. 1148 OR. GUHL, OR S. 769.

c *c.* Hat der Angewiesene die *Orderanweisung angenommen*, so kann er *dem legitimierten Inhaber nur Einreden entgegenhalten, die sich gegen die Gültigkeit der Urkunde richten, sich aus deren Inhalt ergeben oder ihm gegen den jeweiligen Gläubiger persönlich zustehen. Mit Einreden aus seinem Verhältnis gegen einen früheren Inhaber ist der Angewiesene ausgeschlossen,* soweit sie nicht als *exceptio doli* (doloser Erwerb) *gegen den jeweiligen Gläubiger persönlich* erhoben werden können. Art. 1146 OR. Die *Einrede-*

beschränkung geht also weiter als bei Inhaberanweisungen. N.3 oben. Art. 468 N. 9.

d. Durch Indossierung einer angenommenen Orderanweisung übernimmt der Indossant zudem die Gewähr für deren Einlösung bei Verfall. Art. 1149 II, 1033 I OR. *Akzeptanten, Indossanten oder Garanten haften dem Inhaber der Orderanweisung solidarisch als Gesamtschuldner.* Art. 1149, 1044 OR. Da es bei Inhaberanweisungen keine Indossanten gibt, ist diese Regelung dort nicht möglich. d

e. Fehlt einer Orderanweisung im Text nur die Bezeichnung als Wechsel, entspricht sie aber sonst allen Erfordernissen des gezogenen Wechsels (Art. 991 OR), ist sie also namentlich ein *unbedingter Zahlungsauftrag für eine bestimmte Geldsumme zu einer bestimmten Verfallzeit,* so kommt das *materielle Wechselrecht vollumfänglich zur Anwendung,* vorbehältlich der Abweichungen die sich aus dem *Fehlen der Präsentationspflicht* und dem *Ausschluss der Wechselbetreibung* ergeben. Art. 1147 OR. Es ist auch der *Regress gegen Indossanten möglich, welche die Orderanweisung vor ihrer Annahme indossiert haben.* Art. 1044 OR. e

V. VORBEHALT DES CHECKRECHTS

7. Checkrecht als lex specialis

Sowohl für den *Order- als auch den Inhabercheck* (Art. 1100, 1108, 1111 OR) gelten nicht die Vorschriften des gemeinen Anweisungsrechtes, sondern die *Bestimmungen von Art. 1100–1143 OR.* Das gilt namentlich für die *Einredebeschränkungen* und den *Regress.* Art. 468 N. 9 c (Art. 1111, 1128, 1143 Z. 5 und Z. 12 OR). *Fehlt die Bezeichnung als Check* (Art. 1100 Z. 1) oder die *passive Checkfähigkeit* (Art. 1102 II OR), so wird aus der verbleibenden *unqualifizierten Anweisung eine Order- oder Inhaberanweisung.* **BGE 80 II 87 Erw. 4.** Nach schweizerischem Recht ist der *Check nicht die einzige Form der Bankanweisung.* 7

VI. REKTAKLAUSEL BEI ANWEISUNGS-URKUNDEN

8. Anwendbarkeit des Anweisungsrechtes

Ist in einer Anweisungsurkunde der Angewiesene zur Leistung nicht an Order, sondern an einen namentlich genannten Empfänger beauf- 8 tragt, so ist die Übertragbarkeit der Urkunde durch Indossament ausgeschlossen. Man kann dann von einer *Rektaanweisung* sprechen. GUHL, OR S. 765. Auf Rektaanweisungen kommt das *gemeine Anweisungsrecht* zur Anwendung. Es greift also *nicht die Einredebeschränkung Platz, die für angenommene Orderanweisungen gilt, sondern nur die Einredebeschränkung nach Art. 468 I OR.* Art. 468 N. 8. Nach Art. 49 RGDA ist das *Dokumentenakkreditiv im Zweifel eine unübertragbare Anweisung.* Es kann sogar *nur einmal durch Zession übertragen* werden, *wenn es ausdrücklich als übertragbar bezeichnet* ist. Es handelt sich dabei um ein *vertragliches Abtretungsverbot* i. S. von Art. 164 OR. Das *Dokumentenakkreditiv ist schlichte Beweisurkunde*, nicht Wertpapier, desgleichen der *sogenannte Buchungsauftrag für WIR-Geld.* HANS OTT im SJZ 54 (1958) S. 146.

Neunzehnter Titel

Der Hinterlegungsvertrag

VORBEMERKUNGEN

Übersicht

1. Stellung der Hinterlegung im Vertragssystem des OR. Abgrenzungen 587
2. Rechtsdogmatische Evolution 590
3. Arten der Hinterlegung und Abgrenzungen 592
4. Internationales Privatrecht. Anderen Verträgen koordinierte und/ oder subordinierte Hinterlegungen 596
5. Dingliche Rechtsverhältnisse im Hinterlegungsvertrag. Besitz. Eigentumsverhältnisse. Retentionsrecht. Subrogation des Restitutionsanspruches 599
6. Rechtsvergleichung. Hinterlegung als Erfüllungssurrogat. Hinterlegung bei öffentlichen Hinterlegungsstellen 603

Literatur: ROBERT AMSLER, Die Sicherheitshinterlegung im schweizerischen Recht, Berner Diss 1951. J. R. BIEDERMANN, Die Hinterlegung als Erfüllungssurrogat, Zürcher Diss 1944. F. HELLER, Das Tresordepot (Safemiete), Berner Diss 1919. PETER LOTZ, Der Schrankfachvertrag unter besonderer Berücksichtigung des Bankgeheimnisses. PAUL PORTMANN, Die gerichtliche Hinterlegung, Zürcher Diss 1913. RENÉ DE PREUX, Le contrat de dépôt ouvert de titres en banque, Freiburger Diss 1946.

1. Stellung im Vertragssystem des OR. Abgrenzungen

1 a

a. Mit dem 18. Titel über die Anweisung endet die Gruppe von Verträgen, die ausgesprochen (Art. 412 II, 418b I, 425 II, 440 II OR) oder unausgesprochen auf der *Mandatsfigur* beruhen. Man kann die in Art. 407 bis 471 OR geregelten Verträge (mit Ausnahme der Art. 418–424 OR über die auftraglose Geschäftsführung) als qualifizierte Mandate bezeichnen. Ihre Grundlage ist das im 1. Abschnitt des 13. Titels unter Art. 394–406 OR als «einfacher Auftrag» (mandat pur et simple) bezeichnete «*allgemeine Auftragsrecht*». Sie gehören zur grösseren Gruppe der *Arbeitsverträge.* Art. 394 II OR. Ihre charakteristische Obligation ist eine *obligatio faciendi,* die als solche unvollstreckbare Verpflichtung zu einer *Arbeitsleistung ohne Erfolgshaftung des Leistungsschuldners.* Die Arbeitsobligation würde indessen ihr Wesen als echte Obligation einbüssen, wäre ihr nicht eine Sorgfaltspflicht und eine entsprechende *Sorgfaltshaftung begriffsessentiell.* Art. 395 N. 71–75. Art. 398 N. 21–26.

b *b.* Auch im prokuratorischen (Vollmachtsauftrag) und insbesondere im fiduziarischen Auftrag kann dem Beauftragten *Vermögen «anvertraut»* (Art. 472 I OR) sein. Doch ist das dem Mandat des schweizerischen Rechts *nicht begriffsessentiell.* Der Arzt, der Prozessanwalt oder der Gutachter verschaffen dem Auftraggeber ein unkörperliches, *geistiges Arbeitsresultat.* Die ihnen *übergebenen Sachen* sind *Mittel* (instrumenta) *zur Auftragsausführung.* Der *Rechtsgrund ihres Besitzes* ist das *Mandat.* Uniuscuiusque enim contractus initium spectandum et causam. **DIG. 17. 1. 8 pr.** Art. 400 N. 7, 8.

c *c.* Sind dem Beauftragten Sachen zur Auftragsausführung übergeben, oder sind sie vom Beauftragten durch die Auftragsausführung erworben worden, so sind sie dem Auftraggeber *«abzuliefern».* Art. 400 OR. Art. 400 N. 5 c. Art. 401 N. 20. In bestimmten, doch keineswegs in allen Mandaten, tritt die *Ablieferungsobligation* nahezu gleichwertig neben die *Ausführungsobligation.* Art. 400 N. 1, 2. So im einfachen fiduziarischen *Vermögensverwaltungsauftrag, im Kommissionsauftrag, im Frachtvertrag* u. a., während beispielsweise der Prokurist i. d. R. nichts abliefert, sondern sein vertragsgemässes Wirken Veränderungen in der Vermögenszusammensetzung des Geschäftsherrn unmittelbar herbeiführt. Art. 400 N. 14.

d *d.* Der *Gegenstand der sekundären Ablieferungsobligation des Mandatars ist beim Vertragsabschluss unbestimmt.* «Alles, was dem Beauftragten infolge seiner Geschäftsführung aus irgendeinem Grunde zugekommen ist», sagt Art. 400 OR. Art. 400 N. 5. Die konkrete Ablieferungsobligation entsteht *erst im Zeitpunkt der Erhebung des Anspruches* durch den Auftraggeber. Art. 400 N. 5 d, 11 a. Je nach dem Zeitpunkt der Beendigung und nach dem Erfolg bei der Erfüllung der Ausführungsobligation, die eine besondere mandatrechtliche Lehre bildet, ist der Ablieferungsgegenstand in einem konkreten Auftragsverhältnis ein anderer. Art. 400 N. 11, 404 N. 9 b. Selbst im Frachtvertrag, wo sich die auftragsrechtliche und die werkvertragliche Konzeption überschneiden (Art. 440 N. 4) und das *abzuliefernde Frachtgut eine Speziessache* (Art. 441 N. 3) bildet, ist das *abzuliefern, was der Frachtführer unter Anwendung aller Sorgfalt tat-*

sächlich an den Bestimmungsort transportieren konnte. Für das trotz aller Sorgfalt verlorene, zerstörte oder beschädigte Frachtgut haftet er nicht. Art. 447 N. 4c (1). Auch *Liegenschaften können im Mandat den Gegenstand der Ablieferungspflicht* des Beauftragten bilden. Art. 394 N. 18. Art. 395 N. 44. Art. 401 N. 7a. Stets aber bleibt die *Arbeitsobligation die essentielle Hauptverpflichtung* des Mandatars.

e

e. Die *essentielle Hauptverpflichtung des Aufbewahrers* (Depositars) hingegen ist die *Rückgabe der hinterlegten Sachen.* Es ist die Erstattung, die *Restitution, von «anvertrautem» Gut* (Art. 472 I OR) im engeren Sinne. Art. 400 N. 8b. «Mais ce qui caractérise ce contrat c'est le droit du déposant de réclamer la restitution de la chose et le devoir du dépositaire de la rendre.» **BGE 58 II 351.** Die Erstattungspflicht des Aufbewahrers hat *nicht auch* das durch die vertragliche Tätigkeit im Interesse des Vertragspartners *erworbene Vermögen* zum Gegenstand. Zwar ist mit der Restitutionsobligation die Pflicht zur «*Aufbewahrung an einem sicheren Ort*» (Art. 472 I OR) verbunden, eine Überwachung (custodia), die Arbeit (ein facere) erfordern kann (N. 5a unten). Aber sie ordnet sich der Restitution («zurückfordern» – Art. 475 I OR), der obligatio dandi des Aufbewahrers, unter und bezweckt nicht den Erwerb anderer, sondern nur die *Erhaltung bestehender beweglicher Vermögenswerte. Gibt der Aufbewahrer die hinterlegte Sache zurück, so hat er gehörig erfüllt, auch wenn er sie nicht «an einem sicheren Ort aufbewahrt» und nicht überwacht* (custodia) *hat.* Anders Oser/Schönenberger ad Art. 472 N. 3. Der Aufbewahrer hat nicht ein unbestimmtes Arbeitsresultat abzuliefern, sondern eine bei Vertragsabschluss bestimmte Sache zu «erstatten». *Grundstücke* können *nicht Erstattungsgegenstand im Hinterlegungsvertrag* («bewegliche Sache – Art. 472 I OR), wohl aber Ablieferungsgegenstand im Mandat sein. Art. 394 N. 18. Gleichgültig, in welchem Zeitpunkt der Restitutionsanspruch erhoben wird, sein Gegenstand ändert sich nicht durch die «vertragsgemässe Geschäftsbesorgung» (Art. 394 I OR) des Verwahrers. Erstattet bzw. zurückgefordert kann nur das werden, was der Hinterleger dem Aufbewahrer gegeben («anvertraut») hatte («nebst allfälligem *Zuwachs»*), d. h. einer *Vermehrung, die ohne Tätigkeit des Aufbewahrers eingetreten* ist. Cum verbum restituas lege invenitur, et si non specialiter de fructibus additum est, tamen etiam fructus sunt restituendi. **DIG. 50. 17. 173. 1.** Geht die Sache ohne Verschulden des Aufbewahrers unter, so *trägt bei der gewöhnlichen Hinterlegung der Hinterleger die Gefahr:* «Casum sentit dominus.»

f

f. Der grundlegende Unterschied zwischen der charakteristischen Erstattungsobligation des Verwahrers und der uncharakteristischen Ablieferungsobligation des Mandatars besteht auch dann, wenn beide Obligationen *Gattungs-Geldschulden* werden, wie es beim depositum irregulare der Fall ist. Art. 481 OR. Art. 400 N. 4. Die nämliche Geldsumme kann gleichartiger Leistungsgegenstand der Ablieferungsschuld eines Inkassomandatars, eines Aufbewahrers oder eines Borgers sein. Der Inkassomandatar liefert sie dem Auftraggeber ab, wenn und weil er sie von einem Drittschuldner einkassieren konnte. Der Aufbewahrer restituiert sie, weil sie ihm vom Hinterleger zur Aufbewahrung übergeben («anvertraut») war. Er durfte sie grundsätzlich nicht für seine Zwecke gebrauchen, obschon er Eigentümer des Geldes geworden ist. Art. 474 I OR. Der Borger zahlt eine dem geliehenen Betrag entsprechende Geldsumme (Art. 312 OR), meist mit Zinsen (Art. 313/4 OR) zurück, nachdem er den geliehenen Betrag zu seinem Nutzen verwendet (verbraucht) hat. Uniuscuiusque enim contractus initium spectandum et causam. N. 1b oben. In jedem der drei Fälle liegt eine *andere causa* (Zweck und Grund) der *Ablieferung bzw. Erstattung* vor.

2. Rechtsdogmatische Evolution

2 a *a.* Das römische Recht mit seinem ausgeprägten Instinkt für die praktischen Realitäten hat die Kontrakte, bei denen die essentielle Restitutionsobligation eine vorausgegangene Übergabe (datio) des Restitutionsgegenstandes voraussetzte, als *Realkontrakte* aufgefasst und dogmatisch von den Verbal- und Konsensualkontrakten unterschieden. Zum Abschluss der Realkontrakte: commodatum (Gebrauchsleihe) mutuum (Darlehen) und depositum (Hinterlegungsvertrag) genügte nicht die blosse und meist formlose Willenseinigung. Vielmehr wurde ihre Wirksamkeit der *Rechtsbedingung der tatsächlichen Übergabe* einer Sache an den Entlehner, Borger oder Verwahrer unterstellt. **INST. 3. 14 pr., 2, 3. DIG. 44. 7. 1. 1–5.** Sie kamen erst mit der tatsächlichen Übergabe einer bestimmten Sache (res) an den Restitutionspflichtigen zur Entstehung. Was nicht übergeben war, konnte logischerweise (trotz Willenseinigung) nicht restituiert werden. «Depositum est, quod custodiendum alicui *datum* est.» **DIG. 16. 3. 1 pr.**

b *b. Realkontrakte* sind auch aus dem schweizerischen Privatrecht nicht vollständig verschwunden. Im *Eisenbahnfrachtrecht* entsteht die Transport- und Ablieferungsobligation der Eisenbahn erst durch die «Aufgabe», d.h. die *Übergabe des Frachtgutes* mit dem Frachtbrief an die Eisenbahn. Art. 41 ETranspG. Art. 8 § 1 CIM. Art. 440 N. 5c. In gewissem Sinne kann der *Verwendungsersatzanspruch des Mandatars* nach

Art. 402 I OR auch im modernen Recht als Realobligation aufgefasst werden. Er entsteht erst und nur, wenn eine *Verwendung und Auslage tatsächlich* gemacht wurde. VON TUHR, Actio de in rem verso, S. 26. Art. 402 N. 10b, 12c. Code Civil, ABGB, BGB und Codice Civile haben bei der *Hinterlegung* an der römischrechtlichen Konzeption als *Realobligation* festgehalten. Art. 472 N. 1a.

c

c. Wenn auch das OR die Kontrakte, deren charakteristische Obligation eine Restitution zum Gegenstand hat, hinsichtlich ihrer Entstehung dem allgemeinen *Konsensualprinzip* (Art. 1 ff. OR) unterstellt, hat sich an ihrem *Wesen nicht viel geändert. Gegenstand der Erstattungsobligation* des Entlehners, Borgers oder Verwahrers kann auch heute nur das sein, *was tatsächlich* in Gebrauchsleihe, als Darlehen oder zur Aufbewahrung *gegeben wurde.* Da Verleiher oder Hinterleger, auch bei einer Gebrauchsleihe oder Hinterlegung auf bestimmte Zeit, das Restitutionsobjekt grundsätzlich *jederzeit zurückfordern* können, Art. 309 II, 310, 475, besteht für sie *keine vollstreckbare Verpflichtung zu seiner Übergabe*, die aus dem blossen Vertragskonsens entstanden wäre. OSER/SCHÖNENBERGER ad Art. 472 N. 35. Ob man daher Gebrauchsleihe und Hinterlegung als durch den Konsens zustande gekommene Verträge betrachtet, deren charakteristische Obligation **(BGE 58 II 351)** durch die tatsächliche Übergabe der geliehenen oder hinterlegten Sache bedingt ist, oder ob man annimmt, der charakteristische Obligationsnexus entstehe erst durch die Übergabe, hat mehr theoretische als praktische Bedeutung. Aus dem *Darlehenskonsens entsteht zwar ein kurz befristeter klagbarer Anspruch des Borgers auf Übergabe der zugesagten Darlehensvaluta.* Art. 315 OR. Wird diese aber nicht tatsächlich übergeben, so ist die charakteristische Restitutionspflicht («Rückerstattung») des Borgers nicht entstanden. Die *Darlehenszusage* kann daher ebensowohl als *Vorvertrag* i. S. von Art. 22 OR (pactum de mutuo dando) aufgefasst werden, in welchem Schadenersatz- und Erfüllungsanspruch des Borgers identisch sind. DERNBURG, Pandekten II S. 232. Die charakteristische Restitutionsobligation des Borgers und gegebenenfalls der vertragliche Darlehenszinsanspruch des Darlehensgebers sind von der tatsächlichen Übergabe einer bestimmten Darlehensvaluta an eine Person, welche diese tatsächlich annimmt, abhängig. **DIG. 12. 1. 32.** Das kommt darin zum Ausdruck, dass häufig die ganze Verurkundung eines Darlehensvertrages sich auf die Ausstellung einer *Darlehensquittung* beschränkt, in welcher der *Empfang* (datio) einer Geldsumme «*als Darlehen*» bescheinigt ist. Art. 88 OR.

d *d.* Die Erkenntnisse der römischen Dogmatik bleiben daher im allgemeinen auch für die modernrechtlichen Restitutionsverträge gültig. Ihre grundlegende Struktur hat sich nicht geändert, ob man sie in das Einheitsschema der Konsensualkontrakte eingliedert oder ihnen einen besonderen Platz als «Realkontrakte» anweist. Ihre *charakteristische Obligation ist die obligatio dandi* auf *Erstattung* (Restitution) tatsächlich erhaltener beweglicher Sachen, mit der eine *obligatio faciendi* zu aktiven Sorgfaltsmassnahmen beim Gebrauch oder bei der Aufbewahrung (Überwachung) der übergebenen Sachen *nebensätzlich verbunden* sein kann. **BGE 58 II 351, 78 II 252 Erw. 5.**

3. Arten der Hinterlegung und Abgrenzungen

3 a *a.* In der Gliederung des OR beansprucht das Auftrags- und Geschäftsführungsrecht, einschliesslich der Spezialmandate und der auftraglosen Geschäftsführung, den 13. bis 18. Titel des OR. Das Recht des Hinterlegungsvertrages ist in einem einzigen Titel, dem 19., zusammengefasst. Trotzdem lässt sich, ähnlich wie im Auftragsrecht, ein *allgemeines Hinterlegungsrecht* von *speziellen oder qualifizierten Hinterlegungen* unterscheiden. Im Codice Civile enthält Libro quarto «Delle obbligazioni» als Capo 12 «Del deposito». Sezione I «Del deposito in generale». Sezione II «Del deposito in albergo». Sezione III «Del deposito nei magazzini generali», während Capo 13 «Del sequestro convenzionale» bezeichnet ist und in Capo 14 «Del comodato» und Capo 15 «Del mutuo» die beiden andern klassischen Realkontrakte anschliessen. Nach OR dürfen als *allgemeines Hinterlegungsrecht die Normen betrachtet werden, die allen Arten der Hinterlegung gemeinsam sind: Übergabe und Restitution bestimmter beweglicher Sachen.* Art. 472-479 OR. Ob man die *Sachgewähr*, die der Gast- oder Stallwirt für *Invecten und Illaten* von Reisenden zu leisten hat, überhaupt hinterlegungsvertraglich auffassen kann, mag in der Theorie kontrovers sein. Art. 487 N. 1. Doch besteht die äussere Ähnlichkeit mit der Restitutionsobligation eines Aufbewahrers.

b *b.* Die im OR ausdrücklich erwähnten nach verschiedenen Kriterien *qualifizierten Hinterlegungen* sind

(1) Das *depositum irregulare* mit dem Kriterium, dass eine bestimmte Summe Geldes oder andere vertretbare Sachen als persönliche *Gattungsschuld* zu «restituieren» sind und dementsprechend Eigentum sowie Nutzen und Gefahr der vom Hinterleger übergebenen gleichen Geldsumme auf den Aufbewahrer übergehen, so dass der «*Restitutionsgegenstand*» *nicht vindiziert* werden kann. Art. 481 OR. Art. 1782 Codice Civile. **BGE 77 I 39/40, 77 III 64.**

(2) Die *Sequestration* (sequestre conventionnel, sequestro convenzionale) mit dem Kriterium, dass eine Sache, an der das Eigentum oder andere Rechte, z. B. ein Aussonderungsrecht nach Art. 401 OR, streitig oder zweifelhaft sind, *von mehreren Hinterlegern übergeben*, jedoch vom Sequester *nur derjenigen Person* (oder denjenigen Personen) *zu restituieren ist, welche von den mehreren Hinterlegern übereinstimmend oder vom Richter bezeichnet wird.* Art. 480 OR. Art. 1798 Codice Civile.

(3) Das *Lagergeschäft* mit dem Kriterium, dass raumbeanspruchende bewegliche Sachen in einem *Lagerhaus gegen Entgelt* (Lagergeld – Art. 485 OR) von einem *Lagerhalter* (Art. 482/5 OR) aufbewahrt werden und u. U. nicht einer bestimmten Person, sondern dem *Inhaber einer Legitimationsurkunde oder eines Warenpapiers* (Lagerschein – Art. 482, 1153/5 OR) *zurückzugeben* sind (Art. 486 OR – **BGE 43 II 645/6)**, wobei im letzteren Falle das *Eigentum am Lagergut durch Übergabe des wertpapiermässig ausgestatteten Lagerscheins übertragen* (Art. 925 ZGB) werden kann. Art. 482–486 OR. Art. 1787–1797 Codice Civile.

(4) Das *receptum cauponum et stabulariorum*, die Sachgewähr von Gast- und Stallwirten für die in Gasthäuser, Ställe u. ä. eingebrachten Sachen der Gäste mit *summenmässig begrenzter aber kausaler Restitutionshaftung* (Art. 487 II, 490 II OR) des Wirtes. Art. 487–491 OR. Art. 1783–1786 Codice Civile. Die Anwendung des «receptum» auf selbständige Garagebetriebe wird von der neueren Praxis abgelehnt und die *Einbringung der Motorfahrzeuge in eine Sammelgarage* als *gewöhnliche Hinterlegung* mit summenmässig unbegrenzter Verschuldenshaftung (nach Art. 97/101 OR) des Garagehalters qualifiziert. Art. 490 N. 1c, 2.

c *c.* Neben den gesetzlich qualifizierten Hinterlegungen hat die Praxis namentlich die Bankpraxis, weitere *im Rahmen der Vertragsfreiheit qualifizierbare Hinterlegungstypen* hervorgebracht, so namentlich:

(1) Das *offene Wertschriften- oder Bankdepot:* Entgeltliche «sichere» Verwahrung von Wertschriften, die ohne ausdrückliche Abrede (Art. 481 III OR) nicht Eigentum des Verwahrers werden, sondern *Eigentum des Hinterlegers* bleiben. Mit diesem allerdings fundamentalen Unterschied entspricht der offene Bankdepotvertrag zur «Aufbewahrung» von Wertpapieren (Deutsches Gesetz über die Verwahrung und Anschaffung von Wertpapieren vom 4. Februar 1937) *sonst weitgehend den Kontoverträgen* (§ 355 HGB. Art. 1823 Codice Civile) *zur «Aufbewahrung» von Geld* **(BGE 78 II 254).** Beide werden mit

einem «Inhaber» abgeschlossen, der nicht Eigentümer der «Depositen» sein muss. Der *Konto- oder Depotinhaber ist der «verfügungsberechtigte» Gläubiger des «Restitutionsanspruches»*, der jederzeit erhoben werden kann, beim Konto i. d. R. *ex mandato* (Art. 400 N. 37), beim Depot *ex deposito* nach Art. 475 OR. Der verfügungsberechtigte Inhaber, oft ein Fiduziar, kann den *Restitutionsanspruch aus seinem Konto und/oder Depot ganz oder teilweise zedieren oder durch einen* (Dauer- oder ad hoc) *Bevollmächtigten erheben lassen.* Art. 400 N. 37d. Die *Verfügungsberechtigung* kann auch hier mit dem *Besitz eines «Depotscheines»* verbunden sein, der jedoch *kein Wertpapier* ist, wie etwa der Lagerschein. Lit. b (3) oben. Zur *Sicherung seiner Gegenansprüche* (actio mandati contraria beim Konto, actio depositi contraria beim Depot) hat der *Restitutionsschuldner gegenüber der Kontoschuld das Verrechnungsrecht und gegenüber der Depotschuld* (Restitution) *das dingliche Retentionsrecht*, während das Verrechnungsrecht nach Art. 125 Z. 1 im Hinterlegungsvertrag ausgeschlossen ist. **BGE 45 III 249.** Nach den Bankusanzen wird allerdings unter einem offenen Bankdepot («dépot ouvert») ein mit einem derartigen Hinterlegungsvertrag kombinierter allgemeiner *Verwaltungsauftrag* verstanden. **BGE 63 II 242/4, 78 II 253/4.** Art. 1838 Codice Civile («Deposito di titoli in amministrazione»). N. 4b unten.

(2) Beim sogenannten *geschlossenen Bankdepot* (safe deposit box) *weiss die Bank i. d. R. nicht, was sie verwahrt.* Art. 1931 Code Civil. Sie *vermietet* (Art. 253 OR) dem Inhaber meist in feuer- und diebstahlgesicherten Tresorräumen ein Fach (safe, safe deposit box oder cassetta di sicurezza, art. 1839 Codice Civile), das i. d. R. nur mit zwei Schlüsseln, einem der Bank und einem des Inhabers, geöffnet werden kann (Gesamtbesitz). Der Inhaber kann die ihm beliebenden realen und affektiven Werte (Dokumente, Geld, Schmucksachen, Wertpapiere, aber auch seine lyrischen Gedichte usw.) hineinlegen. Juristisch liegt nicht Verwahrung an einem sicheren Ort durch die Bank, sondern *Miete eines sichern Ortes* durch den Safeinhaber vor. *Wer den Gegenstand seiner Restitutionsobligation nicht kennt, kann nicht Aufbewahrer sein.* Art. 1839/41 Codice Civile. OSER/SCHÖNENBERGER ad Art. 253 N. 13, ad Art. 472 N. 16.

(3) Es gibt noch andere Unterarten des Bank- und Warendepots, die durch *Kriterien der formalen Verfügungsberechtigung* variiert werden können: *Gemeinschaftsdepots*, bei denen der Aufbewahrer oft bewusst oder unbewusst *Sequester- oder sequesterähnliche Funktionen* (Art. 479, 480 OR) übernimmt. Diese Eigenschaft nehmen ex lege *Depots auf den Namen eines Erblassers* an, wenn das Erbrecht streitig

oder zweifelhaft ist. Besteht über ein Erblasserdepot keine *über den Tod des Erblassers wirkende Verfügungsberechtigung*, die übrigens von der Erbengemeinschaft jederzeit widerrufen werden kann (Art. 405 N. 5), so darf der Restitutionsschuldner den Restitutionsanspruch nur denjenigen Personen gegenüber erfüllen, die sich durch eine *amtliche Erbbescheinigung* i. S. von Art. 559 ZGB ausweisen.

(4) *Nummern- oder Chiffredepots*, bei denen die *Verfügungsberechtigung* nicht oder nicht schlechthin von der *Identifikation* namentlich bezeichneter Personen, sondern von *vereinbarten Kennzeichen* abhängig *oder Kennwörtern* (**BGE 77 II 370** für ein Nummernkonto) abhängig gemacht wird.

(5) *Sammeldepots* von vertretbaren beweglichen Sachen, *Vermengungsdepot* eines Lagerhalters (Art. 484 OR, **BGE 77 I 39/40**) sowie *Bankdepots von vertretbaren Wertpapieren derselben Art* (§ 5 Deutsches Depot-Gesetz) mit dem Kriterium, dass die *Restitutionsschuld* zur *Gattungsschuld* wird. Die Sammelverwahrung kann nur auf Grund einer *ausdrücklichen Erlaubnis des Hinterlegers* erfolgen Art. 481 III, 484 I OR. § 5 I Deutsches Depot-Gesetz. Der *Aufbewahrer wird aber nicht wie beim irregulären Gelddepot Eigentümer, sondern alle Hinterleger sind mit der Quote ihrer Hinterlage* (Art. 727 ZGB) *Miteigentümer des Sammel- oder Vermengungsdepots*, was im Konkursfalle des Restitutionsschuldners von Bedeutung ist. § 6 Deutsches Depot-Gesetz. **BGE 77 I 40.** OSER/SCHÖNENBERGER ad Art. 481 OR Nr. 23. BECKER ad Art. 484 OR N. 2.

d. Im schweizerischen Sprachgebrauch, namentlich der Banken, ist oft von Hinterlegung oder Hinterlage die Rede, wenn bewegliche Sachen nicht zur Aufbewahrung im vorwiegenden Interesse des Hinterlegers, sondern zur *Sicherung im Interesse des «Aufbewahrers»* übergeben werden. (Garantie der Kautionsdepots). Solche «Hinterlagen», die der Verwahrer nicht zu einem persönlichen Recht in Besitz nimmt (Art. 920 I ZGB), sondern i. d. R. zu einem dinglichen Recht, zumeist als Faustpfand oder als Retentionsobjekt, bilden *nicht Gegenstand eines obligatorischen Hinterlegungs- sondern eines Faustpfandvertrages* (der im römischen Recht ebenfalls ein Realkontrakt war – **INST. 3. 14. 4,** Art. 884 I ZGB) oder einer *Sicherungsübereignung* (Art. 394 N. 15 a, Art. 400 N. 9 d). **BGE 58 II 351.** Insbesondere ist die *Verrechnungseinrede* gegenüber den zur Sicherung hinterlegten «Kautionen» *zulässig*. Es ist zumeist der eigentliche Zweck der Sicherheitshinterlegung, dem Sichergestellten eine Verrechnungsmöglichkeit für mögliche zukünftige Forderungen zu verschaffen (Deckung). SJZ 13 (1916/7) Nr. 18 S. 78, 20 (1923/4) Nr. 162

d

S. 213. OSER/SCHÖNENBERGER ad Art. 472 N. 20. ROBERT AMSLER, Die Sicherheitshinterlegung im schweizerischen Recht, Berner Diss 1951. Errichtet ein Aktionär zur Sicherung seiner Nachschusspflicht auf nicht voll einbezahlte Aktien bei der berechtigten Aktiengesellschaft selbst ein «Sicherungsdepot», so liegt keine «Hinterlegung», sondern eine *Verpfändung* vor. Semjud 82 (1960) S. 105. Denn die *Interessenlage* ist nicht mehr diejenige, die für einen Hinterlegungsvertrag typisch ist. Art. 472 N. 5.

4. Internationales Privatrecht. Anderen Verträgen koordinierte und/oder subordinierte Hinterlegungen

4 a *a.* Die Typisierung des Hinterlegungsvertrages durch die Restitution übergebener (anvertrauter) beweglicher Sachen ohne Gebrauchsrecht des Aufbewahrers erscheint so eindeutig, dass *Abgrenzungsprobleme* wie etwa innerhalb der Arbeitsvertragstypen (Art. 394 OR N. 60–63) kaum entstehen. Die internationalprivatrechtlich wichtige *Vertragsqualifikation* sollte daher i. d. R. keine Schwierigkeiten bereiten, wenn man nichts anderes als einen Hinterlegungsvertrag vor sich hat. Ohne Rechtswahl ist bei den *gewöhnlichen oder qualifizierten Hinterlegungen das Statut am Wohnort oder Geschäftssitz des Restitutionsschuldners (Aufbewahrers) anzuwenden,* mit welchem das Vertragsverhältnis den engsten räumlichen Zusammenhang aufweist. SCHÖNENBERGER/JÄGGI, Allg. Einl. zum OR N. 310. Wohnort oder Geschäftssitz des Restitutionsschuldners fällt auch *gewöhnlich mit dem Erfüllungsort der Restitutionsobligation* zusammen. Art. 74 Z. 2, 477 OR.

b *b.* Doch werden *Hinterlegungsverträge* oft in einer einzigen Urkunde oder auch durch formlosen Konsens *mit andern Verträgen simultan* abgeschlossen und bleiben mit ihnen gekoppelt. Häufig ist die Koordination von *Hinterlegungsvertrag und Auftrag.* Errichtet der Bankkunde ein *offenes Wertschriftendepot,* so erteilt er der Bank gewöhnlich simultan (oft stillschweigend) den banküblichen *Verwaltungsauftrag,* die Erträge der hinterlegten Wertschriften, zur Rückzahlung gelangende, z. B. ausgelöste Kapitalien und Kapitalamortisationen, einzukassieren, Bezugsrechte für neu emittierte Aktien auszuüben, gezeichnete Titel entgegenzunehmen, Aktienteilungen zu überwachen, Mitteilungen, welche die Aktionär- oder Obligationärrechte betreffen, entgegenzunehmen und allgemein das zu tun, was zur Erhaltung der hinterlegten Werte erforderlich ist, jedoch ohne den Auftrag, allenfalls *zurückbezahlte Obligationen neu anzulegen.* **BGE 78 II 253.** Dieser Auftrag muss von Fall zu

Fall *gesondert erteilt* werden. Art. 1838 Codice Civile («Deposito di titoli in amministrazione»). Damit verbindet der Kunde meist einen weiteren *Auftrag zur Errichtung und Führung eines Kontokorrents* **(BGE 78 II 254)**, auf welchem nach allgemeiner Usanz *verrechenbare Geldeingänge gutgeschrieben*, Geldausgänge belastet und beide periodisch saldiert werden. Im Rahmen dieser simultan abgeschlossenen Hinterlegungs- und Mandatsverträge werden häufig zahlreiche *kurzbefristete Dienstleistungsaufträge* erteilt, angenommen und ausgeführt: Einkaufs- oder Verkaufs*kommissionen* hinsichtlich hinterlegter oder zu hinterlegender Wertschriften, Zahlungs*anweisungen*, Wechsel für Forderungsinkassi u.v.a. Die gleich- oder verschiedenartigen Verträge treten in ein *Koordinations- oder Kumulationsverhältnis*. («Au dépôt se joint alors un mandat.») Sie *bestehen nebeneinander*, auch wenn sie sich nach Sinn und Funktion ergänzen mögen. Sie können *einzeln oder zusammen, aber nur nach den für sie geltenden Regeln aufgelöst werden* **(BGE 63 II 242 Erw. 1 und 2)**, wobei allerdings Auftrag und Hinterlegungsvertrag jederzeit vom Auftraggeber und Hinterleger einseitig aufgelöst werden können. Art. 404, 475 I OR. **BGE 78 II 257.** Kauft die Bank als Einkaufskommissionär Wertpapiere und liefert sie in ein bei ihr bestehendes Kundendepot ein, so wird sie zunächst Eigentümerin der auf ihren Namen gekauften Titel. Art. 434 N. 1. Sie *überträgt* mit der *Einlieferung* in das Kundendepot den *Eigentumsbesitz durch Besitzvertrag auf den Depotkunden*. Art. 924 I ZGB. Internationalprivatrechtlich unterstehen (mangels Rechtswahl) *kumulierte Mandats- und Hinterlegungsverträge* dem *Statut am Wohnort oder Geschäftssitz des Beauftragten und Restitutionsschuldners*, mit dem die charakteristischen Obligationen beider Vertragstypen den engsten räumlichen Zusammenhang aufweisen. Art. 394 N. 69d.

c

c. Von diesen koordinierten oder kumulierten Verträgen zu unterscheiden sind solche, in welchen der *volle Begriffsinhalt eines Vertragstyps nur Nebenverpflichtung* in einem Hauptvertrag ist. So wird der Kommissionär, der das Kommissionsgut mit einem eigenen Fahrzeug beim Kommittenten abholt oder diesem abliefert, nicht gleichzeitig Frachtführer, oder wenn er es vorübergehend in eigenen Lagerräumen einlagert, nicht gleichzeitig Lagerhalter des Kommittenten. Er hat *nur einen zusätzlichen «Auslagenersatzanspruch»* innerhalb seiner konkreten actio mandati contraria, der allerdings quantitativ mit dem Frachtlohn- oder Lagergeldanspruch identisch sein wird. Art. 431 II OR. Art. 431 N. 6b. Da nach schweizerischem Recht der Kommissionär Eigentümer des Kommissionsguts ist (Art. 434 N. 1, 2) ist ein *Hinterlegungsvertrag über Kommissionsgut begrifflich ausgeschlossen*. Art. 472 N. 2e. Art. 1946

Code Civil. Der *fiduziarische Vermögensverwalter* verwahrt das vom Fiduzianten anvertraute bewegliche Vermögen wie ein *Depositar*. Art. 394 N. 64a. Beide haften für die nämliche Sorgfalt. Dennoch umfasst die *fiduziarische Vermögensverwaltung implicite die Aufbewahrung* des anvertrauten (und des erworbenen) Vermögens. Aber der Fiduziar ist Eigentümer sowohl des anvertrauten *als auch des erworbenen Vermögens.* Das *schliesst eine reguläre Hinterlegung begrifflich* aus. Man kann nicht gleichzeitig selbständiger unmittelbarer Eigentumsbesitzer und unselbständiger unmittelbarer Besitzer zu einem persönlichen Recht sein. Art. 920 ZGB. N. 5 unten. Alles erhalteneund erlangte Vermögen ist nicht zu «erstatten», sondern *als Ganzes in seinem wechselnden Bestand abzuliefern, sobald es der Fiduziant verlangt.* Der Schwerpunkt der Verpflichtung des Fiduziars liegt in seiner Tätigkeit, in der Rechtsausübung im eigenen Namen. Es liegt nicht ein mit einer Hinterlegung gekoppelter, sondern ein *einheitlicher Verwaltungsauftrag* vor. Vgl. § 960 ABGB. Der Fiduziant kann nur ex mandato (fiducia) nicht gleichzeitig ex deposito die «Ablieferung» verlangen. **BGE 77 II 93/4.** Hingegen ist es durchaus möglich, die *Vermögensverwaltung im Namen des Auftraggebers und einen Hinterlegungsvertrag miteinander* zu verbinden. Lit. b oben. Dann wird der Vermögensverwalter nicht wie der Fiduziar Eigentümer, sondern unselbständiger unmittelbarer Besitzer des anvertrauten und erworbenen Vermögens, welches somit ein taugliches Objekt für eine reguläre Hinterlegung ist. Oder das Digestenbeispiel: Der Prozessanwalt wird nicht Aufbewahrer der ihm übergebenen Urkunden, er hat diese «instrumenta causae» nicht als selbständige Hinterlegungsgegenstände ex deposito, sondern ex mandato nach Art. 400 OR abzuliefern. Art. 400 N. 7, 8. **DIG. 17. 1. 8 pr.**

d *d.* Der *Frachtführer oder Spediteur*, der bei Vorliegen eines Ablieferungshindernisses das *Frachtgut bei sich «aufbewahrt»* (Art. 444 I OR), haftet zwar wie ein Lagerhalter und hat Anspruch auf das übliche Lagergeld, erfüllt jedoch eine *frachtvertragliche Nebenobligation, nicht einen Hinterlegungsvertrag.* Seine essentielle Vertragsobligation bleibt der Transport und die Ablieferung des Frachtgutes an den aus dem Frachtvertrag berechtigten Empfänger, nicht die Restitution zur Aufbewahrung anvertrauten Gutes. *Internationalprivatrechtlich unterstehen Verträge, welchen eine Hinterlegung subordiniert sein kann, dem Statut des Hauptvertrages.*

5. Dingliche Rechtsverhältnisse im Hinterlegungsvertrag. Besitz. Eigentumsverhältnisse. Retentionsrecht. Subrogation des Restitutionsanspruches.

5 a

a. Nach römischem Recht ist der Depositar nur Detentor (Inhaber) nicht Besitzer der hinterlegten Sache. Vgl. § 958 ABGB. Das römische Recht kannte, wie heute noch das ABGB (§ 309), nur den Eigentumsbesitz (animus rem sibi habendi). Art. 396 N. 41. Nach schweizerischem Recht wird der Aufbewahrer mit erfolgter Übergabe unmittelbarer unselbständiger Besitzer zu einem persönlichen Recht. Art. 920 ZGB. Das *Eigentum und der selbständige mittelbare Eigentumsbesitz verbleiben dem Hinterleger.* **BGE 77 I 40.** Der *reguläre Hinterlegungsvertrag ist eine causa possessionis.* Art. 931 II ZGB, *aber keine causa dominii.* Die Aufbewahrungspflicht als vertragliche Obligation des Depositars (Art. 472 I OR) umfasst nicht nur die zur Überwachung erforderlichen Tathandlungen. Vielmehr ist der *Depositar verpflichtet, den Besitzesschutz gegenüber Dritten aktiv wahrzunehmen.* Er beruft sich bei Besitzesstörung (Art. 932 ZGB) oder Besitzesentziehung (Art. 933 ZGB) auf die Vermutung des Eigentums des Hinterlegers (Art. 931 I ZGB) und seine eigene causa possessionis. Art. 931 II ZGB. Sein *Hinterlegungsbesitz ist selbst dann zu schützen, wenn der Hinterleger nicht Eigentümer der Sache* ist, der Aufbewahrer aber die Sache in gutem Glauben zur Aufbewahrung entgegengenommen hat. Art. 933 ZGB. *Solange ein Dritteigentümer nicht Eigentumsklage gegen den unmittelbar besitzenden Aufbewahrer eingeleitet und/oder die amtliche Beschlagnahmung der hinterlegten Sache erwirkt hat, besitzt der Aufbewahrer für seinen Hinterleger.* Art. 479 OR. Durch die genannten Massnahmen hingegen *wandelt sich sein Besitz zum Sequesterbesitz i.S. von Art. 480* OR.

b

b. Zum persönlichen Besitztitel aus Hinterlegungsvertrag oder Sequestration tritt gegebenenfalls der *dingliche Besitztitel aus dem eigenen Retentionsrecht* des Aufbewahrers, sobald und solange nach Massgabe von Art. 895 ZGB eine retentionsgesicherte Forderung des Aufbewahrers aus dem Hinterlegungsvertrag oder dem geschäftlichen Verkehr (unter Kaufleuten) besteht. Der *Retentionsbesitz* ist nur in Art. 485 III OR für den *Lagerhalter* erwähnt, besteht indessen *auch bei der gewöhnlichen Hinterlegung für den Vergütungsanspruch* (Art. 472 II OR), den *Auslagenersatz* (Art. 473 I OR) und den *Verwendungsersatzanspruch* (Art. 475 II OR, Art. 939 I ZGB) des Aufbewahrers. ZR 51 (1952) Nr. 181 S. 332. Im gemeinen Recht hingegen waren gegenüber der Forderung aus dem Depositum jede Kompensation oder Retention wegen Gegenforderungen ausgeschlossen. DERNBURG, Pandekten II S.250. Hingegen ist in art. 1948 Code Civil das Retentionsrecht für Ansprüche aus der actio depositi contraria («ce que lui est dû en raison du dépot») ausdrücklich festgelegt. Diesen *Sicherungsbesitz* aus einem beschränkten dinglichen Recht übt der *Aufbewahrer im eigenen Interesse* aus. War der Aufbewahrer gutgläubig, d.h. durfte er nach den Umständen an die Befugnis des Hinterlegers zur Hinterlegung der Sache glauben, so *geht sein Retentionsbesitz* nicht nur dem Eigentumsbesitz eines Hinterlegers, sondern auch eines Drittansprechers *vor.* Art.939 I ZGB. Doch fällt der Titel zum Retentionsbesitz fort, sobald die retentionsgesicherte Forderung des Aufbewahrers ungültig, getilgt, sonst erloschen oder wenn ihr Betrag hinterlegt ist. Art.898 I ZGB. Vgl. Art.451 N.1c, e.

c *c.* Die Ausnahme vom Axiom, dass der Hinterlegungsvertrag einen Besitzes- aber keinen Eigentumstitel für den Aufbewahrer liefert, bildet das *depositum irregulare* nach Art.481 OR. Wird Geld unversiegelt und unverschlossen zur Aufbewahrung übergeben, so wird eine Abrede (pactum), der *Aufbewahrer* solle *Eigentümer des Geldes* werden, vermutet. Art.481 II OR. **BGE 78 II 253 Erw. 5c.** Die nämliche *gesetzliche Vermutung* gilt übrigens *nicht nur bei der Geldhinterlegung,* sondern *auch dann, wenn beispielsweise Geld als Deckung, Vorschuss oder sonst als Mittel zur Ausführung eines Auftrages unverschlossen und unversiegelt übergeben* (oder aus der Auftragsausführung erworben) wurde. Art.400 N.8. Art.401 N.8. **BGE 77 III 64.** Der Geldaufbewahrer darf mangels gegenteiliger Abrede das unversiegelt und unverschlossen übergebene Geld nicht nur mit seinem eigenen vermischen, sondern es beliebig gebrauchen, weil es sein Eigentum wird und er nur verpflichtet ist, die nämliche Summe als Gattungsschuld zurückzuzahlen. Doch kann in der Schweiz *nicht* wie im Codice Civile art.1782 II das Gelddepot *mit dem Darlehen identifiziert* werden. Art.481 N.1d.

d *d.* Für die Begründung eines *irregulären Wertpapierdepots oder eines Vermengungsdepots von anderen vertretbaren Sachen,* besteht *keine gesetzliche Vermutung.* Art.481 III, 484 I OR. **BGE 77 I 39/40.** Bilden nur der Gattung nach bestimmte (vertretbare) Wertpapiere den Hinterlegungs- und Restitutionsgegenstand, so bleibt beim *offenen Bankdepot* (N.3c [1] oben) der *Hinterleger* der *Eigentümer, und beim Sammel- oder Vermengungsdepot* (N.3c [5] oben) wird er *Miteigentümer* nach Art.727 ZGB der hinterlegten Sachen. Die dem Bankkunden periodisch zugestellten *Depotauszüge* weisen i.d.R. die *Titelnummern* auf, auch wenn es dem Kunden gleichgültig ist, welche Stücke der Gattung zu restituieren sind. Infolgedessen kann der Kunde auch im Falle des Konkurses seiner Bank die nach Nummern spezifizierten Titel *vindizieren.* Beim *irregulären Depot* besteht *kein dringlich wirkendes Retentionsrecht* des Aufbewahrers an den Sachen, die sein Eigentum geworden sind. Es fehlt für das Retentionsrecht an eigenen Sachen eine ausdrückliche gesetzliche Bestimmung, wie sie nach Art.401 III OR für den einfachen Auftrag und in Art.434 OR für die Kommission besteht. Sie ist jedoch deshalb nicht notwendig, weil Geld auch nach Art.401 OR regelmässig nicht ausgesondert werden kann. Über die Frage, wieweit der in Art.125 Z.1 ausgesprochene *Ausschluss der Verrechnung* auch für das *depositum irregulare* gilt, vgl. Art.481 N.8c. **BGE 45 III 249.** N.3c (1) oben. Art.401 N.8. Für das seltene *irreguläre Wertpapierdepot* ist eine *ausdrückliche Vereinbarung* erforderlich. Art.401 III OR. Häufiger ist das Sammel- oder Vermengungsdepot, das den Hinterlegern ermöglicht, ihre *Miteigentumsquote zu vindizieren,* so dass diese das Risiko der Zahlungsunfähigkeit des Aufbewahrers nicht tragen. **BGE 77 I 40.** Art.484 N.2. Beim *irregulären Wertschriftendepot* kann der Aufbewahrer die Erfüllung seiner Gattungsschuld mit der *exceptio non adimpleti contractus* (Art.82 OR) so lange verweigern, als der Hinterleger seine gegenseitigen Verpflichtungen aus dem konkreten Hinterlegungsvertrag nicht erfüllt hat. Vgl. auch Art.939 I ZGB. Im Gegensatz zur Ablieferungs-Gattungsschuld des Fiduziars *wirkt jedoch die exceptio non adimpleti contractus nicht dinglich* gegenüber Dritten oder der Konkursmasse des Depositars. Die «anvertrauten» nur der Gattung nach bestimmten Wertpapiere können *nicht ausgesondert* werden, weil *eine Art.401 OR entsprechende Bestimmung für den Hinterlegungsvertrag im positiven Recht fehlt.* Wer aussondern will, muss eine causa mandati nachweisen. Art.401 N.5d, 30c. Nur der Ablieferungsanspruch ex causa mandati, nicht auch der Restitutionsanspruch ex causa depositi, begründet die Legalzession und das Aussonderungsrecht. Infolgedessen ist das irreguläre Wertschriftendepot ein riskantes Geschäft, weil es dem Hinterleger das Risiko der Insolvenz des Aufbewahrers überbindet, was bei Hinterlegungen normalerweise nicht der Fall ist und nur beim irregulären Gelddepot der Fall sein sollte.

e

e. Im Bankdepotverkehr gibt es *scheinbare Ausnahmen* von der dinglichen Rechtsgestaltung im Hinterlegungsvertrag, ohne dass ein depositum irregulare im Sinne von Art.481 OR vorläge. Eine schweizerische Bank kauft im Auftrage eines Depotkunden, mit dem sie gewöhnlich einen kombinierten Hinterlegungs-, Verwaltungs- und Kontovertrag abgeschlossen hat (N.3c [1], 4b oben), *ausländische Titel und hinterlegt sie im eigenen Namen* (der Bank) *aber für Rechnung und Gefahr des Kunden in ein Sammeldepot bei einer ausländischen Bank.* Art.394 N.65e.

Die schweizerische Bank ist dann hinsichtlich der bei der ausländischen Bank in ihrem eigenen Namen hinterlegten Wertpapiere nicht Aufbewahrer i. S. von Art. 472 OR, sondern sie ist *Fiduziar ihres Kunden* in einem *Rechtsgeschäftsbesorgungsauftrag* (Abschluss und Ausübung der Rechte aus einem Hinterlegungsvertrag) i. S. von Art. 394/401 OR. Der *Kunde* kann unter der Rechtsbedingung, dass er alle Ansprüche der Bank aus deren konkreter actio mandati contraria erfüllt, oder den Betrag streitiger Ansprüche hinterlegt hat, die *Ansprüche aus dem in seinem Interesse und für seine Rechnung abgeschlossenen Hinterlegungsvertrag mit der ausländischen Aufbewahrerbank selbst und und in eigenem Namen ausüben, weil sie durch gesetzliche Subrogation nach Art. 401 I OR auf ihn übergegangen sind.* Art. 401 N. 22, 23. Unter der nämlichen Rechtsbedingung kann er *im Konkurse der schweizerischen Bank (Fiduziar) die Ansprüche gegenüber der ausländischen Aufbewahrerbank «aussondern»*. Art. 401 II OR. Art. 401 N. 25. Die schweizerische Bank (oder deren Konkursmasse) hat ein «Retentionsrecht» nur bis zur Tilgung oder Hinterlegung ihrer Forderungen aus ihrer konkreten actio mandati contraria. Diese Grundsätze sind auch *internationalprivatrechtlich* zu beachten, weil das massgebende *fiduziarische Auftragsverhältnis zwischen dem Kunden und seiner schweizerischen Bank dem schweizerischen Recht* untersteht. **DIG. 16. 1. 3. 11.**

f *f.* Art. 479 OR regelt die *Rechtsstellung des unmittelbar besitzenden Aufbewahrers gegenüber dem Vindikationsanspruch eines Dritten.* Einleitung der *Eigentumsklage* oder amtliche *Beschlagnahmung* der hinterlegten Sache macht seinen Besitz zum *Sequesterbesitz.* Art. 480 OR. Lit. a oben. *Sonst* muss der Aufbewahrer, der den unmittelbaren Hinterlegungs- und Retentionsbesitz gutgläubig erworben hat (mala fides superveniens non nocet), den *Restitutionsanspruch des Hinterlegers erfüllen* und wird durch diese Erfüllung von seiner Vertragspflicht *befreit*, ohne dass der Drittansprecher Schadenersatzansprüche geltend machen könnte. Das entspricht den Anforderungen der Rechtssicherheit namentlich im Bankverkehr. Andernfalls könnte ein Dritter durch mutwillige Eigentumsansprache an deponierten Sachen beispielsweise das Bankdepot des Hinterlegers blockieren. Anders ist jedoch die Situation, wenn ein Dritter behauptet, der *Restitutionsanspruch aus einem Hinterlegungsvertrag sei durch Subrogation nach Art. 401 I OR auf ihn übergegangen.* Lit. d oben. Wird der *gesetzliche Rechtsübergang vom Hinterleger bestritten*, so sind strenge Anforderungen an die Gutgläubigkeit der Aufbewahrerbank zu stellen. Immerhin muss der Drittansprecher auch in diesem Falle *womöglich eine gerichtliche Beschlagnahme der Sache bewirken oder auf Herausgabe an ihn klagen.* Art. 401 N. 24 d. Eine solche Herausgabeklage des subrogierten Dritten ist einer Eigentumsklage gleichzusetzen. In Zweifellsfällen wird sich der Restitutionsschuldner durch gerichtliche Hinterlegung nach Art. 168 I OR befreien. Art. 401 N. 24 e.

6. Rechtsvergleichung. Hinterlegung als Erfüllungssurrogat. Hinterlegung bei öffentlichen Hinterlegungsstellen

6 a

a. Im *Code Napoléon* handelt der 11. Titel des 3. Buches «Du dépôt ou du séquestre». Sein 1. Kapitel «Du dépôt en général et de ses diverses espèces» definiert die *Hinterlegung* als einen *tatsächlichen Akt* (Realkontrakt) *der Entgegennahme einer fremden Sache, an den sich die Verpflichtungen zur Aufbewahrung* (garder) und zur *Restitution* (restituer) anknüpfen. Art. 1915. Als espèces werden als 2. Kapitel lediglich unterschieden «le dépôt proprement dit» und als 3. Kapitel «le séquestre». Art. 1916. Das «dépôt proprement dit» ist als «*contrat essentiellement gratuit*» bezeichnet (art. 1917), dessen Gegenstand nur *bewegliche Sachen* sein können. Art. 1918. Das römischrechtliche Axiom der Unentgeltlichkeit ist in Art. 472 II OR in ähnlicher Weise aufgegeben wie beim Mandat in Art. 394 III OR. Das Depot kommt nach französischem Recht nur durch «*tradition réelle ou feinte*» zum Abschluss. (Realkontrakt – art. 1915.) «Le dépôt est *volontaire* ou *nécessaire*». Art. 1920. Die Unterscheidung wird schon in **DIG. 16. 3. 2** gemacht. Eine *freiwillige Hinterlegung* von Sachen über Fr. 150 Wert lässt sich *nur urkundlich beweisen*, bedarf also der *Schriftform*. Art. 1923. Die im 3. Abschnitt des 2. Kapitels in art. 1927–1946 ausführlich geregelten *Aufbewahrerverpflichtungen*, entsprechen ungefähr der für das OR geltenden Regelung mit der Ausnahme, dass das *depositum irregulare auch für die Geldhinterlegung ausdrücklich abgelehnt* wird. Die *Restitutionsschuld des Aufbewahrers ist immer eine Speziesschuld.* Art. 1931, 1932. Art. 1947 gesteht dem Aufbewahrer den *Ersatzanspruch für Verwendung sowie für den Schaden zu, der durch die Hinterlegung verursacht wurde.* Für diese Ansprüche besteht ein obligatorisches *Zurückbehaltungsrecht* (droit de rétention), das stets den *ganzen Restitutionsgegenstand* ergreift. Das «dépôt nécessaire», *depositum miserabile* des römischen Rechtes, entsteht bei Feuersbrunst, Zerstörung, Plünderung oder anderen unvorhergesehenen Ereignissen. Art. 1949. Ferner fällt darunter das *receptum cauponum.* Art. 1952/4. Die Sequesterhinterlegung beruht auf Vertrag (séquestre conventionnel – art. 1956/60) oder auf gerichtlicher Anordnung (séquestre judiciaire – art. 1961/3).

b *b.* Das *aOR von* 1881 enthielt (wie das revOR) als 19. Titel unter Artikel 475–488 die *gewöhnliche Hinterlegung*, die vertragliche *Sequesterhinterlegung*, das *depositum irregulare* sowie die *Haftung der Gast- und und Stallwirte.* Es *fehlte die Sonderregelung des Lagergeschäftes.* Art. 482–486 rev OR. Abgesehen von einigen Umstellungen in den Artikeln wurde das Recht der gewöhnlichen Hinterlegung, der Sequesterhinterlegung und des depositum irregulare bei der Revision nicht verändert. Die *Haftung der Gast- und Stallwirte* (aOR 486/8) wurde wesentlich abgeändert. Art. 487 N. 2. Zudem wurde bei der Revision die *summenmässige Limitierung* der Kausalhaftung eingeführt. Art. 487/91 revOR.

c *c.* Mit Ausnahme der eindeutigen Qualifikation als *Realkontrakt* (KAPFER zu § 957 Anm. 7) und der systembedingten Abweichung in der dinglichen Rechtsgestaltung (§ 958 – N. 5a oben) entspricht der «Verwahrungsvertrag» des ABGB §§ 957–970 *weitgehend dem Hinterlegungsvertrag des OR.* Die Sequestration ist eine Unterart der Verwahrung (§ 968) desgleichen das *receptum cauponum.* §§ 970–970c. Gleich wie im Codice Civile (art. 1782) *wandelt Vereinbarung oder tatsächlicher Gebrauch der hinterlegten Sache den Vertrag in ein Darlehen* oder eine *Gebrauchsleihe.* § 959. Die *Hinterlegung* von Sachen *als Erfüllungssurrogat bei Gläubigerverzug* auf der Gerichtskasse ist *öffentlichrechtlich.* Auch in der Schweiz bedarf die *Herausgabe gerichtlich hinterlegter Sachen* i. d. R. der Erlaubnis des Richters, der die Hinterlegung anordnete, und es bestehen *kantonale prozessrechtliche Vorschriften, wie bei gerichtlicher Hinterlegung zu verfahren ist.* So Zürich ZPO §§ 392–397. Doch ist in der Schweiz die *Hinterlegung auch bei einer öffentlichen Stelle als privatrechtlicher Vertrag* zu qualifizieren. **BGE 72 I 16.** *Keine privatrechtliche Hinterlegung* liegt indessen vor, wenn eine *schweizerische Gesandtschaft Vermögenswerte von Schweizerbürgern zur Aufbewahrung* übernimmt, um diese womöglich zu schützen. **BGE 55 II 112 Erw. 3.**

d *d.* Das *BGB* behandelt im dritten Abschnitt des 2. Buches das «*Erlöschen der Schuldverhältnisse*» durch «Erfüllung» (1. Titel) und «*Hinterlegung*» (2. Titel). §§ 372–386. In diesem allgemeinen Zusammenhang ist die Hinterlegung eine solche «bei einer dazu bestimmten öffentlichen Stelle» bei Annahmeverzug des Gläubigers. Die *Rechtsbeziehungen zwischen Hinterleger und öffentlicher Hinterlegungsstelle sind öffentlichrechtlich* (Hinterlegungsordnung vom 10. März 1937). Die Hinterlegung *als Erfüllungssurrogat* ist im OR in Art. 92–96 geregelt sowohl für den Fall des *Gläubigerverzuges* (vgl. Art. 476 N. 3c) als auch bei *Unsicherheit über die Person des Gläubigers.* Art. 96, 168 OR. Sie *befreit* den Schuldner wie die Erfüllung und erfolgt «*auf Gefahr und Kosten des Gläubigers*». Es erscheint für das OR nicht zweckmässig, ein besonderes öffentlichrechtliches Hinterlegungsverhältnis anzunehmen, wenn die Hinterlegung nicht auf der Gerichtskasse erfolgt. Die Hinterlegung kann ohne richterliche Bewilligung in einem *privaten Lagerhaus* erfolgen, wenn es sich um einlagerungsfähige «Waren» handelt. Art.92 II, 427 I, 444 I, 482/6 OR. Der hinterlegende Schuldner schliesst einen *privatrechtlichen Hinterlegungsvertrag* mit dem i.d.R. *vom Richter bezeichneten Aufbewahrer* (nicht Aufbewahrungsort) *zugunsten eines Dritten*, des Gläubigers, der sich im Annahmeverzug befindet oder nicht ermittelt werden kann. Zustimmend OSER/SCHÖNENBERGER ad Art.82 N.5. VON TUHR/SIEGWART II S.517/18. Der Zusammenhang mit der Hinterlegung als Erfüllungssurrogat und der privatrechtlichen Verwahrung ist also im OR enger als im BGB. Das OR macht keinen Unterschied zwischen öffentlichrechtlicher «Hinterlegung» und privatrechtlichem «Verwahrungsvertrag», der im BGB im 12.Titel des 2.Buches §§ 688–700 geregelt ist. § 700 BGB regelt entsprechend Art.481 OR das depositum irregulare als «*unregelmässiger Verwahrungsvertrag*». Die Sequestration wird nicht als Unterart der Verwahrung aufgefasst und das *Lagergeschäft* figuriert in *§§ 416–424 HGB*. Für das Bankdepot besteht das *Sondergesetz über die Verwahrung und Anschaffung von Wertpapieren vom 4.Februar 1937 (Deutsches Depot-Gesetz)*. Es enthält auch Vorschriften über die Wertpapier-Einkaufskommission (Anschaffung von Wertpapieren), bei der dem Kommittenten ein Stückverzeichnis zuzustellen ist, damit dessen Eigentum oder Miteigentum jederzeit identifizierbar ist. Dogmatisch bedeutungsvoll ist, dass der dem Hinterlegungsvertrag entsprechende *Verwahrungsvertrag des BGB ein Realkontrakt* im römischrechtlichen Sinne geblieben ist. Zu seiner Entstehung ist die *Übergabe einer beweglichen Sache* erforderlich. N.2c oben. PALANDT, Einf. vor § 688 BGB N.1.

e

e. Die logisch befriedigendste Aufgliederung der Lehre vom Depositum findet sich im *Codice Civile* unter Capo 12 und 13 art.1766–1802. Vgl. N.3a oben. Auch dort ist das deposito «il contratto col quale una parte riceva dall'altra una cosa mobile», d.h. ein *Realkontrakt*. Die Hinterlegung bei Gläubigerverzug (mora del creditore) ist in art.1210–1213 geregelt.

Art. 472

A. Hinterlegung im allgemeinen
I. Begriff

[1] Durch den Hinterlegungsvertrag verpflichtet sich der Aufbewahrer dem Hinterleger, eine bewegliche Sache, die dieser ihm anvertraut, zu übernehmen und sie an einem sicheren Orte aufzubewahren.

[2] Eine Vergütung kann er nur dann fordern, wenn sie ausdrücklich bedungen worden ist oder nach den Umständen zu erwarten war.

A. Du dépôt en général

I. Définition

[1] Le dépôt est un contrat par lequel le dépositaire s'oblige envers le déposant à recevoir une chose mobilière que celui-ci lui confie et à la garder en lieu sûr.

[2] Le dépositaire ne peut exiger une rémunération que si elle a été expressément stipulée ou si, eu égard aux circonstances, il devait s'attendre à être rémunéré.

A. Deposito in genere

I. Definizione

[1] Il deposito è un contratto per cui il depositario si obbliga verso il deponente a ricevere una cosa mobile che questi gli affida e a custodirla in luogo sicuro.

[2] Il depositario non può pretendere una mercede, tranne l'abbia espressamente pattuita o debba secondo le circostanze ritenersi sottintesa.

Materialien: Botschaft Bundesrat vom 3. März 1905, BBl 1905 II S. 42. Gesetzesentwurf Bundesrat vom 1. Juni 1909. Sechsundvierzigster Titel: Art. 1526–1545. Nachtragsbotschaft Bundesrat vom 1. Juni 1909, BBL 1909 III S. 754. Protokoll der III. Expertenkommission für die Revision des Schweizerischen Obligationenrechtes vom 19. Oktober 1908 S. 9/10 und vom 20. Oktober 1908 S. 1–3. StenBull NatRat 1909: S. 700/1, 706, 710, 716/7, 1910: S. 357/8. StenBull StRat 1910: S. 229/30.

Rechtsvergleichung: aOR Art. 475. Code Civil art. 1915, 1917, 1923. ABGB §§ 957, 969. BGB §§ 688/9. Deutsches Gesetz über die Verwahrung und Anschaffung von Wertpapieren vom 4. Februar 1937. Codice Civile art. 1766/7.

Literatur: Convention IV betreffend einheitliche Berechnung der Gebühren für die Aufbewahrung und Verwaltung von Wertpapieren in offenen Depots (Vermittelt durch die Schweizerische Bankiervereinigung, in Kraft seit 1. Januar 1946). Dr. Oswald Aeppli, Im Hinblick auf den Tod des Bankkunden abgeschlossene Depotverträge in SJZ 44 (1948) S. 33 ff. René Bron, Le compte joint en droit suisse. Cas d'application de la solidarité active, Lausanner Diss 1956. P. E. Edelmann, Das gemeinschaftliche Bankdepot nach schweizerischem Recht, Berner Diss 1925. M. Ellenberger, Das offene Bankdepot, Berner Diss 1925. Dr. Albert Matter, Zur rechtlichen Konstruktion des Compte-joint in SJZ 43 (1947) S. 319. Heinrich Zimmermann, Das Bankdepot in der Schweiz, Berner Diss 1920.

SYSTEMATIK DER KOMMENTIERUNG

Art. 472 OR

I. Art. 472 I OR

1. Der Begriff des regulären Hinterlegungsvertrages nach OR . . . 607
2. Anvertraute fremde bewegliche Sachen und Wertpapiere als Hinterlegungsgegenstand. Abgrenzung von Hinterlegung und Auftrag nach OR. Keine Hinterlegung eigener Sachen des Aufbewahrers . . . 609
3. Der formlose Abschluss des Depotsvertrages. Depotquittungen. Depotscheine. Präsentationsklausel. Legitimationsklausel. Depositenhefte 612
4. Die Aufbewahrungsobligation. Übergabeort. Aufbewahrungsort. Depotauszüge. Banklagerungsklausel. «Substitution» 615
5. Die Interessenlage im Hinterlegungsvertrag. Hinterlegungsvertrag zugunsten eines Dritten 619

II. Art. 472 II OR

6. Entgeltlichkeit der Hinterlegung als Regelfall 621
7. Vereinbarung der Vergütung de principio und de quantitate. Bestimmungen oder Bestimmbarkeit durch Vereinbarung 622
8. Übliche Vergütung 624
9. Übung für das Quantitativ der Vergütung 625
10. Vergütung und Retentionsrecht 626

III. Nichtige und anfechtbare Hinterlegungsverträge

11. Hinterlegungen durch und bei Unmündigen 627
12. Simulierte und dissimulierte Hinterlegungen 629
13. Hinterlegung zu rechtswidrigem oder unsittlichem Zweck 630
14. Willensmangelhafte Hinterlegungsverträge 631

Art. 472 OR

I. Art. 472 I OR

1. Der Begriff des regulären Hinterlegungsvertrages nach OR

1 a *a.* Die in Art. 472 I OR unverändert Art. 475 I aOR entnommene Definition des regulären Hinterlegungsvertrages ist nicht restlos geglückt. Im Bestreben, eine Idee des sogenannten Dresdner Entwurfs zu verwirk-

lichen, ist der Gesetzgeber von 1881 von der «bewährten Lehre» abgewichen und hat versucht, den Hinterlegungsvertrag in das Einheitsschema der *Konsensualkontrakte* einzuspannen. Man wollte für die «Realkontrakte» keine Abweichung von der allgemeinen Lehre über den Vertragsabschluss (Art. 1 ff. OR) einführen. Die wesensbedingte Abweichung ergibt sich dennoch aus der positiven Regelung. Das BGB ist in § 688 auf die «bewährte Lehre» vom *Realkontrakt* zurückgekommen, die auch im Code Napléon art. 1915, 1932, im ABGB § 957 und im Codice Civile art. 1766 ihren Ausdruck findet. Vorbem. N. 2, 6. Trotz der Definition von Art. 472 I OR gilt auch für den regulären Hinterlegungsvertrag des OR das nämliche Wesensmerkmal. Die *gegenseitigen Vertragsobligationen zwischen Hinterleger und Aufbewahrer entstehen erst durch die Übergabe des Hinterlegungsgegenstandes.* Der Aufbewahrer hat *trotz Konsens keinen Vertragsanspruch auf die Übergabe.* So schon SCHNEIDER und FICK zu Art. 475 aOR N. 1. Die Frage, ob der Aufbewahrer bei der entgeltlichen Hinterlegung Schadenersatz fordern kann, wenn der Hinterleger das vereinbarte Hinterlegungsobjekt nicht übergibt, berührt ein anderes Problem. OSER/SCHÖNENBERGER ad Art. 472 OR N. 15, 35. Art. 475 N. 10b, c. Wesentlich ist, dass *weder ein Erfüllungsanspruch des Hinterlegers auf Übergabe noch bei der klassischen unentgeltlichen Hinterlegung ein Schadenersatzanspruch* besteht, falls die Übergabe nicht erfolgt.

b *b.* Die einfachsten, alle Essentialia der Hinterlegung aufweisenden Definitionen enthalten art. 1915 Code Napoléon und fast wörtlich entsprechend art. 1766 Codice Civile. Die Essentialia sind:

(1) *Eine bewegliche Sache als Hinterlegungsgegenstand.* Art. 472 I OR. § 688 BGB. Art. 1766 Codice Civile.

(2) Der *Aufbewahrer muss sie erhalten* haben, d.h., sie muss ihm übergeben worden sein. § 688 BGB enthält das Erfordernis der Übergabe.

(3) Der Aufbewahrer muss sie «*aufbewahren*» (garder, custodire). Der Zusatz «*an einem sicheren Ort*» in Art. 472 I OR, bei dem wahrscheinlich vorwiegend an das Bankdepot gedacht wurde, erscheint überflüssig. Eine allgemein zugängliche Garage, ein Lagerhaus, ein Holz- oder Treibstofflager kann kaum als «sicherer Ort» bezeichnet werden. Es hängt sowohl *von der Natur des Hinterlegungsgegenstandes als auch von der Willensmeinung der Parteien* ab, welcher Art der Aufbewahrungsort sein soll. Ein «*geeigneter Ort*» entspricht eher dem, was der Gesetzgeber ausdrücken wollte. *Essentiell für die reguläre Hinterlegung* und im Begriff der Aufbewahrung enthalten ist das *grundsätzliche Verbot des Gebrauches und das absolute Verbot des Verbrauches* der

hinterlegten Sache. Art. 474 OR. Art. 1930 Code Civil. §§ 959, 965 ABGB. Art. 1770 Codice Civile.

(4) Essentielle und sogar *charakteristische Obligation* **(BGE 58 II 351)** des Hinterlegungsvertrages ist die *Restitutionspflicht* des Aufbewahrers, die bei der *regulären Hinterlegung* eine *Speziesobligation* ist und nur die Sache zum Gegenstand haben kann, die übergeben wurde. Art. 1915, 1932 I Code Civil («restituer en nature ... uniquement la chose qu'il a reçu»). Art. 1766 Codice Civile («restituirla in natura»). Die charakteristische Restitutionsobligation fehlt in der Definition des Hinterlegungsvertrages von Art. 472 I OR, aber auch in jenen von § 957 ABGB und § 588. BGB. Vorbem. N. 1e.

c

c. Was Art. 472 I OR definiert, ist nicht ein Hinterlegungsvertrag mit seinen essentiellen Obligationen, sondern ein *pactum de deposito accipiendo* (Dernburg, Pandekten II S. 248), ein bedingtes Versprechen, durch das sich der Aufbewahrer in spe dem Hinterleger in spe verpflichtet, die *Sache zur Aufbewahrung zu «übernehmen», wenn sie übergeben wird.* Die *Essentialia des Hinterlegungsvertrages* können somit nicht in Art. 472 I OR allein, sondern sie müssen in den anschliessenden Artikeln über die «Pflichten des Aufbewahrers», namentlich in *Art. 474* (Gebrauchsverbot) *und 475* (Restitutionspflicht) *OR* gesucht werden. Die Ablehnung des Realcharakters des Hinterlegungsvertrages konnte im OR nicht folgerichtig durchgeführt werden. Damit das *depositum irregulare* i. S. von Art. 481 I OR entsteht, muss *Geld tatsächlich «hinterlegt worden»* sein. Bei der *Sequestration* i. S. von Art. 480 OR «*haben* mehrere ... die (streitige) Sache (tatsächlich) *hinterlegt*». Wird das receptum cauponum et stabulariorum als eine Unterart des Hinterlegungsvertrages aufgefasst, so entsteht er nur durch die *tatsächliche «Einbringung von Sachen der Gäste»*. Art. 487, 488, 490, 491. Vorbem. N. 2c.

2. Anvertraute fremde bewegliche Sachen und Wertpapiere als Hinterlegungsgegenstand. Abgrenzung von Hinterlegung und Auftrag nach OR. Keine Hinterlegung eigener Sachen des Aufbewahrers

2 a

a. Das *Immobiliardepot* ist dem schweizerischen Recht unbekannt. Vorbem. N. 1e. Im römischgemeinen Recht waren die Auffassungen darüber geteilt. Dernburg, Pandekten II S. 248. Art. 1915 Code Civil und § 957 ABGB schliessen das Immobiliardepot nicht per definitionem aus. Die neueren Gesetzgebungen hingegen stimmen in der Beschränkung der Hinterlegung auf bewegliche Sachen überein. Es ist schwer, sich eine «Aufbewahrung von Liegenschaften» vorzustellen. Bei der *Bewachung* (garder, custodire) oder *Verwaltung einer Liegenschaft* **(BGE 83 II 529)** tritt die Tätigkeit so stark in den Vordergrund, dass gemäss der allgemeinen Qualifikationsregel von Art. 394 II OR für beide Fälle ein *Auftrag* angenommen werden muss. Soweit mit der Bewachung oder Verwaltung einer Liegenschaft ein entgeltliches Gebrauchsrecht verbunden ist, liegt *Liegenschaftenmiete* (Art. 253 OR) oder *Liegenschaftenpacht* (Art. 275 OR) vor. Der Hausverwalter wohnt oft in dem zu bewachenden und/oder zu verwaltenden Objekt. Die Vergütung für die Bewachung und/oder Verwaltung wird mit der Mietzinsschuld verrechnet, so dass der Verwalter zu einem ermässigten Mietzins wohnt. Sein *Mietvertrag* ist mit einem *Verwaltungsmandat koordiniert.* Vorbem. N. 4b, c. Von den Vertragsverhältnissen, die Liegenschaften zum Gegenstand haben, können nur *Miete und Pacht im Grundbuch vorgemerkt* werden und dadurch dingliche Wirkung erhalten. Art. 959 ZGB. *Verwaltung und Bewachung*, die essentiell im Interesse des Eigentümers erfolgen und jederzeit widerrufen werden können (Art. 404 OR), sind *nicht vormerkungsfähig.*

b *b.* Je nach der Natur der beweglichen Sache kann zweifelhaft sein, ob die «Aufbewahrung» in der Hauptsache eine *Tätigkeit des «Aufbewahrers»* erfordert, damit die essentielle *Restitutionspflicht als Speziesobligation erfüllt* werden kann. Werden Haustiere (z. B. ein Hund während einer Ferienabwesenheit) zur Wartung, Fütterung (Obsorge) und Bewachung («Aufbewahrung») übergeben, so liegt nach der zwingenden Qualifikationsregel von Art. 394 II OR ein Auftrag vor, in welchem die Restitutionspflicht (nach Art. 400 OR) eingeschlossen ist. So ausdrücklich § 960 ABGB, wohl auf der Grundlage von **DIG. 16. 3. 1. 12** («quia plenius fuit mandatum habens et custodiae legem»). Vorbem. N. 4c, d. Werden hingegen fremde Kühe von einem Landwirt nur auf seine Weide übernommen, so kann es sich um eine Hinterlegung handeln. KAPFER zu § 957 ABGB N. 2. Wegen des ausgedehnten Bereiches des schweizerischen Auftragsrechtes (Art. 394 N. 4, 7) müssen die Abgrenzungen anders und innerhalb des Vertragssystems des OR gesucht werden. *Verbrauchbare und leicht verderbliche Sachen, die zu ihrer Erhaltung einer erheblichen aktiven Tätigkeit bedürfen* (Blumen, Früchte) *eignen sich nicht als Hinterlegungsgegenstände.* Man kann in diesen Fällen auch die «Aufbewahrung» dem Mandatsrecht unterstellen, ohne dass die Qualifikation zu anderen gegenseitigen Vertragsobligationen führt.

c *c.* Im Gegensatz zur Kommission (Art. 425 OR) und zur Anweisung (Art. 466 OR) sind bei der Hinterlegung die *Wertpapiere* nicht als besonderer Vertragsgegenstand erwähnt. Dass sie einen der wichtigsten Hinterlegungsgegenstände bilden, ergibt sich jedoch aus Art. 481 III OR. Während aber die (seltene) Wertpapieranweisungsschuld nur eine Gattungsschuld sein kann, ist die *Wertpapierdepotschuld* im Zweifel eine *Speziesschuld.* Vorbem. N. 3c (5). Art. 481 N. 1a.

d *d.* Der Hinterlegungsgegenstand muss dem Aufbewahrer nicht nur übergeben, sondern *vom Hinterleger «anvertraut»* sein. In diesem Punkt unterscheidet sich die Ablieferungsschuld des Mandatars nach Art. 400 OR von der Restitutionsschuld des Aufbewahrers. Vorbem. N. 1d, e. Anvertraut *ist nur die vom Hinterleger selbst* (oder seinem direkten Stellvertreter) *übergebene Sache*, was übrigens aus dem Wortlaut von Art. 472 I OR hervorgeht. Von Dritten dem Aufbewahrer «zugekommene» (Art. 400 OR) oder «erworbene» Sachen (Art. 401 OR) sind nicht «vom Hinterleger anvertraut».

e *e.* Art. 1946 Code Civil lautet: «Toutes les obligations du dépositaire cessent, s'il vient à découvrir et à prouver qu'il est lui-même propriétaire de la chose déposée.» M. a. W. *eine Sache, die dem Aufbewahrer selbst gehört, kann nicht Hinterlegungsgegenstand sein.* So auch nach römisch-gemeinem Recht. DERNBURG, Pandekten II S. 250 Anm. 23. **DIG. 16. 3. 15.** Das praktische Anwendungsgebiet dieses Satzes dürfte sich hauptsächlich in Fällen des *Besitzkonstituts* (Art. 924 I ZGB) ergeben. Der Eigentümer hat die Sache verkauft, behält den unmittelbaren Besitz vorläufig noch als Aufbewahrer und übernimmt dessen Verpflichtungen. Der Kaufvertrag erweist sich als nichtig. Das Eigentum ist nicht auf den «Hinterleger» übergegangen, sondern beim «Aufbewahrer» verblieben. Das Besitzkonstitut und der ihm zugrunde liegende Hinterlegungsvertrag wird hinfällig. Der *Besitz des «Aufbewahrers» war stets unmittelbarer selbständiger Eigentumsbesitz.* Art. 922 OR. Eine eigene Sache kann dem Aufbewahrer nicht zu einem persönlichen Recht «anvertraut» werden. «Wer Eigentümer einer Sache ist, kann in den Schranken der Rechtsordnung über sie nach seinem Belieben verfügen.» Art. 641 I ZGB. Er ist nicht verpflichtet, sie aufzubewahren, sie nicht zu verbrauchen und einem anderen zurückzugeben. Die nämliche Person kann nicht unselbständiger Besitzer zu einem persönlichen Recht i. S. von Art. 920 I ZGB sein, die selbständiger Eigentumsbesitzer i. S. von Art. 920 I ZGB ist. Hat umgekehrt jemand eine Sache gekauft, die bei ihm hinterlegt war, und ist der Kaufvertrag ungültig, so lebt der Hinterlegungsvertrag nicht mit Wirkung ex tunc wieder auf. Der durch brevi manu traditio erwerbende Aufbewahrer hat die Sache ohne gültigen Besitztitel besessen und muss sie dem Eigentümer nicht nach Art. 476 I OR, sondern nach

Art. 938/40 ZGB herausgeben, wobei es darauf ankommt, ob er *gutgläubiger oder bösgläubiger Besitzer* ist. N. 11 c unten. Der Hinterlegungsvertrag fällt aber auch dann dahin, wenn der *Aufbewahrer nachträglich Eigentümer der hinterlegten Sache wird*, z. B. indem er den Hinterleger beerbt oder die hinterlegte Sache kauft oder geschenkt erhält.

f *f.* Damit die Sache an einem sicheren Ort aufbewahrt werden kann, muss die *Besitzesübergabe durch den Hinterleger und die Besitzesübernahme durch den Aufbewahrer tatsächlich erfolgt* sein. Allerdings ist Besitzesübergabe und Besitzesübernahme durch constitutum possessorium und brevi manu traditio möglich. Nicht möglich ist indessen, dass der Hinterleger oder ein Dritter kraft eines besonderen Rechtsverhältnisses im unmittelbaren Besitz der Sache verbleibt und der Aufbewahrer keine Möglichkeit der Gewaltsausübung über die Sache erhält. *Hinterlegt meine Bank im eigenen Namen, aber für Rechnung und Gefahr Wertpapiere bei einer andern Bank, so ist meine Bank nicht Aufbewahrer sondern Fiduziar.* Vorbem. N. 5 e. N. 12 c unten. Da sie den unmittelbaren Besitz an den Wertpapieren nicht erhält, kann sie die Aufbewahrerpflichten nicht selbst oder durch ihre Hilfspersonen erfüllen. *Ebensowenig kann der Fiduziar, der Eigentümer der anvertrauten Sache ist, gleichzeitig deren Aufbewahrer sein.* Der Fall ist bereits in **DIG. 16.1. 3. 11** abgewandelt. Vorbem. N. 4 c. Der *Fiduziar haftet dem Fiduzianten ex mandato für die Ablieferung des Treugutes.* Hat er das Treugut *hinterlegt*, so ist er u. U. zur *Abtretung des Restitutionsanspruches* ex deposito an den Fiduzianten verpflichtet, bzw. der Restitutionsanspruch kann nach Art. 401 OR *durch Subrogation von Gesetzes wegen auf den Fiduzianten übergehen.* Vorbem. N. 5 e.

3. Der formlose Abschluss des Depotvertrages. Depotquittungen. Depotscheine. Präsentationsklausel, Legitimationsklausel. Depositenhefte

3 a *a.* Während nach art. 1923 Code Civil ein dépôt volontaire von Sachen im Werte über Fr. 150 der Schriftform als Beweisform bedarf, ist die *Hinterlegung* nach OR ohne Rücksicht auf den Wert der hinterlegten Sache *formlos gültig*. Erblickt man in der *Besitzübergabe* und -übernahme durch den Aufbewahrer ein Formrequisit, so ist in der Definition von Art. 472 I OR auch davon abgesehen. N. 1 a oben.

b *b.* In der Praxis werden bei *Hinterlegung wertvoller Sachen*, namentlich *Geld* (Art. 481 OR) und *Wertpapieren*, regelmässig *Urkunden errichtet.* Nach Art. 88 OR kann «der Schuldner», der dem Gläubiger eine Leistung erbringt (VON TUHR/SIEGWART II S. 470), eine *Quittung* verlangen. Obschon der Hinterleger nicht Übergabeschuldner im strikten Sinne ist, weil der Aufbewahrer keinen Erfüllungsanspruch auf Übergabe besitzt (N. 1a oben), wird er bei Übergabe von Geld oder Wertpapieren zur Beweissicherung eine *Depotquittung* verlangen, wenn der Aufbewahrer die Übernahme nicht sonst schriftlich festgehalten hat. Die Depotquittung ist ebensowenig wie die Darlehensquittung ein Wertpapier, sondern eine *schlichte Beweisurkunde.*

c

c. *Verurkundet der Aufbewahrer* nicht nur die Übernahme des Hinterlegungsgegenstandes, sondern auch die *Restitutionspflicht* nach Art. 475 OR, so liegt ein *Schuldschein* vor. Verurkundet er die Restitutionspflicht eines Aufbewahrers, so nennt man ihn *Depotschein,* auch *Depotbestätigung* oder *Hinterlegungsschein.* JAEGGI zu Art. 965 OR N. 295. Auch der Depotschein ist *kein Wertpapier*, sondern eine *schlichte Beweisurkunde,* selbst wenn er, wie es im Bankverkehr die Regel ist, mit der *Präsentationsklausel,* der *Legitimationsklausel* oder beiden ausgestattet ist. **BGE 64 II 356.** Immerhin ist er ein *schriftliches Schuldbekenntnis* und *schliesst die Einrede der Simulation gegenüber einem gutgläubigen Dritterwerber der Restitutionsforderung aus.* Art. 18 II OR. N. 12b unten. Es bedarf die *Übertragung der Restitutionsforderung* an einen Dritterwerber zu eigenem Recht auch dann einer *schriftlichen Abtretungserklärung* nach Art. 165 OR, wenn ein Depotschein ausgestellt wurde. Fehlt eine Abtretungserklärung, so darf der Restitutionsschuldner jedoch auf Grund einer Präsentations- und/oder Legitimationsklausel annehmen, der Vorweiser eines Depotscheines sei vom Berechtigten zur Erhebung der Restitutionsforderung ermächtigt, zumal dann, wenn er noch eine schriftliche *Vollmacht* vorweist. **BGE 64 II 358/9.** Durch die Legitimationsklausel, die nur bei schriftlicher Beurkundung beweisbar ist, behält sich der Aufbewahrer vor, an jeden Inhaber des Depotscheines den Hinterlegungsgegenstand mit befreiender Wirkung herauszugeben. Dann ist die *Befreiung von der Restitutionsobligation nach Art. 475 OR dem Aufbewahrer nur versagt, wenn er arglistig oder grobfahrlässig an einen unberechtigten Inhaber des Depotscheines restituiert.* JAEGGI zu Art. 965 OR N. 226. VON TUHR/SIEGWART II S. 459. Art. 1836 Codice Civile. Durch die *Präsentationsklausel* behält sich der Aufbewahrer vor, nur gegen *Vorweisung oder Rückgabe* des Depotscheines zu restituieren. Trotzdem kann beispielsweise bei Verlust des Depotscheines die Leistung an denjenigen nicht verweigert werden, der sich einwandfrei als Restitutionsgläubiger ausweist. Nur gerät der Restitutionsgläubiger in erheblich grössere Beweisschwierigkeiten. JAEGGI zu Art. 965 OR N. 229.

d *d.* Der Begriff des Depotscheines braucht nicht nur auf Wertpapierdepots bei Banken beschränkt zu werden, obschon er bei *Bankdepots* am häufigsten vorkommt oder vorkam. Heute stellen die schweizerischen Grossbanken für offene Wertpapierdepots regelmässig keine Depotscheine mehr aus. Die *Verfügungsberechtigung*, d.h. das Recht zur Erhebung des Restitutionsanspruches nach Art. 475 OR, wird *sachlich und formell in der nämlichen Weise geregelt, wie die Verfügungsberechtigung über ein Bankkonto.* Es wird ein oder es werden mehrere *Hinterleger* (Depotinhaber) *namentlich bezeichnet.* Sind es mehrere, so wird schematisch festgelegt, ob sie den *Restitutionsanspruch je einzeln* (alternativ) oder je *zu zweien* (kollektiv – compte joint – joint account) oder *nur alle gemeinschaftlich* (z.B. qua einfache Gesellschaft) erheben können. Dann liegt mindestens für den Restitutionsanspruch *Solidargläubigerschaft i.S. von Art. 150 OR vor.* René Bron, Le compte joint en droit suisse. Cas d'application de la solidarité active, Lausanner Diss 1958. Dr. Oswald Aeppli in SJZ 44 (1948) S. 37. **DIG. 16. 3. 6.** Anders Dr. Albert Matter, Zur rechtlichen Konstruktion des compte-joint in SJZ 43 (1947) S. 319/22. Die Solidargläubigerschaft für den Restitutionsanspruch setzt nicht voraus, dass die Solidargläubiger auch Gesamt- oder Miteigentümer der deponierten Sachen sind, weil man auch eine fremde Sache hinterlegen kann. Art. 479 OR. Der oder die Hinterleger (Depotinhaber) können eine oder mehrere Personen je einzeln oder kollektiv dauernd oder ad hoc *bevollmächtigen*, den Restitutionsanspruch im Namen des oder der Hinterleger zu erheben. Die *dauernden Verfügungsberechtigungen* werden mit *Unterschriftenproben* der betreffenden Personen auf Unterschriftenkarten («Anmeldeschein» etc.) verurkundet, welche die Bank in Verwahrung hält. Sie verpflichtet sich regelmässig, die *Unterschrift eines Verfügenden, auch wenn dieser eine schriftliche Vollmacht ad hoc ausstellt, mit den bei ihr verwahrten Unterschriften zu vergleichen,* um so eine relative Sicherheit gegen unberechtigte Verfügungen (Fälschungen) zu gewähren. **BGE 64 II 356/9.**

e. Auch *irreguläre Gelddepots* i. S. von Art. 481 OR werden von Banken *regelmässig verurkundet.* Die serienmässig ausgestellten *Depositen-, Spar- oder Einlagehefte*, meist mit *Präsentations- und/oder Legitimationsklausel* versehen, sind *Depotquittungen und Depotscheine* in einem. Art. 1835 Codice Civile. Die *Bank quittiert für die Geldeinlagen, verurkundet die Rückzüge als Teilleistungen auf die Restitutions-Gattungsschuld und anerkennt i.d.R. den jeweiligen Saldo des Restitutionsanspruches zu schulden.* **BGE 67 II 32/3.** Art. 481 N. 7 c. Depositen-, Spar- oder Einlagehefte, die selbst Depotscheine sind, können ihrerseits wieder *in ein offenes*

Bankdepot gelegt werden, über das wiederum ein Depotschein ausgestellt wird. **BGE 64 II 356/9.** Dann ist für die *Legitimation* zur Erhebung des Restitutionsanspruches die Bestimmung des Depotscheines nicht des Sparheftes massgebend. Auch *Depositen-*, *Spar- oder Einlagehefte* können so ausgstellt sein, dass *nur mehrere Personen gemeinschaftlich*, z. B. beide Ehegatten zusammen über das jeweilige Guthaben *verfügen* können. Ob dann der Richter einem Ehegatten das Alleinverfügungsrecht, z. B. im Rahmen einer vorsorglichen Massnahme nach Art. 145 ZGB, einräumen kann, mag vom Gesichtspunkt des Eherechtes unbedenklich erscheinen. SJZ 58 (1962) Nr. 43 S. 56. Als *richterlicher Eingriff in* ein *obligationenrechtliches Vertragsverhältnis* (depositum irregulare) zwischen mehreren gemeinschaftlichen Hinterlegern und einer Bank erscheint die Lösung problematisch. U. E. kann der Richter nur einem *Sequester* i. S. von Art. 480 OR verbindliche Weisungen erteilen. Im *Prozess über das bessere Verfügungsrecht* hinsichtlich einer hinterlegten Sache kann der Richter die Sache nach Art. 479 OR nur mit Beschlag belegen. Art. 479 N. 3.

4. Die Aufbewahrungsobligation. Übergabeort. Aufbewahrungsort. Depotauszüge. Banklagerungsklausel. «Substitution»

4 a

a. Die *Aufbewahrungsobligation* ist nur *in der Definition* von Art. 471 II OR enthalten. Unter den in Art. 474–479 OR aufgeführten «Pflichten des Aufbewahrers» figuriert sie nicht. Eine mit der Aufbewahrung *nur nebensächlich verbundene Tätigkeit* wie etwa die Placierung der Wagen in einer Einstellgarage, macht den Hinterlegungsvertrag nicht zum Mandat. Wird aber *Bewachung* (custodia) oder *Verwaltung* zur *Hauptsache*, so wird man nicht nur dann, wenn Liegenschaften Vertragsgegenstand, sondern auch wenn es hinterlegungsfähige bewegliche Sachen sind, einen *Auftrag* oder mindestens *einen mit einem Hinterlegungsvertrag koordinierten Auftrag* (offenes Bankdepot) annehmen, zumal die wesentlichen gegenseitigen Obligationen in beiden Vertragsverhältnissen übereinstimmen. N. 2 a, b oben. Die Qualifikation muss von Fall zu Fall getroffen werden, zumal sie von der Natur des Hinterlegungs- oder Mandatsgegenstandes und von den Parteiabreden mitbestimmt ist. So wurde angenommen, die Übergabe eines Ringes an einen Goldschmied mit dem Auftrag ihn zu verkaufen, enthalte einen dem Verkaufsauftrag *koordinierten Hinterlegungsvertrag.* Semjud 64 (1942) S. 389. Vgl. aber Vorbem. N. 4 c.

b

b. Der *Inhalt der Aufbewahrungsobligation* lässt sich wegen der Verschiedenheit der möglichen Hinterlegungsgegenstände *nicht allgemein-*

gültig bestimmen. Das allgemeine örtliche Kriterium «sicherer Ort» ist nicht schlüssig. N.1b (3) oben. Ein sicherer Ort für Wertschriften und Geld ist anders beschaffen, als ein sicherer Ort für Automobile, für Tiere, für ein Holz- oder Brennstofflager. *Geeignet* ist der Hinterlegungsort und Aufbewahrungsort, an welchem der konkrete Hinterlegungsgegenstand der *Gefahr von Verlust* (z.B. durch Raub oder Diebstahl, aber auch durch natürliche Ursachen, wie Schwund, Verdunstung u. a.), *Zerstörung* und/oder *Beschädigung* (z.B. durch Feuer, Wasser u.a.) am wenigsten ausgesetzt ist, so dass die essentielle Restitutionsobligation vom Aufbewahrer gehörig erfüllt werden kann. So ist in **BGE 64 II 356** von einer «*Verpflichtung zur sicheren Aufbewahrung*» die Rede. Nach dem französischen Text von Art.476 I OR besteht ein Auflösungsrecht des Aufbewahrers, wenn die Aufbewahrung nicht mehr «*sans danger pour la chose*» möglich ist. Pelze müssen auch ohne besondere Abrede «mottensicher» aufbewahrt werden. SJZ 46 (1950) Nr.70 S.192. Die *Parteimeinung* ist insofern massgebend als der *Hinterleger, der widerspruchslos die Aufbewahrung an einem ihm genau bekannten Ort duldet*, sich kaum darauf berufen kann, der Aufbewahrungsort sei als solcher unsicher bzw. ungeeignet gewesen. Verwahrt der Aufbewahrer den Hinterlegungsgegenstand indessen *ohne* die (meist stillschweigende) *Zustimmung des Hinterlegers* an einem objektiv *ungeeigneten Ort* (z.B. feuchten für die Aufbewahrung von Getreide), so ist ihm dies als *Verschulden* anzurechnen. So die *Unterlassung, einen Ring in einen Tresor einzuschliessen*, wenn der Laden des Aufbewahrers (Goldschmied) sonst eine ungenügende Diebstahlsicherung aufweist. Semjud 64 (1942) S.389. Die Aufbewahrungsobligation setzt eine bewusste Übergabe mit Übernahme eines bestimmten Gegenstandes zur Aufbewahrung voraus. Wird *Garderobe in einem Lokal nur aufgehängt oder hingelegt, so entsteht kein Hinterlegungsvertrag*. Wird sie indessen gegen Aushändigung einer *Garderobenummer* (Depotschein) übernommen, so liegt ein entgeltlicher oder unentgeltlicher Hinterlegungsvertrag vor. Wird eine «*Garderobegebühr*» bezahlt, so ist die Haftung des Aufbewahrers strenger. N.8c unten.

c *c.* Aus dem Wortlaut von Art.472 I OR folgt, dass der *Übergabeort* i.d.R. *mit dem Aufbewahrungsort* identisch sein wird, aber *nicht identisch sein muss*. Fallen beide auseinander, so ist die *Verbringung des Hinterlegungsgegenstandes vom Übergabeort an den Aufbewahrungsort* (Art.477 OR) als *Nebenverpflichtung des Aufbewahrers* in der Aufbewahrungsobligation enthalten, ohne dass etwa ein besonderer Frachtvertrag vorläge. Wird der Hinterlegungsgegenstand bei der Verbringung vom Übergabeort zum Aufbewahrungsort beschädigt, so *haftet der Aufbewahrer nicht nach Art. 447/8 OR, sondern nach Art. 473* OR *grundsätzlich nur bei Verschulden.* Andererseits sind ihm die *Transportkosten* nach Art. 473 I OR *zu ersetzen.* Art. 473 N. 2b. Art. 474 N. 2b.

d *d.* Die *Aufbewahrungsobligation ist nicht* wie die Ausführungsobligation in Fachaufträgen *höchstpersönlich*, obschon eine «*Unteraufbewahrung*» *ohne ausdrückliche Bewilligung nicht zulässig* ist. Lit. e unten. Art. 68, 398 III OR. Art. 398 N. 40c. Der Aufbewahrer darf die Aufbewahrungsobligation *durch Hilfspersonen* erfüllen lassen, *für die er nach Art. 101 OR haftet.* Das ist z. B. beim *Bankdepot* regelmässig der Fall. Die Aufbewahrung kann je nach der Natur des Gegenstandes eine dauernde Bewachung (Einstellgaragen), sie kann eine *Verschliessung* (Geld, Wertpapiere, Wertsachen) *mit oder ohne periodische Kontrollen* erfordern. Beim Bankdepot hat sich ähnlich wie beim Bankkonto die periodische Kontrolle durch «*Depotauszüge*», die nicht mit Depotscheinen zu verwechseln sind (N. 3c oben), eingebürgert, die dem Hinterleger zur *Verifikation des Depotbestandes* zugestellt werden. Das empfiehlt sich namentlich dann, wenn sich der Bestand eines Depots durch laufende Teilrestitutionen verändert und nicht wie beim Spar- oder Depositenheft ein *laufend geführtes* «*Rechnungsbuch*» (**BGE 67 II 33,** art. 1835 Codice Civile) besteht. Da Wertschriftendepots in der Hauptsache durch Einkaufs- oder Verkaufskommissionen verändert werden, welche die Aufbewahrerbank ausführt, ergibt sich für den Hinterleger u. U. eine indirekte Kontrollmöglichkeit auch aus den obligatorischen *Ausführungsanzeigen* für Kommissionsaufträge. Art. 426 I OR. Besteht, wie es beim offenen Bankdepot die Regel bildet, neben dem Depot ein Kontokorrent (Vorbem. N. 4b, **BGE 78 II 253/4**) auf dem Wertpapiererträge, Rückzahlungen u. a. gutgeschrieben und Ansprüche der Bank aus der Ausführung von Aufträgen, Anweisungen u. a. belastet werden, so ergibt sich eine weitere Kontrollmöglichkeit auch für das Depot aus der *Zustellung der Gutschrifts- und Belastungsanzeigen für das Konto.* Hat der Depot- oder Kontoinhaber indessen mit seiner Bank die *Banklagerung aller Korrespondenzen* vereinbart, so entzieht er sich und der Bank die indirekte Kontrollmöglichkeit durch periodische Verifikation des Konto- oder Depotbestandes oder durch Ausführungsanzeigen. Dadurch wird das *Risiko* des Kunden, dass *Irrtümer oder Fälschungen nicht rechtzeitig entdeckt werden und sich wiederholen*, grösser, und es ist das Verschulden der Bank in Schadensfällen milder zu beurteilen. Unpubl. BGE i. S. Okcuoglu ca. Schweizerische Bankgesellschaft vom 25. Oktober 1960.

e *e.* Der *Hinterlegungsgegenstand* wird dem Aufbewahrer «*anvertraut*», und dieser *haftet für dessen Rückgabe, auch wenn er die Aufbewahrungs-*

und/oder Restitutionsobligation durch Hilfspersonen erfüllen lassen kann. Dem Hinterleger, der Vertrauen schenkt und sein Vermögen der Gefahr der *Veruntreuung* (Art. 140 StGB, Art. 400 N. 3) aussetzt, kommt es auf *persönliche Eigenschaften des Aufbewahrers*, Vertrauens- und Kreditwürdigkeit an. Art. 68 OR. Der Aufbewahrer kann somit die Aufbewahrungsobligation *nicht ohne eigene Haftbarkeit oder nur mit Haftung für culpa in eligendo et instruendo* (Art. 399 I OR) *auf einen «Substituten» übertragen, es sei denn, der Hinterleger habe ihm das ausdrücklich gestattet und damit zu erkennen gegeben, dass es ihm nicht auf die Persönlichkeit des Aufbewahrers ankommt.* So ausdrücklich art. 1770 I Codice Civile und § 691 BGB. Anders jedoch Deutsches Depot-Gesetz § 3 I. Ähnlich § 965 ABGB. Keine «Substitution» liegt vor, wenn der *Hinterleger selbst einen Ersatzdepositar* bestimmt, falls der Hauptdepositar aus irgendeinem Grunde die Aufbewahrung nicht oder nicht mehr übernehmen will. Vgl. auch § 3 II Deutsches Depot-Gesetz. Die *auftragsrechtlichen Voraussetzungen für die befugte Substitution nach Art. 398 III OR gelten nicht im Hinterlegungsvertragsrecht.* Schliesst der *Aufbewahrer für* einen ihm anvertrauten Hinterlegungsgegenstand einen *Hinterlegungsvertrag mit einem Dritten im eigenen Namen ab, ohne selbst die Obhut über die Sache zu übernehmen, so handelt er nicht als Hauptaufbewahrer, sondern als Fiduziar.* Sein Rechtsverhältnis zum Aufbewahrer hinsichtlich der im eigenen Namen einem Dritten anvertrauten Hinterlegungsgegenstände ist ein *fiduziarischer Auftrag zum Abschluss eines Hinterlegungsvertrages.* Vorbem. N. 5e. N. 2f oben. N. 12c unten. *Schliesst der Aufbewahrer, ohne dazu ermächtigt zu sein, im Namen seines Hinterlegers mit einem Dritten ab, so war er falsus procurator und haftet dem Hinterleger wie ein auftragloser Geschäftsführer.* Doch wird der Hinterleger den Vertrag i. d. R. nach Art. 38 OR *genehmigen*, um den *vertraglichen Restitutionsanspruch gegen den Drittaufbewahrer erheben zu können, wobei ihm der falsus procurator dennoch für allfälligen Schaden haftet.* Art. 420 III OR. Art. 395 N. 20. Ein *Direktanspruch gegen den «Substituten»* (Drittaufbewahrer *analog Art. 399 III OR*) *besteht im Hinterlegungsvertrag nicht.* Doch können die Rechte aus einem fiduziarisch für Rechnung des Auftraggebers abgeschlossenen Hinterlegungsvertrag, namentlich der Restitutionsanspruch aus Art. 475 OR auf den Fiduzianten (Haupthinterleger) nach Art. 401 OR übergehen. **DIG. 16. 3. 16.** Ferner kann der *Eigentümer vom besitzenden «Substituten» die Restitution nach Art. 939/40 ZGB* verlangen.

5. Die Interessenlage im Hinterlegungsvertrag. Hinterlegungsvertrag zugunsten eines Dritten

a. Die reguläre Hinterlegung bewirkt keinen Wechsel des Eigentümers des Hinterlegungsgegenstandes. Dieser wird nicht Bestandteil des Vermögens des Aufbewahrers. Der Aufbewahrer hat grundsätzlich kein Gebrauchs-, jedenfalls *kein Verbrauchsrecht.* Der Aufbewahrer leistet dem Hinterleger mit der Aufbewahrung einen *Dienst* i.S. der Auftragsdefinition von Art. 394 I OR. 5 a

Doch fällt die Dienstleistung unter einen speziellen Vertragstypus des OR. Art. 394 II OR. Die charakteristische Obligation des Hinterlegungsvertrages ist die Restitution als Speziesschuld des Aufbewahrers. Damit ist die *Interessenlage von derjenigen im Mandat nicht verschieden.* Da im römischgemeinen Recht die Hinterlegung *unentgeltlich* sein musste, bildete sie einen *Vertrag im ausschliesslichen Interesse des Hinterlegers* (mea gratia). Art. 394 N. 44, 45. Geht der Hinterlegungsgegenstand durch Zufall unter, oder wird er durch Zufall beschädigt, so trifft der Schaden das Vermögen des Hinterlegers (oder des Dritteigentümers).

b. Diese *Interessenlage* erfährt im *depositum irregulare* gemäss Art. 481 OR eine gewisse Veränderung. Die Restitutionsschuld wird dort zwar zur *Gattungsschuld.* Entsprechend *fällt das Gebrauchs- und Verbrauchsverbot für den Hinterlegungsgegenstand fort.* Aber dieser bleibt Vermögen, das dem Aufbewahrer «*anvertraut*» und dem Hinterleger zu *restituieren* ist. Nach gegenseitiger Abwicklung des Vertragsverhältnisses darf bei der *unentgeltlichen Hinterlegung*, auch der irregulären, der Aufbewahrer *nicht bereichert* sein, bei der *entgeltlichen* Hinterlegung darf seine (gerechtfertigte) *Bereicherung lediglich in der gemäss Art. 472 II OR verdienten Vergütung* bestehen. Art. 400 N. 6. b

c. Da im modernen Recht ähnlich wie beim Auftrag (Art. 394 III OR) auch beim Hinterlegungsvertrag die *Entgeltlichkeit* nicht die Ausnahme, sondern die *Regel* bildet, hat sich die *Interessenlage* gegenüber dem klassischen unentgeltlichen depositum (art. 1917 Code Civil) *geändert.* Es ist ein *Vertrag mea et tua gratia.* Art. 394 N. 45, 73. Diese Interessenlage macht die *entgeltliche Hinterlegung* zu einem *gegenseitigen Vertrag.* Der Aufbewahrer erhält einen vertraglichen Erfüllungsanspruch auf Leistung der *Vergütung* der zum Verwendungs- und Schadenersatz hinzutritt. Einen Gewinn kann nur der Vergütungsanspruch dem Aufbewahrer verschaffen. c

d. Wie im Auftragsverhältnis die einzelnen Vertragsobligationen der actio mandati directa und contraria einem Dritten zu eigenem Recht d *abgetreten* (Art. 402 N. 28) werden können, oder der Auftrag von Anfang an *zugunsten eines Dritten abgeschlossen* werden kann, so auch der Hinterlegungsvertrag. Das Hinterlegungsrecht hat allerdings *keine gesetzlichen Spezialtypen von Hinterlegungen zugunsten eines Dritten* ausgebildet wie das Auftragsrecht mit dem *Frachtvertrag* (Vorbem. vor Art. 439 N. 5) oder mit der *Anweisung*. Vorbem. vor Art. 466 N. 3. Doch sind in der Praxis, namentlich in der Bankpraxis, *reguläre und irreguläre Hinterlegungen zugunsten eines Dritten* häufig in dem Sinne, dass der *Dritte ein eigenes Recht i. S. von Art. 112 II OR auf Erhebung des Restitutionsanspruches und des Schadenersatzanspruches aus Verletzung der Aufbewahrungspflicht* erhält. So bei *Sparheften*, die von Eltern zugunsten ihrer Kinder errichtet werden. Oft werden *Bankdepots zugunsten eines Dritten* errichtet, um die erbrechtlichen Verfügungsbeschränkungen zu umgehen. Dieser Verdacht besteht, wenn die *Begünstigung des Dritten erst beim Tode des Hinterlegers wirksam* werden soll. In der Doktrin besteht Einigkeit, dass einem auf den Todesfall Begünstigten das *Eigentum oder andere dingliche Rechte* (z. B. Nutzniessung) an den hinterlegten Werten vom Hinterleger *nur in den Formen einer letztwilligen Verfügung* verschafft werden kann Dr. Oswald Aeppli in SJZ 44 (1948) S. 38/9. Die Einräumung des Verfügungsrechtes über ein Depot auf den Todesfall ist eine *Verfügung über den Restitutionsanspruch gemäss Art. 475 OR*. Auch diese Verfügung *bedarf der Testamentsform*. Anders Dr. Oswald Aeppli a. a. O. S. 35. Räume ich einem Dritten zu Lebzeiten ein Verfügungsrecht über mein Bankdepot, d. h. die dort hinterlegten Werte ohne Gegenleistung ein, so ist diese Verfügung bei meinem Tode u. U. der *erbrechtlichen Herabsetzungsklage* ausgesetzt, wenn durch sie Pflichtteile verletzt werden. Art. 527, 532 ZGB. Auch durch einen Auftrag an die Bank (mandatum post mortem) kann das Pflichtteilsrecht nicht umgangen werden. Solche *Aufträge post mortem können durch die Erben des Auftraggebers jederzeit widerrufen werden*. Art. 395 N. 90. Art. 405 N. 5b. Vgl. auch art. 1939 Code Civil. Der *Restitutionsanspruch geht auf die Erben nach Massgabe ihrer Erbberechtigung über*. Im schweizerischen System erfolgt durch die Universalsukzession der Übergang aller Vermögensrechte in demjenigen Status, in welchem sie sich im *Zeitpunkt des Todes des Erblassers* befinden. Art. 560 II ZGB.

e *e*. In einem weiteren Sinne können Depotscheine oder Lagerscheine, wenn sie mit der Legitimations- und/oder Präsentationsklausel versehen sind, als Urkunden über einen *Hinterlegungsvertrag zugunsten eines unbestimmten Dritten* aufgefasst werden. Der Aufbewahrer hat sich das Recht vorbehalten, mit befreiender Wirkung an jeden Vorweiser der Urkunde zu leisten. Der Inhaber macht die Leistung im eigenen Namen geltend. Es liegt ein Vertrag mea et aliena gratia vor und, wenn er entgeltlich ist, ein *Vertrag mea, tua et aliena gratia.* Art. 394 N. 46. Dies trifft besonders auf die in einem *Lagerschein* mit Wertpapiercharakter verurkundeten Hinterlegung zu. Art. 482 OR.

II. ART. 472 II OR

6. Entgeltlichkeit der Hinterlegung als Regelfall

6 a

a. Während der Code Napoléon noch an dem klassischen Axiom der Unentgeltlichkeit der Hinterlegung festhält (art. 1917), hatte schon das ABGB in § 969 dem Aufbewahrer und in § 1001 dem Bevollmächtigten nach den nämlichen Gesichtspunkten einen «Lohn» zugestanden, wenn dieser ausdrücklich oder «nach dem Stande» des Aufbewahrers oder des Bevollmächtigten «stillschweigend bedungen» worden ist. Art. 394 N. 72 c, 74 c. Der Gedanke der *stillschweigenden Vergütungsvereinbarung* ist auch in § 669 BGB ausgesprochen. Im Codice Civile art. 1767 wird im Gegensatz zum Mandat (art. 1709) i. d. R. die Unentgeltlichkeit des deposito vermutet.

b

b. Wie im ABGB § 969 und 1001 ist auch im OR nach dem Wortlaut der Gesetzesbestimmungen die *Regelung von Entgeltlichkeit oder Unentgeltlichkeit für Auftrag und Hinterlegung die nämliche.* Die rechtliche Differenzierung der beiden Vertragstypen beseitigt nicht ihre tatsächliche Ähnlichkeit als Dienstleistungsverträge in fremdem Interesse. Nicht nur der *Vergütungsanspruch,* sondern auch der *Auslagen- und Verwendungsersatzanspruch und der Schadenersatzanspruch des Aufbewahrers oder des Beauftragten bilden gleichartige Obligationen von actio mandati contraria und actio depositi contraria.* Art. 402, 473 OR. Obschon Art. 394 III OR beim Auftrag die Entgeltlichkeit von der Verabredung oder Üblichkeit abhängig macht, bei der Hinterlegung dagegen verlangt, dass sie «ausdrücklich bedungen worden ist oder nach den Umständen zu erwarten war», handelt es sich sinngemäss um identische Kriterien.

c

c. Die Formulierung von Art. 394 III OR in der rev. Fassung von 1911 ist einfacher und präziser als diejenige von Art. 472 II OR, die unverändert Art. 475 II aOR entnommen ist. Sie bringt den *Vorrang der ausdrücklich vereinbarten Vergütung* hinreichend zum Ausdruck. **BGE 83 I 88/9.** Ob und wieviel Vergütung ohne ausdrückliche Vereinbarung geschuldet ist, bestimmt sich nicht nach Umständen eines konkreten

Falles, sondern nach *Übungen*, die *für bestimmte Arten von Hinterlegungen* (Vorbem. N.3) gelten. Dabei ist namentlich die Frage wesentlich, ob der Aufbewahrer, wie beispielsweise der *Lagerhalter* oder *Banken*, die hinterlegungsvertragliche Dienstleistung *gewerbsmässig* unter Aufgebot von Personal und Einrichtungen (Lagerhäuser, Stahlkassetten) zur Verfügung stellen, oder ob es sich, wie beim klassischen unentgeltlichen Mandat, um einen Freundschaftsdienst (Art. 394 N. 70a, 73b) handelt. Es *überwiegt der gewerbsmässig gegen Bezahlung geleistete Aufbewahrungsdienst*, obschon man nicht in gleicher Weise von einem Fachdienst sprechen kann wie bei den auftragsrechtlichen Fachdiensten der freien Berufe.

d *d.* Die entgeltliche oder die unentgeltliche Aufbewahrung verschafft dem Aufbewahrer den Anspruch auf Ersatz der mit der «*Erfüllung des Vertrages notwendig verbundenen Auslagen*». Art. 473 I OR. Dazu gehören indessen ebensowenig wie beim Mandatar oder beim Kommissionär ein Anteil für die Personalausgaben des Aufbewahrers noch ein Anteil an die Erstellungkosten der Aufbewahrungseinrichtungen. Art. 431 II OR. Art. 402 N. 11a. Art. 431 N. 6a. Der *gewerbsmässige Depositar muss daher die Personalkosten sowie eine Amortisation für seine Einrichtungen in die Summe der Vergütungen einkalkulieren, die er aus dem Betrieb des Hinterlegungs- oder Lagergeschäftes erwartet.* Art. 475 N. 9b.

7. Vereinbarung der Vergütung de principio und de quantitate. Bestimmung oder Bestimmbarkeit durch Vereinbarung

7a *a.* Unter den aufgestellten Gesichtspunkten können auf die hinterlegungsvertragliche Vergütung die Grundsätze angewendet werden, die für die auftragsrechtliche Vergütung gelten. Art. 394 N. 70–83. Eine *vereinbarte Vergütung bildet einen Bestandteil des Hinterlegungsvertragskonsens.* Die Vereinbarung kann als pactum adiectum *jederzeit bis zum Erlöschen der gegenseitigen Vertragsobligationen* abgeschlossen werden. Art. 394 N. 74a, b. Die ausdrückliche Vereinbarung kann sich nur auf das *Prinzip* (selten) oder auch auf das *Quantitativ* der Vergütung erstrecken. **BGE 82 IV 148/9.** Art. 394 N. 75. Ist nur das Prinzip der Entgeltlichkeit vereinbart, so wird das *Quantitativ durch die Übung* bestimmt. Art. 394 N. 82c. Die Frage der *Angemessenheit* einer auch das Quantitativ bestimmenden Vergütungsvereinbarung fällt *ausser Betracht, sofern sich das Quantitativ innerhalb der Grenzen der Sittlichkeit und des Übervorteilungsverbotes* hält. Art. 394 N. 82b. Auch wenn für bestimmte Hinterlegungsarten eine Übung für das Quantitativ der Vergütung besteht

(Tarife), ist sie gegenüber dem ausdrücklich bestimmten Quantitativ im konkreten Vertragsnexus zwischen Aufbewahrer und Hinterleger ohne Bedeutung.

b *b.* Die einfachste, Prinzip und Quantitativ umfassende Vergütungsvereinbarung ist die der *Pauschalvergütung.* Doch gibt es andere Massstäbe für die quantitative Bestimmung oder Bestimmbarkeit der Vergütung: *Zeitdauer der Hinterlegung, Wert des Hinterlegungsgegenstandes* (Bankdepotgebühren), *Gewicht des Hinterlegungsgegenstandes* (Lagerhäuser), *beanspruchter Lagerraum* (Möbel) u.a. Da der Hinterlegungsvertrag nur nebensächlich Arbeitsverpflichtungen des Aufbewahrers enthält, ist die *Bestimmung der Vergütung nach Arbeitsaufwand selten.* Die *Maßstäbe können kombiniert werden.* So liefert die Zeitdauer der Hinterlegung neben dem Wert (Jahresprozent- oder Jahrespromillevergütung), Gewicht oder beanspruchten Raum zumeist den ausschlaggebenden Maßstab. N.9b unten. Damit wird erreicht, dass sich die Vergütung mittelbar nach *Zeitdauer und Umfang der Verantwortung* (Art.394 N.76g) richtet, die der Aufbewahrer übernimmt. Häufig werden *Vergütung i.S. von Art. 472 II OR und Auslagenersatz gemäss Art. 473 I OR durch Vereinbarung in eine Gesamtposition zusammengefasst.* Der Aufbewahrer kalkuliert aus der Erfahrung, dass ein Depot bestimmter Art einen gewissen Prozentsatz an ersatzfähigen Auslagen erfordert und schlägt diesen zur Vergütung wie die Generalunkosten. N.6d oben.

c *c.* Eine prinzipielle und quantitative *Vergütungsbestimmung durch Vereinbarung* ist auch dann gegeben, wenn die Parteien *auf einen Tarif verweisen,* z.B. auf ein «Reglement» bei Bankdepotgebühren. Bei Banken erfolgt die Wertpapierhinterlegung, bei Lagerhaltern die Einlagerung, auf Grund gleichartiger *Massenverträge,* die auch *gleichartige Vergütungsvereinbarungen* enthalten. Sie gelten nicht nur für alle Depots einer konkreten Bank, sondern häufig für alle Banken oder Lagerhäuser eines Platzes, eines Landesteiles oder des ganzen Landes. Das ermöglicht, auch wenn eine Vereinbarung unterblieben ist, die quantitative Bestimmung der Vergütung nach der Übung.

d *d. Fehlt die Bestimmung oder Bestimmbarkeit* des Quantitativs durch Vereinbarung und besteht dafür auch *keine Übung, so wird der Richter im Streitfalle die angemessene Vergütung zu bestimmen* haben, wobei er auch die *Maßstäbe wählt,* die er seiner Entscheidung zugrunde legt. Art.394 N.76g. Können sich die Parteien *verständigen,* auch wenn die Entscheidung bereits dem Richter unterbreitet war, so liegt im Effekt eine *nachträgliche Vergütungsvereinbarung* vor, durch deren *Vorrang* alle anderen die Vergütung betreffenden Fragen erledigt sind. Hat der Richter über die Angemessenheit zu entscheiden, so wird u.a. *die dem Aufbewahrer normalerweise anfallenden Generalunkosten* (N.6d oben) berücksichtigen und seinerseits so kalkulieren, dass dem *Aufbewahrer noch eine angemessene Gewinnmarge* verbleibt. Doch wird er von einer rationellen Betriebsführung ausgehen und nicht kaufmännische Fehlkalkulationen eines Depositars korrigieren, der seinen Betrieb zu gross aufgezogen hat.

e *e.* Ist eine *Vergütungsvereinbarung wegen Unsittlichkeit oder Übervorteilung* nichtig, so liegt nicht integrale Ungültigkeit des Hinterlegungsvertrages, sondern *Teilnichtigkeit* vor, welche nur die Vergütungsvereinbarung und auch diese *nur soweit betrifft, als sie das erlaubte Mass überschreitet.* Ist die Hinterlegung tatsächlich erfolgt, so kann i. S. von Art.20 II OR angenommen werden, die Parteien hätten zwar die Hinterlegung als solche gewollt, der Hinterleger habe indessen keine das erlaubte Mass übersteigende Vergütung entrichten wollen. Im übrigen kann die Hinterlegung vom Hinterleger jederzeit durch *Erhebung des Restitutionsanspruches* beendet werden. Art.475 I OR. *Ebensowenig wie beim Auftrag besteht ein Bedürfnis nach einer Auflösung ex tunc.* Ähnliches gilt für willensmangelhafte Vergütungsvereinbarungen. N.14b unten.

8. Übliche Vergütung

8 a *a.* Ob man den Bereich der *nicht ausdrücklich vereinbarten Vergütung* wie das ABGB in § 969 durch eine stillschweigende Vereinbarung «nach dem Stande des Aufbewahrers» oder wie das BGB in § 689 durch eine *stillschweigende Vereinbarung*, «wenn nach den Umständen eine Vergütung zu erwarten ist», oder wie das OR einfach objektiv durch die *Übung* oder die *Umstände* zu decken sucht, dürfte im praktischen *Ergebnis zum nämlichen Resultat* führen. Entscheidend ist nicht, ob es billig wäre, dem Aufbewahrer für eine konkrete Hinterlegung neben dem Auslagenersatz eine Vergütung von bestimmter Höhe zu gewähren, weil sonst die klassische unentgeltliche Hinterlegung überhaupt keinen Platz mehr fände. Art.394 N.74c. Entscheidend ist in erster Linie, *ob der Aufbewahrer Hinterlegungsverträge gewerbsmässig* abschliesst. Dann ist die Vergütung üblich, bzw. «nach den Umständen zu erwarten». **BGE 82 IV 147 Erw. 2a.**

b *b.* Wird die Aufbewahrung *nicht gewerbsmässig* betrieben und besteht weder eine Vereinbarung über das Prinzip noch über das Quantitativ der Vergütung, so kann *nur in Ausnahmefällen angenommen werden, die Parteien hätten eine entgeltliche Hinterlegung* gewollt. Art. 394 N. 74 c. Zu diesen Ausnahmefällen kann die Hinterlegung gezählt werden, die der Code Napoléon (art. 1949) als «dépôt nécessaire» bezeichnet. Hier ist die freie Willenseinigung oft eine Fiktion und a fortiori die Frage, ob der Aufbewahrer eine entgeltliche oder unentgeltliche Hinterlegung wollte. Meist fehlt die Zeit zu einem überlegten Vertragsabschluss. Dennoch ist der Hinterlegungsvertrag durch die Übergabe und Übernahme des Hinterlegungsgegenstandes zustandegekommen. Art. 1951 Code Civil. Wo die Hinterlegung per definitionem unentgeltlich ist, entsteht kein Problem. Der Aufbewahrer erhält Auslagen- und allenfalls Schadenersatz. Art. 473 OR. Nach Art. 472 II OR wird zu *entscheiden sein, ob Aufbewahrungen der nämlichen Art üblicherweise nur gegen Entgelt erwartet werden können.* So beispielsweise die Lagerung einer geretteten Wohnungseinrichtung nach einem Brand.

c

c. Die Zubilligung der *Entgeltlichkeit* nach dem objektiven Kriterium der Üblichkeit hat für den Aufbewahrer nicht nur Vorteile, sondern auch den *Nachteil, dass seine Haftung strenger zu beurteilen ist.* Art. 99 II OR. Der Exkulpationsbeweis ist nicht nur erschwert, wenn der Aufbewahrer ein Entgelt tatsächlich bezogen hat, sondern schon dann, wenn der Vergütungsanspruch aus Vereinbarung oder Übung grundsätzlich zur Entstehung gelangt ist oder gelangt wäre. Der Aufbewahrer kann sich nicht durch nachträglichen Verzicht auf die Vergütung von der strengeren Haftung befreien.

9. Übung für das Quantitativ der Vergütung

9 a

a. Ein *Tarif* als eindeutigster Ausdruck der üblichen Vergütung besteht wie im Arbeitsrecht nur für *gewerbsmässig besorgte Aufbewahrungen,* d. h. solche, die nach Übung oder Umständen auch dann entgeltlich sind, wenn eine Vergütung nicht vereinbart wurde. Behördliche Zwangstarife (Art. 394 N. 78 b) bestehen für privatrechtliche Hinterlegungsverträge kaum. Die *Handgepäckaufbewahrung* auf den Bahnhöfen, für welche *vorgeschriebene «Gebühren»* bestehen, bildet eine der wenigen Ausnahmen, weil es sich um einen «öffentlichen Dienst» handelt, auch wenn der ihm zugrunde liegende Vertrag als *privatrechtlicher Hinterlegungsvertrag* zu beurteilen ist. ETR (AS 1949 S. 563). Art. 64. Die Bahn kann innert 6 Monaten nicht abgeholte Stücke öffentlich verkaufen und haftet nur bis zum Höchstbetrag von Fr. 1000 bei Verschulden. Es erhebt sich die Frage, ob diese Beschränkungen dem Hinterleger entgegengehalten werden können, wenn sie nicht auf dem Handgepäckschein verurkundet sind. Die Benützung der neuerdings auf Grossbahnhöfen aufgestellten *verschliessbaren Fächer zur Handgepäckaufbewahrung* ist *Safemiete* wie die Miete eines Tresorfaches bei einer Bank. Vorbem. N. 3c (2).

b *b.* Die schweizerischen Banken wenden einheitliche Sätze für die *Verwahrung von Wertpapieren* in offenen Bankdepots an. Wenn auch keine Tarife veröffentlicht werden, sind die *üblichen Sätze leicht feststellbar* und bei Fehlen einer Vereinbarung massgebend. So besteht die durch Vermittlung der Schweizerischen Bankiervereinigung abgeschlossene «*Konvention IV betreffend einheitliche Berechnung der Gebühren für die Aufbewahrung und Verwaltung von Wertpapieren in offenen Depots*» (letzte revidierte Fassung von 1946). Darin verpflichten sich die angeschlossenen Banken unter *Konventionalstrafe*, für Depot- und Inkassogebühren die *einheitlichen Konventionsansätze* zur Anwendung zu bringen. Art. 2 der Konvention stellt für Depotgebühren («droit de garde») folgende Sätze auf: «*Die Depotgebühr wird vom Wert der deponierten Titel* erhoben und beträgt pro Jahr:

a) für Wertpapiere von *in der Schweiz niedergelassenen Deponenten und von Schweizern im Ausland* 0,7 ‰ (70 Cts. von je Fr. 1000);

b) für Wertpapiere *von im Ausland niedergelassenen Deponenten* nichtschweizerischer Nationalität 1 ‰ (Fr. 1 von je Fr. 1000).

Die *Minimalgebühr* beträgt bei Obligationen 20 Cts. per 1000 der betreffenden Münzeinheit, bei Aktien 20 Cts. per Titel und Fr. 3 per Depot. Beträgt die *Dauer eines Depots* nur ein halbes Jahr oder weniger, so kann die Gebühr auf die Hälfte ermässigt werden, jedoch unter Beibehaltung der Minima.

Es handelt sich um einen *privaten* intern verbindlichen *Tarif*, dessen kombinierte Maßstäbe durch den Wert des Hinterlegungsgegenstandes und die Zeitdauer der Aufbewahrung gebildet werden (Jahrespromilletarif). Art. 1 II der Konvention betrifft den *Auslagenersatz*, der beim *offenen Bankdepot* (Vorbem. N. 3c [1], 5b) einerseits auf dem *Hinterlegungsvertrag* (Art. 473 I OR) und andererseits auf dem *Verwaltungsmandat* (Art. 402 I OR) beruht. Art. 473 N. 2.

10. Vergütung und Retentionsrecht

10 a *a.* Besteht ein *Vergütungsanspruch* des Aufbewahrers nach Art. 472 II OR zu Recht, so bildet er mit dem *Auslagenersatzanspruch* nach Art. 473 I OR (evtl. nach Art. 475 II OR) und dem *Schadenersatzanspruch* nach

Art. 473 II OR einen *Bestandteil der actio depositi contraria* des Aufbewahrers. Vgl. art. 1781 Codice Civile. Der Vergütungsanspruch gehört bei der regulären Hinterlegung zu den durch das *akzessorische dingliche Retentionsrecht* gesicherten Forderungen. Art. 895 ZGB. Vorbem. N. 5b.

b *b. Bestreitet der Hinterleger den Vergütungsanspruch* de principio oder de quantitates wegen eines Willensmangels, eines Nichtigkeitsgrundes oder aus anderen Gründen, so kann er das *Retentionsrecht nur beseitigen*, wenn er für den bestrittenen Betrag *Sicherheit leistet*, d. h. i. d. R. ihn gerichtlich hinterlegt. Art. 400 N. 18c. Art. 401 N. 23. Dazu bedarf es meist einer *richterlichen Bewilligung*. Vorbem. N. 6c. Ist die *Hinterlegung* der streitigen Vergütung *erfolgt*, so muss der *Aufbewahrer den Hinterlegungsgegenstand* nach Art. 475 I OR *sofort herausgeben*. Sein Retentionsrecht ist abgelöst. Eine *ungerechtfertigte* oder *übermässige Beanspruchung des Retentionsrechtes* macht den Aufbewahrer *schadenersatzpflichtig*. Art. 400 N. 18c.

c *c.* Beim *irregulären Depositum* nach Art. 481 OR besteht kein dingliches Retentionsrecht, sondern nur die *Einrede des unerfüllten Vertrages*. Der Aufbewahrer muss seine Gattungsschuld nicht erfüllen, bevor alle seine Ansprüche aus der actio depositi contraria erfüllt oder sichergestellt sind. Art. 400 N. 16. Vorbem. N. 5d. Auch hier erfolgt die Sicherstellung *in Streitfällen* i. d. R. durch *gerichtliche Hinterlegung des streitigen Betrages*. Ein Verrechnungrecht des Aufbewahrers für seine Ansprüche aus der actio depositi contraria besteht «wider den Willlen des Hinterlegers» nach der ausdrücklichen Vorschrift von Art. 125 Z. 1 OR nicht. **BGE 45 III 249.** Diese Regelung wirkt sich indessen für den Hinterleger nicht immer günstig aus. Könnte der Aufbewahrer verrechnen, so müsste er einen Saldo restituieren; so kann er alles zurückbehalten, bis er für alle streitigen Ansprüche befriedigt oder sichergestellt ist. Daher wird der Hinterleger i. d. R. entweder der Verrechnung zustimmen oder den streitigen Betrag der Aufbewahrerforderungen hinterlegen.

III. NICHTIGE UND ANFECHTBARE HINTERLEGUNGSVERTRÄGE

11. Hinterlegungen durch und bei Unmündigen

11 a *a.* Eine *von einem urteilsunfähigen Unmündigen* ohne Genehmigung des gesetzlichen Vertreters *vorgenommene* entgeltliche oder unentgeltliche *Hinterlegung* ist absolut nichtig. Der *hinterlegte Gegenstand ist ex*

tunc zurückzugeben. Gültige Forderungen aus der actio depositi directa oder contraria sind nicht entstanden. Der *Aufbewahrer verliert die Ansprüche auf Auslagen- und Verwendungsersatz sowie auf Vergütung.*

b *b.* Ein *urteilsfähiger Unmündiger* kann ohne Genehmigung des gesetzlichen Vertreters einen *unentgeltlichen Hinterlegungsvertrag* deshalb abschliessen, weil er seinem Interesse dient und ihm zum Vorteil gereicht. Art. 19 II ZGB.

c *c.* Eine von einem *urteilsunfähigen Unmündigen* ohne Zustimmung des gesetzlichen Vertreters *vorgenommene* entgeltliche oder unentgeltliche *Hinterlegung* ist ex tunc *nichtig.* Der Hinterlegungsgegenstand ist nicht nach den vertragsrechtlichen (Art. 475 OR) sondern *nach den Besitzregeln zu restituieren.* Der Restitutionsanspruch wird vom gesetzlichen Vertreter erhoben. Da kein gültiger Hinterlegungsvertrag besteht, entfällt ein Anspruch des Aufbewahrers auf Vergütung, auch wenn er für Hinterlegungen der nämlichen Art üblich wäre. Hingegen kann der *gutgläubige Aufbewahrer* (der die Vertragsunfähigkeit des andern nicht kannte oder kennen musste) *Ersatz für die notwendigen und nützlichen Verwendungen* verlangen, die er auf die hinterlegte Sache gemacht hat und besitzt dafür das *Zurückbehaltungsrecht nach Art. 939 I ZGB.* HOMBERGER ad Art. 939 ZGB N. 17. *Andere Verwendungen* kann er wegnehmen *(ius tollendi)*, wenn ihm kein Ersatz angeboten wird und es ohne Beschädigung der Sache geschehen kann. Art. 939 II ZGB. Der *bösgläubige Besitzer* (der die Vertragsunfähigkeit des andern kannte oder kennen musste, z. B. bei Publikation einer Bevormundung: **BGE 57 II 392**) hat einen *Ersatzanspruch nur für notwendige tatsächlich gemachte Verwendungen* (Art. 940 II ZGB) und muss *für verbrauchte Früchte und für den durch die «Vorenthaltung» entstandenen Schaden Ersatz leisten.* Art. 940 I OR.

d *d.* Der *urteilsfähige Unmündige* kann auch ohne Zustimmung seines gesetzlichen Vertreters aus einer Hinterlegung «unentgeltliche Vorteile erlangen». Art. 19 II ZGB. Erfolgte die *Hinterlegung unentgeltlich* im ausschliesslichen Interesse des Hinterlegers und wurden vom Aufbewahrer weder Auslagen noch Verwendungen auf den Hinterlegungsgegenstand gemacht, so vollzieht sich dessen *Restitution wie eine vertragliche nach Art. 475 OR.* Ein urteilsfähiger Unmündiger kann somit auch *ohne Zustimmung seines gesetzlichen Vertreters ein Sparheft anlegen, darauf Einlagen und Rückzüge machen.* Sein Vermögen vermindert sich durch die Hinterlegung nicht, sondern er erhält als «Zuwachs» die Depotzinsen auf seine Spareinlagen. Art. 1837 Codice Civile regelt diesen Fall durch eine Sonderbestimmung. Ist der *Einleger 18 Jahre* alt, so ist er hinsichtlich des Sparheftvertrages (depositum irregulare) *vertragsfähig*, es sei denn, sein gesetzlicher Vertreter habe Einspruch erhoben. Das einem Minderjährigen ausgestellte *Sparheft muss auf den Namen lauten.*

e *e.* Ein *vertragsunfähiger «Aufbewahrer» muss als vertragloser Geschäftsführer* betrachtet werden. Art. 395 N. 41. Hat er ohne Zustimmung seines gesetzlichen Vertreters ein Depot übernommen, so haftet er für die Restitution «nur, soweit er bereichert ist oder auf böswillige Weise sich der Bereicherung entäussert hat». Art. 421 OR. So auch sinngemäss die ausdrückliche Vorschrift von art. 1926 Code Civil. **DIG. 16. 3. 1. 15/6.**

12. Simulierte und dissimulierte Hinterlegungen

12 a *a.* Die Konzeption des Hinterlegungsvertrages als Realvertrag (N. 1 oben) *schliesst die Möglichkeit, reguläre Hinterlegungsverträge zu simulieren*, ähnlich wie es für Aufträge zutrifft, praktisch aus. Art. 395 N. 43/4. Werden bewegliche Sachen übergeben, ohne dass eine Eigentumserwerbscausa vorliegt, so spricht eine Wahrscheinlichkeit für den *wirklichen Willen* der Parteien zum Abschluss eines *Hinterlegungsvertrages*, weil er, sogar ein Gebrauchsrecht des Aufbewahrers grundsätzlich ausschliessend (Art. 474 OR), für den Übergeber *am wenigsten onerös* ist. **DIG. 50. 17. 9.** Ein widerrechtlicher oder unsittlicher Zweck macht die Hinterlegung nicht simuliert (Hehlerei), wohl aber u. U. aus objektiven Gründen nichtig. N. 13 unten. Hinterlegt jemand bewegliches Vermögen, weil er es vor seinen Angehörigen verstecken oder gar Pflichtteilsrechte umgehen will, so ist die Hinterlegung gewollt.

b *b.* Es besteht kein grosser Anreiz, Hinterlegungsverträge zu simulieren, weil die Restitutionsrechte und die Gegenansprüche, die auf hinterlegungsvertraglicher Basis entstehen, von denjenigen, die sich nach Besitzrecht vollziehen, nur wenig abweichen. N. 11c oben. Wurde ein *Schuldschein* (Depotschein) oder gar ein *Lagerschein* (als Wertpapier) *über den Restitutionsanspruch ausgestellt*, so ist die *Einrede der Simulation gegenüber einem gutgläubigen Erwerber der Schuldurkunde ohnehin ausgeschlossen.* Art. 18 II OR. N. 3c, d, e oben.

c *c.* Hingegen dürfte es nicht selten vorkommen, dass Sachübergaben, für die ein anderer Besitztitel oder sogar ein Eigentumserwerbsgrund erklärt wird, nach dem *wirklichen Willen der Parteien Hinterlegungen* sind. Art. 18 I OR. Das einem «Treuhänder» übergebene bewegliche Vermögen, das nur aufbewahrt und erstattet, nicht aber auch verwaltet und «gebraucht» werden soll, ist im Zweifel regulär und/oder irregulär hinterlegt und nur dann fiduziarisch übereignet, wenn der Übergeber gewollt oder wissentlich geduldet hat, dass der «Treuhänder» wie ein Eigentümer darüber verfüge, insbesondere auch mit dem übernommenen Vermögen «arbeitet». Umgekehrt ist die «Hinterlegung», die meine Bank im eigenen Namen, aber für meine Rechnung und Gefahr bei einer anderen Bank vornimmt im Verhältnis zu mir keine Hinterlegung, sondern ein fiduziarischer Auftrag. Vorbem. N. 5e. N. 2f oben.

13. Hinterlegung zu rechtswidrigem oder unsittlichen Zweck

13 a *a.* Bewegliche Sachen und/oder Wertpapiere für einen anderen aufzubewahren, ist an sich weder unmöglich noch widerrechtlich noch unsittlich. Wegen seines Inhaltes kann daher ein Hinterlegungsvertrag integral nicht ungültig sein. Es kann bei entgeltlicher Hinterlegung *Ungültigkeit einer Vergütungsvereinbarung als Teilnichtigkeit* i. S. von Art. 20 II OR vorliegen. N. 7e oben.

b *b.* Hingegen kann bewegliches Vermögen «in der Absicht einen *rechtswidrigen oder unsittlichen Erfolg herbeizuführen*», zur Aufbewahrung übergeben werden. Doch fasst die Praxis denjenigen, dem nur die Aufgabe zugedacht ist, *durch Verbrechen erlangtes bewegliches Vermögen aufzubewahren*, noch *nicht* als *Hehler* i. S. von Art. 144 StGB auf. **BGE 76 IV 191, 81 IV 159 Erw. 2.** Art. 395 N. 31d. Immerhin entstehen zwischen ihm und dem Dieb weder wirksame Vertragsbeziehungen noch andere privatrechtliche Obligationen. Der *Dieb* kann das zur Verbergung des Diebstahls einem anderen übergebene Vermögen auch vom bösgläubigen Aufbewahrer nicht zurückfordern. Art. 66 OR. Anders offenbar von Tuhr/Siegwart I 413/4. Vgl. jedoch **BGE 74 II 27 Erw. 3, 82 II 75/6 Erw. 4, 84 II 184.** *Gegenüber dem Berechtigten, meist dem Eigentümer, besteht die ausservertragliche Rückgabepflicht nach den Besitzregeln.* Dabei kommt es darauf an, ob der *Besitzer gutgläubig oder bösgläubig* ist. Art. 939/40 ZGB. N. 11c oben.

c *c.* Eine vom Hinterleger ausgehende *Übervorteilung des Aufbewahrers* i. S. von Art. 21 OR ist *bei der Struktur des Hinterlegungsvertrages kaum denkbar.* Hingegen kann sich bei der entgeltlichen Hinterlegung der Aufbewahrer unter Ausnützung der Notlage, der Unerfahrenheit oder des Leichtsinns eine *übersetzte Vergütung* ausbedungen haben. Dann ist nicht der Hinterlegungsvertrag als solcher, sondern es ist die Vergütungsvereinbarung unwirksam. N. 7e oben. Auch ist sie nur *teilnichtig, soweit sie das angemessene Mass übersteigt.* Der Rechtsstreit wird i. d. R. so beginnen, dass der Aufbewahrer für die übersetzte Vergütung das Retentionsrecht oder das obligatorische Zurückbehaltungsrecht beansprucht und dadurch den Übervorteilten zur *gerichtlichen Deposition* der bestrittenen Vergütung zwingt. N. 11b oben.

14. Willensmangelhafte Hinterlegungsverträge

14 a

a. Dass der *Aufbewahrer*, der seine Sache tatsächlich übernommen hat und sie erstatten will, den Hinterlegungsvertrag unter einem *Willensmangel* abschliesst, dürfte *kaum jemals* zutreffen. Doch kann der Aufbewahrer (ebenfalls selten) den Hinterleger durch *Täuschung, Drohung oder Zwang* (Art. 28–30 OR) zum Vertragsabschluss und zur Übergabe der Sache bewogen haben. Dem Fall, bei der klassischen unentgeltlichen Hinterlegung kaum denkbar, wird i. d. R. die Absicht zugrunde liegen, eine *hohe Vergütung* zu verdienen. Sodann kann sich der *Hinterleger geirrt* haben. Er wollte eine *andere Sache* oder die *Sache einem anderen Aufbewahrer* übergeben. Art. 24 Z. 2 OR.

b

b. Theoretisch betrachtet ist der *unter einem Willensmangel abgeschlossene Vertrag ungültig*, sofern er tatsächlich angefochten bzw. nicht genehmigt wird. Art. 31 OR. Der mit mangelhaftem Willen kontrahierende Hinterleger kann daher die *Restitution mit Wirkung ex tunc nach den Besitzregeln (Art. 939/40 ZGB) verlangen.* Der Aufbewahrer, der Täuschung, Drohung oder Zwang angewendet hat, um in den Besitz des Hinterlegungsgegenstandes zu gelangen, ist bösgläubiger Besitzer i. S. von Art. 940 ZGB. Doch ist dieser Weg dann, wenn der *charakteristische vertragliche Erfüllungsanspruch ebenfalls die Restitution zum Gegenstand hat, für die prozessuale Geltendmachung weniger geeignet.* Der Hinterleger, der unter Willensmangel kontrahiert hat, gelangt rascher zum Ziel, wenn er den *vertraglichen Restitutionsanspruch nach Art. 475 OR erhebt, was er nach ausdrücklicher Gesetzesvorschrift gleich wie ein Auftraggeber jederzeit tun kann.* Allerdings *genehmigt er damit den willensmangelhaften Vertrag.* Man kann nicht auf Erfüllung eines Vertrages klagen und gleichzeitig dessen Ungültigkeit behaupten. Doch der *Vertragsanspruch ist jederzeit liquid, während die Frage, ob ein Willensmangel vorliegt, i. d. R. unsicher ist und nur durch ein Beweisverfahren beantwortet werden kann.* Während der Jahresfrist, in der Willensmängel geltend gemacht werden können (Art. 31 II OR), sind i. d. R. vom «Aufbewahrer» keine erheblichen Auslagen und Verwendungen gemacht worden. Auch bei der ausservertraglichen Restitution nach den Besitzesregeln müssen sie, soweit sie notwendig waren, ersetzt und im Streitfall hinterlegt werden. Soweit es sich bei entgeltlicher Hinterlegung um den *vertraglichen Vergütungsanspruch* handelt, kann er auch dann *gesondert angefochten werden, wenn die Restitution ex contractu verlangt* wird. N. 7e oben.

Art. 473

II. Pflichten des Hinterlegers

[1] Der Hinterleger haftet dem Aufbewahrer für die mit Erfüllung des Vertrages notwendig verbundenen Auslagen.

[2] Er haftet ihm für den durch die Hinterlegung verursachten Schaden, sofern er nicht beweist, dass der Schaden ohne jedes Verschulden von seiner Seite entstanden sei.

II. Obligations du déposant

[1] Le déposant doit rembourser au dépositaire les dépenses que l'exécution du contrat a rendues nécessaires.

[2] Il est tenu d'indemniser le dépositaire du dommage occasionné par le dépôt, à moins qu'il ne prouve que ce dommage s'est produit sans aucune faute de sa part.

II. Obblighi del deponente

[1] Il deponente è tenuto a rimborsare al depositario le spese necessarie incontrate per l'esecuzione del contratto.

[2] Egli è responsabile verso di lui dei danni derivanti dal deposito, ove non dimostri che questi sono avvenuti senza alcuna colpa da parte sua.

Materialien: Sub Art. 472 OR.

Rechtsvergleichung: aOR Art. 477. Code Civil art. 1947/8. ABGB § 967. BGB §§ 693/4. Codice Civile art. 1781.

Literatur: ANDREAS VON TUHR, Actio de in rem verso (sub art. 402).

SYSTEMATIK DER KOMMENTIERUNG

Art. 473 OR

I. Der Auslagenregress. Art. 473 I OR

1. Die Systematik des allgemeinen Hinterlegungsvertragsrechtes im OR. Actio depositi contraria 634
2. Auslagenregress im Auftrags- und im Hinterlegungsvertragsrecht . . 634
3. Voraussetzungen des Auslagen- und Verwendungsregresses: Tatsächliche Vornahme. Gehörige Erfüllung des Hinterlegungsvertrages . . 635
4. Umfang des Auslagen- und Verwendungsregresses. Generalunkosten 638
5. Fälligkeit, Geltendmachung und Sicherung des Auslagen- und Verwendungsregresses. Deckung. Verzinsung. Gegenseitigkeit von actio contraria und Restitutionsobligation 640

II. Der Schadenersatzanspruch des Aufbewahrers

6. Der Haftungsgrund der Gefährdung. Entgeltliche und unentgeltliche Hinterlegung. 641

7. Schadenshaftung des Aufbewahrers bei entgeltlicher Hinterlegung. Kausalzusammenhang. Verschulden. Selbstverschulden. Verjährung. Klage und Einrede 643

Art. 473 OR

I. DER AUSLAGENREGRESS. ART. 473 I OR

1. Die Systematik des allgemeinen Hinterlegungsvertragsrechtes im OR. Actio depositi contraria

1 Während im aOR das Gebrauchsverbot (Art. 476 aOR) an die Definition (Art. 475 aOR) anschloss, hat das revOR die Systematik geändert und beginnt unter dem Randtitel «II. Pflichten des Hinterlegers» mit der actio depositi contraria. Die vom Code Civil (art. 1947), ABGB (§ 967), BGB (§§ 693, 694) und Codice Civile (art. 1781) abweichende Gliederung überzeugt nicht restlos. Nachdem die Aufbewahrungsobligation bereits in der Definition von Art. 472 OR enthalten ist (Art. 472 N. 4a), wäre es klarer gewesen, als negatives Kriterium dieser Obligation das Gebrauchsverbot anzufügen und den Obligationenkomplex der actio depositi directa mit dem charakteristischen Restitutionsanspruch zu beschliessen. Die actio contraria wäre vielleicht besser wie in den anderen Kodifikationen und in unserem Auftragsrecht (Art. 402 OR) den Ansprüchen der actio depositi directa nachgestellt worden. Der bei der Revision von 1911 leitende Gedanke war offenbar, alle drei Ansprüche der actio depositi contraria (1) auf Vergütung (Art. 472 III), (2) auf Auslagenersatz (Art. 473 I) und (3) auf Schadenersatz (Art. 472 II) zusammenhängender zu behandeln. Dann geht aber der Zusammenhang der actio depositi directa verloren: Art. 472 I, 474–479 OR.

2. Auslagenregress im Auftrags- und im Hinterlegungsvertragsrecht

2 a *a.* Die strukturelle Ähnlichkeit von Mandat und depositum als Dienstleistungsverträge manifestiert sich u. a. in der *weitgehenden Identität von actio mandati contraria und actio depositi contraria.* Art. 472 N. 2b, 5. Immerhin ist die Identität keine absolute. Zwar ist es ohne Bedeutung, dass Art. 402 I OR von «Auslagen und Verwendungen» spricht, Art. 473 I OR hingegen nur von «Auslagen». (Vgl. dagegen § 967 ABGB... «ver-

wendete Kosten».) Selbst wenn man beide Begriffe unterscheidet (Art. 402 N. 11 a, b) bilden sowohl *Auslagen*, die mit der *Erfüllung des Vertrages* durch den Aufbewahrer verbunden sind, als auch *Verwendungen, die zur Erhaltung und zum Unterhalt hinterlegter Sachen* gemacht werden, Bestandteil der actio depositi contraria. So § 967 ABGB. § 693 BGB («Aufwendungen»). Art. 1947 Code Civil («les dépenses qu'il a faites» pour la conservation de la chose) Art. 1783 Codice Civile («spese fatte per conservarel a cosa»).

b

b. Zu ersetzen sind demnach einmal die *Verwendungen*, die *zur Erhaltung* und gegebenenfalls *für den Unterhalt* der Sache gemacht wurden. Die anvertraute Sache, die aufbewahrt und nicht gebraucht werden soll, ist dem Hinterleger grundsätzlich in dem Zustand zu restituieren, in welchem sie ihm übergeben wurde. Die gehörige Erfüllung der Aufbewahrungs- und der Restitutionsobligation kann Auslagen und Verwendungen erforderlich machen, die von den konkreten Umständen namentlich von der Natur des Hinterlegungsgegenstandes abhängig sind. Fallen Übergabe- und Aufbewahrungsort (Art. 477 OR) auseinander, so sind dem Aufbewahrer die *Transportkosten vom Übergabe- zum Aufbewahrungsort nach frachtvertraglichen Grundsätzen* zu ersetzen. Art. 472 N. 4 c. Was in einem selbständigen Frachtvertrag Frachtlohn wäre, präsentiert sich im Rahmen des konkreten Hinterlegungsvertrages als Auslage. Gegenstand eines echten Hinterlegungsvertrages bilden zumeist bewegliche Sachen, die keines Unterhalts und keiner Wartung bedürfen. So beim Bankdepot (Geld, Wertschriften), meist auch bei der Einlagerung von Mobiliar, in einem Lagerhaus. Ist jedoch mit der Hinterlegung eine *Tätigkeit* (Wartung, Bewachung) «notwendig» verbunden, so untersteht diese den *auftragsrechtlichen Grundsätzen*, ob man nun das Vertragsverhältnis noch als Hinterlegungsvertrag gelten lässt oder als Auftrag qualifiziert. Art. 472 N. 2 b, 4 a. Die Auslagen und Verwendungen, die der Aufbewahrer *in guten Treuen zur «richtigen»* (Art. 402 I OR) bzw. *«gehörigen» (Art. 97 I OR) Erfüllung seiner Aufbewahrungs- und Restitutionsobligation für erforderlich halten durfte*, bilden Gegenstand des Auslagen- und Verwendungsregresses. § 693 BGB.

3. Voraussetzungen des Auslagen- und Verwendungsregresses: Tatsächliche Vornahme. Gehörige Erfüllung des Hinterlegungsvertrages

3 a

a. Wie der auftragsrechtliche, so entsteht der hinterlegungsvertragliche *Auslagen- und Verwendungsregress* nicht aus einer Abrede (consensu), sondern *durch einen tatsächlichen Vorgang (re).* Art. 402 N. 10b, 12c. Das freiwillige Vermögensopfer der Verwendung hat mit dem unfreiwilligen des Schadens, der durch eine fremde Sache verursacht wird (Art. 473 II OR), das Gemeinsame, dass es nur «ersetzt» werden kann, wenn es *tatsächlich erbracht* wurde bzw. *eingetreten* ist. Trotzdem ist der *Rechtsgrund* der actio depositi contraria (Art. 473 OR) wie der actio mandati contraria (Art. 402 OR) der *gültig zustandegekommene Hinterlegungsvertrag oder Auftrag.* Art. 402 N. 6. Auch der Aufbewahrer muss die Tatsache der gemachten Auslagen oder Verwendungen im Bestreitungsfalle *belegen*, d.h. (womöglich urkundlich) beweisen können. Fehlt ein gültiger Rechtsgrund, so kann der die Sache restituierende unmittelbare Besitzer seinen Verwendungsregress nicht auf Art. 473 I, sondern nur auf Art. 422 I OR und Art. 939/40 ZGB stützen. Art. 472 N. 12a, 13–15.

b *b.* Richtig bzw. gehörig erfüllt ist der Hinterlegungsvertrag nur dann, wenn er vom Aufbewahrer *vertragsgemäss* (Art. 402 N. 8), *getreu und sorgfältig* (Art. 402 N. 9) und *gegenüber dem legitimierten Gläubiger* (Hinterleger) erfüllt wude. Nach dem Gesetzeswortlaut müssen die Auslagen durch die Erfüllung, und zwar der «gehörigen» Erfüllung (Art. 97 OR) veranlasst sein. Denn nur diese ist die den Aufbewahrer befreiende Leistung. Es besteht somit die nämliche Voraussetzung wie für den auftragsrechtlichen Auslagenersatz nach Art. 402 I OR. Hier handelt es sich um die richtige Ausführung des Auftrages, d.h. um die gehörige Erfüllung der charakteristischen Auftragsobligation, dort um die gehörige *Erfüllung der Aufbewahrungs- und Restitutionsobligation.* Art. 402 N. 7. Ebenso wie über den Aufbewahrungsort (Art. 472 N. 4b) *steht es den Parteien frei, über die Art der Aufbewahrung ausdrücklich oder stillschweigend Abreden* zu treffen. Sie bestimmen in erster Linie den Inhalt der konkreten Aufbewahrungsobligation. Hat der Hinterleger gegen eine ausdrückliche Abrede bedeutende Auslagen für die Bewachung des Hinterlegungsgegenstandes gemacht, die vielleicht in keinem vernünftigen Verhältnis zu ihrem Wert standen, so wird er keinen oder keinen vollständigen Ersatz verlangen können, es sei denn, er sei *durch besondere Umstände genötigt gewesen, von der Ausführungsabrede abzuweichen ohne vom Hinterleger rechtzeitig die Zustimmung einholen zu können.* Art. 397 I OR. So z.B. wenn in einem Lagerhaus Feuer ausbricht und der Aufbewahrer zur Rettung des Hinterlegungsgegenstandes oder zur Abwendung einer plötzlich auftretenden Gefahr *besondere Aufwendungen* machen muss. Sogar als unbeauftragter Geschäftsführer hätte der Aufbewahrer in solchen Fällen den *Auslagenersatzanspruch aus Art. 422 I OR.*

§ 967 ABGB erwähnt, dass nicht nur die Geldauslagen, sondern auch die zur Rettung aufgeopferten eigenen Sachen dem Aufbewahrer als «Verwendungen» im Sinne eines freiwilligen in fremdem Interesse erbrachten Vermögensopfers zu ersetzen sind.

c *c.* In Ermangelung einer Abrede ist für die richtige Erfüllung der Aufbewahrungsobligation, die im Gegensatz zur Restitutionsobligation eine obligatio faciendi ist, nicht der Erfolg, sondern die *allgemeine Treue- und Sorgfaltspflicht* massgebend. Art. 397 N. 7. Dabei bezieht sich die Treuepflicht namentlich auf die Erfüllung der Restitutionsobligation, die Sorgfaltspflicht hingegen auf die Aufbewahrungsobligation. Der Hinterlegungsgegenstand ist dem Aufbewahrer «anvertraut» (Art. 472 I). Er *veruntreut, wenn er nicht jederzeit bereit und fähig ist, ihn vollständig «nebst allfälligem Zuwachs»* (Art. 475 I OR) *zu erstatten.* Art. 400 N. 3 b. Sein Auslagen- und Verwendungsersatzanspruch nach Art. 473 I OR fällt durch die Veruntreuung dahin. Er kann, wenn er *später* dennoch *restituiert,* als bösgläubiger Besitzer *nur die Auslagen und Verwendungen beanspruchen, die auch für den Berechtigten notwendig gewesen wären.* Art. 940 II ZGB. Hat der Aufbewahrer bei der *Erfüllung der Aufbewahrungsobligation die Sorgfaltspflicht verletzt,* und kann er sich nicht exkulpieren (Art. 398 N. 23/4), hat er beispielsweise ein ihm anvertrautes Tier entweichen lassen, anvertraute Pelze nicht mottensicher aufbewahrt (SJZ 46 [1950] Nr. 70 S. 192), ohne ausdrückliche oder stillschweigende Abrede einen objektiv ungeeigneten Aufbewahrungsort (z. B. einen feuchten Silo für Getreide) gewählt (Art. 472 N. 4 b), so ist der *Auslagen- und Verwendungsregress* nach Art. 473 I OR *nicht entstanden.* Art. 402 N. 9 b.

d *d.* Damit der Aufbewahrer mit der actio depositi contraria Auslagen- und Verwendungsersatz fordern kann, muss er seinerseits an die Person erfüllt haben, *die nach dem konkreten Hinterlegungsvertrag berechtigt war, die Leistung d. h. namentlich die Restitution zu verlangen und entgegenzunehmen.* **BGE 43 II 645/6.** Das spielt bei *Bankdepots,* aber überhaupt bei der Ausstellung von *Depotscheinen* oder *Lagerscheinen,* eine Rolle, d. h. allgemein, wenn eine *Legitimationsprüfung* erforderlich ist. Man kann darin eine Funktion der *Sorgfaltspflicht* erblicken. **BGE 43 II 650, 64 II 358.** Art. 472 N. 3 c. Umfang und Intensität der Prüfungspflicht richten sich nach den konkreten Umständen. Kann beispielsweise nach der Vertragsabrede an jeden Inhaber eines Depotscheines mit befreiender Wirkung geleistet werden, so ist das gleichbedeutend mit der *Beschränkung der Haftung auf Vorsatz und grobe Fahrlässigkeit bei der Vornahme der Legitimationsprüfung.* Art. 100 I OR. Art. 472 N. 3 c. Erstattet indessen die Bank den Hinterlegungsgegenstand einem unberechtigten Unterschriftenfälscher, so ist grundsätzlich Nichterfüllung des Hinterlegungsvertrages anzunehmen. Alle *Ansprüche aus der actio depositi contraria sind verwirkt* bzw. nicht entstanden. Doch handelt es sich gerade hier um Depots, mit denen i.d.R. keine Auslagen und Verwendungen verbunden sind.

e e. *Kein Verwendungs- oder Auslagenregress besteht im depositum irregulare* nach Art. 481 OR. Die hinterlegte Sache wird Eigentum des Aufbewahrers. Die Gefahr ihrer Wertverminderung oder ihres Verlustes trifft den Aufbewahrer selbst. Ob er sie sorgfältig oder unsorgfältig aufbewahrt hat, er bleibt für die *Restitution Gattungsschuldner*. Vorbem. N. 3b (1). Infolgedessen ist der «Spar- oder Depositenheftvertrag» geeignet, auch mit *urteilsfähigen Unmündigen* gültig abgeschlossen zu werden. Art. 472 N. 11d.

4. Umfang des Auslagen- und Verwendungsregresses. Generalunkosten

4a *a.* Dass Auslagen und Verwendungen im Interesse der richtigen (gehörigen), vertragsgemässen, getreuen und sorgfältigen Erfüllung der Aufbewahrungs- und Restitutionsobligation tatsächlich gemacht worden sind, genügt nicht immer zur Begründung eines konkreten Ersatzanspruches. Art. 473 I OR spricht von Auslagen, die *mit der Erfüllung des Vertrages durch den Aufbewahrer «notwendig verbunden»* sind. Der deutsche Text ist in zweifacher Hinsicht missverständlich. Aus der französischen und italienischen Fassung ergibt sich, dass es Auslagen sind, die mit *der* Erfüllung (nicht «mit Erfüllung») verbunden sind. Nach dem deutschen und italienischen Text könnte man annehmen, der Aufbewahrer könne nur notwendige Auslagen und Verwendungen, *impensae necessariae*, verlangen, müsse aber auf Ersatz für nützliche Auslagen und Verwendungen *(impensae utiles)* verzichten. Das trifft nicht zu, weil der vertragliche Aufbewahrer als gutgläubiger Besitzer zu betrachten ist und gegenüber dem vertraglichen Restitutionsanspruch nicht schlechter gestellt sein kann als gegenüber dem besitzrechtlichen nach Art. 939 I OR. Art. 402 N. 10a. Der französische Text ist klarer: Es handelt sich nicht um notwendige Auslagen, sondern um «les dépenses que l'exécution du contrat a rendues nécessaires», m.a.W. um Auslagen, welche die Erfüllung des Vertrages notwendig gemacht, oder besser «erfordert» hat. N. 3b oben.

b. Der Umfang des Auslagenregresses lässt sich *nicht abstrakt*, sondern nur konkret nach dem individuellen Hinterlegungsvertrag bestimmen. § 693 BGB. Besteht eine Abmachung über den Aufbewahrungsort und/oder die Aufbewahrungsart, so war die Verwahrung an einem anderen Ort oder in einer anderen Art nicht vertragsgemäss, keine gehörige Erfüllung der Aufbewahrungsobligation. Die damit verbundenen Auslagen können nicht beansprucht werden. War ein vom Übergabeort verschiedener Aufbewahrungsort vereinbart, so sind die *Transportkosten* von jenem zu diesem mit der Erfüllung notwendig verbundene Auslagen. Kosten für *Miete eines Aufbewahrungslokals* sind nur dann ersatzfähig, wenn die Miete des Lokals vereinbart war, was infolge der grundsätzlichen persönlichen Erfüllungspflicht des Hinterlegers nur ausnahmsweise der Fall sein wird. Der Hinterleger vertraut die Sache einem Aufbewahrer an, nicht einem von diesem gewählten Vermieter. Art. 472 N. 4e. Die Kosten für die *Beanspruchung von Gebäuden* des Aufbewahrers oder Räumen in solchen Gebäuden, Lagerhäuser, Silos, Banktresors usw., sowie die *Löhne des Personals* des Aufbewahrers sind Generalunkosten und als «Auslagen» *nicht ersatzfähig*, sondern müssen vom Aufbewahrer *in die Vergütung einkalkuliert* werden. Art. 472 N. 4d. Hingegen sind die «*Depotgebühren*», welche meine Bank *einer ausländischen Bank* für Titel entrichtet, «die für meine Rechnung und Gefahr» bei letzterer hinterlegt hat, *ersatzfähige Auslagen*, jedoch nicht gemäss Art. 473 I OR, sondern gemäss Art. 402 I OR, weil meine Bank nicht als Aufbewahrer, sondern als *fiduziarischer Geschäftsführer* interveniert. Art. 9 II der Konvention IV betreffend einheitliche Berechnung der Gebühren für die Aufbewahrung und Verwaltung von Wertpapieren in offenen Depots. Vorbem. N. 5c.

b

c. Soweit nach konkreten Abmachungen keine Abgrenzung besteht, ist der *Umfang der ersatzfähigen Auslagen durch das Interesse des Hinterlegers* (Art. 472 N. 5) und die allgemeine *Treue- und Sorgfaltspflicht* bestimmt. Je nach den konkreten Umständen waren Auslagen, z. B. für die Bewachung eines Tieres, für die sorgfältige Erfüllung der Aufbewahrungsobligation «notwendig», auch wenn sie *rückblickend überflüssig* gewesen sein mögen. Obschon die Sicherung des Hinterlegungsgegenstandes gegen Diebstahl- und Feuergefahr vielen Aufbewahrungs- und Restitutionsobligationen immanent ist, wird man in Analogie zum Kommissions- und Speditions-Frachtvertragsrecht eine *Versicherungspflicht des Aufbewahrers nur dann annehmen, wenn eine ausdrückliche Abrede getroffen* wurde. Hat indessen der *Aufbewahrer* den Hinterlegungsgegenstand *aus freien Stücken* gegen die ihn bedrohenden Risiken (Diebstahl, Feuer,

c

Wasserschaden u. a.) versichert, so wird ihm nur in seltenen Fällen der *Ersatz der Versicherungskosten* verweigert werden können. Denn Aufbewahrung bedeutet Schutz der hinterlegten Sache gegen die sie bedrohenden Gefahren, ein Ziel das durch Versicherungsschutz am besten erreicht wird. Art. 472 N. 4 b. Das gilt um so mehr, wenn die *Hinterlegung an einem objektiv ungeeigneten Ort erfolgen muss*, weil kein anderer zur Verfügung steht. Das Interesse des Hinterlegers gebietet sodann, dass die Auslagen für die Aufbewahrung in einem *vernünftigen Verhältnis zum Wert der Sache* bleiben. In Zweifelsfällen gehört es zur Sorgfaltspflicht des Aufbewahrers, wenn dies möglich ist, eine «*Weisung*» *des Hinterlegers* einzuholen.

5. Fälligkeit, Geltendmachung und Sicherung des Auslagen- und Verwendungsregresses. Deckung. Verzinsung. Gegenseitigkeit von actio depositi contraria und Restitutionsobligation

5 a *a.* Im Gegensatz zum auftragsrechtlichen Auslagen- und Verwendungsersatz nach Art. 402 I OR ist in Art. 473 I OR eine *Verzinsung* der ersatzpflichtigen Auslagen des Aufbewahrers nicht erwähnt. Doch folgt die Gleichbehandlung aus der gleichartigen Rechtsnatur der Verwendungen und Auslagen als freiwilliges Vermögensopfer in fremdem Interesse. Vergleiche sogar bei vertragloser Geschäftsbesorgung Art. 422 I OR. Der Ersatzanspruch bezweckt den *Vermögensausgleich auf den Zeitpunkt, in welchem die ersatzfähige Auslage tatsächlich gemacht wurde.* Der Aufbewahrer kann für seine Ansprüche aus der actio depositi contraria *Vorausdeckung* besitzen. Dann entsteht kein Zinsanspruch, weil die Tilgung durch *Verrechnung* auf den Zeitpunkt zurückbezogen wird, da sich Deckung und Ersatzanspruch verrechenbar gegenüberstanden. Art. 124 II OR. *Mit dem Willen des Hinterlegers* können beim depositum irregulare die Ansprüche aus der actio depositi contraria auf Vergütung, Auslagen- und allenfalls Schadenersatz (N. 1 oben) *auch mit der Restitutionsschuld verrechnet* werden. Art. 125 OR. Art. 472 N. 10 c. Dann tritt *keine Zinspflicht auf den ersatzpflichtigen Auslagen* ein. Art. 402 N. 14.

b *b. Entsteht der Auslagenersatzanspruch mit der tatsächlichen Vornahme der Auslage*, so steht es den Parteien frei, *über den Zeitpunkt (Fälligkeit) und Art seiner Tilgung besondere Abreden zu treffen.* So wird bei langfristigen Bankdepositen, über die periodisch *Depotbestätigungen und Abrechnungen* erstellt werden, vermutet, *Depotgebühren und Auslagen verfallen erst bei Rechnungsstellung durch den Aufbewahrer.* Damit ein Anspruch aus der actio depositi contraria fällig wird, muss er wenigstens erhoben sein.

c *c.* Die Ansprüche des Aufbewahrers aus seiner konkreten actio depositi contraria und der Restitutionsanspruch des Hinterlegers aus Art. 474 OR sind nach OR *gegenseitige Ansprüche.* Art. 402 N. 1. Anders OSER/SCHÖNENBERGER ad Art. 475 N. 7. Das Synallagma besteht darin, dass der Aufbewahrer *solange nicht restituieren muss, bis er für seine Gegenansprüche gedeckt oder sichergestellt ist.* Dieses Synallagma kommt beim irregulären Depositum im *obligatorischen Zurückbehaltungsrecht* und beim regulären im *dinglichen Retentionsrecht des Aufbewahrers* zum Ausdruck. Vorbem. N. 5b. Art. 472 N. 10. Im gemeinen Recht war das depositum kein synallagmatischer Vertrag, weil weder ein Retentions- noch ein Verrechnungsrecht des Verwahrers bestand. Das Retentionsrecht besteht auch dann, wenn der Hinterleger nicht Eigentümer des Hinterlegungsgegenstandes ist, vorausgesetzt, dass der *Aufbewahrer bei der Übernahme in gutem Glauben war,* d. h. an eine Hinterlegungsbefugnis des Hinterlegers glauben durfte. ZR 51 (1952) Nr. 181 S. 333/4. Das gutgläubig erworbene Retentionsrecht *geht dem Eigentumsanspruch eines Dritten selbst dann vor, wenn der Dritteigentümer eine förmliche Vindikation i. S. von Art. 479 OR erhebt.* So die französische Praxis zu art. 1948 Code Civil. Das *Retentionsrecht* kann *auch der Konkursmasse des Hinterlegers entgegengehalten werden. Der gesicherte Anspruch gilt dort als faustpfandgesicherte Forderung. Hinterlegt ein Fiduziar Treugut,* so tritt die Problematik des Dritteigentümers nicht auf, weil der Fiduziar Eigentümer des Hinterlegungsgegenstandes ist. Hingegen *kann der Fiduziant u. U. den Erwerb des Restitutionsanspruches durch Subrogation gestützt auf Art. 401 OR geltend machen.* Art. 475 N. 7b.

II. DER SCHADENERSATZANSPRUCH DES AUFBEWAHRERS

6. Der Haftungsgrund der Gefährdung. Entgeltliche und unentgeltliche Hinterlegung

6 a *a.* Wie der dem Beauftragten aus der Auftragsausführung erwachsende Schadenersatzanspruch beruht der dem Aufbewahrer aus der Hinterlegung erwachsende Schadenersatzanspruch auf einer *Gefährdungshaftung.* Das kommt weder in Art. 402 II noch in Art. 473 II OR hinreichend zum Ausdruck, wohl aber in § 694 BGB, während andererseits im BGB die entsprechende auftragsrechtliche Norm fehlt. Art. 402 N. 20, 24. Die Formulierung von Art. 473 II OR lässt ebensowenig wie diejenige von Art. 402 I OR erkennen, dass Hinterleger- und Auftrag-

geberhaftung für Schaden aus der Auftragsausführung bzw. Erfüllung des Hinterlegungsvertrages *keine Haftung aus Nichterfüllung des Vertrages durch den Hinterleger oder Auftraggeber i.S. von Art.97 OR ist.* Die Quelle der im Code Civil art.1947, ABGB § 967, BGB § 694 und Codice Civile art.1781 enthaltenen Regel ist ein Fragment der Digestenstelle **DIG. 47.2.62.5** (... «multo tamen aequius esse nemini officium suum, quod eius, cum quo contraxerit, non etiam sui commodi causa susceperit, damnosum esse» ...). Schon die Stellung des Fragments im Buch über die Deliktsobligationen zeigt, dass es sich nicht um eine Vertragshaftung handelt. Die *deutsche Praxis zu § 694 nimmt culpa in contrahendo* an. RG 107 S.362. Die Digestenstelle, welche die gleichartige Schadenshaftung des Auftraggebers und des Hinterlegers auf einer Linie behandelt, erklärt, es entspreche der *Billigkeit*, dass niemand aus einem Dienst, den er nicht zu eigenem, sondern nur zum Vorteil seines Gegenkontrahenten leiste, Schaden erleiden solle. Das traf sowohl auf das *klassische Mandat wie auf das klassische Depositum zu, die, per definitionem unentgeltlich,* dem Mandatar oder Depositar keinerlei Nutzen verschafften. Ist diese Interessenlage (Art.472 N.5) der Haftungsgrund, so *trifft sie weder für den modernen entgeltlichen Auftrag noch für die moderne entgeltliche Hinterlegung zu.*

b *b.* Obschon der Wortlaut von Art.402 II OR dagegen spricht, hat die bundesgerichtliche Praxis die *Haftung des Auftraggebers für den Schaden,* der dem *Beauftragten aus der Auftragsausführung* erwächst, als *Kausalhaftung* behandelt. **BGE 48 II 490, 61 II 98.** Art.402 N.23. Das müsste konsequenterweise nach dem römischen Grundsatz und in Übereinstimmung mit art.1947 Code Civil auch für den Schaden gelten, der einem Aufbewahrer aus einer *unentgeltlichen Hinterlegung* erwächst. Denn das vom Bundesgericht für das OR verwendete Argument, wer auf Grund eines Vertrages altruistisch einen Dienst leiste, könne nicht schlechter gestellt werden als der auftraglose Geschäftsführer nach Art.422 I OR, trifft für die unentgeltliche Hinterlegung ebenso zu wie für den unentgeltlichen Auftrag. Doch fehlt bis jetzt ein entsprechender Entscheid.

c *c.* Das rührt wohl auch daher, weil die *Hinterlegung «gefährlicher» Gegenstände eine Ausnahme* bildet. Aus der weit überwiegenden Mehrzahl der Hinterlegungen kann dem Aufbewahrer kein Schaden erwachsen, so beim Bankdepot, aber auch bei der überwiegenden Zahl der Einlagerungen in Lagerhäusern. Das Digestenbeispiel **(DIG. 47.2.62.5)** betrifft denn auch einen Sachverhalt, der im modernen Rechtsleben nicht mehr eintreten kann: Obhut über einen diebischen Sklaven.

Beim receptum stabulariorum oder Übernahme eines fremden Tieres ist beispielsweise denkbar, dass dieses mit einer ansteckenden Seuche behaftet, den Viehbestand des Aufbewahrers infiziert. Auch explosive, giftige oder ätzende Sachen können in Verwahrung gegeben werden. Sie bilden u.U. eine Gefahr für Leib und Leben wie auch für das Vermögen des Aufbewahrers und/oder seiner Hilfspersonen.

7. Schadenshaftung des Aufbewahrers bei entgeltlicher Hinterlegung. Kausalzusammenhang. Verschulden. Selbstverschulden. Verjährung. Klage und Einrede

7 a

a. Wer fremde Sachen entgeltlich, namentlich gewerbsmässig zur Aufbewahrung übernimmt, hat wie der Beauftragte ein «risque professionnel» zu tragen. Er übernimmt die *allgemein bekannten Gefahren des Hinterlegungsgegenstandes* nicht aus altruistischen Motiven, sondern weil er verdienen will. Er wird die Höhe der geforderten Vergütung der Gefährlichkeit des Hinterlegungsgegenstandes anpassen, oder den Vertrag nicht abschliessen. Er kann das Risiko durch eine *Schadenversicherung* decken und die dafür aufgewendeten Kosten als ersatzfähige Auslagen fordern. N.4c oben. Wer Munition, Sprengstoffe oder Benzin entgeltlich zur Aufbewahrung übernimmt, kann keinen Ersatz verlangen, wenn der Aufbewahrer den Hinterlegungsgegenstand kannte und ein Schaden infolge der allgemein bekannten Explosionsgefahr dieser Sachen entsteht. Art.402 N.22.

b

b. Voraussetzung der Schadenshaftung des Hinterlegers ist eine nicht allgemein bekannte «gefahrdrohende Beschaffenheit der Sache». § 694 BGB. Der Hinterleger übergibt seinen bissigen Hund zur Aufbewahrung, ohne dem Aufbewahrer die ihm bekannte Gefahr anzuzeigen. Darin liegt das Verschulden des Hinterlegers. Hätte der Aufbewahrer die besondere Gefährlichkeit gekannt, so hätte er entweder den Hinterlegungsvertrag nicht abgeschlossen, Abwehrmassnahmen gegen die Gefahr getroffen, das Risiko versichert oder eine höhere Vergütung verlangt. Das Verschulden des Hinterlegers kann auch nach OR als *culpa in contrahendo* aufgefasst werden, gleichsam eine *Täuschung über die gefahrdrohende Beschaffenheit des Vertragsgegenstandes.* Die *verschwiegene besondere Gefahr* (Art.402 N.24b) *muss für den Schadenseintritt kausal gewesen sein.* War im erwähnten Beispiel nicht die Bissigkeit des Hundes Schadensursache, sondern eine dem Hinterleger unbekannte Infektion mit einer ansteckenden Krankheit, so haftet der Hinterleger nicht. Die *Kausalität ist auch dann nicht gegeben, wenn der Hinterleger die gefahr-*

drohende Beschaffenheit zwar verschwiegen, der Aufbewahrer sie aber dennoch erkannt hat. Doch muss der Hinterleger beweisen, dass der Aufbewahrer den Vertrag in Kenntnis der besonderen Risiken übernommen hat. Das *«Verschulden» des Hinterlegers konzentriert sich somit auf das Verschweigen einer ihm bekannten besonderen Gefahr des Hinterlegungsgegenstandes.* Das Thema des Exkulpationsbeweises kann nur entweder darin bestehen, dass die verschwiegene besondere Gefahr dem Hinterleger nicht bekannt war (z.B. Infektion), oder dass sie dem Aufbewahrer trotz des Verschweigens rechtzeitig bekannt geworden ist.

c *c.* Der eingetretene Schaden des Aufbewahrers kann *Körper- oder Sachschaden* sein. Im Falle einer Tötung besteht nur die Deliktsklage der Hinterbliebenen. Doch ist *auch im Rahmen der Deliktsklage die culpa in contrahendo des Aufbewahrers zu berücksichtigen.* **BGE 64 II 202.** Art. 402 N. 24b. Es können mehrere rechtlich relevante Schadensursachen vorliegen. Insbesondere kann mit einer verschwiegenen und vom Aufbewahrer nicht erkannten besonderen Gefahr, für die der Hinterleger einzustehen hat, ein *Selbstverschulden des Aufbewahrers* konkurrieren, das sich als Reduktionsgrund für die Haftung des Hinterlegers auswirkt. **BGE 48 II 493** (Auftragsrecht). Die *Beweislast für ein Selbstverschulden des Aufbewahrers trifft indessen ebenfalls den Hinterleger.* Ist der Haftungsgrund, das Verschweigen einer besonderen Gefahr, gegeben, so obliegt dem Hinterleger der Exkulpationsbeweis, der zur gänzlichen Haftungsbefreiung führt oder der Beweis eines konkurrierenden Selbstverschuldens, der zur Reduktion der Haftung führt.

d *d. § 967 ABGB enthält eine dreissigtägige Verwirkungsfrist für die Erhebung von gegenseitigen Ersatzansprüchen aus der Hinterlegung beweglicher Sachen.* Sie beginnt mit der Restitution. Das Hinterlegungsvertragsrecht des OR enthält keine analoge Verwirkungsbestimmung wie etwa das Frachtvertragsrecht, obschon Gründe dafür bestehen, die vorbehaltlose tatsächliche Abwicklung der Restitution von Hinterlegungsgegenständen ähnlich zu behandeln wie die vorbehaltlose Ablieferung des Frachtgutes. Art. 452 OR. Es besteht auch nicht wie im Auftragsrecht eine Pflicht des Aufbewahrers zur Erstellung einer Abrechnung, deren (stillschweigende) Genehmigung als Verzicht auf Gegenansprüche zu betrachten wäre. Art. 400 N. 32b. Doch besteht auch bei der Hinterlegung eine *Vermutung, es sei auf gegenseitige Ersatzforderungen verzichtet worden, wenn sich die Restitution der Sache widerspruchslos abgewickelt und der Aufbewahrer sein Retentionsrecht nicht geltend gemacht hat, das für alle drei Ansprüche aus der actio depositi contraria*

(Vergütung, Auslagen- und Schadenersatz) *besteht.* Beruht der Schadenersatzanspruch aus Art. 473 II OR auf einer culpa in contrahendo (N. 6a oben), so untersteht er der *einjährigen Verjährung nach Art. 60 OR.* Art. 402 N. 24c. *Kumuliert er sich mit einem Deliktsanspruch aus Körperverletzung, so besteht die Verjährungsfrist des Deliktsanspruches* (lit. c oben) *auch für den Schadenersatzanspruch nach Art. 473 II OR.*

e. Der normale Weg der Geltendmachung der Ansprüche aus der actio mandati contraria ist die *Einrede gegenüber einem Restitutionsbegehren des Hinterlegers unter gleichzeitiger Berufung auf das Retentionsrecht oder als exceptio non adimpleti* contractus. *Klageweise* müssen die Ansprüche geltend gemacht werden, wenn ihr Betrag den mutmasslichen Erlös des Restitutionsgegenstandes übersteigt, oder wenn das Retentionsrecht infolge des Verlustes des Retentionsbesitzes (durch Restitution oder aus anderen Gründen) untergegangen ist.

e

Art. 474

III. Pflichten des Aufbewahrers
1. Verbot des Gebrauchs

[1] Der Aufbewahrer darf die hinterlegte Sache ohne Einwilligung des Hinterlegers nicht gebrauchen.

[2] Andernfalls schuldet er dem Hinterleger entsprechende Vergütung und haftet auch für den Zufall, sofern er nicht beweist, dass dieser die Sache auch sonst getroffen hätte.

III. Obligations du dépositaire

1. Défense de se servir de la chose déposée

[1] Le dépositaire ne peut se servir de la chose sans la permission du déposant.

[2] S'il enfreint cette règle, il doit au déposant une juste indemnité, et il répond en outre du cas fortuit, à moins qu'il ne prouve que la chose eût été atteinte également s'il ne s'en était pas servi.

III. Obblighi del depositario

1. Divieto dell'uso della cosa

[1] Il depositario non può senza il consenso del deponente servirsi della cosa depositata.

[2] Diversamente deve pagare al deponente un'equo compenso, ed è inoltre responsabile del caso fortuito, ove non provi che questo avrebbe egualmente colpito la cosa.

Materialien: Vgl. sub Art. 472 OR.

Rechtsvergleichung: aOR Art. 476. Code Civil art. 1930. ABGB § 959. Codice Civile art. 1770 I.

SYSTEMATIK DER KOMMENTIERUNG

Art. 474 OR

I. Gebrauchsverbot als Grundsatz. Art. 474 I OR

1. Gebrauchs- und Verbrauchsbefugnis des Aufbewahrers. Rechtsvergleichung . . . 647
2. «Einwilligung» des Hinterlegers . . . 648

II. Die Ansprüche aus unbefugtem Gebrauch. Art. 474 II OR

3. Der Vergütungsanspruch des Hinterlegers . . . 650
4. Der Schadenersatzanspruch des Hinterlegers aus unbefugtem Gebrauch und anderen Verletzungen der Aufbewahrungsobligation . . 651
5. Gebrauchsanmassung als bösgläubige vertraglose Geschäftsführung . 652

Art. 474 OR

I. GEBRAUCHSVERBOT ALS GRUNDSATZ. ART. 474 I OR

1. Gebrauchs- und Verbrauchsbefugnis des Aufbewahrers. Rechtsvergleichung

1 a

a. Der Hinterlegungsvertrag ist durch eine Interessenlage charakterisiert, die ein Interesse des Aufbewahrers an der «anvertrauten» Sache grundsätzlich ausschliesst. Art. 472 N. 5. Im modernen Recht hat allerdings das mit dem Retentionsbesitz verbundene Interesse des Aufbewahrers am Hinterlegungsgegenstand die klassische Struktur des Vertrages verändert. Art. 472 OR N. 5b. Das in Art. 474 OR (476 aOR) ausgesprochene Gebrauchsverbot ist das negative Kriterium der Aufbewahrungsobligation (art. 1770 I Codice Civile, Art. 472 N. 4), die in der gesetzlichen Definition des Hinterlegungsvertrages enthalten ist. Art. 472 OR. N. 1b (3). Dass das Gebrauchsverbot den Grundsatz bildet, ist im Randtitel von Art. 474 OR ausgesprochen.

b

b. Ein Gebrauchsrecht des Aufbewahrers denaturiert den Hinterlegungsvertrag in seiner römischgemeinrechtlichen Konzeption. Das kommt in § 959 ABGB zum Ausdruck. Die Einräumung des Gebrauchs- oder Verbrauchsrechts wandelt die Hinterlegung in eine Gebrauchsleihe (Art. 305 OR) oder ein Darlehen (Art. 312 OR). Dieser logischen Überlegung folgt art. 1770 I Codice Civile mit einem grundsätzlichen Gebrauchsverbot einerseits und durch Behandlung der Hinterlegung von Geld und verbrauchbaren Sachen (deposito irregulare) als Darlehen. Art. 1782 Codice Civile. Ähnlich § 700 BGB. Nach dieser Konzeption ist die irreguläre *Hinterlegung mit Gebrauchsrecht begrifflich keine Hinterlegung.* Trotzdem war die in Art. 474 I OR ausgesprochene Regel schon wörtlich in art. 1930 Code Civil enthalten: «Il (sc. le dépositaire) ne peut se servir de la chose déposée, sans la permission expresse ou présumée du déposant.»

c

c. Nach schweizerischem OR kann das *depositum irregulare* (Art. 481 OR) trotz des Verbrauchsrechts am Hinterlegungsgegenstand *nicht mit dem Darlehen* (Art. 312 OR) *identifiziert* werden. Es bleibt die Verschiedenheit der charakteristischen Interessenlagen, das u. a. seinen Ausdruck in der positiven Bestimmung des *Verrechnungsausschlusses gegen den Willen des Hinterlegers* findet. Art. 125 Z. 1 OR. Vorbem. N. 3b (1), c (1), 5c. Art. 472 N. 10c. Das in einem Spar-, Depositen- oder Einlageheft verurkundete Rechts- und Rechnungsverhältnis ist vermutungsweise kein Darlehensverhältnis. Art. 472 N. 3e. Art. 481 N. 6. Ob die *Einräumung eines Gebrauchsrechtes an der übergebenen Sache*, auch wenn sie *von den Parteien als Hinterlegung bezeichnet wird, zu einer anderen Qualifikation des Vertrages führt, richtet sich nicht nach einer starren Norm, sondern nach den allgemeinen Auslegungsregeln* des Art. 18 I OR. Es ist möglich, dass nach dem Parteiwillen und der konkreten Interessenlage eine «unentgeltliche Hinterlegung» in Wirklichkeit eine *Gebrauchsleihe* ist, eine «entgeltliche Hinterlegung» in Wirklichkeit eine Sachmiete. PALANDT, Vorbem. vor § 688 N. 2. Es kann auch ein mit einer Hinterlegung gemischter Vertrag vorliegen. Vorbem. N. 4b, c. Die *Kombinationsmöglichkeit* ist eine Folge der in Art. 19 OR ausgesprochenen Vertragsfreiheit. Doch haben art. 1930 Code Civil und Art. 474 I OR vor allem jene Fälle im Auge, in welchen die *Gebrauchsbefugnis sachlich oder zeitlich so beschränkt* ist, dass der *Hinterlegungscharakter erhalten* bleibt. Ich gestatte, dass mein in einer Einstellgarage hinterlegtes Automobil *ausnahmsweise* für eine Fahrt im Interesse des Aufbewahrers verwendet wird. Der *mässige Gebrauch eines Klaviers*, das zur Aufbewahrung übernommen wurde, erfolgt nicht unter einer Gebrauchsleihe. Das Vertragsverhältnis bleibt *Hinterlegung mit Gebrauchsbefugnis* i. S. von Art. 474 OR. SJZ 41 (1945) Nr. 5 S. 27. Bei langfristigen Hinterlegungen ist ein beschränkter *Gebrauch bisweilen notwendig, um die Aufbewahrungsobligation gehörig zu erfüllen*, z. B. *Bewegung von Pferden*, Melken von Kühen, Anlassen des Automobilmotors um die Entladung der Batterie zu verhüten u. a. m. Dann ist die Einwilligung des Hinterlegers zu dieser Art des Gebrauchs zu vermuten («permission présumée»).

2. «Einwilligung» des Hinterlegers

2 a *a.* Nach dem Wortlaut von Art. 474 I OR bildet das Gebrauchsverbot die Regel für jede Art der regulären Hinterlegung. *Die Bank, die Wertschriften aufbewahrt, darf diese weder im eigenen Interesse verpfänden noch sonst gebrauchen, auch wenn sie nachher Titel der gleichen Art wieder ins Depot legt.* Vgl. §§ 11, 12 Deutsches Depot-Gesetz. **BGE 51 II 582/4.** Ein *irreguläres Wertschriftendepot bedarf ausdrücklicher Vereinbarung.* Art. 481 III OR. § 13 Deutsches Depot-Gesetz. Die «*Einwilligung*» (permission) des Hinterlegers zum Gebrauch ist nicht eine «Vereinbarung» oder Abrede wie beim depositum irregulare nach Art. 481, sondern eine *einseitige Willensäusserung* des Hinterlegers. Das lässt darauf schliessen, dass die Fälle, in welchen ein vereinbartes Gebrauchs-

recht aus der «Hinterlegung» einen anderen Vertrag macht, durch Art. 474 I OR nicht erfasst werden sollten.

b

b. Die Einwilligung kann eine *stillschweigende* sein und wird *vermutet*, sobald ein bestimmter Gebrauch zur gehörigen Erfüllung der Aufbewahrungsobligation gehört. Dann erfolgt der *Gebrauch im Interesse des Hinterlegers*. Jede Art des beabsichtigten *Gebrauchs im Interesse des Aufbewahrers* muss vom Hinterleger nachgesucht und von diesem ausdrücklich bewilligt sein. Andernfalls begeht der Aufbewahrer eine Vertragsverletzung, von der eine Exkulpation ausgeschlossen ist. Das gilt auch für die unentgeltliche Hinterlegung. Die *Unentgeltlichkeit* begründet *keine Vermutung für eine Gebrauchsbewilligung*, aber eine nach Art. 100 OR gemilderte Schadenshaftung des Aufbewahrers (art. 1768 II Codice Civile). Der Aufbewahrer darf nicht seine Vergütung durch eine *Gebrauchsanmassung* suchen. Der Hinterleger kann eine *bestimmte Art des Gebrauches zulassen und damit eine zeitliche Beschränkung* verbinden. Vgl. Art. 306 I und 309 I OR für die Gebrauchsleihe. Dann liegt *innerhalb des durch die Einwilligung zeitlich und sachlich gedeckten Bereichs keine Vertragsverletzung vor.* Der Inhaber oder Angestellte einer Einstellgarage macht sich einer *Strolchenfahrt i.S. von Art. 75 SSG* (Art. 37 VI MFG) schuldig, sobald die *Fahrt nicht durch die stillschweigende* (z.B. Kontrolle) oder ausdrückliche *Einwilligung des Hinterlegers eines Automobils gedeckt* ist. **BGE 77 II 63, 182/3.** Er haftet für die Gebrauchsentwendung strafrechtlich nach Art. 94 SSG (Art. 62 MFG), aber auch zivilrechtlich nach Hinterlegungsvertragsrecht. **BGE 76 II 163 Erw. 5.**

c

c. Die *Einwilligung* muss *vom Hinterleger erteilt* werden, auch wenn dieser nicht der Eigentümer des Hinterlegungsgegenstandes ist. An sich ist sie eine aus dem Eigentumsrecht fliessende Verfügungsbefugnis über die Sache. Ist der Hinterleger nicht Eigentümer, so kann er dem letzteren verantwortlich werden, wenn er dem Aufbewahrer eine Gebrauchsbewilligung ohne Ermächtigung, Zustimmung oder Genehmigung des Eigentümers erteilt hat.

d

d. Die Einwilligung ist *jederzeit widerruflich und beschränkbar.* Doch tritt die Wirkung von Widerruf oder Beschränkung erst ein, wenn der *Aufbewahrer davon Kenntnis* erhalten hat. Bis dahin hat er die Sache erlaubterweise gebraucht und haftet für den durch den Gebrauch eingetretenen Schaden nur dann, wenn ihn ein Verschulden beim Gebrauch trifft. Widerruflichkeit und Beschränkbarkeit der Gebrauchseinwilligung folgen aus Art. 475 II OR. Kann der Hinterleger den Hinterlegungsgegenstand *jederzeit zurückfordern, so ist darin implicite das Recht zum Widerruf oder zu sachlichen und/oder zeitlichen Beschränkung einer Gebrauchsbewilligung enthalten.* Durch die Gebrauchsleihe oder Sachmiete hingegen erhält der unmittelbare Besitzer der Sache ein Recht auf den vertragsgemässen Gebrauch, das nicht jederzeit einseitig widerrufen oder beschränkt werden kann. Art. 253, 305, 309 OR.

e *e.* Die *Einwilligung* kann *bedingt* sein. Im Zweifel ist sie unentgeltlich. Doch kann der *Hinterleger* sie von der *Leistung einer Vergütung durch den Aufbewahrer* abhängig machen. Erfüllt der Aufbewahrer die Bedingung nicht, so ist der Gebrauch unbefugt i. S. von Art. 474 II OR. Bei der entgeltlichen Hinterlegung kann die *Gebrauchsvergütung mit der Vergütung und den Auslagen verrechnet* werden, die der Hinterleger dem Aufbewahrer schuldet. N. 3 c unten.

II. DIE ANSPRÜCHE AUS UNBEFUGTEM GEBRAUCH. ART. 474 II OR

3. Der Vergütungsanspruch des Hinterlegers

3 a *a.* Der unbefugte, d. h. nicht durch Einwilligung des Hinterlegers gedeckte Gebrauch der hinterlegten Sache verschafft dem *Hinterleger* einen *Anspruch auf «entsprechende Vergütung». Der Anspruch entsteht nicht consensu, sondern re, d. h. durch die Tatsache des unbefugten Gebrauchs.* Er ist zu unterscheiden von dem durch Abrede entstandenen Vergütungsanspruch, den der Hinterleger zur Bedingung seiner Gebrauchseinwilligung gemacht hat. N. 2 e oben. Die *«entsprechende» Vergütung ist diejenige, die dem üblichen Mietzins* (Art. 253 OR) *für einen gleichartigen Gebrauch während der gleichen Zeitdauer entsprechen würde.* Sie ist im Streitfalle *vom Richter* zu bestimmen. Die Gebrauchsvergütung ist *kein Schadenersatz.* Sie ist auch dann geschuldet, wenn die hinterlegte Sache durch den unbefugten Gebrauch keinen Schaden (Wertverminderung) genommen hat.

b *b.* Nach der für die reguläre Hinterlegung charakteristischen Interessenlage soll der Aufbewahrer aus der hinterlegten Sache keinen Nutzen ziehen. Tut er es erlaubterweise, wie im *depositum irregulare,* so hat er grundsätzlich *Depotzinsen zu entrichten, welche die Vergütung für die Geldnutzung bilden.* § 698 BGB enthält dafür eine ausdrückliche Norm. A fortiori muss derjenige, der die hinterlegte Sache unbefugterweise in seinem Interesse gebraucht für einen *Vorteil ein Entgelt leisten*, den er sich normalerweise nur entgeltlich verschaffen könnte.

c *c.* Der Hinterleger wird den *Vergütungsanspruch* aus Art. 474 II OR *für unbefugten Gebrauch soweit möglich durch Verrechnung mit den Ansprüchen des Aufbewahrers aus dessen konkreter actio depositi contraria* (Vergütung aus Art. 472 II – Auslagenersatz nach Art. 473 I, evtl. 475 II OR – Schadenersatz aus Art. 473 II OR) *erheben.* Soweit ein streitiger Saldo zugunsten des Aufbewahrers verbleibt, muss er zur Ablösung des Retentionsrechtes des Aufbewahrers hinterlegt werden, wenn die sofortige Herausgabe nach Art. 475 erzwungen werden soll.

4. Der Schadenersatzanspruch des Hinterlegers aus unbefugtem Gebrauch und anderen Verletzungen der Aufbewahrungsobligation

4 a *a.* Der Schadenersatzanspruch des Hinterlegers aus unbefugtem Gebrauch des Hinterlegungsgegenstandes ist in Art. 474 II OR mit der gleichen Wendung umschrieben wie der analoge *Schadenersatzanspruch des Verleihers bei unbefugtem Gebrauch der geliehenen Sache.* Der unbefugte Gebrauch vereinigt beide Requisite des Schadenersatzanspruches ex contractu (Art. 97 OR). Er ist *schuldhafte Vertragsverletzung.* Der Aufbewahrer haftet für den Schaden, der die Sache durch den unbefugten Gebrauch «getroffen» hat *infolge seines Verschuldens. Es ist nicht, wie das Gesetz sich ausdrückt, eine Zufallshaftung.* Im Auftragsrecht ist die Haftung aus Weisungsverletzung ebenfalls eine Verschuldenshaftung. Das Verschulden ist die Verletzung der Ausführungsabrede oder Ausführungsweisung. Immerhin kommt in der Formulierung des Gesetzes zum Ausdruck, dass die *Tatsache des unbefugten Gebrauchs den Exkulpationsbeweis* i. S. von Art. 97 OR *ausschliesst, weil das Verschulden in der Unerlaubtheit des Gebrauchs liegt.*

b *b.* Da die hinterlegte Sache dem Aufbewahrer «anvertraut» (Art. 472 I OR) ist, *kann die Art des unerlaubten Gebrauchs bis zur Veruntreuung gehen.* Dann kumuliert sich der *Deliktsanspruch aus Veruntreuung* mit dem *Vertragsanspruch auf Schadenersatz nach Art. 474 II OR.* Hat der Aufbewahrer die übergebenen Wertschriften in seinem Interesse verpfändet oder Schmuckstücke versetzt, so hat er «anvertrautes Gut ... unrechtmässig zu seinem oder eines anderen Nutzen verwendet». Art. 140 Z. 1 II StGB. Der unbefugte *Gebrauch von Motorfahrzeugen* ist *Gebrauchsentwendung* und führt *bei hinterlegten Motorfahrzeugen ebenfalls zur Kumulation des Schadenersatzanspruches ex contractu und ex delicto.* N. 2b oben. Art. 400 N. 3b.

c *c.* Der *Aufbewahrer ist zum Beweis zugelassen, dass der* (als zufällig qualifizierte) *Schaden die hinterlegte Sache auch sonst, d.h. ohne den unbefugten Gebrauch getroffen hätte.* In Wirklichkeit handelt es sich um die *Bestreitung des Kausalzusammenhangs* zwischen schuldhafter Vertragsverletzung (unbefugtem Gebrauch) und eingetretenem Schaden. Hat eine Feuersbrunst den Hinterlegungsgegenstand zerstört, so war der unbefugte Gebrauch nicht schadenskausal. Der *Hinterleger schuldet keinen Schadenersatz, wohl aber eine «entsprechende Vergütung» für den unbefugten Gebrauch, auch der durch Zufall untergegangenen Sache.*

d *d.* Da der *Schadenersatzanspruch* aus Gebrauchsanmassung nicht von anderen Schadenersatzansprüchen ex contractu abweicht, verzichten andere Gesetzgebungen auf seine gesonderte Erwähnung. Weil aber nach OR zum Schadenersatzanspruch der Vergütungsanspruch hinzutritt, war es gegeben, beide speziell zu regeln. Immerhin darf aus dem Randtitel und dem Gesetzestext von Art. 474 II OR *nicht* geschlossen werden, der unbefugte Gebrauch sei die *einzige Verletzung der Aufbewahrungsobligation.* Die vertragswidrige Wahl eines *ungeeigneten Aufbewahrungsortes,* die *ungenügende Sicherung* (z.B. Verschliessung – **BGE 64 II 356, 76 II 163 Erw. 5**), *Unterlassung der Sicherung gegen Verderb* (z.B. Mottenfrass), *Unterlassung einer gebotenen Bewachung* sind andere Verletzungen der Aufbewahrungsobligation, für die der Aufbewahrer nach der *allgemeinen Norm von Art. 97 OR haftet.* Art. 472 N. 4b. Der Schadenersatzanspruch des Hinterlegers aus verletzter Aufbewahrungspflicht ist ein Bestandteil der actio depositi directa. Art. 475 N. 1b.

5. Gebrauchsanmassung als bösgläubige vertraglose Geschäftsführung

5 a *a.* Durch unbefugten Gebrauch des Hinterlegungsgegenstandes stellt sich der Aufbewahrung in ähnlicher Weise ausserhalb des Vertragsrechtes wie der Bevollmächtigte, der seine Vollmacht überschreitet. Er begeht nicht nur eine Vertragsverletzung, sondern eine *Intervention in das Eigentumsrecht,* die den Tatbestand der *bösgläubigen Geschäftsbesorgung gegen das Interesse und den Willen des Eigentümers* (Rechtsanmassung) erfüllt. **BGE 51 II 583, 86 II 25.**

b *b.* Dem Eigentümer, der nicht mit dem Hinterleger identisch sein muss, erwachsen daraus die Ansprüche aus der *quasivertraglichen actio negotiorum gestorum directa* auf *Ablieferung* des durch die Gebrauchsanmassung *erzielbaren Gewinnes* (Art. 423 I OR) und *Ersatz des Schadens* nach Art. 420 III OR. **DIG. 3.5.2.** Die Unerlaubtheit des Gebrauches bildet das sogenannte Übernahmeverschulden, das als Haftungsgrund genügt. Infolgedessen ist die vertragliche *Haftung* des fehlbaren Aufbewahrers in Art.472 II OR mit einer Wendung umschrieben, die Art.420 III OR entspricht. Die vertraglichen und die quasivertraglichen Ansprüche decken sich.

c. Für Einzelheiten wird auf die Kommentierung der Art. 420 und 423 OR verwiesen. c

Art. 475

2. Rückgabe
a. Recht des Hinterlegers

[1] Der Hinterleger kann die hinterlegte Sache nebst allfälligem Zuwachs jederzeit zurückfordern, selbst wenn für die Aufbewahrung eine bestimmte Dauer vereinbart wurde.

[2] Jedoch hat er dem Aufbewahrer den Aufwand zu ersetzen, den dieser mit Rücksicht auf die vereinbarte Zeit gemacht hat.

2. Restitution

a. Droits du déposant

[1] Le déposant peut réclamer en tout temps la chose déposée, avec ses accroissements, même si un terme a été fixé pour la durée du dépôt.

[2] Il est néanmoins tenu de rembourser au dépositaire les frais faits par lui en considération du terme convenu.

2. Restituzione

a. Diritto del deponente

[1] Il deponente può sempre chiedere la restituzione della cosa depositata cogli eventuali accessori, quand'anche fosse stato fissato un termine pel deposito.

[2] Egli è però tenuto a rifondere al depositario le spese da questo sostenute in considerazione del termine prestabilito.

Materialien: Sub. Art. 472. OR.

Rechtsvergleichung: aOR Art. 478. Code Civil art. 1915, 1932/3, 1939, 1944. ABGB §§ 961/2. BGB § 695. Codice Civile art. 1771 I, 1775/6, 1780.

SYSTEMATIK DER KOMMENTIERUNG

Art. 475 OR

I. Die Restitutionsobligation. Art. 475 I OR

1. Der Restitutions- und Schadenersatzanspruch als Bestandteile der actio depositi directa. Haftungsmass. Restitution. Vindikation. Rechtsvergleichung. Veruntreuung 655
2. Unverzichtbarkeit des Restitutionsanspruches 657
3. Die Restitutionsschuld als Speziesschuld. Erlöschungsgründe. Haftung und Haftungsbefreiung. Zufall. Beweislast 658
4. Die hinterlegte Sache «nebst Zuwachs» als Gegenstand der Restitutionsobligation 660
5. Teilrestitution, teilbarer Hinterlegungsgegenstand. Miteigentum. Gemeinschaftsdepots 661
6. Einreden gegen den vertraglichen Restitutionsanspruch. Exceptio non adimpleti contractus. Retentionsrecht. Verrechnungsausschluss. Depotscheine und Lagerscheine. Verjährung. Verzicht. Unverschuldete Erfüllungsunmöglichkeit. Vereinigung 663
7. Abtretbarkeit, Subrogation und Vererblichkeit des Restitutionsanspruches 666

II. Aufwandersatz bei vorzeitiger Restitution. Art. 475 II OR

8. Jederzeitige Widerruflichkeit auch befristeter Hinterlegungen . . 667
9. Wirkung der Restitution ex nunc 669
10. Actio depositi contraria und Ersatz des Aufwandes bei vorzeitiger Restitution 670

Art. 475 OR

I. DIE RESTITUTIONSOBLIGATION. ART. 475 I OR

1. Der Restitutions- und Schadenersatzanspruch als Bestandteile der actio depositi directa. Haftungsmass. Restitution. Vindikation. Rechtsvergleichung. Veruntreuung

1 a

a. Das in Art. 475 I OR geregelte «Recht des Hinterlegers» auf *jederzeitige Rückgabe des Hinterlegungsgegenstandes* unterstreicht die strukturelle Ähnlichkeit von Auftrag und Hinterlegung. Art. 400 und 404 OR. Art. 472 N. 5a. Der Anspruch auf jederzeitige Restitution ist die charakteristische Obligation im Hinterlegungsvertrag. **BGE 58 II 351.** Vorbem. N. 1d. Art. 472 N. 1b (4). Sie bildet den «*Hauptanspruch*» (ABGB § 961) der *actio depositi directa* des Hinterlegers. Dernburg, Pandekten II S. 249. Es ist ein vertraglicher Erfüllungsanspruch, normalerweise derjenige Anspruch des Hinterlegers, dessen Erfüllung zur *Beendigung* des Vertragsverhältnisses führt.

b

b. Zu diesem Erfüllungsanspruch tritt der *Schadenersatzanspruch aus verletzter Aufbewahrungspflicht* (Art. 474 N. 4d), wenn diese nicht gehörig erfüllt wurde, d.h., wenn die *hinterlegte Sache infolge eines Verschuldens des Aufbewahrers nicht unbeschädigt oder nicht vollständig restituiert werden kann.* I. d. R. zeigt sich erst bei Erhebung des Restitutionsanspruches, ob die Aufbewahrungsobligation gehörig erfüllt wurde oder ob aus ihrer Verletzung ein Schaden entstanden ist. Der Schaden ist *Sachschaden am Hinterlegungsgegenstand, Verlust oder Beschädigung.* Ist die Sache infolge eines Verschuldens des Aufbewahrers untergegangen, so tritt in der konkreten actio depositi directa des Hinterlegers der *Schadenersatzanspruch anstelle des Rückgabeanspruches.* Doch muss unterschieden werden, ob die verschuldete Unmöglichkeit der *Naturalrestitution* (restiution en nature – art. 1915, 1932 Code Civil) durch eine *Verletzung der Aufbewahrungsobligation* (art. 1927 Code Civil – § 964 ABGB – § 690 BGB – art. 1768 Codice Civile) oder eine *Verletzung der Restitutionsobligation* verursacht ist. Die *Erfolgshaftung des Aufbewahrers bei Verletzung der Restitutionsobligation* (obligatio dandi) ist *strenger* (Veruntreuung) als die *Sorgfaltshaftung bei Verletzung der Aufbewahrungsobligation* (obligatio faciendi). Das OR hat auf eine Umschreibung des Sorgfaltmasses bei der Erfüllung der Aufbewahrungsobligation im Gegensatz zu art. 1927 Code Civil (diligentia quam in suis, da die Hinterlegung unentgeltlich sein muss) und § 690 BGB verzichtet. Daraus folgt, dass *für das Sorgfaltsmass die Art. 328/398 OR anzuwenden* sind, die als *allgemeine Bestimmungen* für die obligationes faciendi gelten dürfen, sofern nicht, wie im Gesellschaftsrecht (Art. 538 I OR diligentia quam in suis), eine abweichende Regelung Platz greift. Art. 398 N. 24, 25. Art. 472 N. 4b. Es besteht nicht wie im gemeinen Recht wegen der begriffsessentiellen Unentgeltlichkeit des Depositums nur eine Haftung für dolus und culpa lata (DERNBURG, Pandekten II S. 249/50). Auch ist die *Entgeltlichkeit oder Unentgeltlichkeit* (Art. 99 OR) *nicht das einzige Kriterium für das Sorgfaltsmass.* § 690 BGB. Art. 1768 II Codice Civile. Massgebend sind vielmehr auch (1) *Fähigkeit, Bildungsgrad und sonstige Eigenschaften des Aufbewahrers*, dessen Vorhandensein bei Personen anzunehmen ist, die das Hinterlegungsgeschäft *gewerbsmässig* betreiben (Banken, Lagerhalter u. a.), (2) *Art und Schwierigkeit der übernommenen Aufbewahrung* und die dazu erforderliche *Sachkenntnis.* Die Aufbewahrung von Schmuck und Wertgegenständen, Pelzen, Automobilen, Haustieren und Möbeln stellt ganz verschiedene Anforderungen und erfordert verschiedene Einrichtungen und Massnahmen. Die elastische und doch konkret greifbare Begrenzung des Sorgfaltsmasses ist abstrakten Formulierungen wie etwa diligentia quam in suis oder digentia eines bonus pater familias vorzuziehen.

Hingegen gelten für die nicht *gehörige Erfüllung der Restitutionsobligation* als obligatio dandi *strenge Maßstäbe «dolo autem facere videtur qui id quod potest restituere non restituit».* **DIG. 17. 1. 8. 9.** Wer nicht zurückgibt, was er (vorbehältlich seines Restitutionsanspruches) zurückgeben könnte, handelt arglistig. Diese Fälle im römischgemeinen Recht ein furtum rei (Veruntreuung) oder furtum usus (Gebrauchsentwendung) *konkurrieren zumeist mit einer Veruntreuung im strafrechtlichen Sinne.* Art. 400 N. 3b. Art. 474 N. 2b, 4b. *Bei Verletzung der Restitutionsobligation als solcher spielen Entgeltlichkeit oder Unentgeltlichkeit, Fähigkeit, Schwierigkeit der Aufbewahrung keine ausschlaggebende Rolle.*

c

c. Bei der regulären Hinterlegung *konkurriert der Restitutionsanspruch mit dem unverjährbaren Vindikationsanspruch* des Eigentümers nach Art. 641 ZGB gegen den unmittelbar besitzenden Hinterleger. MEIER-HAYOZ zu Art. 641 N. 42. **BGE 48 II 43/8, 78 II 253 Erw. 5c.** Da indessen der Hinterleger nicht Eigentümer des Hinterlegungsgegenstandes sein muss, kann die *Aktivlegitimation für beide Ansprüche eine verschiedene* sein. Der *Vindikationsanspruch ist jedoch abtretbar, so dass die Aktivlegitimation des Hinterlegers, der nicht Eigentümer ist, durch eine schriftliche Abtretungserklärung hergestellt werden kann* (oder umgekehrt). MEIER-HAYOZ zu Art. 641 ZGB N. 49. Ist die Vindikation nicht möglich, weil der Aufbewahrer den Hinterlegungsgegenstand verbraucht oder sonst «unrechtmässig zu seinem oder eines anderen Nutzen verwendet hat» (Art. 140 StGB), so *konkurriert der vertragliche Restitutions- und/oder Schadenersatzanspruch mit dem Deliktsanspruch wegen Veruntreuung evtl. Gebrauchsentwendung* (z. B. bei Motorfahrzeugen). N. 1b oben. Art. 474 N. 2b, 4b.

d

d. Dem *Code Napoléon* ist das depositum irregulare unbekannt. Die *Restitutionspflicht ist immer eine Speziesobligation.* Art. 1915, 1932/3. Die Regelung der Restitution im ABGB §§ 961/2 entspricht sinngemäss derjenigen des OR, desgleichen BGB § 695 mit dem Obertitel: «Jederzeitiges Rückforderungsrecht des Hinterlegers». Nur art. 1771 I *Codice Civile* weicht von dieser bewährten Lehre ab, wenn eine *befristete Hinterlegung im Interesse des Aufbewahrers* vereinbart ist.

e

e. Beim *depositum irregulare* nach Art. 481 OR, wo die Restitution zur Gattungsschuld wird (Art. 400 N. 4), haben Erfüllungsanspruch und die Haftung einen anderen Charakter. Die *Aufbewahrungsobligation fällt fort. Es besteht nur noch die obligatio dandi auf Restitution mit entsprechend verschärfter Erfolgshaftung.*

2. Unverzichtbarkeit des Restitutionsanspruches

2 a

a. Ein *Vorausverzicht auf den Restitutionsanspruch* als essentielle Obligation des Hinterlegungsvertrages ist *nicht möglich*, bzw. ein *Vertrag, in welchem auf Restitution der «anvertrauten» Sache verzichtet wird, kann kein Hinterlegungsvertrag sein.*

b

b. Ein späterer *Verzicht durch Übereinkunft* ist i. S. von Art. 115 OR möglich. Er erfolgt meist im *Zusammenhang mit dem Abschluss eines entgeltlichen (Kauf) oder unentgeltlichen Veräusserungsvertrages* (Schenkung). Dabei überträgt der bisherige Hinterleger das Eigentumsrecht durch Besitzvertrag i. S. von Art. 922 II ZGB dem Aufbewahrer, der sich bereits in der «Besitzlage» befindet. Die *Wirksamkeit des Eigentumsüberganges durch Besitzvertrag ist abhängig von der Gültigkeit des Veräusserungsvertrages.* HOMBERGER zu Art. 922 ZGB N. 15/6. Wird auf Restitution eines Hinterlegungsgegenstandes verzichtet, den der Aufbewahrer nicht mehr besitzt, so geschieht es i. d. R. im Rahmen eines Vergleiches über die (unsicheren) Schadenersatzansprüche des Hinterlegers. N. 1b oben.

c *c. Verzichtet der Hinterleger auf die Restitution der Gattungssachen in einem depositum irregulare,* z. B. indem er Sachen anderer Art an Erfüllungsstatt entgegennimmt, so bedarf es keines Besitzvertrages, da der Aufbewahrer bereits Eigentümer der hinterlegten Sachen ist. *Veruntreuung irregulär hinterlegter Sachen ist nicht möglich.*

3. Die Restitutionsschuld als Speziesschuld. Erlöschungsgründe. Haftung und Haftungsbefreiung. Zufall. Beweislast

3 a *a.* Gleich wie im Frachtvertrag (Art. 441 N. 3) ist bei der *regulären Hinterlegung die Restitutionspflicht* des Aufbewahrers eine *Speziesschuld,* weil weder der Frachtvertrag noch der *Hinterlegungsvertrag* einen Eigentumserwerbsgrund, sondern nur eine *causa possessionis* im Sinne von Art. 920 I OR bildet. Vorbem. N. 5 a. Aus dieser Feststellung lässt sich die *Haftung des Restitutionsschuldners* (Aufbewahrers) nach den Regeln des allgemeinen Teils des OR ableiten. Der Code Civil widmet der Restitutionshaftung die Sonderregelung der art. 1927–1937, auf die das OR verzichtet.

b *b. Restitutionsgegenstand* ist «*die hinterlegte Sache*», die nämliche, die der Hinterleger dem Aufbewahrer «anvertraut» (Art. 462 I OR) hat «nebst allfälligem Zuwachs». Art. 1932 I Code Civil: «Le dépositaire doit rendre identiquement la chose qu'il a reçue.» Er ist zur *Restitution «en nature»* verpflichtet. Art. 1915. Ist die Sache ohne Verschulden des Aufbewahrers bei Erfüllung seiner Aufbewahrungs- oder bei der versuchten Erfüllung seiner Restitutionsobligation untergegangen, so liegt *unverschuldete Erfüllungsunmöglichkeit i. S. von Art. 119 I OR* vor. Die Restitutionsobligation ist erloschen. Art. 1780 Codice Civile. Sie wird nicht nach Art. 97 OR durch eine Schadenersatzobligation ex contractu ersetzt. Doch hat der *Aufbewahrer, der nicht gehörig restituieren kann, seine Schuldlosigkeit als Erlöschungsgrund für die Restitutionsobligation und als Befreiungsgrund von der Schadenshaftung zu beweisen.* Der Beweis der Schuldlosigkeit fällt mit dem positiven Beweis zusammen, dass das *Sorgfaltsmass prästiert* wurde, *zu welchem der Aufbewahrer im konkreten Falle verpflichtet war*, und/oder dass der Hinterlegungsgegenstand durch Umstände untergegangen ist, für welche der Aufbewahrer nicht einzustehen hat. Das Thema ist mutatis mutandis *ähnlich* wie bei der *Transportschadenshaftung*. Art. 447 N. 4b. **BGE 43 II 646/9.** Zu ersetzen ist der Wert der Sache, die schuldhafterweise nicht restituiert werden kann. Art. 1780 I Codice Civile macht dem Aufbewahrer ausserdem zur ausdrücklichen Pflicht, *Verlust oder Zerstörung dem Hinterleger sofort anzuzeigen. Das wird auch für das OR als Folge der Treue- und Sorgfaltspflicht bei der Erfüllung der Aufbewahrungsobligation anzunehmen sein.* Ein in Art. 474 besonders erwähntes Verschulden des Aufbewahrers ist der *unbefugte Gebrauch* (furtum usus) der Sache, der jedoch gleich zu behandeln ist wie andere Verletzungen der Aufbewahrungsobligation. Art. 474 N. 4.

c

c. Daraus folgt einmal, dass die *hinterlegte Sache in demjenigen Zustande zurückzugeben ist, in welchem sie sich ohne Verschulden des Aufbewahrers im Zeitpunkte der Restitution befindet.* Die natürliche Wertverminderung, der der Hinterlegungsgegenstand durch lange Lagerung ausgesetzt sein kann (Automobile, verderbliche Sachen, flüchtige Stoffe), treffen grundsätzlich das Vernögen des Hinterlegers bzw. des Eigentümers. **BGE 43 II 650.** Art. 1933 Code Civil. Anders § 961 ABGB. Andererseits folgt aus dem Charakter der Restitutionsschuld des Aufbewahrers als *Speziesschuld*, dass der Restitutionsschuldner für die Beschädigung oder den Untergang des Restitutionsgegenstandes, der durch Zufall, insbesondere durch höhere Gewalt, d. h. ohne sein Verschulden (von Tuhr/Siegwart II S. 561/3) verursacht wurde, nicht haftet, es sei denn, er befinde sich mit der Erfüllung der Restitutionsschuld in Verzug, der gewöhnlich mit der Erhebung des Restitutionsanspruches eintritt. Art. 102/3 OR. Art. 1929 Code Civil. Casum sentit dominus. *Ein während des unbefugten Gebrauches verursachter Schaden ist* i. d. R. *kein durch Zufall verursachter Schaden.* Art. 474 N. 4. Der *Zufall als Haftungsbefreiungsgrund ist vom Aufbewahrer* im Rahmen seiner Exkulpation nach Art. 97 evtl. nach 474 II OR *zu beweisen.* Art. 474 N. 4c.

d

d. Die Beschränkung des Restitutionsgegenstandes auf die zur Aufbewahrung anvertraute Speziessache macht die hinterlegungsvertragliche Restitutionsobligation und die Haftung für ihre nicht gehörige Erfüllung unkomplizierter als die auftragsrechtliche Ablieferungsobligation nach Art. 400 OR, die sowohl das zur Auftragsausführung anvertraute als auch das durch die Auftragsausführung erworbene Vermögen zum Gegenstand hat. Zwar kann je nach dem Zeitpunkt der Erhebung und

Fälligkeit des auftragsrechtlichen Erstattungsanspruches, z. B. bei vorzeitigem Widerruf eines Verkaufsauftrages für einen Kunstgegenstand oder eines Anwaltsauftrages, die auftragsrechtliche der hinterlegungsvertraglichen Restitutionsobligation entsprechen. Doch ist das eine Ausnahmeerscheinung. **DIG. 17. 1. 8 pr.** Art. 400 N. 8. Vorbem. N. 1.

4. Die hinterlegte Sache «nebst Zuwachs» als Gegenstand der Restitutionsobligation

4 a *a.* Im Gegensatz zu § 404 ABGB enthält das ZGB und OR keine Definition des Zuwachses. Unter *Zuwachs* ist in Art. 475 I OR das verstanden, was Art. 643 II ZGB als «natürliche Früchte» definiert, d. h. «*die zeitlich wiederkehrenden Erzeugnisse und Erträgnisse*, die nach der üblichen Auffassung von einer Sache ihrer Bestimmung gemäss gewonnen werden». Da der Hinterlegungs- und Restitutionsgegenstand auf bewegliche Sachen und Wertpapiere begrenzt ist (Vorbem. N. 1 d. Art. 472 N. 2 a), können der «Zuwachs» bzw. die «Früchte» des Bodens ausser acht gelassen werden. Früchte von beweglichen Sachen und Wertpapieren sind sowohl die unmittelbaren *natürlichen Früchte* wie das Tierjunge, Milch, Wolle, Federn (Meier-Hayoz ad Art. 643 ZGB N. 11), wie die mittelbaren «*bürgerlichen*» *Früchte*, vor allem *Zinsen*. Meier-Hayoz ad Art. 643 N. 17. Sie bilden *Gegenstand* der *Vindikation wie der hinterlegungsvertraglichen Restitution*, weil sie nach Art. 643 I ZGB dem Eigentümer der Hauptsache gehören. So ausdrücklich art. 1775 Codice Civile. Im römischen Recht war die Restitutionsklage eine bonae fidei actio und erfasste «et fructus ... et omnen causam et partum». **DIG. 16. 3. 24.** «Cum verbum „restituas" lege invenitur etsi non specialiter de fructibus additum est, tamen etiam fructus sunt restituendi.» **DIG. 50. 17. 173. 1.**

b *b.* Art. 1936 Code Civil will nur die *abgetrennten Früchte* (fructus percepti, fruits perçus) der Restitution unterstellt wissen. *Nicht abgetrennte Früchte* bilden nach Art. 643 III ZGB *Bestandteil* der Sache. Gegenüber dem sachenrechtlichen Restitutionsanspruch nach Art. 939 ZGB sind vom gutgläubigen Besitzer (als welcher der gutgläubige Aufbewahrer zu gelten hat) *bezogene Früchte oder der Wert solcher Früchte, die der Besitzer schuldhaft zu ziehen unterlassen hat, auf seinen Verwendungsersatz in Anrechnung zu bringen.* Wenn es sich auch nicht immer um eine Verrechnung im technischen Sinne handelt, so wird doch bei Zinsen oder anderen *Gelderträgnissen* die *Anrechnung* wie eine *Verrechnung* gehandhabt werden müssen. Das in Art. 125 Z. 1 ausgesprochene *Verbot der*

Verrechnung gegen den Willen des Hinterlegers *kann daher für bezogene Früchte der hinterlegten Sache keine Geltung haben*, wenn die gegenseitigen Ansprüche gleichartig und daher verrechenbar sein sollten. Art. 120 OR. Denn *der aus einem hinterlegungsvertraglichen Restitutionsanspruch belangte gutgläubige Besitzer kann nicht schlechter gestellt sein als ein anderer gutgläubiger Besitzer*. Vorbem. N. 5.

c *c.* Bilden *Wertschriften mit Zinscoupons den Hinterlegungsgegenstand*, so müssen die vom Aufbewahrer im Zeitpunkt der Restitution *nicht tatsächlich abgetrennten Coupons als restitutionspflichtiger Bestandteil des Wertpapiers aufgefasst werden*. Art. 643 III ZGB. Der *Gegenwert abgetrennter Coupons ist zu restituieren*, jedoch der *Verrechnung mit Ansprüchen des Aufbewahrers aus seiner actio depositi contraria unterworfen. Gleichgültig ist, ob der Aufbewahrer die abgetrennten Coupons tatsächlich einkassiert hat oder nicht. Die Nichteinkassierung abgetrennter Coupons muss als schuldhaft unterlassener Fruchtbezug betrachtet werden (fructus neglecti)*. Gleichgültig ist auch, ob der *Aufbewahrer als solcher oder unter einem anderen Titel, z. B. als Mandatar beim offenen Bankdepot* (Vorbem. N. 3 c [1], 4 b), *zum Inkasso der Erträgnisse verpflichtet war*. Für die *tatsächlich bezogenen Zinsen ist ein depositum irregulare i. S. von Art. 481 I und II OR anzunehmen*. Der Aufbewahrer hat nicht die nämlichen Geldstücke, sondern die *nämliche Geldsumme als Gattungsschuldner zurückzuerstatten*. Im Bankverkehr werden *Couponsinkassi* dem Hinterleger (gestützt auf eine allgemeine Vereinbarung) *gewöhnlich in Kontokorrent gutgeschrieben und dadurch mit beliebigen Geld-Gegenforderungen der Bank verrechenbar*. **BGE 78 II 254.** § 355 I HGB.

5. Teilrestitution. Teilbarer Hinterlegungsgegenstand. Miteigentum. Gemeinschaftsdepot

5 a *a.* Ist der Hinterlegungsgegenstand eine einzige beweglichen Sache, wie etwa ein Automobil in einer Einstellgarage, so ist eine Teilrestitution unmöglich. Wurden *mehrere gleichartige oder ungleichartige Sachen gleichzeitig oder sukzessive hinterlegt oder ist die hinterlegte Sache* teilbar, so *kann der Hinterleger nach dem Grundsatz in maiore minus jederzeit Teilrestitution verlangen*. Durchsetzen kann er sie gegen den Willen des Aufbewahrers jedoch nur, wenn er das bis dahin auf allen Sachen oder auf der gesamten Sache haftende *Retentionsrecht* des Aufbewahrers für dessen Ansprüche aus der konkreten actio depositi contraria *ablöst*, d. h. *bezahlt oder hinterlegt*. N. 6 a unten. Damit entsteht bei der Wertschriftenhinterlegung eine *Verfügungsberechtigung des Hinterlegers*, die *derjenigen*

über ein Kontokorrent ähnlich wird, obschon die Eigentumsverhältnisse andere sind. Im angelsächsischen Sprachgebrauch nennt man daher das Wertschriftendepot «deposit account». Vorbem. N. 3c (1). Gibt der Hinterleger seiner Bank den «Auftrag», bestimmte Wertpapier aus seinem Depot bestmöglich zu verkaufen, so erhebt er im Hinterlegungsvertragsnexus einen Anspruch auf Teilrestitution. Wird der Auftrag ausgeführt, so hat sich der Depotbestand um die verkauften Stücke vermindert, der verbleibende Restitutionsanspruch umfasst nur noch den Restbestand. Die Teilverfügung über den Restitutionsanspruch kann aber auch darin bestehen, dass er *für einen Teilbestand des Depots an einen Dritten abgetreten oder dass ein Dritter bevollmächtigt wird, die Teilrestitution im Namen des Hinterlegers zu verlangen.*

b *b.* Eine andere Art der Teilrestitution unter Aufrechterhaltung der Hinterlegung für den Restbestand kommt beim *Sammeldepot von Wertschriften und beim Vermengungsdepot des Lagerhalters* vor. Vorbem. N. 3c (5). Sammel- und Vermengungsdepot sind insofern reguläre Hinterlegungen als *mehrere Hinterleger Miteigentümer* des Sammel- oder Vermengungsbestandes nach Art. 727 ZGB sind. Sie haben *Anspruch auf Restitution ihrer Miteigentumsquote am Sammel- oder Vermengungsbestand, jedoch als Gattung, nicht als Spezies.* Eine andere Lösung *wäre* für Vermengungsdepots z. B. von flüssigen Brennstoffen undenkbar. **BGE 77 I 40.** *Jeder Hinterleger kann die ihm nach seiner Miteigentumsquote gebührende Menge jederzeit aus dem Sammel- oder Vermengungsbestand zurückfordern,* ohne dass es der Zustimmung der anderen bedürfte. So ausdrücklich § 7 II Deutsches Depot-Gesetz für das Sammeldepot von Wertpapieren. *Unverschuldete Verluste oder Warenverminderungen tragen die Hinterleger nach ihren Miteigentumsquoten.* N. 3c oben. § 7 II Deutsches Depot-Gesetz. Art. 484 N. 3b.

c *c.* Anders ist der *Herausgabeanspruch bei Gemeinschaftsdepots* geregelt, sei es, dass sie ursprünglich als solche errichtet wurden (compte joint) oder als Erbschaftsdepots nachträglich zu solchen werden. Vorbem. N. 3c (3). Das Gemeinschaftsdepot verhält sich zum Sammel- oder Vermengungsdepot wie das Gesamteigentum zum Miteigentum. Nur alle gemeinschaftlichen Hinterleger, bei der Sequestration alle Hinterleger gemeinschaftlich (Art. 480 OR), können den Restitutionsanspruch erheben. Seine «*Teilung*» *nach personellen Gesichtspunkten ist nicht möglich.* Hingegen kann von allen Hinterlegern gemeinschaftlich (oder durch Vertretung) *Teilrestitution nach sachlichen Gesichtspunkten* jederzeit, in gleicher Weise gefordert werden *wie von einem einzelnen Hinterleger.* Lit. a oben. Durch *Erbteilungsvertrag* können den einzelnen

Erben *bestimmte Teilbestände aus einem sachlich teilbaren Depot* zugeteilt werden.

d *d.* Die Tatsache, dass beim *depositum irregulare* das Eigentum auf den Aufbewahrer übergeht und seine Restitutionsschuld eine Gattungsschuld wird, ändert nichts daran, dass die *sachliche und personelle Teilbarkeit oder Unteilbarkeit des Restitutionsanspruches sich in gleicher Weise vollzieht wie bei einem regulären Depot.* Lit. a, b, c oben. Geld- und andere Gattungsschulden sind stets sachlich teilbar.

6. Einreden gegen den vertraglichen Restitutionsanspruch. Exceptio non adimpleti contractus. Retentionsrecht. Verrechnungsausschluss. Depotscheine und Lagerscheine. Verjährung. Verzicht. Unverschuldete Erfüllungsunmöglichkeit. Vereinigung

6 a *a.* Die aus dem Vermögen zu erfüllenden *obligationes dandi, Restitutionsanspruch des Hinterlegers einerseits und actio depositi contraria* auf Vergütung, Auslagenersatz, evtl. Schadenersatz sind im OR *gegenseitige Obligationen* (Art. 473 N. 5c), die mangels anderer Vereinbarung Zug um Zug zu erfüllen sind. Daraus folgt, dass der *Aufbewahrer* von dem die Restitution gefordert wird, gleichzeitig alle ungedeckten Ansprüche aus seiner konkreten actio depositi contraria erheben und *nach Art. 82 OR die Erfüllung des Restitutionsanspruches verweigern kann, solange der Hinterleger seinerseits nicht erfüllt oder einen streitigen Betrag hinterlegt hat.* Die Einrede des nichterfüllten Vertrages ist im *regulären depositum durch das dingliche Retentionsrecht* des Aufbewahrers am Restitutionsgegenstand verstärkt. Vorbem. N. 5b.

b *b.* Dagegen kann der Aufbewahrer sowohl beim regulären als auch beim irregulären Depot ein *Verrechnungsrecht gegen den Willen des Hinterlegers nur in beschränktem Masse* geltend machen. *Nur soweit Geldererträgnisse, die er einkassiert hat oder hätte einkassieren sollen, als Zuwachs nach Art. 475 I OR restitutionspflichtig wären, hat eine Anrechnung dieser Früchte auf die ungedeckten Auslagen und Verwendungen, nicht aber auf Vergütung nach Art. 472 III oder Schadenersatz nach Art. 473 III OR Platz zu greifen.* N. 4b, c oben. Eine Verrechnung mit regulär oder irregulär hinterlegtem Geld, d.h. mit dem Kapital des Hinterlegungsgegenstandes, ist gegen den Willen des Hinterlegers ausgeschlossen. Art. 125 Z. 1 OR. **BGE 45 III 249.** Vorbem. N. 5d. Der Verrechnungsausschluss gegen den Willen des Hinterlegers stammt aus dem gemeinen Recht. Da das *Retentionsrecht,* das im gemeinen Recht ebenfalls ausgeschlossen war, nach dem Sachenrecht des ZGB dem Aufbewahrer zugestanden werden muss (Art. 895 sowie 939/40 ZGB), scheint es nicht mehr gegeben, am Verrechnungsausschluss festzuhalten, der sich i. d. R. nicht zugunsten des Hinterlegers auswirkt. Art. 472 N. 10c. *De lege lata muss der Hinterleger ausdrücklich auf den Verrechnungsausschluss verzichten.* Ein *Vorausverzicht* ist *möglich* und wird in den *meisten «Sparheftreglementen»* vorgesehen. So z. B. Sparheftreglement der Zürcher Kantonalbank § 9 II. OSER/SCHÖNENBERGER ad Art. 125 N. 1. Anders ALBERT COMMENT, Le dépôt d'épargne et la compensation de la créance de la banque sur le déposant contre la volonté de celui-ci, in SJZ 33 (1936/47) S. 67. Die *Abweichung vom Auftragrecht* (Art. 400 N. 19) hinsichtlich der Verrechnungsmöglichkeit ist namentlich dort wenig sinnvoll, wo über die Vertragsqualifikation als Auftrag oder Hinterlegungsvertrag in guten Treuen gestritten werden kann. Art. 472 N. 2a. Die *Verrechenbarkeit*, dort wo sie möglich ist, ist eine *Folge der Gegenseitigkeit* der hinterlegungsvertraglichen obligationes dandi, die im klassischen unentgeltlichen depositum noch nicht bestand. Beim offenen Bankdepot wird eine teilweise *Verrechenbarkeit der Depotgebühren mit Coupons- und anderen Gelderträgnissen* sowie Rückzahlungen durch die allgemeine Vereinbarung herbeigeführt, dass die betreffenden Positionen einem *Kontokorrent gutgeschrieben oder belastet* werden sollen. Vgl. auch **BGE 78 II 254/5.**

c *c.* Wurde ein *Depotschein* ausgestellt, der die *Präsentationsklausel* enthält, so kann der Aufbewahrer eine *Teil- oder Totalrestitution so lange verweigern*, bis ihm der *Depotschein vorgewiesen oder übergeben wird.* Art. 472 N. 3c. Durch die Annahme der Präsentationsklausel übernimmt der Hinterleger für sich und gegebenenfalls für seine Universal- oder Singular-Sukzessoren die Verpflichtung, die Restitution nur gegen Übergabe oder Vorlegung der Beweisurkunde zu verlangen. Anderseits darf der Aufbewahrer *nur an die durch den Depotschein (oder Lagerschein) legitimierten Personen leisten.* **BGE 43 II 646 Erw. 1.** Da aber der Depotschein eine *schlichte Beweisurkunde* ist, kann sein Verlust nicht auch zum Erlöschen des materiellem Restitutionsanspruches führen. JAEGGI ad Art. 965 OR N. 229. Kann der Hinterleger den Verlust des Depotscheines glaubhaft machen und sein Recht mit anderen Mitteln beweisen, so kann die Restitution nicht verweigert werden. Anders verhält es sich, wenn für *Lagergut ein Lagerschein* ausgestellt wurde, der ein *Wertpapier* ist. Hier darf der Lagerhalter *nicht ohne Präsentation oder durchgeführte Kraftloserklärung des Lagerscheines* (Art. 981–986, 977 OR) *restituieren.* Art. 482 II und III OR.

d. Da der Hinterleger nicht Eigentümer der hinterlegten Sache sein muss, erwächst dem *Aufbewahrer keine Einrede gegen den vom Hinterleger erhobenen Restitutionsanspruch, wenn ein Dritter sein Eigentum beansprucht. Erst die gerichtliche Anhängigmachung der Eigentumsklage oder die Erwirkung einer vorsorglichen amtlichen Beschlagnahmung durch den Drittansprecher berechtigt nicht nur den Aufbewahrer, sondern verpflichtet ihn, das Restitutionsbegehren des Hinterlegers nicht zu erfüllen.* Art. 479 N. 3b. Stellt sich heraus, dass der Aufbewahrer selbst Eigentümer des Restitutionsgegenstandes ist, oder ist er es geworden, so ist nach dem Beispiel von art. 1946 Code Civil und art. 1779 Codice Civile *Dahinfallen des Hinterlegungsvertrages* anzunehmen, ohne dass der «Aufbewahrer» dem «Hinterleger» die exceptio doli entgegenhalten müsste. (Dolo agit qui petit quod redditurus est). d

e. Während die *Eigentumsklage* des Hinterlegers *unverjährbar* ist, **(BGE 78 II 252 Erw. 5a)** und ein allfälliger *Deliktsanspruch wegen Veruntreuung den kurzen Verjährungsfristen von Art. 60 OR* unterliegt, gilt für die Verjährung des *vertraglichen Restitutionsanspruches aus Art. 475 I OR die allgemeine 10jährige Verjährungsfrist* des Art. 127 OR. Da die Restitution jederzeit gefordert werden kann, beginnt die Verjährung *mit dem Tage der tatsächlichen Übergabe des Restitutionsgegenstandes* zu laufen. Art. 130 II OR. Bei *sukzessive geäufneten Depots*, z. B. Wertschriftendepots bei Banken, muss *für jeden Teilbestand die Verjährung mit seiner Einlieferung beginnen.* Für Stillstand und Unterbrechung der Verjährung gelten Art. 134 und Art. 135 OR. Die *Zustellung eines Depotauszuges oder die Zahlung von Depotzinsen unterbrechen u. E. die Verjährung, weil sie als Anerkennung der Restitutionspflicht auszulegen sind.* **BGE 48 II 43, 78 II 257.** Hier *weicht* die *hinterlegungsvertragliche Restitution von der auftragsrechtlichen Ablieferung ab.* Da der Ablieferungsanspruch erst aus der tatsächlichen Auftragsausführung entsteht, kann er nicht verjähren, solange die Ausführung anhält, während der Restitutionsanspruch entsteht, sobald die Sache tatsächlich dem Aufbewahrer übergeben ist. e

f. Gegen den Restitutionsanspruch können ferner einredeweise folgende weiteren Erlöschungsgründe geltend gemacht werden: *Verzicht* nach Art. 115 OR (N. 2b oben), *unverschuldete Erfüllungsunmöglichkeit* nach Art. 119 (N. 3b oben) und *Vereinigung* i. S. von Art. 118 OR. Die Vereinigung von Gläubiger- und Schuldnereigenschaft kann eintreten, wenn der *Aufbewahrer den Hinterleger beerbt* oder die *hinterlegte Sache durch Vermächtnis zugewendet* erhält, ferner wenn der Aufbewahrer das Vermögen oder *Geschäft des Hinterlegers mit Aktiven und Passiven* über- f nimmt. Die Fälle der Vereinigung der persönlichen Gläubiger und Schuldnereigenschaft treffen sich mit der *Vereinigung des Eigentumsrechtes am Hinterlegungsgegenstand.* Art. 472 N. 2e. *Tritt der Hinterleger dem Aufbewahrer den Restitutionsanspruch ab,* so liegt u. E. keine Forderungszession vor, die zur Vereinigung führt, sondern nach der Auslegungsregel von Art. 18 OR ein ganzer oder teilweiser *Erlass der Restitutionsschuld* i. S. von Art. 115 OR.

7. Abtretbarkeit, Subrogation und Vererblichkeit des Restitutionsanspruches

7 a *a.* Der *Restitutionsanspruch* aus Art. 475 I OR ist nach Art. 164/5 OR *durch schriftliche Zession abtretbar,* und liegt eine sachliche Teilbarkeit vor (N. 5 oben), so können auch *Teilzessionen* erfolgen. Die *Übertragung des in einem Lagerschein verkörperten Restitutionsanspruches* (Art. 482 II OR) erfolgt nach den *wertpapierrechtlichen Vorschriften.* Der Restitutionsanspruch ist sowohl *aktiv wie passiv vererblich.* Vgl. art. 1939 Code Civil und art. 1776 Codice Civile. Die *aktive Vererblichkeit von Wertschriftendepots* spielt in der Praxis eine bedeutende Rolle. Als Universalsukzession umfasst sie jedoch nicht nur den Restitutionsanspruch, sondern die *persönlichen und dinglichen Rechte und Pflichten, die sich aus dem Hinterlegungsvertrag für den Hinterleger* ergeben. Die Erben erwerben durch Universalsukzession den *selbständigen Eigentumsbesitz* zu gesamter Hand an den Beständen, die sich im Zeitpunkt des Todes des Erblassers im Depot befinden. Art. 560 II und III ZGB. Bis zur Aufhebung der Erbengemeinschaft durch Erbteilung können die *Erben jedoch den Restitutionsanspruch nur gemeinschaftlich* erheben, sobald ihnen eine Erbbescheinigung ausgestellt wurde. Art. 559 ZGB. Hingegen kann ein *Willensvollstrecker über ein Erblasserdepot verfügen.* Art. 396 N. 53b.

b *b.* Häufig werden *Wertschriftendepots auf den Namen eines Fiduziars* errichtet und unterhalten. Die Aufbewahrerbank weiss i. d. R. nicht, dass der Depotbestand «Treugut» bildet. Der *hinterlegungsvertragliche Restitutionsanspruch geht als persönliche Forderung durch Subrogation nach Art. 401 I OR auf den Fiduzianten über, sobald dieser seine Verpflichtungen aus der actio mandati contraria des Fiduziars erfüllt oder einen streitigen Betrag hinterlegt hat.* Art. 401 N. 8a, 9c, 17c, 22. Besteht zwischen dem Fiduzianten und dem Fiduziar, dem die Hinterlegereigenschaft zukommt, *Streit über den Forderungsübergang, so muss der Fiduziant nach Analogie von Art. 479 OR die Klage auf Ablieferung nach Art. 400 und/oder Feststellung des gesetzlichen Forderungsüberganges nach Art. 401 OR «gerichtlich anhängig machen» und/oder eine gerichtliche*

«Beschlagnahme» des Depots erwirken. Art. 401 N. 24 c, d. Denn der Aufbewahrer hat auch an den fiduziarischen Hinterleger zu restituieren, wenn dessen Rechtsverhältnis zu einem «Dritten» (dem Fiduzianten) umstritten ist, es sei denn, die Rechtshängigkeit einer Klage oder eine einstweilige gerichtliche Verfügung hindere ihn daran. Von besonderer Wichtigkeit ist, dass die *Subrogation des hinterlegungsvertraglichen Restitutionsanspruches* nach Art. 401 OR auch dann eintritt, *wenn der Hinterleger (Fiduziar) in Konkurs fällt, vorausgesetzt, dass der Fiduziant die «Aussonderung» beansprucht.* In diesem Falle *entscheidet die Konkursverwaltung, ob sie die Forderungsaussonderung anerkennen oder den umstrittenen Hinterlegungsgegenstand bzw. Restitutionsanspruch adamassieren will.* Art. 242 SchKG. **BGE 87 III 18/23.** Art. 401 N. 25 b. Entscheidet sie sich für die *Adamassierung,* so bleibt dem *Fiduzianten nichts anderes übrig als selbst auf Feststellung zu klagen, wem das bessere Gläubigerrecht am hinterlegungsvertraglichen Restitutionsanspruch* zustehe. Das gilt auch dann, wenn eine *Bank als Fiduziar Wertpapiere im eigenen Namen aber für Rechnung und Gefahr eines ihrer Kunden bei einer anderen Bank hinterlegt hat.*

II. AUFWANDERSATZ BEI VORZEITIGER RESTITUTION. ART. 475 II

8. Jederzeitige Widerruflichkeit auch befristeter Hinterlegungen

8 a

a. Ist der Hinterlegungsvertrag ein Realkontrakt, so kommt sein bedingter Abschluss nicht in Frage. Die *Übergabe des Hinterlegungsgegenstandes ist die einzige gesetzliche Bedingung* (condicio iuris), von der die Wirksamkeit der gegenseitigen Obligationen von actio depositi directa und contraria abhängig ist. Art. 472 N. 1 a, c. Ein *Anspruch des Aufbewahrers auf Übergabe des vereinbarten Hinterlegungsgegenstandes besteht nicht.*

b

b. Hingegen kann, wie sich aus dem Wortlaut von Art. 475 I OR ergibt, die *Hinterlegung auf eine bestimmte Dauer vereinbart* werden, d.h., sie kann wie ein Auftrag *endbefristet,* oder sie kann von einer *Kündigungsfrist abhängig* sein. Art. 395 N. 91. Art. 475 I OR bestimmt in Übereinstimmung mit dem jederzeitigen Widerrufsrecht des Auftraggebers (Art. 400, 404 I OR), dass der *Restitutionsanspruch vom Hinterleger jederzeit erhoben* werden kann, auch wenn für die Hinterlegung «eine bestimmte Dauer vereinbart wurde». N. 1 a oben. Die *mutatio voluntatis* beim Hinterleger war nach **DIG. 16. 3. 1. 45/6** schon im römischen Recht jederzeit verbindlich. Da die *Totalrestitution zum Erlöschen des Hinterlegungsvertrages durch Erfüllung führt*, wird dadurch der *Hinterlegungsvertrag einseitig für den Hinterleger jederzeit auflösbar.* Doch *besteht das gleiche Recht nicht für den Aufbewahrer.* Art. 476 OR. **BGE 78 II 257.** Das Recht auf jederzeitige Restitution ist von Bedeutung für den *Beginn der Verjährung* nach Art. 130 II OR. Art. 481 N. 8 d. Darin liegt eines der Hauptunterscheidungsmerkmale von der Auftragsstruktur. Während die *Auftragsausführung als solche nicht erzwungen* werden kann, ist die *Aufbewahrungsobligation eine echte Schuldpflicht.* Die Regelung ist eine Folge der Interessenlage im Hinterlegungsvertrag. Art. 472 N. 5. *Auch bei den entgeltlichen Hinterlegungen ist das Verdienstinteresse des Aufbewahrers nicht geschützt*, weil es gegenüber dem Vermögensinteresse des Hinterlegers an seinem Eigentum in den Hintergrund tritt. Bei der *Hinterlegung zugunsten eines Dritten* (aliena gratia) *steht das jederzeitige Restitutionsrecht dem Drittbegünstigten* zu.

c *c.* In der Formulierung von Art. 475 I OR kommt zum Ausdruck, dass vom Hinterleger auf das *Recht zu jederzeitiger Restitution nicht gültig verzichtet* werden kann. § 695 BGB. Im zweiten Absatz von Art. 475 OR sind die *Rechtsfolgen abschliessend geregelt, die den Hinterleger treffen*, der *die Restitution vor Ablauf einer bestimmt vereinbarten Dauer verlangt oder eine Kündigungsfrist nicht einhält.* Daraus ergibt sich wiederum die Übereinstimmung mit dem Auftragsrecht. Die ganze Regelung von Art. 475 OR ist zwingendes Recht. Der *vorzeitige Widerruf der Hinterlegung kann nicht unter Konventionalstrafe gestellt oder anderweitig erschwert werden.* Art. 404 N. 10 e. Bei vorzeitigem Widerruf *erschöpft sich der Anspruch des Aufbewahrers in dem Ersatz des «Aufwandes»*, wie er in Art. 475 II OR umschrieben ist.

d *d.* Der Grund der Regelung ist wie beim Auftrag im Vertrauenscharakter des Hinterlegungsvertrages zu suchen. Der Hinterleger vertraut sein Eigentum einem Aufbewahrer seines Vertrauens, und nur diesem an. Art. 472 N. 4 e. Ist das Vertrauen aus einem triftigen oder vermeintlichen Grunde erschüttert, so soll der Hinterleger nicht gezwungen sein, die Obhut seines Vermögens einer Person weiterhin zu überlassen, die sein Vertrauen nicht mehr besitzt.

e *e. Art. 475 I OR gilt auch für das depositum irregulare.* **BGE 78 II 257.** Sparhefteinlagen müssen jederzeit restituiert werden können. Wenn die Sparheftreglemente für Rückzüge über einen bestimmten Betrag «Kündigungsfristen» vorsehen, so wird deshalb die Spareinlage nicht zum Darlehen. Zustimmend OSER/SCHÖNENBERGER ad Art. 481 N. 20. Anders ALBERT COMMENT in SJZ 1933 (1936/37) S. 66. In der *Praxis restituieren die Banken auf erstes Verlangen, bringen aber den Depotzins auf den vorzeitig ausbezahlten Beträgen pro rata temporis in Abzug.* Diese Praxis lässt sich mit Art. 475 II OR vereinbaren. Art. 481 N. 4e. Nach Art. 4 Bankengesetz und Art. 14 VVO vom 30. August 1961 (AS 1961 S. 693) gelten *Sparheft-, Depositen- und Einlageheftguthaben* als *kurzfristige Verbindlichkeiten der Banken.* Die gekündigten und binnen Monatsfrist rückzahlbaren Einlagen auf derartigen Heften müssen voll, die anderen zu 15% durch «leicht verwertbare Aktiven» (Art. 16 VVO) gedeckt sein. Die Kantone können *für Spareinlagen bis zu Fr. 5000 ein gesetzliches Pfandrecht an eigenen Wertpapieren und Forderungen der Sparbanken im Wege der Gesetzgebung einführen.* Art. 16 Bankengesetz. MARTIN WIDMER, Die rechtliche Natur des Sparkassenvertrages unter besonderer Berücksichtigung der Verjährungsbestimmungen S. 19. (Literatur zu Art. 481 OR.)

9. Wirkung der Restitution ex nunc

9 a

a. Wann auch immer der Restitutionsanspruch erhoben wird, entfaltet er seine *Wirkung* auf den hinterlegungsvertraglichen nexus *erst im Zeitpunkt, da der Aufbewahrer von der Erhebung Kenntnis erhält.* Denn der Widerruf ist wie die «Kündigung» **(BGE 78 II 257)** eine *empfangsbedürftige Willenserklärung.* Art. 404 N. 9. Die Wirkung ex nunc bedeutet einmal, dass der *Aufbewahrer den Hinterlegungsgegenstand in dem Zustand restituieren muss, in welchem er sich ohne sein Verschulden im Zeitpunkt der Restitution befindet.* N. 3c oben. Sodann bedeutet sie, dass der *Aufbewahrer diejenigen Ansprüche aus der actio depositi contraria auf Vergütung, Auslagen- und gegebenenfalls Schadenersatz besitzt, die bis zum «Widerruf» tatsächlich entstanden sind.* Das gilt auch für Teilrestitutionen. N. 5a oben. Der *Vergütungsanspruch* ist dann nach den zur Anwendung gelangenden Bemessungsgrundsätzen *pro rata temporis* zu berechnen. Art. 404 N. 12c. Der *vorzeitige Widerruf vermag das Retentionsrecht des Aufbewahrers für alle ungedeckten Ansprüche aus seiner konkreten actio depositi contraria nicht zu beseitigen.*

b

b. Die Konvention IV über *Gebühren für offene Bankdepots* (Art. 472 N. 9b) sieht in Art. 2 die Erhebung der Depotgebühren pro Jahr vor, wobei eine Minimalgebühr für Obligationen, Aktien und per ganzes Depot vorgesehen ist. «Beträgt die Dauer eines Depots nur ein halbes Jahr oder weniger, so kann die Gebühr auf die Hälfte ermässigt werden, jedoch unter Beibehaltung der Minima.» Soweit es sich um die Minima handelt, hat die Bestimmung zweifellos vor Art. 475 OR Bestand. Die jährliche Depotgebühr beträgt 0,7 ‰ bzw. 1 ‰ vom Wert der deponierten Titel. Einlieferung, Auslieferung und Kontrolle der Depots sind mit Arbeitsaufwand verbunden. Es sind «Generalunkosten» (Saläre des Personals u.a.), welche normalerweise in die Depotgebühr einkalkuliert sind. Es ist daher gerechtfertigt, die *halbe Jahresgebühr auch dann* zu fordern, wenn die *Hinterlegung weniger als ein halbes Jahr gedauert hat.*

10. Actio depositi contraria und Ersatz des Aufwandes bei vorzeitiger Restitution

10 a *a.* Nach dem Wortlaut von Art. 475 II entsteht der Anspruch auf Ersatz des «Aufwandes» nur bei Hinterlegungen, die auf eine bestimmte Dauer vereinbart waren. Da in allen Fällen der Restitutionsanspruch jederzeit erhoben werden kann, wird in der Praxis zumeist auf eine Befristung der Hinterlegung verzichtet. Trotzdem ist dem Aufbewahrer der *Aufwand zu ersetzen, wenn er in guten Treuen mit einer längeren Hinterlegung rechnen durfte und im Hinblick darauf Aufwendungen für eine Aufbewahrung des Hinterlegungsgegenstandes gemacht* hat. Vgl. analog **BGE 55 II 183.** Vom *Aufwand* i.S. von Art. 475 II OR sind zu unterscheiden die *Auslagen und Verwendungen für die Erfüllung der Aufbewahrungsobligation* i.S. von Art. 473 II OR. Da der «Widerruf» der Hinterlegung ex nunc wirkt, sind die bis zum Widerruf tatsächlich gemachten notwendigen und nützlichen *Auslagen und Verwendungen* solche, die ohnehin *zu ersetzen* sind. N. 9a oben. Aufwand i.S. von Art. 475 II OR kann bestehen in der *Erstellung oder Erweiterung von Anlagen* (z.B. Lagerhäuser, Kühlanlagen u.a.), die in guten Treuen für die Erfüllung der Aufbewahrungsobligation gemacht wurden und infolge des Widerrufes nutzlos geworden sind. Es kann aber auch die Einstellung oder Vermehrung von Bewachungspersonal sein. Bei der entgeltlichen Hinterlegung sind solche *Generalunkosten in die Vergütung i.S. von Art. 472 II einkalkuliert.* Art. 472 N. 9b. 473 N. 11b.

b *b.* Der *Anspruch auf Aufwandersatz kann nur bei Hinterlegungen bestehen, die vereinbarungs- oder übungsgemäss entgeltlich* sind. Hätte der Aufbewahrer für eine Hinterlegung, wenn sie die ganze erwartete oder vereinbarte Zeit gedauert hätte, keine Vergütung erhalten, so kann er auch keinen Aufwandersatz verlangen, wenn die Hinterlegung vorzeitig widerrufen wird. Der *Anspruch auf Aufwandersatz ist kein Bestandteil der vertraglichen actio depositi contraria.* Analog dem Auftragsrecht ist die jederzeitige Ausübung des Restitutionsanspruches keine Vertragsverletzung. Doch bildet der *unzeitige Widerruf eine culpa in contrahendo.* Art. 404 N. 19 b. Zu ersetzen ist ein *negatives Interesse,* d.h. eine tatsächliche Vermögensverminderung des Aufbewahrers, die bei der erwarteten oder vereinbarten Dauer der Hinterlegung nicht eingetreten wäre. Es ist *nicht die vereinbarte oder übliche Vergütung.* Diese ist ohnehin pro rata temporis der effektiven Hinterlegungsdauer zu entrichten. Art. 404 N. 12 c. N. 9a oben. Bei einer auf bestimmte Dauer vereinbarten Hinterlegung *können jedoch die Teilvergütung plus der Aufwandersatz nicht grösser sein als die für die ganze Dauer geschuldete Vergütung.* Der Aufbewahrer kann nicht besser gestellt sein, wie wenn die erwartete oder vereinbarte Dauer der Hinterlegung vom Hinterleger beobachtet worden wäre. Hat der Aufbewahrer grössere Aufwendungen gemacht, so kann es nicht nur im Hinblick auf die konkrete vorzeitig widerrufene Hinterlegung geschehen sein. Der Richter wird daher geneigt sein, *bei vorzeitigem Widerruf einer Hinterlegung dem Aufbewahrer die entgangene oder vereinbarte Vergütung unter dem Titel von Art. 475 II OR zuzusprechen.* Damit nähert man sich der Lösung von *art. 1771 I Codice Civile,* durch die dem Aufbewahrer bei befristeter Hinterlegung der Anspruch auf Vergütung erhalten werden soll. N. 9b oben.

c. Art. 475 II OR *kommt auch dann zur Anwendung, wenn das in Art. 472 I OR umschriebene pactum de deposito accipiendo abgeschlossen war, die Sache nachträglich aber nicht übergeben* wurde. Art. 472 N. 1 a. Dann ist der vereinbarte oder übliche Vergütungsanspruch nach Art. 472 III OR nicht entstanden. Art. 472 N. 1 c. Das Verdienstinteresse des Aufbewahrers ist nicht geschützt. Der Anspruch aus Art. 475 II OR hat zur Voraussetzung, *dass vom «Aufbewahrer» im Hinblick auf die erwartete Hinterlegung ein Aufwand tatsächlich gemacht wurde.* Ist dies nicht der Fall, wie beispielsweise bei einem einzelnen versprochenen *Bankdepot,* so besteht *kein Anspruch auf «Aufwandersatz».* c

Art. 476

b. Rechte des Aufbewahrers

[1] Der Aufbewahrer kann die hinterlegte Sache vor Ablauf der bestimmten Zeit nur dann zurückgeben, wenn unvorhergesehene Umstände ihn ausserstand setzen, die Sache länger mit Sicherheit oder ohne eigenen Nachteil aufzubewahren.

[2] Ist keine Zeit für die Aufbewahrung bestimmt, so kann der Aufbewahrer die Sache jederzeit zurückgeben.

b. Droits du dépositaire

[1] Le dépositaire ne peut rendre le dépôt avant le terme fixé, à moins que des circonstances imprévues ne le mettent hors d'état de le garder plus longtemps sans danger pour la chose ou sans préjudice pour lui-même.

[2] A défaut de terme fixé, il peut restituer en tout temps.

b. Diritti del depositario

[1] Il depositario non può restituire la cosa depositata prima della scadenza del termine stabilito, se non quando, per impreviste circostanze, egli non sia più in grado di custodirla ulteriormente con sicurezza o senza suo pregiudizio.

[2] Quando non sia fissato alcun termine, il depositario può sempre restituire la cosa.

Materialien: Sub Art. 472 OR.

Rechtsvergleichung: aOR Art. 479. ABGB § 963. BGB § 696. Codice Civile art. 1771 II.

SYSTEMATIK DER KOMMENTIERUNG

Art. 476 OR

1. Bestimmte oder unbestimmte Dauer der Hinterlegung als Kriterium für das einseitige Kündigungsrecht des Aufbewahrers 673
2. Voraussetzungen des ausserordentlichen Kündigungsrechts des Aufbewahrers bei Hinterlegungen auf bestimmte Dauer 674
3. Wirkung ex nunc und Rechtsfolgen der vorzeitigen Rückgabe . . . 675

Art. 476 OR

1. Bestimmte oder unbestimmte Dauer der Hinterlegung als Kriterium für das einseitige Kündigungsrecht des Aufbewahrers

1a *a.* Während der *Hinterleger* die Restitution des Hinterlegungsgegenstandes sowohl bei zeitlich befristeten als auch bei unbefristeten Hinterlegungen *jederzeit verlangen* und damit den Hinterlegungsvertrag einseitig auflösen kann, hat der *Aufbewahrer ein Recht auf jederzeitige Vertragsauflösung nur bei zeitlich unbefristeten Hinterlegungen.* Art. 476 II OR entsprechend § 963 ABGB und § 696 BGB. Die dem Auftragsrecht entsprechende jederzeitige Kündigungsmöglichkeit (Art. 404 I) findet ihre *Rechtfertigung* in der Interessenlage, die im klassischen *unentgeltlichen depositum* besteht. Art. 472 N. 5a. Der Depositar erweist dort dem Deponenten eine Gefälligkeit, von der er jederzeit soll zurücktreten können.

b *b.* Art. 476 OR macht die freie Kündbarkeit der Hinterlegung durch den Aufbewahrer nicht von der Entgeltlichkeit oder Unentgeltlichkeit der Hinterlegung, sondern von deren bestimmter oder unbestimmter Endbefristung abhängig. Eine bestimmte Hinterlegungsdauer braucht *nicht ausdrücklich* vereinbart zu sein. Sie kann sich auch aus dem *erkenntlichen Zweck der Hinterlegung* als stillschweigend vereinbart ergeben. So die *Handgepäckaufbewahrung* durch Transportunternehmungen, die Einstellung eines Automobils in einer « *Tagesgarage* » u. a. m. Art. 476 OR gilt sowohl *für entgeltliche* als auch *für unentgeltliche Hinterlegungen.* Das ist durch die Formulierung von Art. 486 I OR bestätigt. Ein *Lagerhalter* hat zwar bei unbefristeter Einlagerung das jederzeitige Restitutionsrecht nach Art. 476 II OR jedoch *bei befristeten Hinterlegungen kein Restitutionsrecht,* auch wenn unvorhergesehene Umstände eintreten. *Nur wenn die unvorhergesehenen Umstände eine unverschuldete Erfüllungsunmöglichkeit* i. S. von Art. 119 OR bewirken, z. B. bei Zerstörung eines Lagerhauses durch höhere Gewalt, wird der Lagerhalter auch bei befristeten Hinterlegungen von seiner Erfüllungspflicht befreit. BGB § 696 und HGB § 422 II verlangen das *Vorliegen eines wichtigen Grundes. Wäre dem Lagerhalter die weitere Hinterlegung nur nachteilig,* so *könnte er sich nicht der auf bestimmte Dauer vereinbarten Aufbewahrungspflicht entschlagen.* Art. 486 N. 3d.

c *c.* Man mag das Abstellen des Gesetzes auf die bestimmte oder unbestimmte Dauer der Hinterlegung statt auf deren Entgeltlichkeit oder Unentgeltlichkeit als *unbefriedigend* kritisieren. Es ist indessen de lege lata nicht daran zu zweifeln, welches Kriterium vom Gesetzgeber als massgebend betrachtet wird. In der Praxis bilden die *Hinterlegungen auf bestimmte Dauer eher die Ausnahme.* Zudem *liegt es nicht im Interesse des gewerbsmässig tätigen Aufbewahrers, befristete Hinterlegungen vorzeitig zu kündigen, solange der Aufbewahrer in der Lage ist, den Vertrag ohne Nachteil für sich selbst zu erfüllen.* Der Aufbewahrer kann auch bei unbefristeten Hinterlegungen auf das Recht zu jederzeitiger fristloser Aufkündigung verzichten. Statt dessen *kann eine Kündigungsfrist vorgesehen sein.* Eine Kündigungsfrist von einem Monat besteht nach § 422 I HGB von Gesetzes wegen für das Auflösungsrecht des Lagerhalters, sofern nicht ein wichtiger Grund vorliegt. Für das OR vgl. Art. 486 N. 3c.

2. Voraussetzungen des ausserordentlichen Kündigungsrechts des Aufbewahrers bei Hinterlegungen auf bestimmte Dauer

2a *a.* Ist eine bestimmte Dauer der Hinterlegung ausdrücklich oder stillschweigend vereinbart, so wäre die vorzeitige Rückgabe des Hinterlegungsgegenstandes durch den Aufbewahrer eine Vertragsverletzung. Da die Restitutionsobligation eine Speziesschuld ist, tritt *Befreiung des Aufbewahrers von der Aufbewahrungsobligation und Restitution nach Art. 119 OR nur ein, wenn die Erfüllung durch beim Vertragsschluss unvorhergesehene und vom Aufbewahrer unverschuldete Umstände unmöglich geworden ist.* Art. 475 N. 3b, c. Der Verlust, die Zerstörung oder die Beschädigung des Restitutionsgegenstandes ist für den Hinterleger nachteiliger als dessen vorzeitige Rückgabe. Die Gefahr des Verlustes, der Zerstörung oder der Beschädigung ist erhöht, wenn der *Aufbewahrer den Hinterlegungsgegenstand nicht mehr sicher aufbewahren kann.* Art. 472 N. 4b. Die Sorgfaltspflicht gebietet dem Aufbewahrer, dem *Hinterleger davon Mitteilung zu machen, damit dieser en connaissance de cause sein jederzeitiges Restitutionsrecht nach Art. 475 I OR ausüben kann.*

b *b.* Ein Beauftragter hätte in solchen Fällen das Recht, die Vertragserfüllung einem geeigneten Substituten zu übertragen. Art. 398 III OR. Das Hinterlegungsvertragsrecht kennt *kein Substitutionsrecht* ohne oder gegen den Willen des Hinterlegers. Art. 472 N. 4e. Im Falle unvorhergesehener nachträglicher Erfüllungsunmöglichkeit der Aufbewahrungsobligation muss daher die Möglichkeit vorzeitiger *Restitution auch ohne oder gegen den Willen des Hinterlegers* gegeben sein. Sie liegt sowohl im Interesse des Hinterlegers als auch des Aufbewahrers, der die Aufbewahrung nur noch unter Übernahme eines erhöhten Haftungsrisikos oder auf erhöhte eigene Kosten weiterführen könnte. Das ausserordentliche Restitutionsrecht des Aufbewahrers bei befristeten Hinterlegungen kann zur *Restitutionspflicht* werden.

c *c.* Ein *einseitiges Restitutionsrecht* kann allerdings dem auf eine bestimmte Dauer verpflichteten *Aufbewahrer* nur zugestanden werden, wenn bei der *Übernahme des Hinterlegungsgegenstandes unvorhergesehene Umstände* die *Ursache der Erfüllungsunmöglichkeit* bilden. Sonst ist der Aufbewahrer verpflichtet, eine ihm *bekannte relative Erfüllungsunmöglichkeit zu beseitigen, auch wenn ihm daraus erhöhte Kosten erwachsen.* Da indessen die Interessen bei *Gefährdung des Depots* (vgl. französischer Text von Art. 476 I OR) gleichlaufen, und der Hinterleger seinerseits jederzeit die Restitution verlangen kann, wird in der Praxis die vorzeitige Rückgabe selten zu Differenzen führen.

d *d.* Der *Aufbewahrer* ist zur vorzeitigen Rückgabe auch dann berechtigt, wenn seine *eigenen Interessen gefährdet* sind. Das gilt auch für die entgeltliche Hinterlegung. Der *Aufbewahrer soll nicht auf den Schadenersatzanspruch aus Art. 473 II OR angewiesen sein, sondern er soll, wiederum im beidseitigen Interesse, den Schaden verhüten können.* Kommt ihm erst nach der Übernahme zur Kenntnis, dass das hinterlegte Tier mit einer ansteckenden Seuche behaftet ist, so kann er es auch gegen den Willen des Hinterlegers vorzeitig restituieren. Er muss nicht den Eintritt des «Nachteils» abwarten. Die *Gefährdung genügt.* Jedoch darf die Gefahr nicht eine solche sein, die beim Vertragsabschluss bekannt war. Sonst ist sie ein risque accepté, das kein Auflösungsrecht gewähren kann. Erhöhen sich die Kosten der Hinterlegung auf unvorhergesehene Weise, z. B. weil der Aufbewahrer nicht mehr über das geeignete Bewachungspersonal oder die erforderlichen Einrichtungen (Kündigung eines Lokals) verfügt, so ist dem Aufbewahrer nicht zuzumuten, *die ohne sein Verschulden erhöhten Kosten selbst zu tragen.* Ist der Hinterleger nicht bereit, die erhöhten Kosten zu tragen, so kann der Aufbewahrer vorzeitig restituieren. § 696 BGB ist elastischer als Art. 476 OR, indem das Recht zu vorzeitiger Restitution bei befristeter Hinterlegung von einem «wichtigen Grund» abhängig gemacht wird.

3. Wirkung ex nunc und Rechtsfolgen der vorzeitigen Rückgabe

3 a *a.* Ob die Restitution vom Hinterleger oder vom Aufbewahrer verlangt werden kann, sie bildet stets einen *Auflösungsgrund* der *ex nunc*, der in dem Zeitpunkt wirksam wird, da das Restitutionsbegehren der anderen Partei zur Kenntnis gelangt. Art. 475 N. 9. Bis zu diesem Zeitpunkt besteht die Aufbewahrungsobligation zu Recht. Bei vorzeitiger Aufkündigung befristeter Hinterlegungen *bleiben dem Aufbewahrer, die bis*

zu diesem Zeitpunkt entstandenen Ansprüche der actio depositi contraria auf Ersatz der tatsächlich für die Erfüllung gemachten Auslagen, eventuell auf Schadenersatz, sowie auf eine Teilvergütung pro rata temporis mit dem diese Ansprüche sichernden Retentionsrecht erhalten. Der Aufbewahrer kann in die Lage kommen, auf sein Retentionsrecht verzichten zu müssen, wenn er den Hinterlegungsgegenstand nicht länger sicher aufbewahren und den Hinterleger nicht zur gerichtlichen Hinterlegung eines Saldos der gegenseitigen Ansprüche veranlassen kann. Im Streitfall wird der Richter auch zu prüfen haben, ob die *Aufkündigung* durch den Aufbewahrer nach Art. 476 OR berechtigt oder unberechtigt war. War sie *unberechtigt,* so liegt eine *Vertragsverletzung* vor, für die der *Aufbewahrer dem Hinterleger schadenersatzpflichtig* wird. Diese *Schadenersatzforderung kann mit den Ansprüchen des Aufbewahrers aus der konkreten actio depositi contraria verrechnet werden.*

b *b.* Das *depositum irregulare ist meist unbefristet.* Der Hinterleger kann dann seinen *Gattungsanspruch jederzeit erheben, ohne die sechswöchige Kündigungsfrist nach Art. 318 OR einhalten zu müssen.* Darin liegt ein weiteres Unterscheidungsmerkmal vom Darlehen. Der *Sparheftschuldner* kann in Ermangelung einer Vereinbarung, die ausdrücklich oder sinngemäss eine Befristung der Einlagen enthält, die *Einlagen jederzeit erstatten oder nur noch zu einem geringeren Satz verzinsen.* Der Sparheftschuldner kann jedoch auf das Recht zu jederzeitiger unbefristeter Restitution verzichten (1 c oben) und sein *Restitutionsrecht von einer befristeten Kündigung abhängig machen.* So § 5 I evtl. § 9 I und II des Sparheftreglements der Zürcher Kantonalbank (einmonatige Voranzeige für Zinsfussänderungen und Aufkündigungen). Die *Kündigung* der regulären oder irregulären Hinterlegung durch den Aufbewahrer muss *unmissverständlich* sein. *Erklärt der Aufbewahrer, wenn die Verrechnung überhaupt zulässig ist, die Verrechnung seiner Restitutionsschuld, so wird dadurch der Hinterlegungsvertrag nicht beendet.* Denn die Gegenforderung kann unbegründet oder ihre Tilgung durch Verrechnung unzulässig sein. Dasselbe gilt, wenn eine Bank hinterlegtes Geld auf einem Konto des Hinterlegers gutschreibt und mit dessen Kontokorrentschuld verrechnet. Die Befugnis zur Gutschrift auf Kontokorrent kann streitig sein und damit das Verrechnungsrecht. **BGE 78 II 256.**

c *c. Nimmt der Hinterleger trotz des Rechtes des Aufbewahrers zur Rückgabe den Hinterlegungsgegenstand nicht zurück, so gerät er in Gläubiger- nicht in Schuldnerverzug.* Der Aufbewahrer hat die in Art. 92/3 umschriebenen Rechte auf *Hinterlegung oder Selbsthilfeverkauf auf Grund richterlicher Bewilligung.*

Art. 477

Die hinterlegte Sache ist auf Kosten und Gefahr des Hinterlegers da zurückzugeben, wo sie aufbewahrt werden sollte.

c. Ort der Rückgabe

c. Lieu de la restitution

La restitution s'opère aux frais et risques du déposant, dans le lieu même où la chose a dû être gardée.

c. Luogo della restituzione

La cosa depositata deve restituirsi, a spese e rischio del deponente, nel luogo in cui doveva essere custodita.

Materialien: Sub Art. 472 OR.

Rechtsvergleichung: aOR Art. 480. Code Civil art. 1942/3. BGB § 697. Codice Civile art. 1774.

SYSTEMATIK DER KOMMENTIERUNG

Art. 477 OR

1. Erfüllungsort der Restitutionsobligation 677
2. Kosten und Gefahr der Restitution 678

Art. 477 OR

1. Erfüllungsort der Restitutionsobligation

1 a

a. Art. 477, aOR Art. 480 entsprechend, bezeichnet als Erfüllungsort für die Restitutionsobligation den *Aufbewahrungsort.* Der Übergabeort ist ohne ausdrückliche Abrede nicht Restitutionsort («ubi vero depositum est, nihil interest.») Art. 472 N. 4 c. Dieser Grundsatz galt schon im römischgemeinen Recht. **DIG. 16. 3. 12. 1.** Er wurde übernommen von Code Civil art. 1943, BGB § 697 und Codice Civile art. 1774 I. Der Ort, «wo die hinterlegte Sache aufbewahrt werden sollte» bedeutet, dass eine vertragswidrige Ortsveränderung nach der zitierten Digestenregel den Rückgabeort nicht ändert. Durfte die Sache an verschiedenen Orten aufbewahrt werden, so ist der *Ort* massgebend, *an welchem die Sache im Zeitpunkt der Rückgabe befugterweise aufbewahrt wurde.*

b *b.* Damit ist die *hinterlegungsvertragliche Restitution* im Zweifel und *in Abweichung von Art. 74 II Z. 2 eine Holschuld, gleichgültig, ob der Hinterleger oder der Aufbewahrer befugterweise die Restitution verlangt.*

c *c.* Doch ist Art. 74 I OR anwendbar. Die Parteien können *durch ausdrückliche oder stillschweigende Abrede einen anderen Restitutionsort bestimmen.* So ausdrücklich art. 1942 Code Civil und art. 1774 I Codice Civile. Dann wird die Restitution zur *Bringschuld* (... «le dépositaire est tenu d'y porter la chose déposée.»).

2. Kosten und Gefahr der Restitution

2 a *a.* Dass die *Erfüllung der Restitutionsobligation*, gleichgültig ob sie Hol- oder Bringschuld ist (art. 1442 Satz 2 Code Civil, art. 1774 Codice Civile), *auf Kosten und auf die Gefahr des Hinterlegers* erfolgt, folgt bereits aus Art. 473 I OR und den allgemeinen Regeln des Vertragsrechtes. Es ist daher im BGB nicht ausdrücklich gesagt. Die *Kosten der Rückgabe*, seien es Transport- oder andere Kosten, sind als «*mit der Erfüllung des Vertrages verbundene Auslagen* zu ersetzen.»

b *b. Verlust, Zerstörung oder Beschädigung des Restitutionsgegenstandes* fällt nach der Regel «casum sentit dominus» zu Lasten des regulären Hinterlegers, sofern den Aufbewahrer kein Verschulden trifft. Art. 475 N. 3 c. Bediente sich der Aufbewahrer zur Erfüllung der Restitution eines *Frachtführers oder einer öffentlichen Transportanstalt*, so haften diese nach Frachtrecht für *Transportschäden.* Art. 447/8 OR. Ist der restitutionsberechtigte Hinterleger Empfänger, so kann und muss er bei Vorliegen von Transportschäden, die *Rechte am übersandten Gut selbst wahren.* Art. 443 OR. Bediente sich der *Aufbewahrer* zur Übersendung eines *Spediteurs*, so wird es ihm i. d. R. obliegen, *allfällige Transportschadensansprüche gegenüber dem Spediteur* (Art. 439 OR) im Interesse des Hinterlegers *zu wahren.* Da mangels gegenteiliger Abrede die Transportkosten zu Lasten des Hinterlegers gehen, ist der *restituierende Aufbewahrer berechtigt, die Sendung mit einer Kostennachnahme zu belasten.* Art. 443 N. 7 b. Namentlich bei entgeltlichen Hinterlegungen hat der Aufbewahrer, wenn er sich zur Erfüllung der Restitutionsobligation einer Mittelsperson (Frachtführer, Spediteur, öffentliche Transportanstalt) bedient, *sorgfältig und getreu die Interessen des Hinterlegers zu wahren.* So kann die *Unterlassung einer Wert- oder Interessendeklaration* für wertvolles Restitutionsgut (Art. 447 N. 9) ein Verschulden des Aufbewahrers sein, für das er haftbar wird.

Art. 478

Haben mehrere die Sache gemeinschaftlich zur Aufbewahrung erhalten, so haften sie solidarisch.

3. Haftung mehrerer Aufbewahrer

3. Responsabilité en cas de dépôt reçu conjointement

Ceux qui ont reçu conjointement un dépôt en sont solidairement responsables.

3. Responsabilità di più depositari

Se più persone hanno ricevuto insieme la cosa in deposito, ne sono solidamente responsabili.

Materialien: Sub Art. 472 OR.

Rechtsvergleichung: aOR Art. 481. Codice Civile art. 1772 III.

SYSTEMATIK DER KOMMENTIERUNG

Art. 478 OR

1. Aufbewahrungsgemeinschaften bei und nach Abschluss des Hinterlegungsvertrages. Universalsukzession auf Aufbewahrerseite 679
2. Gemeinschaftliche und alternative Aufbewahrung. Ersatzdepositar . 680
3. Actio depositi contraria als Gesamthandforderung 682

Art. 478 OR

1. Aufbewahrungsgemeinschaften bei und nach Abschluss des Hinterlegungsvertrages. Universalsukzession auf Aufbewahrerseite

1 a

a. Die Aufbewahrung ist eine auftragsähnliche obligatio faciendi. Die Grenze zwischen Auftrag und Hinterlegung ist fliessend. **DIG. 16. 3. 1. 12/4.** Art. 472 N. 2b. Haben mehrere Aufbewahrer den Hinterlegungsgegenstand «*gemeinschaftlich zur Aufbewahrung*» erhalten, so haften sie für die Erfüllung der Aufbewahrungs- und Restitutionsobligation sowie für Schadenersatz wegen schuldhafter Nichterfüllung in gleicher Weise *solidarisch* wie eine Beauftragtengemeinschaft nach Art. 403 II OR.

b *b.* Ein bedeutender Teil der gewöhnlichen Depots wird von kaufmännischen Firmen übernommen. Ist eine Bank als *juristische Person,* i.d.R. als Aktiengesellschaft, organisiert, so haftet sie aus den von ihr übernommenen Depots *nach den für die betreffende juristische Person geltenden Haftungsregeln.* Art. 620 I (AG), 764 I (Kommandit AG), 772 II (GmbH), 868/78 OR (Genossenschaft). Der Aufbewahrer kann jedoch auch eine *Kollektivgesellschaft* oder eine *Kommanditgesellschaft* sein. Es steht nichts im Wege, dass ein Hinterleger den Hinterlegungsgegenstand einer *einfachen Gesellschaft,* beispielsweise einem *Anwaltsbureau* anvertraut. Eine einfache Gesellschaft kann sich ad hoc, d.h. ausschliesslich zur Übernahme eines bestimmten Depots bilden. Durch *gemeinschaftliches oder gemeinschaftsverbindliches Kontrahieren entsteht die gesellschaftsrechtliche Solidarhaftung der einzelnen Gesellschafter.* (Art. 543 II und III, 544 III, 562/8, 602/4, 608 OR). Bei einer *Kommanditgesellschaft ist die Haftung für den Kommanditär summenmässig begrenzt.*

c *c.* Neben diesen vom Vertragsabschluss an bestehenden solidarisch haftenden Aufbewahrergemeinschaften kann eine *gemeinschaftliche Aufbewahrung erst im Laufe der Vertragsdauer namentlich im Wege der Universalsukzession* entstehen. Die *Erbengemeinschaft haftet, solange sie besteht, solidarisch für die vom Erblasser übernommene Aufbewahrung, desgleichen der Übernehmer eines Geschäftes oder eines Vermögens während zwei Jahren seit der Bekanntmachung der Übernahme neben dem ursprünglichen Aufbewahrer.* Art. 603 ZGB. Art. 186 II OR. Anders art. 1772 III Codice Civile sowie art. 1935 Code Civil.

2. Gemeinschaftliche und alternative Aufbewahrung. Ersatzdepositar

2 a *a.* Um die Solidarhaftung zu begründen, müssen *mehrere Aufbewahrer «die Sache gemeinschaftlich zur Aufbewahrung erhalten»* haben. Wird der Hinterlegungsgegenstand im Namen einer einfachen Gesellschaft (z.B. von Rechtsanwälten) unter der Firma einer Kollektivgesellschaft oder einer Kommanditgesellschaft übernommen, so besteht eine Vermutung, sie sei zur gemeinschaftlichen Aufbewahrung übernommen worden. Gehen die Rechte und Verbindlichkeiten aus einem Hinterlegungsvertrag des Erblassers oder eines Geschäftsveräusserers auf die Erbengemeinschaft oder den Geschäftsübernehmer über, so besteht die Solidarschuldnerschaft von Gesetzes wegen und kann nicht durch Parteiabrede wegbedungen werden. Die Folge der Solidarhaftung ist,

dass der *einzelne Solidarschuldner auch dann haftbar wird, wenn er tatsächlich an der Aufbewahrung nicht mitgewirkt hat,* wenn er selbst die Sache nicht besitzt oder wenn er selbst kein Verschulden zu vertreten hat. Art. 403 N. 13 d. Die gemeinschaftlichen Aufbewahrer können sich von der Vertragshaftung nur befreien, wenn sie beweisen, dass *keinen von ihnen ein Verschulden trifft.* Art. 475 N. 3 b, c. **DIG. 16. 3. 1. 43.** Die Auseinandersetzung über das Verschulden der einzelnen Solidarschuldner wird eine Frage des internen Regresses. Art. 148 OR. Anders art. 1772 III Codice Civile und art. 1935 Code Civil.

b

b. Anders verhält es sich, wenn bei einer gemeinschaftlichen Aufbewahrung von einem der Aufbewahrer ein Delikt, Veruntreuung oder Gebrauchsentwendung (z. B. bei Motorfahrzeugen) begangen wird. *Damit eine solidarische Deliktshaftung entsteht, ist ein bewusstes Zusammenwirken mehrerer Täter erforderlich.* Art. 50 OR. Die gemeinschaftlich vertragliche Übernahme zur Aufbewahrung genügt nicht für die solidarische Deliktshaftung. Art. 474 N. 4 b. **BGE 79 II 73 Erw. 8, 82 II 547.**

c

c. Die *Aufbewahrung ist nicht gemeinschaftlich, wenn der Hinterleger selbst einen Ersatzaufbewahrer* bezeichnet (Art. 472 N. 4 e) *oder den Aufbewahrer schlechthin oder bei Eintritt bestimmter Bedingungen ermächtigt hat, in seinem Namen den Hinterlegungsgegenstand einem Dritten zur Aufbewahrung zu übergeben.* Der *Erstaufbewahrer*, der bei einem bestimmten Ersatzdepositar oder auf Grund einer Ermächtigung des Hinterlegers bei einem Dritten hinterlegt, handelt als Vollmachtsbeauftragter nicht als Aufbewahrer und *haftet aus Mandat.* **DIG. 16. 3. 1. 11.** Das gilt *a fortiori* dann, *wenn ein Fiduziar für einen Fiduzianten bei einem Dritten hinterlegt.* Da der *Fiduziar* Eigentümer des Hinterlegungsgegenstandes ist, hat nur er sowohl die *actio depositi directa als auch die Eigentumsklage gegen den Drittaufbewahrer. Der Fiduziar aber haftet dem Fiduzianten nur aus der actio mandati directa.* Vorbem. N. 5 e. Art. 472 N. 2 f, 4 e, 12 c. Hat sich ein Gesellschafter nicht als solcher zu erkennen gegeben, und musste der Aufbewahrer nicht darauf schliessen, dass er in direkter Stellvertretung einer Gesellschaft ein Depot übernimmt, so entsteht ebenfalls keine Solidarhaftung mehrerer Aufbewahrer. Art. 543 I OR. Seltener sind die Fälle, in welchen ein Depot beispielsweise von einem als Gesellschaft organisierten *Anwaltsbureau* übernommen wird mit der *Abrede, dass nur ein Partner als Aufbewahrer funktionieren und haften soll.* Die Abrede ist zulässig, desgleichen die Bestimmung, dass der *zweite Partner nur als Ersatzdepositar* funktionieren soll. Dann liegt *keine gemeinschaftliche Aufbewahrung* vor.

3. Actio depositi contraria als Gesamthandforderung

3 a *a.* Der durch Vertrag oder von Gesetzes wegen eingetretenen Solidarschuldnerschaft mehrerer Aufbewahrer für die Ansprüche des Hinterlegers aus der actio depositi directa bewirkt *keine Gläubigersolidarität für die Ansprüche mehrerer Aufbewahrer aus der actio depositi contraria.* Diese Ansprüche können *nur durch gemeinschaftliches oder gemeinschaftsverbindliches Handeln ausgeübt werden.* Art. 602 ZGB. Art. 544 I, 562, 602 OR. *Nur bei der Geschäfts- oder Vermögensübernahme ist die actio mandati contraria keine Gesamthandforderung von Veräusserer und Übernehmer.* Das *Gläubigerrecht steht nur noch dem Übernehmer zu.*

b *b.* Das Gegenstück der gemeinschaftlichen Aufbewahrung ist die *gemeinschaftliche Hinterlegung* durch mehrere Hinterleger. Art. 480 N. 1.

Art. 479

[1] **Wird an der hinterlegten Sache von einem Dritten Eigentum beansprucht, so ist der Aufbewahrer dennoch zur Rückgabe an den Hinterleger verpflichtet, sofern nicht gerichtlich Beschlag auf die Sache gelegt oder die Eigentumsklage gegen ihn anhängig gemacht worden ist.**

4. Eigentumsansprüche Dritter

[2] **Von diesen Hindernissen hat er den Hinterleger sofort zu benachrichtigen.**

4. Droits de propriété prétendus par des tiers

[1] **Si un tiers se prétend propriétaire de la chose déposée, le dépositaire n'en est pas moins tenu de la restituer au déposant tant qu'elle n'a pas été judiciairement saisie ou que le tiers n'a pas introduit contre lui sa demande en revendication.**

[2] **En cas de saisie ou de revendication, le dépositaire doit immédiatement avertir le déposant.**

4. Pretesa di proprietà da parte di terzi

[1] **Ove un terzo pretenda la proprietà della cosa depositata, il depositario dovrà ciò non ostante, restituirla al deponente, salvochè non sia stata giudizialmente sequestrata o rivendicata con apposita azione in confronto di lui.**

[2] **Egli deve tosto avvertire il deponente di siffatti impedimenti.**

Materialien: Sub Art. 472 OR.

Rechtsvergleichung: aOR Art. 482. Code Civil art. 1937/8 1944. Codice Civile art. 1777/8.

SYSTEMATIK DER KOMMENTIERUNG

Art. 479 OR

1. Kollision von Restitutions- und Vindikationsanspruch 684
2. Gutgläubiger und bösgläubiger Besitzerwerb des Aufbewahrers . . 685
3. Restitutionshindernisse 687
4. Informationspflicht und Hinterlegungsrecht 688

Art. 479 OR

1. Kollision von Restitutions- und Vindikationsanspruch

1 a *a.* Unter dem Randtitel «Eigentumsansprüche Dritter» regelt Art. 479 OR (Art. 482 aOR entsprechend) das *Verhältnis zwischen dem dinglichen Eigentumsanspruch eines Dritten einerseits und dem vertraglichen Restitutionsanspruch des Hinterlegers aus Art. 475 OR anderseits.* Daraus ergibt sich zunächst, dass der *Hinterleger*, d.h. die Person, welche die Sache zur Aufbewahrung selbst übergibt oder durch einen direkten Stellvertreter in ihrem Namen übergeben lässt (art. 1922 Code Civil), *nicht Eigentümer der hinterlegten Sache sein muss.* (Art. 1938 I Code Civil, art. 1777 I Codice Civile). Es können *gestohlene, geraubte oder veruntreute Sachen hinterlegt* werden. Es ist aber auch möglich, dass sich der Hinterleger für den Eigentümer hält, während sich später herausstellt, dass sein Erwerbsgrund nichtig oder willensmangelhaft war, so dass das Eigentum nicht auf ihn übergegangen ist. Dann hat er ebenfalls eine *fremde Sache hinterlegt.* Eine *Kollision* zwischen dem dinglichen Restitutionsanspruch des Eigentümers (Art. 641, 939/40 ZGB) und dem obligatorischen Restitutionsanspruch kann eintreten. Hingegen wird sich der *Eigentümer nicht auf eine willensmangelhafte Vollmacht zu einer in seinem Namen erfolgten Hinterlegung berufen.* Art. 395 N. 39. Durch Genehmigung der in seinem Namen erfolgten Hinterlegung erhält er *neben dem dinglichen den hinterlegungsvertraglichen Restitutionsanspruch.* Dadurch wird das in Art. 479 OR behandelte Kollisionsproblem gegenstandslos. Der Eigentümer verliert nichts. Das *Retentionsrecht des gutgläubigen Aufbewahrers muss er sich ohnehin entgegenhalten lassen.* Art. 473 N. 5 c. Durch Genehmigung der von einem falsus procurator vorgenommenen Hinterlegung (nach Art. 38 OR) verliert er allfällige Schadenersatzansprüche gegen den falsus procurator aus unsorgfältiger Geschäftsführung nur, wenn er auch diesem gegenüber (Art. 424 OR) die Geschäftsführung genehmigt hat. Art. 395 N. 17, 20 e. Art. 397 N. 9 a.

b *b.* Das durch Art. 479 OR erfasste *Kollisionsproblem entsteht nicht, wenn ein Fiduziar* (oder ein anderer indirekter Stellvertreter) *in seinem eigenen Namen, aber für Rechnung und im Interesse eines Fiduzianten Treugut hinterlegt hat.* Da der hinterlegende *Fiduziar* Eigentümer des Hinterlegungsgegenstandes ist, stehen *dinglicher und hinterlegungsvertraglicher Restitutionsanspruch nur ihm zu.* Es besteht kein «Dritter», der Eigentumsansprüche erheben könnte. Vorbem. N. 5 e. Art. 472 N. 2 f, 4 e, 12 c. Art. 478 N. 2 c.

c

c. Der Aufbewahrer kann sich nicht nur einer Kollision von dinglichem und hinterlegungsvertraglichem Restitutionsanspruch ausgesetzt sehen. *Es ist möglich, dass verschiedene Personen das vertragliche Restitutionsrecht aus Art. 475 OR beanspruchen, z. B. weil dessen Abtretung oder Subrogation* (Art. 110, 164, 166, 168, 401 OR) *von einem Prätendenten behauptet, vom anderen aber bestritten wird.* Es kann die *Verfügungsberechtigung über ein Depot*, z. B. infolge des Todes eines von mehreren Hinterlegern, *streitig* sein, ohne dass die Frage des Eigentums am Hinterlegungsgegenstand im Spiel stünde. Dann ist das *Verhalten des Aufbewahrers nicht durch Art. 479, sondern durch Art. 168 OR geregelt.* Der *Aufbewahrer kann sich durch gerichtliche Hinterlegung* des Hinterlegungsgegenstandes von seiner Restitutionsobligation befreien *und den Prätendenten die Austragung des Streites um das Depot* überlassen. Behauptet ein Fiduziant die Subrogation des Restitutionsanspruches nach Art. 401 OR, so kann er die *gerichtliche Hinterlegung des Depots durch den Aufbewahrer erzwingen* (Art. 166 III OR), wenn er *seinerseits alle streitigen Beträge bezahlt oder hinterlegt hat, die zur Ablösung der Retentionsrechte sowohl des Fiduziars* (Hinterlegers) *als auch des Aufbewahrers* (Befreiung des Fiduziars von der actio depositi contraria) *erforderlich sind.* Art. 401 N. 22b, 23c. Kontroversen hinsichtlich der Verfügungsberechtigung über ein Depot sind allerdings vermeidbar. Bei der Errichtung von Bankdepots wird dem «*joint account*» (compte joint) der Vorzug gegeben. Von *mehreren Hinterlegern ist jeder einzelne über das Ganze verfügungs-, d. h. restitutionsberechtigt*, so dass z. B. beim Tod des einen kein Hindernis für die Verfügungsberechtigung der anderen eintritt.

2. Gutgläubiger und bösgläubiger Besitzerwerb des Aufbewahrers

2 a

a. Ist der *Aufbewahrer bösgläubig*, d. h. wusste er, oder musste er nach den Umständen wissen, dass der Hinterleger ihm den Hinterlegungsgegenstand gegen den Willen des Eigentümers zur Aufbewahrung übergeben hat (Art. 472 N. 13b), so *besteht weder ein gültiger Restitutionsanspruch des Hinterlegers noch ein gültiges Retentionsrecht des bösgläubigen Aufbewahrers.* Art. 473 N. 5c. Es lag i. d. R. ein *Hinterlegungsvertrag mit dem rechtswidrigen oder unsittlichen Zweck vor, dem Eigentümer die Ausübung seines Eigentumsrechts zu erschweren oder zu verunmöglichen.* Das gilt nicht nur für suspekte Hinterlegungen von Raub-, Diebes- oder veruntreutem Gut, sondern für *Hinterlegungen aller Sachen, die dem Eigentümer wider seinem Willen abhanden gekommen sind* (Art. 934 ZGB), *sofern der Aufbewahrer davon weiss oder wissen musste.* Der römische Grundsatz, auch der Räuber oder *Dieb könne die hinterlegungsvertrag-*

liche Restitution verlangen **(DIG. 16.3.1.39)** ist u. E. *für das schweizerische Privatrecht abzulehnen.* Der *bösgläubige Aufbewahrer*, der *im Bewusstsein des Raubes oder Diebstahls die hinterlegte Sache dem Hinterleger wieder herausgibt, haftet dem Eigentümer* **(BGE 84 II 261)** *für den durch die «Vorenthaltung» verursachten Schaden.* Vorenthaltung i. S. von Art. 940 ZGB ist auch die bösgläubige oder schuldhafte Restitution an den Nichtberechtigten. **BGE 38 II 468, 45 II 265, 79 II 61 Erw. 1 und 2.** HOMBERGER ad Art. 940 N. 8. M. a. W.: der *bösgläubige Aufbewahrer darf dem bösgläubigen Hinterleger nicht restituieren.* Der Schaden wird namentlich dann erheblich sein, wenn der bösgläubige Hinterleger die Sache einem gutgläubigen Erwerber weiterveräussert, so dass der Eigentümer sie nicht mehr vindizieren kann. Art. 933 ZGB.

b *b. Nur der Aufbewahrer, der seinen unselbständigen Besitz gutgläubig erworben hatte, kann sich auf Art. 479 berufen.* Wie verhält es sich, wenn der *Aufbewahrer erst nachträglich entdeckt, dass die Sache gegen den Willen des Eigentümers hinterlegt war* (mala fides superveniens)? Art. 1938 II Code Civil macht dem Aufbewahrer, der den Eigentümer einer gestohlenen Sache identifiziert hat, zur Pflicht, *diesen unter Fristansetzung mit Verwirkungsfolge zur Geltendmachung seiner Ansprüche aufzufordern.* Ähnlich art. 1778 Codice Civile für alle durch Verbrechen erlangten Hinterlegungsgegenstände. Die Regelung im schweizerischen Privatrecht ist eine andere. HOMBERGER ad Art. 933 ZGB N. 34. *Zwar büsst der Aufbewahrer gegenüber dem Eigentümer von dem Zeitpunkt einen Teil seines Verwendungsersatzes nach Art. 939/40 ZGB ein, da er bösgläubig geworden ist.* Doch trifft ihn deshalb *keine Verpflichtung, den Eigentümer zu benachrichtigen und zur Geltendmachung des Eigentumsrechtes aufzufordern.* **BGE 84 II 378/9.**

c *c.* Das *Gesetz will verhüten, dass der Aufbewahrer zum Richter über das bessere Recht von Eigentümer oder Hinterleger wird. Es hindert den Aufbewahrer, der sich nachträglich vom besseren Recht eines Drittansprechers überzeugt hat, nicht, diesen zur Geltendmachung seiner Rechte aufzufordern, aber es verpflichtet ihn nicht dazu. Erfüllt der Aufbewahrer den vertraglichen Restitutionsanspruch des Hinterlegers nicht, weil er diesen nicht mehr für berechtigt hält, so wird er diesem nicht schadenersatzpflichtig, wenn sich nachher herausstellt, dass das bessere Recht wirklich dem Drittansprecher zustand.* Doch soll *verhütet werden, dass die blosse Anmeldung von Eigentumsansprüchen die essentielle Restitutionspflicht des Aufbewahrers paralysiert,* weil sonst niemand mehr eine Sache zur Aufbewahrung übergeben würde.

3. Restitutionshindernisse

3 a

a. Ist die *Gültigkeit eines Hinterlegungsvertrages zwar vom guten Glauben des Aufbewahrers im Zeitpunkt der Übernahme des Hinterlegungsgegenstandes aber nicht vom Eigentumsrecht des Hinterlegers am Hinterlegungsgegenstand abhängig, so kann nicht verlangt werden, dass der die Restitution nach Art.475 OR fordernde Hinterleger sein Eigentum beweist.* Der Aufbewahrer muss sie dem restituieren, *auf dessen Namen sie hinterlegt wurde oder der vom Hinterleger* (oder seinem direkten Stellvertreter) *als Drittbegünstigter bezeichnet* ist. So ausdrücklich art. 1937 und 1938 I Code Civil und art. 1777 I Codice Civile. *Mit dem Dritteigentümer als solchem* steht er *in keiner vertraglichen Rechtsbeziehung.* Die blosse *Erhebung eines Eigentumsanspruches* durch einen vertragsfremden Dritten *bewirkt weder das Dahinfallen der Restitutionspflicht* gegenüber dem Hinterleger oder Drittbegünstigten *noch gewährt sie dem Aufbewahrer eine aufschiebende Einrede.* Da der vertragliche Restitutionsanspruch aus Art. 475 OR jederzeit erhoben werden kann, muss ihn der Aufbewahrer «dennoch» erfüllen. Tut er es nicht, so riskiert er, *wegen schuldhafter Nichterfüllung aus Art.97 OR schadenersatzpflichtig* zu werden, *wenn sich später herausstellt, dass der Hinterleger oder Drittbegünstigte das bessere Recht hatte oder der Ansprecher sein behauptetes Recht nicht geltend macht.* Die nämliche Rechtsstellung wie gegenüber dem Hinterleger besteht gegenüber den *ausgewiesenen Universalsukzessoren des Hinterlegers oder der Drittbegünstigten.*

b

b. Nur zwei genau umschriebene Tatsachen beeinflussen die vertragliche Restitutionsobligation.

(1) Entweder es wurde «die *Eigentumsklage* gegen ihn (den Aufbewahrer) *anhängig* gemacht»

(2) oder es wurde «*gerichtlich Beschlag auf die Sache* gelegt».

Bei den Verschiedenheiten des kantonalen Prozessrechtes muss die *Anhängigmachung der Eigentumsklage bundesrechtlich* verstanden werden. Die Einreichung der Eigentumsklage beim Friedensrichter (wo sie erforderlich ist) sollte genügen. Massgebend ist eine *ernstliche Willensdemonstration des Ansprechers, sein behauptetes Recht gerichtlich geltend zu machen.* Die Rechtshängigkeit im engeren Sinne bewirkt nach zahlreichen Prozessordnungen ohnehin ein *Verbot der Veränderung des Streitgegenstandes.* So Zürcher ZPO § 127 Z. 3.

Wie «*gerichtlich Beschlag auf die Sache gelegt*» wird, bestimmt das *kantonale Prozessrecht.* Es handelt sich i. d. R. um eine *vorsorgliche Massnahme* (einstweilige Verfügung), die mancherorts bereits *vor Anhängig-*

machung einer Eigentumsklage erwirkt werden kann. Siehe Zürcher ZPO §§ 131, 296/8. Auch wenn dem Aufbewahrer die *Verfügung über die Sache lediglich vom Richter untersagt ist*, ohne dass gerichtliche Hinterlegung anbefohlen wurde, ist i. S. von Art. 479 OR *Beschlag* auf sie gelegt. Der gerichtlichen Beschlagnahmung *gleichzustellen* ist die *administrative Beschlagnahmung*, z. B. in einem *Strafverfahren* oder wegen *Übertretung polizeilicher oder fiskalischer Vorschriften* und insbesondere die *Arrestlegung* nach SchKG. BECKER ad Art. 479 N. 2.

Durch die *eine oder andere Massnahme*, Klageeinleitung oder Beschlagnahmung wird der *Entscheid über das bessere Recht auf Restitution dem Richter* anheimgestellt. Von diesem Zeitpunkt an nimmt der Aufbewahrer eine ähnliche Stellung wie der *Sequester* i. S. von Art. 480 OR ein. Art. 480 N. 3c. Er darf nicht mehr, dem Richter vorgreifend, an irgendjemanden *restituieren*, es sei denn *alle Prätendenten seien mit der Herausgabe einverstanden*. Andernfalls ist der *Aufbewahrer bösgläubig und wird dem Berechtigten für allen durch die Vorenthaltung verursachten Schaden haftbar*. Art. 940 ZGB. N. 2 a oben.

c *c.* Ob man in dieser Regelung eine *besondere Einrede gegen den vertraglichen Restitutionsanspruch* des Hinterlegers oder eine spezifische *nachträgliche Erfüllungsunmöglichkeit* erblickt, hat mehr theoretische Bedeutung. Art. 475 N. 6d.

4. Informationspflicht und Hinterlegungsrecht

4 a *a.* Auch wenn die vertragliche Restitution nicht mehr erfüllt werden kann und darf, bleibt eine *Treue- und Sorgfaltspflicht des Aufbewahrers gegenüber dem gutgläubigen Hinterleger* bestehen. Der *Hinterleger ist von dem Erfüllungshindernis sofort zu benachrichtigen, damit er in die Lage versetzt wird, sein Recht rechtzeitig zu wahren.* (Ähnlich Art. 444 I bei Ablieferungshindernissen im Frachtvertrag.) Die *Unterlassung der sofortigen Benachrichtigung kann den Aufbewahrer schadenersatzpflichtig machen, wenn sie dem Hinterleger einen Rechtsnachteil verursacht.* Art. 1777 II Codice Civile.

b *b.* Hingegen ist der *Aufbewahrer, der sich kollidierenden Restitutionsansprüchen ausgesetzt sieht, nicht verpflichtet, den Rechtsstreit mit dem Eigentumsansprecher im Interesse des Hinterlegers zu führen auch dann nicht, wenn dieser Prozesskostendeckung leistet oder anbietet.* Führt er den Rechtsstreit, so geschieht es nicht auf Grund des Hinterlegungsvertrages, sondern auf Grund eines *besonderen Auftrages.* Der gutgläubige

Aufbewahrer kann sich durch *gerichtliche Hinterlegung* (Art. 92 OR) *von seiner Aufbewahrungs- und Restitutionspflicht befreien.* Art. 96 OR. N. 1c oben. Je nach dem kantonalen Prozessrecht kann für den Aufbewahrer noch eine andere Möglichkeit bestehen, die ihm aus Art. 479 OR erwachsenden Pflichten zu erfüllen. Der *Aufbewahrer, der vom Eigentümer auf Herausgabe belangt wird, lässt dem Hinterleger den Streit verkünden und kann sich des Prozesses entschlagen.* So Zürcher ZPO § 46.

Art. 480

IV. Sequester

Haben mehrere eine Sache, deren Rechtsverhältnisse streitig oder unklar sind, zur Sicherung ihrer Ansprüche bei einem Dritten (dem Sequester) hinterlegt, so darf dieser die Sache nur mit Zustimmung der Beteiligten oder auf Geheiss des Richters herausgeben.

IV. Séquestre

Lorsque deux ou plusieurs personnes déposent entre les mains d'un tiers, en vue de sauvegarder leurs droits, une chose dont la condition juridique est litigieuse ou incertaine, le dépositaire ou séquestre ne peut la restituer que du consentement de tous les intéressés, ou sur un ordre du juge.

IV. Sequestro

Se più persone, per tutelare i loro diritti, hanno depositato presso un terzo, quale sequestratario, una cosa, su cui siavi contestazione o i cui rapporti giuridici siano incerti, il sequestratario non potrà restituirla se non col consenso degli interessati o dietro ordine del giudice.

Materialien: Sub Art. 472 OR.

Rechtsvergleichung: aOR Art. 483. Code Civil art. 1955/63. ABGB § 968. Codice Civile art. 1798–1802.

Literatur: ROBERT AMSLER, Die Sicherheitshinterlegung im schweizerischen Recht, Berner Diss 1951.

SYSTEMATIK DER KOMMENTIERUNG

Art. 480 OR

1. Sequesterhinterlegung und gemeinschaftliche Hinterlegung durch mehrere Personen 690
2. Die Aufbewahrungsobligation des Sequesters 693
3. Bedingtheit und Befristung der Restitutionsobligation des Sequesters. Vorzeitige Restitution. Séquestre judiciaire 694

Art. 480 OR

1. Sequesterhinterlegung und gemeinschaftliche Hinterlegung durch mehrere Personen

1 a *a.* Art. 480 OR (aOR Art. 483 entsprechend) ist insofern das Gegenstück zu Art. 478 OR als mehrere Personen nicht die Aufbewahrer-,

sondern die Hinterlegerstellung einnehmen. Nach römischgemeinem Recht war Hinterlegung bei einem Sequester jede *vertragliche Hinterlegung* (sequestre conventionnel – art. 1956/60 Code Civil), die von mehreren Hinterlegern «in solidum» vorgenommen wurde, wenn dabei die Aufbewahrungs- und Erstattungsobligation bedingt war. Proprie autem in sequestre est depositum, quod a pluribus in solidum certa condicione custodiendum reddendumque traditur. **DIG. 16.3.6.** Auch im modernen Recht können *grundsätzlich nur mehrere Personen bei einem Sequester hinterlegen.* **DIG. 16.3.17 pr.** Art. 480 OR. Art. 1798 Codice Civile. Art. 1956 Code Civil lässt auch Hinterlegung bei einem Sequester durch eine einzige Person zu. § 968 ABGB fasst die *durch die streitenden Parteien oder vom Gericht vorgenommenen Hinterlegungen zusammen.* N. 3c unten. Das deutsche BGB enthält keine Sonderbestimmung, behandelt aber die Sequestration als «gemeinschaftliche Verwahrung» schlechthin. PALANDT, Vorbem. vor § 688 N. 3a. Nach OR ist die *Hinterlegung des Frachtgutes bei einem Dritten*, die der Frachtführer auf Grund von Art. 444 I OR *im Falle eines Ablieferungshindernisses vornimmt*, *keine Sequesterhinterlegung* i. S. von Art. 480 OR, weil der *Frachtführer einziger Hinterleger* ist.

b

b. Die Hinterlegung bei einem Sequester ist zu unterscheiden von der *gemeinschaftlichen Hinterlegung* durch mehrere Hinterleger, z. B. durch eine Erbengemeinschaft, eine einfache, eine Kollektiv- oder Kommanditgesellschaft. Bei der *gemeinschaftlichen Hinterlegung ist der Hinterlegungsgegenstand i. d. R. unbestrittenes Gesamteigentum der mehreren Hinterleger.* Diese können den Restitutionsanspruch nur gemeinschaftlich oder durch gemeinschaftsverbindliches Handeln erheben, und er darf ihnen *vom Aufbewahrer nur zu gesamter Hand restituiert* werden. Art. 479 N. 1b, 3a. **DIG. 16.3.17 pr.** Bei der *Sequesterhinterlegung* muss *keine vertragliche oder gesetzliche Gemeinschaft der mehreren Hinterleger* bestehen. *Jeder ist Hinterleger «in solidum».* Aber die hinterlegte Sache *soll nur einem von ihnen* (jedenfalls nicht allen zu gesamter Hand) *restituiert* werden. Das moderne Recht fasst unter Sequesterhinterlegung nur noch die *Hinterlegung einer Sache* auf, an welcher (dingliche oder persönliche) *Ansprüche streitig* oder unklar sind. So kann das *Verfügungsrecht über das reisende Frachtgut nach Art. 443 OR zwischen Absender und Empfänger streitig* sein. «Une chose contentieuse» art. 1956 Code Civil. Art. 1798 Codice Civile. «Cum aliqua res in controversiam deducitur» war schon im römischen Recht der Hauptfall der Sequesterhinterlegung. Art. 480 OR setzt *nicht unbedingt einen Streit über das bessere Recht* auf die Sache voraus. Es genügt, dass «*die Rechtsverhältnisse der Sache* *unklar»* sind. So kann streitig oder unklar sein, wem die Sache zu restituieren ist, wenn ein *Fiduziant behauptet, der Restitutionsanspruch auf hinterlegtes Treugut sei durch Subrogation nach Art. 401 OR auf ihn übergegangen.* Art. 479 N. 1c. Fiduziant und Fiduziar können mit dem *bisherigen Aufbewahrer* vereinbaren, er sollte *fortan als Sequester funktionieren* bis die streitige oder unklare Frage der Subrogation durch Urteil oder Vergleich geklärt ist, oder sie können sich auch auf die *Hinterlegung bei einem anderen Sequester* einigen. Eine Sequesterhinterlegung ist die *vom Richter in Streitfällen angeordnete Hinterlegung des Frachtgutes «in dritte Hand».* Der Aufbewahrer darf das hinterlegte Frachtgut *nur mit Zustimmung aller Beteiligten oder auf Geheiss des Richters herausgeben.* Art. 453 N. 3c. Anders OSER/SCHÖNENBERGER ad Art. 480 OR N. 4. Auch sonst kann eine *sequesterähnliche Hinterlegung* dadurch entstehen, dass der *Richter dem Schuldner verbietet, eine bestimmte Sache oder Geldsumme der einen oder der anderen von zwei Streitparteien herauszugeben.*

c *c.* Weitere *Voraussetzung* der Sequesterhinterlegung ist der *Sicherungszweck.* In diesem Sinne ist die Sequesterhinterlegung das *Gegenstück zur Sicherungsübereignung.* Art. 394 N. 15. Es muss dem Sequester bekannt sein, dass die Hinterlegung erfolgt, um den *Hinterlegungsgegenstand demjenigen «in solidum» zu erhalten, der durch den Richter als besser berechtigt anerkannt oder von allen Hinterlegern übereinstimmend (Vergleich) als Gläubiger des Restitutionsanspruchs bezeichnet* wird. Dadurch unterscheidet sich die Sequesterhinterlegung beispielsweise vom gemeinschaftlichen Bankdepot (compte joint), bei welchem der Restitutionsanspruch von einem der mehreren Verfügungsberechtigten in solidum jederzeit bedingungslos erhoben werden kann und erfüllt werden muss. Art. 472 N. 3d. Hier sind die Ansprüche auf den Hinterlegungsgegenstand weder streitig noch zweifelhaft. Hingegen *kann die Hinterlegung nachträglich sequesterähnlich werden, wenn unter mehreren Erben und/oder Vermächtnisnehmern das bessere Recht an Beständen eines Bankdepots streitig oder zweifelhaft geworden ist, obschon nicht mehrere Personen hinterlegt haben.* Die Bank würde nur dann eigentlicher vertraglicher Sequester i. S. von Art. 480 OR, wenn die Ansprecher sie ersuchen, das Depot bis zur Erledigung der Kontroverse zuhanden des besser Berechtigten beizubehalten, und die Bank sich dazu bereit erklärt.

2. Die Aufbewahrungsobligation des Sequesters

2 a

a. Der *Sequester übernimmt die Sache und die Aufbewahrungsobligation zuhanden wessen Rechtes.* Vgl. **BGE 86 II 296** unten. Er wird *unselbständiger Besitzer kraft persönlichen Rechts und kraft dinglichen Retentionsrechts.* Geht der *Streit um das Eigentum oder betrifft die Unklarheit das Eigentumsrecht an der Sache, so besitzt der Sequester für denjenigen, der durch richterliches Urteil oder Vergleich unter sämtlichen Hinterlegern als Eigentümer anerkannt wird.* Es war eine Eigentümlichkeit des römischen Rechtes, dass der *Sequester als juristischer Besitzer* der Sache galt, obschon er nicht mit dem animus rem *sibi* habendi besitzt. **DIG. 16.3.17.1.** Die *Besitzdauer des Sequesters durfte keinem der Hinterleger zur Ersitzung angerechnet werden.* Nach schweizerischer Rechtsauffassung ist der Sequester unselbständiger Besitzer i. S. von Art. 920 II ZGB.

b

b. Im Rahmen der *Vertragsfreiheit* können mit dem *Sequester wie mit einem anderen Aufbewahrer beliebige Abmachungen darüber getroffen werden, wie und wo die Aufbewahrungsobligation* zu erfüllen ist. Art. 472 N. 4b, c. *Subsidiär* gelten die *gesetzlichen Vorschriften über die Hinterlegung im allgemeinen.* Art. 1799, 1800 I Codice Civile. *Ist die beim Sequester hinterlegte Sache nicht nur zu überwachen, sondern auch zu verwalten* (Wertschriftendepot), *so kann ein der Sequesterhinterlegung koordiniertes Mandat angenommen werden, wobei es letzten Endes ohne besondere Bedeutung ist, ob als Rechtsgrund der Restitutionsforderung Art. 400 oder Art. 475 OR herangezogen wird.* Art. 1800 III Codice Civile. Oft wird in der Praxis der Sequester als «*Treuhänder*» bezeichnet, obschon sich seine Verpflichtung darin erschöpft, eine Sache oder Geldsumme, deren Rechtsverhältnisse streitig oder unklar sind, bis zur Erledigung der Kontroverse zu verwahren und nur dem besser Berechtigten herauszugeben. Art. 18 OR. Wird eine Geldsumme hinterlegt, so *kann der Sequester irregulärer Depositar* i. S. von Art. 481 I und II OR *werden.* Auch der als Treuhänder bezeichnete Sequester darf *seine Funktionen nicht ohne Zustimmung aller Hinterleger oder des Richters substituieren.* Keine Sequesterhinterlegung liegt vor, wenn der *Faustpfandschuldner das Pfand einem «Pfandtreuhänder» übergibt, der den Pfandbesitz für den Faustpfandgläubiger ausüben und das Faustpfand nach Bezahlung der Pfandschuld dem Schuldner restituieren* soll. Es liegt eine *Sicherheitshinterlegung* vor, mit welcher ein ähnlicher Zweck verfolgt wird wie mit der *Sicherungsübereignung,* die aber dem Schuldner grössere Gewähr bietet, dass ihm die Pfandsache erhalten bleibt. Bilden verderbliche Sachen den Gegenstand der Sequesterhinterlegung, so muss auch dem

Sequester mit oder ohne Bewilligung des Richters das Recht zum öffentlichen Verkauf zugestanden werden. Art. 93 I und II OR. Der *Nettoverkaufserlös tritt dann anstelle des sequestrierten Gegenstandes.* Art. 1800 II Codice Civile.

c *c.* Die *Sequesteraufbewahrung ist üblicherweise entgeltlich.* Art. 1802 Codice Civile. Art. 1957 Code Civil. I. d. R. *wird durch Abrede bestimmt sein, von wem, wie und wann die Ansprüche des Sequesters aus der actio mandati oder depositi contraria erfüllt werden sollen.* Es können *alle Hinterleger solidarisch oder auch nach Kopfteilen* haftbar sein. Ist darüber nichts bestimmt, so wird anzunehmen sein, *derjenige habe die Gegenansprüche des Sequesters zu erfüllen, dem nach Urteil oder Vergleich die Sache herauszugeben ist. Gegen ihn richtet sich in erster* Linie das der Sicherung dienende *Retentionsrecht des Sequesters.*

3. Bedingtheit und Befristung der Restitutionsobligation des Sequesters. Vorzeitige Restitution. Séquestre judiciaire

3 a *a.* Essentielles *Qualifikationsmerkmal* der Sequesterhinterlegung ist die «*certa condicio*», welcher namentlich die Restitutionsobligation nach Art. 475 OR unterstellt ist. Die Erfüllung der Restitutionsobligation mit befreiender Wirkung für den Sequester soll erst erfolgen dürfen, *wenn die Kontroverse über das bessere Recht auf die hinterlegte Sache entweder durch Richterspruch* (Anweisung des Richters) oder (gerichtlichen oder aussergerichtlichen) *Vergleich* (Zustimmung der Beteiligten) entschieden ist. Art. 1801 Codice Civile. Art. 1960 Code Civil. Auch darin kann ein *Gegenstück zur Sicherungsübereignung* erblickt werden. Art. 404 N. 8c, 11d. Die essentielle *Bedingung* der Sequesterhinterlegung enthält *gleichzeitig* eine unbestimmte *Befristung.* Es kann i. d. R. nicht zum voraus gesagt werden, wann die Erledigung der Kontroverse erfolgen wird. Nach Code Civil und Codice Civile muss die *Sequesterhinterlegung somit eine Hinterlegung auf unbestimmte Dauer* sein.

b *b.* Dennoch sieht auch art. 1801 Codice Civile ein *Aufkündigungsrecht des Sequesters* «per giusti motivi» vor. Doch ist anzunehmen, dass es wie beim gewöhnlichen Depositum *nur mit richterlicher Bewilligung* ausgeübt werden kann. Diese Lösung wurzelt im römischen Recht. **DIG. 16. 3. 5. 2.** Dort war eine iustissima causa erforderlich. War sie gegeben, so sollte der Richter (Praetor) bestimmen, dass die sequestrierte Sache «*apud aedem aliquam deponi*». (Gerichtliche Hinterlegung.) Da Art. 476

OR anzuwenden ist, kann der *Sequester die Sequesterhinterlegung auf unbestimmte Dauer jederzeit, die bestimmt befristete nur dann aufkünden, wenn ihm ein geeigneter Aufbewahrungsort nicht länger zur Verfügung steht oder wenn die weitere Aufbewahrung dem Sequester selbst unvorausgesehene Nachteile brächte.* Art. 476 N. 2 d. Das muss *auch für eine Sequesterhinterlegung gelten, bei der die Aufbewahrung mit einer mandatrechtlichen Verwaltungspflicht koordiniert* ist. N. 2 b oben.

c. Die *essentielle Bedingung, dass der Hinterlegungsgegenstand nur an die durch den Richter oder durch Zustimmung aller Hinterleger bezeichneten Person restituiert werden darf, bleibt auch bei vorzeitiger Restitution durch den Sequester infolge Aufkündigung bestehen* Der Sequester muss, wenn er keine Anweisung aller Hinterleger erhält, die *Bewilligung zur gerichtlichen Hinterlegung* i. S. von Art. 92/96 nachsuchen, wenn er aufkündigt, bevor die Kontroverse erledigt ist. Vorbem. N. 6 d. Die *Gerichtskasse oder der vom Richter nach Art. 92 II OR bestimmte private Aufbewahrer kann dann in eine sequesterähnliche Rechtsstellung eintreten,* wenn die Kontroverse um das bessere Recht am Hinterlegungsgegenstand noch nicht entschieden ist. Er hat den Hinterlegungsgegenstand gleichsam als «*séquestre judiciaire*» (art. 1961/3 Code Civil) aufzubewahren und zu restituieren. Nur wenn *bei der Gerichtskasse hinterlegt* ist, sind die Beziehungen zu den Streitparteien wenigstens *teilweise öffentlichrechtlich.* Vgl. §§ 392/7 Zürcher ZPO. Dasselbe gilt, wenn durch *Strafuntersuchungsbehörden Geld oder andere Sachen mit Beschlag* belegt werden. §§ 83/7 Zürcher StrPO. Dann sind die *beschlagnahmten Sachen nach rechtskräftiger Sistierung eines Strafverfahrens dem Hinterleger herauszugeben, nicht erst nach rechtskräftiger Beurteilung möglicher Zivilansprüche des Geschädigten.* **BGE 86 II 295/8.** *Nicht sequesterähnlich ist die Verwahrung von gepfändeten oder arrestierten Sachen durch das Betreibungsamt oder einen vom Betreibungsamt beauftragten Drittverwahrer.* Art. 98 SchKG. Diese amtliche Verwahrung erfolgt *im Interesse des betreibenden Gläubigers.* «*Hinterleger*» *bei einem Dritten ist das Betreibungsamt allein.* Art. 98 II SchKG.

Art. 481

B. Die Hinterlegung vertretbarer Sachen

[1] Ist Geld mit der ausdrücklichen oder stillschweigenden Vereinbarung hinterlegt worden, dass der Aufbewahrer nicht dieselben Stücke, sondern nur die gleiche Geldsumme zurückzuerstatten habe, so geht Nutzen und Gefahr auf ihn über.

[2] Eine stillschweigende Vereinbarung in diesem Sinne ist zu vermuten, wenn die Geldsumme unversiegelt und unverschlossen übergeben wurde.

[3] Werden andere vertretbare Sachen oder Wertpapiere hinterlegt, so darf der Aufbewahrer über die Gegenstände nur verfügen, wenn ihm diese Befugnis vom Hinterleger ausdrücklich eingeräumt worden ist.

B. Dépôt irrégulier

[1] S'il a été convenu expressément ou tacitement que le dépositaire d'une somme d'argent serait tenu de restituer, non les mêmes espèces, mais seulement la même somme, il en a les profits et les risques.

[2] Une convention tacite se présume, dans le sens indiqué, si la somme a été remise non scellée et non close.

[3] Lorsque le dépôt consiste en d'autres choses fongibles ou en papiers-valeurs, le dépositaire n'a le droit d'en disposer que s'il y a été expressément autorisé par le déposant.

B. Deposito di denaro e di altre cose fungibili

[1] Se fu depositato del denaro col patto espresso o tacito che il depositario non debba restituire le identiche monete, ma soltanto un'egual somma, gli utili e i rischi passano al depositario.

[2] Si presume convenuto tacitamente il patto stesso, qualora la somma di denaro sia stata consegnata senza sigilli e non chiusa.

[3] Se furono depositate altre cose fungibili o carte-valori, il depositario non potrà disporre delle medesime se non quando tale facoltà gli sia stata espressamente accordata dal deponente.

Materialien: Sub Art. 472 OR.

Rechtsvergleichung aOR Art. 484/5. Code Civil art. 1915, 1930, 1932/3. ABGB § 959. BGB § 700. Deutsches Gesetz über die Verwahrung und Anschaffung von Wertpapieren vom 4. Februar 1937. (Depot-Gesetz) §§ 5–17. Codice Civile art. 1782, 1834/8.

Literatur: EGON BERGER, Die Sparkassen in der Schweiz nach wirtschaftlichen und rechtlichen Gesichtspunkten. JEAN COIGNY, De la nature juridique des livrets d'épargne, Lausanner Diss 1933. ALBERT COMMENT, Le dépôt d'épargne et la compensation de la créance de la banque sur le déposant contre la volonté de celui-ci, in SJZ 33 (1936/7) S. 65. GRABER, Die Sicherung der Spareinlagen, Berner Diss 1935. FRITZ HEIZMANN, Das Sparheft nach schweizerischem Recht, Berner Diss 1930. J. HENGGELER, Verjährung von Guthaben auf Spar- und Einlagehefte in SJZ 35 (1938/9) S. 321. HANS R. SCHILLER, Die Sparkassengesetzgebung in der Schweiz, Zürcher Diss 1933. MARTIN WIDMER, Die rechtliche Natur des Sparkassavertrages unter besonderer Berücksichtigung der Verjährungsbestimmungen, Berner Diss 1951.

SYSTEMATIK DER KOMMENTIERUNG

Art. 481 OR

I. Die Hinterlegung vertretbarer Sachen im allgemeinen

1. Rechtsvergleichung und Stellung im System des OR 697
2. Grundlagen der schweizerischen Regelung 699
3. Entstehung und Gegenstand des depositum irregulare. Irreguläres Geld- und Wertpapierdepot insbesondere 700
4. Die schuldrechtlichen Wirkungen der irregulären Hinterlegung von vertretbaren Sachen 702
5. Die sachenrechtlichen Wirkungen der irregulären Hinterlegung . . 705

II. Irreguläres Gelddepot, insbesondere Spar-, Einlage- und Depositenhefte

6. Vermutung für ein irreguläres Depot und gegen ein Darlehen. Verzinsung 706
7. Sammlung von Depositengeldern zu besserer Nutzung. Unterscheidung von Kontokorrent. Legitimations- und Präsentationsklausel. Schuldanerkennung 708
8. Kündigung. Verrechnung. Verjährung 710

III. Reguläres und irreguläres Vermengungs-, Sammel- und Tauschdepot von Wertschriften und anderen vertretbaren Sachen als Geld

9. Vermengungsdepot 713
10. Sammel- und Tauschdepots 714

Art. 481 OR

I. DIE HINTERLEGUNG VERTRETBARER SACHEN IM ALLGEMEINEN

1. Rechtsvergleichung und Stellung im System des OR

1a *a.* Nach der Begriffsumschreibung des Hinterlegungsvertrages in Art. 472 OR können bewegliche Sachen schlechthin Gegenstand einer Hinterlegung bilden. Es können Speziessachen oder (vertretbare) Gattungssachen sein. Als solche gelten auch Wertpapiere, die in Art. 481 III OR als Hinterlegungsgegenstand erwähnt sind. Art. 472 N. 2c. Aus den Randtiteln folgt, dass «A. Hinterlegung im allgemeinen» und

«B. Hinterlegung vertretbarer Sachen» artverschieden sind oder sein können, wenn auch beide Hinterlegungen unter den Oberbegriff «Hinterlegungsvertrag» fallen.

b *b.* Werden vertretbare Sachen hinterlegt, so kann der Parteiwille dahin gehen, dass die *Restitution entweder die nämlichen Stücke* zum Gegenstand haben soll, die dem Aufbewahrer übergeben waren *oder nur Sachen der gleichen Art, Menge und Qualität.* Art. 71 OR. Im ersten Fall bleibt die Restitutionsobligation trotz Vertretbarkeit des Hinterlegungsgegenstandes eine *Speziesschuld* des Aufbewahrers, im zweiten Fall wird sie eine *Gattungsschuld.* Im ersten Fall bleibt die Hinterlegung eine «Hinterlegung im allgemeinen», wie sie in den Art. 472–480 OR geregelt ist. Wird die Restitutionsschuld zur Gattungsschuld, so tritt ein *Strukturwandel der Hinterlegung* ein. In Art. 481 I OR ist als Hauptwirkung des Strukturwandels die *Änderung der Gefahrstragung* erwähnt, die durch die Transformation der *Restitutionsschuld* in eine *Gattungsschuld* bewirkt wird.

c *c.* Die rechtstheoretische Frage, ob das «depositum irregulare», bei welchem die Restitutionsschuld des Aufbewahrers eine Gattungsschuld ist, überhaupt einen Hinterlegungsvertrag bildet oder einem anderen Vertragstypus zugeordnet werden muss, ist in den Gesetzgebungen und in der Doktrin verschieden beantwortet worden. Wie schon der Name «depositum irregulare» («dépôt irrégulier» im französischen Randtitel) sagt, war die *Zuordnung zur Hinterlegung dem römischgemeinen Recht geläufig.* Es erhob sich indessen schon früh der Streit, ob nicht ein Darlehen vorliege, wenn die Restitution eine Gattungsschuld bilde. Die Qualifikation war wesentlich, weil ein *Aufbewahrer die Ansprüche aus der actio depositi contraria weder mit seiner Restitutionsschuld verrechnen noch den Restitutionsgegenstand für seine Ansprüche aus der actio depositi contraria retinieren* könnte, während der Verrechnung von Darlehensschulden nichts im Wege steht. DERNBURG, Pandekten II S. 251/3. Vorbem. 5c, d. Art. 474 N. 1b, c.

d *d.* Da nach art. 1915, 1930, 1932/3 *Code Civil* die hinterlegungsvertragliche Restitutionsschuld des Aufbewahrers eine *Speziesschuld bleiben muss,* auch wenn ihr Gegenstand in Geld oder anderen vertretbaren Sachen besteht; ist ein *depositum irregulare qua Hinterlegung dem französischen Recht unbekannt.* Art. 474 N. 1a. Art. 475 N. 3b. Auf einem ähnlichen Boden scheint § 959 ABGB zu stehen. Ein *Verbrauchsrecht an verbrauchbaren Hinterlegungsgegenständen macht die Hinterlegung zum Darlehen.* Art. 474 N. 1b. Dennoch anerkennt die *österreichische Praxis* das *depositum irregulare.* KAPFER zu § 959 ABGB Anm. 5b. Art. 1770 I und 1782 Codice Civile identifizieren das deposito irregolare einfach mit dem Darlehen.

e. § 700 BGB anerkennt zwar die «*unregelmässige Verwahrung*», unterstellt sie aber im wesentlichen den *Darlehensregeln*. Durch diese Regelung wird vor allem die *Verrechenbarkeit* der Restitutionsschuld des Aufbewahrers (Darlehensnehmers) erzielt. N. 8b, c unten. e

2. Grundlagen der schweizerischen Regelung

2 a *a.* Die schweizerische Regelung steht auf *römischgemeinrechtlichem Boden.* Die *Hinterlegung vertretbarer Sachen* (Art. 481 OR) ist schon nach der Stellung im System ein *vom Darlehen* (Art. 312 OR) *verschiedenes Institut*, auch wenn sich beide in der Praxis häufig nahe berühren mögen. Die im ABGB, BGB und Codice Civile enthaltene Verweisung auf das Darlehensrecht fehlt. Aber auch sachlich ist bei allgemeinen Hinterlegungen das *Gebrauchs- oder Verbrauchsverbot am Hinterlegungsgegenstand im OR* (Art. 474 OR) *weniger strikt* als in den anderen Kodifikationen. Das erleichtert die hinterlegungsvertragliche Qualifikation, auch wenn die Restitution eine Gattungsschuld wird.

b *b.* Doch bleibt die allgemeine Auslegungsregel von Art. 18 OR zu beachten. Sind einem Restitutionsschuldner vertretbare Sachen übergeben worden, so *hängt es vom wirklichen Willen der Parteien* und nicht entscheidend von ausdrücklichen Erklärungen *ab, ob Gebrauchsleihe, Darlehen oder depositum irregulare* vorliegt. Art. 474 N. 1c.

c *c.* Immerhin eröffnet die in Art. 481 II OR ausgesprochene gesetzliche *Vermutung der Geldübergabe zur irregulären Verwahrung* der Gattungshinterlegungen einen weitgesteckten Anwendungsbereich. Der Beweis des irregulären Gelddepots umfasst lediglich die Tatsache der unversiegelten und unverschlossenen Geldübergabe, während beim Darlehen ein bestimmter Vertragskonsens zu beweisen ist. Nach OR ist grössere Zurückhaltung in der Darlehensqualifikation geboten als im französischen, deutschen und sogar italienischen Recht. *Depositen-, Spar- und Einlageguthaben bei Banken* mögen dort eher als Darlehen qualifiziert werden, während nach schweizerischem OR *die Qualifikation als depositum irregulare in Zweifelsfällen näher liegt.* OSER/SCHÖNENBERGER ad Art. 481 OR N. 22. Diese Auffassung hat sich auch im Codice Civile durchgesetzt. *Codice Civile* art. 1834/8. Dort ist die *Geldhinterlage bei Banken* ein «*deposito bancario*», auch wenn darüber ein *Sparheft* besteht. N. 6 unten.

d *d. Beim offenen Bankdepot können Wertschriftenbestände regulär und Geld im nämlichen Depot irregulär hinterlegt sein*, z.B. wenn Obligationen zurückbezahlt wurden und das zurückbezahlte Geld nicht einem Konto gutgeschrieben wurde. Es wäre dann durchaus unzweckmässig, die verbliebenen Wertschriftenbestände als regulär hinterlegt, den Rückzahlungsbetrag der Obligationen aber als der Bank geliehen zu betrachten. **BGE 78 II 254 Erw. 5c.** Der Wille der Parteien geht auch für die zurückbezahlten Beträge auf eine Hinterlegung, nicht auf ein Darlehen.

3. Entstehung und Gegenstand des depositum irregulare. Irreguläres Geld- und Wertpapierdepot insbesondere

3 a *a.* Gegenstand des depositum irregulare sind vertretbare bewegliche Sachen, zu denen namentlich Geld und Wertpapiere gehören. Auch Order- und Namenpapiere können Gattungssachen sein, insbesondere auch Namenaktien. Jede *Aktie* oder Aktienkategorie einer bestimmten Aktiengesellschaft verkörpert gleichartige Rechte und wird dadurch *vertretbar, auch wenn sie auf den Namen lautet.* Art. 472 N. 2c. Art. 400 N. 4c.

b *b.* Werden *Gattungssachen* ohne besondere Abrede hinterlegt, so hat die *Restitution der nämlichen Stücke in natura zu erfolgen.* Bei *Aktien* oder Obligationen hat beispielsweise der Aufbewahrer die *nämlichen Nummern* zu erstatten. Es liegt eine *Hinterlegung im allgemeinen* mit den in Art. 472–479 OR umschriebenen gegenseitigen Rechten und Pflichten vor. Um die Hinterlegung vertretbarer Sachen zu einem depositum irregulare zu machen, bedarf es einer *besonderen ausdrücklichen Vereinbarung zwischen Aufbewahrer und Hinterleger.* Art. 485 aOR brachte das klarer zum Ausdruck als Art. 481 III revOR. Die *Vereinbarung* (pactum) kann *in jedem Stadium der Hinterlegung* getroffen werden, bis der Restitutionsanspruch durch Erfüllung oder aus anderen Gründen erloschen ist. Es ist möglich, eine ursprünglich reguläre Hinterlegung von Gattungssachen durch Parteiabrede nachträglich in eine irreguläre umzuwandeln. Ein *alternativ irreguläres Depot* (§ 700 I Satz 2 BGB) liegt dann vor, wenn der Hinterleger bei einer regulären Hinterlegung *nachträglich das Verbrauchsrecht* an vertretbaren Sachen *einräumt* und sich mit der gattungsmässigen Restitution einverstanden erklärt. *In dieser Abrede ist ein Besitzvertrag i. S. von Art. 922 OR enthalten, welche dem bisher unselbständig besitzenden Aufbewahrer den selbständigen Eigentumsbesitz* verschafft.

c *c.* Das in der Praxis am häufigsten vorkommende *irreguläre Gelddepot kann durch stillschweigende Parteiabrede begründet werden.* Art. 481 I OR.

N. 2c oben. Wird Geld unverschlossen und unversiegelt hinterlegt, so besteht eine gesetzliche Vermutung, dass stillschweigend eine irreguläre Hinterlegung gewollt ist. Art. 481 II OR. **BGE 77 III 64.** Die gesetzliche Vermutung greift hinsichtlich des Geldes auch dann Platz, *wenn Geld nicht den einzigen Hinterlegungsgegenstand bildet*, sondern beispielsweise Geld und Wertschriften zusammen hinterlegt werden, oder wenn Geld nachträglich z. B. aus der Rückzahlung von Obligationen in ein offenes Bankdepot gelangt. **BGE 78 II 254 Erw. 5c.** Hingegen *bleibt in Umschlägen hinterlegtes Geld Eigentum des Hinterlegers und die Restitution hat in spezie zu erfolgen.* **BGE 86 II 298.** Wird in ein Bankdepot gelangendes Geld kraft ausdrücklicher oder stillschweigender Vereinbarung mit dem Aufbewahrer *auf ein Kontokorrent gutgeschrieben*, so entsteht eine Restitutionsschuld nicht ex deposito irregulari, sondern *aus dem Kontokorrentverhältnis als Saldoschuld ex mandato.* Art. 400 N. 37. Das ist deshalb von rechtlicher Bedeutung, weil eine *Restitutionsschuld ex deposito irregulari gegen den Willen des Hinterlegers nicht verrechenbar ist, während eine Kontokorrentschuld der Bank mit Gegenforderungen der Bank verrechenbar sein muss.* § 355 HGB. Art. 125 Z. 1 OR. **BGE 45 III 249.** In der *Kontokorrentabrede* über Geldeingänge ist also *simultan die Einräumung des Verrechnungsrechtes* enthalten, Es ist *nicht gleichgültig*, ob eine Bank *Gelderträgnisse, Amortisationen oder Rückzahlungen auf hinterlegten Wertpapieren, auf Kontokorrent oder auf ein Einlage-, Depositen- oder Sparheft gutschreibt. Ein Einlage-, Spar- oder Depositenheft verurkundet im Zweifel wiederum ein irreguläres Gelddepot.* N. 2c oben. N. 6a unten. Besitzt der Bankkunde bei der gleichen Bank ein offenes Wertpapierdepot und ein Depositenheft, so ist das Wertpapierdepot i. d. R. eine gewöhnliche Hinterlegung mit der Restitutionspflicht als Speziesobligation, das Depositenheft eine Bescheinigung für irreguläre Geldhinterlegungen. Banktechnik und Bankengesetz erfordern, reguläre Wertschriftendepots und irreguläre Gelddepots auseinanderzuhalten und ihre Bestände höchstens vorübergehend vermischt zu belassen.

d

d. Während bei unverschlossenen und unversiegelt hinterlegtem Geld eine Vermutung für ein depositum irregulare besteht (Art. 481 II OR), *spricht die Vermutung bei anderen vertretbaren Sachen, namentlich Wertpapieren, für eine allgemeine Hinterlegung* i. S. der Art. 473/80 OR. Für andere Gattungssachen als Geld kann eine irreguläre Hinterlegung durch eine Abrede begründet werden, *die am Willen des Hinterlegers, dem Aufbewahrer das Eigentum am Hinterlegungsgegenstand zu übertragen, keinen Zweifel lässt.* § 5 des Deutschen Depot-Gesetzes verlangt schon für die *Sammelverwahrung* von Wertpapieren eine ausdrückliche *schriftliche*

Erklärung, obschon durch diese das Eigentum nicht übergeht. A fortiori gilt das Erfordernis ausdrücklicher *schriftlicher* Erklärung für die *Tauschverwahrung* mit und ohne Eigentumsübertragung. §§ 10, 13 Deutsches Depot-Gesetz. Wird in der Schweiz ein reguläres Wertpapierdepot nachträglich in ein irreguläres verwandelt, so kann die erforderliche Abrede, die einen *Besitzvertrag i.S. von Art.922 ZGB enthalten muss, nur ausdrücklich erfolgen.* Lit.b oben. **BGE 77 I 39.** Das Erfordernis der ausdrücklichen Gestattung besteht auch für das *Vermengungsdepot des Lagerhalters* nach Art.484 I OR, obschon in diesem Falle kein Eigentumsübergang auf den Lagerhalter eintritt. Art.484 N.2. Das Erfordernis einer *zweifelsfreien Willensäusserung zur Eigentumsübertragung* liegt in der Logik des schweizerischen Mobiliarsachenrechtes. *Das depositum irregulare ist eine causa für den Eigentumserwerb des Aufbewahrers.* Zur Tradition muss die *Einigung über einen Vertrag treten, der geeignet ist, das Eigentum zu übertragen.* Art.396 N.42. Eine gewöhnliche Hinterlegung vermag den Eigentumsübergang nicht zu bewirken. Daher bedarf eine Hinterlegung, der Transfereffekt zukommen will, einer *zweifelsfreien Vereinbarung. Nur bei Geld*, das zu raschem Umlauf bestimmt ist, besteht die *Vermutung*, eine Übergabe erfolge zu Eigentum, wenn es nicht verschlossen und versiegelt übergeben wird, was die Ausnahme, nicht die Regel bildet. Über die Wirkungen des Vermengungs- und Sammeldepots, N.5c, 9b unten.

4. Die schuldrechtlichen Wirkungen der irregulären Hinterlegung von vertretbaren Sachen

4 a *a.* Sind nicht die hinterlegten, sondern Sachen der nämlichen Art, Menge und Qualität als Gattung zu restituieren, so *fällt die Aufbewahrungsobligation* nach Art.472 OR (Art.472 N.4) *dahin.* Als Gattungsschuldner trägt der «*Aufbewahrer*», nicht der Hinterleger, die *Gefahr des zufälligen Untergangs oder Beschädigung der Sache.* Er hat zu leisten, gleichgültig, ob ihn am Verlust oder der Beschädigung des Hinterlegungsgegenstandes ein Verschulden trifft oder nicht. Genus perire non potest. Art.475 N.3. Zudem *muss der Restitutionsschuldner die Erträgnisse der hinterlegten Sachen abliefern.* **DIG. 50. 17. 173. 1.** Art.475 N.4. Sind Wertpapiere regulär oder irregulär hinterlegt, so werden deren vom Aufbewahrer *einkassierte Gelderträgnisse ipso facto ein irreguläres Gelddepot.* **BGE 78 II 254 Erw. 5c.** Hingegen *trägt der Aufbewahrer nicht die unverschuldete Wertverminderung, die bei Geld durch Inflation oder Abwertung, bei Wertpapieren durch Kursverluste, bei anderen Gattungssachen durch Substanzverlust* (Schwund, Verdunstung u. a.) *eintreten kann.* N.9c unten.

b. Wenn Art. 481 I OR dem Aufbewahrer den Nutzen der Sache zugesteht, so bedeutet das nicht, dass sich der durch Art. 475 I OR quantitativ umschriebene Restitutionsgegenstand («die Sache nebst allfälligem Zuwachs») verändert, sondern dass der *Aufbewahrer die hinterlegten Sachen ohne die Beschränkungen von Art. 474 OR zu seinem eigenen Nutzen gebrauchen, verbrauchen oder verwenden darf.* OSER/SCHÖNENBERGER ad Art. 481 N. 1. Er kann beispielsweise den Geldertrag irregulär hinterlegter Aktien (Dividenden) verbrauchen oder zu seinem Nutzen anlegen, aber *er hat den einmal bezogenen Geldbetrag als Zuwachs des Restitutionsgegenstandes ex deposito irregulari zu restituieren.* Dadurch unterscheidet sich nach schweizerischem OR das depositum irregulare vom verzinslichen Darlehen. N. 6a unten. Eine Bank schreibt *Obligationenzinse oder Aktiendividenden* aus regulär oder irregulär hinterlegten Titeln in Kontokorrent oder auch auf einem Depositenheft gut, denn sie bilden einen *Bestandteil des Restitutionsgegenstandes auch bei irregulärer Hinterlegung.* **BGE 78 II 254 Erw. 5c.** Aber die Bank kann bis zur tatsächlichen Restitution das Geld zu ihrem Nutzen verwenden, d.h. anlegen. Sie ist *in der Art der Nutzung «anvertrauter» Gelder lediglich mittelbar durch die generellen Liquiditätsvorschriften der öffentlichrechtlichen Bankengesetzgebung* gebunden. Bankenges. Art. 4. VVO vom 30. August 1961 (AS 1961 S. 693). Art. 12–17. b

c. Immerhin *unterscheidet sich die Interessenlage der irregulären Hinterlegung von derjenigen der regulären und nähert sich derjenigen des Darlehens.* Wenn der Aufbewahrer den Hinterlegungsgegenstand als Eigentümer zu seinem Nutzen gebrauchen darf, so hat er nicht nur das in Art. 472 II OR u.U. zugestandene Verdienstinteresse, sondern ein *Interesse, sein eigenes Vermögen durch vorteilhafte Anlage von Depotgeldern oder anderen Gattungssachen* zu vermehren. Nehmen, wie bei den Banken, die Depositen unbestimmt vieler Hinterleger (Sparer) einen grossen Umfang an, so kann die *nutzbringende Anlage* bedeutender Geldbeträge nach wirtschaftlichen Gesichtspunkten und Erfahrungen *geplant* werden. Ähnliches gilt für den *Investment-Trust*, der sich vom Gelddepot dadurch unterscheidet, dass die Bank (Trustleitung) einbezahlte Gelder nicht nur anlegen darf, sondern *planmässig anlegen soll*, wobei der *ganze Nutzen dem Trustzertifikatinhaber* anteilsmässig zukommen soll. Art. 394 N. 19. c

d. Das *Verrechnungsverbot* gegen den Willen des Hinterlegers besteht sowohl beim regulären als auch beim irregulären Depot. **BGE 45 III 249.** Handelt es sich nicht um ein irreguläres Gelddepot, so wird die Gleichartigkeit und damit die Verrechenbarkeit (Art. 120 OR) ohnehin selten d vorliegen. Beim *irregulären Gelddepot* muss die *Verrechnung für Auslagen und Verwendungen aus der actio depositi contraria des Restitutionsschuldners mit irregulär hinterlegten Geldertrágnissen* auch gegen den Willen des Hinterlegers gewährt werden, *nicht jedoch mit irregulär hinterlegten Kapitalbeträgen.* Doch wird beim Hauptanwendungsfall des irregulären Gelddepots, Spar-, Depositen- und Einlageheften das *Verrechnungsrecht regelmässig* in Abweichung von Art. 125 Z. 1 OR *ausbedungen.* Dann ist die *Verrechnung möglich,* weil sie *nicht gegen den Willen des Hinterlegers* erfolgt. Art. 475 N. 6b.

e *e.* Während die *Schuld aus einem Gelddarlehen* nach Art. 74 II Z. 1 OR regelmässig eine *Bringschuld* ist, ist die *Schuld aus einem irregulären Gelddepot* nach Art. 477 OR eine *Holschuld,* namentlich wenn sie auf Grund einer *Präsentationsklausel und/oder Legitimationsklausel* in einem Depotschein (Einlage-, Spar-, Depotheft) zu erfüllen ist. Art. 472 N. 3c, e. § 700 BGB. Sind für das *Darlehen* feste *Rückzahlungstermine oder Kündigungsfristen* vereinbart, so sind sie *beidseitig verbindlich.* Hingegen kann das irreguläre *Gelddepot grundsätzlich jederzeit zurückgefordert* werden, auch wenn es auf bestimmte Zeit oder auf Kündigung vereinbart wurde. Art. 475 N. 8e. Für Spar-, Einlage- und Depositenhefte vgl. N. 8b unten.

f *f.* Nach § 698 BGB hat der Aufbewahrer Geld, das er bei regulärer Hinterlegung entgegen dem Gebrauchsverbot verwendet, zu verzinsen. Für irregulär hinterlegtes Geld finden die Vorschriften über die Darlehensverzinsung Anwendung. § 700 I Satz 2. In der Schweiz ist der *Sparheft-, Einlageheft- oder Depositenheftzins* ein Depotzins, der *mittelbar auf Art. 474 II OR* gestützt werden kann. Zwar ist die irreguläre Hinterlegung per definitonem eine solche mit *Gebrauchsrecht des Hinterlegers* am Hinterlegungsgegenstand. Aber der Hinterleger gibt sein Eigentum i. d. R. nur preis und *räumt das Gebrauchsrecht gegen Zusicherung einer Vergütung ein.* Art. 474 N. 2c, 3. *Depotzinsen* wären nicht als *«bürgerliche Früchte» erklärlich,* die nach Art. 475 I OR als Zuwachs des irregulären Gelddepots zu restituieren wären. Der Depotzins ist eine Leistung, die der Aufbewahrer aus seinem eigenen Vermögen erbringt, und zu der er sich besonders verpflichten muss. Es ist die unmittelbare Gegenleistung für das Recht, das hinterlegte Geld wie eigenes zu gebrauchen. Grundsätzlich hat der Hinterleger auch für irreguläre Hinterlegungen eine Vergütung zu leisten, wenn sie vereinbart oder üblich ist. Doch sind irreguläre Hinterlegungen i. d. R. «unentgeltlich», bzw. das *Entgelt besteht im Gebrauchsrecht oder Verbrauchsrecht des Aufbewahrers.* Da die Aufbewahrungsobligation entfällt, sind auch die nach Art. 473 I grundsätzlich zu erstattenden Auslagen des Aufbewahrers i. d. R. minim.

5. Die sachenrechtlichen Wirkungen der irregulären Hinterlegung

a. Wie der fiduziarische Auftrag ist auch die *irreguläre Hinterlegung eine gültige und geeignete causa für den Eigentumserwerb des Aufbewahrers an den hinterlegten Gattungssachen.* **BGE 77 III 64.** Art. 396 N. 42. N. 3 d oben. Unverschlossen und unversiegelt übergebenes Geld *vermischt sich* zudem unausscheidbar mit dem Geld des Aufbewahrers. Anders verhält es sich, wenn Geld in Umschlägen hinterlegt wird. **BGE 86 II 298.** Wird der Aufbewahrer nur *Gattungsgeldschuldner*, und kann er das hinterlegte Geld nach Belieben gebrauchen oder verbrauchen, so entsteht *durch die Vermischung nicht Miteigentum* von Hinterleger und Aufbewahrer nach Artikel 727 ZGB, sondern *Alleineigentum des Aufbewahrers*, auch wenn es im Gesetz nicht ausdrücklich gesagt ist. Der *Hinterleger verliert den Besitz auch als Mitbesitz.* **BGE 47 II 267.** Die *Besitzübergabe* an den Aufbewahrer ist auch für den *Eigentumserwerb aus der irregulären Hinterlegung erforderlich.* Doch ergeben sich daraus keine Schwierigkeiten, wenn man jeden Hinterlegungsvertrag als *Realkontrakt* auffasst. Art. 472 N. 1 a. Die *irreguläre Hinterlegung* wird dann eine *Hinterlegung mit dem animus dominii transferendi.* 5 a

b. Werden *Wertschriften* ohne ausdrückliche Vereinbarung des Eigentumsüberganges hinterlegt, so ist der Aufbewahrer nicht berechtigt, sie mit eigenen gleichartigen Beständen oder gleichartigen Beständen anderer Hinterleger zu vermischen. Denn seine Restitutionsschuld bleibt eine *Speziesschuld.* § 2 Deutsches Depot-Gesetz. Das *Eigentum verbleibt beim Hinterleger. Im Konkurs des Aufbewahrers kann der Hinterleger seine Gattungssachen vindizieren.* Hat er hingegen *Wertschriften irregulär hinterlegt, so entfällt eine Vindikation*, weil der Aufbewahrer Eigentümer geworden ist, und ein Aussonderungsrecht i. S. des Art. 401 OR nur im Auftragsverhältnis, für die Hinterlegung dagegen nicht besteht. Infolgedessen ist die irreguläre Hinterlegung ein riskanteres Geschäft als die reguläre. Es ist im Gegensatz zur regulären Hinterlegung ein *ähnliches Kreditgeschäft wie die Anvertrauung von Geld als Treugut.* Der Hinterleger erhält *nur eine persönliche Geldwertersatzforderung* nach Art. 211 I SchKG in der 5. Klasse. Für *Sparheftforderungen* gegen Banken *unter Fr. 5000* besteht jedoch von Bundesrechts wegen ein Privileg in der 3. Klasse (Art. 219 Dritte Klasse lit. *d*). Ferner können die *Kantone ein gesetzliches Pfandrecht einführen.* Art. 15/6 Bankengesetz. *Irreguläre Wertschriftendepositen sind weder gesichert noch privilegiert.* b c *c.* Das sogenannte *Vermengungsdepot* oder das *Sammeldepot des Lagerhalters* ist ohne ausdrückliche Vereinbarung des Eigentumsüberganges ebenfalls eine reguläre Hinterlegung, die dem Aufbewahrer kein Eigentum verschafft. Mehrere Hinterleger gleichartiger Gattungssachen werden nach Art. 727 ZGB bzw. 484 II OR *Miteigentümer nach Quoten ihrer Einbringung.* §§ 6, 7 Deutsches Depot-Gesetz. Sie können im Konkurs des Aufbewahrers oder Lagerhalters *Sachen im Umfange ihrer Miteigentumsquoten vindizieren.* **BGE 77 I 40.** Art. 475 N. 5b. Art. 484 N. 3d, e. § 7 II Deutsches Depot-Gesetz. Hat jedoch der Aufbewahrer den Hinterlegungsgegenstand *verbraucht oder an einen gutgläubigen Dritten veräussert,* so bleiben die einzelnen Hinterleger auf eine *Geldersatzforderung* beschränkt, die *nicht privilegiert* ist. Es kann *ausdrücklich vereinbart sein, dass der Gegenstand des Vermengungs- oder Sammeldepots Eigentum des Aufbewahrers werden soll.* Dann *erhalten die einzelnen Deponenten nur eine persönliche Konkursforderung 5. Klasse.*

d *d.* Bei *irregulär hinterlegten Geldbeträgen* stellt sich die Frage des dinglichen Retentionsrechtes des Aufbewahrers nicht. Es kann höchstens die *Verrechnung* in Frage kommen. N. 4c oben. Art. 400 N. 19a. Bei anderen Gattungssachen kann der Aufbewahrer die Erfüllung seiner Gattungsschuld solange verweigern, bis er für seine Ansprüche aus der actio depositi contraria befriedigt oder durch gerichtliche Hinterlegung gedeckt ist. Art. 475 N. 6b. Der *Einrede des unerfüllten Vertrages kommt insofern dingliche Wirkung zu, als auch gegenüber der Konkursmasse eines Hinterlegers die Erfüllung der Gattungs-Restitutionsschuld solange verweigert werden kann als die Ansprüche aus der actio depositi contraria nicht erfüllt oder sichergestellt sind.* Doch sind diese Ansprüche i. d. R. minim. Art. 400 N. 19c, d. Art. 434 N. 8a.

II. IRREGULÄRES GELDDEPOT, INSBESONDERE SPAR-, EINLAGE- UND DEPOSITENHEFTE

6. Vermutung für ein irreguläres Depot und gegen ein Darlehen. Verzinsung

6 a *a.* Die Kontroverse, ob Sparguthaben bei Banken und Sparkassen als Darlehen oder irreguläre Gelddepots zu qualifizieren seien, ist auch heute noch nicht gänzlich verstummt. Oser/Schönenberger ad Art. 481 OR N. 22. Es ist *möglich, die Sparheftbedingungen so zu getsalten, dass ein Darlehensvertrag vorliegt.* N. 2b, c oben. Doch sind die «Reglemente» bei den

schweizerischen Banken aus Gründen des Wettbewerbs ziemlich einheitlich gefasst. Der *wirtschaftliche Zweck*, den die Banken mit der *Entgegennahme und Verzinsung von Sparguthaben* verbinden, ist *ungefähr gleichartig*. Die Banken wollen und dürfen nach der Bankengesetzgebung ihre fremden Mittel durch Depositengelder nicht in der gleichen Weise wie durch sogenannte Kassenobligationen vergrössern. Sie dürfen *Spargelder zwar zu Anlagezwecken* gebrauchen. Doch müssen die *Sparheftguthaben nach der Bankengesetzgebung durch liquide oder rasch realisierbare Mittel gedeckt* sein. Damit wird eine *grössere Sicherheit der Sparheftguthaben erreicht*. **BGE 67 II 35.** Andererseits *schliesst* das eine *beliebige Anlage von Spargeldern*, wie sie der Darlehensschuldner vornehmen darf, *aus*. Wer Geld auf ein Spar-, Depositen- oder Einlageheft legt, will nicht in erster Linie einem guten Schuldner Kredit gewähren. Er will seine Ersparnisse, d.h. dasjenige Geld, das er nicht für seine laufenden Bedürfnisse braucht, *sicher*, *aber mit einem mässigen Nutzen aufbewahrt wissen*, doch für allfällige Bedürfnisse darüber sofort oder kurzfristig verfügen können. Das *Verfügungsrecht*, *meist durch eine Präsentations- und/oder Legitimationsklausel formalisiert*, ist eher *freier als bei einer Darlehensforderung*. Art. 472 N. 3e. Namentlich das Recht auf *jederzeitige Teilrestitutionen* (Art. 475 N. 5a) ist *für das Darlehen nicht charakteristisch*.

b

b. Die *Verzinsung der Sparheftguthaben* ist durchwegs *niedriger als diejenige von Obligationen*, weil sie den *beschränkteren Anlagemöglichkeiten* angepasst ist, die der Bank verbleiben. Es erscheint richtiger, den Sparheftzins als *Depotzins* (Gebrauchsvergütung) denn als Darlehenszins aufzufassen. N. 4f oben. Die Möglichkeit, die *Zinsen zum Kapital zu schlagen*, spricht zwar nicht gegen die Darlehensqualifikation. Sie ist unter Art. 314 III OR, d.h. unter den *Zinsvorschriften im Darlehenstitel* des OR zu finden. Doch handelt es sich um eine *allgemeine* Zinsvorschrift (vgl. § 248 BGB), die *keine Qualifikationsvorschrift* sein will. Die in den meisten Bedingungen aufgenommene Klausel, der Depotzins werde per Jahresende zum Kapital geschlagen und mit diesem verzinst, bewirkt *keine Novation der Restitutionsforderung*. Anders Martin Widmer, Die rechtliche Natur des Sparkassavertrages unter besonderer Berücksichtigung der Verjährungsbestimmungen S. 34/5. Der *Rechtsgrund der Restitutionsforderung ändert sich nicht wie etwa durch die Saldierung eines Kontokorrents*. Art. 400 N. 33. Der Zins ist eine Gebrauchsvergütung in Geld. *Wird er beim Aufbewahrer gelassen, so ist darin eine stillschweigende Abrede zu erblicken, er solle nach seiner Fälligkeit zum Kapital geschlagen und als solches ebenfalls irregulär hinterlegt bleiben* N. 2d oben. **BGE 78 II 254 Erw. 5c.**

c *c.* Zwar kommt dem Wort «*Sparheft*» eine besondere *rechtliche Bedeutung* zu. SchKG Art. 219 Dritte Klasse lit. d. Art. 16 Bankengesetz. Nur *Sparguthaben bis zu Fr. 5000 geniessen das Konkursprivileg* und können *durch gesetzliches Pfandrecht nach der kantonalen Gesetzgebung sichergestellt werden.* Auch das ist Ausdruck des Gedankens der *Aufbewahrung* «*an einem sicheren Ort*» i. S. von Art. 472 I OR. Art. 472 N. 4 a. Trotzdem ist die *Rechtsnatur der Einlage- und Depositenhefte i. d. R. keine andere als die der Sparhefte.* Es kann für die hinterlegungsvertragliche Qualifikation nicht auf die Worte ankommen. N. 2 b oben. Immerhin deutet das Wort *Depositenheft* und sogar *Einlageheft* kaum auf die Verurkundung eines Darlehens. Diese Bezeichnungen wurden von den Banken gewählt, die sich beim Gebrauch ihrer Depositengelder *nicht den Beschränkungen* unterwerfen wollen, *welcher Sparguthaben in der Bankengesetzgebung unterstellt sind.* Dann kann vom wirtschaftlichen Gesichtspunkt ein *höherer Depotzins* zugestanden werden, aber es geht den «Einlegern» die besondere Sicherheit verloren, die Bankengesetz und SchKG den Sparguthaben bis zu einer gewissen Höhe gewährleisten. MARTIN WIDMER, Die rechtliche Natur des Sparkassavertrages unter besonderer Berücksichtigung der Verjährungsbestimmungen S. 18–20.

7. Sammlung von Depositengeldern zu besserer Nutzung. Unterscheidung von Kontokorrent. Legitimations- und Präsentationsklausel. Schuldanerkennung

7 a *a.* Die in Spar-, Depositen- und Einlageheften der Bank verurkundeten gleichartigen «*Reglemente*» sind *Massenverträge.* Die *Bank* ist eine *Sammelstelle für unbestimmt viele irreguläre Gelddepositen unbestimmt vieler Hinterleger.* Die Sammlung erheblicher Gelddepositen ermöglicht einmal eine *planmässige Anlagepolitik* ähnlich derjenigen, die der Versicherer mit den Prämieneingängen oder die Leitung eines Investment-Trust mit den Zertifikatseinzahlungen betreibt. Die *Erfahrung und Organisation der Banken* für das Kreditgeschäft *ermöglicht eine bessere Nutzung* der gesammelten Depositen. Die Banken behalten nicht den ganzen Nutzen, sondern sie teilen ihn mit den Hinterlegern, indem sie diesen einen Depotzins entrichten, der einen Anreiz bildet, das nicht unmittelbar benötigte Bargeld den Banken zu überlassen. Dadurch wird für die Bank der Effekt erreicht, den sie anstrebt, d. h. durch Sammlung von Depositengeldern die Nutzungsmöglichkeiten zu verbessern. Die Depositenbank schliesst in den Teil des Nutzens, den sie nicht den Einlegern als Depotzins überlässt, die Auslagen ein, die sie nach Art. 473 OR beanspruchen kann, sowie eine Vergütung nach Art. 472 II OR. So *erscheint*

die Hinterlegung nicht nur unentgeltlich, sondern *für den Hinterleger lukrativ.*

b

b. Der *Kontokorrentvertrag* dagegen ist ein *Auftragsverhältnis*, in welchem die *kontoführende Bank Beauftragte* ist. Art. 400 N. 37. Der *Kontokorrentvertrag unterscheidet sich vom Sparheft-, Depositen- oder Einlageheftvertrag wie ein Auftragsverhältnis von einer Hinterlegung.* Art. 472 N. 2. Vgl. auch **BGE 45 III 249.** Die *Eingänge auf ein Kontokorrent* bilden eine *Gelddeckung für die Ausführung vom Kontoinhaber erteilter Zahlungsaufträge*, namentlich Anweisungen. Rechtsgrund für die *Erstattung* eines *Guthabensaldos* an den Kontoinhaber ist *Art. 400 OR*, für die *Zahlung eines Debetsaldos an die Bank Art. 394 III und 402 OR.* Die Einlagen auf Spar-, Depositen- oder Einlagehefte sind nicht «Deckung», sondern irreguläre Hinterlegungen i. S. von Art. 481 OR. Der Depositenheftverkehr ist *stereotyp.* Er besteht ausschliesslich aus «*Einlagen*» zu denen auch stehengelassene Depotzinsen gehören und aus «*Rückzügen*», die Teil- oder Totalrestitutionen i. S. von Art. 475 I bilden. **BGE 67 II 32/3.** Art. 475 N. 5a, 7a. Die *Saldierung eines Depositenheftes hat daher eine andere Bedeutung als die Saldierung eines Kontokorrents.* Sparhefte sind Rechnungsbücher. **BGE 67 II 33.** Darin ist verurkundet, *wieviel der Klient stets ex deposito eingelegt und wieviel er zurückgezogen hat.* Der *Saldo* wird nicht auf einen bestimmten Stichtag, sondern er kann *jederzeit gezogen* werden.

c

c. Spar-, Depositen- und Einlagehefte haben aber noch eine *andere Funktion als die eines blossen Rechnungsbuches.* Zwar sind sie *keine Wertpapiere.* **BGE 67 II 32.** Aber sie sind *Depotscheine für irreguläre Geldhinterlegungen.* Sie tragen i. d. R. die *Präsentations-* und/oder *Legitimationsklausel.* Art. 472 N. 3c, d, e. Durch beide wird bewirkt, dass die *Bank die Teil- oder Totalrestitution demjenigen gegenüber gültig erfüllen kann, der das Heft vorweist, es sei denn, dass ihr eine grobe Fahrlässigkeit bei der Legitimationsprüfung zur Last falle.* **BGE 64 II 358/9.** Doch bewirken die Legitimations- und/oder Präsentationsklauseln *nicht, dass für Abtretungen, insbesondere Teilabtretungen und Verpfändungen von Sparheftguthaben, die Übertragung des Heftes auf den Zessionar erforderlich wäre.* **BGE 67 II 32/6.** Spar-, Depositen- und Einlagehefte sind nicht nur Depotscheine über ein irreguläres Gelddepot, sondern *i. d. R. auch unterschriftliche Schuldanerkennungen über einen Restitutionsanspruch des legitimierten Inhabers.* **BGE 43 II 645.** Art. 472 N. 3c. Dann müssen allerdings Einlagen und Rückzüge oder der sich daraus jeweils ergebende Saldo mit der *Unterschrift der mit der Führung von Sparheften betrauten Bankangestellten versehen sein.* Auch wenn diese keine Prokura besitzen und die betreffende *Bank* nur Kollektivzeichnungsberechtigung kennt, muss sie die *Unterschrift des Kassabeamten gegen sich gelten lassen. Denn der die Sparhefte unterzeichnende «Kassier» ist mindestens Handlungsbevollmächtigter i.S. von Art. 462 OR.* Seine *schriftlichen Erklärungen verpflichten die Bank.* Art. 462 N. 6b, 9g, h, 10h. Auch *hinsichtlich der Legitimationsbestimmungen und der Anerkennungswirkung unterscheidet sich das Sparheftguthaben nicht unwesentlich vom Kontokorrentguthaben.*

8. Kündigung. Verrechnung. Verjährung

8 a *a.* Die Verfechter der Darlehensqualifikation von Spar-, Depositen- und Einlageheftguthaben machen u.a. geltend, eine *irreguläre Hinterlegung könne nach Art. 475 I OR nicht auf Kündigung gestellt sein.* Der Hinterleger habe ein unabdingbares Recht auf jederzeitige Restitution, der Darlehensgeber müsse die Kündigungsfrist abwarten. Das Argument ist u.E. nicht durchschlagend. Art. 475 N. 8e. Bei der irregulären Geldhinterlegung ergibt sich ein unvermeidlicher *Widerspruch zwischen dem Recht des Aufbewahrers, den Hinterlegungsgegenstand als sein Eigentum zu gebrauchen und der Pflicht, die Gattung jederzeit auf erstes Verlangen zu erstatten.* Wäre die Bank für alle Depositengelder jederzeit restitutionspflichtig, so könnte sie diese nicht nutzbringend anlegen, was sie aber nach dem Sinne der irregulären Hinterlegung darf und soll. Die zwar *öffentlichrechtlichen Anlage- und Liquiditätsvorschriften des Bankengesetzes beschränken im Effekt das Gebrauchsrecht der Banken an Gelddepositen und wirken daher auch zivilrechtlich im Sinne eines Ausgleichs zwischen der jederzeitigen Restitutionspflicht nach Art. 475 I OR und dem Gebrauchsrecht nach Art. 481 I OR*. Es wäre erwünscht gewesen, dass dies in der Bankengesetzgebung klarer zum Ausdruck kommt.

b *b.* Um den Banken einen *wirtschaftlich vernünftigen Gebrauch der Spar- und Depositengelder* zu gestatten, der erst die Entrichtung eines Depotzinses auf Geldeinlagen ermöglicht, *darf nur ein bestimmter Prozentsatz der Depositengelder effektiv angelegt werden.* Der *Prozentsatz,* der erfahrungsgemäss zur Befriedigung der normalerweise gestellten Restitutionsbegehren ausreicht, muss *liquid gehalten* werden. Die bankrechtlichen Liquiditätsvorschriften beschränken die nutzbringende Anlage der Spar- und Depositengelder. Was liquid gehalten werden muss, bringt keinen Nutzen. Der niedrigere Depotzins wird auf alle Einleger gleichmässig verteilt. Entsprechend kann auch der *einzelne Einleger die sofortige Restitution nur eines entsprechenden Teiles des von ihm hinterlegten Geldes verlangen,* sofern diese einen gewissen Betrag übersteigt. I.d.R.

können Fr. 800 bis Fr. 1000 auf erstes Verlangen zurückgezogen werden. *Für den Rückzug höherer Beträge müssen verhältnismässig kurze Kündigungsfristen abgewartet werden.* Doch erklären die Banken regelmässig, dass sie «*nach Möglichkeit*» *das Total der Einlage auch sofort restituieren*, allerdings unter *Abzug eines nach Art. 475 II OR gerechtfertigten Diskonts.* MARTIN WIDMER, Die rechtliche Natur des Sparkassavertrages unter besonderer Berücksichtigung der Verjährungsbestimmungen S. 19, insbes. Anm. 3. Dieser nur auf Bankdepositengelder beschränkte Kompromiss muss gemacht werden, ohne dass deshalb allein die Darlehensqualifikation gerechtfertigt wäre. Denn die Vorschrift von § 700 BGB und art. 1782 Codice Civile, die das depositum irregulare ganz oder teilweise den Darlehensregeln unterstellt, fehlt im schweizerischen OR.

c *c.* Sind Spar-, Depositen- und Einlageheftguthaben irreguläre Gelddepositen, so unterstehen sie dem *Verrechnungsverbot gegen den Willen des Restitutionsberechtigten.* Art. 475 N. 6. N. 4c oben. **BGE 45 III 249.** Das ist mit der Natur der Heftguthaben nicht unvereinbar. Will sich eine Bank das *Verrechnungsrecht* vorbehalten, so wird sie mit dem Kunden eher einen *Kontokorrentvertrag* abschliessen, statt ein Depositenheft zu errichten. Sie wird *Einzahlungen und Eingänge dem Kontokorrent gutschreiben* und ihre Gegenansprüche dem Kontokorrent belasten. Im *Kontokorrentverkehr* besteht das *Verrechnungsrecht per definitionem.* § 355 HGB. **BGE 78 II 254 Erw. 5c.** N. 7b oben. Obschon die Heftforderung nicht wertpapiermässig verkörpert ist, besteht im Volk die Auffassung, Heftguthaben seien sichere Reserven, die tatsächlich verfügbar sind. Ein Zessionar oder Pfandgläubiger der Heftforderung, rechnet nicht mit der Kompensationseinrede, die nach Art. 169 OR auch ihm entgegengehalten werden könnte, wenn sie begründet ist. Trotzdem *weisen die Heftreglemente der Banken regelmässig eine Klausel auf, durch welche die Verrechnung auch gegenüber der Restitutionsforderung des Heftgläubigers zugelassen* ist. Art. 475 N. 6b. Eine solche Art. 125 I Z. 1 *derogierende Klausel macht die Heftforderung verrechenbar*, ohne sie deshalb zu einer Darlehensforderung zu machen. Denn auch beim depositum irregulare ist die Verrechnung nur dann ausgeschlossen, wenn sie gegen den Willen des Restitutionsgläubigers erfolgt.

d *d.* Schwierigkeiten hat der Praxis die Frage der *Verjährung von Restitutionsguthaben aus Spar-, Depositen- und Einlageheftguthaben* bereitet. Bei der regulären Hinterlegung ist wenigstens der dingliche Vindikationsanspruch unverjährbar. **BGE 78 II 252 Erw. 5a.** Art. 475 N. 6e. Beim irregulären Depot besteht indessen wie beim Darlehen nur eine persönliche Restitutionsforderung auf Leistung der Gattung, Geld oder von anderen vertretbaren Sachen. **BGE 78 II 257** hat den Kontroversen (u.a. HENGGELER in SJZ 35 S.321, MARTIN WIDMER S.52 ff.) ein Ende gesetzt. *Der im Heft verkörperte Restitutionsanspruch ist auch dann jederzeit fällig, wenn er auf einen Termin oder Kündigung gestellt ist, weil Art. 475 I grundsätzlich auch für das depositum irregulare gilt.* Nach Art. 130 II OR beginnt die Verjährungsfrist des Restitutionsanspruches *für den Hinterleger mit dem Tag der Hinterlegung* zu laufen. Der berechtigte Restitutionsgläubiger hat daher die Verjährungseinrede zu gewärtigen, wenn er z.B. nur eine Einlage gemacht und *innert 10 Jahren seit dieser Einlage das Heft nie mehr, auch nicht zur Nachtragung der Zinsen, präsentiert hat.* Für die Frage der Verjährung muss u.E. die gekünstelte Unterscheidung zwischen der Kapitalforderung einerseits der Zinsforderung und gegebenenfalls Zinseszinsforderung aus dem Heft nicht gemacht werden. Denn der stehengelassene Depotzins und Zinseszins wird ein Kapitalbestandteil der Restitutionsforderung. N.6b oben. Das Bundesgericht erklärt, durch die *Zustellung von Bestandesmeldungen, Kontoauszügen usw. und selbstverständlich durch Schuldanerkennung* (Art. 135 Z. 1 OR) *werde die Verjährung unterbrochen.* Danach *muss jeder Eintrag der Bank im «Rechnungsbuch» als verjährungsunterbrechend betrachtet werden, betreffe er nun eine Einlage, einen Rückzug oder einen Zinsnachtrag. Ob der Eintrag unterzeichnet, ob das Heft jeweils saldiert wird oder nicht, ist ohne Bedeutung.* Durch einen Nachtrag im Heft bringt der Schuldner dem berechtigten Restitutionsgläubiger den Willen zur Bestandsaufnahme und Schuldanerkennung genügend zum Ausdruck. Denn der Eintrag in ein «Rechnungsbuch» wäre sinnlos, würde er nicht als Erklärung des Heftschuldners über den jeweiligen Stand seiner Restitutionsschuld (Bestandesaufnahme) aufgefasst. *Ist das Heft bei der Schuldnerbank selbst oder bei einer anderen Bank hinterlegt, so könnte eingewendet werden, der Eintrag oder Nachtrag wirke nicht verjährungsunterbrechend, weil er nicht mit Sicherheit dem Heftgläubiger, sondern nur dem Aufbewahrer des Heftes zur Kenntnis gelangt.* Allein bei der Hinterlegung in einem offenen Bankdepot, sei es bei der Schuldnerbank selbst oder bei einer Drittbank, muss angenommen werden, die *Bank, die das Heft aufbewahrt,* sei kraft ihrer Aufbewahrungsobligation oder kraft eines besonderen Auftrages direkte *Stellvertreterin* zur Entgegennahme von Willensäusserungen der Schuldner aus hinterlegten Wertpapieren oder Schuldurkunden. Der Inhaber, der sein Heft bei einer Bank deponiert hat, ist gegen die relativ kurzen Verjährungsfristen des schweizerischen OR besser geschützt als der Inhaber, der es selbst verwahrt. Vorbem. N.3c (1). Art. 472 N.3e. Die Frage, wie das Recht der Depositenbank

(Aufbewahrers) zur Rückgabe des irregulären Gelddepots verjährt (Art. 472 I und II OR, **BGE 78 II 257**), wird bei Sparheftforderungen selten praktisch, weil dieses Recht von Depositenbanken jedenfalls solange nie ausgeübt wird, als diese nicht ins Liquidationsstadium treten. Ob die vom Bundesgericht angewendete Lösung einer gesonderten Verjährung für den Rückgabeanspruch des Hinterlegers und das Rückgaberecht des Aufbewahrers für andere irreguläre Gelddepots als Spar-, Depositen- oder Einlagehefte tatsächlich angewendet werden kann, mag dahingestellt bleiben.

III. REGULÄRES UND IRREGULÄRES VERMENGUNGS-, SAMMEL- UND TAUSCHDEPOT VON WERTSCHRIFTEN UND ANDEREN VERTRETBAREN SACHEN ALS GELD

9. Vermengungsdepot

a. Wird Geld hinterlegt, so erfolgt die Hinterlegung vermutungsweise als irreguläres Depot. Art. 481 II OR. Das hinterlegte Geld vermischt sich mit dem Geld des Aufbewahrers. Das irreguläre Gelddepot ist ein Vermengungsdepot mit persönlicher gattungsmässiger Restitutionspflicht. 9 a

b. Werden *andere vertretbare Sachen* hinterlegt, z. B. Erdöl in einem Grosstank, und *vermischen sie sich automatisch mit eigenen Beständen des Aufbewahrers oder mit Beständen anderer Hinterleger*, so entsteht *keine Vermutung für ein irreguläres Depot.* **BGE 77 I 39/40.** Zwar kann ein solches, wenn die Hinterlegungsgegenstände keine Wertschriften sind, auch durch *stillschweigende Abrede zwischen Hinterleger und Aufbewahrer begründet* werden. Art. 481 I, III OR. Aber die Abrede muss *zweifelsfrei,* wenn nicht sogar ausdrücklich, die *Einräumung des Verfügungsrechtes durch den oder die Hinterleger an den Aufbewahrer* enthalten. N. 3 d oben. Die Vermutung spricht für eine gewöhnliche Hinterlegung. Nach Art. 727 ZGB, 484 II OR entsteht *durch die Vermischung ex lege Miteigentum aller früheren Eigentümer* «an der neuen Sache, und zwar nach dem Werte, den die einzelnen Teile zur Zeit der Verbindung haben». Jeder Miteigentümer kann im Falle des Konkurses eines anderen Miteigentümers seinen *Miteigentumsanteil vindizieren,* bzw. es bildet *nur der Miteigentumsanteil des Konkursiten Bestandteil seiner Konkursmasse.* N. 5 c oben. b c *c.* Das durch zweifelsfreie Abrede begründete irreguläre Depot von Sachen, die durch Vermischung und/oder Verbindung zu einer einzigen neuen Sache werden, verschafft dem Aufbewahrer mit dem Eigentum das unbeschränkte Verbrauchs- und Verfügungsrecht über den ganzen Bestand. Dem Eigentumsrecht steht nur die *persönliche Gattungsschuld* gegenüber, dem einzelnen Hinterleger soviel der gleichen Art und Qualität zu erstatten, als dieser hinterlegt hat. Doch geht ein *unverschuldeter Verlust* durch Schwund oder Verdunstung u.ä. zu Lasten der einzelnen Hinterleger, *nicht zu Lasten des Aufbewahrers.* In diesem Punkt unterscheidet sich die irreguläre nicht von der regulären Hinterlegung. Der Grundsatz: Casum sentit dominus erleidet eine Ausnahme. Art. 475 N. 3c. N. 4a oben. Hingegen besteht *kein Aussonderungsrecht im Konkurs* des Aufbewahrers. Die *Gattungsschuld des konkursiten Aufbewahrers wandelt sich nach Art. 211 I SchKG in eine Geldschuld,* die für den Hinterleger eine *Konkursforderung 5. Klasse* bildet.

d *d.* Ob ein echtes Vermengungsdepot entstehen kann, bestimmt sich nach der Natur der hinterlegten vertretbaren Sachen und der Art ihrer Aufbewahrung bzw. Hinterlegung oder Lagerung. Flüssigkeiten vermengen sich automatisch durch Hinzugiessen. Vertretbare Wertschriften vermengen sich wie Geld mit eigenen Beständen gleicher Art des Aufbewahrers oder Beständen anderer Hinterleger, wenn kein Nummernverzeichnis geführt wird oder die einzelnen Hinterleger die Wertschriften unverschlossen und unversiegelt übergeben. Andere bewegliche Gattungssachen, z.B. gleichartige Möbelstücke, Automobile derselben Marke und Konstruktionsserie können sich nur in einem bedeutenden Lager «vermengen».

10. Sammel- und Tauschdepots

10 a *a.* Das Deutsche Depot-Gesetz unterscheidet bei der Verwahrung von vertretbaren Wertpapieren:

(1) die *Sammelverwahrung,* bei welcher, wie beim regulären Vermengungsdepot, *Miteigentum der einzelnen Hinterleger am Sammelbestand* entsteht, das *im Konkursfall vindiziert* werden kann. Die Restitutionsschuld wird eine Gattungsschuld, die aber gleichsam dinglich gesichert ist. Das *Sammeldepot* ist sowohl bei vertretbaren Wertschriften als bei anderen beweglichen Gattungssachen eine *reguläre Hinterlegung, wenn nicht ausdrücklich das Gegenteil vereinbart* wurde. **BGE 77 I 40.** §§ 5–9 Deutsches Depot-Gesetz.

(2) Die *Tauschverwahrung*, bei welcher der Aufbewahrer *ohne das Recht zur Vermengung* in einem Sammelbestand, doch *nur Wertpapiere der gleichen Gattung erstatten* muss. Auch bei der Tauschverwahrung geht *im Zweifel das Eigentum nicht auf den Aufbewahrer* über. Vielmehr bleibt der *Hinterleger Alleineigentümer* der hinterlegten Stücke, *bis er Stücke der nämlichen Gattung restituiert erhalten* hat. § 11 Deutsches Depot-Gesetz. Es besteht kein Bedürfnis, diese Differenzierung für das OR einzuführen. Die Vertragsfreiheit gestattet den Parteien, die Abrede des Eigentumsüberganges am Hinterlegungsgegenstand von Bedingungen abhängig zu machen. Die *Tauschverwahrung* kann als *bedingtes depositum irregulare* aufgefasst werden. Sie kann nicht nur für vertretbare Wertpapiere, sondern auch für andere vertretbare Sachen, einschliesslich Geld, vereinbart werden.

b

b. Das *irreguläre Wertpapierdepot*, im Deutschen Depot-Gesetz (§ 15) schlechthin mit dem Wertpapierdarlehen identifiziert, kann auch nach OR *nur durch ausdrückliche* (nach Deutschem Depot-Gesetz schriftliche) *Abrede* begründet werden. Der Aufbewahrer erhält mit der Übergabe bzw. mit dem Besitzvertrag das Eigentum, der Hinterleger hat nur einen persönlichen Restitutionsanspruch auf die nämliche Gattung. Nach OR besteht dennoch eine Unterscheidung vom Wertpapierdarlehen. Die *Erträgnisse der Wertpapiere werden Bestandteil des Restitutionsgegenstandes bzw. Gegenstand eines irregulären Gelddepots.* N. 4b oben. Regelmässig wird sich der Hinterleger ausserdem einen Zins für die Zeit von der Hinterlegung bis zur Restitution ausbedingen, der eine Gebrauchsentschädigung i. S. von Art. 474 II OR ist, und auf dem Kapitalwert der Wertschriften einschliesslich der laufend eingehenden Erträgnisse zu entrichten ist. Die *Restitution* ist sowohl beim Wertpapierdarlehen als auch bei der irregulären Wertpapierhinterlegung eine *Holschuld.* Art. 74 Z. 3 OR.

c

c. Die irreguläre Hinterlegung anderer vertretbarer Sachen als Geld und Wertpapiere, ist wie das irreguläre Vermengungsdepot zu behandeln.

Art. 482

C. Lagergeschäft
I. Berechtigung zur Ausgabe von Warenpapieren

[1] Ein Lagerhalter, der sich öffentlich zur Aufbewahrung von Waren anerbietet, kann von der zuständigen Behörde die Bewilligung erwirken, für die gelagerten Güter Warenpapiere auszugeben.

[2] Die Warenpapiere sind Wertpapiere und lauten auf die Herausgabe der gelagerten Güter.

[3] Sie können als Namen-, Ordre- oder Inhaberpapiere ausgestellt sein.

C. Du contrat d'entrepôt

I. Droit d'émettre des papiers-valeurs

[1] L'entrepositaire qui offre publiquement de recevoir des marchandises en dépôt peut requérir de l'autorité compétente le droit d'émettre des titres représentatifs des marchandises entreposées.

[2] Ces titres sont des papiers-valeurs permettant d'exiger la livraison des marchandises entreposées.

[3] Ils peuvent être nominatifs, à ordre ou au porteur.

C. Magazzini di deposito

I. Diritto ad emettere carte-valori

[1] L'assuntore di magazzini generali di deposito, che si offre pubblicamente per la custodia di merci, può ottenere dall'autorità competente l'autorizzazione ad emettere delle fedi di deposito per le merci depositate.

[2] Le fedi di deposito sono carte-valori che danno il diritto di ritirare le merci depositate.

[3] Esse possono essere nominative, all'ordine od al portatore.

Materialien: Sub Art. 472 OR, insbesondere Botschaft Bundesrat vom 3. März 1905 (BBl 1905 II) S. 42. Protokoll Expertenkommission vom 19. Oktober 1908 S. 9/10. StenBull NatRat 1909 S. 710, 717. StenBull StRat 1910 S. 229/30.

Rechtsvergleichung: Französische Ordonnance du 6 août 1945 relative aux magasins généraux et Décret du 6 août 1945 portant règlement d'administration publique pour l'application de l'ordonnance relative aux magasins généraux. HGB §§ 416, 424. Deutsche Verordnung über Orderlagerscheine vom 16. Dezember 1931 (auch in Österreich gültig). Codice Civile art. 1787–1797.

Literatur: H. Brügelmann, Lagergeschäft und Lagerscheinwesen, Basler Diss 1930 (Maschinenschrift). Hans Lüthi, Die wirtschaftliche und rechtliche Bedeutung des Lagerhalters in der Schweiz und die Bedeutung des Lagerscheins, Berner Diss 1943 = Lüthi. H. Meyer, Die Lagerwertpapiere nach schweizerischem Recht in rechtsvergleichender Betrachtung, Basel 1941. Paul Ratz, Kommentar zum HGB (2. Aufl. 1960 – 16. Auflage des Staub'schen Kommentars) S. 179–389. Steiner, Die Pfändung von Warenpapieren und von durch Warenpapiere vertretenen Waren in SJZ 34 (1937/38) S. 305. Streuff, Das schweizerische Lagerhausgewerbe, St. Gallen 1943. Alfredo Tanzi, La posizione giuridica del magazziniere nel diritto svizzero, Berner Diss 1948 = Tanzi. W. Vogel, Lagerhäuser, Lager- und Lagerpfandscheine, Basler Diss 1934 (Maschinenschrift).

SYSTEMATIK DER KOMMENTIERUNG

Art. 482 OR

I. Das Lagergeschäft im allgemeinen

1. Wirtschaftliche Grundlagen des Lagergeschäftes. Zollfreilager . . 717
2. Rechtliche Entwicklung des Lagergeschäftes in der Schweiz . . . 718
3. Lagergeschäft und Lagerscheine 719
4. Rechtsvergleichender Überblick 721

II. Der Einlagerungsvertrag («Contrat d'entrepôt»)

5. Vertragsart und Vertragsparteien 722
6. Unterscheidung von Einlagerung und gewöhnlicher Hinterlegung. Lagergüter 723
7. Die gegenseitige Obligation von Einlagerer und Lagerhalter. Unentgeltliche Einlagerung 726

III. Die Ausgabe von Lagerwertpapieren (Warenpapiere)

8. Wirtschaftliche Funktion der Lagerwertpapiere 727
9. Inhaltliche und formale Minimalerfordernisse des Lagerwertpapieres und des Warrants (Lagerpfandschein) im besonderen 727
10. Sachenrechtliche Wirkungen des Lagerwertpapieres. Übertragung. Konkurs des Lagerhalters 729
11. Wertpapierrechtliche Wirkungen des Lagerscheines. Kraftloserklärung 730

Art. 482 OR

I. DAS LAGERGESCHÄFT IM ALLGEMEINEN

1. Wirtschaftliche Grundlagen des Lagergeschäftes. Zollfreilager

1 a

a. Das Bedürfnis, *Waren zu stapeln*, besteht an Umschlags-, namentlich an Hafenplätzen. Importeure sammeln Mengen von Gütern in einem *zentralen Lager*, um Frachtkosten zu sparen und *verteilen sie von dort an ihre Kundschaft* im ganzen Land. Der Importeur muss an dem für die Verteilung benötigten Platz keine eigenen Lagerräume besitzen. Er kann solche *mieten*, jedoch mit dem Nachteil, dass *Immobiliarmieten* (im

Gegensatz zur Miete eines Tresorfaches – Vorbem. vor Art. 472 N. 3c [2]) *nur langfristig* und zu verhältnismässig hohen Preisen abgeschlossen werden können. Das Gegebene ist, die *Stapelgüter in Verwahrung* zu geben, aber mit der *Möglichkeit, jederzeit darüber zu verfügen.*

b *b.* In Kriegszeiten ist die *Vorratshaltung* nicht nur für die Armee, sondern auch für die Zivilbevölkerung erforderlich. Voraussetzung ist das Vorhandensein geeigneter *Lagerräume oder Lagerhäuser*, die der Natur der gelagerten Güter angepasst sind: *Silos für Getreide und Futtermittel, Grosstanks für Brennstoffe, Kühlhäuser für Fleisch, Fette, Öle, Grosskellereien für Weine, Spirituosen und andere Getränke u.a.* Ein Teil dieser Lagerhäuser ist *staatseigen*, so die *Zeughäuser* zur Lagerung der schweren Waffen und Ausrüstung der Armee und die *Armeemagazine* zur Lagerung der Lebensmittel für die Verpflegung.

c *c.* Im OR ist nur das privatrechtliche Lagergeschäft geregelt. Eine besondere Stellung nehmen die *Zollfreilager* ein. Dort können Güter, welche die Zollgrenze passiert haben, *ohne Entrichtung von Zöllen eingelagert* werden. Werden sie wieder ausgeführt, so ist kein Zoll zu entrichten (Transitgüter). Art. 12 BG über das Zollwesen vom 1. Oktober 1925 (BS 6 S. 465). Werden sie dem Inlandkonsum zugeführt, so sind Zoll und Warenumsatzsteuer *erst bei der Auslagerung* zu entrichten. Art. 46 ZollG. Zollfreilager («Eidgenössische Niederlagshäuser und Zollfreibezirke») bedürfen einer *Konzession des Finanz- und Zolldepartements.* In den Konzessionsbedingungen werden u.a. Betriebsform, Lagergebühren und Lagerordnung vorgeschrieben. Der Betrieb erfolgt entweder durch die Zollverwaltung selbst oder durch Private unter *Aufsicht der Zollverwaltung.* «*Niederlagscheine*» eines Zollfreilagers *sind abtretbar und indossierbar.* Doch sind Abtretung und Indossierung der Zollverwaltung anzuzeigen. Sie können als Unterart der wertpapiermässigen Orderlagerscheine aufgefasst werden. Art. 42–46 ZollG.

2. Rechtliche Entwicklung des Lagergeschäftes in der Schweiz

2 a *a.* Im aOR bestand keine Sonderregelung für das privatrechtliche Lagergeschäft. Man betrachtete die Einlagerung in einem Lagerhaus als gewöhnliche Hinterlegung, für welche die Normen über den Hinterlegungsvertrag ausreichten. Kantonale Gesetze über das Lagergeschäft «Contrat d'entrepôt» existierten in Genf, Basel und Solothurn. Sten Bull StRat 1910 S. 230. Wie in den umliegenden Ländern entstand ein Bedürfnis für eine Sonderregelung des Lagergeschäftes mit der gewaltigen Steigerung des Güterimportes und Warentransites im Gefolge des Aus-

baus des europäischen Eisenbahnnetzes. Später hat der mit dem Meer verbundene Rheinhafen in Basel dem Lagergeschäft nochmals Auftrieb verliehen. Im Rheinhafen müssen Massengüter gestapelt und gelagert werden können.

b *b.* Nicht nur das Volumen, sondern auch das Tempo des modernen Handelsverkehrs haben sich bedeutend gesteigert. Der Kaufmann will sowohl *über zentral eingelagerte als auch über solche Güter, die sich noch auf dem Transport befinden, rasch und formlos verfügen können.* Das ist nur möglich, wenn Wertpapiere, die leicht übertragen werden können und öffentlichen Glauben geniessen, schwimmende oder eingelagerte Güter vertreten. Die *Warenpapiere* über schwimmende Güter sind die *Konnossemente* (Art. 443 N. 22–27), die Warenpapiere über eingelagerte Güter sind die *Lagerscheine.* Art. 1155 I OR.

3. Lagergeschäft und Lagerscheine

3 a *a.* Der *Wertpapiercharakter der Lagerscheine* bildete nicht nur in der Schweiz den Hauptanlass zur Einführung einer die gewöhnliche Hinterlegung erweiternden Regelung. Die Einführuung der Sonderregelung des Lagergeschäftes anlässlich der Revision des OR von 1911 erfolgte in engster Anlehnung an das HGB. EUGEN HUBER in Sten Bull Nat Rat 1909 S. 717. Botschaft Bundesrat vom 3. März 1905 BBl 1905 II S. 42/3. Das äussert sich u. a. darin, dass *Lagerscheine als Wertpapiere nur von einem Lagerhalter ausgegeben werden dürfen, der dazu eine Konzession erhalten hat.* Angesichts des öffentlichen Glaubens, den Warenpapiere als Wertpapiere besitzen sollen, ist dieses Erfordernis selbst in einem liberalen Gesetz verständlich. Prot. Exp.Komm. vom 19. Oktober 1908 S. 10. Inkonsequent ist hingegen, dass die Ausgabe von Konnossementen der nämlichen Bewilligung nicht bedarf. Art. 453 OR. Art. 112/7, 128 SSG (Seeschiffahrtsgesetz). Immerhin bietet ein Schiffsreeder möglicherweise grössere Gewähr für Vertrauenswürdigkeit als ein Gewerbetreibender, der Lagerräume zur Verfügung stellen kann.

b *b.* In Abweichung von der Regelung des HGB kann in der Schweiz das *private Lagergeschäft auch vom Nichtkaufmann und nicht gewerbsmässig, sondern nur gelegentlich betrieben werden.* Immerhin ist die *Entgeltlichkeit* dem Lagergeschäft *essentiell.* Art. 485 I OR. Teilweise anders OSER/SCHÖNENBERGER ad Art. 484 OR N. 4. De facto wird die Konzession zur Ausstellung von Lagerscheinen als Wertpapiere nur im Handelsregister eingetragenen Handelsfirmen erteilt werden. Die Konzessionsbehörden sind kantonale Behörden. Im *Kanton Zürich* ist der

«Regierungsratsbeschluss über die Zuständigkeit für die Bewilligung zur Herausgabe von Warenpapieren» vom 5. August 1937 massgebend. Er lautet:

«Die Erteilung von Bewilligungen zur Ausgabe von Warenpapieren durch Lagerhalter (Art. 482, 1153–1155 des revidierten Schweizerischen Obligationenrechtes und Art. 902 und 925 des Schweizerischen Zivilgesetzbuches) und die Verhängung von Ordnungsbussen wegen der Ausgabe von den gesetzlichen Formvorschriften entsprechenden Wertpapieren ohne vorherige Einholung der Bewilligung (Art. 1155 OR) wird der Volkswirtschaftsdirektion übertragen.»

Der Regierungsratsbeschluss stützt sich auf § 44 Z. 13 des EG zum ZGB. Zurzeit ist *lediglich ein Lagerhalter im Kanton Zürich zur Ausgabe von Warenwertpapieren ermächtigt* (Seidentrocknungsanstalt Zürich). Im *Kanton Basel-Stadt* bestehen die Regierungsbeschlüsse vom 12. Juni 1928 und 17. Mai 1929, welche nähere Bestimmungen enthalten.

(1) Der Inhalt des Einlagerungsvertrages muss auf dem Warenpapier wiedergegeben sein.

(2) Der emittierende Lagerhalter darf keinen Warenhandel betreiben und über eigene Waren keine Warenpapiere ausstellen. Vgl. darüber Art. 7 der französischen Ordonnance du 6 août 1945 relative aux magasins généraux und § 12 der deutschen VO über Orderlagerscheine vom 16. Dezember 1931.

(3) Über die durch Warenpapiere verkörperten Waren und die Art und Beschaffenheit der darüber ausgegebenen Papiere ist besonders Buch zu führen und dabei die Ein- und Ausgänge zu vermerken.

(4) Der Aussteller hat eine Kaution von Fr. 30 000 zu leisten. Diese Kaution haftet als Sicherheit für die Erfüllung von Verpflichtungen, welche aus der Warenpapierausgabe herrühren. Die Warenpapiere sind wegen des Rheinhafenverkehrs in Basel etwas verbreiteter, aber dennoch eher selten.

c *c.* Der *Lagerhalter muss weder Eigentümer noch Mieter eines Lagerhauses im engeren Sinne sein.* Doch erfordert seine hinterlegungsvertragliche Pflicht zur Aufbewahrung an einem sicheren Ort (Art. 472 I OR), dass er faktisch in der Lage ist, den *für die konkrete Einlagerung erforderlichen und geeigneten Lagerraum zur Verfügung zu stellen.* Die Einlagerung von Wohnungseinrichtungen erfolgt häufig in vom Lagerhalter gemieteten Lagerräumen.

d *d.* Immerhin wird nur der das Lagergeschäft gewerbsmässig betreibende Kaufmann de facto in der Lage sein, geeignete Lagerräume dem Publikum zur Verfügung zu stellen. Das Lagergeschäft braucht weder

der ausschliessliche noch der einzige Erwerbszweig zu sein, den der Lagerhalter betreibt, Häufig wird es von Speditionsunternehmungen oder Frachtführern im Nebengeschäft betrieben, weil deren Auftraggeber in zahlreichen Fällen an einer Lagerungsmöglichkeit im Zusammenhange mit einem Transport von Gütern interessiert sind. Auch Eisenbahnen, einschliesslich der Bundesbahnen, können als juristische Personen des Privatrechts das Lagergeschäft betreiben. Bahnlager haben den Vorteil unmittelbarer Gleisanschlüsse, so dass Ausladung und Einlagerung von Frachtgut in einem Arbeitsgang vereinigt werden können. Es steht auch nichts dagegen, dass beispielsweise der Eigentümer eines Getreidesilos diesen teilweise für eigenes Lagergut verwendet, teilweise als Lagerhalter zur Einlagerung fremden Gutes zur Verfügung stellt.

4. Rechtsvergleichender Überblick

4 a

a. Die Sonderregelung der «magasins généraux» durch Ordonnance und Décret vom 6. August 1945 in Frankreich stellt bezeichnenderweise die Ausgabe von *Warrants* (Lagerpfandscheinen) *zur Beschaffung von Krediten auf Warenlager* in den Vordergrund. In Frankreich ist auch der «*warrant agricole*» zur Verpfändung von landwirtschaftlichen Erzeugnissen und der «*warrant hôtelier*» zur Verpfändung von Hotelmobiliar- und Einrichtungen in ähnlicher Weise gebräuchlich. Im schweizerischen Grundbuchsystem erfolgt die Verpfändung von Hotelmobiliar- und Einrichtungen als Zugehörverpfändung zu einem Grundpfandrecht, während die Verpfändung landwirtschaftlicher Erzeugnisse nur als Faustpfand (meist durch traditio longa manu) oder dann auch durch Warrants auf eingelagerte Produkte möglich ist. Angesichts der Verweisung der schweizerischen Gesetzesmaterialien auf das deutsche HGB und der Verschiedenheiten des Mobiliarsachenrechts ist die französische mit der schweizerischen Regelung nur schwer vergleichbar. Nach art. 711 Code Civil wird das Eigentum durch den Erwerbsvertrag unmittelbar erworben, so dass ein Warenpapier zur Übertragung des Eigentums an Lagergut nicht erforderlich ist.

b

b. Während das materielle Recht des Lagergeschäftes in der Schweiz und im Geltungsbereich des deutschen HGB inhaltlich weitgehend übereinstimmt, ist das *Wertpapierrecht der Lagerscheine* verschieden. Namens- und Inhaberlagerscheine sind nach dem HGB keine Warenpapiere, deren Übertragung dinglichen Rechte am Gut überträgt, sondern nur die durch Indossament übertragbaren *Orderlagerscheine* (§ 424 HGB), welche in der VO über Orderlagerscheine vom 16. Dezember 1931 eine einlässliche Regelung erfahren haben. Die VO enthält zusätzliches materielles Schuldrecht über den Einlagerungsvertrag. Art. 1153 Z. 8 OR hingegen lässt die Ausstellung von *Warenwertpapieren auf den Namen, an Order oder auf den Inhaber* zu.

c *c.* Die modernste und den praktischen Bedürfnissen entsprechendste Regelung des Lagergeschäftes, sowohl vom vertraglichen wie vom wertpapierrechtlichen Gesichtspunkt, ist in den art. 1787–1797 des Codice Civile enthalten. Ohne sich in Einzelheiten zu verlieren, bringt der italienische Gesetzgeber die notwendigen Bestimmungen in klarer Sprache und Systematik zum Ausdruck. Die schweizerische Regelung muss aus verschiedenen Titeln des OR und ZGB: Art. 482/6 OR, Art. 1153/5 OR, Art. 902, 925 ZGB zusammengesetzt werden.

II. DER EINLAGERUNGSVERTRAG («CONTRAT D'ENTREPÔT»)

5. Vertragsart und Vertragsparteien

5 a *a.* Art. 482 OR enthält keine Definition des Lagergeschäftes. Doch ergibt sich aus dem französischen Randtitel *(Contrat d'entrepôt)*, dass es sich um einen *Vertrag* handelt. Der Unterabschnitt C steht gleichgeordnet mit der «Hinterlegung im allgemeinen» und der «Hinterlegung vertretbarer Sachen» im Titel über den «Hinterlegungsvertrag». Der italienische Randtitel «Magazzini di deposito» lässt daran keinen Zweifel. Der Aufbewahrer ist in diesem depositum qualificatum als *Lagerhalter* (entrepositaire, magazziniere), der Hinterleger als «*Einlagerer*» (déposant, deponente) bezeichnet. Art. 483 II OR. Statt des farblosen dem HGB entnommenen Ausdruckes «Lagergeschäft» hätte sich der Ausdruck Einlagerung oder Einlagerungsvertrag für unser OR besser geeignet, zumal wenn der Hinterleger im Text als Einlagerer bezeichnet ist. Die Einlagerung ist in der Schweiz nicht notwendigerweise ein Handelsgeschäft und wird tatsächlich *auch von Nichtkaufleuten ohne Erwerbsabsicht* (z. B. auf genossenschaftlicher Basis oder durch Einkaufszentralen wie USEGO u. a.) betrieben.

b *b.* Ist die *Einlagerung* nach der Entwicklungsgeschichte, nach ihrem Wesen und ihrer Stellung im System der Vertragsverhältnisse ein *Hinterlegungsvertrag* **(BGE 43 II 645)**, so erhebt sich die Frage nach der Abgrenzung. Von der Miete eines Lagerraumes unterscheidet sich die Einlagerung wie die Miete eines Tresorfaches vom offenen Bankdepot. Der

Mieter eines Lagerraumes bleibt selbst unmittelbarer Besitzer der eingebrachten Güter. Er kann sie sich holen. Ihm ist nichts zu restituieren. Art. 468 OR. Schwieriger ist die Abgrenzung sowohl von der regulären Hinterlegung als auch von der irregulären Hinterlegung vertretbarer Sachen.

c

c. Ein *Einlagerungsvertrag kann eine reguläre als auch eine irreguläre Hinterlegung* enthalten. Der Lagerhalter z.B. eines Silos oder eines Grosstanks kann sich in Abänderung von Art. 484 II OR ausdrücklich ausbedingen, dass die eingelagerten vertretbaren Sachen sein Eigentum werden und dass er nur verpflichtet sein soll, Sachen der gleichen Art, Menge und Güte zu restituieren.

6. Unterscheidung von Einlagerung und gewöhnlicher Hinterlegung. Lagergüter

6 a

a. Art. 482 I OR enthält offensichtlich *keine Definition des Lagergeschäftes*, sondern bezeichnet lediglich eine Voraussetzung, unter der ein «Lagerhalter, der sich öffentlich zur Aufbewahrung von Waren anbietet», Warenpapiere als Wertpapiere ausgeben darf. Vgl. Art. 1155 II OR. Er muss eine *Konzession* erwirken. Daraus folgt, dass unkonzessionierte Lagerhalter keine Lagerscheine als Warenwertpapiere ausgeben sollen, dass aber konzessionierte Lagerhalter ihre Lagerscheine nicht als Wertpapiere ausstellen müssen und es in der Schweiz auch selten tun. Art. 486 II, 1153/5 OR. Immerhin lässt die Ausstellung eines Lagerscheines als Warenwertpapier eine positive Abgrenzung zu. *Nur Lagerhalter*, nicht aber gewöhnliche Aufbewahrer, *dürfen Warenwertpapiere ausstellen*, die den Restitutionsanspruch aus einem Einlagerungsvertrag verurkunden (Art. 486 OR) und selbst dann Wertpapiere bleiben, wenn sie von einem nichtkonzessionierten Lagerhalter ausgestellt sind. Art. 1155 II OR. *Alle anderen von Aufbewahrern ausgestellten Urkunden über eine reguläre oder irreguläre Hinterlegung* (auch Spar-, Depositen- und Einlagehefte) sind *keine Wertpapiere*. Art. 472 N. 3. Art. 481 N. 7c. Wurde also befugter- oder unbefugterweise ein Lagerschein als Warenwertpapier ausgestellt, so liegt ein *Einlagerungsvertrag* zwischen einem Lagerhalter und einem Einlagerer vor, weil nur Lagerscheine als Warenwertpapiere über einen Einlagerungsvertrag ausgestellt werden können. Art. 1153 OR.

b

b. Es kommt also auf den *Begriff des Lagerhalters und des Einlagerungsvertrages* an. Dabei erhebt sich die Frage, ob Lagerhalter nur derjenige ist, der sich öffentlich zur Aufbewahrung von Waren anbietet. Wird durch den in allen drei Gesetzestexten enthaltenen Relativsatz gleichsam ein essentielles Attribut für die Lagerhalterqualität umschrieben, oder ist der Relativsatz konditional in dem Sinne zu verstehen, dass die öffentliche Empfehlung als Lagerhalter nur eine Voraussetzung für die Erwirkung der Konzession zur Ausgabe von Warenwertpapieren bildet? Die herrschende Meinung betrachtet die öffentliche Empfehlung als essentielles Attribut der Lagerhalterqualität. Doch schon die Aufschrift der Firma, die auf Lagerhaltung schliessen lässt, gilt als öffentliche Empfehlung. Dann ist dieses Requisit inhaltslos, weil jeder Gewerbetreibende seine Firma öffentlich kennzeichnet. OSER/SCHÖNENBERGER ad Art. 482 N. 6. BECKER ad Art. 482 N. 4. LÜTHI S. 82. TANZI S. 28. U.E. ist die *öffentliche Empfehlung nicht Begriffsrequisit für den Lagerhalter*, weil auch der Kommissionär, Spediteur oder Frachtführer Güter in einem Einlagerungsvertrag an Lager nehmen kann, ohne sich besonders als Lagerhalter öffentlich zu empfehlen. Art. 431 N. 6b. Art. 443 N. 5b, c. Genossenschaftliche Lagerhäuser, die nur Genossenschaftern zur Verfügung stehen, enpfehlen sich nicht öffentlich. Trotzdem kommen auf sie die Vorschriften über den Einlagerungsvertrag zur Anwendung.

c c. Bei einer *gewöhnlichen Hinterlegung* hat der *Aufbewahrer* i. d. R. *die Wahl*, an welchem sicheren, d. h. für die konkrete Hinterlegung geeigneten Ort er die Aufbewahrungsobligation erfüllen will. Art. 72 OR. Art. 472 N. 4. Für die Einlagerung hingegen muss der *Lagerhalter bestimmte, zur Aufbewahrung bzw. Stapelung gleichartiger Güter oder Waren geeignete Plätze, Räumlichkeiten und/oder Anlagen halten und unterhalten* (Lagerhalter). Bei der *gewöhnlichen Hinterlegung* kommt es dem Hinterleger mehr auf die *Person des Aufbewahrers* an, dem er sein Eigentum zur Aufbewahrung «*anvertraut*», bei der Einlagerung auf den geeigneten Raum zur *Stapelung und Erhaltung seiner Güter*. Ich muss Wertpapiere und Schmucksachen nicht in einem geschlossenen Bankdepot, sondern ich kann sie bei einem Freund hinterlegen. Hingegen kann ich eine Wagenladung *Getreide* nur bei einem Lagerhalter einlagern, der über einen Silo, *Erdöl* nur dort einlagern, wo man über einen geeigneten Grosstank verfügt.

d *d. Unerheblich ist u. E., ob das nämliche Lager nur von einem oder unbestimmt vielen Einlagerern oder auch vom Lagerhalter selbst zur Lagerung eigener Güter benützt wird.* Schon der erste Vertrag, den der Lagerhalter abschliesst, ist ein Einlagerungsvertrag. Auch wenn der *Lagerraum vorübergehend oder dauernd nur von einem Einlagerer beansprucht* wird, liegt keine Miete, sondern ein Einlagerungsvertrag vor, weil der Restitutionsanspruch auf das Lagergut jederzeit erhoben werden kann (Art. 475 I, 486 I OR), der *Einlagerer keinen Mietbesitz am Lagerraum* erhält und den *unmittelbaren körperlichen Besitz* am eingelagerten Gut *für die Zeit der Einlagerung aufgibt.* Er hat nur ein beschränktes «*Lagerbesuchsrecht*». Art. 483 III OR.

e. Der *Betrieb der für die Lagerung von Waren und Gütern geeigneten Einrichtungen oder Anlagen* («l'exploitant d'un établissement à usage d'entrepôt» – art. 1 der französichen Ordonnance relative aux magasins généraux. «Magazzini generali» – art. 1787 Codice Civile) erscheint auch in der französischen und italienischen Gesetzgebung als das einzige *entscheidende Kriterium.* Wenn auch das OR sich nach dem deutschen HGB orientiert, so kann das doch für die Abgrenzung zwischen bürgerlicher Verwahrung und handelsrechtlicher Einlagerung nicht gelten. Hier geht das OR seine eigenen Wege. Die Novelle von 1911 wollte das *Lagergeschäft* als solches *nicht in engere Grenzen spannen als die gewöhnliche Hinterlegung*, der jenes bisher unterstand. *Nur die Ausgabe von Lagerscheinen als Warenwertpapiere sollte begrenzt werden.* Gerade sie hat aber in der Praxis nach 1911 in der Schweiz nur einen beschränkten Anwendungsbereich gefunden. e

f. Die Bezeichnung «*Lagerhalter*, entrepositaire, magazziniere» enthält u. E. bereits die *Definition.* Unsere Rechtssprache ist bemüht, möglichst wenig vom laienhaften Sprachgebrauch abzuweichen. *Lagerhalter ist die natürliche oder juristische Person, die ein von ihr betriebenes Lager, Gebäude oder andere Einrichtungen, z. B. Tankanlagen* **(BGE 77 I 34/5, 40)** *oder Stapelplätze* («Zollfreilager-Zollfreibezirke», N. 1c oben) *hält, die sie tatsächlich einem oder mehreren Einlagerern zwecks Aufbewahrung von beweglichen Sachen* (jedoch nicht Geld und Wertpapiere) *entgeltlich* (Art. 485 I OR) *zur Verfügung stellt.* Der italienische Text ist vielleicht am deutlichsten, wenn er vom «*Assuntore di magazzini generali di deposito*» spricht. Auf den *Betrieb einer der Allgemeinheit dienenden Lagerungseinrichtung (magazzini) kommt es an.* Erfolgt die Einlagerung *unentgeltlich*, so liegt i. d. R. eine *gewöhnliche Hinterlegung* vor. Desgleichen dann, wenn der *Aufbewahrer* nach der Vertragsmeinung den Hinterlegungsgegenstand nicht in einem Lager aufbewahren muss, sondern die *Wahl des «sicheren Ortes» selbst treffen kann.* Die Einlagerung ist regelmässig teurer als eine entgeltliche Hinterlegung, weil der *Lagerhalter die Kosten der Erstellung und des Unterhalts oder der Miete eines Lagers mit den eingenommenen Lagergebühren bestreiten und gewöhnlich noch einen Gewinn erzielen will.* f g *g.* Am Lager und den eingelagerten Gütern übt *nur der Lagerhalter den unmittelbaren körperlichen Besitz* aus. Lebende Tiere können nur Einlagerungsgegenstand bilden, wenn sie in Gittern, Behältern oder Käfigen übergeben sind. Muss ihnen der Aufbewahrer Pflege und Wartung angedeihen lassen, so liegt i.d.R. ein Auftragsverhältnis, weder eine Einlagerung noch eine reguläre Hinterlegung vor. Art.472 N.2b. Dagegen *muss* das *Lagergut keine Handelsware* im engeren Sinne *sein.* Einlagerung von gebrauchten Möbeln ist möglich, und es können darüber u.E. wertpapiermässige Lagerscheine ausgestellt werden.

7. Die gegenseitigen Obligationen von Einlagerer und Lagerhalter. Unentgeltliche Einlagerung

7 a *a.* Art.483–486 OR bringen zum Ausdruck, dass die *Struktur von Einlagerungs- und Hinterlegungsvertrag die nämliche ist.* Hier wie dort besteht die *Aufbewahrungs- und die Restitutionsobligation:* Art.483 I – Art.472 N.4, 483 N.2.

b *b.* Die retentionsgeschützten Ansprüche der actio depositi contraria sind der *Auslagenersatz und der Vergütungsanspruch.* Im Gegensatz zur regulären und irregulären Hinterlegung ist die *Einlagerung per definitionem entgeltlich.* Art.485 – Art.472 N.9, 485 N.2.

c *c.* Die *unentgeltliche Einlagerung* ist auch dann *gewöhnliche,* nicht qualifizierte *Hinterlegung,* wenn ein *Vermengungsdepot* in Frage stehen sollte, weil die im Einlagerungsrecht enthaltene Regelung bei der Vermengung nicht spezifisches Einlagerungs-, sondern *allgemeines Hinterlegungsrecht* bildet. **BGE 77 I 40.** Die Qualifikation als unentgeltliche Einlagerung ist wesentlich, wegen der milderen Haftung des unentgeltlichen Aufbewahrers und wegen seines *Rechtes zur Rückgabe bei Eintritt unvorhergesehener Umstände.* Art.475 N.3b. Art.476 N.2d. Art.486 N.3. Lagert beispielsweise eine landwirtschaftliche Genossenschaft die Produkte ihrer Mitglieder unentgeltlich in von der Genossenschaft unterhaltenen Lagerräumen ein, so ist eine gewöhnliche unentgeltliche Hinterlegung, nicht ein Einlagerungsvertrag, anzunehmen. Teilweise abweichend Oser/Schönenberger ad Art.482 N.5. Becker ad Art.482 N.5. Lüthi S.26. Zustimmend Tanzi p.26.

III. DIE AUSGABE VON LAGER-WERTPAPIEREN (WARENPAPIERE)

8. Wirtschaftliche Funktion der Lagerwertpapiere

8 a

a. Nach dem Randtitel stellt Art.482 OR die «Berechtigung zur Ausgabe von Warenpapieren» an den Beginn des Einlagerungsrechtes. Das bei der Revision von 1911 geschaffene und bereits 1937 revidierte Waren-Wertpapierrecht ist in der Schweiz nicht populär geworden. Das schweizerische Mobiliarsachenrecht stellt einfachere Möglichkeiten zur *Verpfändung von Lagergut* zur Verfügung als die Verpfändung *mittels Warrant*, gemäss Art.902 ZGB, die jedenfalls in den umliegenden Staaten den Hauptanlass zur Schaffung von Lagerwertpapieren bildete. LÜTHI S.38, 87/8. TANZI p.38/9. Der *Lagerhalter* kann sich z.B. als *Pfandtreuhänder* verpflichten, die eingelagerten Waren dem Einlagerer, der Pfandschuldner ist, nur mit Zustimmung des Pfandgläubigers herauszugeben. Art.480 N.1b. Dann liegt eine *sequesterähnliche Sicherheitshinterlegung* vor. Oder die *Einlagerung kann unmittelbar auf den Namen einer einen Lombardkredit gewährenden Bank* erfolgen. LÜTHI S.87/8. Im letzteren Falle ist eher eine *Sicherungsübereignung* als ein Faustpfand anzunehmen. Art.394 N.15a, 396 N.42b.

b

b. Ausser zur Kreditbeschaffung durch Warrant ermöglichen die Lagerwertpapiere dem Kaufmann, wenn er keine geeigneten eigenen Lagerungsmöglichkeiten besitzt, sich zu günstigen Preisen und mit beträchtlichen Warenmengen für erwartete Weiterverkäufe einzudecken und seiner Kundschaft ab Lager durch blosse Übertragung eines Warenpapieres zu liefern (Holschuld). Auch von dieser auf den spekulativen Grosshandel zugeschnittenen Funktion des Warenpapiers, sei es nun Lagerschein, Ladeschein oder Konnossement, wird in der Schweiz nur selten Gebrauch gemacht.

c

c. Interessiert an der Ausstellung eines Lagerscheines oder Lagerpfandscheines (Warrant) mit Wertpapierqualität ist der *Einlagerer. Nur er kann die Ausstellung vom Lagerhalter verlangen.* So ausdrücklich art.1790 I Codice Civile.

9. Inhaltliche und formale Minimalerfordernisse des Lagerwertpapieres und des Warrants (Lagerpfandschein) im besonderen

9

Der erst durch die Revision von 1937 kreierte Art.1153 OR umschreibt die *Minimalanforderungen*, denen ein von einem Frachtführer oder *Lagerhalter ausgestelltes Warenpapier* genügen muss, um als *Wertpapier* zirkulieren zu können. Für das Konnossement, das einzige in der Schweiz gebräuchliche von einem «Frachtführer» ausgestellte Warenwertpapier hat indessen bereits das Seeschiffahrtsgesetz von 1953 (AS 1956 S.1305) in Art.114 Abänderungen gebracht, die nach dem Grundsatz lex posterior derogat priori der Regelung von Art.1153 OR vorgehen. Art.443 N.24b. Die Minimalanforderungen eines Lagerscheines, der Waren-Wertpapierqualität besitzen soll, sind:

(1) *Ort und Tag der Ausstellung und Unterschrift des ausstellenden Lagerhalters;*

(2) *Namen* (Firma) und *Wohnort* (gewerbliche Niederlassung bzw. Sitz) des ausstellenden *Lagerhalters;*

(3) *Namen und Wohnort* (Sitz, gewerbliche Niederlassung) des *Einlagerers;*

(4) *Bezeichnung bzw. Kennzeichnung der eingelagerten Güter* nach *Beschaffenheit*, *Menge* und *Merkzeichen*. Handelt es sich um die Einlagerung vertretbarer Sachen in einem Vermengungsdepot, so fällt der Natur der Sache nach die Kennzeichnung fort. Andererseits ist dann eine *Teilrestitution* möglich, die *vom Lagerhalter jeweils auf dem Papier vermerkt werden muss.* Art.475 OR N.5;

(5) *Gebühren und Lagergelder*, die zu bezahlen sind, um das *Retentionsrecht des Lagerhalters ab- und die eingelagerten Güter auszulösen.* Art.485 OR;

(6) Besondere *Vereinbarungen*, die *zwischen Einlagerer und Lagerhalter über die Behandlung der eingelagerten Güter getroffen wurden*, wenn für die konkrete *Aufbewahrungsobligation* des Lagerhalters die gesetzliche Regelung in Art.483/4 OR erweitert oder abgeändert wird. Es kann ein *Lagerschein als Wertpapier auch den aus einem Vermengungsdepot resultierenden Miteigentumsanspruch* verurkunden, weil die Vermengung dem Lagerhalter «ausdrücklich gestattet» sein muss, es ist indessen eine solche besondere Vereinbarung *zu verurkunden;*

(7) Die *Zahl der Ausfertigungen des Wertpapieres*, weil das OR keine bestimmte Anzahl vorschreibt. Art.1153 Z.7, 1154 OR. Art.902 II ZGB. Sind *mehrere Ausfertigungen in Zirkulation gesetzt, so darf der Lagerhalter nur gegen Restitution aller in Zirkulation gesetzten Ausfertigungen auslagern.* Art.486 II OR. Eine *Verpfändung der Ware mittels Warrant muss auf jeder Ausfertigung mit Forderungsbetrag und Verfalltag der Pfandforderung verurkundet sein.* Der *Warrant* als *spezieller Pfandschein* neben dem Warenpapier als Eigentumsschein muss formell

und inhaltlich allen in Art. 1153 OR enthaltenen Anforderungen entsprechen. Zur Verpfändung der Ware mittels Warenpapier muss nicht ein besonderer Warrant (Pfandschein) ausgestellt werden. *Es genügt auch die Verpfändung des «Eigentumsscheines» bzw. des Warenwertpapieres, das nicht als Warrant (Pfandschein) ausgestellt ist.* Art. 902 ZGB. Art. 1154 OR. OFTINGER ad Art. 902 ZGB N. 28/9;

(8) Die *Angabe des Verfügungsberechtigten mit Namen* oder *an Order oder als Inhaber zur wertpapierrechtlichen Negotiabilität und Bestimmung der Legitimation des Besitzers.* Art. 482 III OR. In der ohnehin geringen *Praxis* der Wertpapier-Lagerscheine dürfte wie in den umliegenden Ländern nur der durch Indossament übertragbare *Orderlagerschein* vorkommen. HGB § 424.

Nach Art. 1145 und 1153 Z. 8 OR muss die Klausel *an Order ausdrücklich im Papier vermerkt* sein, um die *Übertragung durch blosses Indossament* zu ermöglichen. Inhaberlagerscheine, die ohne schriftlichen Vermerk durch blosse Besitzübergabe oder Rektalagerscheine, die nur durch bürgerliche Zession übertragen werden könnten, sind durch die Regelung von Art. 482 III, 1153 Z. 8 ermöglicht, aber ebensowenig gebräuchlich wie das Inhaber- oder das Rektakonnossement.

Fehlt eine dieser essentiellen Angaben, so verliert der Lagerschein auch dann die *Wertpapierqualität und wird schlichte Beweisurkunde,* wenn er die Order-, Inhaber- oder Rektaklausel tragen sollte. Umgekehrt ist ein *Lagerschein,* der *alle essentiellen Angaben* enthält, auch dann ein Wertpapier, *wenn er von einem nicht zur Ausgabe konzessionierten Lagerhalter ausgestellt* wurde. Art. 1155 OR. Der Erwerber muss sich nicht nach der Konzession des Ausstellers erkundigen, die nicht publiziert ist und beispielsweise vom Ausland her nur schwer überprüft werden könnte.

Dennoch ist der *Wertpapiercharakter* der schweizerischen Warenpapiere *prekär,* weil die *Skripturwirkung beschränkt ist und eine Gewähr der indossierenden Vormänner für die Richtigkeit des Papiers und a fortiori für die Qualität der sie vertretenden Güter fehlt.* Art. 443 N. 24a, N. 116c unten.

10. Sachenrechtliche Wirkungen des Lagerwertpapieres. Übertragung. Konkurs des Lagerhalters

10 a

a. Der *Wertpapier-Lagerschein* vertritt das darin verurkundete Lagergut insofern, als er durch Art. 902 und 925 ZGB zu einem Mittel erhoben wird, durch seine *Übertragung den Besitz am Lagergut rechtsgültig zu übertragen* (traditio longa manu). Doch der durch die Wertpapierübergabe bewirkte *dingliche Transporteffekt ist weniger stark als der Transporteffekt der regulären Übertragung des körperlichen Besitzes.* Der *gutgläubige Erwerber des Warenpapiers* muss *hinter einem gutgläubigen Erwerber des Lagergutes* zurückstehen. Das ist einer der Gründe für die geringe Popularität der Warenpapiere in der Schweiz. Immerhin kann der *gutgläubige Warenpapierbesitzer das Lagergut im Konkurs des Lagerhalters vindizieren, muss aber der Konkursmasse allfällige zur Ablösung des Retentionsrechtes erforderliche Kosten bezahlen, die auf dem Papier vermerkt sind.* N. 7b oben. Art. 483 N. 6c. *Der legitimierte Inhaber eines Warrants ist sowohl privatrechtlich als auch konkursrechtlich wie ein Faustpfandgläubiger an dem im Warrant spezifizierten Lagergut zu behandeln.* Im Konkurs des Einlagerers ist er als *pfandgesicherter Gläubiger* zu kollozieren. Im Konkurs des Lagerhalters kann er die *Aussonderung und gesonderte Lagerverwertung des verpfändeten Lagergutes* verlangen.

b *b.* Ähnlich wie das Konnossement entwickelt der Wertpapier-Lagerschein *im Verhältnis zwischen Lagerhalter und Einlagerer keine sachenrechtlichen Wirkungen.* Ihre *Rechtsbeziehungen* richten sich rechtlich *nach dem Einlagerungsvertrag,* d. h. weder nach Wertpapierrecht noch nach Sachenrecht, weil durch die blosse Ausstellung des Wertpapier-Lagerscheines und seine Aushändigung an den Einlagerer keine Änderung im sachenrechtlichen Status des Lagergutes eintritt. Die Änderung (Transporteffekt) tritt erst durch wertpapierrechtlich korrekte Begebung des Lagerschein-Wertpapieres vom Einlagerer an einen gutgläubigen Dritten ein.

11. Wertpapierrechtliche Wirkungen des Lagerscheines. Kraftloserklärung

11 a *a.* Der wertpapiermässige Lagerschein *verkörpert im wesentlichen den Anspruch auf Herausgabe des Lagergutes.* Art. 484 II, 486 OR. Zwar kann der *Lagerhalter* dem durch Besitz und/oder Indossament gehörig legitimierten gutgläubigen Erwerber *eines Order- oder Inhaberlagerscheines keine Einreden* entgegenhalten, *die sich nicht aus der Urkunde selbst ergeben, insbesondere keine Einreden aus seinem Rechtsverhältnis mit dem Einlagerer,* soweit dieses nicht im Wertpapier verurkundet ist. Art. 979, 1146 OR. Ferner kann der Lagerhalter als Schuldner aus dem Warenpapier dem Erwerber die *exceptio doli* entgegenhalten, denn *nur der gutgläubige Erwerber ist geschützt. Nicht zulässig ist die Einrede der Simulation* (Art. 18 II OR), *wohl aber die Einrede der Fälschung* und/oder *Vertragsfähigkeit,* welche *Einreden gegen die Gültigkeit der Urkunde* sind.

b. In der Praxis *will der Erwerber* eines Lagerwertpapieres das verurkundete Lagergut entweder *kaufen*, d.h. *entgeltlich zu Eigentum* erwerben, oder namentlich, wenn es sich um einen Warrant handelt, *zu Pfand erwerben.* Art. 1154 OR. Art. 902 ZGB. In beiden Fällen kommt es auf die Qualität an. Der *Lagerhalter* ist *ebensowenig* wie der Seefrachtführer aus einem Konnossement *Garant* für die Qualität des Lagergutes. Er haftet lediglich für die Rückgabe der verurkundeten Sachen im nämlichen Masse wie ein gewöhnlicher Aufbewahrer. Art. 475 N. 3. Art. 443 N. 24a. Ein Kaufsinteressent oder ein Kreditgeber wird daher nicht auf das Warenpapier hin das Lagergut unbesehen kaufen oder belehnen. Er wird vielmehr entweder mit dem ursprünglichen Einlagerer zusammen oder nach Legitimation über seine Rechte durch Präsentation des Warenpapiers das *Lagergut besichtigen und prüfen.* Art. 483 III OR. Auf Besicht und Probe kann aber auch *ohne Warenpapier* gekauft werden. Da sich somit die Skripturhaftung des Warenpapiers nicht auf die Gewährleistung des verurkundeten Lagergutes beziehen kann, ist das Warenwertpapier für schweizerische Verhältnisse eine wenig sinnvolle Institution. b

c. Die *Skripturhaftung* des das Warenpapier ausstellenden *Lagerhalters* kann sich daher nur auf die im Warenpapier verurkundete Art und Menge (Zahl, Mass oder Gewicht) des Lagergutes erstrecken. Hier ist anzunehmen, dass die Skripturhaftung *weiter geht als bei einem von einem Seefrachtführer ausgestellten Konnossement, der skripturrechtlich nicht einmal für Art und Menge des verurkundeten Transportgutes* haftet. Art. 115 SSG. Art. 443 N. 24a. Doch kann der *Aussteller auf dem Lagerschein u. U. vermerken, die Art- und Mengebezeichnung beruhe lediglich auf Angaben des Einlagerers.* § 40 deutsche VO über Orderlagerscheine. c

d. Auch bei einem an Order ausgestellten Lagerwertpapier begründet das Indossament keine Haftung des Indossanten gegenüber dem Erwerber. Der Indossant wird dem oder den ihm folgenden Erwerbern *nur Garant, wenn und soweit er eine solche Garantie ausdrücklich übernommen hat.* Art. 1152 III OR. Art. 468 N. 7d. Es kann eine *Garantie für Art und Menge* und *ausnahmsweise auch eine Garantie für die Qualität des Lagergutes* sein. d

e. Zwar sind die Warenpapiere Wertpapiere. Aber die *skripturrechtliche Haftung des Ausstellers und der Indossanten ist derart beschränkt*, dass sie *auch dem gutgläubigen Erwerber nur einen geringen Schutz verschafft.* Deshalb können die Warenpapiere die ihnen zugedachte wirtschaftliche e

Funktion nur mangelhaft erfüllen. Nach Warenpapieren, wie sie das schweizerische Recht ausgestaltet hat, besteht kein echtes Bedürfnis. Sie haben sich in der Schweiz nicht eingelebt. Das Hand wahre Hand-Prinzip des Mobiliarsachenrechtes hingegen ist zum überragenden Grundsatz geworden. Gerade dieses Prinzip wird im Waren-Wertpapierverkehr gebrochen. Im System unseres Mobiliarsachenrechts ist eine andere Ausgestaltung der Warenwertpapiere kaum denkbar.

f *f.* Lagerscheine mit Wertpapierqualität können nach den Vorschriften der Art. 981/7 *kraftlos erklärt* werden, wenn sie auf den Inhaber lauten. Lauten sie an Order, so erfolgt die Kraftloserklärung nach Art. 1072/80 OR gemäss den Vorschriften über die Kraftloserklärung von Wechseln. Art. 1152 II OR. § 42 deutsche VO über Orderlagerscheine.

Art. 483

II. Aufbewahrungspflicht des Lagerhalters

[1] Der Lagerhalter ist zur Aufbewahrung der Güter verpflichtet wie ein Kommissionär.

[2] Er hat dem Einlagerer, soweit tunlich, davon Mitteilung zu machen, wenn Veränderungen an den Waren eintreten, die weitere Massregeln als rätlich erscheinen lassen.

[3] Er hat ihm die Besichtigung der Güter und die Entnahme von Proben während der Geschäftszeit sowie jederzeit die nötigen Erhaltungsmassregeln zu gestatten.

II. Obligation de garde de l'entrepositaire

[1] L'entrepositaire est tenu d'apporter à la garde des marchandises les mêmes soins qu'un commissionnaire.

[2] Il avise, si possible, le déposant lorsque des changements subis par la chose paraissent exiger d'autres mesures.

[3] Il doit lui permettre de constater l'état des marchandises, et de procéder à des essais pendant le temps consacré aux affaires, ainsi que de prendre en tout temps les mesures conservatoires nécessaires.

II. Obbligo di custodia del magazziniere

[1] Il magazziniere è tenuto a ricevere e custodire le merci come un commissionario.

[2] Egli deve avvertire, appena gli sia possibile, il deponente, se si verificano alterazioni nelle merci, che rendano opportuni dei provvedimenti.

[3] Egli deve permettergli di visitare le merci, di farne assaggi durante le ore d'affari ed in ogni tempo di prendere le misure necessarie per la loro conservazione.

Materialien: Vgl. sub Art. 482 OR.

Rechtsvergleichung: Französische Ordonnance du 6 août 1945 relative aux magasins généraux art. 5, 6, 7, 11, 12, 13. HGB §§ 417/8. Deutsche Verordnung über Orderlagerscheine vom 16. Dezember 1931 §§ 15–20. Codice Civile art. 1787/9.

SYSTEMATIK DER KOMMENTIERUNG

Art. 483 OR

I. Die Verweisung auf das Kommissionsrecht. Art. 483 I

1. Grundsatz der Lagerhaftung für das Lagergut 734
2. Ausführungsabreden und Ausführungsweisung für die Aufbewahrungsobligation. Versicherung des Lagergutes 735

3. Haftung des Lagerhalters für Verlust und Beschädigung des Lagergutes . . . 737
4. Sorgfaltspflicht bei Zusendung des Lagergutes an den Lagerhalter durch einen Frachtführer oder eine Transportanstalt . . . 739
5. Sorgfaltsverletzung durch Hilfspersonen des Lagerhalters . . . 740
6. Das Notverkaufsrecht des Lagerhalters bei verderblichem Lagergut 741

II. Die Informationspflicht des Lagerhalters. Art. 483 II

7. Informationspflicht als Akzessorium der Aufbewahrungsobliagtion. Haftung . . . 742

III. Das Recht des Einlagerers auf Besichtigung, Entnahme von Proben und Erhaltung des Lagergutes. Art. 483 III

8. Kompromiss zwischen Sachherrschaft am Lagergut und am Lagerraum 743

Art. 483 OR

I. DIE VERWEISUNG AUF DAS KOMMISSIONSRECHT. ART. 483 I

1. Grundsatz der Lagerhalterhaftung für das Lagergut

1 a *a.* § 417 I HGB lautet:

«Auf die Rechte und Pflichten des Lagerhalters in Ansehung der Empfangnahme, Aufbewahrung und Versicherung des Gutes finden die für den Kommissionär geltenden Vorschriften der §§ 388—390 Anwendung.»

Diese Regelung wurde von Art. 483 I OR mit einer wenig präzisen und unvollständigen Formulierung übernommen. Botschaft Bundesrat BBl 1905 II S. 42. Die *Aufbewahrungsobligation ist keine charakteristische Obligation eines Kommissionärs*, sondern eines Aufbewahrers im Hinterlegungsvertrag. OSER/SCHÖNENBERGER ad Art. 483 N. 2. BECKER ad Art. 483 N. 8. Hingegen hat der Kommissionär *Pflichten* zur *Rechtswahrung bei der Empfangnahme von Kommissionsgut*, das ihm durch einen Frachtführer, Spediteur oder eine öffentliche Transportanstalt (Art. 427 I und II OR), auf *Versicherung des Kommissionsgutes*, wenn es ausdrücklich verlangt wird (Art. 426 II OR) und ein *Recht auf Notverkauf verderblichen Kommissionsgutes* (Art. 427 III OR). Wesentlich ist jedoch in § 417 HGB die Verweisung auf § 390 HGB, welcher folgendermassen lautet:

«Der Kommissionär ist für den Verlust und die Beschädigung des in seiner Verwahrung befindlichen Gutes verantwortlich, es sei denn, dass der Verlust oder die Beschädigung auf Umständen beruht, die durch die Sorgfalt eines ordentlichen Kaufmanns nicht abgewendet werden konnten. Der Kommissionär ist wegen der Unterlassung der Versicherung des Gutes nur verantwortlich, wenn er von dem Kommittenten angewiesen war, die Versicherung zu bewirken.»

b

b. Art. 483 I OR bildet die *grundsätzliche Haftungsnorm aus der charakteristischen Obligation im Einlagerungsvertrag.* Den Lagerhalter trifft eine Sorgfaltshaftung, die unserem Kommissionsrecht durch die in Art. 425 II OR ausgesprochene Verweisung auf das *allgemeine Auftragsrecht* (Art. 397/9 OR) entnommen werden kann. Art. 425 N. 10. LÜTHI S. 55. Doch ist das Haftungsmass im OR anders umschrieben als im HGB. Da der Einlagerungsvertrag auch von einem Nichtkaufmann abgeschlossen werden kann, ist das *Sorgfaltsmass* nicht dasjenige, das für einen ordentlichen Kaufmann gilt, sondern es ist *variabel je nach der Person bzw. der Firma des Lagerhalters.* Vom gewerbsmässig tätigen Lagerhalter ist ein hohes Mass an Sorgfalt zu verlangen. Art. 398 N. 24/5. Art. 474 N. 4. Art. 475 N. 3b. Massgebend ist sodann, dass der *Einlagerungsvertrag per definitionem entgeltlich* ist. Art. 99 II OR. Mit anderer Begründung im Ergebnis ähnlich OSER/SCHÖNENBERGER ad Art. 483 N. 1–2.

2. Ausführungsabreden und Ausführungsweisung für die Aufbewahrungsobligation. Versicherung des Lagergutes

2 a

a. Die in Art. 483 I OR enthaltene Verweisung auf das Kommissionsrecht bezieht sich nach ihrem Wortlaut auf die Aufbewahrungsobligation des Lagerhalters und erhebt damit nicht nur die besonderen Sorgfaltspflichten des Kommissionärs, sondern auch die allgemeine Sorgfaltspflicht des Beauftragten, wie sie durch Art. 328/398 OR umschrieben ist, zum Haftungsgrundsatz im Einlagerungsvertrag. Botschaft Bundesrat BBl 1905 II S. 42.

b

b. Trotzdem ist der Einlagerungsvertrag eine Hinterlegung, nicht ein Auftragsverhältnis. Obschon der *Einlagerer* den Restitutionsanspruch ähnlich einem Auftraggeber (Art. 400, 404 OR) jederzeit erheben kann (Art. 475 I, 486 I OR), hat er grundsätzlich *kein den Vertrag änderndes einseitiges Weisungsrecht* i. S. von Art. 397 OR. Der *Vertragskonsens* enthält beim Einlagerungsvertrag die *Einigung über einen bestimmten zur Aufbewahrung des Lagergutes geeigneten Lagerraum.* Art. 482 N. 6c. Für ein allgemeines Weisungsrecht ist bei dieser weitgehenden Spezifikation der an einem bestimmten Ort zu erfüllenden Aufbewahrungsobligation kein Raum. Dieser Rahmen, verbunden mit der allgemeinen durch Art. 328/398 OR umschriebenen Sorgfaltspflicht, die durch die konkreten Umstände (z. B. die Natur des Lagergutes – Art. 398 N. 24 e) noch genauer bestimmt wird, erweist sich normalerweise als ausreichend.

c *c. Bedarf das Lagergut einer besonderen Wartung, Obhut oder Bewachung,* die nicht aus seiner Natur abgeleitet werden kann (art. 5 der französischen Ordonnance du 6 août 1945 relative aux magasins généraux verlangt daher déclaration de la nature et de la valeur des eingelagerten Gutes), so ist *dem Einlagerer zuzumuten, mit dem Lagerhalter darüber besondere «Ausführungsabreden»* zu treffen, denen dieser jedoch zustimmen muss, damit sie Vertragsinhalt werden. TANZI p. 57. Wird ein Lagerschein als Warenwertpapier ausgestellt, so sind solche besonderen Abreden darauf zu verurkunden. Art. 482 N. 9 a (6). Werden z. B. Pelze einem Pelzgeschäft zur Übersommerung übergeben, so dürfte eher ein Einlagerungsvertrag als eine gewöhnliche Hinterlegung vorliegen, namentlich wenn besondere Einrichtungen (Kühlräume) zur Verfügung gestellt und dafür ein besonderes Entgelt verlangt wird. Dann ist die Pflicht zur mottensicheren Aufbewahrung, d. h. der *Schutz gegen eine allgemein bekannte Gefahr, der durch die Einlagerung begegnet werden soll, ein Bestandteil der allgemeinen Sorgfaltspflicht* des Lagerhalters. SJZ 46 (1950) N. 70 S. 192. Der Goldschmied, dem ein wertvoller Ring in seinem Laden zur Aufbewahrung anvertraut wurde, verletzt seine allgemeine Sorgfaltspflicht, wenn er ihn nicht in seinem Tresor einschliesst (Sem jud 64 [1963] S. 389) und dadurch vor Entwendung schützt.

d *d. Sorgfaltspflichten, die sich nicht aus den konkreten Umständen von selbst ergeben, kann der Lagerhalter durch besondere Abrede übernehmen, aber er muss es nicht.* Selbst wenn der Lagerhalter solche zusätzlichen Sorgfaltspflichten übernimmt, ist der Einlagerer nicht gegen Schäden geschützt, die ohne ein dem Lagerhalter zurechenbares Verschulden eintreten können. Schutz gegen solche Schäden gewährt nur die *Versicherung des Lagergutes.* Eine Haftpflichtversicherung des Lagerhalters hätte nur einzutreten, wenn der Lagerhalter für den Schaden aufkommen müsste. Art. 447 N. 13. Hier gewinnt die in Art. 483 I OR enthaltene Verweisung auf das Kommissionsrecht (Art. 426 II OR) unmittelbare Bedeutung. Die *Weisung, das Lagergut zu versichern, kann dem Lagerhalter einseitig erteilt werden und wird auch ohne dessen Zustimmung verbindlich.* Art. 426 N. 3 d, 5 d. Deutsche VO über Orderlagerscheine § 20. Der Einlagerer muss auch vorschreiben, welche Risiken versichert werden sollen.

I. d. R. handelt es sich um eine Feuer- und/oder Diebstahlversicherung. Art. 12 I der französischen Ordonnance bestimmt «les marchandises susceptibles d'être warrantées sont obligatoirement assurées contre l'incendie par les polices générales du magasin». Es wäre nicht abwegig, eine ähnliche Pflicht des Lagerhalters in der Schweiz einzuführen. De lege lata gilt jedoch Kommissionsrecht, d. h. *Versicherungspflicht nur auf ausdrückliche Weisung des Einlagerers.* Der Lagerhalter kann Vorausdeckung für die Versicherungsprämie verlangen bzw. besitzt den *Erstattungsanspruch* unter dem Titel des *Auslagenersatzes* gemäss Art. 485 I OR. Hat er entgegen der mitgeteilten Weisung des Einlagerers das Lagergut *nicht versichert, so haftet er selbst für Verlust oder Beschädigung des Lagergutes.* Die haftungsbegründende *Sorgfaltsverletzung ist die Missachtung der Weisung.* Obschon der Lagerhalter ohne Auftrag des Einlagerers das Lagergut *nicht versichern muss, darf er es tun, wenn er es als geboten erachtet* und hat *Anspruch auf Ersatz der Prämie* (oder eines Prämienanteils) unter dem Titel des Auslagenersatzes gemäss Art. 485 II OR.

3. Haftung des Lagerhalters für Verlust und Beschädigung des Lagergutes

3 a

a. Da die Wirkung der einseitigen Ausführungsweisung die nämliche ist wie diejenige der zweiseitigen Ausführungsabrede (Art. 397 N. 11, 20c), kann bei Verletzung einer Ausführungsabrede Art. 397 II OR zur Anwendung gelangen, zumal wenn man aus jener Bestimmung ein allgemeines Prinzip für die Schadensregulierung bei der Verletzung einer obligatio faciendi ableitet. *Ersetzt der Lagerhalter dem Einlagerer den Schaden in Geld, der durch die Verletzung einer Ausführungsabrede für die Aufbewahrungsobligation entstanden ist, so gilt die Aufbewahrungs- und Restitutionsobligation dennoch als erfüllt.* Kann von mehreren eingelagerten Möbelstücken eines nicht restituiert werden, weil es gestohlen, verwechselt oder zerstört wurde, und leistet der Lagerhalter vollen Wertersatz für jenes Stück, während er die anderen Stücke in natura restituiert, so gilt der Einlagerungsvertrag als erfüllt. Das bedeutet, dass die Ansprüche des Lagerhalters aus einer actio depositi contraria auf Auslagenersatz und Vergütung gemäss Art. 485 OR nicht dahinfallen, sondern zu Recht bestehen und (i. d. R. durch Verrechnung) zu tilgen bzw. zu verrechnen sind. Art. 485 N. 3.

b

b. Damit gelangt man bei der *Haftung des Lagerhalters* für das Lagergut über Art. 397 II OR zu einem *ähnlichen Resultat wie bei der Haftung des*

Frachtführers für Transportschäden am Frachtgut nach Art. 447/8 OR. Es ist die Lösung, die art. 5/6 der französischen Ordonnance du 6 août 1945 relative aux magasins généraux und § 19 der deutschen VO über Orderlagerscheine als «Haftung für Verlust oder Beschädigung des Lagergutes» eingeführt hat. Sie gilt auch hinsichtlich der Beweislast. Der *Lagerhalter* hat den *vollen Sachwert verlorenen oder beschädigten Lagergutes zu ersetzen*, wenn er nicht beweist, dass er die Sorgfalt aufgewendet hat, zu der er nach Massgabe der Art. 328/398 OR verpflichtet war. Art. 447 N. 4c, 8, 9. *Bei grobem Verschulden*, wozu namentlich die *Verletzung einer ausdrücklichen Ausführungsabrede* zu zählen ist, haftet der Lagerhalter für den vollen Schadenersatz. Eine *Pflicht zur Deklaration wertvollen Lagergutes* (art. 5 der französischen Ordonnance du 6 août 1945 relative aux magasins généraux) oder eine Beschränkung der Haftung auf DM 20 pro kg Lagergut, wie sie § 19 II der deutschen VO über Orderlagerscheine vorsieht, *besteht nach schweizerischem Recht nicht*. Doch wird die «geheime» Einlagerung von Wertsachen ohne Deklaration als Verschulden des Einlagerers zu betrachten sein, das bis zur Haftbefreiung führen kann. Art. 447 II OR. De lege ferenda wäre die *Übereinstimmung der Transportschadenshaftung des Frachtführers für das Frachtgut mit der Haftung des Lagerhalters für das Lagergut anzustreben.* Lagert der Frachtführer oder Spediteur das Frachtgut vorübergehend im eigenen Lager ein, so sind die beiden Haftungen ohnehin schwer auseinanderzuhalten. Diese einfache Regelung ist in art. 1787 Codice Civile verwirklicht.

c

c. Doch steht nach schweizerischem OR nichts dagegen, dass die *Lagerhalterhaftung für Verlust oder Beschädigung durch Vertragsabrede nach ähnlichen Gesichtspunkten limitiert wird wie die Transportschadenshaftung des Frachtführers.* Art. 447 N. 10. Die meisten Lagerhalter stellen *einheitliche «Einlagerungsbedingungen»* auf, die zum Vertragsinhalt erhoben werden. Dort findet sich i. d. R. eine Haftungslimitierung, die nach Art. 100 OR zulässig ist, soweit nicht die Haftung für grobes Verschulden des Lagerhalters oder seiner Hilfspersonen ausgeschlossen oder limitiert werden soll. Überhaupt sollte die *Haftung des Lagerhalters für Schäden am Lagergut vertraglich nicht weiter begrenzt werden dürfen als die Haftung des Frachtführers für Transportschäden.* Art. 447 N. 10. § 14 III deutsche VO über Orderlagerscheine. Eine allenfalls mit der Vertragshaftung konkurrierende *Deliktshaftung* des Frachtführers kann *nicht durch Vertragsabrede limitiert* werden.

4. Sorgfaltspflicht bei Zusendung des Lagergutes an den Lagerhalter durch einen Frachtführer oder eine Transportanstalt

4 a

a. Als Hinterlegungsvertrag ist der Einlagerungsvertrag u. E. auch im OR ein Realkontrakt in dem Sinne, dass die gegenseitigen Vertragsrechte und -pflichten erst und nur unter der Bedingung entstehen, dass das Lagergut in den Besitz des Lagerhalters gelangt. Ein *Einlagerungszwang besteht* für den Lagerhalter nach OR auch dann *nicht*, wenn er sich zum Abschluss von Einlagerungsverträgen öffentlich empfohlen hat. TANZI p. 47. Anders OSER/SCHÖNENBERGER ad Art. 483 N. 3. Wird *Lagergut dem Lagerhalter zugesandt, so erhält er den Besitz, sobald er nach Transportrecht über die Sendung* (als Empfänger) *verfügen kann.* Art. 443 N. 10 a, 18, 22, 23. Die besonderen Sorgfaltspflichten, die das zugesandte Lagergut betreffen (Art. 427 N. 2), bestehen in der vom Gütertransportrecht geregelten *Rechtswahrung* (Art. 427 N. 3) durch den Lagerhalter im Interesse des Einlagerers: *Feststellung eines Transportschadenstatbestandes* in den vorgeschriebenen Formen (Art. 453 N. 2), *Vermeidung der vorbehaltlosen Annahme des zugesandten Lagergutes und der Bezahlung der auf der Sendung haftenden Kosten* (Art. 452 N. 3), *Benachrichtigung des Einlagerers* (Absenders) gemäss Art. 427 I und 483 II OR.

b

b. Eine eigentliche *Prüfungspflicht* wie die des Käufers oder Bestellers *hinsichtlich des Zustandes des Lagergutes* besteht u. E. für den Lagerhalter *weder, wenn* ihm das Lagergut *vom Einlagerer selbst* (oder einem direkten Stellvertreter) *übergeben noch wenn es ihm durch Vermittlung eines Frachtführers, eines Spediteurs oder einer Transportanstalt zugesandt* wird. Doch entsteht eine Vermutung, das Lagergut sei dem Lagerhalter unbeschädigt zugekommen, wenn er nicht innert kurzer Frist nach der Empfangnahme den Einlagerer vom Gegenteil benachrichtigt. Die *transportvertragliche Rechtswahrung ist an eine besonders kurze Verwirkungsfrist gebunden.* Art. 452 N. 6. Ihre Einhaltung kann vom Lagerhalter *nur bei äusserlich erkennbaren Mängeln* des zugesandten Lagergutes verlangt werden. Zu einer anderen als der visuellen Prüfung ist der Lagerhalter weder berechtigt noch verpflichtet. Doch gehört die visuelle *Prüfung auf äusserlich erkennbare Mängel* im Falle der Zusendung durch einen Frachtführer oder eine Transportanstalt *zu den Sorgfaltspflichten des Lagerhalters.* Bei *äusserlich nicht erkennbaren Schäden* am zugesandten Lagergut (Frachtgut) *tritt die Verwirkung der Transportschadenansprüche nur ein, wenn die Rüge gegenüber dem Frachtführer oder der Transportanstalt nach deren Entdeckung unterlassen* wurde. Art. 452 N. 4. *Hat der Frachtführer einen Transportschaden arglistig verschwiegen, so tritt weder Ver-*

wirkung noch Verjährung innert der kurzen Fristen der Art. 452 und 454 OR ein. TANZI p. 51/3.

c *c.* In Art. 427 II OR wird bestimmt, der Kommissionär (nach Art. 483 I: der Lagerhalter) hafte für den durch Verletzung der besonderen Sorgfaltspflichten entstandenen Schaden. Art. 427 N. 4. Dieser *Schaden bemisst sich jedoch beim Lagerhalter anders als beim Kommissionär, der die zugesandte Sache verkaufen sollte.* Wurde durch Sorgfaltsverletzung des Lagerhalters der Transportschadensanspruch gegen den Frachtführer oder die Transportanstalt verwirkt, so ist der *Schaden des Einlagerers dem schuldhaft verwirkten Transportschadenanspruch gleichzusetzen.* Denn der Einlagerer hat Anspruch auf Restitution des Lagergutes im gleichen Zustande, als es sich bei der Übergabe befand. Eine Änderung der Gefahrstragung tritt nicht ein. Das *Lagergut reiste grundsätzlich auf die Gefahr des Einlagerers.* Deshalb kann dem Einlagerer nur der Schadenersatz zugebilligt werden, den er bei Wahrung begründeter Transportschadenansprüche gegenüber dem Frachtführer oder der Transportanstalt erhalten hätte. *Es können durch Haftungslimiten reduzierte Ersatzansprüche sein.* Art. 448 N. 10f. Die *Haftung des Lagerhalters ist hier eine ähnliche wie diejenige des Spediteurs nach Art. 456/7 OR.*

5. Sorgfaltsverletzung durch Hilfspersonen des Lagerhalters

5 a *a.* Aufbewahrungs- und Restitutionsobligation des Lagerhalters sind wie die nämlichen Obligationen des Aufbewahrers bei unqualifizierter Hinterlegung persönlich zu erfüllende Verpflichtungen. Die *Substitution* eines anderen Lagerhalters kommt auch deshalb *nicht in Frage*, weil die Aufbewahrungsobligation *mittels bestimmter Lagerungseinrichtungen zu erfüllen* ist, über die nur der Lagerhalter verfügt. Art. 472 N. 4e. Der Fall, dass der Einlagerer den Lagerhalter ausdrücklich ermächtigt, das Lagergut im eigenen Namen einem anderen Lagerhalter zur Einlagerung zu übergeben, dürfte praktisch kaum vorkommen. Sind *Lagerscheine* als *Wertpapiere* ausgestellt, so kann *nur der ausstellende Lagerhalter zur Erfüllung der Aufbewahrungs- und Restitutionsobligation* verpflichtet sein.

b *b.* Lagerhalter sind i. d. R. *juristische Personen* oder Handelsgesellschaften. Sie können ihre Verpflichtungen *nur durch Hilfspersonen* erfüllen. Auch wenn der Lagerhalter eine *natürliche Person* (Einzelfirma) ist, darf er durch *Hilfspersonen* erfüllen, *für deren Verhalten er nach Art. 101 OR haftet wie für sein eigenes Verhalten.* § 15 II deutsche VO über Orderlagerscheine. Die durch Hilfspersonen begangene *Sorgfaltsverletzung ist dem Geschäftsherrn zuzurechnen.* TANZI p. 55. Das Thema des dem Lagerhalter obliegenden *Exkulpationsbeweises* im Falle eines Schadeneintrittes umfasst daher nicht nur die eigene, sondern auch die *Schuldlosigkeit der tatsächlich verwendeten Erfüllungsgehilfen.* Art. 447 N. 8a, 16b. Art. 449 N. 4a. Kaum zutreffend ZBJV 78 (1942) S. 287. Der Lagerhalter haftet für Diebstähle seiner Angestellten ex contractu nach Art. 101 OR ohne die in Art. 55 OR vorgesehene Entlastungsmöglichkeit.

6. Das Notverkaufsrecht des Lagerhalters bei verderblichem Lagergut

6 a

a. Das *Notverkaufsrecht* des Besitzers von Kommissionsgut, Frachtgut oder Lagergut (Kommissionärs, Frachtführers oder Lagerhalters) dient in allen Fällen dem *Schutze des Retentionsrechtes* (Art. 434, 451, 485 III OR). Das akzessorische Retentionsrecht besteht nur, wenn und soweit *unerfüllte Ansprüche des Lagerhalters* aus seiner *actio depositi contraria* (Art. 485 I und II OR) im Zeitpunkt der Ausübung des Retentionsrechtes bestehen. Art. 451 N. 1c. Bestehen *keine oder nur ganz unbedeutende Forderungen des Lagerhalters, so besteht kein schützenswertes Interesse am Verkauf,* d. h. einer Verfügung über Lagergut, das i. d. R. nicht dem Lagerhalter, sondern dem Einlagerer gehört. Dann besteht nur die *Pflicht des Lagerhalters zur sofortigen Benachrichtigung des Einlagerers*, sollte das Lagergut bei oder nach seiner Einlagerung in Verderbnis geraten sein. Art. 483 II OR. Diese Pflicht zu *sofortiger Benachrichtigung* besteht übrigens auch dann, wenn die *Voraussetzungen für die Ausübung des Notverkaufsrechtes* gegeben sind. Art. 427 N. 5. Art. 445 OR. Der Einlagerer oder ein Dritter kann den Notverkauf durch Zahlung oder Hinterlegung der Ansprüche des Lagerhalters abwenden.

b

b. Ist ein Abwarten der Anordnungen des Einlagerers oder der «Erhaltungsmassregeln» (Art. 483 III OR) über sein Eigentum nicht mehr möglich, so kann die *amtliche* (meist richterliche) *Bewilligung zum Notverkauf auch ohne vorherige Benachrichtigung des Einlagerers* erteilt und der Notverkauf durchgeführt werden. Nach Art. 427 III OR *kann der Lagerhalter zur Durchführung dieses Notverkaufs verpflichtet sein, wenn der Einlagerer nicht anders vor Schaden bewahrt werden kann.* Der Notverkauf ist seinem Zwecke entsprechend ein *abgekürztes Pfandverwertungsverfahren.* Art. 451 N. 4b.

c

c. Art. 1789 *Codice Civile* sieht nach vorheriger Anzeige an den Einlagerer ein *freihändiges Verkaufsrecht des Lagerhalters* am Lagergut vor, und zwar *nicht nur, wenn es sich um verderbliches Lagergut handelt.* Der Erlös nach Abzug der Ansprüche des Lagerhalters aus seiner actio depositi contraria ist zur Verfügung des Berechtigten (Einleger oder Zessionar) zu halten. Die amtliche Mitwirkung ist praktisch wenig wirksam, schafft aber gewisse Garantien gegen *missbräuchliche Beanspruchung* des Notverkaufsrechts, für die der *Lagerhalter* jedoch analog Art. 446 OR ohnehin *verantwortlich* ist.

II. DIE INFORMATIONSPFLICHT DES LAGERHALTERS. ART. 483 II

7. Informationspflicht als Akzessorium der Aufbewahrungsobligation. Haftung

7 a *a.* In der Formulierung von Art. 483 II OR manifestiert sich einerseits die auftragsrechtliche Komponente des Einlagerungsvertrages. Die *Aufbewahrungsobligation* ist *eine durch die Sorgfaltshaftung charakterisierte obligatio faciendi*, die den Lagerhalter zur *Rechenschaftsablegung* i. S. von Art. 400 OR verpflichtet. Art. 400 N. 23, 26. Andererseits gebietet das Eigentumsrecht des Einlagerers, das die Regel bildet (Art. 484 N. 4), dass er vom unmittelbaren unselbständigen Besitzer über *Veränderungen seines Eigentums, namentlich solche, die eine Entwertung befürchten lassen, informiert wird*, damit er seine Anordnungen treffen kann, die allerdings *gegen den Willen des Lagerhalters nur in der vorzeitigen Auslagerung des Lagergutes bestehen* können. Art. 486 I, 475 I OR. Wenn der Lagerhalter nur zur Anzeige von Veränderungen am Lagergut und *zur Gestattung von Erhaltungsmassnahmen verpflichtet* ist, die der *Einlagerer selbst* vornimmt, so muss daraus geschlossen werden, dass *ohne besondere Abrede die Aufbewahrungspflicht des Lagerhalters keine besondere eigene Tätigkeitspflicht zur «Behandlung» des Lagergutes umfasst*, zu deren Ausführung ihm vielleicht die Sachkenntnis fehlt. Lagerraum zur Aufbewahrung (Lagerhalter) oder Transportmittel zum Transport (Frachtführer) zur Verfügung stellen, kann ohne besonderen Auftrag nicht auch bedeuten, das Lagergut sachgemäss zu behandeln bzw. zu pflegen. TANZI p. 57. *Adressat der Information ist der Einlagerer* oder, *wenn Warenpapiere ausgestellt sind, der dem Lagerhalter bekannte oder sich legitimierende Inhaber des Warenpapieres.* Prot. Exp. Komm. vom 19. 10. 08 S. 10.

b *b.* Im übrigen ist die *Informationspflicht des Lagerhalters der Natur des Einlagerungsvertrages angepasst.* So erwähnt § 18 der deutschen VO über

Orderlagerscheine ausdrücklich, *Umlagerungen des Gutes* seien *unverzüglich anzuzeigen*. Die Informationspflicht ist übrigens bereits aus der in Art. 483 I OR enthaltenen Verweisung auf das Kommissionsrecht abzuleiten. Die Informationspflicht des Lagerhalters unterscheidet sich grundsätzlich nicht von der des Kommissionärs nach Art. 426 I OR. Sie ist eine *besondere Sorgfaltspflicht, deren Verletzung zu Schadenersatz verpflichtet*. Doch muss der Schadenersatzkläger beweisen können, dass der Verletzungsschaden kausal ist, d.h. dass der Schaden bei gehöriger Erfüllung der Informationspflicht und rechtzeitiger Möglichkeit des Einlagerers, die gebotenen Erhaltungsmassnahmen selbst zu treffen (Art. 483 III OR) nach dem gewöhnlichen Lauf der Dinge nicht eingetreten wäre.

III. DAS RECHT DES EINLAGERERS AUF BESICHTIGUNG, ENTNAHME VON PROBEN UND ERHALTUNG DES LAGERGUTES. ART. 483 III

8. Kompromiss zwischen Sachherrschaft am Lagergut und am Lagerraum

8 a

a. Der *Lagerhalter* ist unmittelbarer *Besitzer* (Eigentümer oder Mieter) *der Lagerräume*. Kraft seiner tatsächlichen Sachherrschaft über die Lagerräume könnte der Lagerhalter dem Einlagerer während der Dauer der Einlagerung den Zutritt zum Lager verbieten. Darauf könnte der Einlagerer nur mit der Auslagerung des Lagergutes reagieren. Andererseits würde in einem grossen Lagerbetrieb ein unbeschränktes Zutrittsrecht aller Einlagerer (oder anderen über das Lagergut verfügungsberechtigten Personen) zu Störungen führen, die dem Lagerhalter die sorgfältige Erfüllung seiner Aufbewahrungsobligationen erschweren oder verunmöglichen könnten. Die in Art. 483 III OR getroffene Regelung ist ein *Kompromiss zwischen den Interessen des Lagerhalters an richtiger Betriebsführung und den Interessen des Einlagerers auf Verfügung über sein Eigentum, wie er sich aus der Interessenlage im Einlagerungsvertrag ergibt.*

b

b. Das Recht auf jederzeitige Besichtigung des Lagergutes während der Geschäftszeit soll dem *Eigentümer* bzw. dem Verfügungsberechtigten *ermöglichen*, neben der beschränkten Obsorge, die der Lagerhalter nach dem Einlagerungsvertrag für das Lagergut aufzubringen hat, *selbst für das Lagergut zu sorgen und gegebenenfalls darüber zu verfügen*. Sind zum

Wiederverkauf bestimmte Handelswaren eingelagert, so muss der Eigentümer, der ab Lager verkaufen will, Interessenten das *Gut zeigen* können, sei es nun, dass darüber Warenpapiere ausgestellt wurden oder nicht. Das *Bedürfnis nach Besichtigung* besteht, weil auch der Lagerschein mit Wertpapierqualität *keine Garantie für die Qualität des Lagergutes* enthält, über das verfügt werden soll. Der *Kauf auf Probe oder auf Besicht* ist, wenn der Kaufgegenstand eingelagert ist, ein praktisches Bedürfnis. Art. 223/5 OR. Diese besonderen Arten des Kaufes sollen *nicht* durch den Besitz des Lagerhalters an den Lagerräumen *verunmöglicht* werden. Die Beschränkung des Besichtigungsrechtes und des Rechtes zur Entnahme von Proben auf die Geschäftszeit ist deshalb gerechtfertigt, weil ernste Handelsgeschäfte mit dem Lagergut in der Geschäftszeit abgewickelt werden können, und weil dem Lagerhalter nicht zugemutet werden kann, auch ausserhalb der Geschäftszeit zur Verfügung seiner Einlagerungskunden zu stehen. § 418 HGB. § 17 I deutsche VO über Orderlagerscheine.

c

c. Endzweck der Einlagerung ist die *vollständige und unbeschädigte Restitution* des eingelagerten Gutes. Da das Gut auf die Gefahr des Einlagerers bzw. des Eigentümers lagert, hat dieser das primäre Interesse an der Erhaltung seines vollen Wertes. Ist das *Gut verderblich oder anderen Gefahren ausgesetzt* (Verflüchtigung, Schwund), so lehnt es der Lagerhalter gewöhnlich ab, Erhaltungsmassnahmen gegen Gefahren zu treffen, die sich aus der natürlichen Beschaffenheit des Gutes ergeben. Auch ein Frachtführer würde dafür nicht haften. Art. 447 I OR. Dann muss der *Eigentümer solchen Lagergutes in der Lage sein, die erforderlichen und möglichen Massnahmen zur Erhaltung seines Eigentums jederzeit selbst zu treffen* (Tanzi p. 66), vorbehältlich des Notverkaufsrechtes des Lagerhalters zum Schutze von dessen Retentionsrecht. N. 6 oben.

Art. 484

III. Vermengung der Güter

[1] Eine Vermengung vertretbarer Güter mit andern der gleichen Art und Güte darf der Lagerhalter nur vornehmen, wenn ihm dies ausdrücklich gestattet ist.

[2] Aus vermischten Gütern kann jeder Einlagerer eine seinem Beitrag entsprechende Menge herausverlangen.

[3] Der Lagerhalter darf die verlangte Ausscheidung ohne Mitwirkung der anderen Einlagerer vornehmen.

III. Mélange de choses entreposées

[1] L'entrepositaire ne peut mélanger des choses fongibles avec d'autres de même espèce et qualité que si ce droit lui a été expressément conféré.

[2] Tout déposant peut réclamer, sur des choses ainsi mélangées, une part proportionnelle à ses droits.

[3] L'entrepositaire peut alors assigner la part de ce déposant sans le concours des autres.

III. Mescolanza di cose fungibili

[1] Il magazziniere non può mescolare le cose fungibili della stessa specie e qualità se non quando vi sia espressamente autorizzato.

[2] Delle cose mescolate ogni deponente può richiedere che gli sia consegnata una quota corrispondente alla sua parte.

[3] Il magazziniere può in tal caso eseguire la richiesta separazione senza il concorso degli altri deponenti.

Materialien: Sub Art. 482 OR.

Rechtsvergleichung: HGB § 419. Deutsche VO über Orderlagerscheine vom 16. Dezember 1931 §§ 23, 28–32.

SYSTEMATIK DER KOMMENTIERUNG

Art. 484 OR

1. Einlagerung vertretbarer Sachen 746
2. Befugte und unbefugte Misch- oder Sammellagerung. Sachenrechtliche Wirkungen 747
3. Restitutions- und Teilungsanspruch bei Misch- oder Sammellagerung. Behandlung im Konkurs des Lagerhalters 748
4. Irreguläre Misch- oder Sammellagerung 750

Art. 484 OR

1. Einlagerung vertretbarer Sachen

1 a *a.* Bei der Interpolation des Einlagerungsvertrages in das Hinterlegungsvertragsrecht anlässlich der Revision des OR von 1911 wurde sinngemäss § 419 HGB übernommen, der die sogenannte Mischlagerung vertretbarer Sachen vom schuld- und sachenrechtlichen Gesichtspunkt regelt. Trotz der Stellung im Unterabschnitt C des 19. Titels über den Hinterlegungsvertrag, handelt es sich nicht um Bestimmungen, die nur zum Lagergeschäft, sondern um *Bestimmungen die zum allgemeinen Hinterlegungsvertragsrecht* oder zum Unterabschnitt B «Hinterlegung vertretbarer Sachen» gehören. **BGE 77 I 39/40.**

b *b.* Auszugehen ist von dem in Code Civil art. 1915, 1930, 1932/3 niedergelegten Rechtsprinzip, dass die hinterlegungsvertragliche *Restitutionsobligation selbst dann eine Speziesschuld bildet, wenn vertretbare Sachen den Hinterlegungsgegenstand bilden.* Art. 481 N. 1 d. Ausser für das Gelddepot, das nicht Gegenstand eines Einlagerungsvertrages bilden kann, gilt das *Prinzip der Naturalrestitution* in spezie für alle Arten der Hinterlegung einschliesslich der *Einlagerung.* Das führt automatisch *zum Gebrauchs- und Verbrauchsverbot des Art. 474 OR auch an vertretbaren Sachen und zum Verbot der Vermischung mit Sachen der gleichen Art und Güte* nach Art. 484 I OR. Denn *Verbrauch und Vermischung würden die Restitution in spezie verunmöglichen.*

c *c.* Doch bildet das Prinzip der *Restitution vertretbarer Sachen in spezie abweichend vom französischen Recht weder im deutschen BGB, im HGB noch im OR zwingendes Recht.* Ohne den Vertrag als Hinterlegungsvertrag zu disqualifizieren, können die Parteien durch *Abrede* (pactum) die *Restitutionsobligation auf zwei Arten modifizieren:*

(1) Es kann dem Aufbewahrer *gestattet* sein, *vertretbare Hinterlegungsgegenstände oder vertretbares Lagergut des Hinterlegers oder Einlagerers mit solchem gleicher Art und Güte zu vermischen und ein sogenanntes Vermengungs- oder Sammeldepot oder -lager herzustellen, ohne dass der Aufbewahrer dadurch Alleineigentum an den vermischten Beständen erwirbt.* Art. 481 N. 9 und 10. **BGE 77 I 40.** Tanzi p. 61.

(2) Oder es kann weitergehend *dem Aufbewahrer oder Lagerhalter die Befugnis eingeräumt sein, statt der Restitution in spezie, Sachen der nämlichen Art und Güte zu restituieren in der Meinung, dass der übergebene*

Hinterlegungs- oder Einlagerungsgegenstand Eigentum des Aufbewahrers werden soll, so dass ein depositum irregulare entsteht. Art. 481 N. 3 – 5. **BGE 77 I 40.**

2. Befugte und unbefugte Misch- oder Sammellagerung. Sachenrechtliche Wirkungen

2 a

a. Von Vermengungs- oder Mischlagerung (§ 23 deutsche VO über Orderlagerscheine) spricht man dann, wenn sich das Lagergut durch die Lagerung im nämlichen Raum oder Behälter (z. B. flüssiger Brennstoff in einem Sammeltank, Wein in einer Trotte oder einem Fass, Getreide in einem Silo) automatisch zu einem «Gesamtvorrat» so vermischt, dass eine Identifikation der ursprünglichen Teile nicht mehr möglich ist. Sammellagerung (§ 28 deutsche VO über Orderlagerscheine) ist dann anzunehmen, wenn die eingebrachten Teile sich durch Lagerung im nämlichen Raum wegen ihrer natürlichen Beschaffenheit (feste Körper) zwar nicht unausscheidbar verbinden oder vermischen, wenn aber doch eine Ausscheidung «unverhältnismässige Arbeit und Auslagen» verursachen würde. (Beispiele: Automobilersatzteile der gleichen Marke und des gleichen Modells; Uhrenteile [ébauches]; Lebensmittel von gleicher Provenienz und Verpackung wie Konservenbüchsen, Säcke; Baumaterialien wie Backsteine, Holz, aber auch z. B. massenweise hergestellte Möbelstücke [Bestuhlung eines Theatersaales] u. a.) Die Differenzierung erübrigt sich im einzelnen, weil nach OR die Rechtsverhältnisse am Misch- und am Sammellager die nämlichen sind. Die theoretische Frage, ob das Miteigentum am Gesamtvorrat oder Sammelbestand erst durch tatsächliche Verbindung und Vermischung oder bereits durch die Übergabe der Teile des Gesamtvorrates oder Sammelbestandes mit der Ermächtigung zur Vermengung entsteht, ist mit der neueren deutschen Praxis im letzteren Sinne zu lösen. Kommentar RATZ ad § 419 HGB Anm. 3. Denn der Einlagerer kann kraft Vertrages von der Übergabe zur Mischlagerung nicht mehr Herausgabe in spezie, sondern nur noch Herausgabe eines der eingebrachten Menge entsprechenden Teiles verlangen. Art. 484 II und III OR.

b

b. Der Lagerhalter darf übergebenes Lagergut mit eigenen Beständen (TANZI p. 59) oder gleichartigen Beständen anderer Einlagerer nur dann zu einem Misch- oder Sammellager vermengen, wenn ihn eine *ausdrückliche Abrede* mit dem oder den Einlagerern dazu ermächtigt. Die *ausdrückliche Abrede zur Sammel- oder Mischlagerung ist von der ausdrücklichen Abrede eines irregulären Depots zu unterscheiden.* Art. 481 N. 3 d.

Bei Abrede eines *irregulären Depots darf der Lagerhalter vermischen, weil er als Eigentümer über das Lagergut verfügt.* Bei blosser Abrede auf *Misch- oder Sammellagerung* wird der *Lagerhalter* nicht Eigentümer, sondern *Miteigentümer pro parte, soweit er mit eigenen Beständen vermischt.* Mischt er *nicht mit eigenen Beständen, so hat der Lagerhalter überhaupt kein dingliches Recht am Gesamtvorrat oder Sammelbestand.* Es muss indessen angenommen werden, dass eine *nicht ausdrücklich gestattete Misch- oder Sammellagerung durch stillschweigende Genehmigung zu einer befugten wird,* wenn sie der *Einlagerer in Kenntnis der Vermischung widerspruchslos hingenommen hat.* LÜTHI S. 41.

c *c. Vermischt der Lagerhalter Lagergut, ohne durch ausdrückliche Abrede dazu ermächtigt zu sein, so begeht er eine Vertragsverletzung.* Trotzdem *entsteht nach zwingendem Sachenrecht (Art. 727 ZGB) auch durch die unbefugte Vermischung Miteigentum, und der Einlagerer hat den Ausscheidungsanspruch wie bei befugter Vermischung.* MEIER-HAYOZ ad Art. 646 ZGB Nr. 15. Doch haben *bei befugter Vermischung die Einlagerer Verluste und/oder Wertverminderungen, die ohne Verschulden des Lagerhalters entstehen* (z. B. durch Schwund) *pro parte zu tragen,* während die *unbefugte Vermischung eine Verschuldenshaftung des Lagerhalters begründet.* Für aus dem Gesamtbestand *gestohlenes oder verbranntes Lagergut muss der unbefugt vermischende Lagerhalter nur dann nicht aufkommen, wenn er beweist, dass der Verlust oder die Verminderung auch bei separierter Lagerung eingetreten* wäre. *Unbefugt ist auch die Vermischung mit Beständen, die nicht die gleiche Qualität aufweisen* (z. B. Getreide, Reis, Kaffee, Tee verschiedener Provenienz). In diesem Falle hat der *Lagerhalter die Wertdifferenz zwischen dem Miteigentumsanspruch am Sammelbestand und dem Alleineigentumsanspruch auf die bessere Qualität zu ersetzen.* Art. 483 N. 3.

3. Restitutions- und Teilungsanspruch bei Misch- oder Sammellagerung. Behandlung im Konkurs des Lagerhalters

3 a *a.* Die Miteigentümer am Misch- oder Sammellagerbestand, d. h. mehrere Einlagerer oder die Einlagerer mit dem Lagerhalter, bilden untereinander die in Art. 646/51 ZGB geregelte *gesetzliche Miteigentümergemeinschaft.* Art. 647 I ZGB bestimmt, dass der Grundsatz der gemeinsamen Verwaltung der im Miteigentum stehenden Sache durch Vertrag unter den Berechtigten modifiziert werden kann. Aus der Natur des Hinterlegungs- oder Einlagerungsvertrages ergibt sich eine vertragliche Modifikation. Die *Verwaltung des Misch- oder Sammellagers kommt dem*

Lagerhalter soweit allein zu als die konkrete Aufbewahrungsobligation reicht. Die durch Art. 483 II und III OR umschriebenen Pflichten auf *Information, Gestattung von Entnahmen, Proben und insbesondere Erhaltungsmassregeln sind allen Quoteneigentümern gegenüber zu erfüllen.* Art. 483 N. 7, 8. Das *Notverkaufsrecht des Lagerhalters* (Art. 483 N. 6) kann als eine *gemeinschaftliche Last* i. S. von Art. 649 ZGB aufgefasst werden, das *von allen Miteigentümern im Verhältnis ihrer Anteile zu tragen* ist. Ähnliches gilt von den durch die *Retention gesicherten Ansprüchen* des Lagerhalters aus dessen actio depositi contraria gemäss Art. 485. *Die Miteigentümer haften jedoch dem Lagerhalter ohne besondere Vereinbarung nur pro parte, nicht solidarisch. Anders verhält es sich, wenn eine Erbengemeinschaft oder eine einfache Gesellschaft mit einem einzigen Einlagerungsvertrag Lagergut einlagert, an welchem von Gesetzes wegen Gesamteigentum* besteht. Dann ist auch die *Haftung für die Ansprüche der actio depositi contraria eine solidarische.*

b

b. Der *persönliche Restitutionsanspruch nach Art. 486 OR verschmilzt mit dem dinglichen Teilungsanspruch des Miteigentümers gemäss Art. 650 ZGB*, die bei vertretbaren Sachen als Teilvindikation betrachtet werden können. Art. 475 N. 1c, 5b. Jedoch bestimmt Art. 484 III OR in Abweichung von Art. 650 ZGB: «*Der Lagerhalter darf die verlangte Ausscheidung ohne Mitwirkung der anderen Einlagerer vornehmen.*» Es handelt sich jedoch nicht nur um die «Ausscheidung», sondern *auch um die Restitution.* Vgl. § 419 II HGB. § 31 deutsche VO über Orderlagerscheine. Lüthi S. 42. Tanzi p. 61. Diese Regelung der *unabhängigen Separatrestitution* an jeden Miteigentümer durch den Lagerhalter als Restitutionsschuldner entspricht den *Bedürfnissen eines raschen kaufmännischen Verkehrs.* Jeder Einlagerer soll jederzeit unabhängig von den anderen die Ausscheidung und Restitution seiner Quote vom Lagerhalter verlangen können, wenn er über sie verfügen möchte. Die anderen Einlagerer sollen sich nicht mehr als unumgänglich notwendig in die Obligation mit anderen einmischen können. Unter den Einlagerern besteht keine einfache Gesellschaft und kein Gesamteigentum am Misch- oder Sammelbestand. Doch *haftet der Lagerhalter, wenn er die Ausscheidung des Misch- oder Sammellagers so vornimmt, dass die Rechte einzelner Einlagerer zum Nachteil anderer verletzt werden.* Die *richtige Durchführung der Ausscheidung* gehört zu seinen *vertraglichen Sorgfaltspflichten.*

c

c. Die § 419 II HGB nachgebildete Regelung ermöglicht *theoretisch* auch nach schweizerischem OR, *wertpapiermässig ausgestattete Lagerscheine und Warrants über den Erstattungsanspruch an Mischlager-*

beständen auszugeben. Jedoch wird man unter den nach Art. 1153 Z. 6 geforderten «besonderen Vereinbarungen» die *Kenntlichmachung* des Restitutionsanspruches *als Miteigentumsanspruch im Papier* verlangen müssen. § 38 Z. 10 der deutschen VO über Orderlagerscheine fordert ferner, der *Gewichtsverlust, den der Lagerhalter nicht zu tragen habe* (z. B. durch Schwund oder Verdunstung), müsse *nach Prozenten angegeben* sein. Das ist erwünscht, damit sich der gutgläubige Erwerber eines Lagerscheines wenigstens auf ein Minimalquantum des Gutes verlassen kann, das im Warenpapier verkörpert ist.

d *d.* Die *Gläubiger eines Einlagerers können die Pfändung oder Adamassierung von dessen Miteigentumsanspruch am Mischlagerbestand verlangen, ohne dass dadurch die dinglichen Rechte der anderen Miteigentümer berührt werden.* Betreibungs- oder Konkursamt fordern dann anstelle des gepfändeten oder konkursiten Einlagerers die «Ausscheidung» und Restitution, die *auch in diesem Falle vom Lagerhalter allein durchzuführen* ist. Der durch das *dingliche Retentionsrecht geschützte Lagerhalter muss aber nur restituieren, wenn ihm der auf der Miteigentumsquote lastende Anteil der Lagerungskosten bezahlt oder sichergestellt* wird. Diese Pflicht trifft u. U. auch die Konkursmasse eines Einlagerers.

e *e. Fällt der Lagerhalter in Konkurs,* so dürfen die Miteigentumsquoten der Einlagerer an einem Misch- oder Sammellager ebensowenig adamassiert werden wie reguläres eingelagertes Gut, an welchem der Einlagerer das Alleineigentum besitzt. Der Miteigentumsanspruch jedes einzelnen Einlagerers äussert sich hier insofern dinglich als der *Einlagerer auch gegenüber der Konkursmasse des Lagerhalters seine Quote abzüglich seines Anteils an Verlusten und Kosten vindizieren kann.*

4. Irreguläre Misch- oder Sammellagerung

4 a *a.* Die *irreguläre Einlagerung mit Eigentumsübergang am Lagergut* auf den Lagerhalter und den damit verbundenen Risiken für die Einlagerer (Art. 481 N. 2 d. N. 1 c [2] oben) bedarf einer *ausdrücklichen, jedenfalls unzweifelhaften Abrede.* Die *Restitutionsobligation des Lagerhalters wird zur persönlichen Gattungsschuld.*

b *b.* Ist die *wertpapiermässige Verkörperung einer persönlichen Gattungsschuld in einem Lagerschein* möglich? Die Frage ist *zu verneinen.* Ähnlich wie die französische Ordonnance du 6 août 1945 relative aux magasins généraux art. 7 und § 12 der deutschen VO über Orderlagerscheine sind i.d.R. die kantonalen Bewilligungen zur Ausgabe von Warenpapieren davon abhängig zu machen, dass der *Lagerhalter nicht selbst mit Waren der gleichen Art handelt*, über die er Lagerscheine ausstellt. Bei irregulärer Einlagerung erwirbt er das Lagergut als eigenen Bestand.

c. Ein Papier, das nur einen *persönlichen Anspruch gegen den Lagerhalter auf Herausgabe von Gattungssachen* enthält, ist *kein Warenpapier*. Nach Art. 925 ZGB soll durch ein Warenpapier das *Eigentum* an den darin verkörperten Sachen *übertragen* werden können. Das ist dann ausgeschlossen, wenn das Papier nur eine persönliche Gattungsschuld eines Lagerhalters verurkundet.

c

Art. 485

IV. Anspruch des Lagerhalters

[1] Der Lagerhalter hat Anspruch auf das verabredete oder übliche Lagergeld sowie auf Erstattung der Auslagen, die nicht aus der Aufbewahrung selbst erwachsen sind, wie Frachtlohn, Zoll, Ausbesserung.

[2] Die Auslagen sind sofort zu ersetzen, die Lagergelder je nach Ablauf von drei Monaten seit der Einlagerung und in jedem Fall bei der vollständigen oder teilweisen Zurücknahme des Gutes zu bezahlen.

[3] Der Lagerhalter hat für seine Forderungen an dem Gute ein Retentionsrecht, solange er im Besitze des Gutes ist oder mit Warenpapier darüber verfügen kann.

IV. Droits de l'entrepositaire

[1] L'entrepositaire a droit à la taxe d'entrepôt convenue ou usuelle, ainsi qu'au remboursement de toutes les dépenses qui n'ont pas été causées par la garde même des marchandises (frais de transport, de douane, d'entretien).

[2] Ces dépenses doivent être remboursées sans délai; la taxe d'entrepôt est payable après chaque trimestre et, dans tous les cas, lors de la reprise totale ou partielle des marchandises.

[3] Les créances de l'entrepositaire sont garanties par un droit de rétention sur les marchandises, aussi longtemps qu'il est en possession de celles-ci ou qu'il en peut disposer au moyen du titre qui les représente.

IV. Diritti del magazziniere

[1] Il magazziniere ha diritto alla mercede convenuta o d'uso ed al rimborso delle spese che non derivano dalla custodia, come quelle di trasporto, di dogana o di miglioria.

[2] Le spese devono essere pagate subito, le mercedi del deposito ogni tre mesi ed in tutti i casi all'atto della consegna totale o parziale delle merci.

[3] Per i suoi crediti, il magazziniere ha diritto di ritenzione sulla merce finchè ne sia in possesso o ne possa disporre mediante fedi di deposito.

Materialien: Sub Art. 482 OR.

Rechtsvergleichung: Ordonnance du 6 août 1945 relative aux magasins généraux art. 13/5. HGB §§ 420/1. Deutsche VO über Orderlagerscheine vom 16. Dezember 1931 §§ 21/2. Codice Civile art. 1767, 1781, 2761 III, 2796/8.

SYSTEMATIK DER KOMMENTIERUNG

Art. 485 OR

1. Die actio depositi contraria des Lagerhalters und ihre Sicherung durch das Retentionsrecht 753

2. Der Anspruch auf Lagergeld. Art. 485 I OR. Begriff und Mass des Lagergeldes 753
3. Der Anspruch auf Auslagenersatz. Abgrenzung von Lagergeld und Auslagen 755
4. Fälligkeit von Lagergeld und Auslagenersatz. Art. 485 II OR. Dispositives Recht. Einfluss der Auslagerung. Verjährung 757
5. Das Retentionsrecht des Lagerhalters. Art. 485 III OR 758

Art. 485 OR

1. Die actio depositi contraria des Lagerhalters und ihre Sicherung durch das Retentionsrecht

1 Art. 485 OR regelt die *Ansprüche des Lagerhalters* aus seiner actio depositi contraria einschliesslich des Schutzes dieser Ansprüche durch das *Retentionsrecht* am Lagergut. Die Bestimmungen sind bis in die Einzelheiten die sinngemässe Wiedergabe von §§ 420/1 HGB. In der Systematik des Codice Civile steht das dinglich wirkende Retentionsrecht im Vordergrund. Es ist in Art. 2760/1 für den Gastwirt, den Frachtführer, den Beauftragten, den Depositar und Sequester einheitlich geregelt. Für den Verkauf der Retentionsobjekte gelten die gleichartigen Bestimmungen von art. 2796/8 über den Verkauf von Fahrnispfandobjekten.

2. Der Anspruch auf Lagergeld. Art. 485 I. Begriff und Mass des Lagergeldes

2 a *a*. Die actio depositi contraria des Lagerhalters ist von der actio depositi contraria aus einem unqualifizierten Hinterlegungsvertrag und von der actio mandati contraria aus einem Auftragsverhältnis strukturell nicht verschieden. Art. 473 N. 1, 2. In art. 1781 Codice Civile sind die Ansprüche des Depositars auf Auslagen- und Schadenersatz für alle qualifizierten und unqualifizierten vertraglichen Hinterlegungen zusammengefasst. Da die *Ansprüche des Lagerhalters auf Lagergeld und Auslagenersatz* Geldforderungen sind, sind sie als *Bringschulden* im Zweifel nach Art. 74 II Z. 1 OR am Geschäftsdomizil des Lagerhalters zu erfüllen. Lüthi S. 61.

b *b*. Wie im entgeltlichen Auftrag (Art. 394 III OR), bei der Kommission (Art. 432 OR), bei der Spedition (Art. 439 OR), im Frachtvertrag (Art. 440 I OR) und bei der entgeltlichen Hinterlegung (Art. 472 II OR) bildet der

Anspruch auf Vergütung, im Einlagerungsvertrag als «Lagergeld» bezeichnet, einen *Bestandteil der actio contraria.* Der *Einlagerungsvertrag* ist *per definitionem entgeltlich.* Art. 482 N. 6f. Doch begnügt sich das *Gesetz* mit der Aufstellung des *Prinzips* der Entgeltlichkeit, während für das *Mass des Lagergeldes primär die Verabredung, subsidär die Übung* gilt. Art. 472 N. 6c. Ist das Mass durch *Vereinbarung* bestimmt oder bestimmbar, so kommt ihm der *Vorrang* zu. Die Frage der *Angemessenheit einer vereinbarten Vergütung stellt sich nicht, sofern sich die Vereinbarung innerhalb der Grenzen der Sittlichkeit und des Übervorteilungsverbotes hält.* Art. 394 N. 82b. Art. 472 N. 7a. Anders LÜTHI S. 59. Auch in der Schweiz bestehen zumeist *Lagerordnungen.* Nach § 5 II der deutschen VO über Orderlagerscheine vom 16. Dezember 1931 bildet das Bestehen einer Lagerordnung und ihre Genehmigung durch die Bewilligungsbehörde eine Voraussetzung für die Ermächtigung zur Ausgabe von Warenpapieren. Eine Musterlagerordnung ist im Anhang I zur VO wiedergegeben. Nach deren § 41 darf die *Höhe des Lagergeldes den bekannt gemachten Tarif nicht überschreiten,* der als lex contractus zu betrachten ist. Ähnliches bestimmen art. 11 der französischen Ordonnance du 6 août 1945 relative aux magasins généraux und art. 1 lit. e des dazugehörigen Décret du 6 août.

c *c.* Wurde keine Vereinbarung getroffen, die das Mass des Lagergeldes bestimmt oder bestimmbar macht, oder ist nicht eine Lagerordnung als lex contractus zu beachten, so wird das *Mass durch die Übung* bestimmt. Mutatis mutandis **BGE 82 IV 148/9.** Da Lagerhäuser und Lagerplätze zumeist Einrichtungen aufweisen, die der Einlagerung des Lagergutes je nach seiner Beschaffenheit dienen (Silos, Kühlhäuser, Möbellager u. a.), kann eine *Übung nur für Lagerhäuser und -einrichtungen der gleichen Art* Geltung beanspruchen. TANZI p. 74. *Einheitliche Tarife für Lagerhäuser der nämlichen Art bestehen in der Schweiz wohl nur für die von der SBB betriebenen Lagerhäuser und Zollfreilager.* Art. 482 N. 1c. TANZI p. 74. Der Lagerhalter muss mit der Summe der Lagergelder seine *Generalunkosten* decken wie namentlich Amortisation und Verzinsung der *Erstellungskosten* oder die *Miete* der Lagereinrichtungen sowie seine *Personalunkosten.* Er will darüber hinaus einen *Gewinn* erzielen, der ihm bei normaler Ausnützung des Lagerraumes zukommen soll. Je nach der Lagereinrichtung muss die Kalkulation der Lagergelder verschieden sein. Ein aus Art. 485 II OR mittelbar abzuleitender *Bemessungsfaktor sowohl für das vereinbarte als insbesondere für das übliche Lagergeld ist die Dauer der Lagerung.* Daneben dürfte der beanspruchte *Lagerraum* in Quadratmetern oder Kubikmetern, seltener der *Wert des Lagergutes,* den zweiten Bemessungsfaktor abgeben, der namentlich bei *Mischlagerung* auch nach dem

Gewicht bestimmt werden kann, weil der Lagerhalter wissen muss, wieviel Raum ein bestimmtes Quantum gleichartigen Lagergutes beansprucht. TANZI p. 73. Da die *Mischlagerung* weniger Raum beansprucht, sollte sie *billiger* sein *als die Sonderlagerung*. Nach herrschender Auffassung gilt der *niedrigere Tarifansatz* der Mischlagerung auch dann, wenn der Lagerhalter vom Vermischungsrecht keinen Gebrauch macht oder wenn er Lagergut vermengt, ohne dazu befugt zu sein. Art. 484 N. 2. OSER/SCHÖNENBERGER ad Art. 485 N. 4. Im Streitfall wird der Richter das «*übliche*» *Lagergeld nach diesen* Faktoren bestimmen müssen, wenn die Vereinbarung (oder Lagerordnung) oder bestehende Tarife keine anderen Anhaltspunkte für die Bestimmung ergeben. In der Praxis ist die richterliche Festsetzung von Lagergeldern selten, weil nach der Natur des Lagergeschäftes *einheitliche vom Lagerhalter formulierte Einlagerungsverträge* abgeschlossen werden, die das Mass des Lagergeldes bestimmen oder *bestimmbar machen*. TANZI p. 73/4. LÜTHI S. 58/9.

3. Der Anspruch auf Auslagenersatz. Abgrenzung von Lagergeld und Auslagen

3 a

a. Im Anspruch auf Auslagenersatz, dem klassischen Bestandteil der actio mandati und depositi contraria, manifestiert sich abermals die auftragsrechtliche Komponente des Einlagerungsvertrages. Das Gesetz präzisiert die zu ersetzenden *Auslagen* als solche, die *nicht aus der Aufbewahrung selbst* erwachsen sind. Letztere sind *Generalunkosten*, die ohnehin *nicht qua Auslagen ersatzfähig* sind. Art. 402 N. 11 a. Art. 473 N. 4 b. Sie sind mittelbar *in der Kalkulation des Lagergeldes* enthalten. N. 2 c oben. *Auslagen*, impensae im juristisch-technischen Sinne, sind *freiwillige Aufwendungen*, die mit der *richtigen Erfüllung einer obligatio faciendi* (Art. 402 N. 7) verbunden sind. Art. 402 I, 473 I OR.

b

b. Das Gesetz erwähnt exemplifizierend: Frachtlohn, Zoll, Ausbesserung, Frachtlohn bzw. Transportgebühren hat der Lagerhalter u. U. gemäss einem konkreten Einlagerungsvertrag dann zu entrichten, wenn ihm das Lagergut nicht franco durch Vermittlung eines Frachtführers oder einer Transportanstalt zugesandt wurde. Als Anspruch aus der actio depositi contraria des Lagerhalters sind dann die Frachtkosten entweder zu *erstatten* oder dürfen mit einer erhaltenen Vorausdeckung *verrechnet* werden. *Andererseits* obliegt dem *Lagerhalter die Rechtswahrungspflicht* gegenüber Frachtführer oder Transportanstalt. Art. 483 N. 4 a.

c

c. Der Lagerhalter kann wie ein Frachtführer als *Nebenverpflichtung* zum Einlagerungsvertrag den *Verzollungsauftrag* übernommen haben.

Art. 443 N. 9. Dann ist der für das Lagergut aufgewendete Zoll eine ersatzfähige und *ersatzpflichtige Auslage* i. S. von Art. 402 I OR, auch ohne dass es der besonderen Erwähnung in Art. 485 I OR bedurft hätte.

d *d.* Nicht der Lagerhalter, sondern der *Einlagerer* als Eigentümer *trägt die Gefahr von Beschädigung und Verlust des Lagergutes.* Aus dem Einlagerungsvertrag ist der Lagerhalter i. d. R. nicht verpflichtet, beschädigtes Lagergut auszubessern, wohl aber muss er dem Einlagerer den Zutritt zum Lager jederzeit gestatten, um Erhaltungsmassnahmen zu treffen, die auch die Ausbesserung umfassen. Nimmt der *Lagerhalter*, gleichsam als *Geschäftsführer ohne Auftrag selbst Ausbesserungen* am Lagergut vor oder *lässt sie durch (fachkundige) Dritte vornehmen*, so sind die dafür aufgewendeten Kosten einschliesslich der Arbeitszeitlöhne des Lagerhalters und seiner Leute *ersatzpflichtige Auslagen* (vgl. Art. 422 I OR) vorausgesetzt, dass der Lagerhalter die Beschädigung des Lagergutes nicht verschuldet hat. Art. 422 II OR. Liegt eine *Sorgfaltsverletzung des Lagerhalters oder seiner Leute vor*, die für die Beschädigung des Lagergutes ursächlich ist, *so sind die vom Lagerhalter aufgewendeten Ausbesserungskosten nicht Auslagen sondern Schadenersatzleistungen des Lagerhalters.* Art. 398 N. 28. Art. 402 N. 10b.

e *e.* Je nach der Beschaffenheit des Lagergutes und nach den Abmachungen des Einlagerungsvertrages sind andere mit Arbeit verbundene *Aufwendungen* denkbar, bei denen es *zweifelhaft* sein kann, *ob sie im bestimmten oder im bestimmbaren Lagergeld eingeschlossen oder qua Auslagen gesondert ersatzfähig* sind. Nach Analogie des in Art. 431 OR für den Kommissionär niedergelegten Grundsatzes, der auch im allgemeinen Auftragsrecht gilt (Art. 402 N. 11 a, Art. 431 N. 6 a), sind die *Arbeitslöhne der Leute des Lagerhalters regelmässig keine separaten ersatzfähigen Auslagen, sondern gelten als im Lagergeld eingeschlossen. Das gleiche gilt von den Aufwendungen für die Beschaffung des Lagerraumes* (Miete oder Amortisation und Verzinsung der Anlagekosten). Mit der *Einlagerung, Umlagerung oder Auslagerung verbundene Kosten*, namentlich die Arbeitslöhne der Angestellten des Lagerhalters für solche Arbeiten, sind daher *im Zweifel nicht gesondert ersatzfähig.* Ist ihr gesonderter Ersatz ausdrücklich vereinbart, so gilt er als *Bestandteil des Lagergeldes nicht als gesonderte Auslage.* Offenbar anders OSER/SCHÖNENBERGER ad Art. 485 N. 5.

f *f.* Wird das Lagergut gesondert mit oder ohne ausdrückliche Weisung des Einlagerers *versichert*, so ist die *Prämie eine ersatzfähige Auslage.* Besteht eine *Gesamtversicherung* des Lagerhauses und der darin gelagerten Waren, beispielsweise gegen *Feuerschaden*, so wird der Lagerhalter den

Prämienanteil den einzelnen Einlagerern nicht als Auslage in Rechnung stellen, sondern ihn *in das Lagergeld einkalkulieren.* TANZI p. 75.

4. Fälligkeit von Lagergeld und Auslagenersatz. Art. 485 II OR. Dispositives Recht. Einfluss der Auslagerung. Verjährung

4 a

a. Wenn das Gesetz betont, die *Auslagen* seien *sofort* zu ersetzen, so bringt es für die Fälligkeit des Auslagenersatzanspruches nichts anderes zum Ausdruck als das *bei jeder Geschäftsführung* und Dienstleistung für fremde Rechnung *geltende Prinzip.* Art. 402 N. 12. Ohne ausdrückliche Vereinbarung muss auch der *Lagerhalter nicht in Vorschuss treten,* sondern kann für die zur Vertragserfüllung notwendigen und nützlichen Auslagen *Vorausdeckung verlangen,* aber er muss es nicht. Art. 402 N. 3. Der Auslagenersatzanspruch als solcher entsteht nicht und kann nicht fällig werden, bevor die ersatzfähige und ersatzpflichtige Auslage tatsächlich gemacht ist. Ferner gehört zur *Fälligkeit,* dass der *Anspruch* erhoben, d. h. dass der konkrete Anspruch *dem Schuldner mitgeteilt* wird, der ihn i. d. R. vor ihrer Mitteilung nicht kennt. Art. 402 N. 13 c. Das geschieht gewöhnlich durch Zustellung einer Rechnung. Durch *Parteiabrede* kann nicht nur der *Anspruch auf Vorausdeckung* stipuliert, sondern es können *andere Fälligkeiten des Auslagenersatzes* vereinbart sein. Meist wird der *Lagerhalter periodisch Rechnung stellen,* die sowohl das für die Rechnungsperiode geschuldete Lagergeld als auch den Auslagenersatz umfasst. Lit. c unten. Der *Auslagenersatzanspruch* muss auf Verlangen de principio und de quantitate *belegt* sein. Art. 400 N. 28. Ein *vom Einlagerer unterzeichneter Einlagerungsvertrag, der bestimmte oder bestimmbare Lagergeldforderungen verurkundet und den Auslagenersatz verspricht,* sollte als *Rechtsöffnungstitel* i. S. von Art. 82 OR anerkannt werden, *sofern der Lagerhalter die tatsächlichen Auslagen urkundlich belegen* kann. Analog SJZ 38 (1941/2) Nr. 24 S. 64 (für Spesen des Mäklers).

b

b. Auch die *Fälligkeit des Lagergeldes* richtet sich in erster Linie nach dem *konkreten Einlagerungsvertrag.* Enthält er keine Bestimmungen, so werden nach Gesetz die Lagergelder *quartalsweise, erstmals drei Monate nach der Einlagerung* fällig. In jedem Fall sind Lagergelder und Auslagenersatz *bei der Auslagerung* zu entrichten. Mit dem Verlust des Besitzes ginge das die Ansprüche des Lagerhalters sichernde Retentionsrecht unter. Art. 485 III OR. Bei *Teilauslagerung wird das pro rata temporis und pro rata des ausgelagerten Teiles berechnete Lagergeld fällig.* LÜTHI S. 59.

c *c.* Der Anspruch auf Lagergeld, Hauptanspruch der actio depositi contraria des Lagerhalters, wird vom Gesetz mangels gegenteiliger Vereinbarung zu einer *periodisch wiederkehrenden Leistung* gestempelt. Werden die tatsächlich erwachsenen ersatzfähigen *Auslagen* dem Einlagerer periodisch mit dem Lagergeld in Rechnung gestellt, so ist eine *stillschweigende Vereinbarung* anzunehmen, dass sie ebenfalls periodisch verfallen. Dann unterstehen alle Ansprüche des Lagerhalters aus dessen actio depositi contraria der *fünfjährigen Verjährungsfrist* des Art.128 Z.1 OR. Anders LÜTHI S.61.

5. Das Retentionsrecht des Lagerhalters. Art.485 III OR

5 a *a.* Das *akzessorische dingliche Retentionsrecht* des Lagerhalters am Lagergut zur Sicherung seiner Ansprüche aus der konkreten actio depositi contraria weist keine Besonderheiten auf. Es ist Ausdruck der *Gegenseitigkeit von actio depositi contraria und Restitutionsobligation* des Lagerhalters. Art.400 N.16a. Im einzelnen entspricht die Regelung derjenigen des Retentionsrechtes des Frachtführers am Frachtgut. Der Restitutionsberechtigte kann, obschon es in Art.485 OR nicht ausdrücklich gesagt ist, das *Retentionsrecht durch Zahlung oder Hinterlegung* (Art.898 I ZGB) *des beanspruchten Lagergeldes und Auslagenersatzes ablösen* und damit die Restitution erzwingen. Art.451 N.5. Doch muss er *im Falle der Zahlung einen Vorbehalt anbringen*, wenn er die richterliche Entscheidung anrufen will. Im Falle der *Hinterlegung tritt der hinterlegte Betrag anstelle des restituierten Lagergutes.*

b *b.* Der *Erwerb des Retentionsrechtes* setzt den *guten Glauben des Lagerhalters* in dem Sinne voraus, dass *Kenntnis oder grobfahrlässige Unkenntnis mangelnder Verfügungsberechtigung des Einlagerers über das Lagergut seine Entstehung verhindert.* Doch braucht sich der Lagerhalter grundsätzlich nicht um das Eigentum am Lagergut zu kümmern. Ist das Retentionsrecht entstanden, so *geht es dem Eigentum allfälliger Drittansprecher* vor. Art.895 III ZGB.

c *c.* Doch kann der *Lagerhalter nicht wie ein Frachtführer* nach Art.444 OR bei Vorliegen von Ablieferungshindernissen die *beschleunigte Verwertung* des Lagergutes durch Selbsthilfeverkauf mit richterlicher Bewilligung erwirken. Er muss *entweder den Weg der Faustpfandbetreibung oder der Klage* beschreiten oder kann gegenüber einer Restitutionsklage des Einlagerers (oder Rechtsnachfolgers) sich *einredeweise auf sein Retentionsrecht berufen.* Ein *Recht zum beschleunigten Notverkauf mit amt-*

licher Bewilligung hat er nur, wenn das Lagergut verderblich ist. Art. 427 II, 445 OR. Art. 483 N. 6. *Sonst ist das Recht zum Selbsthilfeverkauf an die in Art. 92/3 OR spezifizierten Voraussetzungen geknüpft.* Es muss ein *Annahmeverzug* des Restitutionsberechtigten vorliegen. Das ist auch dann der Fall, wenn das Lagergut gegen Zahlung von Lagergeld und Auslagen zur Verfügung gestellt wird und der Restitutionsberechtigte seinerseits nicht gehörig erfüllt. Die Hinterlegung des Lagergutes muss nicht möglich sein. Der *Selbsthilfeverkauf* bedarf stets einer *richterlichen Bewilligung.* Doch braucht er dann *nicht unter öffentlicher Mitwirkung* zu erfolgen, wenn das *Lagergut einen Markt- oder Börsenpreis* besitzt.

d *d.* Bei *irregulärer Einlagerung von Gattungssachen* geht das Eigentum an Lagergut auf den Lagerhalter über. Der Lagerhalter kann mittels der *exceptio non adimpleti contractus die Erfüllung seiner Gattungsschuld auf Restitution solange verweigern, als er nicht für seine Ansprüche aus der actio depositi contraria befriedigt oder sichergestellt* ist. Die *Einrede* kann gegenüber jedermann, der Restitution verlangt, erhoben werden, *auch gegenüber der Konkursmasse eines Einlagerers* oder dessen *Rechtsnachfolger.* Art. 400 N. 16, 19 d. Art. 434 N. 8 c, 9, 10.

Art. 486

V. Rückgabe der Güter

[1] Der Lagerhalter hat das Gut gleich einem Aufbewahrer zurückzugeben, ist aber an die vertragsmässige Dauer der Aufbewahrung auch dann gebunden, wenn infolge unvorhergesehener Umstände ein gewöhnlicher Aufbewahrer vor Ablauf der bestimmten Zeit zur Rückgabe berechtigt wäre.

[2] Ist ein Warenpapier ausgestellt, so darf und muss er das Gut nur an den aus dem Warenpapier Berechtigten herausgeben.

V. Restitution des marchandises

[1] L'entrepositaire est tenu de restituer les marchandises comme dans le cas d'un dépôt ordinaire; il doit néanmoins les garder jusqu'à l'expiration du temps convenu, même dans les circonstances où un dépositaire serait autorisé à en faire la restitution anticipée par suite d'événements imprévus.

[2] Lorsqu'un titre représentatif des marchandises a été émis, l'entrepositaire ne peut ni ne doit les rendre qu'au créancier légitimé par ce titre.

V. Restituzione delle merci

[1] Il magazziniere deve restituire le merci come un depositario, ma è tenuto a custodirle per tutta la durata del contratto anche quando il depositario sarebbe, per circostanze impreviste, autorizzato alla restituzione prima del tempo stabilito.

[2] Se è stata emessa una fede di deposito, la merce può e deve essere consegnata solo al creditore legittimato secondo il titolo.

Materialien: Sub Art. 482 OR.

Rechtsvergleichung: Ordonnance du 6 août 1945 relative aux magasins généraux art. 24. HGB §§ 422, 424. Muster für «Lagerschein an Order» und «Sammellagerschein an Order», Anl. 1 und 2 der deutschen VO über Orderlagerscheine vom 16. Dezember 1931. Codice Civile art. 1771, 1795.

SYSTEMATIK DER KOMMENTIERUNG

Art. 486 OR

I. Restitutionsobligation und Recht zur Vertragsauflösung

1. Die Rückverweisung auf das allgemeine Hinterlegungsvertragsrecht 761
2. Das Recht des Einlagerers bzw. Verfügungsberechtigung auf jederzeitige Restitution. Restitution und Vindikation 761
3. Kein gesetzliches Recht des Lagerhalters auf vorzeitige Restitution. Kündigungsrecht. Einlagerung auf bestimmte und unbestimmte Dauer 763

II. Die Restitutionsobligation aus Lagerwertpapieren

4. Die Wirkung der Ausstellung eines Warenpapiers auf die Restitutionsobligation des Lagerhalters. Wertpapierrechtliche und sachenrechtliche Wirkungen. Einreden 765

Art. 486 OR

I. RESTITUTIONSOBLIGATION UND RECHT ZUR VERTRAGSAUFLÖSUNG

1. Die Rückverweisung auf das allgemeine Hinterlegungsvertragsrecht

1 a *a.* Die Restitution, essentielle Obligation in jeder qualifizierten und unqualifizierten Hinterlegung, findet für den Einlagerungsvertrag in Art. 486 OR eine umständliche Umschreibung. Es wird zunächst auf Art. 475/6 OR, die Restitutionsbestimmungen der Hinterlegung im allgemeinen, verwiesen, dann aber erklärt, Art. 476 OR, der dem Aufbewahrer ein Recht auf vorzeitige Restitution auch bei bestimmt befristeten Hinterlegungen zugesteht, komme auf den Einlagerungsvertrag nicht zur Anwendung.

b *b.* Art. 476 OR ist eine problematische und u. E. überflüssige Bestimmung. Die allgemeine Norm von Art. 119 OR, Befreiung des Aufbewahrers (Lagerhalters) von der Aufbewahrungsobligation bei nicht vorausgesehener unverschuldeter Erfüllungsunmöglichkeit, sinngemäss auf die obligatio faciendi des Lagerhalters angewendet, würde genügen. Art. 476 N. 2 a. Die einfache, für alle Arten der Hinterlegung geltende Regelung der Restitutionsobligation, wie sie art. 1771 Codice Civile umschreibt, dürfte zu den nämlichen Ergebnissen führen wie die komplizierte des OR, die aus 4–5 Gesetzesartikeln: 119, 475, 476, 479 und 486 OR zusammengesetzt werden muss. Eine einfache positive Umschreibung von Restitutionsrecht und Restitutionspflicht im Einlagerungsvertrag wäre vorzuziehen.

2. Das Recht des Einlagerers bzw. Verfügungsberechtigung auf jederzeitige Restitution. Restitution und Vindikation

2 a *a.* Nach dem massgebenden Art. 475 OR kann bei unbefristeter, auf Kündigung gestellter und sogar bei bestimmt befristeter Einlagerung der

Einlagerer (oder sein Universal- oder Singularsukzessor) die *Restitution des Lagergutes* «nebst allfälligem Zuwachs» *jederzeit fordern* und auch gegen den Willen des Lagerhalters durchsetzen. Ist das *Lagergut teilbar, so kann jederzeit Teilrestitution* gefordert werden. Art. 475 N. 1–5. Art. 1795 II Codice Civile. Werden Lagerwertpapiere ausgestellt, so können es auch *Teillagerscheine* sein. Der *Restitutionsanspruch konkurriert bei regulärer Sonderlagerung mit dem Eigentumsanspruch des Einlagerers.* Bei *Sammellagerung* kann der *Miteigentümer seinen kombinierten obligatorischen Restitutions- und dinglichen Miteigentumsanspruch* (Art. 484 N. 3) ebenfalls *jederzeit* durchsetzen, bei *irregulärer Einlagerung* muss der Einlagerer die *Gattungsschuld auf erstes Verlangen des Einlagerers erfüllen.*

b *b.* Die Rückverweisung auf die Hinterlegung im allgemeinen, welche in Art. 486 I enthalten ist, erfasst auch den in Art. 479 OR geregelten *Kollisionsfall* zwischen *Restitutionsanspruch des Einlagerers und Eigentumsanspruch eines vertragsfremden Dritten.* Art. 479 N. 1. Der Lagerhalter darf die von seinem Vertragspartner oder dessen Universal- oder Singularsukzessor verlangte Restitution nur dann verweigern, wenn der Dritte tatsächlich gegenüber dem Lagerhalter *Eigentumsklage erhoben* hat, oder wenn das Lagergut vom Richter (z. B. durch vertragliche Massnahme) oder von einer anderen zuständigen Behörde (z. B. dem Betreibungs- oder Konkursamt) *mit Beschlag belegt* wurde. Art. 479 N. 3 b.

c *c.* Wegen der Gegenseitigkeit von Restitution und actio depositi contraria des Lagerhalters, wegen dessen Retentionsrechtes am Lagergut und wegen der Fälligkeit aller Lagerhalteransprüche bei der Auslagerung (Art. 485 I OR) kann der *Anspruchsberechtigte die Restitution jedoch nur unter der Bedingung tatsächlich bewirken, dass er alle begründeten Ansprüche des Lagerhalters Zug um Zug erfüllt oder sicherstellt.* Die Parallele in der Struktur der auftragsrechtlichen und hinterlegungsvertraglichen Restitutionsobligation ist gegeben. Art. 400 N. 2 c. Art. 401 N. 22–24.

d *d.* Die *retentionsgesicherten Ansprüche des Lagerhalters* aus seiner actio depositi contraria reduzieren sich bei vorzeitiger oder bei Teilauslagerung i. d. R. pro rata der tatsächlichen Einlagerungsdauer und/oder pro rata des tatsächlich ausgelagerten Lagergutes. Art. 404 N. 12 c. Art. 485 N. 4 b. U. U. ist ein *Zuschlag zum Lagergeld* zu machen, weil *vorzeitige und teilweise Auslagerungen mit mehr Arbeit und Umtrieben verbunden sind als rechtzeitige und einmalige. Doch darf der Zuschlag nicht den Charakter eines Schadenersatzes für entgangenen Gewinn annehmen.* Durch die jederzeitige Widerruflichkeit des Grundverhältnisses nehmen die Vergütungsansprüche aus actio mandati und depositi contraria mit dem gesamten Vertragsnexus einen variablen Inhalt an.

3. Kein gesetzliches Recht des Lagerhalters auf vorzeitige Restitution. Kündigungsrecht. Einlagerung auf bestimmte und unbestimmte Dauer

3 a

a. Im Recht des Auftrages wie des Hinterlegungsvertrages ist die *jederzeitige Kündbarkeit durch den Beauftragten oder Aufbewahrer* (Lagerhalter) logisch *nur dann gerechtfertigt, wenn es sich um ein altruistisches, d.h. unentgeltliches Mandat oder Depositum handelt.* Art. 404 N. 12b, 15d. Art. 476 N. 1b. Sowohl im Auftrags- wie im Hinterlegungsvertragsrecht hat indessen der Gesetzgeber das Kündigungsrecht des Beauftragten oder Aufbewahrers gleichartig geregelt, ob es sich um ein entgeltliches oder unentgeltliches Vertragsverhältnis handelt. Vermutlich gab man sich nicht genügend Rechenschaft, dass die *Entgeltlichkeit* die Struktur eines Vertrages verändert, indem sie aus ihm einen *synallagmatischen Vertrag* macht, welcher er ohne die Entgeltlichkeit vielleicht nicht wäre. Art. 394 N. 73. Der *Einlagerungsvertrag ist per definitionem entgeltlich.* Mit dem HGB hat auch das OR die Konsequenz gezogen, dass er infolgedessen *vom Lagerhalter grundsätzlich nicht gekündigt* werden kann, *sofern der Einlagerer sich dieses Recht nicht ausdrücklich vorbehalten hat.* Lüthi S. 62. § 422 HGB.

b

b. Die *Einlagerung auf unbestimmte Dauer ist selten.* Für sie gilt die Verweisung auf Art. 476 II. Der *Lagerhalter kann den auf unbestimmte Dauer ohne Kündigungsklausel abgeschlossenen Einlagerungsvertrag jederzeit einseitig auflösen und muss dann restituieren, bzw. kann die Rücknahme verlangen.* Lüthi S. 61. Es handelt sich in Tat und Wahrheit nicht um ein Recht zur Restitution, sondern zur Auflösung des Einlagerungsvertrages. Der *Einlagerer*, der das Gut nicht zurücknimmt, *gerät in Gläubiger- d.h. in Annahme-, nicht in Schuldnerverzug*, und die Folgen bestimmen sich nach Art. 92/3 OR. Lüthi S. 64/5. Art. 476 N. 3d. Da das Lagergeschäft fast ausnahmslos von Kaufleuten gewerbsmässig betrieben wird, hat der Lagerhalter i. d. R. kein Interesse an der Vertragsauflösung, die gleichbedeutend ist mit einem Teilverzicht auf Lagergeld. Man wird dem Lagerhalter in den Fällen, da er vom jederzeitigen Auflösungsrecht Gebrauch macht, nicht mehr als das *Lagergeld pro rata temporis* der tatsächlichen Einlagerung zusprechen und eine *Sondervergütung für totale oder teilweise Auslagerung* (N. 2c oben) *verweigern.*

c *c.* Einlagerungsverträge oder Lagerordnungen sehen gewöhnlich ein *befristetes Kündigungsrecht des Lagerhalters* vor, das als lex contractus zu betrachten ist. Ein Kündigungsrecht auf ein bestimmtes Kündigungsziel kann u. U. *schon aus der Vereinbarung eines monatlichen Lagergeldes abgeleitet* werden. LÜTHI S. 61. Das Kündigungsrecht des Lagerhalters besteht alsdann, ohne dass Gründe vorliegen müssten. *Den Einlagerer bindet eine auch für ihn vereinbarte Kündigungsfrist nicht, weil sein Recht auf jederzeitige Restitution unabdingbar* ist. Art. 475. N. 2. Der *Lagerhalter* muss den ganzen Vertrag durch Kündigung auflösen. Er *kann nicht ohne Zustimmung des Einlagerers* (oder Verfügungsberechtigten) *Teilauslagerungen verlangen.* Besteht ein befristetes Kündigungsrecht des Lagerhalters, und macht er davon Gebrauch, so ist es *hinsichtlich des Umfanges und der Fälligkeit der Ansprüche des Lagerhalters aus der actio depositi contraria gleich zu halten, wie wenn der Einlagerer die Auslagerung verlangt hätte.*

d *d. Einlagerungen auf eine feste «vertragsmässige Dauer» sind selten.* Auch wo sie vorkommen, verlangt der Lagerhalter i. d. R. nicht Auslagerung auf einen bestimmten Fixtermin, so dass *stillschweigende Verlängerung* des Einlagerungsvertrages anzunehmen ist. LÜTHI S. 64. Dieser läuft dann im Zweifel für die *nämliche Dauer als ursprünglich vorgesehen* weiter. Die Einlagerungsdauer verdoppelt, verdreifacht, vervierfacht sich. Art. 486 I OR hebt für die bestimmt befristete Einlagerung die Rückverweisung auf Art. 476 OR auf. Der *Lagerhalter hat kein Recht, den Vertrag gegen den Willen des Einlagerers vorzeitig aufzulösen*, selbst dann nicht, wenn die Erfüllung des Vertrages seine eigenen schutzwürdigen Interessen beeinträchtigt. Der Einlagerer, der für eine bestimmte Dauer einlagert, muss sich darauf verlassen können, dass das Lagergut bis zum Ablauf der Vertragsdauer im vereinbarten Lagerhaus bleiben kann und darf seine Dispositionen entsprechend einrichten. Es ist u. E. unangängig, dem Lagerhalter schlechthin das gleiche Auflösungsrecht wie dem unqualifizierten Aufbewahrer zu gewähren, wenn seine Interessen bedroht sind, z. B. dadurch, dass das Lagergut eines bestimmten Einlagerers anderes Lagergut gefährdet. Anders OSER/SCHÖNENBERGER ad Art. 486 N. 2. *Nur dann, wenn der Lagerhalter die Gefährdung, die ihn den anderen Einlagerern schadenersatzpflichtig machen kann, nicht gekannt hat und bei gehöriger Sorgfalt nicht erkennen konnte, kann er den Vertrag wegen Irrtums* (Art. 24 Z. 2 oder 4) *u. U. wegen absichtlicher Täuschung anfechten und sofort auslagern, ohne schadenersatzpflichtig zu werden.* LÜTHI S. 62/3. Wurde der *Lagerhalter anderen Einlagerern schadenersatzpflichtig, weil ihm ein bestimmter Einlagerer eine schadenstiftende Beschaffenheit des Lagergutes verschwiegen hat, so kann der Lagerhalter nach* Art. 51 II OR *auf den fehlbaren Einlagerer Regress nehmen*. Vgl. dazu **BGE 36 II 61/2.** Im übrigen *gilt die allgemeine Bestimmung von Art. 119 OR*. Eine bei *Vertragsabschluss unvorhergesehene* vom Lagerhalter *unverschuldete* Erfüllungsunmöglichkeit (z. B. Zerstörung des Lagerhauses) *befreit den Lagerhalter* von der weiteren Erfüllung seiner Aufbewahrungspflicht, nicht aber von der noch möglichen Erfüllung der Restitutionsobligation. Es kann sich *nicht um ein einseitiges Restitutionsrecht des Lagerhalters* handeln, sondern um ein unverschuldetes Erfüllungshindernis für die Aufbewahrungsobligation, das zur Restitution führt. Der *Lagerhalter muss die Auslagerung verlangen*. Die *Ansprüche aus der actio depositi contraria des Lagerhalters hängen in solchen Fällen von seiner Schuldlosigkeit ab*. Sie sind durch die tatsächliche Dauer der Aufbewahrung nach oben begrenzt. Bei schuldhafter Nichterfüllung der Aufbewahrungsobligation auch hinsichtlich ihrer Dauer, werden sie vernichtet. Art. 402 N. 9c. Überdies *schuldet der Lagerhalter, der vertragswidrig auslagert, dem Einlagerer* (oder Verfügungsberechtigten) *vollen Schadenersatz*.

e

e. Ein *Rücktrittsrecht des Lagerhalters* nach Art. 83 OR *wegen Gefährdung der actio depositi contraria infolge Zahlungsunfähigkeit des Einlagerers besteht nicht, da die Sicherstellung durch das Retentionsrecht am Lagergut hinreichend ist*. Anders LÜTHI S. 63.

II. DIE RESTITUTIONSOBLIGATION AUS LAGERWERTPAPIEREN

4. Die Wirkung der Ausstellung eines Warenpapiers auf die Restitutionsobligation des Lagerhalters. Wertpapierrechtliche und sachenrechtliche Wirkungen. Einreden

4 a

a. Art. 482 II OR erklärt, die *Warenpapiere* seien *Wertpapiere, die auf «Herausgabe der gelagerten Waren lauten»*. Dann folgt schon aus der *allgemeinen Wertpapierdefinition* des Art. 965 OR, dass nach Ausstellung eines Wertpapiers, das Lagergut *nur an den aus dem Warenpapier Berechtigten herausgegeben* werden kann.

b

b. Ohne Präsentation des Wertpapieres, das auf den Inhaber, auf den Namen oder an Order lauten kann, und *ohne* die entsprechende durch das Wertpapierrecht umschriebene *Legitimation* des Inhabers *muss und darf der Lagerhalter die essentielle Restitutionspflicht weder ganz noch teilweise erfüllen.* Art. 482 N. 8, 9a (8). Ist das *Wertpapier verlorengegangen oder sonst abhanden gekommen, so kann die Restitution nur nach dessen Amortisation erfolgen.* Art. 482 N. 11f. Wird der Lagerschein, ob ihm Wertpapierqualität zukommt oder nicht, vom Lagerhalter *auf den Namen eines Dritten ausgestellt*, der ihm vom Einlagerer angegeben ist, so ist dieser *Dritte*, nicht der Einlagerer, über das Lagergut *verfügungsberechtigt* und kann die Restitution verlangen. **BGE 43 II 645/6.** Die Restitution an eine andere als an die durch Lagerschein, wertpapier- oder urkundenrechtlich bestimmte Person, insbesondere auch an den ursprünglichen Einlagerer, ist *nicht gehörige Erfüllung der Restitutionsobligation* und macht den *Lagerhalter* dem Berechtigten gegenüber *schadenersatzpflichtig.* Um die Rechtsbeziehungen zwischen dem ursprünglichen Einlagerer und anderen aus der Urkunde berechtigten Personen hat sich der Lagerhalter nicht zu bekümmern, sobald die Legitimation durch eine Urkunde formalisiert ist. *Nur wenn der Lagerhalter weiss, dass der Urkundeninhaber seine formale Legitimation ohne Recht erworben hat, muss er die Restitution an einen materiell Unberechtigten verweigern und womöglich den ursprünglichen Einlagerer benachrichtigen.* Art. 472 N. 3e.

c *c.* Der Lagerhalter wird im Wertpapier verurkunden, die Rückgabe des durch die Urkunde verkörperten Lagergutes erfolge *nur gegen Rückgabe aller Ausfertigungen des Wertpapiers.* Art. 482 N. 9a (7). Doch auch wenn dies nicht der Fall ist, hat der *Lagerhalter Anspruch auf Rückgabe aller Ausfertigungen eines wertpapierrechtlichen Lagerscheines Zug um Zug mit der Restitution des Lagergutes.* Er kann eine *Quittung über die erfolgte Restitution* oder Teilrestitution auf dem zurückzugehenden Lagerschein oder auf separater Urkunde verlangen. Art. 88 OR. Die Rückgabe hat zu erfolgen, um eine *weitere Zirkulation und den damit verbundenen Rechtserwerb durch gutgläubige Dritte zu vermeiden.*

d *d.* Der Lagerhalter kann gegenüber dem legitimierten Inhaber des Lagerscheines *alle Einreden erheben, die sich aus dem konkreten Einlagerungsvertrag ergeben und nicht durch die Skripturhaftung ausgeschlossen sind.* Art. 482 N. 11c. Der Lagerhalter haftet skripturrechtlich nicht für die Qualität des im Lagerschein verkörperten Lagergutes, sondern für Rückgabe dessen, was er erhalten hat (oder bei irregulärer Einlagerung von Sachen der verurkundeten Qualität) in unbeschädigtem Zustande. Erfolgt die *Rückgabe des Lagergutes in beschädigtem Zustande*, so kann der Lagerhalter auch gegenüber dem gutgläubigen Lagerscheininhaber die Einrede erheben und den *Beweis führen*, dass er *alle ihm obliegenden Sorg-*

faltspflichten erfüllt hat. Art. 482 N. 3. Kommentar RATZ zu § 424 HGB Anm. 6 in fine.

e. Ob Lagerwertpapiere ausgestellt sind oder nicht, die *Restitutionsschuld des Lagerhalters bleibt stets eine Holschuld, die am Ort der Einlagerung zu erfüllen ist.* e

f. Da ein Lagerwertpapier als Warenpapier durch ordnungsgemässe wertpapierrechtliche Übertragung (Übergabe, Indossament, schriftliche Abtretung) nicht nur das persönliche Recht auf Restitution gegen den Lagerhalter, sondern auch das (dingliche) Eigentumsrecht an der Ware überträgt (Art. 925 ZGB), ist der *wertpapierrechtlich legitimierte gutgläubige Inhaber nicht nur zur Restitutionsklage gegen den Lagerhalter, sondern auch zur Eigentumsklage legitimiert.* N. 2a oben. f

Art. 487

D. Gast- und Stallwirte
I. Haftung der Gastwirte
1. Voraussetzung und Umfang

[1] Gastwirte, die Fremde zur Beherbergung aufnehmen, haften für jede Beschädigung, Vernichtung oder Entwendung der von ihren Gästen eingebrachten Sachen, sofern sie nicht beweisen, dass der Schaden durch den Gast selbst oder seine Besucher, Begleiter oder Dienstleute oder durch höhere Gewalt oder durch die Beschaffenheit der Sache verursacht worden ist.

[2] Diese Haftung besteht jedoch, wenn dem Gastwirte oder seinen Dienstleuten kein Verschulden zur Last fällt, für die Sachen eines jeden einzelnen Gastes nur bis zum Betrage von tausend Franken.

D. Dépôt d'hôtellerie

I. Responsabilité des hôteliers

1. Conditions et étendue

[1] Les aubergistes ou hôteliers sont responsables de toute détérioration, destruction ou soustraction des effets apportés par les voyageurs qui logent chez eux, à moins qu'ils ne prouvent que le dommage est imputable au voyageur lui-même, à des personnes qui le visitent, l'accompagnent ou sont à son service, ou qu'il résulte soit d'un événement de force majeure, soit de la nature de la chose déposée.

[2] Toutefois, la responsabilité en raison des effets apportés est restreinte à la somme de mille francs pour chaque voyageur, si aucune faute ne peut être imputée à l'hôtelier ni à son personnel.

D. Albergatori e padroni di stalle

I. Responsabilità degli albergatori

1. Condizioni ed estensione

[1] Gli albergatori, che danno alloggio ai viandanti, sono responsabili d'ogni deterioramento, distruzione o sottrazione delle cose apportate dai loro ospiti, a meno che provino che il danno fu cagionato dall'ospite medesimo o dai suoi visitatori, compagni o domestici o da forza maggiore o dalla qualità stessa della cosa.

[2] Questa responsabilità è limitata ad un massimo di mille franchi per le cose di ciascun ospite, se nessuna colpa incombe all'albergatore od ai suoi dipendenti.

Materialien: Sub Art. 472 OR insbesondere Prot. Exp. Komm. vom 20. Oktober 1908 S. 1–3. StenBull NatRat 1909 S. 710, 717; 1910 S. 357/8. StenBull StRat 1910 S. 230.

Rechtsvergleichung: aOR Art. 486 I. Code Civil art. 1952/4. ABGB §§ 970, 970a. BGB § 701. Codice Civile art. 1783/4.

Literatur: PAUL BUCHLI, Die Haftung der Gast- und Stallwirte nach dem schweizerischen Obligationenrecht, Berner Diss 1932 = BUCHLI. JEAN CHAUBERT, La responsabilité de l'hôtelier, Thèse Lausanne 1914. SILVIO GIOVANOLI, Force majeure et cas fortuit, Genfer Diss 1933. RUDOLF MICHEL, Der Gastaufnahmevertrag nach britischem, deutschem, französischem, italienischem und schweizerischem Recht, Zürcher Diss 1957 = MICHEL. PIERRE PETERMANN, La responsabilité des hôteliers pour les choses apportées par des clients, Lausanne 1955, édité par la LA SUISSE, Société d'assurances sur la vie et contre les accidents = PETERMANN. ROGER SECRÉTAN, Note sur la responsabilité du garagiste et sur celle de l'hôtelier pour les voitures garées dans l'hôtel in JT 99 (1951) p. 179 = SECRÉTAN. ANTON STIFFLER, Das receptum cauponum und die Haftpflicht der Gastwirte ex recepto, Leipziger Diss 1903, = STIFFLER.

SYSTEMATIK DER KOMMENTIERUNG

Art. 487 OR

I. Rechtsdogmatische Grundlage der Haftung

1. Rechtsvergleichender Überblick 770
2. Die Regelung im aOR und die Revision von 1911 772

II. Voraussetzungen, Gegenstand und Inhalt der Gewährspflicht

3. Haftungsgrund des gewerbsmässigen entgeltlichen Beherbergungsvertrages. Subjekte der Haftpflicht 774
4. Gegenstand der Gewährspflicht, eingebrachte Sachen – hinterlegte Sachen 777
5. Inhalt der Gewährspflicht, Sachschaden. Beweislast. Mass 779

III. Die Entlastungsgründe

6. Verursachung durch die Gäste, seine Besucher, Begleiter oder Dienstleute 480
7. Höhere Gewalt 482
8. Beschaffenheit der zerstörten oder beschädigten Sache 482

IV. Limitierung der Sachgewähr und Verschuldenshaftung des Gastwirtes. Art. 487 II

9. Haftung des Gastwirtes aus schuldhafter Vertragsverletzung. Beweis- und Behauptungslast. Reduktionsgründe. Deliktsklage 483
10. Schadensbeweis. Einreden insbesondere Verrechnung, Verwirkung, Verjährung 484
11. Die Limitierung der kausalen Sachgewähr auf Fr. 1000 für die Sachen eines jeden einzelnen Gastes 485

Art. 487 OR

I. RECHTSDOGMATISCHE GRUNDLAGE DER HAFTUNG

1. Rechtsvergleichender Überblick

1 a *a.* Das *römisch gemeine Recht* betrachtete die den Gast- und Stallwirten anvertraute (res nostrae an alienae) Habe (receptum) nicht als hinterlegt und die Haftung für Verlust oder Beschädigung *nicht als hinterlegungsvertragliche Schadenshaftung.* Der Prätor gab gegen den Inhaber gewisser Gewerbebetriebe (nautae, caupones, stabularii) eine Klage, die auf einer *Gewährspflicht* (salvum fore) für die *unversehrte Rückgabe* (restituant) der ihrer *Obhut anvertrauten Sachen* (custodiae committeie) beruhte. **DIG 4.9.** Von der Erfolgshaftung bzw. Gefahrstragung (periculum ad eum pertinere) konnte sich der Betriebsinhaber *nur durch den Beweis der höheren Gewalt* (damnum fatale, vis maior) *befreien.* **DIG 4.9.3.1.** DERNBURG, Pandekten II 108/9. Aus dem *receptum nautarum* hat sich die *modernrechtliche Transportschadenshaftung* der Art. 447/8 OR entwickelt. Erst durch die Revision von 1911 ist *aus der kausalen Transportschadensgewähr* des Frachtführers eine *Sorgfaltshaftung mit umgekehrter Beweislast* geworden. Art. 447 N. 4.

b *b.* Diese Kausalhaftung des Gastwirtes konsensualvertraglich zu konstruieren, bereitete der Rechtstheorie von jeher Schwierigkeiten. Wo die Hinterlegung einen Realvertrag bildete, der erst durch tatsächliche Übergabe von beweglichen Sachen in die Obhut (Detention, Besitz, Mitbesitz) eines «Aufbewahrers» entstand, lag jedoch die hinterlegungsvertragliche Qualifikation des receptum cauponum nahe. Der *Hinterlegungsvertrag für die Invecten und Illaten des Gastes bestand i. d. R. koordiniert mit einem «Beherbergungsvertrag»*, der seinerseits wieder ein kombinierter Vertrag war, indem er die Überlassung eines Raumes (Miete) und die Erbringung von Dienstleistungen zum Gegenstand hatte. Diesen Weg ging der *Code Civil*, wenn er in Art. 1952 erklärt:

> «Les aubergistes ou hôteliers sont responsables, comme dépositaires, des effets apportés par le voyageur qui loge chez eux; le dépôt de ces sortes d'effets doit être regardé comme dépôt nécessaire.»

c *c.* Auf ähnlichem Boden steht § 970 ABGB. Der Kreis der haftpflichtigen Gewerbebetriebe ist weiter gezogen. Nur der Beweis eines Selbstverschuldens des Gastes oder eines Drittverschuldens befreit den Betriebsinhaber. Verschulden der eigenen Angestellten des Betriebsinhabers oder «in dem Hause ein- und ausgehender Personen» ist kein Drittverschulden. **DIG 4.9.6.2 und 3.** Eine summenmässige Limitierung der kausalen Gastwirthaftung besteht heute nach § 970 ABGB noch nicht. Jedoch hat der Richter bei konkurrierendem schadenskausalen Selbstverschulden des Geschädigten zu bestimmen, ob Ersatz geschuldet ist und wieviel. Anders für deponierte Kostbarkeiten, Geld und Wertpapiere nach § 970a ABGB. N. 2e unten.

d. Das BGB, durch welches die Revision des OR von 1911 beeinflusst war, behandelt die «Einbringung von Sachen bei Gastwirten» in einem besonderen 13. Titel, der allerdings an den 12. Titel «Verwahrung» anschliesst. Die herrschende Meinung sieht darin eine «reine Erfolgshaftung» (PALANDT, Einf. vor § 701) die meist, aber nicht notwendig, aus einem «Beherbergungsvertrag» wie eine Gewährspflicht entsteht. Der Gastwirt kann sich nur durch den Beweis des Verschuldens des Gastes, eines Begleiters des Gastes oder einer Person, die der Gast bei sich aufgenommen hat, oder durch den Beweis höherer Gewalt befreien. d

e. Nach Codice Civile art. 1783 ist das «deposito in albergo» eine Unterart der Hinterlegung. Die Haftung des albergatore und der «stabilimenti e locali assimilati agli alberghi» für Verlust und Beschädigung von Gästen eingebrachter Sachen ist weitgehend *der Transportschadenshaftung des Frachtführers angepasst.* Vom albergatore zu beweisende abschliessend aufgezählte Entlastungsgründe sind: Schadensverursachung durch grobes Verschulden des Gastes, von dessen Besuchern, Begleitern oder von ihm abhängiger Personen, Schadensverursachung durch natürliche Beschaffenheit oder Mängel der eingebrachten Sachen oder durch höhere Gewalt. e

f. Für Grossbritannien gilt als geschriebenes Recht «The Innkeepers Liability Act» von 1863 mit unbeschränkter Haftung des Innkeepers bei Verschulden, Beschränkung der Haftung auf Lstg. 30.–.– ohne Verschulden des Innkeepers. Unterlässt der Innkeeper den Anschlag des gedruckten Gesetzestextes an deutlich sichtbarer Stelle, so ist die Haftung wie bei Verschulden unbeschränkt. «The Innkeepers Act von 1878» gewährt dem Gastwirt ein Recht auf freihändige Verwertung der eingebrachten Sachen des Gastes, an welchen bereits nach Comon Law das Retentionsrecht (lien) bestand. f

2. Die Regelung im aOR und die Revision von 1911

2 a *a.* Das aOR von 1881 stand *materiell auf römischgemeinrechtlichem Boden. Systematisch* war wie im Code Civil und im ABGB die Haftung der Gastwirte (Art. 486) und der Stallwirte (Art. 488) für Invecten und Illaten ihrer Gäste im *Titel über den Hinterlegungsvertrag* geordnet.

b *b.* Rechtsgrund der Gastwirthaftung für «eingebrachte Sachen» der Gäste ist die Aufnahme von Fremden zur Beherbergung. In Abweichung von § 701 II BGB ist somit der *Abschluss eines sogenannten Gastaufnahme- oder Beherbergungsvertrages, der die Gewährung von Logis zum Gegenstand hat* zur Begründung der Gastwirthaftung notwendig. **BGE 46 II 118.** Code Civil art. 1952. Buchli S. 13/4. Teilweise anders Oser/Schönenberger ad Art. 487 OR N. 3, 9, 10. Wie nach BGB wird zuweilen angenommen, die Haftung aus Art. 487 OR sei von der Gültigkeit des Gastaufnahmevertrages unabhängig. Becker ad Art. 487 N. 2 nimmt einen neben der Gastaufnahme bestehenden besonderen Vertrag an. Zustimmend Michel S. 21, 37, 82/3. Stiffler S. 23/5. Am Erfordernis der «Gastaufnahme» hat die Revision von 1911 nichts geändert. Die Annahme einer ausservertraglichen Haftung ex lege (so Buchli S. 15) lässt sich angesichts der Stellung der Bestimmungen im System und der in Art. 488 geregelten «Haftung für Kostbarkeiten», die zur Aufbewahrung übergeben wurden, kaum rechtfertigen. **BGE 46 II 118** bezeichnet die Haftung des Gastwirtes als eine «Rechtswirkung des mit dem Gast abgeschlossenen Beherbergungsvertrages». Damit ist jedoch die Frage nicht beantwortet, ob es sich um eine *vertragliche Gewährspflicht* (Erfolgshaftung) oder um eine *Schadenersatzpflicht aus Vertragsverletzung* i. S. von Art. 97 OR handelt. Die Stellung im System des OR und insbesondere im Hinterlegungsvertragstitel, insbesondere auch der Wortlaut des französischen Randtitels («Dépôt d'hôtellerie») sprechen für eine Schadenshaftung aus Vertragsverletzung. Dafür kann auch die Ähnlichkeit mit der Transportschadenshaftung des Frachtführers nach Art. 447/8 OR herangezogen werden, die allerdings erst durch die Revision von 1911 eine auftragsrechtliche Sorgfaltshaftung mit umgekehrter Beweislast geworden ist. Art. 447 N. 4. Im aOR war sie wie das receptum nautarum eine Gewährspflicht (Erfolgshaftung).

c *c.* Im Gegensatz zur Frachtführerhaftung ist jedoch auch nach der Revision von 1911 die Haftung des Gastwirts aus dem Beherbergungsvertrag eine allerdings der Höhe nach *summenmässig limitierte Kausalhaftung* geblieben, von der sich der *Gastwirt* nur befreien kann, wenn er abschliessend enumerierte *Entlastungsgründe beweist:* Schadensverursachung durch den Gast, seine Begleiter, Besucher oder Dienstleute, durch höhere Gewalt oder die Beschaffenheit der Sache. Das spricht eher für eine *vertragliche Gewährspflicht*, die vom hinterlegungsvertraglichen Haftungsprinzip des Art. 473 II OR im besonderen und von der Schadenshaftung aus Vertragsverletzung (Art. 97 OR) im allgemeinen abweicht. Zudem ist der *Beherbergungsvertrag ein kombinierter Vertrag aus Miete* (Raumüberlassung) *und Auftrag* (Arbeitsleistung ohne Subordination – Art. 394 II OR). Michel S. 37.

d

d. In dem vom Gesetz zum *Haftungsgrund* erhobenen Beherbergungsvertrag erscheint neben der Kombination von Miete und Auftrag die *Annahme einer zusätzlichen Hinterlegung nicht mehr erforderlich.* Die Einbringung von Effekten des Mieters in gemietete Räume und das Retentionsrecht des Vermieters an diesen Effekten passt durchaus in die Struktur des Mietvertrages. Art. 272/4, 491 OR. Stiffler S. 25. Die rechtstheoretischen Überlegungen treten im OR zurück, namentlich wenn es sich um Revisionen, Ergänzungen oder Novellen handelt, die erst später ins System eingefügt sind. Ein *dem Beherbergungsvertrag koordinierter besonderer Hinterlegungsvertrag muss nur dann angenommen werden, wenn «Kostbarkeiten, grössere Geldbeträge oder Wertpapiere» vom Gastwirt zur Aufbewahrung übernommen wurden.* Art. 488 II OR. Stiffler S. 20. Buchli S. 14. Namentlich *Geldbeträge* werden i. d. R. nach Art. 481 I OR *irregulär deponiert.* Für die nicht deponierten *Invecten und Illaten des Gastes fehlt es an der Bestimmtheit oder sicheren Bestimmbarkeit des Hinterlegungsgegenstandes*, der als Speziessache zu restituieren wäre. Art. 475 N. 3. Im römischgemeinen Recht kam die actio depositi wegen der begriffsessentiellen Unentgeltlichkeit der Hinterlegung ohnehin nur ausnahmsweise in Frage. **DIG. 4.9.3.1 – 4.9.5.**

e

e. Das Kernstück der Revision von 1911 kreist um die Frage der *summenmässigen Limitierung* der Gastwirthaftung, soweit sie ohne Verschulden des Gastwirts und ohne zusätzlichen Hinterlegungsvertrag i. S. von Art. 488 OR besteht. Man hat sich wie in *Frankreich* (Novelle vom 8. April 1911 zu Art. 1953 II Code Civil fr. 1000 jedoch nur für *nicht hinterlegte Wertsachen)*, *Österreich* (§ 970a ABGB seit 1951 Sch. 3000 jedoch *nur für Kostbarkeiten, Geld und Wertpapiere*, die nicht besonders als solche hinterlegt wurden), Grossbritannien (Innkeepers Liability act 1863 Punkt 1: Lstg. 30.–.–) und schliesslich Italien (art. 1784 I Codice Civile seit 1954 Lit. 200 000 allgemein) zu einer *Wertbegrenzung der reinen Kausalhaftung auf Fr. 1000* entschlossen. **BGE 39 II 724 Erw. 2.** Die Frage, wann die Limitierung Platz greifen soll, führte zu weiteren Abänderungen. **BGE 76 II 159.** Jede summenmässige Haftungsbegrenzung hat etwas

Willkürliches selbst dann, wenn die latente Geldentwertung nicht dauernd fortschreiten würde. BUCHLI S. 29/30. Durch die Entwicklung der Haftpflichtversicherung erscheint eine relativ niedrige Wertgrenze der Kausalhaftung überholt. Andererseits ermöglicht die Reisegepäckversicherung dem Gast selbst, sich gegen Verlust und Beschädigung seiner Effekten zu schützen.

II. VORAUSSETZUNGEN, GEGENSTAND UND INHALT DER GEWÄHRSPFLICHT

3. Haftungsgrund des gewerbsmässigen entgeltlichen Beherbergungsvertrages. Subjekte der Haftpflicht

3 a *a.* Obschon das Gesetz die Gewerbsmässigkeit der Gastaufnahme nicht ausdrücklich bemerkt, trifft die Gewährspflicht des Art. 487 OR nur den Inhaber eines Hotels, eines *Gasthauses* oder einer *Pension*, d.h. solcher *Betriebe des «Gastgewerbes», die dauernd gegen Entgelt «Gäste» aufnehmen.* Der französische Text bezeichnet als Subjekte der qualifizierten Haftung einfach «les *aubergistes* ou *hôteliers*», aber als « Gäste» «les *voyageurs* qui logent chez eux». Im italienischen Text sind es «gli *albergatori* che *danno allogio ai viandanti*». Nach der neueren durch **BGE 76 II 156 ff.** inaugurierten Rechtsprechung ist die *Einstellung eines Automobils* in einer besonderen *verschlossenen Boxe*, sei es bei einem Garagisten, Hotelier oder einem Privaten, *Miete* und der Vermieter der Boxe haftet nur aus Mietvertrag. SECRÉTAN in JT 99/1951 p. 180. Unter Gastaufnahme verstand schon das OR von 1881 die Gewährung von Logis i. S. von art. 1952 Code Civil. Es ist daher gleichgültig, ob der Gast alle oder keine Mahlzeiten beim Logisgeber einnimmt. Die Gewährspflicht aus Art. 487 OR trifft auch die Inhaber eines sogenannten *Hotel garni*, eines sogenannten *Appartementhauses, wenn nicht eine eigentliche Miete vorliegt* (STIFFLER S. 40, PETERMANN p. 8 lit. *f*), einer *Studenten-* oder *Familienpension* (a. M. PETERMANN p. 4 lit. *a*); dagegen trifft sie *nicht* den *Restaurateur*, bei dem der Gast nur die Mahlzeiten einnimmt. BUCHLI S. 18/9. PETERMANN p. 4 lit. c. *Dort* ist die *Abgabe der Garderobe eine allgemeine Hinterlegung* mit gewöhnlicher hinterlegungsvertraglicher Schadenshaftung. Art. 472 N. 4 b. PALANDT zu § 701 N. 1 und 2. *Gleichgültig ist die Dauer der Aufnahme.* Sie kann sich über Stunden, Tage, Wochen oder Monate erstrecken. Übernachtung bildet die Regel, ist aber nicht unbedingt erforderlich. PETERMANN p. 7. Die *Haftung besteht weiter*, wenn der *Gast unter Zurücklassung seiner Effekten den Hotelaufenthalt für kurze Zeit*

unterbricht, das Entgelt für das Logis aber weiter leistet. PETERMANN p. 10.

b. Entgeltlichkeit und Gewerbsmässigkeit ist Voraussetzung der Haftung ex recepto. **DIG. 4.9.** In § 701 BGB ist die Gewerbsmässigkeit ausdrücklich erwähnt. Wen der Hotelier *unentgeltlich logiert*, wie etwa sein *Personal* (PETERMANN p. 8 lit. a), *Verwandte und Familienangehörige*, auch wenn die Logierung im Hotelbetrieb erfolgt, muss die *Gefahr* von Verlust oder Beschädigung der von ihm eingebrachten Sachen *selbst tragen*. Mit ihm wird *kein Beherbergungsvertrag* abgeschlossen, welcher dem Gastwirt *eine* nach Art. 491 OR *retentionsgesicherte Forderung* verschafft. Nach römischem Recht stand die actio in factum auch dem in einem Gasthaus (caupona) unentgeltlich Beherbergten zu **(DIG 4.9.6 pr.)**, wenn er nur dort Logis (habitandi causa) bezogen hatte. STIFFLER S. 39/40. Diese Überlegung demonstriert die *Quelle der Haftung* als *Gastaufnahmevertrag*, dessen Subjekte der «Fremde» oder «Gast» einerseits und der «Gastwirt» (hôtelier, aubergiste, albergatori) andererseits sein muss. MICHEL S. 83. PETERMANN p. 7, 8 lit. c. Der untechnische Ausdruck «Reisende», «Voyageurs», «Viandanti» ist irreführend. «Gast» und aktivlegitimiert aus Art. 487 OR ist auch derjenige, der *vorübergehend in einem Hotel an seinem Wohnort logiert*. PETERMANN p. 8. Im Gegensatz zu § 970 ABGB sind «Besitzer von Badeanstalten» und im Gegensatz zu art. 1786 Codice Civile sind nach OR *Betriebsinhaber von Theatern und Kinos, Erfrischungsräumen u. ä. den Gastwirten haftpflichtrechtlich nicht gleichzustellen*. BUCHLI S. 20/1. PETERMANN p. 4 lit. e und g, private *Kurbetriebe und Heilanstalten* nur dann, wenn sie *dem Gast Logis* gewähren. Anders MICHEL S. 28. Die Frage, ob der Heil- oder Behandlungszweck im Vordergrund steht, ermöglicht keine sichere Abgrenzung (Sporthotels, Luftkurorte, Diäthotels etc.) ebensowenig der Ausbildungszweck in einem privaten Internat. Die *nicht unter Art. 487 OR fallenden Betriebe haften für eingebrachte Sachen ihrer Gäste vertraglich* (i. d. R. allgemeine Hinterlegung) *oder ausservertraglich ohne die Qualifikation aber auch ohne die Begrenzung von Art. 487 II OR*. MICHEL S. 78/9. PETERMANN p. 5. Mit Ausnahme von Italien (ausdrückliche Erwähnung in art. 1786 Codice Civile) sind die Auffassungen hinsichtlich der *Schlafwagen* (und *Kajütenschiffe*) geteilt. U. E. handelt es sich um eine *gewerbsmässige entgeltliche Gewährung von Logis*. So BUCHLI S. 22/3 und STIFFLER S. 32. PETERMANN p. 4 lit. e. Bei Aufnahme in Internaten, Instituten, Pensionaten, Asylen muss das entscheidende Kriterium in der Gewerbsmässigkeit und Entgeltlichkeit der Logierung gesucht werden. Wird mit der Aufnahme *kein Gewinn beabsichtigt* (Stifte, Klöster, Waisenhäuser,

Altersasyle, Klubhütten, Betriebserholungsheime, Jugendherbergen, Notschlafstellen u. ä.) so *fällt der qualifizierte Haftungsgrund* des Art. 487 OR dahin. STIFFLER S. 31/3. PETERMANN p. 4 lit. i. Es bleibt bei den allgemeinen Haftungsgründen. Die Benützung *öffentlicher Heil-, Pflege- oder Bildungsanstalten* untersteht auch dann *dem öffentlichen Recht,* wenn sie mit Logisgewährung an die Benützer verbunden ist. Das Entgelt für die Unterkunft ist eine *öffentlichrechtliche Gebühr.*

c *c.* Der *Haftungsgrund* für die Gewährspflicht aus Art. 487 OR ist der *Abschluss eines privatrechtlichen Beherbergungsvertrages* i. S. von Art. 1 ff. OR. Das in Art. 491 OR gewährte *Retentionsrecht* des Gastwirtes an den Invecten und Illaten des Gastes setzt eine *vertragliche Forderung aus Beherbergung und Unterkunft* voraus. Gewährt das Gesetz dem Gastwirt das Privileg eines Retentionsrechtes an den Invecten und Illaten des Gastes, so ist es nicht unbillig ihm dagegen eine strenge Gewähr für die Retentionsobjekte aufzuerlegen. Der *Beherbergungsvertrag* als Haftungsgrund ist gegeben für das vom Gast in einer *Hotelgarage eingestellte Automobil;* hingegen ist er *nicht gegeben* für das bei einem Garagisten nicht in einer *besonderen verschliessbaren Boxe* eingestellte Automobil. **BGE 76 II 162/3.** Der *Vertragskonsens* kommt *häufig stillschweigend* zustande; dem Hotelgast wird ein Zimmer zugewiesen und er bezieht es tatsächlich. Die *Zimmerreservierung* ist ein *Vorvertrag* i. S. von Art. 22 OR. MICHEL S. 82/3. Wie der Beherbergungs- oder nach den Worten des OR und BGB, «Gastaufnahmevertrag» oder «Unterkunftsvertrag» (Art. 491 OR) qualifiziert wird (i. d. R. Kombination von Miete und Auftrag. N. 1b oben. OSER/SCHÖNENBERGER ad Art. 487 N. 10), ist von untergeordneter Bedeutung. Für die *Auftragsqualifikation* bestimmter *Dienstleistungen,* z. B. Gepäckabholung vom und Verbringung an den Bahnhof, spricht die Tatsache, dass dafür i. d. R. eine Auslagenersatzposition auf die Hotelrechnung gesetzt wird. Sein *Gegenstand muss* jedoch *sein die Gewährung von Logis* (Unterkunft), dare allogio, voyageurs qui logent chez eux. STIFFLER S. 25. PETERMANN p. 8. Die Gewährung von Unterkunft unterscheidet sich von der blossen Raumvermietung dadurch, dass wenigstens die *einfachsten Einrichtungen in das alleinige oder gemeinschaftliche Gebrauchsrecht der Gäste eingeschlossen* sind, welche den körperlichen Bedürfnissen dienen, *Schlafgelegenheit, Waschgelegenheit, Toilette, Möglichkeit zur Unterbringung des Reisegepäcks.* Ob dazu noch Dienstleistungen des Wirtes selbst oder seines Personals und die Verabreichung von Verpflegung treten, ist für die nach Art. 491 OR retentionsgesicherten Forderungen des Gastwirts von Bedeutung, für seine Haftung hingegen unerheblich. Bei Hotelbetrieben bilden zusätzliche Dienstleistungen die

Regel, in Skihütten privater Unternehmer mit Massenlagern die Ausnahme. Der Gastaufnahmevertrag muss *gewerbsmässig und entgeltlich* abgeschlossen sein. Lit. b oben. Das Entgelt besteht *gewöhnlich* in einer *nach der Zeitdauer der Unterkunft bemessenen Geldleistung* des Gastes. Im *Hotelgewerbe* unterscheidet man den *Zimmerpreis*, den *Tagespreis* für Logis mit *Halb- oder Vollpension*, *Zuschläge für besondere Leistungen*, z. B. *Beheizung*, *Bedingung* (Trinkgeldablösung), *Kurtaxe* und andere *öffentliche Abgaben*. Oft erfolgt die *Zusammenfassung* in einem *Tages- oder Wochenpauschale*. Theoretisch unterstehen die *Hotelpreise* in der Schweiz der *freien Vereinbarung*, wobei das Gesetz von Angebot und Nachfrage einen gewissen Spielraum hat. Nach Ausstattung und Leistungsfähigkeit unterscheidet man *verschiedene Kategorien von Gaststätten*, unter welchen die Konkurrenz zu einer gewissen Vereinheitlichung der Preise innerhalb der Kategorien geführt hat. Der schweizerische Hotelierverein gibt alljährlich den schweizerischen *Hotelführer* heraus, der eine für die angeschlossenen Betriebe *verbindliche Preisliste* (Tarif) enthält. Der *Beherbergungsvertrag* ist ein Vertrag, der *massenweise* mit allen Gästen und mit ungefähr gleichem Inhalt abgeschlossen wird. *Hausordnung* und/oder *Zimmerpreise* werden oft in den Zimmern angeschlagen und bilden dann einen *integriererenden Bestandteil des Beherbergungsvertrages*. Die gesetzlichen Haftungsbestimmungen des Beherbergungsvertrages können jedoch nicht durch Anschläge wegbedungen werden. Art. 489 II OR. Art. 489 N. 2. Doch besteht für den Gastwirt im Gegensatz zu gewissen öffentlichen Anstalten *kein Kontrahierungszwang*. STIFFLER S. 45/6. Ein Gastaufnahmevertrag ist auch dann anzunehmen, wenn der Gastwirt einzelnen Gästen nicht gegen Geldzahlung, sondern *gegen Arbeitsleistung Unterkunft* gewährt. Der für die Gäste eines Hotels tätige Sportlehrer, der sogenannte «maître de plaisir», Tänzer u. a. zählt *i. d. R. nicht zum Hotelpersonal*. Er übernimmt keine Arbeitspflicht gegenüber dem Gastwirt. Gewährt ihm dieser Unterkunft gegen einen reduzierten Preis oder nur gegen die Verpflichtung, den anderen Gästen entgeltliche oder unentgeltliche Dienste zu leisten, so ist dem Erfordernis der Gastaufnahme Genüge geleistet.

4. Gegenstand der Gewährungspflicht. Eingebrachte Sachen — hinterlegte Sachen

4 a

a. Gegenstand der aus dem Beherbergungsvertrag resultierenden besonderen und durch Anschlag unabdingbaren Gewährspflicht des Gastwirtes sind nach Art. 487 OR die «von ihren Gästen *eingebrachten Sachen*» Es sind, um die gemeinrechtliche Terminologie zu gebrauchen, die *be-*

weglichen Invecten und Illaten des Gastes. PETERMANN p.9. Dazu gehören auch die *Haustiere* (z.B. Hunde) oder *Zugtiere* (Pferde) und *Fahrzeuge* (Motorfahrzeuge, Fahrräder), welche der Gast bei sich hat und im Zimmer oder dazu geeigneten Räumen, die zum Betrieb der Gaststätten gehören (Dépendences, Hotelgaragen), «eingestellt» werden. **BGE 76 II 162.** Anders die frühere auf **BGE 36 II 58 Erw. 2** und **62 II 154** gegründete Praxis, die die Einstellung eines Automobils in einer Hotelremise der Stallwirthaftung nach aOR Art. 488 unterstellte. PETERMANN p. 6/7 lit. c. Vgl. jedoch die Kritik von Prof. SECRÉTAN in JT 1951 p. 171 svts. Eindeutig ist für gewerbsmässig betriebene Motofahrzeuggaragen § 970 II ABGB. Hauptsächliche Invecten und Illaten sind die *Kleidungsstücke* und *Effekten* (z.B. Photoapparat), welche der *Gast auf sich trägt oder als Reisegepäck mit sich führt oder führen lässt.* **DIG. 4. 9. 1. 6 und 7.** *Kenntnis des Gastwirts* oder seiner Leute *vom Inhalt und Wert des «Gepäcks»*, auch desjenigen, das beispielsweise im Automobil untergebracht ist, ist *nicht erforderlich.* PETERMANN p.9. Namentlich dadurch *unterscheiden sich die Invecten und Illaten* nach Art. 487 OR von den nach Art. 488 OR zu hinterlegenden «Kostbarkeiten» *(Depositen).* Für die *Depositen* entsteht die Speziesobligation oder Genusobligation auf Restitution (Art. 475, 481 OR) und die hinterlegungsvertragliche *Schadenshaftung* (Art. 475 OR) *nur aus einem besonderen Hinterlegungsvertrag.* PETERMANN p. 10. Für die Invecten und Illaten hingegen entsteht die unabdingbare Gewährspflicht aus dem Beherbergungsvertrag. *Kostbarkeiten* sind *nur dann Illaten, wenn die besondere Deponierung unzumutbar ist,* z.B. goldene Taschenuhr oder Schmuckstücke. Art. 488 III OR.

b *b.* Wie schon nach römischem Recht ist es *gleichgültig, wer Eigentümer der Invecten und Illaten* ist. **DIG. 4. 9. 1. 7** (res nostrae an alienae). **BGE 46 II 118.** Hingegen gehört zur Einbringung, dass die *Sachen in den unmittelbaren unselbständigen Besitz oder Mitbesitz des Gastwirtes oder seines Personals übergegangen* sind (custodia). Vgl. auch Art. 491 N. 2b. So kann dem Gastwirt das *Gepäck* mit einem öffentlichen Verkehrsmittel *zugesandt* worden sein. Die Gewährspflicht besteht *vom Zeitpunkt, da der Gastwirt den Besitz oder Mitbesitz ausüben kann, bei zugesandtem Gepäck im Zeitpunkt der tatsächlichen Empfangnahme.* Es ist *nicht erforderlich, dass der Gast bereits angekommen* ist. STIFFLER S. 48/9, anders PETERMANN p. 9. «quamcumque rem sive mercem *receperint*». **DIG. 4. 9. 6.** Es ist nicht erforderlich, dass die Sachen in die Gaststätte verbracht sind. Die Gastwirthaftung besteht bereits auf dem Weg vom Bahnhof zur Gaststätte. MICHEL S. 84. PETERMANN p. 8. STIFFLER S. 46/59. Vgl. auch **DIG. 4. 9. 3 pr.** Bei *Übergabe an das Personal genügt,* dass die *Voll-*

macht zur Entgegennahme äusserlich in Erscheinung tritt, z.B. durch die Uniform des Hotelportiers, die Aufschrift auf dem Hotelautobus u.ä. Art. 488 N.4c. Doch muss in allen Fällen ein *Beherbergungsvertrag oder Vorvertrag abgeschlossen* sein, z.B. durch «*Reservierung*» von Zimmern in einem Hotel. N. 3c oben. Michel S.86. *Versehentlich liegengelassene Sachen* des Gastes befinden sich noch im Besitz des Gastwirtes, und zwar infolge der Beherbergung. U.E. ist die Gastwirthaftung dafür zu bejahen. Nur wird dem *Gast* der ihm obliegende *Beweis für die Entwendung* solcher Sachen besondere Schwierigkeiten bereiten.

5. Inhalt der Gewährspflicht. Sachschaden. Beweislast. Mass

5 a

a. Die Gastwirthaftung für Invecten und Illaten ist seit jeher eine *Sachgewähr* «res salvas fore». **DIG. 4. 9. 1 pr. – 4. 9. 1. 6, 7, 8.** Zu ersetzen ist wie bei der Transportschadenshaftung des Frachtführers nur der *Sachschaden*, weder der Affektionswert noch andere Nachteile wie entgangener Gewinn oder ein positives oder negatives Vertragsinteresse. **BGE 36 II 62 Erw. 6, 37 II 196 Erw. 6.** Stiffler S.72/3. Buchli S.31/2. Nur wenn die Gewährspflicht zu einer *Verschuldenshaftung aus Vertragsbruch oder Delikt* (Art. 41, 55 OR) wird, ist u.E. *aus dem Haftungsgrund des Verschuldens voller Schadensersatz* geschuldet. Art. 487 II OR. N.6c unten.

b

b. Die *vertragliche Erfüllungspflicht* des Gastwirtes besteht in einer *Restitution* (Erstattung) *der der Obhut des Gastwirtes anvertrauten* (custodiae committere) *Sachen.* **DIG. 4. 9. 1 pr. und 1.** Im Begriff der *Erstattung* ist der *Gegenstand quantitativ und qualitativ enthalten.* Zu erstatten ist so viel und *in dem Zustande wie es empfangen* (receptum) *wurde.* Sowohl in Art. 447/8 als in Art. 487 OR werden die *Sachschäden* die das receptum (nautarum aut cauponum) treffen können umschrieben als *Verlust* oder *Untergang*, *Beschädigung* oder *teilweiser Untergang* (Frachtführer), *Beschädigung*, *Vernichtung* oder *Entwendung* (Gastwirt). Trotz der verschiedenen Umschreibung handelt es sich um die nämlichen, *totalen oder teilweisen Sachschäden.* Art. 447 N.5. Der praktisch häufigste Transportschadens- wie Gastschadensfall ist die «Entwendung», wobei es wie beim römischrechtlichen furtum nicht auf moderne strafrechtliche Begriffsdifferenzierung ankommt. Petermann p.11. Es kann sich um *Diebstahl*, *Entwendung oder Veruntreuung* handeln. («Détérioration, destruction, soustraction» im französischen «deterioramento, distruzione, sottrazione» im italienischen Text.)

c *c.* Da der gewährspflichtige *Gastwirt* die nicht deponierten *Invecten und Illaten* des Gastes, soweit sie verpackt oder auf dem Körper getragen sind, i.d.R. *nicht kennt,* ist die *Beweislast, die der Gast zu tragen hat, eine schwere.* **BGE 36 II 59, 39 II 728.** Art. 447 N. 9c. Daran hat die Revision von 1911 nichts geändert. An den *ziffernmässigen Beweis des Schadens sind indessen keine hohen Anforderungen* zu stellen. Bei Unmöglichkeit der Bezifferung ist der *Schaden ex aequo et bono zu schätzen.* Art. 42 II OR. Dies gilt um so mehr, seit die *Höhe des Ersatzes aus der Sachgewähr limitiert* ist. Eine Wertdeklaration wie im Frachtvertragsrecht für nichthinterlegte Kostbarkeiten ist nicht üblich und dem Gast nicht zuzumuten. Sind Invecten und Illaten *beschädigt* (z.B. Wasserschaden), so kommt es darauf an, ob sie *reparaturfähig* sind oder nicht. **BGE 37 II 194 Erw. 2 a.E.** Sind sie reparaturfähig, so sind die *Reparaturkosten sowie ein allfälliger Minderwert,* jedoch *nie mehr als der volle Sachwert* der beschädigten Sachen und *nie mehr als Fr. 1000 für alle Sachschäden des Gastes* zu entrichten. Art. 448 N. 4.

III. DIE ENTLASTUNGSGRÜNDE

6. Verursachung durch die Gäste, seine Besucher, Begleiter oder Dienstleute

6a *a.* Die *Beweislast für alle gesetzlichen Entlastungs- oder Reduktionsgründe trifft den Gastwirt.* PETERMANN p. 11. Der Gastwirt kann das Risiko aus der ihm unabdingbar auferlegten Sachgewähr für Invecten und Illaten seiner Gäste vermindern, wenn er seinen Betrieb gut organisiert und insbesondere gegenüber dem Personal die schon zur Entlastung von Deliktsobligationen nach Art. 55 OR geforderte cura in eligendo, instruendo et custodiendo aufwendet. Da es sich jedoch um eine vertragliche Sachgewähr (Garantie), nicht um eine Deliktshaftung handelt, *genügt der Beweis, dass alle Sorgfalt aufgewendet wurde nicht.* Gänzlich machtlos ist der Gastwirt jedoch, wenn der Gast selbst seine Invecten und Illaten zerstört, beschädigt, sich entwenden oder veruntreuen lässt, sei es, dass er damit sein Eigentumsrecht ausübt oder die in seinem unmittelbaren Besitz befindlichen Sachen unsachgemäss benützt oder nachlässig verwahrt. M.a.W. der *Gastwirt* soll *nicht einstehen* müssen *für Sachschäden an Invecten und Illaten, die der Gast selbst, seine Besucher, Begleiter oder Dienstleute verursacht* haben. Es ist im Gegensatz zu Art. 486 I aOR *nicht erforderlich,* dass das schadenskausale Verhalten des Gastes selbst oder solcher Personen, die zu ihm in einem Vertrauens-

oder Subordinationsverhältnis stehen, *ein Verschulden* im Rechtssinn ist. **BGE 46 II 119 Erw. 4.** Obschon es sich nicht um Schadenersatz ex delicto handelt, sind es vom Gesetz qualifizierte schadenskausale «*Umstände*», *für welche der Gast selbst einzustehen hat.* Ihre Wirkung als *Entlastungs- oder Herabsetzungsgründe* entsprechen einer *allgemeinen Billigkeitserwägung.* Art. 43/4 OR. **BGE 46 II 120 Erw. 4.** Andernfalls könnte ein Gast (auch ohne sinnlos betrunken zu sein) seine Sachen zerstören und dennoch vom Gastwirt Restitutionsersatz verlangen. Diese Überspitzung der Sachgewähr des Gastwirts will Art. 487 I revOR ausschliessen. Doch wird mit der Methode der abschliessenden Enumeration der Entlastungsgründe, trotz deren Erweiterung, das gewollte Ziel nicht in allen Fällen erreicht, zumal der Gastwirt ihr Vorliegen beweisen muss.

b

b. Genügt ein *schadensursächliches Verhalten des Gastes*, seiner Besucher, Begleiter oder Dienstleute, so bildet a fortiori ein schadenskausales Verschulden **(BGE 37 II 195)**, *selbst leichte Fahrlässigkeit* der genannten Personen, einen *Entlastungs- oder Reduktionsgrund.* Auch das folgt aus dem in Art. 51 OR ausgesprochenen Grundsatz des Schadenersatzrechtes. *Konkurriert als Haftungsgrund die kausale Sachgewähr des Gastwirts mit einem Verschulden des Gastes oder solcher Personen, für die der Gast einzustehen hat*, so muss der Gast den Schaden an sich selbst tragen. So war schon nach der Praxis zu Art. 486 aOR das Liegenlassen einer Uhr auf dem Nachttisch ein von der kausalen Gewährspflicht entlastendes Selbstverschulden des Gastes. **BGE 39 II 726.** Während es nach Art. 486 aOR auf ein «Verschulden» des Gastes ankam, genügt seit der Revision ein schadenskausales «Verhalten» bestimmter Personen zur gänzlichen Entlastung des Gastwirtes. Der *Entlastungsbereich* wurde also *erweitert.* **BGE 46 II 119 Erw. 4.** Hingegen wurde *nicht als Selbstverschulden* taxiert das Versorgen von Schmuck in einer im Zimmer stehenden verschliessbaren Schatulle, die Verwahrung von Geld in Geldtaschen, die in einen Schrank gelegt sind, sofern es sich nicht um depositionspflichtige Kostbarkeiten handelt, was für jeden einzelnen Gegenstand gesondert zu prüfen ist. **BGE 39 II 726 Erw. 3e.** *Konkurrieren als Haftungsgründe ein auch nur leichtes Verschulden des Gastes selbst oder der Personen, für die er einzustehen hat, mit der kausalen Gewährspflicht des Gastwirtes, so ist de lege lata der Gastwirt. den allerdings die Beweislast für das Verschulden trifft, entlastet.* **BGE 46 II 118 Erw. 4.** (Anders PETERMANN p. 12, der eine partielle Entlastung des Gastwirtes zulassen will, die u. E. im Gesetz keine Handhabe findet. Die Fälle eines Mitverschuldens des Gastwirtes unterstehen nicht der Kausalhaftung nach Art. 487 I, sondern der unlimitierten Verschuldenshaftung nach Art. 487 II OR.) Daher hat schon die Praxis zu Art. 486 aOR zu nicht restlos plausiblen Abgrenzungen von Verschulden und Schuldlosigkeit des Gastes gegriffen. Überzeugender ist hier die Lösung von § 970 ABGB, die es dem Richter überlässt, ob er das Selbstverschulden des Gastes als Entlastungs- oder nur als Reduktionsgrund gelten lassen will, so wie es in Art. 44 OR geschieht. Allerdings kennt das ABGB nicht die generelle Limitierung der Gewährspflicht des Gastwirtes.

c *c.* Nicht in diesen Zusammenhang gehören die Fälle, in welchen ein *Verschulden des Gastes* (seiner Besucher, Begleiter oder Dienstleute) *mit einem Verschulden des Gastwirtes oder seiner Dienstleute konkurriert. Denn dann ist die Gastwirthaftung keine Sachgewähr, sondern eine unbegrenzte Verschuldenshaftung* nach Art. 487 II OR. Die Konkurrenz regelt sich nach den *allgemeinen Grundsätzen über die Konkurrenz von Verschuldenshaftungen.* **BGE 36 II 62 Erw. 4.** Art. 43 I, 50 II OR. N. 9 d unten.

7. Höhere Gewalt

7 Während der Frachtführer sich durch Erbringung des Sorgfaltsbeweises entlasten kann, d. h. für zufällig ohne Verschulden der Beteiligten eingetretenen Schaden nicht haftet (Art. 447 N. 4 c), kann der *Gastwirt nur denjenigen Zufall als Entlastungsgrund geltend machen und beweisen, der als höhere Gewalt qualifiziert ist.* Höhere Gewalt sind *mit dem Betrieb des Schuldners nicht zusammenhängende, mit unabwendbarer Kraft eintretende Ereignisse.* **BGE 57 II 511.** VON TUHR/SIEGWART II S. 562. GIOVANOLI p. 227. Feuersbrünste sind dann nicht höhere Gewalt, wenn sie in der Gaststätte selbst durch Unvorsichtigkeit anderer Gäste oder des Personals entstanden sind, wohl aber dann, wenn beispielsweise das Feuer trotz aller Gegenmassnahmen von einem Nachbarhaus auf die Gaststätte übergegriffen hat. **BGE 36 II 60.** PETERMANN p. 14. Blitzschlag, Lawinen- oder Rüfengang, Überschwemmungen, Bombardierungen im Krieg hingegen sind Fälle höherer Gewalt, desgleichen ein bewaffneter Raubüberfall. STIFFLER S. 94/5. BUCHLI S. 43. Da indessen den Gastwirt die Beweislast trifft, werden bisweilen Schäden, die tatsächlich durch höhere Gewalt verursacht sind, innerhalb der gesetzlichen Höchstlimite ersetzt werden müssen.

8. Beschaffenheit der zerstörten oder beschädigten Sache

8 Dass die Sachgewähr des Gastwirtes wie des Frachtführers (Art. 447 OR) aussetzt, wenn ein Sachschaden durch die natürliche Beschaffenheit der Sache verursacht ist, entspricht einem Gebot der Billigkeit. Der

Gastwirt kann gegen *Schwund*, *Verdunstung*, *Qualitätsschäden durch Vertrocknung u.ä.* an den eingebrachten Sachen der Gäste nichts unternehmen. Diese Risiken hat der Eigentümer der derart beschaffenen Sachen selbst zu tragen, auch wenn er sie in eine Gaststätte einbringt. Mottenfrass an eingebrachten Kleidern und Pelzen entlastet den Gastwirt grundsätzlich nicht. Doch wird der Gast oft schwer beweisen können, dass der Schaden während der Dauer der Einbringung in der Gaststätte entstanden ist. Art. 447 N. 6c. Zerreisst der Gast seine Kleider an hervorstehenden Nägeln, so ist der Gastwirt nicht nur nicht entlastet, sondern haftet i.d.R. wegen Verschuldens.

IV. LIMITIERUNG DER SACHGEWÄHR UND VERSCHULDENSHAFTUNG DES GASTWIRTES. ART. 487 II

9. Haftung des Gastwirtes aus schuldhafter Vertragsverletzung. Beweis- und Behauptungslast. Reduktionsgründe. Deliktsklage.

9 a

a. Wie manche andere spätere Interpolation ist Art. 487 II nicht besonders geglückt. Der Absatz bringt nicht nur, wie der Randtitel vermuten liesse, den «Umfang» der Haftung zum Ausdruck, sondern er trennt auch de principio die *kausale Sachgewähr des Gastwirtes* von der *Vertragshaftung*, die auf dem *Haftungsgrund des Verschuldens* beruht.

b

b. Während der Frachtführer nach Art. 447/8 OR anstelle des blossen Sachwertersatzes vollen Schadenersatz schuldet, wenn ihn ein grobes Verschulden trifft, das der Berechtigte beweisen muss (Art. 447 N. 8), *muss der Gastwirt schon um die Limitierung seiner (kausalen) Haftpflicht auf Fr. 1000 pro Gast zu bewirken, den Exkulpationsbeweis* nach Art. 97 I OR *für sich selbst* (OSER/SCHÖNENBERGER ad Art. 487 N. 34) *und sein Personal führen*, der auch bei einer leichten Fahrlässigkeit dieser Personen scheitern muss. Allerdings muss im Prozess der *klagende Gast wenigstens behaupten, worin er das schadenskausale Verschulden des Gastwirtes oder seines Personals erblickt.* Zumeist wird es sich um mangelhafte Beschaffenheit oder mangelhaften Unterhalt der Gaststätte oder culpa in eligendo, instruendo aut custodiendo des Personals handeln. Damit releviert der Gast die *nicht gehörige Erfüllung des Beherbergungsvertrages* i.S. von Art. 97 OR. Anders hinsichtlich der Beweislastverteilung **BGE 76 II 160**, ebenso HOFFMANN in Sten Bull StRat 1910 S. 230, dagegen EUGEN HUBER in Sten Bull NatRat 1910 S. 358. BUCHLI S. 45.

c *c.* Ist das *Verschulden des Gastwirtes* oder seines Personals *einziger rechtserheblicher Haftungsgrund*, so haftet der Gastwirt wie bei jeder anderen Vertragsverletzung für *vollen Schadenersatz.* Dabei ist z.B. auch der Affektionswert zerstörter oder entwendeter Sachen, entgangener Gewinn, kurz das Erfüllungsinteresse, zu berücksichtigen.

d *d. Konkurriert einer der in Art. 487 I OR enumerierten Entlastungsgründe mit dem Haftungsgrund des Verschuldens des Gastwirtes oder seines Personals*, so tritt eine *Herabsetzung*, jedoch *keine gänzliche Entlastung des Gastwirtes* von der Haftung aus Vertragsverletzung nach den Grundsätzen von Art. 43/4 OR ein. N. 6 c oben. Das *Mass der Herabsetzung bemisst sich nach der Intensität der konkurrierenden rechtserheblichen Ursachen.* So ist das Liegenlassen einer Uhr oder eines Schmuckstückes auf dem Nachttisch ein rechtserhebliches Selbstverschulden des Gastes; doch tritt bei Diebstahl durch das Personal des Gastwirts nur eine Reduktion, keine volle Entlastung ein. **BGE 39 II 726/7.** Um rechtserheblich zu sein, muss *jede Schadensursache wenigstens Mitursache für Entstehung oder Verschlimmerung des Schadens sein.* **BGE 36 II 60/2, 37 II 196, 39 II 726, 46 II 120, 62 II 155 Erw. 2.** Art. 488 N. 3 c.

e *e.* Neben der Schadenersatzklage ex contractu nach Art. 97 OR steht dem Gast die *Schadenersatzklage ex delicto* nach Art. 41 bzw. 55 OR zu, wenn das Verschulden des Gastwirtes und/oder seines Personals gleichzeitig eine unerlaubte Handlung war, so bei Diebstahl durch das Hotelpersonal. Doch wird der *Gast* selten die Deliktsklage anstrengen, bei welcher er den *Verschuldensbeweis leisten* muss, und die überdies der verhältnismässig *kurzen Verjährungsfrist* von Art. 60 OR unterworfen ist.

10. Schadensbeweis. Einreden insbesondere Verrechnung, Verwirkung, Verjährung

10 a *a.* Gewöhnlich wird der Gast die *Schadenersatzklage ex contractu* (Beherbergungsvertrag) auf Ersatz des positiven Vertragsinteresses einleiten, sobald der Schaden Fr. 1000 übersteigt. Je nach Tatbestand und Beweislage wird die Verteidigung des Gastwirtes i. d. R. mit folgenden Einreden geführt werden:

(1) *Entlastung* gestützt auf einen der in Art. 487 I abschliessend enumerierten Entlastungsgründe (N. 6–8 oben), eventuell

(2) Für den Fall dass der Entlastungsbeweis nicht gelingt, *Exkulpation* nach Art. 97 I OR mit der Wirkung, dass nur die auf maximal Fr. 1000 für jeden Gast *limitierte Sachgewähr* zu prästieren ist.

(3) *Einreden gegen die Schadenshöhe.*

b *b.* Die *Beweislast*, dass ein *Schaden während der Dauer der Illation an Invecten und Illaten des Gastes* eingetreten ist, obliegt dem *klagenden Gast*, gegebenenfalls seinem Singular- oder Universalsukzessor. PLANTA in Prot. Exp. Komm. vom 20. Oktober 1908 S. 2. *Gewisse Ereignisse* begründen eine *Vermutung, dass ein Schaden eingetreten* ist, für welchen der Gastwirt haftbar ist. Alsdann (z. B. bei Feuersbrunst) sind an die *Spezifikation* der abhanden gekommenen oder total zerstörten Stücke und deren *Bewertung keine allzuhohen Anforderungen* zu stellen. Nach der Regel von Art. 42 II OR ist ein nicht ziffernmässig nachweisbarer Wert vom Richter ex aequo et bono «mit Rücksicht auf den gewöhnlichen Lauf der Dinge» zu schätzen. BUCHLI S. 45/6. Dabei erfordern die meisten Fälle eine freie Beweiswürdigung. **BGE 37 II 194, 39 II 726/7.** N. 5 c oben.

c *c.* In der Praxis dürften ferner zahlreiche Fälle der limitierten *kausalen Sachgewähr durch Verrechnung mit den retentionsgeschützten Ansprüchen des Gastwirtes* aus dem Beherbergungsvertrag (Art. 491 OR) abgewickelt werden. Ist der Schaden nicht sofort nach der Entdeckung dem Gastwirt angezeigt worden, so erwächst diesem die *Verwirkungseinrede* nach Art. 489 I OR. Art. 489 N. 1 b. Doch hat das OR *von einer verkürzten Verjährung wie bei der Transportschadensklage gegen den Frachtführer* (Art. 454 I OR) *abgesehen*, obschon die Gründe dafür auf das receptum cauponum mindestens so sehr zutreffen wie auf die Frachtführerhaftung. Es gilt die *allgemeine 10 jährige Verjährungsfrist* nach Art. 127 OR. Art. 489 N. 1 g. PETERMANN p. 15. *Verjährung der Deliktsklage* N. 8 e oben.

11. Die Limitierung der kausalen Sachgewähr auf Fr. 1000 für die Sachen eines jeden einzelnen Gastes

11 a *a.* Für *nicht gesondert und spezifisch hinterlegte Kostbarkeiten, Geldbeträge oder Wertpapiere haftet der Gastwirt nur dann wie für die anderen Invecten und Illaten des Gastes, wenn die gesonderte Hinterlegung unzumutbar war.* Beispiele: Goldene Uhr, Portemonnaie, Schmucksachen, wertvolle Kleidungsstücke (Pelze). HOFFMANN in StenBull StRat 1910 S. 230. Art. 488 N. 2 d.

b *b.* Umgekehrt haftet der Gastwirt für *deponierte Kostbarkeiten* nach Art. 488 OR für das *volle Erfüllungsinteresse*, wenn er den *Exkulpationsbeweis für sich selbst und seine Angestellten nicht leisten kann.* Ein *Mitverschulden des Gastes, seiner Besucher, Begleiter oder Dienstleute wirkt als allgemeiner Reduktionsgrund auf den ganzen Schadensbetrag* nach Art. 43/4 OR.

c *c.* Die *Voraussetzungen*, dass die *Limitierung der Haftung* für alle abhanden gekommenen, zerstörten oder beschädigten Sachen eines Gastes einschliesslich der Kostbarkeiten, deren separate Hinterlegung unzumutbar ist, auf Fr. 1000 eintritt, sind folgende:

(1) Der *Gastwirt kann den ihm obliegenden Exkulpationsbeweis leisten* (EUGEN HUBER in Sten Bull NatRat 1910 S. 358),

(2) Der *Gastwirt kann den ihn befreienden Entlastungsbeweis nach Art. 489 I OR nicht leisten,*

(3) *Der Gast kann den Beweis leisten*, dass der *Wert* der abhanden gekommenen zerstörten, d.h. gebrauchsunfähigen, und/oder die *Reparaturkosten und die Wertverminderung* aller seiner beschädigten Invecten und Illaten auf den Zeitpunkt der Einbringung berechnet *Fr. 1000 übersteigt*, wobei die *Objekte einzeln sowohl auf die Deponierungspflicht* nach Art. 488 OR *als auch auf ihren Wert zu untersuchen* sind. **BGE 39 II 726/8.**

d *d.* Die *Limitierung* der Haftung auf Fr. 1000 «für die Sachen jedes einzelnen Gastes», die bei der Revision von 1911 vom Gastgewerbe erreicht wurde, richtet sich *nach der Kopfzahl der «Gäste»*, nicht nach Gästegruppen, wie Reisegesellschaften oder Familien. Hat eine vierköpfige Familie gemeinschaftlich ihr Gepäck eingebracht und entsteht daran ein Schaden von Fr. 3000 von dem sich der Gastwirt nicht entlasten kann, so sind die ganzen Fr. 3000 zu ersetzen. Prot. Exp. Komm. vom 20. Oktober 1908 S. 2. Sten Bull StRat 1910 S. 230. BUCHLI S. 30.

e *e.* Die gesetzliche *Haftungsbeschränkung de quantitate* ist das anlässlich der Revision von 1911 vom Hotelgewerbe durchgesetzte *Korrelat zur strengen Sachgewähr* (Kausalhaftung) des Gastwirtes. Sie kann logischerweise nur dann Platz greifen, wenn der Gastwirt im konkreten Fall aus dem Haftungsgrund der Sachgewähr und nicht aus dem Haftungsgrund des Verschuldens verantwortlich ist. Es ist Tatsache, dass die *Limite von Fr. 1000 sowohl dem heutigen Geldwert als auch der Leistungsfähigkeit der Hotelbetriebe nicht mehr entspricht.* BUCHLI S. 29/30. Die Entwicklung der *Haftpflichtversicherung* hat zudem die Möglichkeit geschaffen, das Risiko des Hoteliers gegen vernünftige Jahresprämien auf eine Versicherung zu überwälzen. Sten Bull StRat 1910 S. 230. Von diesem Gesichtspunkt erscheint es tatsächlich fraglich, ob es gerecht ist, die Haftung eines grossen Hotels für die bei ihm garagierten Automobile mit allen anderen eingebrachten Sachen des Gastes auf Fr. 1000 zu limitieren, die eines kleinen Garagebetriebes jedoch, allerdings mit der Möglichkeit der hinterlegungsvertraglichen Exkulpation, unlimitiert zu gestalten. **BGE 76 II 162.** SECRÉTAN in JT 99 (1951) p.183. Hingegen halten wir die Kritik am Prinzip der kausalen Sachgewähr für nicht gerechtfertigt. Sie entspricht der Sachgewähr des Verkäufers und des Unternehmers. Die Gewähr für die Sicherheit von Person und Eigentum des Gastes ist ein integrierender Bestandteil des Beherbergungsvertrages. Der *Gastwirt erhält die Gegenleistung in Form des Preises, den der Gast für die Beherbergung entrichtet.* Vgl. Art. 490 N. 2.

Art. 488

2. Haftung für Kostbarkeiten insbesondere

[1] Werden Kostbarkeiten, grössere Geldbeträge oder Wertpapiere dem Gastwirte nicht zur Aufbewahrung übergeben, so ist er für sie nur haftbar, wenn ihm oder seinen Dienstleuten ein Verschulden zur Last fällt.

[2] Hat er die Aufbewahrung übernommen, oder lehnt er sie ab, so haftet er für den vollen Wert.

[3] Darf dem Gast die Übergabe solcher Gegenstände nicht zugemutet werden, so haftet der Gastwirt für sie wie für die andern Sachen des Gastes.

2. Objets de prix

[1] Lorsque des objets de prix, des sommes d'argent d'une certaine importance ou des papiers-valeurs n'ont pas été confiés à l'hôtelier, celui-ci en répond seulement en cas de faute commise par lui ou par son personnel.

[2] S'il en a reçu ou refusé le dépôt, il est tenu sans limitation de sa responsabilité.

[3] S'il s'agit d'objets ou de valeurs que le voyageur doit pouvoir conserver par devers lui, l'hôtelier en répond comme des autres effets du voyageur.

2. Responsabilità per cose preziose in particolare

[1] Quando oggetti preziosi, somme di denaro di certa importanza o cartevalori non furono dati in custodia all'albergatore, questi ne risponde solo quando vi sia colpa da parte sua o die suoi dipendenti.

[2] È responsabile per l'intero valore se ne abbia accettata o rifiutata la custodia.

[3] Se trattasi di oggetti o di valori di cui non si possa ragionevolmente pretendere dall'ospite la consegna, l'albergatore ne risponde come delle altre cose dell'ospite.

Materialien: Sub Art. 487 OR.

Rechtsvergleichung: aOR Art. 486 II. Code Civil art. 1953 II (Novelle vom 8. April 1911). ABGB § 970a (Novelle in der Fassung BGBl 259/1951). BGB § 702. Codice Civile art. 1783/4 (Novelle für die Limite in Art. 1783 vom 27. Dezember 1953).

Literatur: Sub Art. 487 OR.

SYSTEMATIK DER KOMMENTIERUNG

1. Limitierte Sachgewähr und Gastwirthaftung für Wertsachen 789
2. Grundzüge der Wertsachenhaftung nach Art. 488 OR. Beweislast . . 789
3. Gegenstände des separaten Hinterlegungsvertrages: Grössere Geldbeträge, Wertpapiere, Kostbarkeiten 791
4. Abschluss und Inhalt des besonderen Hinterlegungsvertrages. Legitimation 794

Art. 488 OR

1. Limitierte Sachgewähr und Gastwirthaftung für Wertsachen

1 a

a. In Art. 486 II aOR war die Unterlassung der Hinterlegung von Wertsachen des Gastes beim Gastwirt als Ausschliessungs- oder Reduktionsgrund (bei Verschulden des Gastwirts oder seines Personals) *der damals unlimitierten Sachgewähr ex recepto behandelt.* Die Ausrichtung der Wertsachenhaftung auf die limitierte Sachgewähr für Invecten und Illaten anlässlich der Revision von 1911 erforderte neue Abgrenzungen. Während nach Code Civil art. 1953 II, ABGB § 970 a und BGB § 702 die summenmässige Limitierung der Gastwirtgewähr nur für nichthinterlegte Wertsachen besteht, während die Sachgewähr für die übrigen Invecten und Illaten des Gastes unbeschränkt ist, besteht nach Art. 488 OR wie nach art. 1784 I Codice Civile und Ziff. 1 des britischen Innkeepers Liability act die *Limitierung für alle nichthinterlegten Invecten und Illaten des Gastes.*

b

b. Das OR von 1911 geht mit der Abgrenzung von kausaler aber limitierter Sachgewähr für Invecten und Illaten von der hinterlegungsvertraglichen Wertsachenhaftung eigene Wege.

2. Grundzüge der Wertsachenhaftung nach Art. 488 OR. Beweislast

2 a

a. Geblieben ist wie im aOR die *grundsätzliche Entlastung des Gastwirts von der kausalen Sachgewähr bei Unterlassung der Hinterlegung von Wertsachen.* Die Unterlassung war nach Art. 486 II aOR ein «Verschulden» des Gastes; sie bildete einen vom Gastwirt leicht zu beweisenden Entlastungsgrund. Nach der Fassung von Art. 488 I revOR besteht die *Haftbarkeit für nichthinterlegte Wertsachen nicht als kausale Sachgewähr, sondern nur als allgemeine vertragliche Verschuldenshaftung aus dem Beherbergungsvertrag.* Art. 487 N. 8. Doch hat nach der herrschenden Meinung der *Gastwirt,* der von der Wertsachenhaftung gänzlich entlastet sein will, den *Exkulpationsbeweis* für sich selbst und sein Personal nach Art. 97 I OR *zu führen.* EUGEN HUBER in Sten Bull NatRat 1910 S. 358. SCHÖNENBERGER ad Art. 487 N. 34, ad Art. 488 N. 7. Anders HOFFMANN in Sten Bull StRat 1910 S. 230 sowie **BGE 76 II 160.**

b

b. Das noch in den Materialien vertretene Argument, der Gast solle nicht mit grossen Werten reisen, verkennt die Gegebenheiten des modernen Geschäftslebens sowie die Wünsche der Saisonhotellerie. Die erwünschten «guten Gäste» reisen mit beträchtlichen Werten. Haftet der Gastwirt dafür nicht ex recepto kausal, so muss *dem Gast eine Möglichkeit zu sicherer Hinterlegung gegeben sein.* Dieses Postulat ist durch einen *indirekten Kontrahierungszwang* verwirklicht. *Lehnt nämlich der Gastwirt die vom Gast verlangte Aufbewahrung seiner Wertsachen ab, so haftet er bei Verlust oder Beschädigung für den vollen Wert, wie wenn er das Depot übernommen hätte.* Art. 488 II OR nach dem Vorbild von § 702 BGB. Man kann die Ablehnung der Aufbewahrung von Wertsachen durch den Gastwirt auch als Verschulden im Rahmen des Beherbergungsvertrages auffassen. Art. 487 N. 8b. Dieser Kontrahierungszwang bestand nach aOR nicht. Der schweizerische Gesetzgeber schätzte den Standard des Hotelgewerbes so ein, dass er den Gastwirten die *Fähigkeit und die Einrichtungen zur Entgegennahme von Wertsachendepots der Gäste* zumutete. Petermann p. 17. Art. 1784 II Ziff. 2. Codice Civile gestattet dem Gastwirt heute noch die Ablehnung von Wertsachendepots der Gäste mit einem «giusto motivo», namentlich solcher Depots, die der Bedeutung und den Einrichtungen des Hotels nicht entsprechen. Der schweizerische Gastwirt kann die vom Gast verlangte Hinterlegung nicht ablehnen, will er nicht unbeschränkt und kausal für den Verlust oder die Beschädigung der Wertsachen haften, die der Gast hinterlegen will. Will der *Gastwirt* dieses Risiko nicht übernehmen, so muss und *kann* er die *Beherbergung ablehnen*, da für den Abschluss des Beherbergungsvertrages *kein Kontrahierungszwang* besteht. Art. 487 N. 3c.

c *c.* Für die *in Depot genommenen Wertsachen* hat der Gastwirt nicht die kausale auf Fr. 1000 limitierte Sachgewähr aus dem Beherbergungsvertrag zu leisten, sondern er haftet als *Aufbewahrer aus dem besonderen Hinterlegungsvertrag* für den *vollen Wert* der hinterlegten Objekte, jedoch mit der *Möglichkeit der Exkulpation* nach Art. 97 I/475 OR. Art. 474 N. 4. Art. 475 N. 3. Bei Verlust oder Zerstörung durch eine *Feuersbrunst* würde danach der Gastwirt *für hinterlegte Wertsachen* i. d. R. *nicht haften.* Die Exkulpation muss nach den *konkreten Umständen* erfolgen. Einem Luxushotel, das regelmässig bedeutende Wertsachendepots entgegennimmt, wird zuzumuten sein, einen «feuer- und diebstahlsicheren» Tresor dafür zu halten, einer einfachen Herberge hingegen nicht. **BGE 39 II 727.**

d *d.* Für *nichthinterlegte Wertsachen besteht nur die quantitativ unbeschränkte Verschuldenshaftung aus Beherbergungsvertrag.* Wenn jedoch die *Hinterlegung unzumutbar* war, werden die Wertsachen wie gewöhnliche Invecten und Illaten des Gastes behandelt. Der Gastwirt trägt für sie die *limitierte kausale Sachgewähr.* Die Limite von Fr. 1000 ist auf alle Invecten und Illaten des geschädigten Gastes einschliesslich der Wertsachen zu berechnen, deren Hinterlegung unzumutbar ist. Als Beispiele von Wertsachen, die *nicht hinterlegt werden müssen*, sind in den Materialien genannt die *Taschenuhr*, *Schmuck*, den die Dame abends auf sich trägt, ein *Portemonnaie mit einigen hundert Franken.* HOFFMANN in StenBull 1910 S.230. Beigefügt werden können *wertvolle Kleidungsstücke*, wie *Pelze* (BUCHLI S.28) u.a. Die in Art.488 III OR getroffene Lösung ist ein *Kompromiss*, der den Gast bei Verlust praktisch undeponierbarer Wertsachen nicht völlig leer ausgehen lässt, andererseits den Gastwirt aber für unkontrollierte Invecten und Illaten nie über die Höchstlimite von Fr. 1000 haftbar werden lässt. In diesem Sinne wurde das in einer Hotelgarage eingestellte *Automobil des Gastes als Wertgegenstand* betrachtet, der *nicht separat hinterlegt* ist. Es fällt unter die Haftungslimite des Gastwirtes von Fr. 1000 für alle Invecten und Illaten des betreffenden Gastes. Nur bei Verschulden haftet der Gastwirt unbeschränkt aus dem Beherbergungsvertrag nach Art.487 II nicht nach Art.488 I und II OR. Art.487 N.8. **BGE 76 II 159/60.** Vgl. dazu Art.490 N.2d.

3. Gegenstände des separaten Hinterlegungsvertrages: Grössere Geldbeträge, Wertpapiere, Kostbarkeiten

3 a

a. Wenn Art.488 I OR nur «grössere Geldbeträge» der hinterlegungsvertraglichen Wertsachenhaftung des Gastwirts unterstellt, so ist damit gemeint, die *Hinterlegung des Geldes*, das *für den laufenden Bedarf* gebraucht wird, sei i.S. von Art.488 III OR *nicht zumutbar.* Die elastische Formulierung erlaubt die *Anpassung an den Geldwert und den Rang des Hotels.* In Luxushotels trägt der Gast zur Bestreitung der laufenden Ausgaben grössere Geldbeträge auf sich als in bescheidenen Herbergen. STIFFLER S.77/8. Jedoch ist ein Geldbetrag von Fr. 50 000 zu hinterlegen. Sonst besteht die Haftung nur bei Verschulden des Gastwirts oder seines Personals. SJZ 40 (1944) S.242. «Ein Portemonnaie mit einigen hundert Franken» musste schon nach dem Geldwert von 1910 nicht hinterlegt werden. HOFFMANN in StenBull StRat 1910 S.230. **BGE 37 II 195.** BUCHLI S.28. Aus dem Sinn der Limite für die kausale Sachgewähr und aus dem Vergleich mit art.1953 II Code Civil, § 970 ABGB und § 702 BGB wird zu schliessen sein, dass *Beträge, die unter der Limite von Fr. 1000 liegen, nicht deponiert werden müssen.* Werden jedoch dem Gast ausser Geld andere Invecten und Illaten ohne Verschulden des Gastwirtes oder seines Personals entwendet oder zerstört, so bleibt die Gesamthaftung des Gastwirtes auf Fr. 1000 limitiert. Wurden «grössere Geldbeträge» nicht hinterlegt, so besteht nach OR bei Schuldlosigkeit des Wirts und seines Personals überhaupt keine Haftung, auch nicht bis zur Limite von Fr. 1000. Die Limite gilt nur für die nichthinterlegungspflichtigen Wertsachen. Auch für kleinere Geldbeträge wird dann nicht gehaftet, wenn sie beispielsweise *offen im Zimmer in Abwesenheit des Gastes liegengelassen* wurden. Hingegen genügt Verwahrung *kleinerer Geldbeträge in Geldtaschen in einem Zimmerschrank.* Abschliessen des Zimmers mit Schlüsselabgabe ist i. d. R. nicht erforderlich. **BGE 37 II 195 Erw. 5.** *Solange nur die limitierte Sachgewähr des Gastwirts in Frage steht, sollen die Anforderungen an die Vorsicht des Gastes nicht überspannt werden.*

b *b.* Nach den herrschenden Lebensgewohnheiten führt der reisende Gast nur selten eigentliche Wertpapiere mit sich. Sie werden i. d. R. durch Vermittlung der Post oder der Banken mit Wertdeklaration übersandt. Art. 447 N. 9c, d. Für die Gastwirthaftung werden namentlich bei *Inhaberpapieren ähnliche Grundsätze* angewendet werden müssen *wie für Bargeld.* Häufiger ist das Mitführen von *Checks.* Von einer Bank auf eine andere Bank gezogene Checks ersetzen de facto Banknoten über grössere Beträge. Die Fälschung von Indossamenten oder Unterschriften auf Postchecks ist keine Seltenheit. Damit die limitierte kausale Sachgewähr des Gastwirtes besteht, sind an die *Verwahrung durch den Gast die nämlichen Anforderungen zu stellen wie für die Verwahrung von Geldbeträgen.* Checks über grössere Beträge müssen hinterlegt werden, damit wenigstens die hinterlegungsvertragliche Verschuldenshaftung des Gastwirtes eintritt. Immerhin trifft der Schaden nicht immer den Gast, weil bei einem Check der Bezogene grundsätzlich das Fälschungsrisiko trägt. Art. 466 N. 4b. Hat jedoch der *Gast durch unsorgfältige Verwahrung die Fälschung erleichtert, so entlastet sein Verschulden regelmässig sowohl den Bezogenen als auch den Gastwirt.* Unausgeschriebene Check- insbesondere auch Reisecheck- oder Postcheckformulare sind zwar keine Wertpapiere. Wenn auch das Fälschungsrisiko bei unausgeschriebenen Formularen geringer ist, so besteht doch eine *Pflicht des Berechtigten zu sorgfältiger Verwahrung.* Ist diese nicht aufgewendet worden und wurden die Formulare nicht hinterlegt, so muss der Gast den Schaden selbst tragen. Er kann weder den Gastwirt noch den Bezogenen verantwortlich machen, sofern nicht auch der Gastwirt ein Verschulden zu vertreten hat. Art. 487 I, 488 II, 1132 OR. In neuerer Zeit werden zur Bestreitung von Reise- und Hotelkosten häufig von den Reisenden *Zirkular-* oder *Reisekreditbriefe* verwendet. Eine Bank akkreditiert den Reisenden bei einer

Anzahl von Korrespondenzbanken, die auf seiner Reiseroute besucht werden können. Das Risiko von Missbräuchen durch Unberechtigte kann durch Vereinbarungen hinsichtlich der Legitimation herabgesetzt werden. Unter dem Gesichtspunkt der Gastwirthaftung haben auch solche allgemeine *Geldanweisungen* als «*Wertpapiere*» zu gelten.

c

c. Der Begriff der *Kostbarkeit* i.S. von Art.488 I OR ist nicht mit Gütern «von besonders hohem Wert» i.S. der frachtvertraglichen Bestimmung von Art.447 II OR identisch. Art.447 N.7. OSER/SCHÖNENBERGER ad Art.488 N.4. Im Frachtrecht können Sachen von «besonders hohem Wert» bzw. Kostbarkeiten voluminös oder schwer sein. Kostbarkeiten, die der reisende Gast in seinem Gepäck mit sich führt oder auf sich trägt, sind «*Gegenstände, die im Verhältnis zu ihrem Umfang und Gewicht von hohem Werte sind*». Sie sind deshalb einerseits in hohem Masse der Entwendung ausgesetzt und können andererseits ohne Schwierigkeit in den dazu bestimmten Einrichtungen (Kassenschrank) der Gaststätte hinterlegt werden. Es handelt sich meist um *Schmuckstücke*, bisweilen um *Kunstgegenstände* von kleinerer Dimension (Gemälde, Kleinplastiken), Sammlerwerte (Briefmarken, Münzen u.a.). Ob der nach der allgemeinen Auffassung geltende *Begriff der Kostbarkeit* zutrifft, ist für *jeden einzelnen Gegenstand gesondert zu untersuchen* und richtet sich auch nach der *Art des Hotels.* **BGE 39 II 726/7, 46 II 121.** Der Begriff der Kostbarkeit («objets précieux de toute nature» – «objets de prix») ist in art.1953 II Code Civil, § 970a ABGB, § 702 BGB, Art.488 I OR und art.1784 II Codice Civile (cosa d'eccessivo valore) derselbe, weil er sich danach orientiert, *was Gäste gewöhnlich auf ihren Reisen mitnehmen.* Sodann ist nach Art.488 III OR zu untersuchen, ob die *Hinterlegung zuzumuten* war, was für wertvolle Kleidungsstücke (Pelze) und anlässlich des Aufenthaltes im Hotel getragene Schmuckstücke (Ringe, Broschen, Uhren) i.d.R. nicht zutrifft. **BGE 39 II 727.** Praxis bei KAPFER zu § 970a ABGB N.2. Doch *befreit die Unzumutbarkeit der Hinterlegung den Gast nicht von den zumutbaren Sorgfaltsmassnahmen.* Für offen in Abwesenheit des Gastes herumliegende Kostbarkeiten hat der Gastwirt auch nicht aus der limitierten kausalen Sachengewähr aufzukommen. Er ist entlastet, wenn ihn oder sein Personal kein Verschulden trifft. Sonst bildet die *Nachlässigkeit des Gastes* zumindest einen *Reduktionsgrund.* Art.487 N.8d. **BGE 46 II 120, 65 II 155.** Bei unzumutbarer Hinterlegung von Schmuckstücken wurde die Aufbewahrung in einer verschlossenen Schatulle als genügend betrachtet. **BGE 39 II 725/6.** Wertvolle Kleidungsstücke sind in den dazu bestimmten Schränken unterzubringen. Werden sie beispielsweise ohne Anzeige in dem in der Hotelgarage **(BGE 76 II 163)** eingestellten Automobil gelassen, so ist der Wirt entlastet. **BGE 36 II 58 Erw. 3.** Buchli S. 49. Das Hängenlassen eines wertvollen Pelzmantels in einem leicht zugänglichen allgemeinen Vestibule, wird wenigstens als Mitverschulden des Gastes zu bewerten sein. Hingegen ist ein in der *Hotelgarage mit Wissen des Gastwirtes oder des Garagepersonals eingestelltes Automobil als hinterlegtes Wertobjekt zu betrachten.* Das *Garagepersonal* gilt als zur Entgegennahme und Aufbewahrung i. S. von Art. 462 OR *bevollmächtigt.* Die mit **BGE 76 II 163** inaugurierte Praxis betrachtet zwar das in der Hotelgarage eingestellte Motorfahrzeug als Gegenstand von hohem Wert, jedoch nicht «als zur Aufbewahrung übergeben». Vgl. dazu Art. 490 N. 2c und d.

d *d.* Im Gegensatz zum Frachtvertragsrecht besteht auch bei separater Hinterlegung *keine Pflicht des Gastes,* den *Hinterlegungsgegenstand zu bezeichnen und/oder seinen Wert zu deklarieren.* So auch die Praxis zu § 970 a ABGB. Kapfer N. 2 a. Das Depot kann als *verschlossenes Depot* entgegengenommen werden. Doch bewirkt die *Wertdeklaration* im Schadensfalle eine *Beweislasterleichterung zugunsten des Gastes.* Art. 447 N. 9c. Über hinterlegte *Geldbeträge* wird gewöhnlich eine *Depotquittung* ausgestellt, zumal wenn Geld unverschlossen und unversiegelt *irregulär hinterlegt* wird. Art. 472 N. 3b. Art. 481 N. 7c. Für hinterlegte Kostbarkeiten ist wenigstens die *Sachbezeichnung* empfehlenswert.

4. Abschluss und Inhalt des besonderen Hinterlegungsvertrages. Legitimation

4 a *a.* Durch die Formulierung von Art. 488 I OR kommt zum Ausdruck, dass die Hinterlegung von Wertsachen bei Gastwirten, in art. 1783 Codice Civile als «deposito in albergo» qualifiziert, nach OR den Regeln über «die Hinterlegung im allgemeinen» (Art. 472 OR) sowie über die «Hinterlegung vertretbarer Sachen» (Art. 481: Geld- und Wertpapierdepots) unterstellt ist. Die *Geldhinterlegung* im Hotel wird gewöhnlich ein *irreguläres Gelddepot* sein. Der Gast hat Anspruch auf eine *Depotquittung.* Art. 88 OR. Mit Ausnahme des irregulären Gelddepots ist ein *Gebrauchs- oder Verbrauchsrecht des Gastwirtes an den Hinterlegungsgegenständen schlechthin auszuschliessen.* Art. 474. Die *Restitution* (Art. 475 OR) kann ohne Einschränkung *jederzeit unabhängig von der Dauer des Beherbergungsvertrages* gefordert werden. Der *Hinterlegungsvertrag tritt koordiniert neben den Beherbergungsvertrag.* Besondere *Depotgebühren* sind *nicht üblich* (Art. 472 III OR). Werden sie verlangt, so sind höhere Anforderungen an die sorgfältige Aufbewahrung zu stellen.

Unter Umständen wird einem Hotelbetrieb von Rang der Abschluss einer Haftpflicht- oder besser einer *Diebstahl- und Feuerversicherung* zuzumuten sein. Sten Bull StRat 1910 S. 230. Andererseits kann auch der Gast, der wertvolles Reisegepäck mit sich führt, dafür ohne grosse Formalitäten eine *Reisegepäckversicherung* abschliessen, die auch Verluste oder Beschädigungen deckt, die während der Einbringung in eine Gaststätte eintreten.

b

b. Der zwischen dem Gastwirt und dem Gast abgeschlossene *Hinterlegungsvertrag* ist nach der herrschenden Meinung ein Konsensualvertrag, dessen Wirkungen indessen erst mit der tatsächlichen Hinterlegung eintreten. Art. 472 N. 1c. Hinterlegungsgegenstände können *nicht nur Wertsachen, sondern irgendwelche Effekten sein, an deren Aufbewahrung und Überwachung dem Gast gelegen ist.* Doch besteht der *indirekte Kontrahierungszwang nur für Wertsachen.* N. 2b oben. Der Gast wird i. d. R. nur wertvolle Gegenstände hinterlegen, weil er für Werte unter Fr. 1000 durch die kausale Sachgewähr besser gedeckt ist als durch die hinterlegungsvertragliche Verschuldenshaftung des Gastwirtes. Im übrigen besteht für den zwischen Gast und Gastwirt abgeschlossenen Hinterlegungsvertrag *Vertragsfreiheit.* Da die gesetzliche Regelung des OR den Bedürfnissen namentlich der Luxusgäste in Luxushotels nicht restlos entspricht, steht nichts entgegen, dass für Gästedepots die blosse Verschuldenshaftung durch eine ähnliche *Kausalhaftung*, wie sie nach § 970a ABGB und § 702 BGB besteht, ersetzt wird. Sie kann unlimitiert, es kann die *gesetzliche Limite* von Fr. 1000 auch für Gästedepots, es kann eine *höhere oder niederere Limite* verabredet werden. Oder es kann dem Gast zu Lasten des Gastwirts ein besonderer *Versicherungsschutz* für seine Depots *zugesagt* werden. Es liegt nicht immer im Interesse des Gastgewerbes, die Haftbarkeit zu beschränken, wenn mit bescheidenem Aufwand die Überwälzung grösserer Schäden auf eine Versicherung möglich ist.

c

c. Der *Abschluss* des Hinterlegungsvertrages erfolgt gewöhnlich nicht durch den Betriebsinhaber persönlich (viele Hotelbetriebe sind als Aktiengesellschaften organisiert), sondern *durch einen Handlungsbevollmächtigten.* Art. 462 N. 10h. Als solche gelten der *Hotelsekretär*, der *Chef de réception*, überhaupt das *mit dem Kassendienst betraute Hotelpersonal*, gewöhnlich auch der sogenannte *Concierge*, nicht aber der Portier, das Zimmerpersonal u. a., für die *Einstellung von Motorfahrzeugen jedoch das Garagepersonal.* N. 3c oben. Art. 490 N. 3d. SJZ 20 (1923/4) S. 149 Nr. 108. ZR 21 (1922) Nr. 42 S. 98. **BGE 33 II 424 Erw. 3.** Oser/Schö-

NENBERGER ad Art. 488 N. 5. Während für die Einbringung der gewöhnlichen Invecten und Illaten durch Übergabe an nicht besonders qualifiziertes Hotelpersonal (Gepäckträger, Portier u. a.) genügt (Art. 487 N. 4b), ist für die Hinterlegung von Wertsachen die Übergabe an dasjenige *Personal* erforderlich, *das nach Treu und Glauben als zu Vertragsabschlüssen bevollmächtigt gelten darf.*

Art. 489

[1] Die Ansprüche des Gastes erlöschen, wenn er den Schaden nicht sofort nach dessen Entdeckung dem Gastwirt anzeigt.

[2] Der Wirt kann sich seiner Verantwortlichkeit nicht dadurch entziehen, dass er sie durch Anschlag in den Räumen des Gasthofes ablehnt oder von Bedingungen abhängig macht, die im Gesetze nicht genannt sind.

3. Aufhebung der Haftung

3. Fin de la responsabilité

[1] Les droits du voyageur s'éteignent, s'il ne signale pas à l'hôtelier le dommage éprouvé aussitôt après l'avoir découvert.

[2] L'hôtelier ne peut s'affranchir de sa responsabilité en déclarant, par des avis affichés dans son établissement, qu'il entend la décliner ou la faire dépendre de conditions non spécifiées par la loi.

3. Estinzione della responsabilità

[1] I diritti dell'ospite si estinguono, se non notifica il danno all'albergatore subito dopo la scoperta.

[2] L'albergatore non può esonerarsi dalla sua responsabilità dichiarando, mediante avvisi nei locali dell'albergo, di non volerla assumere o di farla dipendere da condizioni non menzionate nella legge.

Materialien: Sub Art. 487 OR.

Rechtsvergleichung: aOR Art. 486. ABGB §§ 970a Satz 1, 970b. BGB §§ 701 III, 703. Codice Civile art. 1784 IV, 1785.

Literatur: Sub Art. 487 OR.

SYSTEMATIK DER KOMMENTIERUNG

1. Verwirkung der Ersatzansprüche bei Unterlassung sofortiger Anzeige an den Gastwirt nach Entdeckung eines Schadens. Verjährung von Delikts- und Vertragsansprüchen 798
2. Abdingbarkeit durch ausdrückliche Vertragsabrede. Unabdingbarkeit der Gastwirthaftung durch Anschläge 800

Art. 489 OR

1. Verwirkung der Ersatzansprüche bei Unterlassung sofortiger Anzeige an den Gastwirt nach Entdeckung eines Schadens. Verjährung von Delikts- und Vertragsansprüchen.

1 a *a.* Der Randtitel von Art. 489 OR: «Aufhebung der Haftung» (Fin de la responsabilité – Estinzione della responsabilità) ist unvollständig. Im ersten Absatz ist die *Verwirkung* der Ansprüche des Gastes aus der Haftpflicht des Gastwirts behandelt. Der zweite Absatz betrifft die Frage, ob und inwieweit die Haftpflicht des Gastwirtes zwingenden Rechts ist bzw. ob und *wieweit sie wegbedungen* werden kann.

b *b.* Die *Verwirkungsfolge* für die Ansprüche des Gastes bei Unterlassung sofortiger Anzeige an den Gastwirt nach Entdeckung des Schadens ist anlässlich der Revision von 1911 ins Gesetz aufgenommen worden. EUGEN HUBER in StenBull NatRat 1909 S. 717. Sie ist eine *Folge der Rechtsnatur der Gastwirthaftung als limitierte Sachgewähr* aus dem Beherbergungsvertrag und findet ihre Parallele bei den ähnlich gearteten Gewährleistungspflichten des Verkäufers (Art. 201 II OR) des Unternehmers (Art. 370 II OR) und des Frachtführers (Art. 452 OR). Art. 452 N. 2, 3. Vertragspflicht des Gastwirts ist die Restitution der Invecten und Illaten des Gastes in dem Zustande, in welchem sie eingebracht wurden (Art. 487 N. 5a). Eine Unterscheidung nach äusserlich erkennbaren und geheimen Schäden unterbleibt. Bei erst später entdeckten (geheimen) Mängeln liesse sich der Beweis, dass sie während der Einbringung in die Gaststätte entstanden sind, kaum erbringen. Die kurze Verwirkungsfrist liegt vorwiegend *im Interesse des Gastwirtes.* Jahr und Tag nach der Einbringung kann der Gast den Schaden und den erforderlichen Kausalzusammenhang mit der Einbringung i. d. R. nicht mehr beweisen, noch könnte der Gastwirt die ihm obliegenden Entlastungs- bzw. Exkulpationsbeweise erbringen. Sofortige Anzeige nach der Entdeckung des Schadens ist eine Voraussetzung des Funktionierens der ganzen die Sachgewähr des Gastwirts betreffenden Ordnung.

c *c.* Es ist nicht logisch, die Sachgewähr aus dem Beherbergungsvertrag für Invecten und Illaten hinsichtlich der Verwirkung mit der Verschuldenshaftung des Gastwirtes aus besonderem Hinterlegungsvertrag i. S. von Art. 488 I OR zu identifizieren. Sowohl § 970b Satz 2 ABGB, als auch § 703 Satz 2 BGB nehmen die Haftung des Gastwirtes aus einem neben dem Beherbergungsvertrag abgeschlossenen besonderen Hinterlegungsvertrag von der kurzen Verwirkungsfrist bzw. der Anzeigepflicht des Gastes aus. Doch sieht § 967 ABGB allgemein eine Klagefrist von nur 30 Tagen für Ansprüche aus der actio depositi directa und contraria vor. Da das *OR weder eine besondere Verjährung noch Verwirkung der gegenseitigen Ansprüche aus der allgemeinen Hinterlegung kennt, hätte kein Grund bestanden, den Gastwirt auch nach* dieser *Richtung zu privilegieren.* PETERMANN p. 15. Ein Antrag BURCKHARDT in der Exp. Komm. (Prot. vom 20. 10. 08 S. 2), die kurze Verwirkungsfrist auf Invecten und Illaten zu beschränken und nicht auf Depositen des Gastes auszudehnen, blieb unberücksichtigt. Daraus sowie aus dem Wortlaut der Randtitel und des Gesetzestextes muss geschlossen werden, dass die *Privilegierung des Gastwirtes durch eine kurze Verwirkunsfrist auch hinsichtlich der Depositen* vom Gesetzgeber gewollt war.

d. Mit Ausnahme der Haftung für grobe Fahrlässigkeit des Gastwirtes, seiner Familienmitglieder und seines Personals, für welche die Haftbarkeit weder quantitativ noch durch eine Verwirkungsfrist begrenzt ist, schliesst sich art. 1785 Codice Civile der schweizerischen Regelung an. Es scheint uns, einem allgemeinen Rechtsgrundsatz (Art. 203, 210 II und 370 I, 371 OR) sowie einem *Gebot der Billigkeit* zu entsprechen, *den Gastwirt dann nicht durch eine kurze Verwirkungs- und Verjährungsfrist zu privilegieren, wenn er oder seine Leute den Schaden des Gastes absichtlich oder grobfahrlässig verursacht* haben. Art. 452 N. 5. Dass die ausdrückliche Erwähnung dieses Grundsatzes bei der Haftpflicht des Frachtführers und des Gastwirtes unterblieb, dürfte eher einem redaktionellen Versehen zuzuschreiben sein. Bei absichtlicher Schadenzufügung durch den Gastwirt oder Personen, für die er verantwortlich ist, besteht fast immer *Konkurrenz zwischen der Deliktshaftung und der Vertragshaftung.* Dann liegt kein Grund vor, die letztere anderen Verwirkungs- oder Verjährungsbestimmungen zu unterwerfen als die Deliktshaftung.

d

e. Die *Anzeige ist dem Gastwirt bzw. den nämlichen für diesen handlungsbevollmächtigten Personen zu machen, welche zur Entgegennahme von Depositen des Gastes befugt sind.* Art. 488 N. 4c. Eine Form ist nicht vorgeschrieben. Doch dürfte die *Schriftlichkeit* dem Gast zur *Beweissicherung* dienen, sowohl hinsichtlich der Verwirkung der Ansprüche als auch hinsichtlich der Spezifikation und Bewertung der Sachen, für welche Ersatz verlangt wird. Die *Anzeige muss dem Gastwirt oder dessen Handlungsbevollmächtigtem zugehen, damit sie wirksam ist.*

e

f. Als gesetzliche Verwirkungsbestimmung kann Art. 489 I OR nicht durch Parteiabrede modifiziert werden. Ist die Anzeige rechtzeitig er-

f

folgt, so besteht *keine besondere Klage- bzw. Verjährungsfrist.* In Abweichung vom Frachtvertragsrecht (Art. 454 OR) sowie vom Kaufvertrags- und Werkvertragsrecht (Art. 210, 371 OR) besteht die allgemeine 10jährige Verjährungsfrist sowohl für die Gewährleistungs- als die allgemeinen vertraglichen Haftpflichtansprüche gegen den Gastwirt. Art. 127 OR. PETERMANN p. 15. Für die *Deliktsklage gilt Art. 60 OR bzw.* bei *strafrechtlicher Verurteilung* des Täters die *Verjährungsfristen des Strafrechtes.* **BGE 77 II 319.**

2. Abdingbarkeit durch ausdrückliche Vertragsabrede. Unabdingbarkeit der Gastwirthaftung durch Anschläge

2 a *a.* Wäre die Gastwirthaftung eine Haftbarkeit ex lege, so stellt sich die Frage ihrer Modifikation durch Parteiabrede nicht. ABGB § 970 a, BGB § 701 III und OR Art. 489 II stimmen darin überein, dass die gesetzliche Haftungsordnung *nicht durch Anschläge in den Räumen der Gaststätte modifiziert* werden kann. Dafür sprechen namentlich zwei Gründe. Es besteht keine vertragliche Verpflichtung des Gastes, alle Anschläge zur Kenntnis zu nehmen, deren er an einer Gaststätte gewahr wird. Die gewerbsmässige Gastaufnahme und der formlose Abschluss des Beherbergungsvertrages vollziehen sich in zahlreichen Fällen so rasch, dass Anschläge nicht vor dem Vertragsabschluss gelesen werden. Zwar ist Art. 489 II OR die unveränderte Wiedergabe von Art. 487 aOR. Nachdem sich die limitierte Sachgewähr beim heutigen Geldwert als Privilegierung des Gastgewerbes auswirkt (vgl. **BGE 76 II 159/60**), wäre es *unbillig weitere Abschwächungen der Gastwirthaftung leichthin zuzulassen.*

b *b. Modifikationen* der gesetzlichen Regelung sind nur durch *zweifelsfreie Vertragsabreden von Fall zu Fall* möglich. Gegen die Übernahme einer verschärften Haftung durch den Gastwirt bestehen keine Bedenken. Art. 488 N. 4 b. Einer Abschwächung der Haftung aus Beherbergungs- und besonderem Hinterlegungsvertrag setzt die Konkurrenz im Gastgewerbe enge Grenzen. Ihre theoretische Möglichkeit innerhalb des allgemeinen durch Art. 100 OR gesteckten Rahmens muss sowohl für das BGB (PALANDT zu § 701 N. 4) wie für das OR bejaht werden. *Haftungsbeschränkung oder Haftungsausschluss für absichtliche oder grobfahrlässige Schadenszufügung seitens des Gastwirts oder der Personen, für die er verantwortlich ist*, erweist sich als *unwirksam.* Die Haftung für absichtliche oder grobfahrlässige Schädigung durch das Hotelpersonal kann nicht wegbedungen werden, wie aus Art. 101 II geschlossen werden könnte.

Andernfalls könnte ein als Aktiengesellschaft organisierter Hotelbetrieb praktisch ohne jede Verantwortung Gäste aufnehmen. Soweit eine *Deliktshaftung aus Art. 55 OR* gegeben ist, ist sie ohnehin *unabdingbar*.

c. Man kann sich fragen, ob die Konzeption des britischen Innkeepers Liability act von 1863, die genau den umgekehrten Weg einschlägt, nicht einer Interessenabwägung entspricht, die vorzuziehen ist. Nach Punkt 3 des Gesetzes kann der Gastwirt sich nur dann auf die summenmässige Beschränkung der Haftung (Lstg. 30.–.–) berufen, wenn er sein Privileg durch deutlich sichtbaren Anschlag den Gästen zur Kenntnis gebracht hat. Hotelgäste, namentlich aus dem Ausland, kennen i.d.R. die Sondervorschriften eines Landes über die Gastwirthaftung nicht. c

d. Bejaht man die *Abdingbarkeit der Gastwirthaftung* durch Vertragsabrede, so bestätigt man damit ihre *Vertragsnatur*. Delikts- oder Quasideliktshaftungen können nicht durch Vertragsabrede modifiziert werden. d

Art. 490

II. Haftung der Stallwirte

[1] Stallwirte haften für die Beschädigung, Vernichtung oder Entwendung der bei ihnen eingestellten oder von ihnen oder ihren Leuten auf andere Weise übernommenen Tiere und Wagen und der dazugehörigen Sachen, sofern sie nicht beweisen, dass der Schaden durch den Einbringenden selbst oder seine Besucher, Begleiter oder Dienstleute oder durch höhere Gewalt oder durch die Beschaffenheit der Sache verursacht worden ist.

[2] Diese Haftung besteht jedoch, wenn dem Stallwirte oder seinen Dienstleuten kein Verschulden zur Last fällt, für die übernommenen Tiere, Wagen und dazugehörigen Sachen eines jeden Einbringenden nur bis zum Betrage von tausend Franken.

II. Responsabilité de ceux qui tiennent des écuries publiques

[1] Ceux qui tiennent des écuries publiques sont responsables de toute détérioration, destruction ou soustraction des animaux et voitures, ainsi que des harnais et autres accessoires remisés chez eux, ou reçus soit par eux, soit par leur personnel, s'ils ne prouvent que le dommage est imputable au déposant, à des personnes qui le visitent, l'accompagnent ou sont à son service, ou qu'il résulte soit d'un événement de force majeure, soit de la nature de la chose déposée.

[2] Toutefois, la responsabilité en raison des animaux et voitures, ainsi que des accessoires reçus, est restreinte à la somme de mille francs pour chaque déposant, si aucune faute ne peut être imputée à l'autre partie, ni à son personnel.

II. Responsabilità dei padroni di stalle

[1] Chi tiene stalla al servizio del pubblico è responsabile d'ogni deterioramento, distruzione o sottrazione degli animali, dei veicoli e dei relativi fornimenti ed altri accessori a lui affidati od in altra guisa ricevuti da lui stesso o dai suoi dipendenti, salvo che provi che il danno fu cagionato dall'avventore stesso o dai suoi visitatori, compagni o domestici o da forza maggiore o dalla qualità stessa della cosa.

[2] Questa responsabilità è pero limitata ad un massimo di mille franchi per gli animali, veicoli e relativi accessori ricevuti da ciascun deponente, se nessuna colpa incombe al padrone della stalla od ai suoi dipendenti.

Materialien: Sub Art. 487 OR.

Rechtsvergleichung: aOR Art. 488.

Literatur: Sub Art. 487 OR.

SYSTEMATIK DER KOMMENTIERUNG

1. Entwicklung der Stallwirthaftung 803
2. Gegenwärtiger Anwendungsbereich der Stallwirthaftung. Abgrenzung von Einbringung und Hinterlegung. Garagen. Hotelgaragen. Parkierung von Motorfahrzeugen im Freien 804

Art. 490 OR

1. Entwicklung der Stallwirthaftung

1 a *a.* Im Zeitalter der Eisenbahnen, Automobile und Flugzeuge ist das Gewerbe des Stallwirtes eine Reminiszenz aus entschwundenen Zeiten. Beim Erlass des aOR von 1881 und selbst bei der Revision von 1911 war das Reisen mit Zugtieren und Wagen im Alpengebiet noch nicht ausgestorben, während das Reisen mit Reittieren bereits zu den Seltenheiten gehörte. Daher wurde aus dem römischgemeinen Recht das receptum stabulariorum ins OR von 1881 übernommen. In der rechtlichen Behandlung bestand kein Unterschied zwischen dem receptum nautarum (Schiffsreeder), cauponum (Gastwirte) und stabulariorum (Stallwirte). **DIG. 4. 9.** Sowohl im Code Civil als auch im ABGB, im BGB und im Codice Civile fehlt die Sonderregelung der Stallwirthaftung. STIFFLER S. 99.

b *b.* Mit dem Aufkommen des Privatautomobils als Reisemittel erlebte die kausale Sachgewähr des Stallwirtes ex recepto zunächst eine Wiederbelebung. Art. 488 aOR hatte als receptum des Stallwirts nur «Tiere und Wagen und das dazugehörige Geschirr» bezeichnet. Bei der Revision von 1911 wurde die kausale Sachgewähr in gleicher Weise auf Fr. 1000 für die «Sachen eines jeden Einbringenden» limitiert wie die Sachgewähr des Gastwirtes. Statt einfach auf die letztere zu verweisen, wiederholte man in Art. 490 I mit den nämlichen Worten wie in Art. 487 den Haftungsgrundsatz und die Entlastungsgründe. Der Gegenstand des receptum des Stallwirtes wurde nicht auf Tiere und Wagen und das dazugehörige Geschirr beschränkt, sondern auf die «dazugehörigen Sachen» erweitert.

c *c.* Bis zum Jahre 1950 vertrat die schweizerische Judikatur und Literatur den Standpunkt, die Einstellung eines Automobils in einer Sammelgarage sei der Sondervorschrift von Art. 490 OR über die Haftung des Stallwirtes zu unterstellen. **BGE 36 II 58 Erw. 2, 62 II 153.** A. Curti in SJZ 6 (1910) S.5. SJZ 45 (1949) Nr.18 S.45, 46 (1950) Nr.47 S.126. Oser/Schönenberger ad Art. 490 N.4. Becker ad Art. 490 OR N.3. Buchli S.48/9. Seit der Limitierung der kausalen Sachgewähr sowohl der Gastwirte als auch der Stallwirte auf Fr. 1000 erhob sich die Streitfrage, ob z.B. bei Einbringung eines Automobils des Gastes in eine Hotel-Sammelgarage für alle Invecten und Illaten einschliesslich des Automobils bis Fr. 1000 kausal gehaftet werde, oder ob für das Automobil und die dazugehörigen Sachen gesondert nach Art. 490 OR bis Fr. 1000 gehaftet werde. In **BGE 36 II 58** war die letztere Alternative offenbar in Anlehnung an Fick ad Art. 490 OR Anm. 2 vertreten worden.

2. Gegenwärtiger Anwendungsbereich der Stallwirthaftung. Abgrenzung von Einbringung und Hinterlegung. Garagen. Hotelgaragen. Parkierung von Motorfahrzeugen im Freien

2 a *a.* Im vieldiskutierten **BGE 76 II 158 Erw. 2** ist die bisher übereinstimmend geübte *direkte Anwendung von Art. 490 OR auf eine Einstellgarage* für Motorfahrzeuge mit Rücksicht auf die ausdrückliche Umschreibung des receptums des Stallwirtes im Gesetz (Tiere, Wagen und dazugehörige Sachen) *abgelehnt* worden. Auch eine analoge Anwendung von Art. 490 OR komme «angesichts der Verschiedenheit der wirtschaftlichen Verhältnisse und der Unterschiede in der Betriebsart» nicht in Frage. Die *Einstellung eines Automobils in eine Sammelgarage* ist eine *gewöhnliche Hinterlegung* i. S. von Art. 472 ff. OR. «Danach ist der Garagist verantwortlich für die sichere Aufbewahrung des ihm vom Einsteller anvertrauten Fahrzeuges. Entsteht an diesem Schaden, so haftet er mangels einer dem Art. 490 Abs. 2 OR entsprechenden Bestimmung dafür in vollem Umfang, sofern er nicht nachzuweisen vermag, dass ihm und seinen Hilfspersonen keinerlei Verschulden zur Last fällt (Art. 97/101 OR)». **BGE 76 II 161 Erw. 3.**

b *b.* Kommt die Stallwirthaftung auf die Einstellung eines Motorfahrzeuges in einer Sammelgarage nicht zur Anwendung, so sei *das in eine Hotel-Sammelgarage vom Gast eingestellte Automobil ein receptum des Gastwirtes.* Es falle unter die Invecten und Illaten des Gastes, für welche bei Schuldlosigkeit des Betriebsinhabers und seines Personals gesamthaft nur die auf Fr. 1000 limitierte kausale Sachgewähr i. S. von Art. 487 OR bestehe. Es handle sich «lediglich um eine *Nebenleistung im Rahmen des Gastaufnahmevertrages* zur grösseren Bequemlichkeit des Gastes». **BGE 76 II 163 Erw. 4.**

c *c.* Die Ablehnung der limitierten Stallwirthaftung für den selbständigen Garagisten ist aus dogmatischen und praktischen Gründen gerechtfertigt. *Schaden* wird dem Halter eines eingestellten Motorfahrzeuges erfahrungsgemäss meist dadurch zugefügt, dass Dritte oder Hilfspersonen des Garagisten das Fahrzeug zu *Strolchenfahrten* entwenden. Dann gelingt dem Garagisten der hinterlegungsvertragliche Exkulpationsbeweis i. d. R. nicht. Weit problematischer ist angesichts des geschwundenen Geldwertes und des hohen Wertes in Hotelgaragen eingebrachter Motofahrzeuge die gegenüber der früheren Praxis *doppelte Limitierung der Haftung des Gastwirtes.* Die Limite von Fr. 1000 bezieht sich nicht mehr auf das Motorfahrzeug und die dazugehörigen Sachen allein, sondern auf *sämtliche Invecten und Illaten des Gastes einschliesslich des in der Hotelgarage eingestellten Automobils.*

d *d.* Hotels, die über Einstellgaragen verfügen, sind wirtschaftlich nicht schwächer als der Durchschnitt der selbständigen Garagisten. Weshalb bei der gleichartigen Garagierung im einen Fall eine gewöhnliche Hinterlegung im anderen ein receptum cauponum vorliegen soll, ist dem Nichtjuristen schwer verständlich, zumal die Regelung der Gastwirthaftung im OR für Wertsachen ausdrücklich die besondere Hinterlegungs- und Aufbewahrungspflicht mit unbegrenzter Verschuldenshaftung des Gastwirts statuiert. *Motorfahrzeuge sind Wertsachen i. S. von Art. 488 OR.* **BGE 76 II 160.** *Ihrer Verwahrung dient nicht der Kassenschrank, sondern die Garage des Hotels. Dort werden sie vom Gast übergeben und vom Hotelpersonal zur Aufbewahrung übernommen.* Sie sind *Depositen, nicht Invecten und Illaten.* Ähnlich R. SECRÉTAN in JT 99 (1951) p. 183. Der Unterschied zwischen Invecten und Illaten einerseits sowie Depositen andererseits besteht darin, dass der Gastwirt im ersten Fall nicht weiss, welche und wie wertvolle Sachen der Gast einbringt. *Wird ein Automobil in seiner Garage eingestellt, so erkennt der Gastwirt oder sein mit der Garagierung betrautes Personal die Sache, die er zur Aufbewahrung übernimmt und ihren ungefähren Wert.* Die Fachkenntnisse **(BGE 76 II 163),** die zur *Verwahrung* von Motorfahrzeugen in einer Garage erforderlich sind, muss der Inhaber einer Hotelgarage ebenso besitzen wie ein anderer Garagehalter. Das in eine Hotelgarage mit Wissen des Gastwirtes oder seines Personals eingestellte Automobil gehört daher nicht zu den Invecten und Illaten, sondern es ist ein Depositum des Gastes i. S. von Art. 488 OR, zumal sich die *Hinterlegung beim Gastwirt nicht auf Wertsachen beschränken muss.* Art. 488 N. 4 b.

e *e.* Fasst man, wie es in **BGE 76 II 160** geschieht, ein Motorfahrzeug zur Ablehnung der Stallwirthaftung als Wertobjekt auf, so muss man es auch im Hinblick auf die Gastwirthaftung tun. Dann ergibt sich, dass infolge der in Art. 488 I OR statuierten Hinterlegungspflicht der *Gastwirt für das Motorfahrzeug, das der Gast sei es auf der öffentlichen Strasse vor dem Hotel, sei es auf dem Hotelareal parkiert, überhaupt nicht haftet.* Verfügt der Gastwirt über keine Hotelgarage, besteht jedoch der Gast auf der Garagierung seines Motorfahrzeuges, so muss der Gastwirt entweder die Beherbergung des betreffenden Gastes ablehnen (Art. 488 N. 2b) oder der Gastwirt vermittelt die Garagierung in einer selbständigen Einstellgarage, mit deren Inhaber ein gewöhnlicher Hinterlegungsvertrag abgeschlossen wird, aus welchem nur der Garagist (bei Verschulden unbeschränkt), nicht aber der Gastwirt haftet. **BGE 76 II 158/60 Erw. 2.** Besteht der Gast nicht auf der Garagierung (Hinterlegung), und parkiert er sein Motorfahrzeug tatsächlich unbewacht und unverschlossen im Freien, so ist er sich bewusst, dass er das Risiko der Entwendung, Vernichtung oder Beschädigung seines Fahrzeuges selbst trägt.

f *f.* Die hinterlegungsvertragliche Verschuldenshaftung sei es des selbständigen Garagisten oder des Gastwirtes beschränkt sich auf das Motorfahrzeug und die üblicherweise dazugehörigen Sachen (Werkzeug, Ersatzräder u. a.). Die *Zurücklassung von Kleidern in Koffern des Motorfahrzeuges ist schuldhafte Nachlässigkeit des Gastes selbst* (**BGE 36 II 58/9**, Art. 488 N. 3c), es sei denn, dass der «Einsteller» auf solche nicht zum Motorfahrzeug gehörige Sachen aufmerksam gemacht und der Aufbewahrer auch ihre Aufbewahrung übernommen hat. Denn im gewöhnlichen Hinterlegungsvertrag muss der Aufbewahrer den Hinterlegungs- und Restitutionsgegenstand kennen (Art. 475 N. 3), während der Gastwirt die Invecten und Illaten eines Gastes nicht kennen muss. Lit. d oben.

Art. 491

[1] Gastwirte und Stallwirte haben an den eingebrachten Sachen ein Retentionsrecht für die Forderungen, die ihnen aus der Beherbergung und Unterkunft zustehen.

[2] Die Bestimmungen über das Retentionsrecht des Vermieters finden entsprechende Anwendung.

III. Retentionsrecht

III. Droit de rétention

[1] Les aubergistes, les hôteliers et ceux qui tiennent des écuries publiques ont, sur les choses apportées ou remisées chez eux, un droit de rétention en garantie de leurs créances pour frais d'hôtel et de garde.

[2] Les règles concernant le droit de rétention du bailleur s'appliquent par analogie.

III. Diritto di ritenzione

[1] Gli albergatori e i padroni di stalle hanno un diritto di ritenzione sulle cose apportate per i loro crediti derivanti dall'alloggio o dallo stallatico.

[2] Sono applicabili per analogia le disposizioni circa il diritto di ritenzione del locatore.

Materialien: Vgl. sub Art. 487 OR.

Rechtsvergleichung: Code Civil art. 2102 Ziff. 5. ABGB § 970c. BGB § 704. Codice Civile art. 2760, 2778 Z. 9.

Literatur: Link, Das gesetzliche Pfandrecht des Vermieters, Verpächters und Gastwirtes, Basler Diss (Maschinenschrift) 1933. Brander, Das Retentionsrecht nach schweizerischem Zivilrecht, Zürcher Diss 1933.

SYSTEMATIK DER KOMMENTIERUNG

1. Dingliches Retentionsrecht. Rechtsvergleichung 808
2. Gegenstand des Retentionsrechtes von Stallwirten und Gastwirten. Invecten und Illaten, Depositen des Gastes. Kompetenzstücke. Guter Glaube 808
3. Verhinderung des Besitzverlustes. Fortschaffung. Rückverbringung. Begrenzung des Retentionsrechtes 810
4. Die retentionsgesicherten Forderungen 810

Art. 491 OR

1. Dingliches Retentionsrecht. Rechtsvergleichung

1 Das aOR von 1881 enthielt keine Sonderbestimmungen über das Retentionsrecht der Gast- und Stallwirte. Sie wurde anlässlich der Revision von 1911 in Anlehnung an die Rechtsentwicklung in den umliegenden Staaten eingeführt. Dem Sinne nach gleichartige Bestimmungen finden sich im Code Civil art. 2102 Ziff. 5, ABGB § 970c, BGB § 704, Codice Civile art. 2760, 2778 Ziff. 9. Das dingliche Retentionsrecht an den Invecten und Illaten des Gastes bestand jedoch schon vor der Revision von 1911 und kann heute auf die allgemeine Norm von Art. 895 ZGB gestützt werden. Die *sachenrechtlichen Bestimmungen sind ergänzend* auch auf das Retentionsrecht der Gast- und Stallwirte *anzuwenden*, namentlich das Recht des Gastes auf Ablösung des Retentionsrechtes durch Sicherstellung nach Art. 898 I ZGB. *Bestreitet der Gast die vom Gastwirt erhobene retentionsgesicherte Forderung, so kann er wie ein Empfänger von Frachtgut nach Art. 451 I OR die Herausgabe seiner Sachen verlangen, wenn er den streitigen Betrag gerichtlich hinterlegt.* Art. 451 N. 5.

2. Gegenstand des Retentionsrechtes von Stallwirten und Gastwirten. Invecten und Illaten, Depositen des Gastes. Kompetenzstücke. Guter Glaube

2 a *a.* Die Sonderbestimmung von Art. 491 OR ist vielleicht gerechtfertigt, weil der Gegenstand des Retentionsrechtes und die Besitzverhältnisse im Beherbergungsvertrag nicht so einfach liegen wie in anderen Vertragsverhältnissen. Als Gegenstand sind «die eingebrachten Sachen», nach gemein-rechtlichem Sprachgebrauch die Invecten und Illaten, bezeichnet. Für den *Stallwirt* lagen die Verhältnisse einfacher. Dort sind Invecten und Illaten die in Art. 490 OR spezifizierten «*Tiere und Wagen und die dazugehörigen Sachen*». Es ist jedoch anzunehmen, dass vom Retentionsrecht auch erfasst werden *Sachen, die der Einbringer tatsächlich dort gelassen hat, obschon sie nicht zur Aufbewahrung übernommen* wurden, z. B. Kleider (Art. 490 N. 2f). Sie sind eingebracht und befinden sich mit dem Willen des Einbringers im unmittelbaren Besitz des Stallwirtes. Art. 895 I ZGB. Ob der Stallwirt für ihre Entwendung oder Beschädigung haften würde, ist eine vom Retentionsrecht unabhängige Frage.

b *b.* An den *Invecten und Illaten des Gastes* besteht der *Retentionsbesitz des Gastwirtes*, i. d. R. nur als Besitz oder *Mitbesitz an den Räumen*, in welche jene Sachen eingebracht sind und auch bei vorübergehender Abwesenheit des Gastes gelassen werden. Art. 487 N. 4b. (BUCHLI S. 52 nimmt an, es sei zur Begründung des Retentionsrechtes überhaupt kein Besitz erforderlich.) Das Retentionsrecht entsteht mit der das Besitzverhältnis begründenden Einbringung. Sowohl nach allgemeinen sachenrechtlichen Grundsätzen als auch nach der durch Art. 491 II OR verfügten Analogie zum Retentionsrecht des Vermieters (Art. 273 OR), *entsteht das Retentionsrecht des Gastwirtes nicht an denjenigen eingebrachten Sachen, von welchen der Gastwirt wusste, dass sie nicht Eigentum des Gastes sind.* Erfährt er nach der Einbringung, dass Sachen nicht dem Gast gehören, so erlischt das Retentionsrecht des Gastwirtes, wenn er den Beherbergungsvertrag nicht unverzüglich löst (Art. 273 II OR). *Sonst geht das Retentionsrecht des gutgläubigen Gastwirtes dem Eigentumsrecht Dritter vor.* Von ihm können gestohlene oder verlorene Sachen, die eingebracht wurden, *nur gegen Zahlung oder Hinterlegung der retentionsgesicherten Forderung des Gastwirtes vindiziert* werden. Art. 273 I OR. Art. 451 N. 2c.

c

c. *Nicht alle eingebrachten Sachen des Gastes bilden Retentionsgegenstand.* I. d. R. ist das, was der Gast bei der Abreise auf sich trägt, von der Retention ausgenommen, jedenfalls *soweit es unpfändbar wäre.* Art. 272 III OR. MICHEL S. 88. Genügt das Gepäck voraussichtlich zur Deckung der retentionsgesicherten Forderung des Gastwirtes, so darf nach allgemeinen retentionsrechtlichen Grundsätzen das, was der Gast auf sich trägt, nicht in Anspruch genommen werden. Art. 451 N. 3b. Auf *Geld, Schmuckstücke und andere Wertgegenstände* (z. B. Pelze), *die der Gast auf sich trägt, darf nur gegriffen werden, wenn der Wert der verbleibenden Retentionsgegenstände die Hotelrechnung offenbar nicht deckt.* In solchen Fällen ist es gerechtfertigt, den zuweilen bösgläubigen Gast zur Ablösung des Retentionsrechtes durch anderweitige Sicherstellung, Hinterlegung von Geld oder Wertsachen, zu veranlassen. Das Gesetz erwähnt als Retentionsgegenstand nur die eingebrachten Sachen. Es *erstreckt sich aber auch auf die gemäss Art. 488 OR besonders hinterlegten Sachen,* z. B. auch *auf das in der Hotelgarage eingestellte Automobil, auf verschlossene und offene Geld- und Wertsachendepots, sogar irreguläre Gelddepots des Gastes.* Man kann dieses Retentionsrecht an Depositen als allgemeines hinterlegungsvertragliches Retentionsrecht auffassen. Die Verrechnung ist auch mit irregulären Gästedepots ausgeschlossen. Vorbem. vor Art. 472 N. 5d. Art. 475 N. 6. Aber die Rückgabe kann mit der exceptio non adimpleti contractus verweigert werden. N. 4 unten.

3. Verhinderung des Besitzverlustes. Fortschaffung. Rückverbringung. Begrenzung des Retentionsrechtes.

3 a *a. Mit dem Verlust des Besitzes oder Mitbesitzes würde das Retentionsrecht untergehen.* Analog Art. 274 I OR/283 SchKG kann der Gastwirt die *Hilfe des Betreibungsamtes* am Ort der Gaststätte, und wenn Gefahr in Verzug ist, die *Hilfe der Polizei oder der Gemeindebehörden* in Anspruch nehmen, sollte der Gast Anstalten treffen, die *Retentionsgegenstände fortzuschaffen, ohne seine Rechnung bezahlt zu haben.* Das Betreibungsamt nimmt soviel Sachen als voraussichtlich zur Deckung der retentionsgesicherten Ansprüche erforderlich sind, in eine *Retentionsurkunde* auf, untersagt dem Gast die Verfügung über solche Objekte oder nimmt sie in *amtlichen Gewahrsam.* Polizei oder Gemeindebehörden verhindern die Wegschaffung bis zum Eingreifen des Betreibungsamtes. *Erweist sich die Forderung und damit das Retentionsrecht als unbegründet, so haftet der Gastwirt für den Schaden, der dem Gast durch die Vorenthaltung seiner Sachen erwächst.* Der Gast kann jederzeit, aber muss nicht den *Betrag einer streitigen Forderung hinterlegen,* um das Retentionsrecht abzulösen. Art. 451 N. 3b. N. 1 oben.

b *b.* Nach Analogie zu Art. 274 II OR/284 SchKG kann der Gastwirt innert 10 Tagen seit der Fortschaffung das *Rückverbringungsbegehren beim Betreibungsamt* stellen und mit *polizeilicher Hilfe* durchführen lassen, wenn *Retentionsobjekte gewaltsam oder heimlich fortgeschafft* wurden. Dann lebt das Retentionsrecht wieder auf, soweit die Rückverbringung tatsächlich gelingt. *Erfolgte die Fortschaffung weder gewaltsam noch heimlich, so wird angenommen, der Gastwirt habe auf sein Retentionsrecht verzichtet.* Für den *Schaden aus unberechtigter Rückverbringung,* sei es mangels Forderung oder mangels Rückverbringungsrechtes, *haftet der Gastwirt wie bei unberechtigter Ausübung des Retentionsrechtes.*

4. Die retentionsgesicherten Forderungen

4 a *a. Retentionsgesichert sind alle Forderungen aus der Beherbergung und Unterkunft.* Der Ausdruck passt nicht auf die Forderungen des Stallwirts und erscheint für die Forderungen des Gastwirtes zu abstrakt. Es sind alle Forderungen, welche ihrer Natur nach mit dem Gegenstande der Retention in Zusammenhang stehen. Art. 895 I ZGB. Abzustellen ist auf das *konkrete Vertragsverhältnis* zwischen Gast und Gastwirt. Retentionsgesichert sind die Ansprüche für *Beherbergung, Beherbergung mit Verpflegung, Bedienung, aber auch Nebenleistungen wie Garagierung, Wartung des Motorfahrzeuges, Benzin- und Öllieferung, Telephon, Reinigung*

der Wäsche u.ä. BUCHLI S.52/3. Auch für separate Depositen des Gastes besteht der erforderliche Zusammenhang. Die Hinterlegung wäre nicht ohne die Beherbergung und die Pflicht des Gastes zur Hinterlegung von Wertsachen erfolgt. Ob die Hinterlegung als solche entgeltlich oder unentgeltlich erfolgt, ist unerheblich. Regelmässig wird es sich um alle Positionen der Hotelrechnung handeln, die aus dem konkreten Vertragsverhältnis begründet wurden. Der erforderliche Zusammenhang zwischen Forderung und Retentionsgegenstand besteht nicht, wenn z.B. der Gastwirt dem Kunstliebhaber einen Kunstgegenstand aus seiner Kollektion verkauft hat. Die Kaufpreisforderung ist nicht retentionsgesichert.

b

b. Während nach Art.272 I OR das Retentionsrecht des Vermieters auf einen verfallenen Jahreszins und den laufenden Halbjahreszins beschränkt ist, *besteht* eine analoge *zeitliche Beschränkung für die Forderungen aus dem Beherbergungsvertrag nicht.* BJM 1957 S.160.

SACHREGISTER

Der Auffindung eines Stoffes dient die jedem Artikel vorangestellte «Systematik der Kommentierung»:

Art. 425	S. 14	Art. 447	S. 247	Art. 469	S. 562
Art. 426	S. 31	Art. 448	S. 280	Art. 470	S. 568
Art. 427	S. 41	Art. 449	S. 287	Art. 471	S. 578
Art. 428	S. 49	Art. 450	S. 302	Art. 472	S. 607
Art. 429	S. 56	Art. 451	S. 305	Art. 473	S. 633
Art. 430	S. 60	Art. 452	S. 318	Art. 474	S. 646
Art. 431	S. 65	Art. 453	S. 327	Art. 475	S. 654
Art. 432	S. 71	Art. 454	S. 338	Art. 476	S. 672
Art. 433	S. 77	Art. 455	S. 344	Art. 477	S. 677
Art. 434	S. 82	Art. 456	S. 354	Art. 478	S. 679
Art. 435	S. 96	Art. 457	S. 359	Art. 479	S. 683
Art. 436	S. 100	Art. 458	S. 371	Art. 480	S. 690
Art. 437	S. 106	Art. 459	S. 396	Art. 481	S. 697
Art. 438	S. 109	Art. 460	S. 411	Art. 482	S. 717
Art. 439	S. 127	Art. 461	S. 423	Art. 483	S. 733
Art. 440	S. 149	Art. 462	S. 434	Art. 484	S. 745
Art. 441	S. 166	Art. 463	S. 455	Art. 485	S. 752
Art. 442	S. 179	Art. 464	S. 466	Art. 486	S. 760
Art. 443	S. 185	Art. 465	S. 478	Art. 487	S. 769
Art. 444	S. 221	Art. 466	S. 499	Art. 488	S. 788
Art. 445	S. 236	Art. 467	S. 526	Art. 489	S. 797
Art. 446	S. 240	Art. 468	S. 538	Art. 490	S. 803
				Art. 491	S. 807

Verweisungen im Text sind mit der Zahl des Gesetzesartikels und der Randnote bezeichnet.

Die Stichwörter des Sachregisters verweisen ausschliesslich auf die Seitenzahlen.

A

Ablader
212, 214
Absender
– *Angabe(n)* 167 f., 171 ff., 197, 234, 259, 272
– *Benachrichtigung* s. Information
– *erster* 291
– *Information* 231 f., 233, 238 f., 244, 315, 335
– *Instruktion* 168 ff., 196

Absender (Fortsetzung)
– *Interesse* 320
– *Legitimation* 201
– – zur Schadenersatzklage 243
– – bei Weisungsverletzung 210
– *mehrere* 164 f.
– *Verpackungspflicht* 180 ff.
– *Verschulden* 174, 177, 230, 248, 254 f., 259 f., 271 ff., 361
– *Vorladung* 234, 238

Absender (Fortsetzung)
– *Weisung(srecht)* 159, 169 f., 174, 188 f., 198 f., 202 f., 204, 207, 209 f., 223, 230 f., 248, 254, 271, 274, 277, 290, 293, 295, 361
– – Aktivlegitimation 188 f., 199, 203
– – Begrenzung 199, 202
Amtlicher Verkauf
s. *Frachtgut – Selbsthilfeverkauf und Kommission – Selbsthilfeverkauf*
Akkreditiv
s. *Anweisung – Akkreditiv*
Anweisung(s)
– *Abgrenzung* 491 ff., 555
– – von Kommission und Spedition 494
– – von Zession 555
– *Ablehnung* 501, 565, 571
– *Ablieferung* 491 f.
– *Abrechnung* 492
– *Abstraktheit* 488, 490, 506, 527, 544, 548, 584
– *Abtretung* 549 ff., 555, 567, 577, 584
– – zahlungshalber 551, 553, 584
– – an Zahlungsstatt 551, 584
– *actio mandati contraria* 488 f., 503, 506 f., 516 ff., 523, 528 f., 559 ff., 573, 575, 584
– – Verrechnung 522 f., 546, 559
– *actio mandati directa* 492, 527 f.
– *Akkreditiv* 488, 496, 520, 523
– – Bestätigung 489, 520, 574
– – Dokumenten- 488, 496 f., 500, 514 ff., 523, 543 f., 549, 574
– *Angewiesener* 488 ff., 492, 495 f., 502, 504 ff., 510 ff., 515, 517, 523 f., 531 f., 551, 555, 563 f., 571, 575 f., 581 ff.
– – als Erfüllungsgehilfe 494, 510, 519, 531 f., 539 f.
– – Geschäftssitz (Wohnsitz) 496
– – handlungsunfähiger 504 f., 546, 576
– – Vertretung 520
– *Annahme* 487 f., 501, 505 f., 515, 517, 521, 524, 533, 535, 540 ff., 554 f., 580 f.
– – als Erfüllung 494
– – erklärung 487, 492, 503, 517, 520, 533, 539 ff., 543 f., 551, 581 f., 584

Anweisung (Fortsetzung)
Annahme (Fortsetzung)
– – gegenüber Anweisendem 487, 503, 512, 518, 533, 539
– – gegenüber Empfänger 487, 515, 518, 539 ff., 545 f., 551 f., 576, 581 f.
– – vorbehalt 543 f., 545 ff., 551, 566, 582
– – gegenüber Zessionar 550
– *Anweisender* 487 ff., 490 f., 495 f., 500, 506 ff., 510 ff., 515, 518, 523, 527, 531 f., 539, 556, 563, 565 ff., 573, 582
– – handlungsunfähiger 504 f., 575 f.
– *Anzeige* s. Mitteilung
– *Assegno, Assignation* = Anweisung
– *Auftrag* 486 f., 490, 496, 500, 501, 511, 514, 516 f., 521, 527, 530, 540, 544 f., 553 f., 556, 561, 564
– – Ausführung(spflicht) 501, 506
– – bedingter 494, 500, 514
– – Bestimmbarkeit 494, 500
– – Bestimmheit 500
– – Doppelmandat 485 ff., 563
– – Erteilung 500 ff.
– – fiduziarischer 511
– – Gläubiger- 491
– – Hilfsvertrag 490, 511, 556
– – Informationspflicht 564 f.
– – Inkasso- 491
– – Putativ- 507
– – Schuldner- 492
– – Widerruf s. Widerruf
– – Zahlungs- 486, 585
– – zugunsten eines Dritten 487 ff., 527, 554
– *Bank*-486, 511 ff., 559 f.
– *Bankkonto* 508 f., 512 f., 545, 556 f., 560
– *Bedingung* 514 ff., 529, 542 f., 549, 557, 560
– *Befreiungsanspruch* s. actio mandati contraria
– *Befristung* 514 f., 544
– *Besitz*- 492, 519
– *Beweislast* 540, 554, 561
– *Bote* 489, 563 f.
– *Bringschuld* 495, 559

Anweisung (Fortsetzung)
- *Bürgschaft(s)* 494, 547, 572
- – form 540 f., 547
- *Check* 438, 490, 495, 500, 502, 507 f., 512, 516, 531, 544, 550, 555 ff., 559, 574, 581, 585
- – Akzept 554
- – Deckung 556
- – Domizilierung 493
- – Einlösung 559
- – Inhaber- 553
- – Konversion 545
- – Kreuzung 512
- – Order- 553
- – Post- s. Post- und Postcheck
- *Deckung* 514, 517, 546, 556, 560
- *Deckungsverhältnis* 490, 496, 506, 511, 515, 517, 528, 552, 556, 560, 570, 583
- *delegatio* 485 f., 536
- *Eigentumsübergang* 490, 510 f., 519, 580
- *Einrede* 544 ff., 574, 582 f.
- – beschränkung 502, 539, 544 ff., 551 ff., 582 f., 586
- – exceptio doli 547 f., 552
- – Furchterregung 547
- – persönliche – 546 ff., 577
- – Täuschung 547
- – gegenüber Zessionar 551, 555
- *Empfänger* 487 ff., 490 f., 495, 501, 505 f., 511 ff., 516, 519, 523 f., 526 f., 530 ff., 534 ff., 539 f., 550, 554, 570 ff., 577, 580
- – Erstempfänger 550
- *Erfüllungsanspruch* 518 ff., 572
- *Erfüllungsgehilfe* s. Angewiesener als –
- *Erfüllungsgeschäft* 490, 530 f., 554, 556, 564, 570 f.
- *Erfüllungsort* 495 f., 514, 518, 559
- *Erlass* 548, 577
- *Ermächtigung* 485, 489
- *Fälschung* s. gefälschte –
- *fiduziarische Verpflichtung* 511, 541
- *Formlosigkeit* 501 f., 516, 539 ff., 563
- *Garantie* 522, 550, 561, 581
- *Gattungsschuld* 510 f., 514

Anweisung (Fortsetzung)
- *Gegenstand* 510 f., 515
- *gefälschte* – 507 ff., 522, 574
- *Geschäftsführung* 507, 508, 511, 517
- – Auslagenersatz 488 f., 516 ff., 523, 556, 573 ff., 584
  s. auch actio mandati contraria
- – Auslagenregress s. Auslagenersatz
- – vertraglose 507 ff.
- *Geschäftsübernahme* 551
- *Giroauftrag* 513
- *Giroverkehr* 513 f.
- *Girozettel* 512
- *zur Gutschrift* 512 f., 545
- *Gewährleistung* s. Garantie
- *Hilfsperson* s. Angewiesener als Erfüllungsgehilfe
- *Holschuld* 495, 559
- *Indossament* 550, 553 f., 582
- *Inhaber* 553, 581 ff.
- – Form – 580
- *Inhalt* 514 f., 542, 544 f., 551
- *Inkassozession* 491
- *internationaler Zahlungsverkehr* 520
- *internationales Privatrecht* 496 f.
- *Interzessionsverbot* 547
- *Kollusion* 506
- *Konkurs* 575, 577
- *Konto(vertrag)* 508, 512 ff., 518, 548, 559
- – verkehr 512 ff.
- *Kontrahierungszwang* 494, 554, 559 f.
- *Kraftloserklärung* 580
- *auf Kredit* 529, 556, 559
- *Kreditbrief* 488, 495
- *Kündigung* 576
- *Leistung* 492, 494, 511, 516 f., 519, 530, 532 ff., 557 ff., 563, 571 f.
- – Annahme als Erfüllung 494
- – Bestimmbarkeit 494, 500, 502, 511 f., 579
- – Bestimmtheit 500, 502, 574, 580
- – erfüllungshalber 529 f., 550 f., 566 f., 577, 583
- – an Erfüllungsstatt 530 ff., 546, 566, 577, 584

Anweisung (Fortsetzung)
Leistung (Fortsetzung)
– – mangelhafte 511, 519, 530
– – rechtswidrige 505, 546, 582
– – Teil – 534
– – unsittliche 505, 546, 582
– – wiederholte 515
– – zukünftige 500, 515, 549 f.
– *mandatum aliena gratia* s. Auftrag zugunsten Dritter
– *Mitteilung der* – 488 f., 533 f., 543, 564 ff., 570, 575
– – der Ablehnung 533 f., 577, 584
– *Negoziabilität* 544, 555, 575, 582
– *Neuerung* 548, 577
– *Nichtigkeit* 504 ff.
– *Offerte* 501 ff.
– *Order*– 495, 502, 552, 584 f.
– *pactum fiduciae* 489
– *persönliches Verhältnis zwischen Angewiesenem und Empfänger* s. auch Angewiesener, Empfänger, Einrede, Vorbehalt 546 ff.
– *Post*– 493 f., 512 ff., 521
– *Postcheck* 494, 509
– – Konto 493, 509, 512 f., 531, 557
– *Präsentation* 515, 543, 550, 552, 564, 566, 581, 585
– *Realakzept* 518, 533, 539, 563
– *Rechtsgrund* (causa) 490, 492, 509, 516 f., 527, 540, 554, 556
– *Rechtsvergleichung* 485 ff., 501 ff., 531, 539, 550 ff., 557 f.
– *Regress* s. actio mandati contraria
– *Rekta*– 585 f.
– *Retentionsrecht* 556, 561
– *Saldo* 509
– *auf Schuld* 486, 492, 501, 518 f., 528, 553 ff., 577, 583
– – Einlösungspflicht 557 ff.
– *Schuldbeitritt* 540 f., 572
– *Sicht*– 515
– *Solidarschuldnerschaft* 536, 566, 585
– *Stundung(swirkung)* 535 f., 548, 552, 564 ff., 577

Anweisung (Fortsetzung)
– *Substitution* 519 f., 549 f.
– *Teilakzept* 545, 574
– *Tilgung* 548
– *titulierte* – 515 f., 542, 574
– *Urkunde* 495 f., 502, 541, 564, 579 ff.
– – Beweisurkunde 502
– – Fälschung 507 f.
– *Valutaforderung* 490, 535, 548, 551, 565 ff., 577
– *Valutaverhältnis* 490, 496, 501, 505 ff., 511, 516, 523, 527 f., 531 ff., 535 f., 543 f., 554, 556, 558 f., 564 f., 566, 570 f., 577, 583
– *Verfalltag* 515, 544, 549, 552, 560, 574, 584 f.
– *verfälschte* – 507 ff.
– *Verfügung* 500, 509
– *Verjährung* 549, 552, 577
– *Verrechnung* 518, 548, 552, 556 ff., 559
– *Vertrag(s)* 487 ff.
– – Abschluss zwischen Empfänger und Angewiesenem 541 ff.
– – Annahme s. Annahme
– – Offerte 539 ff.
– *Vorbehalt* 452 ff., 545 f., 551, 554, 566
– *Vorlegung* s. Präsentation
– *Wechsel* 493, 495, 500, 502, 514, 516, 523, 541, 545, 552 f., 555, 566, 574, 581, 584
– – Akzept 515, 518, 533, 545 f., 549, 581
– – Betreibung 502, 552
– – Domizil– 493, 514, 545
– – Eigen– 502
– – Garantie 523
– – Konversion 545, 585
– – Protest 566, 584
– – quittierter 515
– – Regress 523 f., 552, 585
– – Verpflichtung 541
– *Weisung* 512 f., 514 ff., 543, 545, 566, 573 f.
– – Verletzung 513 f.
– – Wirkungslosigkeit gegenüber Empfänger 542 f.

Anweisung (Fortsetzung)
– *Wertpapier* 505, 519, 552 f., 555, 580
– *Widerruf* 489, 506, 523, 569 ff., 573 f., 576
– *Willensmangel* 504 ff., 507, 532, 553
– *Zahlstelle* 493, 496, 512 ff., 544
– *Zahlung(s)–* 487, 493, 510, 512, 515, 518, 552 f., 557 f., 579, 585, 597
– *Zahlungsverbot* 580
– – halber s. Leistung erfüllungshalber
– – an Zahlungsstatt s. Leistung an Erfüllungsstatt
– *Zession* s. Abtretung
– *Zuwendung* 490, 527 ff.
– – credendi causa 490, 528 f.
– – donandi causa 490, 528
– – mittelbare 528 ff.
– – solvendi causa 490, 528
– *Zweitangewiesener* 520, 549
– – Haftung für – 520
Arbeitsvertrag
112, 156, 250, 364 f., 376, 379, 381, 427, 457, 462, 470 ff., 480 f.
Auftrag
117, 119, 130, 142, 144, 153 f., 199, 250, 364 f., 366 f., 378 f., 381, 391, 440 ff., 469, 480 f., 528, 612
– *Anweisungs–* 486 f., 489 f., 494, 501 ff., 505, 510 f., 514, 517, 520, 523 f., 527 f., 539 f., 552 ff., 554, 575 f., 584 ff.
– *Doppelmandat* 485 ff., 563
– *einfacher* – 117, 153, 155, 195, 587 f.
– *Entstehung* 193
– *Ersatz–* 165, 193, 224
– *fiduziarischer* 511, 598, 602, 612, 630
– *mit Hinterlegung* 593 f., 712
– *Inkasso–* 130, 133, 195, 491
– *Putativ–* 507
– *Umfang* 159, 170, 494, 500, 510
– *unentgeltlicher* 154, 642, 763
– – Haftung 154
– *Verwaltungs–* 594, 597 f., 612, 615, 626
– *Widerruf*(srecht) 191, 489, 503, 569 ff., 620, 660
– *zugunsten Dritter* 119 f., 144, 157 f., 159, 187, 202 f., 302, 304, 319, 489, 492 f.,

Auftrag (Fortsetzung)
494 f., 501, 503, 526 f., 529, 540, 543 f., 556, 574, 618 ff.
Automobil
s. *Motorfahrzeug*

B

Beförderung(svertrag)
s. *Transport und Transportvertrag*
Beförderungshindernis
s. *Frachtgut – Beförderungshindernis*
Beförderungspflicht(zwang)
s. *Kontrahierungszwang*
Börsenkommission
9 ff., 72, 108
Börsentermingeschäfte
9 f.
– *Simulation* 10

C

Camionnage
– *offizielle* 150, 304, 357 f.
– *private* 136, 358
Chartervertrag
136, 150, 154, 265, 348, 352
Check s. Anweisung – Check – Gastwirt – Wertsachen

D

Depositum irregulare
s. *Hinterlegung – depositum irregulare*
Depot s. Hinterlegung(svertrag)
Differenzgeschäfte
9 f.
– *Simulation* 10

E

Effektenbörse
8
Eilgut
s. *Frachtgut – Ablieferung*
Einlagerung(svertrag)
593, 595, 604, 635, 639, 662
– *Abgrenzung* 722 ff.
– *actio depositi contraria* 737, 750, 753 ff., 762 f., 763 f.

Einlagerung(svertrag) (Fortsetzung)
- *Aufbewahrungsobligation* 723, 734 ff., 740, 765
- *Auflösung* 763 f.
- *Auslagenersatz* 726, 737, 755 ff.
- *Auslagerung* 718, 742 f., 756 f., 764 f.
- *Besondere Abmachungen* 728, 736
- *Beweisurkunde* 729
- *Bewilligung* s. Konzession
- *Einlagerer* 722, 728, 730, 736 f., 741 f., 765
- – Legitimation 730
- *Entgeltlichkeit* 719, 722, 735, 753 ff., 763
- *Erfüllung* 737
- *Erfüllungsunmöglichkeit* 764 f.
- *Exceptio non adimpleti contractus* 759
- *Exkulpation* 741, 765
- *Gegenseitigkeit* 726, 758, 762
- *Herausgabe* s. Restitutionsobligation
- *Hinterlegung* 720, 724
- *Holschuld* 727, 767
- *Indossament* 729
- *irreguläre* 723
- *Kündigung* 673 ff., 726
- *Lagerbesuch* 725, 731, 743 f., 749
- *Lagereinrichtung* 725, 735 f., 754
- *Lagergebühr* s. Lagergeld
- *Lagergeld* 597, 728, 753 ff., 757, 759, 762
- – Fälligkeit 757 f.
- – Tarif 754 f.
- – übliches 754
- – vereinbartes 754 f.
- – Verjährung 758
- *Lagergut* 723 ff., 728, 730, 759
- – Aussonderung 730
- – Besitz 725, 729 f., 739
- – Erhaltung 742 ff., 756
- – Gefahr 740, 744, 756
- – Mangel 739
- – Notverkauf 734, 741 f., 742, 749, 758 f.
- – Qualität 729 ff., 744, 766
- – Umlagerung 743, 756
- – Versicherung 736 f., 756 f.
- – Vindikation 730, 762, 767
- – Wert 754

Einlagerung(svertrag) (Fortsetzung)
- *Lagerhalter* 598, 622, 662, 673, 702, 706, 723 ff., 728, 736 ff., 739 f., 743
- – Deliktshaftung 738, 740 f.
- – Generalunkosten 754 ff.
- – Gutgläubigkeit 758
- – Hilfspersonen 738, 740
- – Informationspflicht 742 f., 764 f.
- – Konkurs 730, 750
- – öffentliche Empfehlung 724, 739
- – Rechtswahrung durch – 739 f.
- – Sorgfaltshaftung 735 ff., 739 ff., 742 f., 748 f., 756, 766 f.
- – Sorgfaltsmass 735
- – Verschulden, grobes 738, 748
- *Lagerhaus* 334, 605, 622, 639, 642, 720, 764
- *Lagerraum* 720, 724, 727, 736, 743 f., 754, 756
- *Lagerschein* 621, 629, 664, 719 ff., 723, 727 ff., 740, 742, 749 f., 765 ff.
- – Ausfertigung 728, 766
- – Einreden 730, 762, 766
- – Formerfordernisse 727 ff.
- – Garantie 731
- – Indossament 729, 731, 766 f.
- – Inhaber- 722, 729, 742
- – Konzession 719 f., 723 f., 729
- – Kraftloserklärung 732
- – Namen 722, 729, 765
- – Order- 722, 729 ff.
- – Rekta- 729
- – Skripturwirkung 729 ff., 766
- – Warenpapier 719
- *Lagerungsdauer* 754, 763 ff.
- *Lagerungskosten* s. Auslagenersatz, Lagergeld, Vergütung
- *Mischlagerung* 702, 706, 726, 728, 747 ff.
- – irreguläre 746 f., 759
- – Miteigentum 706, 728, 748 f.
- – Teilungsanspruch 748 ff.
- – unbefugte 748
- – Verwaltung 748 f.
- *Nebengeschäft* 721
- *Pfandtreuhänder* 727

Einlagerung(svertrag) (Fortsetzung)
– *Quittung* 766
– *Rechtsvergleichung* 721 f., 734 f., 738, 741 f., 750
– *reguläre(r)* 724
– *Restitutionsobligation* 726, 730 f., 737, 740, 744, 759, 761 ff., 765 ff.
– *Retentionsrecht* 741 f., 744, 753, 758 f., 765
– *Rheinhafen* 719
– *Sachschadenshaftung* 737 f., 764 f.
– *Teilauslagerung* 728, 757, 762 f., 764
– *Teilrestitution* s. Teilauslagerung
– *unentgeltliche* 726
– *Vergütung* 726, 735, 749 f., 753 ff., 763
– *Vermengungsdepot* s. Mischlagerung
– *Warenpapier* s. Wertpapier
– *Warrant* 721, 727 ff., 730, 749
– *Wertpapier* 720 f., 723, 727 ff., 730 ff., 742 f., 750 f., 765
– – Präsentation 765
– *Zollfreilager* 718

Eisenbahn
s. Transport – Eisenbahn

Empfänger
132 f., 164 ff., 171, 196, 211
– *Ablieferungsanspruch* 203, 210, 226, 256
– *Adresse* 171, 230, 232, 243, 276, 303
– *anderer* 192, 205, 207 f., 272, 304
– *Annahmeverweigerung* 229
– *Annahmeverzug* 226 f., 229, 233
– *Annahmevorbehalt* 256 f.
– *Bezeichnung* s. Adresse
– *Drittbegünstigter* 187, 202, 302, 304, 319
– *Frachtbriefübergabe* 199
– *Gläubigerverzug* s. Annahmeverzug
– *Information–* 160, 202, 238 f., 302, 335
– *Kommissionär* 320
– *Legitimation* durch Empfangsschein 201 f.
– – bei Weisungsverletzung 210
– *mehrere* 164 f.
– *Nachnahme* s. Nachnahme

Empfänger (Fortsetzung)
– *Verfügung(srecht)* 175, 201 ff., 215, 224 f., 233, 293
– *Verschulden* 248, 254, 271 ff., 361
– *Vorladung* 234, 238
– *Weisung(srecht)* 159, 188 f., 204 ff., 209, 224 f., 228, 248, 254, 293, 361
– – Aktivlegitimation 188, 204 f., 209 f., 224

Empfangsschein
124, 189, 200 ff., 201, 225
s. auch Frachtgut – Empfangsschein

Ermächtigung
s. Vollmacht, Handlungsvollmacht, kaufmännische Geschäftsführung, Prokura

Exportkommission
21

Expressgut
s. Frachtgut – Ablieferung

F

FAS
197, 217

FOB
197, 217

Frachtbrief
124, 158, 167 f., 199 f., 202, 222, 225, 259, 293
– *Luft–* 158, 177, 252, 265
– *Rhein–* 265

Frachtführer
120, 129, 133
– *Auslagenersatzanspruch* 160, 191, 206 f., 214, 228, 230, 241, 307, 316
– *Befreiungsanspruch(regress)* 209 f.
– *Beizug durch Spediteur* 131 ff., 134, 139, 142
– *Benachrichtigung* s. Transportschaden–Reklamation
– *Delikt* 261, 274, 278, 293, 324, 339
– *Einredebeschränkung* 187
– *Entlastung* s. Transportschaden – Entlastung
– *Ersatz–* 296
– *erster–* 218, 291

Frachtführer (Fortsetzung)
– *Gehilfen s. Leute*
– *Gesamt–* 289, 302, 307, 315
– *gewerbsmässiger* 158, 198, 249, 295
– *Haftung des Spediteurs als* – 130 ff., 134 f., 142 f., 268 f., 273, 277, 279
– *Hilfspersonen* s. Leute
– *Informationspflicht* s. Absender – Information und Empfänger – Information
– *Land* – 218
– *letzter* 218, 278 f., 299, 302 f.
– *Leute des* – 254, 261, 265, 272 ff., 278, 282, 293 f., 304, 324
– *Luft* – 177, 208, 218, 252, 265, 268, 279, 301
– *mehrere* – 164 f., 258, 289, 302 f., 311, 315
– *Rechtswahrungspflicht* 289
– *Regress* 218, 273, 279, 299 f., 315
– *Retentionsrecht* 121 f., 126, 140, 158, 187, 189 f., 198, 203, 209, 232, 241, 245, 253, 306 ff., 311, 315 f.
– *Rhein–* 217
– *Rückgriff* s. Regress
– *Sachgewähr* 249
– *Schadenersatzanspruch(regress)* 160, 180, 206 ff., 228, 241, 307
– *See–* 125, 197, 213, 216 ff., 251 f., 268, 278
– *Sorgfalt(spflicht) (haftung)* 159 f., 177, 182, 227, 231, 233, 239, 243, 249, 253 ff., 254, 257, 271 ff., 297, 303
– – Mass 249
– *Stellvertreter des Absenders* 295
– *Substitution* 120 f., 155
– *Teil–* 290, 302 f., 307, 315
– *Verzollung durch* – 197 f.
– *Weisung an* – 133 f., 169 f., 187 ff., 199 ff., 207, 223, 271 f., 290
– – Abweichung 169 f., 210
– – beschwerende 189, 204, 206 f.
– – Einholung 159, 169, 177, 223, 228, 231 f., 315
– – Ersatz - 224, 234

Frachtführer (Fortsetzung)
Weisung an – (Fortsetzung)
– – Verletzung 210, 297, 324
– *Zwischen–* 120 f., 155, 165, 218, 265, 272, 278, 287 ff., 292, 294 f., 315, 324
– – Besitzstellvertreter 121
– – Haftung für – 120, 155, 161, 294, 298, 300
– – Retentionsrecht des – 295

Frachtgut
s. auch Speditionsgut
– *Abholung* 202
– *Abladen* (Ausladen) 190 ff., 198, 207, 209, 257
– *Ablieferung* 156, 159, 160, 191 ff., 195, 199, 202, 205, 211, 223 ff., 226, 230 f., 241, 249, 255 f., 263, 272, 276, 278, 298, 307 f., 310, 320, 326, 339 f.
– – Aussetzen der – 192, 205
– – Genehmigung der – 158, 160, 276, 318 ff., 321, 360
– – Hindernis 160, 205 f., 226 ff., 237 f., 312 f., 331, 598
– – Ort s. Bestimmungsort
– – Verspätung 159 f., 178, 208, 211, 252, 266, 281 ff., 307, 325, 328, 330
– – Zeit 159, 169, 174 f., 178, 266, 282
– – – Eilgut 169, 174, 207
– – – Expressgut 169, 174
– *Anhalten* 191 f., 205, 207, 271
– *Annahme* 158, 257, 276, 319, 321, 336
– *Aufgabe(ort)* 263, 289 f.
– *Beförderungshindernis* 206, 222 ff., 231
– *Behandlung* 215, 240
– *Beraubung* 273
– *Beschädigung* 177, 181 f., 256 f., 280 ff., 321 f.
– *Beschaffenheit* 239 f., 248, 251, 254, 258 f., 271, 273, 321 ff., 328, 330 ff.
– *Bestimmungsort* 171, 192 f., 200 ff., 203, 205, 217, 225, 263, 266, 285, 289, 302 ff., 310
– *dingliche Rechte* 121 f., 126, 200
– – Besitz 121 f., 126, 200, 206, 256, 304, 306 f., 314, 334

Frachtgut (Fortsetzung)
– *dingliche Rechte* (Fortsetzung)
– – Eigentum 121, 126, 158 f., 200, 306
– – – Dritt – 158, 188, 243, 310
– – Retentionsbesitz 121 f., 126, 306
– – – gutgläubiger 310
– – Retentionsbetreibung 312, 314
– – Retentionsrecht 121 f., 126, 158, 160, 187, 189 f., 198, 203, 209, 232, 241 f., 245, 253, 275, 306 ff., 311, 315 f., 328
– – bei Warenpapieren 122 ff., 126, 212 f., 219
– *Eilgut* s. Ablieferungszeit
– *Einlagerung* 190 f., 207, 231, 238, 271, 329, 598
– *Empfangsschein* 168, 177, 189, 200 ff., 211
– *Expressgut* s. Ablieferungszeit
– *gestohlenes* 310
– *Gewicht* 158, 169, 172
– *Hinterlegung* 229, 238, 306, 329, 333 f., 692
– *Kennzeichen* 172, 181
– *Mängel des* – s. Beschaffenheit
– *Notverkauf* 231 ff., 237 ff., 241 f., 244 f., 306, 312, 318, 328, 335 f.
– – Verfahren 238 f.
– *Récépissé* s. Empfangsschein
– *Rückgabe* 191 ff., 207, 228, 230, 234
– *Rücksendung* s. Rückgabe
– *Rückzug (Rückziehung)* s. Rückgabe
– *Schaden am* – s. Beschaffenheit und Beschädigung
– *Selbsthilfeverkauf* 229, 231 ff., 241, 244, 308, 312, 318, 328, 335 f.
– – amtliche Mitwirkung 233 f., 237 f., 241 f., 312, 314, 328, 335 f.
– – der Eisenbahn 237, 239
– – Verfahren 234, 242, 312, 314, 329 f., 335
– *Stück* s. Stückgut
– *Übergabe* 167 f., 260, 299
– *Übertragung* – Warenpapier 211
– *Umladen* 198

Frachtgut (Fortsetzung)
– *verderbliches* 178, 228, 231 f., 235, 237 ff., 241, 244, 319, 328
– *Verfolgungsrecht* 200
– *Verfügung über* – 159, 187 ff., 201, 203 ff., 215, 224 f., 230, 232 f., 243, 328
– *Verladung* 180, 217, 257
– *Verlust* 177, 181 f., 255 f., 270 f., 275 f., 280
– *Verpackung* 169, 180 ff., 198, 239, 258, 271
– – Mängel 182 f., 239, 271
– – Vermutung 183
– *Versand* s. Aufgabe
– *Versicherung* 173, 183, 197, 214, 218 f., 260, 273 f.
– *Verwahrung* 231
– *Verwechslung* 172, 177, 181 f., 230, 253
– *Verzollung* 172, 197 f.
– *Wert* s. auch Wertangabe 192, 259, 260, 262
– – Ersatz – 264
– *wertloses* 228, 231 f., 237 ff., 241, 244, 319, 328
– *wertvolles* 255, 271
– *Wiederauffindung* 275
– *Zerstörung* 177, 182, 235, 256, 284, 332
– *Zustand* s. Beschaffenheit

Frachtkosten
s. auch Nachnahme-Kosten
130, 133, 136, 138 f., 156, 187, 192, 195, 198, 203, 228, 282, 307, 310, 313, 317
– *Erstattung* 269 f.
– *franco* 214, 307
– *Gegenseitigkeit* 310
– *Hinterlegung* 203, 211, 226 ff., 229, 233, 242, 308 f., 310 ff., 313 f., 329 ff., 333 ff.
– *Konnossement* 214, 219
– *Zahlung* 228, 233, 310 ff., 334 f.

Frachtlohn
s. auch Frachtvertrag – Vergütung und Frachtgut – Retentionsrecht
70, 105, 136, 139, 153 f., 175 f., 208, 230, 307, 597 f.

Frachtlohn (Fortsetzung)
– *Erhöhung* 189 ff., 194, 207, 228
– *Konnossement* 214
– *pauschal* 154, 176
– *Tarif* 154, 207
– *Teil* 175
– *Vereinbarung* 153
Frachtrecht
s. *Post, Transportrecht, Transport-, Eisenbahn-, Luft-, Schiffs-*
Frachturkunde
s. *Beweisurkunde, Empfangsschein, Frachtbrief, Konnossement, Ladeschein*
Frachtvertrag
118, 149 ff., 488, 490, 616
s. *auch Frachtführer, Frachtgut, Transport, Transportschaden*
– *Abgrenzung*
– – v. unentgelt. Auftrag 154
– – v. Werkvertrag 156 f.
– *Ablieferungsobligation* 156, 160, 170 ff., 192, 201 f., 203, 205, 211, 223 ff., 226 ff., 255, 272, 278, 293 f., 298, 319
– – Genehmigung 160, 322
– – Spezies 172, 202, 223, 310
– – Verspätung 159 f., 275, 298
– *Ablieferungsort* s. Frachtgut – Bestimmungsort
– *Ablieferungszeit* 169 f., 175
– *Abschluss durch Spediteur* 130 f., 134
– *actio mandati contraria* 160, 207, 241, 269, 307, 339
– *actio mandati directa* 160
– *Anzeigepflicht* s. Informationspflicht
– *Auftrag zugunsten Dritter* 119 f.
– *Ausführungsobligation* 170, 192, 202, 205, 211, 223 f., 257 f., 293 f., 303, 319
– – Speziesschuld 170, 172, 203, 223
– *Auslagenersatz* 160, 191
– *Beendigungsgründe* 161 ff.
– – Handlungsunfähigkeit 163
– – Konkurs 163 f.
– – Kündigung 162, 223
– – Liquidation d. Frachtführerfirma 164
– – Tod 163
Frachtvertrag (Fortsetzung)
– *Beendigungsgründe* (Fortsetzung)
– – Verschollenerklärung 163
– – Widerruf 161 f., 175, 223, 231
– *Beendigungswirkung* 164
– *Einredebeschränkung* 187
– *Ersatz–* 296
– *Essentialia* 158 f., 171, 193, 230
– *Informationspflicht* s. Absender – Information
– *Interessendeklaration* 260, 264, 270
– *Internationales Privatrecht* 125 f., 217
– *Klagelegitimation* s. Transportschaden – Klagelegitimation
– *Konsens(ual)* – 157 f., 167, 171, 174, 176, 197, 257, 274
– *Offerte* 158
– *Recht* 151, 168, 174, 195
– *Retentionsrecht* 121 f., 126, 158, 160, 187, 189 f., 198, 203, 209, 232, 241, 245, 275, 306 ff.
– *Substitution* 120 f., 155, 161, 165, 291 ff.
– – befugte 296 f., 315
– *Teil–* 290 f., 295
– – unbefugte 297, 300
– *Vergütung* 153 f., 189 ff., 194, 307
s. auch Frachtlohn
– *Weisung*
– – des Absenders s. Absender – Weisung
– – des Empfängers s. Empfänger – Weisung
– – an den Frachtführer s. Frachtführer – Weisung
– – Übermittlung der – 190, 231
– – bei Warenpapieren 212
Freistellung(sklausel)
251, 508

G

Gastwirt(haftung)
– *Abgrenzung*
– – von anderen Betrieben 774 f.
– – von Miete 774, 776
– *Anzeigepflicht* 798 f.

Gastwirt(haftung) (Fortsetzung)
- *Beherbergung(svertrag)* 770 ff., 775 f., 784, 790, 810
- – Auftrag 773, 776
- – Dauer 774 ff., 783
- – Entgeltlichkeit 775, 777, 811
- – Gewerbsmässigkeit 774 ff., 777
- – Kontrahierungszwang 776, 790, 795
- – Miete 770, 774, 776
- – Vorvertrag 776
- *Betriebsinhaber* 775
- *Beweislast* 770, 779, 781, 783 f., 789, 794
- *Beweiswürdigung* 785
- *Depositen* 778, 785 f., 789 ff., 792 ff., 798 f., 805, 809, 811
- – irreguläre 794, 809
- – Vertragsfreiheit 777, 795
- – Wertdeklaration 794, 805
- *Diebstahlversicherung* 795
- *Entlastung* 771, 780 ff., 784 f., 789 ff., 798 f.
- *Exkulpation* 784 f., 789, 798
- *Feuerversicherung* 795
- *Garderobe* 774
- *Gast* 774
- – Begleiter 771, 781 f.
- – Besucher 771, 781 f.
- – Dienstleute 771, 781 f.
- – Mitverschulden s. Selbstverschulden
- – Selbstverschulden 770 f., 781 f., 784, 793, 806
- – Verhalten 780 f.
- *Gegenleistung* 787
- *Geldbetrag* s. Wertsachen
- *Gepäck* 778
- *Gewährspflicht* s. Sachgewähr
- *Haftpflichtversicherung* 774, 786, 795
- *Haftungskonkurrenz* 781
- *Hinterlegungsvertrag* 593, 604, 609, 770, 773 f., 778, 796, 811
- *höhere Gewalt* 771, 773, 782
- *Hotel* 774 f.
- – garni 774
- – Gewerbe 777
- – Preise 777

Gastwirt(haftung) (Fortsetzung)
- *Invecten und Illaten* 770 ff., 777 ff., 785 f., 798 f., 803 ff., 809
- – Beschaffenheit 771, 782 f.
- – Besitz 778, 808 f.
- – Eigentum 778, 809
- – Erstattung 779
- – Gefahr 774
- – Rückverbringung 810
- – Schaden 779 f.
- – Wert 778, 780, 784 ff., 789, 791, 804 f.
- – Wertdeklaration 778, 794
- *Kausalhaftung* 593, 603, 609, 770, 776 f., 783, 785 f., 791
- – Limitierung 604, 772 ff., 780 f., 785 f., 789 ff., 791 f., 804
- – Wegbedingung 777, 800 f.
- *Kostbarkeiten* s. Wertsachen
- *Logis* 774 ff.
- – unentgeltliches 775
- *öffentliches Recht* 776
- *Pension* 774
- *Personal* 778 f., 783, 794 ff., 800
- – Vollmacht 778 f., 795 f.
- *Rechtsvergleichung* 770 ff., 779, 791, 793, 798 ff., 803
- *Restaurateur* 774
- *Retentionsrecht* 771, 778, 785, 808 ff.
- – Ablösungsrecht 808
- – Besitz 808
- – Forderung 810 f.
- – Rang 809
- – Retentionsurkunde 810
- *Sachgewähr* 593, 770, 772, 779 ff., 782, 785 ff.
- *Verjährung* 784 f., 800
- *Verschuldenshaftung* 779, 781 ff., 779, 786, 789 f., 791, 800, 810
- – Delikt 784
- – Konkurrenz 771, 773 f.
- *Verwirkung* 775, 798 ff.
- *Wertpapiere* s. Wertsachen
- *Wertsachen* 771 ff., 778, 781, 789 ff., 793 f., 805, 809 f.
- – Checks 792

Gastwirt(haftung) (Fortsetzung)
– *Wertsachen* (Fortsetzung)
– – Kreditbriefe 792
– – Motorfahrzeuge 805
Gepäck
– *Abholung* 776
– *Empfangsschein* s. Schein
– *Hand-* 348, 350, 625 f.
– *Reise-* 153, 348, 350, 778, 793
– *Schein* 124, 202
– *träger* 153

H

Handelsreisender
– *Abgrenzung*
– – vom Agenten 457, 462, 464 f., 470, 473
– – vom Mäkler 457
– *Arbeitslohn* 458
– *Arbeitsvertrag* 457, 462
– *Dritte* 459 f.
– – bösgläubige 455 f.
– – gutgläubige 456, 460 f., 465
– *falsus procurator* 459
– *Gehalt, festes* 458
– *Genehmigung* 459 f., 464
– *Gerichtstandsvereinbarung* 456
– *Geschäftsherr* 457 ff., 460 ff., 463
– *Gesetzgebung* 455 ff.
– *Handlungsbevollmächtigter* 448, 455, 457, 459, 462 f.
– *Inkasso* 455, 462 f.
– *Innenverhältnis* 457 ff., 468 ff.
– *Kleinreisender* 456
– *Konkurrenzverbot* 461, 470 ff.
– *Kreditgeschäft* 463
– *Lohnpfändung* 459
– *Mängelrüge* 462, 465
– *Mietverträge* 463
– *Provision* 458 f., 464
– – Angemessenheit 458
– *Quittung* 451, 454, 464 f.
– *sozialer Schutz* 458, 465
– *Spesenersatz* 458 f.
– *Stundungsgewährung* 455, 460 ff., 465
– *Treuepflicht* 462, 467

Handelsreisender (Fortsetzung)
– *Verkaufsvermittler* 457, 459, 461
– *Vertretungsverhältnis* 459
– *Veruntreuung* 463
– *Vollmacht des* – 447 f., 455 f., 460, 465
– – Beschränkung 455, 462 ff.
– – Erlöschen 462
– – Inkasso 455, 460 ff., 465
– – schriftliche 459 f.
– – stillschweigende 460
– – Umfang 451, 455, 458 ff., 462 ff.
– – Widerruf 458
– *Vorauszahlungsvertrag* 463
– *Wandelungsbegehren* 462, 465
– *Werkvertrag* 463
Handlungsbevollmächtigter s. Handlungsvollmacht
Handlungsvollmacht, kaufmännische
– *Abgrenzung*
– – von Agentur 449
– – von gewöhnlicher Auftragsvollmacht 435 f., 440 ff., 451 f.
– – von Prokura 382, 394 f., 405, 435, 440 ff.
– *Beendigung* 442, 479 ff.
– *Begrenzung* 440 f., 444 ff., 449 ff., 453
– *Begründung* s. Bestellung
– *Beschränkung* s. Begrenzung
– *Bestellung* 438, 440 f.
– – durch Geschäftsführer 439
– – durch Gesellschaften 439
– – durch Handlungsunfähige 438
– – stillschweigende 440 f., 445 f., 449
– *Betrieb des ganzen Gewerbes* 440 ff., 450 ff., 469
– – einzelner Zweige 440, 447, 450, 453, 470
– – Fabrikationsgewerbe 444
– – gewöhnlicher 444
– – Handelsgewerbe 443
– – Hotel 443, 450
– – Stätte 450
– *Concierge* 450, 795
– *Darlehensaufnahme* 452
– *Dritte* 439, 445 f., 448
– – bösgläubige 445, 453

Handlungsvollmacht, kaufmännische (Fortsetzung)
Dritte (Fortsetzung)
– – gutgläubige 439, 441, 445 f., 449, 479
– *Einkäufer* 446, 450
– *Entstehung* s. Bestellung
– *Erlass* 452
– *Erscheinung als* – 405, 445, 450 f.
– *Fabrik* 450
– *Filialklausel* 444, 469
– – leiter 444
– *Gerichtstandsvereinbarung* 443, 452, 456
– *Geschäftsführung* 419, 442 f.
– – kaufmännische 435 ff.
– *Geschäftsherr* 441 f.
– – Ablieferungs- und Rechenschaftsanspruch 442
– – Schadenersatzanspruch 442
– – Weisungen 442, 444
– *Grundstücke*
– – Belastung und Veräusserung 452
– *Handlungsfähigkeit* 439 f.
– *Kassier* 447, 463, 710
– *kaufmännisches Gewerbe* 435, 440
– *Hausierer* 448
– *Hilfspersonen* 445 f., 451
– *Hotelsekretär* 450, 795
– *Innenverhältnis* 440 ff., 445 f., 453, 479
– – Anstellung 443, 447
– – Auftrag 441 f., 481
– – Haftung im – 439, 442, 445
– *Kino* 450, 775
– *Kollektivklausel* 444, 469, 484
– *Konkurrenzverbot* 467 ff.
– *Prozessführung* 452
– *Quittungsübergabe* 451
– *Rechtsvergleichung* 436 ff., 469
– *Reisender* s. Handelsreisender
– *Schenkung* 452 f.
– *Schiedsverträge* 443, 452
– *Speditionsgehilfe* 442 f., 450
– *Strafantrag* 450
– *Stundung* 452
– *Theater* 450
– *Transportunternehmungen* 450

Handlungsvollmacht, kaufmännische (Fortsetzung)
– *Veräusserungen* 452 f.
– *Verkäufer* 446 f., 462 ff.
– *Verkaufsladen* 447 f.
– *Versicherungsagent* 449, 460
– *Verzicht* 453
– *Vollmacht*
– – des Agenten 449 f.
– – Begrenzung 440, 443 ff.
– – des Einkäufers 450
– – des Handelsreisenden 448 f.
– – des Hotelsekretärs 450
– – des Kassiers 447
– – Kündigung 481, 482
– – Mängel der – 441
– – Mitteilung 445, 449
– – Spezial- 451
– – Umfang 442 ff., 446 ff., 451 ff., 479
– – Widerruf 446, 481 f.
– *Wechselverbindlichkeiten* 451
Hinterlegung(svertrag)
– *Abgrenzung*
– – von Anweisung 610
– – von Arbeitsvertrag 588
– – von Darlehen 585, 591, 603, 676, 699 ff., 706 ff.
– – von fiduziarischer Vermögensverwaltung 598
– – von Gebrauchsleihe 590, 699
– – von Kommission 610
– – vom Kontovertrag 593 f.
– – vom Mandat 589 f., 596 f., 610 f.
– – Miete einer Boxe für Motorfahrzeuge 776
– – von Safemiete 594
– *Ablieferungsobligation* 549 f.
– *actio depositi contraria* 594, 599 f., 621 ff., 627, 634 ff., 637 ff., 640, 644 f., 651, 660 ff., 669 f., 676, 682, 685, 753 ff.
– *actio depositi directa* 616 f., 627 ff., 635 ff., 641, 643 ff., 655 ff., 660 f., 680 f., 687 f., 706
– *actio mandati contraria* 590 f., 602, 621, 666 f.

Hinterlegung(svertrag) (Fortsetzung)
- *actio negotiorum gestorum directa* 652
- *actio negotiorum gestorum contraria* 636 f.
- *allgemeine* – s. reguläre
- *anvertraute Sache* 589 ff., 596 f., 601, 611, 617 ff., 637, 651, 658 f., 668, 701 ff.
- *Arrestlegung* 602, 687 f.
- *Arten* 592 ff., 603 f., 619 f.
- *Aufbewahrer* 589, 595, 598, 602, 608, 611, 615 ff., 621, 625, 649, 663, 666, 674 f., 715
- – Gebrauchsanmassung 648 f., 652 f., 659
- – gemeinschaftliche 679 ff.
- – Geschäftssitz 596
- – gewerbsmässiger 624
- – Substitut 618, 664
- – Übervorteilung 631
- – Verpflichtung s. Aufbewahrungsobligation
- – Wohnort 596
- *Aufbewahrungsobligation* 589 f., 602 f., 608 f., 611, 615 ff., 619 f., 636 ff., 647 ff., 655 ff., 670, 698 ff., 723 ff.
- – Erfüllung durch Hilfspersonen 617, 622, 639, 643
- – solidarische 679 ff.
- – Sorgfaltsmass 656, 659
- – Sorgfaltspflicht 637, 656, 659, 679, 688 f.
- *Aufbewahrungsort* 616, 635, 636, 677, 708
- *Auflösung* 597, 655, 667 ff.
- *Aufwand* 670
- *Auslagenersatz* 599, 601, 619, 626, 634 ff., 638 ff., 645, 663 f., 670 f., 676, 685, 704, 706, 728
- – Deckung 600, 640
- – Fälligkeit 640
- – Verzinsung 640
- *Auslagenregress* s. Auslagenersatz
- *Aussonderung* 600 ff., 666 f., 713 f.
- *Bankdepot* 614, 617, 623, 635, 637, 661, 666 f., 671, 685, 692, 707 ff.
- – geschlossenes 594
- – offenes 593 f., 614, 627, 669, 700 ff.

Hinterlegung(svertrag) (Fortsetzung)
Bankdepot (Fortsetzung)
- – Wertschriften –, Wertpapier – s. Wertpapier –
- *Beendigung* 602, 611, 655, 665, 667 ff., 710 f.
- *Beschlagnahme* 602 f., 687 f.
- – administrative 602, 688
- – gerichtliche 602, 687
- *Besitz* 599 f., 612, 620, 686, 693
- – bösgläubiger 685 ff., 686
- – brevi manu traditio 611 f.
- – gutgläubiger 684 ff.
- – Konstitut 611 f.
- – Retentions– 599, 644 f.
- – selbständiger 611, 666, 701 f.
- – Übergabe 611 f., 705
- – unselbständiger 599, 611
- – vertrag – 658, 700, 702, 715
- *Besitzesschutz* 599
- *Beweislast* 652
- *Beweisurkunde* s. Urkunde
- *causa possessionis* 599
- *Chiffredepot* s. Nummerndepot
- *Coupon* 661
- *culpa in contrahendo* 643, 645, 671
- *Depositar* s. Aufbewahrer
- *Depositenheft* 614, 617, 638, 648, 669, 701, 703 f., 707, 709, 711, 713, 723
- *depositum irregulare* 592, 595, 600, 604, 609, 614, 619 f., 628 f., 638, 641, 647, 651 ff., 657, 669, 676, 698 ff., 703, 706 ff., 713 ff.
- – Alleineigentum 705, 715, 746 f.
- – bei Banken 706 ff.
- – – Liquiditätsvorschriften 703, 707 f.
- – bedingtes 715
- – Eigentumserwerbsgrund 705
- – Eigentumsübertragung 702, 706
- – Erträgnisse 702 ff., 707 f., 715
- – Geld 699 f., 708 ff., 711 ff., 715
- – Nutzung 703, 708 f.
- – pactum 700 f.
- – Restitutionsgegenstand 703
- – Verjährung 711 ff.

Hinterlegung(svertrag) (Fortsetzung)
– *depositum irregulare* (Fortsetzung)
– – Vermischung 706, 714
– – Vermutung für – für 699 ff., 715
– – Verzinsung 708
– – Wertpapier 593 ff., 600 ff., 648, 661, 701 f., 705, 715
– *Depotauszug* 617
– *Depotgebühr* s. – Vergütung
– *Depotkunde* 597
– *Depotquittung* 613, 794
– *Depotschein* 594, 613, 620 f., 625 f., 637, 664, 709
– *Depotzins* 650, 665, 669, 704, 707 f., 710, 712, 715
– *Dritteigentümer* 620, 652, 657, 666 f., 684 ff., 758
– *Eigentumsklage* s. Vindikation
– *Einlageheft* 614, 648, 669, 704 ff., 707, 709, 713
– *Einlagerung* s. Einlagerung
– *Entgeltlichkeit* s. auch Vergütung 621 ff., 626 f., 630, 642 ff., 655
– *Erbbescheinigung* 595, 666
– *Erfüllung* 636 f., 663 f.
– *Erfüllungssurrogat* 604 f.
– *Erfüllungsunmöglichkeit* 658 f., 665 f., 673 f., 688, 761
– *Erlass* 665
– *Erlöschen* s. Auflösung und Beendigung
– *Ersatzdepositar* 618, 681
– *Erstattung* s. Restitution
– *Erträgnisse* s. Früchte
– *exceptio non adimpleti contractus* 601, 645, 663, 706
– *Exkulpation* 625, 644, 649, 658 f.
– *Fiduziar* 598, 612, 618, 666, 681, 684, 692
– *Formlosigkeit* 612 f.
– *Fruchtbezug* 660 f.
– *Früchte* 660 f., 702, 704
– *Garantiedepot* s. Sicherungsdepot
– *Garderobe* 616
– *Gattungsschuld* 592, 595, 600, 604 f., 611, 619, 627, 638, 657, 663, 698, 701, 707 ff., 714, 750

Hinterlegung(svertrag) (Fortsetzung)
– *Gefährdung* 616, 642 f., 675
– *Gegenseitigkeit* 619, 641, 645, 664 f., 669
– *Gelddepot* 600, 609, 614, 699
– *Gemeinschaftsdepot* 594, 614, 662, 682, 690 ff.
– *Genehmigung* 684
– *Generalunkosten* 623 f., 639, 670
– *gerichtliche* – 604 f., 627, 676, 685, 687 f., 694 f., 706, 759
– *Geschäftsführung, vertraglose* 629, 636, 640, 652
– *gewerbsmässige Aufbewahrung* 622, 625, 642, 656, 673
– *gewöhnliche* s. reguläre
– *Handgepäck* 625, 673
– *Hinterleger* 589, 593, 614 ff., 627 ff., 640, 643 f., 651, 655, 658, 662 ff., 666, 671, 673 ff., 684, 686 ff., 691 ff., 700 ff., 706, 713 f.
– – Einwilligung zum Gebrauch 648 ff.
– *Hinterlegungsgegenstand* 588 ff., 608 ff., 611 f., 616 ff., 625 f., 635, 638, 641, 649 ff., 655, 658 ff., 662, 665, 669, 674, 677 ff., 685 f., 691 ff., 695, 698 ff., 706 ff., 713 ff., 771, 789 ff., 795, 804 f., 809
– – fremde Sache 684
– – eigene Sache 611 f., 666
– – Gebrauchsbefugnis 647 ff.
– – Gebrauchsverbot 608 f., 619, 647 ff., 703, 746 f., 794
– – Gefahr 616
– – Übergabe 591, 603, 608 f., 616
– – Verbrauchsverbot 608, 619, 704, 746, 794
– – Veruntreuung 651
– *Hinterlegungsschein* s. Depotschein
– *Immobiliardepot* 609 f.
– *Informationspflicht* 688 f.
– *Interessenlage* 619 ff., 649, 668, 675, 703
– *Internationales Privatrecht* 596 ff., 603
– *Kausalhaftung* 642
– *Kautionsdepot* s. Sicherungsdepot
– *Konsensualkontrakt* 591, 609
– *Konto (Kontokorrent)* 593 f., 614, 617, 662, 676, 703, 709, 711

Hinterlegung(svertrag) (Fortsetzung)
– *Kontovertrag* 593, 597, 709
– *Konventionalstrafe* 668
– *Kündigung* 667 f., 674 ff., 694 f.
– *Lagergeschäft, Lagerhalter, Lagerhaus Lagerschein* s. Einlagerung
– *Legitimationsklausel* 613, 620 f., 636, 664, 707, 709
– *Legitimationsprüfung* 637
– *Miete* 594
– *Nebenverpflichtung* 597, 615 f.
– *Novation* 707
– *Nummerndepot* 595
– *öffentlichrechtliche* 604, 695
– *Präsentationsklausel* 613, 620, 664, 707, 709
– *privatrechtliche* 604 f., 625
– *qualifizierte* 592 ff., 723 ff., 726 ff.
– *Realkontrakt* 590 ff., 608, 611, 636, 667, 705, 739, 771, 778 f.
– *receptum cauponum et stabulariorum* s. Gastwirt und Stallwirt
– *Rechtsgrund* 636
– *Rechtsvergleichung* 590 ff., 594, 600, 603 ff., 609 f., 614, 620 f., 642, 647 f., 657 ff., 671, 673 f., 677 f., 681, 691, 702, 704, 706, 714 f.
– *zu rechtswidrigem Zweck* 630
– *reguläre* 592, 598, 604, 609, 619 f., 653, 655 f., 674 ff., 701, 703 ff., 713 ff.
– *Restitution(s)* 589 f., 591, 594 f., 600, 619 f., 636, 644, 655 ff., 661 ff., 667 ff., 677 ff., 687 f., 691, 694 f., 698, 702, 704 f., 710 ff., 714 f.
– – Anspruch 591, 594, 602, 609, 613 f., 618 ff., 628, 631, 636 ff., 655 ff., 662 ff., 667 ff., 677 f., 682, 684 ff., 692 ff., 698, 707, 709, 711, 714 f.
– – – Abtretung des – 613 ff., 662, 685
– – nach Besitzregeln 628, 630 ff., 685 f.
– – Bringschuld 678
– – einseitige 674 f.
– – Gattungsschuld s. Gattungsschuld
– – Gegenstand 603, 609 ff., 658 ff.
– – Haftung 593, 618, 627, 655 f., 679 ff.

Hinterlegung(svertrag) (Fortsetzung)
– *Restitution(s)* (Fortsetzung)
– – Hindernis 687 f.
– – Holschuld 613, 678, 708
– – jederzeit 631, 673, 687, 710, 761 f., 764
– – Obligation 589, 591, 594 f., 603, 609 f., 613, 618 ff., 636, 655 ff., 658 ff., 663 ff., 675 ff., 691, 695, 711, 712 ff., 726, 746 ff., 759, 761 ff., 765 f.
– – Ort 677 f.
– – Pflicht s. Restitutionsobligation und Restitutionsanspruch
– – Schuldner 596, 612 f., 679 f., 712
– – Solidarhaftung 679 ff.
– – Speziesobligation 603, 609 f., 658 ff., 697 f., 702 f., 705, 746
– – Teil- 661 ff., 709, 763
– – Teilzession 662, 666
– – Treuepflicht 637, 658 f., 688
– – Unverzichtbarkeit 657 f., 668, 764
– – Vererblichkeit 620, 666, 680
– – Wirkung ex nunc 669 f., 675 f.
– *Retentionsbesitz* 599 f., 645, 647
– *Retentionsrecht* 595, 599 f., 600 f., 627, 641, 644 f., 661, 663, 669, 676, 684 f., 706
– *Rückgabe* s. Restitution
– *Sachwert* 658 f.
– *Safe deposit box* s. Bankdepot, geschlossenes
– *Sammeldepot* 595, 600, 662, 701 f., 713 ff., 747 ff.
– – Miteigentum 595, 600, 662, 713
– *Schadenersatzanspruch* 651 f., 655 f., 660 f., 676, 686
– *Schuldanerkennung* s. Schuldschein
– *Schuldschein* 613, 629, 709, 712
– *Sequester (Sequestration)* s. Sequester
– *Sicherungsdepot* 595 f., 691 f., 727
– *Simulation* 629 f.
– *Solidargläubigerschaft* 614
– *Sparheft* 609, 612, 620, 623, 638, 648, 664, 668 f., 694, 705, 707, 709, 713, 716
– – Konkursprivileg 705, 708
– – Pfandrecht gesetzliches 669, 705
– *Subrogation* 602 f., 641, 667, 685, 692

Hinterlegung(svertrag) (Fortsetzung)
– *Substitution* 617 f., 674
– *Tauschdepot* 714 f.
– *Übergabeort* 616, 635, 677
– *Überwachung* 589, 603
– *Unentgeltlichkeit* 603, 619, 621, 625, 627 f., 642, 649 f., 656, 773, 794
– *Universalsukzession* 666, 680
– *Unmündige* 627 ff.
– *zu unsittlichem Zweck* 630
– *Urkunde* 603, 613 f., 664, 719 f., 727 ff.
– – Beweis– 613 f., 729 s. auch Depotschein
– *Verfügungsrecht* 594, 614 f., 620 f., 637 f., 666 f.
– *Vereinigung* 666 f., 684 f., 709
– *Vergütung* 612, 621 ff., 632, 634, 650 f., 665 f., 704, 710, 725 f., 794
– – angemessene 622 f.
– – Gebrauchs– 650 f., 704, 710
– – Mass 622 f.
– – Pauschal– 623
– – pro rata temporis 669
– – Tarif 623, 625 f.
– – Teil– 669
– – Teilnichtigkeit 624, 631
– – übliche 621 f., 624 ff.
– – vereinbarte 621, 650 f.
– *Verjährung* 645, 665, 668, 711 f.
– *Vermengungsdepot* 595, 600, 662, 701 f., 705, 713 f., 746 ff. s. auch Einlagerung – Mischlagerung
– – Alleineigentum 705, 715, 746 f.
– – Miteigentum 595, 600f., 662, 706, 713f.
– – Verluste 714
– *Verrechnung* 594, 627, 640, 647, 651, 660 f., 664, 676, 701, 703 f., 711
– – Ausschluss 594, 601, 627, 647, 663 f., 703 f., 711
– *Versicherung* 639, 643, 736, 756 f.
– *Veruntreuung* 651, 656, 681
– *Verwendungsersatz* s. Auslagenersatz
– *Verzicht* 665
– *Vindikation* 602 f., 657, 660, 665, 681, 684 ff., 705, 711, 730, 762, 767, 809

Hinterlegung(svertrag) (Fortsetzung)
– *Vindikation* (Fortsetzung)
– – Anhängigmachung 687
– – Kollision 674 f.
– – von Miteigentum 601, 662, 713, 750, 767
– – Unverjährbarkeit 665, 711
– *Wertpapierdepot* 593 ff., 600 ff., 611, 614, 626, 648, 661, 665 ff., 697 f., 701, 705, 715
– – irreguläres 600 f., 648, 661, 701 f., 705, 715
– *Wertschriftendepot* s. Wertpapierdepot
– *Widerruf* 667 ff.
– *Willensmangel* 631 f.
– *Zufall* 651, 659, 702 f.
– *zugunsten Dritter* 602, 620, 668, 687
– *Zurückbehaltungsrecht* s. Retentionsrecht
– *Zuwachs* 589, 660 f., 703

Höhere Gewalt
248, 250, 254, 353, 659, 770, 782

K

Kaufmännische Geschäftsführung
s. auch Handlungsvollmacht, Prokura 363 ff.
– *Ablieferungspflicht* 365 f., 475
– *Abstraktion* 364
– *Arbeitsvertrag* 364, 367, 469 ff., 476
– – Auftrag 364 f., 366 f., 469 f.
– – Dienstvertrag 364 f., 469 ff.
– – Gesellschaft 364
– *Aussenwirkung* 364
– *Beendigungsgründe* 365, 479 ff.
– *bösgläubige* 474 ff.
– *Code Civil* 366
– *Code de Commerce* 366
– *Codice Civile* 366
– *Direktor* 375
– *Entstehungsgründe* 365
– *für fremde Rechnung* 380 f.
– *Generaldirektor* 375
– *Grundverhältnis* s. Innenverhältnis
– *Haftung* 365
– – Sorgfaltsverletzung 365
– – Substitution 365

Kaufmännische Geschäftsführung (Fortsetzung)
– *Haftung* (Fortsetzung)
– – Treueverletzung 365
– – Weisungsverletzung 365
– *HGB* 365 f.
– *Innenverhältnis* 364, 367
– *Institor* 375
– *internationales Privatrecht* 367 ff.
– *Konkurrenzverbot* 467 ff.
– – dienstvertragliches 469, 472 f.
– – gesellschaftsrechtliches 472 f.
– – Konventionalstrafe 473
– – kumulatives 472
– – Schadenersatz 473 ff.
– – Umfang 471 f.
– – Unterlassungsklage 476
– – Verjährung, Verwirkung, Verzicht 476
– – Verletzung 473 ff.
– – vertraglose Geschäftsführung 474 ff.
– – – Ablieferungsanspruch 475
– – – actio negotiorum gestorum directa 474 f.
– – – im eigenen Namen des Geschäftsherrn 475
– – Vertrauensschaden 475
– *Rechtsgeschäftsbesorgung in direkter Stellvertretung* 363, 366, 373, 475
– *Rechtsvergleichung* 365 f.
– *ungetreue* 471
– *Vollmacht* 364
– – Dauer 367, 372
– – General- 367
– – Umfang 365, 367, 469
– – Widerruf 479 f.
– *Vorbemerkungen* 363–369

Kaufmännische (Handlungs)Vollmachten *s. Kaufmännische Geschäftsführung, Prokura, Handlungsvollmacht*

Kommission
– *Abgrenzung* v. Agenturvertrag 6
– – v. Alleinvertretung 6 f.
– – v. Kaufm. Vollmachten 3
– – v. Mäklervertrag 2

Kommission (Fortsetzung)
– *Abgrenzung* (Fortsetzung)
– – v. Trödelvertrag 5 f.
– *Ablieferungsobligation* 21 f., 67 f., 73, 86 ff., 101
– – Gegenseitigkeit 90
– – Gegenstand 86 f.
– – im Konkurs 93 f.
– – Rechtsübertragungen 67
– – Sicherung 86 ff.
– – Übergewinn 73, 107
– *actio mandati contraria* 24, 26 ff., 66, 75, 90 ff.
– – Entstehung 73
– – Erlöschen 30
– – Gegenseitigkeit 90
– – Sicherung 90 ff.
– – unerfüllte Ansprüche 94
– – Verrechnung, Verzinsung 69, 92 f., 98
– *actio mandati directa* 66
– – Erlöschen 30
– – Gegenseitigkeit 90
– *Allgemeines Auftragsrecht* 19
– *Anfechtbarkeit* 18 f.
– *Ausführungsanzeige* 34, 107 f.
– *Ausführungsart* 2, 15 f.
– *Ausführungsgeschäft*
– – Abtretung der Rechte aus dem – 87
– – fehlerhaftes 67
– *Ausführungsobligation*
– – Beendigung 28 ff., 110 f.
– – Beendigungsgründe
– – – Handlungsunfähigkeit 29, 110
– – – Selbsteintritt 103, 107, 110
– – – Tod 29, 110
– – – Verschollenerklärung 29, 110
– – – Widerruf 29, 67 f., 74, 96, 97
– *Auslagenregress(-ersatz)* s. Verwendungsregress
– *Aussonderungsrecht* 87 f., 94
– *Befreiungsregress (-anspruch) des Kommissionärs* 27, 67 f.
– – Deckungsanspruch 68 f., 92
– – von Gewährspflicht 92
– – Sicherung 91

Kommission (Fortsetzung)
– *Beschränkung des Gegenstandes* 2, 15 f.
– *bestmöglich auszuführende* – 49 f.
– *Delcredere (Erfolgsgarantie)* 22, 62 f.
– – Provision 63 f.
– – – Sicherung 91
– *dingliche Rechtsverhältnisse* 83 ff.
– – Einkaufskommission 83 f.
– – Verkaufskommission 84 ff.
– *Eigenhändler* s. Selbsteintritt (Selbstkontrahieren)
– *Einlagerungsvertrag* 734 ff.
– *Exceptio non adimpleti contractus* 93
– *Gefahrstragung, Nutzen* 2, 55, 57, 61 f., 73
– – Einkaufskommission 34 f., 98
– – Verkaufskommission 36 f.
– *Generalunkosten des Kommissionärs* 70
– – Löhne 70
– *Informationspflicht des Kommissionärs*
– – allgemeine 32 f.
– – Ausführungsanzeige 34, 107 f.
– *Internationales Privatrecht* 11 f.
– *Kreditgewährung durch Kommissionär* 55 ff., 61 f.
– – unter Eigentumsvorbehalt 58, 64
– *Limitierung* 49 f.
– – Abweichung von – 52
– *Nichtigkeit* 18
– *Provision* 72 ff.
– – Delcredere– 63 f.
– – Entstehung 73
– – Erfolgsvergütung 72 f.
– – Höhe 72
– – Selbsteintritt 105
– – Sicherung 91
– – Super– 73
– – Teil– 76
– – Übung 72
– – Vereinbarung 72, 74
– – Verwirkung 55, 78 ff.
– – Voraussetzungen 73
– *Rechenschaftsobligation* 22 f., 107
– – bei Limitierung 50
– *Rechtsvergleichung* 3 f.

Kommission (Fortsetzung)
– *Retentionsrecht* 75, 90 ff., 96
– – Faustpfandverwertung 93, 96 f.
– – Freihandverkauf 97
– – im Konkurs 93 f.
– – Selbsthilfeverkauf 97 f.
– – Verrechnungsrecht 92 f.
– *Schadenersatzanspruch des Kommittenten*
– – Preisunterschied bei Limitierung 50 f.
– – ungesichert 24 ff.
– – unzeitige Kündigung 75
– – Verletzung der Informationspflicht 52
– – Verletzung der Versicherungspflicht 52
– – – bei der Einkaufskommission 37 f.
– – – bei der Verkaufskommission 39
– – bei Verletzung besonderer Sorgfaltspflichten 45 f.
– – weiterer Schaden 53 f.
– *Schadensminderung* 46 f.
– *Selbsteintritt (Selbstkontrahieren)* 9, 79, 100 ff.
– – Auslagenersatz 105
– – Gewährspflicht 104
– – Haftung als Eigenhändler 81
– – Kaufpreis 104 f.
– – bei Limitierung 50, 102 f.
– – Provision 105
– – Vermutung 106 f.
– – Wahlrecht 101 ff.
– – – Unwiderruflichkeit 103, 107
– – bei Widerruf 109 ff.
– – Wirkung 103 f.
– – Zeitpunkt 110 f.
– *Selbsthilfeverkauf* 46 f., 52, 97 f., 238
– – amtliche Bewilligung 97 f.
– – Annahmeverzug 97
– *Sonderrecht der* – 19 f., 41 ff., 73 ff.
– *Sorgfaltspflicht (Sorgfaltsverletzung) des Kommissionärs)* 25, 42 ff.
– – Rechtswahrungspflicht 43 ff.
– *Subrogation* 24, 86 ff.
– – Gegenstand, Wirkungen, Zeitpunkt 86 f., 88 f.

Kommission (Fortsetzung)
– *Substitution* 24, 70
– – befugte 70
– – unbefugte 24
– *Treueverletzung des Kommissionärs* 25 f., 78 ff.
– – Deliktsanspruch des Kommittenten 79 f.
– – Veruntreuung 79
– *Vergütungsanspruch des Kommissionärs* 72, 75
– – besondere 69
– – Frachtlohn 70, 105
– – Höhe 76
– – Lagergeld 70, 105
– – Sicherung 91
– *Versicherung des Kommissionsgutes* 34 ff.
– *Verwendungsregress des Kommissionärs* 26, 66 f.
– – Anspruchsvoraussetzungen 67
– – Sicherung 91
– *Wertpapier- und Börsen-* 8
– *Willensmängel* 18 f.

Kommissionserlös
– *Besitz* 91
– *Retentionsrecht* 90
– *Verminderung* 79
– *Verrechnungsrecht* 92
– *Veruntreuung* 79

Kommissionsgut
– *Besitz* 91
– *Freihandverkauf* 97
– *Rechtswahrungspflicht* 43 ff., 320
– *Retentionsrecht* 90
– *Selbsthilfeverkauf* 97 f.
– *Unverkäuflichkeit* 97
– *Verminderung* 79
– *Versicherung* 34 ff.
– *Versteigerung* 98
– *Veruntreuung* 79
– *Wertpapiere* 8 ff., 15 ff., 72, 108
– *zugesandtes* 41 f.

Konnossement
123, 173, 197, 199, 201, 212 ff., 216, 230, 265

Konnossement (Fortsetzung)
– *Ausstellung* 213 ff., 218, 225, 243, 278, 306, 575, 712, 720, 723
– *Bord-* 216
– *Durch-* 217 ff.
– *Inhaber-* 212, 215, 230
– *Inhalt* 213 ff.
– *Internationales Privatrecht* 217
– *Rhein-* 216
– *See-* 197
– *Skripturhaftung* 213 f.
– *Übernahme-* 216

Kontrahierungszwang
113, 154, 193, 206 f., 494, 554, 558 f., 766, 790, 795

Konventionalstrafe
283, 473

Körperschaden
181

Kreditbrief
s. *Anweisung – Kreditbrief*

L

Ladeschein
123, 199, 212, 216 f., 225, 243, 727

Lagergeld
s. *Einlagerung – Lagergeld*

Lagergeschäft
s. *Einlagerung*

Lagerhalter
s. *Einlagerung – Lagerhalter*

Lagerhaus
s. *Einlagerung – Lagerhaus*

Lagerschein
s. *Einlagerung – Lagerschein*

Legitimation(swirkung)
– *Absenderweisungen* 188 f., 199
– *Depotschein* 613, 620 f., 636, 664, 707, 709
– *Empfängerweisungen* 188, 204 f., 209 f., 224
– *Frachtgutempfangsschein* 201
– *Lagerschein* 729, 750 f.
– *Warenpapier* 212, 215

Luftfahrt
s. *Transport – Luft–*

Luftfracht(recht)
s. *Transport – Luft–*

Luftfrachtbrief
124

M

Motorfahrzeug
116, 125, 150, 152 f., 173 f., 216, 261, 273, 348, 459, 803 ff., 809
– *ausservertragliche Haftung* 125, 153, 154, 173 f., 273, 348

N

Nachnahme(sendung)
– *Aufhebung* 196, 314
– *Erhöhung* 196
– *Herabsetzung* 196
– *Inkassoauftrag* 130, 133, 195 f.
– *Kosten* – 130, 133, 195, 243, 307
– *Nebenverpflichtung des Spediteurs* 130, 196
– *Nichteinlösung* 308
– *Provision* 196
– *Wert*– 130, 133, 195, 243, 263, 307 f., 311, 313 f.
– *Zoll* 198

P

Pfandschein
s. Warrant

Post
113, 114, 150 f., 183, 222, 234, 265, 285 f., 301, 346, 493 f., 509 ff., 521, 559
– *Anweisung* s. Anweisung – Post–
– *Automobil* 151
– *Brief*– 193, 285
– *Check* 348, 494, 509
– *Checkkonto* 493, 509, 512 ff., 531, 557
– *eigene Fahrzeuge* 113, 152, 348
– *Giro* 512 ff.
– *Girozettel* 512

Post (Fortsetzung)
– *Haftung* 265, 267, 323, 341 f., 348, 350, 521 f.
– *Konzession* 116, 151, 350
– *Paket* 193, 235, 285, 301, 323
– *Regal* 348, 350
– *Rücksendung* 193
– *Schachtel* s. Paket
– *Stück* s. Paket
– *Sendung* 183
– – unbestellbare 235
– *Taxe* 183
– *Transportschadenshaftung* 252

Postcheck
s. Post – Check

Prokura
– *ABGB* 372
– *Abgrenzung von bürgerlicher Generalvollmacht* 382, 387, 389 ff., 395, 397, 406
– – von kaufmännischer Handlungsvollmacht 382, 394, 406
– *Abstraktheit* 374, 379, 427, 480
– *actio mandati contraria* des Prokuristen 380, 407
– *Arbeit(svertrag)* 376, 379, 381, 427, 470 ff., 481 f., 479 ff.
– *Beendigung* 376, 391, 424 ff., 431 f., 479 ff,
– – Gründe 379, 424, 428 ff., 429, 477
– – Wirkung 379, 424, 426 f., 429, 480 ff.
– *Begrenzung* 376 f., 397 ff., 413, 417, 426, 429
– *Begründung* s. Erteilung und Entstehung
– *Bestätigungsschreiben* 421
– *Bestellung* s. Erteilung und Entstehung
– *Beschränkung* s. Begrenzung
– *Code Civil* 372
– *Doppelvertretung* 405
– *Dritte, bösgläubige* 400, 406, 408 f., 412, 415, 426 f., 429 ff., 480
– *Dritte, gutgläubige* 368, 373, 381 f., 384 f., 388 f., 391 f., 394, 398, 403, 406 f., 420 f., 425, 429 ff., 479 ff.
– *Einräumung* s. Erteilung

Prokura (Fortsetzung)
- *Einzel-* 392 ff., 398
- *Entstehung* 381 ff., 425, 430
- *Erlöschen* s. Beendigung
- *Ersatz-* 404
- *Erteilung* 364 f., 385 ff., 389 f., 398, 430
- – an natürliche Personen 391
- – stillschweigende 381 ff., 400
- *Erweiterung* 383 ff., 401, 420
- *Filial-* 383, 394, 412 ff., 416, 469
- – direkter 417
- *Firma* 414 f., 429
- *Geschäftsbüro* 414
- *Geschäftsführung*
- – Auftrag 378 f., 381, 392, 397, 405
- – für Rechnung des Geschäftsherrn 380 f.
- – gesellschaftliche 377, 419, 422
- – durch mehrere 419 f., 422
- – als Organ 375, 377, 392, 398, 419 f.
- – Organisation 419
- – persönliche 404
- – telephonische 421
- – Verantwortlichkeit 377 f.
- – vertragliche 377, 392, 419 f.
- – vertraglose 378, 388, 474 ff.
- *Geschäftsherr* 372, 392
- – Aktiengesellschaft 390, 392
- – direkte Stellvertretung 373, 391
- – Einzelfirma 386
- – Firma 387
- – Gesellschaft, einfache 389
- – Handelsgesellschaft 389, 391
- – Handlungsfähigkeit auch Handlungsunfähigkeit 386, 391, 428
- – Haftung gegenüber Dritten 379 f.
- – Interesse 379
- – juristische Person 390
- – Konkurs 429, 483
- – Kredit des – 373
- – Tod 428, 482 f.
- – Verschollenerklärung 428, 482 f.
- – Weisung(srecht) 379 ff., 383, 406, 414, 417, 419, 427
- – Wille 379, 384

Prokura (Fortsetzung)
- *Haftung des Prokuristen gegenüber dem Geschäftsherrn*
- – solidarische 420
- – für Vollmachtsüberschreitung 407
- – aus Weisungsverletzung 380, 407
- *halbseitige* 393, 417
- *Handelsregister* 368, 373, 381, 384, 390, 399, 408
- – Eintragung 381, 383 f., 399, 408, 413, 418, 430
- – Löschung 414, 425 f., 428 f., 430 f., 479
- – Publikation im Handelsamtsblatt 248 f., 431, 479, 483
- – Wirkung 425 f., 430 f.
- *Handlungsfähigkeit auch Handlungsunfähigkeit* 386, 391 f., 482 ff.
- *Hilfsperson* 380, 392, 399, 407
- *Innenverhältnis*
- – Aktiengesellschaft 392 f.
- – Auftrag 378 f., 381, 391, 481
- – Dienstvertrag 376, 379, 481
- *Kollektiv-* 383 f., 392 f., 394, 412 ff., 419, 469, 483
- – Genehmigung durch – 384
- – Wirksamkeit 385
- *Konkurrenzverbot* 405, 467 ff.
- – Mängel in – 381, 388 f.
- – Mitteilung an Dritte 383, 426
- – Wirkung von Vollmachtsüberschreitungen 406 f.
- *Kündigung* 428, 482
- *nichtkaufmännische* 381, 386 ff., 415
- *Niederlassung*
- – Gerichtsstand 415 f.
- – Haupt- 414
- – Spezialsteuerdomizil 415 f.
- – Zweig 414 f., 418 s. auch Filial-
- *Selbstkontrahieren* 405
- *Substitut, Substitution* s. Vollmacht – Substitution
- *Unübertragbarkeit* 391, 403
- *Vollmacht des Prokuristen*
- – Abstraktheit 374

Prokura (Fortsetzung)
– *Vollmacht des Prokuristen* (Fortsetzung)
– – Art der Rechtshandlungen 399
– – Beendigung 427, 479 ff.
– – Begrenzung 376 f., 380, 397 ff., 471
– – durch Zweck des Unternehmens 398 ff.
– – Checkzeichnung 400
– – Dauer – 376, 397, 412, 429, 451
– – Entstehung 383
– – Erweiterung 401 f.
– – Filialprokura 417
– – General– 377, 387, 397, 399, 401, 412, 429, 451
– – Grundstücke, Belastung und Veräusserung 399, 401 f.
– – – Erwerb 402
– – Organ 392, 398, 417
– – Substitution 404 f.
– – Überschreitung 406 ff.
– – Umfang 380, 389, 392, 397 ff., 406, 417
– – Verbürgung 400 f.
– – Vertragsabschlüsse 403
– – Wechselbürgschaft 401
– – Wechselverpflichtungen 399 f.
– – Widerruf 413 f., 428, 470, 479, 481
– – Wirkung gegenüber bösgläubigen Dritten 408
– – – im Innenverhältnis 406
– *Zeichnung* 384 f., 391, 412 f.
– – kollektiv 384, 412 f., 419

Prokurist
s. *Prokura*

Q

Quittung
200 f., 455, 464 f., 513, 531, 566, 591, 613, 766, 794

R

Realkontrakt
168, 590 ff., 608, 611, 636, 667, 705, 739, 771, 778 f.

Reeder
125, 144, 268, 278, 348, 351 ff.

Regress
s. *Frachtführer – Regress und Spediteur – Regress*
s. *Anweisung actio mandati contraria*

Reisegepäck
s. *Gepäck – Reise*

Rückgriff
s. *Regress*

S

Sachgewähr
– *Frachtführer* 249, 262
– *Gastwirte* 593, 604, 770, 772, 779 ff., 782, 785 ff.
– *Lagerhalter* 737 f.
– *Stallwirte* 593, 604, 703 ff.

Sachschaden
181, 253, 255 f., 261, 267, 648, 737, 779 f.

Sachwert
262 ff., 283 ff., 285
– *Ersatz* 264, 283 f., 285, 652, 729 f., 766, 779 f., 783
– *Minderwert* 284, 332
– *Reparaturkosten* 284

Schuldschein
s. *Hinterlegung – Schuldschein*
– *Frachtführerempfangsschein* 201

Schiffahrt
– *Binnen–* 152, 267, 289, 345, 351 f.
– *private* 116, 118, 152
– *Rhein–* 216 f.
– *See–* 113, 115, 151, 213, 216, 234, 237, 289, 345, 347 f., 352

Schiffszusammenstoss
352

Seefracht(recht)
s. *Schiffahrt – See- und Transport – Schiffs–*

Seilbahn
– *Gondel–* 116, 350
– *Luft–* 116, 151, 350
– *Schlitten–* 116, 151
– *Sessel–* 116, 151, 350
– *Stand–* 116, 350

Selbstbehalt
266
Sendung
s. *Frachtgut und Speditionsgut*
Sequester (Sequestration)
– *Bedingung* 681, 695
– *Befristung* 694
– *Besitz* 599 f., 602, 693
– *Entgeltlichkeit* 694
– *Frachtgut* 333 f.
– *Funktion* 589, 691
– *gerichtliche Hinterlegung* 694 f.
– *Hinterlegungsvertrag* 334, 593, 603, 609, 615, 691 ff.
– *mehrere Hinterleger* 690 ff.
– *Rechtsstreit* 691 f.
– *Rechtsunklarheit* 692 f.
– *Restitution* 691, 693
– *Retentionsrecht* 694
– *Sicherungszweck* 691, 693
Skilift
116 f., 151
Spediteur
120, 291, 320, 334, 345, 671
– *Absenderpflichten* 131, 134
– *Abtretungspflicht* 145
– *Adress*– 132, 144, 171, 279, 302, 316, 320
– *Auslagenersatz* 138 f., 316
– *Empfängerrechte* 132 f.
– *Haftung für Auswahl und Instruktion* 131
– *Hinterlegungsvertragsrecht* 130
– *Informationspflicht* 302
– *Lagergeld* 139
– *Rechtswahrungspflicht* 131, 132, 289, 360 ff.
– *Regress a. Frachtführer od. Transportanstalt* 277, 360 ff.
– *Retentionsrecht* 122, 311
– *Sorgfaltshaftung* 130 ff., 134, 138, 360 ff.
– *Substitut* 121, 131, 133, 143 f.
– *Transportkommissionär* 129
– *Transportschadenshaftung* s. Transportschaden
Spediteur (Fortsetzung)
– *Zwischen*– 120 f., 124, 129, 131, 133, 143, 302
– – Haftung des – 133, 139, 298 f., 316
– – Haftung 121, 133, 143 f., 298
Spedition(svertrag)
– *Abgrenzung* 291
– *Abrechnung* 145
– *Abtretung der Forderungen* 145
– *actio mandati directa (contraria)* 140, 147
– *Auftrag* 119, 130, 142, 144
– – Widerruf 138
– *Auslagenersatz* 138 f., 147
– *Beendigungsgründe* 146
– *Beendigungswirkungen* 146 f.
– *à forfait* 137
– *Garantie* 132, 142 f., 356 f., 360
– – Verjährung 144
– *Generalunkosten* 139
– *Gewerbe* 119
– *Gut*
– – Abfuhr 136, 141
– – Ablieferung 131, 142, 143, 144
– – Annahme 360
– – Aufbewahrung 130
– – Beschlagnahme 143
– – Einlagerung 130, 141, 143
– – Verladung 133, 180
– – Verpackung 130, 141, 180
– – Versicherung 134
– – Verzollung 130, 133
– – Zufuhr 130, 136, 141
– *Internationales Privatrecht* 124
– *Nebengeschäfte* 141
– *Provision* s. Vergütung
– *Rechtshandlungsauftrag* 119
– *Rechtsvergleichung* 128 f.
– *Retentionsrecht* 121, 139 ff.
– – Ausübung 141
– – Besitz 140
– – Hinterlegung 140
– – Notverkauf 141
– – Voraussetzungen 140
– *Sammelladung* 136 f., 172, 174
– *Schadenersatz, Verjährung* 144

Spedition(svertrag) (Fortsetzung)
– *Selbsteintritt* 135, 137
– *Subrogation* 145
– *Substitution* 121, 124, 129, 131, 133, 143 f., 291, 298 f.
– – befugte 298
– – unbefugte 298 f.
– *Übernahmesätze* 137, 139
– *Vergütung* 130, 137 f., 145
– – pauschal 137
– – Tarif 154
– – Teil– 147
– – Vereinbarung 137 f.
– – Verrechnungsrecht 140
– *Weisungsabweichung* 135
– *Weisungsrecht* 133 f., 362
– *Weisungsverletzung* 134, 362
– *Widerruf* 146

Stallwirt(haftung)
– *Einbringung* 804 f.
– *Einstellung* s. Einbringung
– *Entlastungsgründe* 803
– *Garagebetrieb* 593, 804
– – Hilfspersonen 805
– *Hinterlegung* 804
– *Invecten und Illaten* 804 ff., 808 f.
– *Kausalhaftung* 593, 604, 803 ff.
– – Limitierung 604, 804
– *Retentionsrecht* s. Gastwirt – Retentionsrecht
– *Sachgewähr* 803

Stückgut
169, 176, 180 f., 259, 268, 311
– *Inhalt* 259
– *Kennzeichen* 172, 181
– *Retentionsrecht* 311
– *Verpackung* 181
– *Wert* 259

T

Tarif
s. *Frachtlohn – Tarif, Kommission – Provision, Transport – Tarif, Hinterlegung – Vergütung – Tarif*

Tatbestand
– *Aufnahme* 238, 242, 244, 256 f., 283, 321, 333
– – bahnamtliche 234, 256, 283, 332
– *Feststellung* s. Aufnahme

Taxameter
117

Transport
– *aufeinanderfolgender* s. Sukzessiv–
– *Eisenbahn–* 113, 115 f., 150, 176, 190, 193, 195, 217, 222, 237, 251, 261, 265, 267, 278 f., 285, 297, 300 f., 304, 309, 323, 332, 341, 346 f., 350, 361
– *Fern–* 168
– *Gefahr* s. Risiko
– *gemischter* 290, 301, 345, 357
– *Gesamt–* (gemeinschaftlicher) – 289
– *Güter–* 113 f., 115, 118 f., 126, 150 ff., 153
– – ausservertragliche Haftung 125, 153, 173 f.
– *Hindernis* s. Frachtgut – Beförderungshindernis
– *internationaler* 115, 125, 195 f.
– *Land–* 123, 170
– *Lokal–* 153, 159
– *Luft–* 113, 115, 118, 151, 170, 217, 222, 235, 237, 251 f., 265, 285, 289, 297, 301, 309, 323, 332, 342, 346, 349, 352, 355, 361
– *mittel* s. Verkehr – Mittel
– *mit Motorfahrzeugen* 116, 125, 150, 152 ff., 173 f.
– *Personen* 113 f., 115, 118 f., 150
– – privatrechtlicher 116 f., 150 ff.
– – Qualifikation 117
– *Post–* s. Post
– *Risiko* 156, 208, 239, 244, 250, 272, 295, 321
– *Rück–* 192 f., 194, 204 f., 207 f., 228, 230, 234, 257, 272, 311
– *Sammel–* 136 f., 172, 174, 191
– *Schienen* s. Eisenbahn
– *Schiffs–* 115, 150, 170, 196 f., 216 f., 234, 237, 251 f., 261, 265, 289, 309, 323, 332, 342, 345, 347, 351 f., 361

Transport (Fortsetzung)
– *Strassen–* s. auch Motorfahrzeuge 125, 216
– *Strecke* 165, 207, 218, 289, 299
– – Teil 165, 289 f.
– *Sukzessiv–* 258, 290
– *Tarif* 113, 153, 219
– *Übersee–* 125
– *Übertragung während* – 212
– *unentgeltlicher* 117, 154
– *Weg* 159, 169, 175, 178, 191 ff., 207, 290
– *Weiter–* 194, 204 f., 207 f., 272
Transportanstalt
– *öffentliche* 113 ff., 119, 120, 131 f., 134, 136, 144 f., 155, 167 f., 190, 194, 207 f., 269, 277 ff., 288, 290, 344 ff., 349 f., 355 ff., 360, 678, 739
– *konzessionierte* 113 f., 344 f., 347, 349 ff., 356
– *staatliche* 113, 344, 347, 348, 356
Transportkommissionär
s. *Spediteur*
Transportkosten s. *Frachtkosten*
Transportmittel
s. *Verkehrsmittel (Verkehr)*
Transportrecht
– *Erlasse* 114 ff., 120, 344
– *Sonder–* (Spezial-) 124, 126, 142, 149 ff., 152 f., 155, 157, 160, 183, 222, 224, 278 f., 289 f., 292 f., 344 f., 349, 356 f.
– *Vergleichung* 222
Transportschaden
– *Abgrenzung* 257 f.
– *Beschädigung* 172
– *Beweis* 172, 177, 183, 250, 253 ff., 259, 260 f., 263 f., 272, 283, 294, 321
– – Sicherung 328 ff., 334
– *Eisenbahn–* s. Transport – Eisenbahn
– *Entlastung(sgründe)* 192, 248 ff., 254 f., 264, 272 f., 282, 322, 331 f., 339
– *Ersatz*
– – Begrenzung 250 ff., 262 ff.

Transportschaden (Fortsetzung)
– *Haftung des Frachtführers* 160 f., 192, 208 f., 248 ff., 253, 265 ff., 272 f., 288, 296, 320, 325, 328, 330, 346 f., 349 ff., 355 ff., 678, 737 ff., 771, 779
– – Absicht und grobe Fahrlässigkeit 260 f., 282, 286, 303, 320 f., 326, 339
– – Delikts– 261, 274, 293, 324, 339
– – für seine Leute 254, 261, 272 ff., 282, 339
– – Mitwirkung öffentl. Transportanstalt 288 f., 355 f., 360
– – des Zwischenfrachtführers 299
– *Haftung des Spediteurs* 131 f., 134 f., 142 f., 152, 256 f., 268 f., 273, 277, 279, 296, 325, 360
– *Höchstbetrag* s. Limite
– *Kausalzusammenhang* 254 f., 262
– *Klage* 244
– – Beweislast 243 f., 250, 254, 263 f., 272, 282 f., 294, 321, 323 f., 331
– – Klagelegitimation 243, 262, 276 ff., 361
– *Kumulation* 285 ff.
– *Limite* 267, 270, 272, 282, 285 f., 297, 349, 352 f.
– *Post–* s. Post
– *praesumptio* s. Vermutung
– *Rechtsvergleichung* 250 ff., 345 f.
– *Reklamation* 276 f., 322 f., 340 f., 360
– *Sachschaden* s. Sachschaden
– *Teil–* 177, 256, 269 f., 281 f.
– *Total–* 177, 255, 269 f., 297, 332
– *Ursachenkonkurrenz* 271 ff., 283
– *Verjährung* 318, 338 ff.
– *Verlust* 172, 177, 181 f., 255 f., 270
– *Vermutung* 254 ff., 258, 263, 271, 276, 284, 325, 332
– *Versicherung* 173, 183, 197, 214, 218 f., 260, 273 f., 321
– *Verwechslung* 172, 177, 181 f.
– *Verwirkung* 277, 318 f., 322, 325, 338, 360 f.
– *Verzicht* 276, 319, 360
– *vorsorgliche Massnahme* 325, 329 f.

Transportschaden (Fortsetzung)
– *Wertsache* 169, 173 f., 178, 255
– *Zerstörung* 177, 182

Transportunternehmer
s. *Frachtführer – gewerbsmässiger*
Transportunternehmung
s. *Transportanstalt*
Transportvertrag
112 ff., 118, 153
Trolleybus
115, 152, 350

V

Verfrachter
213 f.
Verkehr(s)
– *betriebe* 114
– – konzessionierte 114
– – öffentliche 114
– – – Haftung 114
– *Eisenbahn–* s. Eisenbahn
– *Güter–* s. Transport
– *Luft–* 115, 151
– *mittel* 113, 169, 217, 242, 257, 289 f., 295
– – Massen– 119
– – öffentliche 112 ff.
– *Personen–* s. Transport
– – Post s. Post
– *Schiff–* s. Schiffahrt und Seeschiffahrt

Verkehr(s) (Fortsetzung)
– *Strassen–* 115, 116
– *Teilung* 155
Vollmacht
s. *Handlungsvollmacht, kaufmännische Geschäftsführung, Prokura*

W

Warenpapier
122 ff., 126, 199, 200, 211 ff., 719 ff., 727 ff., 742, 749 f., 765 ff.
Warrant
123, 199, 212, 215, 721, 727, 729, 749
s. *auch Einlagerung – Warrant*
Wechsel
s. *Anweisung – Wechsel*
Werk
116
Werkvertrag
116, 248, 253
Wertangabe (Deklaration)
– *Depositen* 794, 805
– *Frachtgut* 169, 172 ff., 178, 255, 259 f., 263, 268, 270 f., 283 ff., 332
– *Lagergut* 745
– *Post* 252, 268
– *Seekonnossement* 214
– *Unterlassung* – 259 f., 271
Wertsache
259 f., 772 ff., 778, 789 ff., 794, 805, 809

Nicht berücksichtigt ist bei der Kommentierung die nach 1960 publizierte Literatur und Judikatur.